北京丰台年鉴

2022

北京市丰台区地方志编纂委员会

中 华 书 局

2022

图书在版编目（CIP）数据

北京丰台年鉴. 2022 / 北京丰台区地方志编纂委员会编. -- 北京 : 中华书局, 2022.12
ISBN 978-7-101-16033-8

Ⅰ. ①北… Ⅱ. ①北… Ⅲ. ①丰台区 - 2022 - 年鉴
Ⅳ. ① Z521.3

中国版本图书馆 CIP 数据核字 (2022) 第 234115 号

北京丰台年鉴 2022
北京市丰台区地方志编纂委员会编
*
中 华 书 局 出 版
（北京市丰台区太平桥西里 38 号 100073）
http: // www. zhbc. com. cn
E-mail:zhbc@zhbc.com.cn
廊坊佰利得印刷有限公司印刷
*
889×1194 1/16 45.5 印张 32 插页 1360 千字
2022 年 12 月第 1 版 2022 年 12 月第 1 次印刷
印数：1000 册 定价：299.00 元

ISBN978-7-101-16033-8

北京市丰台区地方志编纂委员会

《北京丰台年鉴》编辑部

编辑说明

一、《北京丰台年鉴》是一部综合性资料性工具书和史料文献。在丰台区委、区政府领导下，由区地方志编纂委员会主持编纂。

二、本年鉴以马克思列宁主义、毛泽东思想、邓小平理论、“三个代表”重要思想、科学发展观、习近平新时代中国特色社会主义思想为指导，全面贯彻党的十九大精神，坚持实事求是的原则，与时俱进，开拓创新，科学地反映客观情况。

三、本年鉴从2002年开始，逐年编辑出版。当年出版的年鉴全面汇集上一年度丰台区各项事业、行业等诸方面新发生的重大事件、新情况和重要的文献信息，为各级领导提供可资参考的依据，为各个行业提供有价值的资料，为各方面人士了解和研究丰台提供信息。

四、本年鉴以详记区属各系统、各单位为主，略记驻区部分中央、市属单位的情况。

五、本年鉴采用文章、条目等体裁，以条目以主，用规范的语体文、记述体直陈其事，文字力求言简意赅。

六、本年鉴文字内容设有区情概览、特载、专文、大事记、中国共产党丰台区委员会、丰台区人民代表大会、丰台区人民政府、政协北京市丰台区委员会、丰台区纪委、监委，民主党派、人民团体、法治、军事、中关村科技园区丰台园、北京丽泽金融商务区、经济管理、农业农村、工业、商贸服务业、旅游业、城乡规划与建设、城乡管理、应急管理、生态环境、交通邮政、通信、科技、教育、文化、卫生健康、体育、社会生活、街镇、人物、附录、统计资料等一级栏目，一级栏目下设二级栏目，二级栏目下设条目。

七、本年鉴收有2021年内丰台区党、政、军、民主党派、团体、街乡（镇）、部分企业负责人名录及驻区部分单位负责人名录，所列职务均以2021年内任职为限，其中有任免情况的分别予以说明，同时收有获得国家（中央部委）、市奖励与荣誉称号的单位和个人名单。

北京市丰台

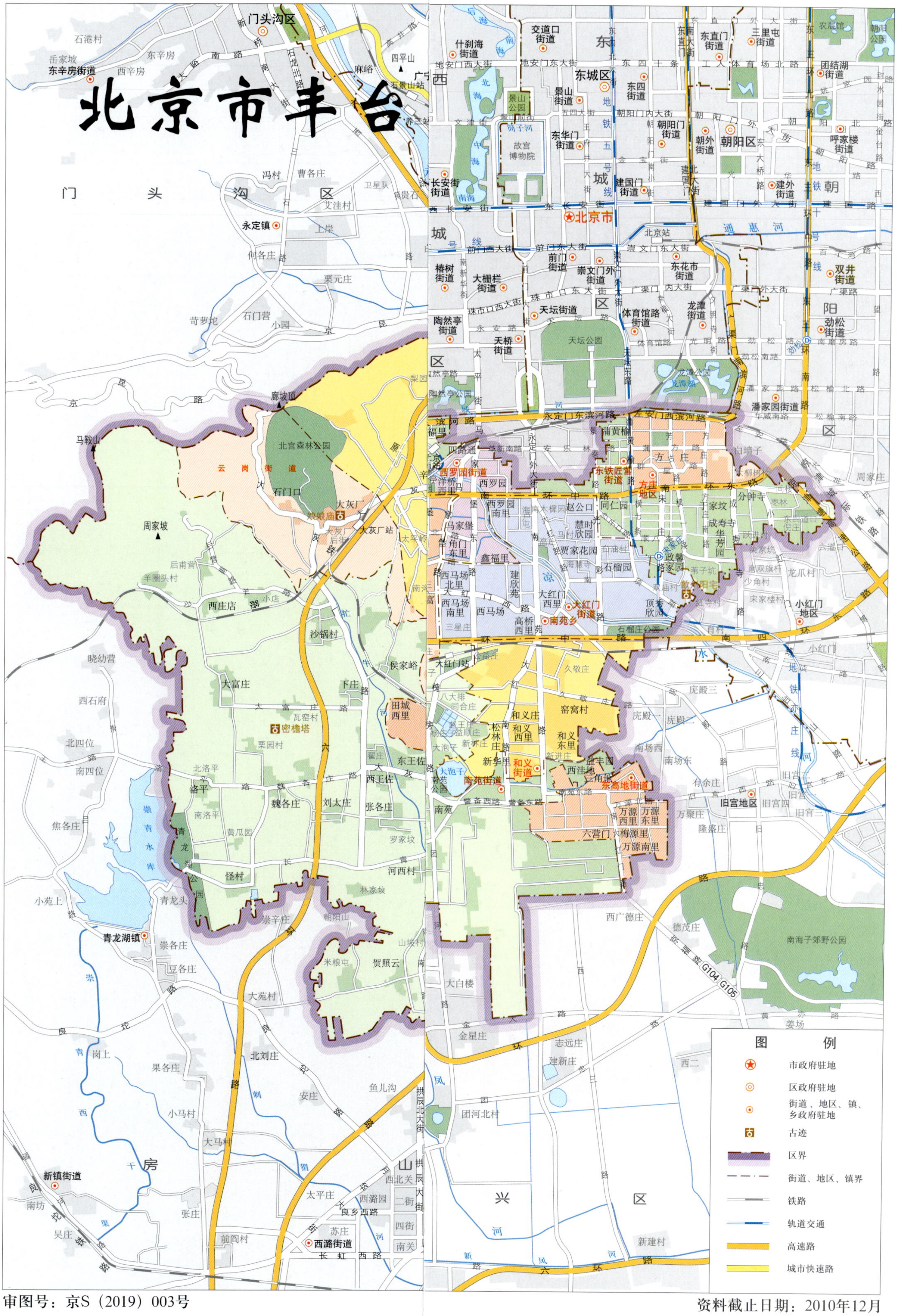

审图号：京S（2019）003号

资料截止日期：2010年12月

数字丰台

区域总面积：305.53平方公里

常

地区生产总值**2009.7**亿元
（按不变价计算同比增长8.2%）

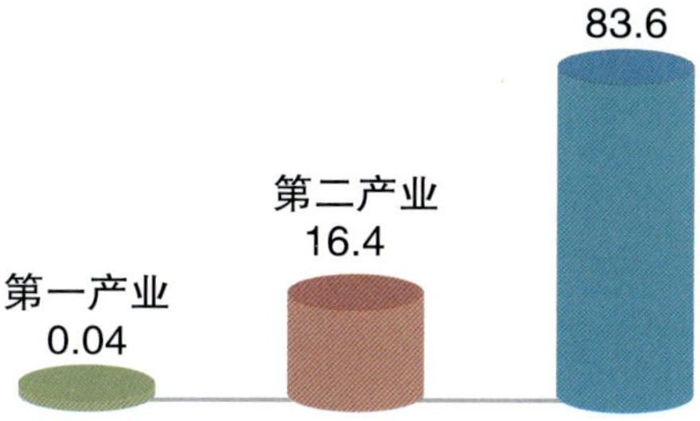

第一产业、第二产业、第三产业
（比重）

第三产业增加值1680.1亿元

**园区收入7180亿元
同比增长8%**

金

居

一

消费支出
4元
12.6%

城镇登记失业率3.1%
新增就业3.2万人

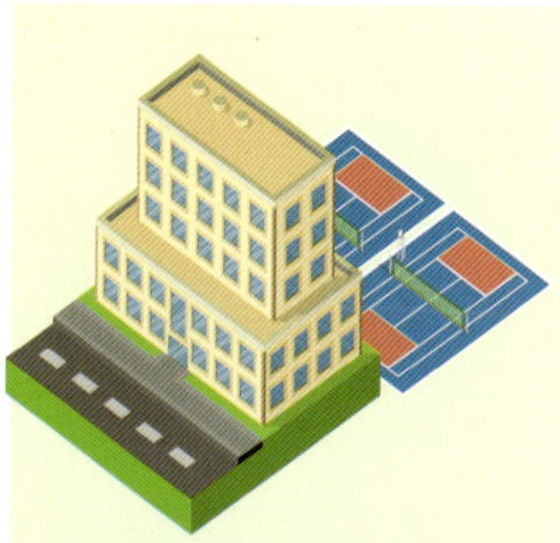

普通中学46所

在校学生数
29829人

中等职业学校5所

在校学生数
1725人

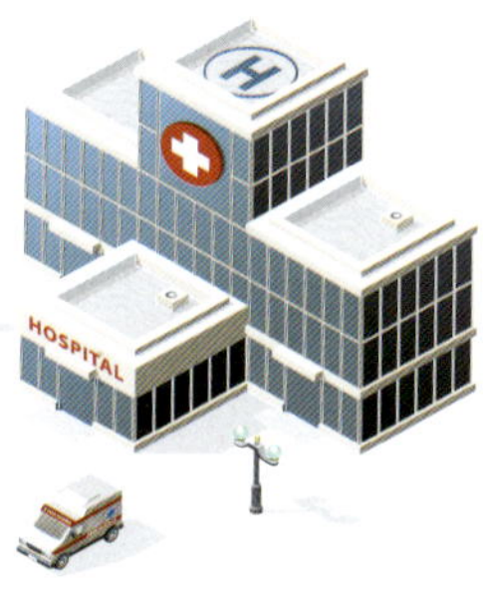

卫生机构个数556个
卫生技术人员数量
25924人

**科技专利授权量14502件
同比增长44.3%**

大事要闻

▲ 12月8日，中国共产党北京市丰台区第十三次代表大会召开。(原梓峰 摄)

▲ 12月14日，丰台区第十七届人民代表大会第一次会议开幕。(原梓峰 摄)

▲ 12月13日，政协北京市丰台区第十一届委员会第一次会议开幕。(徐伟 摄)

党史学习教育

▲ 5月13日，丰台区推动党史教育和宣传工作深入基层，图为马家堡街道在辖区商超凯德·MALL（大峡谷店）内建成第一座党史小屋。(李冉 摄)

▲5月20日，丰台区庆祝建党100周年群众书画作品展在丰台东铁匠营街道综合文化中心开展。(徐伟 摄)

▲5月30日，丰台区百所中小学校开展百年百团唱百歌迎“六一”活动，走进卢沟桥、丽泽SOHO、丰台火车站建设现场。

▲6月1日，丰台区在二七纪念馆举行长辛店革命旧址开放仪式暨青少年开放日专场活动。(徐伟 摄)

▲6月21日，丰台区庆祝建党100周年“永远跟党走”钢琴音乐会举办。(刘学忠 摄)

区域发展

▲2月7日，“妙笔生花看丰台”丰台城市品牌全媒推介行动启动仪式在莲花池公园举行。

▲4月6日，位于南三环木樨园桥西南侧的丰台区政务服务中心新址正式运行。(原梓峰 摄)

▲4月15日，“V读北京”2021年首场活动“轨道上的丰台 我眼中的‘丰’景”主题活动举办。(杨婷 摄)

▲4月21日，百年二七厂华丽变身科创城。(原梓峰 摄)

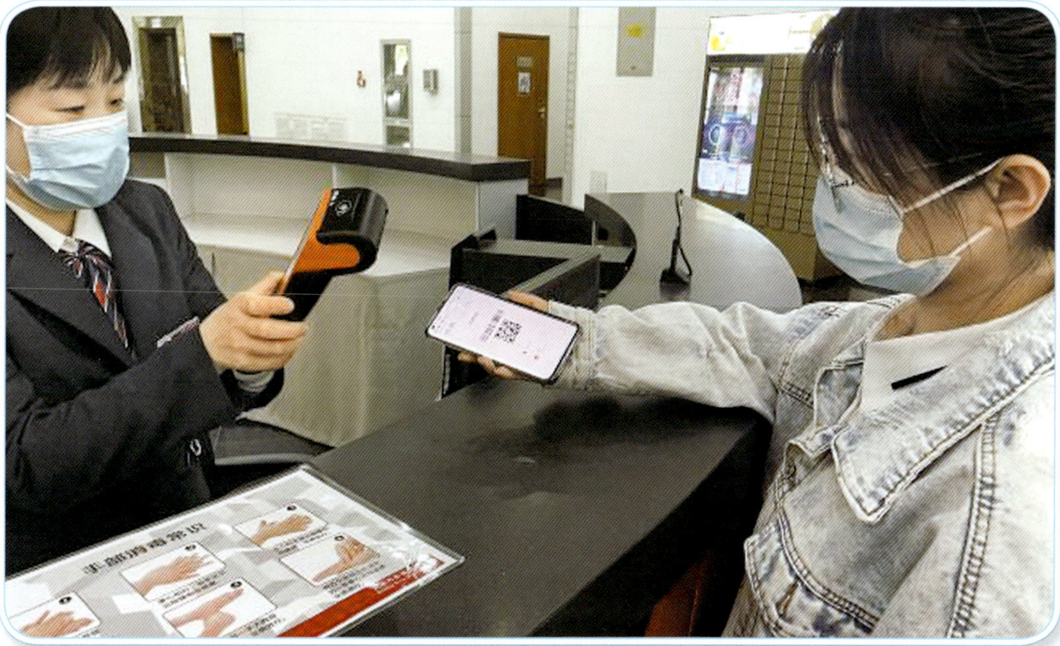

▲5月13日，中国建设银行北京市分行在北京汽车博物馆落地数字人民币支付场景，成为北京市首家使用数字人民币结算的博物馆。

▲6月2日，丰台区政务服务中心推出北京市首个政府信息公开数字人民币应用场景。（董林一 摄）

▲9月，北京市首家政务服务综合窗口办事员技能等级认定资格企业落地丰台。(唐琪 摄)

▲9月5日至7日，丰台区党政代表团赴青海省玉树州治多县对接对口支援工作。图为支援的益民制衣公司车间内工人正在打造具有浓郁民族特色的布料。(原梓峰 摄)

▲9月6日，2021服贸会丰台区推介沙龙在首钢园区举行。(原梓峰 摄)

▲9月10日，丰台区联合北京市地方金融监督管理局、中国人民银行数字货币研究所等单位共同在丽泽金融商务区举办2021中国(北京)数字金融论坛。(原梓峰 摄)

▲10月18日至22日，以“一粒种子 改变世界 种业振兴 北京先行”为主题的第二十九届中国北京种业大会在北京园博园举行。(原梓峰 摄)

▲11月，丰台区税务局在全市税务系统首创实现集冠名电话、挂机短信、失联修复于一体的“智慧电话”。(杨保华 摄)

▲2021年，丰台区支援扎赉特旗圆满完成。

社会民生

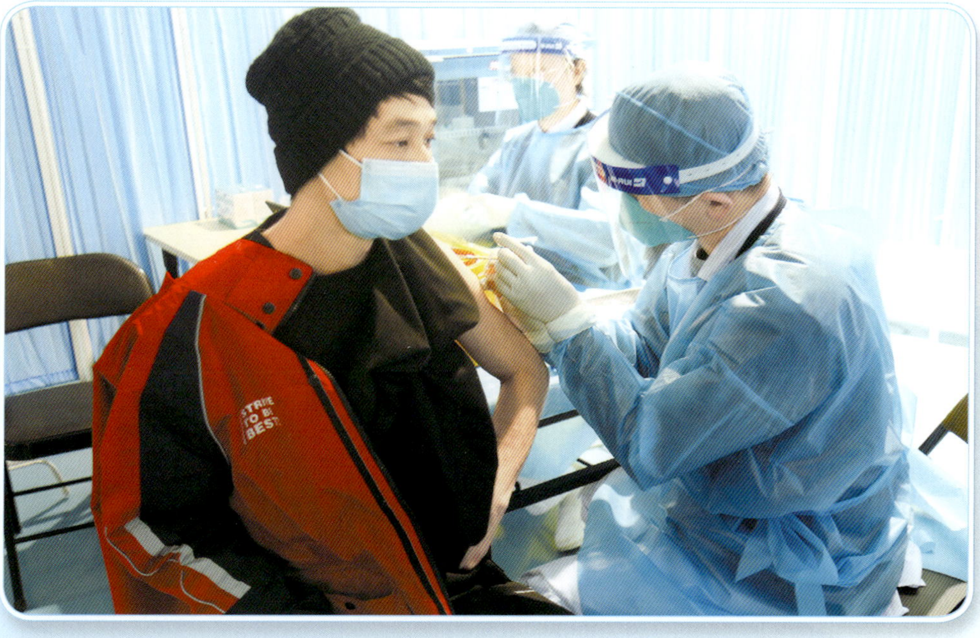

▲1月13日，丰台区丰体中心新冠疫苗临时接种点内，医护人员正在为外卖、快递人群进行疫苗接种。（荣文静 摄）

▲5月14日，丰台区首场区级规模民营企业招聘月现场招聘会在丰体时代大厦广场开启。(原梓峰 摄)

▲5月19日，2021年北京市普法联盟主题宣传暨民法典集中宣传月启动仪式主会场上，丰台区编创的北京市首部民法典话剧《爱·法》上演。(丰台区司法局 提供)

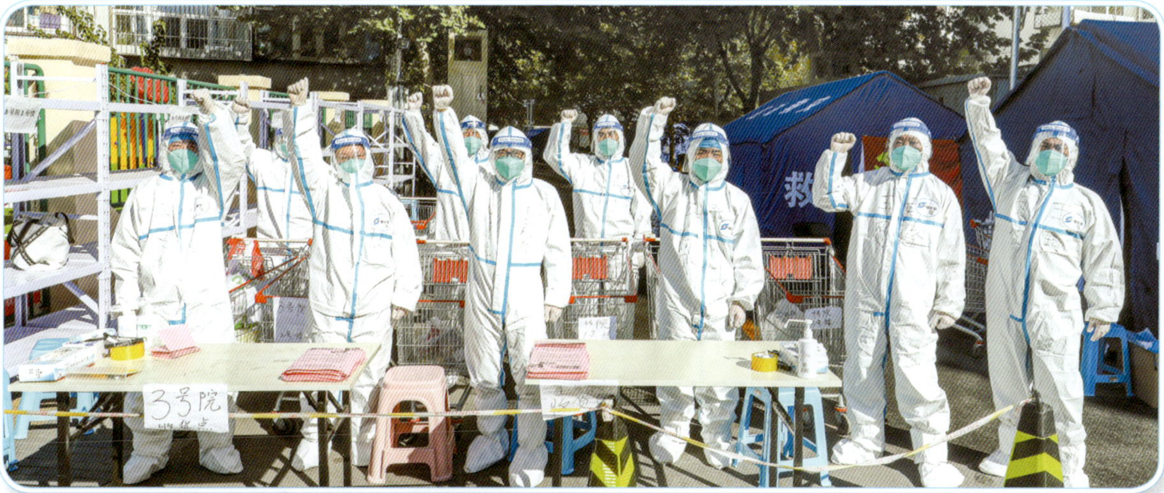

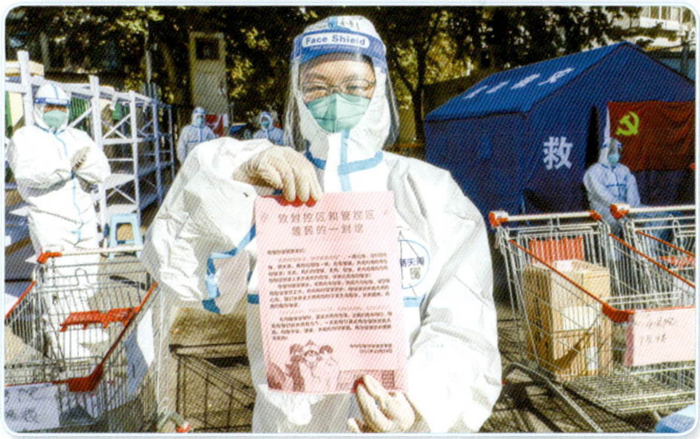

▲ 10下旬，为应对新型冠状病毒肺炎疫情，看丹街道成立临时党委，统筹街道干部、机关下沉干部、社区干部以及物业人员等多方力量进行抗疫。(原梓峰 摄)

◀ 工作人员展示社区居民的感谢信。(原梓峰 摄)

▲ 10月，丰台区市场监管局进一步强化升级药店疫情防控工作。(梁忠涛 摄)

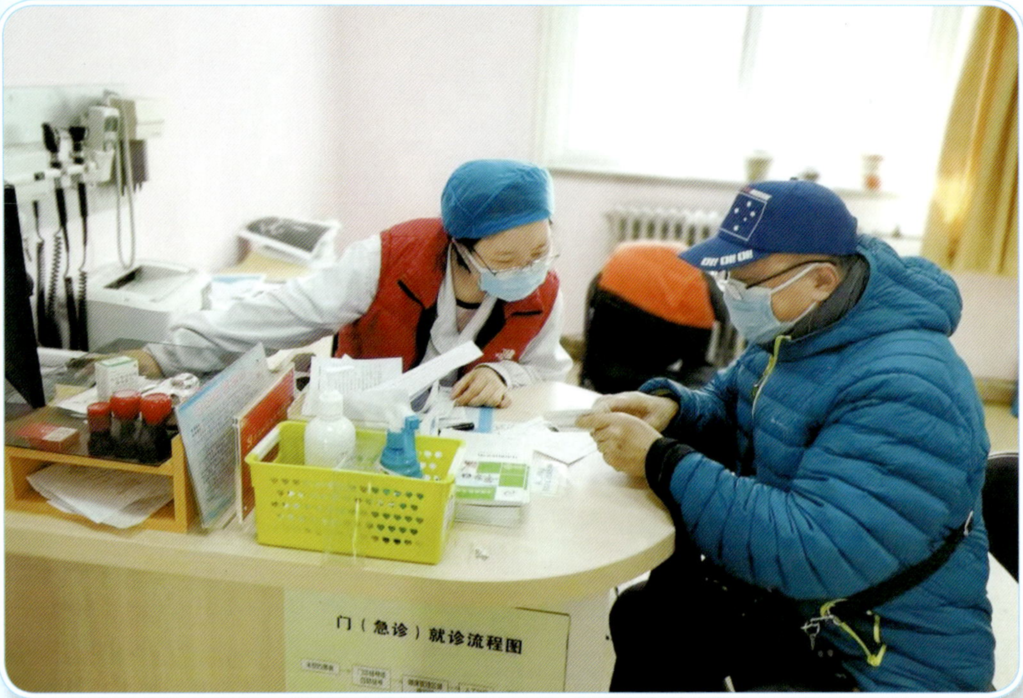

▲2021年，丰台72万居民享受“智慧家医”健康管理。（林瑶 摄）

▲2021年，云岗街道养老服务驿站覆盖率全区第一。图为朱西社区养老服务驿站正式营业。(赵智和 摄)

文化教育

▲1月底，丰台区精品文化品牌“相声乐苑”首次以线上方式与大家见面。(张艳凤 摄)

▲ “五一“假期期间，”焰遇·古文明沉浸式光影嘉年华”活动在北京世界公园开启。(李娜 摄)

▲5月，北京汽车博物馆讲解员正在向小学生进行《雷锋——一个汽车兵的故事》主题展览讲解。

▲6月28日，丰台区图书馆大红门新馆试运行。（原梓峰 摄）

▲7月3日，莲花池公园第21届荷花节开幕。(原梓峰 摄)

▲9月1日，丰台区10多万名中小学幼儿园学生迎来新学年。图为首都师范大学附属云岗小学开学。(李永 摄)

▲9月1日，中央民族大学举行丰台新校区启用揭牌仪式。

▲9月21日中秋节晚7时30分，以“月圆京城 情系中华”为主题的2021“卢沟晓月”中秋文化活动举行。(原梓峰 摄)

▲2021年，中国戏曲文化周已连续举办5届，吸引近80万观众现场参与，成为首都弘扬优秀传统文化的亮丽名片。(赵湘明 摄)

▲12月，丰台区长辛店二七纪念馆入选全国第一批职工爱国主义教育基地。

绿色生态

▲3月，小龙河上游三岔口段水面上水鸟成群结队游荡。(赵智和 摄)

▲卢沟桥永定河静谧如画

▲9月底，永定河河道全线通水后，北京园博园湿地绿意盎然。（原梓峰 摄）

▲10月，北宫国家森林公园层林尽染。

▲ 国庆节期间，南苑森林湿地公园初具服务周边市民群众游览条件。（原梓峰 摄）

▲ 2021 年的水衙沟

文明实践

▲6月底，丰台区组织开展宣传《北京市文明行为促进条例》进社区活动。

▲2021年丰台区14个志愿服务项目在首都志愿服务项目大赛中获奖，图为小V蜂志愿者服务中国戏曲文化周。(丰台团区委 摄)

▲2021年，丰台区成立“文明用餐、杜绝浪费”外卖小哥宣传员志愿服务队。

园区风采

▲4月16日，北京丽泽天街开业。(原梓峰 摄)

▲ 12月31日，地铁14号线全线贯通。图为丽泽商务区站内景。

▲ 2021年，丽泽金融商务区紧抓服务业扩大开放机遇，打造全球新兴金融高地。（原梓峰 摄）

▲5月31日，2021中关村论坛系列活动——“从数字经济到数智时代”中欧数字经济高峰论坛在丰台举办。(徐伟 摄)

▲2021年，中关村科技园丰台园绿化率提高。

▲2021年北京园博数字经济产业园项目效果图。(区委宣传部 提供)

冰雪冬奥

▲1月，世界公园冬奥会吉祥物与游客互动。

▲10月15日，丰台区“冰雪大篷车”第15场进基层活动来到北京教育科学研究院丰台实验学校。（胡博 摄）

▲12月21日，北京世界公园“冰雪世界趣玩乐 派对狂欢迎新年”冰雪嘉年华活动火热进行。（李娜 摄）

▲ 12 月 25 日，“筑梦冬奥 一起向未来”2021 年丰台区中小学生冰球挑战赛在南宫国际冰上运动中心开幕。(付磊 摄)

▲ 12 月底，王佐镇五洲植物乐园新添冰乐园，为冬日生活增加乐趣。(吴建忠 摄)

▲12月，为迎接“冬奥”，丰台残疾人冰壶球队举行比赛。(丰台区残联 提供)

▲2021年底，丰台区村集体企业北京榆构有限公司完成国家速滑馆(“冰丝带”)6000平方米座椅看台板的深化设计和预制建设安装。(北京榆构有限公司 提供)

目 录

区情概览

特载

专文

大事记

中共丰台区委

综述

重要会议和活动

民主党派

人民团体

共青团丰台区委员会

丰台区妇女联合会

丰台区科学技术协会

丰台区归国华侨联合会

检察

法院

军事

中关村科技园区丰台园

创新创业

科技成果

园区投融资

招商引资

园区服务与管理

产业促进

交流与合作

开发建设

园区企业选介

北京丽泽金融商务区

综述

规划与建设

园区服务与管理

交流与合作

金融科技创新示范区

入驻重点企业

经济管理

综合调控

财政

税务

审计

金融服务管理

农业　农村

农业

美丽乡村

农村经济管理

工业

驻区工业企业

首都航天机械有限公司

商贸 服务业

对外经贸

商贸企业

北京丰贸投资经营管理有限公司

丰台区国有资本运营管理有限公司

丰台区综合投资集团有限公司

投资促进

服务业

丰台区餐饮住宿服务行业协会

旅游业

城乡规划与建设

城乡规划和自然资源管理

建设管理

房屋管理

房屋经营管理

房屋征收与补偿

园林绿化

生态环境

学前教育

基础教育

职业和继续教育

民办教育

特殊教育

教育督导

高等教育

驻区高等院校

中央民族大学

首都经济贸易大学

文化

北京歌华有线电视网络股份有限公司丰台分公司

文艺工作

档案工作

地方志工作

卫生健康

体育

体育管理

社会生活

民政

社会建设

人力资源

社会保障

医疗保障

新村街道

长辛店街道

云岗街道

方庄街道

宛平街道

马家堡街道

和义街道

卢沟桥街道

花乡街道

成寿寺街道

石榴庄街道

玉泉营街道

看丹街道

人物　荣誉

附录

统计资料

区情概览

概 况

丰台区位于北京市城区的西南部，总面积305.53平方千米，其中平原面积约224平方千米、山地面积约80平方千米。地形东西狭长，东西全长约35.3千米、南北相距约15千米。地势西北高、东南低，兼有山陵与平原，最高海拔654米、最低海拔35米。有永定河、北运河、大清河三大水系，共有支流20多条。年平均气温13.4摄氏度，全年降水量897.2毫米。辖24个街道办事处、2个镇，下设368个社区、57个行政村。截至年底，全区常住人口201.5万人，比上年减少0.4万人；户籍人口118.1万人，比上年增加1万人。常住人口中，城镇人口200.2万人，占常住人口的比重为99.4%。常住人口出生率5.61‰，死亡率7.18‰；人口自然增长率-1.57‰。常住人口密度为每平方公里6595人，比上年减少13人。2021年，实现地区生产总值2009.7亿元，比上年增长8.2%。其中，第一产业增加值0.7亿元，比上年增长6.6%；第二产业增加值328.9亿元，比上年增长7.4%；第三产业增加1680.1亿元，比上年增长8.3%。三次产业结构0.04 ∶ 16.4 ∶ 83.6。全区人均地区生产总值10万元，比上年增长11.3%（按常住人口计算）。完成一般公共预算收入145.2亿元，比上年增长11.8%；一般公共预算支出262.8亿元，比上年下降6%。全社会固定资产投资（不含农户）比上年增长7.2%。社会消费品零售总额1418.1亿元，比上年增长7.5%。城镇居民人均可支配收入72170元，比上年增长8%；人均消费支出43334元，比上年增长12.6%。万元地区生产总值能耗比上年下降11.17%。

2021年国民经济和社会发展

丽泽金融商务区建设

丽泽金融商务区数字金融产业生态逐步形成，举办首届中国（北京）数字金融论坛，成立国家数字金融技术检测中心，获批“北京法定数字货币试验区”。长城资产、银河证券、中国物流、南水北调集团等共约800家企业已实现入驻。成立丽泽企业家联合会，建立企业家朋友圈。平安幸福中心、鼎兴大厦等项目投入使用，累计释放产业空间190万平方米。丽泽北区国际金融城概念设计方案初步形成。丽泽城市航站楼建设稳步推进，地铁14号线丽泽段正式投入运营。丽泽滨水文化公园一期、城市运动休闲公园一期对外开放。商务区税收实现45.2亿元，比上年增长39%。

中关村丰台园建设

科技研发费用实现190亿元，比上年增长20%，技术合同交易额实现500亿元，获得国家科技进步奖3项，市级科技进步奖4项。轨道交通、航空航天两大主导产业产值突破3000亿元。实施轨道交通产业发展行动计划，引进北交大轨道交通创新基地等产业协同平台。设立百亿中车制造业转型升级基金，成立中关村领创商业航天联盟。睿宸卫星研究院发射首颗科学实验卫星“丽泽一号”。出台“独角兽八条”政策[1]，启动北京园博数字经济产业园规划建设。

农业

实现农、林、牧、渔业总产值1.7亿元，比上年增长1.1%。其中，林业产值1.4亿元，比上年增长17.3%。全区17个农业观光园全年共接待211.7万人次，比上年增长71.1%；实现总收入1.6亿元，比上年增长39.1%。高标准举办第二十九届中国北京种业大会，助力北京打造全国种业之都。挂牌成立丰台区乡村振兴局。在北京市人居环境13个涉农区考核中排名第四。完成全部21个美丽乡村建设村庄环境整治实施方案编制。粮食播种面积158.57亩，产量358.53吨；蔬菜播种面积2478.2亩，产量4104.2吨。在全市率先印发区级“田长制”实施方案，确定区、镇（街道）、村级田长名单和责任区。

工业

规模以上工业企业实现工业总产值338.5亿元，比上年增长0.5%。推荐1家企业获批国家两业融合试点，4家企业获批北京市工程研究中心。完善“丰九条”[2]实施细则，构建“1+N”产业政策扶持体系。深入实施“1511”[3]产业发展提质工程，培育引进上市企业11家，其中北交所首批上市2家，数量居全市第二；吸引培育高质量外资企业55家，同比增长77%；培育引进高成长企业112家，同比实现翻番；引进规模税源企业106家，实现区域综合贡献同比增长55%。新增注册企业1.6万户，同比增长35%，注册资本金3170亿元，同比增长52%，新增规模以上企业500余家、国高新企业200余家、专精特新企业79家。服务保障联合国工业发展组织第四次工业

1 2021年11月20日丰台区发布《关于支持独角兽企业在丰台区集聚发展的若干措施》（简称丰台区“独角兽八条”）。

2 2020年1月丰台区发布《丰台区促进高精尖产业发展扶持措施（试行）》（简称“丰九条”）。

3 即“培育引进10家上市公司、50家高质量外资企业、100家高成长企业、100家区域贡献超千万的规模企业”。

革命产业联盟年会落地丰台。

商业　对外经贸

社会消费品零售额总量居全市第三。促进数字消费，实现网上零售额60.1亿元，比上年增长27.7%。营商环境持续优化，政务服务“一门”办理率93.5%，居全市首位，企业满意度调查位居全市第二，营商环境评价位居全市前列。“构建科技创新全链条服务‘生态’体系”成为商务部向全国复制推广的国家服务业扩大开放综合示范区建设实践案例。推荐华为中国区总部等多项内容纳入市“两区”建设“五个一批”成果。全面融入国际消费中心城市培育建设，吸引麦德龙PLUS会员店等30多家“北京首店”入驻。丽泽天街、大悦城春风里等商业综合体实现开业。引导市场主体发放2500余万元消费券，拉动销售额约2.5亿元。新建及规范便民商业网点37个。深化国企改革，组建南森公司、文旅集团，优化国资布局，推动区属国企做大做强。

进出口总额208.3亿美元，比上年增长39.2%。其中，进口额155.2亿美元，比上年增长46.4%；出口额53.1亿美元，比上年增长21.9%。完成实际利用外资1.34亿美元，引进培育外资企业55家。

财税

区级一般公共预算收入完成145.2亿元，比上年增长11.8%。其中，增值税38.9亿元，比上年增长10.3%；企业所得税23.2亿元，比上年增长11.5%；房产税19.4亿元，比上年增长15.8%；城市维护建设税8.7亿元，比上年增长22.3%。一般公共预算支出262.8亿元，比上年下降6%。其中节能环保、教育、卫生健康、科学技术的支出分别增长28.4%、15.3%、6.9%、6.5%。

房地产开发

房地产开发投资比上年增长7.9%。其中，住宅投资比上年增长12.7%；办公楼投资比上年下降36.8%；商业营业用房投资比上年下降21.8%。商品房施工面积1403.5万平方米，比上年增长5.2%。其中，新开工面积178.9万平方米，比上年下降21%。商品房竣工面积223.1万平方米，比上年增长52.1%。商品房销售面积142.3万平方米，比上年增长42.6 %。

城市建设与管理

落实新一轮城南行动计划，年度58个项目顺利推进，实现投资超过326亿元。南中轴地区规划方案通过首规委审议，大红门地区和南苑森林湿地公园街区控规获批。国家级博物馆群完成选址，中央芭蕾舞团项目顺利推动，TOD交通枢纽综合配套方案编制有序推进。丰台新政务服务中心投入运行，丰台图书馆大红门新馆成为市民文化“打卡地”。大红门地区深化产业转型升级，最后4家服装市场关停闭市，启动南中轴国际文化科技园建设。方庄、马家堡等10个区域活力中心建设稳步推进。拆除违法建设175万平方米，腾退土地186公顷。启动北甲地，蒲黄榆一、四里等项目，棚改项目全面加快。实施宛平城解危二期工程，启动东铁匠营街道城市更新，长辛店老镇有机更新街区控规方案对外公示。55个老旧小区改造工程顺利推进，14个小微公共空间纳入市级试点。完成供应商品住宅用地5宗约43公顷，规划建筑规模约78万平方米。累计完成清理滞留项目滞留户470户，清理土地面积9.5万平方米。政策性住房开工10766套，竣工9964套，连续14年超额完成市级政策性住房建设任务。葆台村集租房项目2314套租赁房正式投入运营。棚户区改造完成签约搬迁住户931户。张郭庄、张家坟首批经营性地块实现供应。首农集团所属京深海鲜、北水嘉伦、农产品中央、西南郊等批发市场深化改造提升。制定河西地区高质量发展五年行动计划，确定90项重点任务和80个重点项目，总投资超过1600亿元。河西第二水厂方案基本稳定，河西第三水厂具备通水条件，河西再生水厂二期投入运行。

“轨道上的京津冀”重要节点——丰台站建成，同步完善周边路网建设，“一横四纵”、万寿路南延、四合庄西路等部分路段开放通行。在建轨道工程4条：19号线一期、14号线剩余段开通运营。新机场线北延、16号线建设稳步推进。张新桥、云岗路西延、柳村路、通久路等一批重要道路方案获批、开工建设，135项热力燃气、污水及再生水管线消除隐患。推进小业主开放日制度，在办理竣工备案的保障性住房工程中100%落实。新建社区之家示范点3个、楼门院（村组）治理示范点27个、社区协商议事厅示范点10个、社区服务空间开放式试点11个。建设2个街镇社会工作服务中心试点。

平稳有序完成行政区划调整，撤销河东三乡和地区办事处，合理设置26个街镇，形成边界清晰、权责明确、管理顺畅的基层治理新体系。深入贯彻落实接诉即办工作条例，开展“每月一题”专项治理，群众诉求解决率满意率进一步提升。完成394个村（社区）“两委”换届，启动3000户以上大型社区治理体系优化调整，21个失管小区引入专业物业。

生态环境保护

有密闭式清洁站233座，生活垃圾无害化处理率为100%。城市道路日清扫保洁面积2186万平方米。细颗粒物（$PM_{2.5}$）年均浓度值34微克/立方米，比上年下降5.6%，首次达到国家标准，创监测以来最好水平；可吸入颗粒物（PM_{10}）年均浓度值62微克/立方米，比上年增长1.6%；二氧化硫年均浓度值3微克/立方米，和上年持平；二氧化氮年均浓度值28微克/立方米，比上年下降3.4%。空气质量优良天数286天，比上年增加11天。空气重污染天数10天，比上年减少2天。城市绿化覆盖率47.43%。完成永定河晓月生态修复工程，南苑森林湿地公园加快建设，槐园一期等公园对外开放。

在城区率先协调启动“绿水青山就是金山银山”实践创新基地创建工作。开展城乡结合区域地下水污染调查及防护，在全市率先申请并获批国家地下水污染防治试验区建设资格。全区地下水位较上年同期回升2.94米。持续改善农村流域水环境，完成辖区70%以上入河排污口整治，全年国家和市级地表水考核断面水质达标（其中丰草河无水）。开展河道水生态环境状态调查评估，推动河西地区水生态修复，提升辖区水生态品质。完成水土保持日常监督管理建设项目72个，实现区域全覆盖管理。完成丰西铁路桥等4个积水点隐患治理，实现安全度汛。

全区受污染耕地动态清零，污染地块安全利用率达到92%以上。制定农田灌溉用水水质监测和监督检查计划，排查农业灌溉机井104眼，监测农田灌溉水井32眼。推进36个疑似污染地块场地调查。组织专家对10宗土地进行土壤污染状况调查评审；开展5家关停企业用地筛查，动态更新疑似污染地块名录。完成5个农村环境整治及污染治理任务。推进市级出让共7宗、13.11公顷历史遗留闲置土地整改。对丰台区10处未治理废弃矿山图斑完成自然恢复认定工作，涉及图斑面积3.08公顷；组织实施矿山生态修复项目2个，涉及图斑面积5.77公顷。全年发布区级地质灾害气象风险预警22次，其中蓝色14次、黄色8次，累计预警时长905小时。

科技　教育　文化　卫生　体育

79家企业入选市级“专精特新”中小企业，72家企业认定为市级专精特新“小巨人”企业，6家企业认定为国家级专精特新“小巨人”企业。区内企业获得国家科技进步奖9项，北京市科技进步奖10项；北京八月瓜科技有限公司的“构建科技创新全链条服务生态体系”在中国国际服务贸易交易会上作为可复制的最佳实践案例向全国推广。软件和信息服务业领域保持增长态势。1–12月，全区147家规模以上软件和信息服务业企业实现营业收入425.5亿元，增速3.4%。科技服务业收入全区274家规模以上科技服务业企业实现收入480.9亿元，同比增长12.9%。在城六区中率先成立区通信管理办公室，进一步健全区域5G基础设施建设工作机制。专利授权量14502件，比上年增长44.3%。其中，发明专利授权量3509件，增长29%。签订各类技术合同3126项，比上年下降4%；技术合同成交总额819.4亿元，下降24.2%。

严格落实《关于进一步减轻义务教育阶段学生作业负担和校外培训负担的意见》和北京市“双减”工作要求，成立区级“双减”专班，动态清零学科类培训机构（“无证机构”）。新增普惠性学前学位990个。全年教育总投入60.99亿元。中小学固定资产总值305262.6万元。中央民族大学新校区正式投入使用，4783名新生报到。北京第五实验学校取得设立批复，学前教育普惠率由70%提升至90%以上。义务教育优质均衡发展，完成首都师范大学附属云岗小学托管北京大学附属小学丰台分校工作。推进第三期学前教育行动计划。18所学校优秀案例被推荐参加市级“一校一案”案例评选活动。高考本科上线率创历史新高，高考特殊类型招生上线率、本科分别达到了56.50%和95.27%，比上年提高2.5%、6.02%。顺利通过北京市特高校建设中期验收工作。正式启动北京市丰台区老年开放大学。

全区有公共图书馆2个，馆藏图书125万册。档案馆1个，馆藏案卷14.5万卷件。文化馆（站）22个，文化广场26个，各类群众文化团体1426个。非物质文化遗产保护项目46项，其中国家级4项。成功举办第五届中国戏曲文化周、“卢沟晓月”中秋文化活动，推出扶贫舞台剧《幸福交响》，拍摄专题片《丰台文脉》。以“妙笔生花·丰采无限”为主题参展服贸会，展陈特色文创产品，吸引游客6.5万人次。将莲花池公园文化广场打造成冬奥城市广场。建设完成丰台区图书馆大红门新馆。

区疾控机构标准化建设达标率90%。组建480人流调队伍，新建6个急救站，院前急救呼叫满足率98%，完成5家发热哨点和8间区属医院负压病房建设。北京口腔医院加快建设，丰台医院、七三一医院晋升为三级综合医院，南苑医院成功转型中医医院，铁营医院通过北京市康复专科医院的验收，妇幼保健院通过二级甲等妇幼专科医院评审。补齐村级医疗机构空白点，建立2.7万个爱国卫生组织机构。组织党员干部、志愿者等2.6万人次下沉社区，建立科学精准疫情防控体系，有效遏制了疫情传播。全区12岁及以上人群新冠疫苗全程接种率达到103.5%。全区共有卫生机构556个，比上年增加8个；其中医院77个。医疗机构共有床位13168张，比上年增加430张。全区卫生技术人员25924人，比上年增加1225人。执业（助理）医师9976人，注册护士11202人。全区医疗机构共诊疗2160.5万人次，健康检查87.8万人次。

创建30个全民健身示范街道和体育特色乡镇，建设360处体育健身活动场所。王佐镇完成北京市体育特色乡镇创建，被北京市体育局正式命名。全年举办各类体育赛事约150余场次，35万人次参与。对2013年安装的1272件全民健身工程器材进行更新。对2006年至2011年建设的10片专项活动场地进行维修。全区有体育场馆1275个，全民健身工程545个，社会体育指导员10895人。在全市体育比赛中共获奖牌287枚，其中金牌72枚。实施冬奥文化广场、冬奥文化社区建设改造，营造浓厚迎冬奥氛围。

人力资源和社会保障

城镇登记失业率3.10%，比上年提高0.32个百分点，失业人员就业率67.24%，比上年提高10.85个百分点。全区参加基本养老、基本医疗、失业、工伤和生育保险人数分别为111.2万人、157.5万人、78.9万人、73万人和118万人，分别比上年增加4.5万人、41.3万人、2.4万人、0.6万人和38.6

万人。全区享受城市最低生活保障的9206人、享受农村最低生活保障的119人，保障标准均为1245元；职工最低工资标准为2320元。累计支付各类保险待遇170.56亿元，比上年增加22.23%。企业退休人员平均养老金4527元/月，比上年增长6.30%；城乡居民平均养老金水平930元/月，比上年增长4.03%；城乡无保障老年人平均福利养老金水平785元/月，比上年增加3.97%。打造智能化社保服务，研发“丰小保”社保机器人，完善窗口导引功能。推荐引进的高层次人才获批108人。有各类收养性单位46家，床位10326张，在院人数4505人。

在全市率先实现困难群众医疗救助随时可申报。升级医疗救助信息系统，实现救助系统模块全覆盖。完成医保信息系统脱卡结算改革，全区定点医疗机构全部实现医保电子凭证就医结算。药品集中带量采购前四批157个采购品种药品平均降价53%，最大降幅超过95%。完成异地就医门（急）诊医疗费用直接结算改革，全区符合条件的210家定点医疗机构全部实现异地直接结算。12家定点医疗机构参与DRG（疾病诊断相关分组）付费方式改革模拟运行试点工作。承担北京市医疗保障信息平台试点任务。在全市率先实现基本医疗保险视同缴费年限认定“全程网办”和“智能审批”。新增养老服务机构床位597张，养老服务体系不断完善。结合“喘息服务”试点工作经验推进家庭照护床位建设，出台《丰台区养老家庭照护床位建设管理实施细则（试行）》，建设家庭养老照护床位503张，为服务对象提供生活照料、康复护理、健康管理、辅具支持、心理服务、居家安全协助等服务，并为家庭照护者提供护理技能提升培训等，更好地满足老年人的实际需求。

“创城”“创卫”“创森”

制定落实《丰台区创建全国文明城区工作方案（2021–2023）》，召开2次区级工作推进会、3次调度会、4次培训会，2次实地问题协调会。制定《丰台区创建全国文明城区领导小组办公室“1+1+1”工作方案》。对全区26个街（镇）以“五个一”模式进行同类型、同标准覆盖式检查，对“问题发生率”排名，定期“回头看”。在中央媒体和市级媒体发布创城原创新闻报道近40条。通过区级媒体《丰台报》和两微一端开设专栏，发布创城新闻近50条。以“丰丰”为区形象代言人，通过设计制作短视频向公众传达创建文明城区的知识，配合“丰台文明”相关口号形成人人爱看，传播广泛的视频宣传片，阅读量超过24万。消防、应急避难、卫生防疫等安全保障设施布局进一步优化，助力发热哨点、发热门诊选址，完善公共卫生应急体系，推动健康宜居韧性城市建设。

举全区之力创建国家卫生区，群众对创卫满意度达到93.9%，以4A成绩通过创建国家卫生区病媒生物防制市级验收，完成全国健康促进区建设市级评估和验收。积极推进基层爱国卫生组织建设，在各街（镇）、社区（村）、机关企事业单位、非公组织单位普遍建立爱国卫生组织机构，在全市名列前茅。实行部门属地“结对联创”工作机制，全区39个机关事业单位与26个街镇、2个管委会结对联创，派出6391人次参与创卫工作。组建7支区级突击队伍，攻坚克难。改善社区村庄人居环境，完成73条背街小巷环境精细化整治提升任务，不断提升重点场所环境卫生，提高疾病预防医疗服务水平，开展健康促进行动。“双专员 双进入”机制在全区26个街镇411个社区（村）基本实现全覆盖。

森林总面积8543.52公顷，绿地总面积7674.7公顷，森林覆盖率27.97%，人均公园绿地面积12.1平方米，公园绿地500米服务半径80%。森林覆盖率在全市名列前茅，达到国家森林城市标准。共完成绿道网络建设17处，长24.644公里，每万人拥有绿道长度达0.58公里以上。开展各类宣传活动168次，园博园生态修复课堂、花卉大观园名花奇果赏析园等自然教育基地累计接待群众超过500人次、全区义务植树参与人数达10万人，植树株数10万余株。建成区级、街镇级、社区级“互联网+全民义务植树”基地。古树名木保护率达到100%。监督指导山区生态林、郊野公园、平原生态林、平原造林、园博绿道、美丽乡村共8.7万亩的养护工作。辖区空气、水环境、土壤质量持续改善，空气质量位列城六区前茅，国、市考水断面持续达标，受污染耕地、污染地块安全利用率达国家要求。

精神文明　民主法治建设

组织“光盘行动”、垃圾分类、礼让斑马线等宣教活动200余场，创建94个生活垃圾分类示范小区、村。全年选荐全国道德模范3名、“北京榜样”候选人48名、“身边好人”20名。开展“爱满丰台”学雷锋志愿服务系列活动，丰台公安分局刘长乐被中宣部评为第六批全国岗位学雷锋标兵。被中央文明办确定为“全国文明城区提名城区”。持续深化群众性文明创建活动，抓好文明村镇、文明单位、文明家庭、文明校园创建活动，优化提升乡情村史陈列室和农村精神文明宣传视屏建设管理水平，完善新时代文明实践“1+N+X+26+411”活动体系[4]，组织主题实践活动3700余场，累计发动25万人次参与；大力推广新时代文明实践网络互动平台，累计服务群众9万余人次。

区人大及其常委会修订区人大常委会规范性文件备案审查工作规程，将区监委、区“两院”规范性文件纳入备案审查范围，实现备案审查范围全覆盖、向常委会报告备案审查工作全覆盖。加强对司法、执法工作的监督。区政协发挥专门协商机构作用，围绕区中心工作议政建言，共提出28个方面、104项意见建议，扎实推进重大项目建设、学校、街道等的专项民主监督。

4　“1”指新时代文明实践中心办公室策划选题，“N”指多个成员单位主办活动，“X”指各新时代文明实践所轮流承办主场活动，“26+411”指所有实践所站同步开展。

开展电动自行车等领域安全生产专项整治，完成13处重大隐患治理，群众安全感满意度达到99.5%。依法严厉打击各类违法犯罪行为，刑事、治安案件数量双下降。

党的建设

精心组织建党一百周年系列庆祝保障活动，按照党中央和市委统一部署，成立区级领导小组，加强统筹调度，圆满完成各项任务，做好“两优一先”评选表彰，1名党员被评为全国“优秀党务工作者”，30名党员和12个党组织受到市级表彰。保护传承利用长辛店党的早期活动旧址，精心策划“北方的红星”等专题展，接待参观5.3万余人次。

高标准开展党史学习教育，扎实落实学习教育各项任务，区委理论学习中心组学习16次、读书班2期，区领导讲专题党课22次，各级党组织集中学习1300余次。策划“我心中的航天城”等特色宣讲，累计宣讲3000余场。编印《中国共产党北京市丰台区历史（1921—2012）》《丰台史话》，打造9条“行走的思政课”精华路线。全区明确“我为群众办实事”任务清单1204项，全部按时完成。

加强区委对各项工作的领导。区委常委会全年审议党建类议题155个，占议题总数52%。加强统战工作，建立海外统战工作和侨务工作联席会。研究制定《农村集体土地和房屋管理工作导引》，提升“村地区管”质效。坚持和加强党对意识形态工作的全面领导，修订《丰台区党委（党组）意识形态工作责任制实施细则》，制定《丰台区党委（党组）网络意识形态工作责任制实施细则》，将意识形态工作责任制作为重要内容纳入《中共丰台区委常委会2021年落实全面从严治党主体责任任务安排》《区委党建工作领导小组2021年工作要点》。守好意识形态阵地，做好公共空间艺术品、公益宣传栏、户外大屏的日常动态巡查，加强形势政策教育和哲学社会科学报告会、研讨会、讲座、论坛的备案管理，做好爱国主义教育基地建设管理工作。

聚焦区域发展，建设高素质专业化干部人才队伍，细化完善区管干部选任流程，严格落实领导干部选拔任用条例。坚持梯次配备，用好各年龄段干部。做好镇“88后”“90后”和街道“85后”“88后”干部配备。围绕“乡村振兴”和“党建引领基层治理”两大主题，统筹抓好基层干部培训。完成“丰泽计划”首批59名高层次人才（团队）评选认定。严格离京报备等制度落实，完成领导干部兼职等专项清理。领导干部个人有关事项报告随机抽查如实率城六区第一。落实村党组织书记个人重大事项报告等5项制度机制，440余名村干部如实报告个人重大事项。

持续深化党建引领基层治理，强化疫情防控统筹调度，健全“区—街镇—社区村—网格”四级工作体系，压紧压实防控责任，分三批完成26个街镇行政区划调整挂牌，形成基层治理新格局。选派26名机关干部下沉社区村任“治理书记”，推动党的组织优势转化为基层治理效能。出台《丰台区“接诉即办”考评工作细则》，本年群众诉求解决率、满意率分别从年初的78.5%、83.2%提升到年底的90.64%、92.41%。聚焦“七有”“五性”改善民生，坚持“无错优先”，小区业委会组建率位居城六区前列。全区社区和村干部年龄、学历实现“一降一升”。全区6个软弱涣散村党组织全部转化提升。举办丰台区新一届村和社区党组织书记集中培训班，提高“领头雁”综合能力。推动区属企业制定党组织前置讨论重大事项清单及程序。推进党组织领导的校长负责制研究和试点工作。社区卫生服务中心全面实行党组织领导下的院长负责制。紧盯地标性商务楼宇和纳税百强企业提升“两个覆盖”。深入推进新业态、新就业群体党建试点工作，打造的“小哥之家”和“小憩港湾”成为具有全市影响力的党群服务中心。严格党员队伍管理。严把党员发展入口关，联审发展对象2515人。推选优秀党支部工作法18个。印发《党支部工作规范》，全面整顿党支部建设突出问题。

持之以恒正风肃纪反腐。持续精准纠治“四风”，全区第三方平台账号及应用程序由184个精简为139个，工作群由665个精简为295个。1–10月，共查处违反中央八项规定精神问题19起，处理19人，通报曝光7起。深入推进党风廉政建设和反腐败斗争，制定区属国有企业违规经营投资责任追究办法，实现国有资产监管的闭环管理。完成42家单位的巡察，实现区属单位、社区村党组织巡察全覆盖。召开全区警示教育大会，深化以案为鉴、以案促改。扎实开展政法队伍教育整顿，整治顽疾痼瘴41项。全年全区处置问题线索1202件，立案195件，处分143人。

（陈　亮）

丰台区主要领导

区委书记	徐贱云
区人大常委会主任	张巨明（9月免） 高　峰（12月任）
区长	初军威
区政协主席	刘　宇（12月免） 李　岚（女，12月任）

特　　载

区委十二届十五次全会上的工作报告

区委书记 徐贱云

（2021年7月30日）

这次全会主要任务是，贯彻落实市委十二届十七次全会精神，贯彻落实市委市政府主要领导调研指示要求，总结上半年工作，部署下半年任务。下面，我受区委常委会委托，向全会报告工作。

一、关于上半年工作

今年是我们党建党100周年，也是“十四五”开局、全面建设社会主义现代化国家新征程开启之年。半年来，区委常委会坚持以习近平新时代中国特色社会主义思想为指导，深入贯彻党的十九大、十九届二中、三中、四中、五中全会精神和习近平总书记对北京重要讲话精神，深入贯彻党中央决策部署和市委工作要求，先后召开32次区委常委会会议，围绕市委“妙笔生花看丰台”殷切期望，扎实稳步推进各项工作，经济社会发展取得新成效。

圆满完成建党100周年庆祝活动服务保障工作。坚持“精精益求精、万万无一失”，做好飞行表演梯队迫降点、远端集结点、广场参加人员及文艺演出观众保障等重点专项任务，有力保障辖区各制高点安全，高标准完成排练场地5轮次服务保障任务。加大社会面治安管控力度，确保城市运行安全平稳有序。全力做好全民族抗战爆发84周年纪念活动服务保障工作。高质量完成长辛店革命活动旧址保护传承利用，二七纪念馆获评“全国爱国主义教育示范基地”，推出“北方的红星”“光辉印记”主题展览，累计接待参观约4万人次。

扎实推动经济高质量发展。抢抓“两区”建设机遇，发布实施“十四五”规划纲要，经济运行持续回升。上半年，地区生产总值实现934.3亿元，增长12.2%；区级一般公共预算收入完成90.6亿元，增长17.1%；固定资产投资增长8.7%，建安投资增长23%。近期，市委市政府主要领导两次到丰台调研，提出“三环里新城看丽泽”“推动大红门地区实现‘华丽转身’”等指示要求，为我区加快重点地区规划建设指明了方向。区委常委会认真贯彻落实市领导调研指示精神，全力推动区域经济高质量发展。

丽泽金融商务区规划建设全面提速。编制完成规划综合实施方案，14号线丽泽站结构封顶，南区3条主干路建成通车，推进城市运动休闲公园、滨水文化公园、金中都城遗址公园建设。与央行数字货币研究所合作，成立国家数字金融技术检测中心，建设数字金融科技示范园，筹办首届丽泽数字金融论坛。银河证券、华为中国总部正式入驻办公，南水北调集团、首家外资金融类企业里昂咨询等优质企业完成落户。实现留区税收8.6亿元，同比增长62%，其中金融业留区税收6.76亿元，同比增长74.2%。

南中轴地区规划建设步伐加快。做好规划编制工作，南中轴地区规划方案通过首规委审议。研究制定大红门地区转型升级方案，大力推动大红门地区“华丽转身”。持续推进南苑森林湿地公园建设，槐园公园一期和南苑公园提升改造项目竣工。

中关村丰台园科技创新活力不断增强。出台“新开放五条”，与北交大共建轨道交通创新基地，推进筹建轨道交通联盟。组建中关村领创商业航天产业发展联盟和睿宸卫星创新应用研究院，加快航天海鹰、海格通信等产业园建设。与首都医科大学、天坛医院共同筹备首都医学科学创新转化中心。成功举办中关村论坛中欧数字经济峰会。编制完成东区城市更新试点项目和土地分宗项目方案，双创基地、航空航天创新中心主体结构实现封顶。实现区级收入24.2亿元，人均、地均产出等主要经济指标位居示范区前列。

营商环境不断优化。区政务服务中心新址投入使用，“一门”办理率提升至93.2%。“两区”建设55项重点任务中46项已取得阶段性成效，举办“两区”建设100个重点项目签约仪式，现场签约30个项目投资意向总额超1800亿元。全力实施“1511”产业提升工程。新设企业8086家，同比增长84.4%，其中注册资本5000万元以上规模企业270家，同比增长35.7%。推进方庄等10个区域活力中心建设。实施16家区属国有企业公司制改革，组建北京南苑森林湿地公园建设管理有限公司和北京丰台文化旅游集团有限公司。

不断提升城市规划建设治理水平。持续推进重要规划编制和重点地区规划建设。街区指引形成初步成果，全区148个街区控规覆盖率达94.2%。完成丰台站、五里店等地区街区控规编制。持续推进规自领域问题整改。

平稳有序完成行政区划调整工作。坚持科学谋划、高位统筹，稳步推进党组织调整设立、人员分流安置、机构定岗定编等工作，分三批完成永定河以西地区“两街两镇”、南苑地区“一乡九街”以及花乡和卢沟桥地区行政区划调整，实现了全区各街镇界线明晰、区划布局合理、服务管理顺畅。

不断改善生态环境质量。$PM_{2.5}$累计浓度43微克/立方米，2个国家考核断面、7个市级考核断面无劣五类水体。完成永定河晓月生态修复工程。深入开展国家森林城市创建，实施新一轮百万亩造林1047亩。

疏解非首都功能推动京津冀协同发展。拆除违法建设59.1万平方米，腾退土地60公顷，一般制造业改造提升等10项任务完成年度目标。扎实开展治理类街镇整治提升工作。完成丰西铁路桥区积水点治理。服务保障丰台站改扩建工程，站房主体结构全面封顶，跨四环特大桥全面贯通，万寿路南延四环路跨线桥竣工通车。

促进区域融合发展。新一轮城南行动计划58个年度重点项目累计完成投资约167亿元。深化河西地区轨道交通一体化及重点街区控规研究。全力推进蒲黄榆—四里棚改项目，五里店棚改签约率达到96%，青塔棚改项目启动签约。严格落实“村地区管”，审议农村集体资产项目31个。

聚焦“七有”“五性”提高人民生活品质。扎实做好接诉即办工作。健全每月点评、督导约谈等工作机制。针对群众反映强烈的突出问题，“每月一题”陆续开展物业管理、停车地锁、街面环境秩序等专项治理。坚持“无错优先”，为11440户居民解决“房产证办证难”问题。

加大社会保障力度。新增就业岗位2.9万个。新开工建设政策性住房10400套，超额完成年度任务。落实“双减”工作要求，加强校外教育机构治理。大力推进丰台医院提质改建工程，北京口腔医院迁建工程启动主体结构施工。新增养老床位338张。

狠抓两件“关键小事”。家庭厨余垃圾分出量显著提升、分出率稳定达标。51个小区、村被授予生活垃圾分类示范小区、村荣誉称号。深化党建引领物业管理，全区业委会组建率排名城六区第一。推动15个失管小区实现市场化物业管理。将36个失管小区纳入今年老旧小区改造计划，通过治、建、管一体化实现“四有两无”改造目标。

举全区之力创建国家卫生区。深入开展新时代爱国卫生运动，累计近60万人次参与“周末卫生日”活动。以AA级水平通过市级病媒生物（鼠、蟑）防制专项验收，扎实推进病媒生物（蚊、蝇）防制工作。

深化全国文明城区创建工作。制定工作方案，建立常态长效工作机制，扎实推进创建文明城区“八项行动”，督导落实183项测评检查问题整改，广泛发动群众，积极营造“全域创建、全民创建”浓厚氛围。

推动文化繁荣发展。加快推进公共文化设施建设，主动做好中央芭蕾舞团等重大文化项目的对接服务，丰台图书馆大红门新馆实现试运行。持续开展“活力丰台”等文化活动1147场次，满足群众多样性文化需求。

统筹好发展和安全。持续做好常态化疫情防控，严格入境人员隔离管理和中高风险地区进京人员管控。织密社会面防控网络，加大重点场所防控力度。做好进口冷链食品及从业人员管理。全区第一针疫苗接种率超过90%。

防范化解突出风险隐患。持续巩固扫黑除恶专项斗争成果。深刻汲取“4·16”储能电站火灾事故教训，全面开展安全隐患排查。强化政府债务规范化管理，有序减少隐性债务规模。持续压降P2P网贷机构存量。深入开展矛盾纠纷排查化解，扎实做好网络安全、食药安全、防火防汛等工作。

全面加强党的建设。深入开展党史学习教育，全面贯彻落实习近平总书记关于党史学习教育的指示要求。编发《丰台史话》，创作《北方的红星》系列纪录片，开展宣讲3000余场。完成“我为群众办实事”项目472项，解决了一批群众急难愁盼问题。

坚持把巡视整改作为重大政治任务。第一时间成立领导小组，召开动员部署会和专题民主生活会。针对反馈的108个具体问题事例，出台310项具体整改举措，制定“一表一轴一清单”，建立“一报告两台账”督查等工作机制，累计完成整改71个，基本完成整改24个，其余13个已制定阶段性目标，并持续抓好落实。

以政治建设为统领统筹推进政法队伍教育整顿。排查梳理整治顽瘴痼疾41项，开展3轮次实地检查和下沉评估，制定56个工作制度，持续巩固教育整顿成果。召开全区警示教育大会，实现全区政法干警谈心谈话、个人事项报告全覆盖。举办英模事迹报告会，刘安同志作为重大典型，中央政法委号召全国政法机关和全体政法干警广泛认真学习宣传其先进事迹。

抓好基层党建和党风廉政建设。“一村一策”完成6个软弱涣散党组织整顿。圆满完成394个社区村“两委”换届工作。完成对25家单位的巡察，稳步推进本届区委巡察全覆盖。集中开展党务外包等专项整治。聚焦基层微权力运行，全面整治群众身边腐败和作风问题。

半年来，区委常委会带领全区党员干部群众，紧密团结在以习近平同志为核心的党中央周围，在市委市政府坚强领导下，持续强化自身建设，增强“四个意识”、坚定“四个自信”、做到“两个维护”，支持人大、政协建言献策、开展监督，圆满完成各民主党派换届工作，加强对工青妇等群团组织的领导，各项工作取得新成绩。在此，我代表常委会，向辛勤奋战在各个领域、各条战线上的党员干部群众，表示崇高敬意和衷心感谢！

总结成绩的同时，我们也清醒地看到，我区经济全面恢复基础尚不牢固，上半年工业产值微降，区域财力对重大项目支持力度不够；城市更新进度仍需加快；社会治理精细化水平有待加强；接诉即办和“七有”“五性”工作水平还需提高。面对这些困难和问题，我们要坚定信心、攻坚克难、苦干实干，进一步把庆祝建党百年激发出的巨大力量凝聚起来，全面贯彻落实习近平总书记“七一”重要讲话精神和市委市政府主要领导调研指示精神，推动区域高质量发展，确保全年目标任务顺利完成。

二、关于下半年工作

（一）深入学习贯彻习近平总书记在庆祝中国共产党成立100周年大会上的重要讲话精神

习近平总书记“七一”重要讲话，是新时代中国共产党人不忘初心、牢记使命的政治宣言，是我们党团结带领人民以史为鉴、开创未来的行动指南，是党和人民事业发展进程中一篇极为重要的马克思主义纲领性文献，是指导我们各项工作的根本遵循。

全区各级党组织要把学习宣传贯彻好习总书记“七一”重要讲话精神，作为当前和今后一个时期的首要政治任务，持续组织好学习研讨、基层宣讲、宣传阐释等工作，教育引导全区广大党员干部群众深刻领会和把握讲话的重大意义、丰富内涵、核心要义、实践要求，进一步把思想和行动统一到讲话精神上来。要发挥区委党校主阵地作用，把讲话精神纳入培训教学必修课程，推动讲话精神进教材、进课堂、进头脑。要精心组织专题宣讲，深入各系统、深入基层、深入群众广泛开展宣讲，积极组织面向青少年的宣讲活动。要坚持理论联系实际，引导党员干部学以致用、用以促学，大力弘扬伟大建党精神，意气风发踏上新的赶考之路，努力为党和人民争取更大光荣。

（二）深入推进党史学习教育

要继续推动党史学习教育往深里走、往实里走，抓实个人自学、集中研讨、专题辅导，高质量组织好专题党课和专题组织生活会，引导党员干部学原著、读原文、悟原理，不断提高政治判断力、政治领悟力、政治执行力，激发为实现第二个百年目标而接续奋斗的动力和干劲。要广泛组织党员干部群众参观“‘不忘初心、牢记使命’中国共产党历史展览”和北大红楼及中国共产党早期北京革命活动旧址，参观长辛店二七纪念馆、留法勤工俭学预备班旧址，弘扬光荣传统，赓续红色血脉。要深入开展群众性主题宣传教育，广泛开展“四史”宣传教育，精心组织“永远跟党走”百姓宣讲等活动，进一步激发市民群众爱党爱国爱社会主义的热情。要坚持以人民为中心的发展思想，以接诉即办为主抓手，持续深入开展“我为群众办实事”实践活动，引导党员干部把学习成果转化为服务群众的实际行动，着力解决市民群众急难愁盼问题，让群众有更多获得感。

（三）推动重点功能区高质量发展

一是高标准推动丽泽金融商务区规划建设。按照市委市政府主要领导调研要求，牢牢把握“两区”建设机遇，坚持“金融＋科技”，大力发展现代金融商务新业态，建设金融科技创新示范区。

要按照“一心三带多点”的空间结构，继续完善综合实施方案。加快南区在施产业项目建设，营造开放式街区格局，推进北区一体化综合开发，打造复合型“立体城市活力中心”。抓好“一站五轨”建设，加快城市航站楼建设，确保14号线年底全线通车，大力推进丽金线、大兴机场线北延、11号线、16号线规划建设。

要牢牢把住现代金融业定位，严把入口关，高门槛做好招商引资工作，主动承接金融街、CBD产业外溢，吸引优质金融机构落户，构建以新兴金融为主、科技和专业服务机构等为辅的产业体系。要着力打造数字金融示范区，积极布局数字金融产业链，支持中国人民银行数字货币研究所发展，加快南区D片区数字金融科技示范园建设，鼓励金融机构、科技机构开展数字金融创新，推动一批数字金融应用场景落地，办好首届丽泽数字金融论坛。

要坚持大尺度绿化，加快城市运动休闲公园、滨水文化公园建设。高水平规划建设金中都城遗址公园，发挥中国戏曲学院优势，厚植丽泽文化元素。加快完善配套设施，增加优质教育医疗服务供给，促进职住平衡，建设宜居宜业、产城融合的一流城区。

二是高品质推动大红门地区转型发展。按照市委主要领导调研指示要求，着眼未来首都功能布局，着眼展示中轴线历史文化价值，着眼引领带动南部地区发展，统筹谋划大红门地区规划建设，推动功能重塑、产业升级和品质提升，打造城市更新样板，实现“华丽转身”。

要加快完善大红门地区转型升级工作方案，明确重点任务和推进时序，制定近期专项行动计划方案，压茬推进，尽快取得明显成效。要完成街区控规编制，统筹规划好南中轴、大红门路、凉水河等重点轴线和周边区域，落实落细功能定位和空间布局。

要全力推动4家服装市场转型发展。统筹推进城市更新和招商引资，全面拆除地区违法建设，对有条件的现有建筑做好“利旧”文章，以科技功能为重点，积极引入头部科技企业总部，规划发展未来产业科技园。推广合生广场转型升级经验，打造现代商圈，提高消费热度和区域活力。

要统筹推动土地腾退整理，盘活土地资源，积极承接重大项目落地。要进一步完善配套设施，先行启动TOD综合配套服务区规划建设，推动大红门地铁站与周边用地一体化开发，织补城市路网，增补水电气热等市政设施和教育、医疗、文化、体育等公共服务设施，抓好凉水河生态治理，持续提升区域承载力和城市品质。

三是高水平推动中关村丰台园创新发展。要围绕国际科技创新中心建设，强化企业创新主体地位，加强关键技术攻关，提升重点产业科技创新能力，积极发展创新型总部经济。做强做优轨道交通、航空航天两大千亿级产业集群，加强与重点院所、高校的联系对接，推动北交大轨道交通创新基地、铁科院城市轨道交通创新网络等项目落地，促进轨道交通全产业链、数字化发展。统筹做好东区存量增量工作，以点带面开展东区建成区城市更新，加快推动北京看丹独角兽创新基地等重点项目建设，持续提升人均、地均产出和科技研发投入，提高发展效益和质量。加快推进西区规划建设，探索创新开发模式，建设北京园博数字经济产业园区。

（四）认真实施推动城市南部地区高质量发展行动计划

一是以疏解非首都功能为"牛鼻子"推动京津冀协同发展。要扎实开展新一轮疏解整治促提升专项行动，确保完成全年任务。要依法依规、加快推进违法建设拆除和土地腾退，进度快的街镇要争取在"十一"前完成，其余各街镇也要在10月底前完成，最晚不能超过11月中旬。要推动新发地批发市场转型升级，加快数字化改造提升，优化空间布局和农产品流通体系，建立现代企业制度，优化治理结构，提升服务保障能力。要着眼于把丰台站建设成为"轨道上的京津冀"重要节点，服务保障丰台站改扩建工程按期通车，加快周边万寿路南延、丰台东路、四合庄西路等道路建设，编制完善站城一体化启动区控制性详细规划和综合实施方案，推动丰台站组团综合开发。

二是着力推动河西河东协调发展。制定出台推动河西地区高质量发展行动计划，优先将河西地区重点项目纳入区级年度重点工程计划和政府投资计划，加大区级财政对河西地区的投入力度。对标中心城区标准，以项目带动发展，推进河西轨道交通规划建设，加快补齐河西基础设施、公共服务短板，提升产业发展水平。

三是全面推进乡村振兴。全力办好第二十九届中国北京种业大会，细致做好主会场服务保障工作，落实落细各项措施，广泛吸引种业企业参与，努力打造具有全国影响力和产业带动力的种业品牌展会，助推全市建设"种业之都"。实施乡村建设行动，持续开展农村人居环境整治。加快"一绿"地区城市化建设，统筹推动"二绿"地区城乡一体化建设，分类指导农村集体租赁住房建设运营，维护农民利益。强化农村集体经济组织管理，发展壮大农村集体经济。

（五）全力做好冬奥会和冬残奥会筹办服务保障工作

全力以赴做好冬奥会、冬残奥会筹办服务保障工作，是我们肩负的重大政治责任。要进一步提高政治站位，按照北京冬奥组委和市运行保障指挥部统一部署，高质量完成好各项服务保障任务，确保如期安全顺利办赛。要完善住宿、餐饮、交通、医疗、气象等各项服务保障工作，强化辖区赛会服务供应企业价格监测和安全监管。要主动上门做好国家冰雪运动训练科研基地的服务保障，持续提升周边环境秩序。要组织动员社会力量支持冬奥筹办，做好城市志愿者招募、培训和管理工作。要加强冬奥宣传推广和冰雪运动普及，营造良好冬奥氛围。

全力为重大活动举办营造安全稳定的社会环境。坚持把维护政治安全作为首要任务，严密防范敌对势力捣乱破坏活动，坚决守住不发生暴恐活动的底线。要加强社会面治安防控，深入开展矛盾纠纷排查化解，推动扫黑除恶常态化，全力维护社会安全稳定。要严格落实安全生产责任制，深入排查、治理各类安全隐患，严防发生重特大安全事故。

（六）统筹抓好"三项任务"

一是毫不松懈抓好常态化疫情防控。要坚持"外防输入、内防反弹"，压紧压实"四方责任"，进一步织密扎牢疫情防控网，全力维护人民群众生命安全和身体健康。要严格"外防输入"不放松，对入境人员及京外入境进京人员严格执行"14+7"隔离观察、闭环管理、核酸检测等措施，持续做好中高风险地区进京人员管理与筛查，严格落实进口货物全流程预防性消毒和进口冷链食品监管措施。要坚持不懈抓好社会面防控，各类公共场所和交通场站严格落实佩戴口罩、测温验码、通风消杀等措施，严防聚集性风险。要严格集中观察点规范管理，加强医疗机构院感防控。要持续推进疫苗接种，围绕重点人群和接种率低区域查缺补漏，稳妥有序做好3至17岁人群疫苗接种，尽早建立免疫屏障。

二是持续抓好中央、市委巡视和中央环保督察反馈问题整改。按照市委统一部署，落实中央巡视北京反馈意见整改相关工作，推动巡视整改和成果应用取得实效。持之以恒抓好市委巡视丰台反馈意见整改落实，严格按照"一表一轴一清单"要求，对整改方案各项任务采取动态管理、挂账销号。加强督查和监督，对重点领域、重点事项适时进行阶段评估和"回头看"，对搞"一阵风""雨过地皮湿"甚至弄虚作假整改的严肃追责问责。坚持标本兼治，举一反三、建章立制，扎紧制度笼子，强化制度执行，从源头上防止类似问题再次发生。

规自领域问题整改具有全局性、长期性、复杂性，是一项重要政治任务，要以"钉钉子"精神下大气力推动解决，确保按期完成整改目标。要持续巩固违建别墅清查整治成效，继续抓好违法用地、违法建设问题整改，严肃查处各类反弹和新生问题。要严格落实"村地区管"要求，进一步强化农村集体土地和房屋管理。要把纪律和规矩挺在前面，从党员、干部和公职人员严起，带头做到"六个严禁"。要进一步提升规划实施水平，动态完善街区指引成果，压茬推进控规编制，推动重点功能区规划、专项规划与街区控制性详细规划有机融合，坚决维护规划的严肃性和权威性。要有序推进城市更新，推动老旧小区、危旧楼房和简易楼等更新改造，加紧棚户区改造在途项目“销账”，推动传统商圈改造和老旧厂房更新提质，打造区域活力中心。

落实好中央生态环境保护督察反馈意见整改相关工作，持续巩固整改成效，全面提升生态环境工作水平。持续抓好“一微克”行动，强化重型柴油车等移动源、扬尘和挥发性有机物治理，做好重污染天气应对，持续改善空气质量。强化落实河湖长制，推进永定河丰台段综合治理和生态修复，积极推进河西地区水生态提升。全力推进国家森林城市创建工作，加快完成新一轮百万亩造林绿化和留白增绿年度任务，持续推进南苑森林湿地公园先行启动区绿化建设和景观打造。践行绿色发展理念，重点功能区建设要带头推进碳减排、碳中和，全面推行绿色建筑，加强既有建筑节能改造，降低碳排放。

三是平稳有序完成区、镇换届。要切实把坚持和加强党的全面领导贯穿换届工作全过程，充分发挥党组织领导和把关作用，牢牢把握选举工作的领导权和主动权，认真做好代表、委员产生工作，精心组织大会选举，把代表、委员的思想统一起来，确保市委批复的人选顺利当选。要开好第十三次党代会、第十七届人大一次会议、政协十一届一次会议，全面总结过去五年工作成绩，科学谋划未来五年发展蓝图。要严肃换届纪律，严格遵守“十严禁”“四个不准”等换届纪律要求，以零容忍的态度、坚决有力的措施，确保换届全过程风清气正。换届期间，各级领导干部要以事业为重、顾全大局，团结一致、心无旁骛地抓好各项工作推进和落实，正确对待个人进退留转。要以换届为契机，进一步加强各级领导班子和干部队伍建设，为丰台高质量发展提供坚强组织保证。

（七）围绕“七有”“五性”保障和改善民生

一是优化基层治理体系。目前，全区26个街镇的行政区划调整已经到位。各街镇要认真贯彻落实街道办事处条例，进一步做好人员力量配备、服务设施设置、宣传引导等工作，深化对社区村的管理，优化提升基层治理架构体系。要继续深化党建引领“吹哨报到”改革，完善接诉即办机制，办好“每月一题”，强化对共性问题的研究推动，加大主动治理和未诉先办工作力度，扎实办好一批实实在在的民生实事。要抓好两件“关键小事”，严格落实生活垃圾管理条例，提高居民自主分类投放准确率，促进垃圾减量。要实施好物业管理三年行动计划，推进失管小区、老旧小区物业管理专项整治，抓好物业突出问题的整治和进入全市问题前100小区的治理，推动业委会（物管会）更好发挥作用，构建物业管理良性循环。

二是举全区之力创建国家卫生区，全面加强全国文明城区创建工作。8月至10月，我区将集中迎接病媒生物（蚊、蝇）防制验收、北京市卫生街镇暗访以及全国文明城区创建工作测评，要按照时间轴、任务轴，细化工作职责，梳理问题台账，严格落实整改，确保在每一个时间节点前都能完成任务、顺利通过验收。要按照创卫标准，扎实开展蚊蝇整治，抓好重点地区环境卫生和背街小巷环境精细化整治提升，深入开展新时代爱国卫生运动，全面提升地区环境卫生水平。要认真实施丰台区创建全国文明城区工作方案，统筹推进八大专项行动，推动形成创建全国文明城区的强劲势头。要加大宣传力度，积极引导社会力量、广大群众参与到创卫、创城工作中来，形成创建工作合力。

三是提升公共服务和社会保障水平。要认真落实中办、国办《关于进一步减轻义务教育阶段学生作业负担和校外培训负担的意见》，坚持“治乱、减负、防风险”，积极稳步推进“双减”工作，提升校内教育教学质量，全覆盖开展课后服务，抓好校外培训机构规范管理。努力扩大学前教育学位供给，规范社会力量办园，持续提高普惠性幼儿园覆盖率。要加快丰台医院提质改建和北京口腔医院迁建工程建设，提高家庭医生签约覆盖率和服务水平。要加强社区居家养老服务能力建设，鼓励社会力量提供多层次多样化为老服务，办好养老服务驿站和老年食堂，深入推进医养结合。要用好红色、历史、戏曲文化资源，办好中国戏曲文化周等特色文化活动，加快区文化馆、档案馆等公共文化设施建设，推动社区村文化室建设全覆盖，鼓励实体书店发展。要修订完善区级就业政策，精准做好对高校毕业生、退役军人、失地农民、大龄就业困难人员等群体的就业创业帮扶。要增加保障性租赁住房和共有产权住房供给，着力解决新市民、青年人等群体的住房困难。要以京蒙协作帮扶为重点，助力对口帮扶旗县实现巩固拓展脱贫攻坚成果同乡村振兴有效衔接，继续做好南水北调对口协作工作。

（八）推动全面从严治党向纵深发展

一是始终把党的政治建设摆在首位。牢记“看北京首先要从政治上看”要求，教育引导全区党员干部增强“四个意识”、坚定“四个自信”、做到“两个维护”，牢记“国之大者”，不折不扣贯彻落实习近平总书记重要讲话指示批示精神和党中央决策部署。严明政治纪律和政治规矩，严格落实重大事项请示报告制度。严肃党内政治生活，持续深化政治生态分析研判，开展经常性政治体检。认真贯彻中央关于新时代加强和改进思想政治工作的意见，研究制定落实措施和推进步骤，把思想政治工作贯穿到各领域各方面各环节。

二是不断强化思想理论武装。坚持不懈用习近平新时代中国特色社会主义思想武装头脑、指导实践、推动工作，切实抓好各级党委（党组）理论学习中心组学习，教育引导广大党员干部在学懂弄通做实上下功夫，努力做到学思用贯通、知信行统一。发扬理论联系实际的优良学风，激励广大干部在新时代有新担当新作为。弘扬新时代主流意识形态，压实意识形态工作责任制，认真落实党委（党组）网络意识形态工作责任制实施细则，坚决维护意识形态安全。

三是持续从严监督管理干部。深入贯彻落实党中央《关于加强对"一把手"和领导班子监督的意见》，研究制定具体落实措施，区委常委会从自身做起，压实主体责任，强化同级监督，充分发挥纪检监察机关专责监督作用，细化完善党的工作机关监督职能，切实管住"关键少数"。各级各部门"一把手"和领导班子要以身作则，自觉主动接受监督，认真落实监督举措，在严格自律上当标杆、做表率。要持续加大监督检查力度，严格农村干部监管、干部离京报备、出国（境）审批等制度落实。

四是扎实推进基层党组织建设。坚持抓基层鲜明导向，健全完善各领域基层党组织设置、运行、管理、监督制度体系，统筹抓好各领域党建工作。加强区委"两新"工委统筹，落实推动"两新"组织强党建促发展的若干措施，聚焦新业态、新就业群体，制定落实党建工作试点实施方案，把党的领导切实落实到新兴领域。加强党支部标准化规范化建设，持续整顿软弱涣散基层党组织。实施村级组织分类提升计划，抓好新任"两委"干部培训，深入开展农村发展党员违规违纪问题排查整顿。

五是持之以恒正风肃纪反腐。增强全面从严治党永远在路上的政治自觉，坚定不移推进党风廉政建设和反腐败斗争。锲而不舍落实中央八项规定精神，严查享乐主义、奢靡之风，深化整治形式主义、官僚主义，切实为基层松绑减负。加强对接诉即办、民生保障等重点事项和领域监督，持续深入整治群众身边腐败和不正之风。巩固和拓展政法队伍教育整顿成果，协同推进反馈问题整改、教育整顿"回头看"等工作。一体推进不敢腐、不能腐、不想腐，深化以案促改、以案促治，统筹抓好警示教育和廉洁文化建设，营造风清气正政治生态。

以上报告的是区委常委会上半年主要工作和下半年部署安排，希望同志们提出意见建议。

北京市丰台区人民政府工作报告

——2021年12月14日在丰台区第十七届人民代表大会第一次会议上

区长　初军威

各位代表:

现在,我代表丰台区人民政府,向大会报告工作,请予审议。

一、2021年和过去五年工作回顾

五年来,我们坚持以习近平新时代中国特色社会主义思想为指导,全面贯彻落实党的十九大和十九届历次全会精神,深入贯彻习近平总书记对北京重要讲话精神,在市委市政府和区委坚强领导下,按照市委市政府"妙笔生花看丰台"的指示要求,团结带领全区广大干部群众,锐意进取、攻坚克难,积极应对各种风险挑战,统筹推进疫情防控和经济社会发展,经济实力大幅增强,城市面貌日新月异,民生福祉持续提升,较好地完成了区十六届人大历次会议确定的目标任务,实现了"十三五"圆满收官和"十四五"良好开局。

(一)2021年主要工作

2021年我们紧紧围绕建党100周年这一主线,紧扣"五子"联动,全力推动区域高质量发展,预计全年地区生产总值突破2000亿元,同比增长8%;区级一般公共预算收入超过140亿元,同比增长7.8%;固定资产投资超过810亿元,同比增长6%;社会消费品零售额实现1440亿元,同比增长9.2%。

——**高质量发展动力进一步增强**。紧抓"两区"建设机遇,全面激发经济发展新动能。完善"丰九条"实施细则,构建"1+N"产业政策扶持体系。深入实施"1511"产业发展提质工程,培育引进上市企业11家,其中北交所首批上市2家,数量居全市第二;吸引培育高质量外资企业55家,同比增长77%;培育引进高成长企业112家,同比实现翻番;引进规模税源企业106家,实现区域综合贡献同比增长55%。新增注册企业1.6万户,同比增长35%,注册资本金3170亿元,同比增长52%,新增规模以上企业500余家、国高新企业200余家、专精特新企业79家,丰台区正在成为高质量企业加速集聚和发展的沃土。营商环境持续优化,政务服务一门办理率达93.5%,居全市首位,企业满意度调查位居全市第二,营商环境评价位居全市前列。"构建科技创新全链条服务'生态'体系"成为商务部向全国复制推广的国家服务业扩大开放综合示范区建设实践案例。全面融入国际消费中心城市培育建设,吸引麦德龙PLUS会员店等30多家"北京首店"入驻,丽泽天街、大悦城春风里等商业综合体实现开业。高标准举办第二十九届中国北京种业大会,助力北京打造全国种业之都。深化国企改革,组建南森公司、文旅集团,优化国资布局,推动区属国企做大做强。

——**功能区引领作用进一步凸显**。丽泽金融商务区妙笔正在生花,数字金融产业生态逐步形成,举办首届中国(北京)数字金融论坛,成立国家数字金融技术检测中心,获批"北京法定数字货币试验区";优质企业加速聚集,长城资产、银河证券、中国物流、南水北调集团等一批头部企业实现入驻;成立丽泽企业家联合会,建立企业家朋友圈;平安幸福中心、鼎兴大厦等项目投入使用,累计释放产业空间190万平方米;丽泽北区国际金融城概念设计方案初步形成,丽泽城市航站楼建设稳步推进,期盼已久的地铁14号线丽泽段12月31日将正式投入运营;滨水文化公园一期、城市运动休闲公园一期对外开放;区域贡献日益明显,税收实现45.2亿元,同比增长39%。中关村丰台园科技创新前沿阵地作用不断增强,科技研发费用实现190亿元,同比增长20%,技术合同交易额实现500亿元,获得国家科技进步奖3项,市级科技进步奖4项;轨道交通、航空航天两大主导产业产值突破3000亿元,实施轨道交通产业发展行动计划,引进北交大轨道交通创新基地等产业协同平台,设立百亿中车制造业转型升级基金,成立中关村领创商业航天联盟,睿宸卫星研究院发射首颗科学实验卫星"丽泽一号";出台"独角兽八条"政策,打造北京看丹独角兽创新基地,启动北京园博数字经济产业园规划建设,打造数字标杆城市高地。

——**重大项目实施进一步提速**。"轨道上的京津冀"又一重要节点——丰台站年底将实现建成运营,同步完善周边路网建设,"一横四纵"、万寿路南延、四合庄西路等部分路段开放通行。落实新一轮城南行动计划,年度58个项目顺利推进,实现投资超过326亿元。制定河西地区高质量发展五年行动计划,确定90项重点任务和80个重点项目,总投资超过

1600亿元。河西第二水厂方案基本稳定，河西第三水厂具备通水条件，河西再生水厂二期投入运行。张郭庄、丰益110千伏变电站等电力设施正式投用。地铁19号线一期开通运营，群众渴望的14号线西延正式纳入北京市轨道交通三期规划。完成永定河晓月生态修复工程，南苑森林湿地公园加快建设，槐园一期等公园对外开放。

*——城市有机更新进一步加快。*积极推进南中轴地区华丽转身，规划方案通过首规委审议，大红门地区和南苑森林湿地公园街区控规获批。国家级博物馆群完成选址，中央芭蕾舞团项目顺利推动，TOD交通枢纽综合配套方案编制有序推进。新政务服务中心投入运行，丰台图书馆大红门新馆成为市民文化"打卡地"。大红门地区最后4家服装市场关停闭市，深化产业转型升级，启动南中轴国际文化科技园建设。方庄、马家堡等10个区域活力中心建设稳步推进。拆除违法建设175万平方米，腾退土地186公顷。完成青塔地区和五里店棚改一期拆迁，大力破解"一塔一店一寺一庙"地区治理难题。启动北甲地、蒲黄榆一、四里等项目，棚改项目全面加快。实施宛平城解危二期工程，启动东铁匠营街道城市更新，长辛店老镇有机更新街区控规方案对外公示。55个老旧小区改造工程顺利推进，14个小微公共空间纳入市级试点。

*——社会治理水平进一步提升。*平稳有序完成行政区划调整，撤销河东三乡和地区办事处，合理设置26个街镇，形成边界清晰、权责明确、管理顺畅的基层治理新体系。举全区之力创建国家卫生区，群众对创卫满意度达到93.9%，以4A最高成绩通过病媒生物防制市级验收。深入贯彻落实接诉即办工作条例，开展"每月一题"专项治理，群众诉求解决率满意率进一步提升。完成394个村（社区）"两委"换届，启动3000户以上大型社区治理体系优化调整，21个失管小区引入专业物业。完成丰西铁路桥等4个积水点隐患治理，实现安全度汛。获批北京市首个国家地下水污染防治试验区试点。$PM_{2.5}$累计浓度34微克/立方米，达到监测以来最好水平。夯实平安丰台基础，开展电动自行车等领域安全生产专项整治，完成13处重大隐患治理，群众安全感满意度达到99.5%。

*——民生服务保障进一步改善。*全力打赢京外关联疫情阻击战，组织党员干部、志愿者等2.6万人次下沉社区，建立科学精准疫情防控体系，有效遏制了疫情传播。全区12岁及以上人群新冠疫苗全程接种实现基本全覆盖，切实筑牢防疫屏障。聚焦"七有""五性"，开展"我为群众办实事"主题实践活动，解决4000余处路灯修复改造、2万户居民房产证办证难等群众急难愁盼问题。中央民族大学新校区正式投入使用，北京第五实验学校取得设立批复，学前教育普惠率由70%提升至90%以上，高考本科上线率创历史新高。医疗保障水平不断提升，北京口腔医院加快建设，丰台医院、七三一医院晋升为三级综合医院，院前急救呼叫满足率达到98%以上。新增养老服务机构床位597张，养老服务体系不断完善。实施冬奥文化广场、冬奥文化社区建设改造，营造浓厚迎冬奥氛围。

（二）过去五年工作

过去五年，是丰台在服务首都大局中功能提升的五年，是在疏解整治中加速转型的五年，是在改善民生中补齐短板的五年，是在抢抓机遇中乘势而上的五年。全区各项事业取得新成效，经济社会发展全面上台阶，丰台在首都大局中的地位和作用进一步增强。

坚持规划先行，减量提质取得新突破。牢牢把握中心城区功能定位，高标准编制完成《丰台分区规划（2017年—2035年）》，构建"一轴、两带、四区、多点"的城市空间布局。编制完成丽泽金融商务区等一批重点区域规划方案。坚定不移疏解非首都功能，大红门地区全面完成区域性批发市场疏解任务，全区累计疏解提升商品交易市场216家，疏解退出一般性制造业企业360家，为全市非首都功能疏解作出突出贡献。累计拆除违法建设1168万平方米，腾退土地1513公顷，实现城乡建设用地规模减量12平方公里。

坚持创新驱动，高质量发展实现新提升。地区生产总值增长43%，金融、科技、文化、商务成为全区主要发展产业，其中金融业增加值实现五年翻一番，成为全区第一大支柱产业。重点功能区引领作用显著增强，丽泽金融商务区实现从基本建设到"三环里新城看丽泽"的华丽蝶变，成为全市金融科技创新示范区主阵地；丽泽SOHO等一批标志性项目投入使用，中国农业再保险、中国广电网络等735家企业入驻，留区税收增长155%。中关村丰台园创新发展提质增效，持续围绕两个千亿级、四个百亿级产业集群打造创新链、产业链，提高科技创新支撑能力，新增创新研发产业空间100万平方米，园区人均、地均产出率稳居中关村示范区前列。深入推进"放管服"改革，营商环境不断优化，企业不动产登记"一窗办理"经验做法获国务院通报表扬。建立完善招商服务体系，招商引资取得新突破，新增注册资本5000万元以上企业超过2000家，国高新企业超过1600家。深化国资国企改革，完成企业公司制改革，以管资本为主的国有资产监管体制基本形成。

坚持精治共治，城市建设管理迈出新步伐。在全市率先完成乡村两级农村集体产权制度改革，实现7个村撤村，3个村整建制转居。深入开展农村人居环境整治，完成21个美丽乡村建设，首批考核验收通过率全市第一。城南行动计划累计实施重点项目83个，完成投资约1343亿元。轨道交通新增建设里程超过48公里，新建宋家庄路等道路21条，规范和新增车位近5万个。完成248条背街小巷、44条重点大街环境整治。做好垃圾分类和物业管理两个"关键小事"，家庭厨余垃圾分出量比条例实施前增长近七倍，全区物业"三率"大幅提升。建设提升便民商业网点600余个，实现基本便民商业服务功能社区全覆盖。

坚持生态优先，环境品质呈现新面貌。持续打好污染防治攻坚战，$PM_{2.5}$浓度降幅达到57%。无煤化工作全面完成，二氧化硫浓度连续五年达到国家一级标准。开展常态化生态补水，水环境质量明显提升，国家及市级考核断面水质全部达标。落实最严格水资源管理制度，万元地区生产总值用水量由13.5立方米下降到8.6立方米。土壤环境稳中向好，强化土壤污染源头管控，农用地分类管理进一步加强，累计修复治理废弃矿山76.1公顷。城市绿化水平大幅提升，公园绿地500米服务半径覆盖率提高23个百分点，实施百万亩造林1.1万亩，南苑森林湿地公园绿化任务完成过半，创建国家森林城市工作取得阶段性进展。

*坚持民生为本，公共服务保障取得新进展。*用心用情做好"接诉即办"，累计受理民生诉求超过100万件，诉求解决率、群众满意率分别提升53和58个百分点。民生保障更加有力，民生支出累计达到990亿元，较上个五年增长44.6%，城镇登记失业率保持在3.5%以内。社会救助和保障体系更加健全，整治整改无障碍设施1.2万个，为困难群众发放救助资金和补贴约10.2亿元，实施医疗救助4万余人次，城乡居民平均养老金水平达到929元/月，增长61.6%。居民人均可支配收入预计超过7万元，增长40%。为老楼加装电梯349部，完成87万平方米老旧小区改造，竣工各类政策性住房5万余套，2.4万户居民实现棚改签约搬迁。医疗保障更加完善，我区首创"智慧家医"服务品牌并在全市推广，全区定点医疗机构157种药品平均降价53%，天坛医院新址投入使用。教育发展更加优质，累计增加学前及中小学学位超过1.5万个，义务教育就近入学率达到99%。文化事业更加繁荣，成功创建"首都公共文化服务示范区"，基层公共文化设施覆盖率达到95%，组织群众文化活动1.8万余场，群众文艺作品《赤子之心》获国家"群星奖"，连续五届举办中国戏曲文化周，北京汽车博物馆被评为国家一级博物馆。全民健身蓬勃发展，特色冰雪运动渐成规模，连续举办"欢乐冰雪季"系列活动，迎冬奥氛围日益浓厚。

*坚持系统治理，统筹发展安全能力得到新提高。*全力打赢疫情防控阻击战，坚决果断处置新发地聚集性疫情，形成突发聚集性疫情有效处置、精准防控的成功案例。科学严格做好常态化疫情防控，出台全市首个冷库管理规范，持续做好冷链食品监管。坚决打好防范化解重大金融风险攻坚战，完善金融风险预警和处置工作机制，严厉打击非法集资活动，累计追赃挽损总价值53.7亿元。加强政府债务全过程管理，平稳有序推进债务化解工作。坚决打好安全生产持久战，深化应急管理体制机制改革，深入排查治理各类风险隐患5万余个，连续4年获得"北京市安全生产先进区"称号。全力确保粮食安全和食品安全，成功获评"北京市食品安全示范区"。积极开展矛盾纠纷排查，化解信访积案705件。三年扫黑除恶专项斗争圆满收官。

*坚持党建引领，政府自身建设取得新成效。*始终把党的政治建设摆在首位，扎实开展"两学一做"学习教育、"不忘初心、牢记使命"主题教育以及党史学习教育。严格落实中央八项规定精神，狠抓中央、市委各类巡视、督查整改落实，持续营造风清气正的发展环境。自觉接受区人大及其常委会的法律监督、工作监督和区政协的民主监督，办理区人大代表议案6项、市区人大代表建议759件、市区政协提案920件。深入推进依法行政，推动街道乡镇综合执法改革，圆满完成"七五"普法任务。努力提高财政资金使用绩效，"三公经费"支出减少48%。加强财政全链条监管，推进审计全覆盖，节支挽损约11亿元。强化政务公开，主动公开事项增长6.7倍。

五年来，我们助力河北涞源、内蒙古扎赉特旗等4个受援旗县全面完成脱贫攻坚任务，与房山区、十堰市张湾区的结对协作持续深化。圆满完成庆祝中华人民共和国成立70周年、纪念全民族抗战爆发80周年等国家重大活动服务保障。认真做好民族宗教、外事侨务、港澳台、双拥、工商联、文联、科协等工作，工会、青少年、妇女儿童、红十字会等事业取得新进步。

各位代表，回首五年，各项成绩的取得，得益于习近平新时代中国特色社会主义思想的科学指引，得益于市委市政府和区委的坚强领导，得益于区人大、区政协的监督支持，得益于全区干部群众的无私奉献、奋力拼搏、苦干实干。在此，我代表区政府，向各位人大代表、政协委员、各民主党派、工商联、无党派人士、各人民团体、社会各界人士和全区人民，向驻区中央和市属单位、人民解放军和武警部队，表示衷心的感谢，并致以崇高的敬意！

在取得各项成绩的同时，我们也清醒地认识到，当前区域经济社会发展中还存在不少困难和问题，主要是：服务首都功能的能力水平还需要进一步提高；产业质量和规模需要持续优化和增强；区域发展不平衡、不充分问题依然突出，亟待解决的历史存留难题和包袱依然很重，公共服务、基础设施仍有不少短板弱项；"七有""五性"指标水平与群众期盼还有不小差距；政府系统作风建设仍需不断加强。我们一定坚持问题导向，倍加努力奋斗，采取有力措施，切实加以突破和解决。

二、未来五年工作目标和努力方向

各位代表，今后五年，丰台正处于贯彻落实"妙笔生花看丰台"指示要求的关键期，加强首都功能建设和实现高质量发展的战略机遇期。我们要坚持以习近平新时代中国特色社会主义思想为指导，认真贯彻落实市委市政府决策部署，按照区委第十三次党代会确定的目标要求，坚定信心、勇毅前行，全力推动高质量发展，全面提升民生福祉，奋力谱写现代化首都中心城区新篇章。

*一是服务保障首都功能水平明显提升。*不断增强首都意

识、首善标准、首创精神，加强“四个中心”功能建设，提高“四个服务”水平。深入落实京津冀协同发展，坚定不移疏解非首都功能，“轨道上的京津冀”节点作用进一步彰显。全面提升服务保障能力，推动丰台成为承载首都功能的重要中心城区。

二是经济综合实力明显提升。加速构建现代产业体系，金融、科技、文化、商务等产业集聚辐射带动作用持续增强。营造一流营商环境，激发市场创新活力，企业主体数量超过20万户。丽泽金融商务区税收贡献实现翻番，打造具有全球影响力的新兴金融产业集聚区。中关村丰台园总收入迈上万亿元台阶，成为国际科技创新中心前沿阵地。区域综合实力明显增强，地区生产总值突破2500亿元，一般公共预算收入增速力争全市前列，成为引领首都南部地区发展新的增长极。

三是规划建设水平明显提升。有序推进分区规划实施，优化空间结构和城市设计，街区控规实现全覆盖。高水平落实城南行动计划，加快重大规划项目落地，建设便捷高效的综合交通体系和保障有力的市政基础设施体系。丽泽金融商务区全面完成南区建设，推动北区一体化综合开发，丽泽城市航站楼等重大项目投入使用。加快推动中关村丰台园东区提质增效和西区规划建设，看丹独角兽创新基地、园博数字经济产业园初具规模。面向未来规划建设好南中轴地区，实现大红门地区“华丽转身”。全面实施河西地区高质量发展五年行动计划，推动河西地区成为丰台高质量发展新空间。

四是城市环境面貌明显提升。加强城乡统筹，落实乡村振兴战略。推进河东地区城市化，加快“一绿”地区在建街区单元改造项目收尾。积极开展城市更新，完善空间结构和功能布局。深入打好污染防治攻坚战，空气质量持续改善，重点河湖水系生态品质持续提升，以碳达峰碳中和引领绿色发展。完成国家森林城市创建，建成南苑森林湿地公园、凉水河滨水景观休闲绿带等高品质绿色空间。成功创建国家卫生区，加快创建全国文明城区，打造生态友好、宜居宜业的城市新形象。

五是社会治理水平明显提升。落实接诉即办工作条例，持续深化接诉即办改革。积极创新社会治理模式，鼓励多元主体参与基层治理，共建共治共享的社会治理格局加速构建。建设综合韧性的城市安全体系，风险隐患防范化解和应急处置能力显著增强，社会和谐稳定局面持续巩固。依法治区持续深化，“八五”普法规划全面推进，社会公平正义进一步彰显。

六是民生福祉明显提升。始终贯彻以人民为中心的发展思想，“七有”“五性”各项指标全面提升。加快完善公共卫生体系，健康和养老服务水平显著提升。全面提升教育质量，建设首都教育新高地。以共同富裕为导向，健全多层次社会保障体系，居民收入和经济增长基本同步。坚持文化惠民，推动文化体育事业繁荣发展，人民群众对美好生活的需求得到更好满足。

三、2022年重点工作任务

2022年，党的二十大即将胜利召开，北京冬奥会、冬残奥会开幕在即，做好全年工作意义重大。政府工作的总体要求是：坚持以习近平新时代中国特色社会主义思想为指导，全面贯彻落实党的十九大和十九届历次全会精神，坚持稳中求进工作总基调，立足新发展阶段，全面贯彻新发展理念，服务和融入新发展格局，坚决落实市委市政府和区委决策部署，统筹推进疫情防控和经济社会发展，持续改善民生福祉，不断将全面从严治党引向深入，推动“妙笔生花看丰台”指示要求加快形成生动实践，以优异成绩迎接党的二十大胜利召开。

全区经济社会发展主要预期目标是：地区生产总值增长5%以上，区级一般公共预算收入增长4.5%，居民人均可支配收入增长与经济增长基本同步，城镇登记失业率控制在目标之内，单位地区生产总值能耗、水耗、$PM_{2.5}$累计浓度达到市级要求。

各位代表，北京冬奥会、冬残奥会筹办工作已经进入压线冲刺阶段，这是党和国家的一件大事，我们要按照市委市政府关于冬奥筹办有关要求，精益求精做好赛时运行和各项服务保障工作，全力确保赛事安全、社会安全，为彰显“双奥之城”独特魅力作出丰台贡献。

明年重点抓好以下几方面工作：

（一）聚焦重点激发活力，着力推动经济高质量发展

加快培育经济新动能。纵深推进“两区”建设，促进高水平开放，持续聚焦金融、科技、文化、商务四大产业方向，充分发挥“丰九条”“独角兽八条”等政策激励作用，继续实施“1511”产业发展提质工程，培育和引进更多高质量项目和企业。统筹全区楼宇资源，提升空间使用质量和产出效益，培育一批有影响力的品牌楼宇。科学指导集体产业项目落地，严把产业准入关，促进集体经济提质增效。加快国际消费中心城市建设，构建“2+4+N”消费新版图，继续推进区域活力中心建设，推动方庄三联书店旗舰店等一批打卡新地标落地。落实新一轮城南行动计划，统筹实施一批重大项目和工程，持续扩大有效投资。全面落实国企改革三年行动方案，支持国企积极参与全区经济社会发展建设，促进国企做大做强做优。落实优化营商环境5.0版改革政策，打通政策落地“最后一公里”，提升“服务包”工作效能，加大中小微企业帮扶力度，深入实施“丰泽计划”，为区域高质量发展聚才引智。

加快丽泽金融商务区高品质国际化发展。深入推动金融科技创新示范区、法定数字货币试验区建设，高水平举办2022中国（北京）数字金融论坛。充分发挥“城市会客厅”窗口作用和丽泽企业家联合会纽带作用，吸引和凝聚更多国内外金融科技头部企业入驻，加速构建现代金融生态圈。推进国金大厦、中国证券大厦等项目实施，加快南区数字金融科技示范园建设，启动北区国际金融城供地。加快推进丽泽城

市航站楼和北区地下空间一体化项目实施。实现地铁16号线丽泽段建成通车，优化现有路网，打通区域交通微循环，开工建设220千伏变电站和调控指挥中心。启动金中都遗址公园等文化设施建设，加快滨水文化公园二期、城市运动休闲公园二期等公园群建设，实施丰草河水系景观提升，持续打造蓝绿交织的开放空间。

加快中关村丰台园高水平创新发展。持续做优做强轨道交通、航空航天两大主导产业集群，深耕创新链、产业链、价值链，提升行业影响力、区域贡献力。建好丰台独角兽企业集聚区，发挥看丹独角兽创新基地引领作用，引进独角兽企业15家以上。加快园博数字经济产业园建设，引进高质量数字经济企业不少于20家，打造丰台数字经济发展新地标。持续培育新型研发机构和产业协同创新平台，建设央地、军地、高校科技成果转化基地，深化与天坛医院和首都医科大学合作。新增国高新企业100家以上，园区人均、地均产出率保持全市领先地位。完善园区文化休闲、体育健身等功能，提升配套服务水平，打造更高品质工作生活空间。

加快推进南中轴地区高标准规划建设。立足未来首都功能发展布局，高水平推动南中轴地区规划实施，落实大红门地区街区控规和城市导则，全力打造“礼乐双轴”空间格局。加快推动中央芭蕾舞团项目建设，启动大红门一期棚改，实现国家自然博物馆、规划展览馆等项目一期供地，完善TOD交通枢纽综合配套方案编制。加速推动产业转型升级，南中轴国际文化科技园一期开园，引入科技、文化、商务类优质企业50家以上。优化提升南中轴沿线环境品质，推动区域河道景观提升，完成南苑森林湿地公园建设1700亩，实现启动区集中连片开放，打造大尺度绿色生态空间，加快推动大红门地区“华丽转身”。

（二）坚持规划引领，着力提高城市建设水平

高品质推进分区规划实施。加快落实总规实施第二阶段任务，完成首次五年评估，稳步推进城乡建设用地减量工作，切实发挥规划的刚性管控作用，坚决维护规划的严肃性和权威性。全面加快重点地区和街区单元控规编制实施，完成丰台站地区控规编制，优化宛平城地区功能定位和用地布局，推进分钟寺地区控规研究。加快土地供应，全年达到供地条件的商品住宅用地不少于50公顷、商服用地不少于18公顷，同步推动保障房、集租房供地，为区域发展蓄势赋能。

高质量推进河西地区发展。加快实施河西地区高质量发展五年行动计划。统筹规划和完善交通路网建设，启动云岗路西延、芦井路等道路建设和改造升级，研究确定河西轨道交通一体化和地铁14号线西延方案。实现河西第三水厂通水，开工建设河西第二水厂，完成河西再生水厂配套管线工程。着力加快长辛店老镇有机更新，传承历史文化记忆，植入现代时尚元素，打造老镇复兴新地标、文化休闲消费新引擎。深化赵辛店等地区控规研究，启动棚改方案编制。加快实施中央民族大学、航天三院、十一院等高校科研院所周边环境提升整治，营造良好的宜学宜业宜居环境。实施北宫镇集体产业用地试点项目，引入高端数字智造产业。充分挖掘园博园、千灵山、北宫森林公园等生态休闲旅游资源，优化提升服务功能设施，促进特色文旅产业发展，开启河西地区发展新篇章。

高水平推进城市更新。加快南苑地区、王佐青龙湖、花乡中部组团等棚改和一级开发项目实施，积极破解城市发展过程中的历史遗留问题。高标准开展老旧小区综合整治，实现开工30个、计划竣工10个，开展适老化改造，为老楼加装电梯10部，启动6个“水黄”小区改造，完成14个小微城市公共空间试点项目，持续改善群众居住生活条件。推动老旧厂房和低效楼宇升级改造，加快产业转型和商业更新迭代。继续实施宛平城解危和整体保护提升工程，挖掘老城历史文脉，规划植入文博等产业项目。持续推进东铁匠营地区城市更新和环境整治，提升区域形象。

（三）优化城市功能品质，着力提高城市精细化管理水平

持续推进疏解整治促提升。巩固大红门地区疏解成效，推动新发地农产品批发市场优化升级，实现一般性制造业疏解、群租房、开墙打洞、占道经营动态清零。大力创建基本无违法建设区，保持新增违建零增长。开展城乡结合部地区41个重点村整治，推动4个街道尽快退出市级治理类街乡镇行列，完成67条背街小巷整治工作。统筹推进疏解腾退空间利用，规范新建便民网点不少于30处。系统开展重点片区环境提升，实现丰台站周边等区域环境显著改善。

持续改善生态环境质量。积极创建国家森林城市和“两山”实践创新基地，实施新一轮百万亩造林2600亩。深化“一微克”行动，实现全区烟花爆竹全面禁放，促进空气质量稳步改善。实施水生态提升工程，开展小龙泉河综合治理，推进国家地下水污染防治试验区建设。让城市水系活起来靓起来，实现丰草河、马草河、旱河等全年通水，启动“点靓凉水河”行动，建设水城共融的景观带、休闲带、文化带。落实土壤污染防治年度任务。完成4.5公顷矿山生态修复。做好第二轮市级生态环保督察迎检。完善区域碳达峰碳中和发展路径及规划，提高可再生能源利用比例，促进区域绿色低碳循环发展。

持续加快基础设施建设。推动丰台站周边配套市政项目全面竣工，启动丰台站站城一体化建设，完成10条道路疏堵和2个重点片区交通治理，推进梅市口路二期、丰台医院北路等主、次干路建设。有效增加停车供给，持续扩充路侧停车空间，新增人防车位1000个。提升垃圾处理能力，渗沥液处理厂二期投入运行，开工建设生物质能源中心，加快实施建筑垃圾资源化处理厂项目。完善供电网络，推动嘉则庄、榆园110千伏变电站开工建设，提高供电可靠性。

（四）坚持统筹推进，着力提高社会治理能力

不断夯实基层治理基础。贯彻落实好接诉即办工作条例，健全配套制度，加大人力、物力、财力倾斜力度，着力提升群众诉求解决率和满意率。持续抓好两个“关键小事”，加快生活垃圾分类体系建设，培育创建高标准垃圾分类示范小区、示范村；引导失管小区引入物业服务，充分发挥业委会、物管会作用，提升居民自治水平。优化调整社区规模，加强社区协商议事厅示范点建设，发挥好社区自治组织作用，让群众更好参与基层治理。

不断强化平安丰台建设。全力做好党的二十大、纪念全民族抗战爆发85周年等重大活动安保维稳和服务保障工作。加大对电动自行车等重点领域监管和隐患排查治理力度，持续压减各类事故。强化食品药品、特种设备及产品质量安全监管。做好防汛减灾工作，提高应急管理和处置能力，保障城市平稳运行。持续做好区域性金融风险防范工作，稳步推进政府债务化解。开展治理重复信访、化解信访积案专项工作。深入开展反恐反分裂斗争，推动扫黑除恶斗争常态化，营造和谐稳定的社会环境。

不断加强改进乡村治理。深入实施乡村振兴战略，持续推进农村人居环境整治提升。健全街道管理农村工作机制，探索农村社区有效管理手段。进一步落实“村地区管”，持续深化集体经济组织现代产权制度改革，不断规范农村“三资”管理。支持集体产业项目发展，拓宽集体经济组织和农民增收渠道。全面推行“田长制”，严防耕地非农化、非粮化。落实种业振兴行动，筹办好第三十届中国北京种业大会。

（五）聚焦“七有”“五性”，着力增进民生福祉

全力做好社会保障。精细落实就业政策，推动创业带动就业，搭建丰台就业综合服务平台。完善三级医疗保障服务网络。提升精准救助服务水平，切实做好困难群众兜底保障。完成花乡、六里桥等街道养老照料中心建设，建成10个社区养老服务驿站，新增养老家庭照护床位200张。开工建设各类政策性住房6000套，计划竣工9000套，为丰台区轮候家庭筹集不少于2000套公租房。深入开展“双拥”活动，加强退役军人服务保障。继续做好对口支援和结对协作工作。

全力促进教育均衡优质发展。启动北京第五实验学校、北京十二中丽泽国际学校办学招生，实施丰台建华学校、民大附中实验学校改扩建工程，中央民族大学新校区第三组团交付使用。新增学前教育普惠性学位1000个，实施义务教育学校品质提升工程，以示范高中为龙头构建品牌教育集团，推进国际化中等职业学校建设。进一步落实“双减”工作要求，推动教育教学改革，优化教育资源配置，推动干部教师交流轮岗、跨校任教，保持无证校外培训机构动态清零。

全力推进健康丰台建设。毫不松懈抓好常态化疫情防控，推进疫苗加强免疫接种，科学精准筑牢疫情防线。统筹优化医疗资源布局，实现丰台医院新院区开诊，丰台中西医结合医院二期开工，区精防院新址启动筹建，南苑社区卫生服务中心正式运行。加强紧密医联体建设，落实分级诊疗制度，建设“健康大脑”慢病监控管理平台。迎接全国健康促进区国家级评估。深入推进国家卫生区创建，实现北京市卫生街道、国家卫生镇全覆盖。

全力推动文体事业繁荣发展。强化社会主义核心价值观引领作用，争创全国文明城区。推进莲花池－金中都、南中轴－南苑、卢沟桥－宛平城－长辛店三大文化板块建设。举办文化惠民活动不少于1800场，继续办好中国戏曲文化周、卢沟晓月等特色文化活动，打造丰台文化品牌。完善公共文化设施，优化提升区级文化中心功能，规划建设河西文化分中心、花乡、五里店街道综合文化中心，加快建设丰台区档案馆。创建市级全民健身示范街道和体育特色乡镇，启动丰台体育中心改造提升，加快推进槐房西路、亚林西等体育项目建设，更新全民健身器材1000件以上。高标准组织冬奥群众活动、丰台区第八届全民运动会。

（六）加强自身建设，着力提升政府服务效能

坚持不懈加强政治建设。牢记“看北京首先要从政治上看”的要求，把坚定拥护“两个确立”、坚决做到“两个维护”作为最坚定的政治立场、最重要的实践要求。坚决贯彻中央、市委市政府和区委决策部署，认真履行全面从严治党主体责任，深入推进党风廉政建设和反腐败斗争。

坚持不懈推进依法行政。抓好新时代法治政府建设，主动接受人大、政协监督，扎实做好人大代表议案建议和政协提案办理。进一步规范重大行政决策程序，推进政务公开标准化建设，全面启动“八五”普法工作。强化政府工作人员法治思维，严格规范公正文明执法，提高依法行政能力。

坚持不懈深化作风建设。严格落实中央八项规定精神，持续整治形式主义、官僚主义，不断健全基层减负常态化机制。优化财政支出结构，强化审计监督，全面加强绩效管理，完善督查考核体系，以钉钉子精神狠抓落实，确保各项工作落地见效。弘扬敢于担当、敢于碰硬、敢于创新的精神，激励广大干部解放思想、开拓创新、锐意进取，努力干出人民满意的新业绩，干出高质量发展的新成效！

各位代表，使命重在担当，实干成就未来。在第二个百年奋斗目标的新征程开启之际，让我们更加紧密地团结在以习近平同志为核心的党中央周围，在市委市政府和区委的坚强领导下，以更加坚定的信心、更加昂扬的斗志，砥砺前行、奋力拼搏，推动市委市政府“妙笔生花看丰台”指示要求加快形成生动实践，为北京率先基本实现社会主义现代化作出更大贡献，以优异成绩迎接党的二十大胜利召开！

专　文

在丰台区党史学习教育动员大会上的主持词暨讲话

（2021年3月18日）

区委书记　徐贱云

同志们：

今天，我们以视频会议的形式召开全区党史学习教育动员大会，主要任务是深入学习贯彻习近平总书记关于党史学习教育的重要讲话精神，全面落实全市党史学习教育动员大会有关要求，对我区党史学习教育工作进行动员部署。

一、提高政治站位，充分认识开展党史学习教育的重要意义，强化思想自觉政治自觉行动自觉

2021年是中国共产党成立100周年，也是“两个一百年”奋斗目标历史交汇的关键节点。在庆祝我们党百年华诞的重大时刻，在全党开展党史学习教育，具有深远历史意义和重大现实意义。

（一）开展党史学习教育是落实党中央和市委决策的必然要求

开展党史学习教育是以习近平同志为核心的党中央立足党的百年历史新起点、统筹“两个大局”、为动员全党全国满怀信心投身全面建设社会主义现代化国家而作出的重大决策。2月20日，党中央召开党史学习教育动员大会，习近平总书记发表重要讲话，深刻阐述了开展党史学习教育的重大意义，深刻阐明了党史学习教育的重点和工作要求，对党史学习教育进行了全面动员部署。习近平总书记的重要讲话高屋建瓴、视野宏大、思想深邃，为我们开展好党史学习教育指明了方向、提供了根本遵循。

3月1日，市委召开全市党史学习教育动员大会。蔡奇书记强调，要深入学习贯彻习近平总书记在党史学习教育动员大会上的重要讲话精神，进一步提高政治站位，坚持首善标准，扎实开展党史学习教育，引导全市党员学党史、悟思想、办实事、开新局，更加奋发有为地推动首都新发展，确保“十四五”开好局、起好步，以优异成绩庆祝建党一百周年。

各级党委（党组）要认真领会习近平总书记重要讲话精神，切实增强“四个意识”、坚定“四个自信”、做到“两个维护”，把思想和行动统一到党中央的决策部署和市委的要求上来，扎实开展好本地区本部门本单位的党史学习教育。

（二）开展党史学习教育是牢记“从哪儿来、往哪儿去”的必然要求

习近平总书记在党史学习教育动员大会上强调，回望过往的奋斗路，眺望前方的奋进路，必须把党的历史学习好、总结好，把党的成功经验传承好、发扬好。3月5日，习近平总书记参加内蒙古代表团审议时再次强调，一切向前看，都不能忘记走过的路，走得再远、走到再辉煌的未来，也不能忘记走过的过去，不能忘记为什么出发。开展党史学习教育的重要意义，就在于教育引导全区党员，深刻铭记中国共产党百年奋斗的光辉历程，深刻认识中国共产党为国家和民族作出的伟大贡献，深刻感悟中国共产党始终不渝为人民的初心宗旨，系统掌握中国共产党推进马克思主义中国化形成的重大理论成果，学习传承中国共产党在长期奋斗中铸就的伟大精神，深刻领会中国共产党成功推进革命、建设、改革的宝贵经验。全区党员要通过参加党史学习教育，把“从哪儿来、往哪儿去”作为奋斗求索的精神命题，化为实际行动的永恒接力和不竭动力，做到始终牢记初心使命、坚定信仰信念、永葆党的生机活力。

（三）开展党史学习教育是担当使命任务的必然要求

习近平总书记强调，全党同志要做到学史明理、学史增信、学史崇德、学史力行，学党史、悟思想、办实事、开新局，以昂扬姿态奋力开启全面建设社会主义现代化国家新征程，以优异成绩迎接建党一百周年。要深刻认识与首都肩负的职责使命、与中心城区的定位、与人民群众的期待相比，我们在思想认识和能力作风上还存在不小的差距，要通过党史学习教育进一步增强各级党组织的创造力凝聚力战斗力，增强党员干部的责任感使命感紧迫感，勇于担当作为，敢于攻坚克难，团结带领全区人民在推动丰台区高质量发展上取得更大成就，为首都率先基本实现社会主义现代化开好局、起好步作出丰台贡献。

丰台具有深厚的红色文化资源，长辛店地区是中国共产党早期革命活动的主要地区之一，被誉为“北方的红星”，分布着多处党早期革命活动旧址，留下了马克思主义者李大钊、毛泽东、邓中夏等与长辛店产业工人相结合的足迹，毛泽东同志说，“中国工人运动还是从长辛店铁路工厂开始的”。因此，我们更应该带头把党的历史学习好、总结好，把党的成功经验传承好、发扬好，高标准高质量完成学习教育各项任务。

二、突出政治要求，准确把握党史学习教育的目标任务，从党史中汲取持续深厚的奋斗之力

开展党史学习教育，要突出重点、明确要求、务求实效，从党的百年伟大奋斗历程中汲取继续前进的智慧和力量。

（一）在“学党史”上下功夫。“欲知大道，必先为史。”学党史，就是要进一步把握历史发展规律和大势，始终掌握党和国家事业发展的历史主动。开展党史学习教育，就是要教育引导全党胸怀中华民族伟大复兴战略全局和世界百年未有之大变局，树立大历史观，从历史长河、时代大潮、全球风云中分析演变机理、探究历史规律，提出因应的战略策略，增强工作的系统性、预见性、创造性。

全区广大党员干部要深入学习领会习近平总书记关于党史工作的重要论述，认真学习习近平《论中国共产党历史》《毛泽东、邓小平、江泽民、胡锦涛关于中国共产党历史论述摘编》《习近平新时代中国特色社会主义思想学习问答》《中国共产党简史》等指定学习材料。在学习教育的过程中，要坚持以我们党关于历史问题的两个决议和党中央有关精神为依据，准确把握党的历史发展主题主线、主流本质，正确认识和科学评价党史上的重大事件、重要会议、重要任务，更好正本清源、固本培元。

（二）在“悟思想”上下功夫。指导思想是一个政党的精神旗帜。悟思想，就是要感悟马克思主义的真理力量和实践力量，坚持不懈用党的创新理论最新成果武装头脑、指导实践、推动工作。开展党史学习教育，就是要教育引导全党从党的非凡历程中领会马克思主义是如何深刻改变中国、改变世界的，特别是要结合党的十八大以来党和国家事业取得历史性成就、发生历史性变革的进程，深刻学习领会新时代党的创新理论，深入理解把握习近平新时代中国特色社会主义思想的科学性真理性，系统掌握贯穿其中的马克思主义立场观点方法，提高全党的思想理论水平。

全区广大党员干部要把学懂弄通做实习近平新时代中国特色社会主义思想作为首要政治任务，持续用党的创新理论最新成果武装头脑，坚定不移向党中央看齐，不断提高政治判断力、政治领悟力、政治执行力，特别是作为北京的党员干部，更要深入学习贯彻习近平总书记对北京重要讲话精神，坚决落实“看北京首先要从政治上看”的要求，真正把讲政治变成思想自觉、变成党性观念、变成纪律要求、变成实际行动，确保党中央和市委的决策部署在丰台落到实处。

（三）在“办实事”上下功夫。“江山就是人民，人民就是江山”。办实事，就是要进一步深化对党的性质宗旨的认识，始终保持马克思主义政党的鲜明本色。开展党史学习教育，就是要教育引导全党始终把人民放在心中最高位置、把人民对美好生活的向往作为奋斗目标，赓续共产党人精神血脉，鼓起迈进新征程、奋进新时代的精气神，推动改革发展成果更多更公平惠及全体人民，推动共同富裕取得更为明显的实质性进展，把14亿中国人民凝聚成推动中华民族伟大复兴的磅礴力量。

全区广大党员干部要牢记“为人民服务”的根本宗旨，追求“我将无我、不负人民”的崇高境界，聚焦“七有”“五性”要求，多谋民生之利、多解民生之忧，特别是针对人民群众普遍关心的教育、医疗、养老、住房等问题，一件一件抓落实，一年接着一年干，不断补齐民生短板、增进民生福祉，努力解决好群众的操心事、烦心事、揪心事，切实把人民至上的制度优势体现在人民群众获得感、幸福感和安全感之中。

（四）在“开新局”上下功夫。学习历史是为了更好地走向未来。开新局，就是要进一步总结党的历史经验，不断提高应对风险挑战的能力水平。开展党史学习教育，就是要教育引导全党从具有许多新的历史特点的伟大斗争出发，总结运用党在不同历史时期成功应对风险挑战的丰富经验，不断增强斗争意识、丰富斗争经验、提升斗争本领，不断提高治国理政的能力和水平。

全区广大党员干部要充分认识到，丰台正处于跨越赶超的关键阶段，尽管还存在河东河西发展不平衡、部分基础设施存在短板等问题，但更要看到难得的历史机遇，从综合发展的角度来看，国家、市级层面政策利好频出，国家服务业扩大开放综合示范区建设、首都南北均衡发展战略、新一轮城南行动计划的实施，必将推动丰台成为首都发展新的增长极。面对挑战，要敢于斗争，攻坚克难；面对机遇，要倍加珍惜，努力奋斗。我们要坚持把党史学习教育和实现“妙笔生花看丰台”的目标结合起来，切实把学习成果转化为推动丰台高质量发展的不竭动力。

三、强化责任落实，高标准高质量组织好党史学习教育，确保取得扎实效果

习近平总书记指出，在全党开展党史学习教育是党的政治生活中的一件大事。党中央和市委已经对党史学教育作出了明确安排。党史学习教育贯穿2021年全年，其中从动员大会开始到“七一”庆祝中国共产党成立100周年大会，以全面学习党史为重点，深入了解党的百年奋斗史，深化对马克思主义中国化成果特别是习近平新时代中国特色社会主义思想的理解；从庆祝大会到总结大会，重点学习习近平总书记在庆祝中国共产党成立100周年大会上的重要讲话精神，并以此为指导不断深化对党的历史的系统把握，明确继承传统、立足当前、开创未来的实践要求。

根据中共中央《关于在全党开展党史学习教育的通知》和市委《关于在全市开展党史学习教育的实施方案》精神，结合我区实际，区委研究制定了《关于在全区开展党史学习教育的实施方案》，会后将下发全区。各单位要第一时间行动起来，迅速在全区掀起党史学习教育的高潮，切实把党史学习教育的成果转化为推动工作发展的实际行动。

（一）**加强组织领导**。区委成立党史学习教育领导小组，由我担任组长，全面统筹推进全区党史学习教育工作；领导小组各成员单位要各司其职、各尽其能，加强沟通协调，确保党史学习教育整体推进。全区各处级党（工）委、党组要压紧压实主体责任，统筹安排好本单位本系统党史学习教育各项工作，第一时间组建领导机构，制定落实方案，召开动员会，切实把党中央部署和市委区委要求落到实处。各级领导干部要率先垂范、以上率下，示范带动广大党员干部全身心投入，切实做到学有所思、学有所悟、学有所得。巡回指导组要与党中央和市委要求对标对表，坚持高标准严要求，对全区各部门各单位党史学习教育开展情况进行督导。

（二）**丰富学习教育方式**。党史学习教育面向全体党员，以处级以上领导干部为重点。要做到个人自学和集中学习相结合，广大党员干部要用好指定学习材料，用好党报党刊、“学习强国”等主流媒体和载体，突出抓好个人自学；处级党（工）委、党组利用理论学习中心组学习、举办读书班等形式，开展专题集中学习研讨，各基层党组织采取“三会一课”、主题党日等形式抓好学习活动。要开展好系列活动，在学好党史的基础上，做好展览展陈，加强党史研究，开展基层宣讲，创作文艺作品，抓好青少年学习教育，开好专题组织生活会，特别是要充分用好长辛店—卢沟桥—宛平城地区的红色文化资源，切实增强学习教育的实际效果。要做到规定动作和自选动作相结合，在完成党中央决策部署和市委区委学习方案的基础上，紧密结合自身实际，开展特色鲜明、形式多样的活动，增强学习教育的吸引力和生动性。

（三）**坚持统筹兼顾**。要抓好衔接贯通，“七一”庆祝中国共产党成立100周年大会是重要的中间节点，两个阶段既要各有侧重，又要前后连贯，确保党史学习教育持续推进。要把党史学习教育同“四史”宣传教育结合起来，在全社会广泛普及党史知识，切实推动党史学习教育深入群众、深入基层、深入人心。同时，要把党史学习教育同市委确定的今年要抓好“一个开局、两件大事、三项任务”紧密结合起来，同动员广大市民群众创造美好生活紧密结合起来，同重点功能区建设、创卫创城创森、疏解整治促提升等区域重点工作结合起来，把学习成效转化为工作动力。

（四）**注重实际效果**。要发扬马克思主义优良学风，力戒形式主义、官僚主义，纠正“为了学习而学习”的片面认识，杜绝“为了完成任务敷衍了事”的错误思想，确保党史学习教育不虚不偏、高质高效。要把人民满意摆在首要位置，进一步密切党群关系，组织广大党员通过各种有效方式和途径主动为群众办实事、解难题，让群众在建党100周年有更多获得感和幸福感。

同志们，站在新征程的新起点上，我们要更加紧密团结在以习近平同志为核心的党中央周围，高标准扎实开展党史学习教育，引导广大党员学党史、悟思想、办实事、开新局，更加奋发有为地推动丰台区高质量发展，努力推动“妙笔生花看丰台”的美好愿景成为现实，确保“十四五”开好局、起好步，以优异成绩庆祝中国共产党成立100周年。

在全区党史学习教育总结会议上的讲话

（2022年2月11日）

区委书记　徐贱云

我们要不折不扣贯彻落实习近平总书记重要指示精神和中央、市委决策部署，推动党史学习教育继续走向深入、取得更大成果。

一、全面总结我区党史学习教育取得的成效

党史学习教育开展以来，在市委坚强领导下，在党史学习教育市委第五指导组精心指导下，区委坚持把开展党史学习教育作为贯穿全年的重大政治任务来抓，按照学史明理、学史增信、学史崇德、学史力行的要求，精心组织，有力推进，高质量完成各项任务。工作中，我们注重从实际出发，**突出了三方面特色：一是把“家门口”的红色资源作为最生动、最鲜活的学习教材**，充分发挥长辛店、卢沟桥、宛平城等革命旧址宣传教育功能，引导广大党员干部传承红色基因、赓续红色血脉；**二是把接诉即办作为深化“我为群众办实事”实践活动的主抓手**，集中攻坚了一批民生难点痛点问题，让人民群众在建党百年有更多的获得感幸福感安全感。**三是把青少年作为党史学习教育的生力军**，持续打造“行走的思政课”，创新学校家庭社会协同育人机制，引导广大青少年坚定听党话、跟党走的理想信念。

一年来，区四套班子及全区各级党组织、党员领导干部通过认真参加党史学习教育，普遍受到了一次全面深刻的政治教育、思想淬炼和精神洗礼，达到了“学党史、悟思想、办实事、开新局”的目的，取得了丰硕成果。**明显成效体现在四个方面：**

一是通过持续强化理论武装，全区党员干部群众对习近平新时代中国特色社会主义思想的理解把握不断深化。坚持学党史和悟思想相统一，把学深悟透放在首位，领导带头学、原原本本学、全面系统学、及时跟进学，引导党员干部深入学习中央4本指定学习材料，深入学习总书记在党史学习教育动员大会上的重要讲话、“七一”重要讲话等一系列重要讲话和党的十九届六中全会精神，全区各级党组织开展集中学习2500余次，组织交流研讨近千次。通过深入学习，广大党员干部进一步增强了用党的创新理论武装头脑、指导实践、推动工作的自觉性坚定性。

二是通过持续强化宣传教育，全社会爱党爱国爱社会主义的炽热情感不断增强。在全社会广泛组织开展“永远跟党走”群众性主题宣传教育活动，涌现出一批原创红色文艺作品，培育出一批特色党史宣讲品牌，评选出一批精品党课团课队课思政课，表彰了一批先进党组织党员代表，起到良好辐射带动效应。认真做好建党百年庆祝活动各项服务保障工作，精心策划举办长辛店革命旧址“2+4”专题展览，5.4万余人次走进长辛店二七纪念馆等红色场馆，追寻红色记忆，传承红色精神。通过宣传教育，广大党员干部群众在学思践悟中接受了生动而深刻的精神洗礼，永远跟党走的社会氛围更加浓厚。

三是通过持续强化接诉即办，全区党员干部践行初心使命的意识更加坚定自觉。围绕市委提出的“5+1”重点任务，针对“12345”高频问题，建立“区、街镇、处级单位”三大类1204项实事项目清单，区领导包项定责、统筹调度，在努力解决群众身边操心事烦心事揪心事的同时，探索建立了一批行之有效的长效工作机制。通过为民服务，全区广大党员干部进一步强化了公仆意识、厚植了为民情怀、践行了初心使命，人民群众的获得感更加充足、幸福感更可持续、安全感更有保障。

四是通过持续强化以学促用，推动地区高质量发展的强大力量不断汇聚。坚持把党史学习教育与促进中心工作有机结合，把学习教育成果转化为推动地区高质量发展的实际行动，取得了经济社会发展新成就。过去一年，我区财政收入增速位居全市前列，平稳有序完成行政区划调整，圆满完成区、镇和村、社区三级换届，以4A的成绩通过病媒生物防制市级验收，全面启动创森工作，大力推进全国文明城区创建，地铁14号线丽泽段年底实现开通运营，大红门地区4家服装市场平稳闭市。通过开展党史学习教育，广大党员干部切实把学史“明理”“增信”“崇德”落实到“力行”上，全区各方面工作都取得了新进展、呈现出新气象。

总的看，我区党史学习教育取得了明显成效，达到了预期目的，社会各界给予广泛关注和积极评价。中央、市级媒体先后刊发我区党史学习教育相关报道3900余篇，市委党史学习教育简报刊发我区经验做法32次。区委党史学习教育领导小组“1办7组”发挥牵头作用，领导小组成员单位积极协同配合，10个区级指导组及教育系统、国资系统指导组加强分类督导，确保了党史学习教育扎实开展。特别是整个过程中，以剑飞同志为组长的市委第五指导组兢兢业业、不辞辛苦，先后到我区现场督导45次、走访单位67家，为我区党史学习教育开展提供了精心指导。在这里，我代表丰台区委向市委第五指导组全体同志表示衷心感谢！

在看到成绩的同时，我们也要清醒认识存在的问题和不足，主要是：对百年党史的系统把握还不够，从党史中汲取智慧和力量、转化为做好工作的实际成效，通过总结党的历史经验、提高应对风险挑战的能力水平还有差距；学习不够深入、以干代学等现象不同程度存在；群众性主题宣传教育活动还需要持续走深走实；为群众办实事解难题存在不足，在教育、医疗、养老、住房等方面与群众的期盼还有差距，等等。对这些问题我们要高度重视，在今后工作中切实加以解决。

二、深刻领悟习近平总书记关于党史学习教育的一系列重要论述，更加坚定历史自信、增强政治自觉

在全党开展党史学习教育，是以习近平同志为核心的党中央，立足百年党史新起点、着眼开创事业发展新局面，作出的一项重大战略决策。总书记高度重视、率先垂范、全程指导，先后发布一系列重要讲话、作出一系列重要指示，有力指引和推动了党史学习教育深入开展。总书记关于党史学习教育的一系列重要论述，贯通历史、现实、未来，贯穿信仰、信念、信心，把我们党对历史的认识提升到了新的高度，为我们在新的征程上以史为鉴、开创未来提供了根本遵循和行动指南。全区广大党员干部要主动对标对表，深刻领悟总书记重要论述的精神实质、思想精髓和核心要义，不断从党的百年奋斗历程中汲取智慧和力量。

要深刻领悟总书记关于党的百年奋斗历史价值的重要论述，充分认识党的历史是最生动、最有说服力的教科书，更加自觉用党的百年奋斗重大成就和历史经验增长智慧、增进团结、增加信心、增强斗志；**要深刻领悟总书记关于学习党史根本目的的重要论述，**牢记中国共产党是什么、要干什么这个根本问题，更加坚定历史自信、增强政治自觉，以史为鉴、开创未来，埋头苦干、勇毅前行；**要深刻领悟总书记关于学习党史基本要求的重要论述，**充分认识学史明理、学史增信、学史崇德、学史力行的本质内涵，更好地做到学党史、悟思想、办实事、开新局；**要深刻领悟总书记关于学习党史的着力点的重要论述，**进一步感悟思想伟力，准确把握党的历史发展的主题主线、主流本质，弘扬伟大建党精神，赓续红色血脉、传承红色基因；**要深刻领悟总书记关于学习党史的科学态度的重要论述，**充分认识唯物主义史观是我们共产党人认识把握历史的根本方法，自觉树立正确党史观、大历史观，坚持用辩证唯物主义和历史唯物主义的观点认识和把握党的历史。

三、持续巩固拓展党史学习教育成果，推动市委“妙笔生花看丰台”指示要求加快形成生动实践

总书记明确要求，要认真总结党史学习教育的成功经验，建立常态化长效化机制。蔡奇书记在全市党史学习教育总结会议上指出，要持续巩固拓展党史学习教育成果，更加奋发有为地推动新时代首都发展。2022年，是党的二十大召开之年，是北京冬奥之年，也是实施“十四五”规划承上启下的重要一年，大事多、喜事多。各级党组织和党员领导干部要切实提高政治站位，把思想和行动统一到中央、市委的要求上来，以学习贯彻党的十九届六中全会精神为重点，不断巩固拓展党史学习教育成果，进一步把党史学习教育成效转化为推动各项事业创新发展的强大动力和实际行动。

一是要旗帜鲜明讲政治，坚决捍卫“两个确立”，做到“两个维护”。要牢记“看北京首先从政治上看”的要求，始终胸怀“两个大局”，心系“国之大者”，不断提高政治判断力、政治领悟力、政治执行力，带头坚持和捍卫“两个确立”，增强“四个意识”、坚定“四个自信”、做到“两个维护”。要不折不扣贯彻落实习近平总书记对北京一系列重要讲话精神和中央、市委重大决策部署，认真贯彻加强和维护党中央集中统一领导的若干规定，严格执行重大事项请示报告制度，持续推进政治监督具体化常态化。要严明政治纪律和政治规矩，严肃党内政治生活，坚决纠正破坏党内政治生活准则的行为，营造良好的政治生态。

二是要坚持不懈抓学习，自觉用习近平新时代中国特色社会主义思想武装头脑、指导实践、推动工作。要坚持读原著、学原文、悟原理，持续深化学习党的历史，持续在学懂弄通做实上下功夫，提高运用理论指导实践的能力。要把学习抓在经常、融入日常，抓好各级党委（党组）理论学习中心组学习，推动领导班子、领导干部带头学党史，做到学思用贯通、知信行统一。要继续把党史作为干部培训必修课、常修课，着力加强对年轻干部党史学习培训。要继续挖掘好、利用好我区丰富的红色资源，教育引导党员干部群众更好知史爱党、知史爱国。要深入学习贯彻党的十九届六中全会精神，深化学习培训、理论宣讲，坚持送理论下基层、进家门、入人心，不断丰富基层宣讲内容和形式，让党的创新理论飞入寻常百姓家，推动习近平新时代中国特色社会主义思想在丰台落地生根、开花结果，形成生动实践。

三是要用心用情解民忧，牢牢站稳人民立场，不断增进民生福祉。要认真贯彻落实接诉即办工作条例，注重用好“我为群众办实事”实践活动形成的良好机制，树立到基层一线解决问题的鲜明导向，引导各级党员干部向前一步、主动治理、未诉先办，持续破解高频共性难题。要围绕“七有”要求、“五性”需求，加强普惠性、基础性、兜底性民生建设，在群众关心的教育、医疗、养老等方面下更大力气，逐步补齐民生短板，努力解决好发展不平衡不充分问题，更好满足人民对美好生活向往。要继续深入打好污染防治攻坚战，进一步扩大绿色生态空间，提升地区生态环境品质；有序推进老旧小区改造，抓好生活垃圾分类、物业管理两件“关键小事”，全面提高城市精细化治理能力。

四是要凝心聚力促发展，发扬奋斗精神，增强斗争本领。区第十三次党代会和区“两会”对今后五年工作进行了全面部署，全区各单位要全面对标对表，把工作重心聚焦到以首都发展为统领，更好服务党和国家工作大局，更好满足人民群众对美好生活需要上来。要立足自身职责，认真抓好2022年各项工作谋划，确保开好局、起好步。要统筹抓好发展和安全，扎实做好冬奥、二十大服务保障，持续深化“平安丰台”建设，坚决维护首都政治安全。要充分认识首都疫情防控的极端重要性，深刻汲取此次疫情教训，加固防控重点、堵塞防控漏洞、落实防控要求，强化防控“四方责任”，强化冷库冷链全链条防疫管理，强化社会面常态化防控，持续提升疫情防控和基层治理能力与水平。

五是要持之以恒强作风，提高自我革命、自我净化的能力。始终保持全面从严治党永远在路上的清醒和坚定，严格落实《党委（党组）落实全面从严治党主体责任规定》，把管党治党的螺丝拧得更紧。锲而不舍落实中央八项规定精神和市委实施意见，强化日常监督检查，坚决防止“四风”问题反弹回潮。加强对“一把手”和领导班子监督，深入开展“以案为鉴、以案促改”警示教育，把严惩腐败和严密制度、严格要求、严肃教育紧密结合起来，一体推进不敢腐不能腐不想腐的体制机制。要巩固党史学习教育中基层党组织建设的好经验、好做法，深化区域化党建、结对共建、“双报到”等工作机制，增强各领域基层党组织政治功能和组织力。要高标准高质量开好党史学习教育专题民主生活会，充分体现党史学习教育的成果和自我革命的要求，对民主生活会查摆出来的问题要认真抓好整改。

同志们，党史学习没有休止符。我们要更加紧密地团结在以习近平同志为核心的党中央周围，在市委坚强领导下，持续巩固拓展党史学习教育成果，从百年党史中汲取砥砺奋进的智慧和力量，大力弘扬伟大建党精神，全力以赴推动市委“妙笔生花看丰台”指示要求加快形成生动实践，以优异成绩迎接党的二十大胜利召开！

我就讲这些，谢谢大家！

《北京市丰台区国民经济和社会发展第十三个五年规划纲要》执行情况

全区在推进《北京市丰台区国民经济和社会发展第十三个五年规划纲要》（以下简称《纲要》）实施过程中，牢牢把握党和国家发展的历史方位，全面贯彻党的十八大、十九大精神及市第十二次党代会精神，深入贯彻习近平总书记系列重要讲话和对北京工作的重要指示精神，将新思想、新理念、新要求全面贯彻到全区经济社会发展中。

一、以“五大”发展理念为指引，统领全区经济社会内涵发展

党的第十八届五中全会强调，实现“十三五”时期发展目标，破解发展难题，必须牢固树立并切实贯彻“创新、协调、绿色、开放、共享”五大发展理念。习近平总书记指出五大发展理念是“十三五”乃至更长时期我国发展思路、发展方向、发展着力点的集中体现。全区《纲要》实施中，始终坚持五大发展理念，聚焦创新能力提升、开放环境营造、区域发展协同、绿色低碳发展、发展成果共享等方面，加强任务部署，强化政策保障与改革创新，加快全区经济社会内涵式发展。

全区深入践行创新发展理念，将创新作为经济社会发展的核心驱动力，科技活动经费支出增长率始终保持在40%以上，技术合同交易实现质与量同步提升，区级孵化机构达到65家，创新对区域发展的引领作用充分释放；深入贯彻区域协调、城乡融合的发展理念，河东三乡城市化试点建设加快推进，河西地区基础设施及公共服务设施加快建设布局，北京市丰台国家产城融合示范区、新首钢国际化人才社区规划建设稳步推进；全面落实“绿色”发展理念、“两山”发展理念，圆满完成污染防治攻坚战阶段性目标任务，南苑森林湿地公园等一批重点项目正在加快推进，生态环境品质全面提升；强化“开放”发展理念，贯彻落实市级多轮服务业扩大开放部署，“两区”建设全面启动推进；全面贯彻“共享”发展理念，统筹推动疏解整治与生活性服务业品质提升相统一、相协调，提升基础设施和公共服务水平，加强城市治理与社会治理，着力补齐民生短板，使全区人民充分共享区域发展的成果。

二、贯彻服务首都全局发展理念，始终将“都”摆在发展首位

“十三五”时期，北京市明确新的城市战略定位，要担当好大国首都新的历史使命，以首善标准大力加强“四个中心”功能建设，提高“四个服务”水平。丰台区由“城市功能拓展区”演变为“中心城区”，被赋予“四区一枢纽”的新定位。作为中心城区，全区始终坚持服务首都全局发展的理念，将“都”摆在发展的首要位置，紧密围绕首都“四个中心”建设和“四个服务”水平提升，优化提升城市功能，深化落实市级的“抓好三件大事、打赢三大攻坚战”发展任务，实现了以“城”的更高水平来服务“都”的发展。

在服务保障首都功能方面，中关村丰台园、丽泽金融商务区等重点功能区高端产业资源要素加快聚集，已成为全市科技创新和金融业发展的重要承载地。首都高品质生活服务供给保障区加快建设，全区对外交通、农产品供给、应急保障、物资储运等全市基础性保障功能不断提升，为首都城市良好稳定运行及国庆70周年等重大活动提供了有力支撑和保障。围绕“抓好三件大事”，全区深入贯彻落实总规任务部署，编制出台分区规划；全面推进“疏整促”工作，累计调整疏解市场210家，促进2.7万家商户在津冀地区落地经营；全力保障北京冬奥会、冬残奥会，中车二七厂国家冰雪运动训练科研基地等重大项目加快建设。围绕“打赢三大攻坚战”，全区扎实推进金融风险整治工作，P2P网贷风险压降成效显著，存量机构数量城六区最少；扶贫协作成效显著，通过产业合作、消费扶贫、劳务协作等途径开展系列帮扶工作，对口帮扶的4个旗县全部脱贫摘帽；生态治理成效突出，空气优良天数比“十二五”期末增加100天，生态环境质量明显改善。

三、坚持“底线思维”发展理念，保障经济社会发展稳中有进

党的十八大以来，习近平总书记多次提及坚持“底线思维”，防范化解重大风险。2018年，中央政治局会议提出“六稳”，并把稳就业放在第一位，以提振市场信心。“十三五”时期，全区始终贯彻党和国家的战略方针，坚持底线思维理念，坚持稳中求进的工作基调，全区经济社会实现平稳发展。

在稳就业方面，全区成立了由22个委办局为成员的就业工作领导小组，建立了区、镇、村（区、街、社）三级网格化就业帮扶机制，依托“丰台就业服务平台”举办疫情期间线上招聘会，就业局势基本保持稳定，2020年新增就业3.1万人；在稳外资、稳外贸方面，全区深化服务业开放，不断优化营商环境，利用外资和对外贸易规模不断扩大，目前全区聚集外资企业380余家、获得外贸经营权企业近4千家，在全市处于中上游水平。在稳预期方面，全面以扶持市场主体为重点，以企业为点、产业为线、区域为面，创新“点线面”服务模式，了解企业诉求，解决实际问题，为服务包企业、重点税源企业提供优质服务，并出台了《丰台区关于应对新冠肺炎疫情支持企业发展的若干措施（暂行）》帮助企业渡过难关。

四、落实“减量”发展理念，以减量发展驱动区域高质量升级

北京市第十二次党代会的召开、新北京城市总体规划的发布，明确了北京减量发展的新理念，提出了降低人口密度和建设密度的“双降”要求，以城市功能“量”的减法，驱动发展势能“质”的提升，在减量中实现高质量发展，北京成为全国第一个推行“减量”发展的城市。“十三五”时期是丰台区转型发展的重要时期，全区深入落实市级发展要求，全面贯彻“减量”发展理念，在高精尖产业发展、高投入产出率上下功夫，加快推动质量变革、效率变革、动力变革，带动全区经济发展质量效益明显提升。

深化落实市级减量发展任务部署，“十三五”时期全区常住人口累计下降36.9万人，城乡建设用地规模累计减少12平方公里，单位地区生产总值能耗、水耗、二氧化碳排放降幅进一步扩大。在减量发展框架下，全区加快转变发展方式，加强高精尖产业布局，中关村丰台园形成轨道交通、航空航天两大千亿级产业集群，丽泽金融商务区新兴金融产业加速聚集；全区疏解腾退释放空间、老旧厂房、存量低效楼宇加快高效利用，华盾塑料厂闲置厂房、中车二七机车有限公司、北京欣雅汇国际服装市场等一批载体完成转型升级，已成为全区承载高精尖产业和公共服务的新空间。

五、深化“以人民为中心”发展理念，民生发展迈上新的台阶

“以人民为中心”是以习近平同志为核心的党中央治国理政的核心理念，习近平总书记指出：“人民对美好生活的向往，就是我们的奋斗目标。我们推动经济社会发展，归根到底是为了不断满足人民群众对美好生活的需要”。蔡奇书记也指出：“坚持以人民为中心的发展思想，围绕‘七有’‘五性’需求，抓好民生保障工作，以为民办实事的成效检验党员干部的担当作为”。“十三五”时期，全区全面贯彻“以人民为中心”的发展理念，始终把增进人民福祉、促进人的全面发展作为规划实施的出发点和落脚点，人民群众的获得感、幸福感、安全感得到显著提升。

全区上下紧扣社会主要矛盾变化，把握人民对美好生活的向往，围绕“七有”“五性”需求推动民生改善。在文化服务方面，完成“首都公共文化服务示范区”创建，涌现《赤子归心》等一批文化精品；在教育服务方面，完成一批校区改扩建工程，引进清华附中丰台学校、人大附中丰台学校等一批优质合作办学机构；在医疗卫生服务方面，组建了一批“院管型”“院办型”以及专科医联体，引入了天坛医院、口腔医院等品牌医疗机构，实现了新冠肺炎收治病例零死亡；在养老服务方面，建成养老机构达到42家，备案养老床位达到11074张，在全市率先推出“党建+智慧养老”新模式——“连心通”；在便民服务方面，便民网点达到4100个，网点连锁化率达45.9%，便利性指标位居全市各区首位。

过去五年，全区坚持稳中求进工作总基调，经济社会发展各项事业都取得重大进展，规划实施总体成效良好，突出表现在以下几个方面：

经济规模效益实现双提升。经济规模明显扩张，“十三五”期末全区实现地区生产总值1854.2亿元，人均地区生产总值突破9万元，比“十二五”期末提高了78%。产业结构显著优化，第三产业比重由2015年的83.6%提高到2020年的84.6%；金融超越房地产、科技服务成为全区第一大支柱产业，金融、科技、文化、商务等重点行业对全区经济增长的贡献率超过40%。

城市功能和品质全面升级。全区“疏整促”工作成效突出，涉及市级量化考核的18个指标每年均超额完成年度计划，已累计调整疏解市场210家、疏解退出一般性制造业企业360家、拆除违法建设1165.5万平方米，城市秩序和经营秩序得到规范，人居环境不断改善。交通服务功能显著增强，全国首个地铁五线交汇的丽泽城市航站楼开工，丰台火车站建设加快推进，“十三五”时期累计建设城市道路180余公里。城市环境品质明显提升，南苑森林湿地公园等一批全市重大项目启动建设，天蓝水清地绿景美的生态环境逐步形成。

增进民生福祉取得显著进展。教育服务水平全面提升，一批名校分校落地建设；医疗卫生服务能力明显增强，每千常住人口医疗卫生机构床位数由“十二五”期末的4.1张提升到目前的6.05张，天坛医院、口腔医院等品牌医疗机构先后落地丰台；体育设施不断完善，人均体育场地面积比2015年增长了116.8%；生活服务业品质不断提升，“一刻钟社区服务圈”覆盖率由2015年的90%提升到2020年的100%，便利性指标位居全市各区首位。

区域发展协调性持续增强。城乡一体化建设加快，完成宛平城第一批解危工作，河东3乡城市化试点8个重点村基本完成改造任务，5个村已实现整建制农转居，8个村实现撤村建居。棚户区改造取得明显成效，“十三五”时期共启动19个棚改项目，实现改造签约住户约2.28万户。

北京市丰台区
国民经济和社会发展第十四个五年规划和
二〇三五年远景目标纲要

(2020 年 12 月 31 日北京市丰台区
第十六届人民代表大会第八次会议批准,
2021 年 6 月 1 日发布)

“十四五”时期是我国全面建成小康社会、实现第一个百年奋斗目标之后，乘势而上开启全面建设社会主义现代化国家新征程、向第二个百年奋斗目标进军的第一个五年，也是丰台区践行新发展理念、推动高质量发展的关键阶段。区委十二届十三次全会对“十四五”时期的形势要求、发展目标、重点任务做出了部署。本规划纲要依据《中共北京市丰台区委关于制定丰台区国民经济和社会发展第十四个五年规划和二〇三五年远景目标的建议》编制。

第一篇　新起点新征程 新理念新目标

“十三五”时期是丰台发展具有重大历史意义的五年。全区上下坚持以习近平新时代中国特色社会主义思想为指导，深入贯彻习近平总书记对北京重要讲话精神，在市委市政府的坚强领导下，不忘初心、牢记使命，砥砺前行、拼搏奋进，全区经济社会发展取得显著成效。“十四五”时期，丰台作为“四个中心”功能的集中承载地区，要立足新阶段新格局新要求，牢牢把握区域发展战略机遇，敢于直面风险挑战，开启更高水平、更高质量发展的新征程。

第一章 立足新起点

过去五年，是丰台贯彻新发展理念、落实首都城市战略定位，加强“四个中心”功能建设，提高“四个服务”水平，推动区域发展方式转变和质量效益提升的重要时期。丰台坚持稳中求进工作总基调，经济社会发展各项事业都取得重大进展，“十三五”规划主要目标任务基本完成，经济发展质量效益显著提升，城市治理体系和治理能力现代化取得新进展，人民生活水平不断提高，为推动地区高质量发展打下了坚实基础。

服务保障首都功能水平有了新提升。五年来，全区深化落实首都功能定位，加快城市功能与品质升级，首都功能承载力不断增强。全区围绕加强“四个中心”功能建设、提高“四个服务”水平，科技、金融与文化等领域服务能力不断增强，对外交通、生活必需品供给、重大活动保障等功能不断提升，为首都国际一流和谐宜居之都建设提供了有力支撑。全区深化落实市级“抓好三件大事、打好三大攻坚战”任务部署，全面实施新版城市总体规划，制定出台丰台分区规划。助力国家冰雪运动训练科研基地等冬奥会重大项目建设。扶贫支援成绩突出，对口帮扶旗县全部脱贫摘帽。污染防治成效显著，细颗粒物年均浓度优于全市平均水平，城市绿化率和森林覆盖率大幅度提升。

疏解非首都功能取得新成效。五年来，全区牢牢牵住疏解非首都功能这个“牛鼻子”，强化统筹协调，各项工作取得明显进展。累计调整疏解市场210家。疏解退出一般性制造业企业360家、仓储物流基地14家、长途客运站2家，违法建设拆除、“开墙打洞”治理工作取得明显成效，清理整治地下空间2017处，全区实现“留白增绿”174公顷。利用疏解腾退空间建成嘉囿城市休闲公园、久敬庄公园等一批百姓家门口的公园。全面完成人口规模调控任务，城乡建设用地规模达到市级减量要求。

经济发展质量效益跃上新台阶。五年来，全区加快调结构、强动能，经济发展质量效益实现双提升，驶入高质量发展快车道。地区生产总值年均增长5.2%，规模突破1800亿元。人均地区生产总值突破9万元。一般公共预算收入规模突破120亿元。全社会固定资产投资、社会消费品零售额持续增长。万元地区生产总值能耗、水耗降幅达到市级要求。第三产业比重达到84.6%，科技、金融、商务服务等重点行业对经济增长的贡献率超过40%。重点功能区高精尖产业承载力显著增强，中关村丰台园形成轨道交通、航空航天两大千亿级产业集群，丽泽金融商务区新兴金融产业加速聚集。

城乡协调发展实现新突破。五年来，全区深入贯彻落实国家新型城镇化战略、乡村振兴战略，加强城乡统筹发展，河东河西协同发展格局初步形成。“一道绿隔”地区城市化统筹试点建设取得显著成效，5个村已实现整建制农转居，13个村实现撤村。河西地区城市功能明显提升，国家产城融合示范区建设加快推进，河西再生水厂实现二期通水、河西第三水厂完工，人大附中等学校相继落地河西。农村集体资产管理体系进一步完善，集体产权交易平台交易量连续四年位列北京农交所资产类项目成交首位，确定了13个集体土地租赁住房项目，实施一批棚户区改造，有效提升群众居住品质。

宜居环境建设取得新进展。五年来，全区聚焦基础设施、生态环境、污染治理等领域，补短板、强功能，精心打造宜居宜业环境。交通承载力明显增强，累计建设城市道路180余公里，完成45处疏堵改造工程，丰台站、丽泽城市航站楼等重大交通枢纽建设加快推进。空气治理成效明显，全区 $PM_{2.5}$ 年均浓度显著下降，扬尘治理、机动车排放控制等成绩突出。水污染治理和水生态环境建设取得明显成效，全区1个国家和5个市级考核断面均实现持续达标，基本消除黑臭水体，河长制、湖长制全面建立，完成节水型区创建。全区严守生态保护红线，实施平原造林工程，南苑森林湿地公园等一批重大生态项目建设加快推进，新增公园及小微绿地近百处，天蓝水清地绿景美的生态环境逐步形成。

城市治理水平实现新提高。五年来，全区坚持城市建设与治理双向发力，城市精细化治理水平大幅提升，市容市貌得到显著改善。“街乡吹哨、部门报到”和“接诉即办”制度逐步完善，群众诉求解决率、满意率不断提升。完成街道机构综合设置改革，组建街道综合行政执法队，制定乡镇党委、政府职责清单。完成全区城市服务管理网格划分，建立“边界共治”长效机制，推广南苑地区“一乡九街”区级综合治理平台试点经验。开展丰台区城市安全隐患治理三年行动。完成191条背街小巷环境整治和38条精品大街建设，镇国寺北街等4条街巷入选“北京最美街巷”，全区城市形象和环境品质明显提升。

民生福祉得到新改善。五年来，全区上下紧扣社会主要矛盾变化，立足“七有”要求和“五性”需求，下大力气推动民生改善。教育质量明显提升，完成中央民族大学迁建、北京十二中东校区等学校建设，打造一批优质教育集团集群。医疗卫生体系逐步完善，引入天坛医院、口腔医院等优质医疗资源，组建一批“院管型”“院办型”和专科医联体。养老服务水平明显提高，在全市率先推出“党建＋智慧养老”新模式——“连心通”，新建一批社区养老服务驿站。文化发展充满活力，文化遗产保护与开发利用进一步加强，持续举办“中国戏曲文化周”活动，涌现《赤子归心》等一批文化精品作品，完成“首都公共文化服务示范区”创建。生活性服务业品质明显提升，建设提升便民商业网点455个，“一刻钟社区服务圈”覆盖率达到100%，便利性指标位居全市首位。

面对突如其来的新冠肺炎疫情，全区上下始终坚持人民至上、生命至上，把疫情防控作为全区工作重中之重来抓，按照“坚定信心、同舟共济、科学防治、精准施策”的方针，坚持落实“三防”“四早”“九严格”要求，积极稳妥推进各项防控工作。新发地聚集性疫情发生以后，按照市委市政府“稳住阵脚、抓实工作、控住疫情”的指示要求，全区党员干部群众团结一心、众志成城，第一时间进入战时状态，以最严措施、最高标准，全面落实各项防控措施，在不到一个月的时间控住了疫情，取得了抗疫斗争阶段性重大成果。

五年来，在区委区政府的统筹部署下，丰台深刻把握首都中心城区功能定位，认真践行高质量发展要求，加快实施新版城市总体规划，全面推进城市南部地区行动计划，疏功能、稳增长、促改革、调结构、惠民生、防风险、保稳定各项工作全力推进。“十三五”规划实施成效符合预期，区域功能更加明确，发展基础更加坚实，创新动能更加强劲，民生福祉更加厚植，社会治理体系和能力在应对百年未有之大变局、抗击新冠肺炎疫情中得到了严格锤炼，丰台以实际行动诠释了丰台速度、丰台力量，在凝聚发展共识、坚定发展信心的同时，将丰台现代化建设推向了一个更新更高的起点。

第二章 把握新形势

“十四五”时期，丰台处于把握重大战略机遇的窗口期、承载首都功能和重大使命任务的提升期、解决区域发展不平衡不充分问题的关键期、全面实现高质量发展的突破期，迎来了厚积薄发、创新发展的关键阶段。

（一）紧抓战略机遇

国家、市级层面政策利好频出，为丰台未来发展提供了有力战略支撑。国家服务业扩大开放综合示范区、数字经济、自主创新等国家战略，将极大促进科技、金融等丰台区优势产业发展壮大。通过首都南北均衡发展战略、新一轮城南行动计划的实施，将进一步拓展、增强丰台区首都功能，提升基础设施、公共服务建设水平，推动地区成为首都发展新的增长极。

首都对南部地区未来的规划，为丰台厚植首都功能、加速转型升级，提供了广阔发展空间。南中轴贯通丰台南北，是丰台最宝贵的发展资源。南中轴及南苑—大红门地区是带动南部地区发展的增长极。作为未来国家首都功能布局的重点区域，是展示国家形象和中华文化自信的未来轴线。做好该地区的规划建设，对于谱写新时代中心城区新篇章，具有历史性意义。对于丰台区来说，也蕴含着重大发展机遇。

随着丰台产业结构不断优化、经济发展质量不断提升，带来了核心产业创新突破和产业体系完善升级的机遇。近年来，丰台区依托重点功能区规划建设，不断推动产业结构优化提升，科技、金融等新兴产业不断发展壮大，并形成了轨道交通、航空航天两大千亿级产业集群。“十四五”时期国家科技战略更加强调以产业基础安全为核心的自主创新，叠加产业数字化、数字产业化进程不断加速，将更加有利于全区核心产业发展取得重大突破，推动传统产业组织模式、分工模式、服务模式迭代升级，加快形成“高精尖”经济结构。

以扩大内需为战略基点的新发展格局，为丰台带来了转型发展的有利契机。新发展格局有利于推动丰台消费升级，为丰台从市场大区、传统商贸大区、流通大区转变为首都高品质生活服务供给重要保障区提供有利契机，推动市场优势转化为消费优势，进一步提升丰台在京津冀地区乃至全国的市场辐射能级。

丰台历史文化资源丰富，为提升地区文化软实力、助推高质量发展，提供了有力支撑和保障。不仅有金中都、莲花池等历史古迹，还有卢沟桥—宛平城、长辛店—二七厂等红色文化资源；丰台区戏曲文化底蕴和群众基础深厚，依托中国戏曲学院等辖区资源连续多年举办中国戏曲文化周活动。这些丰富的特色文化资源，对于彰显城市魅力、增添城市底蕴、推动地区发展，将起到巨大促进作用。

（二）应对复杂挑战

在看到发展机遇的同时，我们也清醒地认识到，当前丰台区发展也面临着诸多困难和挑战。

应对外部环境挑战任务艰巨。当今世界正经历百年未有之大变局，由新冠肺炎疫情等问题带来的不确定性因素增加，国际环境日趋复杂。丰台目前仍处于高质量发展的资源导入期，经济逆全球化、国际贸易摩擦升级等因素，对进一步扩大外部市场、吸纳国际要素、升级产业技术形成了严峻的挑战。

提高经济质量效益和竞争力任务艰巨。北京市正在率先探索融入新发展格局的有效路径，丰台产业结构还不够优化、产业优势还不够突出，创新发展动能不足等问题依然存在，经济增长对传统产业依赖度依然较高，金融、科技等高精尖产业的贡献能力仍有待进一步提升，在培育壮大新业态、探索开放新路径、引领转型新模式等方面也亟待形成发展突破。

解决区域发展不均衡不协调难题任务艰巨。前期城市化进程遗留问题较多，重点村改造、“一道绿隔”地区建设任务还未完成收尾，河西地区发展相对薄弱，我区仍面临集体经济亟需转型升级、公共资源分布不平衡等城乡发展难题，需要持续推进城乡统筹、优化城市空间格局。

补齐城市建设民生保障短板任务艰巨。丰台区在基础设施、公共服务方面相对薄弱，基层治理水平有待提高，满足群众“七有”要求、“五性”需求还存在短板，需要提高优质公共服务供给水平，加强城市建设和精细化管理，满足人民群众日益增长的美好生活需要。

完善城市治理体系和提升治理能力现代化水平任务艰巨。在丰台多年快速发展的进程中，积累的一些矛盾问题显现，人口资源环境约束趋紧，“城市病”治理压力大，基层治理能力与区域功能定位尚不相匹配，治理体系和治理能力现代化水平有待提升。

站在新的发展起点上，全区上下必须准确把握当前形势任务要求，主动对标国家、北京“十四五”发展蓝图，牢牢把握首都发展全部要义，增强机遇意识和风险意识，准确识变、科学应变、主动求变，为实现丰台高质量发展激发新动能、拓展新空间、谋求新突破。

第三章 开拓新局面

（一）指导思想

高举中国特色社会主义伟大旗帜，深入贯彻党的十九大和十九届二中、三中、四中、五中全会精神，坚持以马克思列宁主义、毛泽东思想、邓小平理论、“三个代表”重要思想、科学发展观、习近平新时代中国特色社会主义思想为指导，全面贯彻党的基本理论、基本路线、基本方略，深入贯彻习近平总书记对北京重要讲话精神，统筹推进“五位一体”总体布局，协调推进“四个全面”战略布局，坚定不移贯彻创新、协调、绿色、开放、共享的新发展理念，坚持稳中求进工作总基调，立足首都城市战略定位，深入实施人文北京、科技北京、绿色北京战略，以首都发展为统领，以推动高质量发展为主题，以深化供给侧结构性改革为主线，以改革创新为根本动力，以满足人民日益增长的美好生活需要为根本目的，围绕丰台区功能定位，全面落实城市规划，坚定不移疏解非首都功能，统筹发展和安全，加快建设现代化经济体系，积极落实构建新发展格局要求，推进治理体系和治理能力现代化，推动“妙笔生花看丰台”美好愿景成为现实，为北京率先基本实现社会主义现代化开好局、起好步，作出丰台贡献。

（二）基本要求

服务首都大局。丰台作为首都中心城区，必须坚持以首都发展为统领，准确把握首都功能与自身定位之间的关系，在更好地服务保障首都功能大前提下，谋划自身发展。必须牢牢把握首都工作的要义，紧紧围绕首都城市战略定位，加强“四个中心”功能建设，提高“四个服务”水平，持之以恒优化提升首都功能。

把握功能定位。在城市总规中，丰台区的功能定位是：首都高品质生活服务供给的重要保障区，首都商务新区，科技创新和金融服务的融合发展区，高水平对外综合交通枢纽，历史文化和绿色生态引领的新型城镇化发展区。坚持把新版北京城市总体规划对丰台的功能定位、目标任务等要求，贯穿“十四五”时期发展全过程，切实做到一张蓝图干到底。

筑牢发展基石。通过保安全、稳民生、增财力，为地区发展提供安全、和谐、稳定的社会环境。牢固树立底线思维，紧盯公共卫生、生产生活、社会秩序等各个方面，全面提高城市安全保障水平，为地区发展营造安全稳定的社会环境。始终坚持以人民为中心的发展思想，加快补齐基础设施、公共服务方面短板，不断提升社会治理水平，进一步增强人民群众的获得感，为地区发展更好地凝聚民心、凝聚力量。持续优化营商环境，凝心聚力涵养税源，为地区发展提供充足的财力支撑。

实现重点突破。坚持创新、协调、绿色、开放、共享新发展理念，贯彻减量、集约、高质量发展的要求，聚焦南中轴地区、丽泽金融商务区、中关村丰台园、丰台站等重点区域，打造引领南部地区发展新的增长极，以“点”上的突破带动丰台区整体发展再上新的台阶。

（三）发展目标

展望二〇三五年，丰台区要全面服务首都现代化建设的宏伟进程，聚焦“四个中心”功能，践行“四个服务”使命，紧扣首都工作大局，通过十五年的努力，让“妙笔生花看丰台”的美好愿景成为现实。**首都功能显著增强，**落实南中轴地区规划建设阶段性任务，将其打造成为体现大国复兴、彰显文化自信、服务首都全国文化中心和国际交往中心功能的重要承载地。**经济实力大幅跃升，**全面完成丽泽金融商务区、中关村丰台园等重点功能区规划建设，创新体系更加完善，新兴金融、科技创新、高端服务以及轨道交通、航空航天等主导产业集群实现重大飞跃，经济总量和人均收入迈上新的大台阶，成为首都高质量发展新的增长极。**治理体系日趋完善，**人民平等参与、平等发展权利得到充分保障，基本实现法治政府、法治社会的工作目标，平安丰台建设持续巩固拓展，韧性城市建设取得重大进展，治理体系和治理能力现代化基本实现。**文化发展日益繁荣，**永定河、卢沟桥—宛平城、金中都遗址、南苑森林湿地公园等各类文化资源得到深入挖掘和全面提升，居民素质和社会文明程度达到新的高度，文化软实力显著增强，成为首都全国文化中心建设的重要地区。**城市面貌日新月异，**生态环境根本好转，优质生态产品供给更加充足，天蓝、水清、森林环绕的生态城市基本建成，"轨道上的京津冀"重要枢纽全面建成，阶段性完成城市有机更新，形成智能化、生态化、高效化的城市运行格局。**社会事业全面进步，**人民群众"七有""五性"需求在更高水平上有效满足，城乡区域均衡协调的发展格局基本形成，基本公共服务实现均等化，健康丰台建设取得长足进展，居民的全面发展和共同富裕取得更为明显的实质性进展。

综合考虑未来发展趋势和条件，今后五年经济社会发展的主要目标是：

——**经济发展效益明显提升。**主要经济指标平稳增长，综合经济实力和财力显著提高，地区生产总值年均增长5%左右，成为北京城市南部地区高质量发展的新引擎。高精尖产业快速发展，创新能力不断提高，全社会研究与试验发展经费支出占地区生产总值比重达到3%，经济结构更加优化。重点功能区建设取得明显成果，区域城乡发展协调性持续增强。

——**生态环境质量持续优化。**绿色生产生活方式普遍推广，单位地区生产总值能耗降幅达到市级要求。垃圾分类成为自觉行动，资源利用效率大幅提高，主要污染物排放总量持续削减，空气质量明显改善。山水林田湖草系统治理水平不断提升，森林覆盖率达到28.4%，人均公园绿地面积达到12.2平方米/人，成功创建国家森林城市，城市人居环境更加优美。

——**民生福祉持续改善。**实现更加充分更高质量就业，城镇登记失业率控制在4.5%以内。居民收入增长和经济增长基本同步，多层次社会保障体系更加健全。公共卫生应急管理体系建设取得进展，成功创建国家卫生城区。优质教育均等化水平进一步提高，全民受教育程度持续提升。养老、住房、文化、体育等公共服务体系更加健全，人民生活质量显著提升。

——**社会治理效能显著提升。**依法治区迈出坚实步伐，社会公平正义进一步彰显，共建共治共享的社会治理体系更加健全，基层基础更加稳固。平安丰台建设深入推进，重大突发公共事件应急能力和防灾减灾抗灾救灾能力明显增强，防范化解重大风险和安全发展体制机制不断完善。

"十四五"时期丰台区经济社会发展主要指标表

表1

序号	指标		十四五目标	属性
1	地区生产总值年均增速（%）		5左右	预期性
2	全员劳动生产率（万元/人）		20.5	预期性
3	全社会研究与试验发展经费支出占地区生产总值比重（%）		3	预期性
4	实际利用外资规模（亿美元）		【6.5】	预期性
5	细颗粒物年均浓度（微克/立方米）		达到市级要求	约束性
6	绿化	森林覆盖率（%）	28.4	约束性
		人均公园绿地面积（平方米/人）	12.2	约束性
7	国家和市级水质考核断面达标率（%）		100	约束性
8	生活垃圾回收利用率（%）		达到市级要求	约束性
9	单位地区生产总值能耗降幅（%）		达到市级要求	约束性
10	单位地区生产总值二氧化碳排放降幅（%）		达到市级要求	约束性
11	全区居民人均可支配收入年均增速（%）		与经济增长基本同步	预期性
12	城镇登记失业率（%）		4.5	预期性
13	普惠性幼儿园学位供给率（%）		>80	预期性
14	每千常住人口执业（助理）医师数（人）		5.2	预期性
15	每万名常住人口疾控力量配比（人）		1.3	约束性

续表 1

序号	指标		十四五目标	属性
16	生产生活用水总量（亿立方米）		达到市级要求	约束性
17	城乡建设用地规模（平方公里）		达到市级要求	约束性
18	常住人口规模（万人）		达到市级要求	约束性
19	单位地区生产总值生产安全事故死亡率（人 / 百亿元）		＜1.3	约束性
20	食品药品安全	食品安全抽检合格率（%）	>98.5	约束性
		药品抽检合格率（%）	>99	约束性

注：【】为累计值。

第二篇　紧扣区域功能定位 服务首都发展大局

“十四五”时期，将开启全面建设社会主义现代化国家新征程，是贯彻新版城市总体规划、落实首都“四个中心”战略定位的关键期，是强化丰台首都功能承载、推动城市南北均衡发展的提升期。

第一章 全面提升服务保障首都功能水平

在首都城市格局中，丰台区既属“一主”，又处“一轴”沿线，是首都“四个中心”功能的集中承载区，是建设国际一流和谐宜居之都的关键地区。

（一）着力加强服务“四个中心”建设

全力做好政治中心服务保障。优化重大国事活动空间支撑，推动城市南中轴沿线地区规划编制及环境整治，为国家会议、主场外交、国事活动等国家重大功能布局做好战略留白和规划设计管控。规划建设卢沟桥国家文化公园区，以卢沟桥 - 宛平城 - 中国人民抗日纪念馆为核心，突出国家抗战纪念活动承载地的政治功能。加强重大政务活动服务保障，围绕重大庆典、重点区域、重要枢纽等要事、要地，全面建立高标准、常态化的服务保障机制。加大重大交通枢纽、重要交通沿线等区域环境整治提升，优化中央国家机关办公环境，加大对驻区国家机关的服务保障力度。

扎实推进全国文化中心建设。大力培育和践行社会主义核心价值观，培育崇德向善风气，争创全国文明城区。建设抗日战争（卢沟桥和宛平城）爱国主义教育主题片区，打造全国一流爱国主义教育基地。推动南中轴地区博物馆群建设。构建丰台“一轴一带三区十景”的文化发展空间布局，通过南中轴和永定河文化带统领文化空间结构，构建莲花池 - 金中都、南中轴 - 南苑、卢沟桥 - 长辛店三大文化板块，打造包括航天逐梦、南囿秋风、红门锦绣在内的丰台文化十景。传承优秀传统文化，建立文化特色、文化脉络和文化资源的关联融合机制，弘扬曲艺文化，彰显城市魅力、增添城市底蕴。推进公共文化设施建设和基层公共文化服务供给。

全面支持国际交往中心建设。拓展国际交往功能空间承载，在南苑机场地区战略预留以国家纪念、国际交往等为核心的国家功能区，引导布局中央政务、国际会议、国际组织驻地等功能。系统化做好外宾途经或在地活动的安全维稳和接待保障工作，服务大国首都主场外交新常态。培育国际合作竞争新优势，主动开展与国际友好城市、“一带一路”新兴城市的交流合作，在会议、论坛等方面塑造特色新名片，深化民间交往合作，丰富国际交往的层次与内涵。着力建设国际一流涉外软环境，强化重大交通枢纽安全保障，全面提升国际化营商环境水平，建立面向国际市场的商务服务体系。

加快推进科技创新中心建设。立足服务创新驱动发展等国家重大战略，聚焦中关村丰台园、丽泽金融商务区等重点功能区，落实北京市国际科技创新中心建设战略行动计划。聚焦轨道交通、航空航天两大核心战略产业，加强重点企业和项目引进培育，支持新型研发机构发展，形成国家战略科技力量。把握国家科技体制改革契机，着力推动央地科创合作纵深发展，立足驻区大院大所大企业优势，紧抓新一轮深化改革契机，主动谋划科技合作破局，有效推动国防等科技成果向民用领域转移转化。围绕新基建、新场景、新消费、新开放、新服务，加快在金融服务、智能制造、商贸物流等领域形成新业态、新模式的产业集聚，主动承接“三城一区”创新效应外溢。

（二）持续推动疏解整治促提升

推动疏解提质更加精准有效。深入落实“控增量”“疏存量”，落实新增产业禁止限制目录，推动一般性产业从整区域、大范围集中疏解向精准疏解、高效升级转变，不符合首都功能定位的一般制造业企业、区域性批发市场实现动态清零，有序退出不符合城市战略定位的功能和产业，动态推进存量制造业企业调整优化，促进制造业提质升级和优化布局，保留一定重要应急物资和城市生活必需品生产能力。持续巩固南苑—大红门地区疏解整治成果，把好产业准入关口，严防传统业态回潮。持续推动新发地市场等市场转型升级。持续加强人口调控。推动丰西编组站外迁。

深化重点领域综合整治。以土地腾退、城乡建设用地减量为目标，强化违法问题治理，保持新增违法建设零增长，推进基本无违法建设区创建，推动"留白增绿""临时绿化"工作，全面开展农村乱占耕地建房整治。"有里有面"精细化推进背街小巷治理，推动街巷环境整治向街区更新转变、向城市治理多维度拓展。巩固占道经营等违法违规行为治理成效，与"接诉即办"有机结合，实施市民诉求"动态清零"，及时解决百姓身边问题。加快解决影响城市发展和民生改善的棚改、重点项目征拆收尾、住宅小区配套公共服务设施的移交等历史遗留问题。从"小切口"入手，聚焦市民诉求集中区域开展综合治理，增强治理类街乡镇整治提升的系统性、针对性，切实改善百姓身边的生活环境。

系统创建精品片区。坚持以市民需求为导向，聚焦人口密集地区优化提升。加强超大型社区及周边环境整治提升，优先布局轨道交通站点周边等人口密集区域的市政配套和公共服务、便民服务设施，优化提升城乡结合部地区功能、秩序和环境品质。结合区域规划定位，创建高品质重点功能片区。围绕重点功能、门户形象、中心城衔接、民生保障四类重点区域，合理布局周边配套功能，带动资源要素活力释放，打造城市活力中心。

打造腾退空间利用样板区域。统筹利用疏解腾退空间，鼓励开展试点，打造一批成功案例和样板区域，推动腾笼换鸟，改善人居环境，优化提升首都功能。利用区域性批发市场、一般制造业、老旧厂房等体量较大腾退空间实现重点功能区增容，发展产业园区。对于规模较小、分布零散腾退空间，按规划功能定位补充生活生态空间。鼓励腾退空间利用模式创新，激活城市存量资源。落实市级政策，积极引进先进智造业企业总部和研发、中试环节，适度发展占地少、附加值高、科技含量高、生态环保的智造环节。

（三）积极融入京津冀协同发展

充分发挥重大交通枢纽布局汇聚优势。全力服务和保障丽泽城市航站楼、丰台站、北京西站、北京南站"三站一楼"高水平建设运营。高起点建设丽泽城市航站楼，打造"空铁联运、立体交通"的城市流量枢纽，率先实现轨道交通、国际航空与城市功能的互联互通、高效融合，建成快速通达全球的"智慧城市客厅"，系统构建身份数字识别、智能定制服务、行李自动托运等一体化先行场景。推动丰台站组团综合开发和站城一体化发展，打造新活力中心。全力保障丰台站按期通车，全面推进周边配套市政工程建设，延展交通服务枢纽为城市综合服务枢纽，注入多元商业活力，引进公共服务功能，以丰台站为中心构建立体服务圈层与共享服务网络。全面提升北京西站、北京南站周边整体风貌形象。

服务"轨道上的京津冀"。全面塑造"轨道上看首都"的进京新视野，提升京津－京沪－京雄－京广等城际线路在区沿线景观，围绕交通枢纽塑造城市视觉焦点、布局地标建筑，构建特色鲜明的城市意象。全力打造"城市中看轨道"的独特风景线，充分整合疏解腾退、环境治理、绿化建设、规划实施等工程，强化整体性、连续性设计，为居民健身、漫步、骑行、娱乐等搭建独具城南特色的功能型环境。

推动京津冀产业协同发展。搭建企业协同合作平台，联合开展形式多样的招商推介活动、企业对接活动，对有向津冀转移、投资布局意向的企业做好支撑服务。全力打造金融与科技的协同枢纽，发挥丰台区在金融、科技等产业领域的优势，积极推动丽泽金融商务区、中关村丰台园与津冀两地开展交流合作，实现资源在三地间优化配置。全力打造文旅与商贸的互促枢纽，结合津冀两地的资源特征，全面延伸拓展合作模式与渠道，形成资源互促、优势放大的发展格局。

第二章 全面践行城市南北均衡发展战略

紧紧围绕"南北均衡"发展目标，"十四五"时期丰台区将全面融入新一轮城南行动计划，在加快导入高端资源、精准培植城市功能、补齐民生服务短板等方面下更大力气，将丰台打造成为首都发展的新引擎。

（一）把握重要契机加快优质资源导入

把握窗口期吸引高端要素。抓住丰台区重大交通枢纽及轨道线网建设窗口期，推动对外城际交通网络的新建与扩张，加强与京津冀及铁路沿线城市人才资本、科技资源的协同合作。加快丽金线等市域轨道交通的联通与拓展，构建与金融街头部资本、CBD国际企业、中关村科技人才更便捷的互联互通。通过倾斜政策、优质服务、品质环境的定制化打造，吸引更多的社会资源逐步转化为本地优势。

依托比较优势承接新兴企业。充分把握丰台区位优势突出、产业空间充足、经营成本适中的优势，搭建服务产业转移的承接平台。立足疫情影响、贸易摩擦、科技变革下的产业链、价值链重塑，积极对接金融街、CBD、中关村科学城企业业态扩张需求，紧密围绕丰台产业战略，加快开展一批传统产业科技迭代方向研究，加快推进一批既有产业功能提质增效。

（二）布局重大项目加快城市功能提升

主动争取重大项目布局。培育区域特色品牌，发挥作为"中国航天的发祥地""中国飞航导弹的摇篮"的品牌效应，布局航天高技术研发中心，建设航天协同创新院，丰富科技文化内涵，赋予新的时代意义。办好"中国铁路发展论坛"系列品牌活动，打造具有全球影响力的轨道交通产业创新中心和发展示范高地。引导重大演艺文化场馆聚集发展，引进中国芭蕾舞团演艺中心，积极推动北京京剧院、中国杂技团、中国评剧院等院团聚集发展，打造戏剧演艺组团。

主动谋划重大地标建设。加快城市轴线风貌地标统筹，围绕“中国气质、南苑风韵、国际风尚”，强调城市建设与自然形势相结合，整体形成南中轴地区“北城南苑、北收南展”的空间形态。加快首都生态文明地标打造，积极推进南苑森林湿地公园建设，围绕生态保育、休闲游憩等功能，以“首都南部结构性生态绿肺、享誉世界的千年历史名苑”为目标，构建无界自然的生态公园体系。

（三）突破重点难题加快补齐民生短板

加快推动城乡结合部地区发展。加快实施青塔－五里店片区、时村东罗园等重点区域项目，实现与城市环境及服务供给对接。加大实施重点村环境整治，完善道路、供排水设施、清洁能源供应、环卫设施等长效管护机制，持续推动公共服务和基础设施建设向薄弱地区延伸，不断改善城乡结合部地区环境面貌。

促进公共服务补短板提品质。立足“七有”“五性”，开展与各教育集团、文化集团对接，加快储备一批优质公共资源，补齐公共服务短板。立足基本公共服务均等化和优质公共服务均衡化目标，增强教育、医疗、养老等领域优质资源供给，形成布局合理、功能完善、覆盖城乡的公共服务体系，提高人民群众的获得感、幸福感、安全感。

第三篇　加快促进产业升级 推动经济高质量发展

充分把握产业快速迭代变革趋势，以构建更具竞争力的产业集群为重点，以南中轴地区、丽泽金融商务区、中关村丰台园为核心承载，加强产业与空间发展的统筹，全面推动功能区协同联动发展，大力培育金融、科技、文化、商务领域发展优势，全面深化改革，全面增强区域经济发展动能，构筑引领首都南部发展增长极。

第一章 构建面向未来的现代化产业体系

紧扣首都“四个中心”城市战略定位，围绕丰台区功能定位和发展要求，顺应全球新一轮科技革命和产业变革趋势，立足地区要素禀赋，以创新为驱动、以开放为引领、以转型为突破，聚焦金融、科技、文化、商务四个领域，大力发展高精尖产业，提高经济质量效益和核心竞争力，形成面向未来的现代化产业体系。

（一）提升金融业支撑力

增强金融业集聚效应。推动新兴金融领域发展，把握资本市场基础性制度改革机遇，大力发展数字金融、金融科技、供应链金融，引入金融控股公司、第三方支付平台。优化传统金融业务，吸引银行、证券、保险和再保险等领域持牌金融机构集聚，发展普惠金融，支持重点企业设立区域性总部、平台公司，强化金融基础设施建设。增强金融业国际化水平，把握服务业扩大开放机遇，办好数字金融论坛等活动，积极对接跨国公司总部，吸引知名外资银行、证券、基金等金融机构入驻，鼓励外资金融机构拓展国内金融业务。

增强金融服务功能优势。鼓励发展数字金融，支持中国人民银行数字货币研究所建设，稳妥推进数字货币研发应用。依托银行业信贷资产登记流转中心、农信银资金清算中心两大国家级平台的要素市场优势，发展数字资产交易、支付、清算、流通等产业形态。支持中华保险集团开展保险行业数字化创新。以数字金融为核心，大力引进金融科技企业，积极推动数字金融产业集聚，打造数字金融产业集群，支持驻区金融机构开展数字化转型，构建数字金融应用场景。聚焦汽车、文化、旅游等消费领域，引导金融机构消费信贷管理模式和产品创新。健全企业上市服务体系，分阶段做好企业上市个性化对接服务，促进更多丰台企业通过国内外资本市场融资，做大做强。

（二）提升科技产业创新力

增强科技创新发展活力。加强创新资源整合能力，充分发挥中国通号等大型龙头企业的资源带动效应，主动承接国家重大科技任务，支持在企业内部建设国家重点实验室、工程（技术）研究中心、企业技术中心，加速创新要素向企业集聚。鼓励行业领军企业建设开放产业共性技术创新研发等专业平台，参与特色载体建设运营，孵化布局上下游创新企业。加强创新协同能力，主动与“三城一区”融合发展，紧密衔接科技成果转化应用，培育新兴业态领军企业与产业生态。促进政产学研用深度融合，建立健全军民融合创新体系，深入推进企业区域间、国内外创新交流，引导驻区中央单位、科研院所、大专院校推动科技成果向市场主体转移转化。主动布局和积极利用国际创新资源，深化国际科技交流合作，在更高起点上推进自主创新。

提升产业链现代化水平。实施产业基础提升工程，加大“卡脖子”关键技术和重要产品攻关力度，重点在轨道交通、航空航天、电子信息、先进制造与自动化等领域加快突破，构建覆盖产业各个环节的技术链。聚焦产业价值链自动化程度高、集约度高、附加值高、科技含量高、资金密集型的高端环节，支持企业加大对于新技术研发和应用、供应链管理等领域发展。积极发展服务型制造，大力吸引工业设计服务商、检验检测认证服务商、智能制造系统集成商、研发外包服务商等类型企业入驻，加快构建形成创新能力强、安全可靠的产业链和供应链。探索推广区块链技术应用。完善知识产权服务体系，搭建知识产权服务平台，促进知识产权融资渠道多样化拓展，提升知识产权运营能力。

（三）提升文化产业影响力

大力发展数字文化产业。健全文化产业体系，在做大做强新闻信息服务、内容创作生产、创意设计服务等传统优势领域的基础上，实施文化产业数字化战略，推动文化与科技、旅游、金融等融合发展，培养发展新型文化企业、文化业态、文化消费模式。紧跟数字技术快速迭代背景下文化产业持续变革趋势，加强前瞻性研究与资源对接，努力争取引进和培育孵化一批面向未来的平台型文化企业。建设好北京国家数字出版基地。鼓励开展数字文化内容、软件创意设计、数字创意融合性应用服务等领域业务，大力发展互联网信息服务、网络影视、数字音乐、网络游戏、时尚设计等文化业态。积极吸引新媒体落户。丰富数字文化消费体验，支持开展新型穿戴设备、智能终端等产品和服务研发，推动建立消费体验中心，培育新消费习惯。

促进特色文旅产业融合发展。以文彰旅，以旅促文，推动文化旅游双向赋能发展，围绕丰台文化内涵，着力构建“一轴一带领三区，一廊融合串十景，红绿交织贯两岸，文化多点联万家”文化旅游产业发展新格局，打造文化十景品牌，将代表性文化资源与旅游资源有机融合，塑造区域文化品牌。加快推进宛平城（卢沟桥）整体保护提升项目、长辛店红色文化展示平台等一批精品文化旅游项目建设。增强文旅创意设计服务多元供给，提升企业的自主创新和成果转化能力，全力培育领军设计机构、高端设计人才。

（四）提升商务领域开放竞争力

促进总部经济发展能级跃升。大力引进与丰台区产业定位相匹配的跨国公司地区总部，鼓励其设立投资中心、结算中心、运营中心、营销中心、采购中心等经营性机构。把握技术快速迭代的趋势，引入并培育一批平台类创新型总部企业，支持其在全国乃至全球范围内开展跨区域经营。引导跨国公司办事处、分公司向跨国公司地区总部升级，支持总部企业通过并购、境内外投资等方式开展基于产业链的资源整合。扩大服务贸易规模，建立国际贸易发展优势，集聚一批数字贸易跨国企业总部和运营中心。建立服务国际经贸的支撑体系。

推进专业服务机构品牌化国际化。建立完善商务服务体系，依托高品质商务楼宇，在会计、咨询、法律、规划、设计等领域争取优惠政策和先行先试，大力吸引国内外专业服务机构入驻。建立国际人才引育服务体系，引进专业服务领域国际人才，积极争取外资教育培训机构等入驻。创新发展融合会议、展销、交易和旅游等于一体的会展产业，形成会展与多行业互动发展的良好态势。

第二章 高标准规划建设南中轴地区

立足第二个百年奋斗目标，坚持国际视野、首都担当，打造生态轴、文化轴、发展轴。推动南中轴地区城市更新发展，打造大国首都功能的新兴承载区、中华文化自信的重要彰显区、生态文明城市建设的样板区、首都南部崛起的核心引领区、和谐宜居城市建设的示范区。

（一）优化提升南中轴发展环境

统筹总体空间布局。高标准编制、高水平实施南中轴地区规划，全力构筑“北城南苑、北收南展”的空间格局，对和义、南苑机场等地区战略留白，有序推进南苑、和义地区国家功能区建设，完善国家纪念、国家礼仪、国际交往、文化展示交流等功能。加强城市设计管控，严格控制中轴两侧建筑高度、风格等内容。还原古都城市肌理，依托古御道、古水系有效串联文物节点和公共空间，加快恢复南苑苑门、苑墙、奉宸苑等历史印记。统筹布局市政、生态、交通等智慧设施，打造“智慧南中轴”。

构建大尺度绿色生态空间。以“首都南部结构性生态绿肺、享誉世界的千年名苑”为目标，以南苑森林湿地公园为核心，构建无界自然的生态公园体系。启动中轴路沿线环境品质提升建设，打造凉水河休闲绿带，分段设计主题滨水空间和亲水岸线，增设博物馆等展示空间，点亮南中轴文化活力绿心。

（二）增强首都功能承载力

展示大国首都文化新形象。深度挖掘南中轴皇家苑囿、革命军事等历史文化，做好历史文化遗址、遗存的复原保护与展示利用，强化中轴历史文化传承。承接重大公共文化设施布局，积极承办艺术博览、文艺演出等活动，建设御道文创商业区和红门文化商务区，打造大国首都文化展示窗口。重点布局展示国家文明成就的博物馆群落、重大文化组织、文化交流等功能，构筑国家级文化设施集中承载地。

塑造国际交往功能新承载。规划南中轴国家文化功能区，打造国际交往新门户，加强国际交往功能区周边综合整治与环境提升，完善商务休闲等配套和交通保障。加快主场外交功能载体建设，大力吸引国际组织、国际商会、行业协会等国际机构集聚。开展国际城市间交流合作，推动多层次主体在不同领域的国际交流，形成国家间交往的延展与补充。搭建重点领域合作平台，重点承接“一带一路”、友好城市等为背景的交易博览会、品牌文化节、贸易洽商会等商贸活动，全面提升地区国际知名度和影响力。

（三）建设具有国际吸引力的首都商务新区

吸引培育国际化、高端化产业。强化南中轴的商务廊道作用，提升链接全球高端要素资源的能力，吸引国际组织、国际商会、跨国总部等聚集，规划建设一批国际化会展设施，打造国际交往新窗口。以发扬传统文化精髓、增强现代文化创新活力为主线，建设以文化演艺、文化商务、国际商务、时尚创意、特色服务为支撑的功能体系。推动文化与科技、旅游等融合发展，打造有国际吸引力的首都商务新高地、有世界影响力的文化艺术新中心。

启动先导示范区建设。推进大红门地区国有存量用地更新和集体产业用地整治改造，系统谋划城市更新和腾笼换鸟。突出刚性管控与弹性预留相结合，以区域统筹协调解决不同经济主体的利益平衡，通过功能转换带来价值增量，解决历史遗留问题。加快推进产业升级和业态重塑，以现代艺术展示为引擎，以文化商务和国际商务为内涵，推动“文化＋科技”融合新产业发展，大力吸引国际组织、跨国总部、专业机构聚集，打造撬动南部地区发展的核心引擎。

第三章 打造具有全球影响力的丽泽金融商务区

立足新兴金融产业集聚区、首都金融改革试验区定位，按照市委市政府打造“第二金融街”的要求，把握服务业扩大开放机遇，以推动数字金融发展为引领，以建立国际一流配套设施与服务体系为支撑，持续提升金融科技资源汇聚能力，全力将丽泽金融商务区打造成为具有全球影响力的金融发展新区、数字金融示范区、绿色生态示范区。

（一）高起点发展新兴金融产业

全力打造金融科技创新示范区。构建数字金融生态圈，结合丽泽D片区一体化建设，打造具有优势特色的数字金融科技示范园。全面推进产业链布局与数字金融场景建设，大力吸引“一行两会”等监管机构下设行业协会、数字金融、金融科技企业等入驻。打造金融交易市场基础设施集聚区，吸引国家级金融基础设施运营机构落户，搭建和完善新兴金融要素服务平台，丰富金融要素市场供给。提高金融科技发展溢出效应，积极承接金融街金融机构业务拓展需求。积极争取金融科技“监管沙箱”试点，努力承接全球金融科技项目孵化和产业应用。加强金融科技创新国际合作，增强数字金融论坛影响力。

率先布局推动新兴服务业态发展。围绕专业细分市场、面向专业金融机构，提供专业金融服务。加强前瞻研究提前布局，发挥数字金融发展的引领示范作用，创新数字经济发展的“投研一体”模式，动态跟踪数字产业链上下游发展趋势，大力引进和培育具有国际影响力的数字经济平台型总部企业，引进利用人工智能、云计算、大数据、物联网、虚拟现实等技术提供数字化服务和创新应用的新兴服务企业，争取率先构建数字服务集群。大力发展远程办公、在线教育、在线医疗等新兴服务业态，引导企业在研发、服务、物流等环节进行数字化升级，建设数字经济示范应用场景。

（二）高水平推进区域规划建设

加快产业空间释放。加快商务楼宇建设，推动通用时代中心、丽泽开创金润中心、国金大厦等楼宇空间建成使用。严格实施楼宇招商产业准入，做好业态把控和金融风险防控。“十四五”末，基本完成南区建设，北区建设初具规模。

加快基础设施建设。构建立体化对外交通网络，加快推动轨道交通丽金线规划建设，推进丽泽城市航站楼、新机场线北延工程、地下交通环廊等项目建设，加快丽泽地下空间一体化建设，完成南区13条次干、支路建设。建设高标准高密度通信基础设施，加快部署5G基站体系、建设千兆、万兆光纤路网等配套，探索搭建低功耗广域物联专网，建设泛在感知、智能接入的市政设施和网络连接设施，打造5G网络全覆盖商务区。打造智慧丽泽综合指挥中心，推动丽泽金融商务区中枢大脑建设。

加快城市活力中心建设。打造独具魅力的人文地标，推进丽泽文化艺术中心、金中都城墙遗址公园建设，逐步开发滨水、亲水岸线景观，逐步构建多层次、网络化的蓝绿空间体系，建设海绵城市示范区，提高城市韧性。打造丰富多元的公园体系，建成城市运动休闲公园和滨水文化公园，创建商务区绿色活力中心。

（三）高品质配套一流服务环境

营造国际商务商业氛围。统筹规划布局丽泽及周边区域零售业态，发展高品质商业，重点打造特色消费街区，为从业人员提供便捷服务。规划建设中高端商务宾馆酒店、图书馆、博物馆、文化艺术中心等设施，多层次满足宜商旅居环境需求。扩大优质生活配套资源供给，高品质建设配套幼儿园、十二年一贯制学校、国际学校等教育设施，设置小型国际高端医疗、小型精品专科医疗机构，提供个性化、私人定制医疗服务。完善多元生活居住保障，加强半小时通勤圈住房供应，满足商务区人才居住需求。

健全高效精准服务体系。建立政企交互平台，完善“企业服务管家”机制，全程负责企业落地服务。加快政务服务站点布局，建立企业服务绿色通道，推进智慧自助大厅建设。建立信息平台，完善招商专班机构，加强国际化专业化招商。选聘优质招商中介机构，深入开展以商引商。做好丽泽全球形象塑造，加强线上、线下宣传推介，定期组织沙龙、论坛、展会等主题活动，打造丽泽全球展示窗口。

第四章 建设极具创新活力的中关村丰台园

围绕国家重大科技战略需求，依托轨道交通产业全链条打造世界级产业集群，依托航空航天产业资源打造有国际影响力的商业航空航天产业基地，着力完善创新生态体系，推进东区整体更新提质增效、深化西区融合发展，形成集中分布、集群扩张、集约发展的格局，成为国际科技创新中心的前沿阵地。

（一）着力做强特色优势产业集群

打造两大千亿级产业集群。挖掘龙头企业带动潜力，全力打造轨道交通、航空航天两大千亿级产业集群。在轨道交通领域，发挥创新主体汇聚优势，重点加大对总部企业与“隐形冠军”企业的引进力度。推进技术创新与产业化中心建设，提高轨道交通工程装备创新研制能力，加速智能化运维技术的突破。创制轨道交通领域技术标准，提高在全球轨道交通产业体系中的影响力和话语权。在航空航天领域，以“航箭工程”为牵引，聚焦火箭研制、卫星应用与服务、航空航天材料、航空电子等重点领域发展，全力打造以航天科技一院、航天科工三院与航天科技十一院、中关村丰台园为核心的产业聚集区。加快推进航空航天产业创新中心建设，吸引一批具有行业带动能力的商业航空航天企业入驻，培育孵化一批技术实力过硬、商业模式新颖的企业，加速关键技术市场化的转化应用进程，提升产业整体创新能力。

培育四个百亿级产业集群。聚焦新一代信息技术、智能装备、医药健康、新材料等重点领域，实现产业集群化发展。立足数据应用与服务领域的优势，加快搭建高效创新平台，推动技术原始创新与跨界融合，打造万物互联、融合创新、智能协同、安全可控的新一代信息技术产业体系。加快发展智能装备产业，积极谋划布局智能数控及机器人等产业链发展，支持龙头企业围绕用户需求发展个性化生产制造和运行维护。提升发展医药健康产业，发挥诊断试剂领域的优势，借势北京生物与健康产业跨越发展工程（G20工程），搭建“生物桥”，鼓励企业在全球范围内整合研发、市场、生产等资源。超前发展前沿新材料产业，瞄准航空航天、轨道交通、先进制造等领域，突破基础材料“卡脖子”关键难题，加快新能源、先进磁性等材料研发和制备工艺创新。

放大产业辐射带动效应。提升产业市场引领能力，召开中国铁路发展论坛，举办航天创新创业大赛，加大“高铁丰台”“航天丰台”产业集聚地的品牌宣传，增强品牌效应。提升产业技术溢出能力，契合重点关键技术成果的市场化、产业化进程，有针对性的面向不同行业领域创新主体提供科技成果和仪器设备，为扩大技术规模化应用范围提供有效支撑，带动一批科技企业、科技人才集聚。积极争取国家级市级政策倾斜，大力吸引产业技术联盟、标准联盟、行业协会入驻，推进建设公共技术服务平台，完善支撑产业发展的配套体系。

（二）着力推动东区整体提质增效

以促进主体更新推动产业发展迭代。推动东区整体提质增效，持续提高园区人均、地均产出和经济贡献。加强园区新进产业把控。开展东区一期城市更新试点，推动东三期完成开发建设，打造城市更新改造示范片区。鼓励低效楼宇系统化、智能化改造、构建新兴应用场景、引入公共孵化平台等。落实高精尖产业用地政策，丰富产业用地供给模式。全面探索国有资产平台公司自持用地运营模式，提高自持比例。

以全要素功能配套推动功能环境升级。加快推动交控科技、双创基地、旭阳科技大厦、丰台航空航天创新中心、万豪酒店等项目投入使用，新增产业空间93万平方米。实施东区交通综合改善方案，结合园林景观工程建设慢跑系统，实施汽博中心区域慢行系统改造。整体谋划园区亮化工程、商业街区改善工程、科技配套补足工程等，引入主题设计周、风情节等活动，不断优化园区氛围。加快补足园区公园绿地体系，建设一批小微公园，铺设一批健身步道，打造一批网红打卡地，构建促进沟通交流创新的开放式共享空间。

（三）着力推动西区产城融合发展

提升西区产业承载能力，抓好剩余土地开发，提高自持比例，推动产城融合发展。在西区预留产业空间，聚焦轨道交通和航空航天产业，承载大院大所的科技成果转化，推动数字产业化的集聚发展，以产业数字化引领和赋能传统工业提质升级，将丰台园西区打造成为中关村丰台数字经济社区。加快构建并完善宏观政策调控、军民市场引导、微观融合为主体的机制，激发创新成果转化，吸引一批技术实力雄厚的军转民、民参军企业及数字经济龙头企业。做好西区I智慧园区建设规划，着力推动前沿性智能交通、智慧城市以及智慧政务项目建设。发布应用场景供需机会清单，搭建新技术、新产品、新业态、新模式在园区测试应用平台及信息共享平台。

第五章 加快培育经济增长新动能

以深化改革、扩大开放、强化创新为根本动力，充分把握北京“两区”建设机遇，优化完善以重点制度为突破的创新环境，在新动能培育、营商环境、国企改革等领域取得新进展，构筑未来竞争新优势。

（一）以“两区”建设激发开放活力

以重点领域先行突破培育新动能。深化金融领域改革创新，积极吸引符合条件的外资投资机构、外资金融机构、新兴金融业务主体入驻。提升科技创新开放能级，围绕科技研发、创业孵化、科技中介等重点领域，推动改革创新和开放发展，推动轨道交通全链条发展和航空航天产业集群建设，构建“多业态、全链条”创新创业生态。探索特色领域开放创新，支持大型商业综合体引进国际一线品牌高级体验店、知名品牌旗舰店、原创品牌概念店，争取先行先试政策，探索开展高端医疗服务。

以国际要素供给拓宽强化新支撑。促进要素资源安全高效流动，落实资本项目收入支付便利化、中资机构海外员工薪酬结汇便利化政策，提高跨境资金使用效率，优先将与民生紧密相关、社会迫切需要、行业增值潜力显著的公共数据纳入开放清单。加强土地支持创新保障，以丽泽金融商务区、中关村丰台园、首都商务新区等区域为重点，在符合国土空间规划和用途管理要求的前提下，推动不同产业用地类型合理转换。

以制度环境持续优化提升新服务。促进投资贸易自由便利，完善重点外资企业“服务管家”和“服务包”机制，加强外商投资精准服务。探索建立市场化招商机制，采取“紧密型+开放型”相结合的模式，积极对接外资项目资源。拓展“单一窗口”服务领域，全面提升业务应用率，加强特色功能建设。

（二）以深化改革提升创新势能

深化放管服改革。清理政务服务隐形壁垒，打造服务型政府。深化“一门一窗一次”改革，新区级政务服务中心实现区级政务服务事项、窗口人员、审批部门人员前后台全聚合，提供一站式、智能化的高水平政务服务。进一步完善区、街乡镇、社区村三级政务服务体系，打造“丰政通、事事通”的丰台政务服务品牌。持续完善跨层级、跨部门事项联办机制，推动基于互联网、自助终端、移动终端的政务服务入口全面向基层延伸。打通“最后一公里”政策落地，将政务服务向园区和楼宇等毛细血管延伸。健全12345便企服务功能和走访企业、“服务包”“服务管家”制度，加强对中小企业服务，构建企业全生命周期服务体系。健全信用监管体系。

深入推进国有企业改革。落实国企改革三年行动方案，按照政企分开、政资分开、优化配置的要求，以管办分离、促进发展为目的，推进企业国有资产统一监管，形成以管资本为主的国有资产监管体制。落实区属国有企业调整重组方案，以重点区域和产业板块建设为带动，按照城市开发建设板块、城市运营管理板块、城市产业发展板块、重点功能区开发运营板块、特色产业发展板块、不良资产处置板块等，加快国有资本调整重组，形成分层分类、功能明确、协同发展、规模经营的区属国有企业集团，不断增强区属国有经济活力、控制力、影响力、抗风险能力，更好发挥国有企业在促进丰台高质量发展的战略支持和保障作用。

（三）以扩大有效供给释放潜在需求

有效释放消费潜力。推动消费向体验化、品质化和数字化方向提档升级，服务北京国际消费中心城市建设。聚焦中关村丰台园、丽泽金融商务区、方庄、马家堡等重点区域，坚持主题特色培育与功能品质升级相结合，着力打造西铁营商圈等高品质消费圈。建立特色消费品牌，放大花卉、家居、农产品等特色市场资源优势，扩大高品质消费供给，创新多样化运营服务。培育首店经济品牌，加强体验消费布局，探索推动建立市内免税店。推动夜间经济发展，鼓励商业街区、大型商业设施发展“深夜食堂”，集中培育集合娱乐、餐饮、休闲体育等多种业态的“夜间集市”，支持24小时书店等建设。大力培育“云逛街”“云生活”等线上消费新业态，引进线上线下交互式应用体验项目。依托国家电子商务示范基地建设，探索建立新零售直播电商基地。

积极拓展投资空间。发挥投资对优化供给结构的关键作用，加快构建适应减量发展、城市更新的投资体制机制，促进投资在量的合理增长中实现质的有力提升。实施好城市南部地区行动计划，扩大有效投资，推动落实一批对促进全区经济社会发展具有基础性、先导性、全局性意义的重大项目。强化高精尖产业投资，扩大战略性新兴产业投资，加大产业集群、产城融合、产业应用场景、产业服务平台等领域投资力度。加快释放城市有机更新投资潜能，加快老旧街区、老旧小区、老旧厂房、老旧商圈更新改造，推动投资重心由开发建设向存量更新转变。发挥政府投资撬动作用，激发民间投资活力，形成市场主导的投资内生增长机制。

第四篇　建设和谐宜居城区 提高城市治理水平

深入落实城市总体规划和分区规划，突出首都功能，开拓城市有机更新路径，全面提升城市建设品质，构建与丰台区战略定位相适应的城市治理体系，切实把丰台区建设成为生态宜居、健康安全、可持续发展的人本智慧城区。

第一章 持续推动城市总规和分区规划实施

紧密衔接北京城市总体规划及丰台分区规划要求，全面实施“两线三区”管控，严格落实减量发展任务，加快推进丰台街区控规、专项规划等编制，着力维护一张蓝图的严肃性、权威性。

（一）深化完善国土空间规划体系

统筹推动蓝图编制实施。以多规融合理念开展控规编制，全面承接上位要求，充分融合经济发展、社会民生、资源承载等综合诉求，着力结合重点地区、重大项目的实施需求，科学编制控规蓝图。全面加速重点功能区、重要区域的控规覆盖与相关规划编制，填补专项规划空白领域，逐步实现控规与专项规划的全域覆盖。

强化空间资源利用统筹。建立土地资源与规划指标的全区一盘棋机制，通过跨地区统筹、财政转移支付等多元路径与政策集成，动态平衡各街乡、各园区在空间资源分配、减量任务分担、区位发展条件等投入与收益上的差异，分区分类统筹推动规划实施。

（二）严格落实减量发展要求

坚定贯彻减量发展目标。严格执行城市总规及分区规划规模减量要求，实施区域人口规模、建筑规模双控，按照2035年任务指标安排实施节奏，探索符合丰台阶段特征的减量发展路径。倒逼发展方式转变、产业结构转型升级、城市功能优化调整，实现减量提质。

实现“两线三区”全域管控。落实用地规模刚性约束，严守人口总量上限、生态控制线和城市开发边界三条红线，分区分类分段引导城乡建设用地规模达标。对集中建设区外零散分布、效益低的工业用地坚决实施减量腾退。严格生态控制区管理，严禁不符合主体功能的各类开发活动，确保生态空间面积不减少、功能不降低。严控限制建设区开发，遵循上位规划开展建设、改造及腾退活动，有序开展对现状建筑的评估后分类处置，逐步实现区域开发强度和建筑规模双降、绿色空间比例提升。

（三）坚决维护规划严肃性权威性

持续依法查处违法建设。健全分级分责不分散的规划管理体制机制，建立规划实施监督考核问责机制。持续开展农村地区乱占耕地建房、浅山区违法占地违法建设、违建别墅等专项治理，深入开展大棚房治理，严格控制新增违法建设，依法依规有序推进既有违法建设拆除，落实好规划自然领域问题整改。

做好规划落实保障。按照城市总体规划确定的“一年一检、五年一评估”的城市体检评估机制，定期组织开展区域城市体检和规划实施评估，对规划实施情况进行监督检查。加强规划相关专业知识管理培训，打造一支服务意识好、业务能力强、敢于坚持原则的规划建设管理队伍。加大面向全社会的规划宣传力度，形成全社会了解规划、遵守规划、参与规划、监督实施规划的氛围。

第二章 全力提升城市环境品质

以首善标准全面提升丰台城市环境品质，强化城市建设与自然景观的有机融合，着力重塑丰台山水城市相依特色风貌，注重居住环境与公共空间精雕细琢，不断拓展城市更新、功能织补等多元路径。

（一）加快城市空间有机更新

提升城市街区环境品质。用工匠精神打磨城市规划、建设与管理，推动“微更新”模式，补短板、增服务、改环境，织补城市功能，打通规划实施“最后一公里”。建设方庄、马家堡、花乡奥莱等一批集商务、消费、文化、休闲于一体的区域活力中心。提升菜户营等重要节点公共空间品质，统筹街巷胡同、建筑界面、绿化景观、牌匾标识、市政设施、城市家具的建设改造，打造设施齐全、环境整洁、色调协调、生活便利、富有民俗风情的新型示范街区。加快街区环境综合提升，推进“无地锁”街区、花园式街区建设，全面提升居民的生活环境。推进厕所革命。

优化居民身边绿色景观。推动小微公园和“口袋公园”建设，加强留白增绿、更新改造和见缝插绿。高品质改造老旧公园，提高城市公园规划设计专业化程度，对现有公园进行环境品质评估，对设施老旧、品质不高的公园开展个性化融入式改造。高质量提升景观管护水平，综合推进花街花墙花桥、爱心长椅、景观公厕等城市环境景观建设，完成重点地区景观点缀工作。

（二）塑造城市景观特色风貌

分区分级引导城市风貌提升。分类建设以丽泽金融商务区、中关村丰台园为代表的现代商务区，以大红门及南苑森林湿地公园为代表的中轴文化区，以永定河沿岸的卢沟桥－宛平城、长辛店老镇为代表的滨河文化区，以全区各生活组团为代表的品质生活区，以北宫国家森林公园、千灵山、青龙湖为代表的生态融合区，和以一道、二道绿化隔离地区为代表的绿隔建设区六类风貌区。

建设独具特色的城市景观。加强城市建设与自然景观有机融合，突出山水城市景观特征，营造山水城相依，城景文交融的大山水景观风貌，构建“一轴一河承古韵、绿廊通融贯西东，青山逶迤半入城、蓝脉四区嵌其中”的总体城市景观格局。

塑造城市美丽天际线。传承传统都城营造理念，整体重塑南中轴北收南展的城市天际线，打造永定河、凉水河等重要河道沿线错落有致的天际轮廓，着力加强丽泽金融商务区、中关村丰台园等城市重要功能区城市天际线管控，强调曲线连续与视觉聚焦，严控浅山及山前地区建筑高度与建设体量。

第三章 加强城市基础设施建设

坚持问题导向，全面提升市政基础设施建设标准、服务质量及覆盖范围，构建适度超前、系统完备、高效实用、智能绿色、安全可靠的现代城市基础设施体系。

（一）构建高效便捷城市交通体系

着力强化与市域交通衔接。加快融入全市轨道线网，全面实现14号线中段、16号线、19号线一期、新机场线北延等轨道交通线路建成运营，启动轨道交通丽金线建设，着力推动11号线规划稳定。畅通对外联通市政路网，研究实施与城市副中心、金融街、CBD等重要地区交通直达公共交通线，加快推进大兴新机场高速南五环至四环段建设，建成通久路二期、京良路西段等城市快速、主干路，推动柳村路南延至区界，构建与关键地区的直达通道。

不断优化内部交通组织效率。强化重点功能区间联通效率，建成六圈路、柳村路南段等城市主干路，优化地面公交系统线网，加强南中轴地区、丽泽金融商务区、中关村丰台园等重点功能区联通能力。全力做好丰台站周边交通体系保障，实现万寿路南延全线贯通，建成四合庄西路、丰草河北路、丰台东路等丰台站周边城市道路。加快完善万泉寺、槐新组团等重点区域周边次支路建设。聚焦打通和疏通路网的断点与堵点，完成青塔西路大成桥改建等节点工程，提升路网运行效率。优化公交场站设施布局，建设郭公庄立体公交场站。

（二）构建可持续水资源保障体系

完善供水系统提升保障水平。加快改善河西地区供水系统，建成河西第二水厂、第三水厂。改变河西地区主要依赖地下水的现状。实施生活用自备井置换工作，扩大南水北调水厂供水范围，推进河西支线等配套干支线工程，保障群众用水安全。建成以郭公庄水厂、河西第一水厂、第二水厂、第三水厂为主力的城乡一体化供水格局，构建多源多向的供水保障体系。形成城市供水基础设施的统一建设、运营管理体制。

强化污水治理和再生水利用。加快补齐河西地区污水处理设施短板，逐步建设与城市发展相适应的污水排除与处理系统，“十四五”末河西地区污水集中处理能力基本满足需求。加快实施河西再生水厂配套管线工程，逐步完善建成、新建区域污水、中水主干管网，达到居民、企业接入条件。建设完成河西农村地区污水管网，实现污水处理无死角。加大再生水利用量，优先用于工业，增加河道环境用水，扩大园林绿化、道路浇洒等市政利用量。

强化整体防洪排涝能力。逐步建成与区域发展相适应的雨水排除及利用系统，新建及升级改造泵站、建设调蓄水池、改善排水系统等措施，实施下凹式立交桥积水点和积水路段改造，实施丰台西站铁路桥积水点治理等工程。提高防洪排涝标准，加强凉水河等蓄涝体系建设，推动马草河支沟等防洪排涝河道及阻水河段治理，保障城市建设区防洪排涝安全。结合城市开发、旧区改造、公园绿地建设，实施地下管廊工程，加快海绵城市建设，加强雨水控制与利用，减少城市内涝。

（三）构建安全可靠能源供给保障体系

打造可靠高效智能电网。按照“结构完善、技术领先、高效互动、灵活可靠”整体目标，有序实现电网架构完善、厂站布局优化，加快推动丰台站、王佐等220千伏变电站规划实施，着力推进丰益站、张郭庄、航天三院等110千伏变电站按期建成。随区域开发、道路建设逐步实现架空线入地，加快推进老旧供电线网改造，建设适应发展的中压配电网，逐步推进配电网自动化。

建设多元供给绿色低碳供热体系。逐步完善热源布局，新建东铁营调峰热源，加快青龙湖等区域调峰热源建设。加快供热管网建设，建设方庄地区顺六条、河西地区长青路等热网主干线15公里；优化新建南中轴南苑、和义、东高地地区城市热网管线14公里。

建成安全稳定的燃气供应体系。新建王佐调压A压站1座，规划建设青龙湖、丽泽次高压A调压站8座，逐步实施丰台南、镇南等高压B调压站完善燃气输配系统，优化燃气管网架构，提高供气系统的可靠性。配套建设次高压及以上管线工程约37公里。对现状液化石油气输配系统进行整合，推动南郊灌瓶厂迁址。

提高城市垃圾循环利用能力。依托丰台循环经济产业园，统筹丰台区生活垃圾、厨余等垃圾处理需求，完善垃圾生态循环体系。加快推进循环园生物质能源中心、新建配套填埋项目、餐厨厨余垃圾处理厂二期等，保障区内垃圾处理安全。加快垃圾中转站建设工作，确保生活垃圾无害化处理，生活垃圾资源化率不断提升。

第四章 促进城市精细智慧治理

以完成地区行政区划调整为契机，以提升数字治理能力为手段，坚持下绣花功夫推进城市精细化管理，建设数字赋能的新型智慧丰台，全面提高群众获得感、满意度。

（一）完成地区行政区划调整

统筹考虑辖区面积、人口、资源、历史文化传承、城市公共服务管理等情况，本着“尊重历史、规模适度、便于管理、着眼发展”的原则，合理打破城乡二元管理体制，科学设置街道乡镇辖区规模，坚持不破村界、不破社区的方针，划清街道乡镇管理界线，明确辖区范围，进一步优化街道乡镇的空间布局。

（二）优化城市管理模式

持续实施背街小巷环境精细化整治提升行动计划，着力打造精品宜居街巷。加快推动交通拥堵治理提效，推进公交优先发展战略，充分发挥公共交通对城区布局优化调整的引导作用，构建以轨道交通为骨干、地面公交与轨道交通协同发展的城区公共交通体系。建设步行和自行车友好城区，构建与城市环境相融合的慢行交通系统，规范互联网租赁自行车发展。加强停车秩序管理。

（三）推动城市管理智慧赋能

夯实智慧城市数据信息基础。构建“四通八达四底座”的信息化大数据体系，全面提升数字化治理和服务能力，初步建成智慧便民、促商兴业的数字治理城市。升级城市互联网，强化算力基础，实现城市信息全面感知。建设全区统一的物联感知平台，实现全区感知数据动态共享。加强5G专网基础设施建设，实现丽泽金融商务区和中关村丰台园等重点区域、典型应用场景精准覆盖，丰富“5G+”垂直行业应用场景。依托北斗卫星，加强应急通讯专网建设，组建天地一体应急通讯网络。建设丰台区数据安全灾备中心，确保数据安全。

推动“城市大脑”建设。以建设综合指挥调度中心为载体，发挥大数据支撑业务和科学决策的作用，推进“城市大脑”应用场景建设和运营平台建设。建设全区统一二维、三维“一张图”，为智慧应用提供地理信息基础。推广运用公共服务设施二维码技术和物联网技术。打造丽泽金融商务区城市家具智能化示范区，营造智慧园区支撑环境。强化网格化覆盖，全面提高城市管理要素可达性，提供精细化、精准化服务。推动现代化科技与社会治理深度融合，社会治理要素数据化、治理数据标准化，推进社会治理多网融合。

第五篇　加强区域协调统筹 促进均衡一体发展

推动河东河西地区融合协调发展，深入落实乡村振兴战略，集体经济组织服务能力不断增强，城乡基础设施与公共服务的覆盖与品质进一步提高，城乡居民生活水平与区域发展水平日趋均衡，城乡基层治理体系与机制日臻完善，生态环境与人居品质得到明显改善。

第一章 全面推动融合发展

坚持城乡整体谋划、融合发展，落实“村地区管”要求，全面加强区域治理统筹、空间统筹、产业统筹、资源统筹，着力推动城乡要素平等交换、双向流动，建立城乡一体的新型社会管理体系，推动集体经济可持续发展，生态环境与人居品质显著改善。

（一）推动社会治理体系融合

将乡村治理工作摆在重要位置，结合行政区划调整，完善社区各项服务与管理定位，厘清社区、物业、村委会和集体经济组织之间的关系。加快农转居村的建并社区工作，加强农村社区建设。加快推进城乡社会治理体制衔接，进一步完善党组织领导下的治理体系，提升社区基层治理精细化水平，不断推动城乡社会治理体系的全面融合。

（二）强化建设用地统筹

统筹全区所有土地指标、成本，全域落实减量发展要求，测算全区总台账，算好历史、规划、时间和实施效果“四本账”，促进区域资源配置一体化。深化农村土地制度改革，试点编制河东地区集体用地统筹利用实施方案，推进长辛店镇集体建设用地统筹利用试点。严格落实“村地区管”要求，深化区级实施办法，加强规划引领管控、强化底线约束。深入推进集体建设用地集约流转，强化农村土地用途管控和集体经济合同管理。发挥农村集体资产监管联席会议制度作用，促进集体产业提质增效和集体土地资源集约高效利用。

（三）深化集体产权制度改革

构建归属清晰、权能完整、流转顺畅、保护严格的农村集体产权制度，创新城乡之间相互融通的路径与通道，通过政府投入撬动市场与社会资本参与到城市化建设。完善集体经济组织法人治理结构，促进集体经济规模化、集群化发展。加速现代企业产权治理改革，在深化集体产权制度改革的基础上逐步建立现代企业产权体系，加快推动基础设施和公共服务等社会职能的分离。厘清村民、股东和员工三者关系，明确权利和义务，推进福利分配向股份分红转变。探索所有权和经营权相分离，调动集体经济组织经营主体的积极性。

（四）加快集体经济转型升级

推进资源资产化、资产资本化、资本股份化、股份市场化，加强资产运营平台建设，探索投资融资、股权运作、资本整合的市场化运作机制。推广集体租赁用房土地合作模式，加强集体产业用地高效利用，推动集体收入由主要依靠土地租赁收益向依靠资产经营转变。加快新发地市场内涵式升级改造，推动市场全面提档转型，构建农产品现代流通体系，继续托稳首都“菜篮子”和“果盘子”。健全集体产权交易平台，规范农村集体经济组织产权交易。加强“三资”管理和监督，确保集体经济运营安全。

（五）促进人居环境优化提升

科学规划，分类指导，有序推进，持续巩固美丽乡村与人居环境建设成果，推动特色风貌及自然景观塑造，开展“绿化、美化、亮化、净化”工程，打造具有丰台特色的“美丽乡村”体系。

第二章 全力推进河东河西协调发展

按照河东地区发展水平全面提升、河西新型城市形态基本形成的总体目标，着力推动城乡产业融合发展，推进城乡基础设施与公共服务一体建设。

（一）加快推进河东地区城市化

促进集体产业与重点功能区联动发展。优化产业用地布局，推动集体产业用地与首都商务新区、丽泽金融商务区、中关村丰台园等重点功能区统筹布局、统筹利用、错位发展，延长区域产业链，做好产业上下游衔接服务。提升产业项目品质，匹配首都功能的拓展需求，与重点功能区实现产业联动发展。全面提升集体产业品牌效应，整合产业空间和内外部资源优势，构建产业生态圈。持续提升重点楼宇招商水平，提高楼宇单位面积产出效益。

高标准推进城市化。按照中心城区城市环境与品质标准，以重大项目、棚户区改造为带动，实施第一道绿隔地区规划建设，统筹推进旧村改造、农民转居等工作。持续推进在施城市化改造项目收尾，加快推进“一绿”试点单元实现城市化。提升安居保障水平，统筹全区保障性住房资源，全面实施在途棚户区改造、一级开发项目回迁房项目。按照规划单元，健全成本核算机制，变项目平衡为区域统筹，探索跨区域平衡机制。落实“公园城市”定位融入城市发展，提高绿地品质，满足群众日益增长的绿色休憩需求。

（二）加快补齐河西地区发展短板

提升基础设施水平。加快推进河西地区轨道交通规划建设，优化布局，完善地区轨道交通线网。积极推进路网建设，逐步构建河西地区主干路网骨架，规划实施京雄高速丰台河西联络线，加强河东河西通达能力。实施云岗西路东延等，配套实施周边次干、支路。强化河西地区“六网”投入和建设力度，完善污水处理厂及配套管网建设。加快农村垃圾处理厂建设，提高农村生活垃圾集中处理和无害化处理率。

提高公共服务品质。对照“七有”需求“五性”要求，回应居民生活关切，切实加快河西教育、医疗、文体设施建设。建设完成北京十中槐树岭校区、北大附小丰台学校，规划建设东河沿、张郭庄棚改区域等一批配套中小学校。建设完成北京市丰台中西医结合医院二期工程，推进河西社区卫生服务机构建设。规划建设河西文化分中心。

推动产业融合创新发展。持续推进国家产城融合示范区建设。以永定河文化带、生态融合发展带为支撑，进一步完善新型城镇体系，在重点廊道和主要交通沿线试点规划建设新市镇。以文化休闲、智能科技、文化旅游融合为导向，发展环境友好型绿色产业，落地一批高附加值产业项目，形成独具河西特色的高端融合型产业体系，壮大河西经济规模和产业实力。保护利用老旧厂房拓展文化空间，推进二七厂1897科创城（二期）项目建设。发挥长辛店老镇历史古韵资源优势，打造北方红星长辛店为旅游新名片。以青龙湖地区为载体，打造康养文化旅游品牌。加快丰台园西区数字经济产业园建设。

厚植生态资源优势。优化城市生态廊道，配合实施永定河沿线生态修复，促进河道滨水空间景观提升。加强对北宫国家森林公园、千灵山风景区等区域的生态保护与修复，主动融入永定河文化带建设，强化园博园、北宫国家级森林公园的品牌效应，加强绿色生态保护，营造疏密有致、绿色生态的景观环境。

第六篇　文化为魂生态为本 建设绿色美丽丰台

立足丰台文化与生态交织融合、历史与现代交相辉映的独有特征，树立和践行“绿水青山就是金山银山”理念，以文化为魂，精心保护利用历史文化遗产，彰显丰台魅力；以生态为本，推动绿色发展，建设天蓝、地绿、水清的美丽丰台。成功创建国家森林城市，建设成为历史文化和绿色生态引领的新型城镇化发展区。

第一章 重建绿水苑囿，再现古都京韵

挖掘和传承千年历史文化底蕴，涵养修复生态环境，强化历史文化遗产的保护、利用、活化，传承南苑千年苑囿的历史印记，涵养永定河流域绿色生态，展现金中都城墙遗址公园古都新景，彰显历史文化与生态文明融合发展新景观。

（一）重塑古都南苑森林湿地

着力恢复南苑森林湿地生态景观风貌。立足“首都南部结构性生态绿肺”定位，加快拆迁腾退和生态绿化，高水平建成南苑森林湿地公园。结合林地更新、生态修复，再现南苑天然野趣、水草丰美、鸢飞鱼跃的风貌展示区，恢复南苑湿地水网和“南囿秋风”景观风貌，打造千年古都苑囿景象。重塑蓝绿交织的生态系统，推进小龙河等河道滨水空间景观提升，构建丰富多样的生境系统，营造四季多彩的植物景观。

再现南苑丰富多元、底蕴深厚的历史文化印记。推进南苑地区历史文化、遗存遗迹等资源的保护、传承和利用，挖掘南苑历史文化印记，彰显古都南苑文化传承典范。梳理和挖掘南苑历史文化内涵，重塑南苑历史活动场景。加大文物保护力度，做好南苑地区文物保护提升，对南苑兵营司令部旧址、傅子范墓等文物保护单位进行修缮保护利用。适时恢复大红门御道等历史文化印记。

（二）涵养永定河流域绿色生态

持续推进永定河生态功能修复与景观提升。把加强生态涵养区保护与永定河生态修复放在首位，加大“护山、治水、增绿”力度，涵养和提升沿岸景观风貌，加大永定河生态治理和地下水超采综合治理，严禁破坏生态环境开发建设行为，构建绿水青山交融的生态廊道和生物多样性保护网络，全面提升生态环境质量。实施永定河平原南段生态、河道水系景观、永定河晓月生态修复工程，实现河段上下游水绿连通。提升河道岸坡景观品质，恢复永定河全线通水，加强沿岸绿化，改善河岸生态微循环和水体自净功能，形成溪流－湖泊－湿地连通的绿色生态廊道。贯通宛平湖、晓月湖滨水步道，开放亲水空间，利用永定河平原段左堤路沿线的生态绿化景观，建设城市滨水景观长廊、亲水文化休闲游憩带和滨水文化公园。

保护传承永定河流域亘古绵延的历史文脉。统筹西山永

定河地区文化保护、生态建设与城乡发展，推动连线成片保护和活化利用，构建由重要文化遗产串联的生态文脉。推进大葆台西汉墓遗址保护，深入挖掘永定河平原南段的历史文化内涵，有序开展永定河沿岸地区文物保护修缮利用工作。结合永定河亲水文化休闲游憩带、卢沟桥国家文化公园建设，唤醒城市山水记忆，留住母亲河文化乡愁，全流域提升永定河生态景观，展现永定河流域作为北京“文明之源、历史之根”的历史文化内涵。系统梳理辖区内的非物质文化遗产，对接西山永定河文化带非遗名录和北京市非遗代表性名录，进一步完善非遗宣传、展示与交流平台，促进非遗活态传承。

（三）展现金中都历史古韵新景

打造古都新绿的文化生态景观体系。依托金中都水关和城墙遗址、莲花池公园等资源，打造金中都文化生态景观体系，重现金中都历史印记与风貌特色。强化文物古迹保护传承，深入挖掘金中都历史文脉，加强金中都水关和城墙遗址等辽金时期的文化遗产本体保护，开展城墙遗址考古勘探，实施地下考古成果和地面遗迹遗存等保护利用工程。注重历史遗迹的功能植入和环境营造，改造提升莲花池公园，将遗址保护和区域绿化体系完善相结合，在绿色生态和城市景观建设中实现城市文脉传承。

塑造古今辉映的城市文化名片。推进金中都城墙遗址公园建设，构建历史与现代融合交织、文化生态与现代金融交相辉映的独特风貌。以莲花池、金中都城墙遗址公园等为核心，结合丽泽金融商务区建设，发挥中国戏曲学院戏曲文化优势，塑造独具特色的“中都溯源”文化景观。加强人文融合打造城市文化空间，推进丽泽综合文化艺术中心建设。打造文化品牌集聚的活力空间，策划推出“中都探秘”“博物馆奇妙夜”“美丽丰台”等系列活动，打造独具特色的文化品牌。

（四）精心打造文旅休闲地标

依托河西地区生态本底及永定河文化带历史人文优势，发展高品质生态休闲游、健康养生游、文化体验游、会议展览游、科普研学游和军事主题游等，打造首都休闲文旅地标。开展王佐全域旅游示范小镇创建。依托千灵山—北宫森林康养区、长辛店都市休闲农业区等重点工程建设，挖掘村庄历史文化传承，完善休闲游憩设施，提升生态景观质量，打造生态休闲旅游品牌。

第二章 传承历史文脉，彰显文化自信

立足丰台区作为红色革命文化传承地的历史使命，依托卢沟桥、宛平城、长辛店红色文化资源，加强历史遗存保护、传承和利用，推动卢沟桥国家文化公园建设，打造红色文化的展示平台和中华文化的重要标识，塑造弘扬爱国主义精神的教育地、凝聚中华民族精神的纪念地、促进国际和平交流的承载地。

（一）打造抗日战争（卢沟桥和宛平城）爱国主义教育主题片区

高标准建设国家重大历史纪念地。加强卢沟桥、宛平城抗战文化遗产群整体保护利用，加快推动卢沟桥国家文化公园核心区建设，依托“城、桥、馆、园、河、岛”等文化资源，突出国家抗战纪念活动承载地功能，建立全民共识的国家精神标识。实施卢沟桥－宛平城整体保护利用和提升。在完成腾退基础上启动岱王庙修缮与保护计划，推动赵登禹将军墓、岱王庙及周边碉堡等抗战文物资源开放展示。加快实施宛平城内及周边环境整治，完善公共服务配套，提升区域基础设施承载能力。整治观景观廊，恢复“卢沟晓月”“宛平烽火”历史文化景观。

讲好卢沟桥－宛平城故事。深入挖掘卢沟桥－宛平城地区抗战文化、历史文化、和平文化等丰富的文化内涵，丰富历史文化展示手段，形成标识性展示、体验性展示、数字化展示等多种形式融合的展示方式，生动展现国家精神符号，弘扬历史文化，培育和践行社会主义核心价值观，加强爱国主义教育。推动历史文化与文化旅游融合发展，构建卢沟桥－宛平城文化旅游休闲区，通过“一条主干道、一条环形路”打造红色旅游线路，设计推出精品特色旅游产品。

（二）塑造长辛店－二七厂红色文化展示区

推动长辛店红色遗址群整体保护传承。实施革命文物保护利用工程，推进长辛店老镇革命文物保护及周边环境提升，唱响红色文化品牌。保护修缮长辛店二七大罢工红色文化遗址遗迹，提升文化纪念设施内容、服务和体验，高水平打造传承弘扬红色文化的集中展示区。从党组织早期建立活动、领导工人运动和历史地理、商业民俗等多角度，推进长辛店老镇红色文化、历史文化等挖掘整理和保护传承。深入挖掘长辛店古镇文化、工业文化、民俗文化、铁路文化等价值，形成多元利用，丰富文化旅游产品体系。对长辛店二七公园进行提升改造，将公园建设为红色文化教育公园、革命先烈纪念公园、生态休闲游憩公园。结合长辛店棚改，推进“两核、两廊、四区”的文化旅游发展空间结构布局落地，持续开展公共服务设施完善行动计划。

推动老旧厂房拓展文化空间。以冬奥为契机推进工业厂房文化体育功能植入，把握国家冰雪运动训练科研基地落户二七机车厂片区契机，打造国家文化体育旅游融合发展区。丰富工业遗址文化内涵，推进工业遗址创造性转化利用，以文化功能植入和城市景观提升实现工业资源的活化更新，依托二七厂1897科创城等北京市保护利用老旧厂房拓展文化空间试点项目，拓展文化功能，打造成为文化产业和公共文化服务融合发展的新示范。

（三）弘扬传承戏曲文化

推动戏曲文化发展。办好中国戏曲文化周，坚持“中国戏曲嘉年华”的定位，突出“园林中的戏曲、戏曲中的园林”的

特色，努力打造成为具有国际影响力的知名文化活动品牌。结合中国戏曲文化周的举办，强化与中国戏曲学院的地校联动，将北京园博园打造成融合“中国戏曲文化传播基地、中国戏曲艺术表演基地、中国戏曲人才培养基地、中国戏曲产业创意基地”为一体的戏曲主题特色公园，开展戏曲演出、培训活动，展示丰台戏曲文化魅力。

推动戏曲文化普及。持续组织戏曲进校园、进社区项目，开展戏曲演出、互动培训、剧目创排等活动，推动戏曲艺术传承发展，以高质量的戏曲文化供给增强人民群众文化获得感、幸福感。开发特色文化产品，让传统文化融入现代生活。依托中国戏曲学院、北京京剧院和曲剧团等戏曲文化资源，打造国家戏曲文化艺术平台。推动戏曲文化资源与旅游资源融合，营造文旅融合的戏曲文化氛围。

第三章 践行生态文明，建设森林城市

深入实施可持续发展战略，加快推动绿色低碳发展，持续改善环境质量，推广绿色生产生活方式，健全生态文明体系，全面完成国家森林城市创建，促进经济社会发展全面绿色转型，营造生态宜居的城市环境，建设人与自然和谐共生的现代化。

（一）夯实绿色生态本底

成功创建国家森林城市。推进森林生态体系建设，实施城区绿色空间拓展提升、森林乡村建设等工程，开展受损弃置地生态修复，构建多类型、多层次、成网络的高质量森林生态空间体系。推进森林支撑体系建设，实施森林防火保障能力建设、森林有害生物防控能力建设、绿化资源管理建设等工程。2025年，建成城区绿地均衡化、山地森林自然化、河流湿地林网化、城镇森林特色化的森林生态系统。实施新一轮百万亩造林工程5700亩，实施森林健康经营5000亩，推进生态林养护示范区建设，启动平原生态林林分结构调整示范工作。

加强公园绿地和慢行绿道建设。构建综合公园、社区公园、游园三级绿地体系。大力推进规划绿地的落地实施，以生态和文化为主题，加强精细化设计，增强服务能力，高品质建设城市精品公园。结合城市有机更新和老旧小区改造，大力推行针灸式改造和小微绿地建设。提高建成区公园绿地500米服务半径覆盖率，保证公众使用生态福利资源的便捷性与可达性。加快建设绿道及健康步道，串接绿地、广场、重要文化设施及公园内部等城市公共空间，集中打造融合文化展示、景观游憩、休闲健身等综合功能于一体的慢行游憩体系。提升现有公园绿地服务品质，鼓励绿色空间与文化、体育、休闲功能复合利用，塑造多元共享的活力空间。

保护涵养生态资源。立足生态资源优势，加强生态保护和修复，构建山清水秀、生机盎然的生态格局。整合优化自然保护地，以北宫国家森林公园建设为主体，整合千灵山风景区，优化核准边界，编制自然保护地规划，统一管理，加强监督。完善生态廊网，结合中小河道治理和水系生态修复，构建山清水秀的多条河流水系廊道。实施山体生态修复工程，加强废弃矿山等山区受损弃置地修复，实施浅山区造林，增大绿化面积。

（二）加强生态环境治理

提升全区生态系统功能和质量。河东地区以生态重构为主，重点修复道路绿廊和河道绿廊，构建乔灌草立体配置、系统稳定、生物多样性丰富的森林生态系统。河西地区以整体生态保育和生态修复为重点，加强森林抚育和低效林改造，提高林分质量。推进山区清洁小流域建设。加强噪声污染监管，建立交通噪声污染防治统筹协调、各级联动工作机制，强化公共场所社会生活噪声监管和夜间施工监管。

稳步改善空气质量。持续深化“一微克”行动，推进细颗粒物（$PM_{2.5}$）和臭氧污染协同治理、大气污染物和温室气体排放协同控制，不断改善大气环境质量，基本消除重污染天气。巩固“无煤化”治理成果，优化交通出行结构，以新能源车推广、柴油货车管控为重点，强化监管执法，进一步降低移动源氮氧化物和挥发性有机物排放。着力解决施工、道路、裸地扬尘问题，不断提高扬尘污染管控精细化水平，到2025年降尘量达到市级要求。大力推进低挥发性有机物产品使用，推进生活性服务业污染综合管控。

统筹推进水生态环境改善。深化落实河湖长制，落实水资源、水生态、水环境统筹治理的治水新思路，从污染减排和生态扩容两手发力，推动水污染防治向水生态保护转变。着力提升水安全保障能力，地表水环境质量持续改善、水生态健康逐步恢复。加大面源污染和溢流污染治理。强化工业污染防治，对全区现有水重点排污单位排口开展监督性监测，规范工业企业排水管理。开展小微水体综合整治，基本实现无污水排入、无集中漂浮、无垃圾渣土、无臭味、无违法建设的“五无”目标。增加水生态空间，促进水生态健康。

坚决打好净土保卫战。加强重要功能区域土壤监测，保障饮用水水源周边土壤安全，力争建成覆盖主要建设用地类型的土壤环境监测网络。完善建设用地全过程风险管控与修复。严格落实重点监管单位土壤污染防治主体责任，完善土壤污染监管企业台账，推进设施农业和园林用地土壤污染防治，建立水源地土壤环境监测预警机制。加强农用地分类管理，建立农用地土壤环境质量分类清单，实行严格保护。

加强控制温室气体排放。将应对气候变化作为推进生态文明建设、协同改善环境质量、实现高质量发展的重要抓手，推进重点领域低碳发展，强化重点排放单位管理，健全市场化机制和对企业的激励与约束，充分发挥政府治理、市场推动、工程实施和行为引导的协同作用，确保完成市级下达碳排放下降目标。

（三）引领绿色低碳生活

构建资源节约型社会。建设绿色校园、推进绿色办公，鼓励绿色消费，开展节约型机关创建，倡导“光盘行动”，鼓励公众选用节能节水低碳产品，引导公众优先选择公共交通等绿色出行方式，加快充换电基础设施建设，推动交通基础设施绿色化。全面推进节水型社会建设，坚持“节水优先”，落实最严格的水资源管理制度，严格控制用水总量，继续加强行业节水建设，强化节水管理与宣传。强化能耗约束制度，统筹能源消费、碳排放总量和强度双控制，推动超低能耗或零能耗建筑建设。完成既有居住建筑节能改造任务，推进既有公共建筑节能绿色化改造。按照市级统一部署，做好碳达峰、碳中和工作。

深入推进生活垃圾分类工作。加大生活垃圾分类管理、资金投入和监督考核，优化完善生活垃圾分类投放、分类收集、分类运输和分类处置体系和设施设备布局。强化树立“管行业管垃圾分类”意识，扎实开展生活垃圾强制分类工作，督促各生活垃圾分类管理责任人依法履行义务和责任。结合美丽乡村建设等工作，培育高标准生活垃圾分类示范村。

健全环境治理全民行动体系。推广简约适度、文明健康的生活理念和生活方式。畅通公众监督渠道，完善公众意见处理反馈机制。加强舆论监督，鼓励新闻媒体深入基层，宣传工作成效，曝光突出问题。创新宣传形式，传播生态环保知识和生态文明理念。

第七篇　坚持人民健康优先 着力建设健康丰台

健康是人全面发展的基础，“十四五”时期要坚持把人民生命安全和身体健康放在第一位，坚决贯彻预防为主的卫生与健康工作方针，把人民健康放在优先发展战略地位，推动将健康融入所有政策，把健康嵌入城市整体规划，深入开展健康丰台建设，实现从以治病为中心向以健康为中心转变，全人群、全方位、全生命周期维护和保障人民健康。

第一章 筑牢公共卫生安全网

深入实施北京市突发卫生公共事件应急管理条例，成功创建国家卫生区，健全疾病预防控制、医疗救治、物资保障体系，提升公共卫生管理能力，能够较好应对中等规模重大疫情和突发公共卫生事件，为保障人民群众生命安全和身体健康、维护首都安全、建设国际一流的和谐宜居之都提供有力支撑。

（一）坚持不懈抓好常态化疫情防控

坚持“外防输入、内防反弹”不放松，压实“四方责任”，健全区—街道乡镇—社区村—网格四级防控工作运行网络，完善“及时发现、快速处置、精准管控、有效救治”常态化防控机制。加强冷库和进口冷链食品监管，严格食品供应链防疫。发挥发热门诊、社区卫生服务中心等“哨点”作用，进一步规范医疗机构诊疗秩序。持续抓好社区村、公共场所、特殊场所、人员密集和空间密闭场所等常态化防控。

（二）健全公共卫生管理体系

加强区级公共卫生应急防控体系建设。认真落实加强首都公共卫生应急管理体系建设三年行动计划，统筹完善公共卫生应急指挥、公共卫生事件监测体系、分级分层分类的公共卫生应急救治网络。建设现代化、专业化综合类紧急医学救援队伍。建立公共卫生应急处置团队和公共卫生事件应急专家团队，加强卫生应急队伍和志愿者队伍演练和培训。推动区急救分中心建设，增加救护设施配置和卫生应急物资储备。巩固和完善国家慢性病综合防控示范区建设成果，推进第四轮全国艾滋病综合防治示范区工作。促进区精防院迁址建设，推动社会心理服务体系建设。

强化疾病预防控制能力。坚持预防为主、健康优先，加大公共卫生投入，改革和强化疾病预防控制体系，提升公共卫生监测预警、风险评估、流行病学调查、检验检测和应急处置能力。加强区级疾控中心基础设施、技术能力和实验室标准化建设，科学配备疾病预防控制专业人员。提升公立医疗机构传染病救治能力，加强区级综合性医院负压病房建设。强化街道乡镇公共卫生职责，做实社区村公共卫生委员会，推动“双专员”和“双进入”机制落地，形成基层公共卫生管理合力。

成功创建国家卫生区。按照新时期爱国卫生工作方针，全区动员、全民动手、全力以赴，健全爱国卫生长效工作机制，聚焦背街小巷、城乡结合部开展人居环境整治，持续提升城乡环境卫生面貌和人居环境质量，实现管理长效化、常态化、纵深化。推进全国健康促进区创建，建立健全健康促进网络，落实将健康融入所有政策要求，建设健康支持性环境，开展健康教育和健康促进活动，全面提高群众健康素养。力争全面达到国家卫生区创建标准。

第二章 夯实医疗卫生服务体系

优化医疗卫生资源配置，构建与我区国民经济和社会发展水平相适应，公立医疗机构为主导，非公立医疗机构共同发展，与居民健康需求相匹配，体系完整、分工明确、功能互补、密切协作的整合型医疗卫生服务体系。

（一）推进基层卫生服务体系建设

继续完善网底建设，开展新丰台社区卫生服务中心等空白点社区卫生服务中心、服务站建设。打造一批在中医药、安宁疗护、医养结合、互联网医疗等方面具有品牌特色的社区卫生服务中心。深化“智慧家医”品牌内涵，持续推进首席家庭医生机制，着力于应用信息化技术提升诊疗服务与慢病管理的服务水平，家庭医生重点人群签约服务覆盖率达到90%。开展老年友善医疗卫生机构创建活动，推动医疗卫生机构开展适老化改造。

（二）加强优质医疗资源供给

推进口腔医院新院区建成投用。推动公立医院综合改革，推动丰台医院区域医疗中心、南苑医院中医转型、铁营医院康复转型、丰台中西医结合医院战备医院特色化发展。推动北京航天总医院等医院向三级综合医院发展，推进北京天坛医院进一步提高综合救治能力。发挥驻区中央、市属等优势医疗资源优势，建立完善中医医联体、康复医联体、神经科医联体，深入推进分级诊疗。巩固深化多元办医格局，鼓励和吸引社会资本持续进入，引入国际高端优质医疗资源，满足人民群众多层次、多元化医疗服务需求。持续推进国家中医药综合改革试验区建设，打造以中医特色为主的，医康养相结合的高水平医疗卫生服务发展模式。

第三章 全面提升养老服务水平

深化居家和社区养老服务工作，加快推进养老照料中心和社区养老服务驿站建设，完善街道社区就近养老服务网络。积极培育养老服务市场，鼓励社会力量提供多层次多样化的养老服务。关爱老年人身心健康，为老年人提供健康管理服务，扩大养老“喘息服务”覆盖范围，营造老年友好型社会氛围。

（一）增强养老服务供给能力

构建“三边四级”养老服务体系，形成以居家养老服务体系为基础的基本养老服务体系。实施居家养老幸福工程，推进家庭养老照护床位建设。深化“喘息服务”，发挥巡视探访工作优势，提供上门探访服务和电话问候服务。调动、发挥连锁品牌养老机构上门探访服务的优势和积极性，为老年人提供专业、规范、优质的机构式照护服务。优化社区养老服务，加快推进养老设施建设和接收，新增养老机构5处，新增床位1000张，每千名常住人口养老床位数达到5.6张，养老机构床位使用率达到55%，每万名老年人拥有养老护理员数达到35人。逐步扩大志愿服务队伍，动员辖区内有资源、有能力的志愿群体共同开展养老互助服务，构建老年人互帮互助、自我照顾服务体系。推动长期照护保险项目实施。

（二）营造老年友好型社会氛围

强化健康管理，依托社区卫生服务机构，为65岁以上老年人提供生活方式和健康状况评估、体格检查、辅助检查等健康管理服务，对发现问题予以针对性指导，并及时纳入慢性病管理。推进医养结合，依托可穿戴智能设备，联合健康医疗机构，提供紧急救援、生活照料、在线陪伴、“社工＋义工”服务等“一站式服务”。做实做细家医签约服务，为老年人提供专业、连续、个性化的居家医疗、护理、康复、保健服务，提升老年人签约获得感。

第八篇　聚焦“七有”“五性”厚植民生福祉

坚持以人民为中心的发展思想，紧扣“七有”要求和“五性”需求，立足当前，谋划长远，提高教育、就业、住房、文化、体育等领域优质公共服务供给水平，强化党组织在社会治理中的领导核心作用，做好“吹哨报到”“接诉即办”，切实增强群众的获得感、幸福感、安全感。

第一章 建设首都教育新高地

坚持社会主义办学方向，全面贯彻党的教育方针，始终把教育摆在优先发展的战略位置，坚持教育公益性原则，加快建设高质量教育体系，培养全面发展的社会主义建设者和接班人，努力让全区青少年儿童享有公平而有质量的教育，提升群众教育获得感。

（一）全面推动基础教育优质均衡发展

实现学前教育更高水平优质发展。遵循幼儿身心成长规律，丰富学前教育多元供给，普惠性学位供给率达到80%。结合区内经济社会发展，吸引高端、国际托幼机构布局丰台，满足学前教育不同需求。树立科学保教理念，建立健全幼儿园规范管理、质量提升、督导评估机制，着力提升各类型幼儿园办园质量，逐步形成“一园一品”的办园风格，全力保障幼儿健康快乐安全成长。

全面推进中小学教育高质量发展。突出学生主体地位，全面推进“五育”并举，注重激发学习兴趣，培养良好行为习惯，不断增强核心素养和关键能力。适应学龄人口增长趋势，继续坚持“内升外引”，进一步扩大优质教育资源规模，不断深化教育集团集群发展，义务教育免试就近入学率保持99%以上。实施义务教育学校品质提升工程，推进高品质示范高中和品牌特色高中建设，探索拔尖创新人才培养模式，形成一批在全市有影响力的学校。实施教育基础设施建设与提升工程，加快推动北京第五实验学校、北京十二中联合总校丽泽国际学校、北京十中晓月苑校区等项目建设。

以改革创新激发教育发展活力。建立“教育人才池”，探索实施管理人才、教师人才贯通使用，推进学前教师“员额制”。完善教师培养培训机制，强化师德师风建设，打造高素质专业化创新型教育人才队伍。深化课程改革，创新教学方式方法。探索“互联网＋教育”“人工智能＋教育”新模式，推动信息化技术的深度应用成为教育发展重要支撑。完善心理健康教育、特殊教育、专门教育、校外教育保障机制。深化教育领域“放管服”改革，扩大学校办学自主权，激发学校办学活力。深化教育督导评价改革。优化家校社协同育人模式。加强平安校园建设。

（二）构建融合开放高水平的终身教育体系

建立区级职业教育联席会议制度，围绕高水平有特色职业学校建设目标，建设南城职业教育高地，建设产教融合型职教示范园区。围绕高水平有特色职业学校建设目标，深化产教融合、校企协同育人，加快建设有特色高水平骨干专业（群），造就一批高素质技术技能人才，努力打造国内一流职业教育品牌。加快中德国际职业学校建设，建立中德国际职业技能认证培训中心，提高职业教育国际化水平。加大终身教育发展力度，加强各级各类教育之间的衔接融通，做强市民学习体验、职业启蒙教育中心，推进“丽泽终身教育学院”建设，营造线上线下融合的终身学习环境。

第二章 积极稳就业保增收

千方百计稳定和扩大就业，全力扩大就业容量、提升就业质量、精准帮扶重点就业群体，提高城乡居民收入水平。

（一）促进更充分更高质量就业

强化重点群体就业保障。实施就业优先政策，做好各类困难人员就业帮扶和托底安置。确保零就业家庭动态清零。实施重点群体就业倍增计划，面向就业困难人员以及农村劳动力等特定群体，推动实施一批专项就业促进行动，全区城镇登记失业率控制在4.5%以内。搭建高校毕业生就业创业服务平台，推进“京尤码”延伸拓展，实现就业服务“一人一码”。大力培育新型就业形态，鼓励发展平台经济、共享经济，优化自主就业、创业就业、灵活就业生态。培育“共享用工”“零工社区”“跨界员工”等灵活就业模式。加强人力资源市场建设，健全人力资源市场体系，推动人力资源服务业高质量发展。

做好创业服务保障。以专业化为导向，加强产业聚集、政策聚焦、服务聚合，持续做好全区优秀创业服务机构认定和培育，构建覆盖全链条、全过程的创业孵化服务新模式。加强创业服务平台建设，整合利用市区创业政策和服务资源，推动各项补贴和奖励支持政策落实落细，组织专业化创业培训，推动初创期企业和创业团队健康发展。开展精准化创业帮扶，鼓励创业带动就业。

（二）提高城乡居民收入水平

落实居民人均可支配收入持续稳定增长行动计划，健全工资合理增长机制，稳步提升最低工资标准，着力提高中低收入者收入，扩大中等收入群体。推进事业单位、国有企业工资分配制度改革，鼓励多劳多得、优绩优酬。多渠道增加城乡居民财产性收入。完善再分配机制，取缔非法收入。积极发展慈善事业。

第三章 健全多层次保障体系

健全覆盖全民、统筹城乡、公平统一、可持续的多层次社会保障体系，全面保障劳动者待遇和权益。加强对困难群体帮扶救济，切实保障妇女儿童、青少年合法权益，完善残疾人关爱服务和设施体系。助力受援地区巩固拓展脱贫攻坚成果。

（一）完善社会保障救助

提升社保服务综合能力和便捷程度。进一步拓宽线上业务办理等多元化服务渠道，实现线上“24小时”服务。探索新产业新业态社保制度，聚焦新经济发展，做好非全日制用工和未与企业建立劳动关系的新业态从业人员社保服务。做好“农转居”参保衔接，实现城市化进程中社会保险的能保全保、应保尽保。实施智慧社保提升计划，设立“一站式”综合窗口，推进就业失业登记、社会保险登记、劳动用工备案的协同办理。加快推广电子社保卡应用，率先推动电子社保卡具备的身份认证、生物特征识别、移动支付等能力对相关部门和机构开放，逐步实现“人社移动服务”。

强化社会救助政策统筹和有效帮扶。健全统筹协调、分级实施的综合性、多层次的社会救助机制，扩大社会救助的覆盖面。加大城乡低保、低收入、特困人员供养、教育等社会救助力度，加强和改进流浪乞讨人员救助管理工作。推进救助工作与社会服务有机衔接、实物救助和精神援助相互补充。提高社会救助精准度，完善困难家庭救助台账，为困难群众提供社会融入、心理疏导等差异化帮扶服务。提升社会救助服务水平，做好社会救助审批权限向街乡镇下放。强化社会救助监督管理，持续开展社会救助专项检查。

（二）提升社会福利水平

全面提升对妇女、儿童等群体的服务水平。保障妇女平等参与经济活动和共享资源的权利和劳动安全，健全困境儿童和留守儿童关爱保护长效机制，推进区儿童福利院的现有设施装修改造和新院址的选址、装修，进一步加大女性特殊群体、儿童的救助力度。加强残疾人权益保障，全面提升无障碍环境建设水平。推进丰台区残疾人职业康复中心建设，进一步提高残疾人温馨家园覆盖率。加强残疾预防和康复服务，残疾人基本康复服务覆盖率不低于90%，重度残疾人基本照护服务覆盖率不低于80%。

做好青少年群体服务管理与权益维护。全面贯彻实施有关青少年发展的法律法规，健全青少年权益保护机制，拓宽青少年权益表达渠道，积极回应新时代青少年诉求，帮助青少年群体解决实际困难，优化青少年的成长环境。完善未成年人司法保护制度，构建罪错未成年人分级干预体系。加强青少年社会救助工作，支持社会工作组织机构和专业人才提供困难帮扶、法治教育等专业服务，促进青少年健康成长。

加大退役军人服务保障力度。坚持退役军人关爱优待与社会保障相结合，加强三级退役军人服务保障体系建设，以首善标准做好退役军人思想政治引领和合法权益维护，建立健全移交安置、就业创业、优待抚恤、褒扬纪念等机制，提高军队离休退休干部服务管理水平，推进退役军人事务领域治理体系和治理能力现代化。扎实开展双拥共建工作，全力创建全国双拥模范城“八连冠”，实现军政军民团结。

（三）巩固拓展脱贫攻坚成果

按照北京市总体部署，继续做好对口帮扶、对口支援、结对协作等工作。巩固拓展脱贫攻坚成果，坚决防止发生规模性返贫现象。保持帮扶政策总体稳定，分类调整优化。在政策过渡期内，充分发挥丰台区在产业、消费、就业、文化、教育、卫生等方面的优势，助力受援地区经济社会发展取得新成效，做好同乡村振兴的有效衔接。

第四章 着力提高群众居住品质

完善多主体供给、多渠道保障、租购并举的住房保障体系，全面推动老旧小区综合改造，提升社区环境与服务品质，不断提高群众居住品质。

（一）加大住房有效供给

高品质、高标准推进住房项目建设，新增供应11.5万套住房。多举措落实“应保尽保”，解决1.3万户轮候家庭住房需求。完善“租购补”并举的住房保障体系，实物房源优先面向低保、低收入、大病、重残等群体分配。市场租房补贴申请家庭依申请应保尽保。鼓励重点功能区周边的商业、办公、工业、科研等非居住用地转化建设租赁住房，多渠道满足人才住房需求。优化住房供应空间布局，促进职住平衡。

（二）提升居住环境与服务品质

分类实施老旧小区综合整治。根据“政府引导、居民自治、社会力量协同”的原则，采取基层组织、居民申请、社会参与、政府支持的方式，分类实施市、区属老旧小区综合整治，力争基本完成2000年前建成市、区属小区的改造工作。

全面提高物业管理服务能力。深入落实物业管理条例，实施物业管理三年行动计划，全面提升小区业委会（物管会）组建率、物业服务覆盖率、党的组织和工作覆盖率。实施物业管理热点难点问题专项治理，完善物业服务市场机制，强化对物业管理活动的统筹协调和监督，提升物业服务水平。推进失管小区引入市场化物业管理长效机制，鼓励小区居民通过民主决策选择物业服务形式。

第五章 繁荣发展文化体育事业

加快形成适应新时代要求的思想观念、精神面貌、文明风尚、行为规范，全面提升公共文化服务水平，广泛开展全民健身运动，让百姓尽享文化福利，有效增强市民身体素质。

（一）加强精神文明建设

培育和践行社会主义核心价值观。聚焦建党100周年等历史节点，组织开展系列主题活动。深入实施北京市新时代公民道德建设实施方案，推动新时代公民道德建设和思想政治工作。深入实施北京市文明行为促进条例，拓展新时代文明实践中心建设，深化群众性精神文明创建活动，争创全国文明城区，不断提高市民文明素养。完善各部门齐抓共管的志愿服务工作协调机制，充分发挥志愿服务联合会作用，广泛开展志愿服务活动，擦亮丰台志愿服务品牌。

加强新时代思想政治工作。巩固理论宣传主阵地，推出一批高水平的理论宣传产品，打造理论传播品牌。面向城乡基层、扩大人群覆盖，加强机关、企业、农村、社区思想政治工作，做好全社会思想政治工作。加强对青少年的思想政治引领，实施青少年理想信念教育工程，培养新时代青年马克思主义者。全面加强新时代少先队工作，强化对少年儿童的政治启蒙和价值观塑造。完善坚持正确导向的舆论引导机制，推动传统媒体与新兴媒体、网上与网下一体化引导，营造积极健康的舆论生态。

推进区域媒体深度融合。实施全媒体传播工程，建设标杆型区级融媒体中心。以“北京丰台”客户端为载体，全面贯通区新时代文明实践中心、区融媒体中心和区政务服务中心“三个中心”，有效推动“新闻+政务+服务+商务”功能聚合。汇聚区内委办局、街乡镇“两微一端”，把全区的政务新媒体“抱成团，结成片，连成网”，形成渠道丰富、覆盖广泛、传播有效、可管可控的全媒体信息服务发布平台，到2025年总用户量突破1000万，浏览量突破20亿人次。高起点推进丰台区融媒体中心新址建设，打造具有前瞻性的网络视听新技术集成应用平台和互动体验终端，通过技术升级赋能，构建5G应用场景，让新技术走进生活，就近就便服务群众。

（二）提高公共文化服务效能

建成布局合理的公共文化设施网络。重点关注河西等薄弱地区及方庄等大型社区，大力补足公共文化设施短板，完善全覆盖的区、街乡镇、社区村公共文化服务体系，提升人均公共文化服务设施建筑面积。实施基层文化设施提质增效，引导新建文化设施向人口密集地区及文化设施薄弱地区布局。加快建设京南艺术中心，丰富拓展公共文化空间，依托城市商业综合体、综合交通枢纽等建设项目，增加城市公共文化空间供给。鼓励和引导党政机关、国有企事业单位和学校的各类文化设施向公众开放。加快文化馆、图书馆、档案馆等公共文化设施数字化转型升级，推动公共文化服务全方位、全链条智能化升级。

提供多元化高质量的公共文化服务。立足丰台古都文化、红色文化、戏曲文化、航天文化、园林文化等资源优势，提供富有区域特色的公共文化产品和服务。丰富城市阅读空间，深化建设书香丰台。推动公共文化服务供给方式多元化，鼓励企业、社会组织和个人参与公共文化服务体系建设。深入实施文化惠民工程，持续办好“卢沟晓月”等群众性特色文化活动，推出一批高质量、具有丰台特色的文艺精品，增强群众文化获得感和幸福感。加强非遗保护转化，传播非遗文化。

（三）推动体育事业发展

全力做好冬奥服务保障。高标准、高质量助力国家冰雪运动训练科研基地建设，打造全国一流冰上运动科研训练基地。广泛开展冬奥知识的普及与推广。大力发展高端冰雪赛事和群众性冰雪活动。持续推动“欢乐冰雪季”“冰雪大篷车进基层”等项目，创建群众性冰雪品牌赛事活动和冰雪旅游项目。

完善全民健身公共服务体系。不断完善体育设施场馆布局，推动体育行业、教育系统、机关、企事业单位的公共体育设施有序对外开放，开放率达到80%以上，打造百姓身边的“一刻钟健身圈”。利用郊野公园、社区公园、公共绿地集成式空置场所建设健身步道、足球场、乒乓球台等便民体育场地设施。经常参加体育锻炼人数比例达到50%以上，人均体育场地面积达到2.5平方米。广泛开展群众性体育活动，继续办好“醒狮越野跑”“健康丰台人”等全民健身品牌活动，持续提高市民身体素质。推进健身休闲资源开发，促进体育新消费，推动体育产业发展。

第六章 加强和创新基层社会治理

强化党组织在社会治理中的领导核心作用，深入推进党建引领“吹哨报到”向社区治理深化，坚持“接诉即办”“未诉先办”，完善多元参与的治理格局。

（一）构建党建引领基层社会治理新格局

完善区域化党建工作机制，推动“双报到”常态化。贯彻落实《北京市街道办事处条例》，深化街道乡镇管理体制改革，完善街道乡镇职责清单和赋权清单制度，扩大街道办事处、乡镇政府服务管理权限。做好乡镇机构改革工作，完善撤村转居工作制度。严格落实社区工作准入管理办法，持续为社区减负，让社区回归服务群众本位。完善群众参与治理的渠道和机制，统筹发挥好街巷长、社区专员、小巷管家、协管员等作用，实现共建共治共享。不断加大发展服务性和公益性社会组织的力度。

（二）深入推进“吹哨报到”“接诉即办”改革

建立健全“吹哨报到”协调解决机制。牢固树立大抓基层的鲜明导向，深入推进党建引领“吹哨报到”向社区治理深化，健全统筹谋划、沟通协调、应急响应、调度督导的工作机制，形成抓落实“最后一公里”的工作合力。坚持民有所呼、我有所应，持续提升“接诉即办”工作水平，提高群众诉求解决率和满意率，增强获得感。

提升主动治理能力。推动“有一办一、举一反三”向“主动治理、未诉先办”深化，解决好群众身边的操心事、烦心事、揪心事。持续推动治理类街乡镇整治提升，对治理类街乡镇全面开展城市体检，梳理市民诉求集中的问题清单、基础设施和公共服务设施短板清单和需协调解决的事项清单，并结合居民诉求对工作内容和重点领域进行动态更新，健全区、街乡镇、社区村三级联动机制，坚持主动治理，实现“降量、提率、脱低”的目标。

第九篇 提高风险防控能力 维护区域安全稳定

全面深入贯彻总体国家安全观，统筹发展和安全，坚持系统防范、统筹应对、守住底线，坚持把安全贯穿于发展的全过程，推动实现政治安全、经济安全、社会安全、文化安全和生态安全。推动全民参与，加强科技支撑，全面做好安全生产和应急管理保障，确保人民生命财产安全和社会稳定，确保城市安全有序运行。

第一章 夯实安全保障基础

把安全发展贯穿区域发展各领域和全过程，加强法治政府建设，全力维护社会稳定，加快提升公共安全运行保障水平，全面筑牢区域安全屏障。

（一）推进依法治区建设

严格落实重大行政决策法定程序，提高行政执法效能，强化对行政权力的制约和监督，增强党员干部法治思维和依法行政能力，把政府工作全面纳入法治轨道。完善监察权、审判权、检察权运行和监督机制，推进执法司法制约监督体系改革和建设，全面提升司法能力、司法效能和司法公信。推进法治社会建设，深入开展法治宣传教育，完善公共法律服务体系，在全社会形成尊法学法守法用法良好氛围。

（二）推进平安丰台建设

强化国家安全管理。严格落实国家安全工作责任制，巩固国家安全人民防线。严密防范和严厉打击境内外敌对势力渗透、破坏、颠覆、分裂活动，坚决捍卫首都政治安全。严格落实反恐怖工作责任制，守住不发生暴恐活动底线。严格落实意识形态工作责任制，加强常态化舆情监测研判。

守卫社会安全。进一步强化社会治安综合治理，坚持专群结合、群防群治，健全扫黑除恶长效机制，加快“雪亮工程”、智慧平安社区等建设，有效净化社会治安环境。坚持和发展新时代“枫桥经验”，完善社会矛盾纠纷多元预防调处化解综合机制，落实信访工作责任制。严格落实安全生产责任制，加大对重点部位的隐患排查治理力度，有效遏制重特大安全事故。加强产品质量安全监管，健全食品药品安全体系，落实食品药品监管责任制，实现食品抽检合格率98.5%、药品抽检合格率99%。

第二章 提升风险应对能力

积极防范和化解各种风险，健全应急管理体制机制，完善战略资源应急储备和应急调度制度，提升非常规突发重大事件响应和处置能力。

（一）加强风险防控

加强源头管控，聚焦各类突发事件，深入推进灾害普查、安全生产预防控制和隐患排查治理体系，强化水、电、气、热、交通、通讯、危化等影响城市安全运行的安全监测，提升风险评估和监测预警能力，牢牢守住不发生区域性系统风险底线。提高风险预防能力，提高全区社会治安立体化、法治化、专业化、智能化水平，增强社会治安防控的整体性、协同性、精准性。确保数字基础设施、数据共享利用安全。严守金融与债务风险底线，推进互联网金融专项整治，加大对金融诈骗、非法集资等违法行为的打击力度。加强政府债务管理，严控新增债务，做好隐性债务风险管控工作。

（二）加强应急管理

健全应急管理体系。加强区级队伍、街道队伍、社会组织和企事业单位队伍的四级队伍体系建设，建立应急队伍发展长效机制。加强对应急物资统筹管理，优化应急物资储备结构，科学合理调整应急物资储备目录，构建区、街、社区、家庭四级物资储备体系。优化应急避难场所的设备设施配置，提高全区应急避难场所建设管理的规范化、专业化水平。

提升应急处置能力。加强应急科技保障能力建设，构建应急管理资源基础库，形成区级应急指挥“一张图”，提高应急指挥调度的科学化、专业化、智能化、精细化水平。发挥各专项应急指挥机构作用，督促落实属地应急管理责任，构建统一领导、权责一致、权威高效的应急能力体系。完善全区应急事件协同机制，提高应急救援响应能力和综合防灾、减灾、抗灾、救灾能力。按照“责任明确、流程清晰、衔接有序、动态更新”的原则，构建以区突发事件总体预案为核心，各专项、各部门、各街道预案为主体的区应急预案体系。

第十篇 规划实施保障

实现“十四五”规划和二〇三五年远景目标，要在党的领导下，更好履行政府职责，最大程度地激发各类主体的活力和创造力，形成全区人民共同推动丰台新发展的强大合力。

第一章 加强和改善党的领导

坚持党总揽全局、协调各方的领导核心作用，在各级党委（党组）的坚强领导下，建立健全纲要实施机制，形成全体人民群策群力、共建共享的生动局面，为实现“十四五”规划和二〇三五年远景目标提供坚强保证。

（一）加强党对全区经济社会发展各项工作领导

贯彻党把方向、谋大局、定政策、促改革的要求，推动全区党员干部深入学习贯彻习近平新时代中国特色社会主义思想，增强“四个意识”、坚定“四个自信”、做到“两个维护”。强化思想理论武装，巩固深化“不忘初心、牢记使命”主题教育成果。坚决扛起全面从严治党主体责任、监督责任，提高党的建设质量，营造风清气正的良好政治生态。全面贯彻新时代党的组织路线，落实好干部标准，扎实做好干部的培育、选拔、管理、使用，建立健全干部担当作为的激励和保护机制，建设高素质专业化干部队伍。以提升组织力为重点，强化基层党组织政治功能，高标准完成社区村“两委”换届工作，充分发挥基层党组织战斗堡垒作用和党员先锋模范作用，推动基层党建全面进步全面过硬。落实“党管青年”原则和“青年优先发展”理念，加强党对青年工作的领导，组织动员青年在区域发展一线建功立业。锲而不舍落实中央八项规定精神，持续纠治形式主义、官僚主义，切实为基层减负。深入推进党风廉政建设和反腐败斗争。

（二）推进社会主义政治建设

坚持和完善人民代表大会制度，加强人大对“一府一委两院”的监督。坚持和完善中国共产党领导的多党合作和政治协商制度，充分发挥人民政协作为协商民主重要渠道和专门协商机构作用，深入推进政党协商，不断提高建言资政和凝聚共识水平。巩固和发展最广泛的爱国统一战线，坚持大团结大联合主题，构建大统战工作格局。发挥工会、共青团、妇联等人民团体作用，把人民群众紧紧团结在党的周围。认真贯彻党的群众路线，创新互联网时代群众工作机制，增强群众工作本领。

（三）强化人才队伍建设

落实新时代推动首都高质量发展人才支撑行动计划，深化人才体制机制改革，围绕“两区”“三平台”建设任务，实施人才优先发展战略，加强干部人才队伍保障。推动“丰泽计划”实施，以丽泽金融商务区、中关村丰台园为重点，聚焦新兴金融、数字金融、轨道交通、航空航天等重点领域，引进一批高精尖产业、“卡脖子”技术和公共服务领域的高层次人才。搭建青年人才汇聚平台，加强青年人才队伍建设，培养具有国际竞争力的青年科技后备人才。打造类海外人才发展环境，吸引海外高层次人才集聚发展。完善人才配套服务，不断优化人才创新创业生态。建设国际人才社区，在丽泽金融商务区率先形成国际化人才创业生活生态环境。

第二章　注重规划统筹实施

明确政府主体责任，健全政策协调和工作协同机制，科学合理配置公共资源，全区“一盘棋”加强规划实施管理，保障规划目标如期实现、各项任务有序完成。

（一）突出规划引领

增强本规划的引导和约束功能，形成定位准确、边界清晰、功能互补、统一衔接的规划体系。在制定各专项规划的过程中，健全纵向贯通、横向联动的工作机制，加强与北京市“十四五”规划和新版北京城市总规、丰台分区规划的衔接，推动经济社会发展规划与城市规划、人口、生态环境保护、土地“多规融合”和“多规合一”，健全规划协调实施和动态调整机制，构建起以规划纲要为主导、专项规划为支撑的层次分明、功能清晰的规划体系。

（二）强化政策协同

紧紧围绕本规划确定的发展目标和任务，加强政策储备、研究制定和协调落实。建立政府负责、部门协调、上下联动的工作机制。把握重要阶段性工作节点，确保各项工作顺利实施。加强财政预算与规划实施的衔接协调，统筹财力科学合理安排财政支出。土地、金融、人才等相关政策积极支持本规划确定重大任务。

（三）实施重大项目带动

坚持以规划确定项目、以项目落实规划，发挥好重大项目对规划落实的支撑作用。健全重大项目储备库制度和推进机制，着眼于事关全局的重大任务，组织规划一批、储备一批、实施一批、带动一批重大项目，通过重大项目实施促进规划落实。完善重大项目的统筹机制，协调解决推进重大项目中的困难和问题。

（四）严格规划实施管理

牢固树立一盘棋的思想，凝聚全区党员干部和社会各界的智慧和力量，推动各级各部门通力合作，提高规划的约束力、执行力，做到统筹谋划、加强衔接、密切配合，齐心协力抓好工作落实，确保顺利完成规划目标任务。

第三章　强化规划实施监测考核

强化规划监测评估，完善规划实施监督考核制度，确保规划目标任务实现。

（一）加强监测评估

定期进行规划评估，系统开展规划中期及总结评估工作，加强第三方独立评估，提高规划实施评估工作的客观性和科学性。开展对规划指标以及重大项目、重大改革、重大政策实施情况的跟踪监测分析，综合运用大数据分析等现代信息技术提高统计监测能力，客观反映规划实施情况，为科学评估提供支撑。

（二）加强监督考核

加强实施情况报告，健全政府向人大的报告和沟通机制，区政府各部门要自觉接受区人大对本规划实施情况的监督。实施过程中宏观环境发生重大变化，需要对本规划进行调整时，应按程序报经区人民代表大会常务委员会批准。畅通公众监督渠道，着力推进规划实施信息公开，健全政府与企业、市民的信息沟通和反馈机制，提高规划实施的民主化程度和透明度。发挥新闻媒体、群众社团的桥梁和监督作用，促进规划有效实施。

本规划是全区人民集体智慧的结晶，实现“十四五”规划和二〇三五年远景目标，任务繁重、前景光明，需要全区上下群策群力。全区人民要更加紧密团结在以习近平同志为核心的党中央周围，开拓创新、锐意进取，推动“妙笔生花看丰台”的美好愿景成为现实，为北京率先基本实现社会主义现代化而努力奋斗！

大事记

1月

1日 区人力社保局正式启动以“就业帮扶 真情相助”为主题的“就业援助月”专项服务活动，重点对低收入农户劳动力、重大改革产生的脱贫人口等5大就业困难群体开展集中就业帮扶，实现零就业家庭动态清零。

6日 区委书记徐贱云到长辛店镇督查2020年全面从严治党工作落实情况。

7日 丰台区政府与国网北京市电力公司签署战略合作协议，围绕电网规划建设、优化营商环境、电力设施保护及保障民生用电、丽泽电力基础设施建设、能源互联网及综合能源建设等五个方面，明确合作内容和实施计划。

11日 徐贱云，区委副书记、区长初军威分别到王佐镇和卢沟桥乡调研检查农村地区疫情防控工作，重点检查进村卡哨管理、重点人群信息登记、日常健康监测、村卫生机构预检分诊等农村地区防疫工作、疫苗接种工作开展情况和集中隔离医学观察点管理和服务保障工作。

18日 徐贱云、初军威到央行数字货币研究所走访调研，走进全市首个数字人民币应用场景试点——金唐大厦漫猫咖啡店，现场体验使用数字货币钱包支付购买商品。

19日 丰台区以电视电话会议形式召开爱国卫生运动暨创建国家卫生区工作领导小组第一次会议，研究审议《丰台区爱国卫生运动暨创建国家卫生区工作领导小组及成员单位调整方案》《丰台区创建国家卫生区工作领导干部包片责任制度》和丰台区2021年创卫工作资金需求情况。

同日 徐贱云、初军威调研金中都遗址保护利用工作，强调加快推进金中都城墙遗址公园建设，有序衔接丽泽金融商务区建设时序，更好地展现北京古都文化与现代文明的交织融合。

1月26日至2月26日 丰台区商联会引导各商业企业以“安心年、放心购、在丰台过大年”为核心开展市场保供工作，在做好疫情防控工作的基础上，以非聚集式的促销方式开展“2021丰台邀您过大年”活动。

1月28日至2月10日 丰台园艺驿站开展看丰台鸟语花香“创建国家森林城市”我们并肩同行活动，助力丰台区创建国家森林城市，市民可就近到丰台区4家园艺驿站免费领取3000个风信子种球。

是月 丰台区地方金融组织企业北京诚信佳融资担保公司与中国投融资担保股份有限公司合作参与亚洲开发银行绿色金融项目，支持丰台区新能源科技企业发展，推动金融服务实体经济。

是月 初军威带队到区住建委督查考核2020年全面从严治党工作落实情况。

2月

4日 2021年丰台区文化科技卫生“三下乡”活动启动仪式举办，通过送文艺演出、送科普、送医用大礼包等活动，开启全年“三下乡”工作。

9日 丰台区2021年春节军政座谈会暨全国双拥模范城“八连冠”争创工作启动会召开。

23日 丰台区处级正职领导干部“学习贯彻党的十九届五中全会精神”专题研讨班在国家法官学院启动。

26日 丰台法院召开“弘扬社会主义核心价值观典型案例”新闻发布会，公布第三批典型案例。这批典型案例横跨刑事、民事、行政审判领域，具体内容涵盖城市管理、网络安全、噪声污染、公共娱乐等群众生活的众多方面，分别从诚实守法、社会公德、文明守规、社区和谐等不同角度体现社会主义核心价值观。

是月 丰台区文旅局开展“丰台区2021年‘情暖丰台 金牛迎春’新春惠民线上系列文化活动”，活动开展68场次，点击量46万人次。

3月

3日 丰台区2021年深化疏解整治促提升创建国家卫生区促进生态文明与城乡环境建设推动高质量发展动员大会召开。

5日 丰台区召开2021年精神文明建设暨背街小巷环境精细化整治提升动员部署大会，对新一届全国文明城区创建工作和背街小巷环境精细化整治提升进行安排部署。

同日 丰台区启动2021年“爱满丰台”学雷锋宣传实践活动。

13日 丰台区召开全区创建国家森林城市再动员再部署大会，提出通过创建国家森林城市，进一步增加城区绿化总量、提高绿地品质、丰富景观层次、突出色彩变化，打造精品公园，构建森林社区，建设特色景观林荫街道，实现“一轴一廊一屏障，百路百园百社区”的森林城市建设空间布局，让生态环境再上台阶。

16日 徐贱云一行到长辛店二七纪念馆、长辛店留法勤工俭学预备班旧址，实地调研革命旧址展览布置准备工作，沿途察看革命旧址周边环境整治提升情况，强调要充分认识开展党史学习教育的重要意义，深入挖掘辖区红色历史文化资源，不折不扣做好长辛店革命活动旧址保护传承利用工作。

同日 区总工会与区法院签订《关于进一步加强劳动争议调解联动工作的合作协议》，对起诉至法院的适宜调解的劳动争议案件，法院将向工会发送《北京市丰台区人民法院调解委托书》，委派或委托区总工会进行调解，实现“工会+法院”解决劳动争议案件强强联合。

同日 在全市开展的第七届“寻找首都最美社工”评选活动中，丰台区马家堡街道嘉园二里社区党支部书记兼居委会主任于湉湉荣获“首都最美社工”（全市共10名）；右安门街道亚林苑一社区党委书记李志萍荣获“首都优秀社工”（全市共20名）。

18日 丰台区召开党史学习教育动员大会。

同日 丰台区政法队伍教育整顿动员部署会召开。

3月23日至25日 中国人民大学、北京交通大学、中央民族大学主要领导带队到丰台调研，共商教育发展大计，共谋“政产学研用”协同创新，共绘高质量发展蓝图。徐贱云、初军威出席相关活动。

23日 北京交通大学和丰台区政府签署合作协议，在中关村丰台园共同建设“轨道交通创新基地”。

29日 丰台区志愿服务联合会成立大会暨第一次会员代表大会召开。

同日 为提高新冠疫苗接种的可及性和便利性，丰台区在全市范围内率先启用移动新冠疫苗接种车进工地、进社区、进园区，实现安全有序流动式接种。

是月 北京首科创融科技孵化器荣获北京市第一批市级科技企业孵化器认定。首科创融依托“12345”服务战略，打造“创融云巢”和“首科创融创新研究院”企业服务品牌，帮助企业快速成长。

是月 丰台区基本实现区域室外5G信号连续覆盖，已建设1641个5G基站。

4月

2日 北京市党史学习教育市委宣讲团报告会在丰台区举行。市委宣讲团成员、原中央文献研究室副主任陈晋作专题辅导报告。区四套班子领导、区属各部门各单位党政主要领导、街道乡镇党政班子成员共计500余人聆听报告。

3日 丰台区“全民参与植树 共建森林家园”系列活动正式启动，第一批100余名义务植树志愿者们在“互联网+全民义务植树基地”绿堤公园社会义务植树点参加义务植树活动。

6日 丰台区政务服务中心新址正式运行。新址利用“南苑—大红门地区”疏解腾退空间福成服装大厦升级改造而成，紧邻南中轴路。全区45个部门、1700余项政务服务实现“一门办理”。

同日 徐贱云一行到南苑—大红门地区调研，了解区政务服务中心各项服务，察看大红门地区4家服装市场的现状，了解疏解腾退和转型升级相关工作进展。

7日 区商务局、区投资促进服务中心、王佐镇共同举办“品牌商业王佐行”活动。活动以“品质赋能发展 创新激发活力”为主题，中粮集团大悦城控股、北京华联集团、龙湖天街、凯德集团、合生商业、盒马等知名商业品牌走进丰台、走进王佐，与王佐地区可利用空间资源进行深度对接，推动河西地区商业布局优化，助力区域活力中心打造。

13日 区四套班子领导及机关干部到花乡纪家庙公园，参加主题为“全民植绿四十载 美丽中国谱新篇”的首都义务植树活动，助力丰台区创建国家森林城市。

15日 区医保局在北京中医药大学东方医院金银花广场举办“宣传贯彻《条例》加强基金监管”为主题的医保基金监管集中宣传月活动，引导和动员社会力量广泛参与医保基金监管，守好人民群众的“保命钱”“救命钱”。

同日 “V读北京”2021年首场活动走进丰台，市委统战部、区委统战部及北京新联会、北京网络知名人士联谊会、丰台区各级新联会及内蒙古赤峰市委统战部参访团等60余名网络知名人士和新阶层代表人士参加。

21日 北京丽泽金融商务区与中国人民银行数字货币研究所签署《金融创新战略合作协议》。

28日 区政协、区委统战部在北京园博园举行“团结在光辉的旗帜下暨纪念‘五一口号’发布73周年”长走活动。此次活动是全市政协系统庆祝中国共产党成立100周年系列活动的重要组成部分。

5月

8日 丰台区首届“丰泽计划”高层次人才认定颁奖大会在北京汽车博物馆举办，59名人才（团队）入选“丰泽人才”，大会同步启动“丰泽人才荟”专属人才服务平台。

同日 市委巡视丰台反馈整改落实工作动员部署会召开。徐贱云讲话。

8日至10日 区委组织部、区委党校和区商务局联合举办丰台区“两区”建设专题培训班，70余名机关单位主管领导和科室负责人参加学习。

18日 徐贱云一行调研督导“双减”工作，并察看北京教育学院附属丰台实验学校落实“双减”工作成效。

20日 2021年丰台区庆祝建党100周年群众书画作品展在东铁匠营街道综合文化中心拉开帷幕。展览以“奋斗百年路 启航新征程”为主题，由区文旅局主办，各街镇协办，区文化馆总馆、东铁匠营街道分馆、新村街道分馆、北宫镇分馆承办并进行巡展。

24日 2021年丰台科技活动周在中都科技大厦启动。本届科技周由区科信局、区委宣传部、区科协联合主办，活动现场发布丰台区高成长培育引进计划暨“丰帆行动”和中关村科技园丰台园区“火花”活动两项重要活动计划。

27日 丰台区在宛平城地区举行《丰台史话》新书发布会。该书是丰台区第一部全面系统记述区域经济发展、社会进步、时代变迁的史话类图书。

31日 2021中关村论坛系列活动——“从数字经济到数智时代”中欧数字经济高峰论坛在丰台举办。来自欧洲10余个国家的政府官员、行业协会，国内华为、腾讯等数字产业一线企业代表等200余人参加。

是月，丰台区“双随机、一公开”监管工作联席会议办公室根据《北京市市场监管领域部门联合抽查事项清单》，针对机动车销售企业抽查领域制定“双随机”抽查工作计划，由区市场监管局牵头，联合区商务局、生态环境局共同开展全市首次三部门联合“双随机”抽查。

6月

1日 丰台区在二七纪念馆举行长辛店革命旧址开放仪式暨青少年开放日专场活动，长辛店二七纪念馆和长辛店留法勤工俭学预备班旧址等8处长辛店革命旧址正式对外开放，“北方的红星——长辛店与中国工人运动”“光辉印记——长辛店与留法勤工俭学运动”两处重点专题展以及长辛店地区其他4处专题展同步推出，全景展现长辛店地区早期工人运动发展史。

同日 丰台区政务服务局会同西城区、东城区政务服务局与天津市滨海新区结成政务服务“跨省通办”合作伙伴关系，正式签署《政务服务“跨省通办”合作协议》，为两地企业群众提供全流程、无差别、高效便捷政务服务。

5日 市委书记蔡奇，市委副书记、市长陈吉宁到丽泽金融商务区调研。

16日 由《党建》杂志社、中国传媒大学主办，区委宣传部承办，太平桥街道协办的“信仰·我的入党故事”融媒体作品发布会举行。中宣部宣教局局长常勃，《党建》杂志社、中国传媒大学、太平桥街道部分干部职工共200余人参加发布会。

同日 丰台区2021年全国安全生产月活动启动仪式在北京金唐中心举办。

17日 党史学习教育市委第五指导组到丰台区开展指导工作。

22日 丰台区首家和谐劳动关系示范站在时代风帆楼宇党群服务中心正式挂牌运行。和谐站点建设是区协调劳动关系三方主动作为，从劳动关系风险防控工作实际出发，推进北京市构建新时代首都特色和谐劳动关系的创新探索。

23日 丰台区召开“两优一先”表彰大会，以区委名义表彰郑福来等100名“丰台区优秀共产党员”、韩青等100名“丰台区优秀党务工作者”、丰台街道北大地西区社区党委等100个“丰台区先进基层党组织”。

25日 由区委、区政府主办，区委宣传部、区文联承办的“永远跟党走”丰台区庆祝中国共产党成立100周年文艺演出在丰台区青少年剧场精彩上演，全区各行业300余名领导干部及党员群众观看了演出。

同日 丰台区政府与中央民族大学举行合作共建签约仪式，共同推动中央民族大学附属中学丰台实验学校改扩建工作，进一步提升办学质量。

28日 丰台区图书馆大红门新馆正式开馆试运营。新馆位于丰台区南苑路7号，是区委区政府利用“疏整促”成果打造的“政务服务＋文化服务”深度融合、多功能一体的智能化、数字化现代图书馆，建筑面积9534平方米，设计藏书36万册，阅览座席430个。

29日 丰台区乡村振兴局正式挂牌成立。经区委编办批复，丰台区农业农村局加挂丰台区乡村振兴局牌子，负责统筹推进本区实施乡村振兴战略工作。

是月 丰台区世界种子大会品种展示基地成功入选首批国家农作物品种展示评价基地，并获“国家农作物品种展示评价基地”牌匾。共有60个基地作为首批国家农作物品种展示评价基地，北京仅2个。

7月

7日 纪念全民族抗战爆发84周年仪式在中国人民抗日战争纪念馆举行。蔡奇主持仪式，中宣部副部长蒋建国、陈吉宁、市人大常委会主任李伟、市委副书记张延昆，中央有关部门、中央军委政治工作部领导出席。

同日 “创业丰台2021”退役军人创业创新大赛暨2021年北京市退役军人创业创新大赛初赛在丰台区退役军人创新创业基地举行。

13日 “丰帆行动”启动仪式暨首都科技条件平台政策宣讲会在中都科技大厦成功举行。

14日 区职工大学学员通过授权的数字人民币钱包，成功向区财政局非税收入专户数字钱包客户端缴纳学费，并实时划转到区财政专户。这笔1610元的学费缴纳业务为全国首创将数字人民币应用场景应用在财政非税收入收缴业务。

18日 丰台区所有涉及区划调整的镇街政务服务中心如期开厅。至此，全区26个镇街政务服务中心全部对外运行，为企业群众提供线上线下统一、服务标准统一、服务品质统一、品牌形象统一的政务服务。

21日 蔡奇到丰台区就大红门地区规划建设调查研究，强调，妙笔生花看丰台，大红门地区规划建设就是妙笔之一。要着眼未来首都功能布局，着眼展示中轴线历史文化价值，着眼引领带动南部地区发展，统筹谋划大红门地区规划建设，推动功能重塑、产业升级和品质提升，打造城市更新样板，实现“华丽转身”。

30日 区委十二届十五次全会召开，总结2021年上半年主要工作，部署下半年任务。

31日 丰台区政府与中关村发展集团签署打造“南中轴国际文化科技园”合作协议，正式启动双方在大红门地区的深度合作。将以“南中轴国际文化科技园”为先导，围绕科技、文化、国际商务等产业，吸引国内外带动性强的头部企业入驻，建设独角兽企业加速器，把大红门地区建设成为国际一流文化科技新地标和数字经济新高地。

8月

4日至5日 丰台区圆满完成2021年度全国会计专业技术中级资格无纸化考试。

7日 丰台区政府与北京金隅集团召开合作座谈会，共同推动南中轴大红门地区的开发建设。

8日 丰台区街镇人大换届选举全面展开，全区共设立52个宣传点。

25日 区人力社保局采取远程视频方式，为30名职工进行线上工伤劳动能力鉴定问诊，开启劳动能力“云鉴定”绿色通道。

25至26日 丰台区召开创建国家卫生区市级病媒生物防制（蚊蝇）专项验收专家见面会，市卫健委工作人员带领病媒生物（蚊蝇）防制评估专家组到丰台区就创建国家卫生区病媒生物（蚊蝇）防制工作进行专项评估。

27日 首届养老护理员职业技能大赛暨2021年全国养老护理职业技能大赛丰台赛区选拔赛正式开赛。

是月 丰台区“优才学员”开展的“失之东隅收之桑榆——老人心理支持个案服务案例”“两棵树引发邻里矛盾缓解个案工作服务案例”在北京市“优才计划”项目答辩中荣获全市优秀服务案例。

是月 全市首家政务服务综合窗口办事员技能等级认定资格企业落地丰台。

9月

1日 徐贱云检查文明示范路口创建工作，强调以礼让斑马线为切入点，全面扎实开展交通文明示范路口创建行动，确保群众平安出行。

2日 中国国际服务贸易交易会（简称“服贸会”）在北京拉开帷幕，丰台区推介沙龙以“妙笔生花‘丰’采无限”为主题串起区域优势推介、“两区”建设成果、功能区发布、前沿分享等亮点内容，展示丰台产业繁荣发展的成果和诚邀各界企业集聚的热情。

同日 徐贱云调研检查河长制、田长制、林长制工作落实情况，强调加强相关部门之间协调配合，积极探索河长制、田长制、林长制“三长联动、一巡三查”，持续改善生态环境，营造森林、水系、农田、村庄相互交融的生态景象。

3日 在服贸会“两区”建设一周年主题活动上，商务部发布国家服务业扩大开放综合示范区10个“最佳实践案例”，丰台区推荐的“构建科技创新全链条服务‘生态’体系”入选可向全国复制推广的“最佳实践案例”。该“体系”年均促成100余项国内外技术成果交易转化，已惠及包括中科院、大唐环境等5000多家单位，经测算平台全流程服务可有效降低40%研发成本，缩短60%研发时间，研发效率最高可提升3倍以上。

5日至7日 徐贱云率丰台代表团赴青海省玉树州治多县对接对口支援工作，并召开丰台区·治多县结对帮扶联席会，长辛店街道分别与治多县多彩乡、立新乡签署结对帮扶协议。

9日至10日 市生态环境局组织开展2021年全市水生态环境保护管理能力岗位建功活动，区生态环境局3名选手经专业知识考试和管理实践测评，荣获集体一等奖。

9日 丰台区“赓续百年初心、担当教育使命”教师节庆祝活动在区第二中学礼堂举办。

同日 丰台区召开创建全国文明城市工作推进会，围绕“迎冬奥盛会，建文明城市”全力做好文明城区创建工作。

10日 丰台区政府联合北京市地方金融监督管理局、中国人民银行数字货币研究所在丽泽金融商务区举办2021中国（北京）数字金融论坛，现场启动“丽泽数字金融示范区建设行动计划”，举行国家数字金融技术检测中心揭牌仪式。丽泽金融商务区获得“北京法定数字货币试验区”。

同日 北京地铁14号线剩余段、17号线南段、11号线西段正式进入为期三个月空载试运行阶段。

13日 为纪念中国人民抗日战争暨世界反法西斯战争胜利76周年，北京第三十五届卢沟桥醒狮越野跑活动在中国人民抗日战争纪念馆举行。

15日 陈吉宁到丰台创新中心、北京英视睿达科技有限公司、丰台火车站等处调研经济社会发展和重大工程建设工作，指出要进一步发挥区位、交通等禀赋优势，聚焦轨道交通和航空航天等重点领域，培育壮大创新和产业链条，通过城市更新拓展成长空间，提升综合承载能力。

16日 丰台区委理论学习中心组学习（扩大）会暨党史学习教育专题读书班开展集中学习研讨。

16至17日 徐贱云率丰台代表团赴内蒙古兴安盟扎赉特旗调研东西部协作工作，召开丰台区·扎赉特旗东西部协作联席会议，南苑街道、北宫镇分别与扎赉特旗巴达尔胡镇、宝力根花苏木签署乡镇结对协议。

17日 丰台区科技志愿服务主场活动在青塔街心公园主办。

18日 丰台区“中国农民丰收节”主会场活动在王佐镇西王佐村开幕，正式启动“庆丰收 感党恩”为主题的农民丰收节系列庆祝活动。

19日 第九届丰台惠民文化消费季在中国插花艺术博物馆启动。活动从9月持续到11月，以“引领文化消费·品味魅力丰台”为主题，紧扣“文化惠民”活动要义，策划“丰·花”绽放、“丰·韵”梨园、“丰·惠”观影、“丰·创”集市、“丰·阅”书香等五大板块主题活动。

21日 中秋节晚7时30分，以“月圆京城 情系中华”为主题的2021“卢沟晓月”中秋文化活动在北京园博园举行。活动以诗词、歌舞之美展现团圆和美、奋发进取的家国情怀，将“妙笔生花看丰台”具象化，打出丰台文化金名片。

25日 徐贱云、初军威调研检查疫情防控工作，强调要加大各类风险人员排查力度，抓好机关、学校、医院等重点场所防控，确保万无一失。

27日 永定河865公里河道实现全线通水，永定河、潮白河、北运河、沟河、拒马河五大河流全线水流贯通入海。

28日 丰台区在第16届全国政府采购监管峰会颁奖仪式上，继2019年、2020年后再次成功入围“全国政府采购百强县（市、区）”名单，成为为数不多蝉联该项荣誉的区县之一。

30日 丰台区第八次烈士公祭活动在长辛店二七烈士墓举行。区四套班子领导及区委办局干部代表、部队官兵代表、学生代表、首都老兵志愿者、群众代表等200余人参加。

31日 北京大红门服装商贸城市场正式关停。

是月 丰台第十二届购物嘉年华启幕。

是月 “京西稻香—农事体验园”项目在2021年北京市农村实用人才优秀创业项目评选资助活动暨第五届北京市农村创业创新大赛中，荣获“北京市农村实用人才优秀创业项目”称号，并获得10万元资金扶持。

10月

1日至7日 第五届中国戏曲文化周在北京园博园举办。京津冀三地23家专业文艺院团机构以及多家民间社团，围绕“风华百年颂”“英雄今古情”“华彩韵京城”“昆曲丝竹吟”“非遗老戏台”“英雄出少年”等主题，联袂奉献240余场演出、近300场次讲座导赏对谈、近500场次互动活动，现场吸引来自全国的游客近8万人次。

9日 2021北京国际城市轨道交通展览会暨高峰论坛开幕，中关村丰台园携12家企业以整体展团形式精彩亮相，集中展示中关村轨道交通产业的新产品、新技术。

10日 “2021中关村轨道交通国际创新创业大赛”总决赛成功举办。大赛以“创新引领 智享未来”为主题，来自国外7个地区、国内18个省（自治区、直辖市）的100余个技术团队和企业云集中关村丰台园，最终12个优秀项目进入总决赛。

10日 以“突破产学研，联接创新链”为主题的2021中关村论坛系列活动——首届“城市轨道交通青年科学家—企业家国际论坛”在中关村丰台园举行。

11日至12日 初军威率丰台区党政代表团赴内蒙古自治区赤峰市林西县考察调研果蔬收储深加工产业园、十二吐乡达康产业园等地，深入对接京蒙东西部协作工作。

12日 徐贱云先后到太平桥街道北京小红帽艺术幼儿园六里桥分园、长辛店街道北京市第十中学和丰台街道博雅公学北京分公司北大地校区，调研检查“双减”和幼儿园转普工作落实情况。

同日 由区科信局指导、区科技馆开展的“科技成就梦想 动手创造精彩”航天科普主题进校园活动走进北京教育学院丰台实验学校和新发地小学。

同日 金中都城遗址公园概念性设计方案征集评审会在丽泽金融商务区举行，会议对设计团队最终工作成果进行评比，选出两个优胜方案，后续将在此基础上继续深化设计，推进金中都城遗址公园建设。

13日至15日 2021京台社区发展论坛在北京丰台举办。论坛是京台基层社区最大的民间交流盛会，海峡两岸养老与健康产业方面的专家学者、养老机构负责人和从业人员、社区民众共200余人以视频的方式参加论坛。

15日 北京证券交易所揭牌暨开市仪式举行，丰台科技园区凯腾精工和中航泰达首批上市。

18日至22日 第二十九届中国北京种业大会在北京园博园举行。大会以“一粒种子 改变世界 种业振兴 北京先行”为主题。来自全国种业界的政企代表、专家学者、种植大户相聚北京丰台，共推种业振兴。

19日 丰台区新增1名甘肃来京确诊病例徐某某，为银川市确诊病例艾某某的密切接触者。丰台区第一时间启动应急响应机制。

同日 第32届北京农民艺术节“回望百年颂党恩，振兴乡村跃新程”乡村大舞台丰台区专场展演活动举办，区融媒体中心对活动全程进行线上直播，数万人次同步进行线上观看。

21日 徐贱云调研北京冬奥会及测试赛服务保障工作，强调要严格按照北京冬奥组委和冬奥会运行指挥部统一部署，全力以赴抓好各项服务保障工作，确保高质量完成任务。

28日 丽泽金融商务区滨水文化公园（一期）正式对外开放。

29日 丰台区3岁至11岁人群新冠疫苗接种工作正式启动，8个面向3至11岁人群的接种点全部投入使用。

是月 发改委公布国家第二批先进制造业和现代服务业融合（以下简称“两业”融合）发展试点名单，中关村丰台园企业北京全路通信信号研究设计院成为本次北京获批的一区三企之一，即大兴生物医药产业基地、北京全路通信信号研究设计院、北京机械工业自动化研究所、北京小米移动软件有限公司。北京共有两批6家单位入选国家试点。

是月 区人力社保局与林西县政府、县人力社保局、县就业服务中心在林西县贫困人口就业创业中心共同举办主题为“职场扬帆 逐梦起航”的2021年京蒙劳务协作招聘大会。

是月 由联合国工业发展组织投资和技术促进办公室和丰台区政府共同主办的低碳化与数智化高端闭门座谈会暨联合国工业发展组织第四次工业革命产业联盟年度会议在丽泽金融商务区召开。

11月

5日 丰台区街镇人大代表换届选举投票，全区共设置706个投票站点，共76.6万余选民参加投票选举。

18日 丰台区召开数字经济工作培训部署会，解读北京市建设全球数字经济标杆城市相关政策举措，部署丰台区数字经济工作。

19日 北京市丰台区科技创新促进中心、大数据管理中心在区科技馆正式挂牌。两中心均为丰台区科信局所属公益一类事业单位。

20日 丰台区发布《关于支持独角兽企业在丰台区集聚发展的若干措施》，北京看丹独角兽创新基地正式揭牌。

24日 区融媒体中心作品《中国航天日：百年接续奋斗 航天梦托举中国梦》入围2021中国正能量“五个一百”网络精品展播。

同日 区委十二届十六次全会召开，决定丰台区第十三次党代会于12月7日至10日召开。

26日 中国职业技术教育学会智能融媒体专业委员会在丰台区职业教育中心学校融媒体中心正式成立，产教研学聚力融媒体传播人才培养，助力讲好中国好故事。

同日 中国互联网协会举办“中国互联网企业综合实力指数（2021）”线上发布会，正式发布《中国互联网企业综合实力指数（2021）》、2021年中国互联网综合实力前百家企业和互联网成长型前20家企业，北京值得买科技股份有限公司首度入选百强企业榜单，位列第88位。

是月 工信部认定第6批“制造业单项冠军”和第3批通过复核企业名单公示结束，北京共有10家企业（产品）入选，中关村丰台园企业北京六合伟业科技股份有限公司（测斜仪）入选。

是月 丰台区右安门街道西铁营村等10个合作共建村与房山区蒲洼乡宝水村等10个经济薄弱村逐对进行“绑定”并签署《关于农村集体经济薄弱村结对帮扶的框架协议》。结对村将积极落实协议内容，整合资金、资源和人才，为集体经济薄弱村提供产业规划指导、技术推广、产销对接、发掘就业岗位等服务支撑，实现精准对接帮扶。

是月 区委理论学习中心组举行学习（扩大）会议，围绕学习贯彻党的十九届六中全会精神专题交流研讨。

是月 丰台区单位主持完成的9项成果在2020年度国家科学技术奖励大会上荣获国家科学技术奖，包括自然科学奖二等奖1项、技术发明奖二等奖2项、科技进步奖二等奖6项。

12月

1日 第九届北京惠民文化消费季系列品牌之一、北京文化消费品牌周“书香京城・全民阅读惠”主题活动同步在宛平城开启。

同日 中国气象局公布首批中国百年气象台站名录，北京丰台国家气象观测站入选。

2日 发改委召开全国消费帮扶助力乡村振兴典型案例视频推介会，发布2021年全国消费帮扶助力乡村振兴典型案例。经国家相关部委和各省市推荐遴选，共选出2021年全国消费帮扶助力乡村振兴54个优秀典型案例和49个入围典型案例。丰台区“产供销全链条”消费帮扶模式入选优秀典型案例，这也是本市唯一入选案例。通过“产供销全链条”模式，近年来丰台区已经累计实现消费帮扶金额约13.6亿元。

同日 在第十个“全国交通安全日”，丰台区开展主题为“守法规知礼让 安全文明出行”的交通安全宣教活动，普及交通法规，倡导文明礼让、安全出行。

同日 北京市100家文化旅游体验基地发布，丰台区4家单位入围，分别为全国地方戏演出中心地方戏曲艺术体验基地、二七厂1897科创城体验基地、北京汽车博物馆体验基地、中国园林博物馆体验基地。

3日 北京市学习贯彻党的十九届六中全会精神宣讲团报告会在丰台区举行。市委宣讲团成员、市委宣传部常务副部长、市委党史学习教育领导小组办公室主任赵卫东作专题辅导报告。

4日 “北京园博数字经济产业园”揭牌仪式在北京园博园举行。该产业园已被纳入市区重点工程计划。规划总面积约134万平方米，整个项目按照数字创新、城市活力、生态低碳三个理念，规划近70万平方米数字科技企业群落。

6日 以“融入新格局 开启新征程”为主题的第二十四届北京・香港经济合作研讨洽谈会以线上线下结合方式，在北京、香港两地同时开幕，丰台区携五大重点招商项目亮相，成功签约2个重点项目。其中，香港置地集团将在丽泽金融商务区投资建设国际金融城。

7日 12时12分，“丽泽一号”卫星在酒泉卫星发射中发射升空，卫星顺利进入预定轨道，发射任务取得圆满成功。“丽泽一号”是由中关村睿宸卫星创新应用研究院、北京英视睿达科技股份有限公司两家中关村丰台园的民营机构牵头，联合天仪研究院共同研发制造的首颗科学实验卫星。

同日 位于丰台区马家堡街道双晨社区的同心广场揭牌使用，这是由丰台区委统战部联合民营企业牵手双晨社区打造的富有统一战线特色的社区综合性活动场所。

8日至10日 中国共产党北京市丰台区第十三次代表大会召开，徐贱云代表中共丰台区第十二届委员会向大会作题为《凝心聚力谋发展 妙笔生花看丰台——奋力谱写现代化首都中心城区新篇章》的报告。大会通过了《关于中国共产党北京市丰台区第十二届委员会工作报告的决议》；通过了《关于中国共产党北京市丰台区第十二届纪律检查委员会工作报告的决议》。

10日 区委十三届第一次常委会召开，徐贱云主持。会上学习《中国共产党章程》，研究区委常委分工和干部人事工作。

11日 南中轴国际文化科技园揭牌仪式在丰台区大红门国际会展中心举行，并发布《南中轴国际文化科技园功能规划方案》。该中心是丰台区政府与中关村发展集团合作开发的，园区建筑面积约18.6万平方米，预计首期于2022年9月底投入运营。

13日 政协北京市丰台区第十一届委员会第一次会议隆重开幕。新一届区政协委员首次汇聚一堂，共商丰台大计。

14日 丰台区第十七届人民代表大会第一次会议开幕。

21日 由全国总工会命名的第一批全国职工爱国主义教育基地公布，北京市丰台区长辛店二七纪念馆作为全国27家单位之一列入。第一批教育基地是在中国工运史上影响重大，现有的设施建设和保护利用较好的红色工运资源。

22日 丰台区通信建设管理办公室揭牌仪式在区科技馆举行。办公室由北京信息通信业主管部门市通信管理局牵头成立，与区科信局下设科技创新促进中心、大数据管理中心"两中心"合署办公，成员由各通信企业人员共同组成。目前全市已有5个区完成揭牌，丰台区是首都中心城区第一家。

24日 北京市党员教育培训现场教学点建设工作现场推进会召开，公布全市首批市级党员教育培训现场教学点名单26家，包括丰台区长辛店二七纪念馆、中国人民抗日战争纪念馆和卢沟桥、宛平城3家单位。

同日 第一届"云端戏台等你来"颁奖活动在区文化馆举行。活动自10月11日开启线上征集，共收到不同年龄群体优秀戏曲作品，涵盖京剧、昆曲、河北梆子等多个剧种。经初选、总决选，经专家打分和大众投票，王秀华、廖亚平、孟奕君、乔海鑫、张依涵等获"戏曲之星"称号。

26日 北京丰台大悦春风里开幕。是大悦城控股首个自建区域型综合体项目，集合购物中心、LEED金级认证写字楼、高端酒店等多元业态，为京南再添购物新地标。

29日 丰台区政府与北京排水集团举办"十四五"期间水环境治理合作签约仪式，共同助推全区水环境治理再上新台阶。

31日 丽泽金融商务区首条地铁——地铁14号线实现全线贯通运营。

是月 区税务局在全市税务系统首创实现集冠名电话、挂机短信、失联修复于一体的"智慧电话"，解决基层税务部门与纳税人缴费人之间联络难题，构建起征纳互联"云通道"。

是月 丰台区14个志愿服务项目在2021年首都志愿服务项目大赛中获奖，包括金奖2项、银奖3项、铜奖7项、创新奖1项和提名奖1项，获奖数量位列全市第4，涵盖文明实践、社会治理、文化教育、科技创新、生态文明、卫生健康、安全应急等多个领域。

是月 丰台区率先在试点公园内设立应急救援柜。

是月 央广传媒集团有限公司正式入驻中关村科技园丰台园。央广传媒发展总公司由全民所有制企业改制为国有法人独资有限责任公司,并正式更名为"央广传媒集团有限公司"。

是月 丰台区首家街乡级"互联网＋全民义务植树"基地在北京世界花卉大观园落成，打通义务植树尽责惠民的"最后一公里"。

是月 丰台区首创"智慧家医"服务模式在全市推广。

是月 丰台区晓月湖、水衙沟、凉水河被评定为2021年度北京市优美河湖。全市15个区24条(段)河湖入选。

是月 远洋·锐中心作为全国唯一双金级预认证写字楼落地丽泽金融商务区。双金级预认证指得是WELL金级认证＋LEED金级认证两项国际权威建筑认证。

是月 丰台区印发《丰台区全面建立林长制的实施方案》和七项配套制度，构建党政同责、属地负责、部门协同、源头治理、全域覆盖长效机制，加强森林、湿地、城市绿地等园林绿化资源健康可持续发展。

2022 北京丰台年鉴

中共丰台区委

综 述

【概况】2021年，中共北京市丰台区委员会（简称区委）坚持以习近平新时代中国特色社会主义思想为指导，深入贯彻党的十九大、十九届历次全会精神和习近平总书记对北京一系列重要讲话精神，深入贯彻党中央各项决策部署和市委各项工作要求，围绕市委“妙笔生花看丰台”指示要求，高效统筹推进疫情防控与经济社会发展，各项事业取得新成效。全年召开区委全会3次、区委常委会议58次，召开区第十三次党代会，完成换届工作。

（陈博文）

【政治思想建设】年内，丰台区深入学习贯彻习近平新时代中国特色社会主义思想，开展区委常委会会前学习、理论学习中心组集体学习42次，学习贯彻习近平总书记“七一”重要讲话精神，组织学习1900余场次。以“接诉即办”为抓手，开展“我为群众办实事”实践活动，完成1200余项民生实事。学习宣传贯彻党的十九届六中全会精神，区领导在分管领域和基层一线带头宣讲，区级宣讲团深入基层宣讲，教育引导全区广大党员干部群众把思想和行动统一到六中全会精神上来，始终如一地坚持和捍卫“两个确立”，坚决做到“两个维护”。严肃换届纪律和组织人事纪律，完成社区村“两委”换届和河西两镇“两委”班子换届选举工作。召开丰台区第十三次党代会和区“两会”，围绕市委“妙笔生花看丰台”指示要求，研究部署未来五年发展思路和任务目标，完成选举各项任务。加强党对人大、政协工作的领导，发挥区人大常委会党组和区政协党组作用。贯彻落实统战工作条例，协助各民主党派做好区级组织换届工作。加强改进统战工作领导小组专项工作机制，建立丰台区海外统战工作和侨务工作联席会，完善大统战工作格局。加强退役军人服务保障和双拥工作。

（陈博文）

【重大活动服务保障】年内，丰台区完成中国共产党成立100周年庆祝活动服务保障任务，落实市委“精精益求精、万万无一失”工作要求，抓实抓细飞行表演梯队迫降点、远端集结点、广场参加人员及文艺演出观众保障等工作，完成5轮次服务保障任务。保护和利用长辛店革命活动旧址，策划“北方的红星”“光辉印记”系列展览并向社会开放，长辛店二七纪念馆获评“全国爱国主义教育示范基地”。完成全民族抗战爆发84周年纪念活动等国家重大活动的维稳安保工作。

（陈博文）

【经济建设】年内，丰台区紧抓“两区”发展新机遇，举办“两区”建设重点项目签约仪式，“构建科技创新全链条服务‘生态’体系”成为商务部向全国推广的实践案例。落实新一轮城南行动计划，年度项目数、投资额居城南各区第一位。全年实现地区生产总值2009.7亿元，比上年增长8.2%，完成一般公共预算收入145.2亿元，比上年增长11.8%。加快推进丽泽城市航站楼及大兴机场线北延一体化工程建设，地铁14号线丽泽段年底实现开通运营。滨水文化公园一期、城市运动休闲公园一期对外开放。举办首届中国（北京）数字金融论坛，推动丽泽金融商务区获批“北京法定数字货币试验区”。释放产业空间190万平方米，华为中国、银河证券等重点企业入驻，年度税收49亿元，同比增长29%。中关村丰台园轨道交通、航空航天两大产业集群产值突破3000亿元。出台“独角兽八条”政策，打造北京看丹独角兽创新基地，启动北京园博数字经济产业园规划建设。科技研发费用、国家高新技术企业数量、技术合同交易额持续保持快速增长，人均、地均产出等主要经济指标位居全市各示范区前列。南中轴地区规划通过首规委审议，大红门地区和南苑森林湿地公园控规获批。持续推进大红门地区转型升级，大红门服装城等四个市场实现闭市，国家级博物馆项目土地整理加快推进。与中发展集团共同建设北京南中轴国际文化科技示范园。加快疏解腾退空间利用，区政务服务中心新址投入使用。

（陈博文）

【城市建设治理】年内，丰台区深入落实城市总规和分区规划，推进规自领域巡视反馈问题整改。推动城市更新，实施宛平城解危二期工程，加快二七厂科创城老旧厂房改造等市级示范项目建设。不断改善生态环境质量。开展“一微克”行动，细颗粒物（$PM_{2.5}$）年均浓度34微克/立方米，可吸入颗粒物（PM_{10}）年均浓度62微克/立方米，分别比上年下降5.6%和增长1.6%。2个国家考核断面、7个市级考核断面无劣五类水体。开展国家森林城市创建，实施新一轮百万亩造林1047亩。推动绿色低碳发展，完成永定河晓月生态修复工程。开展新时代爱国卫生运动，累计近60万人次参与“周末卫生日”活动。以4A的成绩通过病媒生物（鼠、蟑）防制市级验收。狠抓两件“关键小事”，推动21个失管小区引入专业物业企业管理。制定实施河西地区高质量发展专项行动计划。河西第三水厂基本建成，河西再生水厂二期投入运行。完成青塔地区和五里店棚改一期拆迁，破解“一塔一店一寺一庙”重点地区治理难题。持续推进南苑森林湿地公园建设，绿色空间不断扩大。完成“疏整促”专项行动19项年度任务，拆除违法建设175万平方米。研究编制新发地批发市场转型升级方案，优化空间布局和农产品流通体系。推进丰台站改建工程和周边配套路网建设，为丰台站通车运营做好服务保障。

（陈博文）

【文化建设】年内，丰台区落实意识形态工作责任制，研究修订党委（党组）意识形态工作责任制实施细则，组织全区局、处级党组织负责人全部签订责任书，培育“社区新闻发声人”队伍，筑牢意识形态阵地。推动文化繁荣发展，加快推进公共文化设施建设，主动做好中央芭蕾舞团等重大文化项目的对接服务，举办2021（第五届）中国戏曲文化周，丰台图书馆大红门新馆开馆运行。持续开展“活力丰台”等文化活动1147场次，满足群众多样性文化需求。

（陈博文）

【深化改革】 年内，丰台区依法制定行政区划调整方案，打破城乡二元管理体制，合理设置街镇辖区规模，完成全区行政区划调整，撤销河东三个乡，增设八个街道，破解街乡管理区域重叠、边界交叉、权责不清等难题。推进城市协管员队伍管理体制改革。完成企业公司制改革市级任务，组建南苑森林湿地公园建设公司、文旅集团，以管资本为主的国有资产监管体制基本成型。持续优化营商环境，组织开展全区企业大走访，政务服务“一门”办理率居全市首位。

（陈博文）

【社会建设】 年内，丰台区将人力、物力、财力优先安排到“接诉即办”和“为群众办实事”工作中去，强化主动治理、“未诉先办”。坚持教育优先发展战略，中央民族大学新校区启用，北京第五实验学校取得设立批复，学前教育普惠率从年初的70%提升至年底的91%，推进“双减”工作，无证培训机构“动态清零”。提升重点群体就业服务质量，城镇登记失业率保持在控制线以内。医疗保障水平不断提升，北京口腔医院加快建设，丰台医院晋升为三级综合医院。新增养老服务机构床位597张，养老服务体系不断完善。保障性住房开竣工套数、棚户区改造签约搬迁户数超额完成年度任务，解决不动产登记历史遗留问题近2万户。举办第二十九届中国北京种业大会。持续开展农村人居环境整治。继续做好对口支援与生态涵养区结对帮扶。

（陈博文）

【作风建设】 年内，丰台区落实《党委（党组）落实全面从严治党主体责任规定》，印发党委（党组）、书记、班子成员3类46项抓党建责任清单。完善分管系统党建工作组运行机制，出台系统党建工作组抓党建工作提示清单，推动党员区领导系统规范履行“一岗双责”。区委常委会审议党建类议题165个，占议题总数的52%。召开党建工作领导小组会议4次，每月召开街乡镇党工委书记和委办局党委（党组）书记工作点评会，对20家单位进行约谈、督促整改，推动党建责任和重点任务落实。扛起巡视整改政治责任，完成和基本完成问题整改95个，其余13个达到阶段性目标。始终保持惩治腐败高压态势，以党内监督为主导深化“四项监督”统筹衔接，完善与人大、政协、审计、统计、财政等机关和部门的信息沟通、线索移交、成果共享机制，严查规自、国企等各领域腐败问题。发挥巡察利剑作用，2021年完成第九至十一轮42家单位的巡察，实现区属单位、社区村党组织巡察全覆盖。召开全区警示教育大会，深化以案为鉴、以案促改。开展政法队伍教育整顿，排查梳理整治顽瘴痼疾41项，开展3轮次实地检查和下沉评估，持续巩固教育整顿成果。

（陈博文）

【党的建设】 年内，丰台区共调整处级干部316人次，其中提拔和进一步使用167人次。选派26名机关干部任社区村“治理书记”，依托“丰泽计划”评选认定首批59名高层次人才（团队）在丰台创新创业。推进基层党组织建设，6个软弱涣散村党组织全部实现转化提升。开展党史学习教育，全面贯彻落实习近平总书记关于党史学习教育的指示要求。编发《丰台史话》，创作《北方的红星》系列纪录片，开展宣讲3000余场。完成“我为群众办实事”项目472项，解决一批群众“急难愁盼”问题。坚持把巡视整改作为重大政治任务。第一时间成立领导小组，召开动员部署会和专题民主生活会。针对反馈的108个具体问题事例，出台310项具体整改举措，制定“一表一轴一清单”，建立“一报告两台账”督查等工作机制，累计完成整改71个，基本完成整改24个，并持续抓好落实。

（陈博文）

【制度执行】 年内，丰台区落实执行重大事项请示报告制度，完善区级重大事项请示报告清单，向市委（及部门）请示报告44件次。贯彻地方党委工作条例，加强党对各方面工作领导，专题听取区人大常委会、区政府、区政协、区法院、区检察院等党组的工作报告，发挥各套班子作用，召开区委各议事协调机构会议，加强对重大问题的统筹。贯彻民主集中制，坚持“三重一大”事项集体审议决策，全年召开区委常委会58次，审议议题319项，发挥把方向、管大局、作决策、保落实的作用。贯彻执行新形势下党内政治生活若干准则，开好区委常委班子年度民主生活会、巡视整改专题民主生活会。落实中央关于加强对“一把手”和领导班子监督的意见和市委若干措施，出台具体落实措施，做好领导干部个人有关事项报告工作，完成11名区级领导年度经济责任审计。

（陈博文）

重要会议和活动

【学习贯彻党的十九届五中全会精神专题党课】 2月23日，丰台区处级正职领导干部“学习贯彻党的十九届五中全会精神”专题研讨班在国家法官学院举行。徐贱云就学习贯彻党的十九届五中全会精神作专题辅导。区领导初军威、梁家峰、吴继东、李正斌、李岚、葛海斌、李树元、周新春、王建斌、王振华、李屹、王百玲、张婕、刘永宗、苏扬、连宇、冯晓光、段德珍一同参加。

（陈博文）

【深入推进疏解整治促提升创建国家卫生区促进生态文明与城乡环境建设推动高质量发展动员大会】 3月3日，丰台区深入推进疏解整治促提升创建国家卫生区促进生态文明与城乡环境建设推动高质量发展动员大会召开。徐贱云出席会议并讲话，初军威主持会议，张巨明、刘宇出席会议。周新春部署深入推进疏解整治促提升推动高质量发展有关工作；张婕部署丰台区创建国家卫生区有关工作；刘永宗部署生态文明与城乡环境建设有关工作。徐贱云在讲话中指出，会议的主要任务是贯彻落实全市深化疏解整治促提升促进首都生态文明与城乡环境建设推动首都高质量发展动员大会精神，对全区2021年疏解整治促提升、创建国家卫生区、促进生态文明与城乡环境建设、推动高质量发展等工作进行统筹安排部署。区领导梁家峰、吴继东、李正斌、李岚、葛海斌、刘怀生一同参加。

（陈博文）

【精神文明建设暨背街小巷环境精细化整治提升动员部署大会】 3月5日，丰台区召开精神文明建设暨背街小巷环境精细化整治提升动员部署大会，学习贯彻全市有关会议精神，对新一届全国文明城区创建工作和背街小巷环境精细化整治提升进行安排部署。徐贱云对过去一年丰台区精神文明建设和背街小巷环境整治提升工作给予肯定，深入分析当前存在的问题，他指出，党的十九届五中全会对“十四五”时期精神文明建设工作作出了具体部署。全区上下要深入贯彻习近平总书记关于精神文明建设的重要思想，深化对精神文明建设和背街小巷环境精细化整治提升的认识，落实全市各项部署，确保相关工作取得更大成效。徐贱云强调，全区要紧紧围绕培育和践行社会主义核心价值观根本任务，以全国文明城区创建为重点，全面深化群众性精神文明创建工作，广泛开展思想道德教育实践活动，大力推进公共文明引导行动，深化拓展新时代文明实践中心建设，为“妙笔生花看丰台”提供坚强思想保证和强大精神动力。 要落实好全市背街小巷环境精细化整治提升三年行动方案，在精细化上狠下功夫，因时因地精准施策，广泛动员群众共同参与，进一步提升人居环境和城市品质。会议还就《丰台区创建全国文明城区工作方案（2021-2023年）》和背街小巷环境精细化整治提升工作进行具体部署，方庄地区、卢沟桥乡主要领导和宛平城社区街巷管家分别作表态发言。会议由初军威主持。市委宣传部精神文明创建活动指导处处长王亦宁，区委、区人大、区政府、区政协有关领导同志，丰台区创建全国文明城区领导小组成员单位主要负责人，各街乡镇党政主要领导分别在主会场和分会场参加会议。

（陈博文）

【丰台区政法队伍教育整顿动员部署会】 3月18日，丰台区政法队伍教育整顿动员部署会召开，区委书记、区政法队伍教育整顿领导小组组长徐贱云作动员讲话，市政法队伍教育整顿第四指导组组长魏广勋出席会议并讲话。区委常委、政法委书记、领导小组副组长兼办公室主任吴继东对教育整顿工作方案作说明。会议以视频方式召开。第四市级指导组副组长、成员，区政法队伍教育整顿领导小组成员，区委政法委机关全体干部，区法院、区公安分局、区检察院、区司法局中层以上干部，各派出所班子成员、各司法所全体干警，共500余人参加动员部署会。

（陈博文）

【党史学习教育动员大会】 3月18日，丰台区召开党史学习教育动员大会。会议的主要任务是深入学习贯彻习近平总书记关于党史学习教育的重要讲话精神，全面落实全市党史学习教育动员大会有关要求，对丰台区党史学习教育工作进行动员部署。会上，初军威传达习近平总书记在党史学习教育动员大会上的重要讲话精神和全市党史学习教育动员大会有关要求。徐贱云指出，要提高政治站位，充分认识开展党史学习教育的重要意义，强化思想自觉政治自觉行动自觉。开展党史学习教育是落实党中央和市委决策的必然要求，各级党委（党组）要认真领会习近平总书记重要讲话精神，切实增强“四个意识”、坚定“四个自信”、做到“两个维护”，把思想和行动统一到党中央的决策部署和市委的要求上来，扎实开展好本地区本部门本单位的党史学习教育。开展党史学习教育是担当使命任务的必然要求，要通过党史学习教育进一步增强各级党组织的创造力凝聚力战斗力，增强党员干部的责任感使命感紧迫感，勇于担当作为，敢于攻坚克难，团结带领全区人民在推动丰台区高质量发展上取得更大成就，为首都率先基本实现社会主义现代化开好局、起好步作出丰台贡献。区领导初军威、张巨明、刘宇、梁家峰、吴继东、李正斌、李 岚、周新春、王建斌、王振华、李屹、王百玲、刘颖、刘永宗、冯晓光、段德珍、祖鹏分别在主会场和分会场参加。全区各委办局主要负责人、各街道、乡（镇）党政主要负责人在视频分会场参加会议。

（陈博文）

【区领导到南苑—大红门地区调研】 4月6日，徐贱云一行到南苑—大红门地区调研，首先来到区政务服务中心新址，察看政务综合受理区、党群服务中心、新时代文明实践中心、图书馆以及不动产登记、婚姻登记、税务等服务专区，了解原福成服装大厦疏解后“腾笼换鸟”打造便民便企服务空间，实现党群、政务、文化、法律、公共等各项服务、功能集成一体的相关情况。随后在大红门服装商贸城，察看商贸城一期、二期和三期现状，了解疏解腾退和转型升级相关工作进展。区领导高峰、李岚、周新春、刘怀生全程参加。梁家峰、葛海斌参加区政务服务中心新址调研。

（陈博文）

【市委巡视丰台反馈整改落实工作动员部署会】 5月8日，市委巡视丰台反馈整改落实工作动员部署会召开。徐贱云主持会议并讲话。区四套班子成员，法检“两长”，全区各有关单位，分别在主会场和视频分会场参会。

（陈博文）

【区领导调研丽泽金融商务区重点功能区建设】 5月12日，徐贱云到丽泽金融商务区调研重点功能区建设。在中国银河证券股份有限公司，了解公司业务和发展情况，询问企业需求，听取意见建议。在国家金融大厦、丽泽城市航站楼和十二中联合总校丽泽国际学校项目建设现场，实地了解项目规划和工程建设进展，调研项目建设推进过程中存在的困难和问题。区领导李岚、周新春、刘永宗全程参加，张婕参加北京十二中联合总校丽泽国际学校点位调研。

（陈博文）

【区领导调研督导“双减”工作】 5月18日，徐贱云一行调研督导“双减”工作，在北京教育学院附属丰台实验学校，察看学生参加航模、啦啦操、冰雪运动等兴趣社团情况，了解学校提升校内课程质量、丰富社团活动，落实“双减”工作成效。在北京学而思优培训学校草桥欣园校区，察看学校办学资质、教师资格、收退费管理、教学教室设置等情况。区领导梁家峰、张婕一同参加。

（陈博文）

【市领导到到丽泽金融商务区调查研究】 6月5日，市委书记蔡奇，市委副书记、市长陈吉宁到丽泽金融商务区调查研究。在轨道交通丽泽商务区站，市领导一行了解交通规划设计情况，蔡奇书记指出，这里是未来的“城市流量枢纽”，要坚持站城一体化开发，合理利用地下空间，确保换乘便捷；深化丽金线线路规划设计方案，加强丽泽与金融街的交通联络。在中国银河证券股份有限公司，市领导一行察看企业经营和数字金融业务开展情况，蔡奇书记指出，要用好“两区”政策，拓展金融科技应用场景，吸引新兴金融业态聚集。市领导一行还以“四不两直”方式来到丽泽天街，察看商场经营情况，蔡奇书记要求高品质推进商圈建设，丰富商业业态，增加文化元素，办好实体书店，培育更多“网红打卡地”。随后，市领导一行在丽泽金融商务区管委会会议室召开座谈会，蔡奇书记指出，第一，丽泽金融商务区是寸土寸金的绝版之地，要按照“一心三带多点”的空间结构，高标准抓好规划建设。第二，要保持定力，牢牢把住现代金融业定位，高门槛做好招商引资工作。第三，数字金融是未来金融的新蓝海，要着力打造数字金融示范区。第四，要进一步完善配套设施，织补城市功能，促进产城融合。市领导殷勇、张家明、隋振江、靳伟，区领导徐贱云、初军威、李岚、周新春、刘永宗一同参加。

（陈博文）

【丰台区“两优一先”表彰大会】 6月23日，丰台区召开“两优一先”表彰大会，徐贱云出席会议并讲话，初军威主持会议，高峰宣读表彰人员名单，以区委名义表彰郑福来等100名共产党员“丰台区优秀共产党员”称号、韩青等100名党务工作者“丰台区优秀党务工作者”称号、丰台街道北大地西区社区党委等100个基层党组织“丰台区先进基层党组织”称号。徐贱云在讲话中表示：“一名党员就是一面旗帜、一个组织就是一座堡垒，我们的党员和党组织大多在服务群众的第一线，牢记宗旨、无私奉献，生动诠释了新时代共产党员的无悔初心；大多扎根在基层的第一线，求真务实、奋力拼搏，生动展现了新时代共产党员的先锋形象；大多奋战在急难险重的第一线，不惧危险、冲锋在前，彰显了新时代共产党员的责任担当。希望全区各级党组织和广大党员干部向先进看齐、向先进学习，筑牢思想根基，坚守初心使命，以更加坚定的信念、昂扬的姿态、饱满的热情、扎实的作风，团结带领全区广大干部群众，推动‘妙笔生花看丰台’殷切期望形成生动实践。” 同时，为进一步增强全区党员的荣誉感、归属感、使命感，激励一代一代党员拼搏奉献、接续奋斗，丰台区委首次向全区部分老党员代表颁发“光荣在党50年”纪念章，徐贱云代表区委向各个时期为丰台区社会主义建设和改革开放事业作出突出贡献的老党员们致以崇高敬意，并号召全区广大党员干部要以老党员为榜样，肩负责任，勇担使命，砥砺前行，用实际行动践行党员初心使命。区领导梁家峰、葛海斌、周新春、王建斌、李屹、王百玲、张婕、刘永宗、刘怀生、连宇、冯晓光、段德珍、祖鹏、李继征出席活动。

（陈博文）

【蔡奇调研大红门地区规划建设】 7月21日，蔡奇到丰台区调查研究大红门地区规划建设。市领导一行沿途察看大红门地区规划建设现状，“四不两直”检查环境整治、业态提升和凉水河治理等情况。随后来到丰台区政务服务中心，察看政务综合受理区、党群服务中心和图书馆运行情况，蔡奇书记要求优化办事流程，提升服务水平，为市民群众和企业提供更多便利。蔡奇书记在丰台区政务服务中心主持召开座谈会，指出，大红门地区转型发展是南中轴地区规划实施的重要一环，提出要继续深化街区控规，严格把关南中轴两侧项目，明确开发时序、做好战略留白，加紧业态转型，积极引入首都城市功能，同步规划建设现代商圈，做好土地整理，研究城市更新政策措施，加快建设基础设施等工作要求。市区成立工作专班，排出计划，定期调度，协调解决重点难点问题。市领导张家明、隋振江，区领导徐贱云、初军威、李岚、刘永宗参加调研及座谈。

（陈博文）

【丰台区第十二届委员会第十五次全体会议】 7月30日，中国共产党北京市丰台区第十二届委员会第十五次全体会议在区委党校召开。全会深入学习贯彻习近平总书记在庆祝中国共产党成立100周年大会上的重要讲话精神，贯彻落实市委十二届十七次全会精神和市委市政府主要领导调研丰台指示要求，总结2021年上半年主要工作，部署下半年任务。号召全区各级党组织、全体党员干部和全区人民要更加紧密地团结在以习近平同志为核心的党中央周围，在市委的坚强领导下，凝心聚力、开拓进取，全面完成全年各项任务目标，确保“十四五”实现良好开局，全力以赴推动市委“妙笔生花看丰台”指示要求加快形成生动实践。区委书记徐贱云代表区委常委会作工作报告，并作讲话。区委副书记、区长初军威，区人大常委会主任张巨明，区政协主席刘宇，区委副书记高峰出席会议。

（陈博文）

【数字金融论坛】 9月10日，2021中国（北京）数字金融论坛在丽泽金融商务区举行，由丰台区人民政府联合北京市地方金融监督管理局、中国人民银行数字货币研究所等单位共同举办。区领导徐贱云出席论坛，为"北京法定数字货币试验区"揭牌并启动"丽泽数字金融示范区建设行动计划"，初军威出席论坛并发布《丽泽数字金融示范区建设行动计划》。同时，六大国有商业银行展示数字人民币成果及应用场景，华为、VISA、中国银行等机构研发的数字人民币软硬件产品也相继亮相，一系列数字金融领域重磅行动和最新成果的集中发布和"硬核"展示，开启数字金融新时代。论坛以"主论坛+3个平行论坛"的形式进行。主论坛上，博鳌亚洲论坛副理事长、中国金融学会会长周小川，北京市副市长卢映川，中国人民银行党委委员、副行长范一飞，丰台区委书记徐贱云，丰台区委副书记、区长初军威等领导出席，清华大学五道口金融学院院长张晓慧，中央财经大学党委副书记、校长王瑶琪，中国社会科学院学部委员、金融所所长王国刚，清华大学中国经济思想与实践研究院院长李稻葵等多位嘉宾深入探讨数字金融发展趋势、数字金融基础设施建设、数字金融服务实体经济等话题。三个平行论坛上则分别以"数字经济与公平竞争""区块链赋能数字经济高质量发展""乡村振兴——金融数字化发展"主题，多角度诠释数字金融领域发展方向。

（陈博文）

【第五届中国戏曲文化周在北京园博园开幕】 10月1日，第五届中国戏曲文化周在北京园博园开幕。文化和旅游部党组成员、副部长，国家文物局党组书记、局长李群，北京市委常委、宣传部部长莫高义鸣锣开戏，丰台区委副书记、区长初军威致开幕辞，区委书记徐贱云出席开幕式。中国戏曲文化周是由文化和旅游部、北京市政府主办，文化和旅游部艺术司、中共北京市委宣传部、北京市文化和旅游局、丰台区委区政府主要承办的国家级戏曲嘉年华活动，每年秋季在北京园博园举行。第五届中国戏曲文化周围绕庆祝中国共产党成立一百周年，贯彻落实习近平总书记给中国戏曲学院师生的重要回信精神，以"英雄·奋斗"为年度主题，传唱英雄事迹，讴歌奋斗精神，为传统文化的守正创新添砖加瓦，以更为多元、有趣、互动的方式，将演出、活动、游戏有机融合，作为优美园林注入环境演艺的文旅融合新样态。

（陈博文）

【区委十二届十六次全会】 11月24日，丰台区第十二届委员会第十六次全体会议在区委区政府机关一号楼三层307报告厅举行。全会决定，中国共产党北京市丰台区第十三次代表大会于2021年12月7日至12月10日召开。全会审议并通过中共北京市丰台区第十二届委员会向中共北京市丰台区第十三次代表大会的报告，审议并通过中共北京市丰台区第十二届纪律检查委员会向中共北京市丰台区第十三次代表大会的报告，并决定提请中共北京市丰台区第十三次代表大会审议；审议并通过区委常委会2021年落实全面从严治党主体责任（党建工作）情况报告。区委常委会主持会议。区委书记徐贱云讲话。区委副书记、区长初军威，区政协主席刘宇，区委副书记、区人大常委会党组书记高峰，区委副书记底志欣出席会议。

（陈博文）

【丰台区第十三次代表大会】 12月7日至10日，中国共产党北京市丰台区第十三次代表大会召开。徐贱云在开幕式上代表中共丰台区第十二届委员会向大会作题为《凝心聚力谋发展 妙笔生花看丰台 奋力谱写现代化首都中心城区新篇章》的报告。主要任务是：认真总结区第十二次党代会以来的工作，研究确定今后五年的奋斗目标和主要任务，团结带领全区广大党员和干部群众，把握机遇，迎接挑战，开拓进取，担当有为，奋力谱写现代化首都中心城区新篇章。会议指出，今后五年的指导思想是：高举中国特色社会主义伟大旗帜，以习近平新时代中国特色社会主义思想为指导，全面贯彻落实党的十九大和十九届二中、三中、四中、五中、六中全会精神，坚持稳中求进工作总基调，立足新发展阶段、贯彻新发展理念、服务和融入新发展格局，认真落实市委决策部署和"妙笔生花看丰台"指示要求，全力推动高质量发展，全面提升民生福祉，奋力谱写现代化首都中心城区新篇章。会议指出，今后五年的努力方向是：首都功能进一步凸显、经济实力进一步增强、城市品质进一步提升、治理体系进一步完善、民生福祉进一步增进、全面从严治党进一步深化。会议强调，要以服务和融入新发展格局为着力点，加快推动经济高质量发展；以规划为引领，大力提升城市建设管理水平；聚焦短板弱项，全面增进民生福祉；毫不动摇坚持和加强党的全面领导，为推动经济社会各项事业新发展提供坚强保证。会议号召，要更加紧密地团结在以习近平同志为核心的党中央周围，大力弘扬伟大建党精神，全面把握中国共产党人的精神谱系，以风雨无阻、一往无前的奋斗精神，砥砺前行、开拓创新，奋力推动市委"妙笔生花看丰台"指示要求加快形成生动实践，为北京率先基本实现社会主义现代化作出丰台更大贡献，以优异成绩迎接党的二十大胜利召开！10日下午，中共北京市丰台区第十三次代表大会胜利闭幕。大会选举产生中共北京市丰台区第十三届委员会和新一届中共北京市丰台区纪律检查委员会，通过关于第十二届区委工作报告的决议和区纪律检查委员会工作报告的决议。

（陈博文）

【丰台区第十三届区委第一次常委会】12月10日，徐贱云主持召开十三届区委第一次常委会会议。会上学习《中国共产党章程》，研究区委常委分工和干部人事工作。

（陈博文）

组织工作

【概况】2021年，区委组织部坚持以习近平新时代中国特色社会主义思想为指导，深入贯彻党的十九大和十九届二中、三中、四中、五中、六中全会精神，全面贯彻新时代党的建设总要求和新时代党的组织路线，坚持围绕中心、服务大局，履行部门职责，完成各项任务。全年，调整处级干部461人次，晋升职级103人。其中提拔和进一步使用159人，平级交流100人，兼职免职等202人；提拔正处级领导干部21人、副处级领导干部79人。提拔女干部39人，少数民族干部10人，非中共党员干部3人。按照西部、东部、中部“三步走”步骤，行政区划调整街镇干部166人，流转人员897名。

（杜忠仁）

【干部教育培训】年内，区委组织部开展区级主体班次13期、专题班次2期，培训各类干部1700余人次。深化习近平新时代中国特色社会主义思想学习教育，举办处级领导干部学习贯彻党的十九届五中全会精神专题研讨班。以庆祝建党一百周年为契机深入开展党史党性教育，组织开展“学党史悟思想”系列活动和“年轻干部学党史讲党课”活动。持续实施“干部专业化能力提升计划”，举办“两区”建设、生态文明与环境保护专题培训班，在主体班次中增设新经济、新理念、新科技等课程，提升干部推动区域高质量发展的能力。推进新时代基层干部主题培训，分领域组织全区基层干部开展轮训，推动怡海花园社区“五社联动”推动超大型社区治理入选全市首批基层干部教育培训现场教学点名录。

（杜忠仁）

【干部实践锻炼】年内，区委组织部坚持在重大活动、重点任务和急难险重工作中培养历练干部。对敢担当、有知识、有潜力的优秀年轻干部，安排到急难险重的基层和重点工作一线锻炼，在吃劲岗位经受摔打。统筹全区干部资源，抽调300余名干部参与建党百年保障、疫情防控、党史学习教育、“创卫”“创城”“创森”“疏整促”“两区”建设、巡视巡察等工作，选派17名干部参与服务保障冬奥会，选派7名干部参与对口帮扶、对口协作工作，保障各项重点工作推进。

（杜忠仁）

【年轻干部选拔培养】年内，区委组织部强化统筹规划，坚持动态管理，通过日常调研了解、干部考察等，对优秀年轻干部库进行更新调整。健全科级干部预审制度，引导各单位选拔一定数量的30岁左右的正科级干部、28岁左右的副科级干部，不断优化科级干部队伍结构。根据市委要求，完成26个街镇领导班子“85后”“88后”年轻干部配备工作，并向区外输送6名优秀年轻干部。落实2018届选调生期满安置工作，部署2020届选调生到基层锻炼工作，招录2021届选调生8人。分层次举办副处级年轻干部、青年干部以及选调生、国有企业青年人才年轻干部行动学习培训班，帮助年轻干部坚定理想信念、强化政治忠诚、发扬斗争精神、增强斗争本领，提高解决实际问题的“七种能力”（指政治能力、调查研究能力、科学决策能力、改革攻坚能力、应急处突能力、群众工作能力、抓落实能力）。

（杜忠仁）

【处级干部考核】年内，区委组织部完成2020年度区委管理的处级干部考核奖励评定工作，确定优秀三等功74人、优秀嘉奖128人、称职嘉奖152人，并将考核结果作为干部选拔任用的重要依据。同时将履行推进法制建设第一责任人职责，提高法治素养和依法履职能力，推进法治政府建设，作为重要内容纳入考核工作。

（杜忠仁）

【公务员考试录用】年内，丰台区招录公务员214名，其中硕士及以上学历的117人，占总招录人数的54.7%。“双一流”院校毕业生87人（其中，世界一流大学建设高校21人，世界一流学科建设高校66人），占录用人数的40.7%。

（杜忠仁）

【参公单位调整审批】年内，区委组织部按照全市参照公务员法管理事业单位调整审批工作要求和丰台区事业单位改革精神，对全区33家参照管理单位进行重新认定，新申请区投资促进服务中心和区委组织部党建研究中心2家单位参照管理。

（杜忠仁）

【公务员分类改革】年内，区委组织部按照公务员分类改革工作安排和市委组织部有关通知要求，完成全区行政执法类公务员改革工作。共有9家单位（副处级7个、正科级2个）、编制544名列入行政执法类公务员管理，组织373人从综合管理类职级套转为行政执法类职级。

（杜忠仁）

【公务员考核奖励】年内，区委组织部完成2020年度全区5271名公务员年度考核和奖励备案工作，其中1158人确定为优秀等次；获得奖励1895人，其中获三等功奖励444人、获嘉奖1451人。制定印发《丰台区公务员平时考核实施方案（试行）》，部署实施全区公务员的平时考核工作，发挥考核奖励的“杠杆”作用。东高地街道被市委组织部确定为平时考核工作联系点，相关工作经验在组工动态刊发。

（杜忠仁）

【公务员管理】年内，区委组织部依照公务员职务与职级并行有关政策规定，推动职级晋升工作，确保职级晋升成梯次、职数使用有空间。在科级及以下干部中，审核晋升职数65批次，晋升职级467人次。完成行政执法机构改革人员过渡，区生态环境综合执法大队、区农业综合执法大队、区住房和城乡建设综合执法大队、区园林绿化综合执法队4支执法队伍86名划转人员过渡为公务员。开展必须交流科级领导干部及职级公务员交流工作，根据交流规定完成必须和应当交流人员144人。坚持把全面从严治党、从严管理要求贯穿选拔任用全过程，审核77家单位的科级领导选拔任用工作方案，完成科级干部任免交流轮岗备案1622人次，审批办理调动和系统外转任164人次。

（杜忠仁）

【个人事项报告】 年内，区委组织部对处级干部报告个人有关事项工作进行专题部署，对所有填报对象及组织人事部门负责人1000余人，分两批进行集中专题培训。对2020年全区各处级单位个人有关事项查核一致率排名情况进行书面通报；编印易错易漏问题实例解析宣传折页并逐人发放；制作填报确认单，对14条易错易漏问题进行重点提示，实行填报人及各单位组织人事干部“双签字”措施。年度随机抽查一致率排名城六区第一。

（杜忠仁）

【区、镇两级换届监督】 年内，区委组织部对区、镇两级换届工作开展风气监督。编印发放换届纪律“一书、一页、一信、一参考”及宣传海报8750份；组织观看专题警示教育片；分批次发送纪律提示短信4470条；立足区情，排查出68条风险隐患，制定100项针对性防控措施；明确40余项督查内容，派出换届风气督导组先后8次对两镇及各选举单位的换届风气监督工作开展督查督导；在《关于严肃换届纪律、加强换届风气监督工作方案》基础上，制定信访举报联查联办和快查快结工作方案、网络舆情监控应对工作方案，建立精准化、立体化监督体系；落实“12380”举报电话24小时专人值守，畅通群众举报渠道。

（杜忠仁）

【“我为群众办实事”实践活动】 年内，丰台区坚持把党史学习教育同总结经验、观照现实、推动工作紧密结合，统筹安排“我为群众办实事”和“党旗在基层一线高高飘扬”实践活动，将办实事成果作为检验党史学习教育的“试金石”，解决群众“急难愁盼”问题。完成81项区级、328项街镇、795项处级单位民生实事项目。

（杜忠仁）

【村和社区“两委”换届选举】 年内，丰台区54个参选村、340个参选社区完成“两委”换届选举，一次性选举成功率100%，“一肩挑”比例达93%。选举产生村“两委”干部505人，社区“两委”干部3526人，干部年龄、学历实现“一降一升”。

（杜忠仁）

【抓党建促乡村振兴】 年内，区委组织部制定《丰台区抓党建促乡村振兴工作实施方案》，细化5方面25项具体措施，以组织振兴、人才振兴助推乡村全面振兴，为丰台区加快推进农业农村高质量发展提供坚强组织保障。持续整顿软弱涣散党组织，上一轮6个软弱涣散村全部实现转化提升。

（杜忠仁）

【选派“治理书记”】 年内，区委组织部制定《丰台区选派机关干部到重点社区（村）担任“治理书记”工作实施方案（试行）》，选派26名机关干部到重点社区（村）担任“治理书记”，发挥蹲点帮扶、协调资源、解决群众诉求作用，协助社区（村）党组织书记做好“接诉即办”工作，提升基层治理水平。

（杜忠仁）

【深化党员“双报到”】 年内，区委组织部研究制定丰台区基层党组织和在职党员“双报到”工作指引，坚持集中报到与常态推动相结合、个人报到与组织安排相结合、主动认领与服从分配相结合、日常管理与评价考核相结合，明确区委各系统党（工）委、区属各领域法人单位党组织、街镇党（工）委、社区（村）党组织和在职党员职责任务。推动78家机关与26个街镇结对，制定共建清单90余项；3.3万名在职党员投身疫情防控、周末大扫除、桶前值守等志愿服务，助力基层治理。

（杜忠仁）

【党支部建设】 4月，全区开展为期1个月的党支部标准化规范化建设突出问题集中整改，梳理出组织生活制度落实、党支部作用发挥等5方面3213个问题，指导各基层党组织建账督办。在全区征集党支部工作经验案例，向市级推荐马家堡街道时代风帆楼宇党委“六个一体化”、西罗园街道角门东里二社区党委“民情图”等6个优秀党支部工作法。

（杜忠仁）

【党群服务中心建设】 年内，区委组织部推进商务楼宇党群服务中心建设，推动街乡、园区新建商务楼宇党群服务中心（站）21个，正式批复14个，全部投入使用。健全党群服务中心与政务服务中心联动机制，推动政务服务下沉园区、商圈、楼宇，探索建立党群服务中心与政务服务中心相融合的为企服务体系。依托各级党群服务中心开展“政务服务进党群”“丰帆三人行”“书记论坛”等系列活动，强化楼宇党务专职工作者培训，提升为企服务能力。以“党建引领强招商，助力楼宇促发展”为主题，举办高精尖产业发展空间联盟培训会，宣传普及“丰九条”产业政策和市委“强党建，促发展”若干措施。

（杜忠仁）

【各领域党建】 年内，区委组织部为机关工委配备党务专职工作者，配强党建工作力量。开展全国国企党建工作会议精神贯彻落实情况“回头看”，推动区属企业逐级制定党组织前置讨论重大事项清单及程序，细化完善党组织议事规则和“三重一大”决策制度。推进党组织领导的校长负责制研究试点工作，推荐5所学校作为市教委第二批试点，成立专题调研组，邀请首经贸、首师大专家学者和区内重点学校领导共同参与调研，开展研讨交流会3场。贯彻落实公立医院党建工作意见，将社区卫生服务中心纳入公立医院范畴，落实党建入章程，实行党组织领导下的院长负责制。

（杜忠仁）

【新业态、新就业群体党建】 年内，区委组织部摸排全区快递、外卖、网约车司机企业、网点、站点345个，新就业群体13687人，其中党员189人，推动成立新就业群体党支部16个，全部纳入属地党建工作协调委员会。以南苑街道滴滴合作企业为样本，搭建平台企业、合作企业和属地三方联动机制，为全市破解网约车司机党建难题提供示范。打造“小哥之家”“小憩港湾”“盈坤世纪”等党群服务中心，依托社区（村）、非公企业等设置“小哥加油站”“先锋骑手服务站”，强化服务凝聚。组建新就业群体志愿服务队33支，常态化参与“随手公益”。

（杜忠仁）

【建党百年庆祝活动服务保障】 年内，区委组织部向中组部推荐1名50年党龄老党员、3名新发展党员参加建党百年系列庆祝活动。为市委组织部推荐45名优秀党员、为区委统战部推荐24名市“两优一先”获得者及5名50年党龄老党员参加庆祝中国共产党成立100周年大会。完成全区2.1万名党龄50年的老党员统计及纪念章颁发工作。

（杜忠仁）

【评优表彰】 年内，区委组织部按照全国和北京市评选表彰工作具体要求，向全国推荐“两优一先”拟表彰吴浩、郜春海、韩青和怡海花园社区党委、环卫中心党委5个对象，韩青获得全国“优秀党务工作者”荣誉。向北京市推荐“三优一先”拟表彰对象49个，黄婧等30人和丰台街道北大地西区等12个党组织获得北京市“三优一先”荣誉。6月17日，组织黄婧等42名北京市“三优一先”获得者和李宝善等3名老党员代表参加北京市“三优一先”表彰大会。按照丰台区表彰评选标准和程序，组织全区31个直属党工委评选区级优秀共产党员100名、优秀党务工作者100名、先进基层党组织100个，并把关制作区级优秀共产党员、优秀党务工作者、先进基层党组织奖章、证书以及事迹画册。6月23日，在丽维赛德酒店园博厅举行丰台区“两优一先”表彰大会，区领导、全体表彰对象和区内各单位主要负责人等500人参会。

（杜忠仁）

【党内帮扶慰问】 年内，在春节、“七一”期间开展党内帮扶慰问工作。走访慰问市区两级生活困难党员1131人次、党务专职工作者33人次、中华人民共和国成立前老党员12人次、因公牺牲党员干部家属29人次、第一书记32人次、国家级表彰7人次。使用福利费开展机关工作人员走访慰问工作，17家单位慰问困难干部71人，发放慰问金17.9万元。

（杜忠仁）

【区委及乡镇换届工作】 年内，区委组织部统筹考虑区级385名党代表人选，确保人选各项素质过硬。以选举结果为导向，提出党代会各类机构人选，对标对表北京市第十二次党代会，完善区党代会组织组设置及工作流程，制定选举办法、选举方案，起草26次会议材料和工作用单200余份、名单名册50余项，制作画票手册，对选举工作人员和监票人开展专题培训3次，候选人全票或高票当选。抓实两镇代表、委员选举与大会组织指导工作，办好换届业务培训班，加强政策研究答复，严格指导审批，完成选举工作。

（杜忠仁）

【行政区划的党组织调整】 年内，根据《北京市民政局关于同意丰台区部分行政区划变更的批复》（京民划函〔2020〕189号）及丰台区行政区划调整工作安排，对因乡镇撤销、街道更名、新设、变更管辖范围涉及的190个村和社区党组织进行同步调整，明确村和社区党组织整建制划转或更名后，党组织建制保持不变、党组织委员会设置保持不变、党组织任期保持不变；所属党员原则上保持不变；村和社区本级及下属党组织委员职务名称进行相应调整。

（杜忠仁）

【党员发展】 年内，全区发展党员2314名。其中35岁以下党员1252人，占54.1%；关注重点领域，发展非公企业和社会组织438人，占18.9%。严把党员发展“入口关”，开展区级职能部门联审6次，发现调整不适宜发展人员26人。完善村“两委”班子成员近亲属发展党员备案机制，报备“两委”班子成员近亲属发展人员4人，由直属党工委介入发展全过程，避免出现农村发展党员“近亲繁殖”现象，确保党员发展质量。

（杜忠仁）

【农村发展党员纪律整顿】 8月起，对14个涉农街镇十八大以来发展的1900名党员，开展违规违纪问题排查整顿工作，确定存在问题党员70人。其中存在“带病入党”问题16人、“徇私舞弊”问题9人、“严重违反入党程序”问题45人；除名2人，移交区纪委处理15人，限期整改1人，从发展对象重新履行程序7人，认定党员身份但不再重新履行程序34人，认定党员身份但重新履行程序11人。

（杜忠仁）

【打造“丰泽计划”人才品牌】 年初，完成首届“丰泽计划”高层次人才认定，评选出59名在丰台区工作、为首都经济社会发展做出突出贡献的专家人才和团队。5月8日，举办“精英云集、妙笔生花”——首届“丰泽计划”高层次人才认定颁奖大会，在资金支持、项目资助、人才培育、合作交流、服务保障等方面给予支持，打造有含金量的“丰泽计划”人才工作品牌。

（杜忠仁）

【拓宽引才聚才平台】 年内，丰台区加强校地合作，促进丰台区与清华大学一揽子人才合作协议发挥效能，推动清华大学首个劳动教育实践基地落地丰台。借助北京市“HICOOL全球创业者峰会暨创业大赛”平台，向全球创业者展示丰台形象和广阔发展前景，争取优秀创业项目和人才落地丰台。承办中关村轨道交通产业发展论坛暨国际创新创业大赛，参加中欧数字经济高峰论坛、中芬（北欧）科技人才与产业技术合作对接会，吸引外资企业、海外人才，推动重点产业优质项目落地丰台。

（杜忠仁）

【创新人才服务模式】 年内，丰台区成立丽泽商务区企业家联合会、丰台科技园区企业家联合会，组织开展“丰泽人才”各领域主题沙龙活动，搭建人才、企业、政府三方对话交流平台。优化“聚才引智之家”服务，构建企业人才服务“绿色通道”。统筹区内住房资源，为区内103家重点企事业单位配租615套人才租赁住房，满足人才家庭住房需求。落实外国人来华工作许可受理权下放，为外籍人才在丰台区工作生活提供便利服务，在丰台区政务服务中心设立“两证联办”业务窗口，为外籍人才办理外国人来华工作许可、工作类居留许可提供专业服务，实现“一窗受理、同时取证”。

（杜忠仁）

宣传工作

【概况】 2021年，区委宣传工作坚持以习近平新时代中国特色社会主义思想为指导，贯彻落实党的十九大和十九届历次全会精神，学习宣传贯彻习近平新时代中国特色社会主义思想，围绕庆祝中国共产党成立100周年工作主线，贯彻落实习近平总书记关于宣传思想工作的重要思想和《中国共产党宣传工作条例》，坚持以首都发展为统领，开展宣传思想文化各项工作，加强理论武装，壮大主流舆论，提升社会文明程度，提高文化软实力，推进全国文化中心建设，担当起举旗帜、聚民心、育新人、兴文化、展形象使命任务，为推动市委“妙笔生花看丰台”指示要求加快形成生动实践提供坚强思想保证和强大精神力量，谱写现代化首都中心城区新篇章。

（何洪涛）

【宣传思想文化工作会】 3月25日，丰台区召开2021年宣传思想文化工作会。会议以视频会议形式召开，传达全国、全市2021年宣传部长会议精神，总结全区2020年宣传思想文化工作取得的成效，部署全区2021年宣传思想文化工作任务，并对《关于在全区开展党史学习教育的实施方案》作说明。区委常委、宣传部部长梁家峰出席并讲话，区宣传思想文化系统单位领导班子成员、区各委办局、各街乡镇、企事业单位主管领导及科室负责人参会。

（何洪涛）

【意识形态工作】 年内，区委宣传部坚持和加强党对意识形态工作的全面领导，修订印发《丰台区党委（党组）意识形态工作责任制实施细则》，把意识形态工作纳入全面从严治党考核。每季度召开意识形态工作联席会，明确工作要求和重点内容，分析研判风险点，提出解决措施；定期向区委常委会专题报告意识形态工作情况，加强意识形态工作统筹领导。落实属地管理和“谁主管谁负责、谁主办谁负责”原则，结合行政区划调整，对户外宣传阵地进行系统梳理，加强日常动态巡查；围绕庆祝建党一百周年等重点工作，做好社会环境布置工作；加强爱国主义教育基地建设管理，长辛店二七纪念馆和“毛泽东号”机车展室被中宣部授予“全国爱国主义教育示范基地”。

（何洪涛）

【中国共产党成立100周年庆祝活动】 年内，区委宣传部策划专题展览，做好长辛店革命活动旧址保护传承利用工作，修缮革命文物，整治周边环境，举办“北方的红星——长辛店与中国工人运动”“光辉印记——长辛店与留法勤工俭学运动”2处重点专题展以及“百年追随”“赤焰映天”等4处小型专题展，接待团体1900余批次、观众5.4万余人次；挖掘区域红色文化资源，打造“云教育”平台，采用“5G场景+课堂实景”方式打造“实景云党课”，创作“丰台史话”云朗读节目，推出《我在丰台学党史》系列微视频，制作5集微纪录片《北方的红星》，推出6条红色旅游线路，为党史学习教育提供学习实践平台。组织开展“永远跟党走”——丰台区庆祝中国共产党成立100周年文艺演出、“我们是共产主义接班人”——丰台区中小学校百年百团唱百歌系列活动等群众性主题宣传活动。

（何洪涛）

【党史学习教育】 年内，区委宣传部把开展党史学习教育作为贯穿全年的重大任务来抓，成立区委党史学习教育领导小组，坚持高站位谋划、高起点部署，各成员单位协同配合，10个区级指导组及教育系统、国资系统指导组加强分类督导，完成党史学习、专题党课、专题组织生活会等任务。突出“三个特色”，把“家门口”的红色资源作为最生动、最鲜活的学习教材，把“接诉即办”作为深化“我为群众办实事”实践活动的主抓手，把青少年作为党史学习教育的重点对象，全区各级党组织开展集中学习2500余次，各级领导干部讲专题党课600余场次，召开专题组织生活会5000余场次；区级81项、街镇328项、处级单位795项民生实事项目全部完成；中央、市级媒体刊（播）发丰台区党史学习教育相关报道3900余条，《北京市党史学习教育简报》刊发经验做法33次。

（何洪涛）

【长辛店革命旧址改造提升】 年内，区委宣传部按照市委统一部署安排，丰台区纳入全市革命旧址提升改造项目共8处，其中重点提升类2处（长辛店二七纪念馆、长辛店留法勤工俭学预备班旧址）、一般提升类5处（长辛店劳动补习学校旧址、二七惨案长辛店旧址即警察局驻地旧址、工人夜班通俗学校旧址、二七机车厂近代建筑遗存和二七烈士墓）、立牌存念1处（长辛店工人俱乐部

▲6月，丰台区长辛店二七纪念馆正式开放，图为二七纪念馆馆长刘德华讲述长辛店与中国工人运动，带领参观者重温“北方的红星”。（区委宣传部 供图）

旧址）。长辛店二七纪念馆设置“北方的红星——长辛店与中国工人运动”主题展和“京汉铁路工人大罢工”“工人运动先驱”两个专题展；留法勤工俭学预备班旧址设置“光辉印记——长辛店与留法勤工俭学运动”专题展。

（何洪涛）

【党的创新理论传播】 年内，区委宣传部建立“区级统筹、委办局和街镇联动、社区村延伸”的三级宣讲架构，将“专家讲理论、干部讲政策、百姓讲故事”宣讲模式覆盖到最基层，运用“点单式”“互动式”宣讲方式，推动党的创新理论“飞入寻常百姓家”。运用北京丰台“两微一端”以及抖音、快手等新媒体资源，搭建“云宣讲”平台，组建党史专题宣讲、学习贯彻习近平总书记在庆祝中国共产党成立100周年大会上重要讲话精神专题宣讲、学习贯彻党的十九届六中全会精神宣讲等专题宣讲团10余个，宣讲5000余场。

（何洪涛）

【新闻发言人暨网络发言人培训】 7月23日，区委宣传部和区委网信办联合举办2021年丰台区新闻发言人暨网络发言人培训，组织全区各委办局、街镇、重点企事业单位的120位新闻发言人参加培训，围绕“如何有效地通过新闻发布来进行舆论引导”“把握网络舆情规律，提高网络舆情应对工作水平”等方面进行培训，为做好全区舆情处置、新闻发布工作提供指导。

（何洪涛）

【区域主题宣传】 年内，区委宣传部聚焦主题讲好丰台故事，以“妙笔生花看丰台”为宣传主题，紧扣庆祝中国共产党成立100周年主线，精心组织党史学习教育、高质量发展、疫情防控、社会治理等主题宣传，组织参与中国戏曲文化周、中国北京种业大会、疫情防控等新闻发布会10次，中央、市属、境外等媒体刊发丰台原创报道1.3万余篇。组织“奋斗百年路 启航新征程”系列重大主题采访活动，《人民日报》、新华社、《北京日报》、北京电视台、《新京报》等媒体推出《这五年，丰台这样书写时代答卷》《中关村丰台园轨道交通产业连续五年产值破千亿》等报道；《人民日报》发起的“北京本轮疫情首例病例所住小区解封”话题，播发看丹街道工作人员与解封居民合唱《团结就是力量》视频，冲上微博热搜，位居同城热搜榜第一，话题浏览量突破1.1亿，展现丰台区党员干部勇于攻坚的时代担当；聚焦丽泽金融商务区、丰台科技园区等重点功能区建设，以“两区”建设重点项目签约、2021中国（北京）数字金融论坛、中国北京种业大会

▲9月14日，学习贯彻习近平总书记“七一”重要讲话精神宣讲报告会在中国人民抗日战争纪念馆学术报告厅举行。北京市委讲师团成员、北方工业大学马克思主义学院副教授朱建平作宣讲报告。（区委宣传部 供图）

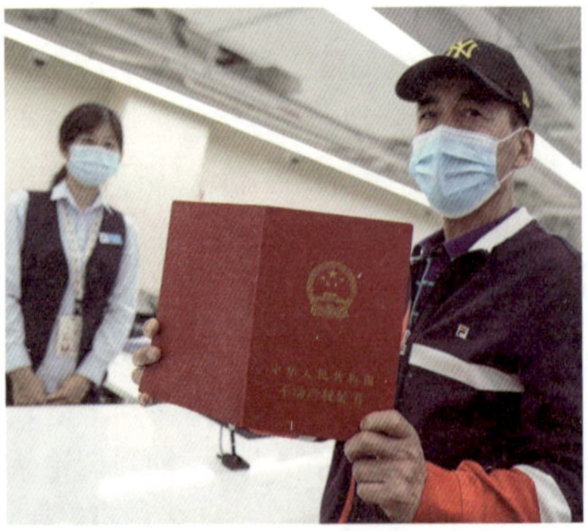

▲丰台区开展“我为群众办实事”实践活动，攻坚解决“房产证办证难历史遗留问题”。图为5月10日，彩虹家园小区居民拿到了期盼已久的房本。（刘平 摄）

等重点活动为契机，展现丰台高质量发展成效，“高质量发展”主题宣传全网全媒传播总量达213万条次；围绕2022北京冬奥会和冬残奥会，就女子短道速滑队员马子惠比赛过程中摔倒爬起最终夺冠的事件开展新闻策划，微博话题浏览量超过2亿，聚焦“冰雪大篷车”、第七届丰台区欢乐冰雪季等体育品牌活动开展主题宣传，展现丰台冰雪运动发展成果；挖掘“房产证办证难历史遗留问题”等一批在全市具有首创、推广意义的民生实事典型案例，《光明日报》《北京日报》、北京电视台等权威媒体配发评论点赞，实现“报道＋评论”的宣传新突破。

（何洪涛）

【精神文明创建】 年内，区委宣传部制定《丰台区创建全国文明城区工作方案（2021–2023）》，成立创建全国文明城区领导小组及10个专项工作组，召开各类创城专题会议27场，开展实地测评、问卷调查、网上申报，组建实地点位巡查专班，建立健全“日巡查、周通报、月点评”问题整改机制，全年整改228处问题点位404项问题，完成106项指标材料申报，群众满意度98.7%。强化群众性精神文明创建活动，做实文明村镇创建，建设乡情村史陈列室14个，农村精神文明宣传视屏50个。卢沟桥乡大瓦窑村情村史陈列室等3家单位获评市级优秀陈列室，长辛店街道赵辛店村等5个视屏获评市级优秀宣传视屏。突出文明单位创建，晋风庄园等11家单位被评为“首都文明商户”，西局东街等10条道路被评为“首都文明街巷”。

（何洪涛）

【新时代文明实践中心建设】 年内，区委宣传部推进新时代文明实践工作中心建设，组织全区26个文明实践所、411个文明实践站开展以“文明丰台·你我共建”“绿色家园齐守护”“庆祝建党百年 我为群众办实事”为主题的3500余场新时代文明实践活动，品牌活动“花椒树故事会”和“民情前哨 志愿服务”入选北京市新时代文明实践创新提名案例。组织各街镇新时代文明实践志愿服务队采取“基层报单、群众点单、中心核单、平台派单、队伍接单”的方式，发布各类文明实践活动1965场，日常志愿服务77场，服务群众3万余人次。选拔辖区10家优秀新时代文明实践所与中宣部10个单位进行结对共建，共同开展“党员服务群众”新时代文明实践活动21场，通过联合举办党史宣讲进社区、书香校园、慰问孤寡老人等系列活动，打通宣传、教育、服务群众的“最后一公里”。

（何洪涛）

【“扫黄打非”工作】 年内，丰台区召开2021年“扫黄打非”暨文化市场管理工作会，会议传达全国第34次“扫黄打非”电视电话会议和北京市2021年“扫黄打非”暨文化市场管理工作会议精神；总结丰台区2020年“扫黄打非”工作，并对2021年“扫黄打非”工作进行重点部署。丰台区委常委、宣传部部长梁家峰出席并讲话。丰台区副区长张婕主持会议。全区48家成员单位主管领导参会。北京市丰台区文化市场综合执法大队被北京市“扫黄打非”工作领导小组办公室评为“2020—2021年度北京市‘扫黄打非’暨文化市场管理先进集体”。

（何洪涛）

【文化品牌建设】 年内，区委宣传部组织召开丰台区推进全国文化中心建设领导小组会议和办公室例会，传达上级精神，调整领导机构，梳理市区两级重点项目清单，推进全国文化中心建设各项工作的开展。完成文化产业“十四五”规划研究的编制发布工作；参展2021年中国国际服务贸易交易会文旅服务专题展；策划组织“永远跟党走”——丰台区庆祝中国共产党成立100周年文艺演出活动；以春节、元宵、清明、端午、中秋、重阳等传统节日为重点，举办“卢沟晓月”、中国戏曲文化周等大型文化活动；策划拍摄五集历史文化专题片，并在北京电视台《这里是北京》栏目中播出；开展金中都文化交流活动，组织北京辽金元历史考古研究中心、北京市哲学社会科学北京研究基地等单位进行文化学术交流研讨；创作编排扶贫舞台剧《幸福交响》。

（何洪涛）

▲6月12日，丰台区举办2021年“花开丰台”端午文化游园会，图为“非遗表演”。（区文旅局 供图）

▲3月，丰台区新时代文明实践中心开展“文明丰台 你我共建”宣传活动。（区委宣传部 供图）

▲3月5日，丰台区举办学雷锋志愿服务主题推动日暨志愿服务月启动仪式。（区委宣传部 供图）

【优化文化营商环境】 年内，区委宣传部制定《丰台区关于促进实体书店发展的实施意见》《北京市丰台区促进实体书店发展扶持资金暂行管理办法》等一系列办法措施，帮助8家实体书店获得市级扶持资金60.69万元。按照国务院关于深化“放管服”改革优化营商环境的指导思想，挖潜与区政务服务局携手打造互联网＋政务服务一体化平台的基础上，实现多区通办，为企业提供更为便捷的服务。完成出版物零售单位行政审批事项498件、电影放映单位行政审批事项5件，完成出版物零售单位年检713余家、印刷企业年检78家。

（何洪涛）

【思想道德建设】 年内，区委宣传部围绕中国共产党成立100周年工作主线，开展“永远跟党走”7类30项群众性主题宣传教育活动，紧抓重要节日节点，组织开展“爱满丰台”学雷锋志愿服务、清明祭英烈、“倡导国庆新民俗，打造爱国活动周”等系列活动。组织开展第八届全国道德模范评选工作，推荐郑福来、吴浩、安钟岩参评全国道德模范。推荐“北京榜样”候选人48名，6人荣登周榜，1人荣登月榜。推荐22人参评“我推荐我评议身边好人”，其中4人被首都文明办推荐为“身边好人”候选人。

（何洪涛）

网络安全

【概况】 2021年，丰台区网络安全和信息化工作坚持以习近平新时代中国特色社会主义思想武装头脑，贯彻中央、市委、区委关于网信工作的决策部署，完善网信工作体系、维护网络意识形态安全、强化舆论引导、落实网络安全和信息化工作、抓好互联网行业党建工作，组织召开区委网络安全和信息化委员会第三次会议，统筹推进全区网信工作；围绕建党百年主题，加强网络正面宣传；举办全区新闻发言人暨网络发言人培训，提升网络舆情应对与处置水平；成立丰台区互联网行业党委，以党建为引领，助推区域经济高质量发展；做好网络安全和信息化工作，筑牢全区网络安全屏障。

（肖汉男）

【网信委第三次工作会】 5月26日，区委书记、区委网信委主任徐贱云主持召开区委网络安全和信息化委员会第三次会议，传达学习北京市委书记、市委网信委主任蔡奇在市委网络安全和信息化委员会第三次会议上的讲话精神，听取并研究区委网信委2020年工作完成情况及丰台区2021年网信工作要点。

（肖汉男）

【网络正面主题宣传】 年内，区委网信办围绕区委区政府重点工作和建党百年主题，以丰台区红色资源为内容，推出短视频及H5，并结合市委网信办“‘京’彩e品，百年初心映党旗”主题网络宣传活动契机，做好丰台区建党百年主题网络宣传工作。开展建党百年系列网络宣传推广活动，其中在北京青年报官方微博推广的短视频阅读量达上百万次。组织区内各单位参加“五个一百”网络精品评选活动，共申报44个精品项目。申报“京彩”网络正能量精品评选活动作品19件。

（肖汉男）

【成立丰台区互联网行业委员会】 6月25日，区委网信办召开丰台区互联网行业党委成立大会，区互联网行业党委成员、各街镇、园区相关负责人及部分互联网企业代表参加会议。丰台区互联网行业党委，主要负责统筹指导推进丰台区互联网行业党的建设工作。

（肖汉男）

【举办2021年丰台区新闻发言人暨网络发言人培训】 7月23日，区委网信办与区委宣传部联合举办2021年丰台区新闻发言人暨网络发言人培训，邀请相关专家从“如何有效地通过新闻发布来进行舆论引导”“如何有效开展舆情应对与处置工作”等方面进行授课。全区各委办局、街镇、重点企事业单位的新闻发言人暨网络发言人参加培训。

（肖汉男）

【网络安全和信息化工作】 年内，区委网信办落实《丰台区贯彻落实党委（党组）网络安全工作责任制实施细则》，维护疫情期间网络安全，加强个人信息保护和数据安全管理，推动App违法违规收集使用个人信息专项治理工作，对重点单位、属地重点网站开展安全检查。

开展“429首都网络安全日”和2021年国家网络安全宣传周丰台区宣传工作，持续推进网络安全“十进”活动，发放“丰丰说法微动漫”、网络安全法律法规读本，张贴、发放网络安全宣传周主题海报、宣传页；运用微动漫视频形式，完成《网络安全法》《密码法》等网络安全相关法规、案例的宣传工作，提高网络安全教育普及率。

（肖汉男）

统战工作

【概况】 2021年，丰台区委统战部以庆祝建党100周年为主线，学习贯彻习近平总书记关于加强和改进统一战线工作的重要思想，贯彻落实党的十九大和十九届历次全会精神，宣传贯彻《中国共产党统一战线工作条例》（以下简称《条例》），按照市委、区委部署要求，完成区政协及各领域换届工作，落实香港专项、京台论坛等市级重点任务，实现各项区级重点工作目标，统一战线服务中心大局实效不断提升，推动区域发展的统战工作合力不断增强。

（耿博昊）

【机构调整】 年内，区委统战部根据工作实际需要，增设丰台区统战事务中心（北京市丰台区统战理论研究中心），下设8名事业编制。中心主要职责是承担全区统战相关活动、宣传等方面的具体事务性工作；承担区知联会、新联会秘书处日常工作；协助民主党派区级组织做好日常工作；承担统战系统信息化相关工作；负责整合本区统战研究资源，开展统战理论问题研究，推动研究成果转化；做好统战工作经验总结提炼，推进统战品牌创建。统战部单位性质、主要职能、编制情况等其他基本信息无变化。

（耿博昊）

【思想政治建设】 年内，区委统战部开展党史学习教育，组织“不忘合作初衷·共筑百年梦想”等8大主题教育活动，举办理论研讨等各类活动40场次，不断巩固共同思想政治基础。组织各领域统战成员1851名参加中国共产党成立100周年庆祝大会，感受党的百年荣光。开展7场“丰华正茂，同心讲台”系列活动，其中“轨道上的丰台·我眼中的丰景”主题活动微博话题阅读量4500余万人次。创新搭建统战平台，建成4处“同心之家”统战工作联谊基地，整合全区9处统战特色阵地资源，提供优质活动空间。

（耿博昊）

【《条例》学习落实】 年内，区委统战部制定实施《丰台区学习宣传贯彻〈条例〉任务分工方案》，区领导在常委会等会议带头学习5次，全区500余名各级统战干部参加培训3次。打造线上线下媒体专栏，设置“学条例·书记说”专栏，开展权威解读，带动党外代表人士留言发声。将《条例》执行情况纳入全面从严治党（党建）工作考核内容，确保“四个纳入”“三个带头”落到实处。在换届过程中，确保统战部长、党外干部等配备情况符合《条例》规定。

（耿博昊）

【大统战工作格局效能】 年内，区委统战部提升运行效能，召开统战工作领导小组各类会议6次，“两组两办五机制”大统战工作格局进一步完善。区委统战工作领导小组印发《关于加强和改进区委统一战线工作领导小组专项工作机制的方案》，完善领导小组议大事、各领域专项联席会抓日常的运行机制。强化责任落实，出台《中共丰台区委统战工作领导小组成员单位职责分工》，确保各成员单位履行职责有依据、发挥作用有参考。

（耿博昊）

【提升参政党建设水平】 年内，区委统战部完成各民主党派换届。创新宣传引领工作方式，开展“不忘合作初心，继续携手前行”主题教育活动，利用“新语讲堂”“党派之家”等平台组织活动30余场。发挥民主党派优势作用，成立以区委书记为组长的接受和保障领导小组，支持民建市委就城南行动计划开展专项民主监督工作。探索建立各民主党派与街镇对口联系制度，打造“爱心扬帆”等社会服务品牌，为民主党派参与基层社会治理提供新路径。

（耿博昊）

【民族宗教管理】 年内，区委统战部铸牢中华民族共同体意识。召开学习贯彻中央民族工作会议精神会，举办区级庆祝建党100周年民族宗教界文艺汇演和知识竞赛活动，厚植民族团结进步基础。提高宗教管理法治化水平，落实《北京市宗教事务条例》和“四个办法”，发放《宗教工作应知应会手册》。创新完善基督教家庭聚会点规范管理，完成市级专项治理和整改任务。

（耿博昊）

【民营经济统战工作】 年内，区委统战部按照市区关于工商联换届工作要求，吸纳符合丰台区功能定位发展的金融、科技、商务、文化等行业领军企业高管、技术骨干进入工商联领导班子。完善管理体系，成立科技园区企业家联谊会、丽泽金融商务区企业家联合会，推动工作触角多方位延伸。全面提供政策、法律、金融、人才、党建等线上服务，打造“网上工商联”。提升服务效能，利用政企沟通、人才服务等平台组织各类活动14场，参与企业500余家，联合金融机构提供融资服务。14家区内企业登上全市民营企业百强榜单，提升“两个健康”工作成效。

（耿博昊）

【统战社团工作】 年内，区委统战部围绕建党百年、十九届六中全会等重大活动、重大会议、重要讲话，做到必学习、必交流、必作为，培育爱党爱国情怀。完成区知联会换届，打造“丰知”系列品牌体系，激发社团活力。深化“新动丰台”品牌打造，打造“新学院”，建立“新力量路演工作室”，助力青年人才创新创业；为新阶层人士发挥专长提供“新空间”，引导更多新阶层人士走进、了解、宣传丰台；开展主题植树等各类公益活动，合力做好“新公益”。

（耿博昊）

【港澳侨及海外统战工作】 年内，区委统战部以全局观念和系统思维谋划落实，深耕基层、精准施策、凝聚人心。侨务工作树典范，推进“区侨联—街道侨联—社区侨联”三级组织建设，中国侨联向全国各级侨联推广“侨之家·怡海社区”先进建设经验。海外统战开展“双稳”工作和“暖侨行动”。深耕海外华文教育，促成新西兰华文学校与丰台实验小学缔结友好校。承办“亲情中华·为你讲故事”北京网上夏令营，依托中国戏曲文化周等大型活动传播中华传统文化。

（耿博昊）

【对台工作】 年内，区委统战部做好涉台服务保障。为在京台胞免费接种新冠疫苗240人次，举办4期台商服务日暨区长接待日活动，落实各项惠台政策措施。在中秋、重阳等时机节点，举办“两河缘庆团圆”“两河缘情久久”等活动，确保两岸交流不断、联系不减、势头不降；承办“京台携手·夕阳更红”京台社区发展论坛，市区共办、两岸联动，各大媒体发布相关报道21篇，7名自媒体人士总粉丝量1157万，总阅读量461.7万。

（耿博昊）

【基层统战工作】 年内，区委统战部开展《关于加强和改进新时代街道社区统战工作的意见》落实情况督查调研，全面梳理各属地统战对象分布、统战阵地建设以及工作特色亮点等情况，形成基础信息台账。加强对区划调整后新设立街镇工作指导，确保街镇统战工作领导机构全覆盖。

（耿博昊）

【统一战线“两支队伍”建设】 年内，区委统战部在统战干部队伍建设领域重组优化统战社团科，成立统战事务中心，统战工作力量增强。注重在疫情防控、政协换届等重大任务中培养使用干部，着重锻炼“政治三力”，提升统筹谋划、组织协调、沟通落实等能力，让统战干部更加“能统筹，会战斗”。在党外代表人士队伍建设领域，将党外代表人士队伍建设纳入全区干部和人才队伍建设总体规划，建立党外代表人士和党外干部定期座谈机制，提拔党外处级干部3名。以各领域换届为契机，强化人才储备，建立与驻区单位沟通联络机制，拓宽人选视野，分类完善人才数据库。

（耿博昊）

政策研究

【概况】 2021年，丰台区政策研究工作以服务区委区政府工作大局为主线，围绕扎实开展党建工作，坚持转变创新，着力做好文稿起草、课题调研、信息收集等重点工作，撰写区委区政府重要文稿起草160余篇，统筹全区调查研究并完成《2020年丰台区调研报告选编》。围绕履行区委全面深化改革工作办公室职能，加强全区深化改革工作的推动调度和政策研究，共起草相关文稿20余篇。

（戴玉其）

【起草文稿】 年内，区政策研究室参与完成区委党代会报告、区委全会报告、区政府工作报告等重要文稿。落实市级部门工作需求，撰写并报送丰台区工作总结和计划、季度经济运行情况等重要文稿，保障市委市政府重要文稿的起草。服务区委区政府重点工作，完成区委书记在月度工作点评会、区疫情防控工作会等重要会议上的讲话和区委领导班子民主生活会相关文稿，提高服务中心、服务领导、服务决策的质量和水平。同时，做好相关参考文献的整理工作，形成《各地省、市、区党代会报告选编》《各地省、市、区政府工作报告选编》等多本汇编材料。

（戴玉其）

【调查研究】 年内，区政策研究室坚持问题导向，深入区法院、方庄街道、丰台街道，实地调研诉源治理“三化”路径、失管小区治理、“接诉即办”等方面工作情况，形成调研报告3篇，并提出可行性建议供区领导决策参考。督促指导全区调研工作，为区领导拟定年度调研选题方向，汇总各单位党政主要领导调研选题及成果，收集报告77篇，择优选取及完善64篇，形成《2020年丰台区调研报告选编》450册面向全区发放。先后接待市委研究室城市处、市政府研究室科教处等部门赴南中轴大红门地区、区教委调研。

（戴玉其）

【改革工作】 年内，提出调整区委深改委成员和专项小组设置建议，在上年9个专项小组的基础上，增设“接诉即办”改革专项小组，整合调整城市规划建设管理等3个小组，推动区委深改委加大改革工作的统筹力度。梳理中央、市委改革任务部署和区委要求，研究制定年度改革工作要点，明确改革任务30项、议题计划19项和重点督察事项9项。统筹推动改革任务落实，组织召开深改委会议4次，参加市委改革办召开的各区改革办主任会议2次，其中典型发言1次，建立改革任务台帐，每月梳理进展情况，开展9项重点督察事项的督察，完成各项改革任务。总结“微改革、微创新”经验做法，《丰台区创新升级“新五智慧”服务模式不断提高“智慧家医”服务质量》《丰台区创新多方共赢模式引入社会资本建设集体土地租赁房》2个案例成为向全市推广的“两微”改革工作典型，《丰台区圆满完成行政区划调整优化区域空间布局夯实精细化治理之基》经验信息在《北京改革情况交流》刊登。

（戴玉其）

机构编制

【概况】 中共北京市丰台区委机构编

制委员会办公室（简称区委编办）为中共北京市丰台区委机构编制委员会（简称区委编委）的常设办事机构，承担区委编委日常协调服务工作，为正处级，列入区委工作机关序列，归口区委组织部管理。2021年，区委编办推进机构编制工作高质量发展。为500余家事业单位办理相关审核业务。清理注销沉淀事业单位242家，清理率85%。事业单位法人证书电子证照发放率达90%。

（沈庆晓）

【深化事业单位改革试点】年内，区委编办围绕区域功能定位、中心工作需要、市民公益服务需求，推进事业单位改革。通过撤销、优化整合、转企等方式，事业单位整体减少58个，精简比例23.2%，处级事业单位减少4个，精简比例11.4%，实现对事业单位的系统优化、整体重塑、功能再造。统筹推进承担行政职能的事业单位改革，精简为机关提供支持保障的事业单位13个，明确为机关履职提供技术性、辅助性保障，巩固深化改革成果。整合小散弱事业单位，不再单独设置8名以下编制的事业单位。试点印发政事权限清单和章程，规范事业单位管理体制。增强公益服务力量，将收回的50%空余编制，重点调整核增到基础教育、公共卫生、街道基层等民生领域，不断满足人民群众日益增长的公益服务需求，逐步实现全区事业单位布局合理、结构优化、履职高效。

（沈庆晓）

【助推重点功能区建设】年内，区委编办落实蔡奇书记调研丰台区指示要求，系统重构南中轴地区组织力量，研究设立南中轴地区建设办公室、综合服务中心，统筹协调推进南中轴地区规划建设、项目管理、招商引资等工作，优化营商环境，服务企业发展，为南中轴地区建设“华丽转身”提供基础保障。根据中央、北京市规范开发区管理机构有关工作部署，结合中关村科技园丰台园区发展需要，研究丰台园管委会主要职责任务，为剥离社会事务管理职能、整合数字出版职能做好前期调研，预留对接渠道。聚焦丽泽金融商务区发展情况，设立丽泽市场管理所和统计所，为功能区建设全面提质增速保驾护航。

（沈庆晓）

【服务保障区划调整】年内，区委编办合理划分街道四至，调整管辖面积与服务人口规模，撤“三乡”增“八街”，由街道全面统筹城乡发展事务，探索破解城乡交叉管理难题，促进基层机构设置更加适应城市化发展要求；根据《北京市街道党工委办事处职责规定》，重新制订24个街道的“三定”规定，在坚持职责法定原则基础上，进一步增强职责事项表述的科学性和规范性，防止出现权责不清等问题；研究拟订区划调整后街道编制调整方案，配合有关部门按照街镇覆盖的社区村、人口和面积数量加权平均，以联动部门提供共享数据资料为依据，科学核定街镇编制。多方协调编制资源，争取市级支持和区内调剂相结合，在全区编制资源极度紧张的情况下，为街镇增加编制584名，夯实基层治理基础，助力形成边界清晰、权责明确、管理顺畅的基层治理新体系，推动区划调整从空间重构向治理变革跃升。

（沈庆晓）

【规范议事协调机构运行】年内，区委编办按照《丰台区议事协调机构管理办法》，强化党委职能部门的统一领导，构建规范统一的议事协调工作体系。采用“席位制”方式重新明确区属议事协调机构组成人员，调整完善机构台账，严控新增机构，跟踪指导发挥作用情况。结合区领导分工调整情况，对区属议事协调机构进行调整优化，撤销中关村国家自主创新示范区丰台园领导小组，调整后区属议事协调机构共66个。做好区纪委书记在无关议事协调机构任职、街镇纪（工）委书记在无关工作专班领导小组任职整改工作，全方位摸排并形成整改台账，做到底数清、情况明。

（沈庆晓）

【优化归口管理体制机制】年内，区委编办根据市委文件精神结合丰台区实际，制定印发《关于明确丰台区承担领导管理职能的单位与被领导或管理单位关系的意见》，强化主管部门与被归口单位的工作定位，明确主管部门与被归口单位的工作程序和工作机制。理顺区农业农村局和经管站、区应急局和地震局归口管理工作机制，完成职权调整事项交接工作。落实编办归口组织部门管理工作要求，细化归口管理相关请示报告事项，规范请示的方式、程序和运行流程，建立优化机构编制管理协调联动机制，理顺部门归口管理的权责关系，形成权责明确、管理规范、运行高效的工作机制。

（沈庆晓）

【街道改革评估】年内，区委编办按照《机构编制监督检查工作办法》《机构编制管理评估办法（试行）》和全市统一部署要求，组织开展街道评估工作，检验改革成效，完善整改措施，推进街道行政管理体制改革各项任务落地落实。研究制定评估工作方案，推进街道自查自评。成立2个评估检查组，通过“三查三看一座谈”形式对24个街道开展实地评估，座谈230余人次。组织30个区级部门对街道各项工作完成质量、效率以及协调便利性进行评价，评价为“好”的部门占90%以上。制作2份在线调查问卷，收到社区居民有效答卷6453份，群众满意率92%。收到街道工作人员和社区干部调查问卷3402份，意见建议356条。结合街道自评、编制部门实地评估、区级部门评价、辖区居民调查和街道工作人员调查等多维度评估指标得分情况，综合分析形成评估结论。归纳总结评估过程中发现的问题，一对一反馈至各街道，要求制定具体措施，做好整改落实，通过以评促改、以评促管，规范完善街道职能体系，理顺街道运行机制，促进基层治理体系和治理能力现代化。

（沈庆晓）

【机构编制核查】年内，区委编委专题研究机构编制核查，制定机构编制核查实施方案，压实责任主体，明确核查重点内容，倒排工作期限。细化工作环节，对核查指标、公示监督等内容进行统一规范，严明核查纪律与数据安全要求，全流程指导各单位完成核查数据录入和自查。对196家单位开展实地核实，调查了解机构职能运行和编制使用情况，实地核查率37.3%。开展与组织人事、财政等部门数据比对，完善组织人事、财政、审计等部门联动机制。通过核查，核实并准确掌握全区机构编制基础数据，实现"机构清、编制清、领导职数清、实有人员清"的目标，规范机构编制管理秩序，为深化行政管理体制改革、加强机构编制管理提供依据和保障。

（沈庆晓）

【机构编制资源配置】 年内，区委编办撤销区产城融合发展协调指导中心，成立区文明促进中心。对区发展改革委扶贫相关机构及职能进行调整，完善园林绿化部门的防火机构以及应急管理部门森林防灭火指挥机构设置。为区政府办、区政务服务局等13个单位内设机构进行调整。为区教委核增100名编制，指导建立教育系统事业单位"周转池"。为区教委机关增加行政编制，设立校外培训管理科，加强校外培训机构规范管理。为区职工大学加挂区老年大学的牌子。为区卫生健康委核增100名编制，成立六里桥街道卫生服务中心，为所属15个社区卫生服务中心重新核定领导职数。成立区基层公共文化指导中心、区老年福利中心，推进基层公共文化、基本养老体系建设。立足服务区划调整大局，科学制定街道编制核算标准，在严控总量基础上为街镇增加编制，实现编制资源向发展最吃劲的部位流动、向基层最繁忙的一线倾斜。

（沈庆晓）

区直机关党建

【概况】 2021年，中共丰台区委区直属机关工作委员会（简称区直机关工委）有基层党组织74个，其中机关党委25个、党总支16个、党支部33个。党员21809人，其中离退休党员13076人，在职党员8120人（含非公党员1488人，社会组织党员333人），其他党员613人。区直机关工会所属单位43家，工会会员1582人。机关团工委所属团支部14个，团员147人。

（汪如峰）

【组织新冠肺炎疫情防控工作】 年内，区直机关工委按照区新冠肺炎疫情防控工作要求，参加区疫情防控工作领导小组指导组工作，指导机关各单位开展争创"无疫情机关"活动。针对"国庆"假日期间内蒙古地区输入疫情风险，完成全区106家机关、街镇单位有中高风险旅居史人员全口径统计，为区委全面应对突发疫情提供数据支持。研究制定《区直机关工委系统争创"无疫情"机关监督检查工作机制方案》，完成74家单位全覆盖监督检查，全年累计完成机关干部、职工核酸检测12895人次，新冠疫苗接种14743人次。

（汪如峰）

【基层党建述职评议】 3月22日，区直机关工委组织系统73家单位召开2020年度基层党组织书记述职评议会。区人保局等12家基层党组织书记代表现场进行述职，其余61个党组织进行书面述职。述职以个人履职尽责情况为主线，用事例和数据说话，既述成绩也述问题。区直机关工委书记从机关党建引领作用发挥情况、组织建设情况、党员教育管理情况等逐一点评。

（汪如峰）

【异地退休返京知青救助】 3月23日至30日，根据丰台区异地退休返京知青困难人员帮扶救助工作会议有关要求，区直机关工委牵头，联合区委社会工委、区教育工委、卫健委工委、农业农村局工委、国资委工委、科技园区工委、丽泽管委开展丰台区异地退休返京知青特困人员帮扶救助专项资金募捐活动，捐款统一交丰台区慈善协会，由丰台区慈善协会设立丰台区异地退休返京知青困难人员困难救助专项基金，并采用慈善救助的方式，对拥有丰台区户籍、存在特殊困难的异地退休返京知青进行重点救助，活动共捐款65万元。

（汪如峰）

【支部规范化建设】 年内，区直机关工委审定完成党组织换届选举50个，指导调整任命党组织书记、副书记35名，调整成立基层党组织7个。落实《基层党组织换届选举工作条例》要求，全程指导19家党组织换届。

（汪如峰）

【建党100周年活动服务保障】 4月至6月，区直机关工委围绕庆祝建党100

▲11月，组织争创"无疫情机关"监督检查。（汪如峰 摄）

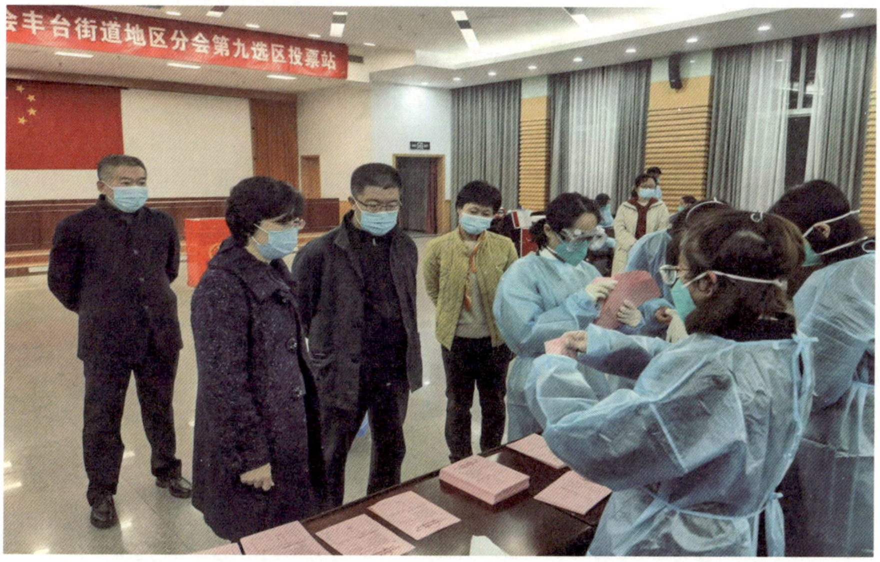

▲11月，丰台区第十七届人大代表选举丰台街道地区第九选区选举活动。（程晋彬 摄）

周年系列活动，完成“两优一先”评选，系统13个先进党组织、13名优秀党务工作者、12名优秀党员获得市、区表彰，为4751名机关老党员颁发“光荣在党50年”纪念章，走访慰问新中国成立前老党员、生活困难党员35人，保障经费9.5万元。完成“七一”天安门广场庆祝大会远端集结点保障任务，政审核验广场参与人员365人，协调6家单位100余人完成公益西桥、宋家庄2个远端集结点踏勘、演练任务。

（汪如峰）

【人大代表选举】 11月5日，区直机关工委协助丰台街道地区完成第九选区丰台区第十七届人大代表选举，选区选民共3386名，按法定程序推选出区人大代表2名。

（汪如峰）

【区直机关工委2021年书画摄影展】 6月至7月，区直机关工委在丰台科技馆大厅举办“党在我心中 永远跟党走——区直机关工委2021年书画摄影展”。活动得到区直机关各单位和广大干部职工的响应，共收到书画摄影作品200余件，经专家评审，选出130件优秀作品参展，同时特邀丰台区老党员创作优秀书画作品30多件参展。

（汪如峰）

【党代表选举】 11月19日，根据区委《关于同意召开中共北京市丰台区委区直属机关工委党代表会议的批复》精神和有关规定，区直机关工委组织召开区直机关党代表会议，参会代表117人，选举出席丰台区第十三次党代会代表117人。

（汪如峰）

▲6月至7月，举办“党在我心中 永远跟党走——区直机关工委2021年书画摄影展”。（姜新 摄）

党史编研

【概况】 2021年，区委党史编研工作以建党百年和党史学习教育为契机，聚焦存史、资政、育人的主责主业，结合区巡察和党建考核反馈问题对照《党委（党组）落实全面从严治党主体责任规定》进行整改，推动党史与党建工作有机结合，完成《中国共产党北京市丰台区历史》《丰台史话》出版和发放。全面推进史志重点著作编写，加强党史资料征集编研，扩大稿源数量和质量。编写《光辉历程——共产党早期革命活动在丰台》《丰台党史百年》、“北京市记录小康工程数据库”和《党的十九大以来北京发展纪实》等专题党史资料汇编和编辑《丰台史志》期刊。加强党史宣传教育，利用长辛店革命旧址保护传承工作挖掘红色历史文化，激励全区党员干部群众赓续红色基因，以史为鉴，开创未来。

（张尚美）

【组织建设】 年内，区委党史办定期研究党风廉政建设和意识形态工作，开展党内政治生活，研究制定党支部组织生活规范，召开民主生活会和组织生活会，开展批评和自我批评，查找不足。坚持在节假日前开展纪律教育和安全教育。全年召开室务会14次，对59个议题进行集体研究决策，其中党建类议题31个。开展理论中心组学习15次，举办专题读书班2期。

（张尚美）

【史志宣传教育】 年内，区委党史办围绕全区党史学习教育的安排部署，加大党史宣讲宣传力度，为学习教育营造氛围。2人参加区委党史学习教育宣讲团，组织专题宣讲报告6场。1人参加市党史学习教育督导组工作，1人参加区党史学习教育督导组工作。注重发挥利用区志编修成果，到相关单位和社区（村）开展党史宣讲7次。推进史志“七进”、史志园地建设等宣传教育工作，开展“喜庆建党百年 奋进复兴征程”主题征文活动，收到征文1500篇，并评选100篇优秀征文汇编成册，发放到各单位进行宣传。

（张尚美）

【党史资料汇编】 年内，区委党史办组织编写《光辉历程——共产党早期革命活动在丰台》《丰台党史百年》等专题党史资料汇编，讲好“家门口”的党史、发展史，服务全区的党史学习教育大局。《光辉历程——共产党早期革命活动在丰台》重点记述五四运动后党的早期革命者在长辛店发起和组织工人运动，并以此为起点在探索中一路前行的历史，展示中国工人阶级在中国共产党的领导下，为党的创建所作出的巨大贡献和展现出的伟大精神。《丰台党史百年》上限从1918年开始，下限到2021年上半年，精选丰台党史中不同历史时期的重要人物、重大事件等进行辑录，展现丰台百年党史的发展脉络和发展成就。

（张尚美）

【史志编写】 年内，区委党史办坚持把编印出版《中国共产党北京市丰台区历史》《丰台史话》等市、区重点编写任务作为年度工作的重中之重，严把政治关、史实关、文字关，打造精品力作。《中国共产党北京市丰台区历史》全书共40余万字，图片50余幅，附表5张，是全区第一部全面系统记述丰台党史的基本著作，为全区党员干部学习丰台党史提供地方党史教材。《丰台史话》全书30余万字，图片100余幅，全面梳理挖掘丰台地区的历史文化和红色文化，着力突出丰台的文化特色、服务发展的功能、故事性体例结构，是全区第一部全面系统记述丰台地区红色文化和历史文化的史话类书籍，成为全区党史学习教育的重要辅助教材。

（张尚美）

【挖掘红色历史文化】 年内，区委党史办结合长辛店革命旧址保护传承利用工作，重点加大党在丰台的早期革命活动相关史料挖掘力度，编写“北方的红星——长辛店与中国工人运动”展览方案、大纲细目以及脚本，完成长辛店二七纪念馆展陈设计和布展工作。对长辛店8处革命旧址的有关历史事件、人物、文化内涵等方面进行挖掘，形成《长辛店劳动补习学校旧址简介》等9篇文稿，搜集整理82位早期工人运动领袖的相关材料，参与市委党史研究室《红楼旧址群》有关长辛店等内容的编写。统筹做好长辛店各处革命旧址的展陈内容设计提升工作，撰写二七纪念馆、劳动补习学校旧址、夜班通俗学校旧址、“二七惨案”长辛店发生地旧址等处的展览讲解词近3万字，确保完成长辛店革命旧址传承保护利用这一全市重点任务。

（张尚美）

老干部工作

【概况】 2021年，丰台区老干部工作坚持以习近平新时代中国特色社会主义思想为指导，学习贯彻党的十九大和十九届历次全会精神，落实市、区关于老干部工作的相关部署，推动丰台区老干部工作高质量发展，完成各项任务。全区有区属离休干部183人，处级以上退休干部1459人，离退休干部党组织82个，老党员先锋队161支。

（袁堂中）

▲“北方的红星——长辛店与中国工人运动”正在展览（原梓峰 摄）

▲6月29日，召开离退休干部“永远跟党走”庆“七一”座谈会。（区委老干部局 供图）

【老干部工作会议】年内，区委老干部局组织召开2021年丰台区老干部工作会议，学习贯彻全国老干部局长会议、市委常委会、全市老干部工作会议精神，总结2020年全区老干部工作，部署2021年重点任务和重点工作。

（袁堂中）

【离退休干部思想政治建设】年内，区委老干部局印发《关于在全区离退休干部中开展党史学习教育的通知》，引导全区各单位开展专题讲座、党史知识竞赛等学习活动。组织老干部活动团队参加"永远跟党走 逐梦新丰台"主题活动，组织老干部代表参加中组部和北京市离退休干部座谈会，并组织丰台区"光荣在党50年"纪念章获得者代表观看庆祝建党百年文艺演出和庆祝大会，区老干部理论组赴中国共产党历史展览馆参观"不忘初心，牢记使命"大型主题展览等活动。区委老干部党校建设"云课堂"和"红色课堂"，组织全区离退休干部开展"云学习"。召开全区离退休干部"永远跟党走"庆"七一"座谈会和老干部理论学习组"学党史、谈成就、展情怀、颂党恩、庆百年"座谈会，引导老干部写作组撰文吟诗并发表系列文集《枫叶正红》（第七辑）。

（袁堂中）

【离退休干部党组织建设】年内，区委老干部局以离退休干部党支部为主体、以老党员先锋队为依托，结合开展党史学习教育，强化"三会一课"和主题党日活动制度落实。通过对离退休干部党支部书记、老党员先锋队成员进行线上、线下轮训，组织全区离退休干部党支部书记走进宛平城聆听《歌声中的党史》专题报告会、赴房山区霞云岭开展"永远跟党走"主题参观活动，推荐离退休干部党支部书记和老党员代表参加市委老干部局"百堂优秀党课展播""百名书记谈党建"等活动，提升离退休干部党支部活动质量和水平，增强党组织战斗力。

（袁堂中）

【党史学习教育宣传活动】年内，区委老干部局组织离退休干部开展"永远跟党走"系列活动。组织全区各单位开展5×5专项活动（即五项"学党史"学习教育活动、五项"谈成就"体验畅谈活动、五项"展情怀"文化展示活动、五项"颂党恩"宣传报道活动、五项"庆百年"征集评选活动），引导老干部唱响共产党好、社会主义好、改革开放好、伟大祖国好的时代主旋律。统筹以"一报两微"为主体的线上线下宣传阵地，组织开展庆祝建党百年、老干部工作和离退休干部先进典型等主题宣传报道。推荐"全国离退休干部先进个人""全国关心下一代工作先进工作者"郑福来入选"老党员向党说句心里话"主题海报，亮相地铁国贸站等地铁和公交站点，并参加北京广播电视台"老年之声"频道整点公益报时录制；北京市离退休干部先进个人董华参加北京电视台《新时代新担当新作为》电视节目录制。区老干部宣讲团、"五老"队伍宣讲团参与市委老干部局"百场党史宣讲"活动，深入机关、社区、学校等开展党史宣讲。共组织离退休干部开展宣讲340余场，受众1.5万余人次。

（袁堂中）

【为基层社会治理注入"银色力量"】年内，区委老干部局立足市区发展建设大局，组织引导离退休干部投身为冬奥作贡献、疫情防控、丰台区创建国家卫生区及全国文明城区、垃圾分类和物业管理等重点任务和"关键小事"，全区老干部参与重大活动、重要会议安保维稳1.5万余人次，参与垃圾分类桶前值守1.7万余人次，参与物业管理工作3400余人次，为基层社会治理注入"银色力量"。各街道组织辖区老干部开展形式多样的活动，太平桥街道组织开展"我为冬奥做贡献"活动；马家堡街道开展创城宣传、劝阻不文明行为；和义街道老党员、红袖标志愿者参与"七一"安保工作；云岗街道老党员们冒雨清理篦子，应对夏季强降雨；方庄街道30多名退休检察官定期为社区居民提供法律志愿服务；东铁匠营街道老党员带动中小学生一起引导居民正确分类投放垃圾。

（袁堂中）

▲5月14日，在宛平城地区党群活动中心举办"歌声中的党史"专题报告会。（区委老干部局 供图）

▲10月14日，举办离退休干部"喜庆建党百年 欢度九九重阳"系列文化活动。

【离退休干部养老服务】年内，区委老干部局指导各单位把做好离休干部“一对一”精准服务工作放在首位、干在日常，组织各街乡通过电话沟通、实地入户等多种方式，审查核对1070名在丰台区居住的在市属、外区县属、易地来京安置、本区服务管理离休干部的基本情况，对离休干部信息存疑的通过全市离休干部数据库进行重点查对。完成2021年离休干部“四就近”服务经费的拨付工作，提高抗战时期部分离休干部医疗待遇、离休干部生活补贴、离休干部社区居家健康服务和调整去世离休干部无工作配偶生活困难补助标准等。开展春节、“七一”和国庆节走访慰问，组织完成离休干部和处级以上退休干部健康体检等工作。

（袁堂中）

【老干部活动中心修缮改造】年内，区委老干部局完成老干部活动中心软件硬件升级工作，对940余平方米办公楼及其配套设施进行修缮，粉刷主体墙面1300余平方米。对台球厅、乒乓球馆的设施设备进行维护更新，新建排练厅、更衣室，制定疫情防控常态化场馆管理制度和适时开放场馆工作方案。

（袁堂中）

【老干部大学直播教学】年内，老干部大学征求收集老干部意见建议，继续采用线上直播的教学方式，开设书法、美术、声乐等5个专业7个教学班级，注册老干部学员124人，共上线7门课程，开展直播课程224次，受众老干部2万余人次，做好教学辅导和质量评估，使网络教学工作不断向科学化、现代化迈进，满足疫情防控常态化下离退休干部居家学习需求。深入分校、社区课堂指导工作，输送师资人才，促进基层教学规范化、标准化。

（袁堂中）

【党建引领老干部工作向基层延伸】年内，区委老干部局持续深化党建引领老干部工作向基层延伸，破解老干部工作的“最后一公里”，形成区委老干部局和两批6个试点街道33项可复制推广的试点工作经验做法。在系统梳理试点工作成果的基础上，制作印发《丰台区党建引领老干部工作向基层延伸工作手册》，将党建引领老干部工作向基层延伸工作在全区26个街镇全面铺开。

（袁堂中）

【老干部工作队伍建设】年内，区委老干部局发挥区老干部工作领导小组牵头抓总作用，加强老干部工作部门与其他涉老部门的沟通协作，构建开放融合的工作新格局。做好贯彻落实《丰台区离退休干部工作领导责任制》督查考核工作，向全区各单位印发考核工作要点，加强日常监督指导和动态抽查，重点做好年度中心任务完成情况的实绩考核。通过做好全国老干部工作先进集体和先进个人推荐、评选和宣传工作，激励全区老干部工作者学习先进、争当先进、奋斗奉献、干事创业。对全区老干部工作者开展学习培训，提升政策水平和实操技能，不断提高服务管理水平和工作能力，建设新时代高素质专业化老干部工作队伍。

（袁堂中）

保密工作

【概况】丰台区委保密办负责承办丰台区委保密委员会日常工作；研究制定丰台区保密工作计划并组织实施；指导丰台区涉密人员的教育和管理工作，审查重要涉密人员任职资格和流动条件，防范和制止危害国家秘密安全的行为；指导、监督、检查丰台区涉密重大活动、重要项目以及密件、密品的研究、生产、制作、使用、传输、播放、保存、维修和销毁过程中的保密工作；依法组织对外提供涉密事项的审查和咨询工作；加强对经济和科技领域国家秘密保密工作的指导、监督和管理。2021年未发生失泄密事件。

（贾京霞）

【保密工作会议】4月12日，丰台区召开区委保密委工作会议，会议通报区委保密委员会成员调整情况以及审议通过“十四五”保密事业规划和2021年保密工作要点。保密委会后，召开全区保密工作会议，传达全国和北京市保密工作会议精神和关于建党100周年庆祝活动保密工作的要求，总结2020年丰台区保密工作情况，部署2021年重点工作。

（贾京霞）

【保密知识竞赛】4月15日至5月15日，中央保密办、国家保密局决定在“4·15”全民国家安全教育日期间，组织开展以“光辉历程，保密有我”为主题的庆祝中国共产党成立100周年保密知识竞赛活动，关注“保密观”微信公众号或通过手机应用商店安装“保密观”APP，进入活动界面参与竞赛答题。全区各级领导干部、广大党员群众1万余人参与答题活动。

（贾京霞）

【保密专项检查】4月29日至6月24日，区委保密办牵头，分2个检查组，针对中国共产党成立100周年庆祝活动服务保障及区划调整开展保密专项检查工作，督查丰台区建党100周年庆祝活动服务保障领导小组各工作机构以及涉及区划调整的街道（镇）等单位的保密工作开展情况。共检查48家单位，其中14家单位结果为优秀，5家单位为基本合格，其余为合格。

（贾京霞）

【专题培训】4月21日，市委保密办召开“保密大讲堂”专题培训，在区委区政府1号楼307报告厅主会场及相关单位分会场播放窃密泄密案例警示教育片、由专家进行“保密风险与防范”辅导讲座，全区各单位主管领导、办公室主任、保密干部参加。

（贾京霞）

【学习宣传《北京市保守国家秘密条例》】8月11日，丰台区委常委会传达学习贯彻《北京市保守国家秘密条例》文件精神（《条例》由北京市第十五届人民代表大会常务委员会第三十次会议于2021年4月16日通过，自2021年10月1日起施行），由区委保密委主任李岚解读《北京市保密国家秘密条例》，徐贱云对学习贯彻《北京市保密国家秘密条例》工作提出要求。8月17日，区委保密办（区保密局）下发关于开展学习《北京市保守国家秘密条例》的通知，配合《条例》的学习宣传，区委保密办向全区各部门发放《北京市保密国家秘密条例》单行本200余本，转发市保密局制作的《条例》视频宣传片，并在《丰台报》、“北京·丰台”APP刊登原文及解读稿。

（贯京霞）

【保密资质（资格）抽查】 8月26日至9月16日，区保密局根据市保密局要求对丰台区5家保密资质（资格）单位开展“双随机”抽查。就保密工作责任制落实情况、涉密人员管理、定密管理、涉密项目管理等方面进行检查，抽查结果3家合格，1家基本合格，1家不合格并报市保密局。

（贯京霞）

【考试保密检查】 年内，区保密局按照保密要求，对区教委考试中心及各考点校保密室情况进行检查，现场监督保密室物理环境、考试材料保管封存情况、人员值班值守等保密制度落实情况。共抽查32个考点校。

（贯京霞）

党校教育

【概况】 中共北京市丰台区委党校（简称区委党校）为中共北京市丰台区委员会直属公益一类事业单位，加挂北京市丰台区行政学院、北京市丰台区社会主义学院牌子。2021年，区委党校贯彻落实习近平总书记关于党校办学治校系列重要指示精神、《中国共产党党校（行政学院）工作条例》等要求，以建设“首善一流区委党校”为目标，围绕建党100周年谋篇布局，开展党史学习教育，统筹抓好疫情防控和干部教育培训工作，“从严治校、质量立校、人才强校、学术兴校”建设取得新成效。全年共承接培训班次、会议等任务61期（次）8783人次。其中主体班次12期1441人次，其他班次17期2383人次；承担会议、公务员面试等任务32次4959人次。获得立项科研（咨政）课题6项，其中市级课题4项，区级课题1项、校级课题1项。区委党校获市委党校（行政学院）系统第一届教学管理优秀奖。

（张明飞）

【长辛店研究成果】 年内，李燕副教授执笔的《北京长辛店革命精神的内涵及其时代价值研究》，作为北京市党校系统唯一入选论文，获评2021年全国党校（行政学院）系统庆祝中国共产党成立100周年学术研讨会优秀论文奖，并受邀参加中央党校在上海、嘉兴两地举办的学术研讨会。其论文《寻根工人运动发祥地 赓续长辛店红色基因》发表于《思想政治工作研究》，《长辛店与伟大建党精神》发表于《前线》杂志。

（张明飞）

【党史精品课开发】 年内，区委党校结合党史学习教育，把打造“四史”（党史、新中国史、改革开放史、社会主义发展史）示范精品课作为教学提质的重要抓手，推出精品课程《长辛店革命精神蕴含的伟大建党精神》，在市委党校（行政学院)系统第五届精品课评选中，获一等奖。

（张明飞）

【现场教学基地建设】 年内，区委党校结合干部教育培训需求，将现场教学基地划分为5个类别。其中党性教育类2个：中国人民抗日战争纪念馆—卢沟桥—宛平城和长辛店二七革命纪念馆，均通过市委组织部组织的关于北京市党员教育培训现场教学点评比；党建引领基层治理类1个：怡海花园社区；党建引领乡村振兴类1个：王佐西庄店村；区域经济发展类2个：丽泽商务新区和中关村科技园丰台园区；生态环境类1个：南苑湿地公园。

（张明飞）

【教育培训开展“七个一”活动】 年内，区委党校把学习贯彻落实习近平总书记“七一”重要讲话精神作为首要政治任务，结合党史学习教育，在丰台区2021年第一期正科级干部任职培训班开展“七个一”教学活动，即甄选一批优质课程；开展一次自主学习；重温一次入党誓词；组织一次现场教学；讲好一堂精品党课；组织一次党史测试；投入一件为民实事。学员在课堂中系统学、研讨中相互学、实践中生动学，坚定初心使命，弘扬伟大建党精神，凝聚起推动“妙笔生花看丰台”形成实践的强大力量。

（张明飞）

【课题研究成果】 年内，区委党校课题研究围绕建党100周年和区委区政府中心工作，重点在基层社区治理、党史党建、统一战线等课题研究方面出成绩、见成效。8项科研课题获奖，其中《北京市基层侨联组织建设实践》获中国侨联2020年度优秀调研成果三等奖；5篇优秀论文入选学术研讨会，其中，长辛店研究成果作为北京市党校系统代表入选中央党校建党百年学术研讨会；12篇论文在省市级以上期刊发表，其中在国家级刊物发表7篇。

（张明飞）

【工作部署会】 3月23日，区委党校召开2021年工作部署会。会议部署党建、党风廉政、平安校园建设等全年重点工作。常务副校长管洪波作总结讲话，明确2021年工作的路线图和方向标，围绕建设“首善一流区委党校”目标，推进“从严治校、质量立校、学术兴校、人才强校”建设。

（张明飞）

【党性教育主题教室】 4月30日，区委

▲7月27日，2021年第一期正科级干部任职培训班在党性教育主题教室开展重温入党誓词活动。（区委党校 供图）

▲7月1日，区委党校全体教职工在升旗广场举行升国旗仪式，庆祝中国共产党成立100周年。（区委党校 供图）

党校党性教育主题教室项目竣工。项目由综合楼325教室改造而成，东墙以“不忘初心，牢记使命”为主题，左侧通过一大会址、红船等要素展现中国共产党成立之初的情形，右侧引用“两个100年奋斗目标”的表述，主要以文化墙的形式展现。西墙为一面党旗，地面设置宣誓台。北墙引用的是习近平同志在全国党校工作会议上的讲话和《中国共产党党校（行政学院）工作条例》等内容。工程竣工后用于主体班学员、广大党员干部开展党史学习教育、重温入党誓词等活动。

（张明飞）

【庆祝建党100周年】 7月1日，区委党校（行政学院）开展庆祝中国共产党成立100周年“七一”系列活动，通过举行升旗仪式、收看中国共产党成立100周年庆祝大会直播、交流研讨习近平总书记“七一”重要讲话精神等形式庆祝建党100周年。活动信息被“人民网”等多家官方媒体报道。

（张明飞）

【市委指导组调研指导】 7月13日，党史学习教育市委第五指导组、区委宣传部、党史学习教育区委第五指导组到区委党校对党史学习教育开展情况进行检查指导。指导组一行到党员活动室、学苑文化长廊、习近平新时代中国特色社会主义藏书专区、党性教育主题教室，参观了解区委党校党史学习教育开展情况，并召开座谈会。指导组充分肯定丰台区委党校党史学习教育工作开展情况，指出党史学习教育启动以来，区委党校迅速把思想与行动统一到中央和省委、市委部署要求上来，立足实际，迅速部署，切实做到走在前列，取得积极进展。

（张明飞）

【党史宣传宣讲】 年内，区委党校发挥宣传宣讲主阵地作用，作为区委宣讲团，围绕党的百年奋斗史、习近平新时代中国特色社会主义思想、党的十九届六中全会精神等宣讲16场。专职教师服务全区党史学习教育，参与“美好生活讲师团”宣讲，录制11讲专题课，在“北京丰台”APP上刊播，在创新理论区域传播、新媒体传播中发出党校声音；开展主题宣讲，为机关单位、街乡镇、社区（村）、驻区国企、“两新”组织等单位宣讲200余场次，受众约1.2万人。

（张明飞）

【共识教育基地验收】 9月22日，区社会主义学院申报的2个共识教育基地通过北京市社会主义学院第二验收组验收。验收组对“侨之家”怡海花园社区、长辛店二七纪念馆2个共识教育基地进行现场验收，对学院年度申报的共识教育基地给予评价并提出现场教学意见和建议，验收通过。

▲9月22日，市社会主义学院第二验收组验收“侨之家”怡海花园社区共识教育基地。（区委党校 供图）

丰台区人民代表大会

综　述

【概况】2021年，在中共丰台区委的坚强领导和市人大常委会的指导下，区人大常委会坚持以习近平新时代中国特色社会主义思想为指导，全面贯彻落实党的十九大和十九届二中、三中、四中、五中、六中全会精神，深入学习贯彻习近平法治思想和习近平总书记关于坚持和完善人民代表大会制度的重要思想、习近平总书记对首都工作系列重要讲话和重要指示精神，围绕“妙笔生花看丰台”任务目标和区域经济社会发展大局，敢于担当、善于作为，切实履行各项法定职责，为丰台区经济社会发展提供了有力的民主法治保障。年内，依法顺利完成换届选举工作，组织召开区第十七届人民代表大会第一次会议，选举产生新一届区人大常委会组成人员和“一府一委两院”领导，圆满完成各项议程；召开常委会会议7次，听取和审议专项工作报告26项；依法作出决议、决定19项；依法任免国家机关工作人员87人次。召开主任会议7次，研究议题18项，研究决定审议意见书8件，听取专项工作报告7项；开展执法检查3项。

（徐　佳）

重要会议

【区第十七届人大第一次会议】12月14日至16日，区第十七届人民代表大会第一次会议在北京东方安颐国际酒店举行。应到代表390人，因病因事请假20人，实到代表370人。会议听取、审议并批准了区人民政府工作报告；审议丰台区2021年国民经济和社会发展计划执行情况与2022年国民经济和社会发展计划草案的书面报告、审查和批准了丰台区2019年国民经济和社会发展计划执行情况的报告与2020年国民经济和社会发展计划；审议丰台区2021年预算执行情况和2022年预算草案的书面报告、审查和批准丰台区2021年预算执行情况的报告和2022年预算；听取、审议并批准了区人民代表大会常务委员会工作报告、区人民法院工作报告、区人民检察院工作报告；通过了关于开展第八个五年法治宣传教育的决议。选举了区第十七届人大常委会主任、副主任、委员，选举产生区人民政府区长、副区长、区监察委员会主任、区人民法院院长、区人民检察院检察长，决定了区第十七届人民代表大会各专门委员会的设立及其组成人员。

（徐　佳）

【区第十六届人大常委会第三十二次会议】3月25日召开。会议共进行了六项议程：决定人事任免事项；审议通过区人大常委会2021年工作要点；听取和审议区人大常委会关于2021年代表建议、批评和意见办理工作的意见；听取和审议区政府关于2021年重要民生实事项目安排情况的报告；听取和审议区政府关于2020年环境状况和环保目标完成情况的报告；听取区政府关于行政区划调整情况的报告。

（徐　佳）

【区第十六届人大常委会第三十三次会议】5月27日召开。会议共进行了四项议程：审议通过《关于新设和更名部分北京市丰台区人民代表大会常务委员会街道工作委员会的决定》；决定人事任免事项；听取区人民法院关于深化司法体制综合配套改革工作情况的报告；审议通过区人大常委会“履职为民，助力创卫”主题活动工作方案。

（徐　佳）

【区第十六届人大常委会第三十四次会议】7月29日召开。会议共进行了八项议程：决定人事任免事项；听取和审议区人民检察院关于公益诉讼工作情况的报告；听取和审议区政府关于2021年国民经济和社会发展计划上半年执行情况的报告，审查2021年国民经济和社会发展计划上半年执行情况；听取和审议区政府关于2020年决算草案的报告，审查和批准丰台区2020年决算；听取和审议区政府关于2021年预算上半年执行情况的报告，审查2021年预算上半年执行情况；听取和审议区政府关于丰台区2021年区级预算调整方案的报告；听取和审议区政府关于2020年度本级预算执行和其他财政收支情况的审计工作报告；听取和审议区政府关于就业工作情况的报告。

（徐　佳）

【区第十六届人大常委会常委会第三十五次会议】8月13日召开。会议共进行八项议程：决定人事任免事项；听取区监察委员会关于开展反腐败追逃追赃工作情况的报告；听取区人大常委会关于区和镇两级人民代表大会换届选举工作情况的报告；审议通过《丰台区人大常委会关于区和镇人民代表大会换届选举有关事项的决定》；审议通过《丰台区选举委员会组成人员名单》；任命各镇选举委员会主任、副主任、委员；审议通过《丰台区人大常委会关于区第十七届人民代表大会代表名额分配方案的决定》；审议通过《丰台区人大常委会关于区第十七届人民代表大会代表选举办法》。

（徐　佳）

【区第十六届人大常委会第三十六次会议】9月29日召开。会议共进行五项议程：决定人事任免事项；听取和审议区政府关于2020年国有自然资源（资产）管理情况的报告；听取区政府关于《丰台分区规划（国土空间规划）（2017–2035年）》实施情况暨重点地区控规编制实施情况的报告；听取和审议区政府关于区划调整对集体产业发展带来的影响及解决措施办法的报告；听取区政府关于2020年法治政府建设年度情况的报告（书面）。

（徐　佳）

▲ 11月25日，区人大常委会召开第三十七次会议。

【区第十六届人大常委会第三十七次会议】 11月25日召开。会议共进行十二项议程：学习习近平总书记在中央人大工作会议上的讲话精神；决定人事任免事项；听取和审议区政府关于“以创建国家卫生区为契机，打造卫生、洁净、健康、宜居的生产生活环境”议案办理情况的报告；听取和审议区政府关于2021年代表建议、批评和意见办理情况的报告；听取和审议区人大常委会关于2021年代表建议、批评和意见督办情况的报告；听取区人大常委会法制办公室关于丰台区规范性文件备案审查工作情况的报告；听取和审议区政府关于丰台区2020年度本级预算执行和其他财政收支审计查出问题整改情况的报告；听取部分市人大丰台团代表履职报告；听取和审议区政府关于2021年国民经济和社会发展计划执行情况与2022年国民经济和社会发展计划草案的报告，初步审查丰台区2022年国民经济和社会发展计划草案；听取和审议区政府关于2021年预算执行情况与2022年预算草案的报告，初步审查丰台区2022年预算草案；听取区、镇人大代表换届选举工作总结报告；决定召开区第十七届人大第一次会议有关事项。

（徐　佳）

【区第十七届人大常委会第一次会议】 12月21日召开。会议共进行了两项议程：表决通过北京市丰台区第十七届人民代表大会常务委员会第一次会议补选市人大代表办法；补选陈健、高峰、轩德祥3名同志为北京市第十五届人民代表大会代表。

（徐　佳）

【区第十六届人大常委会主任会第四十四次会议】 3月18日召开。会议共进行两项议程：研究决定区十六届人大常委会第三十二次会议的建议议题和开会时间；研究决定《北京市丰台区人大常委会2021年重点监督工作计划》。

（徐　佳）

【区第十六届人大常委会主任会第四十五次会议】 5月20日召开。会议共进行了四项议程：研究决定区十六届人大常委会第三十三次会议的建议议题和开会时间；研究通过《丰台区人大常委会规范性文件备案审查工作规程（修订稿）》；研究决定区第十六届人大常委会第三十二次会议关于“丰台区2020年环境状况和环境保护目标完成情况的报告”的审议意见书；研究“区人大常委会按照法律法规规定以及中央、全国人大精神应当听取和审议的报告”的有关事项。

（徐　佳）

【区第十六届人大常委会主任会第四十六次会议】 5月21日召开。会议共进行了一项议程：研究决定区十六届人大常委会第三十四次会议的建议议题和开会时间。

（徐　佳）

【区第十六届人大常委会主任会第四十七次会议】 8月12日召开。会议共进行了三项议程：研究决定区十六届人大常委会第三十五次会议的建议议题和开会时间。研究决定区第十六届人大常委会第三十四次会议关于“区人民检察院关于公益诉讼工作情况的报告”的

▲ 12月14日，区第十七届人大第一次会议开幕。

审议意见书；关于“北京市丰台区2020年区级决算（草案）、2020年本级预算执行和其他财政收支情况的审计工作及2021年预算上半年执行情况”的审议意见书；关于“北京市丰台区2021年国民经济和社会发展计划上半年执行情况的报告”的审议意见书；关于“区政府关于就业工作情况的报告”的审议意见书。研究决定丰台区人大常委会对2020年审计查出突出问题整改情况跟踪监督工作方案。

（徐　佳）

【区第十六届人大常委会主任会第四十八次会议】 9月17日召开。会议共进行两项议程：研究决定区第十六届人大常委会第三十六次会议的建议议题和开会时间。研究决定区人民法院关于落实丰台区第十六届人大常委会第二十八次会议审议意见情况的报告（参与基层社会治理情况）；区人民政府关于落实丰台区第十六届人大常委会第二十八次会议审议意见情况的报告（2020年国民经济和社会发展计划上半年执行情况；2019年区级决算草案、本级预算执行和其他财政收支情况的审计工作及2020年预算上半年执行情况）。

（徐　佳）

【区第十六届人大常委会主任会第四十九次会议】 11月18日召开。会议共进行三项议程：研究决定区第十六届人大常委会第三十七次会议的建议议题和开会时间。研究通过区第十六届人大常委会第三十六次会议关于“区政府关于2020年度国有自然资源管理情况的报告”的审议意见书；关于“区政府关于区划调整对集体产业发展带来的影响及解决问题措施办法的报告”的审议意见书。研究区政府关于落实区第十六届人大常委会第二十九次会议审议意见落实情况的报告（集体经济产业发展情况；医疗保障和基金管理工作情况），决定印发常委会组成人员。

（徐　佳）

【区第十七届人大常委会主任会第一次会议】 12月20日召开。会议共进行三项议程：研究决定区第十七届人大常委会第一次会议的建议议题和开会时间；研究通过区第十六届人大常委会第三十七次会议关于“区政府关于2020年区级预算执行和其他财政收支审计查出问题整改情况报告”的审议意见书；研究区第十六届人大常委会第三十次会议审议意见落实情况的报告（加强停车秩序管理；企业国有资产管理情况），决定印发常委会组成人员。

（徐　佳）

人事任免

【依法人事任免】 年内，坚持党管干部原则与人大依法任免相统一，依法任免国家机关工作人员87人次，确保区委推荐的人选通过法定程序成为国家机关领导人员。

（徐　佳）

专门委员会

【法制委员会】 年内，就开展深化司法体制综合配套改革、公益诉讼、深化平安建设等工作实施情况，对区法院、区检察院、区公安分局开展视察调研。深化规范性文件备案审查，完成《丰台区人大常委会规范性文件备案审查工作规程》修订及专项工作报告起草，区十六届人大常委会第三十七次会议首次听取了《丰台区规范性文件备案审查工作情况的报告》。开展专委会活动，就《北京市医院安全秩序管理规定》实施情况，协助市人大开展执法检查，组织法制委、教科文卫体委部分委员到天坛医院就落实情况进行检查。配合有关委室做好对全国人大、市人大关于《中华人民共和国畜牧法（修订草案）》《北京市种子条例》的意见征求。加强与对口联系单位代表建议的跟踪督办。

（徐　佳）

【财政经济委员会】 年内，就丰台区优化营商环境、促进中小企业发展工作开展情况调研，了解企业经营发展情况及面临的主要问题，助力企业发展。确定了以“关于加强市场和食品安全监管，提升规范化管理水平”为主要内容的调研主题，制定了调研工作计划，明确了调研的时间、对象和方式等内容，为高质量完成议案督办工作打好基础。认真做好代表建议督办工作，制定好代表建议督办安排，对建议进行综合分析，确定督办重点，加强对4个建议件的全程跟踪，加强与代表和承办单位的沟通联系，准确了解建议办理的情况，督促代表建议的办理落实，不断提升建议办理的质量和实效。协助市人大财经办、预算工委做好对《全国人大常委会关于加强经济工作监督的决定（修订草案）》和《中华人民共和国审计法（修正草案）》等相关法律法规的意见征求工作。

（徐　佳）

【教育科技文化卫生体育委员会】 年内，深入开展“以创建国家卫生区为契机，打造卫生、洁净、健康、宜居的生产生活环境”议案督办，结合9个代表团提出的11项议案的具体内容，重点对市容环境卫生及环境保护、病媒生物预防控制等方面工作，组织部分委员、代表开展了对小龙泉河（沟）流域水生态环境情况、丰台火车站周边环境整治等工作情况的系列调研和研究讨论，起草完成对议案办理情况的意见和建议。组织相关部门开展关于加强我区师资队伍建设情况调研，对《北京市医院安全秩序管理规定》《北京市突发公共卫生事件应急条例》实施情况进行执法检查。协助市人大开展立法调研和意见征求，完成了关于《中华人民共和国医师法（草案）》《北京中轴线文化遗产保护条例（草案修改稿）》等法规（草案）的意见建议征求。

（徐　佳）

【城市建设环境保护委员会】 年内，组织调研活动6次，开展执法检查2次，委员、代表共80余人次参加了活动。全面监督生态环境建设，就丰台区2020年环境状况和环境保护目标完成情况的报告，组织开展实地调研，听取委员代表建议并形成审议意见书。积极参加污染防治攻坚战成效考核，围绕“创卫”“加强停车秩序管理”组织部分委员、代表开展执法检查和座谈研讨，跟踪监督“两件小事”推进实施。强化对口监督，转变以往监督方式，对5件重提建议件全部现场调研走访，梳理代表诉求意见，沟通承办单位，促进建议办理高质量完成。配合市人大做好全国人大常委会沈跃跃副委员长来京调研，完成关于《北京市无障碍环境建设条例（草案）》意见建议征求。

（徐　佳）

【农村委员会】 年内，确立关于“听取和审议区政府关于区划调整对集体产业发展带来的影响及解决问题措施办法的报告”的议题，明确议题督办工作坚持以科学发展观为指导，丰富督办内容，创新督办形式、细化时间安排，努力在督办效果上狠下功夫。指导乡镇人大以乡村振兴背景下的农村集体产业为核心，把握好区域性重点工作，找准关心群众、支持政府的切入点，把握好人大监督与政府中心工作一致、与人民群众的愿望一致等两个基本标准，积极发挥好“桥梁”作用。积极配合北京市人大常委会对《北京市种子条例（草案二次审议稿）》的修订工作，征求区农业农村局、5个乡镇和相关律师的意见建议，撰写意见报告18条上报市人大。

（徐　佳）

【社会建设委员会】 年内，围绕协助常委会听取和审议“丰台区行政区划调整”“就业工作”等工作报告，组织部分常委、委员、代表开展走访调研，召开座谈会，提出意见建议。配合市人大开展《中华人民共和国消防法》《北京市突发公共卫生应急条例》落实情况开展执法检查，就《北京市接诉即办条例（草案）》《北京市制止餐饮浪费规定（草案）》《中华人民共和国安全生产法（修正草案）》等法规草案开展立法调研和意见建议征集。加强与代表、区民政、残联的沟通协调，认真办好代表建议督办。

（徐　佳）

民主监督

【保障法律法规有效实施】年内，就《中华人民共和国固体废物污染环境防治法》《北京市危险废物污染环境防治条例》实施情况开展执法检查，推进我区生态环境持续改善提升。就《北京市突发公共卫生事件应急条例》实施情况到丰台区中西医结合医院、长辛店镇社区卫生服务中心、太子峪社区卫生服务站进行检查，询问了首诊负责制落实情况，促进依法科学做好疫情防控，维护公共卫生安全。就《北京市医院安全秩序管理规定》实施情况，组织代表到天坛医院进行检查，支持区政府及相关部门、医院加强和改进安全秩序管理工作。

（徐　佳）

【强化预算审查监督】年内，落实中央、市委关于人大预算审查监督重点向支出预算和政策拓展的各项要求，对支出预算和政策开展全口径审查、全过程监管。持续推进人大预算联网监督，为高质量履职提供服务保障。落实预算监督顾问制度，发挥专业力量在预算审查监督工作中的重要作用。

（徐　佳）

【促进改善民生福祉】 年内，紧紧围绕区域发展的重大问题和人民群众普遍关心的突出问题，听取和审议了区政府关于2021年重要民生实事项目安排情况的报告并作出决议，就民生实事项目实施情况开展对口监督，成立代表监督小组进行“一对一”全过程监督。在丰台街道和北宫镇开展“民生实事民作主”试点工作，就推进治理体系和治理能力现代化进行有益尝试，探索民生实事由民作主、实事办理代表监督、实事成效人民评价的有效途径。

（徐　佳）

【助力污染防治攻坚战】 年内，实地察看北京宇诚建达混凝土有限公司绿色生产和密闭化升级改造工作情况，听取和审议了区政府关于2020年环境状况和环保目标完成情况的报告，全面监督生态环境建设，促进区政府精准、科学、依法治污。编制《区人大常委会关于2020年污染防治攻坚战成效考核自评报告》，做好人大环保监督工作成效考核。

（徐　佳）

【抓好议案督办】 年内，围绕“以创建国家卫生区为契机，打造卫生、洁净、健康、宜居的生产生活环境”议案，成立议案督办领导小组，分别对小龙泉河（沟）流域水生态环境情况、卢沟桥街道等重点地区生活垃圾分类管理实施情况、丰台火车站周边环境整治情况、北宫镇农村地区人居环境整治情况和污水处理及水环境整治情况进行了实地视察调研，共同推进议案办理工作取得实效。

（徐　佳）

【跟踪监督“两件小事”推进实施】年内，沟通相关部门明确市区“两条例”推进实施重点，与市人大常委会“两条例”执法检查组联动，到长安新城、京铁家园小区检查业委会、物管会运行实效和生活垃圾分类相关情况。要求进一步梳理重点、难点问题，并督促相关部门和属地及时协调整改存在问题。

（徐　佳）

【加强代表建议督办】 年内，研究编制代表建议、批评和意见办理工作的意见、综合分析报告、代表建议督办工作方案，加强分析研究，科学安排督办工作。召开重提建议督办会和重点部门建议督办会，针对办理难点，代表当场询问指出问题，提出改进建议，督促承办单位落实办理主体责任，啃下办理硬骨头。深入基层一线，实地调研考察，就“解决九子河支沟污水直排问题”“对二七大罢工旧址—工人俱乐部旧址进行修缮”等建议开展“面对面”现场督办。区第十六届人大第八次会议上人大代表提出的建议、批评和意见58件，已全部办理答复完毕。

（徐　佳）

代表工作

【依法顺利完成换届选举】 年内，按照市委、市人大关于做好换届选举工作的部署安排，在区委领导下，依法开展换届选举工作。建立健全组织领导机构，加强工作培训和指导，深入开展宣传发动，认真做好选区划分、选民登记、提名推荐确定代表候选人、投票选举等各环节工作。依法选出390名区人大代表、143名镇人大代表，为巩固党的执政基础、加强基层政权建设、保障人民当家作主，提供了坚强保证。

（徐　佳）

【提高代表履职能力】 年内，落实“双联系”工作制度，不断提升代表联系群众的广度和深度，认真组织各级代表参加履职活动，采用集中授课与实地视察相结合的方式，加强代表履职培训。落实代表列席常委会工作制度，作为代表履职管理的一项重要内容，增强了代表的使命感和责任感。注重做好丰台团市人大代表服务保障工作。圆满完成人大代表参加庆祝中国共产党成立100周年大会组织工作。

（徐　佳）

【推进代表“家站”建设】 年内，鼓励引导各街镇、社区村结合实际，推进代表家站规范化建设、特色化发展。持续开展“代表在倾听”活动，组织481名区、乡镇人大代表深入选区，在家站召开158场选民见面会，接待选民3303人，收集选民意见建议315条，现已全部反馈有关部门进行整改。制定丰台区人大代表家站建设“三个九”标准，鼓励引导街乡镇、社区村结合区域人大工作特点，推进人大代表家站特色化发展，重点打造了新村街道、云岗街道、宛平地区和北宫镇代表之家示范点，不断提升知晓率、使用率。

（徐　佳）

【组织代表助力“创卫”】 年内，围绕创建国家卫生区工作，开展了“履职为民、助力创卫”主题活动，累计组织区、镇人大代表1400余人次参加，收集问题建议820余条，全部反馈到属地街镇落实整改。

（徐　佳）

视察与调研

【围绕国家卫生区创建开展调研】 年内，深入开展“以创建国家卫生区为契机，打造卫生、洁净、健康、宜居的生产生活环境”议案督办调研，重点就健康教育与健康促进、市容环境卫生及环境保护、食品与生活饮用水安全、公共卫生与医疗服务、病媒生物预防控制等方面工作，对卢沟桥街道等重点地区生活垃圾分类管理实施情况、丰台火车站周边环境整治情况、农村地区人居环境整治情况和污水处理及水环境整治情况、社区卫生服务工作及病媒生物预防控制情况、市场和食品安全监管情况、丰台区健康教育与健康促进工作情况进行多次实地调研和视察检查。

（徐　佳）

【协助开展立法调研】 年内，协助全国人大、市人大常委会做好《中华人民共和国审计法》《中华人民共和国安全生产法》《中华人民共和国医师法》《中华人民共和国妇女权益保障法》《中华人民共和国畜牧法》以及《北京市接诉即办条例》《北京中轴线文化遗产保护条例》《北京市献血条例》《北京市制止餐饮浪费规定》等法律法规的征求意见工作，组织市、区、乡镇三级人大代表深入代表家站，征集意见建议近400条。

（徐　佳）

重要活动

【坚持党的领导】 年内，始终把坚持党的全面领导贯穿人大工作的各方面

▲3月26日，区人大常委会机关召开党史学习教育动员会。

和全过程，增强“四个意识”，坚定“四个自信”，做到“两个维护”，紧跟党中央、市委的决策部署及区委的任务安排，紧扣“妙笔生花看丰台”任务目标和区域经济社会发展大局，紧贴人民群众的呼声期盼，确保人大工作始终在区委领导下进行，坚持重大决策、重大事项、重要工作、重要情况主动及时向区委请示报告，全年共向区委报告工作16项，并按照区委要求和法定程序抓好贯彻落实。

（徐 佳）

【深化全面从严治党】 年内，严格落实主体责任，全年召开党组（扩大）会议26次，研究决策重大事项68项，加强党组对常委会工作的组织领导和统筹协调。着力构建党组书记负总责、党组成员落实“一岗双责”、机关党委牵头统筹、党支部具体落实的总体工作格局。加强党支部标准化规范化建设，健全完善党建工作制度和长效机制，打造高素质党务干部队伍，不断提高党建工作科学化规范化制度化水平。全面落实意识形态工作责任制，把意识形态工作纳入党建工作责任制，列入年度工作要点，作为干部评价使用和奖惩的重要依据。坚持党管干部原则与人大依法任免相统一，依法任免国家机关工作人员87人次，确保区委推荐的人选通过法定程序成为国家机关领导人员。严格落实中央八项规定及其实施细则精神，认真抓好巡视反馈问题整改，支持区纪委监委第二综合派驻纪检监察组开展工作，强化政治意识、纪律意识、规矩意识和廉洁意识，始终保持风清气正的良好政治生态。按照要求做好基层党组织和在职党员“双报到”工作，抓好机关党委、党支部书记的述职评议。

（徐 佳）

【推进区域经济社会平稳发展】 年内，围绕优化营商环境、招商引资、促进中小企业发展等开展调研，促进扶植政策见效落地。听取和审议区政府关于国民经济和社会发展计划执行、预算执行、国有资产管理的报告。准确把握北京城市总体规划对丰台区的功能定位，听取《丰台分区规划》实施情况暨重点地区控规编制实施情况的报告，督促区政府加强各项规划实施之间的有效衔接，更好地发挥规划引领作用。

（徐 佳）

【开展“三边”检查】 年内，组织进行第一、二轮“三边”（身边、周边、路边）检查，分别有487名、490名代表对344个、317个社区、村进行了检查，重点检查了创卫工作知晓率、公共卫生与医疗服务水平、环境卫生状况等情况，及时汇总分析检查情况，发现共性问题，提升监督工作针对性、有效性。

（徐 佳）

2022
北京丰台年鉴

丰台区人民政府

综　述

【概况】2021年，丰台区政府坚持以习近平新时代中国特色社会主义思想为指导，全面贯彻落实党的十九大和十九届历次全会精神，深入贯彻习近平总书记对北京重要讲话精神，围绕建党100周年这一主线，紧扣“五子”联动（即国际科技创新中心建设、两区建设、全球数字经济标杆城市建设、以供给侧结构性改革创造新需求、疏解北京非首都功能为牛鼻子推动京津冀协同发展），按照市委市政府“妙笔生花看丰台”的指示要求，团结带领全区广大干部群众锐意进取、攻坚克难，应对各种风险挑战，推进疫情防控和经济社会发展，经济实力大幅增强，城市面貌日新月异，民生福祉持续提升。地区生产总值2009.7亿元，地方级收入完成265.1亿元，形成以金融、科技为主导的产业格局，实现“十四五”良好开局。安排政务会务，组织召开各类会议320次，其中国务院及市政府专题会79次，市政府常务会40次，区政府常务会25次，专题会142次，党组会16次，全区性会议7次，研究各类议题408个，制发会议纪要105期。

（宝思蕊）

【建议提案办理】年内，全区办理区人大议案1项，为“以创建国家卫生区为契机，打造卫生、洁净、健康、宜居的生产生活环境”的议案。办理人大代表建议、政协提案245件，涉及主责单位46家，全部依法按期办复。其中全国人大建议会办1件，北京市人大代表建议22件（主办/单办8件，会办13件，参考1件），北京市政协提案11件（主办/单办3件，会办8件）；区人大代表建议57件，区政协提案154件。

（申　懿）

【政务信息】年内，围绕“高质量发展”“招商引资”“两区建设”等重点工作收集整理各街镇、部门工作举措，形成可参考、可复制、可推广的经验，提升信息工作水平。展现丰台特色，累计上报市政府各类信息舆情2000余条，被采用239条，紧抓丽泽区域高质量发展、“1511”工程进展、丰台站建设等市区领导关注重点，总结工作亮点，辅助领导决策。编发信息获市区领导批示74件，其中报市特刊《丰台区持续优化区域空间布局促进城市精细化治理》获市级主要领导批示“丰台区区划调整做法值得各区借鉴”，参谋辅政能力更加突出。

（霍海宁）

【疏解整治促提升】年内，全区完成疏解整治促提升11项任务，其中7项任务超额完成。立足全区人口总量、结构和区域分布现状，编制形成“十四五”时期丰台区人口调控思路研究报告。推进非首都功能疏解，实现一般性制造业疏解“动态清零”，防止传统业态回潮。完成大红门地区4家服装市场闭市，告别服装市场业态。利用一般性制造业腾退空间，培育引进高精尖或科技服务业项目2个。持续加强综合整治，分类处置存量违法建设，按照“场清地净”的标准，拆除违法建设175.4万平方米，腾退土地186.1公顷。完成桥下空间治理26处、无证无照经营整治113处、地下空间环境恢复350处、施工围挡治理42处、临时建筑清理12处。对“12345”热线市民举报、媒体监督、社会曝光等涉及专项行动确认点位实施动态挂销账管理，推动治理类任务实施“计划管理+动态清零”管理。推动治理类街道整治提升，4个治理类街道推进42项区级整治提升项目，截至12月考核期，治理类街道接诉量同比下降14.4个百分点。六里桥街道连续6个月、新村街道连续5个月、东铁匠营街道连续3个月未进全市接诉量前十。加快重点区域环境提升，完成国家冰雪运动训练基地周边环境综合整治、国家审计署周边架空线迁改入地整治提升项目和菜户营西街整治提升项目，完成丽泽南区建筑灯光整体提升项目方案设计。宛平文化广场改建提升项目、卢沟桥历史博物馆整体提升改造项目和岱王庙局部修缮风貌提升项目进场施工。全面提升城市品质，完成棚户区改造776户。通过拆违腾退土地实现“留白增绿”复垦、绿化共48.77公顷，战略留白210.3亩，新建成开放纪家庙花园、城市运动休闲公园等12处公园。新建及规范便民服务网点34个。推进区域城市活力中心试点建设，9个区域活力中心形成试点方案，方庄、马家堡、草桥花卉大观园、花乡奥莱等活力中心建设成效明显，打造一批网红打卡地，激发消费活力。

（孟凡静）

【领导调研】年内，区政府主要领导围绕丽泽金融商务区建设、加强丰台站及配套市政周边环境综合整治、南中轴转型规划等市区重点工作，开展主题调研检查、走访39次。围绕安全检查、社区疫情防控、新型冠状病毒疫苗接种等深入街镇、社区一线调研、检查10次，确保疫情防控各项措施落到实处。座谈接待企业43次，走访企业29次，了解企业实际困难，助力企业发展。

（姚　欣）

政务服务管理

【概况】2021年，区政务服务管理工作坚持以习近平新时代中国特色社会主义思想为统领，深入贯彻党的十九大、十九届历次全会精神和习近平总书记对北京重要讲话精神，贯彻落实市委、区委决策部署，履行管党治党政治责任，坚持党建引领，以区级政务大厅开厅为契机，深化“放管服”改革，升级“互联网+政务服务”，加强三级政务服务体系建设，创新政务公开方式，助力丰台区营商环境优化和经济社会发展。

（彭　丹）

【打造“全聚合”的丰台政务服务新平台】 年内，区政务服务管理局利用大红门地区疏解腾退空间“福成大厦”，历经一年多的改建施工，完成大厦整体改造升级，建设丰台区新址政务服务中心和区图书馆。4月6日，区政务服务管理局完成搬迁工作，并正式对外办公。将全区45个部门的政务综合服务、不动产、婚登、税务、医保、社保等1800余项政务服务事项统一“一门”办理，汇聚各区级分中心、审批事项、审批人员、审批数据，向企业群众提供智能化、一站式、多维融合、绿色温馨、聚合度最高的区级政务服务。

（彭　丹）

【深化“放管服”改革】 年内，区政务服务管理局组织各审批单位主动对接市级部门从事项梳理、流程优化、承诺制定、事后监管、对外公示、窗口落地等方面推进告知承诺相关工作。按照成熟一批落地一批原则，分批推进“告知承诺”方式办理的事项清单175项。持续推广市场主体“标准自行判别、权利自主享受、资料自行留存”的备查制改革，同时提供“备查服务包”，包括咨询解答、法律责任、材料备查指导等一系列配套服务。推行“委托受理和授权审批”，对在政务中心办理的政务服务事项，除涉及国家机密、国家安全等事项外，按照能委托尽委托的原则，委托窗口人员进行受理，通过合并收件和受理环节，简化业务办理程序。实现“委托受理”事项1632项，39家单位任命首席代表，实现“受权审批”1561项。推进涉企事项进中心，按照综窗2.0改革的要求，优化区级政务服务中心功能，实现1383个涉企事项进驻中心，达98.05%。清理规范行政许可等中介服务，落实北京市第五批清理和保留中介服务事项工作安排，形成丰台区清理和保留中介服务目录清单，完成清理规范中介服务事项7项，保留中介服务事项目录62个事项。

（彭　丹）

【“互联网+政务服务”升级建设】年内，区政务服务管理局深化“PC端网上办”，使用区级系统网上办理的依申请政务服务事项全程网办率92.90%。推进“掌上办”，建设“丰政通”掌上办事大厅和微信办事小程序，实现“一号”预约、咨询、导航、申报。试点“自助办”，推出14个市级和12个区级综合政务自助终端，可办事项762项，为企业群众提供家门口的服务。探索“智能办”，推出智能预审、智能辅助、智能审批应用场景，被评为“2020年北京市政务服务优秀案例”，并取得应用效果。推动“全程电子化”，推广应用“电子证照”“电子印章”“电子档案”。探索符合丰台区实际的事项配置知识图谱、知识库等4个“智能+”应用场景，被评为市级优秀案例。

（彭　丹）

【三级政务服务体系建设】年内，区政务服务管理局推进镇街政务服务中心24小时自助服务空间建设，开发研制收件、受理、取件一体化的“自助政务服务机”，全面部署区级政务中心、26个镇街政务服务中心及重点功能区。推进政务服务标准化，全面推进综合窗口受理模式，实行“一窗”无差别受理；推进委托受理和授权审批在区级、街道（乡镇）级政务服务中心落地。推出“政务服务+党群服务+功能区+楼宇”的政务服务模式，建立部分党群中心、丰台科技园区、丽泽金融商务区、首科大厦、时代风帆、汉威广场等重要空间政务服务工作站，通过部署政务服务自助机、综窗系统，将定制化的“政务服务清单”推送至企业身边，开拓丰台区优化营商环境服务渠道。

（彭　丹）

【政府信息和政务公开】年内，区政务服务管理局依托信息化助力信息公开，针对集中性、群体性和“一表多投”式信息公开申请容易造成答复内容冲突的情况，开发建设“丰台区依申请公开信息共享平台”。平台面向全区各部门提供依申请公开件的检索、统计、分析、报送、归档一体化服务，实现各部门信息公开答复协同统一。系统投入使用后，沉淀全区信息公开档案5000余件，同时利用该系统完成对全区依申请公开答复的主动检查。在政府信息公开窗口推出全市首个政务服务数字人民币应用，依托数字人民币缴费渠道实现依申请公开件收费。服务“两区”建设，打造丰台区政府网站英文专栏，涵盖招商引资、优化营商环境、文化旅游、疫情防控等内容，完成“十四五”规划发布及历史规划归集整理及政策解读。

（彭　丹）

【政务公开专区建设】年内，区政务服务管理局在丰台区政务服务中心建立区级政务公开专区，配备政府信息专用查询机、政民互动显示屏等设备，提供市区政府公报查询、优化营商环境政策资料查询、依申请公开受理等集成化服务。同时配备母婴室、无障碍查询等人性化服务。街镇政务服务大厅结合各自实际，开辟政务公开专区，根据企业群众实际需要提供政务公开服务。

（彭　丹）

【推进政民互动】 年内，区政务服务管理局依托新址政务服务中心，主动向社会各界开放调研参观，举行多场“政务开放日”活动，详细介绍区政务服务中心新址筹建、进驻情况、功能介绍、服务创新等，听取改进意见，不断提升完善服务。组织全区相关单位在严格落实疫情防控要求的基础上，结合党史教育活动，开展形式多样的“线上+线下”政务开放日活动。在丰台区政府网站开设“政策性文件意见征集专栏”，重大决策向社会公开征求意见，密切政府与公众的沟通与联系。

（彭　丹）

【政策宣传与培训】 年内，区政务服务管理局针对优化营商环境新政的出台，邀请各委办局相关工作人员到政务服务中心进行现场宣传讲解，解答企业群众提出的疑难问题。提供新政策宣传手册，方便企业群众查阅了解。同时将新政策文件或海报植入电子屏，在政务服务中心滚动播放。每周组织两次培训，针对新政出台、疑难问题、群众焦点、反馈心声等进行多维度的培训，全年共组织线上线下培训95次，参加人员9100余人次。组织5轮“千人千题”模拟考试，参加1次全市优化营商环境“千人千题”竞赛考试，夯实审批人员的理论基础。

（彭　丹）

外事及港澳事务

【概况】北京市丰台区外事办公室（简称区外办）是丰台区人民政府对丰台区外事工作进行管理的职能部门，负责党和国家有关外事的法律、法规和政策的贯彻执行，为区政府直属的正处级单位。在对外工作中履行战略谋划、政策研究、统筹协调、外事管理、检查督办等职责。2021年，丰台区对外工作坚持以习近平新时代中国特色社会主义思想为指导，全面贯彻落实党的十九大和十九届历次全会精神，立足新发展阶段、贯彻新发展理念，服务和融入新发展格局，落实市委市政府决策部署和“妙笔生花看丰台”指示要求，持续推进国际交往中心功能建设。

（高　瑞）

【外事工作委员会第三次会议】5月10日，区委书记、区委外事工作委员会主任徐贱云主持召开区委外事工作委员会第三次会议。会议审议通过《2021年外事工作要点》，决定成立“丰台区推进国际交往中心功能建设工作组”，制定《工作组工作规则》《办公室工作细则》，明确职责与任务，确保党中央和市委对外工作各项决策部署落到实处。

（高　瑞）

【国际友城交流】年内，为做好疫情防控常态化下的民间外交工作，区外办通过“友城＋云外事”，加强与国际友好区的交流合作，助推区域开放和发展。8月，丰台区与韩国首尔江东区青少年进行线上交流活动，北京市第十八中学的10名高一学生与江东区14名青少年通过5天的友好交流，增进了解和友情，实现全球疫情防控常态下友城交流不断线。交流活动采取视频会议、分组讨论，总结汇报的形式，围绕疫情防护措施、中韩饮食文化、垃圾分类及物资回收等选题展开讨论。本次活动为两区的青少年相互学习交流，提供开阔眼界、感知世界的机会。

（高　瑞）

【“丝路工匠”职业院校国际合作联盟年会】6月16日，“丝路工匠”职业院校国际合作联盟2021年年会暨“丝路工匠”职业院校国际合作联盟网站平台发布会在北京举办。启动的“丝路工匠”职业院校国际合作联盟网站平台，具有四种语言展示宣传、中外院校联动交流、展示院校国际合作、研讨会议国际竞赛四大功能，国内21所中高职院校和国外4个国家的10所院校实现入驻。通过联合培养、师生交流、技能大赛、校长论坛等方式，为各联盟院校教育交流搭建平台。

（高　瑞）

【中巴建交70周年青少年绘画比赛】8月，为庆祝中国和巴基斯坦伊斯兰共和国建立外交关系70周年，丰台区政府与市友协、巴驻华大使馆共同举办“中巴建交70周年青少年绘画比赛”。活动吸引400多名中巴青少年参加，经过两个月的作品收集、初评和终评，从中选出100幅优秀作品，在北京汽车博物馆进行优秀作品展。巴基斯坦伊斯兰共和国驻华大使莫因·哈克携夫人参观展览。活动增进两国青少年的互动交往和文化交流，推动“铁杆”情谊世代传承，做好“一带一路”沿线国家民心相通工作。

（高　瑞）

机关事务管理

【概况】2021年，区政府机关事务管理服务中心（简称服务中心）围绕“管理、服务、保障”核心职能，紧盯10个办公区的管理和服务保障，创新服务理念，深耕主责主业，加强队伍建设，完成机关财务、机要通信、公务用车、就餐服务、会务收发、医疗保健、安全保卫、物资采购、办公用房管理、固定资产管理等机关事务工作。协助区行政区划调整新设立的7个街道办事处进行选址、房屋租赁及装修工作。完成福成大厦、文化中心两个新建食堂的

▲8月27日，在北京汽车博物馆，巴基斯坦驻华大使参观“中巴建交70周年青少年绘画比赛”展览。（区外办 供图）

餐饮服务公司、供货商的招标及相关科室进驻运转工作。编写制定《北京市丰台区机关事务管理服务中心内部审计制度（试行）》。

（丁　垚）

【共建交流】9月9日，服务中心机关党委联合膳食科与王佐镇开展交流共建活动，介绍机关在推广“光盘行动”、垃圾分类以及食堂运营管理、食品采购、食品安全、节支降耗等工作中的经验做法，对王佐镇政府食堂运转等具体工作给予指导，提出合理建议。

（丁　垚）

【公车平台运行管理】年内，服务中心加强对公车平台449辆党政机关公务车辆日常管理，明确主体责任，运行效率得到提升。为新设立6个街道调剂配备36台公务车辆，保障公务用车工作。完成市、区两级公务用车管理专项审计工作。政府机关大院集中办公区24小时值班，响应应急保障公务用车需求，基层单位采用派驻车辆方式保障日常公务出行和行政综合执法用车。“七一”建党百年重大活动期间，保障大型车辆51辆，小型车辆7辆，并指定专人负责，签订责任书，共派用车辆95车次，完成保障任务。抽调2台车辆24小时派驻在疫情防控隔离点一线，保障转送隔离人员2960车次，做到安全、定点、准时、“零感染”。全年一般公务用车派出49650车次，行政综合执法用车派出39600车次，安全行车220万公里，实现安全、高效、“无重大责任事故”目标。

（丁　垚）

【丰台区档案馆建设工程】年内，丰台区档案馆建设工程项目以服务中心为主体建设，完成《初审意见函》《档案馆建设工程项目建议书的批复》《建设用地预审与选址意见书》《“多规合一”协同平台综合会商意见函》《关于丰台区档案馆建设工程项目初步设计概算的批复》《建筑工程施工许可证》等前期手续。项目坐落于丰台区南苑乡新宫村NY-056地块，总投资23107.66万元，总建筑面积2.4万平方米，年底开工建设。

（丁　垚）

【区综合指挥调度中心改建】年内，为解决区综合指挥调度中心办公用房问题，服务中心将区政府大院4号楼改造为区综合指挥调度中心，与区城指中心、科信局、应急管理局协调对接，确保建设方案满足各方需求。4号楼占地面积389平方米，建筑面积1167平方米，共三层，每层建筑面积389平方米，装修改造资金737.69万元，8月1日正式投入使用。

（丁　垚）

【建设文化中心食堂】年内，为缓解区委区政府食堂就餐压力，便于文化中心办公区工作人员就餐，服务中心建设文化中心食堂。食堂建筑面积563.7平方米，其中餐厅273平方米、后厨290.7平方米，解决400人就餐问题。食堂建设资金847.85万元，5月1日正式投入使用。

（丁　垚）

【餐饮服务管理】年内，服务中心不断完善出台相关措施，健全长效机制，把节约理念落实到食堂日常伙食保障中。坚决执行《反食品浪费法》，通过组织学习、强化管理、宣传引导、优化菜品、精细加工、精准配餐、设立反食品浪费监督员等多种措施，最大限度避免食品浪费。各食堂根据实际情况减少、取消一次性消耗品的使用，加强粗加工的监管，提高食品边角原料使用；制作餐厨垃圾沥水设备，配备垃圾处理机等。履行餐厨垃圾清运协议，要求各食堂详细记录每日厨余垃圾清运数量并做好台账，每日每餐巡视检查垃圾分类执行情况。食堂产出厨余垃圾日均减量120升。在疫情防控工作常态化的背景下，服务中心做好环境消杀、人员健康监测、食材验收、食品加工出品、台账登记、餐饮服务人员管理、供货商管理等关键环节工作，管控供餐环节，监控人员卫生健康状况，适时调整用餐模式，完善疫情防控应急预案，确保就餐全流程安全卫生，打造无疫情机关食堂。完成重大活动期间餐饮保障，全年为各专班、两办、组织部等重要部门送餐5000余次。

（丁　垚）

【消费扶贫】年内，服务中心按要求将伙食补贴的30%用于购买受援地区扶贫产品，做到米、油、猪肉、鸡肉、牛羊肉等多种类扶贫产品的覆盖，全年消费696万元，超额完成消费扶贫任务。

（丁　垚）

【创卫验收】年内，区委区政府食堂作为丰台区创建国家卫生区重点必检单位，服务中心始终提高政治站位、强化科学管理，做好表率作用。创卫工作期间，中心强化员工培训、完善创卫设施、加大检查频次、检查力度、落实主体责任，要求食堂服务人员严格执行操作规程，每餐扫除、每天扫除、每周大扫除，垃圾随产随清，全面清除墙面、地面、顶棚、设备的灰尘、污迹、蟑迹和鼠迹等，不留卫生死角。联系相关部门及公司将各检查关键点如门帘、门缝、地沟、门窗等改造至符合创卫标准，并为外院各食堂完善相应创卫设施设备，大院食堂及各食堂均通过北京市专家组创卫验收。

（丁　垚）

【节约型机关创建】年内，服务中心贯彻落实《节约型机关创建行动方案》，通过调查研究、宣传培训、核查抽查等方式，推动各创建单位建立健全节能管理制度，提高利用效率，实现单位面积能耗和人均能耗控制目标；推行绿色办公，降低运行成本；推动垃圾源头减量，全面实施垃圾分类。引导干部职工养成简约适度、绿色低碳的工作生活方式。完成60%以上区级节约型机关的创建工作。

（丁　垚）

【常态化新冠肺炎疫情防控】年内，服务中心严格落实市、区相关防疫政策，对于进入各机关办公区人员，每天进行体温测量、健康宝、行程码查验，提示佩戴口罩等工作。按照防疫政策要求，在办公区大门张贴体温监测及

1米线排队提示。配合相关单位完成高频次核酸检测秩序维护工作。建立临聘人员进出办公区台账、宿舍消毒台账。加强对全体人员的防疫安全教育，要求宿舍定时消毒、不外出、不聚集、不传谣。按要求完成相关人员新冠疫苗接种工作。

（丁　垚）

【固定资产管理】 年内，服务中心统管所辖9个办公区44个单位的固定资产，反映和监督资产增减变动，建立健全信息化资产账簿体系。截至年末，账面资产总值54163.91万元。其中通用设备15259件，折合22203.10万元；专用设备5112件，折合1125.03万元；家具类27475件，折合3447.90万元；土地房屋类折合21968.00万元；无形资产折合5047.40万元。新增8461.75万元资产。

（丁　垚）

信访工作

【概况】 2021年，区信访办贯彻落实习近平总书记关于信访工作的重要指示精神，以及市委市政府、区委区政府领导关于信访工作的要求部署，紧扣信访考核细则，围绕“治理重复信访、化解信访积案”开展工作，维护群众合法权益，化解矛盾纠纷，维护地区信访秩序安全稳定。全年受理群众来信来访11668件次，同比下降41.4%。按照《信访条例》要求，将群众信访事项交办、转办至责任单位办理。完成对70余名转业干部的信访授课任务，提升转业干部突发事件应对能力和信访矛盾纠纷化解能力。

（李　莹）

【领导干部接访】 年内，区信访办统筹区领导接待日工作，紧抓访前接办、访中联办、访后督办，将接待制度落到实处。区委区政府主要领导带头接访下访，其他区领导每周三及重点时期、重点节点到区信访办接访。强化区级领导分类约访，根据信访人反映事项所涉及的领域，安排对应主管区领导接访，提高解决问题的针对性。

（李　莹）

【专项治理】 年内，区信访办开展“集中治理重复信访、化解信访积案”专项工作，“倒流件”进行专题调度2次。针对P2P“倒流件”突出的被动局面，协调区金融办在区信访办设立专线，每周固定时间接听投诉、沟通信息、解释办理流程，降低倒流率。

（李　莹）

【矛盾排查化解】 年内，区信访办开展社会矛盾纠纷排查7次，排查出各类社会矛盾纠纷528件，通过矛盾纠纷排查化解，将矛盾发现在早、化解在小，从源头化解大量潜在矛盾，保障地区社会安全稳定。

（李　莹）

【支持全区中心任务】 年内，区信访办全力支持村经济组织收回集体土地，开展“拔钉子”行动。派出1名副处级干部参加北京南站疫情防控工作，派出1名四级调研员参与社区（村）换届选举工作，派出1名科长到卢沟桥街道同馨家园社区担任“治理书记”破解治理难题，派出1名干部参加南苑—大红门地区疏解腾退工作。

（李　莹）

【信访复查复核】 年内，区信访事项复查委员会办公室接待信访复查群众550余人次，接收信访复查申请111件次，立案102件次，完成信访复核案件答辩43件次，通过复查复核，推进信访工作法治水平。

（李　莹）

【推动实事项目】 年内，区信访办坚持立足主业、突出重点、围绕民意办实事，确定21项实事项目，制定工作方案，在推动蒲黄榆一、四里棚改项目开展和改善长辛店街道东山坡一里平房区、东山坡三里74号院居民居住条件上发挥重要作用。

（李　莹）

【发挥信访工作联席会议作用】 年内，区信访办召开区信访工作联席会议9次、召开信访联席会议办公室会议13次，研究使用信访维稳资金解决信访矛盾纠纷问题23件。

（李　莹）

2022 北京丰台年鉴

政协丰台区委员会

综 述

12月13日至15日，召开政协北京市丰台区第十一届委员会第一次会议，完成各项会议议程，李岚当选政协北京市丰台区第十一届委员会主席。3月18日，政协北京市丰台区第十届委员会常务委员会召开第二十二次会议。9月2日，区政协召开常务委员会第二十三次会议。12月2日，政协北京市丰台区第十届委员会常务委员会召开第二十五次会议。3月11日，召开“南苑宗教场所规划建设难点及对策建议”专题协商会。6月1日，区政协、区委办公室和丰台园管委组织召开同类党派提案专题协商会。8月13日，组织召开“贯彻新发展理念，促进现代都市农业提质增效”协商恳谈会。9月16日，召开“充分利用独特历史文化优势，推进卢沟桥—宛平城—长辛店文化片区建设”季度协商恳谈会。9月23日，召开“健全完善志愿服务机构机制，加强志愿者队伍建设”协商恳谈会。召开2021年全委会暨季度协商工作部署会，审议通过了《2021年区政协教文卫体、文史资料委员会工作要点》，部署了“充分利用独特历史文化优势，推进卢沟桥－宛平城－长辛店文化片区建设”协商工作。面向全体委员征集“光辉的旗帜—庆祝中国共产党成立100周年”文史资料，共征集稿件29篇。研究制定“充分发挥‘丰九条’等政策引导和激励作用，加大招商引资力度”协商议政工作方案，并组织开展调研活动，形成有价值的报告。围绕“加强水环境治理，助力创建国家卫生区”议政性常委会议题开展专题调研，并形成报告。围绕“贯彻新发展理念，促进现代都市农业提质增效”召开协商恳谈会，分析当前都市农业存在的问题与挑战，围绕丰台区都市农业发展情况，提出对策与建议。强化理论学习，凝聚政协委员的思想共识，激发委员参政议政的热情。围绕政府中心工作，聚焦群众所需所盼，组织委员们开展履职活动，更好的服务区域社会发展。自十届五次会议以来，共收到提案235件，立案184件，其中民主党派提案9件，界别提案2件，委员提案173件，已全部办复。

（柴大庆）

全体委员会议

【十一届一次会议】 12月13日，政协北京市丰台区第十一届委员会第一次会议召开预备会议。会议听取了关于区政协十一届一次会议筹备工作情况汇报；审议通过了区政协十一届一次会议主席团成员、主席团会议主持人、秘书长名单；审议通过了区政协十一届一次会议提案审查委员会名单；审议通过了区政协十一届一次会议议程；审议通过了区政协十一届一次会议日程。十届区政协主席刘宇主持会议，区政协党组书记李岚出席会议。区政协副主席连宇、冯晓光、段德珍、张兆旗、张振军、徐朝辉出席会议。

同日，政协北京市丰台区第十一届委员会第一次会议在北京丽维赛德酒店开幕，十届区政协主席刘宇代表十届区政协常务委员会向大会作工作报告。区政协十一届一次会议常务主席徐朝辉宣读了《政协北京市丰台区委员会关于表彰2021年度优秀委员、优秀信息委员、优秀提案委员和优秀提案集体的决定》。政协北京市丰台区第十届委员会常务委员会关于提案工作情况的报告，以书面形式印发给各位委员，提请各小组讨论。开幕会由区政协十一届一次会议主席团会议主持人李岚主持。区领导徐贱云、初军威、高峰以及区委、区人大常委会、区政府、区政协、区法院、区检察院的领导出席。

同日，初军威同来自经济界，科学技术界，共青团、青联界，农业界，文化艺术、体育界的吴孝勇、郑小丹、苗润生、卢晓斌、陈琨、郭树旺、安国勇、郭亮、张津伟、杨光浩、陈亮、张文晨、陈龙、曾之俊、李云龙、李声等16名委员，分别就丰台区优化产业空间布局、改善企业营商环境、加大高端专业人才培养引进力度、加强投融资平台建设、打造高端物流产业链、推进地区生活环境优化、提升教育医疗等公共服务水平等内容，分别作交流发言，提出了富有建设性的意见建议。讨论中，委员们畅所欲言。大家一致表示，对丰台发展充满信心，将认真履行委员职责，积极为丰台发展做贡献。

12月14日，徐贱云同来自经济界，科协界，科学技术界，文化艺术、体育界的委员进行了座谈交流。吴孝勇、章前、朱正华、李红、齐爽、王春莉、董绪章、易铁军、刘宇、李赫、王晓明、陈亮、张文晨、崔焱、李云龙、李声等16名委员，结合自身实际，围绕优化企业营商环境、推进数字经济建设、加强金融科技创新、加大高端专业人才培养引进力度、促进教育和医疗卫生等公共事业发展、以碳达峰碳中和引领绿色发展等内容，分别作交流发言，有针对性地提出了意见建议。

12月15日，政协北京市丰台区第十一届委员会第一次会议选举大会在北京丽维赛德酒店召开。会议审议通过区政协十一届一次会议选举办法，总监票人、监票人名单，选举十一届区政协主席、副主席、秘书长、常务委员。同日，政协北京市丰台区第十一届委员会第一次会议闭幕会在北京丽维赛德酒店召开。大会首先报告计票结果，并宣布选举结果。李岚当选为政协北京市丰台区第十一届委员会主席；连宇、冯晓光、姜东升、徐朝辉、樊维、韩如泉当选为政协北京市丰台区第十一届委员会副主席；冯晓光当选为政协北京市丰台区第十一届委员会秘书长；马士有等57位同志当选为政协北京市丰台区第十一届委员会常务委员。会议审议通过了《中国人民政治协商会议北京市丰台区第十一届委员会第一次会议政治决议》。新当选的政协北京市丰台区第十一届委员会主席李岚出席并讲话。会议由冯晓光主持。区领导徐贱云、初军威、刘宇、高峰、李岚以及区委、区人大常委会、区政府、区法院、区检察院的领导出席。中共北京市委换届风气督导组、市委组织部地区干部处的同志莅临大会指导。

（柴大庆）

常务委员会会议

【第二十二次会议】 3月18日，政协北京市丰台区第十届委员会常务委员会召开第二十二次会议。区政协主席刘宇出席并主持会议。区政协常委会组成人员、各委室主任、副主任参加会议。全国政协委员、丰台区政协常委郭媛媛对2021年全国两会精神进行了宣讲；会议还解读了《政协北京市委员会关于加强和促进凝聚共识工作、强化委员责任担当的决定》；通报了区委办印发的区政协2021年度协商工作计划；审议通过了区政协常委会2021年工作要点；审议通过了《政协北京市丰台区委员会委员履职考评办法（试行）》。区政协副主席连宇、冯晓光、段德珍、徐朝辉，区政协秘书长肖文燕参加会议。

（柴大庆）

【第二十三次会议】 9月2日，区政协召开常务委员会第二十三次会议，传达学习了区委十二届十五次全会精神；通报了李振芳等三名同志任免职务的决定、区政协上半年工作情况、区政协委员工作站建设情况；审议了《关于加强委员联系群众工作的实施意见》。党组书记、主席刘宇主持会议，党组副书记、副主席连宇，党组成员、副主席冯晓光、段德珍，不驻会副主席张兆旗，党组成员、机关党组书记、秘书长肖文燕出席会议。

（柴大庆）

【第二十四次会议】 12月2日，政协北京市丰台区第十届委员会常务委员会召开第二十五次会议。区政协主席刘宇出席并主持会议。区政协常委会组成人员、各委室主任、副主任参加会议。会议听取了区委办、区政府办关于2021年提案办理情况的通报；审议干部人事事项；审议通过十一届区政协委员建议名单；审议通过区政协十一届一次会议主席团成员、主席团会议主持人、秘书长建议人选名单；审议通过区政协十一届一次会议时间、地点，会议议程、日程（草案），委员分组办法及小组召集人建议名单，各次会议主持人建议名单，秘书处职责及人员分工、提案审查委员会建议名单；通报《关于表彰2021年度优秀委员、优秀信息委员和优秀提案委员、优秀提案集体的决定》；审议通过区政协十一届一次会议大会发言题目和发言人、常务委员会工作报告、提案工作情况的报告；传达了学习中共十九届六中全会精神，并观看了丰台区火车站建设宣传片。

（柴大庆）

政治协商

3月11日，召开“南苑宗教场所规划建设难点及对策建议”专题协商会。区政协主席刘宇，区委常委、区委办主任、区委统战部部长李岚，区政府副区长张婕、刘永宗，区政协秘书长肖文燕参加会议，会议由政协副主席段德珍主持。6月1日，区政协、区委办公室和丰台园管委组织召开同类党派提案专题协商会。民革、民建、民进、致公党和九三学社丰台区工委党派提案执笔人参加了协商会。区政协副主席冯晓光出席会议并讲话。8月13日，组织召开“贯彻新发展理念，促进现代都市农业提质增效”协商恳谈会。区政协副主席连宇、秘书长肖文燕以及区农业农村局、王佐镇主管领导参加了会议。9月16日，召开“充分利用独特历史文化优势，推进卢沟桥—宛平城—长辛店文化片区建设”季度协商恳谈会。会议由区政协副主席冯晓光主持。9月23日，召开“健全完善志愿服务机构机制，加强志愿者队伍建设”协商恳谈会。会议由区政协副主席段德珍主持。

（柴大庆）

参政议政

9月23日，区政协、区委统战部围绕“充分发挥‘丰九条’等政策引导和激励作用，加大招商引资力度”协商议政议题，组织由区各民主党派、工商联、知联会、新联会组成的调研小组赴丽泽商务区现场进行实地考察并座谈交流。区政协副主席冯晓光参加座谈。11月23日，区政协、区委统战部召开“充分发挥‘丰九条’等政策引导和激励作用，加大招商引资力度”议政会。区委书记徐贱云，区政协主席刘宇，区委常委、统战部部长、政法委书记李岚，区委常委、区政府副区长崔旭龙，区政协副主席连宇、冯晓光、段德珍，区各民主党派、工商联、知联会、新联会负责人出席会议。会议由李岚主持。

（柴大庆）

专门委员会

【教文卫体委员会】 召开2021年全委会暨季度协商工作部署会，审议通过了《2021年区政协教文卫体、文史资料委员会工作要点》，部署了“充分利用独特历史文化优势，推进卢沟桥－宛平城－

长辛店文化片区建设”协商工作。围绕“充分利用独特历史文化优势，推进卢沟桥—宛平城—长辛店文化片区建设”协商恳谈会议题，组织委员开展实地调研，召开调研座谈研讨会，在此基础上，召开协商恳谈会，向区委提交了《关于“充分利用独特历史文化优势，推进卢沟桥—宛平城—长辛店文化片区建设”协商恳谈会相关情况的报告》。围绕2020年开展的“总结新冠肺炎疫情防控工作，进一步完善应急预案”议政性常委会协商议题意见建议落实情况，进行跟踪了解，促进相关工作取得新进展。召开教文卫体委员会、文史资料委员会2021年工作对口协商会，就涉及相关单位的重点工作进行对口协商。推荐2名委员参加区政协《北京市接诉即办条例（草案）》调研组，参与市政协组织的立法协商工作。开展对高考、中考、成人高考等升学考试的巡视监督。对丰台区2021年义务教育阶段入学派位入学计算机分配开展专项民主监督。对2021年涉及教文卫体、文史资料工作的42件专委会、界别、委员提案的基本情况、重点内容、主要特点等进行了综合分析，形成提案分析报告。全年，筹建教育界委员工作站、文化艺术界委员工作站、丰台区康助护养院委员工作站、北京市常鸿律师事务所4个委员工作站。鼓励和支持委员深入基层、深入群众，及时发掘社会信息，共整理报送社情民意信息55篇。其中，市政协采用6篇，区政协《委员话发展》刊登8篇。组织文化界别委员参加文化、科技、卫生“三下乡”活动。组织教育界别委员参加“党史学习教育”原创话剧汇报展演活动。组织文化界别委员参加“唱支山歌给党听”庆祝中国共产党成立一百周年短视频录制活动。坚持中共党员委员学习制度，组织党员委员第二活动组开展以“加强和促进凝聚共识工作，强化委员责任担当”为主题的学习研讨活动。举办“政协讲坛”集中学习活动，邀请常卫东委员作《民法典之热点案例解读》专题讲座，邀请北京天坛医院王春雪教授作《在压力中保持身心健康的医学建议》专题讲座。

（柴大庆）

【文史资料委员会】 面向全体委员征集“光辉的旗帜—庆祝中国共产党成立100周年”文史资料，充分发挥人民政协文史资料“存史、资政、团结、育人”作用，进一步巩固和发展爱国统一战线，共征集稿件29篇，被市政协采用5篇，居16区政协首位。同时在《丰台报》、丰台政协网站开辟专栏，系列刊发文章。组织“花儿朵朵向阳开—庆祝建党百年画作”和“百年历程、世纪辉煌—学习习近平论中国共产党历史百幅书画作品”征集活动，13人参加活动，共提交书法作品7幅、画作7幅，均被市政协采用。收集撰写的《抗日殉国永铭记—赵登禹将军墓》史料文章，被市政协采用，并刊登在《北京观察》2021年第7期上。

（柴大庆）

【经济科技委员会】 研究制定“充分发挥‘丰九条’等政策引导和激励作用，加大招商引资力度”协商议政工作方案，组织各民主党派、工商联、知联会、新联会成立调研组，确定五个调研方向，组织座谈交流和实地考察调研，形成《充分发挥“丰九条”等政策引导和激励作用，加大招商引资力度调研报告》。围绕“提高丰台区高新技术企业自主创新能力研究”开展专题协商。邀请经科委部分委员与区科信局、丰台园管委就如何提高丰台区高新技术企业自主创新能力进行座谈交流，通过协商，委员们进一步了解了丰台区高新技术企业自主创新能力方面的相关情况，也为两个部门提出了很好的意见建议。举办《政协讲坛》活动，邀请区政协经科委委员、黑钻石文化传媒董事长马强，作主题为“路演丰台——讲述丰台故事·传递产业价值”的学习报告会，围绕路演的定义与应用、“路演丰台”内容解析、路演业态的发展进行交流学习，使委员对路演在城市宣传、产业招商、营商价值等领域的重要作用和意义有了深入了解。组织开展财政专项资金使用情况民主监督工作。区政协财政工作民主监督小组围绕新成立街道有关资金投入及使用情况，对石榴庄、成寿寺街道办公楼建设项目资金投入和使用情况工作进行监督考察。委员们对区财政局在政策指导、资金投入和使用等方面所做的工作表示肯定，一致认为两个街道能够在短时间内迅速投入运营与区财政局细致、扎实的工作是分不开的，希望区财政局能持续发挥职能优势，继续做好新成立街道的资金保障工作。有序推进委员工作站建设。为加强委员深入基层联系群众，更好的发挥作用，在政协党组的领导下，创建了工商联界委员工作站和区职业与成人教育集团委员工作站。两个委员工作站具有界别特色明显、基础工作扎实、委员力量强、党建工作好的共同特点，各项工作在积极开展、有效推进。工商联界委员工作站针对企业需求，围绕政策解读、融资服务、人才服务和法律服务等方面开展了卓有成效的活动。同时，运用网络手段联合区税务局组织了线上税务辅导，帮助企业理清汇算清缴中的政策问题，很受企业欢迎。区职业与成人教育集团委员工作站建立“跨界别”工作站机制，人员由职教中心联合方庄及东高地地区共6名教育界别委员，同时吸纳民进、民盟等民主党派人士5名，形成由11名“跨界别”委员组成。借助“丰职学堂”搭建委员履职载体，面向社会开展教育服务、志愿服务、健康生活服务、邻里交流服务的共享空间，深入社区了解群众需求，为民尽责，受到社区群众的欢迎。

（柴大庆）

【人口资源环境和建设委员会】 围绕“加强水环境治理，助力创建国家卫生区”议政性常委会议题开展专题调研。通过听取情况通报、到河西地区实地调研、开展座谈讨论等形式深入调查研究，形成《加强水环境治理，助力创建国家卫生区调研报告》。围绕议题召开议政性常委会，会后向中共丰台区委提交“加强水环境治理，助力创建国家卫生区”

调研协商情况报告，提出相关对策建议。围绕与部分特殊群众息息相关的“无障碍环境建设”，开展专项民主监督调研活动。加强交流协作，配合市政协工作联动。9月，配合市政协人资环建委围绕两个“关键小事”进行民主监督。10月，围绕“丽泽金融商务区规划建设情况”开展专题视察。丰富委员履职渠道，推进委员工作站建设。建立了中都科技大厦委员工作站和首科大厦委员工作站，两个工作站分别结合自身优势和特点组织开展活动。完成本专委会委员社情民意信息的收集与编辑工作33篇，其中郑庆峰委员和田振磊委员的社情民意信息被市政协采纳。积极组织委员参加纪念中国共产党成立100周年相关活动，郑爱丽委员、林照永委员、张贵祥委员分别撰写了征文，30余名委员参与了“团结在光辉的旗帜下”长走活——刘超委员一家录制“唱支山歌给党听”视频。组织委员参加接诉即办组织的立法协商会。

（柴大庆）

【农业和农村委员会】围绕“贯彻新发展理念，促进现代都市农业提质增效”召开协商恳谈会，分析了当前都市农业存在的问题与挑战，围绕丰台区都市农业发展情况，提出了对策与建议。会后，向中共丰台区委提交“贯彻新发展理念，促进现代都市农业提质增效”调研协商情况报告，提出相关对策建议。全力配合市政协做好“进一步扶持壮大农村集体经济，助推新时代乡村振兴”“完善城乡要素融合机制政策，助推农业农村高质量发展”议题的调研。组织农业界别委员，围绕河西农村人居环境整治开展界别活动和座谈交流。

（柴大庆）

【社会法制委员会】强化理论学习，凝聚政协委员的思想共识。通过专委会工作群、专委会党员委员群，发布学习内容40余条。与委员共同学习，激发委员参政议政的热情。举办主题为“加强和创新市域社会治理，推进市域社会治理现代化”讲坛活动。协助市政协就制定《北京市接诉即办条例》，组织委员开展立法协商工作。参与调研协商委员350人次，征询意见建议76条。“围绕我区公证服务”组织区政协法治建设民主监督小组成员到首佳公证处进行了专项监督调研活动。开展“爱丰台基层行”为民服务法制宣传活动。将党建与专委会工作相融合，双项推进。全面贯彻党的民族政策和宗教工作基本方针，加强同少数民族人士、宗教界人士的沟通。围绕政府中心工作，聚焦群众所需所盼，组织开展履职活动服务区域社会发展。围绕“健全完善志愿服务机构机制，加强志愿者队伍建设”开展调研。以专委会为依托、委员为主体，制定了调研方案，成立了调研组。到卢沟桥乡和右安门街道进行实地调研座谈。通过2次实地调研8次交流研讨形成调研报告，成功召开协商恳谈会，并将会上委员提出的具体意见建议形成报告报区委区政府，建议报告受到区委的高度重视，徐贱云书记作出批示。

（柴大庆）

【民族宗教和港澳台侨委员会】围绕政府中心工作，聚焦群众所需所盼，组织委员们开展履职活动，更好的服务区域社会发展。围绕“健全完善志愿服务机构机制，加强志愿者队伍建设”开展调研。成功召开协商恳谈会。围绕“南苑宗教场所规划建设难点及对策建议”开展专题协商。会后形成委员意见建议报告；“南苑宗教场所规划建设难点及对策建议”专题协商会和研讨会建议报告分别报区委区政府。围绕“南苑宗教场所规划建设难点及对策建议”开展专题协商。段德珍副主席先后在南苑街道主持召开2次关于南苑“一寺一堂”建设座谈会。之后，召开“南苑宗教场所规划建设难点及对策建议”专题协商会和研讨会。会后形成“南苑宗教场所规划建设难点及对策建议”专题协商会和研讨会建议报告。

（柴大庆）

【提案委员会】自十届五次会议以来，共收到提案235件，立案184件，其中民主党派提案9件，界别提案2件，委员提案173件，已全部办复。区委、区政府高度重视提案工作，主要领导亲自签批重点提案交办方案，区政府常务会进行提案交办；区级领导领衔督办重点提案。承办部门积极研究提案建议，得到委员的高度评价。开展“回头看”跟踪，对落实不满意的提案进行“二次办理”。提案委协商工作专班通过多种方式了解办理效果，将委员的意见建议反馈各承办部门；利用《丰台报》报道优秀提案；选取“创建国家卫生区”和“优化营商环境”等题材，继续制作“委员对话一把手 提案办理面对面”系列节目。

（柴大庆）

【学习委员会】按季度制定学习计划，摘编《委员学习》专刊5期，编发重点内容20篇并通过微信推送，拟定研讨题目，开展经常性学习活动。为新增补委员编印学习资料、邮寄政协工作书籍，做好全年委员参加市政协举办的各类线上线下学习活动，共享学习资源。组建4个中共党员委员活动组，围绕“不忘初心、牢记使命”开展党史学习教育活动，组织开展重温入党誓词、参观革命历史展览、纪念光辉历程“大道同行”等系列活动。为委员购买《论中国共产党历史》《中国共产党简史》《政协委员手册》等书籍供学习使用。在委员的履职考评中，对中共党员委员做出具体要求。完成委员服务基础台账。编印委员履职手册、委员手册，落实各专门委员会委员划分及组织设立、领导班子成员及常委联系的分工安排、建立委员信息数据库等基础性建设。按照“制度建设年”要求，牵头起草了《委员履职考评办法》《委员联系群众工作实施办法》《委员开展党史学习主题教育方案》《政协北京市丰台区委员会委员工作站（室）管理办法（试行）》等文件制度。牵头组织委员参与征求意见、民生实事、满意度调查、考评评议、监督检查、整顿清理等履职活动的服务保障，做好市政协重要活动的组织协调。做好委员走访看望、接待来访。牵头做好年度考评表彰工作、委员信息数据的收集整理报送等。编辑出版了《咨议建言集》。举办委员暑期学习班，安排《预防是最经济最有效的健康策略》《习近平总书记关于加强和改进统一战线工作的重要思想》等专题辅导，学习期间，结合党史学习教育组织《岁月在这儿》观影活动，安排委员开展学习交流研讨，互相启发思考，产生共鸣，从委员反馈情况，得到一致好评。筹建委员工作站。落实市区政协关于加强委员联系群众工作，经过探索实践，已建成“联合律师楼”等14家委员工作站，融入群众生活，广泛凝聚共识、反映社情民意、参与基层协商、服务群众需求，搭建起委员与群众的“连心桥”。开展主题教育活动。按照统一部署，围绕党史学习教育、建党百年主题活动，牵头协调委员参与市区重大活动。重点参与了“团结在光辉的旗帜下”暨纪念“五一口号”发布系列活动、卢沟桥醒狮杯越野跑、中国戏曲文化周、观影、女委员联谊、委员录制“唱支山歌给党听”MV、参加市政协“学党史”政协报告厅、今雨书院及观看歌剧等20多项活动。突出学习重点。学习委员会认真制定学习计划，明确学习内容、形式、手段，紧扣区政协党组中心组学习要求，注重统筹中共党员委员分组学习、组织全体委员学习、服务专委会学习相结合，推动了学习全覆盖。认真组织开展学习解读，深刻领会思想观点、精髓要义，委员们认真撰写学习体会，积极开展研讨交流。丰富学习形式。为适应疫情防控常态化需要，采取线上与线下、集中与自学、研讨与交流相结合的学习形式。做好日常学习内容的推送和重要精神的摘编，并组织开展学习交流活动。为全会新增补的33名委员编印专门的学习资料、邮寄政协工作书籍，积极开展线下自主学习。注重学习效果。用好学习微信群和网络视频学习平台。组织部分委员到会场和其他委员通过网络视频方式参加市政协视频报告会。向全体委员发出《关于开展读书学习活动的倡议书》，引导委员在工作、生活中“多读书读好书善读书”。

（柴大庆）

重要活动

【市政协赴丰台活动】 4月20日，北京市政协副主席陈军带领市政协农业和农村委一行到丰台区调研，围绕“进一步扶持壮大农村集体经济，助推新时代乡村振兴”召开座谈会，并到金唐中心、金唐西联大厦、中都科技大厦3个集体经济项目进行实地考察。9月1日，北京市政协人资环建委主任周正宇带队到丰台区围绕两个“关键小事”进行民主监督调研。委员们先后到芳城园二区、芳群园三区，调研社区垃圾分类、物业服务管理和物管会建设情况，并与社区干部、居民代表、志愿者、物业公司等人员进行了座谈。10月14日，市政协人资环建委主任周正宇带队到丰台，围绕“丽泽金融商务区规划建设情况”开展专题视察。

（柴大庆）

【党史学习教育活动】 3月22日，丰台区政协召开党史学习教育动员会，学习贯彻习近平总书记在中央党史学习教育动员大会上的重要讲话精神，落实中央关于开展党史学习教育的决策部署和市、区委有关要求，对区政协党史学习教育进行动员安排。3月25日至26日，区政协机关党员、干部围绕党史学习教育开展为期两天的集中学习。4月2日，召开区政协处级领导干部党史学习教育交流会，处级党员干部围绕“学党史、悟思想、办实事、开新局”主题，联系各自工作实际，交流心得，畅谈体会，相互启发，共同提高，为机关开展党史学习教育发挥了示范带动作用。4月19日，市政协举办政协报告厅，邀请中央党史和文献研究院原院务委员陈晋作“学党史：看精神、看国家、看道路”报告。5月14日，区政协委员及机关全体人员通过远程连线设立的分会场，参加市政协报告厅，听取中共中央党史研究室原副主任石仲泉，围绕《关于若干历史问题的决议》《关于建国以来党的若干历史问题的决议》的制定，所作的党史学习辅导报告。5月19日，区政协机关党员、干部在观看重大革命历史题材电视剧《觉醒年代》基础上，机关各支部开展了集中学习交流，畅谈学习体会。5月31日，丰台区政协中共党员委员在抗日战争纪念馆开展党史学习教育活动。6月11日，区政协委员及机关全体人员通过远程连线设立的分会场，参《加市政协报告厅》学习，听取了中国社会科学院原副院长李慎明，围绕《旗帜鲜明反对历史虚无主义，树立正确党史观》所作的党史学习辅导报告。7月12日，区政协党组书记、主席刘宇以“传承红色基因 提高党性修养 强化责任担当”为主题，为机关全体党员、部分党员委员作党史学习教育专题党课。7月13日，区政协组织文化艺术界委员和书画家参加市区两级政协庆祝建党百年书画作品展。

（柴大庆）

【走访慰问】 2月5日，区政协主席刘宇带队到长辛店镇地区开展节前安全检查和走访慰问困难党员、困难群众工作。3月3日，区政协领导与解放军总医院第五医学中心领导进行座谈交流。3月8日，区政协全体机关人员走进融今文化·融懿国风馆走访殷丽莉委员，调研企业并参与非遗体验日活动。3月9日，丰台区政协副主席连宇同志带队走访了北京华远意通热力科技股份有限公司。3月16日，区政协主席刘宇带队走访重点企业中国工商银行股份有限公司北京丰台支行。4月1日，丰台区政协副主席连宇带队走访了东颐食品科技有限公司和北京中联勘工程技术有限责任公司。4月22日，区政协主席刘宇带队走访重点企业北京科园信海医药经营有限公司。4月26日，区政协副主席段德珍带领区政协专委会工作四室工作人员到丰台区伊斯兰宗教协会进行斋月慰问，看望了正在把斋中的伊斯兰宗教代表人士。5月13日，区政协主席刘宇实地走访丰台区康助护养院。6月16日，区政协走访委员单位基督教丰台堂。6月29日，区政协党组书记、主席刘宇就加强政协委员工作站建设工作到首科大厦委员工作站进行调研。7月6日，区政协党组书记、主席刘宇就加强政协委员工作站建设工作到中都科技大厦委员工作站进行调研。7月14日，区政协党组书记、主席刘宇就加强政协委员工作站建设工作到常鸿律师事务所委员工作站进行调研。

（柴大庆）

【专题协商】 1月29日，区政协提案委组织创意城市和数字文化产业专家到丰台区发展投资有限公司，就区政协刘艳斌委员的提案进行协商。3月19日，区委办、区政府办、区政协提案委联合召开区政协提案办理工作座谈会，区发展改革委、区卫生健康委、丰台园管委、区民政局和区园林绿化局的相关负责人参加了座谈会。3月25日，区政协社会法制、民族宗教和港澳台侨委员会召开2021年全体会议，社会法制、民族宗教和港澳台侨委员会委员及特邀人士参加了会议。4月8日，区政协召开2021年教文卫体委员会、文史资料委员会工作对口协商会。4月8日，区政协组织政协委员走访区城管委，面对面协商交流提案办理工作。4月20日，区政协教文卫体委员会、文史资料委员会召开2021年全委会暨协商工作部署会。4月21日区政协十届提案委员会召开第十一次全体会议。4月23日，区政协社会法制和民族宗教港澳台侨委员会围绕“健全完善志愿服务机构机制，加强志愿者队伍建设”季度协商恳谈会议题，组织政协委员到卢沟桥乡调研座谈。5月12日，区政协专题调研组围绕“充分利用独特历史文化优势，推进卢沟桥—宛平城—长辛店文化片区建设”协商议题开展调研活动，委员们赴卢沟桥、宛平城实地考察，区文旅局、卢沟桥文化发展中心和宛平城地区办事处等有关单位负责人参加活动。5月14日，区政协社会法制和民族宗教港澳台侨委员会围绕“健全完善志愿服务机构机制，加强志愿者队伍建设”季度协商恳谈会议题，组织委员到右安门街道进行实地调研。5月20日，区政协社会法制和民族宗教港澳台侨委员会组织调研组成员和部分政协委员，围绕《北京市接诉即办条例（草案）》到宛平城地区市民诉求处置中心，召开立法协商调研座谈会。5月21日，区政协农业和农村委组织专委会委员到王佐镇，围绕“贯彻新发展理念，促进现代都市农业提质增效”开展专题调研活动。6月16日，区政协“充分利用独特历史文化优势，推进卢沟桥—宛平城—长辛店文化片区建设”专题调研组、党员委员活动第二分组的部分委员赴长辛店地区学习考察，区委宣传部、区文旅局等有关单位负责人参加活动。6月17日，区政协人资环建委组织专委会委员到河西地区，围绕“加强水环境治理，助力创建国家卫生区”开展专题调研活动。6月22日，区政协《北京市接诉即办条例（草案）》调研组，组织调研组政协委员，围绕《北京市接诉即办条例（草案）》市委交办稿，召开立法协商专题研讨会。6月23日，区政协组织《北京市接诉即办条例（草案）》调研组委员参加市区调研组活动，到市民热线服务中心（北京亦庄开发区北环东路1号中国联通信息大厦B座），参与12345热线值守活动，现场听取民意，实地了解接诉即办工作机制和运行流程。7月2日，区政协教育民主监督小组部分成员到丰台教委，参加2021年义务教育阶段第二批派位入学计算机分配现场会，对丰台区2021年义务教育阶段入学派位情况开展了现场监督。7月16日，为不断提高提案办理质量、促进办理成果转化落实，区政协组织召开提案追踪协商会，就2020年度部分提案进行办理协商。9月9日，区政协人资环建委组织专委会委员围绕“无障碍环境建设”开展专项民主监督调研活动。9月17日，区政协党组成员、副主席段德珍重点督办农工党丰台区工委提案《关于发挥区域养老机构的统筹辐射作用，提升养老驿站市场化运营服务能力的建议》并讲话。

（柴大庆）

【政协讲坛】 3月25日，区政协举办“政协讲坛——加强和创新市域社会治理，推进市域社会治理现代化”集中学习活动，邀请区委政法委分管日常工作的副书记翟光红围绕市域社会治理现代化进行专题辅导。4月20日，区政协教文卫体委员会、文史资料委员会举办“政协讲坛”集中学习活动，邀请丰台区政协教文卫体委员会委员常卫东作《民法典之热点案例解读》专题报告。5月20日，区政协举办题为“路演丰台——讲述丰台故事·传递产业价值”的“政协讲坛”学习报告会，区政协委员和机关干部共计40人参加。6月4日，举办“政协讲坛”集中学习活动，邀请北京天坛医院神经精神医学与临床心理科主任王春雪作《在压力中保持身心健康的医学建议》健康讲座。

（柴大庆）

2022 北京丰台年鉴

中共丰台区纪委 丰台区监委

综　述

【概况】2021年，在市纪委市监委和区委的坚强领导下，丰台区纪检监察组织聚焦主业、忠诚履职，保障现代化建设大局，融入首都反腐败全局，为“十四五”开局起步提供坚强保证，为首都反腐败工作作出贡献。学习习近平新时代中国特色社会主义思想，以政治监督践行“两个维护”。坚持不敢腐、不能腐、不想腐一体推进，持续释放腐败治理效能。整治群众身边腐败和不正之风，不断提升群众获得感、幸福感、安全感。履行协助职责、监督责任，推动监督效能转化为治理效能。坚守政治巡察定位，完成十二届区委巡察监督任务。持续深化纪检监察体制改革，不断促进工作规范化、法治化、正规化。加强自身建设，把队伍建强、让干部过硬。

（乔　舒）

【十二届六次全会】2月8日，中共丰台区纪委十二届六次全体会议召开。全会的主要任务是以习近平新时代中国特色社会主义思想为指导，贯彻落实党的十九大和十九届二中、三中、四中、五中全会精神，贯彻落实十九届中央纪委五次全会、市纪委十二届六次全会和区委十二届十三次、十四次全会工作要求，回顾2020年纪检监察工作，部署2021年工作任务。审议通过李正斌同志代表区纪委常委会所作的题为《以纪检监察工作高质量发展的新成效向中国共产党成立100周年献礼》工作报告。

（乔　舒）

【党史学习教育】年内，区纪委区监委组织开展党史学习教育，班子成员带头学习“四史”，学习习近平总书记重要讲话，参加老干部座谈会、党史知识竞答、参观中国共产党历史展览馆等系列主题活动，宣讲党的十九届六中全会精神。全年组织集体学习35次。坚持把监督保障建党百年庆祝活动作为党史学习教育的生动课堂，专门下发监督工作通知，组织签订保密承诺书，依托“两清单”“双周调度”机制，督责任、促整改，发现问题23个，提醒谈话4人。

（乔　舒）

【纪检监察体制改革】年内，区纪委区监委持续深化纪检监察体制改革，不断促进工作，推动形成监督合力。加强区委巡察机构与区纪委区监委有关部门的协作配合，建立健全5个方面工作机制。推进党内监督与司法监督、审计监督的统筹协调，与区法院签署职务犯罪案件协作配合意见，与区审计局探索实践加强协作配合的工作机制和实施路径。加强与区检察院、区公安分局、区税务局沟通联系，增强监督严肃性、协同性、有效性。持续提升规范化水平，修订完善区纪委区监委机关监督检查审查调查措施使用规定，开展全区纪检监察组织问题线索处置和案件质量专项监督检查，发现并整改5项83个问题。筹划启动规范性文件清理工作。

（乔　舒）

【队伍建设】年内，区纪委区监委加强自身建设，把队伍建强、让干部过硬，强化政治建设，落实向市纪委市监委和区委请示报告工作制度，全年请示报告300余次。坚持集体讨论决定“三重一大”事项，全年召开常委会会议35次。围绕推动“三新一高”重大决策部署、市区规划落到实处，强化对集体“三资”管理、拆迁腾退、土地开发等方面监督治理，领导班子成员带头深入基层调研600余次，行政区划调整后监督治理工作研讨成果被转发全区。推动社区（村）纪检委员兼任居（村）务监督委员会主任，并将社区（村）纪检委员履职情况纳入监督工作考核。制定分层分类分项培训计划，选派36名干部到中国纪检监察学院脱产培训。安排基层干部到机关以干代训、跟班锻炼。持续完善自身权力监督制约机制，狠抓经济责任审计整改，健全完善内控制度，全覆盖建立系统干部廉政档案，查核反映系统干部问题线索，提醒谈话5人，批评教育1人，诫勉1人，给予党纪处分1人，督促整改问题1件。

（乔　舒）

▲2月8日，召开中共丰台区纪委十二届六次全会。（李承橙 摄）

监督检查

【政治监督】年内，区纪委区监委坚持常态化疫情防控监督不放松、不懈怠，

▲12月8日，召开中共丰台区第十三届纪律检查委员会第一次全体会议。（李承橙 摄）

针对各项防疫要求落实开展监督检查、督促问题整改。累计开展监督检查4732次，督促整改问题330个。坚持把市委巡视整改作为严肃政治任务，一手抓全区整改监督，一手抓自身问题整改，组织明察暗访354次，专项检查43次，采取第一种形态处理82人，立案7人，给予党纪政务处分4人。围绕北京冬奥会冬残奥会筹办工作、赛事运行保障等重点任务开展监督检查234次。

（乔　舒）

【日常监督】 年内，区纪委区监委结合行政区划调整，动态更新分片分类分层监督模式，搭建立体化全覆盖的监督工作格局。坚持“拉榜单、亮黄牌”制度，根据监督主体分类设置指标，履行协助职责，协助区委一体推进全面从严治党（党建）工作检查考核和政治生态分析研判，每季度汇报党风廉政建设形势，协助区领导督促分管领域整改，落实区委主要领导重要批示62件次。协助区委制定落实《丰台区关于加强对“一把手”和领导班子监督的具体落实措施》，做实做细同级监督。协助区委严把选人用人关，提供廉政意见回复16801人次。

（乔　舒）

【专项监督】 年内，区纪委区监委开展对乱占耕地、违法建设、绿地认建认养、大棚房专项治理等规自领域问题监督检查，每月向市纪委报告，发现问题3个，约谈提醒1人，批评教育2人。组织全区党员、干部和公职人员填报涉违法占地、违法建设等事项，覆盖104个单位18万余人，梳理发现涉违人员311人。开展开发区、粮食购销领域腐败、燃气安全领域专项整治。开展停车收费领域腐败和作风问题专项整治，形成台账106条，发现问题2个，处置问题线索2件，下发提醒函1份。围绕换届选举严格监督执纪，建立区、街镇、社区（村）三级联动监督机制，从严把关区“两代表一委员”廉政情况，组建10个督导组对乡镇换届开展督导，对全区所有社区（村）“两委”换届监督全覆盖，建立“两委”换届问题线索台账，提醒谈话2人。精准监督大红门地区服装市场综合整治提升工作，现场监督检查160余次，督促整改问题20余条。

（乔　舒）

审查调查

【惩治腐败】 年内，区纪委区监委坚持有案必查、有腐必反，保持高压态势，持续释放腐败治理效能。发挥区反腐败协调小组职能作用，组织政法队伍教育整顿专项问题线索处置情况监督检查，对51件问题线索办理情况逐一核查，立案14人，给予党纪政务处分12人，其中移送检察机关1人。结合市委巡视整改加大追责问责力度，对3名违反纪律、履职不到位正处级“一把手”严肃处理、全区通报。运用监督执纪“四种形态”处理1287人次。加大对规自、国企、农村等领域执纪执法力度，减存量、遏增量，全年共受理检举控告类信访举报1134件，同比增长22.9%；立案195件，同比增长21.1%；给予党纪政务处分143人，同比增长17.2%；移送检察机关11人，同比增长120%。第一、二、三、四种形态分别占比88.3%、7.3%、1.5%、2.9%。全年办理上级、外省、同级纪检监察机关协作协查事项105项，处置指定管辖问题线索34件，立案22人，留置11人。

（乔　舒）

【追逃追赃】 年内，区纪委区监委加大追逃追赃和防逃力度，从严查核“一人多证”问题线索，立案3件，持续向外逃人员施压，劝返2名国内在逃人员，实现国内任务清零，有关工作向区人大常委会专题报告。

（乔　舒）

作风建设

【纠治“四风”】 年内，区纪委区监委健全完善工作机制，搭建与财政、审计、税务等部门联动监控机制，运用信息化手段深挖电子红包、私车公养、“不吃公款吃老板”等隐形变异问题。紧盯重要节点靠前监督，深入实地现场监督，督促各单位落实廉洁过节、值班报告、离京报备等规定要求。建立基层“四风”观测机制，设立6个观测点，指导各观测点位深入摸排和解决困扰基层的“四风”问题。全年查处违反中央八项规定精神问题38起，给予党纪政务处分37人，组织处理1人，通报典型案例9起。集中开展违规发放津补贴或福利、违规收送名贵特产和礼品礼金、违规吃喝、违规配备使用公务用车专项整治。推动公务接待中“吃公函”问题专项整治。查办相关企业私车公养、公车私用，相关部门违规收受礼品礼金，相关事业单位违规发放福利等窝案串案。

（乔　舒）

【整治群众身边腐败和不正之风】年内，区纪委区监委推进“接诉即办”监督，明确“接诉即办”定期派单制度，对派驻纪检监察组、街镇纪检监察组织每月抽查工单数量、检查内容提出明确规定。核查属实工单702件，下发提醒函、纪检监察建议书9份，主动约谈、谈话提醒、批评教育、责令检查141人次，诫勉1人，通报曝光4人。开展“打着教育旗号侵害群众利益”突出问题专项监督，查阅教育培训相关“接诉即办”台账2200余件，派单311件，核查64件，督促整改7件，查处1人。聚焦“双创”工作，建立“4+13”创卫监督工作联动机制，开展督导检查847次，发现整改问题2151个。常态化惩治涉黑涉恶腐败和“关系网”，处置问题线索9件，立案并留置5人。

（乔　舒）

反腐倡廉宣传教育

【警示教育】年内，区纪委区监委协助区委召开“以案为鉴、以案促改”警示教育大会，结合监督执纪和巡察监督情况，指出违反政治规矩、中央八项规定精神、组织纪律，以及履行管党治党主体责任不到位等方面的突出问题，查摆国资、政法、教育、医疗、农村等领域的典型案例，指名道姓、剖析原因，并对全年受到诫勉、党纪政务处分的38名科级以上党员干部逐一通报。

（乔　舒）

【廉政巡回宣讲】年内，区纪委区监委组织“永远跟党走”廉政巡回宣讲，5名宣讲员从党史中的纪律故事入手，讲述党的纪律建设过程中的重要事件，以故事释德、以故事释纪，激发全体党员用严守纪律的自觉行动汇聚起推动“妙笔生花看丰台”加快形成生动实践的前进动力。开展宣讲6场，包括区委理论学习中心组、区纪委监委机关、卢沟桥街道、东高地街道、区人保局、区科信局，覆盖500余人。

（乔　舒）

【专题警示】年内，区纪委区监委指导推动集体“三资”管理、涉地涉拆领域专题警示教育落到街村，针对行政区划调整后，街道监管农村“三资”、土地开发的实际，深入成寿寺街道、分钟寺村开展调研座谈，组织街村领导班子成员、有关干部，村集体经济组织、开发公司负责人等60余人，集中观看涉农涉地专题警示教育片，区纪委区监委主要负责人以拉家常、话体会方式，交流情感、交换看法，引导大家严守纪律规矩，依法解决问题。

（乔　舒）

巡察监督

【巡察工作】年内，区纪委区监委完成十二届区委巡察监督任务，对照巡察任务台账，突出监督重点，推动完成3轮巡察工作，对42家单位进行“政治体检”，对被巡察党组织“一把手”监督，督促履职尽责、规范用权。坚持上下联动，配合市委巡视开展涉粮问题专项巡察。规范巡察档案管理，推进巡察信息化建设。谋划十三届区委巡察工作，并启动实施第一轮巡察监督。

（乔　舒）

【巡察问题整改】年内，区纪委区监委狠抓问题整改，强化结果运用，突出问题导向，做好巡察“后半篇文章”，组织召开巡察问题集中反馈会、整改联席会，区领导带头抓落实，各监督主体跟进抓督导，贯通“两个责任”。开展重点整治，对国资领域问题实施专项治理，对违规违纪问题开展“亮剑”行动，对社区（村）问题进行大起底，做到巡一次，治一域。

（乔　舒）

2022 北京丰台年鉴

民主党派

中国国民党革命委员会北京市丰台区工作委员会

【概况】2021年，民革丰台区工委在民革市委和中共丰台区委的坚强领导下，按照习近平总书记新时代中国特色社会主义参政党的“四新”“三好”要求，凝聚思想政治共识，夯实组织建设基础，提高履行职责能力水平，扩大社会服务成果，较好的完成年度各项工作任务。共有7个支部，支部委员49人，在册党员总数337人。共有20名党员成为十一届区政协委员，6名党员当选十七届区人大代表。圆满完成换届工作。六届区工委张兆旗主委荣获民革中央组织工作先进个人。七支部党员郭功清获得民革中央助力脱贫攻坚工作先进个人，区工委荣获民革中央脱贫攻坚先进集体。

（康冬花）

【区工委换届】年内，区工委六届班子认真按照民革市委换届工作要求，制定“2021年民革丰台区工委换届工作方案”及“2021年民革丰台区工委换届工作实施细则及流程”，对换届工作的重要意义、重点任务、工作原则提出明确要求，组织各支部坚持把握政策，树立正确的世界观、价值观、事业观，增强政治观念和大局意识，自觉维护组织决议，服从组织安排，增强广大党员遵守换届纪律的自觉性，平稳有序完成述职、民主评议、民主推荐程序，为六届区工委履职画上圆满句号。新任七届区工委班子成员以高度的政治责任感，在继承和发扬中深化政治交接，以“讲政治、重团结、干实事”为引领，完成区工委主副委和委员分工，确立了专委会和支部双轮驱动工作机制，把政治标准和政治要求贯穿领导班子和队伍建设各个方面。

（康冬花）

【参政议政】年内，根据丰台区委组织部、区委统战部政协换届工作意见，综合考虑参政议政能力意愿、民革特色代表性、人员层次等因素和结构均衡性，把区工委骨干力量及能够体现多党合作和政治协商格局的党员进行了推荐，共有20名党员成为十一届区政协委员，6名党员当选十七届区人大代表。组织召开区工委新一届代表委员履行职责培训会，进一步凝聚共识，提高履行职责能力。带着建议提案上两会，为民革组织增光，为地区建设出力。

（康冬花）

【调研与提案议案】年内，按照区政协调研任务分工，完成《充分发挥“丰九条”政策引导和激励作用研究》调研和报告撰写工作，创新提出“打造数字人民币跨境结算国家节点”等建设性建议，“落实十四五规划要求，增加对文化行业扶持政策”等建议被总报告采纳。完成“深入挖掘红色文化，打造全国一流爱国主义教育基地”“做好水生态环境保护助力丰台创卫工作”“打造营商环境‘丰台样板’助推经济高质量发展”三个课题的调研工作，其中“打造营商环境‘丰台样板’助推经济高质量发展”转化为区政协全会发言。全年提交区政协党派提案8篇，委员个人提案38件。

（康冬花）

【支部建设】年内，以示范支部创建工作同“作风建设年”相结合，制定《民革丰台区工委达标支部验收与市级示范支部推荐工作方案》，组织召开区工委达标支部验收与市级示范支部推荐会议，对参评支部在组织建设、制度建设、参政议政等方面工作提出评价。丰台一支部以班子强、指标硬、有特色获民革中央示范支部。丰台七支部以成绩突出、工作有亮点、活动有特色获北京市级示范支部。

（康冬花）

【中国共产党成立100周年主题活动】年内，围绕中国共产党成立100周年，组织开展“不忘百年初衷·共筑百年梦想”主题座谈会、新党员爱国主义教育活动、团结在光辉的旗帜下纪念“五一口号”发布73周年长走活动、丹青追忆童趣梦今朝共建新京城艺术作品展、庆百年华诞话南极科考筑百年梦想讲座、学习贯彻习近平总书记“七一”重要讲话精神座谈会、庆祝中国共产党成立百年朗诵会，组织参观学习北方红星长辛店革命遗址，组织参加线上线下北京第三十五届卢沟桥醒狮越野跑活动，组织开展纪念辛亥革命110周年、十九届六中全会学习专题活动，引导党员不断增进对中国共产党领导和中国特色社会主义的政治认同、思想认同、理论认同、情感认同。加大新闻宣传，被民革市委和丰台统战公众号采用宣传信息40余篇。

（康冬花）

【“我为民革贡献力量”主题学习实践活动】年内，举办“民革丰台区工委学习孙中山革命精神 增强民革党员历史担当——纪念辛亥革命110周年学习座谈会”，新老党员齐聚一堂畅谈交流，重温民革历史，纪念辛亥革命，缅怀革命先驱。北京社科院张毅副教授以《继承民革先贤之志，戮力中华民族复兴》为题，讲述110年的历史巨变。组织学习习近平总书记在纪念辛亥革命110周年大会上的重要讲话、民革中央主席万鄂湘在纪念辛亥革命110周年大会上的发言，围绕“加入民革为什么”“民革历史贡献担当是什么”“我能为民革做什么”主题开展讨论，杜荣军等丰台民革老领导和多位老党员结合自身经历分享了经验，年轻党员畅谈了传承发扬孙中山革命精神、薪火相传接续前行的志向追求。

（康冬花）

【信息报送】年内，共报送信息91篇，全市排名第5名。报送的信息被民革中央采纳1篇、市政协采纳15篇。郭嘉撰写的《解决金融行业“内卷”问题需进一步发挥政府引导》被民革中央采纳，实现零的突破。

（康冬花）

【"助学"活动】 年内，在佟麟阁学校组织开展新党员爱国主义教育活动。邀请民革市委社会服务调研组一行前往北京市第一所民办公益性农民工子女学校——蒲公英中学进行实地调研，为日后开展工作打下良好基础。在"六一"前夕，组织蒲公英中学学生观看"用心温暖 用爱陪伴"动画电影。举办"庆百年华诞、话南极科考、筑百年梦想"主题活动，由党员丰台医院血液科主任、中国第36次南极科考随队医生张俊峰主讲，区工委20余名党员和蒲公英中学百余名师生参加。联合大兴区工委共同捐资捐赠援助蒲公英学校环境建设，得到市委罗瀛副主委的肯定支持，亲自到场为西围墙建设奠基，两区联动提升了助学服务层次。

（康冬花）

【抗灾捐款】 7月，河南省持续暴雨导致区域性严重洪涝灾害，造成重大人员伤亡和财产损失，区工委以社服专委会名义向全区民革党员发出支援河南的倡议书，广大党员积极响应，捐赠善款10.57万元，汇往郑州慈善总会，用于紧急采购救灾物资。

（康冬花）

【"助老助困"活动】 重阳节期间，区工委向老党员发出致敬信，到老党员家看望，与老党员拉家常、话民革、聊发展。为解救一位80多岁老党员的燃眉之急，四支部21名党员献出爱心，捐款8966元；区工委为这位老党员争取到民革中央博爱基金会和民革市委、丰台区委的帮助。三支部主委林阳，组织安贞医院药事部携手平谷区峪口镇卫生服务中心，共同举办"不忘初心、服务百姓"义诊活动，为近500名当地群众提供了义诊与用药咨询服务，并为峪口镇30位基层村医开展心血管疾病诊治及合理用药培训。

（康冬花）

【参观台湾会馆】 年内，组织部分党员及台胞台属赴台湾会馆，参观"台湾艺术家庆祝中国共产党成立100周年作品特展"和"'中华魂·京台情'常年展"，并进行座谈。特邀李济深之女李筱松、北京市台胞交流服务中心主任王国防参加座谈。北京中山书画社副秘书长、一支部委员芦松阳代表丰台民革党员向台湾会馆赠送了自撰楹联书法作品，王国防代表台湾会馆向民革丰台区工委赠送了《台湾会馆与台湾同乡会》《清代台湾进士碑帖图鉴》《番薯仔两岸留痕》等书籍资料。

（康冬花）

中国民主同盟 北京市丰台区委员会

【概况】 2021年，在民盟北京市委和中共丰台区委的坚强领导下，在中共丰台区委统战部的指导帮助下，民盟丰台区工委坚持以习近平新时代中国特色社会主义思想为指引，坚定政治方向，勇担政治使命，较好的完成年度各项工作任务。开展中共党史学习教育活动，学习习近平总书记"七一"重要讲话精神，参加庆祝建党百年天安门广场庆典活动。"民盟传统教育基地"揭牌。圆满完成区工委换届工作。在区政协十一届一次全会上，民盟丰台区工委荣获2021年度"优秀提案集体"称号，多人荣获"优秀代表""优秀委员""优秀提案委员"称号。全区盟员达到525人。

（韩　亮）

【思想政治建设】 年内，庆祝建党百年，组织盟员代表在天安门广场参加庆典活动，现场接受精神洗礼。召开工委扩大会，学习习近平总书记"七一"重要讲话精神，交流心得体会，统一思想认识，凝聚奋进力量。开展"学习中国共产党史·讲好多党合作故事"政治共识专题教育。组织盟员赴中国共产党历史展览馆参观学习，各支部结合自身实际，开展专题会议、主题征文、参观学习等特色活动，持续推动政治共识专题教育有序进行。有效利用网站、微信、《丰台盟讯》等多媒体平台，加强思想政治宣传。全年累计向民盟市委网站、北京民盟公众号、丰台统战公众号报送文章20余篇，在民盟北京市委举办的2020年度"十佳"微信作品案例评比中，区工委三篇作品案例获"十佳"荣誉，另外一篇作品案例获"准十佳"荣誉，郑小丹、李方圆个人事迹入选盟员风采专栏。全年《丰台盟讯》出刊四期，刊登文章百余篇。

（韩　亮）

【参政议政】 年内，积极申报、承接、参与民盟市委重点调研课题5项，张雪梅、唐致军、信怀义等在民盟市委相关课题中发挥重要作用。做好民盟市委主委课题《首都高质量建设"博物馆之城"的问题及对策研究》来丰台调研服务保障，程红主委、时任区委统战部李岚部长参加调研座谈活动。积极参加中共丰台区委、区政府、区政协组织的政党协商、政协协商，就中共区委全会工作报告、政府工作报告等中心工作提出意见建议。与区工商联举行研讨会，就充分发挥"丰九条"等政策引导和激励作用，提出政策体系优化建议。科技、金融等支部联合开展课题调研，完成《紧抓服务业扩大开放机遇，大力发展丰台金融科技产业》课题报告，并转化形成党派提案和新一届政协大会发言。联合民盟市委法制委，筹备第三届民盟(北京)法治论坛，结合接诉即办、金融风险防范等领域，征集论文14篇，编印《第三届民盟(北京)法治论坛论文集》。联合北京设计学会和民盟市委职教委，举办元宇宙非遗教育设计沙龙。法治建设研究会召开线上讨论会，专题研讨《接诉即办工作条例》草案建议，多名法律界盟员积极建言，为地方立法发挥民盟智慧。

（韩　亮）

【社情民意信息】 年内，积极调动盟员撰写社情民意信息，编印《民盟丰台2021年参政议政建言集》，全年报送社情民意信息110篇，其中焦建、王浩等盟员撰写的多篇信息被民盟中央、中共北京市委统战部、北京市政协采用。

（韩　亮）

【优化组织结构】 年内，顺利完成区工委换届工作，新一届区工委委员中新任委员占比达到70%，组织结构进一步优化，重点界别比例进一步提高。按照民盟北京市委统一部署，对照“四新”“三好”要求，圆满完成“基层组织建设年”活动，区工委连续三年所有支部均达到民盟市委“四个一”规范支部建设标准，在民盟北京市委2020年度区级组织述职评议中，继续名列前茅，在区工委中排名第一。稳步推进组织发展，全面执行新的组织发展座谈会纪要，更加注重发展质量，更加突出重点界别。2021年工委完成27人的发展前期程序，民盟市委统筹优先批复18人，其中代表人士1人，重点界别、研究生以上学历占比均超过60%，圆满完成年度发展目标，截至年底，全区盟员达到525人。

（韩　亮）

【社会服务】 年内，各支部结合自身优势和特点，开展各具特色的社会服务活动。经济支部继续开展“衣旧情深”向四川甘孜州贫困牧区募捐活动，得到了社会广泛响应，赵欢积极参与民盟中央修缮重庆特园民主党派纪念馆捐赠活动，关文博持续开展公益助残活动，并与其他支部联合开展多项公益活动。教育一支部组织盟员参加学前学普行动计划，为大凉山地区的学前辅导员、幼儿教师的线上培训录制课。法律支部继续开展公益讲座进社区、进校园、进机关、进企业活动。科技支部开展青少年无人机科普讲座，普及无人机科学知。金融支部为河南灾区捐赠物资，盟员刘涛为丰台区5所学校捐赠1350套课桌椅。文化支部为盟市委8＋1行动提供有效支撑，王景轩持续组织多场书画作品慰问捐赠活动。

（韩　亮）

中国民主建国会北京市丰台区委员会

【概况】 2021年，在民建北京市委和中共丰台区委的领导下，民建丰台区工委坚持以习近平新时代中国特色社会主义思想为指导，深入贯彻中共十九大和十九届二中、三中、四中、五中、六中全会精神，全面贯彻落实中共中央和中共北京市委关于加强中国特色社会主义参政党建设有关文件精神，紧紧围绕区委、区政府工作大局和工作重点，扎实履行参政党职能，加强自身建设，为推进丰台区经济社会高质量发展贡献民建力量。截至年底，丰台民建共有会员749名，平均年龄约49.9岁，经济界人士以及相关专家学者543名，占比72%。工委设有16个支部，9个专委会。

（杜永娜）

【思想政治建设】 年内，以深入学习贯彻习近平新时代中国特色社会主义思想为主线，以中共党史学习暨庆祝中国共产党成立100周年主题教育实践活动为主要内容，抓重要节点、抓文化宣传、抓理论学习，不断加强思想政治建设，引领广大会员增强“四个意识”、坚定“四个自信”、做到“两个维护”。紧跟“五一口号”发布纪念日、“七一”建党节、“十一”国庆节等重要时间节点，适时开展党史讲座、红色遗址参观以及征集心得体会等活动。举办“永远跟党走”暨纪念“五一口号”发布73周年活动红色之旅活动，在重温历史中铭记合作初心；组织会员参观二七厂旧址，增强政治共识；发动会员通过多种形式参与庆祝中国共产党成立100周年，在学习习近平总书记“七一”重要讲话精神中坚定理想信念。在各类学习活动中，区工委以“铭记历史，传承初心”为主题面向会员征集学习心得体会，共收集25篇2万余字学习感想。充分发挥文化资源丰富的优势，通过开展丰富多彩的文化活动，在优秀文化艺术传播中推动党史学习走深走实。区工委与中央电视台音乐频道在卢沟桥抗日战争纪念馆合作拍摄音乐电视《中华颂》，用歌声祝福中国共产党百年华诞；举办庆祝中国共产党成立100周年书画摄影展，以艺术创作为载体，礼赞建党百年风华；组织书画家会员参与市政协举办的“百年历程 世纪辉煌”书画作品展，6名会员作品入选；印发《丰台民建》小报4期，

▲与中央电视台音乐频道在卢沟桥抗日战争纪念馆合作拍摄音乐电视《中华颂》。

▲中国民主建国会北京市丰台区工作委员会2021年换届调整大会。

累计向市委会网站、公众号发布稿件78篇，其中被民建中央网站采用稿件20篇，市委会公众号采用稿件10篇。

（杜永娜）

【领导班子建设】年内，平稳有序顺利完成换届调整工作。新的领导班子认真贯彻集体领导和分工负责相结合的原则，进一步完善各项工作制度，不断加强“四个建设”，提高“五种能力”，形成了民主、团结、务实的良好工作局面。

（杜永娜）

【会员之家建设】年内，认真贯彻落实民建中央、民建北京市委关于加强 “会员之家”建设的要求，以“会员之家”建设促进基层组织建设，“会员之家”支部多次联合其他支部开展组织活动，相互交流工作经验，实现资源共享、优势互补、互相促进、共同提高目的。鼓励、引导新会员通过列席区工委重要会议、参与重要活动、参加重点课题调研等方式，帮助新会员尽快了解会务工作和基层组织的运行。全年共发展新会员29名，均为本科学历，其中硕士学历8名、博士学历4名、中高级职称5名。

（杜永娜）

【参政议政】年内，进一步完善参政议政工作机制、课题调研机制、党派提案研讨机制，成立调研协调小组、重点课题调研小组，积极对接联络资源。围绕总体目标，坚持问题导向，紧扣市区两级中心工作，找准调研切入点、结合点、着力点。以老带新，团队协作，提高调研的深度和质量。注重调研成果的转化，工委提案及大会发言都来自重点课题调研，党派提案被定为区领导重点督办提案，多篇调研报告被区委统战部评为优秀调研报告，许多建议受到区政府高度重视并已纳入当前工作。全年组织开展重点调研课题15个。

（杜永娜）

【社情民意信息】年内，延伸工作触角，充分利用微信工作群，及时传递党和国家重大政策措施、各级信息征集要点，提供选题建议。定期发布《社情民意信息工作简报》，展示支部和会员信息工作成绩，推动信息工作开展。定期组织线下线上培训，普及信息撰写规范和要求，培训信息撰写技巧，分享被各级采用的信息。紧密结合议政调研、政协提案，将调查研究的阶段成果以信息形式及时报送。全年，民建丰台报送信息90余篇，其中民建中央采用2篇，北京市政协采用2篇，民建北京市委采用3篇。

（杜永娜）

【社会服务】年内，响应民建中央和民建北京市委号召，积极参与河北丰宁对口扶贫、北京门头沟“8+1”行动、河南汛情救灾捐助等工作。科技支部和会员企业水滴公司为河北丰宁土城镇学校捐赠医务室及助学金总价值13.2万元；社服委、综合五、文化及铁匠营支部充分发挥“名誉户主”作用，先后组织6次对门头沟房良村对口帮扶活动，通过收购农产品、送医问诊、文化扶贫等形式进一步巩固房良村脱低成果。在河南汛情发生后，各支部和会员累计为减灾救灾捐款捐物价值33.8万元。围绕“一老一小”“爱心扬帆”两大服务品牌统一部署，全方位、多层次深入开展社会服务工作。会员和会员企业累计开展养老院慰问活动6次，幼儿园及儿童福利中心慰问活动5次，面向防疫工作人员、环卫工人、残障人士等群体的慰问活动6次，共捐献各类物资价值200多万。区工委领导班子积极走访会员企业，了解企业经营生产、发展状况和面临的困境，助力惠企政策落地生效。积极搭建学习、交流、投资、教育平台，选派多名会员参加民建中央、民建市委以及中共丰台区委统战部举办的各类论坛、培训班等。依托“企业家下午茶”“科创沙龙”等会员之家品牌举办政策宣讲、经验交流活动，实现会内资源共享和对接。抓住春节、重阳节等重要节日，举办“翰墨飘香喜迎三八”“红色基因代代传”“金秋重阳送健康”等活动，以关心关爱老会员、女会员和会员家庭为抓手，温暖会员，凝聚人心。

（杜永娜）

中国民主促进会北京市丰台区委员会

【概况】2021年，民进丰台区工委根据民进北京市委员会和区统战部的要求，带领全体会员以“党旗引领 正道笃行”为主题，继续开展政治共识专题教育，深入学习中国共产党史、新中国史、改革开放史、社会主义发展史、多党合作史和民进史。坚持正道笃行，不断提高政治判断力、政治领悟力、政治执行力，与党同心同德，自觉在思想上政治上行动上同以习近平同志为核心的中共中央保持高度一致，充分发挥职能作用，积极参政议政，较好地完成年度工作任务。

（牛立明）

【加强学习提高政治站位】 年内，购买《中国新型政党制度》《中国共产党统一战线工作条例》《在庆祝中国共产党成立100周年大会上的讲话》单行本学习材料，发给工委领导机构成员，采取自学、班子成员集体学、副主委指导学、各支部通过微信群学等多种形式加强学习。深入贯彻学习中共十九届六中全会精神，号召会员提高政治站位，增加政治自觉性。组织会员分批分期参观中国政协史馆、北京民进会史馆、马叙伦纪念馆、北京人民艺术剧院、国家图书馆、北大红楼、郑振铎铜像、抗战纪念馆、长辛店二七纪念馆等。

（牛立明）

【组织队伍建设】 6月18日，顺利完成第八届工作委员会的换届工作。9月至11月底，推荐出丰台区人大代表4人，推荐产生区政协委员18人。依据《中国民主促进会规章制度制定条例》，完善领导班子议事规则，完善“三重一大”事项决策制度。根据《中国民主促进会会务公开条例》，建立并完善会务公开制度，坚持述职和民主评议制度，健全民主生活会、谈心会制度，落实领导班子成员联系基层和分工负责专委会工作制度。完善《民进北京市委关于市委委员履职管理及监督的暂行规定》等，不断提高领导班子成员的工作能力水平。进一步细化积极分子见面会制度，把握好发展对象的几个必要条件，完善领导机构成员发展会员制度。

（牛立明）

【参政议政】 年内，认真履行工作职责，团结带领广大会员，积极建言献策，圆满完成了各项工作任务。构建集智聚力的工作机制。以换届为契机，以建立参政议政工作群为先导，推动形成“提前布局、统筹调度、主委领衔、分管副主委具体组织、工委委员主动参与，各支部积极响应”的工作机制，逐步提升参政议政规范化水平。关注学生心理健康发展问题。支持程忠智老师执笔撰写党派大会发言《关于加强丰台区中小学心理健康教育保障力度的建议》，在分析近年来中小学生心理问题产生原因的基础上，提出建议行业主管部门牵头，建立高质量的中小学生心理服务站、促进家庭教育协同，为学生心理健康保驾护航，协助学校应对突发的心理健康危机事件，提升学生综合素质，促进全面发展。聚焦发挥政策激励作用，加大招商引资力度，推动区域经济高质量发展问题，广泛动员、深入开展协商议政工作。紧扣区域发展中心工作，联合兄弟党派（农工党），深入重点功能区，就创新驱动发展、优化营商环境等方面工作进行专题调研，形成《“两区”建设招商策略及配套政策研究》，为主委在区议政协商会上做党派发言做好准备工作。编制完成《民进丰台区第八届委员会五年发展规划（2021–2025）》，就其中参政议政工作提出主要目标、重点工作与举措。

（牛立明）

【社情民意信息】 年内，结合民进市委社情民意信息“清零”工作，广泛调动基层支部和人大代表、政协委员、骨干会员的积极性，提交近70篇社情民意信息，内容涵盖经济建设、民生保障、“七有五性”等多个领域。组织全体支部参与“推荐民进全国反映社情民意信息先进基层支部和先进个人”活动。区工委经济支部荣获民进全国反映社情民意信息先进基层支部荣誉称号。

（牛立明）

【社会服务】 年内，组织会员开展形式多样的社会实践活动。3月6日，在丰台区联合律师楼召开庆祝三八节活动，聘请会员律师进行民法典培训。采取线上形式，为河北省涞水县明义乡中心校的广大师生，提供教学辅导。通过网络，帮助山西运城推销滞销苹果。到丰台区康助养老院，慰问“三无”人员。为河南水灾捐款34550元。到农村扶贫助残基地调研，为残疾人小朋友进行音乐康复治疗，制作阳光小课堂。助力乡村教育，北师大实验小学参与“授渔计划，乡村扶志”教学活动。暑期，到山西长治市黎城县，为当地小学中学村支部赠送书画作品，并参加与长治民进市委的交流活动。10月10日，在丽维赛德酒店组织开展重阳节庆祝活动，50余人参加。在春节和重阳节期间，慰问会员80人。

（牛立明）

中国农工民主党北京市丰台区委员会

【概况】 2021年，农工党丰台区工委在北京市委的坚强领导下，在丰台区委统战部的悉心指导下，以习近平新时代中国特色社会主义思想为指引，认真贯彻落实《中共中央关于加强中国特色社会主义参政党建设的意见》等三个文件精神，深入学习贯彻中共十九大及十九届历次全会精神，按照“四新三好”的要求，紧紧围绕市区两级的中心工作和重点任务，在组织建设、政治思想建设、参政议政、社会服务、民主监督等方面做了诸多工作并取得较好成绩。

（姜元近）

【建立健全制度规范工作运行】 年内，持续建立健全各项规章制度，编制制度体系，查漏补缺，建立和完善必要的工作制度、学习制度、会议制度、档案管理制度等制度体系，保证各项工作有序开展。加强制度的贯彻执行，认真履行职责。落实民主集中制原则，重要事项、重大决策通过主委（扩大）会、工委（扩大）会、专题会决定，实现科学、民主决策。

（姜元近）

【换届工作平稳有序】 年内，严格执行农工党市委换届要求和程序，制定《中国农工民主党丰台区工作委员会2021年换届工作方案》，召开专题工作部署会，经过民主评议、民主推荐、考察、公示等组织程序，召开农工党北京市丰台区工委第六届工委换届大会，区工委各支部党员92名参加会议，实现换届工作平稳有序进行，顺利完成工委领导机构和领导班子新老政治交接。按照北京市委的要求，按照既有惯例开展领导班子成员届中述职评议工作，有效激励民主党派领导班子及其成员的履职行为，积极打造高素质参政党基层组织核心班子，切实提升多党合作制度效能。

（姜元近）

【发展党员】 年内，坚持以农工党主要界别为方向，政治质量与数量并重，认真做好党员发展工作，吸纳符合本党界别特色的高中级专业与技术人士，共发展新党员5名，入党积极分子14名。截至年底，丰台区工委共有基层支部12个，共有党员454名。支部新班子平均年龄45.8岁，女性党员占比56%，绝大多数具有中高级职称。区级和基层支部领导班子政治素质和综合素质得到进一步提高，为党派履职参政提供了良好的基础。

（姜元近）

【课题调研】 年内，农工党中央在北京举办的"第四届人口发展战略研讨会"，丰台区工委共投稿3篇，1篇被大会录用为口头发言，2篇被论文集录用，采用率达100%。副主委李俊作为课题组负责人及执笔人撰写的《优化完善京津冀产业布局 构建环首都公共卫生应急物资保障体系》调研报告，荣获农工中央2020年度优秀调研报告二等奖。丰台区工委上报的《推广医保电子凭证脱卡结算，助力居家养老实现远程医疗照顾》《北京市名医工作室传承和发展创新影响因素的调查研究》等课题被确定为2021度市委重点调研课题。《北京市农村生活污水治理对改善人居环境的成效及评估》等课题列为自选调研课题，并作为典型代表在中共丰台区委召开的议政协商会上做题为《制定积极产业政策 助力丰台经济腾飞》的发言。

（姜元近）

【提案建议】 年内，17名区工委农工党员，以丰台区十一届政协委员的身份参加中国人民政治协商会议北京市丰台区第十一届委员会第一次会议，会议期间主委韩秀娟作了《优化行业监管办法 提升养老服务质量》的大会发言，工委提交了《关于〈优化行业监管办法 提升养老服务质量〉的建议》《关于将互联网+医保政策赋能智慧家医促 进社区卫生服务机构提质增效的建议》2个党派提案，共有12名委员向大会提交了13个委员提案。

（姜元近）

【社情民意信息】 年内，通过北京市农工的"参政议政综合平台"上报社情民意信息18篇，被各级组织采纳6篇。刘均娥撰写的《关于提升老年人社会参与的建议》和王计辰撰写的《关于加强死亡患者医保卡管理的建议》两篇社情民意信息，被农工党中央《信息专报》采用并上报全国政协。

（姜元近）

【民主监督】 年内，党员刘均娥、齐振受聘为北京市特约民主监督人员，三人分别参加农工党北京市委会2021年城南行动计划专项民主监督调研活动和丰台区太平桥街道办事处驻地迁移社会稳定风险评估座谈会。李俊、吴小刚、张涓等三名党员获得"农工党中央脱贫攻坚民主监督工作先进个人"称号。区工委3名人民陪审员，在丰台区法院的统一调度和协调下，积极参与丰台区各种刑事与民事案件的陪审工作，共参加陪审40余场次，发挥了应有的法律监督作用，体现了参政党的"诤友"价值。

（姜元近）

【副主委叶财德积极参与疫情防控】 年内，工委副主委叶财德作为全国社区新冠疫情防控指导组专家成员，积极响应号召，参与处置了北京的顺义、大兴、通州，广东的广州市、佛山市、深圳市、东莞市，福建的厦门市，宁夏的银川市、吴忠市及青海的西宁市的多地疫情，为各地疫情精准防控、尽快做到感染病例"动态清零"贡献党派力量。

（姜元近）

【脱贫攻坚喜获荣誉】 年内，区农工委收到黑河市爱辉区教育体育局、玉树藏族自治州民族宗教委员会发来的感谢信，对以区工委和京剧院支部党员张涓名义捐助的各3万盒意大利原装进口"妈咪爱"液态奶行为表示感谢。党员吴小刚、张幼林、李俊、孟霞、郑秋锁等5人获得农工党中央脱贫攻坚工作先进个人荣誉称号。

（姜元近）

中国致公党北京市丰台区委员会

【概况】 2021年，致公党丰台区工委在致公党市委和中共丰台区委的领导下，在中共丰台区委统战部的指导下，带领各支部及全体党员，认真学习贯彻习近平新时代中国特色社会主义思想和中共十九大及十九届历次全会精神，继续开展"不忘合作初心，继续携手前进"主题教育活动，围绕丰台区经济社会发展战略布局，积极履行参政党职能，完成年度各项工作任务。截至年底，区工委下设四个支部，共有党员128人，分布在政府机关、经济、科技、法律、卫生及教育等领域，具有"侨、海"关系的党员占80.5%。党员中现有全国政协委员2人，北京市政协委员2人（其中政协常委1人），区人大代表2人（其中人大常委1人），区政协委员16人（其中区政协常委2人），区侨联常委1人，区青联常委1人，新阶层组织理事1人。

（宋　煜）

【换届调整工作】 年内，在致公党市委的领导和中共丰台区委统战部的指导下，圆满完成换届调整工作。6月20日，召开2021年换届调整大会。会上，丰台区第三届工作委员会主委王艳霞作了五年工作报告。市委区级组织换届工作领导小组办公室主任张岩宣读了《致公党市委关于致公党丰台区第四届工作委员会领导机构任命的决定》，任命廖春迎为新一届区工委主任委员，毛颖梅、宋煜、李建乐为副主任委员，王颖彦、邓岩、宁美芝、权雅雯、刘亚婷、李蕊、杨会银、周书江、徐薇娜、蒙乐为委员。毛颖梅代表新班子向离任区工委领导机构同志宣读了致敬信，廖春迎代表新一届班子成员作了表态发言。闫傲霜代表致公党市委对新任委员表示祝贺，并对中共丰台区委和区委统战部给予丰台区工委工作的大力支持和帮助表示感谢，对区工委和党员们所付出的努力与取得的成绩给予充分肯定，对新产生的工委领导集体提出要求。李岚代表中共丰台区委向大会的胜利召开和区工委新一届领导班子成员表示祝贺，对致公党丰台区工委过去五年的工作给予了充分肯定，并希望在今后的工作中继承和发扬致公党优良传统，发挥优势、创新有为，为首都建设、丰台发展做出新的更大的贡献。会后，在充分征求意见的基础上，对一支部和二支部委员进行调整，选拔年轻党员进入支部领导班子。

（宋　煜）

【参加区政协人大会议】 12月13日至15日，区工委主委廖春迎等新一届区政协委员共16人，参加了政协北京市丰台区第十一届委员会第一次会议，共商丰台区和区政协建设大计。主委廖春迎代表区工委作了大会发言，题目为《进一步提升无障碍环境建设质量，打造首都全龄友好示范区》。会上，致公党丰台区工委获得2021年度优秀提案集体，多位委员获得优秀嘉奖，曹莹、毛颖梅、王若雄被评为优秀提案委员，徐薇娜、王若雄被评为优秀委员。12月14日至16日，区工委新一届区人大代表宋煜、李晓东参加了区第十七届人民代表大会第一次会议，依法履行代表职责。在本届区“两会”上，来自致公党的人大代表和政协委员认真履职尽责，共提交大会提案、议案10件。其中由副主委李建乐执笔的《关于加快落实“双减”政策，推进教育服务综合体在丰台区试点建设的建议》，充分体现了区工委对重大现实问题的关注，为丰台区的经济社会发展贡献了智慧和力量。

（宋　煜）

【主题教育活动】 年内，按照致公党市委和中共北京市委统战部的统一安排，持续开展“不忘合作初心，继续携手前进”主题教育活动。结合庆祝中国共产党成立百年系列活动，印发了《关于认真学习贯彻习总书记“七一”重要讲话精神的通知》，要求全体党员积极开展有针对性和实效性的学习活动。主委廖春迎参加了全国政协、致公党市委的相关主题学习活动并做了大会发言，副主委宋煜撰写的感想体会被“北京致公”公众号采用，副主委毛颖梅和上届区工委秘书长王峻撰写反映建党以来北京建设取得进步的文章，被市政协收录到《团结在光辉的旗帜下》文集中正式出版。组织学习《习近平总书记在纪念辛亥革命110周年大会上重要讲话》，带领全体党员树立高度的民族自尊心和民族自信心，坚持大团结大联合，不断巩固和发展最广泛的爱国统一战线。组织学习十九届六中全会精神，各支部开展形式多样的专题学习活动。廖春迎、王艳霞同志参加了北京市委常委扩大会议，在线上交流了学习心得体会被“北京致公”公众号采用。主委廖春迎在政协北京市委常委专题学习会议上作了报告，获得了积极反响。副主委宋煜参加致公党中央“加强理论研究，坚持发展好中国新型政党制度”专题座谈会，作了题为《民主党派在全过程人民民主中的实践路径研究》的发言。副主委宋煜执笔的《推进基层治理是发挥统一战线独特优势的重要路径》被评为2020年度北京市统战理论研究与调查研究优秀成果三等奖。

（宋　煜）

【参政议政】 年内，在致公党市委表彰的市级参政议政优秀成果中，李蕊执笔的《点亮京城夜经济 提升城市软实力》被中共北京市委统战部评为2020年度北京市统战系统优秀调研成果三等奖，宋煜执笔的《构建具有首都特点的超大城市基层治理新格局》获优秀调研成果。另有五篇社情民意信息被致公党市委评为2020年度优秀社情民意信息，分别是《在京高校“内高班”防控情况的反映》（张晓临）、《近期基层社区防疫工作中存在问题的反映》（曹

▲致公党丰台区工委扩大会暨学习“七一”重要讲话精神座谈会召开。

莹)、《奥地利疫情及华侨华人现状反映》(张晓临)、《关于加大占用消防车道违法成本的建议》(蒲天龙、宋煜)、《关于加强专业性机构技术支撑提高社区疫情防控能力的建议》被中共北京市委统战部评为2020年度北京市统战系统优秀信息(宋煜执笔)。其中,曹莹、宋煜同志执笔的社情民意信息和《建言专报》获市委书记蔡奇批示,宋煜同志参与执笔的社情民意信息也获张家明副市长批示。

(宋　煜)

【社情民意信息】年内,全体党员发挥"侨海"特色优势,及时撰写社情民意信息,报送社情民意信息20篇,15篇被相关部门采用。其中,宋煜执笔的《关于尽快优化医疗机构疫情信息采集方式和采集流程的建议》和《关于进一步优化"北京健康宝、通信大数据行程卡"的建议》被致公党中央采用,王松灵撰写的《关于我国临床医学人才培养体系改革建议》、宋煜撰写的《关于国有企业养老服务业发展的建议》被编入致公党中央《参政议政信息选编》。

(宋　煜)

【课题调研】年内,按照"揭榜挂帅"的原则,组织各支部和党员个人申报并完成致公党市委课题4项。其中,由王艳霞负责,宋煜执笔的《弘扬志愿精神,克服疫情影响,成功举办北京冬奥会》作为市委重点课题立项,通过开展调研工作,形成了社情民意信息和提案。在北京市政协和中共北京市委统战部联合召开的"努力克服新冠肺炎疫情影响,如期成功举办2022年北京冬奥会冬残奥会"协商议政会上,王艳霞代表市委作了题为《完善首都高校志愿者服务冬奥的保障机制》的即席发言。徐维娜负责的《关于促进科技创新成果在京转化落地的研究》、徐建娟负责的《学校教育空间视域下的劳动教育特色课程开发研究》和张晓临负责的《京雄教育优质均衡发展》被选为市委党派"两会"提案。按照区政协统一安排,由副主委宋煜负责,李蕊、曹卫华、蒙乐等

▲关于促进科技创新成果在京转化落地课题举办研讨会。

参与,圆满完成区政协议政会课题调研任务,在与民革合作完成《充分发挥"丰九条"政策引导和激励作用研究》的基础上撰写了《做好配套环境建设,提升城乡服务能力,充分发挥好"丰九条"等政策集聚效应》的报告,并在区政协议政会作了发言。

(宋　煜)

【社会服务】年内,按照新冠疫情防控的要求,积极组织参与线上和线下社会服务活动。4月25日,一支部和四支部党员齐聚云端,开展了题为"纪念建党100周年,学党史谈体会"读书活动,与会党员分享阅读书籍和学习体会,共同演唱歌曲《阳光路上》,线上活动丰富多彩,充满生机。7月24日,积极响应支援河南灾后重建的号召,各支部和党员纷纷向受灾地区捐款捐物,为河南战胜罕见的大汛大灾贡献致公力量。9月,各支部积极开展中秋节慰问老党员活动,并将"他和她的故事"理念信念教育活动相结合,并在活动后召开支部委员会议,传达了上级会议精神,汇报学习体会,总结近期工作,为支部发展献计献策。积极参与基层服务,助力社会治理。10月12日,副主委毛颖梅代表区工委参加由右安门街道办事处主办、右安门窦珍志愿服务联合会承办的"重阳大集"活动,以"幸福生活,从心开始"为主题,为辖区近百名老年志愿者讲授了心理健康维护方法,帮助大家牢固树立战胜疫情的坚定信心,在日常生活中用学到的心理疏导方法帮助身边的老年居民。

(宋　煜)

九三学社北京市丰台区委员会

【概况】2021年,九三学社丰台区委员会在九三学社中央、九三学社北京市委的领导下,在丰台区委统战部的指导下,圆满完成换届工作,九三学社丰台区第五届工作委员会成立。新一届区工委班子在韩如泉主委和班子成员的带领下,在丰台区全体社员的支持下,充分发挥在科技、教育、卫生领域的优势,面对持续不断的新冠肺炎疫情,积极履行参政党职能,自觉服务中心大局,在坚定完成本职工作的基础上,攻坚克难,积极投入到抗击新冠肺炎疫情工作中,同时,尽心尽责完成日常各项工作任务,各项工作取得显著成效。九三学社共有支社16个,社员499人。

(韩如泉　郑成保)

【思想政治建设】 年内，加强思想政治建设，通过线上视频会议、现场报告会等形式进行培训和学习。3月27日，在冠京饭店举办《学习中国共产党史，讲好多党合作故事》及全国“两会”精神培训班。7月2日，召开第二次主任会议，学习习近平“7.1”重要讲话精神。7月10日，组织学社成员赴长辛店参观“长辛店二七纪念馆”。

（韩如泉　郑成保）

【参政议政】 3月28日，在冠京饭店举办2021年参政议政暨信息工作培训班，共60余人参加培训。12月4日，采用线上会议形式，组织新一届代表、委员进行岗前培训，新当选的区人大代表、政协委员共33人参加了学习。12月13日，政协北京市丰台区第十一届委员会第一次会议召开，韩如泉当选为政协北京市丰台区第十一届委员会副主席，王晓明、温建东、邹迎等当选为政协北京市丰台区第十一届届委员会常务委员，韩如泉等新一届委员26人参会。

（韩如泉　郑成保）

【社会服务】年内，抗击新冠肺炎疫情，区工委的社员们通过担任志愿者、为抗疫捐款捐物等多种形式，为抗击疫情贡献力量。7月下旬，河南多地遭遇水灾，区工委积极协调救援队驰援河南新乡，并带去价值100余万元的物资。5月9日，九三学社北京市交通委支社成员赴小马智行公司进行调研，体验乘坐自动驾驶车辆，双方就自动驾驶汽车项目的发展进行了深入探讨。5月12日，市交通委机关党委支部全体党员和九三学社交通委支社成员一行，到亦庄经济开发区的 ApolloPark 参观学习（ApolloPark 是目前全球最大的自动驾驶和车路协同应用测试基地），并试乘最新一代百度自动驾驶车辆，相互交流体会看法，为自动驾驶车辆的发展建言献策。7月27日，九三学社北京市交通委员会支社联合丰台金融支社一行前往浪潮集团北京总部、千方集团等数字经济标杆企业，调研数字经济成果。

（韩如泉　郑成保）

2022

北京丰台年鉴

人民团体

丰台区总工会

【概况】 2021年，区总工会始终坚持以习近平新时代中国特色社会主义思想为指导，学习贯彻党的十九大和十九届二中、三中、四中、五中、六中全会精神，增强"四个意识"、坚定"四个自信"、做到"两个维护"，始终在思想上政治上行动上同以习近平同志为核心的党中央保持高度一致，以服务保障好建党100周年庆祝活动和认真开展党史学习教育为重点，围绕市、区中心工作，统筹做好新冠肺炎疫情防控，严格依照《中华人民共和国工会法》和《中国工会章程》的内容和精神，按照"依法建会、依法管会、依法履职、依法维权"的工作思路，提高政治站位，服务职工群众，推动形成围绕中心抓党建、抓好党建促业务的良好局面，各项工作取得了一定成效。

（孙　霏）

【基层组织建设】 年内，践行"双沟通"机制，积极与相关职能部门对接，以"两新"群体为重点鼓励职工入会。梳理全区35家医院中的护工护理公司台账摸清底数，开展免费健康体检、新入会送"八大保障"、户外暖心驿站等新就业群体亟需的多项服务。投入经费83万余元，定制保障用品2.5万份，吸纳发展"两新"群体会员25767人，整体任务完成率达122%。将百人企业建会作为年度工作重点，常态化开展企业信息分析核准，采取工作人员"包片"、兼职工会主席下企业宣讲等方式，不断推进建会工作。本年度开展职工沟通会595场，企业沟通会54场，新建会百人以上企业10家，百人以下企业34家，全区现有工会会员260778人，其中今年新发展会员31393名，取得历史性突破。

（孙　霏）

【劳模慰问活动】 年内，丰台区总工会组织在职和退休劳模共23人参加疗休养，为劳模发放各类慰问金、慰问品共计价值77万余元。全区荣获全国五一劳动奖状1个、全国五一劳动奖章1名、全国工人先锋号2个、首都劳动奖状3个、首都劳动奖章12名、北京市工人先锋号6个。

（孙　霏）

【扶贫协作】扎实推进工会对口援助、消费扶贫、结对帮扶等工作。在区工会宣传下，让各直属基层工会加入到消费扶贫中来，通过购买扶贫产品等方式，以实际行动为扶贫协作工作作出贡献。

（孙　霏）

【互助保障】年内，以职工需求为导向，持续开展贴心服务，7户困难职工家庭实现解困脱困，在档困难职工仅剩2户。全市首例针对新就业群体互助保险赔付在丰台落地。为因公牺牲、负伤消防队员和公安干警、亲属送去温暖救助金12.2万元。经不懈努力，联合上级单位为消防救援支队量身打造新险种"因公牺牲险"，填补了高危、特殊领域保障项目的空白。职工互助保障完成投续保979万元，超额完成市总任务，在全市始终保持前三位水平。

（孙　霏）

▲2月11日，为新发地市场留京人员分发过年饺子。

【社会服务工作】 年内，投入资金180万元，开展向社会购买服务项目，覆盖职工4.7万人。响应全总、市总外来务工人员就地过年的号召，各街镇（园区）工会服务站配送3.4万份自热饭和700箱水果，反响热烈。打造暖心伴考品牌，定制"专属伴考包"、定制"高考明信片"等项目，设立8个伴考服务点，招募志愿者近150名，服务考生家长5000余人次。组织劳模代表和机关事业单位代表参加重大庆祝活动。围绕常态下疫情防控、建党100周年、丰台区创卫、突发疫情防控等重点工作，自发和有组织的开展志愿服务活动1800余场次，参加志愿者3万余人次，服务群众20万人次。

（孙　霏）

▲5月24日，青海省玉树藏族自治州治多县总工会向区总工会赠送帮扶锦旗。

【打造丰台“工会+”维权服务品牌】 年内，维护职工劳动经济权益，以“四诊疗法”为抓手，将法律宣传通俗化、法制体检常态化、法律援助专业化，分类施策解决劳动争议案件，并将服务范围向“两新”人员拓展，依托“部门报到”优势，合力打造丰台“工会+”维权服务品牌。“工会+法院”服务品牌让维权工作再“向前一步”。区总工会与区法院签署了《关于进一步加强劳动争议调解联动工作的合作协议》，建立诉前调解对接工作机制，将律师调解、调解员调解、仲裁调解、法官专业指导连接起来，实现“法理+情理”的有机融合。《协议》签订后，工会接受法院指派调解案件94个，有效化解了社会矛盾，进一步完善了社会治理体系，此项工作得到了市级相关部门的肯定，并作为典型做法在全市推广。

“工会+部门”服务品牌，全力维护和谐稳定大局。采取共同建设管理体系、共同开展专项活动、共同解决难点问题“三步走”战略，积极对接职能部门，联合开展维权工作。探索将法律援助工作站直接设置在区人保局执法队，第一时间提供专业法律支持。联合建设“丰台区首家和谐劳动关系示范站点”，协同开展超时加班问题集中排查，集体研究化解长期上访、重点人上访、职工集体上访等信访问题，确保区域劳动关系和谐稳定。

“工会+律所”服务品牌，把专业服务送到职工身边。始终坚持专业人办专业事的工作理念，签约多家律师事务所，聘请专业律师，利用专业力量开展法律服务。对12家企业免费开展法治体检服务，帮助企业排查制度隐患、提出专业整改建议，将工作做到前头，提前化解风险问题。今年来共受理仲裁委转送的劳动争议案件540件，受理各类法律援助案件172件，为200余家企业免费进行答疑开展普法宣传讲座25场，受众达1000余人次，成效显著。

“工会+企业”服务品牌，开创和谐劳动“伙伴关系”。深入调研“企业需要工会做什么？”、深入探索“工会能为企业做什么？”，转化身份、视角，不断拉进关系为辖区企业服务。区总继续依规对符合要求的小微企业实行工会经费全额返还，协助企业度过难关。成立提高产业工人政治、经济、社会地位试点工作协调小组，选取13家企业作为试点单位开展工作，发挥试先行先试、示范引领作用，推动改革向纵深发展、向基层延伸。

“工会+竞赛”服务品牌，达成“以赛代训、以赛促学”目标。投入40万元经费用于支持举办2021年全国园林绿化行业绿化环保花艺师职业技能大赛，举办企业民主管理微视频大赛，参加全国“安康杯”职工安全应急技能知识竞赛，组织参加职工安全应急技能知识竞赛答题活动。组织75名一线职工及30名工会干部参加应急救援能力提升培训，30名工会干部被授予中华全国总工会劳动保护监督检查证和红十字救护员证。成功推荐“安康杯”市优胜单位1个，市优胜班组2个，市优秀组织个人1名，市安康卫士1名，参加市总集体协商竞赛并进入复赛。辖区企业、职工安全责任意识、应急技能水平具有较大程度提高。

（孙　霏）

【工会阵地建设】 年内，区总工会收回丰台工人俱乐部3592平方米房屋，彻底完成清理整改工作。清理谋划同步抓，针对新收回房屋，规划设计心理减压室、职工书屋、职工志愿者总队等服务阵地，第一时间开展设计施工，第一时间开展对外服务，年底投入运营。成立临时机构“基建办”，统筹谋划文化宫（俱乐部）扩建、还建事宜，切实保障区域职工群众文体活动需求。全年新建职工之家11家、暖心驿站143家，累计建设暖心驿站1948家。

（孙　霏）

【女职工工作】 年内，关心关爱女职工，建成母婴关爱室12家。投入资金200万元，对15700余名女职工开展各类慰问。

（孙　霏）

【职工素质建设】 年内，坚持利用红色资源推进文化阵地建设，组织参观红色教育基地，开启“红色之旅”系列活动，拨付专项资金用于长辛店二七革命纪念馆运维管理。新建职工书屋7家，购买各类图书1万余册，并配套相关阅读

▲3月16日，区总工会与区法院在丰台工人俱乐部签署《关于加强劳动争议调解联动工作的合作协议》。

▲3月8日，区总工会慰问大红门环卫所女职工。

▲6月18日，第37届丰台区职工“五月的鲜花”文艺汇演在区工人俱乐部举办。

设施，投入资金达100万元。指导协助辖区企业获评全市仅3家的全国示范性劳模和工匠人才创新工作室1家，获评市级示范性职工创新工作室2家、市级职工创新工作室2家，成绩斐然。制作2.5万份垃圾分类宣传品，拍摄四部“丰台劳模引领垃圾分类”视频宣传片，浏览量达440万。在市总职工文化艺术节中，获得38项各类奖项。克服疫情因素，成功举办“五月的鲜花”文艺汇演，累计在线收看人数达20万人。

（孙　霏）

【工会经费管理】 年内，从源头掌握、追踪、监管资产使用情况，梳理合同链条，防止工会已出租资产流失。做好涉及区划调整工会的财务资产管理指导监督工作，确保工会资产、财务档案等安全完整。充分发挥经审组织作用，择优选择会计师事务所，依法对包括区总工会本级在内的92家单位开展审计工作，做到应审尽审，工会经审工作实现阶段性目标。

（孙　霏）

共青团丰台区委员会

【概况】 2021年，丰台团区委自觉提高政治站位，强化责任担当坚决贯彻落实区委区政府的各项工作部署要求，不断加强团的引领力、组织力、服务力和大局贡献度，引领团员青年自觉用习近平新时代中国特色社会主义思想武装头脑，带领广大团员青年在服务区域发展大局中建功立业。围绕建党100周年，推动基层团组织以团支部为单位，通过组织专题学习、召开组织生活会、集中开展入团仪式、开展系列主题团日活动、开展“我为群众办实事”主题实践5个方面重点任务，组织化开展党史学习教育，全区各级团组织参与率及完成率均为100%。

（张　洁）

【县域共青团改革】 年内，积极推动落实县域共青团基层组织改革试点工作。拓宽团的工作骨干来源渠道，青少年事务社工配备在岗率100%，覆盖区内所有街镇、园区和部分非公楼宇，保证工资和绩效补助，建立激励约束机制。规范基层团组织建设，加强基层团组织“6+N”工作，对标定级、学社衔接、组织生活会等工作100%完成。强化团员教育管理，规范完成团员发展、犯罪共青团员团纪处分、团员先进性评价、团员教育评议及年度团籍注册等工作，全年新发展团员2088名。推动增强基层党建带团建实效，将党建带团建、队建工作纳入全面从严治党工作考核并明确占4分，50家机关事业单位纳入考核，推动4方面17项具体工作落地见效。全区所有街镇已建立青年工作联席会议制度并召开会议，研究落实区域内青年工作。

（张　洁）

【村（社区）团组织换届】 年内，深入开展“青年大走访”行动，建立青年联系台账，对属地“两新”组织、“六小门店”、“新兴领域”青年等重点群体的联系走访11323人次，高质量完成全区398个村（社区）团组织规范和换届工作。

（张　洁）

【社会领域建团】 年内，为加大社会领域建团力度，探索创新建团方式、丰富团的组织形态，充实团的基层组织功能，全年新增团组织419家，较上年增长36.37%，高于目标数1.37%。推动党政机关单位符合独立建团条件的应建尽建，覆盖重点园区、行业、企业，将党政机关单位共同办公的工勤、劳务派遣人员纳入团组织联系服务范围，以点带面推进新业态、新就业群体团组织建设。

（张　洁）

【丰台区“青年讲师团”】 年内，深化“丰青讲师计划”，组建“丰台青年志愿党史宣讲团”，组织青年志愿者承担长辛店二七纪念馆“北方的红星”主题展览志愿讲解工作，围绕党史学习教育、习近平总书记“七一”重要讲话精神和党的十九届五中、六中全会精神等主题，走进机关、学校、企业、基层、网络开展宣讲百余场，得到光明日报、人民网、北京日报等主流媒体广泛报道。

（张　洁）

【志愿服务项目大赛】 年内，组织开展丰台区2021年志愿服务项目大赛，立项扶持30个优秀志愿服务项目，推荐优秀项目参与首都志愿服务项目大赛，14个志愿服务项目获奖，包括金奖2项、银奖3项、铜奖7项、创新奖1项和提名奖1项，获奖数量在全市各区位列第4。

（张　洁）

【“减小亮”低值可回收物资源化计划】 年内，团区委探索低值品回收有效路径，助力垃圾减量新时尚。将街边废置岗亭

▲4月29日，"学党史、强信念、跟党走"丰台共青团五四主题团日暨丰台青年志愿党史宣讲团启动仪式在丰台科技园区华夏幸福创新中心举办。(崔雅文 摄)

▲2月2日，丰台团区委、丰台区青联走进万泽龙物流园，看望慰问一线快递小哥。

改造为绿色环保小屋，自助回收14种难以进入废品市场实现再利用的低值可回收物，上线后已回收11吨低值可回收物。采用科技设备、手机操控、远程管理，实现24小时全自助式垃圾回收、用户全过程智能操作，零接触、低成本、全天候。

（张　洁）

【"两节"送温暖活动】 2月2日，团区委、区青联一行人到万泽龙物流园，看望慰问顺丰、京东、德邦等8个品牌一线快递小哥，详细了解快递小哥工作和生活情况，并送去慰问品以及新春祝福。

（张　洁）

【丰台共青团工作部署会】 3月5日，团区委召开2021年丰台共青团工作部署会暨村(社区)团组织换届工作推进会，总结2020年工作，部署2021年重点工作和村(社区)团组织换届工作。团区委班子成员出席，丰台共青团各直属二级团组织负责人、团建督导员、社区青年汇社工参加会议。

（张　洁）

【区志愿服务联合会成立大会】 3月29日，北京市丰台区志愿服务联合会成立大会暨第一次会员代表大会召开，丰台区志愿服务联合会正式成立。个人会员和会员单位代表共244人参加，会员单位覆盖全区44个委办局、21个街乡镇、17个社会组织、10所学校以及67家区属、驻区企事业单位。大会审议通过《北京市丰台区志愿服务联合会章程》，明确建立健全由区文明委统一领导，有关部门和单位参加，社会力量广泛参与的志愿服务工作体制和制度机制，推动全区志愿服务常态化制度化。区志联履行统筹引领、政策制定、平台搭建、组织培育、宣传教育等职责，建立健全志愿服务工作体系，发挥引领、联合、服务、促进职能，进一步弘扬志愿精神、壮大组织力量、提升服务水平、传播志愿服务文化，助力丰台区践行新发展理念、实现高质量发展。

（张　洁）

【创城创卫系列志愿服务活动】 4月至11月，开展创城创卫系列志愿服务活动，充分发挥志愿服务作用，助力创城创卫工作。 广泛动员全区志愿者围绕市容环境治理、公共水域治理、文明交通引导、创城创卫宣传宣讲等重点工作开展志愿服务，进一步规范志愿服务时长记录与管理，推动有志愿服务时长注册志愿者比例提升至50%以上。动员45家志愿服务组织积极参与"礼让斑马线""周末大扫除""病媒生物防制"等志愿服务行动，助力全民共创共建共享的生动局面加速形成。

（张　洁）

【优化营商环境 助力"两区"建设座谈会】 4月2日，丰台区青年联合会举办"优化营商环境 助力'两区'建设"座谈交流会，与会青联委员代表、相关单位负责人结合自身工作，围绕优化营商环境、助力"两区"建设等方面展开交流，为丰台区经济发展建言献策。

（张　洁）

▲3月29日，丰台区志愿服务联合会成立大会在区政府召开。

【北京市青年企业家协会丰台行】4月27日，北京市青年企业家协会一行走进丰台，围绕“优化营商环境 助力‘两区’建设”主题开展座谈交流。与会人员来到北京丽泽金融商务区考察了解基本情况及发展前景，并就丰台区投资政策相关内容进行了咨询互动。

（张　洁）

【五四主题团日活动】4月29日上午，团区委举办“学党史、强信念、跟党走”丰台共青团五四主题团日暨丰台青年志愿党史宣讲团启动仪式，成立丰台青年志愿党史宣讲团，开展党史青年宣讲，表彰丰台区荣获2020年度北京市“两红两优”的先进集体和个人，重温入团誓词，邀请专家现场讲授党课，并在全区广泛开展“学党史、强信念、跟党走”学习教育，让党史学习教育深入基层、深入青年。北京团市委副书记、宣传部部长、丰台区委宣传部副部长、团区委书记、首都经济贸易大学团委书记、丰台区委教工委副书记、丰台园管委会工会主席、区委组织部、区委党校等单位相关同志参加活动。丰台青年志愿党史宣讲员代表70人现场参与，丰台区各行业各战线团员青年千余人观看直播。

（张　洁）

【新建泊寓|院儿社区青年汇】5月30日，团区委与泊寓北京战略合作签约仪式在泊寓|院儿的项目上举行，团市委统战部部长、北京青少年社会工作服务中心主任、团区委书记、团区委副书记、科技园区管委会相关负责人、万科泊寓北京大区首席合伙人朱祥、万科京西南片区项目总经理彭华出席签约仪式。

（张　洁）

【城市志愿服务】6月至7月，团区委在10个城市志愿服务站，组织2000余名志愿者为市民和游客提供信息咨询、便民服务、应急服务等志愿服务，累计服务时长6600余小时，服务群众12万人次。10月1日至7日，团区委组织100名高校志愿者，为第五届中国戏曲文化周提供志愿服务，服务总时长约2800小时，累计服务游客6万余人次。10月18日至21日，组织31名高校志愿者为第二十九届中国北京种业大会提供744小时的优质志愿服务，为展会顺利举办贡献青春力量。12月4日，右安门街道“指南针”志愿服务队首批冬奥城市志愿者在北京南站正式上岗，为过往旅客和行人提供信息查询和指路服务。

（张　洁）

【“红领巾心向党”主题中队会】6月1日，团中央书记处书记徐晓，团市委副书记张庆武，丰台区委常委、区委宣传部部长梁家峰，丰台区委教工委、团区委、区少工委相关负责同志到丰台区参加大红门第一小学“红领巾心向党”主题中队会活动。组织少先队员结合自已参加的实践体验、参观寻访、学习先锋、志愿讲解等交流感受和收获，以“共读党史读物”“分享党史故事”、“学唱爱党歌曲”“致敬党员先锋”“感悟伟大贡献”为主要形式，用短视频、讲故事、诗朗诵、儿童画、随手拍等方式充分展示活动成果。感知党带领人民发展、带领人民通过改革开放带来的巨大变化，加深了对中国共产党崇敬和拥护之情。

（张　洁）

【“青春同心·永跟党走”党史学习宣讲会】6月3日，区青年联合会举办六届三次常委（扩大）会议暨“青春同心·永跟党走”党史学习宣讲会，会上发布《“青春同心·永跟党走”丰台区青年联合会党史学习教育实践活动方案》，并邀请丰台青年志愿党史宣讲员开展党史学习主题宣讲。

（张　洁）

【青春导师进校园活动】6月17日，区青年联合会举办“党旗所指 青春所向”青春导师走进北京十中专场活动。丰台青联委员代表与1500余名高中学生分享创业故事、奋斗历程、人生感悟，旨在激发学生向善向上的情怀，激励学生树立正确的人生目标。

（张　洁）

【“书香寓·丰青缘”交友活动】6月19日，团区委开展“书香寓·丰青缘”青年交友活动，以交流书籍心得为活动主线，为60余名机关事业单位单身青年搭建交流平台，引导陌生青年打开心扉，解决个人情感需求，活动共有

▲5月30日，丰台团区委和万科泊寓举行战略合作签约仪式。

▲10月18日，丰台团区委组织31名高校志愿者为第二十九届中国北京种业大会提供志愿服务。

▲6月19日，丰台团区委开展“书香寓·丰青缘”青年交友活动。（李炜 摄）

6对青年牵手成功。

（张　洁）

【清华大学博士生社会实践】6月28日至8月8日，开展北京市丰台区2021年清华大学博士生社会实践，组织42名清华博士生开展31个专项课题研究，依托丰台红色资源，围绕“十四五”时期首都高质量发展和“两区”建设，组织开展主题教育和劳动实践，为丰台区高质量发展引才育才，献计献策。

（张　洁）

【“青春心向党 巧手编红船”主题活动】7月，社区青年汇组织各行业青年开展“制作红船模型，感悟红船精神”活动10余场，300余名青年参与，有效扩大丰台社区青年汇品牌活动影响力。

（张　洁）

【丰台区青年工作联席会议】7月29日，丰台区青年工作联席会议2021年第一次全体（扩大）会议暨丰台共青团年中工作会议召开。会议传达了北京市青年工作联席会议2021年第一次全体会议精神，听取了丰台区落实《中长期青年发展规划（2016－2025年）》市级试点情况及下一步工作部署、丰台共青团2021年上半年工作及下半年重点任务的汇报，审议通过了《“十四五”时期丰台区青少年发展规划》及任务分工，相关单位围绕青年发展工作经验做法和共青团工作交流发言。区联席会议召集人、区委副书记高峰出席会议并讲话，副召集人、成员单位及相关单位主管领导、各街镇青年工作主管领导及团干部参加会议。

（张　洁）

【建立困境青少年精准帮扶台账】8月，团区委根据丰台区行政区划调整结果，重新梳理困境青少年精准帮扶台账，通过走访摸排确定年度帮扶对象857名。

（张　洁）

【“丰青关爱·筑梦远航”项目】9月至11月，团区委启动“丰青关爱·筑梦远航”精准帮扶项目，分类别、分年龄定制帮扶礼包，为145户困境青少年家庭送去防疫物资和学习生活用品。入户走访12名特困青少年家庭，按照“一户一册一方案”工作原则，针对性满足青少年成长发展的迫切需求。

（张　洁）

【《“十四五”时期丰台区青少年发展规划》】9月8日，团区委正式面向社会发布《“十四五”时期丰台区青少年发展规划》《“十四五”时期丰台区青少年发展规划实施任务分工方案》，明确“十四五”时期丰台区青少年发展的5个重点领域、16项发展举措和50项具体任务。

（张　洁）

【丰台青联六届四次常委会】10月27日，丰台区青年联合会第六届委员会第四次常委（扩大）会议以线上会议形式召开。会议传达学习习近平总书记在庆祝中国共产党成立100周年大会上的重要讲话精神，审议增补41名青联委员，审议通过《丰台青联委员直接联系青年工作制度》等制度。

（张　洁）

【团干部培训班】11月16日至18日，团区委线上举办2021年丰台区团干部培训班。团区委书记张传力、副书记谢雯菁出席开班式和结业式，丰台共青团直属二级团组织负责人、青少年事务社工共85人参加培训。培训班旨在讲清政治理论、讲实业务知识、提升综合素质，进一步深化党史学习教育，切实提升团干部政治理论素养和工作能力水平。

（张　洁）

【“未诉先办”工作意见征询会】12月9日，团区委召开推动12345市民热线涉青少年群体诉求“未诉先办”工作意见征询会，探索共青团介入“12345市民热线”工作的方法途径，团区委副书记谢雯菁出席会议，团教工委、区卫生健康委、区市场监管局、花乡街道、卢沟桥街道团干部参加会议。

（张　洁）

丰台区妇女联合会

【概况】2021年，区妇联在区委区政府的坚强领导下，坚持以习近平新时代中国特色社会主义思想为指导，按照区委和市妇联工作要求，履行好引领服务联系的职责使命，团结动员广大妇女贡献巾帼力量，在推动首都高质量发展中更好地发挥妇联组织作用。

（李　震）

【团结动员广大妇女发挥半边天作用】年内，开展“三八”国际妇女节纪念活动，发布创卫攻坚行动倡议书；采用“点单式”，为各委办局提供种类丰富的培训服务，共10场，294人参加；走访慰问区人保局、司法局等多家单位妇女职工。开展先进评选表彰活动，推荐评选全国巾帼文明岗2个、全国巾帼建功标兵1名、市妇女儿童工作先进集体4个及先进个人9名、“首都最美巾帼奋斗者”2名。

（李　震）

【建党100周年系列活动】 年内，以“巾帼心向党 百年正辉煌”为主题，通过“一面旗、一颗心、一双手、一首歌”等形式，组织开展群众性宣传教育活动。联合区巧娘协会录制手工视频课程，线上作品展播，用手工作品献礼建党百年。开展“涵育良好家风 献礼建党百年”家庭家教风采展活动。组织妇女代表观看文艺演出《伟大征程》及庆祝中国共产党成立100周年大会、参观“不忘初心 牢记使命”中国共产党历史展览。

（李　震）

【“我为妇女群众办实事”活动】 年内，广泛走访慰问，筹措12.5万元对农村贫困“两癌”妇女进行一次性救助；走访慰问留京过年困难妇女家庭、老妇救会主任；六一期间，走访多家幼儿园、福利院。为妇女谋发展，发放项目扶持资金140万元，助力“妇”字号基地发展；在全区21个街镇开展手工技能培训63场；为对口帮扶地区捐赠3.05万元爱心物资，经与公益基金会联系，为青海省玉树州治多县捐赠健康巴士2辆，价值200余万元。推动全区婚登婚检一站式便民服务，申请“婚检大礼包”专项经费20万元整。

（李　震）

【基层妇联换届选举】 年内，制定换届选举工作手册，为换届工作提供政策理论遵循。先后对全区411个社区（村）、26个街镇妇联拟选举产生的执委进行摸底。社区（村）妇联换届共产生6078位各行各业优秀妇女人才，实现了年龄、学历“一降一升”，妇联班子结构得到进一步优化。同时，与区委统战部、区女企业家联谊会对接，推进民主党派、优秀女企业家进入街镇、社区（村）两级执委，拓宽广泛性和覆盖面，并深入调研，严把换届重要关口。在换届工作推进中，紧盯各项重要指标，加强工作督导。完成全区411个社区（村）、26个街镇妇联换届。

（李　震）

▲6月5日，区妇联在北京园博园举办“涵育良好家风 献礼建党百年”家庭家教风采展活动——诗朗诵《红船，从这里起航》。

【扎实推进新时期家庭文明建设】 年内，常态化开展2021年“丰台最美家庭”推荐工作。重点推荐永葆党员政治本色最美家庭、疫情防控中无私奉献最美家庭、助力冬奥积极参与全民健身最美家庭。选树100户“丰台最美家庭”，其中9户被评为“首都最美家庭”，推荐2户参评“全国最美家庭”。开展线上“5·15”国际家庭日活动，征集“最美全家福”、家庭故事、亲子阅读短视频等，在全区家庭中反响热烈，众多家庭最美时刻在“丰台女性”上连续展播。在寒暑假以线上线下相结合的方式，开展儿童关爱活动，参与“四送”活动志愿者6000余人，受益家长和儿童40000余人。

（李　震）

【推动家庭工作深度融入党建引领基层治理】 年内，积极推进“妇女之家”和“儿童之家”规范化建设，指导各街镇依托党群活动中心建立街镇级“妇女之家”。以阵地助推基层社会治理，持续探索基

▲12月5日，区妇联在宛平街道党群活动中心举行“志愿家庭点亮冬奥社区”主题实践活动启动仪式。

层社会治理的妇联模式。坚持抓好“示范妇女之家”品牌建设项目，送60场女性实用技能培训，包含志愿者培训养、儿童素养培育等多个课程。推选3个儿童创新实践基地典型、5个儿童友好空间和3个儿童友好社区，形成正面激励典型，为儿童群体创造更好的成长环境。

（李　震）

【构建“线上＋线下”法律宣传体系】 年内，通过“丰台女性”公众号、基层工作群等及时推送民法典、反家暴法等相关内容，开展网上法律宣传，共发布普法课堂80余期。线下，开展“三八”维权宣传月、禁毒宣传月、法治宣传周活动，共开展反家暴、禁毒、宪法、防艾、迎冬奥普法宣传活动420余场次；发放普法宣传手册、宣传品近4万件；开展普法讲座72场次，受益群众3万余人次；接待面对面咨询近200人次，受益人数8万余人次。

（李　震）

【市域社会治理现代化试点工作】 年内，大力推进“平安家庭”建设。发挥优势化解矛盾，做好婚姻家庭纠纷日常排查化解，把问题解决在基层、处置在萌芽。促进区委政法委、区司法局、区妇联联合召开婚姻家庭纠纷预防化解工作会，强化成员单位责任意识，落实相关任务。不断与司法局沟通，促进联合建立婚调委，实现区、街镇婚姻家庭纠纷调解组织建设全覆盖。

（李　震）

【妇女信访工作】 年内，开展婚姻家庭纠纷排查、调处化解集中行动。成立由区政法委、区司法局等多家单位组成的集中行动工作领导小组，办公室设在区妇联，制定工作方案，强化成员单位责任意识，落实相关任务。集中行动期间，化解纠纷36件。每季度对来信来访案件进行案例分析，形成分析报告。共接案件95件。12345市政府热线信访11件。结案率100%。

（李　震）

【建阵地服务新业态和新就业群体】 年内，坚持“党建带妇建”原则，制定实施方案，与各街镇妇联联动。已在卢沟桥街道等6个街镇建立“两新”群体妇女小组，并将“驿姐”吸纳进妇女代表和妇联执委范围。建立“驿姐”微信群、“驿家”微信群，为“驿姐”配备妇联便携双肩包、为“两新”家庭开设月饼制作培训课程，双十一期间走访慰问700余人。

（李　震）

▲11月10日，区妇联慰问新业态、新就业群体——和义街道“小哥之家”。

【深化儿童关爱帮扶行动】 年内，贯彻落实全国妇联、市妇联“春蕾计划——梦想未来”行动提升推进工作，组织动员全区各级妇联、女性社会组织和相关团体、机关妇委会、企事业单位、广大妇女群众等参与从慈善捐款，专门召开工作推进会，共汇聚爱心捐款74万余元，为女童全面发展营造良好社会环境。

（李　震）

【积极推动妇女儿童规划实施】 年内，在各成员单位的共同努力下，“十三五”时期两个规划的主要目标完成情况良好，55项市级监测指标中，49项达标，达标率89.09%。71项区级监测指标中，64项达标，达标率90.14%，顺利完成了“十三五”时期两个规划评估报告。启动“十四五”妇女儿童规划编制研究工作。依据相关法律法规以及相关文件总体要求，结合我区实际，完成《丰台区“十四五”时期妇女儿童发展规划》，并向各成员单位征求意见4次，数易其稿，并正式向社会发布。

（李　震）

▲11月19日，区妇联召开“春蕾计划——梦想未来”工作推进会。

丰台区科学技术协会

【概况】2021年，丰台区科协按照“党建促科普”的工作思路，深入学习贯彻习近平新时代中国特色社会主义思想和党的十九届六中全会精神，在认真开展党史学习教育和履行科协“四服务”职责中，持续巩固和深化党建工作成效，将党组织的政治优势和组织优势转化为工作优势，围绕中心，服务大局，圆满完成年度各项目标任务。全年投入区级资金483万元资助科普项目33个，争取市级资金52万元支持10个基层科技、科普项目。把科普传播寓教于日常生活，开展每月一个主题科普宣传海报进社区橱窗活动，总计印制海报25704张，送科普海报工作覆盖了87%的社区村。在疫情未解除的形势下，创新科普活动方式，采取线上与线下相结合、点与面相结合的方式，通过云上启动、科学素质竞赛、科普巡展、科普大讲堂、宣传视频发布等活动，广泛组织区属单位开展全国科普日系列科普活动，被中国科协评为2021年全国科普日优秀活动。联合区教委共同组织开展科技创新大赛、机器人竞赛等品牌赛事，青少年科技人才、科技教师在各项比赛中脱颖而出。积极组织丰台区青少年参加市级科技竞赛，在市青少年机器人竞赛、“畅想中国梦，书写新时代”主题征文活动、第七届全国青年科普创新实验暨作品大赛（北京赛区）等活动中，40多所中小学校参加，累计450人次获奖，使青少年科技教育再创佳绩。认真履行全民科学素质纲要办公室“上传下达，协调指导”职责，积极协调9个牵头单位和16个成员单位携手参与科学素质建设工作。在2020年中国公民科学素质调查工作中，丰台区具备科学素质公民的比例达到20.8%，超额完成“十三五”丰台区公民科学素质水平达到16.0%的目标任务，在全市排名第五，在全国地市级区域排名中位列第20名。

（丁洪波）

【基层科普调研】1月20日，丰台区科协到云岗街道调研科普工作。座谈中听取了云岗街道领导关于街道科普工作情况，以及2020年科普项目完成情况和2021年科普工作思路。交流中探讨了发挥科协科普资源优势，结合辖区航天科工集团相关研究院所的科技氛围、特点与优势，探讨与街道携手打造特色科普品牌活动，加强特色科普阵地建设等问题。会后实地察看田城社区微公园科普文化长廊、翠园社区科普园地、镇岗南里社区科普画廊，并与社区科普工作者面对面交流，听取社区科普项目落实情况，征求社区工作人员对科普工作的意见和建议。

（丁洪波）

【丰台区航天科普嘉年华活动】4月23日，为庆祝中国共产党成立100周年，在中国航天日和全国科技工作者日到来之际，丰台区科协以统筹区域航天资源，打造特色科普品牌活动为主旨，联合航天科工集团三院、云岗街道，共同主办“走进云岗 逐梦九天——丰台区航天科普嘉年华”活动。北京市科协、区有关单位领导、嘉宾出席了活动。启动式后开展各种科普互动活动。此次航天科普嘉年华活动主要内容包括科普盛宴、主题宣讲、服务大集、舞台展演、校地共建等。既展现了党建引领、央地共建的成果，又搭建了航天技术展示、传播的平台。从形式上展现舞台科普展演及航天科普展览互动两大精彩板块。在精彩的舞台科普展演板块，开场舞《我和我的祖国》点燃现场气氛。云岗中学的学生们带来的科普剧，以舞蹈、无人机表演等形式展现航天精神。“科普秀”液氮冻气球、火焰掌、乒乓加特林、液氮风暴等节目。航天科普展览互动板块分为航空航天百年征程故事展览、航空航天仿真模型展示体验、弘扬科学家精神、医疗健康科普展示体验与义诊、创客教育科普体验活动、新科技体验互动活动、VR科普体验互动等七大展区。航天三院展台展出了可用于商业用途的技术验证机、无人机、卫星服务等航天产品和防疫消杀机器人、空气消毒机等航天民用产品。在航天三院展区，第十届、十一届全国政协委员、曾为设立“中国航天日”提案建议人之一的杨宝奎进行现场科普，为青少年、居民讲述云岗航天事业的发展历程、中国航天日的由来和航天强国精神。在航天十一院展台，设计了彩虹无人机部分真机及模型、miniZ赛车、体感机器人、纸飞机等高科技互动体验项目。“中关村领创商业航天产

▲4月23日，2021年丰台区航天科普嘉年华活动启动仪式在航天三院举行。

业发展联盟”会员星河动力空间科技有限公司、北京众智信安信息技术研究院也带来相关产品参展。航天医科七三一医院展台提供专家义诊和现场咨询。承办单位北京科普发展中心、北京科学教育馆协会等在现场进行模型展示，开设航空航天百年征程故事展览和创客教育等科普资源项目。活动吸引了航天职工代表、机关和社区党员干部、青少年及居民朋友共400多人参加。

（丁洪波）

【丰台区青少年创意编程与智能设计大赛】 4月，由丰台区科协主办、丰台区少年宫承办的2021年丰台区青少年创意编程与智能设计大赛于月底圆满落幕。本届竞赛历时一个月，为保障疫情防控工作，组委会分四个批次进行了各个竞赛项目的教练员培训工作，培训规模超过30人次，并于9日、16日、19日分别进行了机器人和创意编程与智能设计两大项的竞赛活动，参赛规模超过15校次/100人次，各项目冠军队伍将代表丰台区参加由北京市科协举办的第二十一届北京青少年机器人竞赛暨第六届北京青少年创意编程与智能设计大赛。丰台区青少年创意编程与智能设计大赛是丰台区科协组织的传统青少年科普活动项目，本次大赛在机器人项目的基础上增加了编程与智能设计项目，是区科协在青少年科普教育工作中做出的又一次有益尝试和探索。

（丁洪波）

【送科技下乡】 4月27日，区科协发挥联系科技工作者的桥梁作用，针对北宫镇居民群众反映的需求，农村居民遇到金融理财被骗，造成农民经济损失问题突出，在北宫镇政府市民活动中心，区科协邀请首都经贸大学金融学院副院长、教授高杰英举办了“远离庞氏骗局，认知风险收益，提升理财能力”讲座。高教授对古今中外的金融案例进行介绍，从著名的庞氏骗局、郁金香泡沫、麦道夫骗局，谈到居民生活中遇到各种金融诈骗、理财陷阱，以及风险收益的基本知识，进行了生动的讲解，得到居民热烈欢迎与好评。北宫镇、王佐镇各村居民代表100多人参加讲座。

（丁洪波）

【“全国科技工作者日”科技志愿服务活动】 5月28日，丰台科协在万芳亭公园以“众心向党 自立自强”为主题，举办2021年丰台区“全国科技工作者日”科技志愿服务活动。活动由北京科普发展中心、西罗园街道办事处、丰台区铁营医院、万芳亭公园承办。开幕式有机器人舞动、“科学表演秀”——神奇有趣的节目、悬浮的保龄球、掌上火焰、空气炮等一系列精彩酷炫的表演。共搭建六大主题展区，分别为智能生活，未来已来；低碳环保，绿色生活；飞向蓝天，探秘苍穹；探究科学，智慧人生；智能医疗，乐享健康；丰台区建设国家森林城市宣传展。内容包括机器人表演、AI人脸识别、3D全息投影、穿衣魔镜、写字机器人、动力棉花糖、无人机模拟飞行、气动火箭打靶、航天模型展、虚拟拍摄体验、VR太空体验、垃圾分类互动游戏、口腔检测、缺血性实验、急救科普展、专家义诊和创森林城市宣传活动。每项活动着重体现互动性和体验性，力求让深奥的科技知识“看得见、摸得着”，让公众近距离感受科学，体验科技产品。现场设有科技志愿服务展台为群众赠送科普图书，发放防疫口罩、创可贴、科普扑克和环保袋等，广受居民欢迎。志愿服务活动传播科学思想、弘扬科学精神、普及科学知识，推进科技创新成果和科学普及惠民活动，以实际行动增强科技工作者自豪感、获得感、认同感。有效的提高了公众对科技创新成果的认识度和感知力，真正发挥了科技志愿者的率先垂范作用，有利于促进全区公民科学素质的提高。

（丁洪波）

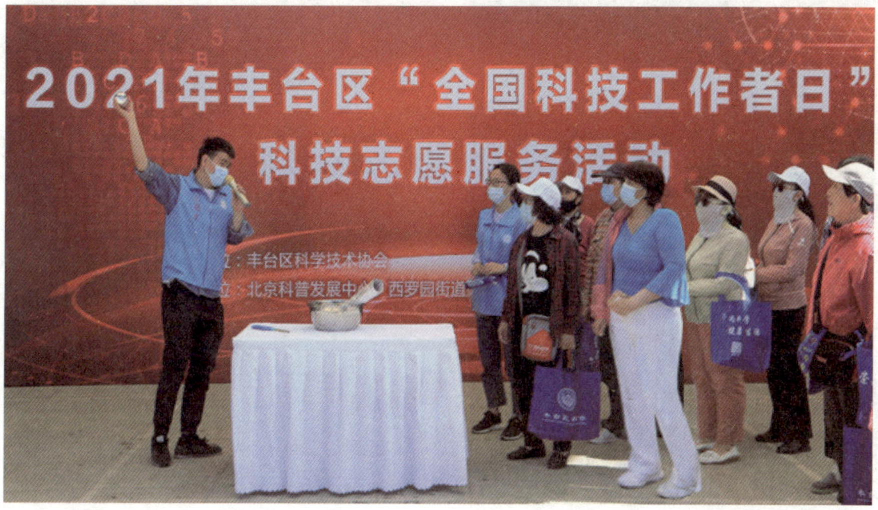

▲5月28日，2021年丰台区“全国科技工作者日”科技志愿服务活动在万芳亭公园举办。

【丰台区科学影像原创短视频竞赛现场颁奖活动】 6月27日，2021年丰台区第一届科学影像原创短视频竞赛现场颁奖活动在东高地科技馆举办。竞赛由丰台区科学技术协会主办，丰台区东高地青少年科技馆承办。丰台区科协、东高地科技馆相关负责人以及丰台区东高地第二小学、北京市教育科学研究院丰台学校、佟麟阁中学等获奖学生代表参加活动。在前期收到丰台区多所学校近30个优秀作品，最终评选出一等奖3名，二等奖4名，三等奖5名，并代表丰台区参加北京国际青少年科学影像展评活动。活动中，师生们讲述自己的创作经历，如何通过前期选题、中期拍摄以及后期制作等过程进行学习和实践，如何运用科技手段去探索科学的奥秘。区科学技术协会与科技馆领导，为获奖学生代表和辅导教师颁发奖杯和奖状。此项活动不仅丰富了学生校外生活，更进一步培养了学生厚植爱国主义情怀、科学精神和正确的价值观。激发了青少年的好奇心与求知欲，鼓励了青少年勤于观察身边的科学，善于利用影像手段进行记录与表达，倡导并培养青少年讲科学、爱科学、学科学、用科学的能力。

（丁洪波）

【“畅想中国梦、书写新时代”主题征文评选活动】 6月27日，2021年丰台区“畅想中国梦、书写新时代”主题征文颁奖活动在东高地青少年科技馆举行。来自东铁营二中、东高地三小、纪家庙小学等学校的学生代表现场参加此次颁奖活动。东高地青少年科技馆马宏茹老师对这次征文活动进行了总结点评，区科协领导为学生们颁奖。区赛后择优推荐378名师生参加市赛评选活动。此次活动4月开始，由丰台区科协主办、东高地青少年科技馆承办，面向中小学校开展“畅想中国梦、书写新时代”主题征文活动，号召全区青少年用文字书写新时代，记录其参与科研活动的经历及取得的丰硕成果。全区共有30余所中小学共572人次参加本次主题征文活动，经专家评审，295人次获奖，其中：一等奖56个，二等奖79个，三等奖160个。

（丁洪波）

【科普益民惠农项目工作培训】 7月16日，区科协举办2021年科普益民惠农项目工作培训。17个街道31个社区科普骨干共51人参加培训。培训对《丰台区科普益民惠农项目资金管理办法》的规定进行了讲解，对填写项目申报书需要注意的事项进行了详细说明，针对申报项目过程中遇到的问题、疑惑，进行了面对面辅导，答疑解惑。理论培训后，组织参会人员实地参观优秀科普项目案例，先后参观了长辛店街道东山坡社区科普e站、卢沟桥街道长安新城社区科普基地、丰台街道彩虹北社区安全知识科普互动体验厅。通过走进友邻社区，学习体验优秀科普项目案例，促进了区科协与项目申报单位的沟通交流，增进大家对科普项目的了解，开阔了视野，进一步从感性认识上，提高了大家对科普项目要求与规定的理解。培训旨在为基层提供更及时、更贴心的服务，提升服务基层的质量。同时，有利于全区整体科普工作水平与能力的提高和区科普队伍建设。

（丁洪波）

【全国科普日丰台区主场活动】 9月11日，2021年全国科普日丰台区主场活动拉开帷幕。活动由区科协、区委宣传部、区科信局主办，区科学素质建设25个成员单位及各街镇，北京汽车博物馆、北京科技报社共同协办。以“百年再出发，迈向高水平科技自立自强”为主题，采取线上与线下相结合、点与面相结合的形式，通过云启动、线上科学素质大赛、基层科普手机书屋，线下科普巡展进学校、进公园、进社区，美丽丰台科普行等活动，面向全区群众，开展“多阵地、多战线、广覆盖、齐参与”的系列科普活动。科普日期间，2021年丰台区线上公民科学素质大赛顺利举行。26个街镇皆派出选手参赛，经过预赛、决赛的激烈角逐。王佐镇等单位的选手脱颖而出，获得优异成绩。丰台区线上全国科普日科技志愿服务活动——专家大讲堂。采取专家与青少年面对面互动问答的形式，呈现了一场生动有趣的科普讲堂。区街镇科协、区属学会、科普教育基地等单位举办科普活动累计70场，其中：丰台科学嘉年华——“健康北京 运动丰台”脂肪肝科普宣教活动11场，新时代文明实践科普巡展7场，还有各种讲座、培训、竞赛和宣传活动共52场，共同为广大群众奉献丰富多样、精彩纷呈的科普盛宴，共同为构建“学科学、爱科学、用科学”的良好社会氛围出力，为推动全区科普事业再上新台阶贡献力量！

（丁洪波）

【脂肪肝健康宣教活动】 9月15日，丰台科学嘉年华——“健康北京 运动丰台”脂肪肝健康宣教活动之首场活动在丰台区太平桥街道太东里社区举行。活动是市科协资助的北京市新时代文明实践基层科普行动项目之一，由北京佑安医院肝病中心三科及脂肪性肝病诊疗中心张晶主任负责项目实施，北京体育大学任弘教授、北京佑安医院华鑫副主任联合申报，在丰台区共举办11场活动。活动分为专家组成员的科普讲解、脂肪肝相关项目体检、答疑解惑及问卷调查四部分。首先是由张晶

▲6月27日，“畅想中国梦、书写新时代”主题征文颁奖仪式在东高地科技馆举行。

主任医师、任弘教授、班凌伟主治医师三位专家就脂肪肝发病状况、危害性、常规诊治及预防、运动方式、饮食管理进行了生动形象、通俗易懂的讲解，使群众对脂肪肝具有全面而系统的认识。为居民们提供脂肪肝相关的体检工作，包括肝脏弹性测试、体成分分析、握力测定、腰臀围测定。同时对每位居民脂肪肝相关知识、体力活动及膳食习惯进行了问卷调查，针对其中存在的问题以及体检的结果进行了耐心解答和示范。现场发放了百余份脂肪肝宣传手册和《吃动两平衡小工具》书籍。现场居民朋友参与度热情高涨，排队进行体格检测。活动使医护人员、营养师、运动管理师与群众面对面交流，现场体检、答疑解惑及示范，显著增进了群众对脂肪肝的了解和重视，强化了广大群众的自我保健和健康意识，传授了非常实用的运动方法和膳食知识，受到了居民的一致好评。

（丁洪波）

【2021年全国科普日丰台区科技志愿服务活动】 9月17日，2021年全国科普日丰台区科技志愿服务活动在青塔街心公园举行。活动由区科学技术协会、区委宣传部、区科学技术和信息化局主办。活动分为气象科普展区、防震减灾展区、前沿科技展区、DIY互动区共27个展项。现场各种既富有科技感又兼具生活娱乐性的活动项目吸引了周边居民纷纷前来观看体验。自行车棉花糖就是最受欢迎的项目之一，只见随着一人快速原地脚蹬自行车，旁边棉花糖机器里的白砂糖便在机器的作用下不断融化抽丝，一只大大的雪白的棉花糖很快制作完成，入口绵软香甜，跟市面上卖的棉花糖一样。工作人员介绍，棉花糖制作机和自行车之间有一根连接线，当车轮转动起来的时候，就完成了导体对磁感线的切割，从而产生电动势，实现动能到电能的转变，这部分电能驱动了棉花糖制作机运转。中国知网的“基层科普手机书屋”、区科信局的“珍惜频谱资源，保护电磁环境”宣传展台吸引群众排起长队参与活动互动。干花标本夹制作、智能机器人互动、3D打印实操、和谐号动车模型展示、3DVR体验、气象科普模拟体验、垃圾分类宣传、旱地冰壶体验、齿轮齿条模型等既能学到知识，又能动手玩一玩的项目也满足了市民群众对科普知识的好奇心。市民祝女士现场体验了一下3D打印笔制作蝴蝶，不到两分钟时间，一只栩栩如生的“蝴蝶”就做好了。区科协继续推进科普巡展进校园、进社区（村）、进公园活动，以科普为民、科普惠民为主旨，深入基层，让广大群众在活动中学习、了解、体验新科技，增长科学知识，弘扬科学精神，有效地促进公民科学素质的提高。

（丁洪波）

▲9月17日，2021年全国科普日丰台区科技志愿服务活动在青塔街心公园举行。

【科普益民惠农项目评审会】 10月18日至20日。为贯彻全民科学素质行动计划纲要，落实《北京市科学技术普及条例》，加强区科普项目规范化建设，提升科普项目实施带来的社会效益，10月18日至20日，区科协组织专家对2022年区科普益民惠农项目进行评审。从专家库中邀请5位科普专家和1位财务专家组成专家评审组。分初评、复评两个阶段，对街乡镇、学校、医院提交的项目进行集中评审，其中48个项目参加复评。通过专家审阅申报材料，听取项目申报单位汇报；专家质询与申报单位答辩，专家针对每一个项目进行研讨，形成评审意见和明确审定经费。全区120名相关人员参加了评审会。每个申报单位都精心制作了汇报PPT，从项目的必要性、实施进度、经费预算、社会效益、可行性及创新点等方面进行了介绍，通过回答专家质询，与专家进行沟通交流，增强了基层单位人员对科普项目的理解，开阔了视野，提升了大家对科普服务于民的认识，促进了基层科普益民惠农实践行动。

（丁洪波）

【“科学家精神进校园”报告会】 11月17日下午，在北京十二中科丰校区报告厅，西昌卫星发射中心原党委书记孙保卫为丰台区青少年作“逐梦太空，做航天事业接班人”报告，介绍中国航天事业的发展历程，生动诠释伟大的航天精神内涵。孙老师在西昌、文昌卫星发射中心工作多年，曾多次参加中国载人航天飞行控制任务和卫星发射任务，他

▲11月17日，“科学家精神进校园”报告会在北京十二中科丰校区举行。

饱含深情地与同学们分享了科学家、航天员为航天事业奋斗拼搏，奉献一生的感人故事。引导同学们努力学习，追求卓越，报效国家。报告会结束时，孙老师把珍贵的中国空间站神舟十三号载人飞船发射成功纪念首日封，赠送给在课堂上踊跃答题和主动发言的5位同学并合影留念。全区500多名中学生在现场聆听了这一场充满感染力、充满爱国情怀的科学家精神报告会。

（丁洪波）

【丰台区科协召开第八届委员会第三次会议】 12月21日，丰台区科协第八届委员会第三次会议召开。区科协主席等领导出席，各委员及委员单位代表54人参会。会议表决通过区科协第八届委员会增补委员及副主席人选。30名同志增补为委员，3位同志增补为副主席。主席联席会确定各副主席分工，会议强调，今后一定要牢牢把握增强政治性、先进性、群众性的要求，建设开放型、枢纽型、平台型科学组织，促进科学技术的普及和推广，促进科技人才的成长和提高。在十四五期间，要充分调动各成员单位力量，采取切实有效措施，做好青少年、农民、产业工人、老年人、领导干部和公务员新五类人群公民科学素质水平提升工作。

（丁洪波）

丰台区归国华侨联合会

【概况】 北京市丰台区归国华侨联合会（简称丰台区侨联）是中国共产党领导的由归侨、侨眷组成的人民团体，是党和政府联系广大归侨、侨眷和海外侨胞的桥梁和纽带。丰台区侨联成立于1986年，现为第六届委员会，委员27人，其中常委13人、主席1人、兼职副主席4人、秘书长1人。已成立方庄、右安门、丰台、东高地、云岗、南苑、新村、东铁匠营、西罗园、大红门等街道侨联，教育系统侨联，怡海社区侨联等共12个基层侨联组织。2021年，丰台区侨联在丰台区委、区政府的领导下，在北京市侨联的指导下，贯彻落实党的十九大精神、十九届历次全会精神和习近平新时代中国特色社会主义思想，以庆祝建党一百周年为主线，服务经济发展、依法维护侨益、拓展海外联谊、积极参政议政、弘扬中华文化、参与社会建设等各方面工作取得新进展，再上新台阶。

（李昭仪）

【学习贯彻中央精神加强思想引领】 年内，不断加强基层侨界意识形态引领，编辑出版《丰台侨讯—2021年丰台区侨联工作特刊》，通过官网、公众号、微信群等多个渠道推送中央精神、重要讲话、榜样事迹、疫情防控等内容，团结引领侨界群众听党话、跟党走。

（李昭仪）

【深入开展党史学习教育】 年内，将机关学习和基层侨界群众学习相结合，开展特色鲜明、形式多样的庆祝建党一百周年系列活动，结合“我为群众办实事”，推进党史学习教育走深走实。组织广大侨界群众参观中国华侨历史博物馆、《没有共产党就没有新中国》纪念馆、参加广场庆祝大会等，举办党

▲9月24日，“全民阅读进社区，侨之家里学党史”系列活动在怡海社区举办。

史学习教育暨“侨心向党心—庆祝中国共产党建党100周年”为侨服务活动、“永远跟党走——统一战线学党史用党史主题征文”活动等，营造丰台侨界庆祝建党百年的浓厚氛围。9月24日，开展“全民阅读进社区，侨之家里学党史”系列活动，向12个基层侨联“侨之家”捐赠首批图书2400册。侨联党支部到中国人民抗日战争纪念馆、长辛店二七纪念馆等红色场地开展主题党日10次。

（李昭仪）

【“侨之家·怡海社区”建设】 年内，进一步深化打造“侨之家·怡海社区”“七有”“五性”示范样本。以党建带侨建促社建，充分发挥桥梁纽带作用，聚焦社区“七有”“五性”建设，铺设社区建设的“和谐桥”、架起海内外交流的“友谊桥”、搭建新侨事业发展的“创业桥”。7月28日，中国侨联向全国各级侨联组织推广“侨之家·怡海社区”先进建设经验；10月29日，学习强国北京学习平台刊发文章《理论观察｜怡海“七有”“五性”社区模式初探》介绍怡海社区典型做法。

（李昭仪）

【加强海内外华文教育合作】 4月，持续支持美国俄亥俄州多丽都中文学校华文教育工作，捐赠中文教材、教具文具等学习材料。该校校长向侨联发来感谢信。

（李昭仪）

【积极牵线搭桥】 年内，协调有关部门解决北京国鸿生物医药科技有限公司实验室验收、外籍华人注射新冠疫苗、创新企业人才进京落户等3项实际困难。

（李昭仪）

【承办第十届“首都新侨乡文化节”合唱专场】 6月10日，丰台区侨联承办“亲情中华·侨韵北京”第十届首都新侨乡文化节之“侨心向党 永远跟党走”合唱专场，北京市各城区侨联、清华大学、北京大学等10支侨界合唱团400余人参加比赛。中国侨联、北京市侨联、丰台区委领导出席活动。

（李昭仪）

【承办2021年“亲情中华·为你讲故事”北京网上夏令营丰台营】 7月16日至30日，96名来自美国和比利时的海外华裔青少年在云上齐聚一堂，增进对祖籍国的了解与感情，传承中华优秀传统文化。推出《卢沟桥》《冬奥项目冰壶运动》等五个充满丰台和冬奥特色的视频故事，受到营员喜爱。

（李昭仪）

【缔结友好侨联】 9月14日，与辽宁省朝阳县侨联签订《友好侨联协议书》，走访参观北京新发地农产品批发市场，助力朝阳县优质农产品走出去，促进资源共享。

（李昭仪）

【加强基层侨联组织建设】 年内，加强一品一貌特色“侨之家”建设，打造“侨之家”品牌，指导11家基层侨联顺利完成换届。9月27日，丰台、东高地、右安门三个街道侨联“侨之家”荣获北京市“示范侨之家”称号。

（李昭仪）

【积极参政议政】 年内，围绕中心工作，积极反映侨情民意。侨界人大、政协委员积极建言献策，提交建议、提案12件。配合区委统一部署，圆满完成新一届区政协侨联界别委员推荐和考察工作。

（李昭仪）

【爱心捐助活动】 年内，侨联委员牵线爱心企业向山东单县残障和贫困儿童捐赠进口液态奶2万余盒；组织动员侨界力量捐款5.3万余元支援河南洪灾灾区、助力北京市妇联“春蕾计划——梦想未来”行动。

（李昭仪）

【依法维护侨益】 年内，开展侨法宣传月暨志愿服务周、“12·4”国家宪法日暨宪法宣传周等活动，邀请律师开展现场法律咨询，进一步营造侨界学法、知法、守法的良好氛围。

（李昭仪）

【真情为侨服务】 春节期间向60余户困侨、空巢老侨及侨界代表人士“送温暖、献爱心”，上门慰问马家堡街道生病老归侨，积极搭建平台帮扶困难缅甸归侨。

（李昭仪）

▲6月10日，丰台区侨联承办“亲情中华·侨韵北京”第十届首都新侨乡文化节之“侨心向党 永远跟党走”合唱专场。

丰台区工商业联合会

【概况】 2021年，区工商联在市工商联指导和区委、区政府的坚强领导下，深入学习贯彻党的十九大及十九届历次全会精神，以习近平新时代中国特色社会主义思想为指导，扎实开展党史学习教育，认真贯彻落实习近平总书记有关民营经济发展的重要论述，围绕区委、区政府中心工作聚焦发力，紧扣“两个

▲8月2日，区工商联民营企业产权保护法律服务工作站签约授牌仪式在丰顺工贸集团举行。

健康”工作主题，稳步推进各项工作的落实。

（赵来福）

【扎实开展党史学习教育】 年内，在区委党史学习教育第六指导组指导下，扎实开展党史学习教育活动，制定《工商联党史学习教育实施方案》，配发党史学习指定书目，全年集中学习22次，专题党课6次，召开专题组织生活会2次，主题党日活动5次。组织会员单位党委所属23个支部红色观影2次，开展“云课堂”培训4次，调研基层党组织10个，组织民营经济代表人士谈体会、说感想，党史学习教育活动开展的扎实有效。

（赵来福）

【会员单位党委换届】 5月31日，区工商联（商会）会员单位党委召开第二次党员代表大会，104名党员代表参加会议。会议审议并批准了区工商联（商会）会员单位党委第一届委员会工作报告。选举产生了工商联（商会）会员单位党委第二届委员会，施晓义同志当选为党委书记。

（赵来福）

【民企专场招聘会】 5月14日，联合区人保局等单位，在丰体时代大厦举办“《职》在民企，《就》有未来”主题招聘会。参会单位共计108家，提供3170个岗位。

（赵来福）

【民营企业产权保护法律服务站签约】 8月2日下午，区工商联民营企业产权保护法律服务工作站签约授牌仪式在丰顺工贸集团举行。首批5家律师事务所与工商联签约并获授牌。

（赵来福）

【非公党建】 年内，区工商联（商会）会员单位党委发展党员20名，17家党支部按期换届，做到应换尽换。走访调研党支部10家，针对规范党费收缴、E先锋操作和党内统计工作，组织23家党支部书记培训3次，累计百余人次。5家支部被评为北京市非公有制经济组织党建示范单位和“党员驿站”示范点。

（赵来福）

【会员组织建设】 年内，结合工商联换届，发展“三强一好”会员60家，成立科技园区企业家联谊会和丽泽金融商务区企业家联合会。推荐区政协第十一届委员18人，市工商联青年企业家专委会委员3人，市工商联助力乡村振兴工作专委会委员3人。

（赵来福）

【助力乡村振兴】 年内，按照市、区两级对扶贫协作和支援工作的相关部署，区工商联积极落实帮扶对接，完成“村－企”帮扶协议签署，9家企业捐赠帮扶善款10万元，捐赠排污泵30台，价值10万元。

（赵来福）

【参政议政建言献策】 年内，走访会员企业200余次，了解企业疫情期间生产经营状况，宣传市区两级惠企政策，征询企业意见，及时与有关部门反映疫情期间企业的合理发展诉求，为会员协调解决经营场地、融资贷款等问题；成立工商联政协委员工作站，搭建委员协商建言、联系和服务群众的平台，更好地联系民营经济代表人士，围绕经济社会发展中心工作，切实发挥政协的独特优势以及政协委员政治协商、民主监督和参政议政的主体作用，凝心聚力推动丰台区经济社会高质量发展。

（赵来福）

【疫情防控工作】 年内，积极引导民营企业听党话、跟党走、感党恩，弘扬企业家精神。新冠疫情暴发后，广大民营企业积极响应不裁员、不减薪的号召，在积极开展生产自救、复工复产的同时，主动为疫情防控贡献力量。100余家民营企业通过各种渠道，捐赠防疫钱款物资合计3000余万元，展现了丰台民营企业家的良好形象。

（赵来福）

【成立机关党委】 8月5日，经区委常委会第233次会议研究决定，成立区工商联机关党委，设委员7人，书记1人，副书记1人。根据区委组织部关于调整工商联（商会）会员单位党委隶属关系的通知，工商联（商会）会员单位党委调整为隶属工商联机关党委。工商联机党委下属工商联（商会）会员单位党委和工商联机关党支部。

（赵来福）

【工商联（商会）第十一次代表大会】 12月30日，区工商联（商会）第十一次代表大会召开，139名代表参加了大会。大会审议通过了区工商联（商会）第十届执委会工作报告，选举产生了区工商联（商会）第十一届执委会、领导班子及商会领导班子。郜春海当选为丰台区工商联第十一届执委会主席、

▲12月30日，区工商联（商会）第十一次代表大会在区委党校召开。

商会会长。区委书记徐贱云到会并讲话。他表示，民营经济一直是丰台区经济社会发展的主力军之一，在推动经济发展、助力脱贫攻坚、疫情防控等方面都作出了突出贡献。并就做好新形势下工商联工作提出三点希望：一是矢志不渝跟党走，在把握发展大势中坚定正确政治方向；二是主动融入区域建设，在推动高质量发展中彰显担当作为；三是大力弘扬企业家精神，努力在回报社会中作出有为贡献。区政协主席李岚，区委常委、副区长崔旭龙，区人大常委会副主任张婕，区相关委办局、民主党派、人民团体、各街镇等单位代表共200余人参加了会议。

（赵来福）

2022 北京丰台年鉴

法治

政法委工作

【概况】2021年，丰台区政法工作坚持以习近平新时代中国特色社会主义思想为指导，深入贯彻习近平法治思想，坚持党对政法工作的绝对领导，坚持以人民为中心的发展思想，坚持稳中求进工作总基调，稳步推进维护政治安全社会稳定、深化平安丰台建设、服务保障区域发展、加强政法队伍教育整顿等重点工作，努力建设更高水平的平安丰台、法治丰台，为推动市委“妙笔生花看丰台”指示要求加快形成生动实践营造安全稳定的社会环境和公平正义的法治环境。坚持维稳第一责任，圆满完成建党100周年、冬奥会冬残奥会筹办、“七七”纪念活动、服贸会、党的十九届六中全会等重大活动、重要会议维稳安保任务。

（梁　超）

【政法工作会】3月25日，区委政法委召开2021年丰台区委政法工作会议，会议传达学习贯彻落实习近平总书记关于政法工作的重要指示精神及中央、市委政法工作会议精神，区委政法委、区法院、区检察院、区公安分局、区司法局、区信访办等单位参加会议。区委常委、政法委书记吴继东主持会议并讲话。

（梁　超）

【源头管控风险隐患】年内，严格落实“应评尽评”，全年围绕征地拆迁、企业改制、民生保障等重点领域开展风险评估项目38项，对涉众型经济案件、征地拆迁等群体拟定风险化解稳控方案，源头上防范化解重大社会矛盾风险。

（梁　超）

【强化国家安全宣传教育】年内，建立全市首家区级总体国家安全观主题公园，累计40万余人次参观，建立健全宣传教育辅导员人才库，开展“一基地”“一直播”“一堂课”“一展播”“一竞赛”“一答题”“一巡展”“一海报”“八个一”国家安全特色活动。

（梁　超）

【推进扫黑除恶常态化】年内，制定《丰台区关于常态化开展扫黑除恶斗争巩固专项斗争成果的实施意见》，开展四大行业领域整治攻坚战。全年电信网络诈骗破案1200起，抓获犯罪嫌疑人1163人；按时完成违建别墅清查整治自查自纠阶段工作，成为全市首批整改无挂账监管区；开展交通运输场站周边黑车、非法抢占资源、非法营运问题整治；开展建设工程执法检查共计2909次，让黑恶势力在工程建设行业无处生根。

（梁　超）

【推动市域社会治理现代化试点工作】年内，分类指导推进年度重点任务，完善工作例会、月报、联络员等制度，编印《制度汇编》。修订“两指引一清单”任务分解，包含11个方面88项内容139项细化任务，进一步明确了成员单位职责任务。发挥市域社会治理现代化监测评价督导考核系统作用，全面推进市域治理重点任务落地见效。

（梁　超）

【深化平安铁路建设】年内，拆除、改建铁路沿线旱厕40余处，清除京沪高铁高立庄等80余处生活垃圾和8000余立方米建筑垃圾，绿化土地6000余平方米，清理京广高铁青塔村等铁路沿线1000余处轻飘物，极大提高铁路沿线安全卫生环境。新建护路岗亭36个，采取“建成一个，验收一个，值守一个”的工作方式，提高铁路巡控管理水平。

（梁　超）

【推进智能化建设】年内，在警情高发区、政治敏感区、治安复杂区、人流密集区等重点部位和场所建设摄像机8000余套，车辆识别、人脸识别卡口3000余个，整合图像资源1.1万路，制高点摄像机40余套，实现全区重点部位，市管和区管主、次道和支路，主要路口全域覆盖。建成的585个智慧平安小区入室盗窃全部“零发案”。

（梁　超）

【城乡结合部地区综合整治】年内，以青塔村为试点，创新“政法委统筹领导、公安牵动引领、各部门融合会战”的城乡结合部重点地区联合清整机制，230余处痼疾顽症彻底整治。

（梁　超）

【服务保障重点工作】年内，对数字经济企业纠纷、小屯西路107号院执行案件、“黑摩的”处理相关事宜等近30起案件进行会商协调，确保法律效果、政治效果、社会效果有机统一。

（梁　超）

【政法队伍教育整顿】年内，组建领导小组和“一办四组三专班”，按照时间节点，扎实完成好学习教育、查纠整改、总结提升三个环节各项任务，进一步筑牢政治忠诚、落实宽严政策、深挖彻查案件线索，深入整治顽瘴痼疾，政法队伍教育整顿成效明显，社会认可。

（梁　超）

【服务保障疫情防控】年内，制定《北京西站和北京南站地区铁路进京各类风险人员闭环转运和后续管理工作方案》，规范闭环转运流程，开展实战演练，加强进出京通道疫情风险应急处置工作。高标准完成恒富中街、怡海花园、西罗园一区疫情小区封控等工作，累计启用6个集中隔离观察点，及时安全转运各类隔离人员12320人。

（梁　超）

公　安

【概况】2021年，在市局党委和区委、区政府的坚强领导下，丰台分局围绕建党百年安保这一核心主线，立足常态化疫情防控实际，牢牢把握“中心区前院”定位和“南部屏障”职能，圆满完成了建党100周年系列庆祝活动、十九届六中全会等重大安保任务，出色应对了本轮新冠疫情封控等突发敏感情况。全力保障大红门服装商贸城闭市、民族大学丰台校区进驻等全区重点项目，主动实施派出所机构调整改革，“情指勤舆”一体化建设已具雏形，“1131”查控阻截网络高效运转，“重点地区联合清整”“社会面隐患排查上报党委政府合力处置”等创新机制落地起效，全区社会大局持续安全稳定。扎实推进党史学习和公安队伍教育整顿，自主谋划“树主流、弘正气、扬清风、护平安”专项主题教育，用突出成绩和过硬表现忠实践行“十六字”总要求，全方位彰显丰台公安队伍的能力素质和责任担当。把握“建党百年”安保主线，坚决打好政治安全“主动仗”。牢固树立国家总体安全观，以庆祝建党100周年为“纲”，严密防范化解政治领域各类风险挑战。重大保卫万无一失。健全“党政领导、公安主导、专群结合、全区联动”的安保警卫“丰台模式”，细化延伸56类255项“七知”要点，创纪录投入警力1.1万人次，圆满完成建党百年庆祝活动期间全区可视制高点看控等22项重要任务。完善路线警卫“三长制”和“1+1”勤务交通机制，确保了全国两会、十九届六中全会及264次重要警卫任务绝对安全。

（李战文）

【排除风险隐患】 年内，竭力清除突出风险隐患，牢牢掌控反恐维稳“主导权”。细化“六住”“八控”措施，最大限度将风险排除在事前、人员稳控在当地。提前成立民族大学丰台校区进驻安保专班，邀请公安大学专家团队共同围绕民大涉恐涉稳风险进行实地调研。建立校警多方联动、情报预警研判等“六大保障机制”，圆满完成了新校区开学、七十周年校庆等安保任务，得到区领导高度肯定。

（李战文）

【全警投入疫情防控】 年内，重点涉疫部位严防死守，成功打赢区域防疫“阻击战”。树牢“疫情就是警情、防控就是责任”理念，打头阵、当主力，为决胜疫情防控阻击战贡献公安力量。闻令而动，迅速阻断疫情扩散途径。恒富中街、怡海花园、西罗园一区出现确诊病例后，分局第一时间启动应急预案，分局主要领导现场指挥，全警连夜火速集结，1个小时即完成中心区域先期封控任务。前后累计投入警力3200余人次，圆满完成8处涉疫区域、66处重点点位的24小时封闭管控任务。配合区卫健疾控转运隔离445人，组织集中核酸检测1.8万人次，协调解决封控区群众诉求144件。抽调精干警力加强流调溯源，实时推送涉疫人员地址、轨迹信息700余条，为快速精准落地提供有力支撑。

（李战文）

【平安丰台建设】 年内，持久稳固安全有序“基本面”。着眼首都社会面防控大局，织严织密多点圈层防控网络，社会面秩序持续优化改善。系统布局构建“南部屏障”。结合菜户营桥、刘家窑桥东西双线并行特点，首创“1131”查控阻截工作机制，以辖区“3横11纵”交通干道网络及进入中心区10个主要路口为重点，构建“外圈保内圈、内圈保核心、多点支撑、多警融合”的矩阵式防控格局，累计核录6.2万车次、10.3万人次，查获移交322人，有效为中心区过滤减压。

（李战文）

【推进智慧警务发展】 年内，稳步增强基础业务“硬实力”。瞄准制约警务工作效能的难点问题，积极推进“改革强警、科技兴警”战略，着力打造丰台特色现代警务“金名片”。机构设置调整全面完成，对照丰台区行政区划调整政策，分4批稳妥推进全局派出所管辖、机构和人员调整，30个派出所实际运行，历史上首次实现“与属地街镇‘一对一’对接”，有效解决了以往联系沟通不紧，归属意识不强，支持力度不足等难题，实现了政策、资源、效能最大化统一。科技赋能催生实战成果，引进“云脉”“丰采”智能化系统，保持分局刑专平台、反诈中心、DNA实验室专业化优势，相关数据采集总量及协破抓人数排名全市首位。

（李战文）

【重点项目安全服务保障】 年内，积极护航区域发展愿景，不断提升公安工作“贡献度”。自觉将公安工作融入地区发展大局，不断改进加强公安行政服务管理。“项目化”保障全区重点工作。围绕丽泽金融商务区、中关村丰台园建设，丰台火车站新站通车，以及宛平城解危、南中轴路改造等全区重点项目、重要建设，主动跟进对接，及早介入排查消解隐患，保障了各大项目安全有序推进。深化平安铁路建设，全区32处“疏整促”点位和21处“留白增绿”点位问题全部整改，9条铁路沿线周边环境持续改善。

（李战文）

▲9月13日，丰台分局举行建党100周年安保总结表彰大会。

【"110"接处警勤务调配】年内，110接警共23.5万件，其中刑事警情3144件，治安警情5482件；处置三级以上警情2.1万件；针对出警用时问题进行回访7000余件，发现问题200余件；累计勤务调配警力4.6万余人次，调动街面巡逻车组7500余辆次，搭建勤务指挥部230次。

（李战文）

【对外宣传】年内，分局围绕"建党百年"、"我为群众办实事"、打防管控、科技建警、执法规范等主题，先后在市属主流媒体、新闻网站刊发相关报道2100余篇（条），通过自媒体平台丰台警事"两微一端"发布各类信息2500余篇（条），制作《写在首个警察节的心声》、《贺岁》、《暴雨袭城 我们在》、《咆哮式拦截电信诈骗》等原创视频45部，累计播放量2000余万次。展示了丰台公安良好形象，激发了广大民警、警辅人员的职业荣誉感、自豪感、归属感，并取得了良好的社会效果。

（李战文）

【派出所管辖机构调整】年内，分局结合区划调整，落实《丰台区行政区划调整推进落实工作具体实施方案》要求，分四批推进21个户籍派出所管辖、机构和256名民警的调整工作，破解一所对多街道和一街道对多所的困局，调整后的公安派出所与属地街（镇）道党委政府联动配合更加紧密、便捷、高效。

（李战文）

【爱警暖警多维建设】年内，分局完善《爱警暖警"十全"工作意见》，在局属单位建设46家"智慧家医"工作室、升级"智慧家医"药房和心理服务中心。全年帮助民警及家属开展健康检测、解决巡诊就医、协调子女入学等实事1.6万次。开展节日走访慰问和疫情、战时安保送温暖活动，发放1250万元慰问品和慰问金。协调社会资源，为民警办理公园年票3000余张，园博园、汽车博物馆向市局全体民警免费开放。

（李战文）

【查处违纪违法】年内，分局纪委依据"自查从宽、被查从严"政策，组建违法违纪案件查处专班，按照政策宣讲、谈心谈话、自查表填写、民主（组织）生活会召开、线索核查等"五个百分百"标准，有力有序推动教育整顿查纠整改环节各项工作全面开展。全年，核查违纪违法线索225件，立案审查调查民警31起34人，比上年分别上升176%、120%、170%。作出政纪处理25人次，党纪处理23人次，比上年分别上升127.3%、91.7%。

（李战文）

【提升民警维权保障力度】年内，分局共启动维权程序97次，对153名在依法履职过程中遭受侵犯的民警、文职辅警进行维权慰问；对11名被诬告的民警予以维权正名。举行维权、正名慰问96场次，投入慰问资金7.3万元；协调人力社保局、保险公司等，为民警争取伤残补助金、保险理赔共计119万余元；与律师事务所对接，为民警代理民事诉讼赔偿26.4万余元。在慰问程序上，通过播放警歌、宣读维权正名信、发放慰问品等方式，全面提升维权慰问仪式感，从点滴处彰显对一线民警的关心和爱护。全年，共处理侵害民警执法权威人员104人，其中刑事拘留60人，行政拘留34人，行政罚款2人，其他处理8人。

（李战文）

【关心关爱干警生活】年内，为无房民警协调区属保障性住房，分局积极协调区房管局，为分局76名干警配租71套区属公租房，其中整租55人55套、合租21人16套，为凝聚警心、稳定队伍提供了强有力的支撑。

（李战文）

【治安乱象整饬取得新成效】年内，分局结合社会面治安形势规律特点，对"黄赌"、"黑车"、"黑摩的"、呲活揽客、流浪乞讨等秩序类问题为整治重点，分波次开展专项治理，各类治安乱象、问题顽疾得到有效整饬。全年，打击黄赌窝点450余个，处理违法犯罪嫌疑人2000余人，查处"黑车、黑摩的"等扰序人员200余人、查扣移交车辆190余辆。

（李战文）

【"电诈"犯罪打防体系建设】年内，分局"电诈"犯罪打防体系进一步加强，形成"一办一宣两打"的格局。"一办"

▲"110"接处警勤务调配

▲12月12日，分局在首都经济贸易大学举办北京市防范电信网络诈骗犯罪预警劝阻进高校暨北京地区"无诈校园"创建活动启动仪式。

即一个“反诈办”，作为全区反诈工作的中枢，牵动局内外各部门落实打防工作；“一宣”即一个宣传队；“两打”即两个打击队。全年，分局针对“电诈”案件的打防能力显著提升，共破获现案1429起，同比上升46%，抓获嫌疑人1772人，同比上升65.9%；共拦截疑似被害人300余万人次。

（李战文）

【枪爆专项整治】年内，分局依托缉枪治爆、重点物品排查管控等专项行动，以“查违规、查隐患、查人物技防、查制度记录落实”为重点，全力收缴流散社会面的危险物品。全年共检查危险品从业单位1274家次，摸排检查可能销售刀具场所1086家次，下架封存各类刀具465把，收缴枪支32支、仿真枪146支，各类子弹1189发，处理涉案人员82人。

（李战文）

▲图为收缴的刀具、仿真枪等实物

【行业场所有序健康发展】年内，通过明察暗访、规模化互查开展清理排查，推动旅馆业依法依规经营。全年取缔黑开旅馆51家，处理非法经营人53人，违法企业158家，罚款71.41万元。文娱场所“清洁7号”排名全市第二，围绕硬件设施、疫情安全制度落实等内容，严查复开黑开、有偿陪侍等违法经营行为。全年根据疫情需要累计关停棋牌室306家次，处罚不落实疫情防控政策场所11家，拘留11人；取缔黑开游艺场所11家，收缴赌博机191台，拘留16人。分局在行业场所专项整治行动中取得佳绩，旅馆业“铁拳4号”排名全市第一。

（李战文）

▲9月17日，反特巡支队在幼儿园进行反恐宣传。

【全警实战大练兵大比武成绩优异】年内，分局在指挥系统公务用枪管理比武中获得团体第1名；在街面防控阻截任务比武中获得团体第2名；在警务实战教官团比武中获得第3名；在反恐特警系统第五届警体拓展比赛中获得分局组第3名，并打破一项纪录；在环食药旅系统比武中获得团体二等奖、现场勘验项目二等奖、精品案例评选项目三等奖。

（李战文）

【反恐创新“一统、二准、三打造”宣传机制】年内，“一统”即统筹推进全区反恐宣传工作，“二准”即精准投放宣传内容、精准施策检查发现的问题进行指导整改，“三打造”即“打造亮点、打造品牌、打造形象”呈现丰台反恐特色宣传。牵动各单位现场宣传430余次、张贴海报5000余张、发放宣传品4万份、发动群众5万余人。在开学季以微信公众号的形式，为学生群体特制试题检测“恐商”，得到全市推广。

（李战文）

【构建“南部屏障”纵深推进查控阻截机制】年内，着眼为政治中心区过滤减压，分局首创“1131”查控阻截机制，构建起“外圈保内圈、内圈保核心，多点支撑、多警融合”的矩阵式防控格局，为政治中心区筑牢“南部屏障”。“1131”即一点一线三区一面，一点：以刘家窑桥查控阻截岗为中心点；一线：京台高速、榴乡路一线布建防线；三区：预警缓冲区、有效拦截区、武装封控区；一面：“点”“线”周边2公里辐射面。该机制9月28日启动，累计盘查核录3387人，检查车辆7134辆，交通融合执法处罚958人，移送违法嫌疑人22人。

（李战文）

【刑事涉案财物远程示证体系】年内，分局自主研发“赃证物管理物联网技术”、建设智能化操作平台，率先在全市建设了刑事诉讼涉案财物“远程示证室”并出台配套工作规范。创建“远程示证”，从根本上解决了公检法司等单位因办案、庭审需求频繁往返于涉案财物中心调取物证时可能造成的涉案物品的污染和损坏，有效地节省了人力、物力资源，规范了涉案财物统一管理的严密

▲图为民警警务值勤现场

性、安全性,极大地提升了执法办案效能,形成了远程示证工作“丰台模式”。

(李战文)

【丰台分局执法办案一本通】年内,分局编撰出台了《丰台分局执法办案一本通(四)》。《执法办案一本通(四)》中即包含服务于基层办案需求的《丰台分局关于依法打击生产销售不合格电动三四轮车相关违法犯罪行为的执法指引》等5部工作规范,又有维护民警执法权益的《丰台分局关于依法办理侵害民警执法权益案件的执法指引》。此前出台的《执法办案一本通(一、二、三)》为有效打击违法犯罪、规范基层执法办案、维护民警执法权益提供了法规支撑和保障。

(李战文)

【有效化解重复信访积案】年内,针对公安部交办的125件信访积案,分局积极开展化解工作。信访部门制定了一套“一案一方案”化解重复积案模式,建立对每件信访积案日考核、日通报办理进度的全流程跟进监督机制。组织办案单位研究会商并调取案卷,进行案件评查和化解评估工作。年内,公安部交办的125件信访积案已全部化解,化解率为100%。

(李战文)

【科技赋能催生警务实战成果】年内,分局引进“云脉”“丰采”智能化系统,保持分局刑专平台、反诈中心、DNA实验室专业化优势,相关数据采集总量及协破抓人数排名全市首位;持续推进“雪亮工程”建设,改造高清摄像头8000余个,车辆识别、人脸识别卡口3000余个,整合图像资源1.1万路;分局云数据中心持续扩容升级,助力打掉网络犯罪团伙8个,抓获嫌疑人430余人, 585个智慧平安小区入室盗窃全部“零发案”。

(李战文)

【合成作战视频打击成效凸显】2月,分局出台涉案视频采集管理制度,为进一步提升打击整治工作成效,分局警务支援大队与各派出所紧密配合,在严密辖区视频巡控的基础上,全力开展违法犯罪人员布控预警、视频追踪。利用派出所上报的涉案视频共串并侵财类案件35串169起,利用人像比中嫌疑人371名,直接抓获嫌疑人75名。

(李战文)

【规范户政便民服务】年内,分局进一步落实 “放管服”改革措施,提升户政大厅及各派出所户籍窗口为民服务意识。全年共审批外地进京户口3336件,办理农转居1639人、办理二代居民身份证75916人、临时身份证6901人、军人身份证2001人、边境通行证2670人、办理委办局户口3409人、大学生户口1911人,共收到群众感谢信15封、锦旗8件。

(李战文)

【“以房管人”大排查】年内,分局加强对出租房的管理。全年累积检查出租房屋35.7万户,审查89.3万人,新发现登记出租房屋5.4万户、流动人口28.1万人。通过人房数据流转共享、数据筛查比对等工作,为打击破案、反诈防范等公安实际工作提供有力的数据支撑。坚持“以罚促管”工作理念,全年共打击违法日租房51处、拘留违法经营人52人;关停取缔违法群租房1033处,疏解人口2078人,处罚中介机构、出租房主2216起,罚款47.5万元。

(李战文)

【社区警务室(站)达标创建】年内,分局推进社区警务室(站)专项整治和达标创建工作,并将7×24小时社区警务室优化为95个。全区共有社区警务室253个,其中社区警务站2个,与全区社区(村)匹配率达到62%,上升了25.6%。

(李战文)

【疫情流调】年内,根据疫情防控的需要分局成立流调专班。强化“数据接收、落地核查、结果反馈”三个“第一时间”意识,按照“首接负责制”的原则,对12.3万条涉疫风险人员数据逐人开展核实,为市区两级疫情防控工作提供强有力的数据支撑。

(李战文)

【智慧大厅建设及拓展外签业务】年内,分局结合出入境管理工作实际,因地制宜对政务服务中心现有场地进行合理规划,打造全新智慧服务大厅与外国人签证服务大厅。智慧服务大厅推行“智慧办、一桌办、自助办”模式相结合的受理模式,外国人签证服务大厅是北京市第四家外国人工作许可和居留许可“一窗受理、同时取证”的服务大厅。全年受理各类出入境证件共计14077件。其中护照:2297件,港澳通行证及签注:11498件,台湾通行证及签注135件,台胞证:53件,回乡证:11件。外国人签证大厅共受理各类出入境证件:83件。

(李战文)

【提升医院内部安防水平】年内,全区建设完成30家二级以上医院的院警室,完成率达到100%。每天在7家三甲医院,实行24小时运转部署1名属地派出所副所长和2名民警有针对性的开展医院内部安全防范工作。其他医院派驻1名民警与医院进行对接,动态保持联系,随时处置涉医案事件及各类纠纷。疫情防控期间,每天组织警力对17个核酸监测点及25个疫苗接种点开展秩序维护、巡逻防控和定点停靠。分局在全市医疗秩序大练兵大比武中获得第六名。

(李战文)

【打击涉林违法犯罪专项行动】年内,分局森林公安大队紧盯野生动物和森林资源违法犯罪线索,多波次开展专项打击行动,打源头、端窝点、摧网络、斩链条,取得明显成果。全年共办理刑事案件22起,刑事拘留16人,收缴猎具25件(套),起获国家一级保护野生动物3只,国家二级保护野生动物24只,动物制品3件,处置野生动物救助类警情118起,救助野生动物42只(头)移送区园林绿化局行政案件3起。

(李战文)

【荣获十四届全运会围棋冠军】年内,

在全国第十四届全运会上，分局刑侦支队西部扫黑队探长李爽作为市局在北京前卫体协注册的围棋国家一级运动员，代表市局前卫体协队参加全运会群众赛事活动围棋项目民警组比赛，他克服赛程延期、赛程时间紧、审核标准高、有效训练时间短、陪练对手见面对局难等不利因素，在新时代AI技术的科学指引下，持续进行每天二十小时的高强度围棋训练。最终，经过四天激烈角逐，豪取八战全胜战绩，荣获第十四届全运会群众赛事活动围棋决赛男子个人公安民警组冠军。

（李战文）

【刘安先进事迹报告会】 6月19日，“忠心向党 守护平安——刘安同志先进事迹报告会”在市公安局报告厅举办。报告会首先播放了刘安同志先进事迹短片，刘安同志徒弟、丰台分局蒲黄榆派出所民警卞兆宾，与刘安并肩战斗24年的丰台区蒲黄榆四里西第二党支部书记陈立明，北京广播电视台法治进行时栏目主编、主持人马良，丰台分局党委委员、政治处主任王学忠依次登台，从“师傅刘安”“社区副书记刘安”“英雄刘安”“忠诚刘安”等不同角度真情讲述了刘安同志长期扎根社区、建设平安社区的生动实践和感人故事。

（李战文）

【公务用枪管理科目大比武第一】 10月12日，在市局举办的公务用枪管理科目大比武活动中，分局代表队获得团体第1名。公务用枪管理科目比武设置了笔试、现场问答和视频纠错三个环节，将日常工作中发现的顽疾问题编写成视频题、问答题，将比武练兵与顽疾整治有机结合，突出了比武服务实战的要求。比赛中，分局参赛民警布警迅速、指挥调度得当、科技手段运用娴熟、个人表现突出获得评委及现场观摩领导的一致认可。

（李战文）

【北京地区“无诈校园”启动仪式】 12月21日，分局会同市局刑侦总队，在首都经贸大学举办北京市防范电信网络诈骗犯罪预警劝阻进高校暨北京地区“无诈校园”创建活动启动仪式。公安部刑侦局局长刘忠义，市局党委副书记、常务副局长陶晶，公安部刑侦局副局长姜国利，首经贸大学党委书记韩宪洲，刑侦总队政委杨俊岭，丰台分局分局长刘禹锡和市委政法委、市委教工委、丰台区委政法委领导及市局内保局主管领导出席启动仪式。

（李战文）

案例举要

【“北京中委勘察设计院”诈骗案】 8月12日，丰台分局破获“北京中委勘察设计院”诈骗案，抓获耿某（男，1995年9月出生，河北省保定市人）、王某（女，2001年1月出生，内蒙古自治区赤峰市人）、肖某某（男，1995年5月出生，河北省三河市人）等5名犯罪嫌疑人。耿某等5人自2019年以来在丰台区注册成立“北京中委勘察设计院”，谎称能够通过免试名额、内部渠道办理“国家认证资质证书”的方式收取培训费用，先后诈骗500余名事主、涉案金额6000余万元。9月17日，耿某等5人被丰台区人民检察院批准逮捕。

（李战文 王 松）

【非法储存危险物质案】 6月29日，丰台分局破获左某某等人非法储存危险物质案，将犯罪嫌疑人左某某（男，1967年2月出生，湖北省孝感市孝昌县人）、张某某（女，1977年8月出生，湖北省孝感市孝昌县人）、左某（男，2000年7月出生，湖北省孝感市孝昌县人）抓获。6月29日11时许，民警在丰台区刘庄子119号门前检查路边停放的车辆时，发现车内存放大量液化气罐，并在119号院内抓获正在存储液化气罐及丙烷罐的左某某等3人。现场收缴液化燃气罐、丙烷罐共计81个。9月23日，左某某等3人被丰台区人民检察院移送起诉。

（李战文 王 松）

【侵害英雄烈士名誉、荣誉案】 6月9日，丰台分局破获刘某某侵害英雄烈士名誉、荣誉案，将犯罪嫌疑人刘某某（女，1973年4月出生，上海市长宁区人）抓获。5月22日，刘某某在微信公众号上发布诋毁袁隆平院士名誉、荣誉的文章，造成恶劣社会影响。9月9日，其被丰台区人民检察院移送起诉。

（李战文 王 松）

【生产、销售、提供假药案】 5月20日，丰台分局破获一起生产、销售、提供假药案，抓获孟某（女，1990年7月出生，河北省高碑店市人）、徐某某（男，1988年11月出生，河北省定兴县人）等4名犯罪嫌疑人。经审查，孟某等人于2020年6月起，以电话销售方式推销“松茂堂”公司生产的系列产品，涉案事主5000余名、涉案金额1000余万元。9月24日，孟某等4人被丰台区人民检察院移送起诉。

（李战文 王 松）

【非法吸收公众存款案】 3月3日，丰台分局破获北京鹏博瑞翔禹萱投资管理有限公司非法吸收公众存款案，抓获王某（女，1984年1月出生，黑龙江省肇东市人）、李某某（男，1985年5月出生，黑龙江省齐齐哈尔市人）、方某（女，1985年2月出生，河北省三河市人）等7名犯罪嫌疑人。经审查，王某等人于2015年起设立销售团队，以发放宣传单或老客户介绍新客户的宣传模式，非法吸收公众存款13.2亿余元。8月17日，王某等7人被丰台区人民检察院移送起诉。

（李战文 王 松）

【危害珍贵、濒危野生动物案】 10月19日，丰台分局破获周某危害珍贵、濒危野生动物罪案，将犯罪嫌疑人周某（男，1977年5月出生，北京市丰台区人）抓获。10月19日，周某在丰台区郭公庄某小区家中利用某app上网发布出售鹰标本，后被民警查获，现场起获鹰标本一个。经鉴定为国家二级重点保护野生动物。12月3日，周某被丰台区人民检察院批准逮捕。

（李战文 王 松）

【闫某某故意杀人案】 12月16日，丰台分局深挖破获一起故意杀人案。犯罪嫌疑人闫某某（男，1989年5月出生，辽宁省人）因涉嫌盗窃罪被丰台分局刑事拘留。闫某某供述2021年1月1日在北京市大兴区黄村镇某小区房间内，因图财将事主徐某某杀害并藏尸的犯罪事实。2022年1月7日，闫某某被市检二分院批准逮捕。

（李战文 王 松）

【耿某某涉嫌帮助信息网络犯罪案】 8月5日，丰台分局破获耿某某涉嫌帮助信息网络犯罪案，将犯罪嫌疑人耿某某（男，1996年7月出生，山西省蒲县人）抓获。7月19日，耿某某在本市通州及丰台的多家银行共开办5张银行卡，同时其利用之前在山西开办的一张邮政储蓄银行卡共计6张银行卡，提供给他人使用并从中获利，其开办的6张银行卡共涉及14起电信诈骗案件，涉案金额共计26.8万元。11月5日，耿某某被丰台区人民检察院移送起诉。

（李战文 王 松）

【7人团伙诈骗案】 7月29日，丰台分局破获郭某某等7人团伙诈骗案，将郭某某（男，1995年11月出生，河北省衡水市武邑县人）、贾某（男，2000年3月日出生，河北省衡水市桃城区人）等7人抓获。2020年至2021年7月期间，郭某某伙同贾某等人以虚构身份、虚构事实的形式向不特定群体拨打电话推销国家注册一级消防工程师课程进行诈骗。11月3日，郭某某等7人被丰台区人民检察院移送起诉。

（李战文 王 松）

【朱某买卖国家机关公文案】 1月20日，丰台分局破获一起买卖国家机关公文案，抓获犯罪嫌疑人朱某（男，1981年9月出生，北京市丰台区人）。朱某通过网络购买其加入中国共产党入党手续及组织关系等伪造材料，后其将伪造材料从天津市某地转入本市丰台区某党支部，非法获取中国共产党党员正式身份。3月29日，朱某被丰台区人民检察院移送起诉。

（李战文 王 松）

检 察

【概况】 2021年，丰台区人民检察院（以下简称区检察院），共批准逮捕各类犯罪嫌疑人1142件1637人，提起公诉1668件2039人；追捕16人，追诉漏罪27人；不批捕1088件1476人，不起诉308件365人。监督公安机关立案44件44人，监督撤销涉民营企业案件5件。办理社区矫正违法违规案件8件8人，受理羁押必要性审查案件308件308人，变更强制措施127件127人。受理民事案件635件，向法院制发书面检察建议101份。开展民事虚假诉讼专项监督活动，共发现、受理虚假诉讼监督线索16件，提请抗诉1件，向法院发出再审检察建议2件。加强行政诉讼监督，向法院提出再审检察建议1份。受理公益诉讼线索207条，同比上升近6倍，制定院内线索移送办法指引，挖掘刑事案件“宝库”。

（卢圣勇 马 韶）

【维护政治安全和社会稳定】 年内，共办理涉邪教和冒充军人犯罪15件16人，对非法销售新冠疫苗案犯罪嫌疑人周某某等8人依法提起公诉，办理田京文等5人敲诈勒索、寻衅滋事等一批国家、市级专案，参与北京市“全能神”邪教类案件证据审查指引、涉政敏感案件综合调研等专项工作。

（卢圣勇 马 韶）

【常态化推进“扫黑除恶”】 年内，共受理2个涉恶团伙的审查逮捕17件56人，审查起诉7件41人，成功办理涉黑涉恶拆迁领域“114”专案，移送涉“保护伞”线索4件，荣获“北京市扫黑除恶先进集体”“北京市检察机关扫黑除恶优秀办案单位”等荣誉称号，两名干警获评“北京市扫黑除恶先进个人”。

（卢圣勇 马 韶）

【快办轻案认罪认罚从宽案件】 年内，审查起诉轻微刑事案件1072件1196人，办理高某某、董某某骗取医保基金等涉民生案件，以及网络贩卖“京户”指标、非法捕捞水产品等新类型案件。认罪认罚从宽适用率达到93.13%，办理的陈某某虚开发票案获评全市认罪认罚优秀典型案件，三份文书获评全市认罪认罚案件优秀法律文书。

（卢圣勇 马 韶）

【服务防范化解金融风险】 年内，共受理金融犯罪案件165件400人，依法办理涉案金额上百亿元的于某某等人非法吸收公众存款案。成立金融检察办公室，加强对金融犯罪打击的组织领导。推进企业合规改革，助推“法治元素”成为“企业发展要素”。保障民营企业发展，与相关单位联合出台服务保障民企发展一揽子方案。

（卢圣勇 马 韶）

【职务犯罪检察】 年内，共办理职务犯罪案件12件12人，其中办理北车研究所处长孙某受贿案和系列涉医行受贿案件，就窗口部门不规范行为发出检察建议，纠正行业不正之风。聚焦提升职务犯罪案件办理质效，建立健全与区监察委案件沟通、线索移送等协作机制，并就证据标准等问题加强案件研讨，统一认识尺度，形成打击合力。

（卢圣勇 马 韶）

【联合保护英烈设施】 1月，区检察院联合中国人民解放军北京军事检察院与丰台区退役军人事务局召开圆桌座谈会，深入交流英烈纪念设施保护工作。区检察院党组成员、副检察长，北京军事检察院副检察长，区退役军人事务局副局长就英烈设施底数不清、部分英烈设施保护不善、周边环境有待治理等问题共同交换了意见。

（卢圣勇 马 韶）

【切实履行公益诉讼检察职能】 1月，为更好地发挥检察公益诉讼在环境、安全、维权等方面的作用，回应人民群众对民主、法治、公平、正义、安全、环境等方面的新需求新期待，区检察院制定并实施《北京市丰台区人民检察院关于深入推进检察公益诉讼工作实施方案》，方案向区委、区人大、区政府和区政协报送后，得到高度认可并获区人大常委会主任批示。

（卢圣勇　马　韶）

【“全聚德”案入选高检院典型案例】 2月，最高人民检察院、国家市场监督管理总局和国家药品监督管理局，联合发布15件落实食品药品安全“四个最严”要求专项行动典型案例，区检察院办理的假冒“全聚德”烤鸭案成功入选，该案系北京市唯一入选案例。

（卢圣勇　马　韶）

【联合召开保障残疾人权益座谈会】 2月，区检察院与区残疾人联合会召开座谈会。会上，就残疾人保障、辖区内无障碍设施建设等情况进行交流探讨，为下一步开展涉残疾人保护公益诉讼奠定基础。区残疾人联合会党组书记、总理事长，区检察院党组成员、副检察长参加了座谈。

（卢圣勇　马　韶）

【多部门就知识产权保护达成共识】 3月，为深入贯彻习近平总书记关于加强知识产权保护工作的重要讲话精神，结合政法队伍教育整顿工作要求，切实做到为民办实事，区检察院与区市场监督管理局商标科、知识产权公共服务中心交流座谈。会上，双方就当前全区知识产权保护情况进行了交流，并就今后双方在支部共建、宣传培训等方面达成共识。

（卢圣勇　马　韶）

【先进事迹宣讲活动】 4月，区检察院举办“身边榜样”先进事迹宣讲活动，此次活动充分践行“身边人讲身边事，从细微处入手，于平凡处见真章”，区检察院党组书记、检察长李继征表示，此次活动是践行社会主义核心价值观的具体体现，要扩大宣传面，让先进事迹绽放光芒。

（卢圣勇　马　韶）

【组织检察开放日活动】 4月，区检察院结合“检察为民办实事”实践活动，开展“开门搞整顿，真诚听民意”主题开放日，26位区人大代表、政协委员、社会各界代表和媒体代表参观座谈。院党组书记、检察长李继征表示，在广泛听取意见建议基础上，积极展示人民群众参与和监督成效，充分体现了“开门搞整顿”的鲜明导向，进一步提升了社会对政法队伍教育整顿的知晓度和群众满意度。

（卢圣勇　马　韶）

【与区知识产权局签署合作协议】 4月，区检察院党组书记、检察长李继征带队走访丰台区知识产权局，签署《知识产权保护合作协议》，并与辖区企业代表围绕知识产权保护开展交流座谈。区知识产权局党组书记、局长李广隆，党组成员、副局长张铁军及部分企业代表参加会议。李继征从打击违法犯罪、服务企业和司法行政协作三方面进行交流。

（卢圣勇　马　韶）

【检察长受聘为法治副校长】 4月，为深入贯彻习近平总书记关于保护未成年人的指示精神，区检察院党组书记、检察长李继征带队到北京市第十八中学教育集团开展法治教育研讨会，并受聘为北京市第十八中学教育集团法治副校长。李继征围绕加强未成年人全面综合司法保护、丰台特色法治教育品牌和法治宣传教育做深入交流。

（卢圣勇　马　韶）

【加强知识产权保护活动】 4月，为牢固树立保护知识产权就是保护创新的理念，区检察院党组书记、检察长李继征参加区“4.26”知识产权宣传活动。活动中，区检察院与多家单位共同签署《丰台区强化知识产权保护合作备忘录》，就全面加强知识产权保护力度，深化部门间信息共享和业务协同达成一致意见，并为2020年度在知识产权方面做出突出贡献的优秀企业颁发证书。

（卢圣勇　马　韶）

【参与“代表在倾听”活动】 5月，为进一步密切人大代表同人民群众的联系，区检察院党组书记、检察长李继征，党组成员、副检察长常青参加大红门街道人大“代表在倾听”活动，听取选民关于创卫工作的意见建议研究解决难点、痛点、堵点问题。活动中，区检察院结合典型案例，以“《民法典》讲讲咱老百姓的事”为主题，为社区群众进行普法讲座。

（卢圣勇　马　韶）

【“未成年”检察开放日】 5月，区检察院“丰帆·起航”未检工作团队以“检爱同行，共护未来”为主题，开展检察开放日活动、发布未检宣传视频，为孩子们送上别开生面的六一礼物。会后，丰帆·起航”未检工作团队干警带领参会人员实地参观了未成年人检察工作室，近距离感受未检部门把关爱和保护未成年人落到实处的目标与努力。

（卢圣勇　马　韶）

【电信诈骗宣传活动】 6月，区检察院党组成员、副检察长李毅荣带领干警参加“全社会反诈总动员”丰台区防范电信网络诈骗犯罪集中宣传活动启动仪式，活动现场，区检察院干警向来往的群众发放宣传材料，讲解各类防范电信网络诈骗的知识，提高群众“防范电信诈骗”意识，形成全民“反电诈”局面，取得良好的效果。

（卢圣勇　马　韶）

【教育整顿情况通报会】 6月，为切实做好政法队伍教育整顿工作，巩固查纠整改环节成果，推进总结提升工作，区检察院召开队伍教育整顿整治工作情况通报会。区委常委、统战部部长、政法委书记李岚，市第四指导组谭立国、袁一飞同志到场指导。区检察院党组书记、检察长李继征主持会议，院领导班子成员、各部门负责人及部分干警参加会议。

（卢圣勇　马　韶）

【市检察长来院调研】 7月，北京市检察院党组书记、检察长朱雅频就学习贯彻张军检察长到北京市检察机关调研座谈讲话精神、推进检察队伍教育整顿工作等四方面情况，深入区检察院调研座谈，对上半年区检察院工作高度肯定。

丰台区委书记徐贱云，区委常委、区委统战部部长、政法委书记李岚，北京市人大代表刘颖、张力、张雪梅，区检察院领导班子成员、各部门负责同志及部分检察干警参加调研座谈。

（卢圣勇　马　韶）

【办理首例行政公益诉讼起诉案】 9月，区检察院在履职中发现，区水务局怠于履行职责，致使社会公共利益受到侵害，依法对其提起行政公益诉讼。该案系区检察院公益诉讼工作开展以来，办理的首例行政公益诉讼起诉案件，充分发挥了公益诉讼维护公共利益、促进依法行政的作用，为助推区法治文明建设和生态文明建设贡献了检察力量。

（卢圣勇　马　韶）

【永定河保护公益诉讼专项活动】 10月，为助力永定河综合治理与生态修复，打造绿色生态河流廊道，区检察院党组成员、副检察长苏从舜带队，会同区水务局、永定河管理所、丰台公安分局环食药旅中队等多家单位，到永定河丰台段沿岸开展巡查工作。区检察院建议各单位开展通力合作，建立信息共享、协同保护机制，做好永定河保护工作。

（卢圣勇　马　韶）

【报告检察公益诉讼工作开展情况】 11月，丰台区召开十二届区委常委会第253次会议，听取区检察院《关于公益诉讼检察工作情况的报告》，区检察院党组书记、检察长李继征同志作汇报。报告总结了制度试点以来区检察院公益诉讼工作推进落实的做法，阐述了近年来取得的工作成效，提出了下一步努力方向。区委常委会在听取汇报后，对区检察院在公益诉讼检察工作中所作出的努力表示肯定。

（卢圣勇　马　韶）

【城南高质量发展座谈会】 11月，为落实市委、市政府《推动城市南部地区高质量发展行动计划（2021–2025年）》，推进城南地区发展，区检察院牵头20余家区城南计划工作专班成员单位开展法治需求调研线上会议，汇报交流推进过程中的法治需求和检察需求。市检二分院副检察长彭智刚和区检察院党组成员、副检察长李毅荣参加会议。与会单位表示，将不断加强交流合作，共同做好服务保障区域发展的“大文章”。

（卢圣勇　马　韶）

【工作报告获区人大全票通过】 12月14日至16日，区检察院党组书记、检察长李继征在丰台区第十七届人民代表大会第一次会议上作检察工作报告，报告过去五年工作情况及未来五年工作谋划以及2022年工作思路，报告获全票通过。李继征同志全票当选区检察院检察长。

（卢圣勇　马　韶）

【联合开展结对共建工作】 12月，区检察院与大兴区检察院召开基层院结对共建视频工作会。两院党组成员、检委会专职委员、各部门负责人与机关党委、机关纪委、机关团组织负责人参加会议。区检察院党组书记、检察长李继征对基层院结对共建工作等进行了安排部署。

（卢圣勇　马　韶）

法　院

【概况】 2021年，区法院坚持以习近平新时代中国特色社会主义思想为指导，全面贯彻落实党的十九大和十九届二中、三中、四中、五中、六中全会精神，深入贯彻落实习近平法治思想，围绕“努力让人民群众在每一个司法案件中感受到公平正义”目标，忠实履行宪法和法律赋予的职责，全年收案71243件，结案60925件，同比分别上升30.29%、11.36%。在新收案件上涨的情况下，实现结案均衡度、法定审限内结案率同比提升，平均审执天数下降，三年以上长期未结案清零“两升一降一清零”良好效果；目标考核成绩在全市法院排名显著提升；优化营商环境指标总分排名全市第二，一类法院第一。审判工作整体呈现稳中向好、积极进步的良好态势。区法院荣获全国、市级荣誉49项。2020年度全市法院调研工作中共荣获8个奖项，并获得北京法院优秀调研成果一等奖。涌现出全国巾帼文明岗、全国法院先进个人、北京法院人民法庭工作先进集体、北京青年榜样年度人物等一批先进典型，在保障辖区安全稳定、促进高质量发展、维护公平正义方面，取得了新进步，实现了新发展。

（高　睿）

【驰而不息加强党的政治建设】 年内，区法院坚持党对法院工作的绝对领导，坚持以习近平新时代中国特色社会主义思想为指导，深入贯彻落实习近平法治思想，引导干警树牢“四个意识”、坚定“四个自信”、做到“两个维护”，向区委、市高院请示报告重大事项150余次，召开党组会56次，研究重大事项600余件，全面接受区委政治巡察及政法委政治督查，切实抓好整改落实。强化政治理论学习，制定《党组理论学习中心组学习办法》，创新“早学晚读”“轮值导读”等特色学习制度，邀请专家来院开展意识形态专题政治轮训，切实培养干警做政治上的“明白人”。深化“七月丰法”党建项目品牌建设。3个党支部获评“北京法院党建先进工作集体”，6名干警荣获“北京法院党建工作先进个人”。

（高　睿）

【打造“工会＋法院”劳动争议多元解纷机制】 年内，区法院与区总工会签订《关于加强劳动争议调解联动工作的合作协议》，率先建立“工会＋法院”劳动争议多元解纷机制，联合为各街乡镇工会及企业工会的劳动法律监督员、劳动争议调解员等50余人提供法律知识培训，贴近群众设置多元调解服务机构30个。创新“工会调解＋司法确认”诉调对接机制，区法院委托工会调解劳动争议案件，达成调解协议后当事人直接申请司法确认，高效保护劳动者合法权益，经验做法和典型案例获工人日报头版、学习强国平台

▲3月16日，区法院与区总工会签订《关于加强劳动争议调解联动工作的合作协议》。

▲5月11日，区法院南苑法庭工作人员赴南苑棚户区拆迁指挥部交流座谈。

等多家新闻媒体宣传报道。

（高　睿）

【积极助力"疏整促"专项行动】 年内，区法院积极助力"疏整促"专项行动。赴南苑棚户区拆迁指挥部等单位分析提示影响首都商务新区、南中轴森林公园建设的法律风险，源头预防化解矛盾纠纷。配合交通枢纽建设、农村非宅拆违等项目，深入一线定向服务，解读法律政策，提供司法指引。与行政机关联合召开协调会、研讨会10余次，强化诉前风险防范及诉后跟踪落地，保障"疏整促"工作平稳推进。

（高　睿）

【深入开展党史学习教育】 年内，区法院打造党史学习教育阵地，建立"党史一刻钟"等特色学习制度，赴中国共产党历史展览馆、北大红楼等地参观见学49次。突出党史文化浸润，根据离退休老干部边俊相同志三兄弟参加抗美援朝英勇杀敌两人牺牲，英雄母亲跋涉千里赴朝鲜寻儿的真实故事，原创党史话剧《千里寻儿》、歌曲《丰碑的传颂》，在党史学习教育推进会上展演，并分别荣获全市法院"优秀原创话剧"和"十佳原创歌曲"奖。

（高　睿）

【深入开展政法队伍教育整顿】 年内，区法院严格落实全国法院队伍教育整顿决策部署，聚焦学习教育、查究整改、总结提升三大环节，围绕六大顽瘴痼疾全面开展大排查、大起底、大清理，评查案件1257件，摸排个人事项600余人次，开门纳谏90余条，健全完善规章制度20项，推动司法监督管理体系进一步健全完善，干警忠诚履职、担当作为的能力显著增强，有力营造风清气正政治生态。推出暖心服务岗、夜间审判、跨境调解、上门发还案款等便民利民举措207项，切实解决群众"急难愁盼"问题。

（高　睿）

【依法严厉打击刑事犯罪】 年内，区法院审结刑事案件1822件，判处罪犯1934人，同比分别上升22.94%及18.4%。常态化开展"扫黑除恶"专项斗争，妥善审理扫黑除恶常态化后全区首例涉恶案件，荣获"北京市扫黑除恶专项斗争先进集体"称号，5名干警获评扫黑除恶先进个人。严厉打击暴力犯罪，审结故意伤害、抢劫等案件163件，助力平安北京建设。大力惩处涉众经济犯罪，审结中金、银升资本等非吸犯罪55件，帮助受害人追赃挽损近亿元，坚决

▲6月25日，话剧《千里寻儿》在区法院首次公开展演后参演人员合影。

▲7月13日，区法院召开队伍教育整顿征求意见座谈会。

守护人民群众“钱袋子”安全。

（高　睿）

【妥善化解民商事纠纷】 年内，区法院审结民商事案件36552件，同比上升16.85%，平均审理时长同比缩短19.36%。强化民生司法保障，审结涉民生案件24383件，积极保护人民群众合法权益，审理的涉残疾人辅助器具纠纷案件入选最高人民法院、中国残疾人联合会共同发布的残疾人权益保护十大典型案例。审结公司、投资、私募基金等商事案件10353件，审结网约车司机薪酬、互联网平台农民工维权等劳动争议案件2125件，审理的“假和解、真逃债判赔案” 明确人民法院可不予调整违约金情形，引导当事人诚实守信经营，入选最高人民法院指导案例，有力维护繁荣稳定市场秩序。

（高　睿）

【支持监督行政机关依法行政】 年内，区法院审结行政诉讼案件504件，审查和执结行政非诉案件475件，同比分别上升9.32%和152.66%。保障行政机关依法履职，审结全市首例“路侧停车收费案”等一批新类型案件，支持行政机关创新社会管理行为。推动91件行政案件协商化解，依法保护行政相对人合法权益。强化与行政机关良性互动，法官到北京市交通委等单位培训授课6次，参与培训人数1100余人次，为行政机关提高依法行政水平提供有力支撑。

（高　睿）

【大力推进“切实解决执行难”】 年内，区法院执结案件21341件，执行到位30余亿元。持续加大强制执行工作力度，对逃避执行的被执行人依法采取拘留、罚款等强制措施14次，依法冻结款项5亿余元，公布失信被执行人信息650例，限制消费、出境11446人次。成立专门速执团队，强化执行审限管理及关键节点监督，执行案件时长缩短35%。构建“涉民生”案件绿色通道，高效执结劳动争议、人身损害赔偿等涉民生案件2364件，执行到位8962.55万元。打造执行案款精细化管理模式，完成1735笔在账案款提存和暂缓发还情况核查，实现一案一账户待认领清零、无理由超期案款清零、案款监管漏洞清零。

（高　睿）

【充分发挥综合审判职能】 年内，区法院审结申诉、再审等案件224件。强化审判监督作用，坚持依法纠错与维护司法权威并重，累计审查申诉案件145件，提起再审24件，依法改判15件，不断增强司法公信力。强化当事人权利救济和保障，审结国家赔偿案件4件，依法支持刑事案件申请人赔偿请求；依法办理司法救助案件23件，向困难诉讼群众发放司法救助金150万元。

（高　睿）

【“迎建党100周年”安保维稳专项活动】 年内，区法院成立专项工作领导小组，制定《“迎建党100周年”安保维稳专项工作方案》等十余项保障计划，综合办公室、综合审判庭、法警大队等部门密切协作，开展“大干三十天”迎建党100周年安保维稳专项活动。加大对恶意缠访闹访行为的打击力度，配合区公安分局对1名违法信访人依法进行治安拘留及刑事拘留，有效维护信访秩序。

（高　睿）

【服务保障“两区”建设】 年内，区法院出台《北京市丰台区人民法院为“两区”建设提供司法保障的实施意见》等“1+2”文件，依托司法大数据对“两区”建设情况进行数字体检，获区委领导5次批示肯定。开展金融纠纷要素式审判，探索金融审判专家辅助机制，与监管部门、重点企业建立三方会议机制，化解金融类纠纷1470件。审结知识产权案件703件，妥善审理涉农夫山泉公司商标案、真假“鲍师傅”不正当竞争案等系列案件，近三年平均判赔额增长2.4倍，切实保护知识产权创新发展。

（高　睿）

【助力优化法治化营商环境】 年内，区法院在时代风帆楼宇建立“吹哨报到”平台，为区工商联1700多家会员单位提供云座谈、云课堂等系列“法律体检”服务。发挥“民营企业产权保护调解室”功能作用，累计调解涉民营企业纠纷160余件，涉案总金额达5000万元以上。建立在审破产案件台账，引入破产案件专家论证会，利用北交所

▲10月，区法院行政庭法官为北京市交通运输综合执法总队授课。

▲10月28日，区法院召开“为丰台区‘两区’建设提供司法保障”暨第十三期“月说新案”新闻发布会。

网络平台打通异地财产处置通道，提升破产案件办理质效。

（高　睿）

【保障大红门地区综合整治提升工作】年内，区法院按照市委市政府指示精神及区委统一部署，明确重点任务，迅速贯彻落实，为综合整治工作提供司法助力，获工作专班致信感谢。成立立审联席小组，专人负责立案、审判对接工作，组建专案审判团队，为案件公正、高效审理奠定坚实基础。强化区域联动，与大红门地区服装市场综合整治提升工作专班密切沟通联系，加强形势研判，做足案件审理前期准备工作。妥善审理案件，吃透各项政策文件精神，主动向上级法院请示汇报，依法依规裁判案件，保障各方主体合法权益。强化诉源治理，积极向诉讼双方释法答疑，向工作专班发送多项司法建议，提升综合整治提升工作规范性，着力促进矛盾纠纷源头化解。

（陆　野）

【诉源治理“花乡经验”获全国推广】年内，区法院花乡法庭扎根基层、面向群众，构建起“以人民法庭为主阵地、以专项治理为抓手、以法治宣传为辐射”的诉源治理格局，将大量潜在矛盾纠纷化解在萌芽、消弭在源头，形成诉源治理“花乡经验”，入选最高人民法院《新时代人民法院建设案例选编（一）》。建立全覆盖纠纷化解体系，在花乡旧机动车交易市场设立“巡回审判点”，开展巡回审判；与辖区司法所联合建立“法治空间站”，指定定点联络员指导调解、提供法律咨询；同辖区司法行政、公安、调委会建立多元解纷联动网，实现纠纷信息互联互通、具体案件适时会商和突发矛盾联防联动；广泛开展“云普法”，覆盖群众140余万人。

（陆　野）

【创建金融纠纷批量治理路径】年内，区法院依托数据平台梳理金融类批量案件占比较大的7家金融机构，制作纠纷高发金融机构名册，主动联系名册内机构提供定制“司法服务包”，加强风险防控指导。进一步吸纳北京秉正银行业消费者权益保护促进中心等行业性专业性调解力量，提升金融案件专业化调解程度，实现金融案件调解应委派尽委派。依托信息化实现审判系统与电子卷宗系统深度对接，实现金融案件“立、分、审、结、转”全流程无纸化网上办理，金融机构批量化编辑、核对、提交诉讼材料，立案审查人员批量化审核、录入、分配，诉源治理团队批量化委派、对接案件，金融类案件化解效率大幅提升。

（高　睿）

【医疗纠纷评议式调解】年内，区法院加强行业调解联动，在区医疗纠纷人民调解委员会等调解机构铺设“巡回司法确认点”“7日调解工作站”，与区卫健委、司法局、平合医患中心等单位密切合作，由行业专家、专业机构及专职律师共同探讨诊疗行为是否规范、是否存在过错等专业问题，充分发挥特邀评议调解专业优势，将31%的医疗纠纷化解在诉前，工作成效被法治日报、民主与法制网等新闻媒体报道。

（高　睿）

民主与法制网
www.mzyfz.com
深入学习贯彻习近平
| 要闻 | 理论 | 政法 | 立法 | 访谈 | 财经 | 法学会 | 法学院 | 传媒·时评 |
当前位置：首页 > 政法 > 法院

丰台法院抓前端治未病化解医患矛盾

2021-11-30 09:13:14 来源：法治日报

□ 法治日报全媒体记者 徐伟伦

随着人民群众健康需求的日益增长、维权意识的不断提高，近年来医疗纠纷呈现出数量、类型俱增的新态势。医疗纠纷往往涉及当事人的生命权、健康权、身体权等与人身相关的权益，成为社会关注的焦点问题。然而，医疗纠纷一旦成诉，大多难以化解。

为破解这一难题，北京市丰台区人民法院发展新时代“枫桥经验”，秉持“既抓后端治已病，又抓前端治未病”的纠纷防治理念，建立起第三方柔性调解机制，并推出专家评议式调解，开辟司法确认“绿色通道”，形成了“非诉挺前、资源整合、衔接配套”的医疗纠纷多元化解决的全新路径。

“侵权责任争议大、损害后果难以确定是医疗纠纷诉讼的两大特点，这类诉讼往往需要启动鉴定程序，但鉴定程序不仅复杂成本也相对较高。”在丰台法院近日召开的第十四期“月说新案”新闻发布会上，丰台法院立案庭庭长张英婷说，为有效解决上述问题，丰台法院自2016年起在丰台区平合医患中心进行试点，通过整合调解资源，将人民调解、行业调解、律师调解等多元解纷力量进行汇聚，开展以医疗纠纷为特色的侵权案件诉前调解工作。

▲11月30日，《法治日报》、《民主与法制网》报道区法院医疗纠纷多元调解成效。

【健全新型审判权力制约监督体系】年内，区法院建立随机均衡规范分案机制，用“扫码”代替人工录入，一键点击“随机分案”按钮，系统自动随机分配案件，预防化解司法廉政风险。坚持办案责任与监管责任相统一，完善“类案检索初步过滤、专业法官会议研究咨询、审判委员会讨论决定”的统一法律适用工作机制，为法官处理案件提供有力指引。发布《案件评查工作办法》，明确评查范围、评查程序、评查回避事项等58项具体规则，构建“四位一体”案件评查格局，切实提高审判质效。

（高　睿）

【深化民事诉讼程序繁简分流改革】年内，区法院建立小额诉讼程序“七快”通道，适用小额诉讼程序审结案件6451件，同比上升70.88%。制作《要素式审判工作指引》，完善11个庭审要素表、8个文书参考模板、6个调解笔录模板，切实推动“简案快审”。强化辅助事务跨域协作，联合构建的辅助事务跨域协作机制成员单位由13家法院扩展至19家，共完成协作任务311次，大幅提升跨域送达、取证效率。

（高　睿）

【持续推进智慧法院建设】年内，区法院统筹推进电子卷宗随案生成和深度运用试点，将电子卷宗全程嵌入办案系统，一键完成交互阅卷、证据展示、笔录核对等功能，案件审理质效显著提升。完善《集约送达规定》，对教培机构等送达工作量排名前十的单位开展微信送达专题培训，完成电子送达80847件次，民商事案件电子送达裁判文书占比排名北京法院第一。引入RPA数字化劳动技术，执行指挥中心系统自动识别录入案件信息，高效兑现胜诉权益，荣获全国“智慧法院创新案例”“2020年度智慧法院典型案例”。

（高　睿）

【党风廉政建设狠抓不懈】年内，区法院严格执行“三个规定”铁规禁令，建立任职回避和“零报告”承诺制度，创新党建、廉政“双巡查”制度，以严明纪律约束全体干警。制定《规范法官和律师职业行为的若干意见》，严控法官与律师间不正当接触交往。面向114名退休老干部和离职人员召开离任政策宣讲会，组织签署离任从业承诺书，打造风清气正司法环境。

（高　睿）

【干警荣获多项荣誉】 年内，区法院文军丽法官荣获北京市委、北京市人民政府颁发的2019–2020年度“首都精神文明建设奖”，文军丽曾获最高人民法院颁发的荣誉天平奖章，审理的案件先后入选最高人民法院十大民事行政及国家赔偿案件、中国十大影响性诉讼、最高法院指导案例。区法院李冬冬法官荣获2021“北京青年榜样”年度人物，李冬冬政治过硬、业务扎实，主审民事案件2000余件，曾获“北京市模范法官”称号。区法院王亚茹法官助理荣获最高人民法院授予的“全国法院先进个人”称号，王亚茹先后荣立个人三等功两次，获“法官好助手”“新闻舆论工作先进个人”等多项荣誉。

（高　睿）

【获评北京市“七五”普法先进集体】 年内，区法院认真贯彻落实“谁执法谁普法”普法责任制，院党组高位统筹、科学决策，成立“七五”普法工作领导小组，研究制定《丰台区人民法院开展法治宣传教育的第七个五年规划》等配套文件，将普法工作纳入目标责任制考核，压紧压实工作责任，并荣获北京市“七五”普法先进集体。“七五”普法期间，区法院普法工作机制不断完善，法治宣传载体更加丰富，司法文化建设繁荣发展，媒介传播效应凸显，依法治理助推作用更加坚实，先后荣获全国法院网络新闻宣传先进集体、北京市法院“新闻宣传先进单位”等荣誉称号，连续两年受到最高法院政治部、最高法院新闻局和人民法院传媒总社联合通报表扬。

（陆　野）

【自觉接受人大和各界监督】 年内，区法院认真研究区第十六届人民代表大会第八次会议审议法院工作报告时提出的意见建议，全院统筹落实，逐项整改反馈。全年举办代表委员联络活动34场，涉及代表委员197人次，代表委员提出的意见建议全部办结，满意率100%。接受检察机关诉讼监督，认真办理检察建议22件，切实提升检察建议办理质效。

（高　睿）

【院长多篇文章获权威杂志刊载】 年内，区法院党组书记、院长祖鹏以《以变应变 创新发展 推动涉疫纠纷诉源治理取得扎实成效》为题，系统阐释和深入解读区法院涉疫纠纷诉源治理工作，获法治日报社内参《法治参考》头版刊登；以《社会主义核心价值观融入司法裁判的机制研究》为题，对社会主义核心价值观融入司法裁判的重要意义、具体路径等问题进行全面论证，在国家法官学院主办期刊《法律适用》发表，并被《法律适用》公众号刊登。

（高　睿）

【最高法院院长批示司法大数据报告】 年内，最高法院院长周强对区法院联合中国司法大数据研究院报送的《社会主义核心价值观融入裁判文书释法说理案件蔚然成风：数量多、案由广，凸显依法治国和以德治国治理成效》《受疫情和“双减”政策叠加影响：课外培训机构涉诉纠纷持续上扬，多地同比增长超五倍，家长退费、职工维权等矛盾突出，需采取综合措施妥善化解》两篇司法大数据决策参考作出批示。区法院依托司法大数据为上级领导决策提供有益参考，荣获2021年全国法院“数助决策”整体示范应用一等奖。

（陆　野）

【最高法院民一庭两次到区法院调研】 年内，最高法院民一庭庭长带队到区法院先后调研考察人民法庭及老年人、妇女儿童权益保护工作。在人民法庭工作调研中，调研组一行先后赴方庄、花乡法庭实地参观，重点了解法庭诉源治理、新发地疫情处置、人才培养、党建队建创新等方面的工作。调研组对区法院基层法庭工作开展情况表示认可，充分肯定花乡法庭“一点一站一张网”诉源治理工作机制，对人民法庭在诉源治理工作中的积极作为、主动担当表示赞赏，并高度评价区法院担政治之事让党放心、担共治之事让社会和谐、担解纷之事让人民满意的“担事儿”精神。在老年人、妇女儿童权益保护工作调研中，最高法院民一庭法官介绍最高法院在老年人、妇女儿童权益保护工作中的重点内容和特色工作。区教委、区民政局、区妇联以及丰台街道等部门领导介

▲12月24日，区法院开展“我为群众办实事”主题党日活动暨老年人、妇女儿童权益保护工作调研座谈会。

绍丰台老年人、妇女儿童权益保护工作开展情况。调研组同与会人员深入沟通交流，积极听取基层工作者在处理法律问题时面临的难点堵点问题，充分肯定基层工作经验。

（高　睿　陆　野）

【培育本土北京市审判业务专家】 1月，经过专家评审、市高院党组研究和公示等环节，区法院花乡法庭庭长魏亚南，荣获第五届“北京市审判业务专家”称号。区法院高度重视专家人才培育工作，开展“拔尖型人才推荐评选”，依照审判业务、司法实务、信息技术、司法警务等四个类别选拔专家型人才，将审判业务作为核心培养要素，制定个性化培育方案，帮助专家型人才提炼自身特色，深挖研究成果，着力培育更高层次审判人才。

（高　睿）

【获共青团中央致信感谢】 1月，区法院获共青团中央致信感谢。为支持配合团中央组织开展的“青春新征程 奋进十四五”学习党的十九届五中全会精神宣讲活动，区法院推荐干警陆露参加宣讲团，深入青海村镇社区、产业基地，面向社区青年、农村青年等青年群体，深入浅出地生动诠释新发展阶段、新发展理念、新发展格局，宣讲活动取得圆满成功，在全社会特别是广大青少年中掀起了学习党的十九届五中全会精神的热潮。

（高　睿）

【区法院首次中标的司法研究重大课题】 1月，区法院与司法部、通州法院联合中标的最高人民法院2019年度司法研究重大课题《深化多元化纠纷解决机制改革研究》，经最高人民法院评审验收合格，顺利结项。该课题系区法院首次中标最高人民法院司法研究重大课题，区法院党组书记、院长祖鹏亲自研究部署课题推进工作，通过召开开题论证会、中期推进会，赴厦门、山东、吉林等三省五市开展实地交流等方式深入开展调查研究，最终形成10万余字调研报告，从立法、资源整合、衔接机制等7个方面深入分析问题，并进一步提出深化中国多元化纠纷解决机制改革的建议。

（高　睿）

【原创歌曲《丽泽小苗》亮相央视】 2月，区法院原创歌曲《丽泽小苗》受邀参加中央广播电视总台《道德观察》春节特别节目的录制活动，并于23日在《欢乐法治中国年》栏目播出。《丽泽小苗》讲述了区法院干警在丽泽审判区艰苦的办公条件下，以饱满的工作热情投身司法事业的感人故事。该歌曲歌词深沉动人、旋律轻快优美，是奋战在基层一线的法院干警司法为民、公正司法的真实写照，该歌曲获得了“全国法院优秀原创歌曲”大赛一等奖。

（高　睿）

【发布“弘扬社会主义核心价值观典型案例”】 2月，区法院召开弘扬社会主义核心价值观典型案例新闻发布会，发布第三批5个弘扬社会主义核心价值观典型案例。发布会上，2名法官分别介绍各自主审典型案例的裁判思路和在核心价值观指引下开展审判工作的心得体会。区法院就培育和践行社会主义核心价值观的情况进行通报。法治日报、光明日报、北京日报等多家中央、市属媒体对本次新闻发布会进行现场报道，并对专家学者、人大代表和法官进行现场提问和采访。

（高　睿）

【荣获“全国巾帼文明岗”】 3月，区法院行政审判庭被全国妇联授予“全国巾帼文明岗”称号。区法院行政审判庭成立于1989年，是北京法院系统第一批成立的行政审判庭之一，全庭女性干警比例超过80%。该庭曾获北京市三八红旗集体，先后被评为全市法院行政审判信息工作先进单位、典型案例工作先进单位，47人次获得省部级及国家级荣誉，6篇论文在全国获奖，1名法官获评北京法院先进法官。

（高　睿）

【政法英模先进典型事迹报告会】 4月，区法院举办政法英模先进典型事迹报告会，区委常委、政法委书记，区委政法委常务副书记及市区代表委员参会。区法院3名法官分别从行政审判、案件执行和扫黑除恶工作出发进行宣讲介绍，讲述干警在践行司法职责、维护群众利益、承担急难险重任务中

▲2月23日，区法院原创歌曲《丽泽小苗》在中央广播电视总台播出。

▲2月26日，区法院发布第三批“弘扬社会主义核心价值观典型案例”。

▲4月1日，区法院法官在中国国家法官学院为老挝法官研修班授课。

▲5月27日，区法院向区人大报告深化司法体制综合配套改革工作。

的先进典型事迹。

（高　睿）

【为老挝法官研修班授课】 3月30至4月1日，由中国最高人民法院和老挝最高人民法院共同主办、中国国家法官学院承办的第二期老挝法官研修班在中国国家法官学院举行。此次研修班通过网络视频进行。受国家法官学院邀请，区法院李冬冬法官为“国家法官学院第二期老挝法官研修班”讲授“中国独任审判制度”专题讲座。李冬冬法官以《中国法院的独任制审判组织——以民事诉讼为中心》为题，讲解中国独任审判制度及相关实践经验，介绍民事诉讼程序繁简分流改革试点工作及相关成果，并与老挝法官就中国独任审判制度及其他法律制度充分交流研讨。

（高　睿）

【签订《关于加强知识产权保护合作备忘录》】 4月，区法院党组书记、院长祖鹏作为区法院签约代表，参加丰台区知识产权宣传活动。与区市场监督局、区司法局、区公安分局、区检察院等4部门，共同签订《关于加强知识产权保护合作备忘录》，推进行政执法、司法保护、仲裁调解等各环节知识产权保护体系建设，全面加强知识产权保护力度，构建丰台区五位一体的“大保护”工作格局。

（高　睿）

【区委书记到区法院调研督导政法队伍教育整顿工作】 5月14日，区委书记携区委政法委书记、区委政法委副书记、区委办公室副主任、长辛店街道党工委书记到区法院长辛店法庭调研督导队伍教育整顿工作。查看长辛店法庭审判区和党建文化长廊，听取该庭教育整顿工作汇报并给予充分肯定。区法院党组书记、院长祖鹏从问题查纠蹄疾步稳、顽疾排查走深走实、“查改治建”一体推进等方面，汇报了区法院贯彻落实习近平总书记重要指示精神和区委决策部署、市高院指导意见，扎实推进教育整顿工作的主要情况。区委领导听取各单位汇报后强调，要强化政治担当，不断增强教育整顿的责任感和紧迫感；要聚焦重点环节，在顽瘴痼疾整治上见实效；要加强“自查从宽”教育引导，持续开展自查自纠；要加强工作统筹，处理好教育整顿与日常工作之间的关系。

（高　睿）

【向区人大报告深化司法体制综合配套改革工作】 5月，区第十六届人大常委会第三十三次会议听取区法院关于深化司法体制综合配套改革情况专项报告，并给予充分肯定。区法院从严格贯彻落实党的领导制度、全面落实司法责任制、完善权力制约监督机制、深入推进繁简分流改革、不断加快智慧法院建设等方面汇报深化司法体制综合配套改革工作情况及实际成效，分析改革推进中存在的短板不足，并围绕党的政治建设放在首位、抓好司法体制改革系统集成等内容报告下一步改革思路和工作举措。

（高　睿）

【破产案件专家论证会】 5月，区法院召开金丰科华公司破产案审理路径及相关法律问题专家论证会，邀请中国人民大学、中国政法大学、北方工业大学专家学者及市一中院、二中院干警参会。围绕区法院受理的一起破产案件疑难法律问题，与会人员从立法背景、法律理解与适用、程序推进等方面充分研讨交流。论证会为客观全面分析研究和稳妥高效处理案件提供有力支持。

（高　睿）

【党政领导干部“三个规定”大宣讲】 6月，根据市区委教育整顿工作要求，区法院党组书记、院长祖鹏为辖区党政机关领导干部进行防止干预司法“三个规定”集中宣讲，“三个规定”即《领导干部干预司法活动、插手具体案件处理的记录、通报和责任追究规定》《司法机关内部人员过问案件的记录和责任追究规定》《关于进一步规范司法人员与当事人、律师、特殊关系人、中介组织接触交往行为的若干规定》。区委办公室、区纪委区监委、区委组织部、区委统战部等27个单位相关领导参加。祖鹏详细介绍“三个规定”的制订背景、主要内容、政策界限和实施以来取得的成效，并结合典型案例深刻剖析违反“三个规定”的问题及危害，通过宣讲切实提高全区党政机关领导干部对“三个规定”的知晓度，进一步明确干预司法活动“红线”和“底线”，凝聚共同打造风清气正司法环境的全区合力。

（高　睿）

【“新时代法院建设与改革发展”专家论坛】 6月，区法院召开“新时代法院建设与改革发展”专家论坛。中国人民大学、北京航空航天大学、中央财经大学、首都经济贸易大学、北京工商大学等高校法学院领导应邀参加。论坛设置“人民法院通过司法裁判践行社会主义核心价值观”及“院校共建新机制与培养德才兼备高素质法治人才”两大主题，与会专家学者及法官踊跃发言，开展深度研讨交流。区法院积极推进社会主义核心价值观融入基层司法实践，与首都高校联合在教学研究、学术研讨和人员交流等方面创新机制，实现院校资源共享，进一步拓宽人才培养渠道。

（高　睿）

【到区法院调研繁简分流改革】 7月，市人大监察和司法委员会主任委员、市人大常委会监察和司法办公室主任带队到区法院调研民事诉讼程序繁简分流改革工作。市高院党组成员、副院长等北京法院相关人员陪同调研并座谈。调研组参观了区法院立案诉讼服务大厅、互联网法庭，旁听一起小额诉讼案件。区法院及房山法院介绍繁简分流改革整体推进情况及小额诉讼程序、简易程序适用情况。调研组全体成员充分肯定两家基层法院在民事诉讼程序繁简分流改革中取得的成效。

（高　睿）

【建立职务犯罪案件协作配合机制】 7月，区法院与区监察委员会联合制定《北京市丰台区监察委员会、北京市丰台区人民法院关于职务犯罪案件协作配合实施意见（试行）》，并于7月21日举行职务犯罪案件协作配合机制签约仪式。确立双方协调处置职务犯罪案件的“五项机制、一项原则”，为双方深化办案协作，加强衔接配合，统筹推进反腐败工作，提供强有力支撑。

（陆　野）

【扫黑除恶专项斗争总结会】 7月，区法院召开扫黑除恶专项斗争总结暨常态化工作征求意见座谈会。区人大代表、行政机关、人民陪审员、企业家等代表应邀参会。各责任庭室分别介绍扫黑除恶工作成果，及下一步工作计划。与会代表充分肯定区法院扫黑除恶专项斗争成效和开门纳谏扎实推进工作的方法举措，围绕治乱案件处理、部门协同配合、重大敏感案件处置等提出意见建议。

（陆　野）

【庆祝建党100周年“薪火相传”党员活动】 7月，区法院举行“薪火相传”庆祝建党100周年党员活动。开展“薪火相传”党员宣誓、颁授“光荣在党五十年”纪念章、为新入党党员佩戴党徽等活动。党龄50年以上老党员代表及20名新入党党员参加。党组书记、院长祖鹏带领全体党员重温入党誓词，为5位老党员代表颁授“光荣在党五十年”纪念章。老党员代表和全体党组成员为新入党党员佩戴党徽，勉励他们不忘初心、牢记使命，全心全意为人民服务，矢志不渝为党奋斗。

（陆　野）

【介绍队伍教育整顿工作经验】 8月，市高院召开2021年全市法院院长会。会上，区法院作为全市法院代表介绍队伍教育整顿工作经验。区法院党组书记、院长祖鹏围绕“以更强的政治自觉，推动主体责任压实落地”“以更强的行动自觉，推动学习教育贯穿始终”“以更强的决心勇气，推动案件线索全面核查”“以更强的责任担当，推动顽瘴痼疾整治到位”四个方面，全面介绍区法院在“强党组、实支部、抓创新、重引领”工作思路下，打造联动格局、强化学习教育、规范线索核查、强力整治顽疾等方面的特色工作经验。

（陆　野）

【荣获全国“青少年维权岗”称号】 8月，区法院王佐法庭荣获2019–2020年度全国“青少年维权岗”称号。王佐法庭以“丹柿小院”党建品牌为引领，强化涉未成年人特色审判机制建设，坚持未成年人利益最大化原则，充分利用法官会议、专业法官授课、疑难案件研讨等形式，强化类型化案件审理，拓宽审理思路，统一裁判尺度，不断提升涉未成年人案件专业化审判水平。根据未成年人身心特点，积极开展心理辅导、诉前调解、案后回访工作，与民政局、团委、社工组织等单位构建协同联动机制，法官通过专题座谈会、协调会等平台提供法律意见，全方位保障未成年人合法权益。

（陆　野）

【执结一起大规模涉众房屋腾退案】 9月，在区委坚强领导下，区法院出动

▲6月10日，区法院举办“新时代法院建设与改革发展”专家论坛。

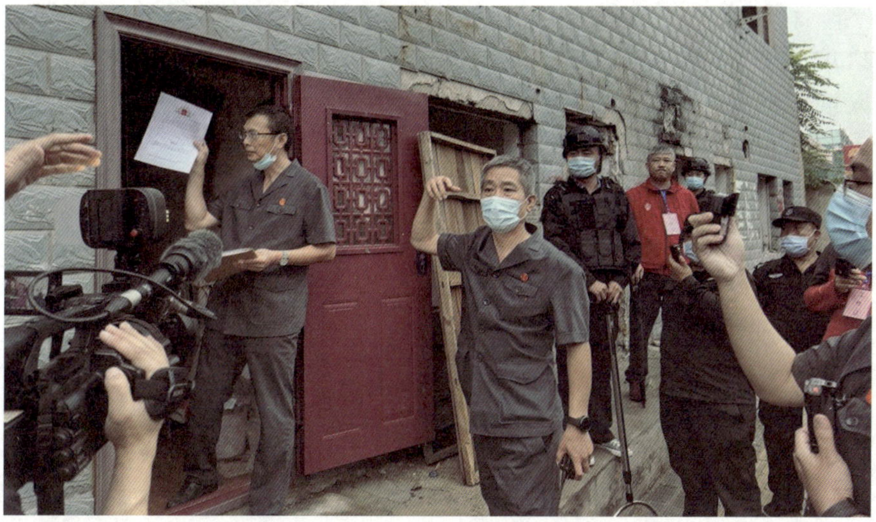

▲9月26日，区法院执结一起大规模涉众房屋腾退案。

45名干警，11台车辆，在相关部门协同配合下，克服涉案人员众多、抵触情绪激烈等困难，冒雨执结一起涉300余人的涉众型房屋腾退案件，腾退交付房屋130余间，场地9100余平方米，妥善完成疫情防控常态化背景下全区首次大规模强制执行。案件执行工作获区委书记批示肯定。

（陆　野）

【党史学习教育成果展示会】 9月，区法院举办“感悟百年践司法初心 学史力行开丰法新局”党史学习教育成果展示会。党史学习教育市委第五指导组组长、副组长，区委常委、宣传部部长，宣传部副部长，区党史学习教育指导组组长、副组长，各级人大代表，区法院特邀监督员，区政协委员等现场观看展示。区法院党组书记、院长祖鹏致开幕辞。活动包括“薪火相传”“感悟伟力”“担当使命”“砥砺初心”四个篇章。党史学习教育市委第五指导组、区委党史学习教育指导组对区法院党史学习教育工作给予充分肯定。

（陆　野）

【行政诉讼部分案件管辖权调整试点工作研讨会】 10月，区法院与区司法局、区政务服务局召开研讨会，交流落实行政诉讼部分案件管辖权调整试点相关工作。区政务服务局党组成员、副局长，区司法局副局长参加。区司法局介绍管辖权调整所涉行政诉讼案件总量情况，对案件增幅作出预测，分析既往案件办理的难点、重点问题。区政务服务局对区法院搭建的沟通交流平台表示肯定，在政策调整后第一时间建立沟通桥梁，为后续案件管辖、应诉工作开展奠定良好基础。

区法院表示，将以四级法院审级职能定位改革为契机，深入研判行政诉讼部分案件管辖权调整对司法审判和行政机关应诉带来的新变化、新要求，与各行政机关共同营造依法行政的良好环境。

（陆　野）

【赴区检察院调研检察建议办理工作】 10月，区法院相关庭室负责人赴区检察院调研交流检察建议办理工作。区法院介绍检察建议工作办理流程、管理制度，详细说明个案问题并提出解决路径。区检察院对法律监督工作流程、检察建议办理要求及考核标准等进行介绍，并对工作开展中反映出的问题提出建议。法检两家将强化沟通协调，做好个案交流，强化精准监督，提高检察建议办理质效，共同维护法律的统一性和严肃性。

（陆　野）

【案件入选最高法院指导性案例】 11月，区法院审理的《北京隆昌伟业贸易有限公司诉北京城建重工有限公司合同纠纷案》入选最高法院第30批指导性案例，位列指导案例第166号。本案例根据公平原则和诚实信用原则明确了人民法院可不调整违约金的情形，对有效防范当事人规避执行、“假和解、真逃债”等行为，保护遵守协议方受损害的合法利益，引导当事人诚实守信具有积极意义。

（陆　野）

【案例选入北京大学法学院课堂】 11月，区法院两件精品案例选入北京大学法学院模拟法庭课堂。案件承办法官受邀亲临课堂模拟法庭案例教学，同时，北京大学法学院教授、博士生导师及百余名本科学生参加观摩。

（陆　野）

【顺利审结全区首例行政公益诉讼案件】 12月，区法院顺利审结区检察院诉被告区水务局不履行污水排放监督管理职责一案，该案系全区首例行政公益诉讼案件。在诉讼过程中，区水务局积极推进落实整改措施，督促行政相对人申请办理并取得城镇污水排入排水管网许可证，依法履行监督管理职责，区检察院申请撤回起诉，区法院依法裁判准予撤诉，案件顺利审结。

（陆　野）

【最高法院办公厅领导到区法院调研】 12月，最高法院办公厅副主任一行莅临区法院调研指导工作，区委常委、副区长参加调研座谈。最高法院领导实地调研区法院智慧法院建设、多元化纠纷解决机制及诉源治理工作情况，对区法院各项工作成果予以充分肯定。区委领导高度评价区法院围绕区域重点工作，充分发挥审判职能作用，服务保障全区经济社会高质量发展各项工作。党组书记、院长祖鹏对各位领导的指导与关怀表示感谢，表示区法院将坚持在区委坚强领导、上级法院正确指导下，努力探索出一条符合基层实际的司法参与社会治理“丰台路径”，助力区域高质量发展，为人民群众提供更为优质的司法服务。

（陆　野）

案例举要

【假和解、真逃债判赔案】 原告某公司与被告某公司在另案诉讼过程中就债务清偿达成和解协议，约定了申请解除财产保全及违约金等事项。此后，原告依约申请解除了财产保全，但被告未依约支付剩余款项。原告起诉要求被告支付违约金，被告抗辩违约金过高。区法院经审理认为，双方在诉讼期间缔约，则该违约金约定系履约担保，如被告诚实守信，依约履行，则不存在违约金；如其恶意违约，丧失信用，则该违约金具有一定惩罚性。因此，区法院对被告的辩称未予采信，判决支持了原告诉讼请求。宣判后，被告提起上诉，二审维持原判。

本案为区法院积极践行和弘扬社会主义核心价值观的典型案例，明确了人民法院可不调整违约金的情形，彰显了诚实信用的社会主义核心价值观，有利于防范当事人规避执行、“假和解、真逃债”等行为，保护诚实守信一方的合法利益，引导市场主体依法公平交易、诚信经营。该案入选最高法院第30批指导性案例，位列指导案例第166号。

（高　睿　陆　野）

【网络投资、交易虚拟货币不受法律保护案】 谭某某与张某签订《虚拟币投资理财协议》，约定谭某某通过向张某投入虚拟币进行理财，盈利部分五五分账。根据二人签订的《委托意向协议书》记载：代卖速币149 650枚，共计2万元；退魔盗团6000枚，需打款17 000元；代卖比特币3.794枚，共计35万元；退藏酒票263 763枚，需打款224 198.55元；代卖比特币0.539枚，共计26 232元。上述款项张某需向谭某某打款，其打款13万元后，双方发生争议。谭某某起诉要求确认协议无效、张某退还其投资本金并赔偿利息。区法院经审理认为，虚拟货币并不是真正意义的货币，不具有法偿性与强制性等货币属性，不具有与货币等同的法律地位；在2017年9月之后，相关平台的虚拟货币交易等活动被禁止。双方就投资虚拟货币达成的《虚拟币投资理财协议》《委托意向协议书》应属无效。合同无效后，因该合同取得的财产，应当予以返还。故判决认定《虚拟币投资理财协议》《委托意向协议书》无效、张某退回谭某某剩余款项514 129元。宣判后，双方当事人均未提起上诉。

本案涉及网络虚拟货币问题。根据中国人民银行等部门发布的通知、公告，虚拟货币不是货币当局发行，不是真正意义上的货币，不能且不应作为货币在市场上流通使用，公民投资和交易虚拟货币不受法律保护。区法院否定虚拟货币交易效力，明晰虚拟货币与数字货币不同法律性质，确立打击虚拟货币交易原则，切实助力丰台区建设数字金融科技示范区。

（高　睿　陆　野）

【“北稻”“苏稻”商标权保护案】 北京稻香村为中国传统老字号糕点品牌，1983年4月，“稻香村南味食品店”成立，后经多次工商登记变更，最终变更为北京稻香村食品有限责任公司（以下简称北京稻香村公司）。该公司为第1133932号“稻香村”注册商标、第1011610号“稻香村”注册商标的权利人，同时被中华人民共和国国内贸易部、中华人民共和国商务部认定为中华老字号。苏州稻香村食品有限公司为第184905号“”注册商标、第352997号“”注册商标的权利人，其许可北京苏稻食品工业有限公司（以下简称北京苏稻公司）在商标专用期限内在中国大陆地区使用上述两注册商标。北京某超市在其经营的店铺内销售由北京苏稻公司生产、销售的糕点、月饼等商品，在商品上大量、突出使用“稻香村”标识及“稻香村”文字标识，同时也在店面门头、货架等位置使用上述标识。其后，有大量消费者在《北京晨报》、微博、天涯网等媒体反映北京稻香村的糕点质量问题。北京稻香村公司认为二被告侵犯其注册商标权并构成不正当竞争，起诉要求二被告停止侵权行为、消除影响并赔偿经济损失及合理费用。区法院经审理认为，“稻香村”相关商标具有较高的显著性，且经长期使用已在相关公众中享有较高的知名度，对于糕点等食品的相关公众而言，通常只会对此类商品施以一般的注意力，难以判断相关标识整体视觉上存在的细微差异。北京苏稻公司在实际经营过程中在糕点类商品、月饼上突出使用了“稻香村”文字标识、“稻香村”标识，而对其授权使用的第184905号和第352997号“”注册商标并未突出使用，应认定其行为侵害北京稻香村公司的商标权，故判决二被告停止侵权行为、消除影响并赔偿经济损失、合理费用。宣判后，北京苏稻公司提起上诉，二审维持原判。

本案系商标权益保护典型案例，当事人双方均为具有一定历史传承的糕点品牌，为严格遵守商标使用界限，避免公众产生认知错误，区法院认定二被告侵犯注册商标权益，有力保护中华老字号品牌的合法权益，打击混淆公众认知、侵害消费者权益行为，有利于维护诚信有序的市场经济秩序。

（高　睿　陆　野）

【祖母带孙索要抚养费案】 邱某与尚某某系母女关系。张某1与尚某某于2006年未婚生育一子张某2。张某2出生后，由张某1自行抚养。2016年后，张某2长期由邱某抚育并共同生活，由张某1给付邱某生活费用。2019年1月起，张某1不再给付邱某为张某2支出的生活费、教育费及医疗费等费用；尚某某未给付过邱某为张某2支出的各项费用。2019年1月至2021年3月间，除日常必要生活开支外，邱某为张某2支出了包含培训班费用、医疗费、学习用品费、课外书费及学校午餐费、校服费及医疗保险等各项费用。邱某起诉要求张某1、尚某某分别支付邱某2019年1月至2021年3月期间代为支出的各项抚养费54 000元。区法院经审理认为，张某1、尚某某未婚生育张某2，二人对张某2均有抚养教育的法定义务。根据已查明事实，张某2长期由邱某进行抚养，邱某与张某1、尚某某之间构成无因管理关系，张某1、尚某某作为受益人应偿还邱某为此支出的必要费用。结合张某2的实际需求、本地的生活水平，判决张某1、尚某某支付邱某无因管理费用81000元。宣判后，双方当事人均未提起上诉。

本案为祖母索要带孙费的典型案例，区法院通过该案对普遍存在的子女上班、父母看孙等家庭代际帮助行为法律关系进行司法探索，借助司法裁判对传统家庭伦理与法律规制的关系进行有效引导，对规范引领社会主体行为，弘扬社会主义核心价值观有重要意义。

（高　睿　陆　野）

【为刷流量提供软件技术支持涉刑案】 2018年1月至2019年3月间，被告人蔡某某在未获得授权的情况下，自行开发"星援"APP，有偿为他人提供不需要登录新浪微博客户端即可转发微博博文及自动批量转发微博博文即刷流量的服务。后大量用户以向"星援"APP充值的形式有偿使用该软件，并通过运行该软件侵入新浪微博服务器。经统计，截至案发时该软件已有用户使用19万余个控制端微博账号登录，上述控制端账号绑定微博账号5000余万个，被告人蔡某某获取违法所得人民币6 253 752.86元。区法院经审理认为，被告人蔡某某设计开发并提供有偿使用的"星援"APP，具有避开计算机信息系统安全保护措施、未经授权获取计算机信息系统数据的功能，属于"专门用于侵入计算机信息系统的程序"。故判决被告人蔡某某犯提供侵入计算机信息系统程序罪，判处有期徒刑五年，并处罚金人民币10万元，继续追缴被告人蔡某某违法所得。宣判后，被告人蔡某某未提起上诉，公诉机关未抗诉。

为明星营造热度而刷流量、刷榜的行为引发社会普遍关注。本案认定被告人蔡某某营运"星援"APP构成犯罪，依法打击为刷流量提供软件技术支持的行为，净化网络空间，保障网络信息真实性，有助于构建文明有序的网络空间公共秩序。

（高　睿　陆　野）

【机动车路侧停车行政收费案】 范某某驾驶车牌号为京XXXX的小型轿车先后六次在北京市丰台区蒲黄榆路西侧道路施划停车泊位内停车，被高位视频检测设备拍摄，共计产生停车费用4122.5元，北京市道路停车动态监测和电子收费管理系统先后六次向其发送缴纳停车费用提示短信。范某某称，缴费提示短信系其注册"北京交通"APP后向其发送，其在2020年3月6日才看到北京市丰台区城市管理委员会粘贴的《欠费告知单》。范某某起诉要求撤销后五次收费费用。区法院经审理认为，涉案路段地面施划有停车泊位且路边设有电子收费停车场标牌，标牌对停车收费内容如收费标准、费用查询及缴纳途径等均有详细记载。范某某将车辆停放于电子收费停车场内，应对产生的费用履行必要的注意义务。范某某多次在同一路段停车，停车费用的增加系其主观意愿的体现，且现有规范性文件均未明确规定收取停车费用的机关对费用产生负有提醒义务。故判决驳回范某某的诉讼请求。宣判后，范某某提起上诉，二审维持原判。

本案为全市首例因机动车路侧停车收费引发的行政诉讼案件。为妥善化解案件，区法院积极组织召开三级法院机动车道路停车收费研讨会，对事实认定和裁量标准进行了充分讨论。本案判决清晰界定了路侧停车司机的注意义务和道路管理部门的提示范围，对类案裁判具有重要参考价值。

（高　睿　陆　野）

【全市首例因新发地市场关停直接引发的涉疫纠纷】 原告与被告于2019年8月签订《摊位租赁协议》，约定原告向被告租赁市场摊位，用于线上、线下销售生鲜产品，租赁期限1年。2020年6月，受疫情影响，新发地市场关闭停止运营。原告认为被告在市场管理方面落实疫情防控工作不到位，造成市场发生疫情而关停，且被告未妥善监管和保存租户货物，给原告造成经济损失。故原告诉至法院，请求法院依法判令被告退回租赁押金及部分租金，赔偿设备及货物损失。区法院在区委政法委组织指导下，迅速推进案件调解工作，最终原、被告互谅互让，达成一致调解意见后签订调解协议。协议履行后，原告向法院申请撤回起诉材料，矛盾纠纷在诉前阶段成功化解。

本案系区法院在诉前妥善化解涉新发地疫情案件的典型案例，集中反映新发地市场善后处置诉源治理工作成效。区法院通过府院对接、多元调解、多方联动，加强风险防控，依法依规审慎、有序、高效处理涉新发地疫情案件，将矛盾纠纷引导分流、源头化解、就地吸附，为疫情善后处置工作提供了"丰台经验"，为首都经济社会在疫情防控常态化背景下和谐稳定发展提供了有力司法保障。

（高　睿　陆　野）

【司法保障"疏整促"专项行动优秀案例】 区法院承办的"屠某某等诉大红门服装市场中心系列案"获评北京法院为"疏解整治促提升"专项行动开展提供司法保障优秀案例。区法院受理该案后，明确案件审理思路，制定工作预案，主动向区委政法委汇报情况，全面了解疏解政策，牢牢把控正确审理方向。加大案件调解力度，强化释法明理，争取当事人对疏解政策的理解和支持，真正实现服判息诉。深入辩法析理，秉承民事法律关系平等、诚实信用等基本原则，针对性制定裁判方案，获市高院认可推广，推动大红门市场疏解系列案件得到妥善处理。

区法院以促进北京市非首都核心功能疏解为出发点，以当事人矛盾纠纷实质性化解为着眼点，以维护司法公正不动摇为落脚点，深入调查研究、高效公正裁判，以实际行动践行司法为民的初心使命，不断为非首都核心功能疏解、维护社会安全稳定贡献司法力量。

（高　睿　陆　野）

所辖派出法庭

卢沟桥人民法庭：北京市丰台区近园路9号，邮编100071

右安门人民法庭：北京市丰台区右安门外大街翠林小区二里18号楼，邮编100069

长辛店人民法庭：北京市丰台区长辛店镇杜家坎南路甲19号，邮编100072

方庄人民法庭：北京市丰台区方庄芳城园一区2号楼一层，邮编100078

王佐人民法庭：北京市丰台区王佐镇南宫路1号，邮编100074

花乡人民法庭：北京市丰台区花乡纪家庙168号，邮编100070

南苑人民法院：北京市丰台区南苑西路11号院2号楼1，邮编100076

司法行政

【概况】2021年，丰台区司法局设置14个内设机构，即行政办公室、依法治区办公室、文件审核科、行政复议审理科、行政诉讼应诉科、行政执法协调监督科、普法与依法治理科、人民参与和促进法治科、公共法律服务管理科、律师工作管理科、公证工作管理科、社区矫正和安置帮教工作指导科、行政财务科、政工科。下设3个事业单位，即北京市丰台区法律援助中心、北京市丰台区阳光中途之家和北京市首佳公证处。全局现有公务员51名，事业单位工作人员26名，工勤人员3名。年内，全局强化党建引领，准确把握党建工作与业务工作的良性互动关系，有效发挥党建引领保障作用，促进了党建与业务融合共进，坚持学以致用，聚焦区中心工作，为丰台火车站建设、长辛店棚改等重大民生工程提供强而有力的法制支撑；深化排查整治，组织政策宣讲解读，狠抓顽瘴痼疾治理，开展案件线索排查，推进“我为群众办实事”活动，窗口部门推出便民利民措施8项，为百名群众解决困难；聚焦群众遇到的“急难盼愁”问题，主动问需于民，在征求民意和座谈会的基础上，建立问题清单，制定并落实一些便民利民措施，深化党史教育和政法系统教育整顿效果。设立专门涉外办证室，推行上门公证服务。为未成年人和农民工提供法律援助“全程跟踪”服务。落实工作日延时服务工作机制，建立法律咨询热线12348周末值班机制，法律咨询量比同期增长10%。推行律师及律所证明事项告知承诺机制。开展“我是法律服务员”等多项法律服务周活动。特别是“法律援助便民利民举措”先后被人民网、千龙网、“北京日报”APP、“北京头条”、北京市司法局“京司观澜”微信公众号等多家中央、市级媒体网站宣传报道。丰台区司法局被司法部授予“全国司法行政系统抗击新冠肺炎疫情先进集体”称号，区司法局被提名为“七五普法全国先进集体”，丰台区律师行业党委被评为北京市律师行业先进区律师行业党组织，公证处推送的公证案例被评为首都十大最有温度公证案例，法宣制作普法微动漫在第十七全国法治动漫微视频作品征集展示活动中取得“优秀奖”。北京市首佳公证处2020年度考核等次为优秀。

（赵　楠）

【全面依法治区】年内，召开区委全面依法治区委员会工作会议，会上研究审议了《丰台区关于贯彻落实习近平总书记在中央全面依法治国工作会议上的重要讲话精神任务分工方案》，对丰台区学习贯彻落实习近平法治思想进行全面部署。将党的领导贯彻到依法治区全过程、各方面，委员会牵总，四个小组和一个办公室有机配合的依法治区工作体制机制运行更加顺畅高效。适时对委员会、委员会各小组成员名单进行调整，加强重大事项向市委依法治市办和区委的请示报告。认真开展基层法治工作督察调研，结合《市委全面依法治市委员会2021年工作要点》及丰台区工作实际，制定下发《区委全面依法治区委员会2021年工作要点》。进一步统筹谋划和协调推进法治丰台建设，贯彻落实中央、北京市委全面依法治国委员会《关于党政主要负责人履行推进法治建设第一责任人职责情况列入年终述职内容工作的意见》精神；召开丰台区委全面依法治区委员会第三次会议，会议审议通过《北京市丰台区全面依法治区规划（2021–2025年）》《丰台区关于党政主要负责人履行推进法治建设第一责任人职责情况列入年终述职内容工作的实施办法》，并以区委全面依法治区委员会名义印发。

（赵　楠）

【普法与依法治理】年内，研究起草民法典宣传实施方案，对全区民法典普法工作作出全面部署；承办北京市首部民法典话剧《爱·法》；在全区广泛开展基层民主法治示范村（社区）自查工作和北京市民主法治示范社区申报工作，助推基层治理法治化进程；召开丰台区委全面依法治区委员会守法普法协调小组第三次会议；召开丰台区“七五”普法总结暨“八五”普法启动大会，圆满完成北京市“八五”普法启动任务；在全区启动“以案释法”“法律明白人”轮训大讲堂活动，制作发放5000册《法律明白人手册》为一线村（居）民提供法律指南；制作《丰小宣说法之宪法篇》《丰小宣说法之接诉即办条例篇》等普法动漫5部，获得全国普法办“第十七届全国法治动漫微视频作品征集展示活动”优秀奖、获得《2021年北京市法治动漫微视频作品征集活动》民法典主题类一等奖、三等奖及优秀组织奖；全区新建48个法治宣传栏；“丰台普法微信”公众平台合计发送250期、674条内容，内容总阅读共计164156人、总分享量为17357人次，平台粉丝数为51620人，继续扩大线上普法影响力；采用普法需求问卷、满意度调查等方式，让百姓参与到普法工作的效能评估中，实现法治工作人民检阅；开展年度“12·4”国家宪法日宪法宣传周活动。

（赵　楠）

【依法行政建设】 年内，制定《2021年度丰台区依法行政考评细则》，组织开展全区依法行政考核工作。深入开展法治政府建设示范项目创建，选取《持续深化 完善体系 努力打造基层综合行政执法规范化建设“丰台样本”》项目参与创建，充分发挥典型示范作用。加强各类文件合法性审核工作，全年在教育、卫生、农村、发展改革、生态环境以及城市管理等领域共审核各类文件120余件。认真履行重大行政决策合法性审查程序，全年共审核议题20余件次。区政府制定的6份行政规范性文件均向市政府履行备案手续。针对《北京市社会信用条例（草案送审稿）》等21件法规、规章草案，进行了认真研究和深入分析，根据区实际情况研提修改意见20余条。开展年度行政规范性文件备案检查工作，面向全区开展行政规范性文件清理工作，经清理保留93件，废止32件。认真落实丰台区法律服务指派制度，全年共收到并办理各委办局、街乡镇等部门法律服务申请1000余件，满意度100%。

（赵　楠）

【行政执法协调】 年内，围绕全区重点工程项目，深入开展法律研究，及时提供法律服务，全年完成《丰台站改建征收征补决定》24件，完成长辛店A地块换签40余户，提出生态环保、房屋管理、市场监管、卫生健康等领域法律意见和建议70余件。深化“吹哨报到”“接诉即办”工作机制，参与相关协商会议200余次，审核农村集体资产租赁、项目建设90余件，审核违法建设强拆案卷14卷，有效推动解决基层治理中的难点、痛点、堵点问题。采取自查自评自改与集中核查全面整改相结合的方式，对全区各执法单位“三项制度”落实情况进行全面督查，明确要求标准和整改时限，促进严格规范公正文明执法。组织开展2021年度年行政执法资格考试5批次，共计413人次。分对象、分批次开展行政处罚法宣传培训，对新修订内容及法律适用问题进行重点解读，促进各执法部门规范落实行政处罚相关程序和流程。优化完善行政执法考评监测指标体系，分领域设定年度行政执法考评监测指标，强化数据综合分析和评估结果应用。聚焦案卷评查、落实行政执法“三项制度”等重点领域，开展行政执法专项督导，全面提升行政执法效能。

（赵　楠）

【行政复议应诉】 年内，收到行政复议申请253件，结案217件，全部于法定期限内办结。进一步加强行政复议委员会非常任委员参与复议案件听证审理、案例研究工作，进一步提高审理质量。全面统筹行政应诉工作，认真落实行政应诉业务培训、行政应诉情况定期报告和涉诉案件定期分析三项制度，依法履行出庭应诉职责，共代表区政府按时出庭应诉138次。

（赵　楠）

【律师管理】 年内，全区现有律所255家，律师1508人。全年共办理行政审批类事项752件，其中行政许可类387件，行政备案365件。积极做好疫情防控期间律师管理工作，扩大律师类许可备案业务“信用+不见面审批”程序适用范围，采取线上办理、邮件预约、错峰等方式，提高疫情防控工作的有效性。号召全区律师事务所发挥专业优势，积极参与疫情防控法律服务、志愿服务等工作。在律师监管工作方面，全年共开展行政执法检查314次，办理投诉45件，作出行政处罚1起。共有12家律师事务所参与村居法律顾问工作，通过解答法律咨询、举办讲座、发放宣传材料、参与矛盾纠纷调解、培训村居调解员、为村居提供法律意见和建议、免费代写法律文书等方式为全区社区、村的群众提供优质高效的法律服务。

（赵　楠）

【法律援助】 年内，丰台区法律援助中心全面贯彻落实市区两级文件会议精神，切实做好新冠疫情防控，紧密围绕“服务保障民生”这一核心任务，全力复工复产，注重把法律援助工作融入全区经济社会发展大局，取得明显成效。扎实做好“七有”“五性”法律咨询工作，发放起诉状模板百余份，无偿代书46件，收到锦旗3面，“12345”表扬电话3次。全年共受理法律援助案件1171件，其中，民事案件647件，刑事案件524件；接待来访56762人次，来电22109人次，挽回各类经济损失1200余万元。

（赵　楠）

【社区矫正和安置帮教】 年内，根据市局关于社区矫正疫情防控和安全稳定工作的精神和要求，利用“丰台区社区矫正”微信公众号、社区矫正APP，适时开展在线教育。全年累计在微信公众号发布教育信息62条，在APP推送教育信息70条，内容涵盖法律知识、心理健康知识、社区矫正管理相关规定、热点社会事件、党史学习、疫情防控知识等。在社区矫正对象中开展“遵规守法强身份 珍惜矫正塑新生”主题教育活动、“学党史 谈体会”“学党史 感党恩 回馈社会”专题教育活动。引入社会力量参与社区矫正和安置帮教工作，先后与北京睿诚社工事务所、北京中鼎社工事务所合作，对社区矫正对象开展心理健康水平筛查、社会适应指导、“一对一”心理测评。

（赵　楠）

【人民调解】 年内，全区各人民调解组织共调解纠纷20388件。其中基层人民调解组织共调解纠纷1003件，调解成功981件；诉调对接工作中共调解纠纷19385件，调解成功6906件。基层人民调解组织共达成口头协议328件，成卷协议书2144件，司法确认196件。

（赵　楠）

【亲子鉴定业务规范整改】 1月至3月，组织全区开展亲子鉴定业务的司法鉴定机构开展自查自纠，进行现场检查，进一步规范亲子鉴定业务受理、检材提取和使用、鉴定过程等程序。

（赵　楠）

【妇女法律援助专项维权服务活动】3月6日至12日，区司法局开展以“法援惠民生”为主题的妇女公共法律服务专项维权服务活动。活动期间，丰台法律援助机构及各法援工作站在全区各街乡镇、社区、村，发动、组织宣传活动133场，参与人数4000余人次，接待咨询1120余人次，发放宣传单、宣传品7000余份，村居法律顾问参与活动达217场，取得了良好的社会效果。

（赵　楠）

【公证行业突出问题专项治理】3月至12月，在公证行业开展突出问题专项治理工作。在公证队伍持续开展党史学习教育，广泛进行谈心谈话。聚焦自查问题，对个别公证员存在的趋利思想、对收费低、复杂的小额继承公证事项缺乏办证积极性等问题进行整改。建章立制，制定《北京市司法局关于规范公证执业的工作制度》。

（赵　楠）

【区全面依法治区委员会守法普法协调小组第二次会议】5月14日召开，区委常委、宣传部长、区委全面依法治区委员会守法普法协调小组组长梁家峰主持会议并讲话，协调小组各副组长、成员出席会议。会议传达学习了中共北京市委全面依法治市委员会第三次会议和中共丰台区委全面依法治区委员会第二次会议精神。审议通过了《2020年北京市丰台区普法依法治理工作要点》《北京市丰台区普法责任制清单（第二批）》《关于组织开展北京市丰台区“七五”普法自查工作的通知》等文件。

（赵　楠）

【《行政处罚法》专题讲座】5月14日，区司法局召开《行政处罚法》专题讲座。具有行政执法事项权责的各委办局和各街镇相关人员参加讲座。讲座全面介绍了《行政处罚法》修订的背景、意义、亮点和重点，对新、旧行政处罚法的内容进行了对比分析和重点解读，要求各单位认真落实新修订《行政处罚法》，严格规范行政执法，有效提升执法效能。

（赵　楠）

【残疾人法律援助专项维权服务活动】5月14日至21日，区司法局组织开展维护残疾人合法权益公共法律服务专项维权活动。活动期间，丰台法律援助机构及各法援工作站在全区各街乡镇、社区、村，发动、组织宣传活动100余场，发放宣传材料、宣传品4000余份，取得了良好的社会效果。

（赵　楠）

【承办北京市首部民法典话剧《爱·法》】5月，承办民法典主题话剧《爱·法》，以丰台区某社区居民之间发生的故事为主线，串联法律知识，贴合热点问题，将高空抛物、离婚冷静期、代位继承等问题，结合百姓生活中的小故事、小情景，用以案释法的方式展现，话剧易于接受，使民法宣传达到最优的普法效果。5000余人通过现场和视频直播的方式观看了演出。为避免人员过渡聚集，最大限度地扩大演出的覆盖面，话剧进行了全程录制并制作成光盘，发放至全区各街乡、各普法责任制单位，实现400个社区（村）、84家成员单位全覆盖。

（赵　楠）

【未成年人法律援助专项维权服务活动】5月27日至6月3日，区司法局组织开展关爱未成年人公共法律服务专项维权活动。活动期间，丰台法律援助机构及各法援工作站在全区各街乡镇、社区、村，发动、组织宣传活动100余场，发放宣传材料及宣传品3000余份，取得了良好的社会效果。

（赵　楠）

【集中办理遗嘱公证服务周】5月31日至6月6日，开展公证延时服务，周六、日均安排公证员值班，使有需求的群众在非工作日时间里能办事、办成事。在服务周期间，共接待遗嘱咨询97人次，预约登记并办理遗嘱26件；周六、日共接待咨询50人次，办理各项民生类公证事项30件。

（赵　楠）

【落实“跨省通办”公证事项】6月起，设立“跨省通办”业务窗口，方便有需求的当事人办理业务，全年办理“跨省通办”公证事项百余件。

（赵　楠）

【“法律村居行活动周”】6月，紧密联系群众、聚焦群众需求，通过组织“法律村居行活动周”，切实提升群众对公共法律服务的获得感、幸福感、安全感。活动周期间，共举办法治讲座22场次，解答法律咨询446人次，参与社区村矛盾纠纷化解20件次，为社区村制定村规民约提供法律意见7件次，为社区村干部开展法律知识培训9场次，发放宣传品、宣传单700余份。

（赵　楠）

【行政执法专项培训会】7月7日，区司法局召开行政执法专项培训会。具有行政执法事项权责的各委办局和各街镇法制机构负责人及相关工作人员参加会议。会议学习传达了《中华人民共和国行政处罚法》要点内容，部署开展行政处罚实施主体和行政处罚权力事项清理、换发新版行政执法证件、落实行政检查单制度等工作，对行政执法服务平台新增授权调整模块和集中换证模块操作提出要求。

（赵　楠）

【丰台区律师行业“我为群众办实事”活动】7月，聚焦中小微企业、群众各类法律服务需求，组织全区律师事务所、律师发挥专业优势，通过服务民营经济、为群众提供法律咨询服务、举办法治讲座等丰富多样的各种形式，深入开展“我为群众办实事”活动。全区各律师事务所共开展“我为群众办实事”活动2381次，参与律师778人。

（赵　楠）

【“北京市民主法治示范村”自查自评】7月21日至8月31日，按照司法部通知要求，为贯彻落实《中央全面依法治国委员会关于印发〈关于加强法治乡村建设的意见〉的通知》及市委全面依法治市委员会守法普法协调小组文件精神，对全区19个“北京市民主法治示范村”集中开展“全国民主法治示范村（社区）”2021年度法治化建设管理等情况开展自查自评工作。

（赵　楠）

【军人军属法律服务专项维权活动】7月28日至8月3日，区司法局组织开展军人军属、退役军人公共法律服务专项维权活动。活动期间，丰台公共法律服务机构及各工作站在全区各街镇、社区、村，发动、组织宣传活动100余场，发放宣传材料及宣传品2600余份，提升了军人军属法律援助维权服务工作水平。

（赵　楠）

【行政处罚案卷评查】9月17日至18日，区司法局组织开展2021年度行政处罚案卷评查及质量抽验工作。本次评查共抽取全区38个执法部门的76本案卷，审查认定各类扣分问题122项，质量抽验合格率为96%。针对评查发现的问题，区司法局要求各执法部门严格整改，全面规范行政执法程序，切实提高行政执法能力和案卷制作水平。

（赵　楠）

【依法依规开展人民调解员等级评定】10月，区司法局认真贯彻落实《北京市司法局办公室关于转发<北京市人民调解员等级评定办法>的通知》（京司办发〔2021〕44号）文件要求，进一步加强人民调解员队伍建设，推动人民调解工作长足发展，结合本区工作实际开展人民调解员等级评定工作，全区共有约2300名调解员参与评选。

（赵　楠）

【老年人公共法律服务专项维权活动】10月，在全区组织开展助老敬老公共法律服务专项维权活动。活动期间，丰台法律援助机构及各法援工作站在全区各街镇、社区、村组织宣传活动100余场，发放宣传材料及宣传品3000余份，取得了良好的社会效果。

（赵　楠）

【启动“法律明白人”轮训大讲堂活动】11月24日，开展“法治带头人”视频培训，邀请北京市司法局马凯和北京中友律师事务所主任李苗苗，为全区410个社区（村）的“法治带头人”授课。马凯以《做好法律明白人培养工作 提升基层依法治理水平》为主题，分别阐释法律明白人的范围、队伍构成以及如何发挥作用等问题。李苗苗律师以《走进民法典》为主题，用以案释法的方式，对隐私权、夫妻共同财产、收养、打赏主播、遗嘱等问题进行讲解和法律知识竞答。12月3日至17日，在“丰台普法”微信公众号面向410个社区的“法律明白人”群体开展“法律明白人网校”知识竞赛活动，围绕宪法、民法典、禁毒、反诈、防疫、习近平法治思想、扫黑除恶等主题设计竞赛题库，通过集中15天的反复性学习、答题的方式，提升“法律明白人”法治素养、深化丰台区法治乡村（社区）建设。

（赵　楠）

【“七五”普法总结暨“八五”普法启动大会】12月3日上午，丰台区召开“七五”普法总结暨“八五”普法启动大会。区委常委、宣传部长，区委全面依法治区委员会守法普法协调小组组长韩新星出席会议并讲话，北京市司法局党委委员、副局长马燕出席会议并讲话，丰台区政府副区长刘禹锡出席会议并向全区部署“八五”普法工作。会议以视频的形式召开，全区“七五”普法先进集体和先进个人、100家普法责任制单位主管领导及科室负责人参加会议。会议播放了丰台区“七五”普法工作汇报片“法沐丰华”，为“七五”普法先进集体和先进个人颁发了奖牌和证书，先进集体和个人代表进行了典型发言。会议部署区“八五”普法工作，市、区领导对丰台区“八五”普法工作提出了指导意见和具体要求。

（赵　楠）

【“12·4”国家宪法日宪法宣传周活动】年内，区委普法守法协调小组结合工作实际发布《2021年丰台区“12·4”国家宪法日暨宪法宣传周系列活动实施方案》，着重强调宣传宪法、民法典、冬奥会冬残奥会相关法律法规和“八五”普法规划。结合“法律十进”等主题活动，增设互动、体验环节，不断提升群众的参与度。“丰台普法”微信公众平台持续刊发宪法宣传主题文章，及时报道各普法责任制单位开展的宪法宣传周活动。各街道共同发力，利用线上视频播发和线下海报横幅等方式，促成宪法宣传在辖区全覆盖宣传。全区中小学以升旗仪式、宪法晨读、法律讲堂、网上答题等方式深入开展青少年宪法宣传。各行业各系统加大微信公众平台宣传力度，切实提升宪法宣传的规模效应。窗口服务单位通过设置咨询台、展板、播放宪法宣传公益广告等形式加强宣传。本次“12·4”国家宪法日和宪法宣传周活动期间，全区下发张贴宪法宣传和冬奥宣传海报1200余张，开展“迎接冬奥法治同行”主题宣传活动192场，共发放宪法、民法典等宣传材料27000余份，法治宣传用品59500余份，解答法律咨询5600余条。

（赵　楠）

【2021年国家统一法律职业资格考试考务】2021年国家统一法律职业资格客观题和主观题考试分别于10月16日至17日、12月19日举行。丰台考区共设客观题考点5个、考场72个，机位3406个；主观题考点4个、49个考场、机位2605个。按照《2021年国家统一法律职业资格考试北京考区组织实施工作方案》和国家统一法律职业资格考试北京考区协调会议精神和要求，坚持首善标准，认真做好考务工作，设立分指挥部，开展巡查工作，加强医疗保障，落实防疫要求，加强警力保障，落实治安防控要求。全力保障全区各考点客观题、主观题考试顺利完成。

（赵　楠）

【农民工法律援助专项维权服务活动】12月，丰台区司法局在全区范围内组织开展“根治欠薪冬季专项行动”保障农民工合法权益公共法律服务专项维权活动。截至12月底，丰台法律援助机构及各法援工作站在全区各街乡镇、社区、村，发动、组织宣传活动20余场，开展讲座8场，发放宣传材料及宣传品2300

余份，取得了良好的社会效果。

（赵　楠）

【司法鉴定行业突出问题专项治理】 3月至12月，在司法鉴定行业开展突出问题专项治理工作。全面开展四项教育，落实谈心谈话，组织司法鉴定人签订承诺书。深入开展自查自纠，自查问题16项并全面落实整改，办理案件线索5件。11月，开展司法鉴定行业突出问题专项治理“回头看”，再次排查案件线索，签署承诺书，查找问题。建章立制，制定《丰台区司法局关于加强司法鉴定人规范执业的工作制度》。

（赵　楠）

【丰台区律师行业专项治理】 4月至12月，按照司法部、北京市司法局统一部署安排，聚焦全区律师行业突出问题，精准发力、靶向治疗、补短板、强弱项，破除管理积弊、查处典型案件、完善制度机制，依据律师法等法律法规，研究制定工作方案、广泛开展谈心谈话、系统梳理投诉举报、全面开展自查自纠，深入排查整治律所、律师在确保正确政治方向、与司法人员不正当接触交往、违法违规执业等方面存在的问题，完成学习教育、自查核查、集中整治、总结提升四个阶段的各项工作任务，进一步树立全区律师行业积极良好的队伍形象，确保律师队伍健康发展。10月至12月，依据《律师事务所设立和管理环节突出问题清理规范工作方案》以及相关通知精神，结合丰台区律师行业实际情况，深入推进全区律师事务所设立和管理环节突出问题清理规范工作。重点围绕境内外资本进入律师行业，律师、律所设立或参加律师联盟，以及律所过度商业化运作三方面问题，组织全区律师事务所自查自纠、做出承诺、严格整改。

（赵　楠）

【丰台区律师行业党史学习教育】 3月，通过开展丰富多彩的党史学习教育活动，切实增强全区律师行业对党的政治认同、思想认同和情感认同。律师行业党委书记讲党课，学习习近平法治思想、学习中国共产党历史；各党支部书记面向支部党员讲党课，学习中国共产党历史、新中国史、改革开放史、社会主义发展史；组织律师党员参训政治规矩学习，明确党纪红线；利用丰台区律协微信公众号，刊发《党史百篇百读》。

（赵　楠）

案例举要

【外卖小哥终获维权】 雷某系某公司外卖配送员，在送餐时，与行人贾某发生交通事故致贾某受伤，雷某负事故全部责任。贾某将雷某及某公司诉至法院主张赔偿损失，法院认为雷某送餐时是工作期间接受单位指派任务，属于职务行为，其个人不承担责任，由某公司赔偿贾某25万余元。某公司赔偿后，了解到民法典规定了单位的追偿权，认为公司三令五申多次培训要求安全骑行，雷某没有遵守公司规章制度，而且违反交通规则，存在重大过失，所以就把雷某诉诸法律，向丰台区劳动争议仲裁委员会申请仲裁，向雷某追偿25万余元的损失。25万元对于一位每月只挣几千块钱工资的外卖员来说实在是一个天文数字，正当雷某不知所措时，听朋友说法律援助可以免费帮农民工打官司，就抱着试一试的态度来到了丰台区法律援助中心。法援中心的工作人员了解案件情况后，当即便为雷某办理了法律援助手续，并指派北京谦君律师事务所的阮小茗律师、莫威捷实习律师承办该案。

接到丰台区法律援助中心的指派后，援助律师第二天就约见了受援人雷某。通过与雷某的沟通，律师了解到雷某涉及的交通事故最终认定为雷某承担全部责任，且用人单位与雷某之间的劳动合同约定了雷某违反公司章程造成他人损失的，公司承担责任后有权向雷某追偿，雷某不配合的，公司有权从雷某的工资中扣除相应损失。另外了解到，公司每天会从员工的收入中扣除一元钱用于购买保险，但具体保险险种及内容雷某并不清楚。本案关系到劳动者的切身利益，律所主任武丽君也十分重视，为了更好的完成援助工作，维护劳动者的合法权益，武主任召开案情分析会议，律师们对该案进行了详细的分析，确定了如下答辩思路：1、紧扣法条，《民法典》规定，用人单位可以向有故意或者重大过失的工作人员追偿”，雷某发生交通事故的原因是《北京市道路交通事故简易程序处理规定》第（四十）条，非机动车在非机动车道超越同向行驶的非机动车发生道路交通事故的。并不存在公司规章制度中列明的闯红灯、逆行、机动车道行驶、违章穿行、危险驾驶（操作手机、单手扶把、骑车带人、抽烟等）、未带头盔的情况。雷万全属于直行时突遇对方转弯，未违反公司的规章制度且属于为了按时完成工作任务的工作行为，并不存在重大过失，不符合应当承担责任的情形。2、从公平公正的角度主张双方签订的劳动合同明显违反公平原则，履职不当损害赔偿条款属于格式条款，未经明示不应生效。且单位提供的规章制度未经民主程序，当然无效。均不能作为要求员工雷万全承担责任的依据。3、援助律师通过向平安保险公司调查取证，查询到外卖公司在事故发生当天投保了“雇主责任险”，保险的赔偿限额为65万元。公司的损失完全可以由保险赔付，其实际未存在损失。仲裁开庭过程中，援助律师在法庭上据理力争，当庭出示保单等证据，从事实和法律层面逐层驳斥外卖公司的请求。最终，外卖公司的诉求被驳回。

本案中，既然民法典明确用人单位可以行使追偿权进行了明确规定，为什么没有支持其诉求呢？这个案例就涉及到民法典实施后，用人单位对于行使追偿权的理解和运用的问题。首先，权利的行使要有法律明确规定。民法典第1191条明确规定了：“用人单位的工作人员因执行工作任务造成他人损害的，由用人单位承担侵权责任。用人单位承担侵权责任后，可以向有故意或者重大过失的工作人员追偿”。用人单位可以根据民法典的规定，向雷某主张追偿权，因为雷某系公司外卖配送员，在工作期间发生交通事故造成他人受伤，某公司承担赔偿责任后，可以行使追偿权；其次，权利的行使还需承担举证责任。根据谁主张谁举证的原则，用人单位行使追偿权时，提供了公司内部规章制度、员工手册以及安全培训的教程等证据，但公司内部规章制度必须具备以下四个方面的条件：一是具备一定的合法性和合理性；二是具备劳资双方进行过充分协商，并且予以公示等程序性条件；三是用人单位在安全教育方面的培训情况，以及在监督管理方面的落实程度；四是是否有关于员工过失程度和责任分担的规定。以上条件如果欠缺或者不完善，那么用人单位有可能会因为举证不能而得不到支持！最后，权利的行使兼顾公平慎用维权。工作人员存在一般过错给单位造成损失的，属于单位经营风险应自行承担，不得行使追偿权，除非工作人员存在故意或重大过失，用人单位才可以追偿。行使追偿权要考虑以下三个方面的因素：一是避免用人单位将经营风险转嫁给有过错的工作人员或者用人单位有监督管理过失的情况下，让有过错的工作人员承担大部分责任；二是主张追偿的金额应与工作人员对企业的付出、获得的报酬相适应；三是参考是否有保险或者第三人赔付等情况。某公司的内部规章制度缺乏一定的合法性和合理性，且没有通过劳资协商和公示等程序，缺少关于责任分担的规定，雷某提交了某公司投标责任险的证据。最终，某公司的诉求没有得到支持。

这个案例给我们的启示是用人单位运用民法典行使追偿权是依法维权，无可厚非，但并不是工作人员所有的过错都可以追偿，主张权利需要正确理解法条含义和原理并且证据要充分。如果没有对民法典正确的理解及合理运用，滥用了诉权，既浪费了时间和金钱，还徒增诉累和烦恼！无论是用人单位还是工作人员都是社会发展和进步的创造者、参与者，法治社会的建设是为了维护社会秩序、解决社会问题、协调利益关系、推动社会事业发展，还需要我们找对解决问题用法、化解矛盾靠法的有效路径，为促进社会充满活力又和谐有序的发展做出努力！通过法律援助的方式切实的帮助劳动者特别是农民工维护自身的合法权利，意义重大，为维护社会的公平公正及安定和谐做出了积极的贡献。

（赵　楠）

【奔波三个月的股权公证情】 2020年1月，继承人小吴与其律师一起来到首佳公证处咨询，公证员刘莉玲接待了他，小吴称其父亲吴某已去世，生前是三个公司的大股东，留下高达一千多万元的股权需办理公证。原以为是一件普通的股权继承案件，刘莉玲没想到接下来遇到的问题和困难远远超过了她的预期。经了解情况后得知：小吴的父亲吴某于2017年1月去世，吴某与妻子石某系原配夫妻，只生育了小吴一个子女。而小吴的爷爷后于小吴的父亲去世，小吴的奶奶高某与小吴的爷爷1963年离异，二人共育有吴A、吴B、吴某三个子女，离婚时子女归小吴爷爷抚养。1964年小吴的爷爷与居某再婚，再婚时三个孩子尚未成年。2009年小吴的爷爷与居某立有自书遗嘱，将其二人遗产留给孙子小吴继承。现居某健在，而仅知小吴的奶奶高某先于吴某死亡，但具体死亡时间不详。公证员意识到，这绝不仅仅是一起简单的法定继承公证案，其中还涉及到了转继承、遗嘱继承等。公证员先向当事人讲清楚吴某的法定继承人有哪些，根据《中华人民共和国继承法》第十条的规定，遗产按照下列顺序继承：第一顺序：配偶、子女、父母。第二顺序：兄弟姐妹、祖父母、外祖父母。继承开始后，由第一顺序继承人继承，第二顺序继承人不继承。没有第一顺序继承人继承的，由第二顺序继承人继承。本法所说的子女，包括婚生子女、非婚生子女、养子女和有扶养关系的继子女。本法所说的父母，包括生父母、养父母和有扶养关系的继父母。本案中，小吴与其继母居某形成了扶养关系。因此，吴某的第一顺序继承人包括他的父母（吴某父亲、生母高某、继母居某）、配偶石某、子女小吴。而小吴爷爷又后于吴某死亡，根据最高人民法院《关于贯彻执行〈中华人民共和国继承法〉若干问题的意见》第五十二条规定，继承开始后，继承人没有表示放弃继承，并于遗产分割前死亡的，其继承遗产的权利转移给他的合法继承人。因小吴爷爷后于吴某死亡，产生转继承，但小吴爷爷又立有自书遗嘱，根据《中华人民共和国继承法》第五条的规定，继承开始后，按照法定继承办理；有遗嘱的，按照遗嘱继承或者遗赠办理；有遗赠扶养协议的，按照协议办理。本案中还要确认小吴爷爷的自书遗嘱是否有效。公证员根据小吴家的具体情况给他列出了一张详细继承公证所需的材料清单，其中包括小吴父亲死亡证明、结婚证、独生子女证、股权证明、公司章程、小吴奶奶高某的死亡证明、小吴爷爷的遗嘱（还需确认吴父的遗嘱是否有效）等等。基于小吴家情况复杂，公证员还给小吴留下了联系方式，以便其在准备材料时随时沟通。公证处的便民服务令小吴感到温暖不已。谁也没料到的是，小吴回去准备材料过程中，一月底二月初，新冠病毒突然出现并在全国范围内肆虐开来。由于疫情的严峻形势，大家都尽量居家。小吴跟公证员电话联系称，遇到了一个无法解决的困难：因小吴的父亲与小吴的亲奶奶高某常年没有联系，小吴不知该去哪里开具高某的死亡证明，甚至连高某的真实姓名都不清楚。考虑到吴某在公司还有几千万元的分红款需要继承，耽误一天就有数万元利息损失，公证程序没有因为疫情而停滞不前。公证员想到可以通过吴某的人事档案中查到其生母的蛛丝马迹，于是联系到吴某的人事档案存放部门，做好防护措施，前往查询吴某档案，最终从档案中查到了小吴奶奶高某的姓名、住址和工作单位。小吴通过这些信息终于找到了吴某生母销户的派出所，开出了死亡证明。正当公证员觉得脉络越来越清晰的时候，又一个难题出现了：股权继承需要提交公司章程等材料，但吴某所在的公司拒不配合，公证员多次与公司沟通亦无果。根据《公司法》第七十五条规定："自然人股东死亡后，其合法继承人可以继承股东资格；但是，公司章程另有规定的除外。"如果没有查明公司中的股权构成、股东出资情况及公司章程中有无对股东资格继承的限制性规定的话，股权继承公证将无法进行下去。此时已经到了三月份，看到当事人焦急的样子，公证员及时调整思路，希望通过公证处核实调取到公司章程。于是公证员多番联系市场监督管理局，沟通解决办法。最终市监管局同意由公证员携带公证员执业证、工作证、单位介绍信前往调取。当时正值疫情防控的关键时期，很多单位都是居家办公或轮流值班。为了尽可能的减少当事人的损失，公证员不惧疫情风险，做好各项防控措施，前往市场监督管理局，经过登记、测体温、扫健康宝、审核材料等一道道程序后，历经半天时间，公证员终于调取到了小吴父亲公司的全部工商备案材料。针对小吴爷爷和居某立的自书遗嘱，小吴又向公证员提交了法院确认遗嘱有效的判决书。海淀法院确认了小吴爷爷遗嘱有效，其遗产都应由其孙子小吴继承。与此同时，公证员仔细审核公司章程时，发现章程中并没有对股东资格继承的禁止或限制性规定。于是，在通过电话、微信等方式指导当事人把其他所有材料一一备齐后，公证员马上安排小吴及其母亲石某还有奶奶居某到公证处办理了公证手续，并尽快出具了公证书。当小吴拿到他家办理的涉及股权继承、析产、声明等共计几十份公证书时，激动不已、感激之情溢于言表。公证员不畏艰险、在疫情中与时间赛跑，为当事人避免了更大的经济损失。小吴不知如何向公证员表达感谢，掏出了数张购物卡要塞给公证员，均被公证员婉言谢绝。此时，全国的疫情尚未结束，但公证的脚步却从未停滞。在抗疫的特殊时期，首佳公证处公证员充分发挥公证职能优势，以实际行动践行了公证人的初心和使命。公证员不畏疫情、为当事人提供了有品质、有温度的公证法律服务，以实际行动向社会传递了公证人的温暖。小吴持公证书向公司要求继承公司股权并办理工商变更登记成为股东，但公司仍拒不履行相关义务，小吴无奈将公司诉至二中院。2020年9月，小吴依据公证书一审胜诉。公司提出上诉，2020年12月30日，小吴在高院终审胜诉。一审二审法院均对公证书予以认定，小吴及其母亲终于拿到了几千万元的分红款，并成为了公司股东。小吴第一时间将这个好消息通知公证员，对公证员来说，这就是最好的礼物。

（赵　楠）

2022

北京丰台年鉴

军事

人民武装

【概况】2021年，丰台区人武部深入学习贯彻习近平强军思想和军委、陆军决策指示精神，以习主席视察卫戍区重要讲话精神为根本指导，在卫戍区党委和区委区政府的坚强领导下，着眼实现强军目标、铸牢忠诚之魂，归正工作重心，聚焦练兵备战，从严整纲肃纪，加强党的建设，以高度的政治自觉和强烈的使命担当干事创业，各项建设迈上新台阶，实现新进步。

（付言师）

【思想政治建设】年内，区人武部始终以习主席视察卫戍区讲话精神为根本指导，按照“铸忠诚、尽职责、抓从严”的总要求，自觉擎起思想旗帜，固牢指导地位，坚定看齐追随，推动转化运用。结合建党百年庆典的历史契机，在全党全军统一安排下，始终坚持把党史学习教育作为重点突出出来。坚持以党史学习教育和主题教育为牵引，突出实际效果抓实各项思想政治教育。结合本级工作实际多次调整党史学习教育计划方案；坚持书记上党课制度，共上党课3次，起到了良好的引领示范作用。在楼前楼内显著位置设置党史学习教育展板12块，形成以“奋斗百年路、启航新征程”为主题的文化长廊，营造了浓厚的学习教育氛围。利用党日时间扎实组织召开专题组织生活会，引导党员从思想政治、能力素质、担当精神、廉洁自律、作风形象等方面深入自我剖析，开展互相批评，进一步强化了党员的身份意识和责任意识。“七一”庆典后，第一时间组织全部官兵职工学习总书记讲话原文，对讲话中重点内容进行宣讲，并就结合本部工作如何贯彻落实讲话精神，把各项工作落实落地进行细致解读，深化了学习理解。按照年初卫戍区政治工作指示要求，建立集理论学习、政治教育、党内生活于一体的大教育格局，坚持每月结合理论学习、党团活动时间将形势政策、安全保密、法纪警示、心理健康等内容有机融合，坚持一次教育解决多个问题，取得了较好效果。

（付言师）

▲7月20日，丰台区民兵防空分队在王佐训练基地做训练演示。

【应急战备训练】年内，为贯彻落实习主席“备战打仗”指示要求，以贴近实战的训练模式，以提高防空维稳和民兵参战支前能力为牵引，7月8日至19日，区人武部牵头负责组织北京市6个区291名民兵在王佐民兵高炮训练基地进行为期12天的防空专业分队集训，为使训练更加科学有效，此次集训采取全封闭式管理，严格落实部队一日生活制度。针对新装备教练员少、不便于大规模展开的实际，采取分阶段组训的方法，由各区组织基础理论和共同科目训练，由训练基地组织技术和战术科目训练。为高标准完成训练任务，协调现役部队官兵作为“武教头”，对未来可能担任的对空作战任务，防空武器装备的构造、性能与操作，战术训练和民兵防空群作战行动等课进行强化训练。训练中注重发挥退伍军人和党员先锋模范作用，通过综合训练、会操比武、考核评比、经验交流等方式，进一步提高训练标准，整个训练充满了实战化气息、军味十足、达到了预期目的。为丰富业余文化生活，提升训练热情，训练中还安排了国防教育、职能使命和形势战备教育等内容，聘请了心理专家为大家授课辅导，开展了观看新闻联播、爱国主义影片，拔河、跳绳比赛等活动。

（代国林　石海峰）

【国防征兵动员】年内，面对2021年疫情严峻形势，以及“当兵冷、征兵难”的实际问题，区人武部利用基层武装部参加疫情防控值守有利时机，采取点对点、一对一送信上门方式精准宣传；开展“拉起横幅贴宣画，宣传手册送到家”活动，探索出“抓住三类群体，实施精准宣传”的征兵宣传方法。印刷“致适龄青年的一封信”、征兵宣传挂图，制作了征兵宣传片、手提袋、折扇、卡包，向各高校和基层武装部发放。指导高校和基层武装部开设征兵宣传微博、微信，全面规范征兵宣传条幅内容。协调区委区政府，出台《关于提高和完善丰台区征兵政策实施办法》，调动适龄青年参军积极性。严把兵员质量关、坚持会议定兵、廉洁征兵、科学役前教育，圆满完成了年度174名兵员征集任务，大学生征集比例突破90%。

（付言师）

【双拥部署会】3月19日，区人武部会同区退役军人事务局共同组织召开双拥工作部署会，明确了巩固双拥工作“七连冠”，力争“八连冠”的目标和措施，为全年双拥工作开展奠定了良好基础。与区双拥办配合，分两次开展送立功受奖喜报上门活动，先后为30个立功受

▲9月9日，“丰台、门头沟区2021年夏秋季预定新兵役前教育动员大会”在王佐训练基地召开。

▲7月19日，“2021年北京市民兵防空专业教练员暨分队集训动员大会”在王佐训练基地召开。

奖军人家庭上门送喜报，并赠送慰问品，受到广大街道社区和军人家庭的一致好评；6月17日，会同区退役军人事务局慰问驻区王佐训练基地承担“七一”活动任务的国旗护卫队官兵，为“七一”庆典任务的圆满完成提供了有力保障。7月27到30日，会同区“四套班子”主要领导对解放军文化艺术中心、武警北京总队执勤第六支队、空军研究院工程设计研究所、陆军第196旅等12家驻区部队开展“八一”慰问活动；协调区政府、教委、双拥办，为15名符合优待政策条件的军人子女协调到优质中、小学就读，切实为驻区部队官兵排忧解难。

（付言师）

▲12月17日，区人武部政治委为张勇同志送一等功喜报。

【安全管理】 年内，区人武部坚决贯彻“依法治军、从严治军”要求，常态化开展“学法规、用法规、守法规”活动，坚持落实每季安全形势分析、每月安全教育、节前隐患排查等制度，突出对机要保密室、文印室、消防设施、装备仓库等5类重点要害部位以及重要时节、重点人员的安全防范。严格备战练兵管控，突出专武干部培训、基干民兵训练和役前训练三个人员密集活动的安全预防和管控，确保万无一失；对民兵实兵实装战备拉动演练、民兵高炮分队实装训练、民兵实弹射击等安全风险较大课目组训时，坚持把安全管理贯穿始终，没有出现丝毫差错；严防政治性和失泄密问题，把疫情防控、人员管理、安全保密、装备车辆、仓库消防、财务安全、水电使用等纳入安全防范管控重点，融入经常性工作。全年先后组织6个波次隐患排查，对11名在编职工和聘用人员政审，车辆连续六年实现零违章抄告，安全管理连续39年实现“双无”。

（付言师）

【组织建设】 年内，区人武部坚持思想建党、制度治党、纪律强党同向发力，从严从实抓班子、带队伍、正作风。以习主席视察卫戍区讲话精神为根本指导，深入学习贯彻“七一”讲话精神，不断提升政治判断力、政治领悟力、政治执行力。年初结合班子人员调整，完善党委自身及支部、小组组织设置，明确党委议事规则和班子建设具体措施。全年贯穿组织学习《军队党的建设条例》《军队政治工作条例》《军队党委（支部）工作条例》，提高全体党员理论层次，增强处理党务的能力素质。始终坚持大项活动开展、重大问题决策、大项经费开支，必须经党委会研究，由一班人集体研究决定。着重强化各项组织生活制度的刚性落实，规范各项会议组织流程和议事决策程序，提升会议质量。落实“三会一课”、民主评议党员等基本制度，严格落实学党章、上党课、过党日、交党费等基本制度，推动管党治党从严从实从硬的作风建设。

（付言师）

人民防空

【概况】 年内，丰台区人防办坚持以习近平新时代中国特色社会主义思想为指导，深入学习贯彻党的十九大和十九届历次全会精神，深入贯彻落实习近平总书记“七一”重要讲话精神和对人民防空的指示批示精神，按照区委、区政府的总体部署，圆满完成全年工作任务，有效履行了“战时防空、平时服务、应急救援”的使命任务，顺利实现了丰台人防事业“十四五”良好开局。

（程鑫华）

【疫情常态化防控】 年内，积极压实四方责任，落实落细疫情防控各项措施，争创“无疫情”机关。组织64人接种疫苗，疫苗接种率达到92%。紧急响应，主要领导一线指挥，班子成员靠前作战，分五组出动112人次协助看丹街道做好小区封控工作，为有效切断疫情传播链做出了贡献。

（程鑫华）

【完善指挥通信基础建设】 年内，完成1处人口疏散地域建设。全区26个街镇指挥通信系统实现联通。完成11处高点监控建设。对全区108台警报器进行维修维护、加电测试，圆满完成9月18日五环外警报试鸣工作。参加市人防办短波通信系统培训及全市指挥通信车驻训，进一步熟练掌握系统、设备的操作，提高应急通信保障能力。完成重点时期及上汛以来的应急通信保障，完成“4·16”较大火灾处置期间的通信保障以及建党100周年纪念活动演练保障。

（程鑫华）

【人防工程安全管理】 年内，每季度召开安全生产专题会议，分析研判安全生产形势，制定工作计划。全年检查人防工程3741处次，消除安全隐患37处。召开人防工程防汛工作部署会议，开展早期人防工程隐患排查治理，确保全区人防工程安全度汛无事故。严格在用库房、车库管理，严禁存放电动自行车及易燃易爆物品。建立人防工程有限空间管理台账，开展有限空间安全隐患专项检查。完成354处人防工程恢复战备功能“疏整促”任务。为社会提供2402个人防车位。

（程鑫华）

【优化营商环境】 年内，按照北京市优化营商环境4.0版标准要求，固定投资、社会投资、低风险项目的审批，实现一网办的目标。积极实行首席代表审批制度。完成审批土储项目5个，应建人防工程9.95万平方米。认真做好丰台火车站重大项目的建设保障工作，提前介入110KV变电项目审核。按照《丰台区“多规合一”协同平台建设项目修建人民防空防护工程标准审查实施细则》，为39家企业进行图纸审核，完成人防工程标准审查41处，批准建设人防工程13.14万平方米，提前超额完成全年5万平方米的目标任务，人防工程竣工验收备案58处。人防工程平时使用申请材料减少33%，新核发211处人防工程使用证。积极处理人防工程竣工验收备案历史遗留问题。

（程鑫华）

【法制宣传卓有成效】 年内，加强执法规范化建设，做好“双公示”工作。提升人防行政执法水平，完成行政执法各项绩效指标。继续发挥“一网两微、四个重要时间节点、五进入”等宣传阵地作用，广泛宣传人防知识。全年共发布微信70余条、微博505条。完成50个社区防空及防灾减灾社区建设。建立社区综合志愿者队伍，全年新增社区人防志愿者673人。

（程鑫华）

▲3月1日，区人防办在丰台花园组织“国际民防日”主题宣传活动。

【严格执行各项规章制度】 年内，积极响应“街乡吹哨、部门报到”22次，创新12345工作法，用心用情用力做好接诉即办工作，平均响应率100%、解决率100%、满意率99.6%，在区级回访量30件以下的单位中名列前茅，在市办接诉即办工作例会上作典型发言。认真贯彻《关于新形势下党内政治生活的若干准则》，严格落实“三会一课”制度，执行好双重组织生活、谈心谈话制度。全年党组书记与班子成员、工作人员谈心谈话25次；班子成员与工作人员谈心谈话均20余次。出台《丰台区人防办公务员平时考核实施方案（试行）》等五项规章制度并组织相关培训，强化干部日常管理和监督，提高工作效能。落实《作风纪律检查考核办法》，领导带队每月检查纪律情况并进行公示。

（程鑫华）

【领导班子和干部队伍建设】 年内，充分发挥“领学促学”作用，集中两天时间举办读书班活动，分四个专题开展党史学习教育。切实做好干部培育、选拔、管理、使用工作。全年选拔科级领导干部2名，招录公务员2名，完成职级晋升3人次、晋级晋档6人次。进一步规范干部离京外出请假报备程序，科级及以下干部报备44人次，处级干部报备8人次。圆满完成党总支及三个支部换届选举，选齐配强党支部班子和党务干部。建立党总支每月例会制度，制发每月学习清单和主题党日活动清单，加强对支部工作的指导。发展预备党员1名，培养入党积极分子3名。做好困难党员“送温暖”活动，关怀帮扶党员3人。鼓励党员干部积极回社区报到，参与活动120人次。完成党组织党员信息库维护和党内统计各项工作。

（程鑫华）

【加强党风廉政和作风建设】 年内，召开2021年全面从严治党工作部署会，坚持党建工作、党风廉政工作、意识形态工作和业务工作同部署、同落实、同检查、同考核。组织党员干部认真学习《中国共产党党内监督条例》等文件精神，定期对各部门执行党风廉政建设情况进行监督检查，杜绝各类违纪违规问题发生。充分发挥党组全面监督、区委纪检组专责监督、党支部日常监督、党员民主监督作用，有效运用监督执纪“四种形态”，更加注重在“第一种形态”上下功夫，抓早抓小、防微杜渐。围绕中央八项规定精神落实，紧盯重大节日时间节点、重要部门工作，通过召开会议、个别提醒、发送短信、大屏宣传等方式开展思想教育、严明工作纪律。持续深化“以案为鉴、以案促改”警示教育活动，把党风廉政教育、党规党纪内容纳入党员学习计划，组织集中观看《失控的“自由人”》等警示教育片，运用全国人防系统腐败问题典型案例开展警示教育活动。坚持严管与厚爱结合，激励与约束并重，不断强调“廉政”“勤政”，对出现不担当不作为的倾向性问题及时提醒督促纠正。

（程鑫华）

2022

北京丰台年鉴

中关村科技园区丰台园

综 述

中关村科技园区丰台园是中关村最早的“一区三园”之一，是首批国家级高新区，是全国首批向APEC开放的科技工业园之一。总规划面积17.63平方公里，由东区、西区Ⅰ、西区Ⅱ、科技孵化一条街和扩区后的丽泽地块、永定河北区、永定河南区、二七车辆厂、二七机车厂、首钢二通产业园、应急救援地块共11个区块组成。其中园区主责开发的区域为东区、西区Ⅰ和西区Ⅱ，总用地面积约7.7平方公里，规划地上建筑面积1060万平方米。丰台园区重点打造轨道交通和航空航天两个千亿级产业集群；重点培育新一代信息技术、新材料、智能制造、医药健康四个百亿级产业集群。丰台园作为全国领先的轨道交通产业聚集地，产业规模大、产业链完整、创新能力强，拥有国家级研发机构6家，市级研发机构24家，聚集了150余家重点轨道交通企业，涵盖了从科技研发、规划设计、工程建设、装备制造到运营维护的全产业链条。园区上市企业30家（居示范区第二位），国家级高新技术企业1124家，拥有中央企业、上市公司、地方进京企业三大企业总部群，2013年被授予首批“北京市总部经济集聚区”称号。拥有国家和市级工程实验室、工程（技术）研究中心24家；国家和市级企业技术中心79家。聚集了全区90%以上的高质量创新创业孵化平台：国家级孵化器10家，国家级众创空间11家，市级众创空间18家，中关村硬科技孵化器1家。上市公司、国高新、院士专家工作站、国家科技进步奖、国家级孵化器、北京市科学技术奖、北京市工程技术研究中心总数等多项创新指标位居示范区前列。

2021年，在区委区政府的领导下，园区围绕市区做强轨道交通和航空航天两大产业集群的工作要求，紧抓“两区”建设和“科技创新中心”建设机遇，充分发挥产业集聚带动作用，提高人均地均产出率，全面提升丰台园发展水平。注重优势产业招商。引进中电建路桥集团北方建设投资有限公司等重点企业，加大外资引进力度，毕马（北京）轨道交通研究院有限公司等落户园区。落实《中关村丰台园轨道交通产业创新发展行动计划（2020–2022年）》，围绕轨道交通产业关键技术研发及产业化方向征集项目29个，在市科委、中关村管委会的统筹下开展专家评审。发起成立中车转型升级基金，基金总规模100亿元，首期规模40亿元，完成首期资金出资。加强与北交大、铁科院等大院大所对接。与北交大深入合作签署协议，共同建设轨道交通创新基地，布局省部级以上研发创新平台，围绕轨道交通智慧运行控制、智能制造等领域进行研发和产业化。举办轨道交通创新创业大赛、首届青年科学家–企业家国际论坛等系列活动，组织企业组团参加北京国际轨交展，挖掘吸引一批项目和企业落地丰台，如北交大高性能射线跟踪技术转化项目、内蒙古青联智慧科技有限公司等。加强国际化和创新创业，出台《中关村丰台园进一步扩大开放、激发创新活力的措施》，《关于支持独角兽企业在丰台区集聚发展的若干措施》。搭建政企交流平台，成立丰台园企业联合会，促进政企、企企间交流，提高服务粘性，营造“共建、共治、共享”氛围。高成长企业主体不断扩大，新增国高新企业100余家，3家企业获国家科学技术进步奖，4家企业获2020年北京科学技术奖，4家企业获市级企业中心认定，10家企业获市级专精特新小巨人称号，其中6家企业获国家级专精特新小巨人称号。对接服务重点企业，凯腾精工和中航泰达2家企业在北交所挂牌，荣大科技等3家企业提交上市申请并取得受理函。推进创新成果转化，发挥北京协同创新轨道交通研究院、地铁运营公司技术创新研究院等研发机构作用，围绕科研项目和示范工程，加快构建体系化、任务型的协同创新模式。推进重点项目落地，成立中关村领创商业航天联盟，铁科院城市轨道交通创新网络中心公司选址丰台创新中心，中关村睿宸卫星应用研究院成功发射首颗卫星，依托北京天琪国际转化医学研究院、北京天坛医疗科技有限公司的落地，打造“转化医学”产业化集群，形成“天坛医院成果转化中心”。构建创新生态，搭建完善政策体系，着重优化“类海外”发展环境，启动“中关村轨道交通国际创新创业大赛”，举办“‘从数字经济到数智时代’中欧数字经济高峰论坛”等创新活动，加快国际高端资源集聚，从吸引跨国公司总部、研发中心、国际交流、创新服务、国际人才、营商环境提升等方面全面推进园区扩大开放，激发创新活力。开发建设稳步推进。自持项目进展顺利，丰台创新中心、航空航天创新中心主体结构封顶。丰台园东区一期上海医药北方总部城市更新项目完成设计方案征集，为后续5万平方米空间探索实施路径。东区三期1516–53号地土地分宗，北京值得买科技股份有限公司等三家企业开展方案设计，完成方案后进行土地公示。打造北京看丹独角兽创新基地，聚焦引进培育龙头企业、独角兽企业和隐形冠军企业等优质创新资源。规划建设丰台园西区，园博数字经济产业园区概念方案完成设计，成本遗留问题处置基本完成，推进6022地块方案设计。挖潜河西地区优势条件，在西一区街区控规调研和初步研究成果的基础上，对双碳指标细化分解，编制有亮点特色的街区控规，探索与大企业合作开发路径，加快西二区开发节奏。统筹4万平方米集体用地，围绕轨道交通智慧运行控制、智能制造、智能建造等方向开展关键技术的研发和产业化，打造“产学研用”一体化的“轨道交通创新基地”。创建区域活力中心，以丰台创新中心、丰科万达商业综合体、邓亚萍体育馆等项目为支撑，提升商务消费、文化休闲、体育健身设施品质，打造为科技企业服务的活力中心。强化疫情防控。持续排查市级大数据下发中高风险人群1.3万人，落实管控千余人。加强推进疫苗接种工作，组织两针接种超过7万人，启动加强针接种工作，初步构筑起园区免疫屏障。

（张红莉）

创新创业

【第三届增材制造全球创新应用大赛线上颁奖典礼】 2月24日，第三届增材制造全球创新应用大赛线上颁奖典礼举办，大赛由丰台区人民政府指导，丰台区科学技术和信息化局、丰台园管委会主办，聚焦“航空航天”“数字化骨科”“消费品升级——文博文创”三大竞赛单元，共计78组企业、院校团队及个人报名参赛并进入评审。一等奖获奖项目来自数医科技团队的“脊柱内镜手术模拟系统”和“虚实融合创伤救治系统”，数医科技团队瞄准医院、医学院、第三方医学培训机构对高仿真手术训练的刚需，有效解决临床教学的痛点问题。

（张红莉）

【第六届浙江大学校友创业大赛北部赛区决赛】 3月29日，以“科技·创新”为主题的第六届浙江大学校友创业大赛北部赛区决赛暨颁奖典礼在北京丰台首科大厦举办。北京、天津等11个北部赛区校友会的领导嘉宾、16支决赛参赛项目代表，共70余人出席活动。项目领域涉及新一代信息技术、5G大数据、人工智能、轨道交通、医药健康、航空航天、节能环保、智能制造、新材料、科技服务等。mamain移动母婴室、脑机接口康复机器人项目分别获初创组和成长组一等奖。

（张红莉）

【HICOOL 2021全球创业者峰会政策宣讲会】 5月27日上午，区委组织部和丰台园管委会联合举办HICOOL 2021全球创业者峰会暨创业大赛政策宣讲会。宣讲会邀请北京市HICOOL全球创业者峰会暨创业大赛组织方进行大赛专场政策讲解。丰台区约80家企业近100人参加此次宣讲会。HICOOL全球创业者峰会暨创业大赛以打造多层级、多维度、多元化的国际创业模式，面向全球寻找优质项目。

（张红莉）

【中关村轨道交通国际创新创业大赛收官】 10月10日，“2021中关村轨道交通国际创新创业大赛”总决赛在北京举办，作为中关村论坛系列活动，由北京市科委、中关村管委会、丰台区人民政府、中国铁道学会、中国智能交通协会、中国城市轨道交通协会、中关村发展集团股份有限公司作为指导单位，中关村丰台园管委会、北京中关村科技服务公司主办，北京中关村轨道交通产业发展有限公司等单位承办。企业、投资机构、科研单位和新闻媒体等各界代表150余人参加本次活动。大赛4月27日启动，国外7个地区、国内18个省（自治区、直辖市）的100余家单位（团队）报名参赛，共征集109个项目，涉及通信、信号、运维、装备、企业服务、智慧城市、城市规划等多个专业领域。最终12个优秀项目进入总决赛。

（张红莉）

科技成果

【2家企业获高精尖产业设计中心复核认定】 1月4日，北京市经济和信息化局印发《关于公布2020年北京高精尖产业设计中心认定及复核结果的通知》，公开第一批高精尖产业设计中心（2018年度）的复核通过名单和2020年度设计中心的认定企业名单。丰台园北京航天斯达科技有限公司进入复核通过名单，华电重工股份有限公司进入认定企业名单。

（张红莉）

【8家企业获市级企业技术中心认定】 1月7日，北京市经济和信息化局印发《关于公示2020年北京市企业技术中心补充创建名单的通知》，丰台园新增3家市级企业技术中心。2020年丰台园共有8家企业获市级企业技术中心认定，分别是：北京六合伟业科技股份有限公司、北京天拓四方科技有限公司、华电重工股份有限公司、北京英视睿达科技有限公司、中化环境控股有限公司、北京旭阳科技有限公司、航天科工惯性技术有限公司、通号城市轨道交通技术有限公司。企业涉及轨道交通、航空航天、节能环保、新一代信息技术、新材料、智能制造等领域。

（张红莉）

【航天斯达公司两项科学技术达到世界先进水平】 2月5日，北京航天斯达科技有限公司承接开发研制的氨纶智能车间，两项科学技术分别达到世界先进水平：上筒取丝速度是国内外氨纶行业之最；世界上最多的不同品种丝饼、不同大小纸箱的在线柔性生产。“高速上筒取丝机器人”是斯达公司应用于氨纶制丝行业的取丝机器人，行走速度每秒3米，采用顶尖的控制技术，能够沿着66米的特定轨道快速取走丝饼，替换上新纸筒。氨纶智能车间包含39台机器人、20台激光导引穿梭车以及上百台非标专用设备。包含取丝上筒系统、检测与自动包装系统、产品汇流与入库系统、AGV台车输送系统、智能管理平台MES系统五个部分，实现从丝饼生产到入库，所有工序自动化。

（张红莉）

【中铁工业四项产品通过工信部制造业单项冠军企业（产品）认定】 3月31日，中铁工业首届科技创新大会在北京召开。中铁工业四项主营产品——“道岔”、“架桥机”、“全断面隧道掘进机”、“桥梁用钢铁结构”通过工信部制造业单项冠军企业（产品）认定。“十三五”

时期，中铁工业积极构建“开放、共享、绿色、协同”的科技创新体系，取得大批科技新成果，累计承担国家级科研课题18项，省部级科研课题19项；获国家级科技奖励3项，省部级科技奖励32项；获授权专利1364项。

（张红莉）

【3个项目获城市轨道交通科技进步奖】 4月12日，中国城市轨道交通协会发布《2020年度“城市轨道交通科技进步奖”获奖项目公告》。中国城市轨道交通协会收到116项成果申报材料，81个项目通过审核进行评审。丰台园三个项目获奖：交控科技股份有限公司、通号城市轨道交通技术有限公司参与的“面向网络化运营的互联互通CBTC关键技术及成套装备与示范应用”项目荣获特等奖，交控科技股份有限公司参与的“城市轨道交通云平台创新研究与应用”项目获一等奖，中铁工程设计咨询集团有限公司参与的“轻型跨座式单轨道岔系统关键技术研发及应用”项目获一等奖。

（张红莉）

【2家企业获第六届北京市发明专利奖】 4月15日，北京市知识产权局、北京市人力资源和社会保障局发布《关于第六届北京市发明专利奖的表彰决定》。丰台园两家企业获“第六届北京市发明专利奖”。北京全路通信信号研究设计院集团有限公司“一种轨道电路”发明专利获特等奖。该专利突破信号混叠控制、站内双向回流和雷电安全防护三大技术难题，攻克高铁车体轻、速度快、线路高架多带来的适应性难题。交控科技股份有限公司“一种无人驾驶控制系统”发明专利获北京市发明专利奖二等奖。该发明专利是全自动运行系统（FAO）的架构设计，是全自动运行系统产品的基础专利和核心专利。在该发明专利的基础上，交控科技股份有限公司已成功研制整套中国自主化的FAO系统解决方案，在北京燕房线国家创新示范工程首次应用。

（张红莉）

【通号获欧洲列车运行控制系统相关产品匈牙利质量认证】 4月，中国通号自主研发的RBC（无线闭塞中心）、LEU（地面电子单元）产品获颁匈牙利DeBo质量证书，为高质量推进匈塞铁路匈牙利段项目建设，推动中国高铁技术和产品立足欧洲，走向全球奠定坚实基础。按照欧盟及各国法令要求，产品通过NoBo认证即为获得进入欧盟市场的资质条件，但进入欧盟内国家还需通过相应国家的DeBo认证。此前，中国通号列控系统各产品已获塞尔维亚DeBo认证。

（张红莉）

【18家企业入选北京市第一批专精特新“小巨人”和中小企业】 6月2日，北京市经济和信息化局公告北京市2021年度第一批专精特新“小巨人”和中小企业名单。北京英视睿达科技有限公司、北京中星时代科技有限公司、中投国信（北京）科技发展有限公司等10家企业入选专精特新“小巨人”企业，北京元六鸿远电子科技股份有限公司、北京新兴华安智慧科技有限公司、北京天拓四方科技有限公司等8家企业入选专精特新中小企业。

（张红莉）

【凯普林光电入选中国制造隐形冠军榜单】 6月9日，首届“中国制造隐形冠军”榜单在上海消费者科技及创新展览会发布。活动由领先商业管理媒体世界经理人携手CTIS发起，以“隐形冠军”概念提出者赫尔曼·西蒙提出的隐形冠军标准为评判基础，结合中国制造业的发展情况及企业行业影响力进行综合评估，从全国逾百家报名的制造型企业中甄选。丰台园北京凯普林光电科技股份有限公司上榜。北京凯普林光电科技股份有限公司成立于2003年，国家高新技术企业，专注于高功率激光器件、激光系统研发及产业化，高性能光纤耦合半导体激光器、光纤激光器、超快激光器等产品的开发与市场应用。

（张红莉）

【交控科技助力朔黄重载铁路实现技术突破】 6月19日，国家能源集团朔黄铁路重载移动闭塞技术发布及开通会在石家庄举行。朔黄铁路是全国第一条采用移动闭塞系统的重载铁路，全长594公里，西起神池南站，东至黄骅港港口，“西煤东运”重要干线铁路通道。在国家能源集团的指导下，朔黄铁路公司带领以交控科技为技术总负责的、包括北京交大、中国铁设、中国通号、交大微联、铁科院、中车株机公司、株洲所、成都威奥畅通、卡斯柯等行业优势力量，在国际上首次提出并采用移动闭塞进行技术升级和改造，为重载铁路运能和效率提升提供成套解决方案。移动闭塞系统技术的运用，可实现列车平均发车间隔由原来11分钟缩短至7.3分钟，发车间隔缩短34%。朔黄铁路全线完成移动闭塞改造后年运量可提升4000万吨，可降低信号系统设备综合维修成本约20%，对减轻行车人员、维护人员劳动强度等也具有积极作用。

（张红莉）

【泛华集团获国家重点研发项目成果示范应用单位】 7月17日，2021智能决策与大数据应用国际会议上发布国家重点研发计划项目“服务价值与文化传播评估理论与技术”项目研究成果“文化创作科技服务集成平台”。泛华集团基于对数字经济的认知和新型城镇化发展的创新实践，打造泛华产业育城中心，获颁国家重点研发项目“服务价值与文化传播评估理论与技术”成果示范应用单位。项目由北京信息科技大学牵头，16家高校、研究机构及企业共同参与实施。项目成果发布对推动国内文化与科技融合发展、提高文化产业核心竞争力，进一步促进文化传播和提升服务价值具有重要意义和影响。

（张红莉）

【交控科技获2021科创板硬科技领军企业】 7月22日，《财经》杂志联合科创数据研究中心打造“国家情怀——2021科创之夜”在上海黄浦江畔陆家嘴举行。科创数据研究中心发布《国家使命——长三角资本市场服务基地服务科创板2周年报告》。丰台园企业交控科技股份有限公司获评2021科创板硬科技领军企业。交控科技深耕轨道交通信号系统自主创新，打破国外垄断，解决多项“卡脖子”技术。交控科技董事长郜春海荣膺2021科创板领袖人物。本次活动吸引近50家集成电路、高端装备制造、生物医药等领域企业参加。

（张红莉）

【慧拓科技获全国金属矿山采矿优质装备创新品牌大奖】 7月28日，金属矿山采矿设备供应商大会暨技术研讨会在河南洛阳召开。会议总结国内外先进生产工艺和关键技术，结合典型工程实例进行总结归纳和对比分析，指导中国金属矿山设备技术升级，对保证行业可持续发展、提高企业核心竞争力具有重要意义。慧拓科技作为无人驾驶领域唯一受邀高科技企业出席大会，并获全国金属矿山“采矿优质装备创新品牌”大奖。慧拓科技为矿山领域量身定制的“YUGONG愚公”系统，充分运用平行驾驶技术、云计算、大数据等先进科技的云端智能调度与管理系统、矿车无人驾驶系统、远程驾驶系统、仿真系统等公司系列产品，全方位展示慧拓智慧矿山无人化解决方案在矿山生产调度、无人矿卡、挖机协同控制、远程驾驶、矿山模拟仿真等方面的应用成果。

（张红莉）

【2家企业获北京市就业创业先进集体】 8月9日，北京市政府发布“表彰北京市就业创业工作先进集体和先进个人”决定，授予北京市发展和改革委员会社会发展处等149个单位“北京市就业创业工作先进集体”称号，授予北京市教育委员会高校学生处干部张海涛等100名同志“北京市就业创业工作先进个人”称号。丰台园企业北京华远意通热力科技股份有限公司、北京值得买科技股份有限公司获“北京市2020年就业创业工作先进集体”，北京斯玛特教育科技集团有限公司武志获“北京市就业创业工作先进个人”。

（张红莉）

【拓扑智鑫入选百项国际技术交易创新项目榜单】 9月24日，中关村论坛在北京召开，开幕式上发布《百项国际技术交易创新项目榜单》，榜单评选活动覆盖美国、加拿大、新西兰、英国、新加坡等36个重点国别，征集优质科技创新项目2800余项，其中国际项目占70%。丰台园企业北京拓扑智鑫环境科技股份有限公司的实时监测碳排放量的智能系统项目入选。拓扑智鑫采用“传感器＋工业互联网技术+4G/5G”技术，自主研发成功“恶臭气体、臭氧、二氧化碳/一氧化碳/甲烷”等多项“大气污染监测设备和信息化监控平台系统”，填补多项国内空白，入选工信部和科技部联合发布的“国家鼓励发展的重大环保技术和装备目录”，并获多项省部级科技立项。

（张红莉）

【4家企业获北京市科学技术奖】 9月25日，2020年度北京市科学技术奖在中关村论坛全体会议上发布，14位科学家、150项成果获奖。丰台园两家企业获一等奖：北京双登慧峰聚能科技有限公司的“分布式可再生能源交直流高效集成与互联关键技术、装备及应用”，交控科技股份有限公司的“基于不同信号制式的轨道交通无感改造成套装备研究与应用”。两家企业获二等奖：北京当升材料科技股份有限公司的“混合电动车用高功率长寿命锂电正极材料的开发与产业化”，北京全路通信信号研究设计院集团有限公司的“高速铁路轨道电路关键技术研究与应用”。

（张红莉）

【北京全路通信信号研究设计院入选全国两业融合发展试点】 9月，国家发展改革委公布国家第二批先进制造业和现代服务业融合发展试点名单，丰台园企业北京全路通信信号研究设计院成为本次北京获批的一区三企之一，即大兴生物医药产业基地、北京全路通信信号研究设计院、北京机械工业自动化研究所、北京小米移动软件有限公司。北京全路通信信号研究设计院作为丰台园轨道交通的重点企业，试点期间建设完全自主化列控系统装备综合验证平台、生产制造及生产测试平台、工程化平台和智能运维平台，强化对上下游产业的带动作用，提高企业的整体生产效益和品牌竞争力，实现列控系统装备全产业链、全生命周期可控。

（张红莉）

【4家企业入选北京市企业技术中心】 10月14日，北京市经济和信息化局发布《关于公示2021年度第一批北京市市级企业技术中心创建名单的通知》，丰台园4家企业入选，分别是：北京航天凯恩化工科技有限公司、龙铁纵横（北京）轨道交通科技股份有限公司、北京四环科宝制药有限公司和北京金史密斯科技有限公司。

（张红莉）

【中鼎昊硕助力神舟十三号载人飞船探索太空】 10月16日，搭载神舟十三号载人飞船的长征二号F遥十三运载火箭发射成功。丰台园企业北京中鼎昊硕科技有限责任公司的关键技术保障在此次发射中得到验证。神舟十三号载人飞行任务是空间站关键技术验证阶段极为重要的一次飞行任务，也是检验中鼎团队关键技术保障的重要契机。中鼎团队以自动化、智能化技术突破军工领域多项“卡脖子”难题，通过研发、引进行业先进的工艺、产品，为航空、航天、兵器、船舶、电子等领域的特种行业智能制造安全护航。

（张红莉）

【交控科技获“绽放杯”5G应用大赛京津冀区域赛二等奖】 10月22日，中关村5G创新应用大赛总决赛暨第四届“绽放杯”5G应用征集大赛京津冀区域赛颁奖以及总决赛路演颁奖在中关村国家自主创新示范区举行。活动由工业和信息化部主办，以“聚焦硬科技、畅通内循环”为主题，围绕5G+智慧城市（物联网）、5G+工业互联网等应用场景，面向全球征集有较高技术水准、有完整落地解决方案、有较好示范作用的优秀案例。丰台园企业交控科技股份有限公司5G创新实验室项目荣获全国京津冀区域赛二等奖，入选中关村5G创新应用大赛重点创新项目并获三等奖。

（张红莉）

【3家企业获国家科学技术奖】 11月3日，国家科学技术奖励大会在北京人民大会堂举行。2020年度国家科学技术奖共评选264个项目、10名科技专家和1个国际组织。丰台园3家企业获国家科学技术进步奖二等奖，分别是中牧实业股份有限公司的“奶牛高发病防治系列新兽药创新与应用”项目、北京冶自欧博科技发展有限公司的“锌电解典型重金属污染物源头削减关键共性技术与大型成套装备”项目和中铁电气化局集团有限公司的“高速铁路用高强高导接触网导线关键技术及应用”项目。

（张红莉）

【丽泽一号卫星发射升空】 12月7日，酒泉卫星发射中心用谷神星一号遥二运载火箭将“丽泽一号”卫星发射升空。卫星顺利进入预定轨道，发射任务圆满成功。“丽泽一号”是由中关村睿宸卫星创新应用研究院、北京英视睿达科技股份有限公司两家丰台园民营机构牵头，联合天仪研究院共同研发制造的首颗科学实验卫星。该卫星搭载新型卫星平台，主要开展新型卫星平台飞行试验及空间环境适应性验证，为后续星座组网、星座轨道部署，实现“小卫星、大能力”应用奠定技术基础。

（张红莉）

【交控科技入选首批北京市“隐形冠军”企业】 12月21日，北京市经济和信息化局、北京市工商业联合会公示北京市第一批拟认定“隐形冠军”企业名单，丰台园企业交控科技股份有限公司入选。作为深耕轨道交通信号系统技术自主化的高科技企业，交控科技股份有限公司自2009年成立以来，始终秉承自主创新原则紧跟国际发展趋势，多次解决“卡脖子”技术难题，不断填补国内轨道交通行业自主创新技术空白。

（张红莉）

园区投融资

【凯腾精工进入全国股转系统精选层】 8月6日，北京凯腾精工制版股份有限公司(证券代码：871553)成功进入全国股转系统精选层。公司公开发行股票1130.00万股，发行后总股本14200.05万股，发行价格3.60元/股，发行市盈率16.18倍，新股募集资金总额4068.00万元。凯腾精工是一家凹印印版生产制造商，主营业务为印刷行业中重要耗材凹印印版的研发、生产和销售。

（张红莉）

【2家企业在北交所上市】 11月15日，北京证券交易所举行揭牌暨开市仪式。北交所首批上市企业共81家，其中京企11家。丰台园企业2家，分别为凯腾精工和中航泰达。凯腾精工2003年成立，是国内凹印制版行业的领先企业，凹印印版是印刷行业中的重要耗材，传统四大印刷方式中凹印印刷的核心精密组件，广泛运用于食品、烟酒、消费电子、医药、家居装饰等行业的包装印刷及特种印刷领域。中航泰达2011年成立，在烟气治理方面形成完整知识产权体系，独创开发气动脱硫技术“旋涡撞击法”，将成果转化并申请自主知识产权的专利技术“旋涡撞击流脱硫除尘装置”，引进国外专利技术，开发出适合于烧结、球团的烟气脱硝技术“低温湿法脱硝技术”，技术广泛应用于钢铁、焦化行业烟气治理、水泥、化工等领域。

（张红莉）

招商引资

【中关村领创商业航天产业发展联盟成立】 1月8日，中关村领创商业航天产业发展联盟成立大会暨第一届第一次会员大会在丰台航天海鹰科技园召开。11家理事成员单位、3家监事单位、26家首批发起单位参加，讨论2021年工作规划，表决通过《中关村领创商业航天产业发展联盟(草案)》。联盟成员涵盖航天科工集团、航天科技集团、中科院及优势民营商业航天公司。

（张红莉）

【轨道交通创新基地项目签约】 3月23日，北京交通大学与丰台区人民政府在中关村丰台园总部基地签署共建“轨道交通创新基地”合作协议。深入推动北

▲12月7日，科学实验卫星“丽泽一号”在酒泉卫星发射中心成功发射。

▲3月23日，“轨道交通创新基地”项目签署合作协议。

京交通大学的科技、人才优势与丰台区的产业、空间优势有机结合，标志“政产学研用”协同的轨道交通创新链条在丰台园取得突破。共建“轨道交通创新基地”是丰台区积极推动“两区”建设战略举措之一，将在提升丰台园科技创新能级，增强内生动力，助力构建“多业态、全链条”创新创业生态方面发挥积极作用。

（张红莉）

【中关村睿宸卫星创新应用研究院成立】 6月21日，由北京英视睿达科技有限公司发起的中关村睿宸卫星创新应用研究院成立。作为面向卫星遥感数据创新应用的科研机构，研究院联合国内外科技和产业资源，聚焦前沿卫星遥感数据应用领域研发，突破卫星互联网和大数据领域的卡脖子技术，挖掘和引进重点及前沿科技项目，高标准推进创新卫星数据应用生态建设，为国家培养高端领军人才，增强中国在卫星大数据创新应用领域的国际影响力。

（张红莉）

【央广传媒集团有限公司揭牌】 12月12日，央广传媒集团有限公司举行揭牌仪式，正式入驻中关村丰台园。央广传媒发展总公司由全民所有制企业改制为国有法人独资有限责任公司，更名为“央广传媒集团有限公司”。公司是中央广播电视台全资子公司，授权经营中央人民广播电台广告等全部可经营性资源，是中央人民广播电台对外加强市场开发的重要载体和平台。

（张红莉）

园区服务与管理

【首科创融获“国家级科技企业孵化器”资质】 1月25日，科技部公布2020年度国家级科技企业孵化器名单。北京新增“国家级科技企业孵化器”4家，首科创融科技孵化器获科技创新服务领域国家级荣誉。首科大厦先后获“国家高新技术企业”、“国家级众创空间”、“北京市级文化产业园区”、“中关村丰台园分中心”、“中关村创新型孵化器”、“国际科技合作孵化基地”、“北京商务服务中心”、“北京市中小企业知识产权集聚发展示范区”和“北京市小型微型企业创业创新示范基地”等40多项荣誉资质，以新一代信息技术为核心，人工智能为代表，围绕数字文化创意等战略新兴产业，打造以科技文化龙头企业为引领的高精尖产业集群。

（张红莉）

【轨道交通企业专场招聘活动】 4月23日，“智汇轨交 才聚丰台”丰台区轨道交通企业北交大专场招聘活动举办。活动由丰台区委组织部、丰台区人力资源和社会保障局主办，丰台园管委会承办，中国铁路通信信号股份有限公司、中铁建工集团有限公司、中铁投资集团有限公司、中铁工程设计咨询集团有限公司、交控科技股份有限公司、北京铁道工程机电技术研究所股份有限公司、龙铁纵横轨道交通科技股份有限公司、北京中关村轨道交通产业发展有限公司八家丰台园轨交企业参加，北京交通大学210余名应届毕业生参加招聘会。

（张红莉）

【中关村丰台园企业联合会成立】 4月28日，中关村丰台园企业联合会成立大会召开。会议听取企联会筹备工作报告，审议通过《中关村科技园区丰台园企业

▲4月28日，中关村丰台园企业联合会举行成立大会。

联合会章程》，选举产生企联会会长、理事会理事19名、监事会监事3名、理事会班子成员7名。企联会共有77名会员74家企业，以高新技术企业为主，涵盖央企、国企和非公经济等。丰台区群团组织、成员单位等100余人出席。

（张红莉）

【“我为小哥送安全”消防知识培训】 9月29日，中关村丰台园邀请丰台北大地消防站副站长游海龙到顺丰速运总部基地站，为京东、顺丰快递小哥开展节前消防安全知识培训。游海龙首先请大家观看近期全国发生的典型火灾案例，让小哥们意识到发生火灾的严重性、火灾隐患的危害性以及预防火灾的重要性。结合丰台区防火宣传教育片，重点围绕电动车火灾发生的常见原因、预防措施及灭火方法等内容等进行系统全面的介绍，号召小哥们在日常工作和生活中坚持做到不在室内充电、不拉飞线充电、不将电动车推入电梯等行为。现场为小哥们讲解灭火器的结构、使用及日常保养方法，充实快递小哥的灭火知识储备。

（张红莉）

▲9月29日，北大地消防站工作人员在丰台园为京东、顺丰快递小哥开展消防安全培训。

【丰台园新就业群体流动党员党支部成立】 12月2日，经园区党工委批准，丰台园新就业群体流动党员党支部正式成立，流动党员党支部由党群服务中心主任担任党支部书记，上级党委党员干部担任党建指导员指导日常支部活动，组织支部正式“小哥”党员3名、预备党员1名开展相关党建活动，解决“小哥”党员工作流动性大、组织关系不在园区、无法正常开展组织生活等问题。

（张红莉）

【产业促进中心获首批科创孵化板合作推荐单位授牌】 12月17日，北京市科技创新基金主办的创新型中小企业北交所上市研讨暨“育英计划”发布会在北京召开。会上，北京市科委、中关村管委会发布科技创新型中小企业“育英计划”，同时举办“全国股转系统北京证券交易所北京服务基地”揭牌仪式及首批“科创孵化板”合作孵化器代表授牌仪式。丰台园产业促进中心获首批科创孵化板合作推荐单位授牌。

（张红莉）

产业促进

【新开放五条发布】 3月6日，丰台园管委会发布《中关村丰台科技园进一步扩大开放、激发创新活力的措施》。丰台园积极拓展科技创新开放空间，探索“产业＋园区＋平台”协同开放的新模式，加快国际高端要素和资源集聚，构建“多业态、全链条”创新创业生态，逐步完善开放政策体系、制度体系、要素体系，持续优化“类海外”发展环境，全方位对接全球服务网络，深度融入国际商务圈，成为服务业改革开放新高地、全面开放先行区。

（张红莉）

【区独角兽企业集聚区政策发布会】 11月20日，北京丰台独角兽企业集聚区政策发布会在北京汽车博物馆新闻发布厅举行。会上发布《关于支持独角兽企业在丰台区集聚发展的若干措施》，北京看丹独角兽创新基地正式揭牌。构建以北京看丹独角兽创新基地为引领，园博数字经济产业园区、南中轴大红门首都商务新区和丽泽金融商务区为支撑的“1+3”格局，助力企业集聚发展，丰台将年投入10亿元向独角兽企业、潜在独角兽企业、专精特新“小巨人”企业、隐形冠军企业等推出一系列优惠政策，在空间载体、科技创新、成果转化、上市等方面给予奖励和补贴。

（张红莉）

【北京园博数字经济产业园揭牌】 12月4日，北京园博数字经济产业园揭牌仪式在丰台园博园举行。丰台量身定制以数字经济产业为主导的集聚空间—北京园博数字经济产业园，作为推动丰台河西地区发展的重点产业项目，已纳入市区重点工程计划，成为数字生态的新载体，形成产业数字化转型升级高地、数字化应用技术创新中心、国际智慧型产业社区标杆，重点聚焦数字产业、智能制造等领域，推动一批创新型企业落地。中关村数字经济产业联盟及意向入驻企业代表、媒体等30余人参加揭牌仪式。

（张红莉）

交流与合作

【北京市市长调研丰台区】 9月15日，市长陈吉宁到丰台区调研经济社会发展和重大工程建设工作。陈吉宁强调，要深入学习贯彻习近平总书记在庆祝中国共产党成立100周年大会上的重要讲话精神，认真落实市委十二届十七次全会部署要求，立足功能定位，发挥区位优势，以中关村丰台园、丽泽金融商务区等重点功能区为依托，精心布局高精尖产业，整合资源，释放潜力，扎实培育高质量发展新动能。丰台创新中心占地面积13.9万平方米，建设独角兽企业聚集区。陈吉宁结合项目沙盘，详细了解中心定位、规划建设、项目入驻等情况，指出，要改革完善管理体制，搭建高质量平台，引入投资辅导、专业培训、开放共享等多元服务内容，提高专业化国际化运营管理水平，更好发挥创新促进作用，体现服务价值。要运用市场化机制，优化资源配置，聚集创新要素，提高项目遴选质量，加快创新生态建设，为企业创新加速营造良好条件。陈吉宁走访北京英视睿达科技有限公司，了解企业科技产品在环保、交通等领域应用情况，希望企业加大科技研发力度，积极参与北京智慧城市建设。中国国家铁路集团有限公司副总经理王同军，副市长隋振江参加。

（张红莉）

【中欧数字经济高峰论坛】 5月31日，“从数字经济到数智时代”中欧数字经济高峰论坛在丰台举办。活动由中关村论坛组委会办公室、科技部火炬高技术产业开发中心指导，丰台区人民政府主办，丰台园管委会、丰台区科学技术和信息化局承办。论坛通过主题演讲、圆桌对话、成果展示等方式，深入分析数字经济最新理念和经典案例，赋能传统产业发展，助力丰台打造数字经济新引擎。丰台园对其未来数字产业规划进行发布和推介，与德国航空航天产业专家Thomas Bower先生、亚杰商会、北京数慧时空信息技术有限公司、大希智行（北京）科技有限公司、北京慧拓无限科技有限公司等首批落地企业代表签约。来自欧洲10余个国家的政府官员、行业协会和华为、腾讯等国内外数字产业企业代表200余人参加论坛。

（张红莉）

【首届城市轨道交通青年科学家－企业家国际论坛】 10月10日，以“突破产学研，联接创新链”为主题的2021中关村论坛系列活动——首届“城市轨道交通青年科学家－企业家国际论坛”在中关村丰台园举行。论坛由中关村论坛执委会办公室指导，丰台区人民政府、中关村发展集团、中国城市轨道交通协会主办，丰台园管委会、交控科技股份有限公司等6家单位共同承办。来自政府、科研院所、高等院校、行业协会、企业等领域300多人参会，共同探讨轨道交通产学研协同创新、成果转化、创新模式以及未来发展方向。

（张红莉）

开发建设

【丰台航空航天创新中心项目获北京市结构长城杯工程金质奖】 8月8日，丰台航空航天创新中心项目获“北京市结构长城杯工程金质奖证书”。项目位于中关村丰台园东区三期1516–48地块，北侧与南四环西路相隔44号地，东临张新路，西临四合庄三号路，南侧为园区内部路。地铁房山线北延在地块东侧设站。项目将吸引卫星应用、航空航天、信息技术等企业入驻，构建创新生态环境，营造产业链协同、有竞争、有合作的发展氛围，形成优势企业主导、中小企业集聚、复合型产业发展的产业群。

（张红莉）

【旭阳大厦项目完工】 年内，旭阳大厦项目实现完工。该项目位于中关村丰台园东区三期1516–58地块，北邻育仁里小区，东邻樊羊路，南邻诺德中心三期，西邻国家知识产权局。项目规划总占地面积2.21万平方米，总建筑面积11.09万平方米，其中地上建筑面积5.31万平方米，地下建筑面积5.78万平方米。建筑地上10层，地下4层。项目将现代企业办公与中国文化元素完美融合，建造中国传统园林景观，项目内、外部管控系统均采用国内先进的智能楼宇自控系统，门禁、电梯、停车、照明、新风空调等全部实现智能化控制，打造舒适、便捷、高端的办公环境。旭阳集团成立于1995年，是集焦炭、化工、新材料、运营管理服务、贸易、煤炭、科技、地产等业务板块协同发展的大型企业集团，连续13年位列“中国企业500强”，“中国化工企业50强”。集团坚持科技研发和创新驱动，构建起自主创新三级研发体系，形成“创意—小试—中试—产业化—工程设计”的全研发产业链，围绕高精尖、高附加值的化工产品，展开系统性研发，取得了核心技术的创新突破，已获得396项专有技术、559项专利技术和软件著作权。

（张红莉）

【丰台创新中心项目完工】 年内，丰台创新中心项目实现完工。丰台创新中心项目位于中关村丰台园东区三期，项目规划总占地面积13.88万平方米，总建筑面积58.74万平方米，其中地上建筑面积33.32万平方米，地下建筑面积25.42万平方米。项目从规划设计到工程建设坚持高水平高品质，先后获丰台区绿色建筑

▲5月31日，中欧数字经济高峰论坛在丰台园举办。

"LEED-CS铂金级"预认证、"北京市结构长城杯金奖""北京市绿色安全文明样板工地"等。11月20日，"北京看丹独角兽企业集聚区政策发布会"举行，丰台创新中心项目正式加入丰台区打造具有全球影响力的独角兽企业集聚区矩阵，为区域高质量发展提供新的动能。

（张红莉）

园区企业选介

【中钞特种防伪科技有限公司】 成立于2003年，注册资本18000万元，注册地址北京市丰台区科学城星火路6号，总部设在北京，隶属中国人民银行所属中国印钞造币总公司，拥有北京光学防伪技术研究所和国际一流的安全线及防伪标全套生产设备，是国家唯一法定从事人民币防伪安全线、银联标、签名条等特种高科技防伪产品的研制与生产企业。拥有一支以国内外知名大学和科研机构毕业的博士、硕士为骨干的专业研发团队，形成以安全线、防伪标、防伪条、签名条为代表的系列产品。公司多项防伪技术应用在人民币、奥运钞、航天钞、生肖钞等钞票以及奥运会、世博会、园博会等重大活动门票上。

（张红莉）

【中牧实业股份有限公司】 成立于1998年，注册资本101561.06万元，注册地址北京市丰台区南四环西路188号八区16-19号楼，中国动物保健品生产企业和饲料添加剂骨干生产企业，国务院国资委直接管理的唯一中央农业企业——中国农业发展集团有限公司的重要成员企业。1999年在上海证券交易所上市（股票代码：600195）。主营业务领域涉及兽用疫苗与诊断试剂、饲料及饲料添加剂、兽药三大板块，近500个品种的产品涵盖养殖业服务的全过程。

（张红莉）

【北京值得买科技股份有限公司】 成立于2011年，注册资本8874.42万元，注册地址北京市丰台区汽车博物馆东路1号院3号楼33层。公司于2019年7月15日登陆深交所创业板（股票代码：300785.SZ）。公司旗下拥有访问量大、富有影响力的什么值得买网站（www.smzdm.com）及相应的移动客户端。"什么值得买"是国内知名购物门户，集导购、媒体、工具、社区属性于一体，以高质量的消费类内容向用户介绍高性价比、好口碑的商品及服务，为用户提供高效、精准、中立、专业的消费决策支持。

（张红莉）

【农信银资金清算中心有限责任公司】 成立于2006年，注册资本60000万元，注册地址北京市丰台区海鹰路9号2号楼。公司是为全国农村中小金融机构提供资金清算服务的全国性专业特许清算组织，致力于打造基于农村中小金融机构客户账户的多渠道、多品种、多介质、多对象的立体式清算服务平台。农信银支付清算系统已覆盖全国近8万家农村信用社、农商银行、农村合作银行、村镇银行等农村中小金融机构网点，形成具有"农信银支付清算"品牌影响力的跨省实时支付清算网络，成为中国支付清算体系的重要组成部分。

（张红莉）

【北京科园信海医药经营有限公司】 成立于1999年，注册资本33307万元，注册地址北京市丰台区南四环西路186号四区1号楼8层。公司是一家集医院药品销售、跨区域商业分销、疫苗分销、医疗耗材及器械分销、零售及患者服务、进口保税、IT解决方案、第三方物流于一体的大型综合服务性医药经营企业。先后与国内外700余家知名制药企业建立长期合作伙伴关系，在北京市有近500家医疗机构，在全国有700家二级商业客户、200余家疫苗CDC销售客户和100余家医疗器械的分销合作网络，直配客户2000余家，经营各类品种6500余种。

（张红莉）

【北京凯腾精工制版股份有限公司】 成立于2003年，注册资本14369.05万元，注册地址北京市丰台区星火路1号1幢18层，2021年11月在北交所上市（证券代码：871553），是国内凹印制版行业的领先企业。凹印印版是印刷行业中的重要耗材，是传统四大印刷方式中凹印印刷的核心精密组件，广泛运用于食品、烟酒、日用品、消费电子、医药、家居装饰、服装等行业的包装印刷及特种印刷领域。公司成立近20年，在凹印印版领域中拥有较强的技术、人才储备，有着高效、高质的生产能力和管理能力；公司产品品类丰富，最主要的业务为中高端包装版，其余有烟包版、特种版，可适用于各类大型印刷集团或高端印刷企业。凯腾精工旗下拥有7家制版子公司和1家设计公司，业务服务范围覆盖全国，特别是在珠三角、长三角和环渤海三大经济区域有着集中性布局。

（张红莉）

【北京六合伟业科技股份有限公司】 成立于2003年，注册地址北京市丰台区总部基地12区39号楼。公司专注于钻井测斜仪的研发、制造、销售与服务，核心产品包括无线随钻测斜仪、自寻北陀螺测斜仪、测斜仪校验设备、电子单多点测斜仪、有线随钻测斜仪、钻孔弯曲测斜仪等，远销美国、俄罗斯等多个国家。应用范围包括油田、矿山、地质勘探、非开挖施工、水利以及建筑等行业的相关钻井作业领域。先后获"北京市企业技术中心"、市级和国家级"专精特新"小巨人企业等认定。

（张红莉）

【北京中航泰达环保科技股份有限公司】 成立于2011年，注册地址丰台区汽车博物馆西路8号院3号楼8层。公司是一家致力于工业烟气综合治理的环保高新技术企业，专注于向国内钢铁企业提供环保工程项目建造、专业化运营技术服务及工业烟气治理一体化解决方案，全国环保企业创新力百强企业及全国环保企业创新效率百强企业之一，形成以高效脱硫为核心的湿法烟气治理技术和以活性炭吸附技术为核心的干法烟气治理技术两大技术体系。核心技术包括：以气喷旋冲烟气脱硫除尘技术、旋涡撞击流烟气脱硫除尘技术为核心的湿法脱硫技术；以低温湿法脱硝技术为代表的脱硝技术体系；以湿式电除尘、新型管束组成的烟气的深度治理技术。公司客户群体主要为宝武钢铁等国内大型钢铁厂。

（张红莉）

【易电务（北京）科技有限公司】 成立于2016年，注册资本2000万元，注册地址北京市丰台区四合庄路6号院1号楼3层，是一家以配用电管理为核心的智慧能源运营技术与服务提供商，为用户提供智能配用电管理、节能降耗、企业“双碳”等数字化解决方案及智慧运营服务，核心团队来自国内顶尖电力信息化公司，是配电智能运维领域数字化平台领军企业。参与制定并推动北京市配电室智能运维地方标准、行业团体标准落地实施，助推“无人值班、少人值守”配电智能运维模式走向规范化和标准化。基于“物联网＋大数据＋中台化＋微服务”的设计理念，公司自主研发全新一代智能配用电管理云平台、能源采集统一物联网平台、边缘计算网关等核心产品，为用户提供配电智能运维、智慧安全用电、计量价费管理、综合能源管理等一站式智能配用电管理服务。业务范围涵盖多个细分领域，分布全国20多个省市，与数十家专业化电力运维合作伙伴、大型商业地产、工业园区等开展战略合作，覆盖商业楼宇、高等院校、大型医院、科研院所、酒店公寓、工矿企业等用户类型，先后为北京环球影城、中粮可口可乐、五矿集团、中国科学院、招商局物业、北京热力集团、中国能建集团、中铁诺德等几十家企业提供配用电数字化运维服务。

（张红莉）

【北京凯普林光电科技股份有限公司】 成立于2003年，注册资本6300万元，注册地址北京市丰台区中关村科技园区丰台园航丰路甲4号5层。公司专注于高功率激光器件、激光系统研发及产业化，致力于高性能光纤耦合半导体激光器、光纤激光器、超快激光器等产品的开发与市场应用。产品覆盖可见光到近红外波段，输出功率涵盖毫瓦级至万瓦级，可提供高集成度的激光器件及系统。公司先后承担或参与“2008北京奥运大屏幕激光显示”，“2014航天探索工程”，2015年“863激光材料重大专项”，2016年北京市企业技术中心重点创新项目，2018年国家重点研发计划“增材制造与激光制造”专项，入选工信部“专精特新小巨人”企业名单，具备“北京市企业技术中心”、“北京市国际科技合作基地”等科研技术平台，科研成果和创新环境达到国内领先水平。

（张红莉）

2021年丰台区国家级高新技术企业名单一览表

表2

序号	企业名称	序号	企业名称
0001	中科搏锐（北京）科技有限公司	0019	北京隆镝科技有限责任公司
0002	北京汇力智能科技有限公司	0020	北京有为信通科技发展有限公司
0003	北京天网征信服务有限公司	0021	北京冀鹏扬天科技有限公司
0004	东方安卓（北京）征信有限公司	0022	北京多达通能源科技有限公司
0005	北京康赞迩生物科技有限公司	0023	北京京中宏新科技有限公司
0006	思福盾（北京）信息技术有限公司	0024	北京昱新科技有限公司
0007	北京聚师网教育科技有限公司	0025	泰睿（北京）技术服务有限公司
0008	北京科华丰园微电子科技有限公司	0026	北京长兴泰华科技发展有限公司
0009	北京峰玉科技有限公司	0027	北京瑞腾中天科技有限公司
0010	万舒（北京）医药科技有限公司	0028	北京五力泰科技有限公司
0011	北京网源高科软件有限公司	0029	北京九思泰物联网科技有限公司
0012	北京胭脂山科技有限公司	0030	北京乾丰环境科技有限公司
0013	北京北方高业科技有限公司	0031	食安云端（北京）软件开发有限公司
0014	北京众驰自动化设备有限公司	0032	北京一撕得物流技术有限公司
0015	北京全屋智能科技有限公司	0033	北京京辰瑞达科技孵化中心
0016	北京市鑫强安全科技有限公司	0034	航天康达（北京）科技发展有限公司
0017	北京易可多环境科技有限公司	0035	北京中教金源科技有限公司
0018	北京市金合益科技发展有限公司	0036	北京龙图通信息技术有限公司

续表 2

序号	企业名称	序号	企业名称
0037	医康互联（北京）科技有限公司	0077	北京市联创立源科技有限公司
0038	北京奥为安捷科技发展有限公司	0078	北京佰路达通光电科技有限公司
0039	北京远大知新教育科技有限责任公司	0079	北京金智飞科技有限公司
0040	国科创（北京）信息技术有限公司	0080	北京华安网信科技有限公司
0041	乐居乐筑（北京）新能源科技有限公司	0081	北京儒奥医疗科技有限公司
0042	北京海恒通达科技发展有限公司	0082	北京创元启安科技有限公司
0043	北京科英精益技术有限公司	0083	北京达因瑞康电气设备有限公司
0044	北京派尔惠德科技股份有限公司	0084	北京先通国际医药科技股份有限公司
0045	北京泰普瑞消防技术有限公司	0085	宇斯盾（北京）科技有限公司
0046	中巽云科技有限公司	0086	北京华信凯利科技有限公司
0047	北京容大友信信息科技有限公司	0087	北京浙星信息技术有限公司
0048	特瓦特能源科技有限公司	0088	北京至诚安邦信息技术有限公司
0049	北京证通智远科技有限公司	0089	中冶智诚工程技术（北京）有限公司
0050	北京砼友混凝土浇筑技术有限公司	0090	北京探创资源科技有限公司
0051	北京富能通科技有限公司	0091	北京中研环科科技有限公司
0052	国信优易数据有限公司	0092	北京航宇测通电子科技有限公司
0053	北京恒卫科技有限公司	0093	北京宏宇泰科技发展有限公司
0054	北京泰可斯科技有限公司	0094	国食网（北京）网络技术有限公司
0055	天宇经纬（北京）科技有限公司	0095	北京瑞德智尚科技有限公司
0056	北京汇牛科技有限公司	0096	北京轩慧国信科技有限公司
0057	中铁电气化局集团有限公司	0097	生息握持（北京）医疗科技有限公司
0058	航天科工海鹰集团有限公司	0098	北京航宇智通技术有限公司
0059	中创三优（北京）科技有限公司	0099	北京优瑞达科技发展有限公司
0060	北京智华慧海智慧城市科技服务有限公司	0100	华电重工股份有限公司
0061	北京华安普惠高新技术有限公司	0101	鑫万盛北方（北京）机电有限公司
0062	易图通科技（北京）有限公司	0102	北京易诚高科科技发展有限公司
0063	北京慧眼食珍科技有限公司	0103	微盟云谷股份有限公司
0064	北京世佳博科技发展有限公司	0104	北京中微普业科技有限公司
0065	北京汉能华科技股份有限公司	0105	北京中航测控科技有限公司
0066	北京江隆科技有限公司	0106	呈磁科技股份有限公司
0067	北京第六宇速科技有限公司	0107	北京导航者智能科技有限公司
0068	北京柏雅联合药物研究所有限公司	0108	北京速腾达通信技术有限公司
0069	中广在线（北京）网络科技有限公司	0109	北京倚天凌云科技股份有限公司
0070	中联天通科技（北京）有限公司	0110	中交科云（北京）技术有限公司
0071	北京弋云网络科技有限公司	0111	康乐云通（北京）医疗科技有限公司
0072	北京百途互动科技股份有限公司	0112	北京中天极科技有限公司
0073	信诚数创科技发展（北京）有限公司	0113	北京普瑞众创科技有限公司
0074	北京富维图像技术有限公司	0114	北京中煤时代科技发展有限公司
0075	北京智信度科技有限公司	0115	金交恒通有限公司
0076	北京志能祥赢节能环保科技股份有限公司	0116	北京中电艾迪科技有限公司

续表 2

序号	企业名称	序号	企业名称
0117	绿旗科技集团有限公司	0157	北京瑞林萨尔科技有限公司
0118	北京思源时代科技有限公司	0158	凯云联创（北京）科技有限公司
0119	北京预制建筑工程研究院有限公司	0159	龙铁纵横（北京）轨道交通科技股份有限公司
0120	北京华远意通热力科技股份有限公司	0160	北京欧美思教育科技发展有限公司
0121	雅思汀娜（北京）科技有限公司	0161	北京正铧科技有限公司
0122	北京互联立方技术服务有限公司	0162	北京森科医药有限公司
0123	派欧尼尔环境净化工程（北京）有限公司	0163	科贝源（北京）生物医药科技有限公司
0124	北京柯林泰克环保科技有限公司	0164	中科信联（北京）科技有限公司
0125	北京华电万方管理体系认证中心	0165	易科路通轨道设备有限公司
0126	北京维创环球网络信息技术有限公司	0166	丰电科技集团股份有限公司
0127	北京中科京盾科技有限公司	0167	北京辰森世纪科技股份有限公司
0128	北京中测云智科技有限责任公司	0168	中软天辰信息科技（北京）股份有限公司
0129	北京华美煜力电力技术有限公司	0169	北京合众汇力新型建材有限公司
0130	北京一控科技有限公司	0170	新新人类（北京）科技有限公司
0131	北京和捷电气有限公司	0171	北京华宇智博科技有限公司
0132	国家知识产权局专利局专利审查协作北京中心	0172	北京航天凯恩化工科技有限公司
0133	中路未来（北京）交通技术研究院有限公司	0173	北京顺然天成咨询有限公司
0134	北京航天雷特机电工程有限公司	0174	北京汇智驰康生物科技有限公司
0135	北京旭泽医药科技有限公司	0175	北京东源名成建筑遮阳节能技术有限公司
0136	北京能为科技股份有限公司	0176	中清能绿洲科技股份有限公司
0137	北京华信佳音医疗科技发展有限责任公司	0177	国富光启（北京）科技发展有限公司
0138	北京慧同科技有限公司	0178	北京百目科技有限公司
0139	北京英特信网络科技有限公司	0179	北京康派森医药科技有限公司
0140	五维智能信息科技（北京）有限公司	0180	北京福乐维饲料科技有限公司
0141	北京燕软京创科技有限公司	0181	中机恒通环境科技有限公司
0142	蓝荷科技（北京）有限责任公司	0182	北京中科慧云科技有限公司
0143	北京顺丰德达物流科技股份有限公司	0183	北京中海远景科技有限公司
0144	北京凯斯隆机电技术开发有限公司	0184	北京惠友旺科技有限公司
0145	北京中星时代科技有限公司	0185	北京航天科创技术开发有限公司
0146	北京时代创信科技有限公司	0186	北京启元信息技术有限公司
0147	中大英才（北京）网络教育科技有限公司	0187	北京斯玛特企业管理有限公司
0148	北京金万维科技有限公司	0188	北京谦益得科技有限公司
0149	北京驰宇空天技术发展有限公司	0189	北京鼎元信广科技发展有限公司
0150	北京正弘奥能环保科技有限公司	0190	思睿轲（北京）科技有限公司
0151	北京佳力信联科技有限责任公司	0191	为朔医学数据科技（北京）有限公司
0152	北京泓泰瑞成科技有限公司	0192	北京星启邦威电子有限公司
0153	网联客（北京）科技有限公司	0193	北京硕泰汇丰环境工程有限公司
0154	北京紫光德润信息技术有限公司	0194	北京卓邦电子技术有限公司
0155	北京鑫丰南格科技股份有限公司	0195	北京久译科技有限公司
0156	北京泛华新兴体育产业股份有限公司	0196	中食净化科技（北京）股份有限公司

续表 2

序号	企业名称	序号	企业名称
0197	北京盛锐马科技有限公司	0237	魔叮科技（北京）有限公司
0198	北京非创科技有限公司	0238	航天科工智能机器人有限责任公司
0199	北京新松融通机器人科技有限公司	0239	中易电通（北京）网络科技有限公司
0200	北京航天希尔测试技术有限公司	0240	北京逸群工程技术有限公司
0201	北京鲸准网络科技有限公司	0241	北京企联众创科技有限公司
0202	贝壳菁汇科技集团有限公司	0242	北京天拓四方科技有限公司
0203	众康光爱（北京）健康科技有限公司	0243	北京世拓博图科技有限公司
0204	北京普祺医药科技有限公司	0244	北京环安生物技术服务有限公司
0205	利卓创新（北京）科技有限公司	0245	北京正能空间信息技术有限公司
0206	北京天华韦康科技有限公司	0246	北京道迩科技有限公司
0207	北京如是我研信息咨询服务有限公司	0247	北京新彩量科技有限公司
0208	北京新源志勤科技开发有限责任公司	0248	北京江云虹欣科技股份有限公司
0209	北京星瑞通航科技有限公司	0249	北京通美达科技发展有限公司
0210	正邦创意（北京）品牌科技股份有限公司	0250	神州畅游导航科技（北京）有限公司
0211	北京颖诺凯胜科技有限公司	0251	北京长征宇通测控通信技术有限责任公司
0212	北京融值科技有限公司	0252	北京公联洁达公路养护工程有限公司
0213	北京筑工云网科技有限公司	0253	北京雁翔承顺科技有限公司
0214	北京威科翰文科技有限公司	0254	北京奥铭文化传播有限公司
0215	北京中电联节能技术有限公司	0255	北京海鑫智圣技术有限公司
0216	北京恒冠国际科技服务有限公司	0256	中烟物流技术有限责任公司
0217	北京合创医信科技有限公司	0257	信息港（北京）科技有限公司
0218	北京威沃水系统技术发展有限公司	0258	北京云能互联科技有限公司
0219	北京中景橙石科技股份有限公司	0259	北京星缘科技有限公司
0220	北京东方赛腾科技有限公司	0260	北京格分维科技有限公司
0221	北京中投经合信息技术有限公司	0261	北京国创高晟信息科技有限公司
0222	通号创新投资有限公司	0262	北京凯明阳热能技术有限公司
0223	北京身临其境文化股份有限公司	0263	诚安荣创（北京）信息科技有限公司
0224	北京千律科技有限责任公司	0264	北京魔力象限科技有限公司
0225	北京中认环宇信息安全技术有限公司	0265	北京观澜科技有限公司
0226	北京盈成合创信息技术有限公司	0266	北京百川互动科技有限公司
0227	北京展云科技有限公司	0267	北京顶亮科技有限公司
0228	中电科（北京）网络信息安全有限公司	0268	北京兴中农业科技发展有限公司
0229	北京市轨道交通运营管理有限公司	0269	北京融通新风洁净技术有限公司
0230	北京帝信科技有限公司	0270	北京傲宇天晟科技有限公司
0231	中铁建工集团有限公司	0271	北京博睿阳光文化发展有限公司
0232	北京天达京丰技术开发有限公司	0272	朗格优创（北京）科技有限公司
0233	北京硕泰汇丰科技有限公司	0273	北京同生科技有限公司
0234	北京显通环保工程技术有限公司	0274	北京龙辰泉消防设备安装工程有限公司
0235	北京同力华盛智慧水务有限公司	0275	华电中光新能源技术有限公司
0236	隆德遐（北京）石油技术服务有限公司	0276	北京威安国泰科技有限公司

续表 2

序号	企业名称	序号	企业名称
0277	北京浩阳创想网络科技有限公司	0317	北京中合万象科技有限公司
0278	北京世纪网展科技有限公司	0318	中软天辰信息科技（北京）股份有限公司
0279	北京书韬图书有限公司	0319	数知（北京）物联科技有限公司
0280	北京信诚创安安全技术有限公司	0320	北京腾达智源科技有限公司
0281	北京国能中电节能环保技术股份有限公司	0321	北京联合声信海洋技术有限公司
0282	北京定慧科技服务有限公司	0322	北京岚和永汇科技有限公司
0283	北京贝思曼新能源科技有限公司	0323	为朔医学数据科技（北京）有限公司
0284	北京荣大科技有限公司	0324	中铁伟业（北京）新技术有限公司
0285	品创天下（北京）科技发展有限公司	0325	北京宜飞智慧科技有限公司
0286	北京中凯宏德科技有限公司	0326	北京金科顺达技术有限公司
0287	卓晟互联（北京）信息科技有限公司	0327	北京朋正华兴光电科技有限公司
0288	北京鼎星科技有限公司	0328	北京达沃源节能技术有限公司
0289	北京九思泰物联网科技有限公司	0329	北京壹零壹科技孵化器有限公司
0290	北京中科服科技有限公司	0330	北京鼎昌复合材料有限责任公司
0291	北京市轨道交通建设管理有限公司	0331	北京中视北方影视制作有限公司
0292	北京海金格医药科技股份有限公司	0332	中咨环球（北京）工程咨询有限公司
0293	北京华深科技发展有限公司	0333	北京亿中景科技发展有限公司
0294	北京金控数据技术股份有限公司	0334	北京图铭视界科技有限公司
0295	普瑞盛（北京）医药科技开发有限公司	0335	北京华泽云防科技有限公司
0296	朗昆（北京）新环保科技有限公司	0336	北京万林世纪科技有限责任公司
0297	北京市华京源再生资源回收有限公司	0337	北京博睿阳光文化发展有限公司
0298	北京奇淼生物科技有限公司	0338	中创奇迹（北京）科技有限公司
0299	北京空天高科技有限公司	0339	中感（北京）技术有限公司
0300	宇斯盾（北京）科技有限公司	0340	北京装库创意科技有限公司
0301	北京曦晖康健科技有限公司	0341	北京新水源景科技股份有限公司
0302	北京网学时代教育科技有限责任公司	0342	北京普汉达科技有限公司
0303	北京兴铁电通工程技术有限公司	0343	北京中企讯能科技有限公司
0304	北京学研汇智网络科技有限公司	0344	北京爱特顿精控科技有限责任公司
0305	中铁物总技术有限公司	0345	北京儒奥医疗科技有限公司
0306	北京量化健康科技有限公司	0346	北京七兆科技有限公司
0307	中大英才（北京）网络教育科技有限公司	0347	北京首科创融科技孵化器有限公司
0308	新新人类（北京）科技有限公司	0348	北京鸿通供应链管理有限公司
0309	北京免疫方舟医药科技有限公司	0349	北京鲲鹏凌昊智能技术有限公司
0310	中建材信息技术股份有限公司	0350	普华讯光（北京）科技有限公司
0311	北京泷涛环境修复有限公司	0351	北京思创立方科技有限公司
0312	特乐意信息技术（北京）股份有限公司	0352	北京华尚融通科技有限公司
0313	北京星光润宇科技有限公司	0353	北京元六鸿远电子科技股份有限公司
0314	北京北方科诚信息技术股份有限公司	0354	北京祥瑞缘科技有限公司
0315	北京众维力达科技发展有限公司	0355	北京科丰世纪环保机电设备有限公司
0316	北京智远佳德科技有限公司	0356	北京国联政信科技有限公司

续表 2

序号	企业名称	序号	企业名称
0357	北京意诚信通智能卡股份有限公司	0397	北京六合伟业科技股份有限公司
0358	北京世纪东方国铁科技股份有限公司	0398	北京锦鸿希电信息技术股份有限公司
0359	中科微步科技（北京）有限公司	0399	京软伟业信息技术（北京）有限公司
0360	北京盛大华源科技有限公司	0400	北京航丰和美网络技术有限公司
0361	北京致远宣大科技有限公司	0401	北京富华宇祺信息技术有限公司
0362	北京森沃克莱科技有限公司	0402	北京东方通科技股份有限公司
0363	隆润新技术发展有限公司	0403	乾元浩生物股份有限公司
0364	北京智慧兄弟科技有限公司	0404	量子数聚（北京）科技有限公司
0365	北京云星宇交通科技股份有限公司	0405	北京毅通信息技术有限公司
0366	中铁电气化局集团第一工程有限公司	0406	北京中电丰业技术开发有限公司
0367	北京京卫燕康药物研究所有限公司	0407	航天建筑设计研究院有限公司
0368	中建水务环保有限公司	0408	中钞科堡现金处理技术（北京）有限公司
0369	北京慧能分享科技有限公司	0409	北京启联恒通轨道交通科技有限公司
0370	北京瑞拓电子技术发展有限公司	0410	北京中瑞祥合建筑工程有限公司
0371	北京亿人亿车科技有限公司	0411	航天科工惯性技术有限公司
0372	北京中安兴坤科技有限公司	0412	易尚明天科技有限公司
0373	北京万数科技有限公司	0413	北京一雄信息科技有限公司
0374	北京安赛克科技有限公司	0414	银河互联网电视有限公司
0375	文达卓众（北京）数字科技有限公司	0415	北京中才远达科技有限公司
0376	北京天威国网电气成套设备有限公司	0416	埃洛克航空科技（北京）有限公司
0377	北京易创智慧科技集团有限公司	0417	北京华信瑞德信息技术有限公司
0378	北京超智控信科技有限公司	0418	富盛科技股份有限公司
0379	北京华铁视通科技有限公司	0419	北京腾华科技有限公司
0380	北京舜土规划顾问有限公司	0420	北斗国信智能科技（北京）有限公司
0381	北京金凯达水务工程有限公司	0421	北京长征高科技有限公司
0382	北京益现科技有限公司	0422	北京东方新星勘察设计有限公司
0383	北京联泰信科铁路技术股份有限公司	0423	北京六盛合医药科技有限公司
0384	北京琳薇金笛科技有限公司	0424	北京中兵同泰能源科技有限公司
0385	北京蓝鲸智能科技有限公司	0425	华电环保系统工程有限公司
0386	北京智农天地网络技术有限公司	0426	北京爱特泰克技术股份公司
0387	卡斯柯信号（北京）有限公司	0427	北京拓扑智鑫环境科技股份有限公司
0388	北京皓客航空科技发展有限公司	0428	北京万泰中联科技股份有限公司
0389	北京中路安交通科技有限公司	0429	北京圣喻环保科技有限公司
0390	北京健行天下环保科技有限公司	0430	通号城市轨道交通技术有限公司
0391	北京市振隆科技股份有限公司	0431	北京新世翼节能环保科技股份有限公司
0392	北京戴纳实验科技有限公司	0432	北京赛尔克瑞特电工有限公司
0393	北京中陆源环保科技有限公司	0433	北京汇智凯亚信息技术有限公司
0394	北京中科格励微科技有限公司	0434	中国建筑土木建设有限公司
0395	交控科技股份有限公司	0435	北京中鼎动力科技有限公司
0396	北京福瑞康正医药技术研究所	0436	北京华电瑞通电力工程技术有限公司

续表 2

序号	企业名称	序号	企业名称
0437	北京米波通信技术有限公司	0477	东方兴业网络教育服务有限责任公司
0438	北京泷涛环境科技有限公司	0478	北京美智医疗科技有限公司
0439	通审软件（北京）有限公司	0479	北京中交华安科技有限公司
0440	北京振兴华龙制冷设备有限责任公司	0480	北京五维康科技有限公司
0441	北京思维鑫科信息技术有限公司	0481	北京瑞特爱能源科技股份有限公司
0442	北京埃福瑞科技有限公司	0482	北京金康普食品科技有限公司
0443	北斗航天卫星应用科技集团有限公司	0483	北京滨松光子技术股份有限公司
0444	北京智麟科技有限公司	0484	北京谊安医疗系统股份有限公司
0445	北京国力矿安科技有限公司	0485	中铁工程设计咨询集团有限公司
0446	北京鼎汉技术集团股份有限公司	0486	北京铁道工程机电技术研究所股份有限公司
0447	北京中实信达科技有限公司	0487	北京天健源达科技股份有限公司
0448	北京怡康软件科技有限公司	0488	北京三益能源环保发展股份有限公司
0449	北京沃丰时代数据科技有限公司	0489	北京瑞凯软件科技开发有限公司
0450	北京吉成环境能源科技有限公司	0490	北京金自能源科技发展有限公司
0451	北京动力源新能源科技有限责任公司	0491	北京迪泰森环保科技有限公司
0452	北京索斯克科技开发有限公司	0492	北京视科科技有限公司
0453	北京宁宸科技有限公司	0493	北京天地通电信有限责任公司
0454	北京中星讯达科技有限公司	0494	北京意诚远耀勘测设计有限公司
0455	北京网太科技发展有限公司	0495	北京卡特刘科技有限公司
0456	中广核风电有限公司	0496	科邦检测集团有限公司
0457	北京奥科瑞检测技术开发有限公司	0497	北京昂宇科技发展有限公司
0458	北京吉视汇通科技有限责任公司	0498	北京迪赛奇正科技有限公司
0459	海丰通航科技有限公司	0499	中美泰和生物技术（北京）有限公司
0460	拍喽科技（北京）有限责任公司	0500	北京汇康博源医药科技有限公司
0461	北京市政路桥建材集团有限公司	0501	北京世纪建通科技股份有限公司
0462	北京值得买科技股份有限公司	0502	中成进出口股份有限公司
0463	北京兴财信息技术有限责任公司	0503	北京京福安科技股份有限公司
0464	北京鼎汉检测技术有限公司	0504	北京冶自欧博科技发展有限公司
0465	北京国电富通科技发展有限责任公司	0505	北京达特集成技术有限责任公司
0466	北京航天地基工程有限责任公司	0506	倍适（北京）科技有限公司
0467	北京星际导控科技有限责任公司	0507	北京当升材料科技股份有限公司
0468	北京市华宇博泰科技发展有限公司	0508	北京隆轩橡塑有限公司
0469	北京爱心亦嘉医药有限公司	0509	北京前景无忧电子科技有限公司
0470	北京天健智慧科技有限公司	0510	北京惠特优宝机电有限公司
0471	北京企信云信息科技有限公司	0511	北京甲子科技有限责任公司
0472	北京中科三维科技有限公司	0512	北京海鑫高科指纹技术有限公司
0473	北京多维视通技术有限公司	0513	北京博格思机电技术服务有限公司
0474	中铁高新工业股份有限公司	0514	北京叩之问企业管理研究院
0475	北京诺亚新声科技有限公司	0515	北京海鑫科金高科技股份有限公司
0476	北京昊天旭日科技有限公司	0516	北京威摄智能科技有限公司

续表 2

序号	企业名称	序号	企业名称
0517	北京真视通科技股份有限公司	0557	北京鼎兴达科技有限公司
0518	北京网云飞信息技术有限公司	0558	北京市捷瑞特弹性阻尼体技术研究中心
0519	北京海华鑫安生物信息技术有限责任公司	0559	北京中同蓝博医学检验实验室有限公司
0520	北京奥博泰科技有限公司	0560	北京迪基透科技有限公司
0521	北京智联弘盛科技发展有限公司	0561	京航泰（北京）科技有限公司
0522	北京圣朗玛磁选技术有限公司	0562	中钞特种防伪科技有限公司
0523	优数通（北京）科技有限公司	0563	北京海鸟窝科技有限公司
0524	阳光凯讯（北京）科技有限公司	0564	北京华通人商用信息有限公司
0525	北京华通时空通信技术有限公司	0565	北京星云祥和科技有限公司
0526	北京南凯自动化系统工程有限公司	0566	北京航天三发高科技有限公司
0527	北京中铁诚业工程建设监理有限公司	0567	北京北斗星地科技发展有限公司
0528	北京博宇通达科技有限公司	0568	北京资采信息技术有限公司
0529	北京信城通数码科技有限公司	0569	中牧实业股份有限公司
0530	北京信友融科技有限公司	0570	北京北纬通信科技股份有限公司
0531	北京诚信能环科技有限公司	0571	中国华电科工集团有限公司
0532	北京中展航信息科技发展有限公司	0572	北京八月瓜科技有限公司
0533	北京中联税软件科技有限公司	0573	北京恒通智联科技有限公司
0534	北京动力源科技股份有限公司	0574	中德睿智（北京）科技有限公司
0535	北京凤凰医联科技有限公司	0575	北京富丰雅图科技文化有限公司
0536	北京四环科宝制药有限公司	0576	北京电擎科技有限公司
0537	中安网脉（北京）技术股份有限公司	0577	雅迪莱特医疗科技（北京）有限责任公司
0538	北京奥泰康医药技术开发有限公司	0578	北京全路通信信号研究设计院集团有限公司
0539	北京天拓明达电子科技有限公司	0579	北京图腾印象数字科技有限公司
0540	北京朗途天下信息科技有限公司	0580	北京主导时代科技有限公司
0541	北京凯恩帝机电技术有限公司	0581	北京斯玛特教育科技集团有限公司
0542	北京灵科智慧科技有限公司	0582	北京中联税网信技术有限公司
0543	北京市政路桥正达道路科技有限公司	0583	北京千里途科技有限公司
0544	北京中锐识华信息科技有限公司	0584	北京中建建筑科学研究院有限公司
0545	北京掌引医疗科技有限公司	0585	北京中竞国际能源科技有限公司
0546	北京中船汉光信息技术有限公司	0586	北京金史密斯科技有限公司
0547	北京同创信通科技有限公司	0587	北京旭碳新材料科技有限公司
0548	北京中烟信息技术有限公司	0588	北京云创讯通科技有限公司
0549	北京英诺威尔科技股份有限公司	0589	北京德馨同创科技发展有限责任公司
0550	央广视讯传媒股份有限公司	0590	北京阿瑞新通科技有限公司
0551	北京英视睿达科技有限公司	0591	北京飞豹通用设备有限公司
0552	北京速视科技有限公司	0592	北京国铁华晨通信科技有限公司
0553	北京中钞钞券设计制版有限公司	0593	中海航（北京）信息技术有限公司
0554	北京蝶禾谊安信息技术有限公司	0594	光谱时代（北京）科技有限公司
0555	北京华创互联科技股份有限公司	0595	北京军懋国兴科技股份有限公司
0556	北京中咨路捷工程技术咨询有限公司	0596	北京赛佰特科技有限公司

续表 2

序号	企业名称	序号	企业名称
0597	中世成碳科技有限公司	0637	北京艺创超达科技发展有限公司
0598	北京九星智元科技有限公司	0638	北京志翔领驭冷链科技有限公司
0599	北京蜜獾工坊娱乐文化有限公司	0639	北京国卫星通科技有限公司
0600	北京康泰润丰科技有限公司	0640	美钢联工程技术股份有限公司
0601	大唐国际化工技术研究院有限公司	0641	金诚信矿山工程设计院有限公司
0602	北京诚鑫科技有限公司	0642	新兴际华应急产业有限公司
0603	北京旭阳数字科技有限公司	0643	北京逸海京通科技有限公司
0604	伊思特（北京）能源科技有限公司	0644	北京微梦创新科技发展有限公司
0605	北京金泰众和科技有限责任公司	0645	北京德基工程咨询有限责任公司
0606	北京中福通信工程有限公司	0646	北京新兴华安智慧科技有限公司
0607	中车环境科技有限公司	0647	北京瑞智顺杰科技有限公司
0608	北京朝宇慧科信息技术有限公司	0648	北京鑫台华科技有限公司
0609	北京宝德鑫晟科技有限公司	0649	北京互联无界科技有限公司
0610	北京金奔腾汽车科技有限公司	0650	异象科技（北京）有限公司
0611	北京翰宁智能科技有限责任公司	0651	中科嘉和瑞迪（北京）环境科技发展有限公司
0612	北京鑫昇科技有限公司	0652	北京立信桥电子设备有限公司
0613	太空智造股份有限公司	0653	北京花乡花木集团有限公司
0614	天天鲜米（北京）农业科技发展有限公司	0654	北京盛松科技有限公司
0615	北京泰和神盾安防器材有限公司	0655	北京利晨先进科技发展有限公司
0616	北京碧水润城水务咨询有限公司	0656	北京丰舜通环保科技有限公司
0617	北京赢胜事通咨询有限公司	0657	北京环尔康科技开发有限公司
0618	北京赛恩奥尼文化传媒有限公司	0658	北京汉能清源科技有限公司
0619	友帮信互联网技术（北京）有限公司	0659	北京东方红海科技发展有限公司
0620	北京普路同精密设备有限公司	0660	国信宝威（北京）科技有限公司
0621	北京零境科技有限公司	0661	北京安博迪恩生物科技有限公司
0622	北京洁希亚洗染技术有限公司	0662	北京军尚科技有限公司
0623	北京思维拓科技有限公司	0663	通号通信信息集团有限公司
0624	北京智控美信信息技术有限公司	0664	北京华业恒基工程项目管理有限公司
0625	北京科力华安地质灾害监测技术有限公司	0665	北京金自天正智能控制股份有限公司
0626	北京罗马科技有限公司	0666	北京信义恒科技有限公司
0627	北京沃易思诺科技发展有限公司	0667	北京神胤百恒科技有限公司
0628	北京瀚恒星火科技有限公司	0668	人谷科技（北京）有限责任公司
0629	北京创臻环境技术有限公司	0669	中国质量认证中心
0630	北京世济海虹医院管理咨询有限责任公司	0670	中宥（北京）科技有限公司
0631	北京天路通科技有限责任公司	0671	北京中海集成工程技术有限公司
0632	北京华茂荣达科技开发有限公司	0672	北京华通天畅工程监理咨询有限公司
0633	邦道信息技术有限责任公司	0673	北京燕山粉研精机有限公司
0634	北京京港恒星科技发展有限公司	0674	北京峰业环保工程有限公司
0635	环宇新秀（北京）国际教育科技有限公司	0675	中科山水（北京）科技信息有限公司
0636	北京沃尔夫斯科技有限公司	0676	北京实力源科技开发有限责任公司

续表 2

序号	企业名称	序号	企业名称
0677	灵动元点信息技术（北京）有限公司	0717	北京世新天成科技有限公司
0678	北京航泰祥生科技有限公司	0718	北京迅联泰达科技有限公司
0679	北斗数睿（北京）科技有限公司	0719	中住（北京）数据科技有限公司
0680	北京三有利和泽生物科技有限公司	0720	北京现代通号工程咨询有限公司
0681	北京聚智达科技有限公司	0721	北京广安联合电力工程设计有限公司
0682	北京兴竹同智信息技术股份有限公司	0722	北京创企智科技服务有限公司
0683	首页大数据科技股份有限公司	0723	中胜信用管理有限公司
0684	北京华路安交通科技有限公司	0724	北京正阳基业科技有限公司
0685	卓望信息技术（北京）有限公司	0725	北京美灵生物技术有限责任公司
0686	华电分布式能源工程技术有限公司	0726	北京智教通教育科技有限公司
0687	北京驳凡科技有限公司	0727	北京精畅信息技术有限责任公司
0688	北京凤凰医联企业管理有限公司	0728	北京启保科技有限公司
0689	北京博大华电测控技术有限公司	0729	北京川枫科技有限公司
0690	北京中京丰创科技有限公司	0730	北京时空翔龙国际航天科技有限公司
0691	中方中医药科技有限公司	0731	北京中科睿智科技有限公司
0692	北京中科安和科技有限公司	0732	北京智齿众服技术咨询有限公司
0693	北京众晟管理咨询有限公司	0733	北京纸搬客科技有限公司
0694	华泰贝通软件科技有限公司	0734	北京天创惠丰物联科技股份有限公司
0695	北京博奇电力科技有限公司	0735	北京赛启科技有限公司
0696	北京恩宝科技发展有限公司	0736	北青未来（北京）科技有限公司
0697	北京深华科交通工程有限公司	0737	国信电子票据平台信息服务有限公司
0698	北京智慧华维科技有限公司	0738	北京中一鼎合工程管理有限公司
0699	中盛建材有限公司	0739	北京华盛天意科技有限公司
0700	北京国铁路阳技术有限公司	0740	思邈在线（北京）科技发展有限公司
0701	北京永华燕芸生物科技有限公司	0741	北京房天下嘉居网络技术有限公司
0702	中国人民银行印制科学技术研究所	0742	北京和立健信科技有限公司
0703	北京海泰斯工程设备股份有限公司	0743	北京惠新百通科技有限公司
0704	北京天元兴业科技开发有限公司	0744	北京宏恺安营停车管理有限公司
0705	北京海格云熙技术有限公司	0745	北京铭天思源科技有限公司
0706	军嫂（北京）科技有限公司	0746	北京瑞信通智能数据技术有限公司
0707	北京超泽时代科技发展有限公司	0747	中国电建集团铁路建设有限公司
0708	北京航天军创技术有限公司	0748	金能智慧（北京）科技有限公司
0709	北京挪拉斯坦特芬通信设备有限公司	0749	北京慧拓无限科技有限公司
0710	北京中捷时代航空科技有限公司	0750	北京弘燕高新技术有限公司
0711	北京斯蒂尔罗林科技发展有限公司	0751	华纳创新（北京）科技有限公司
0712	北京梦想树医疗科技有限公司	0752	北京亚欧震达科技发展有限公司
0713	锐意科盛（北京）生物医学研究有限公司	0753	北京首柴科技股份有限公司
0714	北京中创时代科技有限公司	0754	中国华电集团清洁能源有限公司
0715	北京九州云海科技有限公司	0755	东方众通科技发展集团有限公司
0716	北京通广永隆科技发展有限公司	0756	北京中嘉康科技有限公司

续表 2

序号	企业名称	序号	企业名称
0757	国铁新材（北京）科技有限公司	0797	北京华兴迅腾科技有限公司
0758	云引擎（北京）网络科技有限公司	0798	北京中睿云智税互联网科技有限公司
0759	北京观泰天聚科技有限公司	0799	北京博明信德科技有限公司
0760	北京中集智冷科技有限公司	0800	乐恩（北京）医药技术有限公司
0761	北京一控软件技术有限公司	0801	北京同普绿洲环境科技有限公司
0762	北京易桥凯丰模拟科技有限公司	0802	中易创新（北京）科技有限公司
0763	北京宝积智能技术有限公司	0803	北京斯莱克顿技术有限公司
0764	北京超凡匠心科技有限公司	0804	北京惠吉圣唯生物科技有限公司
0765	北京中建空列集团有限公司	0805	北京乾有科技有限公司
0766	北京永泰安达科技有限公司	0806	北京睿悦生物医药科技有限公司
0767	北京时代华语国际传媒股份有限公司	0807	瑞丰宝丽（北京）科技有限公司
0768	北京英诺特生物技术股份有限公司	0808	北京星航机电装备有限公司
0769	中工互联（北京）智能科技有限公司	0809	北京遍吉科技有限公司
0770	北京金沃夫生物工程科技有限公司	0810	北京华意龙达科技发展有限公司
0771	通号工程局集团有限公司	0811	北京中联军科科技有限公司
0772	北京汇嘉益鑫科技服务有限公司	0812	北京爱科迪通信技术股份有限公司
0773	北京中交睿达科技有限公司	0813	北矿机电科技有限责任公司
0774	纳琦环保科技有限公司	0814	北京科乃思技术有限公司
0775	北京长邮通科技发展有限公司	0815	北京博欧泰克科技发展有限公司
0776	北京天启鸿源新能源科技有限公司	0816	农安信息科技（北京）有限公司
0777	北京九天乐游软件开发有限公司	0817	北京美迪健维科技有限公司
0778	精效科技（北京）有限公司	0818	北京环世兴宇科技有限公司
0779	北京小龟科技有限公司	0819	北京三和晨光科技发展有限公司
0780	英其尔（北京）科技发展有限公司	0820	北京雏森科技有限公司
0781	蜂巢航宇科技（北京）有限公司	0821	普瑞麦迪（北京）实验室技术有限公司
0782	北京珺辰科技有限公司	0822	北京晴采智能科技有限公司
0783	北京云集至科技有限公司	0823	北京十方融科科技有限公司
0784	北京谦允科技有限公司	0824	北京国华新兴节能环保科技有限公司
0785	北京网藤科技有限公司	0825	北京美添前景科技有限公司
0786	北京纳特斯拉科技有限公司	0826	北京高铁三瑞电子技术有限公司
0787	北京昱栎技术有限公司	0827	天下商机（北京）网络技术有限公司
0788	北京华通兴远供热节能技术有限公司	0828	北京市意华健科贸有限责任公司
0789	北京泰瑞博创科技有限公司	0829	北京鑫东华腾体育器械有限公司
0790	北京金亚润环保科技有限公司	0830	北方国际合作股份有限公司
0791	北京华盛智通科技有限公司	0831	通号智慧城市研究设计院有限公司
0792	北京中航泰达环保科技股份有限公司	0832	北京凯普林光电科技股份有限公司
0793	北京宝久互动科技有限公司	0833	北京警威世纪安全设备有限公司
0794	北京中鼎昊硕科技有限责任公司	0834	北京红谱威视图像技术有限公司
0795	北京多泰拓源网络科技有限公司	0835	华研环科（北京）科技有限公司
0796	北矿智云科技（北京）有限公司	0836	海博瑞（北京）数据科技有限公司

续表 2

序号	企业名称	序号	企业名称
0837	北京众达精电科技有限公司	0877	中广核（北京）新能源科技有限公司
0838	北京碧海云智新材料技术有限公司	0878	北京德科瑞医药科技有限公司
0839	北京松朵网络科技有限公司	0879	北京华电云通电力技术有限公司
0840	中铁建工集团建筑安装有限公司	0880	北京新网长千科技有限公司
0841	北京华建互联科技发展有限公司	0881	纵横商海网络科技（北京）有限公司
0842	北京捷世智通科技股份有限公司	0882	天鼎联创密封技术（北京）有限公司
0843	北京中冶朴诚工程技术有限公司	0883	北京腾达安顺科技有限公司
0844	北京百瑞盛田环保科技发展有限公司	0884	北京旭阳科技有限公司
0845	通号信息产业有限公司	0885	京盟世纪（北京）科技有限公司
0846	北京一键智农科技有限公司	0886	北京中石恒瑞技术有限公司
0847	北京卓奥世鹏科技有限公司	0887	锚丁科技（北京）有限责任公司
0848	北京大唐神州科技有限公司	0888	北京云服云商科技有限公司
0849	北京云医康医疗科技集团有限公司	0889	北京华创北斗科技有限公司
0850	北京启瞳智能科技有限公司	0890	北京合升众成科技有限公司
0851	北京华夏自强科技有限公司	0891	北京中安瑞力科技有限公司
0852	北京银通先达信息技术有限公司	0892	北京爱竹兜文化发展有限公司
0853	北京东方安杰科技有限公司	0893	中科天瑞（北京）科技有限公司
0854	北京思方技术开发有限公司	0894	北京吉宝通科技发展有限公司
0855	北京天和众邦勘探技术股份有限公司	0895	北京翱辰科技有限公司
0856	朗润恒桐（北京）科技有限公司	0896	北京鼎兴达信息科技股份有限公司
0857	北京能高普康测控技术有限公司	0897	同写意（北京）科技发展有限公司
0858	北京可为高科信息技术有限责任公司	0898	全讯汇聚网络科技（北京）有限公司
0859	东旭新能源投资有限公司	0899	北京蓝翼长弓科技有限公司
0860	北京远泰瑞博科技有限公司	0900	北京盛达物联科技有限公司
0861	艾爱米（北京）科技有限公司	0901	央广网文化传媒有限公司
0862	北京创数纪信息技术有限责任公司	0902	北京创福新锐电器设备有限公司
0863	海众时代（北京）大数据科技有限公司	0903	北京飞渡科技有限公司
0864	北京普思特信息技术有限公司	0904	北京盛博协同科技有限责任公司
0865	北京三态环境科技有限公司	0905	北京博宏科元信息科技有限公司
0866	中铁通信信号勘测设计院有限公司	0906	北京鑫宝能环境技术有限公司
0867	北京秦天科技集团有限公司	0907	北京诚创华阳科技有限公司
0868	北京信睿浩扬科技有限公司	0908	科企财通（北京）科技有限公司
0869	北京弘毅知行科技有限公司	0909	北京涂多多信息技术有限公司
0870	拜西欧斯（北京）生物技术有限公司	0910	瑞普鼎尚（北京）科技发展有限公司
0871	黑钻石（北京）文化传媒股份有限公司	0911	北京澳丰源科技股份有限公司
0872	北京万里开源软件有限公司	0912	快过科技（北京）有限公司
0873	北京天一辉远生物科技有限公司	0913	北京泰恒众信科技有限公司
0874	北京天网华耀科技有限公司	0914	北京海格神舟通信科技有限公司
0875	北京大观创新科技有限公司	0915	北京中元环试机电设备技术有限公司
0876	北京聚能合源科技有限公司	0916	北京金友信诚科技发展有限公司

续表 2

序号	企业名称	序号	企业名称
0917	北京瀚海帆歌网络科技有限公司	0957	泛华建设集团有限公司
0918	北京速通科技有限公司	0958	北京华翼技术有限责任公司
0919	北京昊晨瑞森机电设备有限公司	0959	耐斯普特（北京）电气技术有限公司
0920	北京般若之光智联科技有限公司	0960	北京天拓智领科技有限公司
0921	北京尚洋东方环境科技有限公司	0961	北京高控科技有限公司
0922	北京首铁天佑科技有限公司	0962	思诺威科技（北京）有限公司
0923	加道科技（北京）有限公司	0963	北包自动化设备（北京）有限公司
0924	博德可来自动化技术（北京）有限公司	0964	北京中传首高冶金成套设备有限公司
0925	北京火箭蛙信息技术有限公司	0965	北京航天鸣镝科技有限公司
0926	憨猴（北京）科技有限公司	0966	中鼎卡迪曼智能装备（北京）有限公司
0927	海思林科（北京）信息技术有限公司	0967	北京朗森基科技发展有限公司
0928	北京远望谷电子科技有限公司	0968	北京实利信达仪器设备有限公司
0929	北京安铁软件技术有限公司	0969	贝加尔环境科技（北京）有限公司
0930	帜扬信通科技股份有限公司	0970	北京云齐科技有限公司
0931	北京华光浩阳科技有限公司	0971	北京航天益来电子科技有限公司
0932	联想新视界（北京）科技有限公司	0972	北京中电联环保股份有限公司
0933	中农国稷科技发展有限公司	0973	北京和润恺安科技发展股份有限公司
0934	北京欣卓越技术开发有限责任公司	0974	北京中科盛联集团有限公司
0935	北京新明星电子技术开发有限公司	0975	北京兴晟科技有限公司
0936	中车工业研究院有限公司	0976	北京华创维想科技开发有限责任公司
0937	北京广泰联合科技有限公司	0977	北京诚友信息技术有限公司
0938	北京阳光北测科技有限公司	0978	北京旗鱼互动信息技术有限公司
0939	北京木联能工程科技有限公司	0979	北京绿景缘建设工程设计有限公司
0940	北京网聪科技有限公司	0980	依通圆（北京）科技有限公司
0941	北京天川同展科技有限公司	0981	北京从兴信息技术有限公司
0942	北京因普乐健康科技有限公司	0982	中食网络科技有限公司
0943	北京本草通汇科技中心	0983	北京随芯数字科技有限公司
0944	北京满格医药科技有限公司	0984	北京双登慧峰聚能科技有限公司
0945	北京美康基因科学股份有限公司	0985	北京挚诚华腾建设工程有限公司
0946	北京中农绿源工程技术有限公司	0986	奥福能源股份有限公司
0947	北京华诺奥美基因生物科技有限公司	0987	北京金泰天成科技有限责任公司
0948	北京弋宸时代科技有限公司	0988	加州美恩科技（北京）有限公司
0949	北京威标至远科技发展有限公司	0989	北京绿谱科技有限公司
0950	达涅利同创信息科技（北京）有限公司	0990	北京恒驰智能科技有限公司
0951	北京诺德威电力技术开发有限责任公司	0991	北京安洁康生物科技有限公司
0952	牧德科技（北京）有限公司	0992	北京京燃凌云燃气设备有限公司
0953	北京明正维元电机技术有限公司	0993	北京金海虹氮化硅有限公司
0954	北京普惠职道科技发展有限责任公司	0994	北京翔南科技有限公司
0955	北京诺为力创医药科技发展有限公司	0995	北京临近空间飞艇技术开发有限公司
0956	北京朗迪锋科技有限公司	0996	北京清大际光科技发展有限公司

续表 2

序号	企业名称	序号	企业名称
0997	北京金宇顺达科技股份有限公司	1037	北京和宇创达科技发展有限公司
0998	旭阳化学技术研究院有限公司	1038	北京小牛奔奔科技有限公司
0999	北京碳垣新材料科技有限公司	1039	北京阳光德美医药科技有限公司
1000	北京康佳宏原生物科技有限公司	1040	北京国网富达科技发展有限责任公司
1001	北京清软时代科技有限公司	1041	北京博宬文化遗产保护中心有限公司
1002	北京时代思动科技有限公司	1042	北京融和星电科技有限公司
1003	北京碳世纪科技有限公司	1043	北京未医堂健康科技有限公司
1004	北京环球新能科技开发有限公司	1044	北京尚盈医疗科技有限公司
1005	北京蒂本斯工程技术有限公司	1045	北京彤梦信息技术有限公司
1006	华电水务工程有限公司	1046	北京济全生物科技有限公司
1007	澳瑞（北京）环保科技有限公司	1047	北京跃达康科技有限公司
1008	莱奥科尼（北京）科技发展有限公司	1048	北京百慧生化制药有限责任公司
1009	北京东方燕京工程技术有限责任公司	1049	中博国农（北京）牧场建设有限公司
1010	北京合众创想科技有限公司	1050	华仪行（北京）科技有限公司
1011	通号工程局集团北京研究设计实验中心有限公司	1051	中安财富（北京）国际科技有限公司
1012	北京金唯新思科技有限公司	1052	北京中科坤润科技有限公司
1013	北京点石通科技有限公司	1053	北京国电天元电气设备有限公司
1014	北京汇智恒源科技有限公司	1054	北京二七铁丰龙科技有限公司
1015	贵昌科技（北京）有限公司	1055	北京中软融通科技有限公司
1016	北京佳合互联科技有限公司	1056	鹍骐科技（北京）股份有限公司
1017	北京七彩行云数字技术有限公司	1057	北京艾普数智科技有限公司
1018	思教科技（北京）有限公司	1058	北京鉴桥万通科技有限公司
1019	北京火秀互动科技有限公司	1059	华戎技术有限公司
1020	京电云通（北京）科技有限公司	1060	北京草根创新农业科技有限公司
1021	杏树林信息技术（北京）有限公司	1061	北京益源信通医疗科技有限公司
1022	北京金橙子科技股份有限公司	1062	北京泓淇科技股份有限公司
1023	北京华成智云软件股份有限公司	1063	北京呼啸科技发展有限公司
1024	北京中军通科技有限公司	1064	瑞鑫点教（北京）科技有限公司
1025	北京京华云安科技有限公司	1065	北京中联信达科技有限公司
1026	北京天平地成信息技术服务有限公司	1066	北京城建天宁消防有限责任公司
1027	北京威斯盾网络科技有限公司	1067	北京如何仿科技有限公司
1028	北京博联创达科技发展有限公司	1068	北京安宁威尔应急消防安全科技有限公司
1029	北京星诚视野网络科技有限公司	1069	北京小说云信息科技有限公司
1030	北京中自伟业科技发展有限公司	1070	中建二局第三建筑工程有限公司
1031	北京洛采信息技术有限公司	1071	北京华商信联电力科技有限公司
1032	微微一百检测技术（北京）有限公司	1072	北京为图科技有限公司
1033	北京峰汇科技发展有限公司	1073	北京澳瑞思生物科技有限公司
1034	北京和昱数据技术有限公司	1074	学者有师教育科技（北京）有限公司
1035	中创文教（北京）数字科技有限公司	1075	遇大夫（北京）知识产权有限公司
1036	北京唯瑞新源科技有限公司	1076	北京巧力文化传媒有限公司

续表 2

序号	企业名称	序号	企业名称
1077	比美特医护在线（北京）科技有限公司	1101	北京八月瓜知识产权代理有限公司
1078	北京中环国投环保技术研究院有限公司	1102	北京兴有丰科科技发展有限公司
1079	北京兴达奇热工控制设备有限公司	1103	北京雷恒科技有限公司
1080	晶桔（北京）知识产权代理股份有限公司	1104	中国诚通生态有限公司
1081	北京信德中梯国际科技发展有限公司	1105	北京华清佰利环保工程有限公司
1082	北京擎盾信息科技有限公司	1106	北京市劳保所科技发展有限责任公司
1083	蓝夫（北京）应急技术有限公司	1107	北京赛富威环境工程技术有限公司
1084	航天数维高新技术股份有限公司	1108	五岳尚水（北京）科技有限公司
1085	北京航天创智科技有限公司	1109	知学云（北京）科技股份有限公司
1086	北京九建科技有限公司	1110	中投国信（北京）科技发展有限公司
1087	中广核太阳能开发有限公司	1111	北京众力德邦科技股份有限公司
1088	北京宜沐节能科技有限公司	1112	中铁物总运维科技有限公司
1089	亚创环能科技集团有限公司	1113	北京新中新诚通信息技术股份有限公司
1090	北京建黎建设工程有限公司	1114	北京碧海舟腐蚀防护工业股份有限公司
1091	北京曼海能源科技发展有限公司	1115	北京锐视康科技发展有限公司
1092	北京昊威天承信息技术有限公司	1116	北京双旗世纪科技有限公司
1093	北京中电拓方科技股份有限公司	1117	北京北方生物技术研究所有限公司
1094	北京鸿博信通科技有限公司	1118	北京畅想之星信息技术有限公司
1095	北京大瑞集思技术有限公司	1119	北京联宇信通科技有限公司
1096	北京校园之星科技有限公司	1120	北京智联互兴科技有限公司
1097	金瑶都健康管理（北京）有限公司	1121	北京科耐特科技有限公司
1098	北京德汇伟业技术服务有限公司	1122	华源中瑞科技（北京）有限公司
1099	北京中恒伟创科技有限公司	1123	中建空列（北京）科技有限公司
1100	北京奥翔智博科技有限公司	1124	北京采立播科技有限公司

2022

北京丰台年鉴

北京丽泽金融商务区

综　述

【概况】丽泽金融商务区（以下简称商务区）地处北京西二、三环路之间，是北京市西二环边最后一块成规模的集中建设区，也是首都西南部发展的新地标。商务区规划研究范围总用地8.09平方公里，核心区总用地2.81平方公里，用地功能包括商务办公、多功能混合以及配套居住等。核心区地上建筑规模650万平方米。《北京城市总体规划（2016–2035）》明确提出，丽泽金融商务区是新兴金融产业集聚区、首都金融改革试验区。《国务院关于深化北京市新一轮服务业扩大开放综合试点建设国家服务业扩大开放综合示范区工作方案的批复》中，明确“以丽泽金融商务区为主阵地之一，打造金融科技创新示范区”，为丽泽金融商务区进一步明确产业定位。商务区将承接金融街金融产业外溢，打造数字金融科技示范园，并构建国际金融城，重点发展互联网金融、数字金融、金融信息、金融中介、金融文化等新兴业态。构建以新兴金融为主，以高科技和专业服务机构等为辅的产业体系。

2021年，丽泽金融商务区抢抓“十四五”规划开局之年建设发展机遇，推动快速崛起。在市委、市政府及区委、区政府的坚强领导下，丽泽商务区工委、管委会对标“妙笔生花看丰台”的指示要求，大力推进规划建设和招商引资工作。丽泽金融商务区数字金融产业生态逐步形成，举办首届中国（北京）数字金融论坛，成立国家数字金融技术检测中心，获批“北京法定数字货币试验区”；优质企业加速聚集，中国长城资产、中国银河证券、中国物流集团、中国南水北调等一批头部企业实现入驻；成立丽泽企业家联合会，建立企业家朋友圈。全年入驻企业742家，其中金融企业410家，新兴金融企业383家，占金融企业的94%。平安幸福中心、鼎兴大厦等项目投入使用，累计释放产业空间190万平方米。丽泽天街、平安幸福汇商业综合体实现开业，发展首店经济、品牌经济，引入特色品牌超220家，培育更多“网红打卡地”，逐步形成丽泽高品质商圈。丽泽北区国际金融城概念设计方案初步形成，丽泽城市航站楼建设稳步推进；地铁14号线丽泽段正式投入运营；滨水文化公园一期、城市运动休闲公园一期对外开放；区域贡献日益明显，税收实现45.2亿元，同比增长39%。

（南　楠）

【市主要领导调研丽泽金融商务区】年内，市委书记蔡奇到丽泽金融商务区调查研究，实地走访轨道交通施工现场、重点企业中国银河证券股份有限公司、商业综合体丽泽天街等地，强调三环里新城看丽泽。丽泽金融商务区是新一轮城南高质量发展行动计划中的重点功能区，要牢牢把握“两区”建设机遇，坚持“金融＋科技”，大力发展现代金融商务新业态，打造“第二金融街”，建设金融科技创新示范区。市委副书记、市长陈吉宁等领导一同调研。

（南　楠）

【市文物局领导到丽泽调研】1月7日，市文物局相关领导对金中都凤凰嘴遗迹和高楼遗迹进行实地调研。听取金中都城墙遗址考古工作进展、后续成果研究保护、丽泽金融商务区绿地规划等情况的汇报。提出，要提高政治站位，增强考古实证北京3000多年建城史，800多年建都史的能力；要坚持跨界创新，增强文物赋能经济社会发展的能力；要统筹各方力量，凝聚全社会共同参与文物保护传承利用，同时将以多种形式对金中都城墙遗址发掘两期成果进行集中展示宣传推介。

（南　楠）

【市规自委领导到丽泽调研】2月25日，市规自委市政处相关领导到丽泽金融商务区调研，调研期间，在丽泽SOHO 52层展厅俯瞰丽泽金融商务区全貌，听取关于丽泽金融商务区规划建设相关情况的汇报，重点介绍南郊灌瓶厂搬迁及规划第五实验学校建设等相关情况，并参观5G实验室。召开专题协调会，丽泽商务区管委会相关负责人汇报丽泽规划综合实施方案及丽泽北区地下基础设施综合配套项目相关情况。

（南　楠）

【市发改委领导到丽泽调研】4月1日，市发改委相关领导到丽泽金融商务区开展调研工作，并召开座谈会，就丽泽北区地下基础设施及综合配套项目投资建设模式、丽泽后续产业空间释放、产业准入、重大项目落地、资金扶持等

▲6月5日，市领导察看丽泽商务区站工程进展和周边地区规划建设情况。

相关事项进行交流沟通。

（南　楠）

【市住建委领导到丽泽调研】 年内，为促进丽泽金融商务区职住平衡工作，市住建委等相关部门领导到丽泽商务区管委会召开座谈会。会上介绍丽泽金融商务区规划建设及配套住房等相关情况，各参会单位重点就丽泽及周边的公寓、公租房、集租房、商品房配建保障房的现状情况、规划情况、政策建议等进行座谈交流。

（南　楠）

【市人大丰台团代表到丽泽视察】 9月14日，区人大常委会组织市人大丰台团30余名市人大代表到丽泽金融商务区视察。代表团先后参观丽泽SOHO、丽泽城市航站楼展厅和北京十二中丽泽国际学校，听取关于丽泽金融商务区建设发展情况的汇报；观看丽泽航站楼沙盘、效果图和宣传片，了解规划建设进展情况；听取丽泽国际学校负责同志关于学校建设和规划情况的介绍，实地察看即将竣工的教学楼、学生宿舍和场馆设施。

（南　楠）

【荣获“北京市先进基层党组织”称号】 6月17日，北京市召开“三优一先”表彰大会，隆重表彰北京市优秀共产党员、优秀党务工作者、优秀基层党组织书记和先进基层党组织。丰台区委丽泽金融商务区工委（以下简称“丽泽商务区工委”）荣获“北京市先进基层党组织”荣誉称号。丽泽商务区工委充分发挥职能作用，统筹调度相关资源，对标伦敦金丝雀码头等新兴国际金融功能区，按照“一心、三带、多点”的整体规划结构，完善市政基础设施及配套建设，加速新兴金融产业聚集，构造功能复合的24小时生活圈，全力打造新时代全球金融产业发展新区。

（南　楠）

【《红旗下的丽泽之光》获三等奖】 6月18日，为庆祝建党100周年，回顾党的光辉历程，讴歌党的丰功伟绩，丰台区职工第37届“五月的鲜花”文艺汇演隆重举行，经过初赛、复赛的激烈比拼，最终丽泽商务区管委会工会、丽泽控股公司工会、北宫镇总工会联合选送的原创歌曲小合唱《红旗下的丽泽之光》进入决赛并荣获三等奖。

（南　楠）

▲12月16日，平安幸福汇试营业。（原梓峰 摄）

【丽泽商务楼宇实现生产经营场所环境检测全覆盖】 年内，为充分发挥疫情防控常态化条件下生产经营场所环境检测的“前哨”作用，丽泽金融商务区内6所商务楼宇全部开展生产经营场所环境检测工作，累计采样316个点位，结果全部为阴性。

（南　楠）

【北京丽泽天街正式开业】 4月16日，北京丽泽天街正式开业。丽泽天街坐落在丽泽金融商务区首创中心（北京市丰台区丽泽路300号），商业建筑面积为9.2万平方米，项目定位“都市乐享舞台”，强调顾客与店铺的互动。全年引入超220家品牌进行生活方式混搭，其中一半以上为名优品牌，包括莆田、行运打边炉、喜茶、小大董、星巴克甄选、THE WOODS CAFÉ等，为丽泽金融商务区高品质配套提供多元化、品质感的消费空间。

（南　楠）

【平安幸福汇试营业】 12月16日，平安幸福汇试营业。平安幸福汇商业坐落在丽泽金融商务区平安幸福中心项目，建筑面积为1.5万平方米，地上4层、地下1层，结合精致小巧、富有创意的独立形象，不断刷新大众对商务空间的刻板印象，将精致商务与品质生活完美融合，形成写字楼和商业两者相互赋能的良性运营体系。囊括米其林星级餐厅、风味融合菜、健康轻食、网红饮品、美容个护、生活服务等，如止观小馆、小吊梨汤锦鲤店、江仙雅居、兰婆婆、M Stand、奈雪PRO、cococean、MANNER COFFEE等。

（南　楠）

【丽泽金融商务区首条地铁通车】 12月31日，地铁14号线剩余段正式通车运营。地铁14号线已开通段分别于2013年至2015年分段实现开通运营，剩余段工程长约4公里，包括东管头站、丽泽商务区站、菜户营站、西铁营站、景风门站五座车站。丽泽商务区站周边紧邻多座商务楼宇，是丽泽金融商务区的重要交通枢纽，总建筑面积约2.5万平方米，未来将与地铁16号线、机场线北延、丽金线和地铁11号线在此汇聚，实现“五线换乘”。作为丽泽金融商务区“五线换乘”中首条贯通的地铁线路，地铁14号线建成后将大大提升丽泽金融商务区交通运营能力，满足日益增长的交通需求，同时作为丰台区首个贯穿

▲12月31日，地铁14号线剩余段正式通车运营，图为丽泽商务区站内。（丰台区融媒体中心 提供）

北京东西城区的重要交通路网，将加强北京东西城区之间的联系，打通城市“大动脉”。

（南 楠）

规划与建设

【概况】2021年，丽泽金融商务区平安幸福中心、鼎兴大厦、通用时代中心E08项目约39万平方米投入使用。截至年底累计13个项目190万平方米已投用。丽泽城市航站楼一体化预留工程启动实施；地铁14号线丽泽段正式通车，南区交通路网基本形成。以丽泽城市航站楼为重心，高标准实施北区建设，与意向主体达成合作意向，打造丽泽国际金融城。丽泽金融商务区已实施绿地368亩，全年累计开放绿地552亩。完成核心区公园5处、滨水文化公园和城市运动公园基本建成并对外开放。丰益110千伏变电站正式投入运行。丽泽室外5G基站布局方案编制完成、落地实施，年内实现南区建成区域基站规模部署和信号覆盖。

（南 楠）

【滨水文化公园（一期）开工建设】3月29日，丽泽金融商务区滨水文化公园（一期）实现开工建设。项目位于北京丽泽金融商务区西侧，西至西三环南路，东至西客站南路，北至东管头路，南临规划丰草河北路，总占地面积约20.4公顷，本次实施面积14.6公顷。文化公园设计为强调生态自然、彰显商务区属性的综合性公园，建成后将成为丽泽构建绿色城区，打造花园式金融商务区的重要实施项目。

（南 楠）

【城市运动休闲公园（一期）开工建设】4月1日，丽泽金融商务区城市运动休闲公园（一期）实现开工建设。项目位于北京丽泽金融商务区西侧，西临西三环南路，东临规划东管头路，北临规划金中都路，南临规划万泉寺路，总占地面积约12.7公顷，是商务区综合性公园。公园以运动为主题，因地制宜地布置小型体育设施及场地，满足健身运动需求，结合完整连续的慢行系统，以地块西侧慢跑道为主线串联五人足球、篮球等景观化林荫运动场，打造充满活力的绿色空间。

（南 楠）

【市人大建议、政协提案面对面答复会】6月1日，为进一步提高人大建议、政协提案办理质量，切实将代表和委员的建议、提案落到实处，组织召开《关于调整第四水厂水源二级保护区范围》人大建议、政协提案面对面答复会。市人大代表、市政协委员、市生态环境局相关领导出席会议。

（南 楠）

【平安幸福中心项目完成竣工备案】7月12日，丽泽金融商务区平安幸福中心（原“中国铁物大厦”）项目完成竣工备案，为商务区进一步释放15.5万平方米产业空间。该项目位于丽泽金融商务区D03、D04地块，地上建筑面积15.5万平方米，地下建筑面积7.72万平方米。由A、B两栋塔楼和C、D两座裙房组成，A塔楼地上200米/45层，B塔楼地上150米/32层，主要功能为高端商务写字楼、商业和会议中心。除办公空间外，项目还具有便捷的商业配套。1.5万平方米精致商业位处项目西北角，汇聚世界美食、活力空间、便利零售等多元业态。

（南 楠）

【青海金融大厦升级取得绿色建筑二星级运行标识证书】7月22日，青海金融大厦成为丽泽金融商务区第一个取得绿色建筑运行标识的楼宇。丽泽金融商务区积极落实“全面推行绿色建筑、坚持绿色低碳发展”要求，引导区域内建筑项目开展绿色建筑升级工作。根据丽泽金融商务区低碳生态建设指标体系，该大厦为一星级绿色建筑，已于2020年11月取得绿色建筑设计标识。丽泽商务区管委会、丽泽金都科技公司协助青海金融大厦开展绿色建筑二星级运行标识申报工作，4月28日通过专家现场评审。本次运行标识申报经评审专家组严谨评判和现场勘验，在绿色建筑设计、施工及运维管理方面得到高度评价和认可。

（南 楠）

【金中都城遗址公园概念性设计方案阶段性成果汇报会】8月5日，组织召开金中都城遗址公园概念性设计方案国际征集工作阶段性成果汇报会。北京仅存的3处金中都城墙遗址均在丽泽金融商务区范围内，是研究北京历史和城市变迁的重要实物。为落实市委、市政府的要求，高标准高质量建设金中都城遗址公园，丽泽商务区管委会同区园林局、区文旅局共同组织开展金中都城遗址公园概念性设计方案国际征集工作。经过前期资格审查，选中3位具有丰富设计经验、国内外知名的应征人开展设计工作。

（南　楠）

【金中都城遗址公园概念性设计方案征集专家评审会】 10月12日，金中都城遗址公园概念性设计方案征集评审会在丽泽金融商务区举行，北京城市规划学会理事长邱跃，全国工程勘察设计大师张杰、何昉等9位全国知名专家及市、区相关部门领导参会。专家们听取应征设计方案的汇报，通过投票选出两个优胜方案，并结合方案特点，提出优化意见。

（南　楠）

【丰益110千伏变电站正式投入运行】 年内，丰益110千伏变电站位于丽泽金融商务区D17地块内，建筑规模4210平方米，变电容量200兆伏安，该工程安装2台50兆伏安有载调压变压器，新建110千伏双回电缆线路2.67千米，是丽泽金融商务区第二座正式规划投产的110千伏变电站。丰益110千伏变电站作为北京市重点工程丰台火车站的上级电源站，具有重要政治使命，同时，变电站的投运使丽泽金融商务区的电网结构得到进一步优化，供电可靠性进一步提升，为区域发展提供强大能源支持，增添强力“引擎”。

（南　楠）

【试行总建筑师及专家委员会制】 11月，为落实丽泽金融商务区发展定位，探索上承规划、下接实施、前连策划、后统运维的建设实施新模式，自本月起，在丽泽金融商务区率先试行总建筑师及专家委员会制，动态、协调、把控丽泽金融商务区建设实施，实现共同协作下的区域长效建设管理。丽泽金融商务区总建筑师（团队）由领衔总建筑师、顾问委员会和技术支撑团队组成。总建筑师（团队）负责协调组织对商务区内二级项目建设方案、公园设计方案等开展专家评审会、技术咨询会、开展规划把控和审批指导等工作，并提出相关意见。顾问委员会和技术支撑团队汇集具有行业影响力的规划、建筑、景观设计等各专业领军人物。总建筑师（团队）将持续伴随丽泽金融商务区规划与建设实施落地的工作，全方位、全过程把控丽泽金融商务区的建设和发展。

（南　楠）

【平安金融中心荣膺建筑大奖】 年内，AIA International Region Design Awards（美国建筑师协会国际区域大奖）公布2021年度项目设计国际级获奖名单，位于丽泽金融商务区的平安金融中心从上千件来自全球各国的参赛作品中脱颖而出，凭借其A座艺术大堂和22层营销中心斩获AIA国际室内设计类别最高荣誉－Honor Award。本次获奖的平安金融中心A座艺术大堂是第二次荣膺国际设计大奖，早在2020年，项目A座艺术大堂就获得2020艾鼎奖（I-ding Award）的公共建筑空间优秀奖。平安金融中心艺术大堂之所以备受各大国际设计奖项的青睐，得益于其极具创新理念，以艺术独立的方式赋予办公公共空间的独特艺术内涵。该项目将成为丽泽金融商务区内各种跨界、产业、企业活动的举办地，成为商务区内的商务艺术新地标。

（南　楠）

▲10月12日，专家们对金中都城遗址公园概念性设计方案提出意见。（北京京海通联国际科技会展有限公司 提供）

园区服务与管理

【概况】 2021年，丽泽金融商务区建立多层次招商服务机制，借助企联会、双楼长制度等了解企业需求、解决实际困难，有效助力企业在丽泽金融商务区发展。为中华联合保险、中国通服成功办理不动产权证。成立北京丽泽智慧云城市资源经营管理有限公司，开展“智慧城市运营”服务。北京丽泽金融商务区企业家联合会正式成立，17家重量级企业成为首批会员。围绕丽泽多个项目召开研讨会，形成畅通政企对话渠道，增强企业与丽泽的链接黏性。疫情防控期间，为入驻企业开展疫苗接种工作，开通商务区地铁接驳专车，日均接驳2000余人。

（南　楠）

【协助中华联合保险取得不动产权证】 1月26日，中华联合保险集团股份有限公司成功办理中华保险大厦不动产权证。中华保险始创于1986年，是全国唯一一家以“中华”冠名的国有控股保险公司。中华保险选址丽泽金融商务区作为集团公司总部所在地，并作为入驻丽泽的第一家持牌金融机构和重点企业，丽泽商务区管委会积极落实服务管家制度，深入调研了解公司需求。了解到该公司在办理楼宇产权证方面遇到难题，与区相关部门迅速联合，协调办理相关手续，并积极与市相关部门沟通办理出证，全流程专人跟踪服务中华保险办理不动产权证事宜，实现不动产权证成功办理，有效助力中华保险在丽泽金融商务区发展。

（南　楠）

【人口普查行职业编码工作】 年内，根据第七次全国人口普查工作安排，人口普查长表的行业和职业编码工作于2020年12月11日至2021年1月10日开展。为确保工作质量，丽泽商务区人普办提前谋划部署，认真组织业务培训。在普查登记期间同步开展行业、职业登记信息核实，有效降低由于行职业信息登记不规范造成的编码误差。工作期间，强化沟通指导，通过编制常见行职业代码表、利用手机端行职业查询功能等，辅助开展编码工作。

（南　楠）

【病媒生物防制专题培训会】 2月5日，为进一步提高丽泽金融商务区创卫工作质量和水平，提升病媒生物防制能力，巩固商务区创卫成果，区创卫办病媒生物防治专家来到丽泽金融商务区开展病媒生物防制专题培训，就病媒生物防制方法以及需要注意的问题进行详细介绍，并提出切实可行措施。

（南　楠）

【应急演练】 4月8日，在第六个“全民国家安全教育日”来临之际，为进一步强化丽泽金融商务区入驻企业公共突发事件应急处置能力，在首创龙湖北京丽泽天街开展“丰台区4·15全民国家安全主题教育日暨丽泽天街反恐消防综合演练”活动。演练中，各相关部门按照演练预案，认真部署好演练的各个环节和内容，结合实际设置假想状况，细化应急处置工作流程和每个岗位的职责任务，各司其职、紧密协同、配合默契、处置果断，圆满完成此次演练。演练结束后还向入驻企业及群众发放突发事件应急宣传资料、物品。

（南　楠）

【北京丽泽金融商务区企业家联合会正式成立】 5月24日，北京丽泽金融商务区企业家联合会成立大会在中国银河证券股份有限公司顺利召开。会议研究通过北京丽泽金融商务区企业家联合工作方案，推选出第一届会长，中国南水北调集团有限公司、中国保险行业协会、中国长城资产管理股份有限公司等16家优质企业为副会长单位。企业家联合会的成立，标志着丽泽金融商务区招商引资工作取得巨大进展，旨在激活商务区企业发展潜力，推动形成高质量发展的区域经济格局，建立企业资源共享、互联互通、互利共赢的融通平台，实现政企良性互动，畅通政企对话渠道，不断释放企业及其员工凝聚优势，将商务区良好的生态优势转化为综合竞争优势，促进丽泽金融商务区高质量发展。

（南　楠）

【“6·16”安全生产宣传咨询日活动】 6月16日，丽泽商务区管委会以“落实安全责任，推动安全发展”为主题，结合丽泽金融商务区实际，深入开展安全生产“五进”宣传教育活动。组织专职安全员在项目施工现场开展安全生产宣传咨询日活动。现场发放安全生产宣传海报及宣传品100余份，普及《安全生产法》、规范用电、消防安全、应急避险和自救互救方法等常识内容。同时发放“防火安全一封信”，进一步巩固施工现场及待拆迁区域人员的安全生产知识和安全意识，切实维护商务区消防安全形势稳定。

（南　楠）

【丽泽企联会献策】 7月14日，北京丽泽金融商务区企业家联合会（以下简称“丽泽企联会”）组织开展交流讨论活动，深入学习习近平总书记“七一”重要讲话精神，号召广大企业家要深入学习领悟，汲取发展实干力量，推动丽泽金融商务区发展再创辉煌。会上企业家们畅所欲言，从当前和长远发展出发，提出照明设计要有层次感，远景与近景结合，将楼宇照明与区域道路、公园照明统一考虑，将南区与北区照明景观相互协调，并融入丽泽文化内涵，体现活力元素等建议，为丽泽高质量发展建言献策。

（南　楠）

【施工现场扬尘治理“绿牌”工地揭牌仪式】 年内，为落实市相关部门建设工程施工现场扬尘治理 “绿牌”工地相关工作精神，在丽泽金融商务区国金大厦主持召开施工现场扬尘治理“绿

▲7月14日，北京丽泽金融商务区企业家联合会交流活动现场。（谢一帆 摄）

牌”工地揭牌仪式暨现场观摩、交流会，对丰台区首批6个施工项目进行授牌，15个施工项目观摩此次活动。其中，丽泽金融商务区国金大厦、开创金润D-07、D-08地块项目被授予“绿牌”工地称号。

（南　楠）

【开通西局地铁接驳专车】 年内，为进一步优化营商环境，提高企业服务质量，丽泽商务区管委会多次调研深入研究企业需求，与公交集团合作开通的商务区地铁接驳车自6月1日起正式投入使用。此专车为商务区入驻企业员工提供免费地铁接驳服务，运营时间除工作日早晚高峰时段外，针对企业工作日晚班及周六日加班的情况，还开通工作日晚上和周六日早晚班次。共设置站位7处，分别为西局地铁站、国家审计署站、中华联合保险大厦站、丽泽SOHO站、青海金融大厦站、三路居站、丰益桥西站，日接驳能力1300人次。

（南　楠）

【建党100周年安全保障】 年内，为切实做好中国共产党成立100周年庆祝活动期间的各项工作平稳有序开展，通过安全保障、环境整治和楼宇检查等形式全方位、多角度开展安全保障工作，为建党100周年营造良好氛围。

（南　楠）

交流与合作

【概况】 2021年，丽泽商务区管委会与中国银河证券股份有限公司正式签订合作协议，继续加强交流与合作，持续为银河证券做好管家服务。组织园区内各楼宇和企业代表开展第27届北京科技周活动，了解丽泽金融商务区规划建设情况以及5G科技应用场景。首创金融中心聚杰金融大厦与招商产品inSolution达成签约合作，以科技创新助力企业数字化营销升级。丽泽商务区管委会、北京市丰台区融媒体中心、丽泽控股公司联合视觉中国500px摄影社区等单位共同举办的2021“让世界看见丽泽”主题摄影大赛完满举行。举办首届中国（北京）数字金融论坛，成立国家数字金融技术检测中心，获批“北京法定数字货币试验区”。

（南　楠）

【与中国银河证券股份有限公司正式签订合作协议】 3月19日，北京丽泽金融商务区管理委员会（以下简称“丽泽管委”）与中国银河证券股份有限公司（以下简称“银河证券”）正式签订合作协议。丽泽管委后续将继续加强与银河证券的交流、合作，持续为银河证券做好管家服务。银河证券的入驻，将助力金融和科技在丽泽金融商务区内进一步融合创新。

（南　楠）

【北京科技活动周科普宣传活动】 5月27日，丽泽金融商务区组织园区内各楼宇和企业代表开展第27届北京科技周活动。组织代表们登上丽泽SOHO 52层展示中心进行参观，详细讲解丽泽金融商务区的区位优势、交通优势、环境优势、配套优势，并俯瞰丽泽金融商务区全貌。随后，前往丽泽SOHO北塔31层参观5G实验室，了解5G科技应用场景。

（南　楠）

【北京国家数字金融技术检测中心有限公司正式成立并落户丽泽】 9月27日，北京国家数字金融技术检测中心有限公司（以下简称“检测中心”）正式成立，落户丽泽金融商务区。检测中心由中国人民银行数字货币研究所、中国金币总公司、北京丽泽金融商务区控股有限公司共同设立，检测中心主要从事数字人民币系统及关联系统的功能、性能、安全测评，区块链应用的测评以及金融科技产品与技术检测。检测中心的设立，有助于加强技术研发，创新科技成果，吸引上下游企业以及高端金融科技企业落户丽泽，推动科技创新成果在丽泽落地转化，打造数字货币技术和应用生态圈。

（南　楠）

【聚杰金融大厦与inSolution达成合作】 年内，首创金融中心聚杰金融大厦与招商产品inSolution达成签约合作，以科技创新助力企业数字化营销升级。据了解，inSolution凭借虚拟样板间、电子楼书、电子看房报告、深度数据挖掘等数字化科技，为聚杰金融大厦打造线上虚拟样板间，助力聚杰金融大厦在招商的关键环节挖掘新的增长引擎，实现楼宇精细化运营。

（南　楠）

【丽泽企联会与区人力社保局交流企业人才需求】 年内，区人力社保局与北京丽泽金融商务区企业家联合会（以下简称“企联会”）会员单位——中国银河证券股份有限公司、中华联合保险集团股份有限公司、中兴华会计师事务所召开人才需求交流座谈会，就积分落户、工作居住证、毕业生档案和人才招聘等问题展开深入交流，为企业人才引进、发展和服务纾困解难。会后，区人力社保局、丽泽控股公司和企联会会员企业共同搭建公共服务中心联络平台，构筑人事人才、就业服务平台，为企联会会员单位提供订单式服务，进一步提升企业服务水平，促进丽泽金融商务区人才高质量发展。

（南　楠）

【“让世界看见丽泽”主题摄影大赛】 年内，由丽泽商务区管委会、北京市丰台区融媒体中心、丽泽控股公司联合视觉中国500px摄影社区等单位共同举办的2021“让世界看见丽泽”主题摄影大赛完满举行。大赛历时一个月，共征集到作品3482幅/组。通过一幅幅精彩绝伦的全画幅作品，全景展现丽泽金融商务区作为“全球创新金融高地、首都发展新的增长极”的独特魅力，生动细腻展示丽泽自然之美和发展之美以及“丽泽人”的幸福生活。经过前期初评，专家评审和网络投票，最终从优秀作品中

▲获奖作品《丽泽金融互联世界》　（林祖贤 摄）

产生一、二、三等奖作品18幅/组，人气奖作品10幅/组。

（南　楠）

【2021中国（北京）数字金融论坛】 9月10日，丰台区人民政府联合北京市地方金融监督管理局、中国人民银行数字货币研究所等单位共同在丽泽金融商务区举办2021中国（北京）数字金融论坛。论坛现场启动“丽泽数字金融示范区建设行动计划”，举行国家数字金融技术检测中心揭牌仪式，北京市金融监督管理局向丽泽颁授“北京法定数字货币试验区”牌匾。与此同时，六大国有商业银行展示数字人民币成果及应用场景，华为、VISA、中国银行等机构研发的数字人民币软硬件产品也相继亮相，一系列数字金融领域重磅行动和最新成果的集中发布和“硬核”展示，开启数字金融新时代。

（南　楠）

金融科技创新示范区

【概况】 2021年，推动数字人民币创新应用及落地，已建设12个应用测试场景实现数字人民币支付。中华保险成为北京首家数字人民币保险应用试点。为建行和中华保险搭建数字人民币应用合作平台。银登中心以公开竞价方式成功开展首批不良贷款转让试点业务。通用财务成为北京市首批本外币一体化资金池试点。推动全国首例通过数字钱包实现非税收入上缴财政的业务场景建设。参加服贸会金融服务专题展，同重点企业打造“数字金融示范区”专题展览，推广展示数字人民币支付消费场景和硬件设备。

（南　楠）

【商务区楼宇上线数字人民币支付应用】 年内，继北京市首个数字人民币应用场景测试落地后，丽泽金融商务区同步开展多场景应用测试工作。晋商联合大厦首批8家商户被确定为测试场景，其中红淇湛图文社、添湘蜀味、牛匠、欢辣季、黑泷太郎5家商户已正式开通，实现数字人民币支付方式。

（南　楠）

【亮相北京“两区”建设香港地区线上推介会】 3月30日，国家服务业扩大开放综合示范区和中国（北京）自由贸易试验区建设香港地区线上推介会在北京举办。来自香港东亚银行、汇丰银行、渣打银行、恒生银行、瑞银集团、香港交易及结算所、中国太平保险集团（香港）、新鸿基地产、香港中国企业协会和香港中国商会等60多家重点企业与商协会代表线上参会。推介会上，以《北京丽泽金融商务区 打造全球金融产业发展新区》为题对丽泽金融商务区进行推介。企业互动交流环节中，从丽泽金融商务区打造15分钟生活半径、园林式金融商务区，以及丰台区优质的扶持政策等方面，强调丽泽金融商务区吸引优质企业与优秀人才的亮点，呼吁香港地区企业来丽泽、来丰台共谋发展，共创繁荣。

（南　楠）

【亮相北京“两区”建设德国线上推介会】 6月9日，北京市召开国家服务业扩大开放综合示范区和中国（北京）自由贸易试验区（以下简称“两区”）建设德国线上推介会。推介会由北京市投资促进服务中心举办，邀请北京市“两区”办、丰台区、通州区和顺义区进行政策

▲9月10日，北京市金融监督管理局向丽泽颁授北京法定数字货币试验区牌匾。（原梓峰 摄）

解读和营商环境推介。来自德国的意大利裕信银行、大众汽车新动力投资有限公司、德国业通贸易有限公司、中德人工智能研究院、宝马集团、西门子集团、德国百达律师事务所、德国文化经济促进会等60多家金融、科技类与商协会代表线上参会。线上推介会中，介绍丰台区基本情况以及丽泽金融商务区规划建设发展情况。丽泽金融商务区将聚焦新兴金融、数字金融，高起点发展金融科技产业，建设数字金融示范区。

（南　楠）

【亮相北京"两区"建设英美线上推介会】 6月10日，北京市投资促进服务中心联合英中贸易协会共同举办"两区"建设英美线上推介会。北京市两区办、朝阳区、丰台区和通州区进行政策解读和营商环境推介。保诚集团、美林国际、阿特金斯等多家英美企业代表和商协会在线参会。会上，向参会的英美企业介绍丽泽金融商务区的规划建设情况及各方面优势，针对参会企业比较关注的金融科技创新示范区的建设问题，详细解答丽泽在政策支持、产业空间、基础设施等方面的举措，并热忱地欢迎参会企业到丽泽实地参观，共谋发展。

（南　楠）

入驻重点企业

【概况】 2021年，丽泽金融商务区产业空间持续释放，优质企业加速聚集，中国农再、中国银河证券、中国长城资产等一批头部企业实现入驻。财源建设逐年向好，2021年丽泽金融商务区实现全口径税收49.09亿元，同比增加29%，实现留区税收15.66亿元，同比增长11%。其中：金融业实现全口径税收40.45亿元，同比增长46.5%，留区税收9.76亿元，同比增长49.9%，成为丰台区经济高质量发展的新引擎。

（南　楠）

【中国农业再保险股份有限公司】 年内，中国农业再保险股份有限公司（以下简称"中国农再"）完成工商注册，正式落户丽泽金融商务区。中国农再注册资本161亿元，由财政部、中再集团、人保财险、中华联合财险等9家单位共同发起筹建，主要承担农业再保险服务、农业保险大灾风险基金统筹、农业保险数据信息管理及推动完善农业保险制度等支农惠农政策职能，对完善中国农业保险大灾风险分散制度具有重要意义。中国农再作为唯一的国家层面的农业再保险机构，将发展为全球领先的农业风险管理机构。中国农再入驻丽泽，将发挥其辐射作用，推动相关保险业总部、保险科技、产业基金、专业服务机构等为农业领域提供金融服务的关联产业和上下游企业落户丽泽，加快丽泽金融产业聚集，对于促进我区金融体系优化提升具有重大意义。

（南　楠）

【威立雅资源利用（北京）有限公司（外资企业）】 年内，威立雅资源利用（北京）有限公司成功落户丽泽。该公司主要经营范围为综合利用再生能源发电、垃圾填埋场管理及技术服务。威立雅集团是全球资源优化管理领域的标杆企业，业务遍布五大洲。集团设计并实施水、废弃物及能源管理领域的解决方案，已在中国40多个城市管理超过100个项目。威立雅集团的4家公司包括威立雅（中国）环境服务有限公司北京分公司、北京嘉威雅污水处理技术有限责任公司、威立雅凯文能源管理（北京）有限公司、威立雅资源利用（北京）有限公司均已入驻丽泽。

（南　楠）

【中国教育出版传媒集团有限公司税务迁入】 年内，中国教育出版传媒集团有限公司（以下简称"中教集团"）税务关系正式迁入丰台。中教集团成立于2010年12月，注册资本金172548万元，为国务院独资的大型出版传媒集团，以出版物出版和销售为主业，兼营电影院线、影视节目投资制作和图书、期刊、教学仪器设备进出口等业务。中教集团自成立以来连续10年获得"全国文化企业30强"，是全国文化企业的排头兵、教育出版传媒行业的"国家队"和"主力军"。

（南　楠）

【中教畅想基金管理有限公司】 3月23日，中教畅想基金管理有限公司（以下简称"中教资本"）正式落户丽泽。中教资本是全国出版龙头企业中国教育出版传媒集团有限公司（以下简称"中教集团"）的下属企业，丽泽商务区管委会深入调研了解该企业在办理基金设立前置审批、国家市场监管局名称预核准过程中遇到难题，会同市区相关部门积极沟通协调，分析研究出台的金融政策新规定，持续跟踪服务名称预核准事宜，针对性解决企业设立面临的问题。中教资本落户丽泽后，拟发起设立规模约20亿元的"教育文化产业投资基金"，依托中教集团的资源和产业链，聚焦教育、文化、出版产业链以及5G、大数据、云科技、物联网、人工智能和区块链等新一代信息技术与教育教学、文化交流持续深度融合带来的投资机会。

（南　楠）

【丰台区首家信用评级公司】 3月24日，东方金诚国际信用评估有限公司（以下简称"东方金诚"）正式迁入丽泽。东方金诚是由中国东方资产管理股份有限公司作为控股股东设立的信用评估机构，注册资本1.25亿元人民币，是中国主要的信用评级机构之一。作为持牌金融机构，东方金诚落户丽泽填补丰台区信用评级机构的空白，对完善丰台区金融产业体系，打造金融科技创新示范区具有重要意义。

（南　楠）

【中国长城资产管理股份有限公司实体】 年内，中国长城资产管理股份有限公司（以下简称"长城资产"）正式实体入驻丽泽办公。长城资产成立于2016年12月11日，注册资本512.3亿元，是中国四大金融资产管理公司之一，由中华人民共和国财政部、全国社会保障基金理事会和中国人寿保险(集团)公司共同发起设立,致力于为客户提供包括不良资产经营、资产管理、银行、证券、保险、信托、租赁、投资等在内的"一站式、全方位"综合金融服务。长城资产入驻丽泽后将进一步促进丽泽金融产业集聚,推动现代金融商务新业态发展。

(南　楠)

【厦门航空北方总部】年内,厦门航空北方总部正式入驻丽泽金融商务区厦航嘉年华酒店,在酒店大堂设置综合服务区,实现票务、值机、行李托运、候机等全流程旅客服务,发展成为厦航集团中高端旅客在北京城区的集散地,使旅客服务接口向城区前移。厦航嘉年华酒店地处丽泽金融商务区核心区,毗邻规划中的丽泽城市航站楼,依托丽泽金融商务区便利的交通条件,是厦航全方位推广"京闽兴快线"、构建"航空+"生态圈、拓展新产业布局、更好更快建设北方总部的重要项目布局。"航站楼+酒店"的搭配设置也将助力商务区进一步完善配套服务、丰富功能业态。

(南　楠)

【北京迈达斯技术有限公司】8月11日,外资企业北京迈达斯技术有限公司(以下简称"迈达斯有限公司")正式入驻丽泽金融商务区汇亚大厦办公。迈达斯有限公司是韩国 MIDAS IT(隶属于全球最大的钢铁制造厂商之一——浦项制铁集团)在中国的独资子公司,于2002年11月正式成立,注册资本34.17万美元。公司主要从事建筑结构、桥梁、岩土隧道、机械等结构分析和设计软件的开发、咨询及技术支持工作。北京奥运会多个场馆、上海世博会多个场馆、广州亚运会场馆、深圳大运会场馆、各地超高层各类特种结构工程以及桥梁与隧道方面的工程等都在广泛应用迈达斯系列软件。迈达斯有限公司的入驻,进一步丰富丽泽产业业态,丽泽将继续坚持大力吸引外资科技类企业入驻商务区,着力打造国际化的金融科技创新示范区。

(南　楠)

【北京海木集团有限公司】8月13日,北京海木集团有限公司(以下简称"海木集团")正式入驻丽泽金融商务区。海木集团是以自主研发创新药为基础的国家级高新技术企业,成立于2017年5月,注册资本6000万元。海木集团专注于人用药物、动物药物及军用生物安全等领域,获得多项研发成果,包括二代长效降糖药物、军用防化疫苗、人用弓形虫疫苗、长效干扰素等,多个产品均为世界首创,弓形虫类产品更是填补世界空白。目前,海木集团在天津、长春设有研发平台,在山东枣庄建设生产基地,将深入拓展在人用生物制品和动物生物制品两个领域的研发、生产,建立一个产研一体化的跨国医药集团,并积极推动相关业务板块上市。海木集团的入驻,丰富丽泽金融商务区内医药科技领域企业的多样性,加快科技企业在丽泽金融商务区内集聚。

(南　楠)

【北京高因科技有限公司】9月1日,北京高因科技有限公司(以下简称"高因科技")正式入驻丽泽金融商务区。高因科技成立于2015年,注册资本10亿元人民币,台港澳法人独资,曾入选2019年中国潜在独角兽企业榜单。从创立之初,高因科技就一直致力于应用最新的大数据、云计算等前沿技术,以数据系统提供引擎,将房产信息数据化,是国内最大的专注于新房电商的公司。高因科技入驻丽泽,将推进大数据、云计算等前沿科技创新成果在丽泽落地转化。其关联公司北京居理科技有限公司、北京海雷丁科技有限公司(台港澳法人独资)也已入驻丽泽。

(南　楠)

【中国银河证券股份有限公司】10月8日,中国银河证券股份有限公司(以下简称"银河证券")完成工商登记手续,正式入驻丽泽。1月12日,银河证券正式入驻丽泽金融商务区青海金融大厦办公,办公地点总面积近4万平方米。2007年,银河证券经中国证监会批准正式成立,注册资本金为101.37亿元人民币。银河证券作为中国证券行业领先的综合性金融服务提供商,拥有行业内覆盖最广的营业网点、规模领先客户群和综合全面的业务实力,公司及旗下子公司提供经纪、销售和交易、投资银行和投资管理等综合性证券服务。

(南　楠)

【中国通信服务股份有限公司税务关系迁入丽泽】年内,中国通信服务股份有限公司(以下简称"中国通服")税务关系成功迁入丽泽。中国通服是国务院国有资产管理委员会批准成立的大型国有企业,2006年12月在香港上市,正通过技术引领和创新转型,推进现代供应链、智慧物业、智慧维护等高科技、高价值业务在全国范围内的整合和分拆上市。中国通服作为高科技含量创新型企业总部落户丽泽,将在构建智慧丽泽、发展数字经济、助力丽泽打造金融科技创新示范区方面发挥重要作用。

(南　楠)

【中国物流集团有限公司】中国物流集团有限公司(以下简称"中国物流集团")于年内成功落户丽泽。中国物流集团有限公司是经国务院批准组建,由原中国铁路物资集团有限公司与中国诚通控股集团有限公司物流板块实施专业化整合,由国务院国资委直接监管的股权多元化综合物流类中央企业集团,增资后注册资本300亿元。中国物流集团作为专业综合物流服务方案提供者和全球供应链组织者落户丽泽,对推动丰台区构建新的发展格局具有重要意义。

(南　楠)

【北京东方英卡数字信息技术有限公司】北京东方英卡数字信息技术有限公司(简称"东方英卡")注册资本5000万元,是上市公司恒宝股份有限公司(简称"恒宝股份")的全资子公司。恒宝股份是首批参与中国人民银行数字货币研究所"数字人民币试点"工作的金融科技公司之一,与国有六大银行先后开展数字人民币相关合作。下一步，恒宝股份计划将数字人民币业务全部转移至东方英卡，借力数字支付转型的机会，加快布局数字安全、数字支付、收付款终端、智能合约、区块链技术等，解决社会公众对零售支付便捷性、安全性、普惠性、隐私性等方面的需求，推动数字人民币跨境支付业务，通过全方位的科技创新为行业赋能，积极参与丽泽数字金融示范区建设，助力打造数字经济生态体系。

（南　楠）

2022 北京丰台年鉴

经济管理

综合调控

【概况】2021年，区发展改革委发挥综合经济部门参谋助手作用，统筹推进疫情防控和经济社会发展，在经济运行调度、投资管理、规划计划编制实施、优化营商环境、产业发展、价格监测管理、扶贫支援等领域取得进展，完成各项年度工作任务。全年实现地区生产总值2009.7亿元，比上年增长8.2%，固定资产投资同比增长7.2%，建安投资同比增长7.5%，单位地区生产总值能耗同比下降11.17%，全区居民人均可支配收入同比增长8%，全部超额完成年度任务目标。

（闫　鹏）

【推动经济高质量发展】年内，发挥区委财经办作用，推动全区经济运行稳中有进。做好指标任务分解，制定年度、半年、季度重点经济指标任务分解方案，将地区生产总值、一般公共预算收入等指标横向分解至部门，纵向分解至属地。加强季度、月度经济分析研判，分行业开展经济支撑指标预判，围绕稳经济、抓财源、保投资、促消费等领域提出细化工作措施。密集开展经济调度，坚持月调度、周会商机制，组织召开多轮区级、部门级经济调度会，加强各部门统筹协调，推动各项任务落实。全年地区生产总值突破2000亿元大关，经济发展再上新台阶。

（潘世伟）

【加强复工复产防控】年内，从严从紧落实各项防控措施和要求，严控疫情输入风险，统筹做好重点场所疫情防控和执法检查工作，做到部署不过夜。制定《丰台区生产经营场所突发疫情应急处置建议》，指导规范生产经营场所突发疫情处置工作。建立复工复产组应急联动机制，加强值班值守和信息报送。从快落实“双楼长”制度。坚持每日零报告，遇有复工复产场所人员或环境核酸检测阳性情况、密接、次密接等重大事项，第一时间报告。制定丰台区《进口非冷链货品防疫工作方案》，动态更新进口非冷链企业台账，夯实企业主体责任。建立多部门联动排查工作机制，点面结合，织密风险人员排查防控网。全年召开区复工复产防控组例会30次，制发信息简报162期。主动摸排场所18.2万个次，摸排大数据监测风险人员11421人，其中落位丰台4478人，均转至社区防控组采取管控措施。累计检查市场主体54.9万次，发现问题6880个，全部完成整改。做好疫情常态化环境核酸检测，全区210个生产经营场所累计采样点位数10.7万个，核酸检测结果全部为阴性。

（孙庆霞）

【保障投资任务落实】年内，按照“抓新开、抓续建、抓增量、抓储备”工作路径，强化投资调控。全区投资总量、增速、进度均高于全市平均水平，其中完成进度居十六区第一，超计划完成重点工程投资，项目储备达到“开一备三”水平，实现“十四五”良好开局。全年完成固定资产投资822亿元，同比增长7.2%，完成全年任务的104.7%。完成建安投资296亿元，同比增长7.6%，完成全年任务的102.1%。编制《2021年丰台区重点工程计划》，安排143个重点建设项目，74个推进前期工作项目，全年完成固定资产投资608.1亿元，完成进度107.6%，支撑全区投资的74%。

（张文杰）

【保障重大项目资金】年内，制定政府投资计划，保障政府建设资金54.3亿元。其中安排落实市级资金30亿元，涉及34个项目；下达区级财政建设资金24.3亿元，涉及丰台站周边配套道路工程等89个项目。争取市级重大项目前期谋划资金1000万元，用于推进重大项目规划谋划工作。

（刘晨曦）

【保障公共资源交易平台高效运转】年内，根据机构改革总体安排，原隶属于区住房城乡建设委的“北京市丰台区建设工程发包承包交易中心”整建制划入区发展改革委并更名为“北京市丰台区公共资源交易中心”。全年建设工程项目经市、区交易平台招标公告发布31项，开标38项次，评标57项次，涉及投资规模约11.29亿元。区公共资源交易平台自8月1日投入使用以来，建设工程项目在平台发布招标公告11项，开标20项次，评标35项次，涉及投资规模约9.63亿元；政府采购项目在平台发布招标公告22项，开标22项次，评标22项次，涉及投资规模约2.02亿元。

（李木兰）

【保障完成政府采购任务】年内，有序完成事业单位机构改革，区政府采购中心整建制划转至区发展改革委，机构改革工作平稳有序，衔接全面顺利。围绕“依法采购、规范操作、优质服务、廉洁高效”原则，落实内控监督机制，全程对接公共资源交易平台，推动政府采购全链条电子化，推进政府采购工作有序开展。全年完成政府采购项目7项，其中公开招标3项、竞争性谈判1项、单一来源1项、保密项目2项；组织项目评标14次，受理项目采购预算金额5297.13万元，中标金额4147.06万元，节约资金1150.07万元，资金节约率21.7%。

（王　彬）

【推动“十四五”规划纲要发布实施】年内，完成《北京市国民经济和社会发展第十四个五年规划和二〇三五年远景目标纲要》修改发布工作。制作区“十四五”规划和二〇三五年远景目标纲要一图读懂，开展“十四五”全区巡回宣讲工作，实现各层次宣讲30余次。起草制定市、区“十四五”规划建议、纲要主要目标与任务分工方案。统筹开展全区34个“十四五”课题研究及38个专项规划编制工作，牵头起草“十四五”时期南中轴地区规划、节能规划、人口规划。

（崔　博）

【落实城南行动计划】年内，落实市委

市政府《推动城市南部地区高质量发展行动计划（2021–2025年）》，组织实施8项重点任务和58个重点项目，实现投资356亿元，完成年度任务的109.2%。推动一批重大项目实施，丰台站交通枢纽、北宫镇太子峪村集体土地租赁住房等20个项目年内新开工，北京十中晓月苑校区建设工程、丰台河西第三水厂等8个项目完工，丽泽金融商务区滨水文化公园、北京大学附属小学丰台学校改扩建工程等项目加快实施。

（葛铭霞）

【谋划河西地区高质量发展】年内，制定《推动河西地区高质量发展专项行动计划（2021–2025年）》，围绕基础设施补短板、产业发展育特色、生态环境强优势、和谐宜居促提升、民生改善强供给、机制建设强统筹六大方面、24个具体领域，谋划实施90项重点任务和总投资超过1600亿元的80个重点项目，建立联席会议制度和组织实施机制，努力将河西地区建设成为生态友好、功能协调、经济繁荣、和谐宜居的高质量绿色发展新空间。

（潘世伟）

【优化营商环境】年内，以落实优化营商环境4.0版改革政策、打通政策落地最后一公里为重点，统筹开展优化营商环境工作，各部门于7月中旬提前完成市场主体登记告知承诺制度、强化行政执法协同等24项主责改革任务。完成世行评价、国务院优化营商环境专项督查和国务院大督查，统筹各部门开展问题整改"回头看"等，形成5期《迎接国务院督查调研情况》。组织各部门迎接全市营商环境评价，报送6项指标3750家样本企业信息。评价结果显示，丰台区营商环境位居全市前列，其中企业满意度调查排名中心城区第一。

（李　阳）

【完善企业"服务包"机制】年内，丰台区有"服务包"企业925家，贡献全区地方级财政收入近50%。发挥"总管家"作用，为每家企业配备服务管家，中关村丰台园、丽泽金融商务区企业由对应管委会负责，功能区外的企业、区级企业由行业主管部门负责，街镇级企业由属地街镇负责。全年走访"服务包"企业637家，其中局级领导走访210家。为"服务包"企业提供服务事项300项，办结率97%。根据企业诉求出台普惠性政策7项，引导"服务包"企业在京落地项目15个，投资8.2亿元；新设机构21个，注册资本金229.76亿元；上市4家，市值874亿元。"服务包"企业不存在外迁情况。

（刘　影）

【支持企业创新发展】年内，促进集成电路产业和软件产业高质量发展，推荐东方通纳入国家税收优惠政策软件企业清单，为企业减免所得税600万元。落实国家科技创新基地优化整合有关要求，推动国家创新平台优化整合，提高自主创新能力、增强产业核心竞争能力和发展后劲。推动关键技术研发、研究成果产业化发展，辅导推荐首都医科大学附属北京天坛医院等4家单位获批北京市工程研究中心，涉及数字诊疗、轨道交通、传感器等领域，总投资约4.6亿元。加快先进制造业和现代服务业深度融合发展，推荐北京全路通信信号研究设计院集团有限公司获批全国第二批"两业融合"试点企业。

（刘　影）

【融入京西产业转型升级示范区建设】年内，协调推动京西产业转型升级示范区丰台区域建设，每月统筹调度项目进展，协助推动地块上市，做好与市新首钢办沟通对接。一耐厂、二通厂在市有关部门带领下开展资源盘活研究工作，相关地块项目将在控规落地后加快推进。

（崔　博）

【推动生态文明建设】年内，加强统筹协调，发挥区委生态文明建设委员会推动形成绿色发展方式和生活方式工作小组（以下简称"绿色发展小组"）牵头作用，制定印发绿色发展小组2021年工作要点，重点围绕提高绿色低碳循环发展水平、促进资源能源节约循环高效利用、推动绿色理念融入日常生活三个方面完成10项年度重点任务，协调推进具体工作落到实处。

（曲鑫竹）

【节能降耗】年内，强化能源消费总量和强度"双控"机制，能源消费总量实际完成425.76万吨标准煤，单位地区生产总值能耗下降11.17%，超额完成下降率3.5%的年度目标。加强节能降耗综合管理，分析能源消费增量和减量因素，研究节能降耗重点领域、重大问题和重要措施。制定实施《丰台区进一步强化节能实施方案》，把节能和提高能效作为支撑地区绿色高质量发展的重要抓手。通过"双随机"方式对29家单位开展节能监察执法。采用线上线下等多种形式，组织节能宣传周活动。

（曲鑫竹）

【加强价格监管】年内，建立多部门协同联动的价格调控工作机制，持续抓好疫情防控常态化下保供稳价，做好冬奥会、冬残奥会住宿餐饮价格监测，不断提升生活必需品价格监测水平。市价格监测中心对"价格监测报告制度执行情况、信息报送情况、专项工作完成情况、价格预警、应急监测开展情况及价格监测基础建设情况"五方面开展质量考核，丰台区发展改革委被评为全国价格监测工作先进单位和北京市价格监测工作先进单位。

（孟佳循）

【深化支援合作】年内，开展与内蒙古自治区赤峰市林西县、兴安盟扎赉特旗东西部协作工作，加强与青海省玉树市治多县对口支援，助力受援地区巩固拓展脱贫攻坚成果，全面推进乡村振兴。将丰台区扶贫协作与支援合作工作联席会议调整为丰台区支援合作工作联席会议，区委区政府主要领导赴受援地区调研对接。与受援地区签署年度帮扶协议，强化资金人才支持，投入市区两级财政资金1.54亿元，谋划实施46个项目，选派挂职支援干部人才78人。加强产业合作，引导8家企业投资约2.93亿元。聚焦消费帮扶，打造“产供销全链条”消费扶贫模式，获评国家发展改革委2021年全国消费帮扶助力乡村振兴优秀典型案例，实现消费帮扶金额3.98亿元。深化劳务协作，推动农村劳动力实现就业3749人。开展结对帮扶，与受援地区乡镇建立29个结对关系，实现结对全覆盖；与受援地区学校建立31个结对关系；与受援地区医院、乡镇卫生院建立20个结对关系，动员全区26个社会组织、53家企业精准帮扶受援地区72个村，实现政府、企业、社会与受援地区的协作联动。

（杜雨薇）

【加强结对协作】 年内，统筹与房山区生态涵养区结对协作工作，拨付资金5000万元，用于“霞云岭乡、蒲洼乡、十渡镇三乡联动”和霞云岭乡红色旅游项目建设。完成干部人才交流、提升公共服务、深化协同治理、促进经济薄弱村增收等方面的3项市级绩效任务和4项重点实施项目。保障两区主要领导间互访对接，推动重点工作。接收房山区5名干部挂职交流，援派医疗专业技术人员104人次，开展专家讲座、业务培训等683人次，推动135名房山区农村地区劳动力到丰台区就业，超额完成年度任务。推动卢沟桥街道、王佐镇与房山区结对乡镇加强红色旅游合作、开展联合执法。引导右安门街道西铁营村等10个合作共建村与房山区蒲洼乡宝水村等10个经济薄弱村签订帮扶协议，扶持壮大村级集体经济。

（杜雨薇）

财　政

【概况】 2021年，一般公共预算总收入3012023万元。其中区级一般公共预算收入1451863万元，完成调整预算的110.3%，增长11.8%；上级补助收入830813万元；预算稳定调节基金调入51959万元；政府债券转贷收入52566万元；调入资金104750万元；上年结余资金75761万元（其中专项转移支付结余1233万元）；中央及市专项转移支付收入444311万元。年内，一般公共预算总支出3012023万元。其中区级一般公共预算支出2182445万元，完成调整预算的105.1%，降低8.2%；上解上级支出134192万元；补充预算稳定调节基金137972万元；年终结余111870万元；中央及市专项转移支付支出445544万元。

（张运红）

【政府性基金预算执行情况】 年内，政府性基金预算总收入5036118万元。其中区级政府性基金预算收入2293234万元；上年结余资金8万元；调入资金1325万元；政府债券转贷收入2543395万元；中央及市专项转移支付收入198156万元。政府性基金预算总支出5036118万元。其中区级政府性基金预算支出2358338万元；上解上级支出70489万元；调出资金8万元；专项债务还本支出2363395万元；中央及市专项转移支付支出198156万元；年终结余45732万元。

（张运红）

【国有资本经营预算执行情况】 年内，国有资本经营预算总收入6528万元。其中区级国有资本经营预算收入2931万元；上年结余资金1044万元；中央及市专项转移支付收入2553万元。国有资本经营预算总支出6528万元。其中区级国有资本经营预算支出2482万元；调出到一般公共预算1064万元；结转下年使用429万元；中央及市专项转移支付支出2553万元。

（张运红）

【政府债务情况】 年内，申请政府债券2595961万元。其中新增债券200000万元，再融资债券2395961万元。截至年末，丰台区政府债务余额5928460万元。其中一般债务1475065万元，专项债务4453395万元。

（张运红）

【发布“十四五”时期公共财政发展规划】 年内，围绕“十四五”时期丰台区财政工作整体情况及重点领域，经过多方多层次调研、多轮征求意见，对接市级和区级相关专项规划，完成《“十四五”时期丰台区公共财政发展规划》、解读方案及《一图读懂“十四五”时期丰台区公共财政发展规划》的编制工作，于12月底正式发布。

（朱仰泽）

【保障区重点工作支出】 年内，投入2.6亿元用于购置疫情防控所需设备和物资、疫苗接种及疫情防控工作经费；下达丰台站周边路网建设资金23.36亿元，保障丰台站年底顺利建成运营，其中“一横四纵”、万寿路南延、四合庄西路等部分路段开放通行；下达棚户区改造资金19.82亿元，系统推进棚改和老旧小区综合整治工作，改善居民居住条件；投入创卫工作经费1.5亿元，助力丰台区以4个“A”的高分成绩通过病媒生物防治市级专项评估；投入创森建设专项资金3067万元，助力丰台区公园绿地建设及道路林带提升等四项任务工程；申请市级资金3亿元用于支持独角兽创新基地建设，打造丰台独角兽企业集聚区，发挥看丹独角兽创新基地引领作用；争取市级资金5亿元，助力大红门地区“华丽转身”。

（朱仰泽）

【财源建设】 年内，丰台区新注册企业16485户，同比增长34.8%，实现地方级收入4334万元，同比增加2579万元，同比增长147%。培育和引进上市目标企业11家，包括北交所首批上市2家（北京凯腾精工制版股份有限公司、北京中航泰达环保科技股份有限公司），吸引高质量外资企业55家（毕马轨道交通研究院、北京里昂咨询服务有限公司等），培育引进高成长企业112家，引进规模税源企业106家，同比增长31%，其中一级央企4家，二级及以下央企子公司34家，世界500强子公司10家。

（朱仰泽）

【全国首创数字人民币财政业务】年内，区财政局作为首批数字人民币试点城市区县财政局，为驻区试点银行搭建政银合作平台，实现全国首例职工大学学生收费和卢沟桥文物保护单位门票收入缴库业务的数字人民币应用场景落地。满足缴款人在数字经济下对移动支付便捷性的需求，方便缴款人选择多种渠道实现就地缴费、非税收入及时足额缴入财政专户。

（朱仰泽）

【预算绩效管理】年内，开展事前绩效评估项目144个，评估金额18.71亿元，核减金额10.36亿元，压减率55.35%；完成财政重点支出项目事后绩效评价26个，涉及预算部门19个、财政资金42亿元，发现问题176条，提出建议126条。

（朱仰泽）

【项目评审】年内，完成评审项目237个，送审金额20.68亿元，审定金额17.52亿元，审减金额3.16亿元，平均审减比例为15.28%。

（朱仰泽）

【财政电子票据改革】年内，启动丰台区行政事业单位的电子票据改革工作，除因用票单位网络限制无法改革的医疗票据和社团票据外，丰台区所有财政票据均已完成电子票据改革。

（朱仰泽）

【财金政策协同】年内，印发区级《普惠性信贷支持政策手册》《丰台区中小微企业首贷贴息实施方案》，提高惠企政策透明度，降低中小微企业融资成本。

（朱仰泽）

【政府采购助力乡村振兴】年内，运用政府采购政策组织全区预算单位做好贫困地区农副产品采购，全年采购完成率108%，在832平台填报拟预留采购份额排名全市第一，政府采购工作连续三年被评为“全国政府采购百强县（市、区）。

（朱仰泽）

税　务

【概况】2021年，丰台区完成税收收入458.5亿元，同比增收60.8亿元，增长15.3%。其中中央级税收214.8亿元，同比增收26.3亿元，增长13.9%；地方级税收243.7亿元，同比增收34.5亿元，增长16.5%；地方级税收首次突破240亿元大关，增速跃居城六区第一名。丰台区税务局承担所辖区域内各项税收、社保费、非税收征管等职责，全局设置38个科级单位。其中15个内设机构，3个其他工作机构（机关党委、老干部科、党委纪检组），18个派出机构，2个事业单位（纳税服务中心、信息中心）。内设机构及其他工作机构主要集中在局机关办公区办公，老干部科、税收风险管理局、纳税服务中心、各派出机构分设在其他13个办公区内。

（文　靖）

【优化税收营商环境】年内，实现“六厅合一”（整合丰台区税务局2个综合办税服务厅、1个契税专业服务厅、3个区级综合服务场所，实现“六厅合一”）入驻丰台区政务服务中心，开启“一站式”办税服务新模式。开展“便民办税春风行动”，实施“专享管家”计划，组建100余人的专业团队，对辖区重点税源企业问需走访100%。持续拓展“非接触式”办税，减少纳税时间，不断优化纳税服务，截至年底，313个涉税事项可以网上办理。落实“春雨润苗”计划，助力中小微企业发展，与区工商联等单位组建小微企业服务团队，为专精特新“小巨人”企业建立“一户一档”成长档案，开展点对点服务。开展“服务下基层”等52项税收便民活动，支持涉奥企业，实地宣传冬奥会税收优惠政策，提供赛后转型升级的税收建议，获得上级领导的肯定性批示。

（文　靖）

【提升纳税人满意度】年内，局党委班子深入基层和企业走访调研，开展“一把手走流程”活动，亲身体验办税痛点、难点、堵点，对标整改促进提升。不断提升12366咨询服务质效，建立健全“好差评”常态化工作机制，确保差评问题及时整改，满意率达100%。重视12345“接诉即办”工作，区级排名多次位于前三，市级考核“三率”平均成绩在90分以上。创新宣传方式，自制短视频“丰税说小课堂”7期，为纳税人答疑解惑，阅读量和点击量突破200万，实现原创短视频宣传模式零的突破。

（文　靖）

【助推全区税源建设】年内，强化区级税源建设专班协作，加强涉税信息采集和共享，关注全区招商引资、重大项目建设，掌握新增税源发展动态，促进区域税源结构优化，服务经济高质量发展。聚焦丰台区“十四五”规划，围绕首都南中轴、丽泽金融商务区等重点区域，分析税源和税收情况，提升服务决策能力。撰写25篇税收分析报告，其中6篇获市、区两级政府主要领导的肯定性批示。参与税务总局重点调研课题工作，完成大企业管理调研、英文版“一带一路”税收征管合作等报告。

（文　靖）

【征收管理】年内，完成与丰台新行政区划相匹配的税源户分配调整和6.2万户税源划转，实现各税务所管户数量和重点税源户收入均衡。率先全面推行集贸市场代开增值税普通发票电子化，全区22家委托代征市场均已上线，开具电子发票4.52万张、5.66亿元，推广比例100%，居全市第一，上线数量居全市第二。强化“带病注销”企业风险核查力度，依托大数据多维分析企业风险点，联合市场监管部门对6户问题企业采取注销熔断机制，追缴税款950余万元。运用“丰台智能税务人平台”，实现对纳税人行为分析、收入核算、风险筛查等方面的全覆盖。上线集冠名电话、挂机短信和失联修复功能于一体的“智慧电话”，减轻基层工

2021 年丰台区税务局派出税务机构管辖范围及办公地址一览表

表 3

派出机构名称	管辖范围	办公地址
第一税务所	负责所辖区域内的税收、社会保险费和有关非税收入的直接征收和服务工作	区政务服务中心办公区：南苑路 7 号
	负责非京籍个人购车个人所得税复核、非京籍个人购房个人所得税复核、个人购买通州住房个人所得税复核、无线电频率占用费代收、防空地下室易地建设费代收、城市基础设施建设费代收等工作	六里桥办公区：丰台区西三环南路一号北京市政务服务中心 1 层 B 岛（北京市丰台区六里桥西南角北京市政务服务中心 1 层 B 岛）
	负责车辆购置税的征收和服务工作	方庄办公区：丰台区方庄芳群园 4 区 23 号楼 -7
第二税务所	负责区级重点税源企业和区直机关事业单位税收、社会保险费、有关非税收入的集中管理和风险应对等工作；负责辖区内大企业税收个性化服务和管理工作；负责组织、协调、指导、考核辖区内大企业税收服务和管理工作	丰台创新中心 9 号楼二层
第三税务所	负责所辖区域内不动产交易所涉及的税收征收管理工作	区政务服务中心办公区：南苑路 7 号
第四税务所	负责所辖区域内个体工商户的税收、社会保险费、有关非税收入的征收管理及其风险应对工作	丰台区中关村科技园区丰台园海鹰路 5 号
第五税务所	负责所辖区域内高新技术企业的税收、社会保险费和有关非税收入的基础事项管理及其风险应对工作	丰台创新中心 9 号楼二层
方庄税务所	负责方庄街道、成寿寺街道区域内的税收、社会保险费和有关非税收入的基础事项管理及其风险应对工作	丰台区方庄芳群园 4 区 23 号楼 -7
六里桥税务所	负责六里桥街道、丰台街道区域内的税收、社会保险费和有关非税收入的基础事项管理及其风险应对工作	丰台区西四环南路 36 号
丽泽税务所	负责丽泽金融商务区区域内的税收、社会保险费和有关非税收入的基础事项管理及其风险应对工作	丰台区嘉园路星河苑 1 号院 5 号楼
卢沟桥税务所	负责卢沟桥街道、五里店街道、青塔街道区域内的税收、社会保险费和有关非税收入的基础事项管理及其风险应对工作	丰台区西四环南路 36 号
玉泉营税务所	负责玉泉营街道区域内的税收、社会保险费和有关非税收入的基础事项管理及其风险应对工作	丰台区花乡纪通东路 78 号
花乡税务所	负责花乡街道区域内的税收、社会保险费和有关非税收入的基础事项管理及其风险应对工作	丰台区花乡纪通东路 78 号
看丹税务所	负责看丹街道区域内的税收、社会保险费和有关非税收入的基础事项管理及其风险应对工作	丰台区外环西路 8 号
马家堡税务所	负责马家堡街道、西罗园街道区域内的税收、社会保险费和有关非税收入的基础事项管理及其风险应对工作	丰台区嘉园路星河苑 1 号院 5 号楼
新村税务所	负责新村街道区域内的税收、社会保险费和有关非税收入的基础事项管理及其风险应对工作	丰台区中关村科技园区丰台园海鹰路 5 号
右安门税务所	负责右安门街道、太平桥街道区域内的税收、社会保险费和有关非税收入的基础事项管理及其风险应对工作	丰台区西四环南路 36 号
长辛店税务所	负责长辛店街道、云岗街道、宛平街道、王佐镇、北宫镇区域内的税收、社会保险费和有关非税收入的基础事项管理及其风险应对工作	丰台区长辛店杜家坎南路 6 号

（文　靖）

▲4月7日，区税务局到北体大冰雪运动运营管理(北京)有限公司开展“助力冬奥,税务在行动”主题活动。(侯晓文 摄)

▲5月12日，区税务局邀请人大代表、政协委员及企业代表到丰台新政务中心税务专区，零距离感受办税服务。 (侯晓文 摄)

作负担，降低失联率、提升接通率，工作成效获得上级领导的肯定性批示。

（文　靖）

【税费监管】 年内，建立土地增值税清算台账，制定清算指引，成立专业人才队伍，清算入库17.84亿元。落实落细增值税优惠政策，制定《未享受辅导清册》，确保应享数据“见底清零”。作为个人股权转让“先税后证”先行先试的排头兵，受理个人股权转让业务4023笔，税款1.58亿元，增收1.27亿元。引导纳税主体建立健全账簿，正确进行核算，如实申报纳税，确保2022年起核定征收企业全部转为查账征收。推进非税项目划转工作，常态化开展社保费专项辅导，企业社保费征缴率高于全市平均水平。

（文　靖）

【风险防控】 年内，提升依法治税能力和税收风险防控水平，强化内控监督，结合国务院第八次大督查开展自查整改，坚持问题导向，通过“体检式”自查，审视工作机制、完善工作流程、整改工作问题、强化业务管理。全年统筹风险事项1.6万个，查补税款5.29亿元，加收滞纳金4301.26万元；完成个人所得税事后抽查应对任务，提前45天完成261条疑点数据核实修改，核实修改率100%，位列全市第一；加强风险应对团队建设，查补税款1.01亿元，加收滞纳金1015.77万元。建立健全区税务局虚开风险特征库及关联开票模型，开发特色发票查询系统，推进以数治税。

（文　靖）

审　计

【概况】 2021年，丰台区审计机关完成审计项目37个，其中审计29个，专项审计调查5个，其他工作3个。查出主要问题金额883483万元，其中违规金额5211万元、管理不规范金额878272万元；审计发现非金额计量问题171个；出具审计报告和专项审计调查报告131篇，被批示、采用8篇次。审计处理处罚金额11416万元，其中应上缴财政11082万元、应调账处理金额334万元；移送司法机关、纪检监察机

▲4月13日，区税务局联合北京市丰台区发展投资有限公司在中都科技大厦举办“赢在丰台”税收沙龙活动，将“财税讲堂”搬进企业。 (侯晓文 摄)

▲4月28日，区税务局携手国家税务总局驻北京特派办联合到丰台区第五小学开展税收宣传活动。(侯晓文 摄)

关和有关部门处理事项6件，移送处理金额5277万元；审计促进整改落实有关问题资金127075万元；审计提出建议167条，被采纳123条；推动被审计单位制定整改措施181项；促进被审计单位建立、健全规章制度33项；提交审计信息156篇，被采用172篇次。向社会公告审计结果9篇。2021年，被评为首都文明单位标兵，1名审计干部获“北京市优秀共产党员”称号，1名审计干部获“北京市最美家庭”提名奖、“丰台区最美家庭”，长辛店镇原镇长张晓东经济责任审计项目被北京市审计局评为优秀审计项目。区审计局人员编制64人，在编56人。内设12个科室，分别为办公室、组织人事科、综合科、法规审理科、教科文卫审计科、财政审计科、固定资产投资审计科、经济责任审计科、内部审计指导监督科、企业社保审计科、农业与资源环境审计科、电子数据审计科。下设1个事业单位为北京市丰台区审计监督中心。

（张　坤　郭昱恒　王　佳）

▲6月23日，区审计局参加丰台区“两优一先”表彰大会。（郭为 摄）

【政策跟踪审计】 年内，围绕中央、市委重大战略决策和区委区政府重要部署，持续开展重大政策措施落实情况跟踪审计。对中央直达资金拨付使用及惠企利民情况，贯彻落实过“紧日子”要求情况，优化营商环境及清理拖欠民营企业中小企业账款情况等进行重点关注，推动党中央重大决策部署贯彻落实。

（郭昱恒）

【财政审计】 年内，聚焦财政预算绩效管理改革，紧扣实施全面预算绩效管理和人大预算审查监督要求，不断加大对支出预算和政策以及预算绩效管理的审计力度，实现“四本预算”（一般公共预算、政府性基金预算、国有资本经营预算、社会保险基金预算）全覆盖，将成本绩效理念贯穿审计工作全过程。组织对丰台区2020年度本级预算执行及其他财政收支情况审计，对82家一级预算单位预算执行和决算草案开展数据分析审计，重点对区文旅局、区文化馆、区图书馆、区科信局、丽泽金融商务区管委5家单位开展现场审计。

（郭昱恒）

2021年北京市丰台区审计工作统计表

表4　　　　金额单位：万元

审计机关		丰台区审计局
完成审计项目/个		37
审计查出主要问题金额/万元		883483
审计发现非金额计量问题/个		171
审计期间整改金额/万元		10269
出具审计报告和审计调查报告/篇		131
审计处理情况	审计处理处罚金额/万元	3337.82
	移送处理事项/件	5
审计促进整改落实有关问题资金/万元		127075
审计提出建议/条		167
提交审计信息/篇		156

▲9月26日，区审计局开展马家堡街道办事处经济责任审计项目现场。（丁雪莹 摄）

▲7月20日，区审计局到丰台医院现场进行审计调研。（张雪梅 摄）

【民生项目审计】 年内，围绕“七有”“五性”，聚焦民生大事、难事、急事，开展创建国家卫生区工作跟踪审计、文化专项资金审计调查等民生审计项目。

（郭昱恒）

【经济责任审计】 年内，聚焦领导干部权力规范运行，促进反腐倡廉，组织开展对区文旅局、云岗街道等9个部门11位领导干部经济责任审计。发挥丰台区经济责任审计联席会议统筹协调的平台作用，推动形成监督合力。在各项审计中，注重揭示重大违纪违法、重大损失浪费、重大失职渎职等问题，以及涉黑涉恶问题线索的挖掘。

（郭昱恒）

【固定资产投资审计】 年内，围绕区委区政府中心工作，关注区域重要项目推进情况，开展丰台医院提质改建、丰台火车站配套市政工程、档案新馆建设等3个重点项目跟踪审计。开展南苑机场配套迁建工程征地拆迁资金结算审计、大红门旧村改造项目成本审计、分钟寺土地一级开发项目情况审计，保障资金使用安全、推进项目有序开展。

（郭昱恒）

【国有企业审计】 年内，立足区委区政府当前国企改革发展的重点难点，以推动国有企业高质量发展、国有资产保值增值为目标，对丰台区保障性住房发展有限公司、丽泽金融商务区控股有限公司2家企业开展财务收支审计。

（郭昱恒）

【自然资源与生态环境审计】 年内，聚焦国有自然资源资产管理，推进绿色发展和生态文明建设，开展国有自然资源资产管理情况、南苑森林湿地公园先行启动区专项审计，对区园林绿化局领导干部开展自然资源资产离任审计。首次形成《关于丰台区国有自然资源资产管理审计情况的工作报告》并向区人大常委会报告，审计成果获区委审计委员会多位领导批示。

（郭昱恒）

【内审监督与指导】 年内，持续推进《北京市内部审计规定》在丰台区的贯彻落实，推动各单位制定出台内部审计

▲9月2日，区审计局到南苑湿地公园现场进行审计调研。（蔡京津 摄）

▲9月8日，区审计局对园林绿化局领导干部开展自然资源资产离任审计，在王佐镇南宫村现场核查临时占地现状。（刘玉宾 摄）

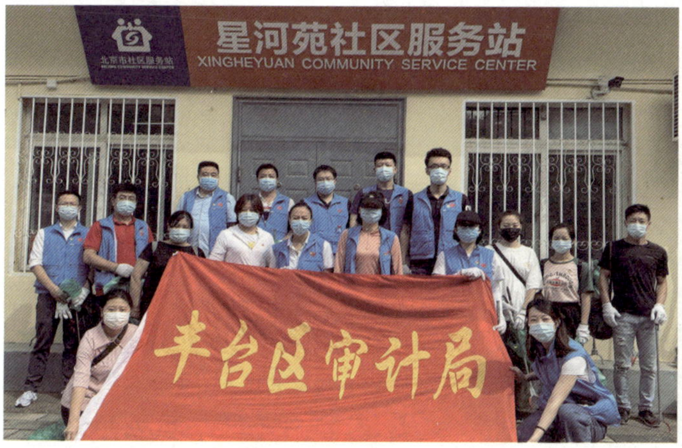

▲8月23日，区审计局党员干部到马家堡街道办事处开展“结对联创”。（丁晓萌 摄）

▲4月20日，区审计局到丰台中西医结合医院开展内部审计工作调研。（张琳 摄）

制度,加强对内部审计工作的指导监督;对区卫健委所属部分二级预算单位组织开展内部审计;面向全区部分重点行业领域国有企业开展企业安全生产费用提取和使用情况调查工作。

（郭昱恒）

【审计整改】 年内,完善审计整改机制,在全区范围印发《关于进一步加强审计整改工作的意见》,制定实施《丰台区审计局审计整改操作规程（试行）》,制定预算执行审计和经济责任审计2个领域提示提醒清单印发全区。本年度本级预算执行和其他财政收支审计查出问题整改完成率98.97%。

（郭昱恒）

【“十四五”丰台审计工作规划】 年内,编制《“十四五”丰台审计工作发展规划》,围绕丰台区功能定位,从支持首都发展建设服务保障审计、重大政策措施落实情况审计、城市治理审计、财政审计、公共投资审计、企业审计、自然资源与生态环境审计、民生审计、领导干部经济责任审计九大领域发力,推进审计全覆盖。

（郭昱恒）

【审计理论研究】 年内,开展研究型审计,坚持揭示问题与解决问题相统一,对审计领域理论、技术等进行研究,完成《基层养老服务供求现状及发展研究》《基层审计机关强化审计整改的工作路径研究》等5篇调研,撰写的《丰台区审计局关于2020年区重点项目跟踪审计情况的专题报告》等8篇专报得到区领导批示。

（郭昱恒）

【审计监督与服务保障】 年内,按照丰台区“结对联创”部署,成立对口监督指导组,以审计专业优势做好创卫政策解读,同步抽调25人次下沉社区（村）帮助开展重点工作,选派1名科长担任“治理书记”;发挥审计监督与服务保障作用,支持全区疫情防控工作1办18组及26个街道防疫工作。

（王 赟）

【审计法制化建设】 年内,开展习近平法治思想学习宣传和贯彻落实工作,把法治建设重点工作与全局重点任务共同部署、一体推进,集中开展会前学法6次,增强法治思维,保障依法依规开展审计工作,推动落实“谁执法谁普法”责任,及时向被审计单位和社会公众普及宣传宪法和审计法规,推动增强法治意识。

（张 坤）

金融服务管理

【概况】 2021年,丰台区实现金融业

▲11月24日,区审计局到丰台区防疫物资储备库进行审计指导。（刘海梅 摄）

增加值292.9亿元，同比增长9.3%，金融机构人民币存贷款余额15110亿元，同比增长8.4%。金融业作为丰台区第一大支柱产业，对区域经济支撑力度进一步加强，实现税收收入65.02亿元，同比增长11.24%。

（吴　玄）

【丽泽招商引资】 年内，引进国家数字金融检测中心、银河证券、长城资产、东方金诚等重点机构及外资金融机构类企业北京里昂咨询服务有限公司，建行旗下建信金科、腾讯金融板块微民保险、隐私计算头部企业全资子公司北京阵方科技、中教畅想私募基金管理有限公司、北京万联电子商务、平安普惠融资担保有限公司北京融资担保分公司、北京冀信基金管理有限公司等金融科技类和新兴金融企业，并相继落地。

（吴　玄）

【推动企业上市挂牌】 年内，推动区内企业北京中航泰达环保科技股份有限公司、北京凯腾精工制版股份有限公司成为全国首批（81家）登陆北交所企业。截至年底，丰台区境内A股上市企业30家（沪深主板20家、创业板6家、科创板2家、北交所2家），排名全市第四；新三板挂牌企业42家，排名全市第七。

（路　媛）

【金融人才入选首批"丰泽人才"】 年内，推荐中国人民银行数字货币研究所、中国农业再保险股份有限公司、北京汽车集团财务有限公司、银行业信贷资产登记流转中心有限责任公司等10家机构11名高层次金融人才和团队入选丰台区首批"丰泽人才"。

（吴　玄）

【数字人民币应用场景实现多个首次】 年内，引导丰台区职工大学创造全国首例通过数字钱包实现非税收入上缴财政的业务场景。在区政务服务中心开通数币缴费应用，推出全市首个政务服务数字人民币应用场景。全市首张数字人民币保单在丰台区落地。银河证券推出的"证券行业数字人民币应用场景创新试点项目"纳入资本市场金融科技创新试点，数字人民币应用场景首次拓展到证券行业。

（吴　玄）

【规范地方金融组织发展】 年内，对区9家小贷公司、4家融担公司（含分支机构）、2家交易场所、42家典当行（含分支机构）、11家融资租赁公司、1家商业保理公司共69家地方金融机构开展现场检查工作，督促企业整改，规范企业发展，防控地方金融机构风险。

（吴　玄）

【金融安全宣传】 年内，结合防疫抗疫、《防范和处置非法集资条例》等内容，通过丰台有线、北京丰台APP、微博、微信公众号等线上渠道发声，制作并发放无纺布袋、宣传折页、笔记本、海报等宣传材料，组织开展"百千万宣教工程"活动。全年发放宣传材料6.5万份，组织集中宣传活动256场，"百千万宣教工程"108场，惠及群众7.4万余人。

（任婉莹）

【举办首都金融业发展与"两区"建设新闻发布会】 2月3日，丰台区联合市金融监管局、人行营管部、北京银保监局、北京证监局（以下简称"一部两局"），共同举办首都金融业发展与"两区"建设新闻发布会。发布会以"线上＋线下"形式举办。市金融监管局及一部两局主要领导出席，邀请50多家中外金融机构参加，丰台区长出席发布会，介绍丰台区金融业及两区建设成果。

（吴　玄）

【召开中小企业融资对接会】 3月，在市级相关部门的支持下，邀请区内15家中小企业在北京市首贷服务中心举办丰台区企业专场融资对接会，针对企业融资需求满足程度低、融资困难、融资成本高等问题与各金融机构进行沟通，协助企业获得资金支持。

（路　媛）

【组织拟上市企业走进深交所】 4月，区金融办与北京企业上市综合服务平台联合组织4家区内拟上市企业走进深交所，就企业上市工作与专家进行沟通，助力企业更好的开展上市工作。

（路　媛）

【组织召开"股权激励"专题培训会】 4月22日，区金融办联合银河证券为

▲3月，区金融办在市首贷服务中心举办丰台区企业专场融资对接会。（区金融办 供图）

▲4月，区金融办与北京企业上市综合服务平台联合组织4家区内拟上市企业走进深交所。（区金融办 供图）

▲6月11日，区金融办与银河证券一起走访区内上市企业。（区金融办 供图）

▲6月11日，当升科技对区金融办为公司再融资项目提供的支持与帮助表示感谢并送上锦旗。（区金融办 供图）

区内8家重点拟上市企业开展“股权激励”专题培训会，就企业关心的股权激励该不该做、该何时做、该怎么做等一系列问题，通过政策解读、案例分析等方式进行解答。此次培训会通过企业提供主题，政府搭建平台，机构上台授课的形式，增强企业的参与感，体现政府的桥梁作用，激发专业机构的积极性。

（路　媛）

【开展防范非法集资宣传活动】 4月25日，北京市丰台区总体国家安全观主题公园揭牌仪式在丰台花园举行。区金融办在活动现场开设展台，现场通过派发宣传材料、讲述真实案例等形式开展防范非法集资宣传，帮助广大群众树立正确的投资理念，提升金融风险防范意识和识别能力。

（任婉莹）

【5·15全国投资者保护宣传日启动仪式】 5月15日，区金融办会同北京证监局、中国证券业协会及驻区金融机构共同举办“5·15全国投资者保护宣传日启动仪式”。区金融办在活动现场通过发放宣传折页、讲述真实案例等形式，拉近宣传距离、搞活宣传方式，引导广大群众正确看待风险、理性表达诉求、依法维护权益。

（任婉莹）

【长城资产入驻丽泽】 6月，中国长城资产管理股份有限公司（以下简称“长城资产”）及部分子公司整体搬迁至丽泽。长城资产成立于1999年，注册资本512.3亿元，由中华人民共和国财政部、全国社会保障基金理事会和中国人寿保险（集团）公司共同发起设立。作为国有金融资产管理公司，长城资产成立之初的主要任务是收购、管理和处置国有银行剥离的不良资产，其入驻体现丽泽对大型金融机构吸引力持续增强。

（吴　玄）

【走访调研区内上市企业】 6月11日，区金融办与银河证券一起走访区内上市企业——北京当升材料科技股份有限公司（以下简称“当升科技”），参观了企业展厅，就企业未来发展及需求进行沟通，为后续继续做好服务奠定基础。当升科技对区金融办为公司再融资项目提供的支持与帮助表示感谢并送上锦旗。

（路　媛）

【举办“丰台区防范非法集资宣传月启动仪式”】 6月15日，丰台区2021年“学法用法护小家，防非处非靠大家”防范非法集资宣传月启动仪式成功举办。区金融办在活动现场设立防范非法

▲4月25日，区金融办在北京市丰台区总体国家安全观主题公园开展防范非法集资宣传活动。（区金融办 供图）

▲6月15日，丰台区2021年“学法用法护小家，防非处非靠大家”防范非法集资宣传月启动仪式成功举办。（区金融办 供图）

▲7月28日，丰台区委副书记、区长陪同中国人民银行总行金融市场司司长一行到新发地市场进行调研。（区金融办 供图）

集资知识展台，由区金融办工作人员进行宣讲，重点结合日常工作中遇到的案例、接访中群众关心的热点问题等内容，调动现场群众参与的积极性、主动性，进一步提高广大群众的风险意识、辨别能力和抵制非法集资违法犯罪活动的自我保护能力。

（任婉莹）

【首家外资类金融机构入驻丽泽】 7月7日，北京里昂咨询服务有限公司入驻丽泽。北京里昂咨询服务有限公司是中信证券与法国里昂外资企业合作成立的外资类金融机构，是境外的私募基金管理业务平台CLSA Capital Partners Limited在国内设立的投资公司，进行本地化运营，在国内市场开展相关投资业务。公司前身为天津信华资产管理有限公司，经区金融办持续对接服务，企业由天津迁入北京丽泽，有效填补了丽泽外资类金融机构的空白，丰富了丽泽金融金融业的业态，有助于加快外资金融机构集聚。

（吴　玄）

【中国人民银行总行金融市场司到新发地市场调研】 7月28日，丰台区委副书记、区长陪同中国人民银行总行金融市场司司长一行到新发地市场进行调研，就金融支持中小微企业发展情况与新发地市场商户代表及金融机构代表进行座谈交流。

（路　媛）

【参展金融服务专题展】 9月2日至7日，丰台区与数研所联合六大国有商业银行及华为、京东科技等数字人民币运营机构，共同参展服贸会—金融服务专题展，组成数字金融示范区展区，开启数字人民币大道，举办“数字金融嘉年华”“数字货币购物节”等大会主题活动，集中展现数字人民币试点成果、应用场景，扩大数字人民币及丽泽影响力。

（吴　玄）

【举办中国（北京）数字金融论坛】 9月10日，丰台区联合市金融监管局、数研所等在丽泽共同举办中国（北京）数字金融论坛。论坛以“新动能 新方略”为主题，邀请政府官员、专家学者、企业高管等参加，论坛现场启动“丽泽数字金融示范区建设行动计划”，市金融监管局向丽泽颁授“北京法定数字货币试验区”。

（吴　玄）

【成立国家数字金融技术检测中心公司】 9月29日，丰台区联合中国人民银行数字货币研究所成立北京国家数字金融技术检测中心有限公司，中心注册资本拟定400万元，其中中国人民银行数字货币研究所持股比例70%，中国金币总公司持股比例20%，北京丽泽商务区控股有限公司持股比例10%。中心将主要承担数字人民币软硬件检测相关职能，打造唯一权威的国家级专业从事数字人民币系统及关联系统的功能、性能、安全测评，以及数字人民币相关技术产品检测中心。

（吴　玄）

【走访调研建行丰台支行】 10月，区委常委、区纪委书记，区金融办党组书记到建行丰台支行走访调研。一行人对建行丰台支行无障碍网点进行参观，与

▲10月，区委常委、区纪委书记，区金融办党组书记到建行丰台支行走访调研。（区金融办 供图）

建行丰台支行党委书记、行长等人进行交流。区委常委、区纪委书记在听取汇报后，对建行丰台支行为丰台区做出的贡献给予肯定；对建行适应新模式，构建新格局，推进新金融的发展战略给予赞扬；希望建行丰台支行能够继续发挥国有大行的担当，继续加深与丰台区政府的合作，为区域经济建设贡献力量。

（路　媛）

【“丰台企业走进北交所”系列活动】 12月8日，在市金融监管局的指导下，区金融办联合区内相关单位及北京股交中心，邀请区内8家拟上市企业开展“丰台企业走进北交所”活动。活动紧抓北交所设立机遇，推动区内优质企业加快上市步伐，助力区域经济健康发展。

（路　媛）

【建信金科入驻丽泽】 年内，中国建设银行旗下金融科技板块——建信金融科技（北京）有限公司正式落户丽泽，实体入驻平安金融中心。公司注册资本金1亿元人民币，主要从事金融行业企业级软件研发和相关科技服务，运用人工智能、区块链、云计算、大数据、量子计算等前沿技术，围绕金融行业企业级数字化转型，为金融机构、监管部门、其他金融科技企业提供领先的企业级IT解决方案，在基础技术、行业应用、咨询顾问、数字化运营等领域构建成熟、系统的金融科技核心能力。

（吴　玄）

统　计

【概况】 2021年，丰台统计局队开展党史学习教育，参加庆祝中国共产党成立100周年各项活动，开展国家统计督察整改、市委巡视整改和区委巡察整改，围绕市、区重点任务和统计中心工作，提升统计数据质量、统计服务能力，加强经济运行监测预判、重点领域统计调查分析、统计网络体系建设、统计法治监督和全区统计力量建设，为区域经济社会发展提供统计服务保障。通过对丰台区经济和社会发展运行情况的监测，全年实现地区生产总值2009.7亿元，比上年增长8.2%；固定资产投资（不含农户）增长7.2%；实现社会消费品零售额1418.1亿元，增长7.5%；居民人均可支配收入72170元，增长8%。坚持党管干部原则，向区委组织部推荐提拔1名副处级领导干部，为5名干部晋升职级，推动干部轮岗交流32人。组织开展各类培训31场，覆盖1682人次。服务保障重大任务，选派6名党员参加庆祝中国共产党成立100周年大会，抽调2名干部参与冬奥会服务保障工作，7名干部参加全区疫情防控专项工作，2名干部分别参与全区党史学习教育及创卫工作。

▲12月8日，“丰台企业走进北交所”活动开展。　（区金融办 供图）

坚持工青妇齐抓共管，开展春游、趣味运动会、健康讲座、手工作品展，参与市统计局体育节、全区体育节、“五月的鲜花”等文体活动，在市统计局体育节健步走项目中获得第4名。

（赵国红）

【经济运行监测】 年内，坚持“稳字当头、稳中求进”，加强经济运行研判分析。围绕15项“稳增长”支撑指标、9个重点行业及行业排名前20的代表性企业，开展持续跟踪监测，通过专题会商会、企业走访调研等方式了解重点指标及行业变动。围绕“1511”产业发展提质工程，跟进全区招商引资工作进程，充实完善全区单位名录库，全年规模以上单位净增305家。强化纵向沟通，领导班子成员分别带队走访市统计局，邀请市局领导及相关处室到丰台调研，展现全区经济建设及招商引资工作亮点。健全部门联动机制，班子成员分别与对口部门建立点对点联系，在趋势研判、重点企业情况等方面加强横向交流，全面提升对经济指标的预判预警能力。全年组织召开12次经济形势座谈会，实地走访调研52家企业、7个重点建设项目，开展271家重点企业跟踪监测，向区政府专题汇报经济运行情况8次。

（赵国红）

【重点领域统计监测】 年内，围绕服务重点功能区发展，专题研究建立符合丽泽金融商务区特色的监测评价体系，设立丽泽金融商务区统计所，推进丽泽金融商务区监测评价工作。完善丰台科技园监测评价机制，开展轨道交通、航空航天两大产业集群监测分析，推进重点区域监测常态化。围绕“十四五”规划纲要确定的金融、科技、商务、文化四大主导产业，建立定期监测分析制度，全年发布四大领域产业监测报告30余篇，发挥统计咨询建议作用。持续加强人口动态监测，完成《2020年人口数据手册》编印，利用百度大数据，掌握人口变化情况。推进高质量发展绩效评价相关工作，加强对各部门指标体系及评价方法的培训。做好国际消费中心城市监测试点，在全市率先建立区级监测指标体系，发挥统计决策参谋作用。

（赵国红）

【民生领域统计监测】 年内，聚焦"七有""五性"重点民生工作，梳理31项指标的数据频率及分街镇情况，建立月度数据监测及分析制度，形成10篇监测分析报告，均获区委区政府主要领导批示。推动"七有""五性"指标完成情况纳入街镇党工委书记月度点评会重要内容。围绕平安丰台建设及创卫重点工作，开展群众安全感调查、创卫满意度调查、垃圾分类调查等多项民意专项调查，形成16篇专题报告，其中7篇被政府专刊采用，为全区精准服务民生改善提供决策支撑。

（赵国红）

【提高统计业务质量】 年内，夯实数据生产审核全流程管理，定期通报统计数据质量情况，确保统计质量全过程管理落实落细。主动适应疫情防控常态化要求，通过小班面培、腾讯会议等形式，加强对统计调查对象的服务和指导。组织全区规模以上单位对统计台账、易错指标台账建立及更新完善情况进行自查，抽查的445家单位台账建立率100%。适应全区街镇行政区划调整，制定统计业务衔接工作方案，完成26个街镇规模以上单位归属和统计管理权限的重新划定，推动调整后人员、网络、设备保障到位，顺利过渡到新体制。加强与区编办、区政府绩效办对接，在街镇"三定方案"中明确统计工作职责及人员编制，将统计工作纳入街镇绩效管理考评体系。制定统计质量全过程管理街镇操作手册及统计业务巡查工作方案，对右安门街道、方庄街道开展统计巡查，筑牢基层统计工作基础。强化街镇统计人员能力建设，开展70余人次街镇统计人员业务技能培训。结合人口抽样调查，开展社区、村统计人员业务培训，提升基层统计人员业务技能。

（赵国红）

【强化统计法治监督】 年内，开展统计督察整改，及时跟进整改进度，清查违反统计法精神的文件和做法，废止23份文件。推动区委区政府、有关部门、各街镇学习中央统计改革文件精神及统计法律法规，推进"统计进党校"落地实施，落实部门统计工作规范化管理办法，推动部门和街镇建立健全统计工作制度。完成2020年部门统计工作，完成对区司法局等部门统计巡查工作。编制完成丰台统计"八五"普法规划，以"两突出、三深入"作为重点内容，加大统计法律法规宣传力度。加强统计信用体系建设，做好统计信用记录公示，2021年度评选诚信统计单位13家。加大统计执法检查力度，全年完成行政执法检查771起，作出行政处罚90起，实现迟报统计资料违法行为动态清零。

（赵国红）

【统计成果宣传应用】 年内，做好人口普查收官，完成第七次全国人口普查总结工作，获得国家级先进集体表彰。发布《丰台区第七次全国人口普查公报》，重新划分调整后街镇人口数据，成立人口普查数据分析小组，围绕人口规模、结构、分布及发展特征开展研究，形成5篇专题报告，均获区领导批示。回应社会关切推进信息公开，全年答复社会公众来电来函196次，利用《中国信息报》、统计微讯、"北京统计"、"北京丰台"等政务新媒体，主动展示丰台区经济社会发展成果，扩大宣传覆盖面，多角度提升统计影响力。

（赵国红）

【基层统计基础建设】 年内，各街镇适应行政区划调整，推进基层统计工作。右安门街道、方庄街道结合街镇统计巡查，推进统计工作规范化建设。东铁营街道、和义街道、右安门街道严格执行统计人员变动及提任备案制度，六里桥街道围绕人员调整，做好统计人员配备及相关保障工作。丰台街道、西罗园街道、青塔街道严格做好日常统计年定报工作。新设的石榴庄街道、玉泉营街道主动参加统计顶岗及劳资小教员培训，提升业务能力。

（赵国红）

市场监督管理

概 述

2021年，丰台区市场监管局在区委区政府的领导下，紧扣庆祝建党100周年主线，立足丰台区功能定位，统筹常

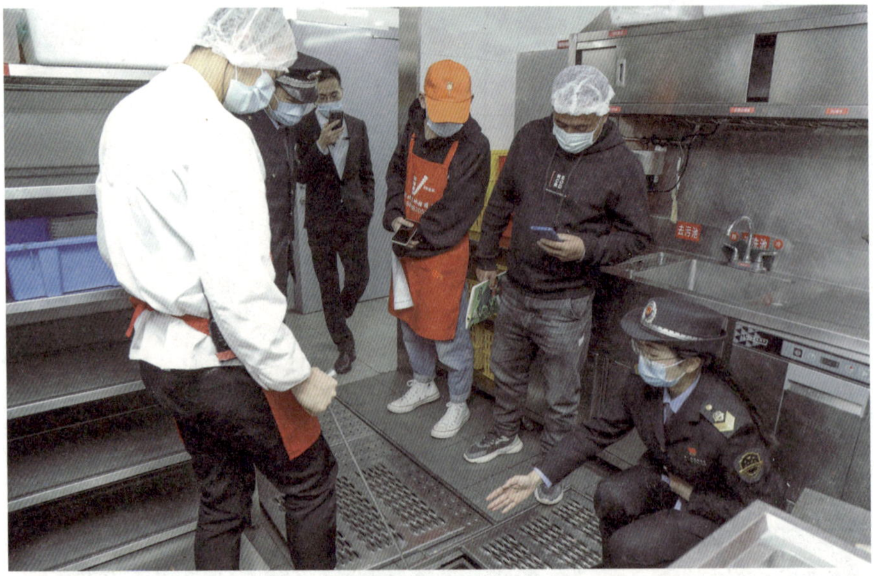

▲3月4日，丰台区市场监管局邀请辖区商户代表到区某餐饮店实地观摩学习创卫标准。（梁忠涛 摄）

态化疫情防控，全力维护辖区市场秩序。共有内设科室36个，下辖市场监管所30个，综合执法大队1个，所属事业单位7个。年内，顺利通过“全国文明单位”复评，获全国知识产权系统先进集体、全国“小个专”党建工作突出集体、2016—2020北京市法治宣传教育先进集体、北京市信访工作先进集体、北京市接诉即办工作“先进集体”等多项荣誉。

（王　培）

【事业单位改革】 3月，根据区委编办批复，所属事业单位缩减为7个，分别为丰台区市场监督管理局综合服务中心、丰台区消费者协会、丰台区私营个体经济指导服务中心、丰台区知识产权公共服务中心、丰台区计量检测所、丰台区特种设备检测所、丰台区食品药品安全监控中心。

（白莹莹）

【市场监管所调整】 7月，随全区行政区划调整，在原有25个市场所基础上，撤销南苑乡所，新设立成寿寺街道所、石榴庄街道所、玉泉营街道所、看丹街道所、五里店街道所、青塔街道所。调整后，有30个市场监管所，包括26个街镇市场所和科技园区所、丽泽金融商务区所、西站所、新发地所。

（白莹莹）

【“我为群众办实事”实践活动】 年内，找准优化营商环境、预付式消费、食品安全等领域群众“急难愁盼”问题，把“问题清单”转化为“履职清单”，完成年度实事清单项目20项，其中6项纳入区级重点民生项目。

（白莹莹）

【非公党建工作】 年内，区私营个体经济协会党委（以下简称“区私个协党委”）新发展党员36名、新成立支部12个。截至年底，区私个协会党委下设9个党总支，49个党支部，共有440名党员。区协会党委组织各党支部书记开展“学党史教育”“新党员发展流程”“党支部换届”“新当选的支部书记”培训，150余人参加。

（白莹莹）

【河南“7.19水灾”爱心捐赠】 年内，区私个协会、区私个协党委发出倡议，号召分会会员、党员捐款捐物支援灾区。捐款合计总人数1006人次，39家单位，合计金额463889元整，捐赠物资130余万元。

（白莹莹）

市场主体监管

【市场主体发展】 截至12月25日，全区实有市场主体18.7万户，同比增长2.6%，其中企业14.9万户，个体工商户3.8万户。年内，全区新设市场主体1.8万户，同比增长37.3%，其中新设企业16440户，同比增长36.0%，新设个体工商户1511户，同比增长53.71%。

（白莹莹）

【提升登记注册效能】 年内，“一网通办”不断深化，企业开办实行一次申报、统一受理、统一反馈、一天免费办结。9月8日起，个体工商户开办引入政务服务中心，全市首个线上一站式办理的个体营业执照在丰台区颁发。

（白莹莹）

【试点“先税后照”】 年内，区市场监管局、区税务局在全市率先试点股权转让个人所得税管理工作（以下简称“先税后照”）。9月1日，“先税后照”在全市正式实施。区税务局、区市场监督管理局股权转让相关业务整体运行平稳，两局数据交互准确，实现“全业务全流程”系统验证。

（白莹莹）

【落实药店许可审批改革】 年内，推出助企“组合包”，覆盖药店从准入到退出全程。落实告知承诺制改革，启用专人专线指导服务，提供在线培训课程；制作疫情防控专属工具包，全面列清21条药店必查必会项目。

（白莹莹）

【“双随机、一公开”监管】 年内，印发《2021年部门联合开展“双随机、一公开”监管工作推进实施方案》，针对粮食企业、文娱场所、快递行业、危险化学品、二手车市场等领域开展101批次抽查，参与检查部门包括公安、教委、住建、人社、文旅、应急等22家单位，涉及企业5808户次。

（白莹莹）

【无证无照经营和“开墙打洞”治理】 年内，上账113处无证无照经营计划治理任务，7月初提前完成计划任务。结合12345诉求热线，复核反馈“开墙打洞”诉求14轮次，动态上账无证无照经营点位26处。获2021年市级无证无照经营治理工作考核先进。

（白莹莹）

【校外培训机构专项整治】 年内，推广《中小学生校外培训服务合同（示范文本）》，落实“双减”工作要求，实现全区无证学科和语言类培训机构动态清零。

（白莹莹）

【网络交易监管】 年内，开发“慧眼监管”系统，全市率先建立区级网络主体动态数据库，覆盖23858家涉网经营主体。全市率先实现线上违法违规行为自主巡查，建立违法违规线索特征词6000余条。全市首创“丰台区网络交易市场共治联盟”，为辖区电子商务企业提供技术扶持与行政服务。相关工作模式入选市场监管总局《全国典型案例汇编》。

（白莹莹）

【强化市场监管执法】 年内，持续开展扫黑除恶专项斗争、治乱除害五大战役、民生领域案件查办“铁拳”行动等专项整治，查办案件5818件，罚没款2.37亿元。侵犯“袋鼠”注册商标专用权案，作为唯一一个商标侵权案例，入选全国第一批知识产权行政保护优秀案例。

（白莹莹）

【广告监管】 年内，采取技术手段统筹开展传统媒体和互联网广告的监测任务，监测媒介广告500余万条次。

（白莹莹）

【打击传销规范直销】 年内，全力推进无传销社区和无传销网络平台的创建评选工作。创立210个无传销社区，5家无传销网络平台，创建率85%。

（白莹莹）

▲3月31日，丰台区市场监管局对太子峪陵园周边销售的祭祀用品开展专项检查。（梁忠涛 摄）

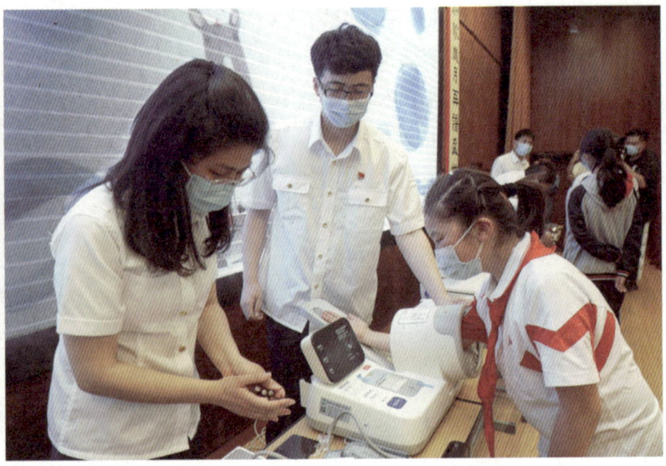

▲5月14日，丰台区市场监管局走进首师大附属云岗中学宣传计量知识。（梁忠涛 摄）

【公平竞争审查】 年内，制定《丰台区公平竞争审查工作联席会议工作规则》，建立公平竞争审查举报和回应机制、重大政策措施会商制度。制定《丰台区清理妨碍统一市场和公平竞争政策措施工作方案》，开展清理、审查排除限制竞争政策措施工作，筛查出涉及排除、限制公平竞争文件3件。

（白莹莹）

【接诉即办】 年内，办理各类渠道投诉举报85983件，其中12345热线诉求54217件（月均4518件）、全国12315互联网平台30125件、北京市12315系统投诉举报263件、区局自接1378件。开展“每月一题”科所联动机制，深化主动治理，基层典型案例“首接负责、服务无距离”在《前线》杂志刊登。

（白莹莹）

【放心消费创建】 年内，联合行业主管部门在美容美发、体育健身等重点行业推广使用预付费服务合同示范文本。在丽泽龙湖天街等5家重点商业综合体内试点“小额预付费保证金先行赔付”制度和预付费经营主体信息公示制度。与区检察院探索建立“支持起诉”+“公益诉讼”工作机制，推动实现“诉源”治理。

（白莹莹）

【培育消费维权小雏鹰】 年内，通过成立消费维权雏鹰小分队，设立青少年维权志愿岗，开展消费情景模拟体验等特色活动，带领学生学习消费知识，体验维权情景，培育具有科学消费观念和良好消费行为的青少年学生。已走进丰台区10所中小学，服务800余名学生。在2021年首都志愿服务大赛中获北京市金奖、2021年首都学雷锋志愿服务“五个100”先进典型。

（白莹莹）

【信息档案管理】 年内，接收整理各类档案7万余卷，扫描企业档案总量117万余页，接收行政处罚案件档案1548件，企业档案鉴定202户。简化档案查询手续，推进便捷服务事项，接待查询企业档案1.6万余人次，日均接待69人次。

（白莹莹）

食品药品安全管理

【食品抽检】 年内，开展食品监督抽检6600批次，合格率98.7%，食品快速检测7200批次，合格率100%。开展国家食品安全抽样检验信息系统中三级（国抽、市抽、区抽）监督抽检不合格案件核查处置督查督办。

（白莹莹）

【药品安全监管】 年内，开展新冠病毒

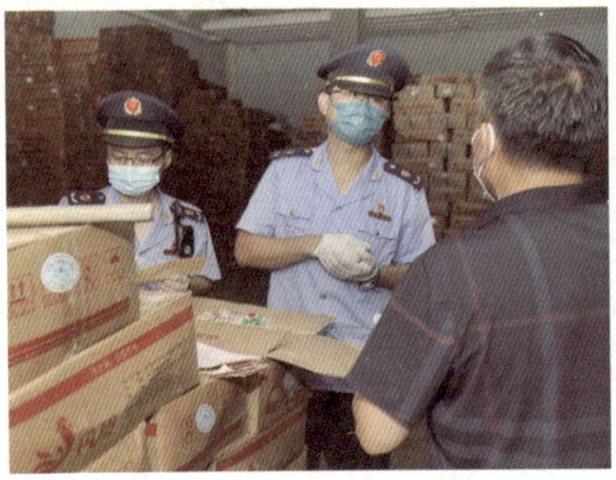

▲8月6日，丰台区市场监管局对辖区晶冷冷库内库存冷冻商品进行专项检查。（梁忠涛 摄）

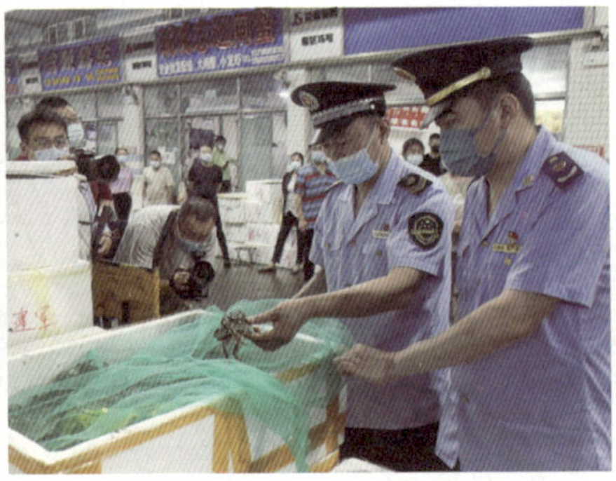

▲9月16日，丰台区市场监管局在京深海鲜市场检查大闸蟹。（梁忠涛 摄）

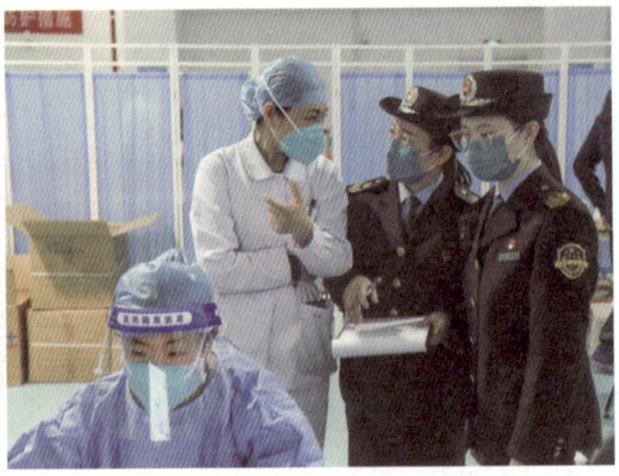

▲10月31日，丰台区市场监管局对丰台体育中心疫苗接种点新冠肺炎疫苗进行检查。（梁忠涛 摄）

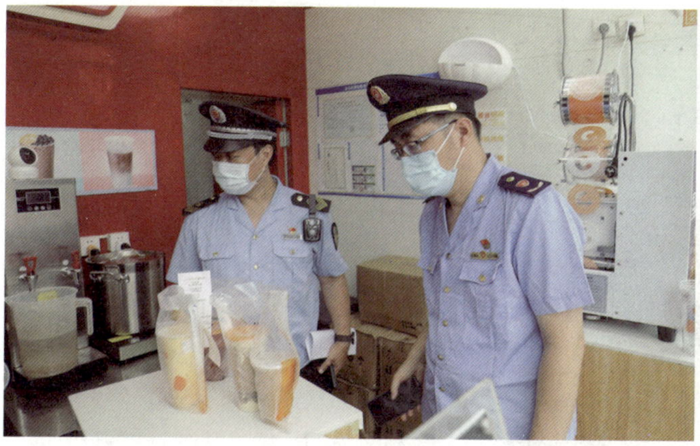

▲8月12日，丰台区市场监管局开展“铁拳＋网剑”行动，查处假冒“CoCo”茶饮店。（渠忠涛 摄）

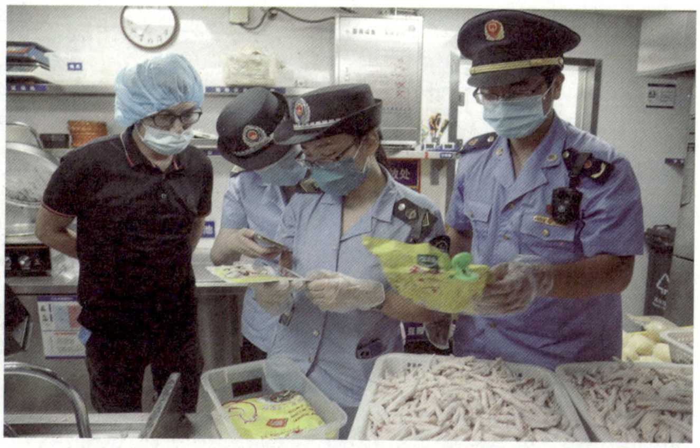

▲8月23日，丰台区市场监管局应对网络舆情，突击检查“胖哥俩”肉蟹煲（凯德茂店）。（渠忠涛 摄）

疫苗、中药饮片、疫情防控类医疗器械、网络销售儿童化妆品等专项整治，开展药品、化妆品、医疗器械抽检606批次。

（白莹莹）

【推进冷链追溯管理】 年内，严格约束企业将进口冷链食品产地、入境口岸、报关单、核酸检测证明等信息录入追溯“二维码”，实现辖区进口冷链食品“首站赋码”“凭码销售”“可追可溯”。

（白莹莹）

【餐饮业食品安全大检查】 年内，将品牌连锁餐饮单位、网红餐厅等作为检查重点，强化监督检查和案件查处。落实“处罚到人”要求，对胖哥儿俩肉蟹煲、华莱士炸鸡、杨国福麻辣烫、茶百道等被曝光品牌开展全覆盖检查。建立餐饮业“红黑榜”，通过丰台市场监管微信公众号及媒体平台双曝光，形成有效震慑。

（白莹莹）

【网络直播“政务开放日”】 10月21日，启动丰台区2021年“全国安全用药月”活动，区人大代表、区政协委员、区检察院、企业、群众、媒体记者等20余人现场出席启动仪式，其他企业、群众100余人观看网络直播，全程同步参与。活动首次尝试以网络直播的方式，选取药店、医疗机构、监控中心三大场景，将药品流通使用监管和检验过程全景式、浓缩式地展现在观众面前，讲解安全用药知识，守护群众用药安全。

（白莹莹）

【重大活动保障】 年内，投入建党百年庆祝活动、冬奥会测试赛、“两会”、中国戏曲文化周等市级以上大型活动食品安全保障任务，累计供应食材1556吨，开展新冠病毒检测5949件，诺如病毒检测4191件，实现重大安全责任事故“零报告”。

（白莹莹）

▲10月14日，丰台区市场监管局组建丰台区“丰向标”产业联盟。（渠忠涛 摄）

质量技术监督管理

【质量“一站式”服务建设】 年内，会同区商务局、区科信局、区生态局探索食品生产行业质量基础设施“一站式”服务工作。同区科信局联合印发《丰台区2021—2025食品生产质量提升行动方案》，从计量、标准、认证、检验检测、质量管理等方面为企业提供“一站式”服务。

（白莹莹）

【计量基础保障工作】 年内，新建900平方米检测实验室，获国家级专利1项，计量检测基础设施及质量保障能力更加完善。助力绿色节能发展，能效水效标识监督检查量全市第一。

（白莹莹）

【标准化战略补助项目】 年内，成立首个以标准化为特色的“丰向标”产业骨干联盟，打造国家级标准化试点示范项目。48家企业参与百千万对标达标专项行动，对标数量全市第一。实施标准化战略资金补助，辖区25项创新标准兑现补助资金545万元。

（白莹莹）

【特种设备安全监管】 年内，组建全市第一家特种设备安全志愿服务队——北京丰之翼特种设备安全志愿服务队。围绕特种设备的安全文化、安全心理和安全知识体系建设，针对社会公众，开展进社区、进校园、进企业等安全宣传教育培训及应急演练活动。志愿服务队

▲1月13日，丰台区市场监管局对万龙八易滑雪场特种设备运行情况进行检查，现场查看特种设备维保记录、雪场特种设备应急演练。（梁忠涛 摄）

开展的“你我同行 共建特种设备安全”活动受众人数8万余人，服务项目获2021年首都志愿服务项目大赛银奖。

（白莹莹）

【产品质量监管】 年内，健全质量风险防控机制，加大对儿童用品、大气污染防治、燃气灶具等81类重点产品质量监督抽查力度，对不合格产品全部依法处理。全年对6大领域、682组产品开展监督抽查工作。

（白莹莹）

消费者权益保护

【概况】 2021年，丰台消协围绕中消协“守护安全 畅通消费”的年主题，不断提高消费者的获得感、幸福感和安全感。通过12345接诉即办平台处理消费投诉8件；通过96315系统受理消费者投诉5134件，解决4610件，解决率89.8%；挽回经济损失153余万元；接待涉疫类消费电话咨询79件。

（马彩莲）

【诚信服务承诺活动日常督导检查】 年内，区消协对丰台13家开展诚信承诺活动的企业进行日常督导检查，确保各企业落实疫情防控，有序开展诚信服务承诺相关活动。推动落实消费环节和赔偿环节的赔偿先付制度和消费争议快速和解机制，提高消费环境安全度、经营者诚信度和消费者满意度。

（马彩莲）

【围绕中消协消费年主题开展工作】 年内，区消协围绕“守护安全 畅通消费”年主题开展宣传活动，促进形成社会共识。组织举办专家论坛，研讨破解预付式消费、网络购物等领域出现的新情况、新问题和新挑战。发布“履职尽责守护市场安全、凝心聚力畅通放心消费”主题公益宣传视频，引导经营者筑牢安全底线、守法诚信经营。重点围绕预付式消费、个人信息保护、网络直播营销、制止餐饮浪费等消费领域，加强消费教育引导，不断增强消费者的维权意识和自我保护能力。推进消费投诉便利化，适应互联网时代信息传递新形势。试点“小额预付费保证金先行赔付”制度，创新监管思路、发动社会共治，在重点商业综合体推行预付费保证金制度，建立“主动治理 未诉先办”长效机制，推动解决小额预付式消费退费难问题。推进消费者评测，听取消费者意见，围绕问题、短板查原因、补漏洞，提升消费者满意度。加强投诉数据统计分析和舆情监测，把握消费维权工作动态和着力方向，为相关机构开展消费维权工作提供有效参考。加强消费维权志愿者队伍建设，让消费者能够更好地参与到消费维权工作中。

（马彩莲）

【推进放心消费创建工作】 年内，结合丰台区实际，扩大创建活动的影响面和覆盖面，创新创建活动的方式和手段，加强创建效果检查，提高创建工作实效。进一步加强对市消协96315系统在全社会的宣传和推广，提高消费者投诉维权渠道的扩展和畅通，缓解行政部门在承办12345热线工作中的责任压力。

（马彩莲）

【提升消费纠纷解决效能】 年内，以市场消费环境建设联席会议为平台，发挥各职能部门在解决消费环境突出问题上的联动优势。加强与区法院、区人民调解委员会的沟通协作，使消费纠纷调解更加顺畅与便利。与丰台检察院第五检察部召开“检察机关支持起诉”工作座谈会，通过个案研讨，聚焦难点问题，完善机制、打通壁垒、优化流程，努力完成工作创新“从零到一”的转变。继续联合行政部门开展消费调解能力提升班培训工作，在加大对大型商超、市场等专兼职企业调解人员培训的同时，增加对街乡镇政府相关部门尤其是社区、居委会相关工作人员的培训，进一步为丰台区“小事不出社区、大事不出街乡”工作提供支撑。

（马彩莲）

【强化企业主体责任】 年内，强化落实企业主体责任，营造安全放心消费环境，推动辖区消费环境持续向好。结合新的消费维权年主题，持续深化“丰台彩虹315”消费维权服务特色品牌，推动、指导更多优质企业参与到诚信服务承诺活动中，提升企业的诚信经营水平和责任主体意识，提高企业自身自觉开展保护消费者权益工作的积极性。以“区域消费环境评价体系”建设工作为契机，着力优化市场消费环境工作效能，增强市场监管系统在消保维权领域的社会凝聚力和公信力。

（马彩莲）

【推动区域消费环境建设】 年内，注重提高宣传传播力，在商业聚集区悬挂宣传横幅、在社区电梯间张贴宣传海报、在商超播放消费维权宣传片和彩虹维权系列广播，制作发布微信H5、短视频等宣传材料，提高消费者权益保护工作的公众知晓度和参与度。注重提高宣传影响力，做好央视“3·15”晚会应急预案。晚会期间，针对媒体曝光问题，第一时间组织执法人员对丰台区相关企业进行摸排检查，及时上报情况。同时，结合消费维权形势，及时调整宣传方向，宣传受众向老年人、残疾人等弱势群体倾斜，宣传内容向网络交易、预收款等维权热点领域倾斜。注重提高宣传公信力。结合“守护安全 畅通消费”的消费维权年主题，开展系列宣传活动及推动、指导活动。

（马彩莲）

【挖掘消费维权新动能】 年内，开展消费调解能力提升班培训和基层消保人员经验交流会，对于责权不明晰的投诉问题，依据相关法律给予解答，并通过消费维权微信工作群，解答基层和相关部门的疑难投诉问题。持续深化“丰台彩虹315”消费维权服务特色品牌，开展消费维权志愿服务活动，同属地市场监管所共同走访投诉重点企业，降低行政投诉数量。

（马彩莲）

国有资产监督管理

【概况】 2021年，丰台区国资委落实区委区政府的重大决策部署，以管资本为主加强国有资产监管，持续深化国有企业改革，进一步优化国有经济布局，不断激发企业活力。区所属国有及国有控股企业103家，比上年增加2家。据国有资产统计数据显示，截至12月31日，企业账面资产总额954.31亿元，同比增长5.31%；负债总额771.86亿元，同比增长2.54%；所有者权益总额182.45亿元，同比增长18.85%；年末合计国有资产总量177.53亿元，同比增长16.18%。企业实现营业收入18.43亿元，同比下降0.30%；盈亏相抵后实现利润总额5736万元，较上年同期增长6057.7万元，同比增长1883.76%。企业平均资产负债率80.88%，比上年降低1.5个百分点。国有资本保值增值率99.81%。全年企业平均从业人员3327人，年末职工人数2805人，职工人均工资137691.48元，同比增长6.54%。年内，结合机关科级职位空缺情况及工作实际，对委机关干部进行了适当调整，新提拔科长2名。

（王　劼）

【规划引领发展】 年内，以高质量推进“十四五”规划编制工作为抓手，统筹规划全区国有企业创新发展，将国企改革三年行动计划的相关要求融入规划编制工作。巩固强化区属国有经济在重点功能区建设、土地一级开发、市政基础设施建设等传统领域的基础作用，提升国有经济在民生领域中的服务保障作用。根据区委、区政府指示精神，注册成立北京丰台文化旅游集团有限公司，参股成立大红门（北京）建设发展有限公司，引导国有资本向丽泽金融商务区、丰台科技园区和南苑大红门地区等重点功能区布局，更好地服务区域产业培育与发展。

（王　劼）

【调整优化监管体制】 年内，研究起草《丰台区关于加强区管企业国有资产统一管理的意见》，明确区国资委和各履行出资人职责的机构承担的出资人监管主体责任。不断强化基础管理工作，确认园区管委所属企业出资人及相应产权登记部门，指导丽泽管委会落实所属3户企业办理国有产权登记。启动企业负责人任期激励考核工作，加强财务动态监测，建立企业债务风险日常监测和重大风险报告机制，开展财务会计信息虚假问题专项整治。开展《监管企业投资监督管理暂行办法》试点工作，出台《丰台区国有企业违规经营投资责任追究暂行办法》，健全违

2021年丰台区国资委一级监管企业一览表

表5

序号	企业全称	规范简称
1	北京市丰台区城市建设综合开发集团公司	丰开集团
2	北京市丰台区综合投资集团有限公司	综投集团公司
3	北京丰贸投资经营管理有限公司	丰贸公司
4	北京市丰台区国有资本运营管理有限公司	国资公司
5	北京市丰台区保障性住房发展有限公司	保障房公司
6	北京南苑森林湿地公园建设管理有限公司	南森公司
7	北京丰台文化旅游集团有限公司	文旅集团

规投资经营监督体系，为国资监管提供制度保障。

（王　劼）

【推进国有企业改革】年内，制定全民所有制企业公司制改革工作方案，成立工作专班，梳理形成政策和办事流程清单，积极稳妥推进改革相关工作。累计完成33户市级在账企业的改制工作，其中整体改制23户，清理注销8户，申请破产2户，在账完成率100%。后期自行摸排的318户账外企业已完成181户，完成率56.91%。全面启动房管中心事转企工作，制定改革工作方案，并形成资产处置、人员安置、政策保障等系列配套实施方案。加快推动"三供一业"移交工作，明确责任分工，制定工作计划，确定工作阶段和时间节点，初步完成拟移交房产的现场勘查工作。

（王　劼）

【创卫工作】年内，指导企业开展卫生死角清理，规范集贸市场管理，消除全部旱厕，配合铁路沿线环境整治和"十乱"现象治理。规范企业办公场所、食堂、物业小区、经营网点等区域、点位的垃圾分类工作。引导鼓励企业职工及志愿者，参加社区（村）生活垃圾分类工作服务。

（王　劼）

【安全生产工作】年内，统筹抓好安全生产、消防安全、烟花爆竹安全管理、食品安全、应急管理、平安丰台建设等各项工作。指导企业以隐患自查自改为基础，开展安全生产隐患排查和专项检查，领导班子成员分别带队开展安全生产专项检查，化解各类风险隐患，落实应急值班值守要求，确保节假日和重点时期的安全稳定。

（王　劼）

【接诉即办和信访工作】年内，将"接诉即办"工作情况纳入企业经营业绩考核，指导企业设立工作部门并配备专职人员，设立专项资金，建立回访机制和工作考核例会制度。全年国资系统接办12345热线问题3505件。加大信访矛盾排查工作力度，严格落实领导干部包案制度，协调解决一批涉及改制退出企业职工切身利益的历史遗留问题。

（王　劼）

【加强基层党建】年内，制定全面从严治党主体责任清单，召开国资系统全面从严治党专题工作会。开展全国国企党建工作会议精神贯彻落实情况"回头看"，组织监管企业制定党组织前置研究讨论重大事项清单及前置研究讨论程序，厘清党组织和其他治理主体权责边界。推广国有企业党支部"四融入"工作法，组织开展系统支部标准化规范化自查整改。完成14名区党代会代表选举工作，严格落实基层党组织按期换届要求，加强对基层党组织换届情况的督促检查。与9家直属党组织签订《2021年意识形态工作安全责任制责任书》，确保意识形态领域安全。

（王　劼）

【监管企业参与重点功能区、重点项目建设】年内，丰开集团全力推进五里店京周路沿线棚户区改造项目，完成五里店A片区166宗宅基地腾退签约，发放搬迁补偿款12.03亿元，拆除房屋建筑面积约4.6万平方米；完成长辛店老镇西区经济适用住房（长馨园）项目开工前手续变更和宛平城解危二期相关工作。综投集团公司加快推动丰台站改建工程征地拆迁收尾工作，同步推进周边配套市政工程征地拆迁，全年累计实现交地面积约84.2万平方米，占总用地面积约88%；完成树木伐移9200余株，完成工作量约96%。全面完成西局南街、范家庄北路、九子河东路、杜家坎南二路、槐房四号路、马草河基地东路桥、河西地区农村污水治理等一批区域基础设施建设工程。丰贸公司完成西马场北里17号党群服务中心改造工程，为区重点工作提供资金支持5158万元。国资中心探索新融资渠道，完成25亿私募公司债注册，为丰台区重点项目建设提供资金支持4.04亿元，担保支持34.4亿元，助力区域高质量发展。保障房公司完成张郭庄、万泉寺5个公租房项目共计818套房源的收购工作，合同金额5.7亿元；做好人才公租房配租和保障工作，为行政事业单位人才配租房源1996套；承担丰台医院提质改建和丰台区档案馆建设等市、区重点工程项目。南森公司启动片区绿化和弱电及智能管理系统建设，完成"十一"期间部分开园工作。文旅集团完成第29届中国北京种业大会招商招展和服务保障工作，统筹丰台区内文旅产业资源。

（王　劼）

【超额完成年度招商引资任务】年内，按照区政府的相关任务安排，印发《关于做好外资企业和规模税源企业引进工作的通知》，将企业招商引资工作纳入业绩考核，多次召开监管企业招商引资推进会，广泛动员企业参与招商引资工作，推进国资委招商引资工作。全年引进外资企业1家和优质税源企业3家，超额完成年度招商引资任务。

（王　劼）

【对口支援协作】年内，引导企业参与"万企兴万村"活动，开展村企结对帮扶工作巩固脱贫攻坚成果。全年组织9家区属国有企业参与对口结对帮扶内蒙古赤峰市林西县大营子乡和平村、富康新村、二八地村三个行政村，结对帮扶形式以现金捐赠为主，支持建设环城万亩产业园区禾旺园区建设智能温室24000平方米。

（王　劼）

烟草专卖与管理

【概况】2021年，北京市丰台区烟草专卖局（北京市丰台烟草公司）（以下简称丰台烟草）内设机构有纪检监察科（党建工作科）、办公室（安保科）、专卖监督管理科（专卖稽查支队）、内部专卖管理监督派驻办公室、法制科、营销网建科、财务科、人事科。年内，丰台烟草销售卷烟7.43万箱，同比降低

0.99%；单箱销售额36362元，同比增长3.99%；实现税利5.88亿元，同比增长1.4%。注重教育培训，开展包括业务培训、政策培训、制度培训等各类培训17次，培训470人次，累计252学时。完成2020年度财务决算工作、2020年度企业所得税汇算清缴工作。加强安全经营宣传工作，开展节前营销网络安全培训。持续提升辖区零售终端形象提升工作质量，在现代零售终端建设、零售客户服务指导、营销队伍职能转型等方面取得成果，诚信互助小组和诚信评级认证“双诚信”体系稳步推进。召开党史学习教育动员大会，对丰台烟草开展党史学习教育工作、庆祝中国共产党成立100周年活动进行部署。召开2021年落实全面从严治党主体责任工作会议，组织相关人员签订《2021年落实全面从严治党主体责任责任书》。年内，参加北京烟草系统“两优一先”表彰大会，孙永芳获北京烟草系统优秀党务工作者称号，胡亚涛获北京烟草系统优秀共产党员称号。

（仲　将）

【元春卷烟营销】 1月4日，丰台烟草召开元旦、春节卷烟销售专项工作会议，统一思想、制定计划、做好分工，筹备元春卷烟营销工作，保障元春卷烟需求，确保节日卷烟供应。在第一周货源投放后开展市场走访，针对零售客户元春销售提出有建设性的建议，全员深入市场走访到位、全面准确把控市场状态、引导诚信互助小组开展活动，使经营指导更加有针对性。12月8日，开展零售客户元春卷烟需求调研工作，准确把握市场动态、采集零售客户真实需求，指导客户提前做好规划、及时掌握客户信息与需求，提前部署元春卷烟营销工作，保障元春销售顺利进行。

（杨丽君）

【开展营销网建调研座谈会】 1月8日，丰台烟草与市烟草营销中心开展营销网建调研座谈会，以不断提高零售客户满意度、加强精准投放为题，就推广丰台烟草试点工作经验、建设科学精准的卷烟投放调控体系等课题进行交流研讨。会上，营销中心对在丰台烟草召开的2020年北京烟草营销网建阶段成果汇报会表示感谢，对丰台烟草建立的“双诚信”体系及现代终端建设等各项工作予以肯定，提出下一步工作思路。

（杨丽君）

【“1·17”特大假烟网络案】 1月17日，经长期侦查蹲守，在通州烟草和丰台公安分局的支持配合下，查获违法卷烟240.18万支，案值489.34万元，刷新北京市贩卖假烟的最高案值记录，捣毁北京贩假头号团伙。

（张铁玲）

【推行网上办证服务】 1月26日，丰台烟草推行“网上申办、零见面审批、邮寄送达”全程电子化办证服务，确保疫情防控与行政许可两不误。

（张铁玲）

【发放2021年卷烟零售户订货目录】 1月，丰台烟草开展2021年卷烟零售户订货目录发放工作，为辖区零售户提供日常订货基础资料，保障辖区零售户及时知晓卷烟品类、价格等信息的变动情况。

（杨丽君）

【加强客户卷烟“出样”工作】 1月，丰台烟草开展卷烟出样维护工作，加强零售客户柜台卷烟出样和价格标签维护，确保卷烟柜台陈列有效利用、合理化布局，进一步提升零售客户经营能力、卷烟培育水平。

（杨丽君）

【开展节前营销网络安全培训】 2月1日，丰台烟草全体营销人员对市局下发的网络安全相关文件进行学习，加强春节期间的信息安全与网络安全管理工作，强化网络信息安全意识，对全体营销人员信息发布的内容、方式、范围等做好统一规定，不得擅自泄露与工作相关的保密资料，确保网络信息安全工作得到保障。

（杨丽君）

【召开北京烟草终端建设提质升级经验介绍会】 2月19日，北京烟草零售终端建设提质升级试点单位丰台烟草经验介绍会在丰台烟草召开。市烟草信息中心、营销中心，各区局（公司）营销人员参加会议。会上，丰台烟草对“双诚信体系”信息系统、诚信互助小组APP、“左邻右亲”微信消费者平台进行介绍，通过将先进的现代化信息技术手段与实际工作有机结合，着力构建“数据可视化、分析智能化、过程管控化”的数据分析应用体系，从渠道、终端和消费者三个层面，打造营销管理新平台。市烟草营销中心对2020年丰台烟草零售终端试点工作成果给予肯定，对下一步营销网建工作进行部署。

（杨丽君）

【开展店面布置和陈列活动】 2月，响应市政府“就地过年”的号召，丰台烟草各诚信小组统一开展节日店面布置和陈列，烘托节日消费氛围吸引消费客源。辖区内各诚信小组根据各自街区消费特点有针对性的开展重点品牌节日陈列，组内成员团购各类春节元素摆件，通过挂灯笼、贴春联等方式打造节日主题店铺氛围。按照街区疫情防控要求，统一为消费者准备消毒巾、洗手液等防疫物资，确保安全欢度春节。6月，丰台烟草组织辖区零售客户开展“建党百年”特色主题陈列活动庆贺党的百年华诞，联合北京卷烟厂、贵州中烟、福建中烟指导辖区零售客户利用卷烟条包、盒包、包装颜色、道具等进行卷烟特色陈列。

（杨丽君）

【新发地、岳各庄两大市场元春“零”销售】 2月，元旦、春节销售期间，新发地和岳各庄市场历史上首次实现“零销售”。历时三年，丰台烟草专销协同，推进新发地、岳各庄两大市场转型升级，对涉及卷烟零售客户开展治理、清退工作。通过控制规模、均衡挤压、强化监管、有序退出的方式，新发地和岳各庄两大批发市场原有的76个零售户全部清退，实现两大集贸市场“零客户”，全过程无投诉、无上访、无复议。丰台“千中户” 已成为承载销量的主力军及稳定市场的中坚力量，元旦、春节期间全区经济运行未受到两大市场减量影响，销量同比增长22.93%；毛利同比增长17.05%；零售客户获利水平14.38%。

（杨丽君）

【开展“3·15”系列法律宣传】 3月10日至15日，多种形式开展“3·15”普法宣传活动。设立普法宣传台，向社会大众宣传涉烟法律常识；与区市场监管局、区城管局开展联合宣传，在物流场站及快递点张贴《关于规范寄递烟草及其制品行为的通告》，拓展宣传范围。

（赵　璠）

【开展辖区网格片区调整工作】 3月11日，丰台烟草开展辖区网格片区调整工作，进一步推动营销工作改革创新，加强与专卖业务融合互促。工作采取自愿选片与挖掘潜能相结合的方式进行，依据上年考核结果由客户经理自下而上顺序依次进行择取片区。发挥每名同志的工作特长优势，最大限度发掘个人潜能与网格功能，完成20个片区全面调整。

（杨丽君）

【开展云POS专题培训】 3月23日，丰台烟草开展针对客户经理的云POS专题培训，学习云POS运行管理规范，从零售终端云POS信息系统软件安装、硬件要求、客户服务、校验数据、库存盘点等内容进行培训。进一步落实“北京烟草零售终端云POS运行管理规范”要求，提升客户经理的综合素质，规范零售终端云POS运行管理工作。

（杨丽君）

【召开数据管理体系建设方案研讨会】 3月24日，市烟草营销中心相关工作人员到丰台烟草进行专题研讨，落实《北京烟草零售终端提质升级工作指导意见》。调研围绕构建工作目标、制定基本原则、商讨后续保障、推进具体内容、零售终端数据采集管控等方面展开讨论。市烟草营销中心通过对工作前景及行业政策发展的讲解，使丰台烟草了解该项工作的必要性及紧迫感。丰台烟草客观呈现一线相关工作内容，为市烟草营销中心提供该项工作的基础资料，以便在统筹推进、分类指导等方面发挥作用。

（杨丽君）

【落实新版《烟草专卖许可证管理办法实施细则》】 3月25日，对新版《烟草专卖许可证管理办法实施细则》进行全面解读，指导执法人员做好新版《实施细则》与专卖执法实际工作的有效衔接，贯彻落实依法行政、依法许可。

（张铁玲）

【破获国际快递非法销售卷烟特大案件】 3月26日，现场查获大量违法卷烟及600余个已打包完成即将发往澳大利亚的快递包裹，共计183万支，其中走私烟142万支，涉案金额共计126万余元，捣毁一个通过EMS向境外贩卖走私烟及国产卷烟犯罪团伙。

（张铁玲）

【签订《规范经营承诺书》】 3月，丰台烟草组织辖区所有零售客户签订《规范经营承诺书》，在诚信互助小组内对零售客户经营进行警示教育，引导零售客户遵纪守法，进一步规范丰台辖区卷烟市场健康发展，促进零售客户经营依法守规，增强自我约束的意识。

（杨丽君）

【宣传《零售户档位评价优化方案》】 3月，丰台烟草面向全体零售户宣传《零售户档位评价优化方案》，统一宣传口径、规范宣传用语，组织专人编写客户告知书，对零售户的疑问做好答疑解难，对于档位下调零售户进行宣传解释和情绪疏导工作，与零售户共同分析原因，对后期经营活动给出合理化建议。

（杨丽君）

【政务窗口迁新址】 4月6日，丰台烟草政务窗口随同丰台区政务服务中心整体搬迁至丰台区南苑路7号，并正式开厅运行。

（张铁玲）

【调研现代零售终端建设工作】 4月12日，市烟草营销中心主要负责人一行到丰台烟草开展调研指导，实地走访卷烟零售客户、听取客户意见反馈，与零售客户代表、丰台烟草营销人员开展座谈交流。会上，零售客户围绕经营实际，分别就云POS系统、货源投放提出针对性问题，市烟草营销中心、区局（公司）领导就客户提出的问题进行逐一记录解答，对下一步工作进行部署。

（杨丽君）

【约谈销售电子烟便利连锁企业】 4月29日，丰台烟草联合区市场监督管理局约谈辖区销售电子烟的便利连锁企业，敦促其严格遵守《广告法》相关要求，全面撤销线上及线下电子烟广告，下架不规范电子烟厂家产品，履行社会责任，保护未成年人身心健康。

（张铁玲）

【破获“5.10”加热不燃烧烟草制品网络案】 5月10日，在京、冀、皖、鲁、川多地烟草专卖局、公安部门的配合下，历时两年的张纪新非法经营网络案成功告破，查获违法卷烟298.1万支，其中烟弹97.1万支，涉案金额344.1万元，是全市破获的加热不燃烧网络案中唯一“烟弹”实物近100万支的特大案件。

（张铁玲）

【落实“红剑100”专项治理行动】 5月13日，贯彻落实“红剑100”专项治理行动要求，联合公安、邮政对辖区内所有快递点负责人进行约谈，成立专项小组重点监管物流寄递环节涉烟行为。

（张铁玲）

【诚信互助小组平稳度过“重组期”】 5月，丰台烟草贯彻上级精神，分阶段、重实效开展诚信互助小组建设，零售客户在经营获利和小组建设方面能力均有提升，平稳度过网格重划、小组重建、客户经理变更时期，小组自我管理、自我运营显现成效。各重组小组均呈正常运转状态，价格维护、信息传递、自我管理、活动开展等平稳推进。

（杨丽君）

【信用积分管理工作】 7月，丰台辖区20个网格诚信互助小组同步开展组内培训，加强信用积分管理工作的宣传与推广，加快推广零售客户信用积分管理工作、提升诚信互助小组运行活力。7月27日，召开零售客户信用积分管理专项工作交流座谈会。会上，客户经理依次汇报各网格积分管理工作进展情况，区局（公司）主要负责人对下一阶段工作提出具体要求。8月23日，按照市局（公司）要求，召开专题会议部署卷烟明码标价与价格检查工作，持续推进零售客户信用积分管理工作，加快推进辖区零售客户诚信经营的落实落地。

（杨丽君）

【开出向未成年人销售卷烟罚单】 8月26日，查处一起向未成年人销售卷烟的案件，并对案件当事人向未成年人销售卷烟的违法行为做出罚款1万元的行政处罚，为新版《未成年人保护法》落地以来的全市首张罚单。

（张铁玲）

【市局检查指导优质终端建设工作】 8月30日至31日，市局内管处到丰台检查、指导优质终端建设工作。检查人员重点从卷烟零售价格、库存准确率、《诚信经营承诺》公示情况、价签状况、双屏机使用及聚合支付状况等多方面展开检查，抽查的丰台12个优质终端全部合格。

（杨丽君）

【对同IP订货户进行专项检查】 9月1日，联合市场监管部门对辖区同IP订货户进行专项检查，查获两起真烟异常流动案件，将同IP订货户纳入重点监管对象。

（张铁玲）

【组织零售客户开通聚合支付功能】 10月，丰台烟草联合工商银行、兴业银行、中信银行3家单位向辖区零售客户推广聚合支付功能，为客户提供更加优质便捷的金融服务，推进现代零售终端数字化转型发展，加速推动零售终端建设提质升级。

（杨丽君）

【完成区局（公司）“十四五”规划编制】 12月2日，完成区局（公司）“十四五”规划的编制工作。全面总结全局“十三五”期间的经验与不足，为“十四五”时期的发展提出明确要求和方法措施。

（赵　璠）

【持续规范新入网客户定档工作】 12月15日，丰台烟草梳理并修订《新入网客户定档实施细则》，规范新入网客户定档标准，科学规范管理档位评定工作，确保新入网客户拟定档位与实际经营能力相匹配。

（杨丽君）

【开展年度在供供应商约谈】 12月27日，组织2021年度在供供应商开展约谈，强调行业廉洁要求，严格规范供应商行为。

（赵　璠）

【专卖管理】 年内，查获案件198起，同比增长55.91%，查获违法卷烟1408.87万支，同比增长58.59%，其中假私烟917.01万支，同比增长200.39%。查处违规大户“双五”案件27起。物流寄递环节查获案件40起。主办2起网络案，分别是“1·17”销售假冒卷烟网络案、“5·10”跨省非法经营加热不燃烧烟草制品网络案。全年刑拘12人、逮捕8人。办理卷烟零售许可事项2217项，截至年底辖区持证户2948户。

（张铁玲）

【规范经营监管】 年内，丰台烟草专卖内管派驻办通过实施市局工作指引要求，贯彻落实监管检查工作，细化管理方法，通过专销内配合，将需求预测、品牌进退等八个卷烟经营监管环节落实到位。在订单采集、档位评定、需求预测方面细化监管，着重从数据核对分析、归类筛选、过程把控等方面下功夫，分阶段开展同IP订货户集中治理等具体工作。结合市局考核标准及重点工作要求，做到监管内容明确规范，监管过程严格有序，数据信息来源准确，检查底稿详实具体。通过执行工作指引开展监督检查，提升规范经营监管水平和能力，全年丰台烟草未发生内部不规范经营情形。

（蔡宏杰　吕海东）

【强化真烟异常流动管控】 年内，丰台烟草内管部门结合辖区实际情况，加强各类型预警数据分析应用及信息传递处理工作，主动分析阶段性真烟异动状态，通过事前预判外流敏感品牌，事中强化专销内协同治理，事后严格外流卷烟调查处理，逐步形成真烟异常流动管控体系。全年，丰台烟草辖区真烟异常流动总量同比下降55.65%，未发生外流“双5”案件，无单户流出1万支情形。

（蔡宏杰　吕海东）

【市场信息实地采集分析】 年内，丰台烟草内管部门主动研究市场信息采集监管工作内容，持续开展实地采集零售户库存、零售价格等第一手数据工作，结合零售户月度销售动态，测算各片区存销比和平均盈利水平。围绕市局强化市场监测“五个维度”的要求，进一步完善数据分析内容，形成分析报告并汇入月度内管通报，逐步将云POS数据融合分析工作导入监测数据分析体系，围绕数据采集周期，加强数据采集及时性、准确性，强化数据使用的延展性，扩大数据利用范围。

（蔡宏杰　吕海东）

农业 农村

农 业

【概况】2021年，丰台区集体土地面积133.27平方公里，占总面积的43.62%，其中农用地77.87平方公里。农用地中，耕地8377.65亩，永久基本农田6003.7亩，基本菜田最低保有量800亩。

（李雅荣 白 健 刘凯丽）

【农业生产】年内，丰台区粮食播种面积1158.57亩，蔬菜播种面积2478.2亩。全区有9家无公害认证企业，认证面积96.93公顷，认证产品67个；有8家农业标准化备案基地，其中4家为市优级标准化蔬菜生产基地。辖区内无规模化畜禽养殖场，散养畜禽已完成清退。

（刘凯丽）

【农业产值】年内，实现农林牧渔业总产值1.7亿元，比上年增长1.1%。其中林业产值1.4亿元，增长17.3%；农业产值2717万元，下降40.5%。

（刘凯丽）

【农业观光园经营】年内，全区17个农业观光园接待211.7万人次，比上年增长71.1%；实现总收入1.6亿元，增长39.1%。

（刘艳艳）

【推进休闲农业产业发展】年内，整合区域资源，凝聚产业力量，打造精品休闲农业观光线路、促进现有休闲农业园区提升、举办精品农业节庆活动、申创星级休闲农业园区等，打造特色化、差异化、多主题、品牌化的休闲农业聚集区，形成包含4个四星级以上园区、7个三星级园区及多个储备园区、“丰台农耕体验王佐行”特色线路及多项传统民俗、非遗体验、特色节庆活动、特色美食在内的休闲农业发展格局，以休闲农业高质量发展促进城乡融合、农民增收、集体经济可持续增长。

（刘艳艳）

【召开第二十九届中国北京种业大会】10月18日至20日，为贯彻落实党中央国务院关于种业振兴战略决策部署，落实市委书记关于把北京种业大会办成中国的种业大会具体要求，第二十九届中国北京种业大会在北京园博园举办。大会展示“全国十粒种，一粒自北京”的种业发展成果及在全国的地位作用，进一步凸显种业服务人民美好生活的重要价值。

（刘凯丽）

【动物防疫】年内，辖区内无规模化畜禽养殖场，散养畜禽完成清退。辖区有2家实验动物养殖单位、17家观赏动物园、22家马属动物养殖户。全年在做好重大动物疫病风险监测的同时，全力做好狂犬病免疫工作，登记免疫犬只31409只，全年未发生犬狂犬病及人感染病例。

（鲍文玉）

美丽乡村

【概况】2021年，丰台区完成行政区划调整后，农村地区变更为17个涉农街道和2镇，共有57个行政村、70个集体经济组织。其中15个涉农街道及下属38个行政村位于永定河以东，属一绿地区；3个涉农街道和2个镇及下属19个行政村位于永定河以西，属二绿地区。

（李雅荣 白 健）

【人口就业】年内，丰台区城市化建设地区农村登记失业人口1746人，实现就业1006人，其中城市化建设地区农村就业困难人员1029人，城市化建设地区农村困难人员实现就业513人，城市化建设地区登记失业率1.11%，同比降低0.43个百分点。

（朱 锡）

【社会保障】年底，参加城乡居民养老保险的农村居民为8.3万人（2021年全区区划调整，人员重新划分导致人数减少）。

（朱 锡）

【农村地区疏解】年内，完成2021年“疏整促”专项行动任务和年度目标。持续推进违法建设拆除，开展“基本无违建区”创建，实现新生违建、占道经营动态清零，超额完成拆违腾地任务；实现“开墙打洞”及“无证无照”经营点位动态清零，100%完成无证无照经营整治；抓好腾退空间统筹利用，实现留白增绿34.3公顷，战略留白229.95亩，超额完成全年任务。提前完成城乡结合部改造任务，完成拆迁腾退建筑面积9.09万平方米，完成率100%；实施绿化面积5.1241公顷，完成率100%；涉及人口876人。

（白 健）

【建立健全农村集体涉地经济合同联合预审机制】年内，建立区、街乡镇涉地经济合同联合预审机制，做到“六必审”（即合法合规必审、规划用途必审、条款规范必审、价款合理必审、对方资质必审、违约责任必审）。全年区级审核通过合同42份，街镇审核通过合同602份，已签订合同568份。

（唐解霞）

【完成村集体经济组织换届选举】年内，全区22个村集体经济组织进行换届选举，占70个村集体经济组织总数的31%。换届调整后，全区村集体经济组织有董事会成员403人，监事会成员248人。书记、董事长“一肩挑”比例89%，基层党组织领导核心地位进一步巩固；董、监事会成员大专以上学历589人，占比90%。

（唐解霞）

【整建制农转非及撤村建居工作】3月，马连道村完成整建制农转非，转非312人；8月，分钟寺村完成整建制农转非，转非2296人。出台《丰台区关于加强撤村建居工作的实施意见》，进一步完善政策，规范流程。

（唐解霞）

【美丽乡村建设】年内，落实“百村示范、千村整治”任务，16个市级实事任务村庄全部一次性通过市级美丽乡村现场核查验收，提前1年完成全部21个村庄市级美丽乡村创建任务。压实责任，建立月检查月调度机制。对各街镇开展巡查、督导，聘请第三方现场检查，督促属地及时整改。2021年全市人居环境考核中，丰台区在丰台、朝阳、海淀中心城区组中排名第一，在13个涉农区中排名第四。组织相关单位进一步健全完善农村地区长效管护机制，以村为单位编制村级管护责任清单。牵头完成年度农村地区绿化养护、道路保洁、公厕管护、污水处理、路灯养护、垃圾运输和分类等项基础统计，申请拨付农村地区运维经费1.5亿元。

（朱　锡）

【一道绿隔】 年内，丰台区“一绿”地区涉及38个行政村，农村地区总面积166.15平方公里，其中集体土地43.89平方公里。通过旧村改造新村建设、重点村城市化、棚户区改造及城市化建设统筹试点等一系列政策和路径，加快一绿地区城市化建设进程。累计完成宅基地腾退758.27万平方米，占宅基地总建筑规模的88.67%；实现土地入市建筑规模1276.99万平方米，占规划入市规模的56.1%；按规划实现产业175.25万平方米，占规划产业规模的23.22%；实现回迁房竣工783.37万平方米，占回迁房规划面积的68.23%；回迁安置人口12.67万人，40个村基本完成回迁上楼任务，占比78%。实施绿化22.21平方公里，占应实施绿化面积的62.07%。完成23个村3.5万人整建制农转居，其中13个村实施撤村建（并）社区。农业户籍人口5.3万人。

（白　健）

【二道绿隔】 年内，丰台区“二绿”地区涉及19个行政村，总面积139.4平方公里，其中集体土地89.38平方公里。北宫镇6个行政村中，除大灰厂村外，4个村列入棚户区改造项目均在途实施，太子峪村拟纳入全市棚改计划项目尽快启动实施。云岗街道张家坟村纳入棚户区改造项目并在途实施。王佐镇8个行政村中，南宫、佃起、西王佐、庄户4个村依靠村集体自身经济发展实施旧村改造；魏各庄、怪村、西庄店、沙锅村4个村纳入青龙湖地区棚户区改造和环境整治项目。长辛店街道长辛店村、赵辛店村城市化实施路径在探索中，正在编制街区控规。累计回迁安置房竣工132.16万平方米，完成30.49%，安置上楼2.86万人；累计腾退宅基地建筑面积166.3万平方米，完成32.06%，累计腾退集体企业建筑面积295.82万平方米，完成42.38%；已入市土地建筑面积345.9万平方米，完成50.62%。已建设规划产业建筑面积52.79万平方米，完成25.77%；实施绿化29.94平方公里，完成60.7%，实现转居0.39万人，剩余农业户籍人口3.1万人。

（白　健）

【加强新型农民培养】 年内，开展新型农民培养1674人，其中职业技能培训396人，特种作业和特种设备培训865人，农村中层管理人员培训413人。

（刘　帅）

【农村基层党组织】 年内，丰台区农村地区建制村党组织55个，其中村党委5个，村党总支47个，村党支部3个，党员7437人，女党员3015人（占40.5%）。按年龄分，35岁以下660人；36–55岁3035人；56岁以上3742人。按学历分，大专以上3202人；中专474人；高中、中技1167人；初中及以下2594人。全年农村地区新发展农牧渔民党员189人。

（刘　帅）

【加强农村基层党建】 年内，分级分类举办农村基层干部培训班。对村“两委”和村集体经济组织及各级全资、控股企业主要负责人444人进行个人重大事项报告，按比例抽查核实。对234名村“两委”干部、集体经济组织负责人、村级中青年人才进行资格联审。健全完善村级中青年人才选育管用机制，统筹安排4名中青年人才分别到区级部门跟岗锻炼及先进村拜师学艺，全年储备中青年人才166人。完善“四议一审两公开”“三务公开”制度（四议：村党组织提议、村三套班子会商议、村党员大会审议、村民（股东）代表会议决议；一审：乡镇（地区）审核；两公开：决议公开、实施结果公开；“三务公开”：即党务、村务、财务公开）。

（刘　帅）

农村经济管理

【概况】 2021年，丰台区农村集体经济总收入153.8亿元，比上年同期减少20.2亿元，下降11.6%。其中其他业务收入11.7亿元，比上年同期减少40.4亿元，下降77.5%；农村集体经济利润亏损6.8亿元，比上年同期减少29.4亿元，下降130.1%；农村集体应交税费9.4亿元，比上年同期减少0.6亿元，下降6.2%。经营收益指标下降原因：一是同期一次性因素较高。2021年，丰台区农村集体其他业务收入减少，其中最主要原因是上年同期有政策性拆迁汇算收入进账，包含棚改拆迁补助、停产停业补助和工程支持奖等，属于一次性收入，2021年无此项收入。此因素为收入减少并进一步导致利润和税金减少的主因。二是疫情及疏解影响持续存在。从各乡镇情况看，2021年，大红门街道果园村大红门服装商贸城市场中心受商贸城关停影响，主营业务收入与上年同期相比减少1.4亿元，利润减少0.9亿元，应交税费减少0.3亿元。花乡街道新发地村新发地农产品批发市场中心按照村集体经济组织对所辖企业要求，在当年须上交前一年净利润形成村组织的投资收益。2020年因疫情原因对新发地农产品批发市场中心进行封闭管理，利润亏损无法上交，使得新发地村2021年的投资收益同比减少2.4亿元。三是其他多重因素影响收益。2021年，丰台区部分村因工资福利、退休费、村域维护费增加以及补缴税款等原因，村组织管理费用与上年同期相比增加2.1亿元，增长8.6%，造成利润同比下降。

从机构分类情况看，村集体企业经营指标的同比减少直接造成全区相关指标的下降。

（赵星烨）

【产业结构调整】 年内，丰台区农村集体经济产业结构进一步调整，产业结构更加合理。在三大产业中，第一、二、三产业分别实现主营业务收入5.6亿元、19.7亿元、99.2亿元，占主营业务收入的比重分别为4.5%、15.8%、79.7%。与上年同期相比，王佐镇4个村新增7个种植和采摘企业，行业内容多元化，行业收入有增长，第一产业所占比重上升4.1个百分点，第二产业和第三产业所占比重同比分别下降2.4个和1.7个百分点。

（赵星烨）

【第三产业纳税地位有提升】 年内，丰台区农村经济第一、二、三产业分别完成税金0.1亿元、0.7亿元、8.6亿元，分别占税金总额的比重为1.1%、7.4%、91.5%。与上年同期相比，一产占比上升1个百分点，二产占比下降14.9个百分点，三产占比上升13.9个百分点，第三产业的纳税主体地位继续提升。其中居民服务、修理和其他服务业完成税金5.6亿元，占税金总额的60.6%。

（赵星烨）

【农民收入】 年内，丰台区农民人均所得40528元，比上年同期增加2268元，增长5.9%。其中从集体所得30341元，比上年同期增加1529元，增长5.3%，占农民人均所得的74.9%，所占比重比上年下降0.4个百分点，从集体所得仍是农民收入的主渠道。农民人均所得报酬性收入21262元，比上年同期增加765元，增长3.7%，占农民人均所得的52.4%，是农民收入的主体力量；财产性收入14750元，占农民人均所得的36.4%；家庭经营净收入和转移性净收入所占比重分别为2.3%和8.9%。

（赵星烨）

【农村集体资产运营】 年内，丰台区农村集体资产总额1847亿元，比上年同期增加91亿元，同比增长5.2%。其中街镇级集体资产总额102亿元，比上年同期减少6.6亿元，下降6.1%，占全区农村资产的5.5%；村级集体资产总额1745亿元，比上年同期增加97.5亿元，同比增长5.9%，在农村集体资产中占94.5%。丰台区农村集体所有者权益为554亿元，比上年同期增加23亿元，增长4.3%。其中街镇级集体所有者权益46亿元，比上年同期减少近0.8亿元，下降1.6%；村级集体所有者权益508亿元，比上年增加24亿元，同比增长4.9%。丰台区农村70个村集体资产总额在亿元以上的有66个，占全区集体经济组织的94.3%；其中资产总额超过十亿元的村有45个，比上年同期增加1个；农村集体所有者权益在亿元以上的村有42个，占全区70个集体经济组织的60%，其中所有者权益在十亿元以上的村有15个，比上年同期增加1个。

（赵星烨）

【农村劳动力就业】 年内，丰台区农村劳动力就业形势基本稳定，就业率继续保持在较高水平。全区农村劳动力总数70043人，比上年同期减少2521人，主要原因是部分村民年龄达到本村退休年龄办理了退休以及少量劳动力去世。就业劳动力为64556人，就业率92.2%，比上年增长0.1个百分点。就业劳动力中，在本地就业的有47065人，占就业劳动力的72.9%，同比增长1.6个百分点，集体安置是农村劳动力就业主要途径的地位进一步显现。从就业行业看，在第一、二、三产业就业的劳动力人数分别为2813人、3547人、58196人，占就业劳动力总数的比重分别为4.4%、5.5%、90.1%，在第三产业就业所占比重与上年相比提高1个百分点，第三产业吸纳劳动力能力进一步增强，是劳动力实现就业的主要渠道。

（赵星烨）

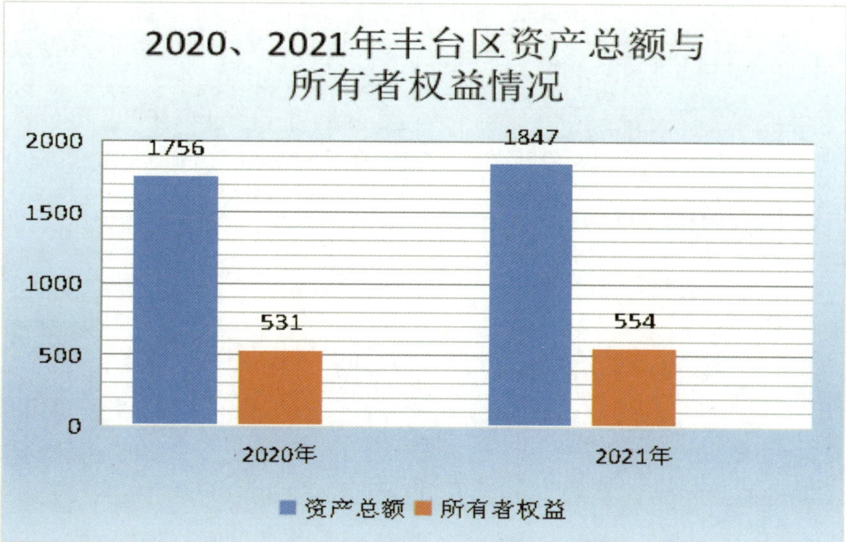

2022

北京丰台年鉴

工业

驻区工业企业

首都航天机械有限公司

【概况】2021年，首都航天机械有限公司克服新冠疫情带来的不利影响，充分发挥广大员工的积极性创造性，攻艰克难，圆满完成年度各项工作任务。完成国内首个2219铝合金3.35米直径共底贮箱液压试验。两个项目入选国有企业数字化转型典型案例。长征二号F火箭成功将3名航天员送入太空。长征七号遥四火箭成功发射天舟三号货运飞船。长征二号F火箭成功发射神舟十三号载人飞船。公司与湖南中创空天新材料股份有限公司签署合作协议。无氰电镀锌、镀镉生产线投入使用。实现全部型号产品自动化铣浸胶。21项阀门产品工艺优化项目正式“揭榜挂帅”。新一代运载火箭贮箱年产能力破百。取得北京市排污许可证。天津火箭公司入选天津市2021年科技领军培育企业。天津航天长征火箭制造基地入选中央企业爱国主义教育基地。崔蕴创新工作室荣获“全国示范性劳模和工匠人才创新工作室”称号。员工刘争荣获全国五一劳动奖章。

（刘玉光）

【完成国内首个2219铝合金3.35米直径共底贮箱液压试验】1月6日，公司研制的国内首个2219铝合金3.35米直径共底贮箱顺利完成前、后箱联合液压试验及共底外压试验，各项试验结果均达到设计要求考核指标，验证了2219铝合金3.35米箱底整体制造技术、贮箱双轴肩搅拌摩擦焊技术、大直径法兰电子束焊接技术、全冗余超安全共底装配焊接技术、3.35米共底贮箱总装焊接技术完全可以满足型号的研制需求，也验证了共底贮箱，尤其是全冗余超安全共底和双元中心管路的结构设计合理性，为型号后续产品的顺利实施提供了有益的借鉴。

（刘玉光）

【取得北京市排污许可证】2月7日，公司取得丰台区生态环境局制发的排污许可证。公司响应党中央、国务院从推进生态文明建设全局出发，全面深化环境治理基础制度改革举措，实施持证生产、按证排污，并接受国家环境管理部门的监管。在排污许可证自主申报工作过程中，公司全面梳理、收集污染物产生来源、过程处置、末端排放等相关基本信息，顺利取得北京市排污许可证。

（刘玉光）

【两个项目入选国有企业数字化转型典型案例】3月1日，公司《大型航天制造企业“涉密信息系统与工业控制系统信息交换”数字化转型》和《大型航天制造企业面向“三高”发展目标的数字化管理转型》两个项目被评为百大“国有企业数字化转型典型案例”。《大型航天制造企业“涉密信息系统与工业控制系统信息交换”数字化转型》案例，是通过涉密网与工控网的安全互联，成功实现数据在两网间高效、安全、可靠传输，以达到提高生产效率的目的。《大型航天制造企业面向“三高”发展目标的数字化管理转型》案例，是以“三高”发展为目标，通过ERP系统的实施，建设智能化生产能力，提升数字化管理水平等方面，全面实施数字化管理转型实践。

（刘玉光）

【启动“把握机遇 敢想敢为 实干巧干攻坚2021”大干活动】3月5日，公司启动“把握机遇 敢想敢为 实干巧干 攻坚2021”大干活动。此次活动主要在生产、工艺、质量方面应对严峻形势采取方法及措施。工艺能力提升方面，重点做好10项工作：梳理、改进产品制造薄弱环节；进一步优化工艺流程；推动产品制造全流程精细化；进一步提升焊缝质量一致性；开展技术状态控制；完成116项工艺技术提升改进；持续推进设计制造一体化；扎实做好多余物防控；开展禁限用工艺治理；加快数字化生产线工程化应用。质量控制方面，重点做好5项工作：完善体系，提升组织能力，加强各级责任制落实；状态严控、过程严控，产品优选，人员优配，确保各项任务圆满成功；聚焦风险，问题导向，强化型号过程质量控制；探索质量改进工作新机制，激励全员积极参与质量改进；创新管理，提升质量管理效率和有效性。

（刘玉光）

【崔蕴创新工作室荣获“全国示范性劳模和工匠人才创新工作室”称号】3月25日，崔蕴创新工作室荣获“全国示范性劳模和工匠人才创新工作室”称号。全国示范性劳模和工匠人才创新工作室由中华全国总工会进行评选、命名，旨在大力弘扬劳模精神、劳动精神、工匠精神。本次评选共有来自全国各行各业的100家工作室入选，崔蕴劳模创新工作室是其中之一。

（刘玉光）

【国家机关事务管理局副局长赵峰涛一行到公司参观调研】3月26日，国家机关事务管理局副局长赵峰涛一行到公司参观调研。院长王小军、院党委书记李明华等领导陪同。赵峰涛一行参观了公司总装事业部车间现场，近距离了解我国运载火箭总装工作与现役运载火箭情况，随后在文化走廊了解了中国航天事业的历史，并听取了东高地、万源路生活区危楼旧楼改建及人才公寓建设情况。

（刘玉光）

【员工刘争荣获全国五一劳动奖章】4月27日，庆祝“五一”国际劳动节暨“建功‘十四五’、奋进新征程”主题劳动和技能竞赛动员大会在北京人民大会堂隆重举行，表彰2891个集体和个人。公司员工刘争荣获全国五一劳动奖章。刘争曾先后荣获“中国航天科技集团有限公司劳动模范”称号，“第二十一届北京优秀青年工程师”称号，“二〇一一年度中国航天基金奖”，第70届德国纽伦堡发明展金奖，“第四届全国数控技能大赛五轴职工组”第二名，中国国防科技工业企业管理创新成果一等奖等荣誉。

（刘玉光）

【长征二号F火箭成功将3名航天员送入太空】 6月17日，长征二号F火箭在酒泉卫星发射中心点火升空，成功发射神舟十二号载人飞船，将3名航天员送入太空。这是长二F火箭时隔5年后再一次执行载人飞行任务。这是中国实施的第7次载人飞行任务。3名航天员在天和核心舱、天舟二号货运飞船与神舟十二号载人飞船的组合体开始为期3个月的在轨驻留工作。

（刘玉光）

【在QC小组和质量信得过班组成果发表会上获奖】 5月24日至29日，在中国质量协会举办的2021年全国QC小组成果发表交流活动中，公司《提高栅格翼部件斜支撑一次合格率》和《提高2A70转子（锻件）合格率》荣获专业级成果奖。6月8日至10日，在北京质量协会举办的第七十八次QC小组成果发表会上，公司《提高单向阀中F4密封环合格率》被评为示范级成果奖，《提升某型号薄壁焊接锥段产品一次性机加合格率》被评为品质级成果奖。

（刘玉光）

【天津航天长征火箭制造基地入选中央企业爱国主义教育基地】 7月，在庆祝中国共产党成立100周年之际，国资委命名首批100个中央企业爱国主义教育基地。公司子公司——天津航天长征火箭制造基地入选。该基地位于天津市滨海新区，主要承担新一代大型运载火箭长征五号、长征五号B，中型运载火箭长征七号、长征七号甲、长征八号的零件、部段生产及全箭总装、总测，现役运载火箭长征三号甲系列零件等任务。

（刘玉光）

【公司与湖南中创空天新材料股份有限公司签署合作协议】 8月14日，公司与湖南中创空天新材料股份有限公司签署合作协议，正式启动筹建湖南钣金制造基地及公司化平台建设。该合作项目为航天科技集团有限公司与湖南省政府于2020年签署的六大战略合作协议之一。项目充分发挥双方在中国航天装备智能制造和材料领域的各自优势，在湖南岳阳城陵矶新港区建设国内先进的高端智能钣金制造基地，提升中国航天材料和装备制造领域实力。

（刘玉光）

【通过环境、职业健康安全管理体系现场监督审核】 9月17日，公司通过北京军友诚信检测认证有限公司专家审核组对环境、职业健康安全管理体系的现场监督审核，继续保持认证注册资格。此次审核范围涵盖了公司南苑、远郊和平顺厂区共计32个单位（含领导层）。审核组认为公司领导层具有高度的战略意识、风险意识和责任意识，在严峻的科研生产任务形势下，注重不断提升公司满足环境、职业健康安全等要求的能力，为环境、职业健康安全管理工作提供了充足的资源保障。

（刘玉光）

【长征七号遥四火箭成功发射天舟三号货运飞船】 9月20日15时10分，在文昌航天发射场，由公司总装生产的长征七号遥四火箭将天舟三号货运飞船送入预定轨道，发射获得圆满成功。长征七号遥四火箭是中国载人航天工程为发射货运飞船而全新研制的新一代中型运载火箭。本次发射是中国空间站建造关键技术验证阶段货物运输系统的第二次应用性飞行。在中国共产党实现第一个百年奋斗目标之后，向着全面建设社会主义现代化强国的第二个百年奋斗目标迈进之时，天舟三号的发射成为中国空间站建造阶段承上启下的关键之战。

（刘玉光）

【天津火箭公司取得568万元增值税全额退税】 9月27日，天津火箭公司收到国库天津市滨海新区中心支库退税568万元，顺利完成2019年12月份增值税及附加税的全额退税，为军品增值税免税业务处理积累了宝贵经验。为确保能顺利退税，天津火箭公司通过“事前沟通政策－票据准备－纳税材料准备－主动汇报申请－接受现场检查－修改纳税申报表－申请退税”7个环节、历时1年9个月，顺利实现退税全额到账。

（刘玉光）

▲公司与湖南中创空天新材料股份有限公司签署合作协议。

▲长征七号遥四运载火箭抵达文昌发射场执行神州十三号飞行任务。

【长征二号F火箭成功发射神舟十三号载人飞船】 10月16日0时23分，长征二号F火箭在酒泉卫星发射中心点火升空，成功发射神舟十三号载人飞船，将3名航天员送入太空。长二F火箭由公司总装生产，本次发射是长二F火箭完成的第15次发射，也是空间站阶段的第二次载人飞行任务，标志着中国空间站航天员在轨驻留6个月将成为常态。

（刘玉光）

【无氰电镀锌、镀镉生产线投入使用】 10月21日，公司无氰电镀锌、镀镉生产线完成安装调试，正式投入使用。为将氰化物使用量最大的电镀锌、镀镉工艺彻底替代，公司联合设计部所开展了涉及5000余项产品的大量工艺试验验证工作，取得了所有工艺验证试验结果，均满足相关性能要求。

（刘玉光）

【实现全部型号产品自动化铣浸胶】 10月，公司实现全部型号产品自动化铣浸胶，改变了以往型号产品需要手工配胶、刷胶，生产效率低，质量不稳定的问题，消除了员工长期接触有毒胶液带来的健康安全隐患。

（刘玉光）

【通过航天系统部装备部专项审核】 11月20日，公司顺利通过航天系统部装备部专项审核。审核组对公司6个职能处室、16个军品生产车间进行了现场审核。审核对象为长征系列运载火箭，各类发动机的生产。认为公司质量管理体系符合标准规定要求，能够正常进行生产等活动，体系运行总体有效。

（刘玉光）

【天津火箭公司入选天津市2021年科技领军培育企业】 11月22日，天津火箭公司获批进入天津市2021年第二批科技领军培育企业名单，提升了企业影响力。评选科技领军培育企业是天津市确立企业创新主体地位、引导全市创新型企业做优做强做大的重要举措。作为首次通过评价的科技领军培育企业，天津火箭公司获得300万元的重大创新项目资助。同时，天津市按照天津火箭公司上一年度研发投入费用的2.5%给予补助。两年后复评通过且营业收入较上一年增长的科技领军培育企业，还将获得5万元的奖励。

（刘玉光）

【增材制造分公司成功中标电弧增减材系统装备项目】 12月22日，公司增材制造分公司成功中标中国兵器工业集团江山重工研究院有限公司的电弧增减材系统装备项目。该项目是航天系统内首套对外输出的电弧增减材系统整机装备，有力支撑了公司在增材制造装备开发领域的发展。电弧增减材系统装备包括电弧增材系统、三轴铣削减材系统和热处理系统，将电弧增材、铣削减材、热处理、产品检测等多个工序集成。本次中标意味着公司电弧增材装备输出的方向从单点设备向成套生产线和产品转化，目标客户也从高校向实际工程应用单位转化。

（刘玉光）

【21项阀门产品工艺优化项目正式“揭榜挂帅”】 12月23日，21项阀门产品工艺优化项目正式“揭榜挂帅”。“揭榜挂帅”是公司针对21项阀门产品研制过程中的瓶颈问题和薄弱环节开展的阀门产品工艺优化项目活动。员工可以联合组成攻关团队，从21项产品对象中选择1项或多项产品进行工艺优化。优化方案完成工艺改进工作后，将获得相应奖励，同时记入团队成员员工个人质量档案并加入个人总积分。

（刘玉光）

【高凤林担任冰雪运动推广大使】 12月26日，在北京冬奥会开幕倒计时40天之际，“带动三亿人参与冰雪运动”示范活动在北京石景山区冰雪社区文化广场和石景山区冰雪社区综合文化中心举行。公司员工高凤林被国家体育总局授予“冰雪运动推广大使”的称号。2018年，国家体育总局启动了冰雪运动群众性引导示范工作，通过邀请一批影响力大、公众形象好的社会各界人士担任“冰雪运动推广大使”，点燃大众参与冰雪运动的热情。高凤林作为全国劳模、大国工匠获此殊荣。

（刘玉光）

【新一代运载火箭贮箱年产能力破百】 12月28日，天津火箭公司2021年度第100个贮箱成功下架，标志着公司新一代运载火箭贮箱实现了产能的巨大提

▲无氰电镀锌、镀镉生产线正式投入使用

▲公司实现全部型号产品自动化铣浸胶

▲公司新一代运载火箭贮箱年产能力破百

▲公司领导为退休员工颁发"光荣退休"证和纪念盘

升。公司通过京津两地联动，攻克了大直径薄壁超长贮箱焊接技术、5米贮箱箱底搅拌摩擦焊接技术、铝锂合金贮箱整体搅拌摩擦焊接技术，保障新一代运载火箭成功发射，有力支撑了我国探月工程、火星探测工程、空间站建造等国家重大科技工程。

（刘玉光）

【首届员工光荣退休仪式举行】 12月30日，公司举行2021年员工光荣退休仪式。本年度有116名公司员工退休，光荣退休仪式展现了公司对退休员工的重视，也体现了公司的凝聚力。仪式上，公司总经理陈金存和党委书记张玉国为参会的退休员工颁发了"光荣退休"证和纪念盘。

（刘玉光）

中车北京二七车辆有限公司

【概况】 中车北京二七车辆有限公司坐落于北京市丰台区张郭庄甲1号，占地面积63.02万平方米，建筑面积19.28万平方米。2021年末，公司员工人数为1167人，其中正高级工程师3人，具有高级专业技术职称53人，中级专业技术职称41人，具有高级技师资格7人，技师资格22人。2021年，公司共有设备884台，原值10797.89万元，净值2912.86万元；房屋161栋，原值15122.42万元，净值2511.17万元；构建物144处，原值2543.30万元，净值665.25万元。2021年，公司主要有两大业务板块：一是通用机电业务板块，主要是控股子公司隆轩公司的轴承保持架市场需求总量及签约订单与上年持平；二是现代服务业务板块，2021年公司积极开拓厂房租赁业务，大力开展存货、废旧物资处置工作，圆满完成集团公司下达的各项经营计划目标。

（李　峰　费　霞）

【规划发展】 7月，集团公司下发《关于北京二七车辆厂区土地盘活利用功能定位的批复》，明确建设"两中心""两区"为功能定位的中车轨道交通装备高科技产业园的发展方向及四大规划功能。总结"十三五"经营发展情况，结合两个"二七"发展情况，制定《中车北京二七车辆有限公司、中车北京二七机车有限公司"十四五"发展规划》，提出并确定打造现代服务型企业的愿景目标，"十四五"期间"123"业务发展规划，明确了主要发展目标及土地盘活实施路径，制定了重点发展措施。根据集团公司《关于二七车辆厂所持北京长铁车辆有限公司47.4%股权无偿划转有关事项的批复》（中车集团战略函〔2021〕227号），公司于12月14日办理了工商登记变更，完成长铁公司股权无偿划转工作，南车二七（北京）车辆厂有限公司不再持有长铁公司股权。9月30日，公司向集团公司上报南车二七（北京）车辆厂有限公司关于将持有的北京二七长辆物业管理有限公司14.61%的股权公开出售的报告，10月12日获得集团公司的备案通知书，完成备案。2021年，公司未发生股权投资项目和财务投资项目。

（李　峰　费　霞）

【经营管理】 年内，不断强化经营计划管理，丰富完善绩效指标管理，专项管控分子公司。制定并下发《中车北京二七车辆有限公司2021年度经营计划》《公司2021年度绩效指标汇总表》及各参、控股公司2021年度资产经营责任书等各项指标计划，坚持月度总结汇报、季度分析考评，激发各单位创新发展的活力和动力。认真贯彻落实集团公司关于亏损企业专项治理的工作安排和部署，持续推进亏损企业治理专项工作。制定《中车北京二七车辆有限公司2021年亏损企业专项治理工作方案》，定期总结亏损企业治理工作目标完成情况及具体亏损情况，部署阶段性重点工作及要求，确保工作有序开展推进，扭转亏损企业治理工作被动局面。全面贯彻国务院国资委和中国中车持续开展的提质增效工作部署和要求，组织开展以"稳中求进，服务创新"为主题的提质增效活动，成立提质增效工作领导小组，制定并下发《二七车辆公司2021年度提质增效工作方案》及项目分解表，扎实开展提质增效工作。继续落实《二七车辆公司2020—2022年"两金"管控三年工作方案》，进一步深化"两金"管控工作，将"两金"管控长效机制建设和管控成效纳入年度效绩评价考核中，圆满完成“两金”指标，“两金”增幅低于收入增幅。认真贯彻落实国务院国资委关于对标提升行动的决策部署，全面落实中车第一次党代会精神和2021年工作会议精神，狠抓对标提升工作清单落地落实。紧紧围绕转型发展战略与发展目标，结合坚持费用管控、降低运营成本、加强资产处置、优化财务管理、做好风险管控、提升经营管理信息化应用水平等工作，对标世界一流管理提升行动有序推进实施，高质量完成组织落实阶段工作。年内，对标提升工作清单完成率86%，强基工程重点突破项目和项目实施清单完成率良好。

（李　峰　费　霞）

【生产运营】年内，积极开拓设备租赁业务，积极组织节能措施落实工作，顺利完成全年产值能耗指标。8月，组织开展以“节能降碳绿色发展”为主题的节能宣传周活动，对公司各部门及各分子公司相关人员进行了集中培训学习，提高了广大员工节能降耗意识。加强对公司供水、供电的日常管理，水电消耗同比下降5%，降低了公司运营成本。

（李　峰　费　霞）

【市场营销】年内，通过中车废旧物资处置平台宜企拍实现报废设备竞价销售7标的，成交数量340台，成交金额519.64万元。在中车废旧物资处置平台宜企拍上实现废旧物资网上竞价销售6批次，成交总金额81万元。2021年共清收应收账款450万元。

（李　峰　费　霞）

【基建与技改】年内，积极推进小区职工住宅建设和配售工作。9月，完成职工住宅项目（一期）一阶段工程的土建、水、暖、电、燃气、消防以及道路等室内外工程的施工建设项目，并交付使用。积极推进“三供一业”分离移交维修改造工作。完成张郭庄小区、崔村一里小区居民楼内线管线敷设及配电箱安装，并通过了供电公司验收。2月，外电源改造工程实现发电，接至居民楼前派接箱。11月中旬，完成张郭庄小区电源切换及表计投用。开展非居民用电移交报装工作，按照供电公司相关要求，填报张郭庄小区非居民用电报装相关文件，等待批复。按照国有企业“三供一业”移交要求，完成供暖供水供气移交各项工作。物业移交工作平稳有序。

（李　峰　费　霞）

【人力资源管理】年内，认真落实集团公司下达的2021年用工总量计划，进一步规范劳动用工，加强绩效考核结果应用，在满足公司经营需要的前提下，加强总量控制，优化用工结构，提高用工资源配置的效率与效能。2021年度，中国中车下达公司用工总量指标，员工限额人数1172人，年末公司员工人数为1167人，超额完成集团公司下达的限额人数用工总量指标。有序开展职称评审及初、中、高级技能等级认定工作。完成初级与中级28人的职称评聘工作，推荐4人参加集团公司高级及以上职称评审。组织公司24人参加初中高级技能等级认定。根据公司转型升级业务需要，结合各部门发展需求，向集团公司提报了2022年高校毕业生接收计划。完成公司级培训25项，对专业技术人员、各级管理人员、技能操作人员开展能力素质提升和资质保持等培训共计1427人次。根据南北“两个二七”公司转型升级形势，积极改善领导班子结构，协助集团公司完成公司领导班子成员选聘及任职交流；深入贯彻落实《领导干部报告个人有关事项规定》，组织公司领导班子成员填报《领导干部个人有关事项报告表》；进一步加强和改进公司中层领导选拔任用管理工作，修订下发了《公司协理员管理办法（试行）》，进一步完善了中层干部退出领导岗位机制。组织开展公司干部人事档案专项审核工作。

（李　峰　费　霞）

【疫情防控】年内，依据国家及各级地方政府、集团公司和公司对新冠肺炎疫情管控的要求，认真落实牵头单位主体责任，切实加强疫情期间员工管理。疫情期间，积极组织员工接种新冠疫苗，接种率达87%。加强对员工的出差及外出管理，保证公司防疫安全。按要求采购防疫物资，并根据疫情防控需要做到及时发放。强化日常疫情防控管理，加强人员入厂、区域消毒等疫情防控措施落实的检查。

（李　峰　费　霞）

【党群工作】年内，二七车辆公司党委以习近平新时代中国特色社会主义思想为指引，深入贯彻党的十九大和十九届历次全会精神，深入开展党史学习教育，学习贯彻习近平总书记在建党一百周年大会上的重要讲话精神，全面落实中央企业党建创新拓展年各项部署，巩固深化“不忘初心、牢记使命”主题教育成果，以中车第一次党代会精神为统领，以打造党建金名片为主线，以“固化攀升”为主题，全面推进党建工作成效制度化常态化长效化，不断推进党建工作理念创新、机制创新、方式创新，全面推动党建向基层拓展、向纵深拓展、向薄弱环节拓展。落实中车“十四五”战略、努力实现“七个新突破”，党委履行主体责任，发挥“把方向、管大局、促落实”的职责，把党建与经营深度融合，推动公司过渡期工作稳步推进。利用公司网站、公司微信公众号、公司大屏幕等，推出中国共产党历届党代会简介17期、党史故事16期，丰富了学习内容。公司党委落实全面从严治党“两个责任”，召开公司党风廉政建设和反腐败工作会议、警示教育大会，党委书记对领导干部进行廉政集体谈话，公司中层领导干部全体签订《党风廉政建设责任书》。工会开展“六送三关注”工作，签订落实《集体合同》《工资专项协议》和《女职工专项协议》。走访慰问困难、患病、伤残员工22人，慰问元旦春节值班人员72人及保安人员。慰问因受疫情影响不能回家在宿舍过节的员工29人，慰问困难单亲女职工三名，走访慰问劳模8名。获得市总和北京办事处各项救助40万元。启动员工体检，900名员工完成体检。

（李　峰　费　霞）

【企业文化建设】年内，强化习近平新时代中国特色社会主义思想宣传，把学习成果转化为破解改革发展难题的智慧方法和推动企业高质量发展的实际成效。开展建党100周年系列活动，教育引导广大党员干部坚定理想信念、保持优良作风、增强责任担当意识。强化"同一个中车"文化理念，举办中国中车创业140周年系列庆祝活动，增强中车员工凝聚力。各基层党支部组织本支部党员参观香山革命纪念馆、西柏坡革命纪念馆、中国人民抗日英雄纪念馆、狼牙山等北京周边红色教育基地进行现场教学。积极开展品牌架构管理工作，举办了2021年度宣传思想企业文化与品牌建设培训，进一步夯实宣传思想企业文化和品牌建设基础。

（李　峰　费　霞）

【北京隆轩橡塑有限公司】北京隆轩橡塑有限公司系注册于中关村丰台科技园区总部基地的高新技术企业，是北京隆长泰工程机械有限公司、中车青岛四方车辆研究所有限公司、中国铁道科学研究院集团有限公司等单位于2004年底合作兴建的铁路车辆配件制造企业，属中车二七车辆有限公司间接控股子公司。公司注册资金5000万元，2021年期末在册员工230余人，设立了市场开发部、技术中心（下设理化实验室）、安全生产部、质量保证部、信息管理部和财务部。隆轩公司是经铁道部认证的铁路车辆配件生产单位，目前主要产品有：铁路货车、客车轴承用工程塑料（塑钢）保持架、塑钢隔圈，注塑工艺心盘磨耗盘和旁承磨耗板，铁路货车过球试验用球，轴承防护件及铁路货车制动配件防护件，风电和工程机械轴承隔球器（隔离块）等。2021年公司通过了北京市专精特新企业认定，取得了北京市"专精特新"企业称号。公司自2016年，按照北京市整体发展规划，结合公司生产经营模式实际，启动了生产厂址搬迁规划。2021年在上级单位二七车辆公司领导的积极运作和鼎力帮助下，搬迁进程有了实质的推进，最终确定租赁产业园内6号厂房的调整方案。目前二七车辆牵头成立"保持架搬迁项目专项工作组"对搬迁涉及的工作进行了全面的策划安排。目前已签署厂房租赁协议。

（李　峰　费　霞）

【北京二七储运公司】北京二七储运有限公司，是以仓储、配送、库房租赁为主的服务中车北京二七车辆有限公司且对外经营的服务性公司。主要负责二七公司及本公司的办公场所、库房及场地的短期租赁工作及二七公司原有物资存储、收发保管保养、物资装卸、物资配送业务。2021年储运公司在二七公司的领导和支持下，公司上、下齐心，以安全维稳、绩效达成为主线，以"拓租赁、处资产、清应收、重民生、抓整改"为重点，强化依法合规管理，深化创新服务理念，推动公司健康有序运转。

（李　峰　费　霞）

中车北京二七机车有限公司

【概况】中车北京二七机车有限公司（以下简称二七机车公司）隶属于中国中车集团有限公司，前身是始建于1897年的邮传部卢保铁路卢沟桥机厂，是北京近代工业的主要发源地之一，是中国共产党领导下"二七"工人运动的主要策源地，新中国第一台内燃机车从这里诞生。2018年开始，按照国家疏解非首都功能工作及中车集团公司发展战略和业务重组规划要求，二七机车公司全面退出制造业。当前主要经营范围包括：开发、设计、销售铁路及城市轨道交通运输设备、电子设备、机械电器设备；提供技术咨询服务；出租商业办公用房等。2021年，公司拥有员工674人，资产约27.9亿元，实现营业收入14924万元。截至2021年底，二七机车下属参股公司2家，分别为北京中车长客二七轨道装备有限公司、北京中车二七达诺巴特机床制造有限公司。2021年新增盘活土地房屋10.08万平方米，新增租赁收入4370万元，全年共实现租赁收入11763万元。

（周燕平）

【规划发展】年内，加大厂区房屋租赁开发力度，完成出租清单梳理，测算租赁期限和租金，明确承租方准入条件，编制房产出租风险防控预案，编制租赁合同。租赁价格评估报告已经中车集团专家评审通过，正申请租赁评估价格备案。启动房产招租相关工作，与北京产权交易所、上海联合产权交易所沟通、咨询，梳理进场挂牌交易的流程及所需准备的资料内容，待租赁价格评估备案工作完成后启动进场挂牌交易程序。

（周燕平）

【改革改制】年内，加快推进制造业收尾相关工作，处置低效无效设备430台，通过盘活资产实现回款1039万元。完成重机公司、二七康库得公司两公司合并报表除表和人员安置工作。

（周燕平）

【经营管理】年内，依据中车集团公司持续深入开展"提质增效""强基工程""管理提升"等工作部署，编制工作方案，分解落实指标任务，建立月度工作报告制度，按时总结，及时发现工作中存在的问题并加以解决，完成全面预算管控、亏损子企业治理、低效无效资产股权处置、应收账款清欠等各项工作。组织开展对制造业遗留危险源处置准备工作，开展危险源辨识并健全管控措施。安全生产指标完成情况：公司无死亡事故、无新增现岗职业病、无轻伤，无重大盗窃案件和重大火灾事故。环境保护指标方面：COD排放量0.1215，氨氮排放量0.0107，二氧化硫、氮氧化物排放量均为0，能源消费量601吨标煤，密切关注碳排放交易的政策变化以及交易价格变动情况，通过北京市绿色交易网启动碳排放权交易工作，实现碳资产收益近346万元。

（周燕平）

【"三供一业"移交】年内，供水移交：完成5245户的移交及改造工程项目，楼内线路改造工程完成95%，进入收尾阶段，自来水切换改造工作基本完成。

供电移交：完成移交改造工程，完成供电职能及资产移交。供暖移交：供暖改造工程、管理职能、资产移交与划转、资产核销全部完成。物业移交：经过多次与接收单位沟通协调，11月1日北京房修一建筑工程有限公司正式进驻公司宿舍区接收物业管理工作。

（周燕平）

【人力资源管理】年内，持续推进改革三年行动及市场化经营机制改革，组织领导班子成员签订《聘任（任期）协议书》和《年度目标责任书》，实施“两制一契”管理。深入开展公司治理体系和治理能力现代化建设，制定并下发外部董事管理办法。配合中车集团完成市场化灵活用工操作许可证管理信息化平台的上线工作，将相关方及市场化灵活用工人员相关信息纳入规范化、系统化、信息化管理范畴。以中车集团人力资本管理体系数字化建设“二期工程”和国资委人才资源数据统计工作为契机，规范建立人才报表体系。完善公司薪酬分配制度，实施以岗位绩效工资制为基础、多种分配激励机制并存的薪酬体系，加强考核管理，提高工作效率，员工收入逐年稳步增长。开展住房公积金补缴工作，建立公积金电子信息台帐，完成（职工个人住房公积金交存台账）甄别、扫描、录入4473条/人份，全年完成住房公积金补缴1603人。

（周燕平）

【基本建设和技术改造】年内，完成窦店产业园项目六座厂房及配套附属设施、厂内试验线及联络线等工程项目的建设。6月8日，中车北京轨道交通装备产业园开园暨北京中车长客二七轨道交通装备有限公司投产下线活动在园区举行，产业园制造的北京地铁19号线首列车在仪式上正式亮相，项目累计完成投资约21亿元。完成国家冰雪运动科训基地工程项目建设，速滑馆、轮滑馆、运动员公寓及综合风洞等训练科研场馆全部投入使用，国家速度滑冰队等多支国家集训队入驻基地。

（周燕平）

【企业文化建设】年内，围绕建党100周年和中车创建140周年开展系列活动，组织“庆祝建党100周年、创业140周年”文艺作品征集、《中车赋》文艺作品征集，参与中车“大国顶梁柱 永远跟党走”微电影微视频征集、“百名青年讲党史”视频故事征集、“在党旗下，我们铸就大国重器”中央企业故事大赛和品牌故事大赛等活动，《百年二七》微信公众号原创数量较上年度增加一倍。活动的开展，提升了企业文化的软实力。完成长辛店二七纪念馆全国、国资委爱国主义教育基地申报工作。二七纪念馆重新开馆，推动了中车红色文化的传承，提升了中国中车的影响力，得到了中央政治局委员、全国总工会主席、国资委等领导及各委办局、企事业、军队、大中小院校和党史、工运史专家学者等众多参观者的一致好评和认可，成为党史学习教育热门打卡地。

（周燕平）

北京京丰燃气发电有限责任公司

【概况】2021年，北京京丰燃气发电有限责任公司领导增强政治站位，全面研判疫情形势，科学、精准、有效落实疫情防控工作，坚决保持“双零”良好态势，疫情期间把安全生产作为重中之重，全力以赴保障电力可靠供应，克服新冠疫情影响、单机运行等诸多不利因素，完成利润总额3174万元，全年累计完成发电量17.83亿千瓦时，供热量125万吉焦，圆满完成各项生产经营任务。公司全年未发生人身伤亡事故，未发生有人员责任的重大设备事故，未发生重大火灾事故，安全生产实现“十无”，生产经营继续保持良好态势。

（胡岩毅）

【开展党史学习教育活动】年内，公司党委启动党史学习教育活动，结合企业实际，坚持学用结合，采取“一学二悟三解四提升 传承超越开创高质量发展新局面”的学习教育方式，引导公司党员干部弘扬伟大建党精神，不断推动党史学习教育走向深入，全体党员从学习教育中获得了启迪、增长了智慧、汲取了力量，大大增强了历史自觉和历史自信，提升了党员队伍的创造力、凝聚力、战斗力，达到了学党史、悟思想、办实事、

▲京丰燃气全景图

▲公司党员参观红色教育基地双清别墅

▲丰台区人大代表选举投票站

▲颂歌献给党歌咏朗诵汇演

开新局的目的。

（胡岩毅）

【荣获设备管理两项“全国金牌”】年内，京丰公司被中国设备管理委员会授予“年度设备寿命周期管理标杆企业”，公司京桥项目部机务检修班荣获“年度设备检维修金牌班组”称号。近年来，京丰公司积极推进设备管理创新，开展“直喷氨脱硝项目”等优质创新项目，成为国内首个对F级联合循环机组成功实施脱硝技术改造的燃气发电企业，与合作伙伴阿米那公司首创的直喷氨法选择性催化还原（SCR）脱硝技术，使机组氮氧化物排放浓度降至史上最严环保标准的北京市地方环保标准一半以内（小于15毫克/标立方米），再次走到同行业前列。同时，该技术获得国家专利认证，其成功应用，不仅为首都城市的大气环境治理、履行“绿色北京”的承诺做出了贡献，也为国内同类机组环保改造起到了积极地示范作用。此次荣誉的获得，是对京丰公司技术创新、设备管理工作的肯定，标志着公司在国内燃气发电机组技术创新中走在前沿。

（胡岩毅）

【人大代表换届选举】11月5日，京丰公司圆满完成第十七届人大代表换届选举任务。京丰公司党委书记南补连高票当选丰台区第十七届人民代表大会代表。按照云岗地区分会关于人大代表换届选举工作实施方案的要求，京丰公司成立了选举工作办公室，按照选举法的要求有条不紊的展开。选举日当天，设立了固定投票站，认真落实每一个选举步骤，确保了选举工作的圆满成功。

（胡岩毅）

【“颂歌献给党”歌咏朗诵汇演】为庆祝建党100周年，6月23日，京丰公司举办“颂歌献给党”歌咏朗诵汇演，《红船从南湖起航》《我和我的祖国》《没有共产党就没有新中国》……一首首颂歌，讴歌了党的伟大精神，激励了广大党员守牢初心使命，汲取了奋进力量。

（胡岩毅）

北京三兴汽车有限公司

【概况】2021年，北京三兴汽车有限公司全力推进自身“三位一体”布局建设，用产业布局建设带动企业改革调整，基地建设、生产外迁、经营管理、企业改革、党建工作等各方面工作都取得一定的成效，积聚了一定发展势能，公司的软实力与硬实力协调统一，同步发展。立足军用保障装备、应急装备、民用特种装备业务发展需求，启动21项科技创新任务，完成9项新产品开发任务，为公司持续发展提供了支撑。2021年新产品实现销售收入1.26亿元，新增利润1476.37万元。

（陈　静）

【关爱留京过年员工】年内，加强对留京过年员工的生活保障，本照“普遍慰问、重点关爱”的原则，在普遍享受过节补贴的基础上，专门为在集体宿舍过

▲送给职工的过年慰问品

年的员工送上牛奶、水果、饺子、熟食等慰问品，让员工安心过年、舒心过年。

（陈　静）

【学雷锋志愿服务活动】 3月5日是全国学雷锋志愿服务日，为弘扬“奉献、友爱、互助、进步”的志愿服务精神，组织党员、团员志愿者开展学雷锋志愿服务活动。机关党员、全体团员走上临近公司的主街道、写字楼、宾馆饭店等地进行垃圾清理整治。义务劳动的开展，有效提升了公司周边的环境卫生状况，激发了公司员工爱护环境、保护环境的责任感和使命感，用实际行动传承了雷锋精神，让雷锋精神在新时代绽放光彩，以志愿服务精神促进了企业文化的提升。

（陈　静）

【党日活动】 4月7日，组织机关党支部全体党员和入党积极分子赴首都博物馆参观《伟大征程——庆祝中国共产党成立100周年特展》，全体党员面对党旗庄严宣誓，重温入党誓词，感悟初心使命。

（陈　静）

【科技创新装备展览】 6月16日至18日，公司携带最新科技创新成果——“十三五”国家重点研发计划项目“微波成像生命探测应急救援综合装备”参加第三届东北亚（吉林）安全与应急产业博览会。“微波成像生命探测应急救援综合装备”由车载平台、控制舱体、三波段微波成像生命探测系统等组成。车载平台采用整体自装卸式，以全驱动越野底盘为基础型车进行改装，控制舱体采用整体自装卸方舱式，与整体自装卸运输底盘车配合使用，由运输车搭载舱体，运输到指定地点后工作，或将舱体放置于现场独立进行工作。微波成像生命探测系统包括车载式和便携式，主要由P波段设备，L波段设备和K波段设备组成。车载式工作在K波段和P波段，采用LFMCW信号体制，K波段主要用于对开阔地远距离生命体探测，可搜索500米范围内生命体活动；P波段设备工作时安装于箱体顶部前端，主要用于对森林，庄稼地等遮挡密集场所进行生命探测；便携式L波段采用伪随机编码MIMO体制，用于穿透多层楼板或穿过坍塌建筑对生命体的探测、三维定位和成像。便携式和车载式探测仪可单独工作也可组网工作，实现远距离目标探测、穿透障碍物目标探测，目标三维定位与成像等功能。

（陈　静）

【党史学习教育活动】 6月18日，组织生产系统全体党员和员工共120余人赴平津战役纪念馆参观，重温入党誓词，回顾党领导人民军队解放全国的峥嵘岁月和光辉业绩。参观期间，大家认真听讲解，充分感受70多年前那场惊心动魄的大决战，通过斑驳史迹，体会革命精神，找到了信仰之源、理想之根，坚定了“学党史、忆征程、看得失、强信心、创伟业”的坚强信念。为庆祝建党100周年，公司6个党支部集体唱响《没有共产党就没有新中国》《唱支山歌给党听》《歌唱祖国》等歌曲，用嘹亮的歌声和昂扬的激情，表达了对党的无限热爱和忠诚，进一步坚定信心决心、激发推动企业高质量发展强大动力，以更加优异的成绩庆祝党的百年华诞。

（陈　静）

【赴河南抗洪抢险】 7月17日起，河南省遭遇极端强降雨，特别是7月20日郑州市遭受特大暴雨灾害，造成重大人员伤亡和财产损失。7月23日，在得到上级支援河南救灾的任务后，公司立即整理装备物资、组织救援人员，同时协调军方办理相关手续，军方给予大力支持。7月24日下午，公司选派的7名具有大车驾驶和装备操作经验的救援队员驾驶着净水车、会议方舱、供排水方舱、管线方舱及物资集装箱等特种装备，从北京出发，驰援河南灾区。到达后，他们连夜开赴重灾区卫辉，直接到最危险的地区开展救援工作。

（陈　静）

【工程奠基】 9月19日，承载着北京

▲“微波成像生命探测应急救援综合装备”参加第三届东北亚（吉林）安全与应急产业博览会。

▲赴河南抗洪抢险现场

▲天津高端装备智能制造产业园3号厂房及配套工程开工动员大会暨奠基仪式。

三兴“十四五”发展重要支撑的天津高端装备智能制造产业园二期项目（3号厂房及配套工程）开工动员大会暨奠基仪式在天津滨海新区举行。天津工业园高端装备智能制造项目是北京三兴为响应非首都功能疏解，实现企业转型升级、高质量发展做出的生产环节外迁的战略选择。北京三兴作为一家有着65年历史积淀的中央企业，从军工背景中走来，承载着对国家、对社会、对职工的社会责任。企业经过多年的探索，形成了以北京为销售研发中心和中试中心、以天津为生产基地的“三位一体”布局，全面提升企业综合研发能力、市场开拓能力和装备保障能力，进入了快速发展新阶段。

（陈　静）

【疫情防控】 10月21日，公司将卫生防疫车交付丰台区新村街道办事处，并派专人对操作人员进行了培训。卫生防疫车随即投入小区消杀工作。此次参与消杀工作的卫生防疫车主要用于野外、街道等大面积消毒作业，也可用于疾控中心、防疫大队等机动卫勤分队和后方医院，对卫生环境进行消杀处理。车辆药液箱装满药液400L，一次消毒面积大于500平方米，可持续喷洒时长大于1小时，在疫情发生地区的环境消杀中可发挥特有作用。

（陈　静）

【领导视察】 12月21日，应急管理部党委委员、副部长，国家安全生产应急救援中心党委书记、主任宋元明一行到公司调研。宋元明检查了国家安全生产应急救援装备物资储备北京库，详细了解了库存装备物资类别性能和管理调用情况，听取了新兴际华应急产业发展情况的汇报，现场参观了救援装备展示，并观摩了水域灾害救援装备快速自装卸演练。

（陈　静）

北京市赛欧工贸有限公司

【概况】 2021年，北京市赛欧工贸有限公司坚持稳中求进工作总基调，聚焦主责主业，践行国企改革三年行动方案，深入贯彻落实深化供销社综合改革和实施培育壮大工程，积极落实疫情防控、复工复产工作，较好地完成年度各项工作任务，实现企业平稳有序发展。实现营业收入13674.76万元，实现综合经济效益7480万元（其中，利润5980万元，资产占用费1500万元）。截至年底，全系统共有在职职工158人，退休退职人员1771人。下属四个基层单位，机关设置七部一室。

（高雪芳）

【农村综合服务中心建设】 年内，赛欧公司按照市社统一部署及2021年深化供销合作社综合改革重点工作任务，完成建设农村综合服务中心5个，涵盖以餐饮、便利店、药店、家电、理发、房产中介等便民服务，突出为城镇居民服务的职能。农村综合服务中心的建设，提升了供销社品牌的社会效益和经济效益。

（高雪芳）

【改革创新推进赛欧公司高质量发展】 年内，围绕政府、行业规划，将完善孵化业务平台和重塑传统网点业务平台作为赛欧公司“十四五”时期重点产业支撑提升方向，积极探索新增业务，提升服务附加值，培育新的经济增长点。孵化中心业务板块建设以“五化”（标准化、信息化、平台化、国际化、专业化）、“三拓展”（拓展物业空间、拓展业务线、拓展非租金收入）为目标，提升综合业务能力与服务水平。同时，针对不同发展阶段的创新创业企业需求，将孵化中心的业务线拓展为：创业苗圃＋创业公寓＋孵化器＋加速器＋创业园一体化的创新创业企业全生命周期的业务线。聚焦轨道交通、航空航天、新一代信息技术、科技服务等特定产业，定向征集、选择和培养产业所需的孵化项目、创业企业、技术团队、专业服务机构，形成以赛欧为中心的创业企业创新链、第三方机构服务链、高技术产业链三螺旋上升的产业垂直生态圈。传统商业网点业务板块以客户重塑、场景重塑、业态重塑、与地方政府资源协同、与孵化板块资源协同、与市社相关资源协同为发展方向，提升综合业务能力与服务水平。聚焦文化、健康、日用百货、家政服务、商业企业等城乡便民服务产业，链接供销系统的农村基层社、专业公司等机构，形成以赛欧为中心的便民商业链、第三方机构服务链、社区便民服务产业链三螺旋上升的产业垂直生态圈，为城乡社区便民商业提供平台、服务、政策与流通。

（高雪芳）

【迎接参观考察和领导调研】 3月22日，市社副主任郭子华带领市社保卫部相关人员到赛欧公司检查指导“接诉即办”工作，赛欧公司领导班子成员及“接诉即办”工作人员参加座谈。3月24日，市社副主任张守海、总会计师韩淑华带领市社有关的部门人员，到赛欧公司进行调研，赛欧公司主要负责人及班子成员陪同。6月16日，为迎接建党100周年，市社副主任张守海带队到赛欧公司进行安全维稳、“接诉即办”、疫情防控督导检查，赛欧公司相关负责人陪同检查。8月19日，市社党委常委、副主任邵炬明到赛欧公司讲党史学习教育专题党课，市社机关第八党支部与赛欧总部党支部全体党员参加党课活动，活动由公司党委书记王海轮主持。

（高雪芳）

【调整总部组织架构】 12月20日，为落实市社内控体系建设要求，根据公司发展需要，经赛欧公司党总支（扩大）会（2021年第6次会议）研究决定，将赛欧公司总部部室设置调整如下：撤销内审部；将党委办公室、纪检监察办公室、组织部合并为党群工作部；办公室、法务部合并为综合办公室；设立投资发展部。调整后的赛欧公司总部共设置8个职能部室，分别是：党群工作部、综合办公室、财务部、人力资源部、经营管理部、投资发展部、安全保卫部、工会。

（高雪芳）

【调整党组织建制 撤销董事会、监事会】 7月27日，北京市供销合作总社印发《关于调整北京市供销合作总社部分直属单位组织机构和总部部室设置的通知》，根据通知要求，赛欧公司撤销董事会和监事会，设执行董事和监事各1名。将党组织建制由党委调整为支部委员会。

（高雪芳）

【知识产权宣传周活动】 4月，公司举办世界知识产权日暨知识产权宣传周活动，向入孵企业发放宣传品，帮助其了解企业知识产权现状及需求。活动中，统计了企业的知识产权数量，征集了企业的困难和需求，为各企业宣传讲解知识产权相关政策。

（高雪芳）

【学习十九届六中全会精神】 11月24日，赛欧公司领导班子成员认真学习了《中国共产党第十九届中央委员会第六次全体会议公报》《中共中央关于党的百年奋斗重大成就和历史经验的决议》和《关于〈中共中央关于党的百年奋斗重大成就和历史经验的决议〉的说明》。会上，赛欧公司党总支书记、执行董事王海轮用数字详细解读了全会的主要精神和要点，使大家对全会的学习更加具体化、简单化，并提出要求：一是赛欧公司领导班子成员要以上率下，发挥“领头雁”作用，先学一步、学深一层，准确把握全会精神深刻含义，带头进行党课宣讲；二是要把学习贯彻党的十九届六中全会精神作为当前首要政治任务，各级党组织要统筹安排，周密部署，迅速在各支部和广大党员中掀起学习宣传贯彻十九届六中全会精神的热潮；三是公司全体干部职工切实把思想和行动统一到全会精神上来，按照市社十四五规划的总体要求，结合赛欧公司发展实际，突出抓好“孵化”和“便民服务”两大平台的建设，以党总支换届为契机，站在新起点上，不忘初心、牢记使命，弘扬伟大建党精神，展现赛欧新形象、彰显新作为、谋求新发展。

（高雪芳）

【“应急宣传进万家”系列活动】 6月起到11月底，组织开展应急宣传进万家系列活动，活动安排如下：开展安全生产月活动、宣传教育活动、“安康杯”活动、“青年安全生产先锋岗”活动、交通安全宣传活动、“119”消防宣传月活动。组织开展安全生产培训，落实防汛工作、安全分级考核工作。开展“防风险保平安迎大庆”安全检查与督查工作。

（高雪芳）

【疫情防控】 年内，公司领导班子高度重视，积极贯彻落实党中央、国务院关于新型冠状病毒感染的肺炎疫情防控工作部署，坚持领导班子带班制度，时刻保持高度警惕，坚持外防输入内防反弹不放松，落实四方责任，做到“三防四早九严格”，持续抓好常态化管控，巩固稳定向好的防控态势，加强恢复正常的生产生活秩序。积极落实疫苗接种工作。

（高雪芳）

【荣誉及奖项】 年内，赛欧孵化中心荣获“2018–2020年度首都文明单位”称号。这是继2015年、2017年两次被评为首都文明单位以来，第3次荣获首都文明单位称号。成功入选“北京市科技企业孵化器”。通过科技部火炬中心对于2020年度国家备案众创空间的复核。荣获北京市丰台区市场监督管理局、北京市丰台区知识产权局联合颁发的“2020年度丰台区知识产权工作突出贡献奖”。获得北京市科学技术委员会、中关村科技园区管理委员会2021年科技服务业发展促进专项资金（创新创业服务机构建设方向）85万元。被评为优秀（A类）企业，已连续两年获此殊荣。正式成为2021北京市企业创新信用领跑企业和信用领跑园区。

（高雪芳）

北京丰台年鉴

商贸 服务业

商业贸易

【概况】2021年，丰台区商务局统筹疫情防控和商务发展，努力守住“保”的底线、夯实“稳”的基础、拓展“进”的态势，积极推进物资保障、复商复市、稳定商务经济等各项工作。加快国际消费中心城市培育建设，编制“十四五”时期丰台区促进消费提档升级发展规划。推进活力中心建设，推出八大消费路线。抓消费促进经济回暖，全年实现社会零售额1418.1亿元，同比增长7.5%，总量排名全市第三。提升消费供给品质，区域吸引力进一步显现。升级农产品批发市场和专业市场，协同推进大红门地区4家存量服装市场有序实现腾退关停。保障生活必需品市场供应，确保应急状态下生活必需品市场供应稳定。持续开展消费帮扶活动。为群众办实事，强化政务公开。

（王　旭）

【加快国际消费中心城市培育建设】年内，完善工作机制，制定《丰台区推进北京国际消费中心城市培育建设实施方案》，构筑“2+4+N”特色消费版图。设立由区政府主要领导任组长的工作专班，下设专项工作组，动态完善“项目、任务、政策、服务企业、促消费活动”五个清单，推动重点任务和项目落地。编制“十四五”时期丰台区促进消费提档升级发展规划。

（王　旭）

【推进活力中心建设】年内，联合属地推动方庄、马家堡、花乡奥莱区域城市活力中心建设。协同相关部门解决时代life外摆、NTP新城广场停车和LED屏使用、花乡奥莱停车场备案等问题，优化活力发展环境。举办活力方庄乐购节，开展方庄活力点评选，营造活力消费氛围。组织花乡奥莱联合花卉大观园开展“活力金三角”融合消费暖冬行活动，推出八大消费路线。

（王　旭）

【抓消费促进经济回暖】年内，举办2021丰台消费季活动，以“约惠丰台 感受丰范”为主题，统筹商旅文体资源，围绕重要节日节点，推出定制消费路线、夜间消费地图等消费指南，举办汽车消费节、亲子嘉年华、金秋美食节等百余场特色活动，打造具有丰台区域特色的促消费活动品牌。全年实现社零额1418.1亿元，同比增长7.5%，总量排名全市第三。

（王　旭）

【提升消费供给品质】年内，拓展消费载体，首创龙湖北京丽泽天街、丰台大悦春风里开业，成为网红打卡地。提升商业品质，推动新业广场、银泰百货、资和信百货等传统商场升级改造，完善环境设施，优化品牌结构。引进麦德龙PLUS会员店、泡泡玛特太空主题店等43家北京首店，区域吸引力进一步显现。

（王　旭）

【生活服务业提质升级】年内，新建及规范便民商业网点37个，完成全年任务的123.3%。编制“十四五”时期打造首都高品质生活服务供给重要保障区发展建设规划。围绕便利性要求，结合行政区划调整，指导街镇摸排网点底数和缺口，研究制定补建计划。鼓励连锁企业设立社区直营门店，推动建设宛平街道物美超市、北宫镇辛庄村华冠超市等体验式社区商业综合体。推动新村街道利民社区菜市场实现转型升级，建设高标准社区邻里中心。

（王　旭）

【升级农产品批发市场和专业市场】年内，提出研究新发地农产品批发市场转型升级的工作方案和新发地区域农产品批发市场规划综合实施初步方案。指导首农集团所属京深海鲜、北水嘉伦、农产品中央、西南郊等批发市场深化改造提升。协同推进大红门地区4家存量服装市场有序实现腾退关停。

（王　旭）

【保障生活必需品市场供应】年内，对批发市场及零售终端每日监测预警，动员骨干企业在重要时间节点和紧急状态下确保货源供应。顺利完成市级蔬菜1525吨、46天的临时储备任务。完善两个“点对点”监测补货保障工作机制，保障应急状态下生活必需品市场供应稳定。

（王　旭）

【推进物流规划节点实施】年内，完成物流规划节点布局研究，明确10个规划节点位置、规模和功能定位。与新兴际华集团、首农集团、北京外运陆运公司等物流规划节点地块主体对接，积极推动综合实施方案编制。

（王　旭）

【持续开展消费帮扶活动】年内，持续推进内蒙古扎赉特旗、林西县的消费帮扶工作，通过新增消费帮扶分中心、完善现有分中心功能等方式扩大帮扶地区农副产品销售渠道。建立受援地进京销售产品目录，积极开展消费帮扶活动。

（王　旭）

【为群众办实事】年内，“吹哨报到”41次，协调相关部门圆满解决问题。“主动报到领哨、对接服务”89次，解决了便民网点建设、商圈提升、疫情防控等一批问题。认真抓好“12345”接诉即办，“响应率、解决率、满意率”全年均为100%，在月均考评30件以下部门中排名第1位。办理市区人大代表建议2件，市区政协提案20件，满意率100%。强化政务公开，政府信息主动公开446条。

（王　旭）

对外经贸

【完善“两区”建设机制】年内，坚持对标对表，成立区委区政府主要领导任组长的领导小组，搭建“一办九组”工作架构。加强系统谋划，构建“区域+领域”开放体系，围绕丽泽金融商务区、中关村丰台园、首都商务新区三大重点区域，聚焦新兴金融、科技服务、轨道交通、航空航天四大重点领域，制定实施方案。

（王　旭）

【“两区”建设成效显著】年内，成员单位齐抓共管形成合力，成功打造全国首例通过数字钱包实现非税收入上缴业务场景、本市首个数字人民币应用场景测试点等多个“首次”。推荐华为中国区总部等多项内容纳入市“两区”建设“五个一批”成果。梳理形成首批制度创新实践案例，其中“构建科技创新全链条服务‘生态’体系”入选为商务部向全国复制推广的“最佳实践案例”。示范储备项目累计182个。

（王　旭）

【综合施策稳外资】年内，完成实际利用外资1.34亿美元，提前完成全年任务，同比增速居城六区第二位。引进培育外资企业55家，其中新设44家，同比增速居城六区首位。深挖各行业、各领域资源，采用中介招商、以商招商、展会招商等多种形式，与欧盟商会、英国标准协会等对接，加大外资招引力度。编印《2021年丰台区外商投资指南》，为外资企业投资提供便利。力促应统尽统，推进银鹤永泰、达涅利、天成永元等合同外资到账，提升合同外资转化率。针对重点外资企业，主动上门送政策、送信息，当好“服务管家”，圆心科技、银龙水务等相继增资。

（王　旭）

【全力以赴稳外贸】年内，完成进出口总额208亿美元，同比增长39.3%。协助指导23家外贸企业申报提升国际化经营能力项目50个。组织中国出口信用保险公司完成外贸企业一对一投保64家，累计保额5393万美元。与丰台海关等单位开展营商环境、海关认证企业管理措施等多场培训，获益企业70余家。突出总部经济，为13家总部企业申请奖励资金1000余万元。

（王　旭）

【服贸会展现新风采】年内，突出“三展一会一沙龙”特色，其中推介沙龙邀请到英国皇家特许建筑学会、林肯国际投资咨询公司等60余家国内外机构和企业，人民日报、中央电视台等媒体予以报道。

（王　旭）

【打造开放新名片】年内，组织国家服务业扩大开放综合示范区宣传推介会暨项目签约仪式，大力提升区域影响力。与区投促中心等共同举办“两区”建设重点项目签约活动，集中签约100个项目，30个现场签约项目投资额达1800多亿元。与联合国工发组织投资和技术促进办公室共同组织低碳化与数智化高端闭门座谈会暨联合国工业发展组织第四次工业革命产业联盟年度会。举办10余次“两区”政策解读会，组织“两区”建设专题培训班，持续提升各部门和企业的政策知晓度。

（王　旭）

商贸企业

北京丰贸投资经营管理有限公司

【概况】北京丰贸投资经营管理有限公司成立于2013年12月，主营业务为：接受委托经营管理国有资产、投资管理，兼营房地产租赁、物业管理等。机关总部设14个部室，全资子公司5家，分公司7家，控股公司1家，参股公司2家，兼托管企业7家。2021年，公司实现营业总收入1.97亿元，利润总额1.13亿元，净利润7978.42万元，上交国有资本金967.14万元，上交税费9061.41万元。完成3户全民所有制企业改制和15户清算注销工作。西马场北里17号党群服务中心建成并投入使用，形成9个基层党支部、1个党群服务中心和5个暖心驿站服务体系。完成《丰贸公司“十四五”时期发展规划报告》编制工作，并上报区国资委备案。

（冯　巍）

【制度体系建设】年内，修订《党委会议事规则》《“三重一大”决策制度实施办法》等制度，编制完成新版《党务制度汇编》《行政制度汇编》。根据工作需要，成立董事会办公室、信访办公室。成立丰惠万嘉融媒体部。完成《薪酬改革方案》《绩效考核管理试行办法》的制定，推进资产线上管理系统、长期欠缴租金等重难点工作。

（冯　巍）

【疫情防控】年内，公司所辖网点及宿舍无疫情发生。协调所辖巴庄子139号中驰酒店改造为临时集中医学观察点。选派10余名员工支援看丹街道恒富中街3、4号院疫情防控工作。

（冯　巍）

【提升资产管理】年内，全面核查资产信息，完成监托管企业合同台账汇总。启用新版租赁合同台账。完成东大街2号、花园路1号及杨公庄南口、马家堡东路18号房屋升级改造工作。解决南方庄4号商业用电问题。

（冯　巍）

【拆迁拆违】年内，配合看丹村棚改项目，累计拆除房屋面积约10400平方米。完成王佐镇王佐粮库459号1700平方米拆除工作。完成玉泉营街道巴庄子139号6295平方米房屋拆除工作。完成丰台火车站周边区域518平方米房屋和土地腾退工作。完成长辛店棚改74.7平方米房屋和土地腾退工作。全年销账彩钢板建筑4处，拆除面积3300余平方米。

（冯　巍）

【安全管理】年内，引进第三方专业安全机构对网点开展风险评估。通过劳务派遣方式聘用专职安全员11名。围绕重点时期，开展安全检查140余次，检查网点500余处。

（冯　巍）

【民生服务】年内，完成北大地二里1号宿舍楼1单元上下水管线更换工程。对角门东里12号下水管线进行改造。完成云岗南里4-7号职工宿舍、朱家坟一里甲10号、11号楼用电改造工程。

（冯　巍）

【创卫爱卫】年内，实施"5个小组+1个直属队+7个片区""战时"指挥调度机制，全员投入阶段性创卫工作中。累计投入近60万元，解决环境、安全等隐患2000余处，通过各阶段创卫验收工作。

（冯　巍）

【接诉即办】3月份正式纳入区考核体系。年内共受理12345市民服务热线转派工单166件，承办89件，纳入市中心考评39件。参与区级企业排名11次，排名第1位6次，排名第二位2次。

（冯　巍）

【人才培养引进】年内，通过推荐、审查等程序，30名青年员工被列为首批中层副职后备人才进行培养。制定《"导师制"培养计划》，为每名后备人才选配了导师。选派3名后备干部到区党史学习教育、创卫、巡查整改等工作中进行锻炼。通过"慧聚英才 筑梦丰台"丰台区进高校专场招聘活动，录用3名双一流高校硕士毕业生。

（冯　巍）

丰台区国有资本运营管理有限公司

【概况】北京市丰台区国有资本运营管理有限公司(简称国资公司)于2010年6月经丰台区委区政府批准成立，于2021年底完成公司制改革，由全民所有制企业转型为国有独资公司。国资公司是以国有资本运营和股权管理为重点，以国有资本的证券化和价值最大化为目标的投融资平台，区国资委是唯一出资人。注册资金124.6亿元人民币，经营范围：投资及投资管理、资产管理、企业管理咨询、投资咨询、物业管理。主体信用评级为AA+，是区内主体信用评级最高的国有非上市公开企业，具有融资性担保机构牌照和私募基金管理人牌照。国资公司在职职工39人（含诚信佳担保公司22人及代管区国资委推改办2人），退休职工3人。

（国　帅）

【充分发挥主业优势】年内，统筹利用14亿资金，服务丽泽商务区建设。为丰台创新中心项目提供2.7亿元资金支持，入股北京丰科新元科技有限公司。完成25亿私募公司债注册。为丰台区重点项目建设提供资金支持1.34亿元，担保支持34.4亿元，助力区域高质量发展。

（国　帅）

【解决驻区小微企业资金问题】年内，国资公司下属诚信佳担保公司充分发挥"丰九条"作用，新增融资性担保313户次，涉及金额24.66亿元，比上年增长25%，助力企业解决难题、持续发展。

（国　帅）

【完成公司制改革任务】年内，国资公司于12月31日由全民所有制企业转型为国有独资公司，建立完善的法人治理结构和市场化运营机制。谋划企业十四五时期发展规划，打造能够为区域经济发展提供强大支撑的国有资本运营管理公司。

（国　帅）

【落实巡察整改和财务收支整改】年内，对区委巡察反馈的10个方面28个问题实施清单式管理，完成25项整改任务，3项任务长期推进。完成区审计局财务收支专项审计整改，有效提升企业经营管理水平和风险管控能力。

（国　帅）

【深化党的领导向二级企业延伸】年内，研究制定支委会前置研究讨论重大事项清单。完成诚信佳担保公司班子建设，规范二级企业重大事项决策程序。制定党支部请示报告事项清单。

（国　帅）

【落实"万企兴万村"结对帮扶捐赠】年内，作为牵头单位，联合其他区属国企共同结对帮扶内蒙古赤峰市林西县大营子乡富康新村，完成帮扶协议的签订以及15万元捐赠款的拨付。

（国　帅）

【干部队伍建设】年内，分层分类开展干部教育培训，提升专业能力和综合素质。在直接监管二级企业之间开展干部交流，全面培养干部。参与"丰泽计划"，引进应届硕士毕业生1名。完成预备党员转正1名，接收预备党员5名，吸收积极分子9名。

（国　帅）

【精细化管理】年内，尝试编制全口径合报表，进行财务数据分析，升级电算化系统。完成16项制度的制定或修订，有效规范了业务流程。

（国　帅）

丰台区综合投资集团有限公司

【概况】北京市丰台区综合投资集团有限公司（简称"综投集团公司"）成立于1999年1月。主营范围：投资、兴建经济实体和新技术企业；房地产开发、经营、为国内外投资者提供咨询服务和工程咨询服务；土地开发；出租商业用房等。集团公司本部设7部4室，所属控股、参股、托管企业27家。2021年，资产总额47.35亿元，负债总额13.37亿元，所有者权益总额33.98亿元，收入总额3501.95万元，投资收益4360.56万元，实现利润总额2391.35万元，缴纳税费1130.87万元。

（李佳君）

【丰台站改建及配套市政征地拆迁工作】年内，稳步推进丰台站改建工程及市政配套工程征地拆迁工作。丰台站改建工程征地拆迁方面，项目涉及总拆迁面积约35.77万平方米，已完成35.08万平方米的拆迁，占拆迁总面积的98%，向丰台站项目管理部交付施工用地882亩，占新增铁路用地的99%，落实征地拆迁投资73亿元，推动区域建设投资141亿元。丰台站配套市政工程征地拆迁工作方面，项目总占地面积95.82万平方米（不含南北枢纽），实现交地面积约84.2万平方米，占总用地面积约88%，完成树木伐移9200余株，完成工作量约96%，万寿路南延新华街至南四环段已建成、南四环跨线桥已建

▲5月，丰台火车站征地拆迁项目部荣获“北京市工人先锋号”荣誉称号。

成通车，累计落实投资约24.46亿元，推动区域建设投资约7.97亿元。

（李佳君）

【丰台站站城一体化建设】 年内，积极开展丰台站站城一体化征地拆迁的前期准备工作。本项目地块需实施拆迁的土地面积约57.54公顷，待拆迁总建筑面积约39.89万平方米，涉及人口约3100户，涉及国有非宅约11家，拟采取整体授权、分期立项、滚动开发的土地一级开发模式；配合区规划和自然资源分局编制完成枢纽圈层修建性详细规划方案，街区控制性详细规划上报市规划和自然资源委员会，正在开展征地拆迁前期准备工作。

（李佳君）

【党建工作】 年内，认真贯彻落实全面从严治党新时代党的组织路线，聚焦“两个维护”，强化政治忠诚，深化理论武装。组织完成5名中层干部试用期满转正工作。认真抓好区委巡察反馈问题整改工作。开展党史学习教育工作，以“7个100”主题系列活动为主要内容丰富自选动作。发展党员10名，完成4家党支部换届选举工作。1名党员获得丰台区优秀共产党员称号。签订意识形态责任书380余份。在中央市区两级媒体刊载宣传稿件41条，区国资委公众号25条，综投集团公司微信公众号刊发44条。3月综投集团公司被首都文明委授予“首都精神文明单位”荣誉称号。

（李佳君）

【群团工作】 年内，充分发挥工会组织桥梁纽带作用，积极维护职工权益，保障职工利益。5月，丰台火车站征地拆迁项目部荣获“北京市工人先锋号”荣誉称号。发挥团员青年后备军作用，积极开展团内党史学习教育工作。

（李佳君）

【纪检监察】 年内，加强政治理论学习和廉洁教育，结合党史学习教育开展新风正气宣传教育和党规党纪学习，把纪律和规矩挺在前面，提高廉洁从业意识，筑牢思想道德防线。认真履行监督执纪问责职责，聚焦中心工作，做实做细涉及民生保障的监督执纪工作，充分发挥监督保障执行、促进完善发展作用。

（李佳君）

【市政基础设施建设】 年内，所属北京恒盛宏大道路投资有限公司以政府投资计划项目为重点开展工作。道路建设方面，计划实现完工的三个项目西局南街、范家庄北路、九子河东路均已建成通车；完成杜家坎南二路、槐房四号路的建设，积极推进了造甲村一号路、南苑镇南三号路等11个项目的道路建设工作；落实政府投资约4.97亿元。水务建设方面，马草河基地东路桥工程、丰台区河西地区农村污水治理工程已完工；推进了马草河支沟治理工程等3项工程的前期工作；积极配合区水务局实施2项河道治理工程、3个项目积水点治理工程。落实投资约1.06亿元。

（李佳君）

【园林绿化建设】 年内，所属北京金三环园林绿化工程有限公司（简称“金三环公司”）承接延庆冬奥项目、丰台区2021年王佐镇平原重点区域造林绿化工程施工、平谷区2021年第一批山前平缓地造林工程八标段、留白增绿2021年绿化工程辛庄公园二期、留白增绿2021年绿化工程张郭庄公园二期等工程项目29个；承接北京园博园绿地养护项目（公共展园区域绿地养护项目）、2021年通州区大运河森林公园绿化养护项目（第五包）等养护项目6个。实现主营业务收入1.33亿元。

（李佳君）

【静态交通建设】 年内，所属北京静态交通丰台投资运营有限公司作为丰台区道路停车实施主体，持续加强168条电子收费道路，1.4万个车位运营管理，服务停车12868万台次。道路停车电子收费为区级财政创收9049.69万元。采用移动视频技术管理51条“有位失管”道路。开展正阳北里小区等5个小区停车环境提升工作，新增停车位1500余个，消除了车辆占用消防通道带来的安全隐患，缓解了停车压力。开展居住社区及商业区错时共享停车工作，协调600余个停车位供居民夜间停放车辆，初步实现了缓堵、保畅、惠民生的效果，有效提升了区域交通环境。

（李佳君）

【垃圾处理】 年内，所属北京环丰世纪绿色能源科技有限公司开展生活垃圾筛分处理、堆肥利用、污水处理以及新能源开发等业务。通过筛分、渗沥液处理、填埋、垃圾外运消纳丰台区原生垃圾共58.56万吨。实现经营总收入2.24亿元。

（李佳君）

【土地一级开发】 年内，积极推进地铁九号线郭公庄车辆段土地一级开发工作。郭公庄三期用地规模31.79万平方米，划分为A#、B#、C#地块，建设规划用于商业金融发展。郭公庄三期B#地块已挂牌出让，摘牌价为37.2亿元。

（李佳君）

【住房保障】 年内，托管企业北京兴丰房地产经营开发有限公司（简称“兴丰公司”）积极推进莲怡园一区房改房产权证办理工作，完成莲怡园一区第一批次（166户）中的112户居民房改房产权证的办理工作。第二批次（337户）的具结保证书已经办理完毕，正在按照方案办理房改售房工作。

（李佳君）

【精准扶贫】 年内，为助力结对地区巩固拓展脱贫成果，全面推进乡村振兴工作，综投集团公司向内蒙古赤峰市林西县大营子乡和平村进行帮扶捐赠15万元，用于开展智能温室暖棚建设。

（李佳君）

【爱卫创卫】 年内，围绕丰台区确定的“统一标准、分项考核、全面达标”的创卫原则，切实履行创卫工作职责，累计参与爱卫（创卫）工作1453人次，累计投入资金81.52万元。

（李佳君）

【“接诉即办”】 年内，综投集团公司将“接诉即办”作为践行以人民为中心发展思想的重要实践，作为履行国资国企职能的重要抓手，围绕“闻风而动、接诉即办”的基本要求，坚持统筹领导高位推动，集团上下协同联动，全力以赴解决百姓困难、提升百姓幸福指数，全力保证“响应率”，大幅度提高“满意率”，加速提高“解决率”。

（李佳君）

【教育资源建设】 年内，所属北京同创顺达置业有限责任公司（简称“同创公司”）积极推进丰台二中改扩建工程、长辛店铁路中学改扩建工程、北京十中槐树岭校区新建工程、北京十中晓月苑校区新建工程、北京十二中新建文体综合楼及连廊封闭工程等5个职能代建项目建设，落实投资4367万元。

（李佳君）

【十四五规划编制】 年内，按照区国资委要求，收集、整理以及分析国家十四五规划相关政策文件，结合丰台区的功能定位以及综投集团的实际情况，编制完成综投集团公司十四五规划。

（李佳君）

【全民所有制改制】 年内，完成所属北京市丰台区林工商公司（简称“林工商公司”）、兴丰公司、北京西客站南广场商贸中心、北京政融国有资产经营中心（简称“政融中心”）四家全民所有制企业的改制工作，注销完成所属北京市斯为特广告中心一家全民所有制企业。提前顺利完成市区交办的改制任务，为下一步集团协同整体发展奠定了坚实基础。

（李佳君）

【疫情防控】 年内，严抓疫情常态化防控各项工作，严格执行疫情防控政策规定，落实测温、扫码、登记等管控措施，及时消毒消杀、保持“一米线”、执行限流举措，筑牢疫情防控防线。开展新型冠状病毒疫苗加强针接种工作，助力企业平稳经营。

（李佳君）

【安全生产】 年内，建立健全组织机构和人员配置，确保日常安全生产工作时时有人抓、事事有人管。建立安全生产隐患排查整治常态化工作机制，制定、修改、完善安全生产3项规章制度，促进安全生产形势稳定。顺利完成“七一”等重大活动期间的安全保障工作。组织实施安全生产检查193家次，安全夜查2次，完成安全隐患整改76处。

（李佳君）

【内部审计】 年内，完成2020年恒盛宏大公司、北京丰综投轨道交通投资开发有限公司、政融中心、同创公司、北京丰财投资管理有限责任公司（简称“丰财投公司”）5家子公司经济责任审计工作，开展2021年北京方庄购物中心股份有限公司、北京益恒房地产开发有限责任公司（简称“益恒公司”）、北京恒丰顺达物业管理有限责任公司（简称“恒丰物业公司”）3家子公司经济责任审计工作，推进益恒公司、恒丰物业公司、同创公司、金三环公司、北京市天成丰景园林设计有限公司（简称“天成丰景公司”）5家公司经济责任审计工作，加强审计结果运用，增强审计监督效果，不断加强内审队伍建设。

（李佳君）

【人力资源管理】 年内，制定、修订完善人力资源9项管理制度。梳理优化部门编制及岗位，修订岗位说明书，通过定岗定编合理配置人力资源，构建科学的岗位管理体系。引进1名清华大学应届毕业生，为干部梯队建设储备优秀人才。以强基础重实效为原则开展培训23场，参与培训340余人。通过推进子公司主要负责人绩效考核和薪酬管理工作，建立长期有效的绩效薪酬激励机制，共同完成集团经营目标计划和各项工作任务。

（李佳君）

【股权管理】 年内，积极推进北京政华恒信投资有限公司、北京鑫福海小额贷款有限公司股权转让工作；启动连发公司清算注销工作；推进京温公司股权转让纠纷执行工作；深化林工商公司、金三环公司、北京北宫园林绿化有限公司、天成丰景公司等公司的股权无偿划转至综投集团公司的相关方案。

（李佳君）

【经营性资产管理】 年内，完成莲怡园底商的委托运营，通过市场招标将底商委托第三方公司运营管理，并就装修改造、租户腾退、消防备案、安全管理等问题签订相应合同保障运营。监督落实丰财投公司资产委托运营工作，监督被委托运营方切实履行协议义务。及时跟进丽泽景园产权证办理事宜，地下车库已完成实测备案。

（李佳君）

投资促进

【概况】 2021年，全区投资促进工作

紧密结合丰台区发展战略，对标“五子”要求，紧抓“两区”建设契机，以“招大育强、产业提质”为总体目标，强化机制、统筹推进、严格落实，推动各项工作取得新进展。成功促成中国物流集团、南水北调集团、大唐碳资产、中移系统集成、通用健康、中国通服、中化石油、中化化肥、中望数字、中注税协、中煤环保等一大批高质量、引领性企业项目落地。全年新设立注册资本5000万元以上规模企业481家，同比增长30%。

（秦　凡）

【实施“1511产业发展提质工程”】 年内，聚焦“培育引进上市公司、优质外资企业、高成长性企业、税源规模企业”等领域，创新实施“1511产业发展提质工程”。培育和引进上市企业11家，北交所首批上市2家，数量居全市第二；吸引培育高质量外资企业55家，同比增长76%；培育引进高成长企业112家，同比实现翻番，其中新培育专精特新企业79家，同比增长125%；新引进国家高新技术企业134家，同比增长86%；新引进重点税源企业106家，当年实现区域综合贡献同比上升55%。

（秦　凡）

【健全招商机制】 年内，建立“招商+服务”大格局，统筹全区70个部门力量，量化指标驱动，统筹资源渠道，构建行业部门、产业园区、街镇属地、商务楼宇等组成的四位一体“招商+服务”大格局，深入20余个街镇走访服务，与全区各街镇共同发力梳理全区楼宇等资源，编印招商手册，夯实招商基础。建立“四库”精准对接目标企业，结合全区产业发展定位，关注产业发展动态和经济政策新变化，定期编撰《重点企业与政策动态周报》，加强全区招商指导。建立高成长性企业、外资企业、营收百亿未设北京总部企业、异地纳税企业四个目标企业库，明确招商引资重点方向。

（秦　凡）

【拓展招商渠道】 年内，建立“紧密型+开放式”相结合的市场化招商模式，选聘10家高能级机构开展紧密型合作，并与52家各行业优势机构形成开放式合作，引进国际知名网游开发跨国公司娱美德及拥有干细胞免疫核心技术的鑫曦科技等16家优质企业落户。

（秦　凡）

【推介活动】 年内，围绕大型投资促进活动开展产业宣传，借助中国—中东欧国家博览会、服贸会（投资北京洽谈会）北京日、厦洽会、京港会等，广泛宣传区位优势、营商环境、产业项目。举办“两区”建设等重点项目推介活动，举办“北京英国经贸合作圆桌会暨北京丽泽金融商务区推介活动”，邀请相关委办局及50余家英国经贸企业在丽泽共话发展，搭建丰台区与外资企业高端交流平台。成功举办丰台区“两区”建设重点项目签约仪式，现场签约代表项目30个，签约项目投资额超1800亿元。积极争取作为重点区域参与市“两区”建设香港地区、德国、英国、美国线上推介会。加强和市级部门招商联动，深度对接优质商协会资源，与英中贸易协会、意大利商会、中欧商会、德国商会、香港地区商会、太平洋岛国贸易投资署、北京侨商会等建立对接联系，联合市贸促RCEP丰台区培训交流活动。

（秦　凡）

【招商服务】 年内，深入落实企业“服务包”制度，完成16家次市领导走访企业共29项诉求解答办理，协调对接“双平台”中15家市级“服务包”企业23个诉求，积极服务市级服务包企业。联合各委办局、功能区、属地共走访接待服务企业230余家次，聚焦企业关注的资金支持、人才引进、政策解读等方面，做好财源建设、协税护税、企业服务等综合工作。

（秦　凡）

【楼宇招商】 年内，上线北京市首个区级数字服务平台“投资丰台地图”，动态展示全区50余家重点商务楼宇和产业园区近500万平方米，方便企业高效获取投资信息，对接3000余选址意向。以丰台区高精尖产业空间联盟为纽带加强楼宇企业进行合作交流、实现资源共享，举办“浙江大学校友创业大赛”“党建引领强招商助力楼宇促发展”等特色主题活动，实现营商环境、社会效益、楼宇党建、企业发展等方面的融合发展与合作共赢。

（秦　凡）

【参加第二届中国—中东欧国家博览会】 6月7日至9日，丰台区投资促进服务中心受邀参加第二届中国－中东欧国家博览会，现场对接知名参展企业，联络考察当地金融、电商等企业总部，开拓视野、宣传推广丰台区营商环境和经济高质量发展商机。期间，区投促中心先后考察知名宁企太平鸟集团直播基地、宁波银行总行、与北京市贸促会共同参加中东欧商品采购联盟成立仪式、阿尔巴尼亚展区中阿双边贸易发展对话交流活动等。

（秦　凡）

【举办《区域全面经济伙伴关系协定》（RCEP）第二次线上专题培训活动】 本次培训将重点面向企业做好RCEP生效对接准备，深入就RCEP对农业、纺织、机械、化工、电子信息、轻工等相关产业和服务、投资的影响进行解读分析，帮助相关单位 和企业熟悉RCEP原产地累积规则、原产地证书申领程序等，为企业用好RCEP国际规则提供支持，提高国际竞争力，更好维护产业链供应链安全。

（秦　凡）

【亮相北京“两区”建设线上推介会】 6月9日至10日，“两区”建设德国线上推介会及“两区”建设英国、美国线上推介会在北京市投资促进服务中心举办，丰台区作为重点推介区在会上进行了政策解读和营商环境推介。丰台区相关负责人分别在德国线上推介会及英国、美国线上推介会上对北京丽泽金融商务区进行推介。

（秦　凡）

【举办“北京市—英国经贸合作圆桌座谈会暨北京丽泽金融商务区推介活动”】 7月13日，“北京市—英国经贸合作圆桌座谈会暨北京丽泽金融商务区推介活动”在京举行，北京市与英中贸易协会共同聚焦丽泽金融商务区，探讨“两区”建设过程中北京市扩大对外开放新举措和丽泽机遇。“北京市—英国经贸合作圆桌论坛暨北京丽泽金融商务区推介活动”由北京市贸促会、丰台区政府、英中贸易协会共同举办，旨在紧抓北京市“两区”建设工作契机，拓展丰台境内外招商渠道，营造国际化投资环境，提升区域产业活力，让更多外资企业走进丰台。

（秦　凡）

【举办丰台区“两区”建设重点项目签约仪式】 7月17日，丰台区举办“两区”建设重点项目签约仪式，100个重点项目签约落户北京丰台区，投资总额超1800亿元。这些项目，既有立足当下、凸显丰台自身优势的航空航天与轨道交通，也有瞄准未来、打造丰台新名片的数字金融，还有服务于国家战略的新项目与大项目。

（秦　凡）

【参加中国（北京）国际服务贸易交易会】 9月3日，2021年服贸会“北京日”活动在中国国际服务贸易交易会首钢园举行，丰台区携中车转型升级基金项目、国际数字智造产业园项目进行现场签约，现场总签约额达150亿人民币。同时在活动中进行现场推介、展示和投资咨询洽谈，重点展示丰台区“两区”建设取得的成就和发展机遇。围绕丽泽金融商务区、南中轴地区、中关村丰台园等重点功能区建设，着力促进产业高质量发展，推出金融科技创新示范区、中关村·丰台数字经济社区、数字经济领域独角兽聚集区等多个重大产业招商项目，将在近年释放千万平方米优质产业空间，持续打造产业发展新引擎。在活动上，“投资丰台地图”正式上线，该平台集成丰台区投资领域、政策资源、空间资源、服务资源、配套资源等，方便企业高效获取投资信息，进一步提升投资环境。

（秦　凡）

【参加第二十一届中国国际投资贸易洽谈会】 9月8日至11日，第二十一届中国国际投资贸易洽谈会在厦门举办。为聚焦“两区”建设、共创北京高水平开放新篇章，丰台区区投促中心随北京代表团参会，推介丰台区重点投资项目、对接知名参会企业，引导带动更多符合首都功能定位的境内外企业关注丰台，为丰台区高质量发展注入新动能。

（秦　凡）

服务业

丰台区餐饮住宿服务行业协会

【概况】 2021年，在丰台区商务局的正确指导下，在市区各有关部门的大力支持下，经全体会员企业的共同努力，协会自身建设不断完善，综合业务水平得到提高。积极配合区政府各有关部门开展疫情防控、数据调研等工作，组织会员企业开展专业培训、业务交流，搭建服务平台，充分发挥协会的桥梁纽带作用，圆满完成年度工作任务。

（李明浩）

【疫情防控】 年内，协会高度重视疫情防控工作，坚决贯彻落实中央和地方政府的决策部署，将全行业疫情防控作为头等大事来抓，及时传达市、区两级政府疫情防控工作部署要求，做好行业自律和相关信息的上传下达，为战胜疫情贡献力量。

（李明浩）

【积极开展创卫工作】 年内，为了提高辖区餐饮企业从业人员病媒生物防制水平，保障辖区创卫工作的顺利开展，先后组织开展两场病媒生物防制工作现场培训会，全区70余家餐饮、住宿、美容美发等服务行业负责人参加培训会。积极发挥协会的桥梁纽带作用，加强创卫宣传工作，持续推进环境卫生整治工作，确保创建国家卫生区工作目标得以实现，推动丰台区经济社会全面、协调、可持续发展。

（李明浩）

【开展光盘行动】 年内，为了响应习近平总书记提出的“坚决制止餐饮浪费行为”的重要指示，在区委宣传部、区商务局、区市场监管局的指导下，持续开展光盘行动，在餐饮企业、单位食堂等重点场所进行宣传引导，大力营造文明用餐、浪费可耻、节约为荣的氛围，让“光盘行动”成为全社会的行动自觉。

（李明浩）

【消费季美食节系列活动】 8月13日至26日，组织开展首届丰FUN消夏美食节活动。9月16日至10月15日，组织开展第七届金秋“丰”味美食节活动。12月15日至31日，组织开展首届“丰”味暖冬火锅节活动。三大美食节活动的开展，以丰台特色风味为契机，品“丰”FUN、享生活、促消费、增经济为目的，有效提升了居民的消费水平，促进了便利消费、实惠消费、热点消费、安全消费的发展，打造出“丰”味品牌特色美食文化，营造一个市、区上下联动的促消费环境氛围，增强了消费，拉动了经济增长，为助力北京国际消费中心城市培育建设做出了贡献。

（李明浩）

【党建引领促发展】 为落实《关于在全区“两新”组织开展党史学习教育的通知》要求，10月18日协会成立共青团北京市丰台区餐饮住宿服务行业工作委员会，下设10个团支部，包括近40名团员。12月29日成立丰台区餐饮住宿服务行业协会党支部，共有3名党员。在党建引领下，协会的各项工作不断向前发展。

（李明浩）

丰台区维修服务行业协会

【概况】 2021年，本协会与上级主管部门正式脱钩。开展行业规范化经营活动，提高行业服务的公信力。有效开展疫情防控工作，适时复工复产。组织开展行业人员技术交流，提高专业人员的技术水平。开展社区维修服务工作，上门服务8000余人次。共有会员单位42家，按经济性质划分，有限责任公司37家，占会员总数的88%；个体工商户5家，占会员总数的12%。从业人员216人。

（梁生荣）

【协会脱钩】 年内，根据丰台区行业协会商会与行政机关脱钩联合工作组办公室2021年2月25日的通知要求，本会与上级主管部门丰台区商务委员会正式脱钩。按照区民政局社团办的要求，进行了协会《章程》的修改。10月19日，召开理事会，通过协会新章程，完成新《章程》的上报审核备案工作。

（梁生荣）

【行业规范】 年内，组织开展《开修锁服务规范》行业自律活动，对锁具修理工进行服务规范网上培训，有效提高了锁具修理工的职业道德水平、自律能力和法制观念。基本实现锁具修理服务上门全区覆盖。会员单位未发生一例消费者投诉。

（梁生荣）

【疫情防控】 年内，在新冠疫情常态化的形势下，注重疫情防控工作的宣传，在协会微信群中提醒会员单位认真落实“四方责任”，积极有效开展疫情防控工作。在疫情缓解时及时复工复产，为会员单位办理空调清洗、消毒资格证。疫情期间，从事空调经营的会员单位，克服困难，为岳各庄市场、学校、医院、写字楼、宾馆酒店、政府机关、部队、商场、超市等30多家单位进行中央空调安装、清洗消毒、安装新风机组系统工程等项工作，总计安装200余台套，为疫情防控做出了贡献。

（梁生荣）

【技术交流】 年内，组织会员单位的锁具修理工开展网上技术交流5次，中央空调清洗消毒与新风系统安装网上技术交流2次，有效提升了行业人员的技术水平和维修能力。

（梁生荣）

【社区维修服务】 年内，继续开展社区维修“一刻钟服务”工作，在保证落实疫情防控“四方责任”的前提下，采取“五统一”的模式（统一电话或网上预约接活派单，维修单位就近服务；统一技术人员培训上岗；统一工装胸卡；统一质量标准和收费标准；统一受理解决投诉），上门服务8000余人次，维修各类物品8000余件，免费为孤寡老人、特困群体维修服务10户，投诉率为零。基本做到了“一刻钟”内到位上门维修，特殊情况经预约按时上门维修。

（梁生荣）

【为会员服务】 年内，为提高会员单位的经济效益，积极主动出主意、想办法。为会员单位提供空调清洗消毒专业资质认证，向会员提供工商、税务、经营、技术等多方面咨询服务100多次，受到会员的好评。

（梁生荣）

2022 北京丰台年鉴

旅游业

综 述

【概况】丰台区文化和旅游局负责本区旅游工作发展与规划，旅游对外宣传和推广，旅游市场发展监管等工作。2021年是中国共产党成立100周年，也是开局"十四五"、开启新征程之年，丰台区旅游业全力以赴做好庆祝建党100周年和服务保障冬奥冬残奥两件大事。区文旅局坚持统筹推进，文旅融合提质增效进程加快。住宿餐饮营业额增长26.8%，文体娱收入增长13.8%，行业保持稳定的增长态势。

2021年丰台旅游筑牢文旅领域疫情防线，促进旅游业高质量发展。文旅产业不断提档升级，文旅消费不断释放活力，旅游市场秩序持续向好。贯彻落实"两区"建设、"1511"产业提质工程，完成青龙湖公园升级改造、世界公园与中旅风景合作运营。策划四季文旅活动，培育新型文旅消费业态。两个街区获评首批北京市旅游休闲街区；14家单位入围2021北京网红打卡地评选榜单。丰富丰台旅游商品体系，3项旅游商品被认证为2020年度"北京礼物"。参加2021年服贸会文旅服务专题展、第九届北京国际旅游商品及旅游装备博览会，签订《京津冀'八区三市'推进文化旅游一体化发展合作协议》。旅游业接待游客1334.6万人，同比增长8.2%；实现营业收入185.3亿元，同比增长7.6%。

（孙晶晶　刘迦慧）

【编制旅游规划】年内，编制文旅融合后第一个《丰台区"十四五"时期文化和旅游发展规划》，编制《永定河（晓月湖—宛平湖）文化旅游规划》。

（施宇龙）

【促"夜间经济"发展】年内，促进"夜间经济"发展。引导世界公园、世界花卉大观园、南宫旅游景区举办丰富多彩的"夜赏丰台"活动，释放夜间消费潜力。

（施宇龙）

【文化和旅游企业】丰台区文化和旅游企业1037家（北京市文旅局、北京市统计局公布数据），包括住宿业684家（其中星级饭店20家：5星级1家、4星级7家、3星级8家、2星级4家）；旅行社638家（含总社、分社、服务网点）；A级旅游景区13家；旅游新业态4家。歌舞娱乐场所98家，互联网上网服务营业场所60家，电子游艺场所28家，演出场所3家。

（孙　权）

2021年丰台区旅游星级饭店统计表

表6

编号	名 称	星级
1	北京西国贸大酒店	5
2	南粤苑宾馆	4
3	中成天坛假日酒店	4
4	北京好特热国际商务会馆管理有限公司	4
5	北京大方饭店有限责任公司	4
6	北京江西大酒店	4
7	北京商务会馆	4
8	北京万方苑商务酒店	4
9	京铁大酒店	3
10	华夏明珠宾馆	3
11	燕岭宾馆	3
12	弘利苑大厦	3
13	侨园饭店	3
14	国润商务酒店	3
15	华苑饭店	3
16	冠京饭店	3
17	海兴大酒店	2
18	京华饭店	2
19	长征宾馆	2
20	京西南宫宾馆	2

（孙　权）

2021年丰台区旅游景区（点）统计表

表7

编号	名称	等级
1	世界公园	AAAA
2	南宫旅游景区	AAAA
	世界地热博览园	
	温泉水世界	
3	北宫森林公园	AAAA
4	花卉大观园	AAAA
5	抗日战争纪念馆	AAAA
6	北京汽车博物馆	AAAA
7	园博园	AAAA
8	园林博物馆	AAAA
9	青龙湖公园	AAA
10	抗日战争雕塑园	AAA
	卢沟桥宛平城	待评
11	万芳亭公园	AA
12	莲花池公园	AA
13	丰台花园	AA

（孙　权）

旅游节庆活动

【服务保障冬奥、冬残奥会】 年内，高效开展闭环酒店住宿服务保障。在赛事综合保障组的领导下，全力做好闭环集中住地酒店的选址、住宿餐饮工作的综合协调与服务保障。牵头启动丰台区闭环、非闭环酒店选址工作，联动卫生、应急、消防、公安等部门组建选址工作组，对全区7家酒店按照标准进行实地核查。根据时间任务节点，完成东方安颐国际酒店、丽维赛德酒店、西国贸大酒店的选址确认工作。闭环管理保障工作、非闭环保障工作、备选酒店工作全部完成。签约率、专班组建率、餐饮对接率、平台填报率均100%。赛事期间，参与区级指挥部工作，畅通冬奥组委赛事综合保障组、交通部，市交通委、市文化和旅游局以及区级相关部门的沟通渠道，加强与酒店专班在人员餐饮、住宿、服务质量、先期移出、集中移出等沟通协调，助力服务保障顺利完成。参与闭环酒店服务保障，全程保障闭环酒店在住司机、调度服务工作，有序推进信息报送、数据统计等相关工作。

（孙　权）

【2021丰台文化旅游踏青季系列活动】 3月31日，举办以“丰台邀您来踏青”为主题的2021丰台文化旅游踏青季系列活动。分为5大板块，涵盖赏花、春游、红色之旅、乡村之旅、文博展览等17项内容。配合活动的举办，还推出了7条春季精品旅游线路。在为期一个多月的期间内，通过首都经济报道、人民网、首都之窗、FM96.9、北京生活情报局、北京时间直播、短视频等方式开展宣传，累计发布宣传报道31次，信息传播量达到1347万余人次。

（施宇龙）

【发布“五一游丰台”6条旅游线路】 4月28日，在2021丰台消费季启动仪式上，发布“五一游丰台”6条旅游线路，串联了红色文化、自然风光、生态环境、慢生活体验等区内特色旅游资源，邀请广大市民假期到丰台来做客。

（施宇龙）

【发布“北方红星长辛店”6条文化旅游线路】 6月12日，在2021“花开丰台”端午文化游园会启动仪式上，发布“北方红星长辛店”6条文化旅游线路，包

▲6月12日，在北京园博园发布“北方红星长辛店”6条文化旅游线路。

括红色文化游、工业记忆游和老镇风情游，邀请广大游客来丰台长辛店追寻红色历史足迹。

（施宇龙）

【2021丰台文化旅游消夏季系列活动】 7月10日，举办以“丰台邀您开启红色之旅”为主题的2021丰台文化旅游消夏季系列活动。共分为6大板块，涵盖红色之旅、清凉嬉水、游园赏花、璀璨夜游、乡村之旅、文博展览等18项内容。配合活动的举办，还推出了10条夏季精品旅游线路。在为期一个多月的期间内，通过首都经济报道、人民网、首都之窗、FM96.9、北京生活情报局、北京时间直播、短视频等方式开展宣传，累计发布宣传报道18次，信息传播量达到472万余人次。

（施宇龙）

【参展2021中国国际服务贸易交易会文旅服务专题展】 9月3日至9月7日，在区委宣传部的统筹下，联合区文促中心共同完成2021中国国际服务贸易交易会文旅服务专题展的参展工作。展会期间累计发放宣传资料3500余份，开展业务交流、咨询2800余次。现场开展“文化丰台”共建项目签约，与中国戏曲学院、北京服装学院、中国歌剧舞剧院、中央芭蕾舞团、北京演艺集团有限责任公司、北京市海外文化交流中心6家单位进行战略合作签约。

（施宇龙）

【2021丰台金秋文化旅游季系列活动】 9月17日，举办以“走！到丰台赏秋去”为主题的2021丰台金秋文化旅游季系列活动。共分为7大板块，涵盖戏曲、游园、红色、赏秋、文博展览等18项内容。配合活动的举办，还推出了6条秋季精品旅游线路。在为期一个多月的期间内，通过首都经济报道、人民网、首都之窗、FM96.9、北京生活情报局、北京时间直播、短视频等方式开展宣传，累计发布宣传报道23次，信息传播量达到533万余人次。

（施宇龙）

【参展第九届北京国际旅游商品及旅游装备博览会】 10月15日至17日，以“晓月卢沟千年韵 妙笔生花看丰台”为主题，组织北京融今文化国际发展有限公司、依文集团、丰台区文化馆等8家区内文旅企事业单位参展第九届北京国际旅游商品及旅游装备博览会。展品涉及非遗手工类、汽车主题类、航天主题类、花卉主题类、文创主题类等20多种200余件。展会期间累计发放宣传资料4000余份，开展业务交流、咨询2800余次。此次展会，丰台区文化和旅游局获得优秀组织奖。

（施宇龙）

【2021丰台冬季欢乐游系列活动】 12月24日，举办以“冰雪迎冬奥 欢乐游丰台”为主题的2021丰台冬季欢乐游系列活动，涵盖世界公园、南宫旅游景区、欢乐水魔方嬉水乐园等8家文旅企事业单位冰雪温泉项目。配合活动的举办，还推出了2条冬季精品旅游线路。活动期间，通过首都经济报道、人民网、首都之窗、FM96.9、北京生活情报局、北京时间直播、短视频等方式开展宣传，累计发布宣传报道26次，信息传播量达到271万余人次。

（施宇龙）

【5项旅游商品大赛中获奖】 10月15日，2021“北京礼物”旅游商品及文创产品大赛榜单揭晓，区内5项参赛旅游商品获奖。其中，北京博霖贺隅国际文化发展有限公司的汽车梦系列文创产品入围总榜单TOP100，北京融今文化发展有限公司的卢沟晓月文创套装入围“文博之光”文创主题榜单，冯午生工作室的天坛公园神乐署中和韶乐北京饽饽模子2共两项作品入围“文脉传承”公园文化主题榜单，徐思明的个人作品《势・态》入围“京华神韵”特色主题榜单。

（施宇龙）

【2家街区入围北京市首批旅游休闲街区】 10月20日，北京市文化和旅游局发布首批12家旅游休闲街区，二七厂1897科创城文化创意旅游休闲街区和南宫旅游休闲街区2家街区入围。

（施宇龙）

【5家单位入围北京市文旅行业科普体验资源点】 11月22日，北京市文化和旅游局发布20家内涵丰富、特色鲜明的北京市文化和旅游行业科普体验资源点，北京汽车博物馆、东高地青少年科技馆、中国园林博物馆、世界花卉大观园和南宫世界地热博览园5家单位入围。

（施宇龙）

【2021年北京红色故事讲解员大赛获奖】 11月29日，组织中国人民抗日战争纪念馆、卢沟桥文化旅游区、北京汽车博物馆3家区内红色旅游景区的5名选手参加由北京市文化和旅游局主办的“百年征程波澜壮阔，百年初心历久弥坚—2021年北京红色故事讲解员大赛”（线上赛）。经过专家评审，中国人民抗日战争纪念馆讲解员史丽娟获得大赛第一名，荣获金牌讲解员。丰台区文化和旅游局荣获优秀组织单位奖。

（施宇龙）

【4家单位入围北京市百家文化旅游体验基地】 12月2日，北京市100家文化旅游体验基地发布，全国地方戏演出中心地方戏曲艺术体验基地、二七厂1897科创城体验基地、北京汽车博物馆体验基地和中国园林博物馆体验基地4家单位入围。

（施宇龙）

【5家旅游景点上榜2021北京网红打卡地百强榜单】 12月6日，2021北京网红打卡地推荐榜单揭晓，北京世界公园、北京世界花卉大观园、南宫旅游景区、二七厂1897科创城和绿野仙踪郊野乐园5家旅游景点成功上榜。

（施宇龙）

【1家单位入围第五批北京中医药文化旅游示范基地】 12月9日，第五批北京中医药文化旅游示范基地公示，北京市丰台区蒲黄榆社区卫生服务中心（丰台区中医药博物馆）入围。

（施宇龙）

【3家旅游企业获得北京旅游商品扶持资金】 年内，北京博霖贺隅国际文化发展有限公司、北京海之乐文化创意有限公司和中和博礼（北京）科技发展有

限公司3家区内旅游商品企业获得2020年度北京旅游商品扶持资金。

（施宇龙）

【旅游咨询服务】 年内，举办大型旅游咨询服务4场次，活动采用线上线下相结合的方式，旨在提高丰台旅游影响力，扩大旅游咨询服务受众群体。全年旅游咨询参与人数共计321.6万余人次，其中线上直播在发现新丰台官方微博、北京丰台app、北京丰台官方微博、今日头条北京丰台等平台同步播出，观看量320.78万人次。结合市、区重大活动，开展现场旅游咨询服务5场次，接待游客咨询0.82万人次，发放宣传材料3.4万余份，旅游纪念品0.5万余份。梳理保留4家区内精品旅游咨询站，为游客提供日常旅游咨询服务。

（方　晓）

【旅游咨询进社区】 年内，开展“2021年丰台旅游咨询进社区”系列活动。活动采用旅游安全知识大讲堂及现场旅游咨询相结合的方式，在15个社区为居民普及旅游法及旅游出行相关注意事项，解答居民在旅游出行中的困惑，从源头减少不必要的投诉发生。向居民发放普及宣传材料及纪念品，并提供现场旅游咨询服务。活动期间共举办讲座15场，参与人数7110余人次，发放宣传材料1110余份，旅游纪念品3180余份。

（方　晓）

旅游公共服务

【乡村旅游】 年内，推动乡村旅游品质发展。完成郭庄子农趣乐园旅游配套服务设施、魏各庄千青爱草仙龙园标识系统安装和西王佐农业观光园旅游设施提升项目建设。启动王佐镇全域旅游专项规划编制和镇域旅游标识牌体系建设，助力王佐活力中心建设。

（刘迦慧）

【开发上线“北方红星长辛店”智慧导览系统】 为迎接中国共产党成立100周年，逐步打造“北方红星长辛店”红色文旅品牌，经过3个多月的开发，6月12日正式上线“北方红星长辛店”智慧导览系统，涵盖长辛店地区革命活动旧址、工业遗存和老镇风情共23处特色点位和6条旅游线路的讲解。配合系统的上线，完成23处点位二维码标牌的设置。

（施宇龙）

【完成旅游厕所提升改造项目】 年内，北京市文化和旅游局下达旅游厕所提升项目资金共150万元用于丰台区旅游厕所提升改造。全区共有2家旅游景区进行旅游厕所提升改造，共改造旅游厕所17座，具体包括北京园博园14座固定厕所改造和紫谷伊甸园3座固定厕所改造。8月，全区旅游厕所提升改造项目全部完成，并通过市文旅局验收。

（刘迦慧）

▲9月30号，在郭庄子农趣乐园举办2021年丰台旅游咨询日活动。

【完成2020年旅游发展补助资金项目】 9月30日，完成2020年北京市文化和旅游局下达旅游发展补助资金694万元项目的资金拨付和竣工验收。全区共立项6个旅游项目，分别是永定河（晓月湖－宛平湖）文化旅游规划编制、长辛店红色文化旅游资源点位标识制作项目、长辛店红色文化旅游资源智能语音解说开发和上线项目、西王佐农业观光园旅游设施提升项目、魏各庄千青爱草仙龙园标识系统安装项目、郭庄子公园旅游配套服务设施项目。

（刘迦慧）

【2021年旅游发展补助资金项目】 年内，北京市文化和旅游局下达丰台区旅游发展一般转移支付专项资金657万元。丰台区共实施11个旅游项目，包括：丰台区旅游咨询中心旅游咨询项目、丰台区文化和旅游局行业监督综合管理项目、文化和旅游企业安全动态行业监管项目、文化旅游行业普法宣传项目、丰台文化旅游推广项目、丰台旅游促进项目、旅游交易会及洽商项目、旅游厕所提升改造项目、旅游项目前期经费、丰台区王佐镇全域旅游规划项目和王佐镇全域旅游世界地热博览园等九个景区（点）外部导引服务提升项目。

（刘迦慧）

旅游监督管理

【旅游景区、星级饭店复核评定】 年内，完成旅游景区、星级饭店复核评定工作，其中世界公园通过4A景区复核，京铁大酒店、国润商务酒店、华苑饭店、冠京饭店、弘利苑大厦等6家酒店通过三星级酒店复核、2家申请复核延期。

（孙　权）

【疫情常态化防控】年内，充分发挥“一办十二组”统筹协调调度作用，严格落实常态化疫情防控要求，坚持科学精准、分类施策和动态调整，推动场所“限量、预约、错峰”常态化。紧盯住宿业动态摸排、大数据人员核查、弹窗变码人员核查等重点开展落位筛查，压实四方责任，协调联动开展文旅领域重点人群的定期核酸检测和疫苗接种。出动检查人员2万余人次，检查经营单位1万余家次。做好集中隔离观察酒点位选择、业务指导和管理监督，做好宾馆酒店入住人员“北京健康宝”误伤赋绿码工作，让防疫有力度更有“温度”。

（孙　权）

【持续做好风险人员摸排管控】年内，累计核查市级大数据派单宾馆酒店入住客人5861人。坚持不过夜及逐一电话核实原则，要求尚在店人员主动上报社区。累计摸排文旅行业经营单位4000余家次，对发现的风险人员均已按照要求向社区报备并管控。

（孙　权）

【联动相关部门加强行业监督检查力度】年内，作为区复工复产组文旅小组牵头单位，联动区公安分局、区新闻出版局，对辖区内宾馆酒店、旅游景区、娱乐场所、电影院等文旅行业场所疫情防控、疫苗接种情况开展督导检查。每日通过电话、微信等线上形式，进行疫情防控提示和抽查排查。2021年累计出动检查人员253342人次，实地督查检查全区宾馆酒店及其他文化旅游企业落实防控情况126671家次。

（孙　权）

【强化从业人员进返京管理】年内，要求各文旅行业经营单位必须建立健全从业人员、访客等基础信息台账，建立员工出京和返京报备制度，掌握记录员工出京和返京时间、出京去过的城市等。多次制发通知要求各单位从业人员及共同居住者均需严格落实进返京72小时内核酸检测等要求；在检测结果出来以前居家办公，提交核酸检测阴性证明后方可上班。同时做好个人防护和健康监测，最大限度降低疫情传播风险。

（孙　权）

【督促动员文旅行业疫苗接种及核酸检测工作】年内，持续加大宣传动员力度，督促文旅行业从业人员接种加强针，并落实重点岗位人员定期核酸检测要求。截至年底，辖区内文旅行业从业人员累计10164人已完成加强针接种。

（孙　权）

【依法依规及时处理游客投诉】年内，发挥12345市民服务热线的“探头”作用，及时掌握常态化疫情防控中文化旅游行业经营单位存在的突出问题，高效处理中高风险动态变化、酒店政策理解不到位、疫情防控措施不到位情况，主动向前一步，及时办理、回应群众关于疫情防控的各项诉求，切实解决好群众身边的难题，提升行业服务标准和管理水平。全年接诉即办接办12345投诉件1558件，接诉后第一时间进行处置并对涉事单位开展约谈、警告、现场监督检查等，要求企业依法依规开展经营活动。

（孙　权）

【稳步推进城市风险评估工作】年内，根据《北京市城市安全风险评估三年工作方案（2019–2021年）》，委托第三方专业机构完成600余家文化和旅游行业、文博单位城市安全风险评估工作。梳理辖区内酒店住宿业房屋使用情况，建立旅游企业设施基础台账。全年完成47家企业安全生产三级标准化创建评审工作，15家安责险宣传和参保工作。

（孙　权）

【全力保障旅游行业安全度汛】年内，根据印发的旅游防汛分指《工作方案》和《应急预案》，要求各成员单位以防汛责任制为重点，狠抓防汛准备工作落实，确保防汛责任制、预案、物资、队伍、避险措施、隐患排查整改到位，确保防汛准备各项工作扎实有效。对辖区内2家地质灾害类景区和7家涉水景区进行防汛准备工作检查。发布旅游防汛分指工作提示8次，关闭景区15家次，发布游客提示8次，强降雨期间全区未发生汛期旅游突发事件。组织开展辖区地质灾害类景区、涉山涉水类景区开展防汛应急抢险、水上救援演练15次。

（孙　权）

【发挥区假日办机制确保假日安全平稳】年内，制发区假日运行保障工作方案，组织召开国庆节、中秋节、春节假日旅游工作会议。督促指导旅游景区完善应急预案和大客流应对预案，节前应急演练等。组织各属地街乡镇加强景区外围社会面管控和巡查检查。组织各行业监管（管理）部门开展节前安全隐患排查治理，对宾馆饭店、旅游餐饮、景区进行游乐设施、特种设备、消防安全、水电气城市运行等隐患排查治理，防范假日旅游安全事故。局假日旅游值班采用“1+1+1”值班模式，严格值班值守要求。假日期间，我区文化旅游市场秩序井然，无重大旅游投诉、无重大安全事故，无涉疫情况发生。

（孙　权）

【丰台文旅产业发展研讨会暨战略合作签约仪式】8月30日，“丰台文旅产业发展研讨会暨战略合作签约仪式”举办。丰台区人民政府与中国旅游集团投资运营有限公司（以下简称中旅投资）签署合作协议。中旅风景将以输出运营管理模式与丰台文旅产业进行深度合作，依靠专业的运管经验，实现项目经营开发与提质增效并行，塑造丰台区域内以世界公园为龙头景区的标杆影响力。中旅风景还策划并邀请行业专家、学者就“疫情后中国旅游走向”、“以持续创新助力丰台旅游跨越式发展”、“丰台文旅融合，创新文化消费业态，引导文化消费新模式切入点探讨”等多个主题方向与会分享，同时在丰台区宛平城、卢沟桥、晓月岛、园博园、长辛店老镇等文旅项目研讨中，对项目溯源诊脉，观点锐意，形成诸多发

▲8月30日，丰台文旅产业发展研讨会暨战略合作签约仪式举办。

展新思路。

（孙　权）

景区景点选介

中国人民抗日战争纪念馆

【概况】 中国人民抗日战争纪念馆（以下简称“抗战馆”）是全国唯一一座全面反映中国人民抗日战争历史的大型综合性专题纪念馆，1987年7月落成开放以来，始终秉承中央赋予的三大任务（建设成为爱国主义教育基地、建设成为抗战史料收集研究中心、建设成为对外民间交流窗口和联系港澳台同胞及海外侨胞的桥梁和纽带），积极适应形势发展变化，紧紧围绕培育和践行社会主义核心价值观，通过承办国家级重大抗战纪念活动、举办高品质主（专）题展览、推出爱国主义教育品牌活动、加强抗战史国际交流传播，大力弘扬伟大抗战精神，不断强化以史育人功能，积极发挥资政育人作用。抗战馆是国家一级博物馆、全国首批国家级抗战纪念设施（遗址）、全国首批红色旅游景点景区、全国爱国主义教育示范基地、全国民族团结进步教育基地、全国关心下一代党史国史教育基地、全国和北京市首批廉政教育基地、全国和北京市国防教育基地、全国学雷锋活动示范点、海峡两岸交流基地、国家4A级旅游景区；2017年12月，入选教育部第一批全国中小学生研学实践教育基地、营地名单；2019年2月，入选第五批全国学雷锋活动示范点名单；2020年4月，入选北京市首批新时代文明实践基地名单；2021年5月，中国共产党中国人民抗日战争纪念馆委员会被评为“北京市先进基层党组织”。此外，抗战馆还是国际二战博物馆协会倡议发起成立及秘书处常设单位，中国抗日战争史学会秘书处所在单位，中国博物馆协会纪念馆专业委员会主任委员单位及秘书处所在单位，北京中国抗日战争史研究会以及北京和平教育基金会主办单位。通讯地址：北京市丰台区卢沟桥城内街101号；邮政编码：100165；预约参观：010-63777088/63777188；办公电话：010-83893163；传真：010-83896220；电子邮箱：kzg@1937china.com/kangzhanguan@163.com。

2021年是“十四五”规划开局之年，也是中国共产党成立100周年。抗战馆上下以习近平新时代中国特色社会主义思想为指导，积极对标对表中央部署和市委要求，深入推进全面从严治党，扎实开展党史学习教育，高标准完成中共早期北京革命活动纪念馆主题展览，全力做好纪念全民族抗战爆发84周年仪式服务保障工作，圆满完成纪念全民族抗战爆发84周年专题展览“中流砥柱——中国共产党抗战文物展”，成功举办“在党的旗帜下”——首都各界群众纪念全民族抗战爆发84周年交响合唱音乐会。创新形式广泛开展爱国主义教育，持续推出“烽火印记——抗战云课堂”，打造线上教育模式。深入推进“学英烈事迹 诵抗战经典 做红色传人”主题教育活动，策划推出“学百年党史 忆烽火岁月——抗战馆行走的党史课”，全年累计接待观众60余万人，提供讲解700余批次。其中接待北京市“七个一”活动中小学师生1.6万余人，接待首都地区机关企事业单位和驻京部队共400余批次2万余人。积极推动对外传播交流，引进俄罗斯专题展“斯大林格勒保卫战——大无畏精神和英雄气概的象征”，首次采用中俄双会场连线直播的方式举办云开幕。先后举办“铭史承志 九一八事变90周年海峡两岸书画展”、纪念台湾光复76周年学术座谈会，为促进两岸友好交流作出新贡献。协助国内15个博物馆（纪念馆）筹办相关展览和宣教活动，得到各受助单位一致肯定和赞誉。深耕新媒体传播提升网络影响力，全年共有20余家主流媒体正面报道6万余条，其中《新闻联播》播出3次。发布原创短视频50余个，全网总浏览量近亿次。积极开设政务新媒体平台官方账号，目前在12个平台更新讯息500余条，累计阅读量超500万，在博物馆（纪念馆）行业排名靠前。

（董照宝）

【与市消防救援总队共建党史学习教育基地】 3月12日，抗战馆与北京市消防救援总队举行“党史学习教育基地”揭牌仪式，北京市消防救援总队政委潘业辉，抗战馆党委书记、馆长罗存康，丰台支队等100余人参加，活动现场还聘请罗存康同志担任北京市消防救援总队“党史知识大讲堂”客座讲师。

（董照宝）

【“清明节的铭记”主题教育系列活动】 4月2日，由中共北京市委宣传部、市

▲4月2日，抗战老战士张舞原与学生代表一起向英烈墙献花。

▲4月25日，侯文川及其家人捐赠《重建》版画原件。

委教育工委、市教委、市退役军人事务局、市关工委共同主办的“清明节的铭记——缅怀英烈志 奋进新征程”主题教育系列活动启动仪式举行，各界代表约300人参加。在清明节期间，抗战馆组织开展抗战诗歌朗诵、向抗战英烈献花、党史教育小课堂、志愿者讲解日、线上云直播等系列活动，线下观众约1.3万人，线上观众约1.8万人。

（董照宝）

【著名版画家李少言、牛文经典作品入藏】 4月25日，抗战老战士、李少言夫人侯文川同志及其家人向抗战馆捐赠李少言的经典代表作《重建》版画原件。抗战老战士、牛文夫人晓民同志及其家人向抗战馆捐赠抗战时期牛文创作的《去延安》等5幅版画精品原件。1942年，李少言参与八路军和边区政府帮助人民群众修复住所、重建家园的工作，被军民团结一致重建家园、继续战斗的热情所感动，创作了《重建》这件作品。《去延安》反映了青年战士对延安的向往以及和战友分别时的不舍等复杂情感；《暖炕头》反映了边区军民在窑洞的生活场景；《学文化》是边区新年画、新窗花作品的代表作；《毛主席头像》和《毛主席挥手像》曾作为中共晋绥分局印《毛主席三大名著》和《组织起来》的封面。上述经典作品全部在“中流砥柱——中国共产党抗战文物展”中展出。

（董照宝）

【抗战馆党委获评“北京市先进基层党组织”】 6月17日，北京市召开“三优一先”表彰大会，隆重表彰北京市优秀共产党员、优秀党务工作者、优秀基层党组织书记和先进基层党组织。会上，市领导宣读了市委表彰决定，中国共产党中国人民抗日战争纪念馆委员会荣获“北京市先进基层党组织”。

（董照宝）

【荣获市机关第五届青年技能大赛学习能力竞赛一等奖】 6月21日，由中共北京市委市直属机关工作委员会和共青团北京市委员会共同主办的北京市机关第五届青年技能大赛“学党史、强信念、跟党走——党史学习人”学习能力竞赛落下帷幕，中国人民抗日战争纪念馆3名党团员代表荣获竞赛一等奖，全市76个单位参加。

（董照宝）

【讲解员朱宁向中央政治局常委讲解展览】 6月25日，习近平总书记带领中央政治局同志参观“光辉伟业 红色序章——北大红楼与中国共产党早期北京革命活动主题展”，并就“用好红色资源，赓续红色血脉，努力创造无愧于历史和人民的新业绩”作出重要指示，抗战馆讲解员朱宁向中央政治局常委讲解展览。

（董照宝）

【与北京联合大学共建教学基地】 6月26日下午，抗战馆与北京联合大学举行合作签约暨思想政治理论课实践教学基地揭牌仪式。

（董照宝）

【纪念全民族抗战爆发84周年系列活动】 7月7日，由中宣部、北京市委市政府、中央军委政治工作部共同主办的纪念全民族抗战爆发84周年仪式在抗战馆举行，中共中央政治局委员、北京市委书记蔡奇主持纪念仪式，全场高唱国歌，首都学生代表、首都大学生合唱团进行红色作品展演，领导同志和各界代表向抗战烈士献花。中央有关部门、北京市和中央军委政治工作部负责同志，在京参加过抗日战争的抗战将领亲属代表、抗战烈士遗属代表，首都学生、部队官兵、干部群众等各界代表400余人参加。同时，抗战馆联合沈阳“九·一八”历史博物馆、八路军太行纪念馆等国内60家相关主题纪念（博物）馆，共同推出“中流砥柱——中国共产党抗战文物专题展”，展出抗战文物520件（套）、珍贵历史图片80余幅。晚间，由中共北京市委宣传部、北京市文学艺术界联合会、北京广播电视台、中共丰台区委、丰台区人民政府主办，中共丰台区委宣传部、中国人民抗日战争纪念馆、北京音乐家协会承办的“在党的旗帜下”主题交响合唱音乐会在北京电视台等多家媒体以录播方式呈现。同期，来自全国14个省市的20余家博物（纪念）馆联动开展了多种形式的纪念活动。

（董照宝）

▲7月7日，纪念全民族抗战爆发84周年仪式在抗战馆举行。

▲9月3日，“斯大林格勒保卫战——大无畏精神和英雄气概的象征”专题展首次采用中俄双会场连线直播方式开幕。

【《卢沟桥抗战》等入藏抗战馆】8月19日下午，《卢沟桥抗战》小说及电影、电视剧剧本捐赠仪式在中国人民抗日战争纪念馆举行，作者刘俊杰向抗战馆捐赠《卢沟桥抗战》小说，北京东方视辉影视传媒有限公司捐赠《卢沟桥抗战》文学剧本、《察哈尔英雄》小说及文学剧本，中国言实出版社捐赠中国抗战胜利75周年题材小说丛书10本。北京市作协、丰台区文联、大兴区文联相关同志及第29军官兵后代参加。

（董照宝）

【纪念中国人民抗日战争暨世界反法西斯战争胜利76周年系列活动】 9月3日，抗战馆举行“胜利之歌——纪念中国人民抗日战争暨世界反法西斯战争胜利76周年抗战主题音乐会”，奏响经典抗战歌曲、苏联卫国战争乐曲等。同时，由抗战馆和俄罗斯斯大林格勒保卫战纪念馆联合举办的“斯大林格勒保卫战——大无畏精神和英雄气概的象征”专题展首次采用中俄双会场连线直播的方式开幕，外交部欧亚事务特别代表李辉、俄罗斯驻华特命全权大使安德烈·杰尼索夫、俄罗斯斯大林格勒保卫战纪念馆馆长阿列克谢·杰门捷夫等嘉宾参加。展览向观众讲述斯大林格勒保卫战的重要历史意义，并特别展示中苏两国友好往来和“中苏友谊勋章”的相关内容。晚间，“斯大林格勒保卫战——大无畏精神和英雄气概的象征”专题展在新华网、央视频、搜狐视频、北京时间、新浪微博、百度、知乎、今日头条、抖音同步直播，在线观众达95万人次。

（董照宝）

【第三十五届北京卢沟桥醒狮越野跑】 9月13日，北京市第三十五届卢沟桥醒狮越野跑活动在抗战馆启动，本届活动以“重温百年路，永远跟党走”为主题，7月7日至9月3日间共有各界群众约3000人参加“云上跑”活动。

（董照宝）

【北京市中小学“七个一”活动恢复】 9月14日，北京市中小学生“七个一”活动秋季学期在抗战馆恢复开课，来自北京市朝阳外国语学校的200余名师生通过观看建党百年宣传片、重温少先队员入队誓词、聆听宣讲、赏析抗战歌曲、参观“中流砥柱——中国共产党抗战文物展”专题展等形式，感悟中国共产党100年来走过的光辉历史和发展历程。

（董照宝）

【“九·一八”事变90周年纪念活动】 9月18日，抗战馆组织干部职工、部分高校师生和首都社会各界群众向革命先烈献花，举行“铭记‘九·一八’”主题音乐会，此次音乐会由抗战馆和沈阳“九·一八”历史博物馆共同主办。

（董照宝）

【烈士纪念日纪念活动】 9月30日，抗战馆在第8个烈士纪念日举行“弘扬抗

▲9月14日，北京市中小学生“七个一”活动秋季学期在抗战馆恢复开课。

战精神 缅怀革命先烈”纪念活动，现场人员齐唱国歌并向烈士默哀，抗战馆讲解员、首都大学生代表和首都少先队员代表进行红色作品展演，活动在向烈士敬献花束的《献花曲》中结束。

（董照宝）

【纪念台湾光复76周年学术座谈会】 10月25日，由抗战馆和台湾抗日志士亲属协进会主办，中国抗日战争史学会、北京中国抗日战争史研究会、北京和平教育基金会协办的“‘共话民族抗战史 同圆中华复兴梦’——纪念台湾光复76周年学术座谈会”举行。台盟中央宣传部、北京市委宣传部、市台办、市台联、中国社会科学院、北京联合大学、北京中国抗日战争史研究会等单位相关同志出席，台湾抗日志士亲属协进会、台湾中华两岸和平发展联合会、台湾世新大学通识中心等机构专家学者线上参加。

（董照宝）

【同步举行南京大屠杀死难者公祭日悼念活动】 12月13日，抗战馆同步举行第八次南京大屠杀死难者公祭日悼念活动，现场百余人合唱《义勇军进行曲》并向死难同胞默哀、敬献花束。同日，抗战馆在新华网上线“祭奠同胞 共祈和平”大型专题，在微信平台制作H5专题，广大网友可通过线上点烛、接力献花等方式缅怀牺牲同胞。

（董照宝）

【中国抗日战争史学会第七届会员代表大会】 12月18日，“抗日战争研究三十年”学术讨论会暨中国抗日战争史学会第七届会员代表大会在抗战馆召开，中国社会科学院近代史研究所、北京大学、北京师范大学、复旦大学、南京大学、南开大学、浙江大学、西南大学等单位共60余人通过线上线下结合的方式参加。

（董照宝）

【北京中国抗日战争史研究会第七届会员大会】 12月23日，北京中国抗日战争史研究会第七届会员大会在抗战馆召开，北京市委党史研究室原主任、研究员谢荫明当选第七届理事会会长。

（董照宝）

【北京和平教育基金会第五届理事会换届大会】 12月30日，北京和平教育基金会第五届理事会换届大会在抗战馆召开，选举产生第五届理事会和监事会，第四届理事会理事长徐龙强成功连任。

（董照宝）

中国园林博物馆

【概况】 中国园林博物馆（以下简称园博馆）位于丰台区北京园博园，是中国国内第一座以园林为主题的国家级博物馆，占地面积6.5万平方米，以“中国园林——我们的理想家园”为建馆理念，是收藏园林特色文物、研究园林历史价值、展示园林艺术魅力、弘扬中华优秀传统文化的公益性文化机构，是全面展示园林悠久历史、灿烂文化、多元功能以及辉煌成就的重要窗口，被誉为“有生命”的博物馆。园林博物馆以展厅、室内展园和室外展区为主要构成。其中展厅包括中国古代园林厅、中国近现代园林厅两个基本陈列，世界名园博览厅、中国园林文化厅、中国造园技艺厅和园林互动体验厅四个专题陈列。室内展园撷取南方园林菁华，建有畅园、余荫山房、片石山房三处园林景观。室外展区按地形特点分别由塔影别苑、染霞山房、半亩轩榭三处北方园林组成，形成园内有馆、馆内有园的独特风貌。全馆展示各类植物200余种、山石10余类，体现了我国传统园林的多样性，是国家AAAA级旅游景区。馆内收藏有陶器、瓷器、木器、古籍等16类藏品，所属年代跨度大，较为完整地展示了我国园林的发展脉络。作为全国中小学生研学实践教育基地、北京市科普基地、首都科普主题研学基地和北京市民终身教育基地，馆内设有秘密花园园林生态体验区、科学创意实验室、公众教育中心、园林创艺工坊4处教学专区。面向园林行业高校开设“入学第一课”，是多所高等院校的教学实践基地。与中国博物馆协会、中国风景园林学会、北京博物馆协会及国内各大文博单位建立密切联系，并加强文化交流，与多个国家在展览和学术交流等方面开展了多形式的合作。

2021年中国园林博物馆北京筹备办公室（以下简称园博馆）在北京市公园管理中心领导下，围绕园林文化建设核心主题，推出一系列独具特色的展览展演活动，累计接待来馆游客37.3万人次，同比增加81%。为配合疫情防控需求，填补线上游客参与互动空白，园博馆将线下展览动态、馆内藏品、研究成果、科普课程等转化为数字资源，在线上积极宣传推广。并创新打造自媒体短

▲园博馆“中国园林多维度系列展——窗，园林的眼睛”展览现场。

▲园博馆“千年敦煌——石窟壁画中的营造之美”展览现场

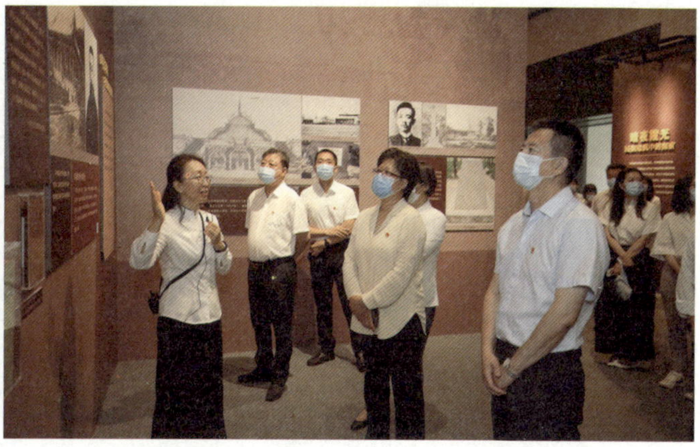

▲园博馆“公园中的红色印记”展览现场

视频矩阵，丰富云端品牌内容。全年线上观览总访问量达1960万次，同比增长152%。全年各项服务得到社会公众认可赞誉，持续位居“全国热搜博物馆百强”，其中“走向光明展”名列北京十大热搜红色展览排行榜。先后荣获“全国博物馆北京赛区讲解大赛”三等奖，“北京林业科学普及创新二等奖”。被授予“首都科普主题研学教育基地”“北京市文化和旅游行业科普体验资源点”等。

（孙　萌）

【“窗，园林的眼睛”展览】 4月24日至7月27日，举办中国园林“多维度”系列展——窗，园林的眼睛。展览由园博馆主办，苏州博物馆、常熟博物馆协办。展览通过场景布置与实物展示相结合的表现手法，选取园林中建筑元素“窗”共75件（套），按照主题融入六个叙事场景中，情景结合，打造沉浸式观展效果。开启观者对自身与外界、传统与未来、园林与艺术的思考，用全新视角解读园林。是一场集学术性、艺术性、互动性为一体的综合性展览。

（孙　萌）

【“千年敦煌——石窟壁画中的营造之美”展览】 5月16日至8月31日，举办千年敦煌——石窟壁画中的营造之美展。展览由园博馆和敦煌研究院共同主办。选取敦煌壁画中的建筑形制和园林意境为展示对象，利用三维建筑模型、3D打印数字技术、多媒体等演绎方式，实现传统文化与现代科技的完美融合。为观众提供一场视听盛宴，让观众全方位、多角度领略敦煌壁画中的建筑和园林之美。

（孙　萌）

【走向光明——北京公园中的红色印迹展】 6月25日至12月5日，举办走向光明——北京公园中的红色印迹展。展览由北京市公园管理中心主办，中国园林博物馆承办，市属11家公园协办，是庆祝中国共产党成立100周年的献礼之作。展览以图文形式为主，配合部分实物展品，以古都北京园林中的革命故事和红色文化为内容，突出展示北京历史名园在抗日战争、解放战争、社会主义建设时期，对传承革命精神所发挥的作用。展览围绕讲好红色故事，为不同观展群体打造党史宣传教育的最佳读本。“印迹展”入选国家文物局“100个核心价值观主题展览”，在博物馆头条发布的北京十大热搜红色展览中排名第九位。

（孙　萌）

【唯以砖石记园林——馆藏汉代文物展】 9月19日至12月19日，举办唯以砖石记园林——馆藏汉代文物展。展

▲园博馆“唯以砖石记园林——馆藏汉代文物”馆藏藏品出展点交工作

▲园博馆“唯以砖石记园林——馆藏汉代文物”展览现场

览首次将馆藏汉代画像砖、画像石、瓦当、封泥、陶器及拓片共220件（套）进行集中展示。展览共三部分“都城·园林”“社会·生活”“长生·仙境”，从政治、经济、文化、宗教、人文等角度集中解读汉代园林的历史风貌、时代特点、营造方式、园林意境以及古今之人对园林——理想家园的美好构想。为更好让展品“动”起来，展览借助VR、全息投影、数字动画等媒体技术手段，使文物摆脱沉闷，以鲜活的姿态呈现在观众面前，增加展览的互动性和科技性。

（孙　萌）

▲园博馆推出的四款文创护照

【文创产品研发】 年内，转变文创产品设计开发思路，系统调研同类博物馆、文化单位等，借助社会优势资源，寻求馆企合作。经过系统研发，推出文创护照1套（共4款）和园博馆景观配套印章8枚，利用馆内经营场所、自动售货机进行售卖。打破了原有文创产品开发销售模式，实现园博馆原创文创产品零的突破。

（孙　萌）

【推出系列衍生文创产品】 年内，充分依托馆内自有资源，提取临展中可转化元素，紧贴临展主题，推出系列衍生文创产品。围绕“中国园林‘多维度’系列展——窗、园林的眼睛”“千年敦煌——石窟壁画中的营造之美”“走向光明——北京公园中的红色印迹”和“唯以砖石记园林——馆藏汉代文物展”“瓷上园林——从外销瓷看中国园林对欧洲的影响”5大专题展览，开发主题鲜明、富有园博馆特色的相关文创产品22类111种，加速文创产品开发模式的转型与升级。

（孙　萌）

【自媒体平台丰富线上主题教育】 年内，开通组建快手、抖音、B站、央视频四大短视频自媒体矩阵。对馆内藏品、临展动态和研究成果等资源进行整合，形成以园林科普、园林文化、园林历史三大体系为主导的短视频。经过“策划、文案、脚本、拍摄、制作、宣传”流程，开发园林主题线上教育课程，共发布园林文化短视频123部，播放量达158万。通过短视频线上推广，有效实现园林文化的公众传播。

（孙　萌）

【科普展教融合模式主题展教系列活动】 年内，园博馆探索科普展教融合模式，围绕园林要素，开设多肉植物科普展、中华砚文化主题展以及“园林科普嘉年华”主题展教系列活动，丰富“5.18国际博物馆日”及“中国文化和自然遗产日”主题日游客科普体验。在秘密花园青少年自然教育园区布置“多肉多浆植物大型露地栽植花境科普景观”科普展，占地120平方米微缩模仿植物原生自然地形栽植7个科16个属多肉多浆植物共1400余颗进行展示。在一层大厅策划“中华砚文化科普图文展”，整合本馆园林赏石以及矿石化石展品资源，开展相关砚石与矿石科普活动。在科技周、全国科普日以及国庆节期间，持续开展“寄情园林 科创未来——园林科普嘉年华”主题科普展教活动。通过显微镜观察、植物热缩DIY、3D打印技术、云端园林等摊位展示的形式，使参与者在互动中对科学知识、园林文化形成初步了解，培养观众动手能力和创新思维。

（孙　萌）

【创新探索人机互动讲解新模式】 年内，为满足疫情常态化讲解需求，园博馆探索机器人讲解新模式，建立无接触人机互动讲解队伍。扫描馆内重点

▲园博馆内的青少年自然科普教育基地——秘密花园夏季景观植物。

▲园博馆推出无接触人机互动讲解机器人“优优”2

▲园博馆《"样式雷"图档与北京皇家园林营造》课题论坛交流会

游览区域地图，设置讲解任务7项，增加涉及园博馆馆内展厅、展园、展品、动物、植物、服务设施等特色自定义语音问答360余项。创建讲解点位70余个，录入讲解词110余段。机器人配合春节拜年、端午节、劳动节、5.18国际博物馆日、端午节等传统节假日，生成专门语音和图片。机器人正式亮相运行后，为游客提供多种互动交流服务，累计与游客互动5000余人次，深受广大游客欢迎。机器人所带来的无接触图文动作语音讲解和实时语音对话问询，建立了线上线下相结合的自主导览模式，为疫情常态化防控下，创新了讲解互动新模式。

（孙　萌）

【《"样式雷"图档与北京皇家园林营造》课题】 年内，完成《"样式雷"图档与北京皇家园林营造》课题结题任务，编著出版《北京皇家园林样式雷图档选编》一书、课题研究论文4篇、《"样式雷"图档与北京皇家园林》展览大纲一部，与北京市公园管理中心各单位合作，搭建《皇家园林"样式雷"图档资源库》平台，实现了中心系统内资源库成果的全面覆盖。

（孙　萌）

【完善馆内藏品体系】 年内，园博馆根据馆内藏品现状明确藏品征集目标、范围、方式，使藏品征集、捐赠、接收，在原则程序上更规范化。进一步梳理入藏和管理等相关制度流程，落实责任分工，持续补充优化馆内藏品体系，提升典藏文物质量。2021年完成清乾隆时期内府刊本《行宫座落图说》、清晚期石刻拓本《关中八景》、民国五年铅印本《燕楚游骖录甲编二十卷》等文物价购征集工作；全年无偿征集到余树勋家属、朱秀珍家属、原中山公园园长卫正南、北京市公园管理中心副主任张亚红捐赠的共计10000余件套园林资料及保存品。价购与捐赠工作补充了园博馆资料藏品的数量，进一步完善了现有藏品体系。

（孙　萌）

【完成北京市市级项目的研究与申报】 年内，完成市科委项目"基于多元数据融合的古典园林知识图谱构建和服务技术研究应用"项目4项软件，获国家版权局计算机软件著作权，完成3项专利申报和1项专利交底书。完成"园博馆专题陈列大纲修编及数字新技术应用"和"内蒙古园林资源与历史文化研究"项目，分别获得北京市公园管理中心科技进步二等奖和三等奖。与中国自然科学博物馆学会学术工作委员会、中国科技馆合作研究并成功申报"多肉植物在北京室外栽培应用和科普教育研究"项目，推出相关科普文章，进行立体花坛、平面花坛和花园布置并开展相关科普宣传活动。

（孙　萌）

【中国园林博物馆学刊编辑出版】 年内，园博馆主编的《中国园林博物馆学刊07》由中国建材工业出版社出版发行。学刊分展览陈列、园林历史、理论研究、园林技艺、藏品研究、科普教育、园林管理等版块，收录论文26篇，共30万字。利用园博馆信息宣传平台，在"中国园林博物馆"公众号发布"馆刊07"相关推文7篇，促进了馆内学术资源的转化与推广。

（孙　萌）

【提升室外景观布局效果】 年内，园博在馆绿化方面，对馆内重点树木进行专

▲园博馆打造的家园花坛

▲4月26日，卢沟桥文化发展中心举行揭牌仪式。

▲9月3日，俄罗斯驻华大使参观卢沟桥，对石狮子兴致勃勃。

项养护。制定植物养护档案38个，进行中耕加肥面积达20000平方米、打透气孔20余个。园博馆与专业养护公司合作，对2株雪球海棠及全馆8处土壤样本进行了实验分析和专业检测，多效并举，快速找到植物衰弱枯萎的病因，及时对症下药，达到恢复树势的目的。室外景观方面，为了保护大树生长趋势，馆前区花镜改为塔影别苑处，全年各传统节日环境布置，共进行室内外景观栽植8次，地栽花卉34646盆，大丽花节日摆放350盆。增加室外区域地栽花卉种植面积达200平方米，在提升观赏效果的同时，兼利于馆前区树木的养护工作。

（孙　萌）

【构建安全价值体系】 年内，园博馆完成安全生产责任制编写，签订安全生产责任书。结合北京市公园管理中心工作要求，重新修订了《中国园林博物馆电动自行车管理规定》。并根据馆内安全工作需求，制定《中国园林博物馆突发事件应急预案》。围绕安全核心价值观，初步构建了由安全使命、安全目标、安全理念、安全制度、安全预案、安全评估等组成的安全管理体系框架。筑牢园博馆安全防线，奠定了科学管理的坚实基础。

（孙　萌）

卢沟桥文化发展中心

【概况】 北京市丰台区卢沟桥文化旅游区办事处成立于2000年8月，2021年3月，根据丰编办〔2021〕40号文，正式更名为“北京市丰台区卢沟桥文化发展中心”。

卢沟桥景区位于北京西南永定河畔，西临永定水，南望京港澳高速，由卢沟古桥、宛平城、中国人民抗日战争纪念雕塑园组成。它既有古老与现代艺术，又有百年历史和沧桑的经历，是一个集历史、文化、艺术和革命传统教育为一体的观览胜地，也是丰台区“一轴、两带、四区、多点”发展战略中卢沟桥国家文化公园区的核心区所在地。1961年，卢沟桥和宛平城被国务院批准列为全国重点文物保护单位。2000年，卢沟桥被列为北京市爱国主义教育基地。2005年，卢沟桥被评为国家红色旅游区。此外，卢沟桥—宛平城每年举办中国人民抗日战争暨世界反法西斯战争胜利纪念活动、抗日战争全面爆发纪念活动，该地区已成为国家纪念地。

（闫　焕）

【旅游接待】 年内，接待各界游客30万余人。接待中央国家机关及各省市党史学习团队402批次，64845人，其中重要团队有中组部、中纪委、全国人大、审计署、中央政策研究室、中宣部、外交部、工信部等国家部委，北大、清华等高校，俄罗斯驻华大使等。

（焦文娥）

【深入开展党史学习教育】 年内，积极推进党史学习教育，党组书记李卫以《弘扬伟大精神、永做红色基因传承者》为题、党总支书记李建峰以《宛平城的红色记忆》为题和党员分享党课；召开“学党史、唱红歌、颂党恩”主题党日活动；组织党员参观北大红楼、长辛店二七纪念馆、中国共产党历史展览馆；与中国移动北京分公司联合开展主题党日活动；组织制作党史知识应知应会“口袋书”；开展微信小程序党史答题竞赛；组织开展红歌合唱比赛；设立“党史学习教育园地”等。拓宽党员的学习范围，加强学习体验。立足爱国主义教育基地实际，利用学党史契机，积极培养青年党员学好抗战历史、讲好“红色故事”、赓续“红色精神”、传承好卢沟桥—宛平城的历史文化遗产。支部党员参加了教育系统和街道系统唱红歌活动的服务保障工作。

（王春燕）

【“小小讲解员”活动】 年内，与丰台一小、卢沟桥一小、赵登禹学校等联合开展“小小讲解员”活动，选拔一批中小学生，进行培训后，在暑假期间为前来景区参观的游客进行义务讲解。

（闫　焕）

【学雷锋纪念日主题活动】 3月，组织团员青年开展3月5日学雷锋主题活动，进行垃圾清理，并对垃圾分类知识进行宣传，在实践中感受雷锋精神；组织全体职工开展清明祭扫活动，缅怀革命先烈、铭记历史。

（王春燕）

【全力保障国家级重大活动】 年内，从

▲4月6日，“小小讲解员”们进行座谈。

▲5月26日，游客们正在通过党建互动活动，体验5G。

餐饮保障、景区监控、车辆引导、会议服务、信息上报、证件制作、疫情防控等方面开展各项工作，圆满完成全民族抗战爆发84周年国家级纪念活动、抗日战争暨世界反法西斯战争胜利76周年国家级纪念活动、第35届醒狮杯越野跑活动等国家级重大活动的服务保障工作。

（高　健）

【中秋节期间周边社会秩序保障】 9月，中秋节前夕，结合疫情防控形势作出研判，提前积极向区委、区政府请示，成立“卢沟桥—宛平城周边社会秩序保障工作指挥部”，相关区领导现场指挥、调度，发展中心在加大安保力量的同时，积极开展疫情防控、环境整治、交通疏导、舆情监测、市场规范等工作。确保中秋期间卢沟桥—宛平城周边社会秩序安全、稳定。据统计，中秋节当天自发来卢沟桥—宛平城周边赏月人数达3万人次。

（高　健）

【提升景区服务水平】 4月1日起，景区对18岁以下未成年人采取免票政策，进一步扩大爱国主义教育面，为青少年更好地提供爱国主义教育场所。

（焦文娥）

【景区基础设施提升改造】 年内，结合党史学习教育的开展，对景区门区及入门处进行改造，优化区域设置，方便游人快速入园；增加自助扫码讲解服务，提高服务效率。

（焦文娥）

【景区环境提升】 年内，结合垃圾分类工作对景区内的300亩绿地进行全面养护。复壮雪松80棵，补种松柏130棵，雪松8颗，樱花树2棵。

（王海东）

【安全生产】 年内，加强安全保障工作，组织中层以上领导参加的安全大检查10余次，组织保安人员大规模巡查60余次，确保零事故。加强专业培训，组织学习消防安全知识，举行防火消防演练2次、反恐演练1次，确保熟练使用消防器材、安全生产落到实处。

（张际夏）

【卢沟桥77号望柱、石狮修缮工程】 11月，卢沟桥77号望柱、石狮已开裂，并有持续发展的可能性，结合天气、环境等自然因素影响，对卢沟桥77号望柱、石狮进行修缮并完工。

（刘　飞）

【卢沟桥结构安全实时监测工程】 11月，完成监测设备搭建工作，结合卢沟桥周边铁路、公路建设及永定河全线通水的实际情况，对卢沟桥桥孔拱券、桥墩进行为期三年的变形及沉降等监测，有针对性地保护好卢沟古桥，扩大卢沟桥文化遗产保护成果的传播。

（刘　飞）

【卢沟桥（宛平城）文物保护规划】 年内，编制卢沟桥（宛平城）文物保护规划并完成初稿，通过规划的编制，进一步挖掘、展示卢沟桥及宛平城历史文化资源，弘扬革命传统，保护好文物。以卢沟桥、宛平城的历史文化和抗战文化为主题，打造中华民族精神纪念地、国际和平交通承载地、爱国主义教育示范地、公众纪念活动举办地和首都文化旅游目的地。同时，以规划促民生，进一步提升区域环境质量，增强百姓的获得感、幸福感。

（石　磊）

北京世界公园

【概况】 北京世界公园位于北京市丰台区大葆台。是集开放式、露天型的演出，零距离的互动参与，异国风情的歌舞表演为特色的国家AAAA级景区、北京市精品公园。2014年被北京市政府确定为北京市文化创意产业功能区之主题公园演艺区。1993年开园，占地面积800亩，绿化面积76%。由露天艺术剧场、亚太大舞台、非洲小舞台、大门区迎宾广场、泰国村大象馆以及五洲花车盛装巡游表演，6大演出板块组成，点缀世界著名建筑景观近100座。景点的建筑材料尽可能仿照原物，采用铜雕、铜铸、鎏金、镀金、木雕等，保持了原作风貌。近年来，公园借助新坐标定位，由原来的静态微缩景观为主转变为动感演艺为主，推出了以原汁原味外国民俗歌舞表演为亮点、以各国园林园艺为绿色新景观、以各国建筑景点为基础，打造一个动感的“炫彩世界—环球民俗歌舞荟萃”演出基地。随着北京“一带一路”峰会的展开，北京世界公园推出了“丝路风情”“丝路欢歌”（花车巡游）“楼兰古韵”等大型历史歌舞剧。2021年是“十四五”开局之年，也是中国共产党建党100周年的重大历史之年。在丰台区各部门和花乡实业集团的大力支持与领导下，世界公园紧抓机遇，趁势而为，谋事而动，调整机构，重新布局公园发展战略。在领导班子与全体员工的共同努力下，公园各项工作都取得了较好成绩，项目建设取得了实质性的突破。全年总收入4551万元，同比增加65.8%。

（李　岩）

【筑牢疫情防控线】年内，按照市、区、乡疫情防控工作的统一安排和部署，世界公园高度重视，成立以公园党总支书记为组长的疫情防控领导小组，以副书记为防控落实主要负责人，联合各部门主管领导统筹安排宣传、消杀、舆情等各项工作。根据防疫相关法规、规范要求，对全园职工进行上岗、通风消杀等培训，尤其是针对本园人流量大特点，特别注意在个人防护、消毒程序、测温登记、异常游客处置流程等方面进行培训及紧急情况演练，明确各部门职责，做好防控应急处置工作。

（李　岩）

【园容管理】年内，每天对园区进行全面巡查，尤其对园道、广场、水体、园林设施运行是否完好等安全隐患进行重点检查，发现问题及时整改。对管辖内所有商户进行创卫工作专项检查，要求商户对落实不到位的问题立即整改，对卫生死角进行“搓澡式”“搬家式”清理，不留隐患。

（李　岩）

【基础设施改造升级】年内，开展多层级、多方位、多途径的园区整体改造升级措施：重新进行票务、闸机系统搭建及整合。增加人脸识别功能，实现园内员工及年卡游客，采集人脸后扫脸即可入园；70岁以上老人可通过读取身份证直接入园；残疾人不需要再到窗口换票。停车场收费系统改为ETCP（无人收费智慧停车平台）自助收费系统，从原来的早7点至晚9点改为24小时收费。对停车场车位扩充增加，开辟南门停车场，并在公园南门新建南票房，方便地铁游客进入公园游览。

（李　岩）

【保证园区安全】年内，用多种形式落实安全责任，加大监管力度。开展世界公园及相关安全生产月、党的十九届六中全会、“十一”、万圣节安全培训演练活动，开展灭火器、室内消防栓实战灭火演练等培训，提高全员安全知识和技能，为全园安全生产、消防安全工作奠定基础。按照丰台区旅游和消防部门要求，每月定期召集各部门安全员召开安全生产会议，全年共9次。公园安全生产领导小组成员带队组织全园规模安全大检查12次，共发现10余处安全问题。对存在的较大安全隐患进行督促整改落实，消除各类安全隐患。根据市区防恐防爆安全工作要求，建立健全防恐防暴安全方案、预案，定期进行防恐防暴安全演练，提高队伍防恐防暴应急处置能力。

（李　岩）

【拓宽宣传】年内，着力扩大宣传覆盖面，加强与官方平台战略合作，充分利用知名网站传播优势，将世界公园的各项活动广泛宣传，不断提高群众知晓率。丰富活动内容，专场演出，邀请土豆王国小乐队来园演出。

（李　岩）

【潮车文化节】6月19日至20日举办潮车文化节。各位参赛者展示炫酷炸裂改装汽车。现场音乐助阵，通过竞赛挑战、尾箱市集等，将众多跨圈元素与汽车融合，为游客打造最具时尚的潮车PARTY。同时知名乐队、说唱歌手现场进行演艺。文化节期间，公园还举办环球风采演艺、红色盛宴啤酒花园嘉年华、古蜀三星堆自贡灯展等，为潮车节增添多元多彩文化。

（李　岩）

【签约“中旅风景”】8月底，中旅投资全资子公司中旅风景（北京）旅游管理有限公司（简称“中旅风景”）与北京世界公园签署运营管理合作协议。中旅风景将从旅游新业态策划与落地、设施改造或升级、标准化服务、整合营销等多方面创新举措，为世界公园提供定制

▲土豆王国小乐队到世界公园演出海报。

▲6月20日，潮车文化节期间挑战者展示爱车。

▲8月，世界公园中旅风景举行项目合作签约仪式。

▲环球文旅踏春季期间，环球迎春花车进行大巡演。

化的项目策划与解决方案，高标准、高质量、高效率地激活世界公园的旅游市场潜力，使其打造成为竞争力强、主题鲜明、体验丰富的主题度假公园，建设成为具有标杆影响力旅游新坐标。

（李　岩）

【环球文旅踏春季】4月1日，开启环球文旅踏春季游园季活动，主题为“炫彩世界 赴约芳华”。期间轮番上演环球文旅嘉年华活动系列活动，包括环球迎春花车大巡演、炫彩世界歌舞荟萃、乌干达非洲土著鼓舞、欧洲狂欢嘉年华、亚太民俗文化风情圈等文艺演出。还有由5辆主题花车、近百位中外演员组成“环球迎春花车大巡演”盛装出巡，给游客展现炫彩、奇幻、靓丽、欢快的风情。

（李　岩）

【“焰遇·古文明沉浸式光影嘉年华”活动】5月，“五一”期间推出“焰遇·古文明沉浸式光影嘉年华”活动，以天空为舞台进行特效数字烟花演放。活动主要包括“古蜀三星堆文明灯光秀”“焰遇古文明光影秀”等。

（李　岩）

【“五洲奇妙夜”国际水景巨秀】7月3日，由迪拜棕榈岛团队与西雅图太空针光影秀音乐导演共同打造的北京世界公园“五洲奇妙夜”国际水景巨秀开启。12个主题光影巨秀分布在公园五大洲园区，“五洲风情水舞秀大型汇演”与五洲风情融合，给游客带来奇妙享受。

（李　岩）

北京园博园

【概况】北京园博园位于丰台区永定河西岸，北至莲石西路，南到梅市口路西延，西至北宫路，西南接园博大道，展区占地267公顷，园博湖占地246公顷，总占地513公顷。园博园秉承“文化传承、生态优先、服务民生、永续发展”的理念，利用绿色科技在建筑垃圾填埋场上进行生态修复建园，是一个集园林艺术、文化景观、生态休闲、科普教育于一体的大型公益性城市公园。园区规划布局为“一轴、两点、五园”，“一轴”即园博轴，是贯穿主展区的景观轴线。“两点”即永定塔和锦绣谷。永定塔为辽金风格的仿古塔，高69.7米，是园博园的标志性建筑；锦绣谷是园博园“化腐朽为神奇”的典范，将一个20多公顷的建筑垃圾填埋坑打造成了花团锦簇的下沉式花谷。“五园”即传统展园、现代展园、创意展园、国际展园和湿地展园，共有展园69个。北京园博园管理中心是丰台区属公益一类单位，由区政府直接领导。2021年，北京园博园接待中外游客83万人次，完成国内、外事任务接待81批次。为游客提供非紧急求助咨询17526次，办理游客诉求建议183

▲“五一”期间，游客观看“焰遇·古文明”精彩演出。

▲7月，“五洲风情水舞秀大型汇演”正在表演。

件，游客满意度评价90.4分，荣获首都精神文明建设委员会颁发的“首都文明单位”荣誉称号。

（李　媛）

【增开第三卫生间】 2月，为解决游客个性化需求，园博园再增两座“第三卫生间”。“第三卫生间”也称“家庭卫生间”，是在厕所中专门设置的、为行为障碍者或协助行动不能自理的亲人（尤其是异性）使用的卫生间。

（李　媛）

【干部队伍建设】 年内，按照《中国共产党基层组织选举工作条例》规定，完成支部换届选举。稳步推进事业单位改革，完成部门职能和编制岗位设置调整，实施新的绩效工资制度和日常考评方案，进一步优化考核激励机制，调动工作积极性。结合实际开展业务技能培训，提高专业化水平，促进干部职工综合能力提升。坚持人岗相宜原则，完成事业单位公招，择优招聘30岁以下年轻干部2人，优化了干部队伍年龄结构。派出15名党员干部与北宫镇开展“结对联创”，派出11名干部职工支援西罗园街道，服务保障疫情防控；党员参加志愿服务活动100余次，不断强化为民服务、实干担当的工作作风。

（李　媛）

【实现线上100%预约售票】 年内，贯彻落实市区常态化疫情防控部署要求，按照属地以及行业管理部门指引，率先自主开发入园监管和线上预约系统，实现线上100%预约售票。

（李　媛）

【通过市级病媒生物防制专项创卫任务验收】 年内，服务区中心工作，严格落实创建全国卫生城市的标准，认真开展环境卫生整治、病媒生物防制工作，营造干净整洁的游园环境，顺利通过市级病媒生物（鼠蟑和蚊蝇）防制专项创卫任务验收。加大创建全国文明城区宣传工作力度，实现线上、线下双向发力，将公园打造成创城宣传的重要阵地，立足园博实际，扩大窗口效应，讲好丰台故事，为服务大局、宣传丰台贡献园博力量。

（李　媛）

【增强游客满意度评价】 年内，建立案件专人接收、综合协调处理、定期分析研判等工作机制，实现游客意见建议快速明责分派、高效整改落实和回复，以实际行动增强游客群众的满意度。共受理12345热线游客诉求155件，同比增加36%，综合平均得分99.42，工作成绩在全区同类单位中名列前茅。

（李　媛）

【重大活动保障】 年内，按照市、区各级指挥部要求，完成建党100周年活动演练、第五届中国戏曲文化周、第29届北京种业大会和北京国际风筝节等国家和市级活动保障。

（李　媛）

【引进1个规模税源企业】 年内，根据丰台区“1511”产业发展提质工程实施方案指标任务，通过多次实地走访、相关政策宣讲、解决企业实际困难，成功将北京华亚正信资产评估有限公司对接到丽泽商务区。

（李　媛）

【提升游客服务水平】 年内，坚持按照A级旅游景区国家标准对游客服务和园区公共设备设施进行升级改造，结合疫情防控实际研发标准化和个性化融合的涉老服务，从技术方面解决老年游客不擅长使用智能设备的难题；积极开展自然探索、传统文化、科普体验、技能提升等主题系列科普活动；成立文明游园劝导队、新建青年志愿者之家、加入属地为老服务联合体，与静态停车公司合作开放高峰期路侧停车增加停车位600多个，为游客提供贴心周到的服务。

（李　媛）

▲9月15日，工作人员在三号门清洗龙门。

【打造精品园林文化主题园】 年内，扩大群众喜爱的观赏花卉栽植面积，其中牡丹累计增加12000平方米、月季累计增加550平方米，引进30多个新优品种。通过在重要节点定期栽摆时令花卉，丰富植物配置、调整水生植物、定型修剪、病虫害防治等养护手段提升景观效果。按照“保持地方特色、汇聚园林精品”的思路，多方筹集资金开展城市展园维修维护。

（李　媛）

▲9月26日，工作人员在园博园锦绣谷摆放应时花卉。

【提高基础设施设备工作效能】年内，完成14座固定卫生间改造，增加密闭式垃圾中转站，保障中国戏曲文化周为阳光剧场安装遮阳帘2700平方米、空调大修、增设戏曲展览展示中心培训教室，增设门区宣传屏3处。实施鹰山区域护坡加固、增加绿化用水泵站、建筑外立面修缮等16项专项改造工作，全年开展设备设施小型维修2077项。委托专业公司运维管理园内污水处理站，日均处理污水273吨。合理制定节电节水节能措施，电能耗和水能耗累计降低20%。

（李　媛）

【建立安全生产体系】年内，依托安全生产标准化和园林行业标准规范要求，建立自我约束、持续改进和责任追究等内控机制，推动责任落实。严格落实“一岗双责”，层层签订安全生产责任书，形成了“层层负责、人人有责、各负其责”的安全生产工作体系。加强消防安全管理，及时维护消防设施，消除火灾隐患。认真组织防汛工作，对物资准备、人员配备、险情处置进行细化分解，落实到人，实现安全平稳度汛。持续开展应急演练，保持科学高效的应急处突能力。

（李　媛）

【保持经营稳定】年内，进一步优化营商环境，加大对驻园企业的服务保障力度，投入专项资金为驻园企业增加停车位263个。引进鹰山区域军事体验、丰园书院等项目，自主经营观光车、婚纱摄影等项目，积极打造自有品牌活动“园博周末”，不断提升经济社会效益。

（李　媛）

北京汽车博物馆

【概况】北京汽车博物馆为北京市丰台区人民政府直属公益一类事业单位，加挂丰台区规划展览馆牌子，机构规格正处级。2021年根据中共北京市丰台区委办公室、北京市丰台区人民政府办公室关于印发《北京汽车博物馆（北京市丰台区规划展览馆）机构职能编制规定》的通知（京丰办发〔2021〕17号）精神，单位名称由“北京汽车博物馆（丰台区规划展览馆）”变更为“北京汽车博物馆（北京市丰台区规划展览馆）”。主要职责是：负责馆内藏品的征集、保管、维护、保养、制作及更新等工作；开展汽车文化研究，举办科普教育和展览活动，传播科学与文明；加强与汽车企业、社会组织及文博行业沟通联系，促进汽车文化传播；承担本区规划的展览宣传工作。

2021年汽博馆正常开放运行316天，重大消防事故及安全事故为零，场馆及展览设备设施安全稳定运行。紧紧围绕“高质量高标准创建人民满意博物馆”目标任务，紧跟新时代文博行业发展步伐，统筹推进疫情防控和博物馆发展，全年共计接待观众48.59万人次，举办专题展览8项，开展各类线下科普活动205项，组织承接文化活动30场。全年累计获得47项荣誉，其中全国五一劳动奖状等国家级荣誉6项，北京市21项，丰台区15项，行业5项。

（刘艳敏）

【印记中国——汽车工业人物展】1月15日，在北京汽车博物馆举行线上开展仪式。该展览由汽博馆与北京华汽汽车文化基金会主办，中国汽车工程学会、中国汽车工业协会、中国汽车人才研究会、中国汽车报支持。中国汽车工程学会名誉理事长付于武，中央电视台主持人、朗诵艺术家、北京地区博物馆形象大使陈铎，安徽江淮汽车集团有限公司原董事长左延安，中国重型汽车集团有限公司原党委书记、董事长马纯济，中国科学院院士、清华大学学术委员会副主任欧阳明高，清华大学汽车产业与技术战略研究院院长赵福全等社会各界人士参加线上仪式，汽博馆党组书记、馆长杨蕊主持并宣布开展。展览包括精神传承者、科技创新者与走向世界的践行者三大篇章，为公众讲述中国汽车工业发展中典型人物的故事，通过回首他们走过的路，诠释他们的初心和使命，记录中国汽车工业蓬勃发展的历程。

（刘艳敏）

【车轮上的时代：海茵建筑汽车建筑项目展】2月1日，在汽博馆一层艺术长廊开幕，以海茵建筑作为汽车工业世界的见证人的角度，甄选世界各地的汽车建筑进行展示，涵盖了大众汽车城、德国沃尔夫斯堡、吉利梦想公园等共计40余幅作品，遍布世界各地的汽车建筑展现了不同汽车品牌对建筑和空间的不同需求、不同理念。

（刘艳敏）

【获2021年“全国五一劳动奖状”荣誉称号】4月27日，北京汽车博物馆荣获2021年“全国五一劳动奖状”荣誉称号。该奖项由中华全国总工会颁发，表彰在中国特色社会主义经济建设和社会发

▲5月13日，丰台区相关领导向汽博馆颁发五一劳动奖章证书与奖牌。

展中作出突出贡献的先进集体，是中国工人阶级最高奖项之一。

（刘艳敏）

▲5月9日，赵福全将FISITA奖牌无偿捐赠于北京汽车博物馆。

【赵福全院士捐赠FISITA奖牌】 5月9日，中国清华大学车辆与运载学院教授、汽车产业与技术战略研究院院长赵福全将FISITA奖牌无偿捐赠于北京汽车博物馆。FISITA于1948年在法国巴黎成立，作为世界各国汽车工程师学会的联合组织，是全球汽车界最具影响力的组织之一，被誉为世界汽车技术的最高殿堂和各国汽车工程师学会的“联合国”，涵盖了具有一定汽车产业规模的全部37个国家。2018年10月，赵福全正式出任FISITA主席一职，是全球汽车工程技术人员所能得到的最高荣誉。在任期间不仅使FISITA本身影响力得到进一步提升，也帮助中国汽车产业在国际组织中的地位得以提升，并赢得国际同行们的高度认可。

（刘艳敏）

【丰台区中小学校百年百团唱百歌系列活动】 5月16日，为庆祝中国共产党成立100周年，由丰台区教委主办，北京汽车博物馆协办的“我们是共产主义接班人”——丰台区中小学校百年百团唱百歌系列活动在馆内一层中庭举办，来自丰台一小、丰台五小的学生合唱团近百人与北京汽车博物馆党员一起唱响《我们是共产主义接班人》《学习雷锋好榜样》《我爱你中国》《童心向党》等红色歌曲，让广大中小学生在歌声中重温百年党史，传承红色基因，坚定永远跟党走的决心和信心。同时，通过小手拉大手，带动社区居民参与，共同营造全社会热烈庆祝中国共产党成立100周年的浓厚氛围，为建党百年献礼。

（刘艳敏）

【“铁骑征程——庆祝中国共产党建党100周年”数字展览】 5月18日，“铁骑征程——庆祝中国共产党建党100周年”数字展览正式上线。展览从建党初期到抗战胜利，从中华人民共和国成立初期到今时今日，跨越时空，反映中国人民不断探索科技文明的进步之路，也折射了中国军队不断追求和平的发展之路，为观众开启了一扇“永不落幕”的展览之门。

（刘艳敏）

【首届“丰台汽车消费节”活动】 5月21日，由丰台区商务局、丰台区商业联合会联合举办，2021首届“丰台汽车消费节”启动仪式在北京汽车博物馆一层中庭及西广场召开。活动紧扣北京市消费季活动主线，开展购车新丰范、丰台购车有礼、博瑞汽车大集、欢乐购车季四大板块10余项具有鲜明特色主题活动，形成文化消费、科普教育及展览展示形成系列化、公益化活动合作模式，促进丰台地区汽车消费市场复苏。

（刘艳敏）

【“百炼·辉煌”流动的爱国主义教育基地进校园巡展活动】 5月27日，为庆祝中国共产党成立100周年，北京汽车博物馆《雷锋——一个汽车兵的故事》主题展览选入由北京市委宣传部主办，北京广播电视台北京时间承办的“百炼·辉煌”流动的爱国主义教育基地进校园巡展活动，先后走进5所学校及一个社区，后展览长期位于北京汽车博物馆一层中庭展出。展览利用各学校、社区的礼堂、教室、阅览室等场地，引导广大师生和社区居民学雷锋、做雷锋，弘扬社会正能量。

（刘艳敏）

【“行走的思政课”主题教育活动】 6月2日，为庆祝中国共产党成立100周年，落实习近平总书记关于思政课的重要讲话，丰台区第一小学一年级师生共同走进北京汽车博物馆，开展“行走的思政课”主题教育活动。学生们先后参观了“铁骑征程——庆祝中国共产党成立100周年专题展览”，在一层中庭共同

▲5月16日，“我们是共产主义接班人”——丰台区中小学校百年百团唱百歌系列活动在汽博举办。

▲6月2日，丰台区第一小学一年级师生在北京汽车博物馆开展“行走的思政课”主题教育活动。

观看党史宣传片，学习了解红旗精神、饶斌精神、雷锋精神。北京汽车博物馆作为丰台区新时代学校思想政治理论课改革创新资源单位，依托展览内容与汽车文化、科普教育相结合，实现思政小课堂和社会大课堂有机融合，把学生带出学校、深入社会实践、提高学生的思想素质，做到知史爱党、知史爱国，引导学生树立正确的人生观、世界观、价值观和坚定的政治信仰，让每一节思政课更接地气，激发孩子们的爱国之情，提升民族自豪感。

（刘艳敏）

【印记初心——庆祝中国共产党成立100周年大众篆刻作品展】 6月10日，由北京汽车博物馆等单位发起的“印记初心——庆祝中国共产党成立100周年大众篆刻作品展”在中华世纪坛开幕。北京汽车博物馆积极组织部门员工参与展品设计制作，部分作品已在“学习强国”的“每日红印”栏目中陆续展出，受到了社会各界热烈反响和赞誉。同时，北京汽车为博物馆还承担了100个印说党史故事视频创作工作，为开幕式和展览的成功举办做出了贡献，得到了各参与单位及现场观众的高度评价。以印为载体，在题材和内容上，坚持与时俱进，热情讴歌党、讴歌祖国、讴歌人民、讴歌新时代。

（刘艳敏）

【“百年华章”党史展揭幕】 6月21日，为庆祝中国共产党成立100周年，北京汽车博物馆在三层办公区走廊举行“百年华章”党史展开展仪式，区直机关工委副书记王颖为党史展揭幕。展览设置伟大征程、支部堡垒两个版块。伟大征程部分由“开天辟地”“改天换地”“翻天覆地”“惊天动地”四个篇章组成，采用图文结合方式，呈现中国共产党发展历史上的重要事件、重要人物、重要会议等，全方位展现中国共产党的光辉历程。支部堡垒部分着重体现汽博馆党组织发展历程、支部工作法、党风廉政、抗疫先锋、群团风采等内容。党史展作为党史学习教育的阵地与堡垒，丰富党员党史学习教育形式和内容，通过讲解、微党课，讲述红色故事，传承红色基因，传播社会主义核心价值观。

（刘艳敏）

【中巴建交70周年青少年绘画比赛优秀作品展】 8月10日，为庆祝中巴建交70周年，由北京市人民对外友好协会、巴基斯坦伊斯兰共和国驻华大使馆、丰台区人民政府联合主办，丰台区人民政府外事办公室、北京汽车博物馆、丰台区少年宫承办的中巴建交70周年青少年绘画比赛优秀作品展，在北京汽车博物馆中庭展出。展览旨在增进两地青少年的互动交往和文化交流，推动“铁杆”情谊世代传承。活动吸引了400多名中巴青少年参加，经过两个月的作品收集、初评和终评，从中选出了100幅优秀作品，北京日报、环球时报、人民网、新华、腾讯网等官方媒体对活动进行了宣传报道。27日，巴基斯坦伊斯兰共和国驻华大使莫因·哈克一行到馆参观交流，北京市对外友协副会长刘玉虹、丰台区外办副主任王东、北京汽车博物馆副馆长王靖、丰台区少年宫党总支书记石冬玲等陪同参观并交流合作事宜。

（刘艳敏）

▲9月16日，“车魂轻改”在汽博馆开幕，图为展区一角。

【北京汽车博物馆X车魂汽车设计特展】 9月16日，北京汽车博物馆与汽车设计平台“车魂轻改”联合举办，在汽博馆一层中庭开幕，展览位于汽博馆四层汽车设计展区，展览展示了汽车设计从灵感衍生到模型塑造的汽车设计完整过程，从而普及和推广汽车设计文化，延伸观众参观阅读内容的深度和广度。

（刘艳敏）

【联合清华大学推进汽车科普标准研究项目】 年内，起草“汽车科普标准研究项目”，以指导从事汽车科普工作的人员规范进行汽车科普工作，填补国内该

▲6月10日，“印记初心——庆祝中国共产党成立100周年大众篆刻作品展”在中华世纪坛开幕。

▲6月21日，举行“百年华章”党史展开展仪式。

领域空白。并与清华大学合作进行了汽车科普体系方面的研究，研究成果《汽车科普标准体系的研究与初期编制》项目荣获“第十一届挑战杯首都大学生课外学术科技作品竞赛揭榜挂帅专项赛特等奖”。积极申报“地方标准实施效果典型案例”，推动汽博馆管理水平提升。

（刘艳敏）

北京世界花卉大观园

【概况】 北京世界花卉大观园位于南四环路北侧，京开高速东侧。全园占地41.8公顷，是北京市四环以内最大的植物王国，国家AAAA景区、北京市精品公园、全国休闲农业五星级园区、国家重点花卉文化基地、全国中小学生研学实践教育基地、北京市科普教育基地、北京市中小学生社会大课堂资源单位、安全生产标准化二级企业、北京市文化和旅游行业科普体验资源点、北京新优花卉品种展示基地、总体国家安全观—生态安全主题公园。其建园宗旨是：游世界花卉大观园，饱览中外各国的奇花异草、珍稀树木和经典风景园林，是集观光旅游、科普文化、购物餐饮等活动于一体的独具花卉特色的大型植物园。

世界花卉大观园景观由7大温室和15个花园广场组成。热带植物馆有数百年的佛肚树、重阳木、古榕树等乔木1800余种；沙生植物温室有上百种仙人掌、仙人球；精品花卉厅有植物生肖园、精品盆景园；蔬菜瓜果园中有重达150公斤的巨人南瓜；茗赏百花厅可赏花品茶；还有专供游人直接参与花卉组培技术的活动空间和各类娱乐项目。室外景观有百花广场、凡尔赛花园、水花园、夜花园、花之广场、花之谷、牡丹园等园中之园；异国风情的荷兰、俄罗斯、德国、奥地利花园等。2021年度，园区实现总营收约1646万元，同比增长59%。

（史芳斌）

【景观质量提升】 年内，对园区各处景观节点进行提升改造，针对不同的时间、不同的形式要求，做改造变化不同：增加几处景观节点——鼠尾草花溪、阴生植物小径、蓝蝴蝶种植池、观赏草节点、千日红节点等；增加及改善几处主题景观区域——海棠坡、牡丹园补植、荷兰园北坡彩叶树和园区其他植物秋季补植工作，如增补海棠、加拿大红缨、山茱萸、北美乔松、秋紫白蜡、美国红枫、北美红栎和银白槭等；增加几次景观打卡点——转角遇到爱打卡点、火烈鸟打卡点等。

（史芳斌）

【温室局部升级改造】 年内，对原有茗赏销售区域进行初步改造提升工作，优化现有的销售结构窗口，提升整体服务质量；针对园区现状，对7号温室进行初步规划分区及设计工作，完善园区功能分区；配合园区科普教育功能定位，对温室内的标识牌和植物介绍牌及蔬菜瓜果园进行更换。

（史芳斌）

【完善各项配套设施】 年内，对园区内及停车场的道路进行修缮；及时更新并制作园区导览全景图、植物介绍牌、指示牌等，对游乐设施及时整修到位，确保正常运行，更好地为游客提供服务。

（史芳斌）

【扩大引种品类】 年内，践行建园时期“揽天下奇花异草，聚天下经典园林”宗旨，为丰富园区植物种类不断引种，全年共计引进海棠、观赏草、阴生植物、彩叶树种等不同品种275个，进一步扩展了花卉大观园的植物储备品种。

（史芳斌）

【花朝汉服文化节】 4月3日至5日，举办北京首届花朝节“百花仙乡 汉服名园”花朝汉服文化节。汉服的爱好者们换上不同制式、不同色彩的汉服，绾丝簪发进行表演，伴以古风歌曲比赛、汉服文艺演出、花神比赛、青帝祭祀等传统雅趣体验活动，吸引众多游客。活动共持续三天，共计购票人数23905，检票额121.7万，创历史新高。

（史芳斌）

【花潮夜游节】 年内，在世界花卉大观园原有景观的基础上，融入具社会关注度高，热点网红类活动，打造北京最具影响力的网红打卡景点，结合园区环境，在园区内打造幻境艺术空间。通过科技与艺术结合进一步带动“夜游经济”发展，实现“夜游、夜景、夜娱、夜演”等。同时还在园区大湖区域搭建表演舞台，结合声光电在水面搭建大型威亚表演秀场。活动通过抖音、快手等短视频宣传途径，吸引大量客流。

（史芳斌）

【缘梦·夜游体验记】 年内，与豪尔赛科技集团共同打造的奇幻光影世界

▲7月22日，首届沉浸式魔幻主题夜游节《缘梦·夜游体验记》亮相。（李娜 摄）

缘梦·夜游体验记，以探索“自然”为重要命题，运用花、月、狐、鹿、麟、水、鱼、树等自然元素，构建三大自然元素“域”——[花]、[星]、[灵]，循序渐进中追求人与自然、人与世界的新关系。夜游整体路线依托世界花卉大观园独特的自然景观，在原有植被造型和景观区域上进行光影创作，运用国际前沿的技术手段和交互装置，自主采集、提炼环境信息，识别人的图像、声音情绪，建立多形态数据输入模式下的光影互动表达，实现光影艺术的情感辨析、融合、表达，以及与人的情感互动。

内容整体以灯光、雾森、激光、交互、影像、造景、音乐、演艺、文创售卖等融汇为一，一步一景、移步换景、虚实结合，使体验者不仅有身临其境之感。活动的开展丰富了首都市民夜间文化生活，增加了世界花卉大观园收入，同时带动了夜间经济的增长。十一期间，门票流水达到2019年的7倍，二次消费收入也得到了大幅度的提升。年底“缘梦·夜游体验记”成功上榜“2021北京文化艺术类网红打卡地”夜景经济类榜单。

（史芳斌）

【菊花文化节】年内，打造菊花文化节，这是从2010年开始的第十二届，吸引了来自全国的数百万游客。花卉爱好者、摄影爱好者、绘画爱好者，以及传统文化爱好者。本届菊花文化节中的重头戏菊花擂台赛于11月1日正式开始对外开放，共计展出30天，其间展示了来自京津冀18家单位共计1000余盆菊花。

（史芳斌）

【第四届地景文化艺术节】年内，举办第四届地景文化艺术节，共完成作品27组，其中22组在世界花卉大观园园区，3组位于丰台区草桥社区，1组位于石榴庄社区，1组位于丰台活力中心北京花卉交易大厅。

（史芳斌）

【绽放社区之美系列活动】年内，配合完成绽放社区之美系列活动。该活动是在丰台区融媒体中心、丰台园林绿化局指导下的系列社区活动，如1米家庭阳台花艺秀、社区小花园、街区微景观、10万花种送居民等，旨在将日常社区、阳台等默默无闻的小地块变身为集合自然教育、生态服务、休闲娱乐、沟通交流等多元功能的城市绿色公共空间。

（史芳斌）

▲7月10日，“绽放社区之美”融媒体公益活动在世界花卉大观园启动。（赵智和 摄）

【一米菜园】 年内，积极开展一米菜园活动，带领小朋友观察、感悟蔬菜的一生。通过观察蔬菜的种子颜色、大小、形状等来辨别不同种类种子，体会间苗的操作流程及作用，观察蔬菜不同生长阶段的形态特征。

（史芳斌）

【儿童跳蚤市场】年内，不定期举办儿童跳蚤市场活动，小朋友们可以带着家里的闲置物品来跳蚤市场进行交易，受新型冠状病毒疫情影响，全年共组织活动3次。

（史芳斌）

【首届赏花游园脱单趴】6月19日，联合我主良缘北京分公司团委在园区内开展“繁花相拥赴良缘·情定花卉大观园”交友联谊活动。活动共计200个单身青年参加，最终成功牵手11对。

（史芳斌）

【社群互动活动】 年内，世界花卉大观园共有5个粉丝群981人，发起社群活动28次，极大地黏合了粉丝群的凝聚力，为下一步的营销活动打下良好的基础。

（史芳斌）

【摄影照片征集活动】年内，多次组织世界花卉大观园摄影照片征集活动，以大观园门票作为奖品交换，收集了诸多公园美图。如花朝节活动召集摄影志愿者入园拍摄，收集照片366张；花潮节期间召集摄影志愿者入园拍摄，收集照片890张；缘梦夜游期间召集摄影志愿者入园拍摄，照片收集252张；菊花展期间召集摄影志愿者入园拍摄，共收集菊花展现场照片449张，以此弥补园区留存图片资料上的投入不足。

（史芳斌）

【抖音直播带货】 年内，世界花卉大观园从做抖音短视频向抖音直播带货转化，从7月26日试播开始至年底，共开启抖音直播66场次，累计观看人数3271663人，累计直播时长276小时。累计播放量高达1394858次，累计观看人次3886468次。

（史芳斌）

【自媒体运营】 年内，世界花卉大观园微信公众号、微博持续对园区活动动态进行信息发布。全年自媒体发布图文1116篇，阅读量达420.2万人次，粉丝共计增长106382人，通过自媒体平台实

2021 年自媒体运营数据及分析一览表

表 8

自媒体	发布内容数量	阅读量	粉丝净增长量	2021. 12. 31 粉丝量	2020. 12. 31 粉丝量	同比 2020 增长率
微信	190	44.3W	3755	63132	59377	6.32%
微博	524	96W	383	2092	1709	22.4%
今日头条	261	76W	190	219	29	655%
抖音	84	193W	39837	40133	296	13458%
小红书	57	10.9W	778	806	28	2778.6%
合计	1116	420.2W	44943	106382	61439	73.2%

现了收入和粉丝双增长、品牌和活动宣传、社群运营，花朝节、夜游节等各类活动通过自媒体多平台如直播、视频、笔记、图文、优质点评等持续宣传，获得超1000万人次曝光量。

（史芳斌）

【IP 形象打造】 年内，通过与文创公司合作，挖掘文化历史，以“十二花神”“花神”为创作基础，设计了6款世界花卉大观园 IP 形象初稿，确定方案后将实现衍生化处理，从品牌角度推动园区进一步发展，发展更多世界花卉大观园的专属文创。第一款产品世界花卉大观园专属文创口罩已完成设计、制作并投入生产。

（史芳斌）

【参加各种旅游资源项目】 年内，作为丰台区企业代表，配合集团组织协同参加2021年中国国际服务贸易交易会，与多家同行、旅行社、合作方建立联系；协助组织2021北京丰台消费季活动，完成报价、设计、物料制作等相关细节，策划并组织线下活动及线上直播带货等；参加2021世界旅游城市联合会北京香山旅游峰会。

（史芳斌）

【达人招募】 年内，各平台招募达人入园打卡，在各种活动期间，多次发布直播、视频、笔记、图文、优质点评等，收集图片视频近5000张，为园区宣传提升积累高品质素材。

（史芳斌）

【挖掘亲子公众平台潜力】 年内，充分挖掘亲子公众号潜在力量，在旅游淡季时，利用低调销售等手段，增加公园曝光率，吸引客流，创造营收。

（史芳斌）

【萌宠乐园】 年内，与第三方合作商联合打造萌宠互动性乐园。乐园坐落在园区荷兰园大草坪南侧，共计占地面积2000平方米。萌宠乐园中共有动物15种，是集观赏、喂养、科普于一身的互动乐园。

（史芳斌）

【巴哩啵哩自然亲子乐园】 年内，为更好地服务亲子家庭，世界花卉大观园对原有的儿童游乐区进行整体升级，联合国内知名游乐设备制造商共同打造巴哩啵哩自然亲子乐园。乐园总面积大约3000平方米，基于世界花卉大观园原有的“自然生态”理念设计，以无动力为主，包括滑梯、攀爬、蹦床、秋千等共计40余种游乐设施。

（史芳斌）

【哈罗单车】 年内，新引进共享无动力自行车哈罗单车，由游客自行扫码使用，相对园区原有的代步车形式，节省了人力，线上支付的形式也减少了纠纷。

（史芳斌）

【游园观光小火车】 年内，引进游园观光小火车，游客可付费乘坐，游览一整圈园区风光，为带孩子园区的家长提供了便利。

（史芳斌）

【多项跨界主题活动】 年内，完成中国好声音10周年音乐盛典（北京站）“遇见花乡・花乡音乐派对”活动；完成第二季声音的抉择2021全国试音会北京站；完成第69届环球小姐中国区大赛北京赛区比赛。

（史芳斌）

【入选北京市文化和旅游行业科普体验资源点】 11月23日，北京市文化和旅游局发布《关于发布北京市文化和旅游行业科普体验资源点的通知》，世界花卉大观园入选北京市文化和旅游行业科普体验资源点，进一步提升了景区的知名度。

（史芳斌）

【优化科普课程】 年内，针对不同课程需求，对园区科普课程进行优化改良，最终形成12节较为成熟的课程、1–9年级学生团室内和室外讲解任务书。

（史芳斌）

【花卉大观园自然中心】 年内，为更好地推进世界花卉大观园科普教育工作，世界花卉大观园与自然圈联合打造“花卉大观园自然中心”，对外提供生态教育、自然体验等产品与服务。双方共同运营“自然中心”品牌，开发“自然中心”课程，接待“自然中心”客户。双方已签订合作协议，并逐步开展科普教育工作。

（史芳斌）

【研学基地】年内，执行并完成2020年、2021年全国中小学生研学基地任务工作，重点总结了“十三五”研学基地成果，撰写报告并汇报。参加研学基（营）地绩效互评互检活动，学习相关经验。同时完成2021年北京市社会大课堂课程策划、申报及执行等相关工作，申报2021首都科普主题研学基地，撰写提报资料并参加路演。

（史芳斌）

【园区植物科普挂牌】 年内，完善室外190种植物科普内容、照片并生成二维码。完成800余份植物标牌悬挂工作，改进挂牌材料，更换300份乔木标牌。

（史芳斌）

【科普讲解工作】 年内，为更好地提升生态教育课程教学质量，不断开展生态课程讲解员培训工作，力求从数量、质量两方面保证讲解工作的质量。除内部工作人员做讲解工作外，从社会招募植物爱好者，对其进行讲解员培训。全年共有讲解员21名，其中员工13名，志愿者8名，基本满足生态课程需求。组织科普讲解及配合相关媒体直播、视频拍摄共计150余次，接待7650+人次，讲解培训20余次。

（史芳斌）

2022 北京丰台年鉴

城乡规划与建设

城乡规划和自然资源管理

【概况】北京市规划和自然资源委员会丰台分局（简称丰台分局）的主要职责是负责丰台区规划和自然资源管理；推动国土空间规划全域覆盖和“多规合一”，加强规划的编制与实施，维护规划的严肃性和权威性；强化减量发展，推进功能疏解提升等。2021年，完成原规划丰台分局资产上划和所属企业划转改制工作；编制完成《丰台区国土空间近期建设规划研究（2021–2025年）》《丰台区2020年度国有自然资源资产管理情况专项报告》、2021版《丰台区地图》；完成区2020年度国土变更调查工作。年内，丰台区不动产登记事务中心获“首都文明单位”荣誉称号。

（刘艳清　成若尘）

【区级城市体检评估】年内，组织2020年度区级城市体检评估。征求区内部门意见、组织专家咨询论证，进行公众满意度调查及分析，系统评估分区规划落实情况与实施效果。针对重难点问题提出分区规划实施第二阶段工作的对策建议，形成体检评估报告、规划实施社会满意度评价报告及评估指标表、典型案例库等体检评估成果。

（高　岱）

【“小蜜丰”丰台区责任规划师】年内，丰台分局结合丰台区划变更，优化责任规划师责任范围，建立“巢管家”总体统筹，多“联盟”各展风采工作组织模式。制定《丰台区责任规划师工作指南（试行）》《丰台区责任规划师组织方案（试行）》《丰台区责任规划师年度任务清单（试行）》，进一步优化责任规划师制度。组织3次“蜂糖会”，为责任规划师搭建开放、自由的沟通平台。协助各属地推进责任规划师参与城市精细化治理。

（刘佳纬）

【国土空间近期建设规划研究】年内，编制《丰台区国土空间近期建设规划研究（2021–2025年）》，立足丰台分区规划确定的2035年目标，在对分区规划和“十三五”规划实施情况分析评估的基础上，将目标导向和问题导向相结合，形成以近期建设发展战略、行动计划和重点建设地区为引导，以项目库为抓手，以指标体系为目标约束、以实施机制为保障的规划成果体系。

（许　芸）

【规划编制与报审】年内，推动大红门和南苑森林湿地公园地区街区控规、卢沟桥五里店地区街区控规、丽泽金融商务区规划综合实施方案正式获批。推动丰台站地区、长辛店老镇地区街区控规上报市规自委审查。完成宛平城地区街区控规编制并同步开展分钟寺地区、河西重点地区及东铁匠营地区街区控规编制。

（赵景如）

【河西轨道交通一体化】年内，丰台分局牵头成立“河西地区轨道交通一体化及控规深化工作专班”，成功推动地铁14号线西延纳入北京市轨道交通第三期建设规划项目库。组织编制单位结合丰台区控规编制计划，整体梳理河西地区现状和规划情况，对标总规任务，以实施为导向解决河西地区实际问题，进一步加快推进河西控规一期编制工作。

（左春姬）

【市政交通工程项目审批】年内，核发市政交通多规合一协同意见48件，包括丰台火车站配套四合庄西路市政管线设计综合、丰台医院配套道路及管线工程、地铁19号线一期工程给排水、丽泽桥积水治理工程等重点项目。核发市政交通工程选址意见书及用地预审8件，包括丰台火车站配套“一横四纵”道路工程、四合庄西路雨水泵站等重点项目，用地面积约21.5公顷。核发市政交通工程建设工程规划许可证117件，其中市政交通场站建设工程规划许可证包括丽泽智能电网调控指挥中心项目、地铁19号线一期工程新宫车辆段项目的车辆段部分和综合利用预留结构部分场站等重点市政工程5件，建筑面积约31.2万平方米；道路建设工程规划许可证包括芦井路东延道路工程、丰台医院周边道路等重点道路工程7件，长度约2.1千米；管线建设工程规划许可证包括丰台火车站站房配套市政管线，北京地铁14、16、19号线配套的市政管线工程，军队安置住房北京小井统建项目配套市政工程等重点管线工程105件，长度约66.2千米。

（陈　博）

【综合审批流程优化】年内，持续优化营商环境，高效办理自然资源和国土空间规划方面的行政许可，其中房建类规划许可79件，总建筑规模301.47万平方米；选址意见书及划拨决定书23件；地名类行政许可及服务事项22件。

（李　腾）

【简易低风险工程项目审批】年内，办理社会投资低风险工程《建设工程规划许可证》25件，建筑规模1.47万平方米。为落实《关于进一步优化我市社会投资低风险工程建设项目全程网办的通知》文件要求，分钟寺回迁安置房项目开闭站实现丰台区首个规划许可全程网办。与项目属地云岗街道办事处联动，办理航天六院101所低温液化设备集成厂房项目的“不见面审批”，全程用时0.5个工作日。

（李　腾）

【规划核验与代征地移交】年内，办理规划验收103件，核验建筑规模418万平方米，保障南苑植物油厂保障性住房、辛庄村限价商品房、分钟寺回迁安置房、首钢二通厂南区棚改定向安置房项目等政策性住房投入使用。推进代征道路用地移交、绿地移交工作，完成14个项目代征道路用地移交，腾退道路用地54.58万平方米，完成代征绿地移交9个项目，腾退绿地33.4万平方米。

（李英辰）

【丰台区2020年度国土变更调查】 年内，完成区2020年度国土变更调查工作，国家下发图斑446个，市级提取图斑184个，区级提取图斑171个，分析地理国情数据中的线索图斑10447个，外业调查期间现场拍摄5439张举证照片。2020年度变更调查工作与耕地保护空间内的耕地违法占用、城乡建设用地减量、卫片执法等专项工作联系，配合完成基本农田上新增建设的18个图斑整改工作跟进，疑似违法新增建设的250个图斑排查，以及2020年度减量图斑的认定。

（闫　鑫）

【完成国有自然资源资产管理报告】 年内，编制完成《丰台区2020年度国有自然资源资产管理情况专项报告》及该领域子报告，首次向区人大常委会专项汇报全区国有自然资源资产管理情况。截至2020年底，全区土地资源总量为30552.83公顷，其中国有土地总面积17321.1公顷，占全区总面积的56.69%。查明矿产资源储量并编入《北京市矿产资源储量表》的固体矿产5种、7处矿产地。水资源总量多年平均值为5469万立方米，其中多年平均地表水资源量2660万立方米，多年平均地下水资源量2809万立方米（扣除重复计算量）。全区林地面积9206.71公顷，政区内无国有林场。

（宋婉煜）

【城乡建设用地减量及造林选址】 年内，完成2020年减量图斑验收和上报。全区完成减量腾退图斑872块，面积约6.2平方公里，因年度内实际新增城乡建设用地规模为0.17平方公里，实现年度内6平方公里净减量。开展2021年度城乡建设用地减量工作，完成1.43平方公里减量图斑平台上报，落实市级下达的3200亩造林选址任务。

（李晓贝）

【行政执法】 年内，开展日常执法工作，人均执法检查量121.1件，立案257件，处罚9件，立案率和办结率分别为98.08%和99%。全年行政执法履职考评，位列市规自委系统第二名。

（卢旭阳）

▲9月18日，登记中心营造比学赶超业务学习教育大氛围。（市规自委丰台分局供图）

【公共公益专项整治】 年内，丰台分局开展公共公益类违法用地违法建设专项整治行动，聚焦保障民生和解决历史问题，推进公共公益类项目完善手续工作，全年完成2宗项目登记发证工作。

（陈　辉）

【规自领域专项巡视整改】 年内，按照市委第五巡视组对丰台区规自领域专项巡视反馈问题进行整改工作。安排专人入驻整改落实领导小组办公室，配合推进全区巡视整改工作；定期梳理汇总区级责任单位工作进展，向区政府专题汇报存在问题和解决建议；对于历史遗留的复杂问题，指导主责单位编制整改方案，召开区级协调推进会10余次。市委第五巡视组向丰台区共反馈4大类12个方面33个具体事例，完成整改20个。

（李　腾）

【登记办理工作】 年内，办理各类登记业务117600件，其中线上办理37312件，占比31.7%。发放权利证书和证明94289件。收缴登记费1017万元，土地收益4.87亿元，为近四年来最高值。受理信息查询136036卷次，实现档案数字化116322卷。接收信访、委主任信箱227件。收到行政诉讼案件50件，审结39件，均为无责败诉或胜诉。收到行政复议35件，30件复议案作出复议决定，均为胜诉。完成446件权籍调查及权属审查业务。收到锦旗19面，感谢信164封。

（王丹丹）

【丰台不动产登记大厅搬迁新址】 4月28日，丰台不动产登记大厅由丰体南路

▲4月28日，搬迁至新址的丰台不动产登记大厅。（市规自委丰台分局供图）

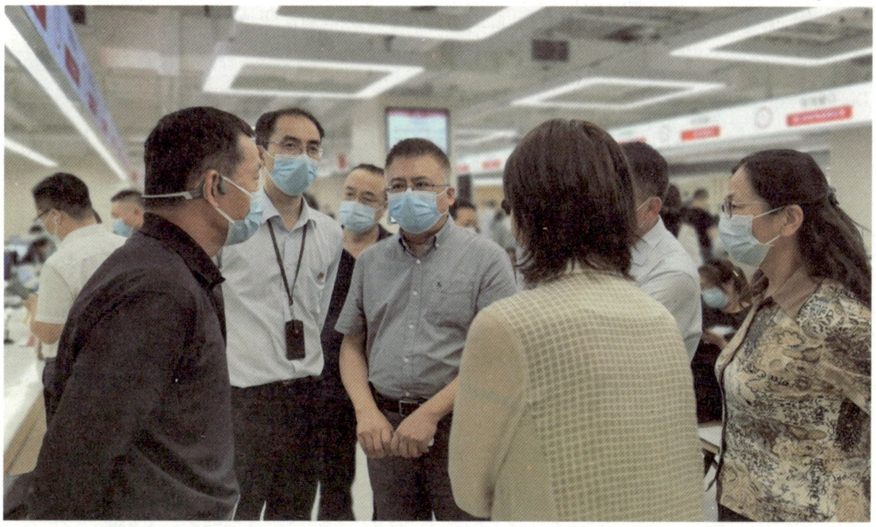

▲6月9日，市人大到丰台不动产登记中心，调研不动产登记领域《北京市优化营商环境条例》任务落实情况。（市规自委丰台分局 供图）

1号院搬迁至南苑路7号丰台区政务服务中心。新大厅办公面积超过3000平方米，设有窗口55个，设置业务受理区、群众等候区、自助服务区等，打造分区域办理模式，并配有自助取号机、自动查询机、自助打证机、人脸识别系统等智能化设备，最大化实现自助办理。继续推行“早晚弹性办、午间不间断、周末不休息”延时服务模式。增加企业帮办代办服务，最大化便企利民。

（王丹丹）

【优化营商环境】 年内，完成首例丰台区企业、个人存量商品房买卖“全程网办”业务，实现存量商品房交易从“最多跑一次”到“一次不用跑”，全年累计完成103例。完成首例企业间转移登记“卖方税后置”业务，进一步为企业减流程、提效率。提升不动产登记服务效率，压缩办结时限，在全市组织的千人千题考试中，登记财产部获第三名。开设“跨省通办”和“办不成事反映”窗口，设置网上办理服务区，提供网办业务帮办服务，印制各类业务二维码式一次性告知单及优化营商环境宣传手册。

（王丹丹）

【完成历史遗留任务】 年内，根据市规自委要求，计划解决历史遗留问题18000套。全年发证项目26个，涉及19478户，超额提前完成年度工作任务。其中彩虹家园项目办证工作，先后被央视新闻、人民日报、人民网、“学习强国”平台、北京新闻、北京日报、北京晚报、北京商报、首都文明网、丰台融媒体等20余家媒体进行专题报道。

（王丹丹）

【征地及农转用审批】 年内，办理3个项目的土地征收前期手续，并取得市政府征地批复，用地面积25.9421公顷。办理1个集体土地租赁住房项目的农用地转用审批手续，并取得市政府批复，用地面积6.0745公顷。

（刘玄烨）

【土地开发整理】 年内，完成土地复垦项目立项4个，建设规模338.11亩。完成新增耕地验收项目8个，新增耕地面积495.42亩。

（许朝阳）

【耕地保护空间优化调整】 年内，完成全区9600亩耕地保护空间的优化调整工作，通过市规自委初审，永久基本农田内已全部优化调整为耕地。

（刘玄烨）

【土地储备】 年内，全区完成商品住宅用地供应4宗，建设用地供应约29公顷，建筑规模约62.84万平方米，总成交价约184亿元，收回土地补偿费约138亿元，市区共实现政府收益约46亿元。全年完成年度商品住宅用地入库6宗，建设用地面积约48公顷。完成年度租赁住房用地供应7宗，建设用地面积约30公顷。

（李潇潇）

【完成年度建设用地供应任务】 年内，丰台分局完成供应商品住宅用地5宗

▲1月25日，丰台区完成首例个人存量商品房买卖“全程网办”业务。（市规自委丰台分局 供图）

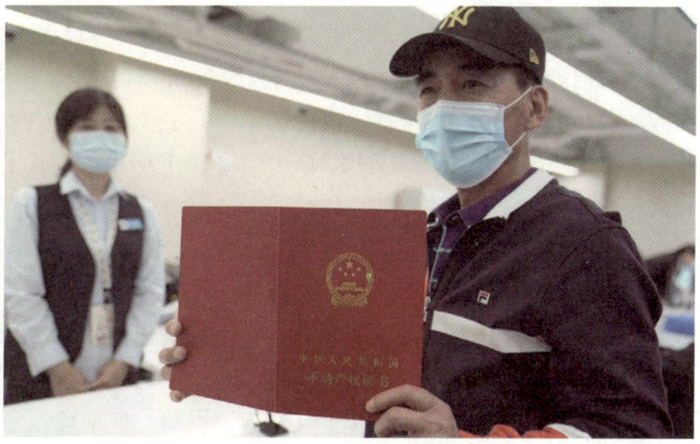

▲5月10日，央视新闻联播报道彩虹家园历史遗留项目办证问题解决。（市规自委丰台分局 供图）

（其中预公告1宗，实际供地4宗），建设用地面积43公顷，建筑规模78万平方米。实现商品住宅用地入库6宗，建设用地面积48公顷。完成租赁住房用地供应30公顷。

（李晓贝）

【接诉即办】 年内，接收“接诉即办”工单7474件，其中科室办理4104件，回退3370件；局长信箱接收办理112件，区长信箱接收办理67件。响应率保持100%。

（张东琪）

【行政复议诉讼】 年内，办理行政复议和行政诉讼案件196件，其中行政复议76件、行政诉讼案件120件（一审84件、二审36件）。从类型看，涉及不动产登记类72件；信息公开类59件；举报答复类12件；咨询答复类4件；违法建设认定类8件；履职类5件。

（张东琪）

【信访工作】 年内，落实领导接访制度，坚持每周三开展领导接待日。办理信访投诉580件次，其中来信49件次；来访152批次/152人；集体访12批次/216人次；重复访178批次/491人；网上信访189件次。出具书面答复580件，受理率和办结率均达到100%。

（张东琪）

【信息公开】 年内，收到信息公开申请802件。制作答复告知书729件。其中予以公开的458件，不予公开的28件，无法提供的188件，不予处理的23件，其他处理的32件。

（张东琪）

【重点项目规划建设】 年内，通过市区调度平台，推进全区140个重点项目审批，涉及总用地面积约1005公顷，总建设规模约1097.24万平方米，规划用地手续可支撑开工项目131个，达到总量的94%。通过“多规合一”会商等形式，核发北京丽泽金融商务区北区地下项目、中国园林博物馆项目、中央民族大学新校区等40个项目“多规合一”初审及会商意见，涉及用地约324.61公顷，规划地上建筑规模约410.07万平方米。核发东铁营棚户区改造回迁安置房及配套设施项目、岳各庄村棚户区改造一期安置房2个项目设计方案审查意见的函。

（李晓贝）

【完善重点区域规划方案】 年内，聚焦大红门地区、丽泽金融商务区等重点功能区，指导项目主体大红门建设发展有限公司编制《大红门棚改一期规划综合实施方案》，有序推进“三办”（国家信访局信访接待办、中纪委信访接待办、全国人大信访接待办）选址建设、大红门地区博物馆群及TOD（Transit Oriented Development的简称，是指以公共交通为导向的城市空间开发模式，通过以轨道交通站点为核心进行片区一体化开发，打造集商业、商务、居住、生态、公共服务等功能于一体的城市片区中心）配套服务的方案征集、丽泽航站楼方案深化、丽泽北区地下空间一体化建设。

（李晓贝）

【市区联动稳定规划指标】 年内，市规自委组织召开两次土地公开交易项目规划协调会，审议丰台区拟供应项目12个，涉及建设用地面积约95公顷，地上总建筑规模约197万平方米。稳定丰台区47个项目规划实施路径，包含土地整理及环境整治类项目4个，土地入市类项目18个，民生工程类项目12个，重点功能区项目13个，涉及建设用地面积约439公顷，规划建筑规模约813.38公顷。

（李晓贝）

【并联工作模式推动项目实施】 年内，指导项目主体，研究推进东铁营棚改、青塔棚改、小屯棚改、花乡中部组团等19个项目规划综合实施方案，在规划综合实施方案和新编街区控规衔接研究过程中，创新工作模式，串联变并联，先行稳定一级条件开展征地拆迁等相关工作，探索出“属地政府初审、分局会审、委办局联审、专家评审、区政府审核”的规划综合实施方案区内报审路径，保证规划实施工作合理有序开展。

（李晓贝）

【提升城市空间品质】 年内，召开专家评审会11次，研究审查建设项目21个，推进大康鞋城升级改造、侨园饭店危房翻改建等老旧楼宇改造项目。协调推进富丰煤库、周庄煤库等老旧厂房改造项目，加快补充区域公服设施短板，使闲置建筑焕发新活力。会同区房管局在全市率先探索危旧楼改建区级工作机制，推进开阳里19号楼、马家堡68号院危旧楼房改建项目，保障民生工程，优化居住环境。

（李晓贝）

【土地利用动态巡查】 年内，对全区224宗、849公顷土地开发利用情况开展调查，其中出让土地113宗、470公顷；划拨土地111宗、379公顷。落实开工和竣工申报、重点项目定期报送情况制度，加大监管力度，防止土地闲置，提高土地利用效率。

（安　洁）

【开发区土地集约利用全面评价】 年内，开展丰台区开发区土地集约利用全面评价调查，补充调查2018年—2020年开发区依法审批范围和实际管理范围内各项信息和数据：开发区总征地面积89.62公顷，总供地面积42.57公顷，总建成面积80.27公顷。12月，调查通过市规自委验收。

（王艺茜）

【矿产资源概况】 年内，丰台区主要矿产包括地热、矿泉水、冶金用白云岩、制灰用灰岩、水泥配料用页岩、建筑用砂、砖瓦用粘土。年内无新增矿产地和新查明重要矿产资源储量。开发利用的矿种有地热资源1种。年内共有持证矿产资源勘查、开采单位14家，其中地热开采单位13家、地热勘查单位1家。

（林亚森）

【矿山生态修复治理项目】 年内，实施大灰厂村石龙采石场石灰岩矿治理项目、西庄店石灰厂石灰岩矿治理项目两处矿山生态修复治理项目。总投资约2042万元，修复治理面积约8.37公顷。

（林亚森）

【地质灾害防治】 年内，全区有突发地质灾害隐患点28处，其中崩塌17处，泥石流3处，不稳定斜坡8处，全区险户剩余1户6人。

（林亚森）

【丰台区规划建设图编制工作】年内，完成2021版《丰台区地图》编制。《丰台区地图》编制工作是以区现状路网、轨道交通、公共服务等城乡建设成果的资料收集、信息筛选及空间落位为主，结合区行政区划边界调整工作，对区新划分26个街镇的管理边界、街道办事处办公场所位置等内容进行数据收集与空间落位，进一步调整新版地图的兴趣点内容及排版样式等。年内向区各相关单位、街镇发放地图制品。

（程　鹏）

【"我为群众办实事"实践活动】年内，开展"局处长走流程"活动，局处长以经办人身份到办事窗口体验申报许可流程，发现存在规划许可申报表填写较为复杂等问题。分局采取访谈办事企业收集表格填写存在的问题；向市级部门反馈，有针对性制作填写说明、申报表网上下载步骤说明等放置在申报窗口醒目位置；联合市规自委行政审批协调处召开座谈会，形成专题报告，持续跟进"局处长走流程"发现问题整改措施落实落地等措施解决问题。

▲7月27日，市规自委丰台分局举办"我为群众办实事 立足岗位做贡献"主题演讲比赛。（市规自委丰台分局 供图）

配合市规自委制作《社会投资低风险工程"一表式"受理填报指引》，对社会投资低风险项目申报表进行改版。

（李　腾）

建设管理

【概况】2021年，丰台区住建委、丰台区建筑行业管理处围绕首都中心城区的功能定位，持续推进城市有机更新，聚焦建筑行业服务与监管，应对风险挑战，推动城乡建设领域稳中向好高质量发展。全区建筑工程开复工336项，面积2201.73万平方米，建筑面积比上年减少5.21%。丰台区房地产业实现留区税收48.9亿元，同比增长44.2%；建筑业实现留区税收8.3亿元，同比增长32.3%。

（周宏斌　孙　旭　邹　贤）

【党建引领】年内，制定丰台区住建委党组、丰台区建筑行业管理处党组及党组书记、班子成员抓党建工作责任清单，制定区住建委党组、区行管处党组2021年度落实全面从严治党主体责任任务安排，严格落实管党治党责任。制定2021年区住建委党组、区行管处党组理论中心组学习计划，全年开展理论中心组学习19次。围绕"学党史，悟思想，办实事，开新局"要求，制定党史学习教育实施方案，建立工作台账及简报专刊，每日向党员推送"党史百年·天天读"。利用主题党日和"三会一课"等形式，以"重温党史，追忆红色印记"为主题，邀请中央党校专家专题讲授党史，开展参观香山双清别墅等活动。落实党组织书记及处级领导讲专题党课制度，开展普通党员"知党史、学党史、讲党史"主题活动，发挥党员主体作用和示范带动作用。

（刘　琪）

【接诉即办】年内，办实"接诉即办""吹哨报到"，做到主动协调、快速响应、定期回访。累计接办"12345"诉求3473件，累计接办属地"吹哨"事件223件。聚焦"七有""五性"，办理诉求涉及施工手续办理、住宅工程质量等难点问题，建立服务群众的响应机制，解决基层治理难题，打通服务群众民生问题的"最后一公里"。

（胡惠韬）

【重大项目建设】年内，区住建委牵头完成年度固定资产投资任务652亿元，占区年度任务75.5%。定向对接、主动协调难点节点性问题。北京口腔医院迁建工程取得施工登记意见函，于5月底正式进场施工，整体结构已出正负零。丰台医院提质改建项目实现主体结构封顶，完成二次结构施工。中央民族大学新校区9月正式启用，4783名新生报到。丰台站改建工程11月23日正式启动联调联试，为开通运营提供保障条件。

（于丽萍　叶　娜）

【轨道交通建设】年内，19号线一期、14号线剩余段于12月31日实现运营。新机场线北延、16号线按建设计划推进。地铁9号线六里桥站B2出入口开通，惠及京港澳高速北侧26个小区约5万居民。

（鞠　平）

▲12月，北京口腔医院迁建工程施工现场。（区住建委 供图）

▲12月，丰台站改建工程。（区住建委 供图）

【棚户区改造】年内，通过多渠道筹措资金、创新安置房先行模式，转化思路强化区域统筹、阳光搬迁等多种措施，完成签约搬迁住户931户，完成年度任务的121%，提前超额完成棚户区改造年度任务。通过“先供先摊”、滚动开发工作模式，推进经营性地块入市交易，张郭庄、张家坟首批经营性地块实现供应，回笼资金约80亿元。调集统筹房源、资金等区域资源，实现场光地净，累计完成清理滞留户540户，清理土地面积约10万平方米，实现14个项目、11个地块的场光地净，确保棚改项目、重点工程顺利落地。

（霍施谡　李军武）

【城市更新工作】年内，加强城市更新顶层设计，建立适用于城市更新的政策措施，结合工作实际制定城市更新行动计划。《丰台区城市更新行动计划（2021–2025年）》（报审稿）草拟完成。全年，丰台区55个项目纳入市级城市更新实施清单，其中南苑大红门地区腾退产业空间改造提升、二七厂1897科创城、长辛店老镇有机更新和宛平城地区更新等7个项目被列入市级城市更新示范项目清单。协调推进完成老旧小区项目3个，传统商圈项目1个。

（张巧梅）

【政策性住房建设】年内，提前超额完成政策性住房建设，实现开工10766套，完成年度任务的224%；实现竣工9964套，完成年度任务的112%，连续第14年超额完成市级政策性住房建设任务。11月葆台村集租房项目2314套租赁房正式投入运营。

（高欣欣）

【建筑节能管理】年内，新开工装配式建筑项目16个，建筑面积133.64万平方米，占新建建筑面积比例为45.9%，超额完成市级任务。发展绿色建筑高星级标识认证，全年3个项目通过绿色建筑高星级运行标识评审，其中丰科建王庄子居住项目获得绿色建筑三星级运行标识认定，获得市级奖励资金545.6万元。加强混凝土搅拌站绿色生产和生产质量管理，全年丰台区11家保留的混凝土搅拌站均完成密闭化升级改造，有效降低粉尘的无组织排放。推动搅拌站绿色智能化发展，建恒站建成全市首个智能化试块检测系统，采用机器人进行试块检测，提升检测效率和检测精度。在生产质量管理方面，通过“北京市预拌混凝土生产管理使用信息平台”核实处理预警5000

▲9月，中央民族大学丰台校区项目图书馆大厅。（区住建委 供图）

▲9月，中央民族大学丰台校区项目图书馆全景。（区住建委 供图）

余条，保障混凝土质量安全。

（段俊杰）

【公共服务配套设施移交】 年内，无偿接收配套设施116处13.2万平方米。完成项目建设方案备案（含变更）12个，开展核查32项次，实时掌握丰台区公共服务设施的建设、交付和使用情况，确保公建配套发挥服务民生作用。

（孙　旭）

【优化营商环境】 年内，压缩整合各项行政审批（公共服务）事项至25项，全部纳入电子档案存储。通过简化办理要件，将施工许可与安全监督备案、质量监督注册同步办理，优化审批流程、缩减审批时限，实现建筑工程施工许可证“网上申请、网上审批、限时办结、自行打证”。全年完成施工许可审批288项，施工许可审批平均时限1.4天，居全市前列。保障丰台火车站周边道路及输变电工程、南水北调中线北京段工程、丰台区档案馆工程、科丰仓储用房改造工程等尽早开工，实现市区重点工程、重大民生和城市更新项目尽快落地。

（吴振荧　刘　斌）

【施工质量监管】 年内，推行工程质量管理标准化，落实工程质量影像追溯管理要求，推进工程质量风险分级管控和隐患排查治理，推动企业落实主体责任。加强市政和老旧小区工程质量监管。落实工程实体样板引路制度，在施项目设置率97%。推进小业主开放日制度，在办理竣工备案的保障性住房工程中达到100%落实。持续深化工程实体抽样检测工作，强化执行7天混凝土检测预警制度，对影响结构安全和主要使用功能的建筑材料严格把控。开展“质量月”活动，发挥示范带动作用。加大检查力度，将日常检查、双随机抽查与各类专项执法检查相结合，累计检查建设工程726项次，检查质量问题1310条，通过采取约谈告诫、限期整改等方式督促有关单位整改落实，确保质量问题闭环管理。

（杨少华）

【施工安全监管】 年内，加强房屋建筑和市政基础设施工程安全管理，强化执法监督。强化落实《进一步加强建筑起重机械安全管理工作的通知》，在全区开展“防风险、除隐患、保平安”消防安全隐患专项整治行动、丰台区建筑领域安全生产百日大检查专项行动，严查安全隐患风险点。通过政府购买服务、委托专家等多种方式对深基坑、高大脚手架、起重机械等重大危险源开展专项执法检查。全年开展安全生产检查1317项次，排查各类安全生产隐患3277条，全部落实整改。

（王名臣）

【施工现场监管】 年内，落实《重点区域2021-2022年秋冬季大气污染综合治理攻坚方案》、市住建委扬尘污染综合管控方案。全年通过视频巡查、现场检查、联合巡查和夜查等多种手段，现场检查在施工地857项次，视频巡查26113项次，向城管部门移送扬尘污染问题线索函4件，向属地单位移交工地问题线索199条，发送督办意见函307份，持续推进扬尘管控精细化管理。在辖区内141个项目安装675个视频监控设备，平台数据与城管执法及各相关行业主管部门共享。年内，丰台区推荐评选7个“绿牌工地”。完成拆除“疏整促”专项行动中42处施工围挡治理任务，完成率100%。

（王　屹）

【创城创卫】 年内，创立“领导包片、干部包点”工作机制，动态更新工地台账，实现包点干部与项目有序衔接。落实“创城”公益广告及宣传氛围营造工作。凝聚力量开展“创卫”行动，区住建委、行管处干部联系属地，开展工地围挡及外围环境整治，工地食堂、厕所卫生管理，病媒生物防制，禁控烟等各项工作。开展高频次、高质量督导检查，建立创卫突击队，支援西罗园街道四路通社区对北京邮政汽车保养厂大院进行场地清理。全年出动4000余人次，检查工地2000余项次，落实“双进入、双加强”工作要求，补短板、堵漏洞、强弱项，顺利完成病媒生物防制市级验收各项任务。

（杨　波）

【应急管理】 年内，针对防汛、防疫、空气重污染预警、各节假日及“两会”安保期间应急检查工作，进行详细部署，开展应急检查8264项次，出动人员16541次，检查点位17240个，发布各类预警192条，发布各类通知、预报等2000余条，为区域工程建设领域提供坚实应急保障。

（关　磊）

【政务服务】 年内，办理资质审批类业务606项，受理建造师注册业务1204项，受理三类人员续期2512人。办结消防验收140项，消防备案40项；办结联合验收140项，办结联合验收备案3项；解决历史遗留工程4项；出动消防验收人员1350人次，验收面积300余万平方米。较上年验收及备案办结数量同比增长90%，累计出动消防验收人员人次同比增长174%，验收工程平米数较上年同比增长50%。

（张　晨　杨宝文）

房屋管理

【概况】 2021年，区房屋管理局审核保障性家庭资格申请2831户。开展“快速配租”工作2次，共有房源2006套，涉及登记家庭5626户次，累计配租家庭1774户。开展金璟阳光苑共有产权住房项目1156套剩余房源二次申购工作，涉及登记家庭约7513户，约798户家庭认购签约。租金补贴发放56653户次，发放金额约1.03亿元。加强保障性住房后期管理力度，全年开展专项、双随机、日常检查53次，市场租房补贴入户检查22次。全年，丰台区公租房备案家庭18311户，已保障10182户，其中实物配租9050户，市场租房补贴1127户，整体保障率55.61%，完成年度市住

▲9月15日，区房管局组织开展金璟阳光共有产权住房摇号活动。（区房管局供图）

▲11月，丰台区住房保障事务中心组织开展燕保·郭公庄家园（南区）等16个公租房项目剩余房源面向丰台区保障性住房申请家庭配租工作。（区房管局供图）

建保障率提升任务，七有五性指标考核全市排名第五，城六区第一。

（肖　雯）

【老旧小区综合整治】 年内，坚持“治、建、管”结合统筹推进老旧小区改造，将112个小区新纳入老旧小区改造工程。全年完成57栋楼的改造，面积92万平方米，惠及居民10322户。其中芳城园一区老旧小区综合整治项目位于丰台区方庄地区，是2018年北京市100个扩大试点之一，也是丰台区纳入的5个老旧小区项目之一。小区建设年代为20世纪90年代，改造建筑规模约39.2万平方米，涉及9栋楼3964户，于2019年2月开始进场施工，因疫情问题导致施工进度推后，2021年7月正式竣工。摸底完善全区危旧楼房台账，选取右安门街道开阳里三区19号楼和西罗园街道马家堡68号院2号楼，作为危楼改建试点。既有住宅加装电梯工程年内实现新开工33部，竣工15部。

（肖　雯）

【落实《北京市物业管理条例》】 年内，推进物业“三率”，全区业委会（物管会）组建率增至92.4%，物业服务覆盖率增至94.6%，党组织覆盖率增至96.7%，提前完成三年行动计划任务目标。创新开展“两率一量”（业委会（物管会）履职率、物业经理每月到社区报到率、业委会（物管会）化解小区纠纷数量），推动物业管理多元主体融入社区协商议事和共建共治。开展物业管理培训40余场，实现全区26个街镇全覆盖。聚焦

▲7月，芳城园一区鸟瞰图。（区房管局供图）

▲7月，芳城园一区口袋公园。（区房管局供图）

▲5月，洋桥71号院改造前。（区房管局供图）

▲6月，洋桥71号院改造后。（区房管局供图）

物业管理共性难点问题高位调度，研究议定推进物业“三率”、治理突出问题、规范物业交接等工作举措30余项。组建区物业服务行业党委，党建引领物业管理的组织体系进一步健全。

（肖　雯）

【推进失管小区治理】 年内，落实《失管小区引入物业管理工作实施方案》，以“先尝后买”“政府奖补”方式逐步提升物业管理水平，推进失管小区由“无物业”“准物业”向专业化物业管理转型，全区21个失管小区引入市场化物业服务，落实奖补295.16万元。通过落实失管小区引入物业企业政府补贴、奖励和考核等举措，小区实现从失管到长效管理的转变，居民逐步建立享受服务缴纳费用意识，小区步入专业化物业管理良性循环，实现共治共管。

（肖　雯）

【群租房整治】 年内，整治群租房1033处，超额完成任务。率先试点创建无群租房小区，“以创促治”将群租房工作从单向治理到正向带动转变。持续开展全区“集中整治月”行动，全年检查166家中介门店，278个小区，1040处出租房屋。

（肖　雯）

【普通地下室综合治理】 年内，检查地下室605处，整改33处隐患，推动散租住人“动态清零”。推进再利用工作，推动6处改为便民菜站、超市、健身房等，进一步方便居民生活。

（肖　雯）

【解决房屋漏雨问题】 年内，聚焦市民投诉集中的房屋漏雨等问题，区房管局牵头制定《丰台区房屋漏雨和管道堵塞应急维修方案》，完成维修施工910件，推动其中302件实现产权单位、物业自修，百姓满意率提升。

（肖　雯）

【解决不动产“登记难”问题】 年内，妥善解决因房产测绘备案未完成导致的未办证问题，完成测绘备案项目12个，涉及居民8788户。做好房改售房备案工作，全年为221个单位完成房改售房备案，涉及房屋4074套，面积31.75万平方米，方便居民办理房产证。出台已分割销售酒店上市交易方案，发布《丰台区关于已分割销售的酒店项目买受人审核有关问题的通知》，推动已分割销售酒店项目正常上市交易，惠及丰台区三个酒店项目约2900名群众。

（肖　雯）

【安全生产】 年内，强化房地产中介、物业企业安全生产责任意识，督促企业健全制度，规范作业行为。以有限空间作业“六查”（一查有限空间作业安全管理制度制定执行情况；二查警示标志和安全告知牌设置情况；三查劳动防护用品及应急救援装备配备情况；四查有限空间安全管理协议签订情况；五查应急救援预案制定和演练情况；六查有限空间作业现场安全管理情况）为重点内容，开展“双防一推进”（防止违规作业，防止盲目施救，推进企业落实主体责任）专项行动，检查物业228家，约谈问题项目87家，防范有限空间事故发生。开展联合执法进小区，覆盖7个街道、11个小区，深入治理住宅小区安全生产隐患，向物业制发责令改正46份，约谈项目24个。

（肖　雯）

【规范房地产市场秩序】 年内，持续强化执法检查，暂停网签30次，约谈企业42起，形成打击违规的高压态势。做好新建商品房交易市场监管，着力稳市场、稳房价、稳预期，丰台区销售指数呈上涨趋势符合市场规律，涨幅整体可控。全年丰台区商品房销售面积增速35%。做好协税护税工作，引导首开亿信公司回丰台纳税。重点解决高风险项目交付难题，做好“三保两优先”（保民生、保交楼、保稳定，资金优先偿付农民工工资、项目工程款）。与银行建立动态联系监管机制，化解烂尾风险，成功推动泰禾金府、西府大院项目住宅竣工交付。

（肖　雯）

【接诉即办】 年内，落实“日通报、周小结、月分析”调度机制，强化局领导班子对接诉即办工作的整体统筹，主要领导以上率下全员接件，落实“每个诉求至少拨打三通电话”服务要求等多项举措，力争合理诉求解决到位，不合理诉求解释到位，有困难群众帮助到位。全年受理12345群众诉求3407件，响应吹哨报到291次。

（肖　雯）

【提高依法行政能力】 年内，抓好主动治理、未诉先办，将群众重点诉求与核心工作有机结合，强化日常监管，发现问题及时处理，着力化解社会矛盾，全年未爆发群体性事件。全年受理信访诉求216件，同比下降75.2%。办理市区人大建议5件，区政协提案11件。协助完成区住房和城乡建设综合执法大队组建工作，完成11名执法人员过渡和行政处罚职权、执法案卷移交。全年行政执法检查1036件，行政处罚100件，罚款15.1万元。

（肖　雯）

【优化营商环境】 年内，区房管局房产交易管理中心服务窗口做好“五心”（用热心与群众沟通、解决问题，用耐心聆听群众诉求，用细心发现群众问题中的关键点，用诚心寻找解决问题的办法，用暖心安抚群众情绪）服务，通过“一窗办理”“一对一精准服务”等方式方便企业、群众办事，全年延时服务895小时。完成存量房网签、租赁备案注销、购房资格审核等各类业务8533件。监管存量房交易资金1.5亿元。局领导带队开展6次“局科长走流程”工作，疏通5处堵点，进一步优化业务办理渠道。全年收到表扬信27封，锦旗13面。

（肖　雯）

房屋经营管理

【概况】 2021年，房管中心完成产值20.55亿元，净利润5115.61万元。其中直管公房收缴租金2490.63万元。全年投入2000余万元完成部分房屋上下水、消除楼房外墙安全隐患，完成电梯定期安全检测和二次生活饮用水系统水质检测工作，电梯运行率100%，二次饮用水合格率100%。

（肖　茜）

【房产管理】 年内，审核房改售房件832件，办理变更承租人审批手续174件。开展3个公租房项目的续签工作，与105个科技园区的企业签订北京市公共租赁住房租赁合同。办理租金减免151户，年减免金额11.17万元。全年普查房屋196.73万平方米，其中楼房405幢，188万平方米；平房5102间，8.47万平方米，受委托管理城镇私有危房396处，1341.5间、2.01万平方米。

（肖　茜）

【南苑棚户区】 年内，推进住宅签约123户。其中A地块完成签约9户，B地块完成签约14户，C地块完成签约99户，E地块集体土地签约宅基地1宗。全年南苑项目涉及住宅8621户，已签约7525户，完成87%。南苑项目拆除住宅房屋319户，整改清理易燃物80余处，封堵有牵连已破拆房屋150余处。

（肖　茜）

【长辛店棚户区】 年内，长辛店棚户区项目累计完成投资98.84亿元，完成《北京丰台区长辛店老镇FT00–4011街区控制性详细规划（街区层面）》编制，通过市规自委组织的技术审查会和专家审查会。完成老镇架空电线、电缆入地改造初步方案的编制工作，长辛店大街地下青石板路勘测工作，长辛店老镇规划交通影响评价、水影响评价、环境影响评价报告编制等工作。

（肖　茜）

【防汛抢险】 年内，成立8支共计168人的应急抢险队，配备抢险车7辆，36台水泵等抢险物资，确保汛期抢险队能够“拉得出，用得上”。全年汛期中心出动防汛人员5966人次，查平房10386间次，楼房1192栋次。查出平房漏雨156处，楼房漏雨230处，排除积水、下水堵塞等问题40余件，所发现问题均及时妥善处置。

（肖　茜）

▲6月，防汛抢险队员冒雨打开雨水井进行排水工作。（区房管中心供图）

【供暖服务】 年内，投资8400余万元开展28项供热专项改造工程，包括卢西嘉园、角门南里和五里店等五处锅炉房供热节能改造工程；韩庄子小区、银地家园和南华小区等十余个小区供热管网消隐改造工程；东铁营、正商明苑、夏家胡同等四处BOT项目的建设投运工作。全年拓展供热市场面积10.47万平方米，供热面积总计1500余万平方米，服务群众15万户。59座锅炉房供热运行安全平稳。为了进一步提高供暖服务质量，指导供暖运行调节，搭建供暖单位与住户沟通的桥梁，建立户内室温测温志愿者系统。年内继续推进967户测温志愿者，全年共传温度24573次。

（肖　茜）

【工程建设】 年内，签订合同106份，建筑面积15.99万平方米。完成三供一业维修改造项目、莲花池西里节能改造工程、丰台区2015年宛平地区平改坡等110项工程的竣工结算工作。全年新开工工程53项，建筑面积约15.99万平方米，包括丰台区“十四五”老旧小区综合整治项目、丰台区老年综合服务中心建设项目等。复工14项，建筑面积约55.12万平方米；竣工项目52项，建筑面积约47.48万平方米。在六里桥项目部开展BIM实施应用工作。

（肖　茜）

【房屋测绘】 年内，完成指标267万元，总测绘面积64万平方米。主要完成六里桥客运站、岱王庙、石榴园金石广场、

▲1月，丰台供暖所抢修队员工抢修焊接漏水供暖管道。（区房管中心供图）

▲1月，丰房公司承接丰台政务服务中心新址装修改造项目玻璃幕墙施工。（区房管中心供图）

丰台南顶村58号楼、丰台法院及附属各法庭等测绘项目。

（肖　茜）

【监理和检测】 年内，完成各项委托检测41050组，与上年同期相比上升3%；完成专项维修鉴定报告136份、房屋安全鉴定报告48份、公益廉租房鉴定报告17份，共计201份，与上年同期相比上升48%。监理工程质量合格率为100%，未发生安全生产责任事故，在施监理项目20个，榆树庄回迁安置房及配套项目（施工1、3标）获得北京市结构长城杯银奖。承接丰台区建筑材料及构配件抽查检测政府监督抽检项目、石景山首钢项目总承包工程等近百个安全检测项目。房屋鉴定资质由“中小型”升级到“不限”，扩大了业务范围。

（肖　茜）

▲10月，科远智恒公司现场试验员对北京首钢二通厂1615-767地块项目进行钢筋保护层检测。（区房管中心供图）

【人防工程管理】 年内，收缴人防工程使用费1331.33万元，追缴人防工程使用费旧欠869.86万元。全年检查人防工程2262处，出动865人次。全年接管丰台区经营类人防工程986处，建筑面积256.8万平方米。其中人员掩蔽工程666处，建筑面积62.8万平方米；汽车库320处，建筑面积194万平方米。

（肖　茜）

【转企改制】 年内，房管中心正式启动转企改制工作，党委牵头组建改革工作专班，开始物业管理内部整合，抓住机遇做大做强京丰物业公司。起草《转企改制工作方案》，完成清产核资工作，制定《职工安置方案》《政策性保障方案》，各项筹备工作稳步推进。

（肖　茜）

【接诉即办】 年内，组织学习《北京市接诉即办工作条例》，定期召开点评会，巩固深化党建引领基层治理改革，提升为民服务水平。全年接到12345区转派单4116件，其中涉及“七有五性”派单2696件。在丰台区接诉即办考核中，综合成绩平均82.85分，居于中上位。

（肖　茜）

【物业管理】 年内，新承接住宅物业管理4.8万平方米，全年物业公司管理住宅物业项目24个，服务总面积210.8万平方米，服务居民2万余户；管理非住宅物业项目33个，面积约674万平方米。完成下属物业公司管理整合，落实物业管理条例，抓住机遇，抢占市场。承接老旧失管小区进行物业管理，加强与小区业委会沟通协调，梳理居民诉求，为居民解决房屋维修和环境提升等问题。

（肖　茜）

【安全生产】 年内，组织各种形式的消防培训、演练34场，为重大节日营造安全稳定的社会环境，全年安全生产无重大事故发生。制定“两会”“七一”“十一”等重大节日期间的安全生产工作方案，开展安全生产大检查，贯彻落实市区关于安全工作的决策部署，针对电动自行车的违规停放、充电，物业小区、直管公房、廉租房等公共部位堆物堆料等违规行为进行专项整治，加强对供热隧道井、下水井、化粪池、沟道等有限空间作业的安全管理，开展对施工现场等建筑领域的安全大检查百日行动。

（肖　茜）

【疫情防控】 年内，严格落实疫情防控要求，配合属地街道做好防疫工作，确保管辖小区居民的生活平稳有序，完成集中隔离点服务保障和西罗园一区疫情防控工作。组织动员干部职工接种新冠疫苗，职工及外聘员工第二针接种率100%；接种第三针2400人，接种率96%。

（肖　茜）

【创卫工作】 年内，引入病媒防制第三方专业机构进行专业培训、技术指导和现场督察，迅速准确发现问题隐患，及时进行整改落实。全年出动3400余人次实施创卫相关工作。在市级病媒生物防治市级专家验收工作中，长辛店拆迁指挥部、供暖所作为鼠、蟑必查点位，阳光星苑小区、曙晨监理小瓦窑项目部作为蚊、蝇必查点位，顺利通过市级专家验收。

（肖　茜）

房屋征收与补偿

【概况】 2021年，继续加大力度推进棚户区改造和轨道交通建设任务。除因受丰台火车站建设影响，桥南棚改项目暂缓；因受产权单位确权影响，张仪村路东侧棚改项目停滞外，中心承担的其他4个棚（危）改项目均有序推进。分钟寺桥西北侧地区回迁安置房项目完成抢占户清退及房屋拆除，实现1户滞留户签约，剩余2户作出补偿决定，并配合相关部门推进强制执行工作。蒲黄榆一里、四里危改项目预签约期内签约率99.02%。9月，启动补充协议签订工作，907户居民签订补充协议。围绕市轨道建设任务，加快推进地铁16号线榆树庄停车场，19号线、8号线占地、搬迁及北京丰台站改扩建工程征

▲9月，居民在现场查看丰台法院关于小屯西路棚改项目强制执行通告。（区房屋征收中心 供图）

▲12月，居民签订小屯西路棚改项目补充协议。（区房屋征收中心 供图）

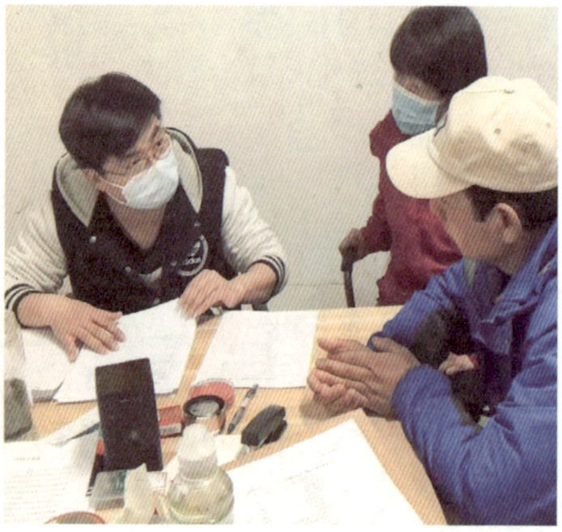

▲12月16日，东铁营棚改项目13、15、16地块国有居民平房正式启动意向签约工作。（区房屋征收中心 供图）

收工作。地铁19号线、14号线实现年底通车。

（张　怡）

【小屯西路棚户区改造项目】年内，完成7户被征收人的签约工作，配合完成项目审计审核工作；完成三标107号院非住宅抢占的腾退、拆除及交地工作，场地全部移交建设单位。

（张　怡）

【东铁营棚户区改造项目】年内，与企业签订横七条15号搬迁补偿协议，完成3500多平方米房屋拆除及渣土清运工作。推进重点上市地块涉及2家企业多轮协商谈判，形成初步签约方案。完成13、15、16号地块居民平房意向预签约276户，预签约率82.8%。制定成套楼房及简易楼政策，同首开集团沟通协调推进公房确权工作。

（张　怡）

【地铁16号线榆树庄停车场项目】年内，该项目国有土地上非住宅实现搬迁房屋面积约8.9万平方米，腾退土地面积约9.6万平方米。完成纺器所属宿舍25户搬迁。完成中铁电气化局所属工具公司地块涉及建筑拆除工作。持续推进榆树庄集体土地进场工作，实现榆树庄停车场全面进场施工。

（张　怡）

【推进地铁19号线建设】年内，协助制定右安门外站西北侧居民临时周转政策，解决居民阻工困局，地铁19号线实现年底通车。地铁19号线是一条南北向大站快线，定位全市首条市域快线，与14号线中段同期开通后，大大缩减丽泽商务区和金融街通行时间。

（张　怡）

【推进地铁8号线建设】年内，完成苗圃西里1、2号楼全部拆除、交地工作。预计地铁8号线大红门站换乘通道将于2022年底前建成并投入使用，真正实现与地铁10号线换乘，将为丰台区南中轴高端商务区发展建设提供交通支撑，并可改善南中轴路一带居民出行条件，推进南城发展。

（张　怡）

【北京丰台站改扩建工程】年内，中心受委托启动征收，开展程序性工作，通过以征促拆实现签约24户，强制执行1户；建国街一里5号楼影响工程建设部分实现全部拆除，6号楼实现清零，为丰台站投入使用奠定基础。该工程是落

▲12月31日，榆树庄停车场搬迁后施工现场。（区房屋征收中心 供图）

▲3月1日，地铁19号线新宫车辆段施工现场。（区房屋征收中心 供图）

▲7月21日，大红门苗圃西里1号楼实施拆除。（区房屋征收中心 供图）

▲9月14日，丰台火车站改扩建工程房屋征收工作拆除现场。（区房屋征收中心 供图）

实中长期路网规划，促进北京市南部地区发展，实现"轨道上的京津冀"的重要环节，是市、区政府高度关注的基础设施重点工程。

（张　怡）

园林绿化

【概况】2021年，全区森林面积8520.86公顷，湿地面积1099.52公顷，森林覆盖率27.89%，湿地保护率11%；绿地面积7744.4公顷，公园绿地面积2436.08公顷，城市绿化覆盖率47.43%。年内，通过城市代征地绿化、小微绿地、留白增绿建设等项目完成公园39处。依托新一轮百万亩造林年度任务，栽植各类苗木5.266万株。

（窦　洁）

【公园风景区】 年内，丰台区行业注册公园25家，占地面积1429.0855公顷，其中7个为收费公园及风景区，其余18个为免费公园（其中5个是郊野公园）。共有精品公园11个，市级重点公园3个，AAAA级旅游景区5个。

（窦　洁）

【绿色产业】年内，丰台区有2个乡镇、5个村和公园绿化队及本区、驻区花卉企业17个参展第十届中国花卉博览会，送展花卉展品247项15类，获得192个奖项，获奖总数和金奖（特等奖）创历届花博会获奖之最，丰台区园林绿化局获盆栽花卉专题展团体奖。全年丰台区花卉种植面积0.456万平方米，主要种植盆栽花卉及花坛植物等，生产盆栽花卉3万盆，总产值240万元。

（窦　洁）

【资源安全】 年内，未发生森林火灾，林业有害生物成灾率、测报准确率、无公害防治率、敏感地区美国白蛾等食叶害虫平均寄主叶片保存率均达标。城镇地区园林绿化植物未出现被林业有害生物吃光、吃花现象，未出现因林业有害生物危害导致的大量黄叶、落叶或严重扰民现象。

（窦　洁）

【全民义务植树活动】 年内，完成全国人大、北京市纪监委、北京市审计局等单位及社会各界人士义务植树活动服务保障工作。组织各类义务植树主题活动57次，其中国家级领导参加植树活动1次、市级部门领导参加2次。接待2023人次参加植树活动，新植树木2218株，养护树木1.2万株。在太平桥街道丽湾社区建成1处社区级"互联网＋全民义务植树"基地，在花卉大观园建成1处街乡级"互联网＋全民义务植树"基地。

（窦　洁）

【新一轮百万亩造林工程】 年内，新一轮百万亩造林年度任务为4443.82亩，其中新增造林面积3013.02亩，改造提升1430.8亩。依托新一轮百万亩造林年度任务，平原造林建设1405.88亩；公园绿地建设482.39亩，小微绿地建设

▲4月13日，丰台区四套班子成员在纪家庙花园参加义务植树活动。（张磊 摄）

▲南苑森林湿地公园先行启动区B地块夏季景观。（宋浩洁 摄）

▲丽泽商务区城市运动休闲公园（一期）春季景观。（周宗宝 摄）

263.55亩；留白增绿完成584.81亩，战略留白完成271.99亩。

（窦　洁）

【南苑森林湿地公园建设】 年内，南苑森林湿地公园先行启动区A地块土方及水系工程完成总体工程量70%；B地块园林工程（槐园一期）全部完工通过竣工验收，并于“十一”期间试行对外开放；森林湿地片区896亩，已完成方案批复、立项、招投标等工作，10月进场施工；城市森林片区802亩任务，已取得立项批复，开始招投标工作；南苑森林湿地公园先行启动区森林湿地片区、城市森林片区智能管理系统项目取得区科学技术和信息化局技术立项批复。

（窦　洁）

【创建国家森林城市】 年内，创建国家森林城市工作稳步推进。全区涉及36项指标、206项任务，已完成163项，正在施工或推进的任务43项，申请专项资金提升“城区公园绿地500米服务半径”和“人均公园绿地面积”等重点指标。依托“中国水日”“世界水周”“特色花果节”“创森纪念树”“绽放社区之美”等创森主题宣传活动，宣传普及创森理念，全区发布创森信息、新闻稿数（含采访等）3526条、悬挂条幅764条、张贴海报30160张、组织开展宣传活动224次，发放宣传折页10000份。

（窦　洁）

【丽泽商务区绿化建设】 年内，建成丽泽商务区城市运动休闲公园（一期）191亩及核心区（南区）绿地（一期）44亩，于11月底对外开放。启动并推进城市运动休闲公园（二期）、滨水文化公园（二期）（三期）前期手续办理工作。

（窦　洁）

【绿化美化先进集体创建】 年内，创建4个花园式社区、5个花园式单位、2个首都森林村庄。花园式社区分别是新村街道三环新城第三社区、新村街道三环新城第二社区、太平桥街道万润社区、青塔街道长安新城第一社区。花园式单位具体为北京市凉水河管理处大红门闸站办公区、北京市凉水河管理处洋桥橡胶坝站办公区、国家审计署、北京新城康景物业管理有限公司、青塔街道蔚园22号院。首都森林村庄是南苑街道槐房村、卢沟桥街道大瓦窑村。

（窦　洁）

【林荫路建设】 年内，建设林荫路2条，分别为金中都南路、首经贸中街，共1.3公里，绿化面积0.47公顷。

（窦　洁）

【全龄友好型公园建设】 年内，建设全龄友好型公园2处。绿源公园项目改造面积10.5公顷，于年底完工对外开放；莲花池公园项目建设内容主要为西门景区改造提升、北侧山区绿化景观提升及全园智能化建设，正在建设过程中，预计于2022年5月1日对外开放。

（窦　洁）

【规划编制】 年内，持续推进《丰台区“十四五”时期园林绿化发展规划》修改完善工作，对接上位规划和两轮征求意见的结果进行修改完善。全面启动

▲游客体验全龄友好型公园（莲花池公园）建设项目的智慧园林AR互动设备。（尹宗汉 摄）

《丰台区园林绿化专项规划》编制工作，对丰台区现状情况进行实地踏勘及调研，对接全市园林绿化系统编制技术标准，提出初步研究思路，进行规划文本编制工作。牵头编制《南中轴绿廊公共空间规划实施方案》，形成初步思路。启动新一轮林保规划编制工作，持续推进方案编制工作。编制古树名木保护规划（2021–2035年），为丰台区未来古树名木的保护和优质发展奠定基础。

（窦 洁）

【园林绿化资源管护】 年内，做好945公顷城市公共绿地及区管14条河道102公里257公顷河道绿地的养护管理。全年城市公共绿地补植乔木508株，灌木7062株，地被5.5万平方米，绿篱色块16万平方米，月季7万株，攀援植物750平方米，草坪12.3万平方米，苫盖、覆盖3617平方米。分栽宿根2.88万平方米、分栽草坪5040平方米。乔木花灌木移植310株。河道绿地补植乔木298株，灌木1261株，地被9500平方米。做好绿地升级，升为特级绿地2块、升为一级绿地21块、升为二级绿地5块。监督指导丰台区山区生态林、郊野公园、平原生态林、平原造林、园博绿道、美丽乡村共5800公顷的养护工作，涉及1998个地块、80多家养护单位、3千余名生态林管护员落实各季度养护措施。指导街镇、有林单位完成养护制度建设、资源核定、资金监管、检查督改、绿岗就业和高质量发展等重点工作，完成1006亩山区森林健康经营林木抚育项目和500亩国家级公益林管护项目。完成8个街道的13株古树复壮修复工作，组织相关专家对万年花城、射击场路南侧路2株古枣树进行枣疯病防治工作。

（窦 洁）

【森林督查和森林资源一张图修编】 年内，完成森林督查和“一张图”修编工作。完成国家局下发的2021年森林督查图斑核实，登入国家局森林督查平台，督促街镇进行整改。完成“森林资源一张图”数据更新，数据更新到2020年底。完成两期遥感影像购置和自查图斑判读工作。

（窦 洁）

【代征绿地收缴】 年内，完成晓月苑住宅小区二期，全鑫园住宅小区，星河城住宅小区，南苑乡石榴庄村0517–659等地块住宅混合公建、基础教育及医疗卫生用地，张郭庄110千伏输变电工程，丽泽商务区E–08、E–09地块商业金融项目，金泰丽湾小区，南苑乡槐房村NY–019地块绿隔产业用房项目（万达用地），北京丽泽金融商务区E区13、14地块，商业金融用地（楠溪大厦），洋桥经济适用住房，马家堡东路7号，小瓦窑旧村改造项目，丰台园东区三期土地一级开发项目，和义14#仓库，多层车库，青龙湖文化会都核心区C地块，小瓦窑村E地块，夏家胡同旧村改造绿隔产业用地项目，青龙湖文化会都核心区B地块代征地收缴，总面积827642.417平方米。

（窦 洁）

【环境保障】 年内，完成纪念全民族抗战爆发84周年、建党100周年等重大活动、节日环境保障任务。纪念全面抗战活动景观布置主要在宛平城及其周边和联络线布置栅栏花槽、地栽花卉5处，栽摆花卉约54万株。建党100周年花卉景观布置主要在“六园、一线、多点多周边”布置总占地8800余平方米，包括立体花卉8组，栽摆花卉约139.45万株。

（窦 洁）

【行政审批】 年内，完成行政许可审批件832件，伐移林木、树木80820株（林木77829株、树木2991株）；占用林地、绿地30.6276公顷（306276平方米），其中清理危死树530件，采伐林木、树木3332株。完成“多规合一”行政审批类项目会商意见审核54件。签发《林木种子生产经营许可证》8份，“双随机”抽查8次；产地检疫苗木13.35万株、411.52亩，签发《产地检疫合格证》8份。完成建设项目绿化用地审查26件，完成5个项目8.24公顷绿地率复核。

（窦 洁）

【行政执法】 年内，立案行政案件11件，其中野生动物类案件10件，种苗林保类案件1件。办结案件11件，处罚金19.6万元；向区规自分局发函查询土地性质6件（涉及图斑14块）；发现图斑疑似违法行为移交街道属地综合执法队线索函34件，其中回函30件，未回函4件持续跟进中。完成对行政审批批后现场核查1103次，开展林地巡查183次，下达整改通知53件，已完成整改37件，督促整改16件。处理12345市民热线举报、电话举报等45件，其中涉及野生动物类12件、野生植物类3件、涉林涉绿类30件。经现场核实情况，已办结28件，退回属地17件。

（窦 洁）

【公园管理与服务】 年内，做好公园服务面的疫情防控工作。各公园持续

▲6月10日，万丰郊野公园养护检查。 （谢乾瑾 摄）

▲1月28日，区园林绿化局到航天三院云岗森林公园调研森林防火。（李斌 摄）

▲3月24日，区园林绿化局在北宫国家森林公园开展森林防火宣传周活动。（李斌 摄）

做好大客流管控，重点时段、重点公园实施网上预约、无接触售票，完成“五一”“十一”文明游园活动保障。“五一”期间，局属公园、行业注册公园及郊野公园接待游客402884人；“十一”期间，局属公园、行业注册公园及郊野公园接待游客458431人。提升区公园绿地无障碍环境建设水平，完成6处公园景区及10处绿地广场共63处无障碍设施的设置及改造。局属6家公园和世界公园完成安装智能人脸识别测温健康宝终端14处，解决老年人刷老年卡、身份证及医保卡进园面临的“数字鸿沟”问题。倡导文明游园理念，联合属地、公安、交通、文旅等多个部门加强游园陋习监管，在节假日等高峰时段聘请文明引导员100余名参与公园景区不文明游园行为管控和游园秩序维护工作。

（窦　洁）

【森林防火】 年内，丰台区森林防火形势总体平稳，实现了森林火灾为零的目标。全年发生1起森林火情，得到及时有效控制。召开森林防火工作部署会4次，现场调度会6次，联合集中巡查巡护11次，排查各类隐患3大类共8项，组织全区集中清理林下可燃物127吨，签订防火责任书6份，开展森林防火集中宣传3次，发放各类宣传品1万余份，受众近万余人。制作森林防火警示牌125块，利用微信、微博和公众号发送森林防火宣传信息12条。森林公安转隶后，局内成立森林防火科（安全生产科），健全制度机制、明晰责任体系，严格落实属地、部门、单位、个人“四方责任”；注重规范管理，加强一线队伍建设管理，根据行政区划边界调整，完成森林防火区域划分；开展森林防火宣传，紧盯源头治理和林下可燃物清理，从源头上阻断火险发生。

（窦　洁）

【林长制】 年内，启动林长制建立工作，印发丰台区林长制实施方案及7项配套制度，组织各街镇完成实施方案和配套制度的制定印发，三级林长体系基本建立。颁发2道林长令，各级林长巡林6477次。完成全区林长制四级网格划分，全区26个街镇共划分一级网格1个，二级网格26个，三级网格436个，四级网格624个。完成“一长两员”信息采集工作，采集1494名人员信息，其中社区（村）级林长426人，林管员443人，护林员625人。实现全区资源“建、管、用、防、护”五位一体。林长制工作年度考核在全市排第五名。

（窦　洁）

【林木有害生物防控】 年内，完成松材线虫病疫情春、秋季2次普查1.57万亩次，监测到美国白蛾成虫8437头、桔小实蝇1796头，发现美国白蛾幼虫受害树3656株。完成松材线虫病疫情普查1.57万亩次，发现枯死树410株，采样送检101个样本。采用悬挂诱芯、灯光诱集、剪枝和围环等措施防控面积9.28万亩次；释放天敌昆虫421万头、生物防治0.43万亩，地面喷药防治9.2万亩次，飞机喷药45架次、防治作业6.75万亩次。重点关注老旧小区、无主林木等无防控主体的区域，现场检查、督查林木绿地有害生物发生情况154次，组织专家现场指导5次，多渠道防控技术指导217次。筹建监测检疫室1个，更新监测设备53台。

（窦　洁）

【果品安全】 年内，完成《北京市2021年区政府食品药品安全工作考核评价指标》规定要求，即无公害果品产地、产品认证面积同比增加6%，果品安全抽检合格率达到98%以上两个指标。完善果品质量安全监管实验室，对全区果园13类水果进行安全抽样检测230多个批次，市级抽检20余次，果品安全抽检合格率100%。

（窦　洁）

【野生动植物资源保护】 年内，联合公安、城管等相关部门对野生动物人工繁育、展演展示和经营利用单位进行定期联合检查，加大野生动植物贩卖、食用、经营利用等检查力度。进行联合检查26次，出动车辆52车次，执法工作人员592人次，救助野生动物57只。开展野生动物保护宣传活动，发放宣传资料500册，制作悬挂警示标语26条。开展野生动植物普查工作，全面调查丰台区野生动植物和社会野生动物资源本底，建立本底资源数据库，掌握重要物种动

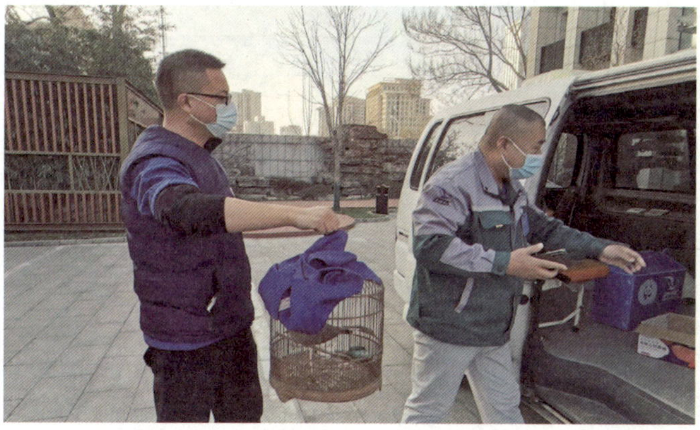

▲11月25日，区园林绿化局进行野生动物救护移交。（苏林 摄）

▲12月11日，区园林绿化局与相关部门在成寿寺鸟市开展联合检查行动。（陈磊 摄）

态变化规律，分析其生境与受威胁的主要因素。开展救助野生动物工作，出动70余次，成功救助名录保护动物50余只。全区市级监测站1个，区级监测站3个，向市局、区政府报送监测报告200余份。加大对丰台区5家陆生野生动物人工繁育单位疫情防控监测力度，不定时抽查野生动物检疫、免疫、防疫、环境消毒、死亡记录、病死动物无害化处理的记录台账，报送每日人工繁育场所及人员情况报告300余次。

（窦 洁）

丰台区25家注册公园名录

表9

序号	公园分类	公园名称
1	局属公园	莲花池公园
2		万芳亭公园
3		丰台花园
4		南苑公园
5		长辛店二七公园
6		北宫国家森林公园
7	乡镇村办公园	北京千灵山公园有限公司
8		青龙湖公园
9		南宫世界地热博览园
10		石榴庄公园
11	企业管理	北京世界公园
12		北京世界花卉大观园
13	航天系统直管	云岗森林公园
14		桃园公园
15	政府直管	北京园博园
16	区委宣传部直管	中国人民抗日战争纪念雕塑园
17	看丹街道管理	丰台科技园区生态主题公园
18	绿地公园	丰益公园
19		嘉河公园
20		怡馨公园

续表 9

序号	公园分类	公园名称
21	郊野公园	御康郊野公园
22		海子郊野公园
23		高鑫郊野公园
24		天元郊野公园
25		万丰郊野公园

2021 年丰台区郊野公园一览表

表 10

序号	名称	街镇	所在村	建成时间
1	高鑫郊野公园	花乡街道	高立庄村	2009
2	海子郊野公园	花乡街道	新发地村	2009
3	御康郊野公园	看丹街道	六圈村	2009
4	看丹郊野公园	看丹街道	看丹村	2010
5	榆树庄郊野公园	看丹街道	榆树庄村	2012
6	万丰郊野公园	六里桥街道 青塔街道	靛厂、六里桥、岳各庄、小井	2008
7	天元郊野公园	卢沟桥街道	大井、小屯	2009
8	经仪郊野公园	卢沟桥街道	张仪、大瓦窑	2010
9	大瓦窑郊野公园	卢沟桥街道	大瓦窑村	2020
10	槐新郊野公园	南苑街道	槐房、新宫	2010
11	桃苑郊野公园	南苑街道 和义街道	大红门、槐房	2010
12	绿堤郊野公园	宛平街道	宛平地区河滩地	2009
13	晓月郊野公园	宛平街道	卢沟桥村	2010
14	北天堂郊野公园	宛平街道	北天堂村	2020

城建开发

【概况】 2021年，丰台区城市建设综合开发集团有限公司完成投资总额5312万元。实现开复工面积9.76万平方米。年度结算收入17041万元。服务管理经营总收入17041万元，其中城建物业收入7358万元，丰开孵化器收入3292万元，丰鑫源收入1115万元，拆迁公司服务收入261万元。实现上缴税金2083万元。实现利润602万元。

（吴春民　周天戈）

【长辛店老镇西区经济适用住房（长馨园）项目】 年内，初步完成C6、C21、C22地块开工前各项手续续更；协调推进完成项目地块内现状二七厂路封路事宜，并完成项目范围内地上、地下市政设施迁改工作。服务于国家冰雪运动训练基地周边出行的九子河东路及其与长兴路交叉路段正式通车。

（吴春民　周天戈）

【宛平城内街解危项目】 年内，作为项目实施主体，配合宛平街道办事处开展地区安全维稳工作；持续做好住户咨询接待工作、解危二期基础数据摸排、工作流程梳理、项目资金测算等相关工作，为解危二期项目启动提供保障。

（吴春民　周天戈）

【五里店京周路沿线A区、B区棚户区改造项目】 年内，作为项目实施主体，启动A片区宅基地搬迁签约工作。A片区共182宗宅基地，达成签约166宗，占比91.21%，发放搬迁补偿款12.03亿元，拆除房屋建筑面积约46000平方米。

（吴春民　周天戈）

【丰台区政务服务中心装修改造项目】 年内，承担项目装修升级改造项目管理工作，总建筑面积70551平方米，已完成竣工验收，并正式开厅运行，实现收入约380万元。

（吴春民　周天戈）

【五里店270号院装修改造工程项目】 年内，作为产权主体单位，承担项目装修改造工作，总建筑面积4918平方米，完成竣工并交付使用，为五里店街道办事处提供办公场所。

（吴春民　周天戈）

【北京丰台城建物业管理有限公司】 年内，完成收入7358万元。贯彻落实《北京市物业管理条例》《北京市生活垃圾管理条例》，配合社区与属地街道办事处、居委会共商共建，协助所辖各小区成立业委会（或物管会）；进一步巩固垃圾分类工作成果，形成垃圾分类工作常态化；有针对性地对部分地区、居民小区相关配套设施与环境进行升级改造，改善基础设备设施运行环境，保证设备运行状态良好；启用新版物业管理软件系统，通过丰富多种经营管理方式，保障信息、资金安全，降低运营成本；推动日常管理、收费工作高效运转。

（吴春民　周天戈）

【北京市丰开拆迁服务有限公司】 年内，完成服务收入261万元。承接五里店棚改项目集体、国有非住宅搬迁工作和宛平城解危二期工作；推进长馨园项目滞留户搬迁工作。根据项目整体要求倒排工期，将被搬迁户信息整理成册，按照一户一档、包户到人的方式，主动约谈、积极推进，争取尽早完成滞留户的清理；完成丰台花园北门东侧临时楼房（3000平方米）剩余户安置补偿协议签订工作，解决多年的历史遗留问题。

（吴春民　周天戈）

【丰开科技孵化器有限公司】 年内，完成收入3292万元。为提升公司形象、改善办公环境、增加营业收入，孵化器公司对望园大厦3、4、11层进行升级改造，涉及面积3550平方米；适时调整租金价格，完成招商工作，将每平米原租金提高了50%，同比改造前，年均租金增收66万元，实现改造升级、服务提质、促进增收的运营成效。

（吴春民　周天戈）

【北京丰鑫源物资集团公司】 年内，完成收入1115万元。投入360万元启动五里店270号院南、北院改造工程，工程涉及电力扩压增容、房屋改造装修、平整地面等；正式启动企业整体改制工作，成立以经理为组长，副经理为副组长，相关部室人员为成员的改制领导小组，推进企业改制工作，投入资金48万元，完成企业改制，成为具有现代股权结构和治理结构的公司制企业。

（吴春民　周天戈）

【北京宛平房地产开发有限责任公司】 年内，作为集团公司被托管企业，完成沸城八里南侧停车场换填土及围挡搭建工程的工程量审核及验收工作；完成715三号地块和五环外大棚房部分区域除草及洪泰庄蒋永富处东、西两院的除草、苫盖工作并签订相关合同；对沸城小区7-3#商业楼进行资料的收集整理，对项目实体、设备、小市政等现状，进行摸排；完成三里小区各楼配电柜至居民各户电表间的电缆敷设和配电柜的安装，为晓月苑三里小区正式电改造最终发电做好准备工作（等待协调外电源施工推进）；完成办公楼二层装饰装修施工并签订相关施工合同及结算审核服务合同；完成晓月苑社区第一办园点屋面防水、东侧墙体开裂倾斜和丰台区儿童福利院西院墙维修工程。

（吴春民　周天戈）

【疫情防控】 年内，落实主体责任，加强区域群防群控。抓好小区物业、商务楼宇等地防疫工作。落实出入人员登记、测温、消毒等防控措施，强化疫情防控宣传引导，安全有序开展生产经营活动；做好防疫物资储备工作，多渠道购买消毒用品、酒精、口罩等防疫物资，确保防疫物资储备齐全，为驰援西罗园一社区封控区疫情防控工作的14名职工配备防疫必备品；推进新冠肺炎疫苗的接种工作，307人完成第一、二剂的接种，接种率97%，246人完成加强针的接种，接种率95.72%。

（吴春民　周天戈）

南中轴地区建设

【概况】 南中轴地区建设办公室位于丰台区海户屯199号。成立于2021年7月。主要职责为组织协调推进南中轴地区规划、建设等工作；统筹推进土地整理、市场转型、环境改善、配套建设等

▲10月25日，在市规划院召开方案征集阶段性成果汇报会。（南中轴地区建设办 供图）

▲10月8日，区领导在红门鞋城调研南中轴。（南中轴地区建设办 供图）

工作；协调落实产业促进、项目推进等工作；下设综合保障部、规划建设部、土地整理部、产业发展部、基础设施部和综合服务中心。核定行政编制20名，其中主任1人，副主任2人；事业编制20名，科级领导职数1正3副。

（富　晶）

【规划建设】 年内，编制完成《北京丰台大红门博物馆群及周边地区规划综合实施方案（一期）》，提出先期启动区的实施模式、范围、时序和资金平衡计划。会同市规自委开展博物馆群及配套服务区规划设计方案征集，后续开展方案综合工作。

（富　晶）

【土地整理】 年内，完成先期启动区地上物摸底调查，研究制定拆迁补偿方案。推进央企、市属国企等非宅拆迁对接工作。与区域范围内规模较大的中铁物公司、中铁六局、金隅集团和红门鞋城等单位加紧协商，推进腾退、评估等工作。

（富　晶）

【市场腾退】 年内，按照年底前实现大红门服装商贸城、福海国际、天雅女装、新世纪4家服装商贸业态市场全部闭市的要求，推动市场腾退工作，以转型促疏解，以提升促发展，与专班综合协调组共同研究出台专项转型升级资金使用方案。大红门服装商贸城已完成闭市，其他3家市场的腾退工作有序推进。

（富　晶）

【产业升级】 年内，研究市级出台的城市更新、老旧楼宇改造等政策文件，借鉴西城动物园、深圳高新区北区等地区产业转型升级的先进经验，针对4家服装市场的实际情况及转型升级方向，提前谋划大红门地区市场转型升级实施方案，推动建立“政府引导、市场主导、多元主体参与”的工作模式，同步协调研究升级改造工作中的重大事项、跟进协调解决，因地制宜推进市场改造升级工作。

（富　晶）

南苑森林湿地公园

【概况】 北京南苑森林湿地公园建设管理有限公司（以下简称“南森公司”）于2020年12月24日注册成立，认缴注册资本金3亿元，实缴注册资本金1250万元。主营业务为公园建设运营、绿化养护、设施经营维护、环境建设、土地开发、房地产开发、工程建设施工、房产经营管理、水利设施建设管理、物业管理。6月初，成立南森公司党支部，明确党组织在企业章程中的法定地位，确

▲10月31日，大红门服装商贸城关停贴封条。（南中轴地区建设办 供图）

▲9月15日，市委城工委工作人员调研南中轴。（南中轴地区建设办 供图）

▲4月22日，南森公司党支部联合产城融合中心党支部和湿地办党小组到大瓦窑党史馆参观学习。（南森公司 供图）

保党的领导融入公司法人治理结构。

（沈桂红）

【组建干部管理团队】 年内，依托机关和国企人才队伍优势，在区国资委和区属国有企业的支持下，抽调区国资系统内干部形成公园前期建设团队，启动2轮社会招聘选聘专业人才，进一步加强干部队伍建设。公司按照组建方案设置综合办公室、财务金融部、工程建设部、资产管理、规划发展和市场运营6个部室，干部队伍20人，形成集施工管理、项目策划、运营维护和后勤保障为一体的公司运营体系，组织开展招投标法、安全生产和党风廉政建设等工作培训。

（沈桂红）

【搭建公司制度体系】 年内，按照“科学完好、体系健全、构造严谨、符合实际”的要求，吸收和借鉴兄弟单位先进管理经验和运作方式，制定《筹备阶段“三重一大”决策制度实施办法》《党支部议事规则》《薪酬管理制度》《财务管理制度》《安全管理制度》《公文管理办法》等40余项制度及方案。按照扁平化管理组织构造要求，界定部门职责与岗位职责，明确工作程序和办事制度，实现直线型的流程制管理。

（沈桂红）

【投资平台作用显现】 年内，为贯彻落实市委主要领导到丰台区调研指示精神，加快推动大红门地区规划建设，与金隅地产集团共同出资10亿元注册成立大红门（北京）建设发展有限公司，承担大红门地区各类资源开发建设，结合开发时序，优先确定重大文博设施和TOD综合配套服务区规划方案，推动重大项目落地等重任。

（沈桂红）

【绿化建设】 年内，南森公司配合区产城融合中心和区园林绿化局，进一步完善《南苑森林湿地公园“十四五”期间绿化建设实施方案》。南森公司对公园5000亩核心区的建设及周边平衡资金地块开展大量调研工作，保证现场实地踏勘，充分了解现场情况，清点树木种类数量，做到心中有数、脑中有图。城市森林片区招标工作进入资格预审环节，完成招标设计图纸的深化，清单及控制价编制基本完成。森林湿地片区工作全面施工，完成城市森林片区绿化802亩，森林湿地片区绿化896亩，两个片区共实施1698亩绿化建设任务，总投资32278.26万元，建设内容包含绿化工程、庭院工程、给排水工程、电气工程和水利工程等，与已完成绿化的槐园公园一期实现集中、连片、无界的自然城市公园景观。

（沈桂红）

【耕地保护空间土地置换复垦】 年内，耕地保护空间置换土地复垦项目是湿地公园先期启动项目，项目规模49000平方米，总投资376.03万元，主要涉及土方的开挖回填、混凝土基础破碎、灌溉管道安装等工作。通过招标代理单位采取公开招标的方式选取设计单位、施工单位和监理单位。参建各方依据丰台区规自委的相关要求，对工程的资料进行收集整理及完善。

（沈桂红）

【弱电及智能管理系统建设】 年内，为实现2022年5月向公众开放先行启动区部分区域，满足百姓游园体验、保障公

▲11月12日，南森公司学习中国共产党第十九届中央委员会第六次全体会议公报。（南森公司 供图）

民人身安全的目标，公司推进先行启动区范围内的弱电及智能管理系统构建，包括智慧庭院灯、AR实景防控、智能互动、水利设施自动化等系统的前端点位建设、专用网络搭建和监控指挥中心建设，总投资约1048万元，已与区科信局对接完成项目申报工作。

（沈桂红）

【“十一”期间部分开园】 年内，南苑森林湿地公园“十一”对外临时开放期间，入园游客约4100人次。为保证开放期间给游客提供良好游园环境，在公园内增加保洁人员和保安人员数量，维护公园环境卫生，维持游园秩序，确保市民群众安全有序游园。

（沈桂红）

【土地一级开发】 年内，对接市区土地储备中心、区规自分局、区住建委、区重大办、丰开集团及方案编制单位，梳理公园范围内待腾退用地范围内住宅、非宅、其他地上物等基本情况，配合区产城中心完成《南苑森林湿地公园用地资源统筹模式研究》，制定《南苑森林湿地公园土地一级开发工作计划》，为正式启动一级开发奠定基础。

（沈桂红）

【城市公园交流调研和咨询策划】 年内，为进一步推进南苑森林湿地公园运营管理工作，探索南苑森林湿地公园的运营管理机制和“绿水青山就是金山银山”的实现转换路径，公司组织到城市绿心森林公园、北京温榆河公园、北京龙潭中湖公园等学习调研，了解北京其他公园的整体规划、工程建设、配套服务、运营管理、工作机制等具体内容，形成调研报告及对比分析报告，为公园运营管理提供决策依据。与北咨、中建设计研究院、华侨城等专业咨询公司对接，通过专业外脑制定符合南苑森林湿地公园特色的可持续发展运营模式。

（沈桂红）

2022 北京丰台年鉴

城乡管理

市政管理

概　述

丰台区城市管理委员会是丰台区主管城市管理工作的区政府工作部门，同时作为北京市丰台区城乡环境建设管理委员会的办事机构，挂北京市丰台区城乡环境建设管理委员会办公室牌子，并保留北京市丰台区交通委员会牌子，负责城乡环境建设、城市管理的综合协调、市政基础设施、市政公用事业、市容环境卫生、能源日常运行、交通等管理职责。内设办公室、安全应急科、环境建设科、环境管理科、广告景观科、市容卫生科、环卫设施科、能源运行科、管廊管线科、道路建设科、道路管理科、交通综合科、法制宣传科、组织人事科、财务科共15个科室，同时设机关党委；辖丰台区循环经济产业园管理中心、丰台区渣土管理站、丰台区道路养护中心3个事业单位。2021年，区城管委承担市区绩效任务、实事折子计29项（其中市绩效任务2项、市实事7项、市折子2项、区实事4项、区折子14项），全部按时完成。完成市、区级人大建议、政协提案办理58件。落实2021年三级标准化相关工作，完成77家企业安责险投保工作任务，完成45家三级标准化达标企业。全区城市环境品质提升，城市能源供给平稳高效，城市综合运行安全有序。

（任　俊）

▲1月4日，区城管委在北京龙源飞扬羽毛球馆设立疫苗接种点。（赵毅 摄）

【接诉即办】 年内，成立领导小组，根据业务特点设立交通、道路、供暖、综合四个办理端口，制定“接诉即办”工作方案和网上“接诉即办”工作管理办法。实施领导定期调度工作机制，主要领导每月召开“接诉即办”专题会，通报考核情况，分析研究重点问题，调度科室进行整改落实，紧抓原始三率（接诉即办响应率、解决率、满意率）提升。注重反复问题重点施策，针对道路病害及“问题”井盖等动态、易反复的诉求件，完善道路养护管理办法，安排巡查人员重点监管，避免问题再次出现。组建“区城管委接诉即办工作”微信群，发布工作要求、交流办理情况。区城管委平台涉及的端口均为24小时人员值守派件，确保第一时间办理群众诉求。定清单抓推进，结合党史学习教育和“每月一题”工作要求，制定为民办实事任务清单，明确具体项目、推进措施和工作时限，做到“未诉先办”，力求解决一批群众反映集中问题。

（张　洋）

【建筑渣土行业管理】 年内，配合区

▲8月12日，区城管委召开“接诉即办”专题调度会。（姜一 摄）

▲2月7日，丰台运管分局给区城管委送锦旗。（赵俊奇 摄）

住建委督促建设施工单位落实“六个百分百”绿色施工管控措施。联合区住建委、生态环境局，对在施项目的施工现场管理、扬尘治理、作业车辆规范运输等工作开展联合执法检查151次，其中夜间执法查57次（含街道吹哨），对在施项目、运输企业、消纳处置场所累计检查770家次。完成2021年度企业评估工作，运输企业、运输车辆评估率均为100%，办理行政许可及备案2366件。

（马世平）

环境卫生与建设管理

【环境建设日常监督考核】 年内，组织召开城乡环境建设管理专项工作部署会，广泛动员，狠抓落实。按照“四不两直”工作要求，由区领导现场督导检查，区环境办汇总督导检查情况和全区环境建设总体推进情况，向区委常委会进行汇报。对在全区城乡环境建设年度考核中排名后三位的街道乡镇约谈，解决环境管理监督长效机制问题。

（刘彦梅）

【背街小巷环境精细化整治提升】 年内，试点开展东高地街道、方庄街道等2个背街小巷示范片区环境综合治理。通过完善车行铺装及停车位的改造翻新、人行系统更新、座椅等便民设施安装、绿地植物的补植，为居民提供出行便利、安全舒适、优美整洁的环境。年内新增机动车停车位75个，施划停车位155个，清理私车地锁24个，清理僵尸车1辆，完善无障碍设施23处，修复盲道474.91米，修复缘石坡道184处，安装扶手10处，增加绿化植被7322.48平方米，建成口袋公园13779平方米，治理开墙打洞5处，立面粉饰31234.65平方米，清理堆物483吨，规范设置垃圾收容器1个，治理占道经营2处，增加便民服务设施38处，拆除及规范设置29块，地面整修73136.72平方米，规范公共服务设施3件，通信架空线规范捆扎165米。

（余　超）

【重大活动环境整治】 年内，完成建党100周年长辛店地区环境整治工程，冬奥会“国家冰雪运动训练科研基地”和沿线环境整治工作。整治内容涉及周边外墙立面、牌匾标识、公共服务设施、地面及无障碍设施、绿化美化、架空线规范、环境卫生及垃圾分类、环境秩序等。

（余　超）

市容景观管理

【背街小巷管理】 年内，将全区5604条、713万平方米的背街小巷日常清扫保洁纳入专业管理。专门聘用第三方进行不间断检查考核，发现问题24小时内回复整改。

（李　宁）

【门前责任区管理】 年内，强化辖区单位和企业“门前三包”及其它责任区制度落实，做到内外干净，强化巡查盯守，落实常态化治理机制。建立完善门前及其它责任区考核派遣制度，对管理问题较多的区域和点位，加大检查派遣力度。

（李　宁）

【违规户外广告治理】 年内，按照市城管委工作要求，推进违规户外广告牌匾治理工作，加大对三、四环及主要联络线，重点大街，京港澳高速沿线等违规户外广告易发地段加大违规广告的检查力度。督促各街镇、管委会做好规范整治，并对环路、重点区域等进行督办，累计拆除建筑物屋顶牌匾标识162块，拆除各类违规广告和不规范门头牌匾1180块。完成市级台账62处108块违规户外广告牌匾治理，按照首环办要求，完成区属9处立柱式户外广告拆除工作。

（李洪英）

【公共服务设施二维码安装管理】 年内，按照首环办相关工作要求，加强对公共服务设施的规范治理，完成涉及丰台区的报刊亭占压便道挪移工作；加强公共服务设施日常检查工作，扎实推进公服设施二维码管理，不断完善设施日常管理工作，采取周巡、月巡、半年巡、年巡、重大节庆及重大活动保障巡查措施，全年完成50次周巡查、12次月巡查和元旦、春节、两会驻地周边等保障巡查。累计巡查各类上码设施万余次，巡查道路长度计1100余公里，发现问题320余处，督促产权单位全部整改完毕。

（李洪英）

【路灯照明问题专项治理】 年内，推进丰台区路灯照明类12345居民投诉件的办理工作，全年承办路灯照明类投诉件3411件，其中小区内照明问题2141件，占比63%；市政路灯问题818件，占比24%；农村路灯问题356件，占比10%；公园绿地、河道路灯问题96件，占比3%。投诉件中反映“有灯不亮”问题1724件，占比92%。全部投诉件按时办结，满意率90%以上。加快推进丰台区有路无灯路段路灯补建，6月底前，提前完成2021年丰台区无灯道路建设计划，完成千灵山路一期、来颗桃生活超市北侧路、欣葆家园小区南侧路路灯安装并通电亮灯，提前完成年度实事任务。

（李洪英）

能源日常运行管理

【液化气专项治理】 年内，组织开展液化石油气专项安全检查工作。根据工作分工，重点建立全区液化石油气非居民用户台账，组织市液化气公司开展非居民用户入户巡检查工作，指导各街道、乡镇开展安全隐患治理并提供技术支持。

（刘　洋）

【燃气安全型配件安装】 年内，按照市政府和市城管委计划在2021年—2023年底对全市液化石油气居民用户加装带自动切断功能的安全型调压阀和使用期为8年的长寿命胶管的工作要求，制定丰台区组织实施方案，召开动员部署会，组织市液化气公司在和义街道和北宫镇进行试点工作。

（刘　洋）

【替代液化石油气非居民用户工作】从3月底开始，组织各街道、镇和管道燃气企业开展管道天然气、电力替代液化石油气非居民用户工作。组织管道燃气企业对照非居民用户台账现场进行是否具备替代条件核查，从技术层面核实可替代非居民用户760户。已完成各类替代604户。

（刘　洋）

【电力基础设施建设】年内，按照丰台区与电网公司战略协议安排，“十四五”期间丰台区共安排60余项电网建设工程，大部分项目有序推进。年内区电网投资项目总投资达20余亿元。其中丽泽智能调控指挥中心、丽泽南区配套隧道工程、岳各庄220千伏站三项110千伏配套送出工程、丰益110千伏输变电工程等六项重点项目正常推进，投资计划完成近90%。

（刘　洋）

【充电桩建设与管理】年内，对辖区所有充电站运营单位进行安全运行管理工作布置，督促指导运营单位加强运营管理，落实主体责任，定期巡视检查，并报送巡检情况。安排科室负责人员及第三方专业公司对全区充电桩场站进行巡视检查，共抽查143处充电场站，检查充电桩设施1824个。4月中旬，对区内北汽出租车换电站场站进行专项检查，检查运行换电站场站18座，所发现问题已限期完成整改。要求经营单位完善各项管理制度和操作规程，落实各岗位安全生产责任，加强对设施设备的巡视检查，确保设施设备正常运行，降低故障率、提高设施的利用率，提升服务质量。

（刘　洋）

【开展供热矛盾排查】年内，按照区城管委下发的2021-2022年采暖季供热工作方案要求，各属地街镇对辖区内居民供暖锅炉房供热准备情况进行摸排，全面排查供热矛盾。针对丰台区海户屯2号楼并网，南三环中路1、2号楼改造，长辛店东南街5号楼并网等问题多次协调，确保丰台区2021-2022年采暖季“按时、平稳、安全”供热。

（刘　洋）

【成立工作专班保供热平稳】2021-2022年采暖季，首次成立供热“接诉即办”工作专班，开通区供暖办账号，首次承担全区居民供热“12345”统一接办任务，确保供热平稳。首次建立“现场联办”机制走访接办群众诉求，督促供热单位持续提高供热服务质量。对正商名苑、玉林里、晨新园、赵公口等小区，联合属地街道、社区采取“现场联办”方式约谈供热单位，化解供热矛盾，逐步推动解决百姓诉求集中的供暖不热、管道老化等问题。结合供热诉求情况，开展“访民问暖”，在部分小区居民家中安装室温采集装置，对供热企业开展“四不两直”检查，督促供热单位提高供热服务质量。采暖季共开展供热约谈17次，涉及40家供热企业，进行“访民问暖”220余次。抢修71次，检查供热单位145家次，检查锅炉房、换热站210座次。

（刘　洋）

市政公用设施运行管理

【推动垃圾分类“关键小事”】年内，发挥区级生活垃圾分类推进工作指挥部作用，组织召开区级会议70余次，印发文件100余份。完善建立检查考核制度，检查6760余个（次）小区（村），定期在区级会议上进行通报,并在月度“末位约谈”的基础上，将各街镇生活垃圾分类工作开展情况纳入政府年度绩效考核。推进生活垃圾分类全流程精细化体系建设，完成62座密闭式清洁站和214辆运输车辆计量称重改造提升，深化精细管理。推进可回收物体系建设，规范设置分类驿站300余处，促进“两网融合”（两网指生活垃圾分类和可回收物体系）落地实施。组织开展桶前值守、普法监督、精准入户、执法检查等，形成多渠道覆盖合力。加大垃圾清运不及时专项治理力度,强化督促整改落实,及时回应市民关切问题。统筹推进有害垃圾规范管理，确保有害垃圾投放、暂存等环节运转正常。全面启动非居民厨余垃圾计量收费工作，完成1215家非居民单位新版厨余垃圾运输服务合同签订工作。推动生活垃圾分类从“标杆式”向“标准式”转变，完成94个生活垃圾分类示范小区（村）、14个生活垃圾分类示范商务楼宇、1处生活垃圾分类示范商业街区以及202个示范单位的创建工作。年内，全区家庭厨余垃圾分出率稳定在18%以上，生活垃圾日均同比降低13.71%，生活垃圾分类减量效果突显。组织规范设置分类收集容器43496个、分类桶站7796组、大件（装修）垃圾投放点800余处，进一步满足居民分类投放需求。

（赵俐霞）

【完善环卫基础设施】年内，大修改造公厕20座，全区公厕等级达标率实现100%。完善垃圾收集转运设施，规划新建密闭式清洁站2座，升级改造1座，新建移交使用1座。

（赵俐霞）

【生物质能源中心项目建设】年内，丰台区循环经济产业园生物质能源中心项目拟选址在丰台区循环经济产业园区内（丰台区北天堂村420号）。项目占地约101亩，设计处理能力2550吨/日，总投资约18亿元，拟采用BOT模式进行投资、建设和运营。项目12月24日取得环评报告批复，12月31日取得稳评备案意见。规划选址、工艺审查、高压电塔迁移、外立面设计、园区总体规划方案编制、特许经营招标准备等工作同步推进。

（李鹏举）

通信架空线及管线管理

【通信架空线入地及梳理整治】年内，组织北京移动、北京联通、歌华有线等10余家线缆产权单位，完成长辛店地区陈庄大街、玉皇庄路共计1.9公里道路的架空线入地工作，协调北信基础建设通信管道1.8公里，线缆入地52条，拆除废弃线缆90公里，拔除废弃线杆96根，拆除横担抱箍89处，拆除通信信号塔1座，改移联通光交箱1处。结合背街小巷环境提升，对京周路、九子河路、长兴路、长辛店大街、二七厂路共7.5公里道路通信架空线进行规范梳理。

（雷先云）

【架空线巡检及应急管理】 年内，处理线杆线缆问题927起，其中线缆问题665起，线杆问题77起，箱体问题185起，应急件60起，领导指示663起，12345市民投诉84起，巡查件120起。每周对458条区管道路，包括191条已入地道路进行巡检。

（雷先云）

【长输石油天然气管道综合管理】 年内，利用北京市石油天然气管道保护管理信息系统解决长输石油管线的各类占压隐患，配合长输石油天然气管道单位做好管线巡护监管工作，处理占压隐患5处（其中园博园2处、长辛店镇2处、梅市口路辅路上1处）。

（雷先云）

城市管理监察

【概况】 2021年，丰台城管执法局深化城管体制改革，提升服务、执法、管理水平，全力服务保障建党100周年，牵头抓好疫情防控检查，完成拆违控违任务，狠抓“每月一题”占道经营。注重廉政工作与执法工作同部署、同实施，全年收到执法风纪投诉287件，同比下降4.3%。全年立案处罚各类违法行为13984万件、罚款2116万元，立案处罚量居全市第六，罚款额居全市第二，年度工作在市城管执法系统综合考核中名列中心城区前茅。先后获首都文明单位、北京市城管执法系统先进集体、住建部“强转树三年行动”突出单位等荣誉。

（方雨濛）

▲10月25日，丰台城管执法局主要领导带队检查丽泽天街疫情防控情况。（丰台城管执法局 供图）

【疫情防控执法检查】 年内，针对首都疫情形势，牵头制定《关于进一步加强商务楼宇、商场和餐馆疫情防控工作的监督检查执法方案》，统筹各街镇执法队加强社会面疫情防控、加强公共场所管理。全力抓好复工复产防控工作，成立5个督导组分片区对属地执法队疫情防控责任制落实情况开展专项督查，并会同区商务局、市场监管局、房管局、卫生健康委等相关部门成立商务楼宇和市场防疫专项督导检查组开展联合执法，采取分片包干、每日督导、情况日报的方式，对全区“三类场所”疫情防控工作进行监督检查，实地抽查检查121982家次，发现并消除问题隐患4657起，公示问题单位3106个，检查数量和公示问题数量均居全市第2。

（方雨濛）

【拆违控违】 年内，拆除并销账违法建设175.4万平方米，完成任务率109.6%；腾退土地186.1公顷，完成任务率104.5%。保持对拆违、控违的高压态势，建立“日排名、周简报”“专题调度、现场督导”等多项机制，加大对违法建设的拆除力度和新生违建的管控力度。结合行政区划调整，局领导多次带队到街镇实地调研拆违工作召开专题推进会，推动进度较慢的街镇倒排工期，夯实责任体系，落实拆违控违工作。

（方雨濛）

【占道经营整治】 年内，牵头制定《丰台区占道经营集中攻坚专项整治“秋风行动”工作方案》和专项整治工作计划，组织召开专项整治工作部署会，采取每周分片区集中力量、统一行动、重点打击的方式开展全区域同步联动整治。为有效治理占道经营违法行为，制定下发《丰台区2021年占道经营整治专项行动工作方案》和任务清单，区主要领导、主管领导多次组织召开“接诉即办”工作推进会和专项整治工作部署会。立案处罚占道经营6158起，罚款169.319万元，投诉举报7266件，同比下降19.6%。

（方雨濛）

【创卫创城】 年内，依据职责分工指导属地综合行政执法队对辖区“门前三包”落实和“十乱”情况进行整治。检查门前三包单位28385家次，处罚25起、罚款8700元。处罚机动车乱停乱放及私装地锁273起、罚款23.4万元。查处乱贴非法小广告514起、罚款16.7万元。查处违规户外广告牌匾250起、罚款

▲9月6日，丰台城管执法局召开占道经营集中攻坚专项整治“秋风行动”工作调动部署会。（丰台城管执法局 供图）

18.13万元。加大对施工扬尘、道路遗撒、夜间施工扰民、露天烧烤和露天焚烧等违法行为的执法检查力度，针对大气污染类违法行为累计立案2540起，同比上升44.65%，罚款1267.76万元，同比上升42.7%。

（方雨濛）

【垃圾分类执法】 年内，指导调度各属地综合行政执法队聚焦“分类投放、分类收集、分类运输、分类处置”四个环节，开展主题为“餐饮执法月”“商超执法月”“校园执法月”“工地执法月”“城管执法进社区”专项执法工作。开展生活垃圾分类投放检查56182家次，累计处罚2110起，处罚金额302.65万元。协调各街镇综合行政执法队开展“城管执法进社区”工作，累计录入居民小区检查单5656条次，针对个人开展生活垃圾分类投放处罚1198起，处罚金额5.74万元。

（方雨濛）

【燃气安全专项执法】 年内，加大对燃气安全执法工作的统筹指导，组织区城管执法系统150余名执法骨干，分3批到首钢工学院进行燃气专项执法业务培训，利用学院的实景化教学场地，开展现场演练和交流研讨。督导基层综合执法队开展“敲门行动”，对辖区液化石油气非居民用户开展全面检查、排查，督促非居民用户的经营者、管理者履行好自身责任。全年检查餐饮公服用户9248家次，责令改正227家，立案查处281起，罚款42.96万元，立案数同比上升48.68%，罚款额同比上升29.6%。

（方雨濛）

【信息宣传工作】 年内，市城管执法局内网采用丰台城管执法局政务信息162篇，市委市政府采用22篇，在信息考核中名列前茅。丰台城管执法系统在各级媒体发布新闻462篇（条），其中中央级媒体发布27篇（条）、市级媒体发布172（条）、区级媒体发布91篇（条）、新媒体发布172篇（条）。开展社会宣传暨志愿服务活动448次。

（方雨濛）

网格化管理

【概况】 2021年，丰台区网格化城市管理系统立案各类案卷731264件，结案400533件，结案率54.77%，较上年同期提高。受理市12345热线交办诉求45.7万件，月均3.8万件，同比增长25.9%，诉求量排名全市第3位。

（马　宁）

【城市运行指挥体系建设】 年内，按照《丰台区全面推进智能民情图工作方案》要求，在全区范围内逐步推进智能民情图建设工作，26个街镇354个社区中已建成基层综合服务平台348个，基本实现全覆盖。147个社区（村）加入“微网格”矩阵平台，关注人数94764人，信息公告发送总量7228条。

（马　宁）

【网格化城市管理】 年内，着眼群众诉求，以建立“热线＋网格”为民服务模式为契机，推动网格化城市管理“未诉先发现”“未诉先办”。将城市环境类诉求问题第一时间派发监督员核实核查，属实案件由系统派发相关部门，纳入考核。以大数据为基础，梳理出高频次问题、重点区域，派遣城市管理网格监督员进行特别关注、重点巡查。参与创建国家卫生区，全年发现创卫相关案卷448505件，结案345207件，结案率76.97%。每周形成创卫周报为区创卫办提供数据支撑。将网格化城市管理系统中问题较大、发生频次较高的环境问题详细情况作为典型案件推送创卫办以供重点突破。

（马　宁）

【市民热线工作】 年内，制定《2021年度丰台区接诉即办考评工作细则》，有25家区委所属单位和智能部门新纳入诉求办理和考评范围。结合市级考核要求，进一步完善央产小区、治理类小区、承诺挂账、“双减”等专门诉求事项的考评规则。健全部门联动机制，将26个街镇、69个部门和承担公共服务职能的企事业单位纳入接诉即办范围。强化网络诉求办理实效，成立网络诉求受理组，人民网地方领导留言板和区长信箱分别受理群众诉求2199件和2188件。全区群众诉求响应率96.38%，解决率85%，满意率88.74%，年度综合成绩排名全市第十二，城六区排名第四。

（马　宁）

【系统建设】年内，区网格化城市服务管理平台完成向市级平台推送约90万件案卷的立案和结案信息，其中立案案卷约59万件，结案案卷约31万件。根据全市统一网格划分工作安排，丰台区完成全区和26个街道、镇的管理责任边界确认，划分442个三级网格（社区、村）和4407个四级网格（万米单元网格）。

（马　宁）

【媒体宣传】年内，向市城市综合管理动态刊物报送信息48篇，《丰台信息》《丰台政务》共采用信息12篇，主动向"丰台机关党建"微信公众号报送党建信息，其中《党建引领，积极引导党员在网上"12345"服务平台发挥作用》一文作为公众号专栏刊发。

（马　宁）

市容环卫

【概况】2021年，完成责任范围内1175条、2185.9万平方米道路的清扫保洁及道路两侧建筑物、构筑物及地面张贴喷涂宣传品和散发的非法宣传品的清除工作；机械化清扫保洁作业面积1240.93万平方米，道路洗地作业面积1240.93万平方米，道路冲刷作业面积1240.93万平方米；道路清扫保洁新工艺作业覆盖率94.57%。负责辖区内过街天桥91座，地下通道24座，地铁站口195座，绿地522.45万平方米的保洁。负责231座密闭式清洁站、380座公厕的日常管理。以上环卫设施全部按照标准要求进行保洁作业，运行正常。

（贺　祺）

【创城创卫】年内，继续开展创建全国文明城区、国家卫生区工作，落实创建测评体系指标任务标准，制定实施方案，成立创建工作领导小组，利用LED电子显示屏、宣传海报等形式开展创卫创城宣传，在《丰台环卫》内刊中设立"双创"专栏，宣传报道创卫创城进展情况及有效做法，形成齐抓共管工作合力。按照"全面对标、有序推进"的原则，先后建立"问需会机制""联络人机制"和"包联机制"，组织召开推进会21次。根据区病媒生物防制要求，结合中心实际，细化防制标准60项；归结"六字防制法"（治：治理，即对易产生"四害"的孳生地进行治理，并根据中心病媒生物防制办法与标准，合理设置鼠站、鼠夹、粘鼠板、粘蟑板、灭蝇设备以及利用药物对"四害"进行治理；查：查看，即每日或按规定时间节点对病媒生物防制站点、器械和药物以及各类场所进行查看；堵：堵洞，即对鼠、蟑的栖息地或可进出入场所的孔洞进行封堵；灭：消灭，指人工第一时间发现"四害"后即刻进行捕杀、消灭；清：清理，指对鼠尸、蟑尸、死蝇、死蚊及时进行清理；记：记录，即按照中心工作要求，根据治、查、堵、灭、清的实际情况，填写各类记录，并及时上报）与"五清、四治、三防范"（五清指清除各种废弃的容器、堆物堆料、积存垃圾，重点清除花盆托盘、废旧鱼缸、破损果皮箱内胆、废旧三轮车箱体等物品；清除缸、盆、桶、箱、瓶、雨布以及槽内、坑洼处易形成积水的点位；清除垃圾收集设施、在用（备用）大箱、作业车辆、库存车辆、垃圾桶等容器内陈旧垃圾、污水、渗沥液，要一清到底，不留残余；清除道路、绿地责任范围内散在垃圾，包括生活垃圾、宠物粪便、腐烂水果、积水区等；清除环卫设施责任内外职工圈地种菜、饲养活禽（含宠物），如责任范围内出现非本单位人员种植、饲养等行为，应第一时间上报中心爱卫（创卫）办公室。四治指治理环卫设施内随手乱倒、随地乱堆、随处乱泼行为；治理食堂、洗车区、排污口、垃圾桶、卫生间等区域污渍、油渍和积存污水；治理各类露天易积水的器械设备和作业用具等（空调水滴收集器具、开水以及水龙头接水桶）；治理储水容器（融雪池、消防桶）、井盖、排水系统等可能孳生场所，制作合适的盖子进行加盖。三规范指规范各岗位作业时间、作业流程、作业标准，及时清运、清扫、清掏；按时擦干、擦净、擦亮；规范轮胎、大箱、防汛、防火等物品摆放秩序，尤其降雨后需重点关注；规范防制流程和消杀方法）工作法。为提高职工对创卫工作认识及标准的知晓度，编制"丰环创卫每日一学"65期。在强化日常作业标准、提升作业质量的同时，常态化开展"环卫党员在行动 创卫创城齐担当""丰环创卫行动日"等主题活动，组织专项清理整治16轮，出动人员26427人次，清理垃圾334.5吨，消除病媒孳生地及隐患15088处。成立中心

▲6月28日，环卫中心召开创卫工作座谈会。（环卫中心供图）

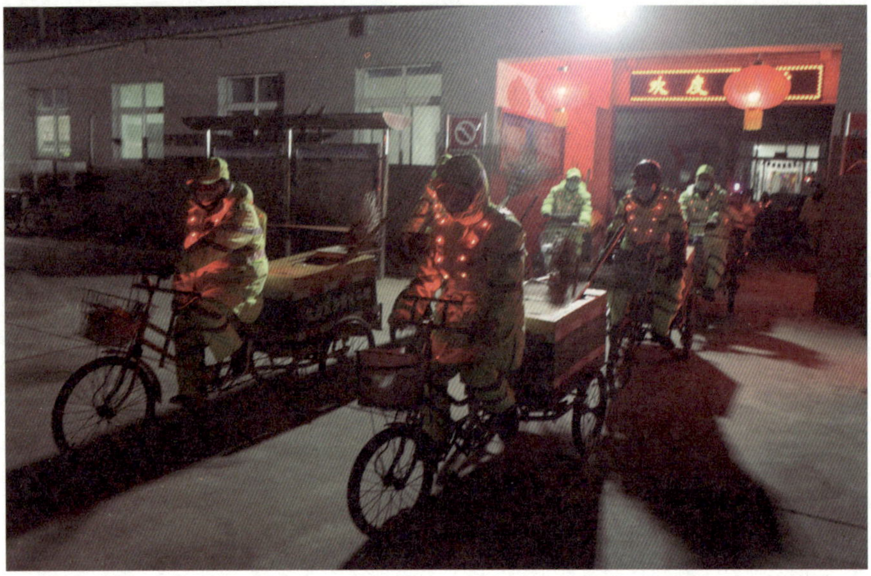

▲2月12日，区环卫中心云岗环卫所一线环卫职工于除夕夜出发保障环境卫生。（环卫中心 供图）

环境卫生整治突击队，协助15个街镇、委办局开展卫生死角突击整治46次，出动人员2032人次，清理垃圾916吨。助力创卫创城专项验收，完成12次各级督导验收工作。

（贺　祺）

【蓝天保卫战】 年内，对责任范围内道路实施“洗、扫、冲、收”的组合式道路清扫保洁新工艺，新工艺作业覆盖率达到94%以上；落实道路分级清扫保洁要求，重点道路每日机械冲洗两次以上。持续扩大再生水使用规模，辖区主干道基本实现每日再生水冲洗，日用水量达6483余吨，超额完成市、区日均用水量5000吨任务指标。重点加强云岗、天元公园两个子站周边56条道路的清扫保洁和洒水降尘力度，各作业工艺24小时无缝衔接，确保道路路面保持湿润，减少道路扬尘污染。持续关注生态环境，未达到重污染预警级别采取内部管控措施强化污染天气应对，加大道路冲刷、机扫、降尘作业频次。

（贺　祺）

【垃圾分类】 年内，规范其它垃圾有序进站，编制“六步”（即准备工作：着装整洁佩戴胸卡，使用劳保防护用品；五项查报：电力设备、电线管路、机械设备、四公开牌、及时报修；四项巡保：指挥车辆进站、5米责任范围、地面、一车一消毒；清理擦拭：窗台、玻璃、暖气片、地面、打药灭蝇、配电箱、灭火器、墙面、灯具、消毒、蛛网、休息间、四公开牌、清理渗沥液、5米责任范围；垃圾分类：有序倾倒、检查垃圾成分、进站登记；病媒防制：灭鼠，每日检查鼠站是否完好鼠药及时补充更换。灭蟑，结合实际按要求投放。灭蚊蝇，每年4–10月按要求防治。堆物堆料，设施周边责任范围内严禁乱堆乱放。卫生死角，定期开展搬家式大扫除确保卫生干净整洁。抹缝堵洞，定期检查排水沟、排风扇等孔洞缝隙，及时封堵）收集作业流程。落实垃圾分类“倒逼”机制，加强垃圾分类收运管控力度，严禁混收混运，发挥设施作业人员的宣传员、指导员、监督员作用。加强与街镇协调沟通，解决辖区单位、物业小区前端分类不纯净的问题。严格标准、检查，把关，对不符合的垃圾严禁进站并予以拒收。年内清运消纳其它垃圾443156.25吨，较上年减少24.93%；清运粪便215386.27吨，较上年增加12.04%；清运渗沥液4996.41吨，较上年同期减少44.6%；无害化处理率均100%。4月，环卫中心获评北京市生活垃圾分类推进工作先进集体。

（贺　祺）

【重大活动及特殊天气保障】 年内，完成重大活动及国家、市、区各级领导调研视察期间环境卫生保障工作84次。2021–2022年度开展扫雪铲冰作业7次，出动各岗位人员26608人次，出动各类车辆2431台次，使用融雪剂1070吨，顺利完成扫雪铲冰专项作业任务。全年启动空气重污染预警12次，出动作业人员78895人次，作业车辆9322车次，用水量96821吨。

（贺　祺）

▲11月7日，环卫中心工作人员在中国人民抗日战争纪念馆开展扫雪铲冰作业。（环卫中心 供图）

▲2月9日，环卫中心接诉即办专班获得北京市"接诉即办改革工作先进集体"称号。（环卫中心 供图）

【机构改革】年内，落实主体责任，成立改革工作领导小组，组建5个工作专班，全面对接区事业单位改革总体方案。紧盯主责主业，以"作业定额管理"为契机，合理划分作业区域，统一作业标准，革新作业工艺；紧盯常态长效，以聘用制职工管理办法、行为规范等为载体，建立健全制度体系，补齐人事管理上的短板、盲区；紧盯成本管控，科学编制定额，明"上线"划"底线"，取消非必要辅助岗位7种，调减辅助岗位人员122人；紧盯财政资金安全高效，设置专门科室，实现"管采分离"，降低采购流程成本、提升采购实施效率，引入"带量采购"理念，增加议价筹码，降低采购成本，统一货品规格、质量，为改革纵深推进奠定基础。

（贺　祺）

【接受各级检查】年内，接受北京市环境卫生管理事务中心道路清扫保洁、小广告清除、机械化作业、行业检查764次，合格745次，合格率97.5%；密闭式清洁站市级检查89次，合格89次，合格率100%；公共卫生间市级检查128次，合格124次，合格率96.9%。以上三项检查共计981次，合格958次，综合合格率为97.7%。

（贺　祺）

【接诉即办】年内，贯彻落实《北京市接诉即办工作条例》，坚持民生导向，深入一线、联系街镇、直面群众，着力解决好群众各项"急难愁盼"事项；制发中心关于进一步推进"接诉即办"工作意见；增强"接诉"预见性和"即办"前瞻性，深化"未诉先办"。全年受理案卷1279件，以响应率99.74%、满意率98.12%、解决率97.15%，综合成绩98.06分在全区月均件30以上的委办局中排名第一。获北京市"接诉即办"工作先进集体荣誉称号。

（贺　祺）

【疫情防控】年内，启动联防联控机制，确保责任落实，防控措施、物资供应、工作保障到位。在全中心范围内广泛发动、全面摸排，不断扩大疫苗接种覆盖面，合理划分接种时段，确保人员少扎堆、少等待，中心疫苗接种比例97.78%。378名干部、职工在下沉社区支援、涉疫小区生活垃圾清运、核酸检测点废物转运、隔离酒店保洁等抗疫一线支援区级抗疫工作。2月，先后获赠玉泉营街道"伸出援手 抗击疫情 尽心尽责"锦旗；新村街道"奉献大爱共渡难关 抗击疫情不惧艰难"锦旗。

（贺　祺）

【科技赋能】年内，强化信息化保障，打造适应现代治理发展变化的数字环卫新场景、新应用，搭建以"车辆主动安全系统、盲区监测系统、驾驶员行为分析系统"为主的车辆管理系统，为车辆交通安全保驾护航。投入使用高清视频会议系统，开发人员数据池、合同订立、大箱维修等数据采集和流程管理新模块，研发设施台账及地图可视化、基建报修、安全巡检、业务巡检等为一体

▲10月20日，环卫中心党员干部下沉社区到恒富中街5、6号院支援防疫、核酸检测工作。（环卫中心 供图）

▲11月，环卫中心"智慧环卫"综合要素分析指挥中心投入使用。（环卫中心 供图）

的巡检督查系统雏形，从减负增能出发，逐步形成科室信息协同、数据开放共享、管理成本优化、工作效能提升的数字治理新格局。

（贺　祺）

【车辆管理】 年内，持续推进车辆垃圾渗沥液治理和车容车貌常态化管理，组织开展中心车辆技术性能及基础资料管理检查工作，确保中心作业车辆保持良好技术状态。按照市城管委对生活垃圾处理设施计量称重系统升级改造要求，配合区管委完成中心102辆压缩车计量称重系统安装调试工作。协助相关部门完成重大活动水车备勤工作，出动水车32台，备勤14天。协助消防部门完成救火应急处置工作，出动水车116台，605车次，用水9125吨。以"三查两会一治理"（三查：利用GPS对车辆进行超速监控检查，保证车辆交通安全；对各单位停车场安全情况及场内车辆技术状况进行检查，有效消除停车场及车辆交通安全隐患，控制车辆维修不及时、带故障上路的现象；不定期不定时在分拣中心周边及主要路段，对各单位车辆安全行驶情况及车速进行抽查，对中心车辆交通安全起到督导作用。两会：每月利用数据和检查情况对各单位车辆运行情况进行分析，发现问题及时整改并通报；落实分析例会制度，定期召开交通安全形势分析会，对发生的交通事故和检查中的问题隐患进行分析通报，达到举一反三、吸取教训、共同提高的目的。一治理：利用组织开展"交通安全月"集中整治活动，全面排查治理交通安全隐患，把交通安全管理真正落实到驾驶员日常行为中，使其能够自觉养成文明驾驶、遵章守纪的良好习惯，以确保为中心的各项工作提供安全的车辆保证）活动为抓手，组织开展"车辆交通安全治理月"活动，以"大车盲区多，驾驶需谨慎"为主题，强化细节管理。

（贺　祺）

【设施管理】 年内，重新调整基层单位作业区域划分，确保业务质量平稳过渡。强化日常监督检查力度，每季度对611座设施的疫情防控、垃圾分类、病媒防治，作业质量及作业安全等各项业务进行全覆盖检查，重大活动、特殊天气期间加大检查频次，每季度召开质量分析会，不断提升设施整体水平。

（贺　祺）

【重点工程建设】 年内，继续根据密闭式清洁站新建改造提升要求，按照一站一方案、符合标准的原则，完成全中心在用密闭式清洁站改造工作，主要包括84座清洁站外墙面、车间墙地面、箱位基坑、污水排放等土建施工改造提升，安装199套全市统一垃圾分类标识，安装101套负压式新风除臭设备。继续按照市、区无障碍设施建设要求及无障碍设计规范，结合中心公厕既有现状，秉承符合标准、兼顾适用性及因地制宜原则，全年完成39座公厕无障碍设施改造工作。对梅市口停车场相关配套设施进行完善，硬化地面3400余平方米，修复围墙、安装车场照明及视频监控系统等。解决存在安全隐患、基础设施陈旧、周边居民投诉多、影响作业考核等问题的公厕和设施维修，整体提升改造公厕14座、维修设施16处。配合区城管委完成58座密闭式清洁站计量称重系统改造及2座旱厕、3座彩钢夹芯板中转站改造的相关工作。

（贺　祺）

【技改与创新】 年内，评审通过防蚊蝇、消毒、除异味自动喷洒装置、车辆底盘去污专用冲刷设备改造以及多功能储水站3项技改项目。通过技术创新对作业车辆性能和作业技术、流程的改进，减少作业时对周围环境和人员的影响，进一步弘扬劳动精神、工匠精神，广泛宣传和推广各基层单位涌现出的创新技术项目。

（贺　祺）

【安全维稳】 年内，贯彻市、区各项安全生产工作精神，建立《丰台区环卫服务中心安委会工作制度》为总纲的安全生产制度体系，完善《丰台区环卫服务中心安全生产"党政同责、一岗双责"规定》《丰台区环卫服务中心车辆交通安全管理规定》《丰台区环卫服务中心安全事故调查处理及责任追究办法》等各项制度规定，促进中心及基层单位安全生产主体责任落实。坚持"周督查、月例会、季分析"工作机制，以周督查为主要手段，结合联查、夜查、专项检查等形式，进行安全检查91次657处，现场整改问题98处，限期整改问题82处。通过每月召开安全生产例会，季度分析安全生产形势，部署安全生产相关工作，推动安全生产管理工作重心前移。坚持以检代培、以练促学，以"落实安全责任，推动安全发展"为主题开展安全生产月活动，针对防汛、防火、紧急避险等情景多维度组织应急演练20次。坚持人防与技防相结合，用车载主动安全系统为交通安全赋。坚持法制教育与

▲12月28日，环卫中心在五里店大院开展“‘颂、唱、讲、述’忆峥嵘 颂党爱国建新功”主题党日活动。（环卫中心 供图）

法制实践相结合，深入基层送法普法提供法律咨询159次，法制宣传培训教育20余次。

（贺 祺）

【党建工作】 年内，学习贯彻《党组工作条例》，修订议事规则、集体决策制度等，进一步规范工作；保持党史课堂热度，专题宣贯“七一”重要讲话和十九届六中全会精神。创新理论学习中心组、机关党支部联学形式，把执行“第一议题”嵌入党史学习教育、会前学法。制定年度落实全面从严治党主体责任任务安排11项26条具体任务，形成责任落实“施工图”；聚焦“党员为群众办实事”“所队为班组办实事”“机关为所队办实事”三个层面，做实区级民生实事3件，党组本级实事6件，各党支部实事47件。全年，召开党组（委）会36次，研究党建议题28个，开展会前学习40次。1月，环卫中心获评首都文明单位称号。

（贺 祺）

水 务

【概况】 2021年，区水务局完成水务建筑安装工程投资（简称建安投资）任务固定资产投资9.7亿元、建安投资7亿元。办理人大建议、政协提案14件，办理政府信息公开申请15件、主动公开93件、行政复议4件、行政诉讼4件、信访12件、“吹哨报到”175件、“接诉即办”377件。编制完成《“十四五”时期丰台区水务发展规划》《水生态空间管控规划》《丰台区在途项目分区规划运行维护（深化落实）方案》初稿等水务规划工作。海绵城市建设完成年度海绵建设任务，建成区24.3%面积达到70%的雨水就地消纳。

（朱曦妍）

【水政执法】 年内，累计进行执法巡查8065次，办理违法水事案件344件，结案341件，其中一般处罚案件171件（作出处罚案件98件、不予处罚案件73件），简易案件173件；发出172份限期责令改正通知书，收缴罚款及滞纳金221.26万元；触发行政处罚职权23项。受理各类群众举报101件，办结率100%。开展联合执法35次，处理相关“接诉即办”14件、“吹哨报到”16件、检察院建议函2件、河长办移交单16件、群众来电2件，其他来源16件，全部依法进行了查处。为贯彻落实新修订的《行政处罚法》，提高综合执法能力，组织水务系统及街乡镇执法人员进行综合执法专项培训，累计培训70余人。

（朱曦妍）

【水资源管理】 年内，落实最严格水资源管理制度，万元地区生产总值用水量为8.6立方米，较上年的9.2立方米下降7.01%。按照北京市取用水管理专项整治行动要求，对丰台区范围内地下水用水户存在的超许可水量、未安装计量设施、水源热泵井无许可水量等问题进行集中整改和补办。通过增强河道生态补水、生态环境用水等措施，加大再生水使用力度。全区地下水位较上年同期回升2.94米。

（朱曦妍）

【供排水管理】 年内，为确保农村饮水安全，强化农村供水水质监测工作，完成全区集中供水厂出厂水、末梢水每季度水质检测、公示和万人千吨供水厂源水每季度水质检测工作。更新完善全区老旧小区“水黄”台账，继续推进解决“水黄”问题小区试点工作，印发《丰台区“水黄”小区管线改造工程实施方案》。完成取用水管理专项整治行动，整改275个取水项目，规模取水户99家436眼自备井加装远传计量设施工作。对全区自建供水设施情况进行梳理、建立台账，共包括26家单位39眼井，对其中9家单位10眼井开展供水专项检查工作。开展全区农村灌溉井排查与安全隐患处置工作，共摸排农林业自备井597眼，涉及单位57家，发现、整改安全隐患50处。继续开展地下水压采治理工作，年内全区封存自备井37眼，封填28眼，完成自备井置换3个单位（小区）。实现应急供水民生服务全覆盖，全年完成应急供水828车次。对鲁家山循环经济基地供水保障项目运行方进行监督考核12次，均合格，水质监测12次，全部达标，实现供水33.1万吨。对163公里区属供排水管线运行、安全和疫情防控等情况进行检查及考核21次，完成管线巡查4024公里，疏通污水管道约15公里，清掏检查井（含农村污水管线检查井）44座，更换井盖30个，汛前汛后分别对962座检查井冲

▲11月22日，丰台区供排水所为华源四里社区应急供水。（区水务局 供图）

洗和喷漆养护等。

（朱曦妍）

【节水管理】 年内，严控生产生活用水效率，开展节水型社会建设。印发《丰台区两田一园高效节水奖励办法实施细则》，完成全区农业用水量和“两田一园”用水统计。将生产生活计划用水新水指标18987万立方米，逐级分解至乡镇（街道）、社区（村庄）和用水户法人。按照《北京市节水行动实施方案》，编制印发《丰台区节水行动实施方案（2021年）》，开展“节水五杜绝”“光瓶行动”“世界水日”“中国水周”、全国城市节约用水宣传周、节水工作进校园等专项活动。为老旧居民小区换装节水整体马桶833套、花洒9169套；完成100个节水型单位、10个节水型社区、17个节水型村庄创建，换装180块节水宣传橱窗版面。评选出210户“节水先进家庭”，丰台区入榜“北京市节约用水先进集体”2家，“北京市节约用水先进个人”4人。完成115户非居民用水单位的户表关系梳理信息采集，绑定水表87块。完成临时用水指标审批14件、建设项目节水设施验收4件。全区非居民非农业用水单位计划总量7188万，未超出计划总指标量，完成当年用水总量控制的工作目标。

（朱曦妍）

【水利工程建设与管理】 年内，存续注册监督工程47项，其中主体建设完工27项，暂停施工18项，在建2项。开展质量监督检查60次，发现问题168项，全部完成整改。对在建工程所用原材料、中间产品及实体质量进行抽样检测123次，全部合格。对45个分部工程质量结论进行核备，完成3个工程项目的竣工验收。开展安全监督检查53次，其中汛期、节前、安全生产月等专项安全检查11次，发现安全隐患113项，全部完成整改。保障空气质量，累计进行施工现场扬尘治理评分16标段。大力推进工程建设，河西第三水厂具备调蓄通水能力，河西再生水厂（二期）转商业运行。丰台区丽泽桥积水治理工程及小井桥积水治理工程南侧完工。丰草河（暗涵—西三环）河道治理工程建设任务主体完工。推进河西再生水厂配套管线工程京周路段拆迁及施工准备工作，加快推进丰草河（西三环路—莲花河）治理工程、佃起河（王佐中环路—京石高速公路）防洪治理工程、蟒牛河（白草洼—小清河）防洪治理工程、小清河（丰台房山区界段）防洪治理工程竣工验收工作。

（朱曦妍）

【水环境治理与水生态建设】 年内，完成农村污水骨干管网建设43公里，新建农村污水处理站2座，升级改造1座。对各污水处理厂站检查218站次，其中安全专项检134站次。河西再生水厂处理水量1665.85万吨，晓月苑污水处理水量155.35万吨，花乡污水处理水量156.19万吨，出水水质全部达到设计出水标准；河西再生水厂（二期）投产运行，处理508.31万吨；农村污水处理站处理水量6.17万吨，随配套管网完善，

▲5月10日，丰台区节水办在莲花池公园开展节水集中宣传活动。（区水务局 供图）

▲3月30日，丰台区水文和水土保持工作站对丽泽桥积水治理工程进行安全检查。（区水务局 供图）

小龙泉河污水处理站停运废除；各厂站全年处理水量2491.85万吨，污水处理量同比上升20.9%，农村水环境得到明显改善。配合推进河西再生水厂二期项目建设，随着项目进入商业运行阶段，纳入监管范围，通过优化配置、量化考核，污水处理率得到提升。完成花乡南部污水处理站在线监测和除臭设施安装项目，已竣工验收。推进河西地区农村污水基础设施建设，配合完成西庄店污水处理站建设。完成丰台区地表水、地下水、污废水等水质监测样品1438个，形成监测数据13670个，出动采样人员1000人次，为全区水环境发展提供科学依据。小微水体治理任务23处全部销账，所有考核断面持续稳定达标，制定完成丰台河西地区劣Ⅴ类水体消除和保障方案。完成水土保持日常监督管理建设项目72个，实现区域全覆盖管理。完成水影响评价审批72件，其中报告书37个，报告表29个，承诺制6个。水土保持设施验收备案29个。完成水利部疑似图斑任务核查17个，梳理生产建设项目水土保持方案台账及信息录入任务227个；完成市级遥感卫星疑似图斑任务核查11个。对建设项目开展水文和水土保持检查310次，出动检查人员约620人次，对已形成违法事实的建设单位立案30起，收缴罚金14万元。办理水土保持补偿费征收事项63件，其中征缴办理43件，征缴水土保持补偿费214.93万元；免缴案件办理20件，涉及园林绿化、雨污水收集管网、市政供水、垃圾处理、学校设施、土地整治、养老服务设施、建设保障性安居住房和开展小型农田水利建设等类型。

（朱曦妍）

【水旱灾害防御】 年内，汛前组织河道管理单位开展全区河道、水利工程设施及防洪设施的检查管护和隐患排查工作，梳理河道行洪障碍物台账，编制完成河道清障和未拆除障碍物度汛预案；落实河道、闸坝、堤防、蓄滞洪区和在建工程等的责任制；完成丰草河（暗涵出口—西三环）治理、佃起河（云岗路—王佐中环路）治理、小井桥积水治理、丽泽桥积水治理4处在建工程度汛预案编制工作。修编《2021年小清河（丰台段）蓄滞洪区运用预案》《丰台区中小河道防御洪水方案（2021）》和《北京市丰台区永定河防汛预案》并通过市局验收备案；完成区防汛应急抢险队伍的各类抢险设备的汛前保养工作；配合北京铁路局等部门完成丰台西站铁路桥积水点治理工作。加强应急演练，实现了防汛工作目标。全年，对9座雨水泵站运行、安全和疫情防控、创卫、防汛等情况进行检查及考核共87站次，完成雨水泵站日常设备保养及设施维修工作。全年疏通管线5256米，清掏雨水箅子和污水井157座，更换井盖8个，出勤车次1173车次，出勤人数4230人次。实施小型工程5次，其中道路塌陷抢修1次，自来水管破裂抢修1次，水毁工程

▲11月12日，丰台区质安站开展河西农村治污工程基槽联合验收。（区水务局 供图）

▲3月14日，丰台区河西再生水厂洗膜作业。（区水务局 供图）

▲7月12日，丰台区永定河管理所人员雨中巡查清理排水沟。（区水务局 供图）

▲4月1日，丰台区供排水所为长辛店曹家口铺设污水管线，解决污水横流问题。（区水务局 供图）

修复1次，解决居民污水横流问题1次、居民污水管线改造1次。完成丰台区创卫工作任务18项，应急转运污水7815吨；新建管线594米、污水井17座、蓄水池化粪池2座，拆除并恢复路面240平方米，拆除并新建雨水篦子10座。

（朱曦妍）

【河长制工作】 年内，落实河长制日常监督工作，区级河长、街镇级河长、社区村级河长、巡河员、第三方五级河道巡查管理体系落实落细。全年，区级河长巡河99次、228公里，街镇级河长巡河2002次、7444公里，社区村级河长巡河4.98万余次、14.7万余公里。各级河长发现并解决河道周边问题239起。协调办结督办问题280余起，问题移交整改20余件。持续推广当班河长工作机制，引导市民安全文明游河湖新风尚。全区各级河长和相关单位共巡查河湖3959人次，河湖保洁1181次，清理垃圾132立方米，开展执法检查850次、出动1384人次，现场制止违法行为352人次，立案查处件数63件。

（朱曦妍）

【水库移民后期扶持】 年内，核定登记农业水库移民人口389人、农转非人口369人，发放移民扶持资金44.004万元。

（朱曦妍）

【政务服务】 年内，派驻丰台区政务大厅首席代表及驻厅人员，完成区级涉水审批事项的委托受理和授权审批，实现涉水审批事项的“受理、审批、办结一站式服务”。完成电子印章激活使用，推进“全程网办”工作落实。结合水利部推广取水许可电子证照，落实“证照分离”改革要求。全年共受理办结区级涉水审批服务事项401件。

（朱曦妍）

【科技教育】 年内，完成《丰台区智慧水务建设方案》。完成行政人员线上培训3000余学时、事业人员培训90学时。加强离退休老干部学习教育管理，开展各类文化学习活动12次，发放学习材料80余本。

（朱曦妍）

【机构改革】 年内，按照深化行政执法体制改革要求，以所属事业单位——北京市丰台区水政监察大队为基础，组建北京市丰台区水务综合执法队，保留其他7家局属事业单位。机构改革后，北京市丰台区水务局所属事业单位共8个。

（朱曦妍）

供 电

【概况】 2021年，丰台供电公司负责90余万客户的供电服务工作，全年完成售电量94.39亿千瓦时，同比增长8.21%；完成接电容量103.67万千伏安；供电可靠率99.9972%；最大负荷181.6万千瓦，实现全年安全生产无事故目标。年内，获国家电网有限公司庆祝建党100周年活动保电先进集体、国家电网有限公司“优秀共产党员服务队”、国网北京市电力公司红旗党委等荣誉称号，并连续5年保持“全国文明单位”称号。

（赵 剑）

【电网运行与保障】 年内，历时286天，完成全国“两会”、中高考、建党百年及冬奥会等140项重大保电任务，保电任务数量、持续时间、参与人数及规模标准均破纪录。6月21日，北京2022年冬奥主媒体中心国家会议中心二期临电工程正式送电，总配电容量19200千伏安，较原计划提前10天完成，是第一个服务于冬奥会正式比赛的临电项目。提前10天完成冬奥主媒体中心投产送电。组建24人保障团队，紧急实施外电源切改工程，完成二七厂冰雪项目训练基地保障任务。编制迎峰度夏、度冬等各类专项预案80余份，组织开展各类反事故演练200余次。稳妥应对夏季181.6万千瓦、冬季176.5万千瓦最大负荷。跟踪冬季天气情况，提前部署抢修人员和物资开展延伸服务，确保电网安全稳定运行和“煤改电”居民温暖度冬。政企协同开展常态化输电通道反外

▲6月21日，北京2022年冬奥主媒体中心国家会议中心二期临电工程正式送电。（张涛 摄）

力巡视治理，发现并制止通道内临时开展且未向公司报备施工109次，根治顽疾隐患220处，全年输电通道故障同比下降33.3%。应用红外热成像、暂态地电波等方式监测分析配网运行情况，发现并处理设备缺陷130处。电缆网自动化覆盖率提升至60%，终端在线率98.3%以上，系统切改完成率89.54%。户均停电时间0.2465小时，同比下降44.54%，供电可靠率99.9972%。疫情期间，安排部署城市电网、冬奥场馆防疫保障举措，制定一户一策专项方案与巡视计划，对全区医院、学校等防疫重点单位开展外电源设备摸排、隐患整改，安排专人进入客户内部开展用电检查、设备检修等延伸服务，最大限度确保疫情期间供电可靠。

（赵 剑）

【电网规划与建设】 年内，丽泽220千伏变电站和智能电网调控指挥中心项目取得立项核准、规划许可证和土地划拨决定书。争取变电站用地稀缺资源，签订2份变电站站址投资划分协议，推进9座变电站选址落地。取得主网项目立项4项，配网项目立项22项。取得岳各庄220千伏变电站三项110千伏切改工程开工证。取得丰火220千伏变电站规划许可证和开工证，解决进场施工民扰问题。取得张仪至莲花池派岳各庄工程规划许可证，配合北京公司取得南苑变电站加装调相机工程外部水源工程立项核准与稳评登记意见。全年与区政府、区住建委、区规自分局等政府部门及区综投公司、丽泽金都置业、北京静态交通等公司签订6份合作协议。超前两个月完成丰台火车站的上级电源丰益变电站投产送电，保障丰台火车站配套外电源工程按期投产，得到区委区政府主要领导的肯定批示。张郭庄输变电工程按期投产，为中直机关住宅楼等重要用户提供可靠供电。

（赵 剑）

【用电服务】 年内，提供“三零”（零上门、零审批、零投资）服务2294户，取消用电报装工程验收接入环节的14项费用。坚持对客户合理诉求“零延时、秒响应”，95598工单量、投诉量分别同比下降14.1%、85%，12345市政热线工单同比下降19.24%，累计8个月实现“零投诉”。为27户“爱心卡”用户提供电压电量、余额异常监控等定制化暖心服务，助力企业形象提升。推广完成网上国网、微信营业厅，方便客户用

▲12月22日，丰台公司运检部电缆专业针对冬奥会保障重点站线开展状态监测和隐患排查工作。（张涛 摄）

▲11月19日，丰台公司工作人员到新发地农产品批发市场检查电器设备运行情况，保障疫情期间市民“菜篮子”供应稳定。（张涛 摄）

▲10月30日，凌晨4时，丽泽金融商务区内的丰益110千伏输变电工程顺利投产送电。（张涛 摄）

▲12月2日，丰台公司主动宣传“三零＋全电餐饮”服务，为街道及餐饮业客户提供替代性方案。（张涛 摄）

电业务线上办理。完成城市经典老旧小区的高低压发电和晓月苑老旧小区的开闭站顺利投产，解决历史遗留问题。发挥供电所“触角”优势，跟进丰台行政区划调整，主动对接地方街镇，建立互联互通机制，加强政企合作紧密度。与云岗、东高地街道联合推动“三供一业”（供水、供电、供暖（气）和物业管理）项目改造，与马家堡、大红门街道开展深度战略合作，通过优势互补提升居民用电获得感，助力地区经济发展。打造新发地市场绿色物流电气化充电站和二七纪念馆“安全用电、绿色用电、智慧用电”光伏示范基地，实现合同能源管理零的突破，进一步助力双碳目标落地。建立餐饮业液化石油气用户台账，完成8户全电厨房改造，促进电能替代。

（赵 剑）

【抢险救灾保供】 年内，在集美家居储能站突发火灾爆炸事件中，主动嵌入由政府组建的现场应急指挥体系并完成抢险复电，推动集美家居转供电治理，打造转供电客户智慧能源管理示范。7月，河南地区持续遭遇强降雨引发险情，丰台公司抽调人员装备赴救灾前线，经七昼夜奋战，成功为11个小区、42座配电室、1.15万客户恢复供电。

（赵 剑）

【疫情防控】 年内，灵活调整办公模式，加大防疫物资储备，定期对办公场所消杀，开展8轮7894人次核酸检测，全员疫苗接种覆盖率100%，在公司范围内实现零感染。

（赵 剑）

气象服务

【概况】 2021年，区气象局做好“7.11–7.12”“8.16–8.17”等6次强降水天气预报服务，完成汛期、春运、“两会”、中高考、空气污染、森林防火、煤气中毒、扫雪铲冰等专项气象服务保障任务，发布《36小时天气预报》365期、《天气情况》112期、《旬月天气预报》48期、《天气专报》（未来5天天气预报）365期、《环境气象快报》25期、《气候预测》1期、《重要天气报告》47期、《雨情信息》390期等决策气象服务材料，发布预警信息177期，短信发布预报140万人次，保障城市安全运行。每日通过“丰台气象”官方微博、微信公众号、头条号向公众提供气象信息。

（孙凤媛）

▲4月21日，丰台公司为长辛店二七纪念馆安装光伏板，实现自发自用余电上网，助力“碳中和”。（张涛 摄）

【大型活动及专项任务服务保障】年内，完成建党100周年庆祝活动气象服务保障，制定专项工作方案，6月份4次进入服务保障特别工作状态，开展17次加密观测，参与专题天气会商，提供滚动预报服务。完成中国戏曲文化周、北京国际风筝节、北京市卢沟桥醒狮杯越野跑等大型活动气象服务保障。

（郭雯东）

【气候评价】年内,年平均气温13.4℃，比常年平均值（13.5℃）偏低0.1℃。年极端最高气温36.9℃（6月19日），年极端最低气温-18.7℃（1月7日）。1月、5月、7-8月、10月气温比常年偏低；2-3月、9月、11-12月气温比常年偏高,其中，2月比常年明显偏高；4月、6月气温与常年平均值持平。全年极端最高气温大于等于35℃的天数为17天（常年为8.7天）。全年降水量为897.2毫米，比常年（547.1毫米）偏多64.0%，比上年（584.5毫米）偏多53.5%。1-2月、4-6月降水比常年同期偏少；3月、7-12月降水比常年同期偏多，其中，3月、9月明显偏多；2月降水接近常年同期。主汛期6-8月降水为611.8毫米，比常年同期（381.6毫米）偏多60.3%。降水日数（日降水量大于等于0.1毫米的日数）92天，日最大降水量88.9毫米（7月12日）。年度日照时数2068.3小日照时，较常年同期（2347.8小时）偏少。

（孙凤媛）

【灾害性天气】5月22日，出现大风天气，铁路线路及钢筋受损，造成经济损失400万元；8月16日出现暴雨天气，房屋漏水、车辆受损，造成经济损失304.7万元；6月25日出现冰雹天气，数十辆汽车被砸，造成经济损失数万元。

（孙凤媛）

【气象防灾减灾】年内，落实“三防”（防极端性、防突发性、防局地性天气）“三察”（上察天时、下察地势、中察人和）“三报”（报准落区、报准强度、报准时段）“三警”（风险预警、分区预警、有效预警）“三应”（决策叫应、部门响应、公众回应）“三炼”（锤炼党性、磨炼科技、锻炼人才）的“六个三”新要求。高影响天气前滚动更新预报，提前发布预警，共计发布气象灾害预警信息177期，与规自委丰台分局联合发布地质灾害风险预警21期。与应急局、水务局、生态局、城管委（交通委）、房管局、住建委、文旅局、园林局、排水集团四分公司、丰台供电公司等进行联动联防，第一时间通过防汛、地质灾害防治、空气精细化管控等7个工作微信群推送预警信息。开展第一次全国自然灾害综合风险普查工作,组建普查“两员”（专业指导员、普查员）队伍，组织完成8个灾种致灾因子部分普查数据填报，配合区普查办进行应急系统普查数据填报。

（郭雯东）

【依法行政和社会管理】年内，开展行政执法检查301次，其中防雷检查125次，升放气球检查123次，探测环境保护检查35次，气象信息发布传播检查17次,气象信息单位备案检查1次，发现隐患1处，已督促完成整改。受理雷电防护装置设计审核行政许可1件。做好全国“两会”、庆祝建党100周年期间的“禁飞”宣传及升放气球巡查。

（郭雯东）

【气象科普与法制宣传】年内，通过《丰台报》、“丰台气象”官方微信、微博向市民推送气象灾害防御知识11期，在“3·23”世界气象日等节点以知识讲座、线上直播、有奖征集等多形式开展气象科普宣传。培养科普讲解骨干，1人获北京市气象科普讲解大赛二等奖。深化局校合作，加强气象特色校园科普建设，指导十二中附小气象社团取得第十七届北京市气象知识竞赛小学组一等奖。

（郭雯东）

【气象“十四五”专项规划】年内，编制完成并正式印发《“十四五”时期丰台区气象发展规划》。着眼于《北京市丰台区国民经济和社会发展第十四个五年规划和二〇三五年远景目标纲要》与《北京市“十四五”时期气象事业发展规划》对丰台气象工作提出的新要求，对“十四五”时期气象探测、预报、服务、灾害防御等工作进行谋划布局，作为丰台区气象发展的行动纲领和重要依据。

（郭雯东）

2022

北京丰台年鉴

应急管理

应急管理

概 述

2021年，丰台区应急管理局印发《中共丰台区应急管理局委员会关于区委第二巡察组巡察反馈意见的整改落实方案》，归纳分解3大类10小项42个具体问题，制定整改措施100条，形成“主要领导负总责、分管领导亲自抓、牵头科室具体抓、多级联动抓落实”的整改责任联动机制。落实安全生产和疫情防控“双十六条”要求，对区工业企业完成75轮全覆盖防控检查，检查企业19362家次，发现并完成整改隐患326个。指导企业做好复工复产工作，其中规上62家，复工54家，复工率87.1%；规下98家，复工91家，复工率92.86%。应急管理综合行政执法队执法检查企业2629家次，人均检查量154.64件，消除隐患298项，立案处罚92起，处罚金额近57万元。全年接处区“接诉即办”平台123件举报，均已按期办结。建立三级“双岗保障”工作模式，提升丰台区防汛应急抢险处置工作效率，完善区森林消防综合应急救援支队，派驻现场干部强化应急处置，开展“四不两直”检查等方式，持续提升队伍消防应急救援能力。浓厚国家安全日宣传教育氛围，采取网络知识竞赛、失泄密隐患清查、张贴宣传画册等多种形式开展宣传教育活动，到分管企业开展国家安全知识普及工作。

（安　东）

【巡察反馈意见整改】 3月5日至4月30日，中共丰台区委第二巡察组组长带队对区应急局党委进行巡察。9月14日，巡察组向应急局党委反馈巡察意见。11月26日，应急局党委组织召开巡察整改专题民主生活会。

（孙立营）

【先进典型推选宣传】 3月11日，按照市应急委等4部门《关于开展2021年北京市“应急先锋·北京榜样”先进典型推选宣传活动的通知》要求，向各成员单位印发关于参加先进典型推选宣传活动的通知，通过宣传动员，经各单位层层举荐，3月至5月期间，分两批向市局报送个人85名、集体23家参加评选活动，最终丰台区9人获评“应急先锋·北京榜样”周榜人物，2人获评“应急先锋·北京榜样”月榜人物，1家集体获评“青年安全生产示范岗”称号。

（郭卫平）

【开展党史学习教育】 3月26日，区应急局召开党史学习教育动员部署大会。局党委书记、局长出席会议并作动员讲话，局党委委员、副局长主持会议并宣读《丰台区应急管理局开展党史学习教育工作实施方案》。3月30日，区应急局党委以理论中心组学习的形式，开展为期2天的党史专题学习和研讨。会议由局党委书记、局长、党史学习教育领导小组组长主持。局党委班子成员、区管四级调研员及以上人员参加学习研讨。中心组成员集体观看《习近平出席党史学习教育动员大会并发表重要讲话》《党史学习教育中央宣讲团首场报告会》等专题视频，深入学习研读习近平《论中国共产党历史》《毛泽东、邓小平、江泽民、胡锦涛关于中国共产党历史论述摘编》等内容，围绕“学史爱党”开展集中研讨。

（孙立营）

【成立灾害普查领导小组】 4月6日，区政府办下发《关于开展第一次全国自然灾害综合风险普查的通知》，决定成立丰台区第一次全国自然灾害综合风险普查领导小组，区应急局局长兼任领导小组办公室主任，丰台区第一次全国自然灾害综合风险普查工作正式启动。普查涉及的自然灾害类型主要有地震灾害、地质灾害、气象灾害、水旱灾害、森林和草原火灾等。普查内容包括主要自然灾害致灾调查与评估，人口、房屋、基础设施、公共服务系统、三次产业、资源和环境等承灾体调查与评估，历史灾害调查与评估，综合减灾资源（能力）调查与评估，重点隐患调查与评估，主要灾害风险评估与区划以及灾害综合风险评估与区划。

（黄远军）

【应急视频会议系统升级改造】 4月7日，区应急局应急指挥中心通过公开招标形式开展视频会议系统升级改造建设工作。升级后的视频会议系统可实现扁平化指挥调度，实现市—区—街镇—

▲7月1日，区应急局组织收看庆祝中国共产党成立100周年大会。（区应急局 供图）

村（社区）四级联动。该视频会议系统于6月2日改造完成并投入使用。

（易　冰）

【全面从严治党、党风廉政建设和反腐败工作动员部署大会】 4月9日，区应急局召开2021年全面从严治党、党风廉政建设和反腐败工作动员部署大会。局党委书记、局长出席会议并作动员讲话，局党委委员、副局长主持会议并宣读丰台区应急局《2020年度全面从严治党、党风廉政建设、反腐败工作情况和2021年度重点工作任务》。区纪委监委第十二综合派驻纪检监察组组长到会指导。会议传达市、区纪委全会精神，指出要从坚定不移推进政治建设、坚持不懈加强思想教育、锲而不舍深化作风建设、从细从实强化主体责任等方面做好2021年度全面从严治党、党风廉政建设、反腐败工作。

（孙立营）

【灾害普查总体方案印发】 5月14日，丰台区第一次全国自然灾害综合风险普查领导小组印发《丰台区第一次全国自然灾害综合风险普查总体方案》。《总体方案》包含总体目标与主要任务、实施原则、普查范围与内容、技术路线与方法、空间信息制备与数据库、软件系统建设、质量管理、普查成果与成果汇交、组织实施、保障措施共9个章节。

（黄远军）

【专职安全员调研】 7月7日，为贯彻落实市应急管理局《市安委会关于进一步深化区职能部门安全生产专职安全员队伍改革有关工作的指导意见（征求意见稿）》文件精神，了解职能部门专职安全员工作情况，做好专职安全员管理工作，区应急局局长和相关工作人员采取“四不两直”工作形式，先后调研区农业农村局、区水务局、区商务局的专职安全员队伍建设、安全工作、业务学习情况。

（姚　茜）

【灾害普查实施细则印发】 8月20日，丰台区第一次全国自然灾害综合风险普查领导小组印发《丰台区第一次自然灾害综合风险普查实施细则》。《实施细则》包含总体方案、主要灾害致灾调查与评估、承灾体调查、历史灾害灾情调查与评估、综合减灾能力调查与评估、重点隐患调查与评估、主要灾害风险评估与区划、自然灾害综合风险评估与区划、普查成果的质检核查、汇交与共享、宣传与培训、组织实施、保障措施共12个章节。此外还附录分部门任务清单、成果清单、联系方式、普查区划更新方案。

（黄远军）

【城市协管员（安全检查岗）交流仪式】 9月，根据区行政区划调整工作专班要求，为保证区划调整后人员到位，持续落实安全生产检查工作，区应急局举办城市协管员（安全检查岗）交流仪式。区应急局主管领导，成寿寺街道、石榴庄街道、和义街道、东铁匠营街道、原南苑乡安全生产工作科室负责人及22名城市协管员（安全检查岗）交流人员参加仪式。

（姚　茜）

【保障丰台区“两优一先”表彰大会】 年内，区应急局负责丰台区“两优一先”表彰大会临建设施搭建过程中的安全生产监管工作。综合执法队提前与搭建单位对接，对风险点进行提示，要求施工单位加强从业人员安全生产教育、做好安全交底、严守施工操作规程、落实企业安全生产主体责任。搭建现场执法人员督促搭建单位落实企业安全生产主体责任，对搭建的牢固性、配重、线路敷设及日常巡检提出改进建议，从而保障大会顺利召开。

（蔡　捷）

【持续推进“三项制度”落实】 年内，区应急局强化执法监督力度，推行行政执法公示制度、执法全过程记录制度和重大执法决定法制审核制度，行政执法公示规范化工作大幅提升，从基本信息、政务服务事项、执法结果公示、执法检查公示、综合公示5大板块30余项内容，对公示信息进行全面规范；完成执法检查和执法结果公示2056条、重大执法决定法制审核9件、局第三方服务采购合同等法制审核104件、局内案卷评查51件。参加区司法局案卷评查2件，全部被评为99分优秀卷；参加市应急案卷评查12件，全部被评为优秀卷。

（张舒静）

【区“十四五”应急管理规划】 年内，根据区政府办关于印发《丰台区推进城市安全发展实施方案》的通知、区发改委《关于印发丰台区“十四五”规划研究编制工作方案的通知》及《关于加强丰台区“十四五”规划研究编制工作管理的通知》要求，区应急局按计划推进丰台区安全生产“十三五”规划执行情况评估工作和丰台区应急管理事业发展规划编制工作，完成《丰台区“十三五”时期安全生产规划实施情况终期评估报告》《“十四五”时期丰台区应急管理体系研究》《北京市丰台区“十四五”时期应急管理规划（2021-2025年）》报审发布稿。

（王金泉）

【风险评估工作成果】 年内，丰台区完成城市安全风险评估数1129家（市安办下发年度目标600家），完成率188.1%。截至12月7日，丰台区已注册完成的企业13645家，完成风险评估单位13171家，其中非小微企业1370家，占总数的10.40%；小微企业11801家，占总数的89.60%。共评估出风险源31170条，其中重大风险源9条，占0.03%；较大风险源154条，占0.49%；一般风险源6550条，占21.01%；低风险源24457条，占78.46%。

（陈　浩）

【安全社区创建】 年内，丰台区开展安全社区建设工作，区应急局对接街镇，协同各部门形成合力，提高辖区安全管理水平。7月，向市应急局申报综合减灾示范社区创建56家、复评44家，共计100家。11月，通过北京市综合减灾示范社区市级评审64家，其中创建24家、复评40家。全年通过北京市安全社区评审有5个街道。

（董金玲）

【应急管理创新案例征集评选】 年内，

推动应急管理创新发展，结合单位应急管理工作实际，推荐北京市丰房建筑工程有限公司参加2021年首都应急管理创新案例征集评选活动，申报创新案例《深入探索应急抢险工作化管理，以行动践行国企担当助力辖区安全》。经评选，被市应急管理局评为二等奖。

（董金玲）

【组建区级应急志愿者支队】 年内，为进一步推动应急志愿服务工作，结合工作任务要求，在“志愿北京”信息平台“北京市应急志愿服务总队”账号下完成丰台区应急志愿服务支队红箭大队、丰台区应急志愿服务支队蓝天救援大队、北京先锋应急救援队丰台分队3支队伍的注册，作为辖区内应急志愿服务的常备力量。

（郭卫平）

应急救援

【完善结构调整】 4月8日，区应急办印发《关于调整区级专项应急指挥部和领导成员名单的通知》，完善区应急委架构体系，明确各专项指挥部工作职责和牵头领导，完善丰台区应急管理组织指挥体系，夯实应急管理基础。

（薛　波）

【应急小分队】 7月，区应急办联合区防汛办组织宛平街道应急小分队10余名队员参加丰台区防汛综合应急演练。11月，完成26个街镇和2个管委会28支500人的应急小分队调整建设，实现“区级全覆盖，社区有试点”。

（薛　波）

【值班值守】 年内，区应急办接报并指挥协调处置各类突出情况1909起，其中自然灾害30起，事故灾难41起，公共卫生事件137起，社会安全事件864起，城市运行573起，现场协调处置63起；接报应急处置电话11545起，发送短信6.5万条，下发《突出情况报告单》520份；接收领导批示133件，下发《关于区领导批示传达的通知》92件；向市应急办报送《丰台区值班信息》25期；编发《值班快报》365期、《值班快报（专刊）》41期。坚持每日电话、电台、视频值班值守抽查，视频抽查3799个次，对243家次单位进行提示，按时到位率93.6%；电话抽查单位4141个次，对204家次单位进行提示，准确应答率95%；800兆电台抽查单位8817个次，对120家次单位进行提示，到位率98.6%。

（薛　波）

【应急单兵系统】 年内，应急单兵系统建设完成并推广使用，在区各委办局、街镇、社区村共部署应急单兵600余个。1月，系统可实现突发事件现场图像回传、快速组会入会功能，在重大活动和突发事件应对中实现扁平化应急指挥调度，保障市领导可“随时、就近、高效”开展指挥调度。8月，建立区级应急单兵系统，实现市、区、街道镇、社区（村）四级联动机制。区级应急单兵系统账号每个街道（镇）3个，社区（村）各1个，实现区级单兵411个社区（村）全覆盖，联通率达到100%。在马家堡“1.27”事件处置中提供首次实战应用，实现救援现场图像回传和汇报，提高突发事件处置能力，得到市级通报表扬。在大红门“4.16”、右安门“11.2”事件处置中分别得到更多应用实践。市应急指挥中心多次组织抽点检查、突发事件处置过程中，做到应答及时、视频图像回传准确。

（易　冰）

【应急岗亭】 年内，投入29.4万元制作应急救援柜投放至北京园博园、丰台花园、莲花池公园，内含5大类35种应急救援物资，分别为用于消防救援使用的救援服装、钢丝救援绳、灭火毯、全面罩呼吸器、投掷型逃生瓶、多功能应急灯等；用于医疗防控使用的AED、汽车应急包、血压计、医药箱、防空警报器、折叠担架等；用于应急疏散使用的交通指挥棒、折叠路锥、警戒带、喊话器等；用于防汛救灾使用的9马力手抬泵、漂浮绳、救生圈、自膨胀沙袋等；用于治安处置使用的盾牌、警棍、约束带、网枪等。年内在地震灾害应急疏散演练中，应急救援柜首次亮相，配合演练需求，开展应急救援工作。

（薛　波）

安全生产监督管理

【安全生产监督检查计划制定落实】 年内，制定2021年执法计划和任务指标。围绕依法行政绩效考核指标A岗人员编制比例、A岗人员参与执法率、违法行为检查率、行政执法公示制度、执法全过程记录制度和重大执法决定法制审核制度落实情况，年初制定《丰台区应急管理局2021年度安全生产监督检查计划》和《丰台区应急管理局2021年度监督检查任务内部指标》，明确全年计划监督检查生产经营单位546家，其中重点检查单位338家（占62%），一般检查208家（占38%），并对A岗人均检查量、处罚量、参与执法率、移动终端使用率、撤案率和违法行为查处率等作明确要求。

（安　东）

【城乡结合部地区重点村安全专项整治】 7月1日，区安全生产委员会办公室印发《城乡结合部地区重点村安全生产专项整治实施方案》，围绕市级挂账村，开展城乡结合部地区生产安全事故隐患排查。区应急管理局联合长辛店街道办事处对赵辛店村的各类生产经营单位安全生产情况进行全面摸底排查，掌握赵辛店村的生产经营单位数量、性质、主要负责人等基本情况，形成生产经营单位基础台账201家，发现隐患56处，整改率100%。

（熊灯根）

【派出安全生产督导员】 7月30日，区安全生产委员会办公室联合区防火安全委员会办公室印发《关于向各属地派出安全生产督导员的通知》，由区应急管理局、区消防救援支队分别向各属地派出1名安全生产督导员对安全生产和消防工作进行常态化督导工作，全年督导整改隐患1181处。

（林商行）

【电动自行车消防安全专项整治】9月24日，区安全生产委员会联合区防火安全委员会印发《电动自行车领域消防安全专项整治工作方案》，推动属地建立电动自行车台账。区电动自行车总数为163838辆，有效使用充电接口50217个。

（于海尧）

【区委区政府安全生产督察】11月29日，区应急管理局以区委区政府名义组织开展区委区政府安全生产督察工作，对26个街镇、2个管委会开展安全生产综合督察"回头看"，对21个负有行业监管职责的委办局开展安全生产延伸督察。查阅各类档案资料（电子档案）1900余份，延伸抽查企业169家，发现各类问题隐患868条，其中政府层面201条、企业层面667条。针对政府层面存在的问题，要求党（工）委、行政班子专题进行研究，制定整改方案，抓好整改落实；针对抽查企业时发现的问题，要求委办局、属地牵头督促企业落实主体责任，紧盯问题整改，严防各类事故。

（熊灯根）

【安全生产专项整治三年行动】年内，区安全生产委员会办公室围绕3个专题、8个专项，推进区安全生产专项整治三年行动。梳理目标任务清单241项，完成率100%；挂账隐患906项，销账率100%；市城市安全隐患排查核查核销率95.18%，已达标。报送典型案例、信息及月小结30篇。各专项牵头单位督导检查次数8894次，检查单位30188家，督导问题24405个，行政处罚1264次，责令停产整顿82家，罚款1660.15万元，移送司法机关6人，约谈警示3048次，联合惩戒22次。

（林商行）

【液化石油气专项安全检查】年内，"按照区安委会统筹、部门监督抽查、属地全面检查"的原则，区安全生产委员会办公室组织有关部门对使用瓶装液化石油气的非居民用户安全用气情况进行全面检查，健全非居民用户使用液化石油气安全责任体系，检查覆盖率100%，发现隐患2843项，整改率100%。

（于海尧）

【安全生产领域"放管服"工作】年内，区应急管理局牵头完成行政许可电子印章刻制和应用，电子档案事项配置、开通，区级系统实现网办事项全程网办。

（陈　伟）

【推进标准化创建工作】年内，重点在区工业、体育、文化娱乐、医疗卫生、餐饮、商业零售、教育、星级宾馆等行业和领域继续推广安全生产三级标准化创建工作。完成安全生产三级标准化创建201家，完成小微企业安全生产标准化创建573家，共计774家，超额完成年度任务74家，完成率111%。

（李　志）

【有限空间作业安全管理】年内，区应急管理局以丰台区安全生产委员会办公室名义印发《关于加强有限空间作业安全监管工作的通知》，强化监管责任，明确重点工作。召开丰台区有限空间安全生产工作大会，进行再动员再部署。开展有限空间作业百日安全大检查和"双防一推进"监督执法和安全检查专项行动，执法推动落实，排查消除隐患。要求工业企业警示标识全覆盖，夯实基础工作，推动标示覆盖。通过微信群转发相关知识，用公众号等新媒体形式推送有限空间事故警示案例和安全提示，强化教育，宣传安全知识。全年共检查单位3630家，排查发现隐患1030项，下达执法检查文书1224家，立案处罚5家，罚款3.4万元。

（李　志）

【工业企业安全隐患排查】年内，区应急局采取政府购买服务的方式，聘请第三方公司对丰台区工业企业落实主体责任、危化品使用、有限空间、粉尘涉爆等方面开展隐患排查，排查隐患1400余项，已全部发至丰台区应急管理局综合执法队和属地街镇进行督促整改。

（李　志）

【丰台科技园区安全生产专项整治三年行动】年内，区应急局督促园区落实《丰台区科技园区安全专项整治三年行动实施方案》《丰台区安全生产专项整治三年行动目标任务清单》《丰台区科技园区安全生产专项整治三年行动重点任务》各项任务，明确各项责任单位，细化整治内容，落实整治资金，督促驻园企业落实主体责任，推进13项重点任务顺利完成。

（李　志）

防灾减灾救灾

【提前开展属地防汛调研检查】4月23日，为督促属地防汛工作落实，区防汛办成立2个调研检查组，对丰台区21个街道、乡镇开展汛前准备工作检查，通过座谈交流、实地查看、走访调查、查阅资料等方式进一步了解和查看各属地防汛指挥体系建设、预案修订、应急演练、物资管理、排水设施清掏等项工作开展情况。

（田耀星）

【部门联动研究抢险力量布控】5月11日，区应急局、区水务局、市排水集团四分公司、市公联公司联合召开汛前对接工作会，研究2021年汛期防汛抢险力量点位布控工作。各单位结合丰台区河道治理、道路规划、积滞水点及区属抢险队伍人员力量情况一一对拟布控点位展开研讨，其中针对丰台火车站的防汛问题进行重点研究，形成一致布控意见。

（田耀星）

【采购发放防汛物资】6月22日，区防汛物资发放活动在区防汛应急抢险一大队举行，丰台区35家单位现场领取防汛物资。为突出防御重点，该次采购特别购置疏通机、残水泵、轻型排水单元等符合丰台区区情、汛情的防汛设备，有效提升各属地雨水管道清掏能力，补充传统防汛排水设备只能抽排高水位积水的不足。

（高　林）

【应急演练】7月，区应急办联合区防汛办组织开展2021年丰台区防汛综合应急演练，7个专项分指和区气象局、区消防救援支队、宛平街道办事处、红箭救援队等20个单位共同参与，出动人员200名、设备39台（套），区政府副区长担任领导小组总指挥，区应急局局长担任副总指挥，25个街镇、园区管委及丽泽管委相关领导参加观摩。丰台区防汛办被评为2021年北京市首届应急演练竞赛（防汛专项）二等奖。12月，区应急管理局联合区地震局，组织开展地震灾害应急疏散桌面演练，演练模拟发生4.0级有感地震，以震区某小学、莲花池公园组织人员应急疏散为情景，设置灾情上报、人员疏散、伤员抢救、心理抚慰等救援科目。

（薛　波）

危险化学品安全监管

【重点时期危险化学品安全监管】 3月2日，区应急管理局与区公安分局组织丰台区危险化学品经营企业召开丰台区危险化学品经营企业“两会”反恐安全保障工作会议，就两会期间的安全生产和反恐工作进行动员部署。重点时期保持对丰台区危化企业开展不间断执法检查，持续保持高压监管态势。

（肖　勇）

【危险化学品行政许可】 年内，区应急管理局危险化学品经营许可证行政许可64家。首次申请6家、延期申请34家、变更申请24家；注销危险化学品经营许可证5家；完成危险化学品生产经营单位事故应急预案备案90家；危险化学品重大危险源备案1家。第二、三类非药品类易制毒化学品经营备案5项。

（陈　伟）

【危险化学品安全专项整治三年行动】 年内，区应急管理局先后组织开展重点危险化学品储存单位开展外部安全防护距离排查治理工作，实验室危险化学品专项检查，化工安全仪表系统专项整治工作，医药制造、化工企业专项整治，硝酸铵等危险化学品专项排查和非法违法“小化工”专项整治工作，危险化学品“打非”专项行动，重大危险源企业专项督导检查，大型油气储存基本风险评估、危险化学品运输专项整治，危险废弃物专项检查等多项工作任务。

（肖　勇）

【细化风险管控责任】 年内，区应急管理局督促4家重大危险源企业建立安全保包责任制，明确重大危险源企业主要负责人、技术负责人和操作负责人的安全职责。4家企业均已设立公示牌，完成信息填报和备案工作。组织区4家重大危险源企业负责人述责述安和安全生产知识考核。4家企业主要负责人按照《述责述安制度实施细则》要求，汇报单位基本情况、受处罚情况及整改情况、风险及管控措施、重点任务落实等6个方面情况。

（肖　勇）

【危险化学品不涉及储存经营企业安全专项审计】 年内，区应急管理局委托专业审计公司，重点对丰台区65家危险化学品票据企业进行全覆盖检查，对3家超范围经营危险化学品的票据企业立案查处，进一步规范危险化学品票据企业的经营行为。

（肖　勇）

【优化危险化学品企业布局】 年内，区应急管理局完成北京天利仁和物资贸易有限责任公司的腾退工作，督促其自有气瓶全部报废处理，并注销危险化学品经营许可证。

（肖　勇）

【危险化学品安全生产风险监测预警系统运行平稳】 年内，区应急管理局为进一步加强丰台区重大危险源企业在线监测、风险预警工作，先后通过约谈、行政处罚等手段促进问题整改。全年督促问题整改 13项，督促企业对问题责任人处罚3 起，罚款 0.17万元，约谈企业负责人3次，行政处罚1起，罚款2万元，确保监测预警系统运行平稳。

（肖　勇）

【重大危险源企业加大投入降风险】 年内，推动中国石化销售有限公司北京长辛店石油库投入3000多万元，完成化工仪表、消防通道，稳高压消防系统和罐区围堰改造，消除多年存在的安全生产顽疾。

（肖　勇）

【油气储存企业安全风险评估】 年内，对中国石化销售有限公司北京长辛店石油库和北京中油潞安石油销售有限公司开展深度评估，评估涵盖设备设施和管理软硬件两个方面16项内容，排查隐患104项，已整改完成101项，提高油库本质安全水平和安全管理能力。

（肖　勇）

【危险化学品双重预防机制试点】 年内，完成应急管理部危险化学品双重预防机制试点任务。督促中国石化销售有限公司北京长辛店石油库实现“科学完善的工作推进机制，责任明确的风险分级管控，全面覆盖的隐患排查治理，线上线下相融合的信息化平台，奖惩分明的激励约束制度”5个方面的优化提升，在规定时间内完成试点任务。

（肖　勇）

【企业重点人员安全资质对标】 年内，编制完成对中国石化销售有限公司北京长辛店石油库和北京中油潞安石油销售有限公司专职安全生产管理人员和高风险操作岗位人员安全资质达标管理清单，涉及67人，其中65人安全资质达到标准要求，2人未达到要求，已报名参加学历提升。

（肖　勇）

【医药制造、化工企业专项整治】 年内，区4家医药制造企业，1家化工企业专项整治排查出隐患74条，已全部完成整改并通过专家验收，5家企业共投入整改资金160多万元。

（肖　勇）

【涉氮涉氨企业专项安全检查】 年内，经排查丰台区涉氨涉氮企业有14家，其中3家工业气体带储存经营单位经营氮气，2家冷库使用液氨构成重大危险源，2家工业企业使用液氨液氮，1家医药制造企业使用液氮，6家实验室涉氨涉氮。专项检查共下达检查文书5份，行政处罚1起，罚款2万元。

（肖　勇）

【烟花爆竹回收专项工作】 年内，区应急局组织开展为期三天的烟花爆竹回收工作，丰台区5个街乡镇有回收情况，共回收最小包装烟花爆竹573个，总价值2962.71元。

（肖 勇）

【危险化学品“打非”工作】 年内，区应急局办理完成北京铁路运输检察院关于丰台区应急管理局对违法发布危险化学品信息未依法履职安全生产领域行政公益诉讼案。8月10日北京铁路运输检察院终结审查决定，经磋商，北京市丰台区应急管理局已经依法履行法定职责，社会公共利益得到有效维护，决定终结审查。区应急管理局先后完成长辛店街道查处非法工业气瓶、王佐镇查处非法制冷剂的处置，及时消除安全隐患。

（肖 勇）

【涉危工业企业分级分类管理】 年内，区应急局采取企业自查、区级检查、三方核查的方式确保监管到位。企业自查，以区安委会办公室名义下发通知，要求工业企业按照《北京市工业企业危险化学品使用安全风险分级办法（2021版）》对标自查，并将自查台账报区应急局；区级检查，区应急局按照《办法》对企业自查评级进行检查，并对较大风险隐患企业进行提示；三方核查，聘请第三方服务机构对丰台区所有工业企业进行体检式筛查，通过核查企业开展涉危使用安全风险辨识评估、确定风险等级、建立安全风险清单、实施安全风险分级管控等情况，消除重大事故隐患。

（李 志）

执法监察

【专项检查】 2月9日，区应急局根据工作部署对丰台区春运重点点位开展安全生产专项执法检查，对从业人员安全生产教育培训、事故应急救援预案的制定及演练、从业人员是否按规程进行操作及变配电柜（间）等进行重点检查，经查各点位安全生产形势基本平稳。4月6日，为做好冬奥会和冬残奥会期间安全服务保障工作，确保辖区安全形势稳定，区应急局联合区商务局对“涉奥场所”周边的加油站开展安全检查，要求加油站工作人员深刻认识保障冬奥会和冬残奥会期间安全稳定的重要性，抓好冬奥会和冬残奥会期间的安全生产工作。与区发改委联动，成立检查组，按照市区两级复产复工小组的工作要求，持续抓好对工业企业的疫情防控检查。

（尚 鹤 张卫国）

【恶劣天气工地安全生产联合检查】 4月16日，区应急局安全生产执法监察队联合丽泽管委会，在北京出现大风沙尘天气，发布雷电蓝色预警信号、大风黄色预警信号、沙尘蓝色预警信号和森林火险橙色预警信号的情况下，对属地建筑工地开展安全检查工作。检查采取“四不两直”方式进行，通过查阅相关资料和实地检查，现场开具执法文书，对于可以马上整改的要求立行立改，对于需要进一步完善的要求限期整改，督促工地企业履行安全生产第一责任人的主体责任。

（庆 锐）

【节前安全检查】 4月28日，为做好“纪念‘五一口号’发布73周年长走活动”的安全服务保障工作，区应急局联合北京园博园管理中心对园博园及周边的生产经营单位开展专项检查，以“过筛子”的方式对活动沿线的临建会场设施、应急照明与疏散指示标识和安全设备、配电室工作人员的特种作业操作证及劳动防护用品进行检查。7月，区应急局综合执法队成立4个执法检查组，对丰台区工业企业、危险化学品、人密场所等重点领域生产经营单位的安全教育培训、特种作业人员管理、劳动防护用品配备等情况进行检查。检查过程中，各检查组要求丰台区生产经营单位提高安全意识，加强安全管理，落实主体责任，保障节日期间安全稳定。

（庆 锐 温 燃）

【假日旅游安全检查】 5月1日，为做好丰台区假日旅游和安全服务保障工作，确保假日旅游市场安全、有序、优质、高效、繁荣、文明，区应急局开展“五一”假日游园活动安全检查，分别对世界花卉大观园“首届花潮节”和世界公园“文化游园会”活动现场脚手架搭建、游乐设施、安全设备的使用情况等进行检查。

（庆 锐）

【开展施工现场集中夜查行动】 5月26日，为贯彻落实《北京市丰台区防火安全委员会办公室关于上报“防风险、除隐患、保平安”消防安全隐患集中排查专项行动工作任务单的通知》文件精神及统一部署，确保建设工程施工现场安全监管严管严控态势，区应急局组织开展施工现场集中夜查行动。行动贯彻落实“四不两直”“双随机一公开”工作模式，主管副局长带队，综合执法队全体执法人员分4个执法组，对辖区重点施工工地进行安全检查。

（蔡 捷）

【“四位一体”执法体系落实】 年内，推进“执法标准化、执法规范化、执法精细化、执法信息化”建设，落实“执法四化、机制融合、考核考评、队伍建设”执法工作体系，开展突击检查、交叉互查、随机抽查，严厉打击各类非法违法生产经营建设行为。做好庆祝建党100周年等重大活动期间的安全防范工作，确保重要敏感期丰台区安全生产形势稳定。

（庆 锐）

宣传教育培训

【参加行政处罚“三化案卷”制作培训会】 4月7日，按照《北京市应急管理局关于举办行政处罚“三化案卷”制作培训的通知》的相关要求，为进一步提升执法效能和执法水平，规范行政执法案卷制作，区应急局分管执法工作副局长，执法队全体执法人员参加由市应急局组织的行政处罚“三化案卷”制作培训会议。培训会议主要讲解如何达到“三化案卷”，实现行政执法案卷制作的标准化、规范化和精细化的目标。主要对行政执法执法文书的基本概念及作用、执法文书基本要求、填写注意事项、文书制作过程中常见问题、案卷制作的流程、案件事实认定、处罚程序、法律依据等几方面进行讲解说明，并结合案卷制作的相关典型案例进行分析讲评。

（蔡　捷）

【小微企业落实安全生产主体责任宣传】 4月30日，为督促辖区小微企业加强安全生产意识，落实主体责任规定，区应急局应急管理综合执法队对丰台区餐饮、零售等多家小微企业开展普法宣传活动。通过法条讲解、画册张贴等方式，动员企业参与，督促企业履行主责主业，从事后整改调整到事前预防。6月28日，为进一步推进小微企业落实安全生产主体责任，区应急局通过会议、走访面向小微企业宣传安全生产法律法规和标准规范，发放宣传材料，进一步提升企业安全生产管理水平和安全意识；按照“谁执法谁普法”的普法责任制，坚持执法检查和普法宣传相结合，重点对小微企业经常涉及的“锁闭安全出口”“违规用电”等方面进行检查，以此进行精准指导服务。

（温　燃　蔡　捷）

【“5·12全国防灾减灾日”活动】 5月12日是全国防灾减灾日，区应急局联合区商务局在银座和谐广场组织开展以“防范化解灾害风险，筑牢安全发展基础”为主题的应急宣传活动。活动现场通过开展VR安全模拟体验、自救互救绳结实操练习、心肺复苏和烟雾逃生等活动形式，提高职工的防灾减灾意识与自救互救能力。

（冯向英）

【城市协管员及专职安全员培训】 年内，区应急局多次组织召开城市协管员（安全检查岗）及专职安全员培训会议。培训以视频会议形式进行，各街道乡镇园区、职能部门主管安全的科室负责人及城市协管员（安全检查岗）、专职安全员参加。培训包括区应急局综合执法队通报各属地安全生产检查队的检查情况，部署下一步工作重点内容；邀请专业老师讲解《北京市生产安全事故隐患排查治理办法》第266号令；从应急指挥总体情况、值班值守、防灾减灾应急处置等方面讲解应急管理相关知识等内容，旨在丰富城市协管员（安全检查岗）和专职安全员事故隐患排查治理的专业知识，提升突发事件处理及应急值守和履职能力。为检验年内培训成效，切实提高业务能力，开展城市协管员（安全检查岗）及专职安全员培训考试。考试采取闭卷形式，各街道、镇、园区、职能部门准备考试场地，安排专门人员进行监考。考试内容包含安全生产、应急管理、防灾减灾救灾及相关法律法规、政府规章等方面内容，以单项选择题、多项选择题、判断题和简答题的形式呈现。

（姚　茜　蔡　捷）

【“安全生产月”活动】 6月16日是安全生产宣传咨询日，区应急办、区安办在北京金唐中心以“落实安全责任、推动安全发展”为主题举办丰台区2021年安全生产月活动启动仪式。以安全月为契机，表彰在丰台区安全生产工作中作出突出贡献的社区及单位、个人，为12支应急抢险救援队伍举行授旗仪式，现场展示队伍及新型装备，约200余人参加活动。区安委会各成员单位围绕主题，采取多种形式开展“安全生产月”宣传活动，营造丰台区安全月文化。年底，区应急局获评“应急宣传进万家”暨“安全生产月”活动优秀组织单位。

（郭卫平）

【安全宣传进企业进农村】 6月24日，区应急局以市局为主导，牵手企业集团将安全应急宣传车开进企业，以主题宣讲、文艺演出、技能体验的宣传形式为干部职工进行现场应急安全培训，提升企业安全生产主体责任和职工应急意识与自救互救技能。10月，区应急局协助市局开展安全宣传进农村活动，安排代表性强、村民较集中、场地充裕符合条件的2个村庄，通过安全宣传强化村民防灾减灾意识，提高应对突发事件能力和自救互救技能。

（郭卫平）

【加强工业企业培训教育】 年内，区应急局通过逐一核对台账、逐一授课讲解，逐一督促进度的方式组织工业企业开展在线培训学习。将北京市应急管理局下发的工业企业台账与各属地检查队逐一进行核对，确保工业企业全员参训；连续召开三次会议，请培训机构老师对所有工业企业和属地检查队长进行培训，讲解学习方法强调学习时间；每月

▲6月16日，区应急办、区安办在北京金唐中心举办丰台区2021年安全生产月活动启动仪式。（区应急局供图）

▲2月4日，区地震局工作人员巡检老庄子台站。（区地震局 供图）

定期督促企业学习，对未学够学时的单独电话催促，并与丰台区应急管理局综合执法队联合在执法中提示学习进度。丰台区工业企业在线培训完成率96%，超额完成北京市应急管理局下达的85%的完成目标。

（李 志）

【开展主题普法宣传活动】 年内，开展普法宣传活动，打造应急普法品牌，先后组织开展“5.12”“12.4”“法律十法”及“以案释法”等主题普法宣传活动。在市局兼职法宣员的推荐工作中，丰台区张德智、马薇、李文静被评为优秀法宣员。

（张舒静）

【加强安全生产新闻宣传】 年内，利用区应急局微信、微博新媒体平台，宣传报道丰台区应急管理、安全生产、防灾减灾领域重点工作。采用图文、视频等多种形式推送转发各类安全提示、应急科普、防灾减灾救灾等知识（微信发布665条、微博发布578条），持续引导企业和群众提高安全意识。

（冯向英）

【加强干部学法用法】 年内，加强干部学法用法，不断提升应急管理队伍执法水平，组织开展会前学法4次，法制讲座2次；参加市区各类培训学习会10余次；分别对《中华人民共和国行政处罚法》《北京市行政处罚案卷标准和评查评分细则》《北京市安全生产行政执法系统常规操作流程》《物业管理中有限空间作业规范管理和事故预防》等法规文件进行学习解读。

（王金泉）

防震减灾

【概况】 2021年，丰台区地震局组织开展防震减灾科普知识宣教活动14场，向社会各界发放防震减灾科普书籍及宣传品10000余份。开展第一次全国自然灾害综合风险普查，实施地震行业普查任务，完成各行业房屋设施抗震加固信息采集录入工作。协助推进应急避难场所建设，组织地震应急演练。

（陈 超）

【地震监测台站】 年内，丰台区建有地震监测台站25个，其中前兆监测台站8个，分综合台、形变台和流体台三大类，强震动监测台站19个，其中两个台站为前兆与强震动综合台。

（吴晓文）

【行政执法检查】 年内，共开展地震监测设施及观测环境保护行政执法检查17次，未发现破坏地震监测设施及危害地震观测环境的行为。

（吴晓文）

【地震前兆资料处理】 年内，地震前兆资料共25个测项，2名监测预报人员每天按时观测报送数据，并进行数据入库监控和分析处理。主要涉及地壳形变、地下流体两大学科及气象三要素、降水量辅助观测。观测方式采用数字化和模拟观测，数字化观测数据通过网络自动传输至地震局前兆数据库保存，模拟观测数据通过地震行业专网上报市地震局。

（吴晓文）

【地震趋势会商】 年内，开展地震趋势周会商52次，结合地震前兆数据及地震目录资料，分析地震前兆异常及地震趋势变化，提出会商意见上报北京市地震局。6月和11月，根据市地震局关于召开2021年中及2022年度地震趋势会商会的通知精神，区地震局分析对比丰台区及周边台站、地震局的各项前兆观测手段的数据变化，收集整理大量资料及图件，编写完成会商会报告，并参加北京市地震趋势会商会。

（吴晓文）

▲11月8日，市、区地震局工作人员维修丰台路口社区台站仪器。（区地震局 供图）

▲5月10日，区地震局主要领导为资和信百货员工开展地震科普知识培训。（区地震局 供图）

▲5月10日，区地震局邀请蓝天救援队教官为北京联通三区公司丰南电话局员工开展动手实操培训。（区地震局 供图）

【地震活动】 年内，首都圈发生ML1.0以上地震512次，ML2.0以上地震100次（其中发生ML3.0以上地震12次，发生MS4.0以上地震1次，未发生MS5.0以上地震），最大地震为4月16日河北滦州MS4.3级地震。2021年，北京市发生ML1.0以上地震66次，ML ≥2.0级地震8次，最大地震为3月25日顺义ML2.9级地震。

（吴晓文）

【防震减灾科普宣传教育】 年内，以5·12全国防灾减灾日、7.28唐山大地震纪念日为契机，依托科技周、安全生产月等区内重大活动，发挥国家级防震减灾科普教育基地示范作用，开展系列宣传活动，深入到社区、学校、公园、企业，采取知识讲座、观看科普宣传片、动手实操项目培训、发放宣传资料等方式向公众普及防震减灾知识。

（陈 超）

【地震灾害风险普查】 年内，完成年度地震灾害风险普查各项任务。完成40个地震活动断层与地震工程地质条件钻孔资料收集，建立钻孔基础库；完成丽泽商务区野外钻孔取样及探测试验；完成1:5万活动断层分布图、1:25万地震构造图、1:25万场地类型分区图编制工作；编制完成房屋建筑抽样详查清单及房屋建筑抽样详查对象分布图。

（陈 超）

【房屋设施抗震加固信息采集】 年内，收集各行业房屋设施加固工程信息64条，数据录入全国房屋设施抗震设防信息采集和管理平台并通过审核。

（陈 超）

【应急避难场所建设】 年内，调查摸底各街镇239处适合建设应急避难场所的公园、绿地、广场、学校及体育场馆信息。结合摸底数据，细化建设应急避难场所等级、建设年度等指标，制定丰台区"十四五"期间应急避难场所建设计划。

（陈 超）

【地震灾害应急疏散演练】 年内，组织地震应急演练3次，其中现场演练2次，桌面演练1次。现场演练针对幼儿群体，采取示范讲解避震姿势、幼儿代表展示、互动提问等方式提升幼儿避震技能，组织幼儿进行教室避震、室外疏散科目。桌面演练发生4.0级有感地震的应急处置环节，演练应急避震、疏散

▲5月8日，区地震局工作人员带领丰台第五幼儿园华润城园区幼儿读地震科普宣传绘本。（区地震局 供图）

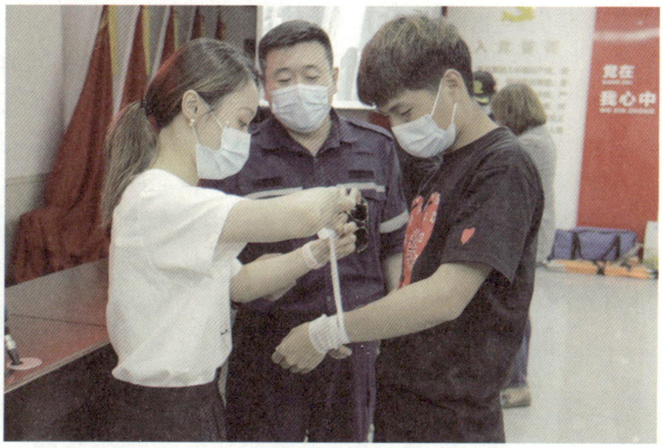

▲5月13日，区地震局邀请红箭救援队教官为六圈村村民开展动手实操培训。（区地震局 供图）

安置、医疗救护、心理抚慰等救援科目。

（陈 超）

【防震减灾基层队伍建设】 年内，统计更新丰台区435名防震减灾助理员信息，建立“纵向到底、横向到边”覆盖26个镇街、社区（村）的防震减灾助理员队伍体系。开展线上防震减灾助理员业务培训，讲授防震减灾基本知识、北京地区地震灾害风险、地震灾害风险管理以及防震减灾科普工作。

（陈 超）

消 防

【概况】 2021年，丰台消防救援支队将疫情防控和消防救援工作统筹推进，不断提高社会整体防控火灾能力和队伍建设水平，完成建党100周年庆祝大会、全国“两会”等重大消防安保任务，确保辖区火灾形势平稳可控。全年接出警4041起，其中火灾扑救1280起，同比下降6.4%；抢险救援1052起，同比下降6.1%；社会救助1709起。全年检查单位19502家，发现火灾隐患或违法行为28496处，下发责令改正通知书14685份，下发临时查封决定书1197份，责令“三停”1114家，罚款1867.9万元。

（胡 君）

【筑牢消防安全屏障】 年内，以消防安全整治三年行动为牵引，紧盯“六类高风险场所”（指人员密集场所、高层建筑、大型城市综合体、公共娱乐场所、易燃易爆场所、物流仓储场所）、“五个薄弱环节”（村民自建出租房、老旧小区、电动自行车、两个通道、施工工地），严防有影响的火灾事故，紧盯储能电站、密室逃脱类场所等新业态新领域，跟进开展火灾风险调研。在丰科万达广场，配合总队完成全市大型商业综合体消防安全标准化管理示范创建工作现场会，推动建立“1+2+N”单位自主管理新模式（1是指单位内部防火安全委员会，2是指行政、技术团队，N是指委员会下属责任单位责任人），为全市提供“丰台经验”。在《高层民用建筑消防安全管理规定》实施当天，开出全市首张罚单。对青塔村开展5次安全隐患集中清理整治，完成108个院落拆迁腾退工作。联合区各部门协助大红门地区四家服装商市场做好转型升级准备，发现整改各类隐患600余项。摸排上账11065名60岁以上失能失智、空巢老人，全部落实入户排查隐患，安装独立感烟报警器。全区累计安装独立感烟报警器16375个、充电设施接口1.3万个，均超额完成目标。

（胡 君）

【消防宣传】 年内，支队在央视、人民日报、学习强国APP等国家级平台报道信息22次，在央视频、新华社、抖音等10个线上平台开展直播6场，累计320万人次进行观看。在线下，开展全民消防大培训366场，培训46800余人次，完成“一警六员”（即社区公安民警和中央在京单位执勤武警；各街道、乡镇政府、村（居）委会基层工作人员；安全生产巡查员；物业服务企业职员；保安员；消防安全重点单位及餐饮、娱乐等火灾高风险场所职员；微型消防站、义务消防队和社会志愿力量等多种形式消防队员）培训51269人次，超额完成年初任务目标。推树“全国文明单位”西客站特勤站、“全国应急系统先进工作者”“首都最美退役军人”马小卫、“全国向上向善好青年”“首都劳动奖章获得者”孙卓等一批先进典型。

（胡 君）

【指挥中心建设】 年内，推行“智能语音播报”“警铃倒计时”等机制改革，出警途中平均用时控制在10分钟以内，提速3分钟以上。接入区级应急指挥调度系统、路网监控系统和预警管理等平台，将区属交通、医疗、电力、燃气等44个联动部门，200余辆应急车辆，733个微型消防站全部纳入指挥调度体系。至年底，支队指挥中心已具备自主接处警试运行条件。

（胡 君）

【完成重大安保工作】 年内，建党百年消防安保期间，部消防救援局领导、丰台区主要领导、总队领导等多次采取“四不两直”的方式开展检查指导。发动全区22个大网格、415个中网格、3460个小网格、658名民警、4.5万群防群治力量开展巡查，与应急局等部门成立联合督察组，督促网格员落实各项消防安全举措。建立“一办六组三团队”（综合协调办公室，安保勤务协调组、火灾防控工作组、灭火救援工作组、战勤保障和疫情防控工作组、队伍保障工作组、督导检查工作组，服务保障基地消防安保团队、制高点消防安保团队、集结疏散消防安保团队）指挥体系，设置7个前沿指挥部，48个灭火网格，部署50部消防车、271人前置执勤，推动环卫、园林等部门将洒水车打造成“移动微型消防站”，全部纳入联勤联动应急响应机制。推行“两报一发三到位”（督促单位部门发现隐患及时报告属地政府和消防支队，依法制发文书，确保程序、督办、管控三到位），对工作推动不利的属地街乡镇及时开展约谈。向行业部门下发工作函8份，推动全区972家消防安全重点单位逐一达到消防安全“户籍化”管理要求，确保天安门可视范围内未发生起火冒烟事故。

（胡 君）

2022 北京丰台年鉴

生态环境

综　述

2021年，丰台区生态环境局贯彻习近平生态文明思想和新发展理念，贯彻党的十九大和十九届历次全会精神，围绕市委、区委关于"一个开局、两件大事、三项任务"的工作安排和"妙笔生花看丰台"的美好愿景，贯彻落实市区关于生态环境保护的一系列决策部署，以改善生态环境质量为核心，坚持方向不变、力度不减、标准不降，打好污染防治攻坚战，实现生态环境质量"里程碑式突破"。全年争取中央和市级专项转移支付资金2.3亿元用于区域污染防治项目建设，在全市率先成功申请全国地下水试验区建设，在城六区率先启动"绿水青山就是金山银山"实践创新基地创建工作。组织办公会45期，研究议题275项，全力推进区域生态环保工作。发挥区委统筹平台作用，承办区委生态文明委会议2次，调整组建7个专项小组并印发工作规则，统筹实施区委生态文明委年度工作要点，编制《丰台区"十四五"时期生态环境保护规划》；全年专项调度污染防治攻坚战12次，研究议题45项，压实"党政同责、一岗双责"。编制丰台区"十四五"大气污染防治、秋冬季大气污染攻坚和深入打好污染防治攻坚战等行动计划，开展污染防治成效考核自查自评和专项绩效考核，推进辖区生态环境质量持续改善，年度空气质量首次全面达标。"生态+营商"环境持续优化，全年办结各类环境信访投诉462件，解决一批群众反映的扬尘污染、油烟扰民等问题，收到锦旗11面、表扬信10封，人民群众对"宜居丰台"的获得感、幸福感和安全感持续提升。按程序办结人大建议、政协提案主责4件、会办5件。年内获北京市首届"首都生态文明建设奖"先进集体，丰台区生态环境综合执法大队获2021年打击危险废物环境违法犯罪和重点排污单位自动监测数据弄虚作假违法犯罪专项行动表现突出集体，机关党委获北京市和丰台区"先进基层党组织"荣誉称号。

（余佳璐）

环境质量

【生态环境质量持续改善】 年内，空气质量指标全部达标，创有监测记录以来最好水平。全区$PM_{2.5}$浓度为34微克/立方米，首次达到国家标准，同比改善5.6%。二氧化硫（SO_2）、二氧化氮（NO_2）和可吸入颗粒物（PM_{10}）累计浓度分别为3微克/立方米、28微克/立方米和61微克/立方米，均达到国家标准。优良天数286天，同比增加11天，空气重污染天数为5天，同比减少7天。水环境质量持续向好，生态环境部、市级地表水考核断面均消除劣Ⅴ类水体，地下水水质总体稳定。土壤环境质量总体良好，无受污染耕地，污染地块安全利用率动态达到92%以上。声环境质量保持稳定，区域环境昼间噪声均值53.4分贝（A），道路交通环境昼间噪声68.2分贝（A）。

（余佳璐）

【环境监测】 年内，定期对空气质量监测数据进行分析报告，出具丰台区空气质量日报365期、高值点位分析日报365期、丰台区空气质量月报12期，丰台区降尘月报12期。定期收集重点地区周边四方向点位降尘缸，全面了解污染物来源方向，为完成全区降尘目标提供数据支撑。落实地表水环境质量监测工作，取得69个区级考核评价水质监测数据9737个，34个跨乡镇（地区）界补偿断面数据3600个。落实黑臭水体监测工作，巩固黑臭水体整治成效，丰台区

▲区生态环境局获2021年北京市首届首都生态文明建设奖先进集体。（区生态环境局 供图）

▲11月16日，居民和企业为区生态环境局工作人员赠送锦旗。（区生态环境局 供图）

7条黑臭水体水质均达标。落实乡镇级地下饮用水环境质量监测工作，对丰台区5个乡镇级水源地地下饮用水开展定期监测，地下水环境质量稳定达标。建成区域环境昼间噪声大网格（28个）平均值为53.4分贝（A）；建成区域环境昼间噪声小网格（138个）平均值为51.3分贝（A），同比下降1.2分贝（A）；道路交通环境昼间噪声68.7分贝（A），同比下降1.3分贝（A）。对重点排污单位废气、废水监测193家次，乡镇级地下水饮用水源地周边土壤1家次，土壤环境重点监管单位3家次，固体废物重点监管单位13家次，市控、区控医疗废水监测187家次，加油站周边地下水5家次，储油库及加油站油气回收装置非甲烷总烃监测74家次。

（余佳璐）

污染防治

【蓝天保卫战】年内，围绕建党百年和冬奥会冬残奥会筹办“两件大事”，做好空气质量服务保障。主动应对年初多轮空气重污染过程，构建“每小时盯守、日分析、周会商、月调度”精细化工作机制和“区—街镇—社区村”三级调度机制，深化“一微克”行动，逐步扭转$PM_{2.5}$上半年不利局面。强化定点帮扶，指导属地有序衔接区划调整，优化调整市级点位11个、新增12个，针对空气质量、道路积尘排名靠后街镇发布督促预警函11份。推进烟花爆竹全域全年禁放。开展35轮区级扬尘专项督查检查，发现并督促解决问题956个，曝光问题182个，督促部门和街镇依法查处132起、罚款242.1万元。

（余佳璐）

【碧水保卫战】年内，统筹推进碧水保卫战年度各项措施落实，开展城乡结合区域地下水污染调查及防护，在全市率先申请并获批国家地下水污染防治试验区建设资格，不断深化水资源管理。谋划小龙泉河（沟）流域水环境治理，持续改善农村流域水环境；超额完成辖区70%以上入河排污口整治，辖区水环境治理持续向好，全年国家和市级地表水考核断面水质达标（其中丰草河无水），好于Ⅲ类河长占比60.29%，同比增加16.18%。组织开展河道水生态环境状态调查评估，做好河流水生态“体检”，协调推动河西地区水生态修复，巩固提升辖区水生态品质。

（余佳璐）

【净土保卫战】年内，协调落实净土保卫战年度各项任务措施，农用地、建设用地、未利用地“三地”齐抓共管，全区受污染耕地动态清零，污染地块安全利用率92%以上。制定农田灌溉用水水质监测和监督检查计划，累计排查农业灌溉机井104眼，监测农田灌溉水井32眼。持续推进36个疑似污染地块场地调查，完成张仪村甲71号地块污染耕地修复工程，指导5家企业开展土壤隐患排查。强化建设用地受污染地块“出入口”管理，组织专家对10宗土地进行土壤污染状况调查评审，确保“净土”上市供应；开展5家关停企业用地筛查，动态更新疑似污染地块名录；制定首钢一耐地块风险管控计划，严防污染扩散。统筹推进农业农村污染治理攻坚战，完成5个农村环境整治及污染治理任务。

（余佳璐）

环境管理

【生态环境综合执法】年内，坚持问题导向，突出重点区域、重要时段和重大任务保障，落实“双随机一公开”，紧盯执法量、处罚量和全市排名，推进全时执法、综合执法、专项执法和点穴执法，做到源头严控、过程严管、后果严惩，严厉打击扬尘污染等各类生态环境违法行为。重点开展挥发性有机物重点行业、“流域”及污水处理设施、危险废物产生单位等27个专项的环境执法。全年出动执法人员3.2万人次，检查各类污染源14350家，立案372起，处罚340起，罚款931.5万元；其中检查重型柴油车8.8万辆，处罚8306辆、200余万元，超额完成全年指标任务。全年查封扣押56起，移送行拘3起3人、刑拘3起14人。综合执法成绩全市排名第一。

（余佳璐）

【污染减排】年内，按照“控制总量、消化增量、削减存量、监督排量、腾出容量”的原则，深挖减排潜力，统筹安排污染减排计划，推进老旧机动车淘汰和“油改电”工作，淘汰国三车辆5651辆，实施北京鑫丰华彩印有限公司、北京三兴汽车有限公司挥发性有机物治理等减排措施，氮氧化物和挥发性有机物排放量比上年分别削减7.2%、3%，均完成年度减排任务。

（余佳璐）

【生态环境保护督察】年内，首轮中央环保督察交办丰台区的422件信访举报件，销号421件。首轮市级环保督察交办的1425件信访举报件，办结1376件。第二轮中央生态环境保护督察涉及丰台区20项整改任务，销号18项，2项跨年任务按时序推进；248件信访举报件，销号230件。

（余佳璐）

【行政审批】年内，深化放管服改革，服务重点碳排放单位率先完成年度履约，统筹研究丽泽金融商务区双碳实施方案，协调推进绿色低碳试点示范；豁免管理10行业30小项环评，落实审批正面清单对4个项目实施告知承诺制，提升环评审批效能；推进“局处长走流程”，压缩50%的建设项目环境影响报告书（表）审批时限，将辐射安全许可证纳入全市电子证照清单，全程网办18个政务事项。严格控制新增污染物排放量，对30余个建设项目进行总量前置审批。全年发放登记排污许可证943家。派驻人员常驻区政务服务中心，实施受理、审批、办结一站式服务，落实经办

▲5月30日，在北京园博园开展丰台区“六·五”生态环境文化周“绿色低碳享丰景 携手共建森林城 百年奋进创未来”主场活动。（区生态环境局 供图）

人、首席代表“最多签两次”办结机制，全年委托受理41项。

（余佳璐）

环境保护

【应对气候变化】 年内，将应对气候变化工作纳入区委生态文明委年度工作要点，统筹推进各项任务措施。成立丽泽金融商务区碳中和工作专班，印发《丽泽金融商务区碳中和协调调度工作规则》。会同统计、发改等部门开展丰台区碳达峰碳中和基础数据研究，定期分析全区排放单位碳排放总量及排放强度，对重点单位排放量异常波动、能源结构变化等情况进行及时跟踪。统筹推进全区重点领域低碳发展。开展丰台区应对气候变化指标分析及企业碳交易管理服务项目，按季度完成应对气候变化研究报告，聘请专业机构为区内碳排放单位提供针对性的服务，解决碳排放单位在工作各阶段存在的问题。全年丰台区碳排放单位均按时提交排放报告，49家重点碳排放单位（航空企业不参与履约）均完成年度履约工作，连续两年在城六区率先完成重点碳排放单位年度履约工作。开展“双碳”及低碳试点示范调研工作。组织召开丰台区重点行业企业碳减排技术座谈会，交流企业节能减碳成效经验、碳减排储备项目。征集全区低碳示范宣传案例并研究在辖区范围内适宜推广。联合区发改委组织开展低碳日、节能宣传周活动。

（余佳璐）

【自然生态保护】 年内，全面启动“绿水青山就是金山银山”实践创新基地创建工作，起草《北京市丰台区关于“绿水青山就是金山银山”实践创新基地建设工作方案》。完成丰台区“三线一单”（生态保护红线、环境质量底线、资源利用上线和生态环境准入清单）生态环境分区管控实施方案的编制，衔接“多规合一”平台，加强环评在生态环境要素源头预防作用，办理“多规合一”平台意见回复35项。印发《丰台区环评与排污许可监管行动计划（2021–2023年）》，全年抽查环评单位及人员6家、环境影响报告书（表）项目12个、环境

▲6月2日，区生态环境局在东高地三小开展“探秘地下水 环保进校园”环保科普宣传活动。（区生态环境局 供图）

▲5月14日，区生态环境局联合区商务局在丰台区职工大学开展践行低碳生活 倡导夜间加油部署会。（区生态环境局 供图）

影响登记表项目20个。配合市级机关开展生物多样性本底调查和观测工作、外来入侵物种抽样调查及生物量监测等工作。

（余佳璐）

【环境宣传教育】 年内，开展“六·五”生态环境文化周主场开幕式、中小学环保演讲比赛、生态环保云直播等9项线上线下活动，受众500万人次。组织区第二届“绿色丰台 寻找最美环保人”评选，10名区最美环保人宣传片播放量120余万次。联合区委组织部举办区年度生态文明与环保专题研修班。举办“探秘地下水 环保进校园”“环保知识进社区 建设绿色图书角”等主题活动，在26个街镇建设绿色图书角。联合区教委开展中小学环保演讲赛，3名选手获市中学组二等奖。联合区商务局开展提倡夏季夜间装卸油和引导车主夜间加油活动，线上观众150余万人。发挥“一报、一网、两微”等融媒体优势，全年刊登报纸新闻29篇、电视新闻22条，依托自媒体平台发布政务微博1316条、政务微信969条，累计阅读量2536余万人次。

（余佳璐）

环境安全

【疫情防控】 年内，落实市区疫情防控要求，实时修订局《疫情防控工作方案》和《应急预案》，巩固完善疫情防控体制机制，常态化做好全员个人防护，实现零感染目标。运用市场规则，择优选用组合式移动处理设施，最大限度满足不断调整的集中隔离点医疗废水处置需求，既确保污水达标排放，又大幅节约资金投入，受到市区一致好评。协调专设医疗废物和重点管控生活垃圾的贮存场所，从严执法监管医疗机构、隔离点污水处理和涉疫危废产生、贮存、转运，严格落实“两个100%”（医疗机构及设施环境监管与服务100%全覆盖，医疗废物、医疗污水及时有效收集和处理处置100%全落实）。加大对饮用水水源地执法巡查力度，强化疫情防控期间水质监测预警，加强辖区饮用水水源防护区和城镇污水厂监管。疫情防控期间，抽调33名骨干力量交替进驻怡海花园小区参与社区疫情防控。

（余佳璐）

2022 北京丰台年鉴

交通 邮政 通信

交　通

道路管理

【概况】丰台区道路管理由丰台区交通委员会承担。其主要职责为：贯彻执行国家及北京市有关道路、桥梁交通设施方面的法律法规；参与研究本区道路、桥梁等交通基础设施建设中长期发展规划；负责本区道路、桥梁年度计划的制定；配合道路建设前期工作；负责城市次干道及以下道路的建设、协调和监督工作；负责本区市政道路代征用地统筹协调；负责区属道路、桥梁大修养护计划编制并组织实施；负责本区慢行系统工程改造；负责区属道路日常巡查管理；负责区属城市道路占掘路审批和批后监管工作；负责本区城市次干路（含）以下道路的接养管理工作；协调其他社会产权道路的养护工作；负责区属城市道路防汛工作；负责铁路监护道口安全监管工作；负责区个体出租汽车管理工作；负责区交通拥堵研究和治理工作；负责区属市政道路路名牌的制作、安装、维护工作；负责区属道路交通设施修缮和维护工作；负责区公共自行车的管理工作；负责区机动车停车管理工作，研究拟订停车管理的相关措施，会同相关部门对停车管理进行综合协调；协调相关部门做好辖区公交、地铁运行工作；协调区小客车指标调控工作。2021年，丰台区聚力解决城市“交通病”，研究推进京雄高速与河西地区联通方案，达到分流京港澳高速车辆通行压力目标。完成5处疏堵工程，开展2个区域、10所学校、4所医院周边交通综合治理工作，挖潜新增停车泊位30347个，完成错时共享停车场42处，为居民提供停车位4519个，完成19条道路路侧电子停车收费上线运营。配合属地街镇及交通支队开展二、三、四轮（含电动）及机动车清拖工作，共享单车控制在8万辆以内。按照“一路一策”原则对152个区属代征代建路段销账，完成率100%。整治完成市级下达26处桥下空间点位，完成率100%。完成《“十四五”时期丰台交通发展规划》专项规划编制和课题研究工作，明确交通发展领域“十四五”主要任务和重点项目。

（任　俊）

【5项疏堵工程完工】年内，针对不同路况，因路制宜，从完善慢行系统、提升道路公交设施、改造拥堵节点、优化交通组织、完善道路附属设施等方面入手，实施完工5处交通疏堵改造工程，分别为樊羊路、晓月苑出口、丰管路、万源北路与南大红门路交叉口、长兴路与太子峪路交叉口。

（赵俊奇）

【非现场执法设施建设】年内，完成非现场执法设施建设，在云岗路等22条道路上共安装违停抓拍设备41套。配合违法抓拍探头安装，完善交通标志设计，提高交通秩序管理水平，规范交通文明行为。

（赵俊奇）

【学校、医院周边道路交通综合治理】年内，完成3所学校：中国教育科学研究院丰台实验学校、丰台区黄土岗小学、卢沟桥中学，3所医院：中国航天科工集团七三一医院、北京市丰台区铁营医院、丰台区南苑医院周边道路交通标志、标线及附属设施提升改造，进行交通综合治理。

（赵俊奇）

【机动车公共停车场备案管理】年内，共开展368个公共停车场年审换证工作，其中新增、变更经营性公共停车场138个，新增停车位30347个。根据北京市交通委《关于推进本市停车设施有偿错时共享的指导意见》，坚持“有偿使用、共享利用、严格执法、社会共治”的原则，统筹考虑周边停车需求，完成42处公共停车场，协调4519个停车位开展错时共享停车，进一步缓解小区停车难问题。

（赵俊奇）

【区级道路停车改革】年内，在168条道路上的13609个道路停车位共计服务车次2179.93万次。全区累计为13669辆符合条件的居民车辆办理居住认证。开展三期路侧停车建设项目，于12月16日上线运行移动视频电子收费道路19条，共计1522个路侧停车位。三期建设项目与一期、二期项目融合，形成区域化路侧停车电子计费网络全覆盖，完成与市级平台对接，实现上线运营。

（赵俊奇）

【挖潜增加居住区停车位】年内，通过老旧小区停车综合治理，局部硬化空地、边角地，拆除违法建设，平改立等方式，规范和挖潜车位7662个。与区人防办协调人防设施停车利用事宜，注重平战结合，最大限度增加平时停车功能，新增公共人防车位442个。

（赵俊奇）

【规范共享单车停放】年内，在富锦路、丽源路、郭公庄南街及郭公庄地铁站、丰台区图书馆、石榴中心、方庄南路18号院、西铁营中路等路段新增施划非机动车停放区74处，可容纳停放共享单车1200辆。扩充角门东电子围栏试点入栏结算区4处，有效改善车辆停放秩序混乱、淤积严重问题。

（赵俊奇）

【联合执法维护交通秩序】年内，加强交通联合执法工作，协调丰台运管分局、交通执法七支队、丰台公安分局、丰台交通支队、区城管执法局及相关街镇，在辖区火车站、客运站、机场、交通枢纽、地铁出入口等人员密集区域，共同制定对周边黑车揽客、非法运营、小商小贩等乱象的整治方案，不定时进行联合执法，打击扰乱运营市场秩序的各类行为。共计组织相关执法单位和属地街镇开展联合执法活动10次，查扣非法运营黑车10辆，出动车辆30余台次，执法人员近百人，维护地铁、交通枢纽区域运营秩序。

（赵俊奇）

【建党百年庆祝活动交通保障】年内，为做好建党百年庆祝活动交通保障工作，丰台区交通委提前对各点位进行勘查并制定工作方案，开展交通保障工作部署。自6月30日起，调遣停车协管员67人分布于各个保障点，24小时值守。现场码放锥桶600余个，布设警戒带5000余米。清理机动车300余辆，非机动60余辆。安排机动小组10人应对突发、应急情况。抽调各单车企业80余人参与保障工作，提前将保障区域周边停放区所有共享单车清空，并保持随停随清状态，共清理单车2500余辆。各点位均安排固定人员值守，确保中国共产党成立100周年庆祝活动交通安全保障任务顺利完成。

（赵俊奇）

【交通行业从业人员疫苗接种】年内，根据北京市带动各区集体展开重点人群新冠疫苗的优先接种工作要求，按照区政府疫情防控工作部署，元旦期间，第一时间组建保障力量，连夜清点、调拨保障物资，布置疫苗接种点，高标准保障疫苗接种工作，组织交通行业从业人员开展3针疫苗接种工作，共计完成5万余人次。

（赵俊奇）

【相关活动交通保障】4月16日，针对丽泽天街开业当日恰逢周五，消费车流量不断攀升问题，提前预判、主动作为、靠前服务，调派停车协管员6名在位于商业综合体南侧的骆驼湾街（金泽路）现场值守，引导车流。在道路中心线及重点区域摆放锥筒，规范通行秩序，确保周边道路畅通。9月15日在第一批新生入学报到之前，配合丰台交通支队卢沟桥大队现场指挥交通，调派15名停车协管员，分别布置在校区南门、北门引导教职工车辆、接驳大巴车、非机动车有序停放，指挥出租车落客，清理学校周边违停车辆。共引导车辆2000余台次，确保学校周边停车秩序井然，道路通行畅通，营造良好交通环境。

（赵俊奇）

【顺八条路合理导流】年内，对丰台区东铁匠营顺八条路合理导流。该道路是双向各一条车道的市政路，长约1公里左右，道路紧邻幼儿园和家属院，其中道路中段400米交通秩序较差，经常拥堵。结合道路实际情况，统筹兼顾车位和需求，制定治理工作方案，现场劝阻违停车辆，在道路北侧施划禁停标线412米，道路南侧施划停车位47个，避让井盖雨篦子10处，通过优化管理，防止问题反弹，确保道路畅通。

（赵俊奇）

【康宁居小区停车专项整治】年内，针对康宁居小区北门外道路两侧、人行便道、消防通道、树荫下车辆乱停放问题，协调区城管执法局、区房屋管理局、区交通支队、太平桥街道开展实地调研，经多方沟通，摸排附近停车资源，提出解决对策：组织丰台静态公司等专业力量对小区北侧路开展实地测量和静态交通规划，调派停车协管员进入社区开展停车治理宣传，同步开展车位线和标线施划、标牌安装，并对现场违章车辆进行清理。

（赵俊奇）

【万年花城小区停车难题解决】年内，针对丰台区首经贸北路东段路，北侧为龙湖西宸广场，消费者停车需求集中；南邻万年花城小区，居民和底商停车缺口较大问题，组织丰台静态交通公司制定停车管理方案，利用首经贸北路的东段断头路建设规范、标准的停车场，施划标准停车位175个，并制定《万年花城北侧停车场居住认证管理办法》，协调丰台静态交通公司提供部分停车位，面向万年花城小区居民开展居住认证，采取相对固定的方式，保障通过居住认证的居民停放车辆。为满足断头路周边学校、商户的通行需求，指导停车场进行交通流线优化，将断头路由之前的双向混行改为单向循环，并设置两处掉头口，提高通行效率，再结合小区底商以及龙湖西宸广场餐饮集中的实际，采取机动车与非机动车分开停车的方式，施划非机动车停放秩序，供快递、外卖等人员停放车辆。治理后，万年花城小区周边的停车秩序得到有效提升。

（赵俊奇）

【轨道交通桥下空间安全隐患消除】年内，根据全市轨道交通桥下空间安全隐患专项整治行动工作统一部署安排，与轨道运营公司、京港地铁、京投公司和相关街镇多次召开协调会议，现场察看，在各相关单位通力协作配合下，及时消除20余处安全隐患，保障轨道交通正常运行。

（赵俊奇）

【道口安全隐患排查】年内，定期对辖区内7处铁路道口潜在的安全隐患进行排查，完成冬季取暖维护保养工作，保障冬季监护道口人员的取暖问题，并配合市道口增设值岗台、接车台和防护桩，确保监护人员值岗时的人身安全。

（赵俊奇）

【慢行交通品质提升】年内，按照北京市交通委下达的任务要求，结合辖区道路实际情况，完成区属道路慢行综合指数调查工作。按照《关于印发北京市城市慢行交通品质提升工作方案的通知》要求，完成园博园慢行系统示范区建设工作。通过设置步道自行车禁行标识、自行车优先标识等方式提升慢行系统品质，有效改善步行和自行车交通环境。

（汪路杭）

【道路养护】年内，完成道路养护监理招标，根据《北京市城市道路养护作业规程》，结合日常巡查、问题反映和重大活动保障需求，完善“养护计划—监理审核—道路科审批—道路养护中心执行”的流程。完成区属道路“春养”“汛前养护”“冬养”工作，同时完成“清明节”“国庆节”等环境保障工作。累计出动巡查车辆3790台次，巡查人员7584人次，巡查道路20.1万公里，累计上报日常病害（不含专项排查与临时任务）10624条。发现私占私掘道路共计136处，其中私占60处，私掘76处。处理道路突发事件共计99起。结合日常巡查、问题反映和重大活动保障需求，共完成

▲4月22日，参加宣讲活动模范集体合影

道路养护14万平方米。

（汪路杭）

【规范掘占路审批办理】 年内，安排专人负责办理掘占路行政审批工作，规范审批程序，按照科室受理—四方现场核实—资料完善—逐级审核的工作流程，一般道路掘占路行政审批由委主要领导审定，大修道路3年以内、新改建道路5年以内报主管副区长审定，经层层把关，方可同意掘占路申请。全年掘占路行政审批共办理72件，包括一般掘占路、架空线入地、开口掘占路件。

（汪路杭）

运输管理

【概况】 北京市交通委员会丰台运输管理分局是北京市交通委员会的派出机构，承担本辖区交通运输行业管理和水上安全监督管理工作。2021年，丰台区共有交通运输企业2114户、营运车（船）23134辆（艘）、从业人员23541人，六里桥、新发地、赵公口3个省际客运站，负责北京南站和大兴国际机场的接续运输保障工作。辖区地面公交企业1户，所辖车队23个，配备运力2747部。公交枢纽2个，公交场站96个。出租企业23户，出租驾驶员6427人。汽车租赁备案企业60户，车辆2357辆，从业人员299人。省际客运经营企业4户，车辆111辆，从业人员人员255人。旅游客运经营企业10户，车辆224辆，从业人员156人。省际客运站3家，车辆765辆，从业人员296人。货运企业1529户，营运车辆8727辆，其中危货运输企业10户，危货运输车辆161辆。机动车维修企业461户，从业人员6289人。游船企业2户，运营游船29条（艘），从业人员6人。汽车驾驶员培训学校9户，从业人员365人。全年共受理各行业行政许可、备案服务事项18777件。其中，货运行业事项办理数量为12755件，占总办理数量的67.9%。辖区全年新增行业企业202户，新增车辆4228辆。全年共出动执法人员6447人次、检查2100户次、检查车辆1784辆，采取行政措施213起。

（周露露）

【做客首都之窗在线访谈节目】 4月20日，做客首都之窗在线访谈节目，介绍大兴机场概况、地铁大兴机场线、出租车、网约车、机场巴士、京雄城际等公共交通接驳方式及接续保障机制、未来重点推进工作等情况。

（贾元辉）

【交通行业先锋模范宣讲活动】 4月22日，举办“践行社会主义核心价值观 争做新时代交通行业先锋”宣讲活动，北方出租汽车公司出租车驾驶员王建生、北京公交集团客三分公司400路驾驶员孙崎峰等行业先进模范讲述他们扎根本岗、服务群众、精益求精的先进事迹。

（周露露）

【“书香机关文化建设·‘阅’享交通新时代”活动】 4月23日，丰台运输管理分局党支部联合北京市停车管理事务中心党支部、北京市交通信息中心党支部、北京市交通运行监测调度中心（TOCC）党支部共同开展活动，签约成立读书联盟，举行书籍互赠仪式，建立各单位阅读分享交流机制。

（肖 湘）

【市交通委领导检查辖区交通运输企业】 5月1日，市交通委副主任王兆荣带队检查丰台辖区交通运输行业安全

▲4月23日，丰台运输管理局举办书香机关文化建设启动仪式。（肖湘 摄）

生产及疫情防控工作，先后到赵公口、新发地客运站、宋家庄客运枢纽和北京南站调度站听取“五一”小长假客流高峰客流预测、车辆调度、隐患排查、安全保障、应急处置和疫情防控等工作落实情况汇报。

（张　妍）

【“五一”假期运输服务保障】 “五一”假期期间，共计出动执法人员63人次，检查大兴机场、北京南站及辖区重点行业企业28户次，督促做好接续保障、疫情防控和安全运营服务保障工作。

（郝　丹）

【联合开展机动车维修行业防灾减灾活动】 5月12日，联合交通运输综合执法总队七支队开展机动车维修行业防灾减灾活动。辖区企业高度重视、精心组织，按照演练计划组织开展演练活动，不断加强防灾减灾队伍建设，切实提高应对处置突发灾害能力。

（冯　雪）

【建党100周年交通运输保障】 年内，建党100周年重大活动保障期间，组织开展各项安全专项检查，落实重点枢纽场站值守保障。6月30日、7月1日，丰台运输管理分局共出动执法力量19人次，对大兴机场、北京南站、宋家庄交通枢纽和大兴机场线草桥站进行检查值守，确保重大活动站期间旅客及时疏散，各枢纽安全稳定。

（马兆炜）

【危货运输行业安全应急演练暨集体观摩活动】 7月7日，组织开展辖区危货运输行业安全应急演练暨集体观摩活动。此次演练模拟油罐车卸油阀门泄漏和车辆电路起火险情，现场人员根据应急预案分工快速开展应急处置，演习结束后各单位就危货运输安全应急处置能力建设进行交流学习。

（李卫安）

【水上安全知识进校园活动】 7月7日，在丰台区草桥小学开展“水上平安交通安全伴我成长”主题活动。活动中，通过图片和视频等素材，向学生们讲解水上安全知识，并赠送《小学生水上交通安全教育读本》和宣传品四百余份。

（费秋实）

【“航海日”宣传活动】 7月11日，在第17个“航海日”当天，海事执法人员走进丰台花园公园，开展“发展航海事业 构建和谐社会”主题“航海日”宣传活动，宣传普及航海和海洋知识，提升全民航海意识、海洋意识和蓝色国土意识。

（费秋实）

【督促赵公口客运站整改】 7月21日，召开客运站安全管理约谈会，就赵公口客运站未有效落实安全服务管理主体责任问题对其党政负责人进行公开约谈。会上通报安全生产问题，并从提升服务管理水平、完善运营机制、加强员工安全服务管理培训、加强制度落实等四个方面提出整改要求。

（张　妍）

【灾区车辆安全提示服务】 7月21日，利用车辆动态监控系统增加对跨域车辆动态信息的查询，对处于河南地区道路货物运输车辆开展安全提示服务，共计498车次。督促其落实好安全生产主体责任，密切关注天气变化，谨慎安排运输任务，做好途经河南地区货车驾驶员运行安全保障。

（陈剑怡）

【依法行政培训】 7月，举办依法行政培训班，主要围绕“习近平法治思想”、新修订的《行政处罚法》《安全生产法》、《刑法》等法律和廉政警示教育内容，进一步加强执法队伍的法治意识、法治思维，持续提升执法人员政治素质、专业素质、依法行政和学法用法能力。

（费秋实）

【“红色系列百宝展”活动】 7月，分局党支部举办“红色系列百宝展”活动，展览活动以时间为脉络，分为“开天辟地”、“改天换地”、“翻天覆地”三部分，以“红色宝物”为切入，讲述106件物品及照片背后的故事。

（肖　湘）

【驾培机构《安全生产法》培训】 8月11日，结合“我为群众办实事”活动，对辖区驾培机构负责人和教学管理负责人开展《安全生产法》教育培训，强化驾培机构各级管理人员和从业人员

▲7月7日，在丰台区草桥小学开展“水上平安交通安全伴我成长”主题活动。（张超 摄）

▲7月11日，丰台花园开展“航海日”宣传活动。（张超 摄）

安全责任意识。

（费秋实）

【**机动车维修行业座谈交流会**】8月17日，联合北京汽车维修行业协会召开机动车维修行业座谈交流会，探索汽修行业备案制管理下事中事后监管办法及手段，不断推动“放管服”工作落实、落细。

（冯 雪）

【**市重点站区管委会领导调研火车站接续保障工作**】8月25日，市重点站区管委会副主任毛军带队赴丰台运输管理分局进行专题调研，就北京南站出租车调度站管理、地铁错峰延时、立体停车楼错峰停放等事项进行研究讨论，并对丰台火车站接驳方案等方面提出建议。

（张 妍）

【**机动车维修行业安全生产工作会暨行业法规宣贯会**】9月3日，丰台运输管理分局联合交通运输综合执法总队七支队召开机动车维修行业安全生产工作会暨行业法规宣贯会，宣贯2021版《机动车维修服务规范》等文件内容，对机动车维修备案及变更外网申请操作进行现场演示。要求各维修企业认真落实企业主体责任，加强内部管理，做到守法规范经营，全面提升维修行业服务质量。

（郝 丹）

【**市交通委领导检查辖区货运企业**】9月15日，市交通委二级巡视员王春强带队先后到丰台辖区北京科园信海医药经营有限公司及北京公交燃料供应分公司检查疫苗冷链运输和危货运输工作。在实地检查疫苗冷链运输工作后，要求充分认识到疫苗运输对公共安全的重要性以及加强风险控制管理的必要性，对车辆温控、驾驶员管理等事项要开展针对性监管检查和服务，确保疫苗运输安全。

（李卫安）

【**车辆“三检合一”政务服务宣传**】9月28日，联合潘北昊盛检测场开展车辆“三检合一”政务服务宣传活动，现场发放“三检合一”宣传折页，及时解答企业和车主疑惑，进一步推动便民政务服务事项落地、落实。

（郝 丹）

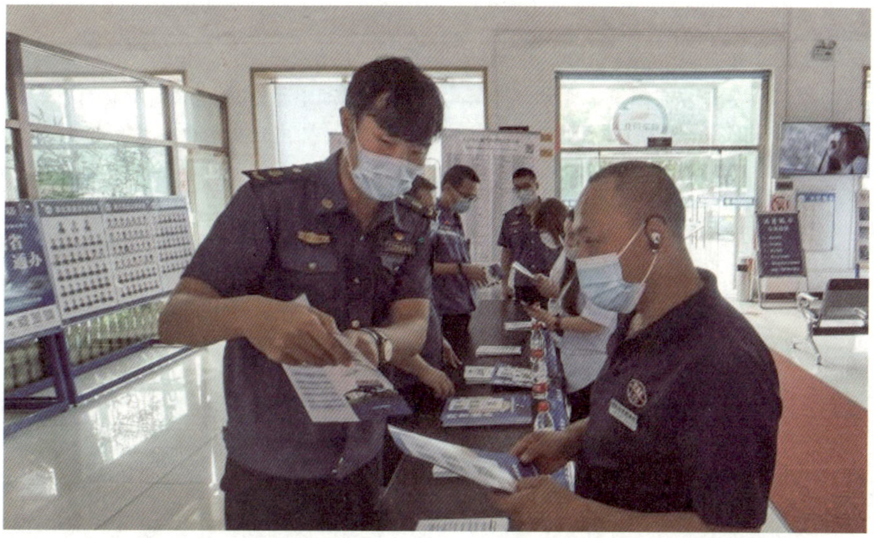

▲9月28日，开展车辆“三检合一”政务服务宣传活动。（郝丹 摄）

【**北京南站交通运输接续保障调度指挥办公室落成揭牌**】9月28日，举行北京南站交通运输接续保障调度指挥办公室揭牌仪式。调度指挥办公室以“人民满意、保障有力”为宗旨，以“便捷、高效、绿色、智能”为目标，内设“三室一区”，为提升服务保障水平搭建平台。

（张 妍）

【**政务服务“跨省通办”宣传**】9月，组织开展政务服务“跨省通办”宣传工作，通过加强人员业务培训，深入企业现场宣传，微信公众号讲解等线上线下多种形式进行宣传。向辖区道路运输企业告知相关政策共计1042家，向辖区企业驾驶员宣传共计529人，全力确保“跨省通办”工作落地落实。

（费秋实）

【**完善机动车维修行业应急减排清单**】9月，加强与区生态环境部门沟通协调，通过实地勘察、电话询问、查看资料等方式，再次摸排梳理辖区实际情况。截至9月中旬，辖区具备在用喷烤漆设备设施的企业为136户，共计204台，已全部纳入辖区机动车维修行业应急减排清单。

（郝 丹）

【**现场约谈投诉较多维修企业**】10月12日，对投诉较多的维修企业进行现场约谈。要求企业严格落实主体责任，保证维修服务质量；完善售后维修流程及企业内部投诉处理制度；加强团队沟通培训，提升员工情绪管理能力和沟通能力；加强企业内部回访力度，提前帮客户解决问题，避免投诉升级，全面提升服务质量。

（冯 雪）

【**南站共产党员车队轮值保障工作机制**】11月5日晚21时，北京南站共产党员车队轮值保障工作机制正式启动。该机制采取“党员在前、协调联动、轮流负责、分组保障”的工作模式，按照各党员车队的规模大小分为四个小组，每个小组负责一周，根据23时后客流数据协调车辆参与保障。

（张 妍）

【**丰台火车站交通接驳情况现场踏勘**】11月18日，配合丰台火车站相关保障单位对丰台火车站进行实地踏勘，对丰台站现场和周边交通接驳情况进行现场调研，重点实地踏勘地下出租车调度站、停车场以及地面公交枢纽场站，并对前期制定的交通接驳方案进行优化。

（马兆炜）

【**“信用交通”宣传活动**】11月，通过“信用知识你问我答”、发放折页、张贴海报等线上线下多种方式在行业内开展宣传，自主制作辖区行业信用交通宣传视频，发出诚信倡议，扩大宣传影响力，营造良好宣传氛围。

（费秋实）

【危货运输企业联合检查】12月16日，联合区应急管理局对辖区4家航天军工领域危货运输企业进行专项安全检查，重点检查企业安全应急演练、人员教育培训、运单使用及隐患排查治理等落实情况，要求企业安全隐患排查治理要落实落细全闭环。

（李卫安）

【今冬明春安全生产工作部署】12月2日，深入辖区维修行业企业，部署今冬明春安全生产工作，进一步督促企业落实疫情防控和安全生产主体责任，强化安全隐患排查，加强重点部位巡视检查，确保今冬明春安全生产总体平稳有序。

（郝　丹）

【雪天应急保障工作】12月，开展辖区保障企业雪天应急准备情况检查，要求企业落实安全生产主体责任，配备充足的应急救援设备，强化值班值守，全面做好雪天应急保障工作，提高雪天交通保障应急水平。

（郝　丹）

【接诉即办】年内，实行“接诉即办”月总结、月调度、月通报机制，持续做好举报投诉接诉即办工作，全年共按期办结投诉1052件。

（周露露）

【包车二维码贴纸及信息核查】年内，组织辖区客运企业张贴包车二维码，要求企业逐台检查张贴情况，扫描二维码确认信息的准确性、真实性、完整性，全年共计张贴二维码148张。

（马文杰）

【突出问题专项整治行动】年内，制定交通运输执法领域突出问题专项整治行动方案，逐项进行分解细化，开展自查自纠，梳理问题清单，23项问题已按要求完成整改。坚持开门搞整改，开展执法情况问卷调查，广泛征集交通企业、从业人员和群众对执法情况的意见和建议，共收集有效调查问卷1395份。

（费秋实）

【纯电动出租汽车推广应用】年内，持续推进“油改电”工作，全年辖区共更新电车1193辆，新增电车616辆。

（田　亮）

【包车客运运力招标】年内，广泛调研辖区包车客运运力需求，科学合理制定招标文件，采用服务质量招投标的方式对新能源包车运力指标进行分配，鼓励企业规模化、集约化经营，顺利完成辖区包车客运运力招标工作。

（梁利宁）

【客运站转型升级】年内，成立省际客运站转型升级推进小组，充分挖掘省际客运场站潜力和服务功能，推进“运游融合”、“运邮一体”“一站多点”发展模式，搭建平台推进各站协调协作、共建共治。

（张　妍）

【疫苗接种】年内，成立疫苗接种专班，每日调度会商、分批分时组织、灵活安排次序、实时“补空”接种。克服接种场所不足和接种人员数量多的困难，利用辖区交通行业企业资源设置疫苗接种临时点10处。全年辖区行业从业人员加强针接种人数为16888人，取得阶段性重要成果，初步形成辖区交通行业免疫安全屏障。

（郭贝贝）

【丽泽商务区地面微循环公交开通】年内，推进丽泽商务区地面微循环公交开通，分析研判群众出行需求，组建微循环公交服务专班，努力解决难点问题。全年共出动服务专班人员现场督导服务22人次，解决公交开通线路走线、场站保障、运行间距等难点问题12个。

（徐　繁）

【液化石油气运输专项整治】年内，通过线上线下多手段监管方式、协同整合多部门执法力量开展液化石油气运输专项整治行动，共注销液化石油气运输企业1户，注销液化石油气运输车辆27辆。

（李卫安）

【公交场站综合治理专项行动】年内，认真梳理分析辖区地面公交场站安全隐患和薄弱环节，制定地面公交场站综合治理工作台账，重点整治公私车辆混停、电动自行车管理、吸烟区划分等内容。实行台账考核合格销账式管理，对辖区93家场站进行考核要素分类管理和推进分类。截至年底，共完成92家公交场站治理工作。

（徐　繁）

【省际客运站“法规知识小课堂”活动】年内，持续开展辖区省际客运站“法规知识小课堂”活动，对行业法律法规的制定背景、实施细则和具体条款等进行全面解读，全年共举办活动5期。

（张　妍）

【运政小程序开发落地】年内，运政小程序2.0版正式落地完成。该程序全面完成前期既定的功能模块，并且实现拍照识别、文件互传、完结证件、更新知识库等实用性功能。

（任会京）

【货运车辆动态监控管理】年内，建立重载普货车辆动态监控“4个1”联合防控与闭环管理机制，加强对道路货运车辆动态监控运营数据挖掘和分析，对高风险企业和车辆变被动处置为主动干预，探索实行分级监管模式。

（陈剑怡）

【淘汰国Ⅲ排放柴油货车】年内，细致核查国Ⅲ排放柴油货车现状，通过宣传督促和通告管理注销等多种方式持续推进整改任务。全年共注销国Ⅲ排放柴油货车159辆，完成中央生态环境保护督察第二十四项整改任务。

（陈剑怡）

【“文明驾车 礼让行人”专项整治行动】年内，开展“文明驾车 礼让行人”专项整治行动，召开出租（网约）车、公交、道路客运行业部署会议，组织签订行业从业人员承诺书，行业从业人员签署承诺书平均超过90%。9月22日，联合公交集团客三分公司开展主题宣传活动，向十字路口过往行人发放宣传材料，对不文明交通行为及时制止，现场共发放倡议书、宣传品800余份。

（周露露）

【北京南站年度接续保障工作】年内，完成南站调度指挥办公室建设工作，试点党员车队轮值保障机制，推进地铁常态化延时成网运行、出租驾驶员到站运营等问题解决，深化南站交通接驳方式宣传。全年北京南站共启动应急预案18次，共计调派保点出租车1万余辆，协调党员车队参与保障20次，地铁延时运营407列次、运送旅客10万余人次。

（张 妍）

【大兴机场年度接续运输】年内，强化应急保障，及时处置旅客滞留、出租汽车短缺等突发情况，实现地铁大兴机场线常态化延时运营。全年共加开爱心巴士251车次，定制客运发车16车次。

（陈 杨）

【防汛应急演练检查】年内，开展汛前准备、汛期保障工作，组织各行业开展安全应急演练49次，做好降雨应对工作，及时启动分级预案，确保安全度汛。

（白时倩）

【常态化隐患排查治理】年内，建立辖区交通行业隐患问题台账，认真做好隐患问题排查挂账、督办整改、验收销账闭环管理。截至年底，辖区各行业共发现安全隐患88起，采取限期改正、移送措施59起，全部整改完毕。

（郭贝贝）

【800公里以上班线及卧铺客车退出】年内，通过动态监控等方式督促省际客运企业做好安全运营工作，保障800公里以上省际客运班线及卧铺客车安全平稳退出。全年退出车辆146辆，注销线路95条。

（刘 影）

【非法汽车租赁企业全过程治理】年内，对接丰台区市场监督管理局开展租赁企业信息比对，督导未备案企业及时办理经营备案；联合网信部门对非法租赁企业展开线上清理；与辖区交通运输综合执法部门配合，强化违法线索移送机制，消除汽车租赁非法经营行为。

（王 茜）

【“两客一危”车辆动态监控管理】年内，坚持“一周一统计、一周一分析”，全年共统计分析“两客一危”车辆动态监控数据50次，发现问题车辆740辆，及时通报相关企业进行整改。抽查道路客运车辆动态信息15723辆次，处理紧急报警65次，发现问题车辆156辆，要求企业停运45辆、更换设备36辆。

（白时倩）

【运政服务事项网上办理】年内，持续推进运政服务事项网上办理，加强培训和远程协助，提高线上自助申请比例，全年共受理审批备案事项18777件，外网申办占比70%。

（王小宁）

▲8月13日，参加大兴机场涉疫航班转运演练。（柯先锋 摄）

【“我为群众办实事”实践活动】年内，把党史学习同推动工作结合起来，深入开展“我为群众办实事”实践活动。全年共完成优化外埠省际客运班车现场勘验环节、组织开展爱心送考、推进丽泽商务区微循环地面公交线路开通运营等九大项实践活动，全力化解群众“急难愁盼”问题，用实际行动践行学党史、悟思想、办实事、开新局。

（肖 湘）

【“基层站所开放日”活动】年内，通过深入企业进行现场讲解、全方位呈现检查过程、邀请辖区行业企业代表深入交流等多种方式开展“基层站所开放日”活动，听取公众意见，接受公众监督，打通联系服务群众的“最后一公里”。

（费秋实）

【喷烤漆污染防治整改】年内，组织辖区机动车维修经营者完成汽修喷烤漆设施设备与运维管理问题整改工作，进一步提高辖区机动车维修业喷烤漆污染防治能力。截至年底，辖区共计104户机动车维修企业提交喷烤漆污染防治相关整改材料，涉及漆房161台。

（郝 丹）

【机动车尾气治理联防联控机制】年内，丰台运输管理分局定期对备案企业维修超标车辆未报信息情况进行逐车逐企业核实，深入辖区检测机构进行现场核查，全力推进排放检测与维护闭环管理，构建机动车尾气治理联防联控机制。

（郝 丹）

【获评“书香北京系列评选”优秀机关】年内，结合党史学习教育，加强学习型组织建设，在单位建立“流动红书”平台，共学“红书精髓”，获评第十一届书香中国·北京阅读季“书香北京系列评选”优秀机关称号，让“书香气”为机关党建工作注入丰沛活力。

（肖 湘）

交通执法

【概况】2021年，丰台交通支队（以下简称支队）全力开展综合执法整治行动，全年共接各类警情190257起，回访186451起，群众满意率100%；各级领导上路指挥16140人次，发布指挥调度指令13.3万余次；利用电视监控系统直接累计发现各类警情9767起。全区共发生道路交通事故483起，伤396人，死亡事故64起，死亡64人。

（崔 妍）

【交通秩序环境】年内，结合“四大行动”“三清三个一批”“减量控大”“冰锋平安冬奥”等专项行动，支队针对重点违法、突出区域、敏感舆情，系统开展波次集中攻坚，全面营造严管态势，为建党100周年庆祝活动、平安冬奥打下坚实交通秩序环境基础。

（崔 妍）

【渣土车治理】年内，支队继续固化柴油车专职整治组机制，实施精准打击，在路面严管渣土车等重型柴油车的基础上，用好、用足联合执法平台，充分发挥区“绿工组”机制，在对货车、渣土车交通违法实施严管高压的同时，通过与区城管委建立施工工地信息共享机制，实时掌握源头出土工地信息，将交通管理的触角延伸到工地，实施源头堵门，摄像取证、移交处罚等机制强化执法管理。

（崔 妍）

【涉牌整治】年内，支队秉承“向前一步，深入车内、排查隐患”的工作理念，在查处涉牌违法的过程中除了辨别牌照真假外，对每一辆涉牌车必“由车牌到车身，由车外到车内”检查。在查处的156辆涉牌车中，有4起6辆车，涉嫌治安、刑事案件。支队对此均进行妥善处置，防止可能诱发的起火、爆炸隐患。结合岁末年初压事故除隐患工作，按照公安部部署的涉嫌违法营运、拆座、超员专项工作要求，成功拦截检查公安部部署嫌疑车7辆，有效消除安全隐患和群死群伤隐患问题。

（崔 妍）

【交通综合治理】年内，支队统筹推进《交通综合治理行动计划》和公安部等四部委联合组织开展的《城市道路交通文明畅通提升行动计划》，深入开展交通综合治理行动。

（崔 妍）

【堵点乱点综合治理】年内，共完成28处挂账堵点乱点治理和31处自治开展堵点乱点治理工作，以会城门桥、百荣世贸南侧路等为典型，推动堵点乱点治理向精细化、标准化、规范化转变。

（崔 妍）

【区域综合治理】年内，依托区级交通综合治理平台，在充分用足优化渠化基础上、会同区城管委先完成云岗地区、新华街地区等26条道路的设施改造和智能交通提升，并同步开展树池连通，人行横道后退，压缩机动车道规范慢行等试点工作，累计安装标志215面，复划标线16公里，精细化调整交通组织16处，增设反光锥桶65个，新增科技设施35套。

（崔 妍）

【学校、医院门前综合治理】年内，完成黄土岗小学等3所学校和731医院等3个医院综合治理工作，对照“八个一律”标准，累计增设复划网格线9处，复划人行横道8处，粘贴前方学校地面文字6处，更新增补限速及注意儿童等警示标志11套，新增科技设备5套。

（崔 妍）

【信号灯缺失路口建设】年内，按照北京市新建信号灯建设项目工作整体部署，结合前期点位排查和新建点位需求情况，加强与区城管委、区市政养护部门、区园林绿化部门协调，最大限度为信号灯建设开设绿色通道，与施工单位建立紧密沟通协调机制，定期汇总工作进展、问题，并逐一研究解决方案，完成全区99处路口新建信号灯工程并全部投入使用。

（崔 妍）

【市级疏堵改造】年内，协调市交通委项目中心，完成丰益桥南进口铲除隔离带增设机动车道、大井桥北侧路口铲除中央绿化增设机动车道、玉泉营桥桥下完善自行车道和步道系统，南四环怡海花园入口东移杜绝逆行，怡海花园入口辅路拓宽、景程桥入京港澳高速新增出口等6处市级疏堵改造。

（崔 妍）

【区级拥堵节点改造】年内，推进区城管委开展太子峪路口拓宽增设车道、天坛医院西门北路路口桥面拓宽增加车道、云岗路佃起路口等5处区级拥堵节点工程改造项目，打通部分点位交通瓶颈，方便群众出行。

（崔 妍）

【车道桥区亮化试点工程】年内，支队针对部分桥区、道路照明不足的问题，与3M公司试点开展反光道钉和反光贴试点粘贴工作，重点针对京港澳高速、丰台北路各个互通桥区匝道护栏粘贴高亮反光贴、进出口道路位置粘贴高亮反光道钉，累计粘贴反光贴9000余片，粘贴反光道路1100余个，并同步在隔离带端头位置设置反光防撞桶38个，在亮化桥区匝道的同时，提升桥区和进出口的警示效果。在此基础上，支队结合实际，在丰北桥下、岳各庄东路等道路车行道粘贴中央和边缘反光道钉，累计粘贴5000余个，提高车行道的亮度和警示效果，规范通行秩序。

（崔 妍）

【交通设施排查100%整改】年内，支队持续推进交通设施排查整改以及事故隐患治理工作常态化，结合交通设施双下方和交通设施排查整改工作，累计排查标线不清、标志、护栏缺失、破损等交通设施类问题3306处，并全部整改完毕，整改率达100%。

（崔 妍）

【交通设施隐患治理】年内，结合日常事故隐患治理工作，复划五环路、马家堡东路等部分道路标线，累计施划约15公里。完成长兴路北口事故隐患点位治理，新装信号灯并投入使用，设施防撞桶13个，太阳能警示标志3组，反光贴

38贴，设置柔性柱25根，隔离桩45根，复划标线累计3公里。重点开展五环路全线设施完善工作，共设施爆闪灯20组，新增防撞桶40个，新增太阳能事故多发、弯道、下坡等警示标志47组，更换太阳能导向标志45面，更换停车港湾标志25面，新建太阳能限速标志9面。

（崔　妍）

【超标电动自行车淘汰宣传】 年内，依托“一区一警”工作机制，会同属地各街镇，深入辖区，机关、企事业单位、街镇、社区、大型农贸市场和医院等，通过发放宣传折页、提示卡、摆放展板、悬挂横幅等形式开展面对面进行超标电动自行车淘汰宣传；充分利用网络、社区楼宇广告、电子屏等媒介，滚动播放宣传提示语，广泛宣传电动自行车管理政策，累计开展宣传活动125场次，发放宣传折页2万余份，粘贴宣传海报6000余张，粘贴超标电动自行车提示贴19万余张。组织开展“百警入户”宣传行动，对市民群众进行相关政策的再宣传，重点对现存的超标电动自行车车主进行宣传。

（崔　妍）

【超标电动自行车整治】 11月1日起，超标电动车三年过渡期满，支队多次召开专题工作会研究过渡期满前后的配套宣传和管理工作，制定专项整治方案和执法指引，加大警力投入开展超标电动自行车整治。在电动自行车的集中出行时段，民警联合社区工作人员在社区门口对准备驶出社区的超标电动自行车及时进行劝阻、劝返。

（崔　妍）

【交通文明示范路口创建】 年内，为深入推进文明示范路口创建工作，持续提升辖区道路交通秩序环境，支队与区委宣传部沟通，最大限度争取属地政府部门人力、物力支持，为11处路口配齐文明劝导员，同步联系政府机关、企事业单位、公益组织等，招募志愿者参与路口秩序维护工作，为创建工作顺利开展奠定基础。

（崔　妍）

【文明交通宣传活动】 年内，组织各街镇交安联办、各交通大队，深入单位、社区、村镇、学校等，围绕“行人不乱穿马路、驾驶非机动车不闯红灯、不逆行、开车礼让斑马线”主题，同步跟进宣传教育，开展文明交通宣传活动160余场，进一步提升群众文明出行、守法出行、安全出行意识。

（崔　妍）

【文明交通宣传品】 年内，专题设计制作《文明示范路口交通安全知识手册》《文明礼让斑马线宣传折页》《交通文明“心形”安全提示卡》等宣传材料1.5万余份，向辖区群众发放，助推示范路口创建工作。

（崔　妍）

【交通安全宣传教育】 年内，邀请中国交通广播、北京电视台、北京日报、搜狐网等媒体记者深入一线随警作战，大力开展新闻宣传活动。与区委宣传部沟通联系，做好工作横向对接，借助属地政府融媒体中心渠道，多角度共同发声。全年累计在各大媒体刊载新闻710余条。依托“一区一警”工作机制，广泛开展以“一盔一带”“拒绝酒驾醉驾”“禁止超载超员”等为主题的形式多样的宣传活动，不断提升辖区群众交通安全意识，全年共开展各类宣传活动850余场次，发放宣传材料7.5万余份，教育群众约9万余人。

（崔　妍）

【交通事故快清快处】 6月15日，道路交通事故远程易处理中心正式运行。中心共设立6个工位，结合辖区早晚高峰事故高发实际情况，实施“两班运转”走班模式，并在警情高发时段实行双沟通工作措施，日均处理事故52起，占全区早晚高峰期事故总量40%，最大限度保障事故现场处置时效性，避免处警超时，极大提升群众满意度。

（崔　妍）

【落实各级施工安全监管责任】 年内，支队共核准许可道路施工项目216项。其中，交管局批109项，支队审批107项。支队对施工现场开工前和开工后进行勘查200余次，查处违法、违规施工50余起，下发《消除安全隐患通知单》51张。

（崔　妍）

【严格安监执法】 年内，支队“一区一警”安监民警、专业小分队派驻民警持续加强对月交通违法超标、发生亡人事故、严重交通违法突出的隐患单位的安监执法力度，严格落实限期整改、约谈曝光、停车整顿和罚款处罚措施。全年共处罚隐患突出单位78家，曝光隐患

▲12月22日，交通大队赵立松警官在北京教育学院附属丰台实验学校讲授交通安全知识。

突出单位45家。

（崔 妍）

【逃逸事故侦办】 年内，支队坚持完善“支队案管组＋大队案管小组”两级的办案监管体系，以“警情处置、受案登记、调查处理、事故认定、处罚执行、卷宗管理”等核心环节为重点，深入推进逃逸事故案件管理及侦办等各项工作，严格落实案管情况每日通报、一般程序事故逐级盯办、疑难敏感事故重点指导等制度措施，适时向当事人通报工作进展，妥善化解矛盾，切实降低逃逸事故引发信访诉求。全年使用逃逸案管系统处置122逃逸报警9245起，依法使用简易程序处理210起，使用一般程序处理88起，处罚1613人。及时侦破“5.22”“7.16”、“8.04”等亡人逃逸案件，有效打击逃逸违法行为，落实逢案必查的工作要求。

（崔 妍）

【车管站对外窗口服务】 年内，支队车管站共办理业务51166件。其中，驾驶证业务9885件；办理机动车临时号牌8509件；残疾车检验车辆1365辆，办理残疾车登记上牌业务1166件；办理机动车免检业务4748件。9月开始电动自行车业务量上升，高峰期达到每天300–400辆，4个月共办理电动自行车检验车辆13169辆，办理电动车登记上牌12324件，完成淘汰超标电动自行车过渡期电动自行车检验、登记上牌工作。

（崔 妍）

交通枢纽管理

北京西站

【概况】 北京西站地区管理办公室是北京市重点站区管理委员会的正处级内设机构，设置4个科、1个北京西站地区执法大队（副处级）和1个北京西站地区事务分中心，负责北京西站地区的日常管理和服务。2021年，北京西站地区管理办公室紧扣“深化改革年”工作定位，坚决守牢铁路进京防疫关口，夯实安全基础，推进综合整治，努力实现服务品质保稳提升，行政效能理顺向好，工作制度日趋规范，完成全年各项工作任务。

（吴俊雅）

【疫情防控】 年内，发挥疫情防控牵动作用，督促站区单位部门落实“四方责任”，坚决执行“三防四早九严格”各项措施，强化疫情防控统筹调度。制定方案，分工负责，坚持每月地区联合检查、专项检查不少于3次，每日开展日常随机巡查，确保地区防疫态势不放松。全年处理涉疫事件55起，其中协助转运59人，安排居家隔离185人，妥善处置涉疫旅客行程码变码、隔离、管控等问题。动员组织地区单位核酸检测全覆盖，累计开展核酸检测8次，完成检测8000余人次，做到应检尽检。有序组织站区流浪寄居人员开展核酸检测，保护特殊人群防疫安全。宣传疫苗知识，协调丰台、海淀、西城区相关街道开展疫苗接种，组织280余人在街道接种点接种疫苗，组织流动接种车到地区便民接种，共完成1040人现场接种，高标准完成疫苗接种工作。

（吴俊雅）

【秩序管控】 年内，以平安单位创建为契机，持续做好反恐防暴和舆情监控引导工作，开展防范恐怖袭击的演习拉练，细化区域网格化管理，强化反恐防暴、社会治安、信访维稳、交通服务及环境治理力度，确保社会面安全稳定。持续开展无照经营、黑车打击、环境秩序、施工工地等专项检查；对违规张贴、照明损坏、堆物堆料、门前三包督查整改。针对东西环廊长期滞留人员，加大日常救助巡查频次数，做到巡查巡视不留死角。共出动警力17419人次、城管队员17537人次，辅警18001人次、保安22258人次；检查三类场所7661家，发现193处问题，以立即改正；检查单位门前三包8138次；检查调度站1138次；地区救助巡视1610次；清理躺卧26158人次；驱离流浪乞讨人员2252人次；发放救助食品627份、口罩11607只；滞留人员聚集区域消毒1510次。平稳完成庆祝建党100周年、十九届六中全会、春运暑运、全国“两会”、国庆节等152天重点时期保障任务。

（吴俊雅）

【安全生产】 年内，开展“防风险、除隐患、保平安”西站地区消防安全隐患集中排查专项行动、“安全生产月”活动、安全生产及消防隐患排查整改工作，地区安委会安全生产专班共出动巡检人员268人次，检查地区生产经营单位434家次，共165处安全隐患问题，复查隐患清单252家单位，共145处安全隐患问题，已整改88处，未整改57处。先后检查施工现场26家。

（吴俊雅）

【应急处置】 年内，结合“五一”大客流应对情况，建立会商机制和调度机制，每日与重点站区协调支队、北京铁路公安处通报情况，共享信息，及时通报图定车辆运行及站区秩序保障情况，印发执行应急预案试行版和应急处置方案。开展消防应急处置演练，修订完善地区防火应急预案。科学应对极端天气情况，形成汛期例会工作制度，确定三级响应条件，成功应对强降水重点时段，开展扫雪铲冰工作。

（吴俊雅）

【环境整治】 年内，完成“国家卫生区”复审验收工作，完成首环办问题督办单的整改落实。完善地区道路、导向标识等基础设施，规划P1、P3、P5停车场网约旅客乘车区，增设司机端、乘客端引导标识共200余块，制作约128块导向标识和定位标识。扎实推进倡导生活垃圾分类，开展爱国卫生运动，加强环境建设联合检查。

（吴俊雅）

【综合治理】 年内，持续推进第三轮交通综合整治任务，成立工作专班，针对优化西站地区周边建筑功能布局、优化改造落客区、提升停车资源利用效率、推进安检互认工作、完善三级标识引导系统、加强火车站地区环境治理、加强共享单车管理、加强联合执法等任务，加强协调调度，与站区单位沟通协调，11项整治任务中，除公交集团场地换用问题仍在协商外，其余任务已基本完成。

（吴俊雅）

【服务保障】 年内，加强购买服务项目的管理考核，狠抓服务质量。协调北京西站、西城运管分局、公交集团、地铁公司等单位，多措并举增加运力、补充运能。通过购买短途摆渡车、增加保点出租车等方式解决运力短问题。通过站区广播、LED、发放《乘车指南》等措施加强交通换乘宣传；安排爱心驿站、出租车调度站等工作人员等专业力量，对旅客进行换乘引导。结合接诉即办条例实施，强化健全完善高位统筹、上下联动、全员响应的接诉即办工作机制。全年接单1392件，退单898件，有效处理494件，响应率99.8%，满意率99.2%，解决率98.8%。高标准开展爱心驿站和问询服务工作，5处咨询服务服务旅客428215人次，6处爱心驿站服务旅客9519人次。

（吴俊雅）

【党建宣传】 年内，扎实组织开展党史学习教育，组织各党支部开展集中学习33次，党总支书记、党支部书记讲党课4次，组织开展主题党日活动5次。组织站区开展“我为群众办实事”实践活动，完成“旅客服务”“卫生防疫”“黑车治理”“接诉即办”等方面任务23项。成立西站地区党建协调委员会。制定《北京西站地区管理办公室党支部议事规则》、全面从严治党主体责任清单等党建制度文件。开展党支部标准化规范化建设自查，夯实党建基层基础。加强意识形态阵地建设和管理，严格落实意识形态责任，印发《站办日报》283期，妥善处理西站地区舆情。加强精神文明创建工作，组织开展志愿服务活动、党员责任田、党员先锋岗、党员双报到等活动，累计参加党员670余人次。

（吴俊雅）

北京南站

【概况】 北京南站地区管理办公室（简称南站办）是北京市重点站区管理委员会正处级内设机构，设置4个科、1个北京南站地区执法大队（副处级）和1个北京南站地区事务分中心，负责北京南站地区的日常管理和服务。2021年，北京南站地区管理办公室在北京市重点站区管委会党组的坚强领导下，在属地职能部门、街道及企事业单位的大力支持下，严格落实疫情防控政策及常态化措施，聚焦绩效任务、平安北京、地区三轮整治、“我为群众办实事”等重点任务，依托地区联勤联动、会商协调等工作机制，狠抓地区秩序管控、运力保障、应急管理等服务保障工作，较好地完成全年目标任务。

（南站办）

【疫情防控】 年内，督促地区各单位坚持验码、测温、消毒、一米线等常态化防控措施，组织6个专项工作组每周巡视检查，发现问题当场整改，共检查站内疫情防控8428家次，其中三类场所4298家次，发现问题并立即整改343家次，检查出租车调度站2052次，发现并整改问题27起，抽检出租车疫情防控1500余辆次；完善发布《北京南站地区管理办公室疫情期间内部防控管理办法（试行）》，督促地区单位进行疫苗接种，编内人员接种率达到94.2%，南站办第三方公司人员接种率达到100%、北京南站正式工和劳务工接种率达到90%、商服北京南站分公司职工和北京南站商户从业人员接种率达到90%。

（南站办）

【站区综合治理】 年内，紧扣重点站区党组、管委会年度工作部署，建立以绩效任务为主线，平安建设、火车站地区三轮整治、首都环境建设等专项考核为辅的督办工作体系，一体研究，一体部署，一体推进，制定年度绩效任务工作方案，细化任务目标、节点计划，明确责任部门、责任人，同时注重过程管理，提前安排部署，全力配合绩效办开展季度、年度核验工作，年度绩效16项任务、北京南站地区第三轮交通综合整治9项均按照分工有序推进。

（南站办）

【党史学习教育】 年内，开展党史学习教育，南站办党总支严格落实北京市重点站区管委会党组部署要求，及时制定党史学习教育实施方案，明确学习教育目标要求、学习内容、学习安排，坚持领导班子深入“领学”、处级干部集

▲2月12日，对北京南站内三类场所开展疫情防控专项检查。

▲11月，北京南站组织党员到北京市档案馆参观学习。

体“研学”、党员干部潜心“自学”和团员青年交流“互学”，创新开展心声献党、《初心早八点》栏目、诵读经典、唱红色歌曲等活动，带领党员走进北京市档案馆、京畿红色地标之一陶然亭公园追寻红色足迹，编发《党史学习教育简报》近40期，极大地丰富基层党建工作内涵。

（南站办）

【宣传报道】年内，把意识形态工作纳入党建工作的重要内容，坚持每半年至少组织一次意识形态相关内容学习，每季度分析一次意识形态工作形势，提前谋划到位；利用微信公众号、走廊电视、展板标语等各类阵地宣传党的理论和路线方针政策以及重大工作部署等内容，主动回应媒体关切和群众诉求，以《暑期保障旅客出行系列》为题，及时向旅客展示北京南站地下停车场秩序管理、车辆标识、运力保障最新工作进展，搭建良好沟通平台；严格信息发布审查，提升舆情管控水平，全年在媒体进行正面宣传报道近百次，刊发《南站地区信息》近50期，推送公众号近600期，发布抖音、快手130余个。

（南站办）

【为民办实事】年内，用好“接诉即办”服务群众主抓手，树立到一线解决问题的鲜明导向，围绕站区环境秩序、运输保障、服务提升、安全维稳，特别是市民旅客投诉较为集中的地下停车场管理、站内安检与综合服务管理、出租车不规范运营、站区打车难和综合秩序管理等方面问题，向前一步、主动治理，提前进行会商研判，组建工作专班，未呼先应治理源头，全时响应快速办理，在服务时效、服务质量上跑出加速度，真正把接诉即办工作打造成一条有“温度”的听民情、解民忧、顺民意的“连心线”，推动“我为群众办实事”实践活动不断走向深入，让市民旅客有更多获得感。全年对照“我为群众办实事”任务清单，融合开展“机关接地气、干部走基层”“下基层、跑工单、走流程、蹲点位”活动，形成制度机制3个，解决问题6个，提出合理化建议1个，形成调研报告3篇，全年共承办12345工单241件，全部办结。

（南站办）

【便民服务】年内，从便于群众出行角度，拆除西进口绿地护栏80米、北广场交通隔离护栏228米，更新北广场调度站旅客候车区隔离护栏100米，移除2处阻碍行人通行石墩，刷漆修补地区生锈掉漆护栏402米，协调修复路面裂缝50米、路面坑槽110平方米、破损路面2处、破损井盖1处，更新安装匝道道路警示柱410个；北京南站立体停车楼392个车位全部对外开放，缓解南站地区及周边居民停车难问题；依托志愿服务协会志愿者力量，考虑人员密集区域设立志愿服务岗6个，同时认真梳理群众咨询问题重点，对志愿者进行上岗前一对一培训，暑运期间上岗志愿者81人次，国庆期间上岗志愿者104人次，总服务时长728小时，服务旅客3870人，同时，发动党员干部充实志愿者队伍，利用主题党日活动等形式，在学雷锋日、创城创卫、文明出行等关键节点开展站区巡查、交通指引、帮扶等特色志愿服务活动，助力提升地区服务保障水平。

（南站办）

【秩序管控】年内，针对黑车、旅游大巴车等秩序乱问题，采取专项治理手段，以法治手段规范交通运营秩序。增加联合执法频次，协调方庄交通大队、铁路交通支队召开道路交通秩序治理工作协调会，健全高峰时段交通疏导工作机制，多次组织北京南站、地下停车场、高德打车等，协调解决网约车停车秩序问题，进一步规范网约车运营行为；持续实施黑车“顶格”整治活动，定期与南站派出所开展非法运营联合执法，对长期盘踞在南站地区的非法运营黑车、出租车业内私揽、议价等违章行为进行重点打击，形成高压执法态势。全年共计查处黑网约315起，黑巡游3起，黑长途1起，出租车各类违章28起，共计罚没金额417.64万元；增设3个旅游大巴车车位，出台管理规定，规范停车点管理，补充制作地区交通导引标识牌6块，限时提示牌3块，明确停车限时要求，同时开展非法营运大客车专项治理行动，对重点区域以及重点车辆（非京B牌照大巴车）进行重点检查和进一步摸排，对不合规车辆劝离并警告。

（南站办）

【应急管理与安全生产】年内，制定完善突发事件应急处置流程，完成站区“一总八分”应急预案修订制定工作，按照“一室三委三中心”的职能作用，搭建具有北京南站地区特色的应急指挥体系，将安全生产、消防安全、防汛抢险、扫雪铲冰、接诉即办、应急处突和日常值守等职能进行初步整合，实现快速、高效应急指挥职能；主动加强与丰台区政府、铁路、地铁等相关部门（单位）

▲11月17日，开展消防安全应急演练。图为灭火VR体验。

沟通，丰富完善联动协作机制；组织开展大客流、防汛、疫情防控、安全生产等各类演练10次，以“实战”不断提升预案体系科学性和实用性；摸排站区公共安全风险源信息，成立违法建设整治专班，同步推进开展重点整治活动，持续做好地区消隐工作。

（南站办）

【党建议事协调机制】为进一步完善南站地区管理机制，发挥党建引领优势，探索解决地区难点、痛点问题的新模式，按照重点站区管委会成立党建议事协调机制的相关要求，南站办充分调动驻区单位党组织和党员的积极性和主动性，筹备成立北京南站地区党建工作协调委员会，统筹利用好地区资源和志愿服务等力量，深化路、警、企、地多部门（单位）合作。重大任务、重点时期集中整合站办、大队和中心人员力量，全员发动、优化配置、合力攻坚解决群众急难盼愁问题与诉求。加强与丰台职能部门密切协作，有序推进市政设施升级维护、绿地修补、疫情转运等工作；携手两个属地街道高标准完成创建国家卫生区、疫情防控等任务，向丰台区推选人大代表1名；站区与铁路配合日益紧密，互为支撑、互相提升、互促发展局面基本形成，较好地处置“5.4”列车大面积晚点突发情况。

（南站办）

北京丰台站

【概况】北京丰台站地区管理办公室是北京市重点站区管理委员会正处级内设机构，7月正式批复成立，设置4个科、1个北京丰台站地区执法大队（副处级）和1个北京丰台站地区事务分中心，负责北京丰台站地区的日常管理和服务。2021年，丰台站办领导班子认真贯彻落实市委、市政府以及重点站区管委会党组的各项决策部署，团结带领全体干部职工迅速进入接管工作的开局状态，咬定目标，真抓实干，深入站区一线，用脚步丈量站区，统筹推进做好丰台站地区接管各项准备工作。

（丰台站办）

【组织建设】11月29日，丰台站办党支部正式批复成立，第一时间严格按照《中国共产党支部工作条例》完成支部书记选举工作。

（丰台站办）

【完善制度体系建设】年内，固化筹建工作机制，坚持每2天踏勘站区施工进展，每周召开工作推进会，整理站区工作外联通讯录。按照制度先行的原则，根据管委会相关制度规定和要求，认真编撰包括党务、政务等相关制度，启动丰台站应急制度体系搭建及应急预案编制工作，并开展丰台站公共安全风险评估初期工作，起草《丰台站办应急指挥中心值守工作规范》，参照西站前指起草站办疫情防控机制方案等。按照站区规划，结合开通后旅客需求，完成丰台站地区2022年采购服务项目初步申报工作和预算编制工作。

（丰台站办）

【协调机制建立】年内，初步建立与市交通委、北京路局解决实际问题机制。每周定期进行交流沟通，及时跟进交通接驳方案，制定站区临时出租车、公交车等运力接驳方案，并做好站区公交、轨道交通、社会交通、慢行交通的协同配合，尽可能实现不同交通方式的“无缝对接”；初步建立与丰台区建设指挥部协调推进机制。了解站区公交场站、出租车储存点、路面标志、旅客进出通道等项目施工情况及周边配套道路建设、征拆工作进展情况，实时提出利于交通接驳的意见建议；初步建立与周边街道和相关部门定期沟通协调机制。主要以交通接驳为切入点，梳理站区秩序问题，提前做好应对准备，努力形成“一方统筹、多方联动”。

（丰台站办）

【站区建设】年内，以交通接驳为核心，重点跟进出租车调度站建设、安检互认、标志标识设置等工作进展及完成时限。推进临时出租车调度站建设。结合交通接驳方案、站区建设实际，从接驳速度、乘客体验、出行环境等方面，及时完成调整临时出租车调度站内部流线，确保流线方案科学合理、安全可行。提前思考站区执法边界，从区划平衡、便于管理的角度提出意见建议，初步拟定执法边界方案。结合西地下停车场建设情况、预留公交场站及配套设施施工进度，通过实地推演，绘制出租车、公交车、私家车临时接驳交通流线图。按照管委会

2022年重点站区交通综合整治工作要求，提前谋划初拟丰台站地区交通综合整治工作计划表，确保丰台站开通后安全秩序平稳有序。借鉴朝阳站开通初期经验，在丰台站开通及路网建设未完成期间，“12345”接诉即办工作暂不纳入考核。

（丰台站办）

丰台西站

【概况】 2021年，北京枢纽生产布局调整后，丰台西站设有职能机构8个，分别为办公室（党委办公室）、党群工作科（融媒体工作室）、劳动人事科（党委组织科）、财务收入科、职工培训科、运输业务科、技术科、安全科（武装保卫科），人员编制70名；生产机构18个，分别为一场车间、二场车间、三场车间、五场车间、调度车间、货检车间、南信号车间、后勤车间、设备车间、信息化车间、双桥站上行车间、双桥站下行车间、双桥站调度车间、双桥站货检车间、大红门站、百子湾站、安全生产调度指挥中心、经营开发部；辅助性生产机构2个，分别为高铁乘务室、设备维修站。2021年末职工总数1806人，其中干部245人，女职工44人；初级、中级、高级技工分别为47人、305人、385人，技师78人；全站党员647人，团员138人。丰台西站全站日均办理出入车27411车，其中有调15367车、无调11891车，中转时间6.5小时，停站时间29.8小时，日均装54.5车、卸174车，货物发送量307964吨。

（谢鑫鑫）

【管辖布局】 年内，丰台西站管辖丰台西、双桥2个编组站，南信号、小葆台、大红门、小红门、百子湾、南苑6个中间站，西道口、田家洼2个线路所，共计8个车站2个线路所，其中特等站1个、一等站3个、四等站2个、五等站1个。丰台西站是路网性编组站，为特等站，是全路重要的咽喉枢纽、主要的车辆集散地和山西、内蒙古煤外运的重要通道，其中丰西编组站站场布局为三级八场纵列式，双桥编组站为二级三场外包式编组站。管内车站衔接京哈、京承、京沪、京广、丰沙、丰双6条干线，另辖星双、百星、百东、大李的部分线路和军供联线、大南线等6条支线；管内丰台西站、双桥站均设自动化驼峰调车设备；管内配置调车机共计17台，其中丰台西站12台、双桥站3台、百子湾站1台、大红门1台。车站管辖正线：京哈线通州（不含）—北京东站（不含）3.47公里；京广线长辛店（不含）—丰台站（不含）3.75公里；京沪线黄土坡线路所（不含）—丰台站（不含）1.87公里；京承线通州西站（不含）—双桥站1.80公里；丰双线丰台西站—双桥站35.55公里；军供联线南信号—小葆台站6.27公里。站内共有货检设备货车超偏载检测装置7台、货车超限检测及装载状态高清数字监视装置25套；机械动力设备21台。固定资产原值19621.28万元。

（谢鑫鑫）

【所获荣誉】 年内，丰台西站荣获集团公司纪检监察工作先进集体，被评为北京市交通安全单位，全路标准化路网性货检站，全国文明单位。丰台西站团委荣获全国铁路五四红旗团委。自主发明的铁路场站减速顶高度自动化管理系统被评为实用新型专利。

（谢鑫鑫）

【生产布局调整】 2月，根据《国铁集团关于同意北京局集团公司撤销双桥直属站的批复》（铁劳卫函〔2021〕45号）、《集团公司进一步优化北京枢纽生产布局调整实施方案》（京铁劳〔2021〕30号），为深入落实强基达标、提质增效工作要求，进一步优化生产布局，统筹资源配置，强化专业管理，提升运输组织和效率效益，原双桥站管辖的京哈线双桥站及丰双线百子湾、大红门、小红门、南苑站及田家洼线路所整建制划转丰台西站。原丰台西站管理的柳村线路所、丰台站整建制划转北京西站。

（谢鑫鑫）

【槐房路道口“平改立”工程】 年内，丰台西站聚焦沿线群众出行“急难愁盼”问题，将影响沿线群众出行安全的平交道口进行整治。槐房路铁路道口位于北京市丰台区南四环，横跨丰双正线等9条股道，每天通行列车超200列，各种机动车超4000辆，人车混行存在较大安全隐患，被大家称为“北京最繁忙的道口”。车站组织研究“平改立”解决方案，协调施工推进，改善近400米长的铁路沿线环境，“堵心路”被彻底打通。

（谢鑫鑫）

【疫情防控】 年内，丰台西站落实好各项疫情管控工作，精准统计新冠疫苗接种情况，组织全站符合要求人员接种新冠疫苗及加强针工作。根据疫情形势及集团公司防控办要求，组织行车重要岗位人员集中管理及闭环管控，落实好各项后勤服务保障工作。牵头督导组进行深入检查各项工作落实情况，每月定期组织召开车站防疫例会，共下发疫情工作简报22期。多渠道、多途径采购口罩10万余只，体温测量工具500余只（台），消毒液、酒精1000余桶和其他防护品，确保防控物资供给及时充足。

（谢鑫鑫）

邮　政

【概况】 中国邮政集团有限公司北京市丰台区分公司（简称区分公司）是中国邮政集团有限公司北京市分公司（市分公司）下属城区分公司，承担丰台区的邮政通信服务职责，服务面积306平方公里，服务人口约202.5万人。区分公司下辖10个邮政支局、45个邮政所、23个揽投网点，现有商投道段336条，普投道段211条。区分公司下设市场部、财务部、人力部、运管部、服质部、寄递部、金融部、渠道部、文传部、党建部、工会、纪委办、综合办13个职能部室，现有员工1513人。主要经营函件、包裹、

▲4月9日，丰台区邮政局在二七1897科创城举办“赏邮票 学党史”主题宣讲活动。（丰台区分公司 摄）

集邮、报刊订阅和零售、汇款、商函制作、邮送广告、电子商务、三农服务以及速递物流、金融类等代办业务。2021年，区分公司坚持质量第一、效益优先，实现业务总收入39209万元，同比增收2077万元，增幅5.59%；利润同比改善852万元。

（刘　然）

【《中国人民警察节》纪念邮票首发】 1月10日，中国邮政发行《中国人民警察节》纪念邮票，区分公司联合北京市公安局丰台分局在丰台分局西大厅举办邮票首发仪式，举办“红色历程”邮票巡展活动。

（刘　然）

【义务植树活动】 4月2日，区分公司与南苑乡共60余名志愿者在槐新郊野公园共同开展以“全民植树四十载，美丽中国谱新篇”为主题的义务植树活动，活动共植榆树苗近200株。

（刘　然）

【“赏邮票　学党史”主题宣讲活动】 4月9日，丰台区分公司与丰台区委宣传部在长辛店二七科创城组织开展“赏邮票 学党史——邮票背后的党史故事”主题宣讲活动，以邮票为载体，通过鲜活生动的故事，讲述百年辉煌党史。长辛店地区党员干部、社区群众、中小学生80余人参加活动。此次“赏邮票 学党史”宣讲活动的开讲，是丰台区庆祝中国共产党成立100周年系列宣讲活动的一部分，面向基层干部群众，进企业、进农村、进社区、进军营、进校园，同时纳入“校园思政课”。

（刘　然）

【《神州逐梦》系列纪念封套、纪念戳首发】 4月19日，由中国航天科工集团第三研究院、北京市邮政分公司主办，中国航天科工集团第三研究院三一〇所、丰台区邮政分公司承办的“神州逐梦”系列纪念套封、纪念戳首发仪式在中国航天科工集团第三研究院职工活动中心举办。丰台区邮政分公司为到场嘉宾提供航空题材与红色题材邮品的现场品鉴与销售服务。

（刘　然）

【《儿童画作品选》特种邮票首发】 6月1日，丰台区邮政分公司与丰台区长辛店第一小学联合举办《儿童画作品选》特种邮票首发仪式暨“赏邮票 学党史红领巾课堂”揭牌仪式，发售《儿童画作品选》特种邮票一套3枚。

（刘　然）

【航天飞航职工集邮协会成立】 6月24日，航天飞航职工集邮协会成立大会在中国航天科工三院举行，现场发售航天飞航职工集邮协会成立首日封，北京市集邮协会邮展委员施冥以“航天集邮”为主题进行讲座，丰台邮政分公司工作人员为到场会员提供纪念邮品展售和

▲4月19日，在中国航天科工集团第三研究院职工活动中心举办《神州逐梦》系列纪念封套、纪念戳首发。（丰台区分公司 摄）

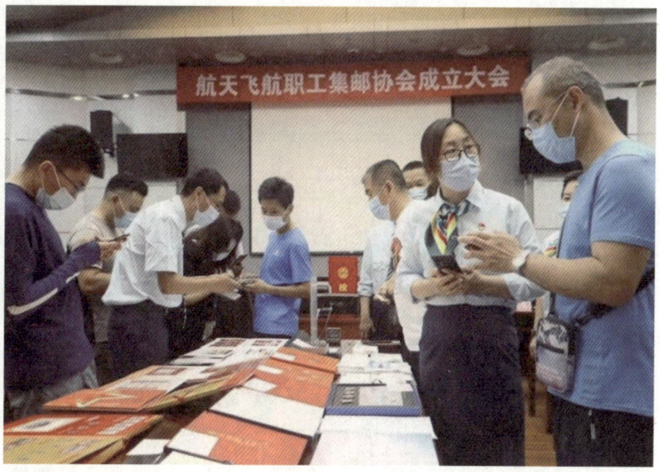

▲6月24日，航天飞航职工集邮协会在航天三院成立。（丰台区分公司 摄）

建党100周年题材邮品预订服务。

（刘　然）

【“‘丰’景美好 缘来‘邮’你”相亲大会】6月25日，区分公司组织开展首届“‘丰’景美好 缘来‘邮’你”金融客户相亲大会，邀请22名邮储银行白金级以上客户作为子女代表参与活动。方庄邮政支局同时在现场开展主题邮品展售活动。

（刘　然）

▲6月25日，丰台邮政分公司举办“‘丰’景美好 缘来‘邮’你”相亲大会。（丰台区分公司 摄）

【北京冬奥会和冬残奥会特许商品零售店开业】7月19日，在北京2022年冬奥会开幕倒计时200天之际，区分公司丰台邮政支局北京2022年冬奥会和冬残奥会特许商品零售店开业，为广大集邮爱好者和体育爱好者提供种类齐全的冬奥会和冬残奥会纪念邮品、文创周边、贵金属等多种特许商品。并在“中国集邮邮票百科”小程序中开展冬奥倒计时200天直播活动，《北京冬奥会开幕倒计时200天》纪念封通过“云揭牌”与广大网友及集邮爱好者见面。

（刘　然）

【集邮文化体验店开业】9月7日，区分公司首家集邮文化体验店正式亮相角门邮政支局，体验店营业面积约17平方米，可为全市集邮爱好者提供集邮文化产品的展售、预订及主题活动举办等服务。同时还举办“赏邮月圆时 芙蓉花正开”主题直播活动。

（刘　然）

【中央民族大学丰台校区开学季邮政服务】9月，区分公司为中央民族大学丰台校区开学季提供邮政服务工作，解决疫情期间新生包裹寄递困难。区分公司组建五个企业微信群，各业务条线指定专人入群，线上为近2300名学生提供包裹寄递、银行卡和电话号卡办理、报刊订阅等服务咨询，服务人数覆盖率达48%；建立临时投递点和邮政服务点，组成3人服务团队常驻校区，使邮政普遍服务和日常用邮需求能有序落实；学生入校期间调派机关党员、骨干30余人组成志愿服务团队进行现场领取包裹、业务办理服务。服务期间共开办云放号业务133笔，投递学生包裹8200余件，大件包裹5100余件

（刘　然）

【便民蔬菜优惠购活动】11月，针对疫情影响蔬菜进京困难及价格上涨，区分公司与邮商联盟商户合作，以低于市场价5%至10%的价格向支行微信群客户开展大白菜优惠便民购活动，根据客户需求将销售菜品由大白菜扩大至其他蔬菜，活动形式由优惠购接龙丰富至菜品家宴展示评比、老带新赠菜等，累计开展活动96场，辐射14000余名群众，为社区居民提供便利和实惠。

（刘　然）

【高铁移动主题邮局正式亮相】12月21日，由北京邮政与北京京铁列车服务有限公司联合打造的高铁移动主题邮局正式亮相。高铁移动主题邮局采取设立在京张高铁列车上的移动主动邮局和开设在丰台区角门邮政支局内的高铁主题邮局固定网点两处应用场景相结合的形式打造。列车上的旅客通过扫描在主题邮局现场设置“I LOVE 邮”二维码，享受新邮报刊预订、生活便民缴费、人身保险购买、文惠扶贫网购等线上服务。高铁移动主题邮局特别推出以“科技”、“出征”、“凯旋”为主题的彩色邮资机戳3枚，彰显对历史与文化传承的“八达岭长城站”、“太子城站”等为图案的纪念戳9枚，形成高铁移动主题邮局特有的纪念戳系列图案。

（刘　然）

【京津冀百姓生鲜寄递直通车】年内，随着直播热潮的兴起，区分公司与“新

▲7月19日，丰台邮政分公司丰台支局北京2022年冬奥会和冬残奥会特许商品零售店开业。（丰台区分公司 摄）

▲丰台邮政员工在封闭小区与志愿者进行邮件交接。（丰台区分公司 摄）

▲12月21日，京张高铁列车高铁移动主题邮局正式亮相。（丰台区分公司 摄）

发地直播基地”合作，将最新鲜的水果搭载北京邮政开通的生鲜寄递直通车送上市民餐桌。为保证“新发地直播基地”生鲜邮件迅速、安全地送达消费者手中，区分公司在北京市邮政分公司、北京市航空邮件处理中心的全力支撑下，通过运力整合、指派专人专车紧盯收寄环节、集中优势资源提高投递环节服务质量和作业效率等举措，为“新发地直播基地”生鲜邮件提速，实现北京市城六区消费者清早下单当日递、津冀城区消费者清早下单次日递。

（刘　然）

【身份证换证业务寄递便民服务】年内，区分公司加强与属地公安局人口管理总队的合作，持续推进身份证换证业务寄递便民服务，与辖区内34个派出所合作，全年身份证换证业务邮寄量36011件，寄递转化率23.6%。

（刘　然）

【疫情防控工作】年内，区分公司认真落实疫情防控主体责任，积极融入地方政府疫情防控全局，自觉接受属地政府和街道、社区防控管理与服务，强化与属地政府和街道、社区之间的联防联控、协调配合，安排专人做好沟通对接，加强区域联防联控，确保首都安全。对内建立网格化管理、拉网式排查、跟踪式管理、多形式宣传的工作机制，持续抓好人员摸排、出行管理、关心关爱、个人防护等工作；抓实抓细邮政重点场所、重点人群、重点环节的精准防控，制定完善突发疫情应急响应机制；组织全体从业人员按规定频次开展核酸检测和新冠疫苗加强针注射；投入资金用于采购口罩、消毒液、温控枪等防护物资，实现员工“零感染”和疫情防控“零问题”。

（刘　然）

通　信

中国移动北京公司

【概况】 中国移动北京公司（以下简称北京移动）成立于1999年8月28日注册成立，现有员工7500人。2021年，通信服务收入257.3亿元，4G基站超过6万个，5G基站超过2.7万个。北京公司以首创精神、首善标准、首强意识加快战略转型，深化改革创新，全面落实建设网络强国、数字中国、智慧社会的重大战略部署，积极为北京市经济社会发展贡献力量。北京移动城区二分公司负责丰台、东城及西城区的个人、家庭、集客市场服务的整体执行、属地网格运营管理和责任经营；承担属地政府及客户、网络资源、基站选址及业主关系的协调、维系；承担属地网络建设及维护的支撑工作。城区二分公司共有员工932人（含二级经理5人，三级经理13人），下设9个三级部门，包括党群纪检部、综合部、网络部、建设中心、全业务支撑中心、市场部、政企中心及营销中心和丰台营销中心；包含12个经营网格，其下覆盖40个经分网格。综合、技术、市场、政企各线条强化协同，对一线部门进行全方位业务指导与资源支撑调度。北京移动城区二分公司丰台营销中心为在丰台区属地内办公的一线服务单位，在册共员工201人，其中丰台政企工作人员26人（主管1人，客户经理25人），楼宇经理45人，业务经理59人，厅台人员55人。

（赵新峰）

【抗疫保产服务】 年内，北京移动为突发京外关联本地确诊病例的新村街道封控楼提供通信保障，第一时间组织骨干专家前往防疫现场，快速高效完成第一批800部门磁的调配和测试。同时连夜抽调应急通讯保障车进驻封控小区，保障封控楼外围通信信号。

（赵新峰）

【提供防疫告知短信】 年内，结合自身大数据优势，为丰台区政府提供防疫告知短信，累计发送约12.9万条。

（赵新峰）

【通信基站建设】年内，城二分公司持续扩充移动通信网络覆盖规模，优化4、5G网络，提升网络通信质量，丰台区域内4G微蜂窝基站累计建设2307个，4G室外宏蜂窝基站累计建设2050个，4G基站共4357个。5G微蜂窝基站累计建设392个，室外宏蜂窝基站累计建设1820，5G基站共2212个。

（赵新峰）

【优化重点网络】 年内，城二分公司网络部提前对中国人民抗日战争纪念馆、卢沟桥以及周边区域进行整体信号测试和网络优化，为中国人民抗日战争纪念馆庆祝中国共产党建党100周年的大型展览《伟大胜利 历史贡献》《铭记历

史 缅怀先烈》服务，保障和提升参观用户的网络感知。

（赵新峰）

【保障北京种业大会通信】 10月18日至22日，在第二十九届中国北京种业大会北京种业大会召开期间，北京移动组织骨干人员与网络部5G专家紧急组建保障团队，多次现场勘察，采用5G基站的新网络保障方式，通过5G便携式媒体箱微基站设备，完善重点区域的网络扩容和网络覆盖，配合大会完成视频的直播与回传。

（赵新峰）

【517电信日】 5月17日，在世界电信日当天，城区二分公司与丰台昆仑域社区共同举办“移动通信在身边 品质服务进社区”主题活动，包括社区宽带义诊和防诈骗知识小讲堂。活动得到居民朋友响应，并获得右安门亚林一社区和属地民警一致好评。

（赵新峰）

【驻地网宽带建设】 年内，建设并开通端口2.84万个，累计10GPON端口达到53.69万个，可满足约978个小区、85.11万户千兆网络需求，千兆小区覆盖率90.12%。

（赵新峰）

【上门义诊活动】 年内，开展家庭宽带用户上门义诊活动，在丰台区各小区开展上门义诊活动共计500场，成功为客户解决疑难问题300余件。

（赵新峰）

【银发适老服务】 年内，深入贯彻“我为群众办实事”的理念，从客户角度出发，不断丰富完善老年客户服务举措和内容。基础设施方面，属地全部营业厅均设置爱心座椅、爱心专席，建立爱心专区，配备便民服务箱，为老年客户提供便捷服务。拓展服务方面，践行企业社会责任，在属地部分自有营业厅和社区街道开展“移动小课堂”现场活动，为老年客户讲解防范电信诈骗、手机操作、常用APP等内容，帮助老年客户跟上时代前进的步伐。“移动课堂”活动共开展19场，覆盖百余人，得到参与客户的一致好评。

（赵新峰）

2021年北京移动城区二分公司丰台区自有营业厅一览表

表11

序号	营业厅名称	地 址
1	丰台草桥营业厅	北京市丰台区草桥欣园二区9号楼B座一层铺位号131号商铺
2	丰台东高地营业厅	北京市丰台区南大红门路15号
3	丰台杜家坎营业厅	北京市丰台区杜家坎南路1-7号A座门面A-15-1
4	丰台芳古园营业厅	北京市丰台区方庄芳古园一区29号楼底商
5	丰台富丰路营业厅	北京市丰台区富丰路2号星火科技大厦
6	丰台角门营业厅	北京市丰台区马家堡路120号二层
7	丰台康辛路营业厅	北京市丰台区鸿业兴园一区三号楼
8	丰台南四环西路总部基地营业厅	北京市丰台区南四环西路188号五区11号楼
9	丰台蒲芳路营业厅	北京市丰台区方庄蒲芳路1号
10	丰台石榴园营业厅	北京市丰台区石榴园北里34号楼2-3单元113号
11	丰台岳各庄南桥营业厅	北京市丰台区西四环南路19号
12	丰台赵公口营业厅	北京市丰台区赵公口20号楼1幢
13	丰台正阳桥北营业厅	北京市丰台区西四环南路88号

中国联合网络通信有限公司北京市分公司

【概况】中国联合网络通信有限公司北京市分公司(简称北京联通)隶属于中国联合网络通信有限公司，致力于北京市信息化基础设施建设，在全市范围内为公众客户、商企客户和政府机构等客户提供包括固定电话、移动电话、数据传输、互联网、宽带接入等基础电信业务、国际业务、创新业务和增值电信业务及与上述业务相关的行业应用、系统集成、技术开发、技术服务、信息咨询、工程设计施工等相关服务。三区分公司丰台营销服务中心、丰台南营销服务中心、新发地营销服务中心、卢沟桥营销服务中心、长辛店营销服务中心、科技园营销服务中心、云岗营销服务中心为丰台区服务。公司位于西城区骡马市大街9号。

(李浩然)

【重要通信保障任务】年内，完成全国两会、冬奥测试赛、建党百年等重保工作，开通专线2077条，普话保障47部。按照重保要求统一部署，提前做好清网排障、预案及应急方案制定、重保及备用线路开通测试、重保人员安排调度，并积极配合完成应急演练等相关工作，为通信保障任务的顺利完成夯实基础。

(李浩然)

【光网络升级建设】年内，在千兆光网络建设方面，全年建设并开通10GPON端口5656个，累计10GPON端口达到1.88万个，可满足约868个小区、45.12万户千兆网络需求，千兆小区覆盖率97.44%。继续开展宽带无条件受理工程，对覆盖死角进行补点，共发起补点工程662个，解决近693余户宽带业务需求。

(李浩然)

【5G基站共建共享】年内，与中国电信共建共享开工5G站点290个、累计开通站点1873个，持续扩充5G网络覆盖面，优化5G网络，提升网络使用感知。

(李浩然)

【家庭网络检测为民服务行】4月，北京联通开展“家庭网络检测为民服务行”活动，以上门服务的方式完成用户家庭的WiFi网络质量检测，此次活动以实际行动解决用户家庭日常网络信号覆盖不均衡、网速慢、掉线等问题，助力用户网络使用感知提升。

(李浩然)

【便民服务进社区】5月15日，北京联通三区分公司云岗营销服务中心深入云岗南宫8号院社区开展“防范电信诈骗”宣传服务，通过为居民发放宣传手册、播放宣传影片、提供现场咨询等方式，提升居民防范电信诈骗的意识，为居民财产提供安全保障。

(李浩然)

【助残活动】6月18日，北京市残疾人联合会、北京市聋人协会和北京联通共同举办“我为群众办实事——畅听无障碍、助残献爱心”活动启动仪式，活动现场，北京联通向北京市残联捐赠助残通信产品——畅听网卡＊无障碍通话助手，满足听障人士及其亲朋好友通信需求，增强信息获取和沟通交流能力，为听障人士做好社会支持服务，推动听障人士共享经济社会发展成果。

(李浩然)

【适老服务】10月14日，北京联通西单营业厅联合丰台区开阳里三区社区开展“九九重阳节、浓浓敬老情”主题活动，为老年用户讲解5G智能手机使用技巧，与老年用户参与画扇面特色活动。活动结束后，为老年用户赠送大米、小米、食用油、雨伞等多类实用礼品，传递联通服务温暖。

(李浩然)

2021北京联通三区分公司丰台区营业厅一览表

表12

序号	营业厅名称	地　址
1	万年花城营业厅	北京丰台万芳园一区19号楼底商5号
2	丰台营业厅	北京丰台西四环南路73号
3	新发地营业厅	丰台区花乡黄陈路新发地电话局
4	丰台南营业厅	丰台区怡海花园西门内联通营业厅
5	长辛店营业厅	丰台区东山坡三里77号
6	卢沟桥营业厅	北京丰台晓月中路25号
7	丰台新村营业厅	北京丰台三环新城8号院7号楼底商

中国电信股份有限公司北京分公司

【概况】 中国电信股份有限公司北京分公司（下称中国电信北京公司）是中国电信集团有限公司（简称中国电信）31个省级分公司之一。中国电信北京公司成立于2002年。中国电信股份有限公司北京西区分公司为中国电信北京公司下设分公司，主要为丰台区提供服务。

2021年，公司坚持以习近平新时代中国特色社会主义思想为指导，深入贯彻落实习近平总书记关于国企改革发展和党的建设的重要论述，聚焦建设网络强国和数字中国、维护网信安全的崇高责任，持续强化精品网络建设，深入推进“云改数转”战略，以“收入梦、5G梦、云网梦、区县梦、人才梦”为牵引，不断加快推动企业高质量发展。积极履行社会责任，自觉把企业运营融入经济、社会和环境的可持续发展之中，秉承“低碳电信、绿色发展”的理念，积极节能减排，实现绿色共享。贯彻落实集团公司乡村振兴工作部署，结对帮扶新疆喀什疏附县，携手疏附县人民，从脱贫摘帽走到乡村振兴。常态化做好企业疫情防控，全力配合属地政府，提供智慧化防疫防控服务。热心社会公益事业，关心弱势群体，不断创新“适老化”服务模式，促进社会和谐发展。

【通信服务】 年内，中国电信北京公司主要为公众客户、商企客户和政企机构等客户提供包括固定电话、移动电话、数据传输、互联网、宽带接入等基础电信业务、创新业务和增值电信业务及上述业务相关的行业应用、系统集成、技术开发、技术服务、信息咨询、工程设计施工等相关服务。

（宋　昆）

【疫情服务保障】年内，中国电信北京公司发挥企业责任担当，为丰台区政府一天内建立大数据和电子围栏，协助发送防疫通知170万条，触达58万人次。除夕当日，30小时内完成900余间隔离公寓的宽带接入和WIFI覆盖。特殊时期，北京电信10000号7*24小时服务不中断，大力推广视频客服服务模式，保障用户足不出户“面对面”办理业务。

（宋　昆）

【重要通信保障】 年内，完成全国“两会”、冬奥开幕式及冬奥会场通信等重保工作。按照重保要求统一部署，提前做好清网排障、预案及应急方案制定、重保及备用线路开通测试、重保人员安排调度，配合应急演练等。北京电信联合北医三院构建“5G+医疗信息共享联动平台系统”，以智慧医疗为冬奥医疗救治效率提升提供保障。

（宋　昆）

【适老助残服务】 北京公司贯彻“我为群众办实事”服务理念，打造营业厅“爱心翼站”，10000号“尊长专席”，切实解决老年人、残障人士通信服务方面的困难。

（宋　昆）

【5G基站共建共享】 移动网络建设稳步推进，客户满意度不断提升。丰台区域内累计开通4G基站1941个，开通5G基站1212个（全部与中国联通共建共享，其中中国联通建设589个，中国电信建设623个）。5G网络质量提升，5G用户满意度测评81.1分，同城排名第一。

（宋　昆）

2021中国电信北京西区分公司丰台区自有营业厅一览表

表13

序号	营业厅名称	地　址（以营业执照地址为准）
1	马家堡营业厅	丰台区马家堡西路15号107
2	宋家庄营业厅	丰台区宋家庄路26号院10号楼1层107
3	光彩营业厅	丰台区石榴庄西街232号2幢1号
4	刘家窑营业厅	丰台区南三环东路23号1号楼1至2层餐厅09
5	木樨园桥营业厅	丰台区南木樨园94号
6	大成路营业厅	丰台区大成南里三区2号楼-1至1层107
7	科丰桥营业厅	丰台区南四环西路188号二区10号楼1层
8	四路通营业厅	丰台区西罗园北路12号

续表 13

序号	营业厅名称	地　址（以营业执照地址为准）
9	东高地营业厅	丰台区东高地斜街 13 号二层
10	丰台南路营业厅	丰台区丰台南路银地家园 4 号楼 1 号
11	成寿寺营业厅	丰台区成寿寺路 1 号 105 号
12	方庄营业厅	丰台区方庄芳城园一区 16 号楼
13	洋桥营业厅	丰台区马家堡东路 106 号 3 号楼商业 101
14	首经贸北路营业厅	丰台区芳菲路与首经贸北路交叉口
15	丰体时代营业厅	丰台区丰体南路 3 号 01 层商业 103A

中国铁塔北京市丰台分公司

【概况】 中国铁塔股份有限公司（简称“中国铁塔”）是在落实网络强国战略、深化国企改革、促进电信基础设施资源共享的背景下，由国务院推动成立的国有大型通信基础设施服务企业。公司主要从事通信铁塔等基站配套设施和高铁地铁公网覆盖、大型室内分布系统的建设、维护和运营；同时依托独特资源面向社会提供信息化应用和智能换电备电等能源应用服务，是中国移动通信基础设施建设的“国家队”和5G新基建的主力军。公司于2014年7月挂牌成立，实行总分架构，总部设在北京，同时在全国设立31个省级分公司和各地市级分公司。中国铁塔北京市丰台分公司（以下简称丰台铁塔）2021年9月正式组建成立。公司围绕服务保障首都功能目标，以科技创新为主线，积极落实“四个中心”功能定位建设，充分发挥网络强国、数字中国对地区经济的促进作用，服务丰台。丰台铁塔成立后为2022年5G基础设施建设开展奠定基础，进一步提升通信行业在丰台区统筹规范管理水平。

（杨柏松）

【丰台区通信建设管理办公室成立】 12月22日，丰台区政府与北京市通信管理局在丰台区科技园召开推进会为丰台区通管办揭牌。

【起草《丰台区2022年5G基础设施建设工作方案》】 年内，落实国家工业和信息化部等10部门联合印发的《5G应用“扬帆”行动计划（2021–2023年）》《“双千兆”网络协同发展行动计划（2021–2023年）》中提到的“提升北京市重点场所5G网络信号覆盖工作方案的通知”要求。会同丰台通管办起草《北京市丰台区2022年5G基础设施建设工作方案》（征求意见稿），创新提出开展丰台区2022年“341”5G网络攻坚行动。

（杨柏松）

【协调推进解决热点问题】 年内，丰台铁塔与丰台通关办、丰台区科信局合作，面对机制创新工作难度和沟通成本大幅增加压力，组成工作组、召开现场会，协调推进涉及民生的社会热点问题，解决通信行业和政府关注的“老大难”问题。

（杨柏松）

2022

北京丰台年鉴

科技

综 述

丰台区科学技术和信息化局（以下简称“区科信局”）负责全区贯彻落实党中央关于科技创新、软件和信息服务业、信息化方面的方针政策、决策部署以及市委、区委有关工作要求，内设办公室、科技创新科、高新技术科、产业促进科、企业服务科、绿色发展科（安全生产科、环境保护科）、信息化建设与管理科、大数据管理科8个科室。

2021年，丰台区提升科技创新能力，做好顶层设计，基于国内外科技创新的趋势特征和北京建设国际科技创新中心的任务要求，编制完成《“十四五”时期丰台区科技创新发展规划》，加大科技创新支持力度，发布《2021年丰台区科技成果转化任务落实方案》。科技企业孵化机构提质增量发展，发布落实《丰台区孵化机构认定管理办法（试行）》，年度认定6家区级孵化机构。赛欧科园和首科创融在2020年度国家级科技企业孵化器评价工作中被评为“优秀（A类）”，占全市“优秀（A类）”孵化器的六分之一。中都泰和被市科委推荐到科技部参选国家级科技企业孵化器，全市仅推荐4家孵化机构。

科普能力建设进一步提升，丰台区科信局本年度获“北京市科普工作先进集体”荣誉称号；1名同志获“北京市科普工作先进个人”荣誉称号。中国园林博物馆等7家单位获北京市科普基地命名；交控科技承担的《丰台区智慧城市轨道交通科普展厅内容开发与推广服务》项目获得北京市科普项目立项，获批市级科普经费130.4万元。开展以“百年回望：中国共产党领导科技发展”为主题的科技周活动。聚焦垃圾分类、生态保护、科学防疫等科普内容开展“丰台科普大篷车”巡展活动。加强与清华大学、首都医科大学等高校的合作，建立科普讲座超市，让科普活动做到一校一特色。丰台区公民具备科学素质的比例达到20.8%。

全面推进信息化基础设施建设，聚焦北京“四个中心”战略定位，以信息化大数据支撑丰台区经济社会发展、城市精细管理为主线，推动数据汇聚工作，建成大数据汇聚平台。落实《北京市政府投资信息化项目评审管理办法》，形成全区统一数据汇聚资源池，谋划建设领导驾驶舱一期。整合全区四大平台，重点推进八大领域数据融合展示和智能决策分析，加强集约共建的物联感知、边缘计算、网络通讯、云计算存储基础设施建设。参与指导区级部门重点信息化项目，政务服务一体化平台整合汇聚全区1700多个政务服务事项一窗办理，为全市区级领先水平。全力支撑丰台区疫苗接种工作，指导各街镇（乡）部署90多个疫苗接种固定点位（或接种车）信息化设备，研发疫苗接种摸排二维码和疫苗大数据分析平台。

丰台区大中型重点企业研究开发费用合计为41.61亿元，同比增长18.7%。丰台创新中心和航空航天创新中心建设两个项目被列入北京市国际创新中心建设项目。制定落实“丰九条”实施细则，开展政策兑现工作，为233家企业兑现资金7828.67万元。开展高新技术企业认定申报服务工作，全区申报国家高新技术企业数量共计913家次，同比增长17.8%。通过“报备即批准”通道申报的企业12家，成功公示5家。开展科技型中小企业评价工作，注册企业达到1190家，其中参加评审企业294家，获得入库编号285家。

（张博轩）

科技管理

【概况】 2021年，丰台区全方位精准服务助力企业发展，79家企业入选市级“专精特新”中小企业，72家企业认定为市级专精特新“小巨人”企业，6家企业认定为国家级专精特新“小巨人”企业。交控科技成长为隐形冠军企业，六合伟业的测斜仪入选工信部第六批制造业单项冠军产品。区内企业获得国家科技进步奖9项，北京市科技进步奖10项。北京八月瓜有限公司的“构建科技创新全链条服务生态体系”在中国国际服务贸易交易会上作为可复制的最佳实践案例向全国推广。以服务产业链龙头企业为重点，确保产业链供应链稳定，确定区产业链龙头企业25家，其中5家企业纳入市级产业链龙头企业并纳入市级服务管家。通过前期深入走访调研，形成产业链龙头企业档案，建立需市区协调解决事项问题台账，其中7条事项由市经信局协调解决。以重点企业走访为契机，精准解决中小企业诉求，按照丰台区财源建设专班相关要求，走访重点税源企业30多家次。根据区政府工作会关于做好重点工业企业走访服务的指示精神，共计走访企业42家，深入了解企业经营现状和企业诉求，建立“一企一表”。以高成长企业培育引进为中心，落实1511产业发展提质工程。制定《丰台区培育和引进高成长性企业实施方案》，发布《丰台区“丰帆行动”高成长型企业培育方案》，培育引进高成长企业112家。开展“丰帆行动”培育活动，举办8次政策专场宣讲，惠及企业600余家/次。联合区内创新创业孵化平台，服务30余家企业发展需求。进行20余期“智慧下午茶分享”活动，成功对接9家高质量中介服务机构，推送全市各类政策信息近百条。

（张博轩）

【27个项目获“丰台区科技三项费”项目立项】 2月6日，2019—2020年度“丰台区科技三项费”项目正式立项，共计支持27个项目，支持资金总额2420万元，区域科技创新能力显著增强，项目助推经济社会发展，成果丰硕。

（张博轩）

【城轨创新网络成为轨道交通联合基金新成员】 6月28日，城轨创新网络中心有限公司正式加入“北京市自然科学基金—丰台轨道交通前沿研究联合基金”，基金总规模扩大至1250万元，其中北京市自然基金委出资250万元，丰台区政府出资500万元，带动交控集团出资300万元，城轨创新网络中心有限公司出资200万元。

（张博轩）

【“丰帆行动”启动仪式暨首都科技条件平台政策宣讲会】 7月13日，“丰帆行动”启动仪式暨首都科技条件平台政策宣讲会在中都科技大厦成功召开。会上正式启动“丰帆行动”，并介绍“丰帆行动”工作思路、工作机制、企业入库标准和服务体系。“丰帆行动”将为企业量身定做服务方案，精心绘制要素保障清单，聚力打造联动发展平台，充分发挥政策、平台、资源的叠加效应，探索建立一套符合丰台产业特色、企业发展的高成长企业发展指标体系。

（张博轩）

【28个项目获轨道交通联合基金立项】 11月25日，2021年度北京市自然科学基金——丰台轨道交通前沿研究联合基金项目公示正式立项。年内联合基金经初步审查、项目初评、通讯评审、会议评审，北京市自然科学基金——丰台轨道交通前沿研究联合基金管理小组第九次会议审定，决定资助重点研究专题6项，前沿项目22项，拟资助总经费1210.8万元。

（张博轩）

【《“十四五”时期丰台区科技创新发展规划》正式发布】 12月10日，在丰台区政府网站正式公开发布实施《“十四五”时期丰台区科技创新发展规划》（以下简称“规划”）。《规划》全面聚焦北京“四个中心”战略定位，以《北京市“十四五”时期国际科技创新中心建设规划》为指导，深刻把握国家科技自立自强和北京国际科技创新中心建设等新趋势新要求，围绕丰台新的功能定位，“十四五”时期丰台区科技创新发展以“提升科技创新能力和创新驱动发展水平”为主线，开展“科技创新能力建设、创新驱动产业升级、科技赋能城市治理”三个方面的核心任务和九大工程，致力完善全区科技创新政策体系，提高科技创新综合实力和竞争力，增强科技支撑全域发展能力。

（张博轩）

【13个疫情防控应急项目结题】 12月17日，根据《丰台区关于应对新冠肺炎疫情支持企业发展的若干措施（暂行）》等要求，2020年立项的13个疫情防控应急项目顺利结题，政府支持资金877.2万元，其中，北京金沃夫生物工程科技有限公司的新型冠状病毒（2019—nCoV）抗原抗体快速检测方法与核酸快速检测方法的研发项目、北京柏雅联合药物研究所有限公司的杀灭细菌和病毒口罩的研发与转化项目、北京中星时代科技有限公司的ZX—TM300非制冷红外体温快速筛查系统项目成效显著。

（张博轩）

【交控科技科普项目获北京市科普项目立项】 12月24日，由北京交控科技股份有限公司承担的《丰台区智慧城市轨道交通科普展厅内容开发与推广服务》项目获得北京市科普项目立项，获批市级科普经费130.39万元。

（张博轩）

【科技企业孵化机构提质增量发展】 年内，发布落实《丰台区孵化机构认定管理办法（试行）》，年度认定6家区级孵化机构。赛欧科园和首科创融在2020年度国家级科技企业孵化器评价工作中被评为“优秀（A类）”，占全市“优秀（A类）”孵化器的六分之一。中都泰和被市科委推荐到科技部参选国家级科技企业孵化器，全市仅推荐4家孵化机构。

（张博轩）

【首届“丰泽计划”高层次人才认定颁奖大会】 5月8日，首届“丰泽计划”高层次人才认定颁奖大会在北京汽车博物馆举办，首批来自科技、金融、商务、文化教育、卫生等领域的59名人才（团队）入选“丰泽人才”，同步启动“丰泽人才荟”专属人才服务平台。其中有28人（团队）属于科技类人才，占总数的47%，获得区级人才扶持资金530万元，为让科技人才融入丰台、扎根丰台做出积极贡献。

（张博轩）

【“构建科技创新全链条服务生态体系”】 年内，北京八月瓜有限公司的“构建科技创新全链条服务生态体系”入选商务部“国家服务业扩大开放综合示范区10个最佳实践案例，并在中国国际服务贸易交易会上作为可复制的最佳实践案例向全国推广。该项目聚合科技服务数据，构建“前端创新信息共享、中端高效服务创新、后端推动成果转化”为特征的覆盖科技创新全链条的科技服务生态，包括研发前的情报分析、竞品分析、专利导航服务，研发过程中的知识产权申请保护、管理运营服务，研发后的交易运营、技术转移及成果转化、项目产业化落地、技术成果评价、技术尽职调查等服务，以及创新主体发展过程中科技咨询、政策咨询、高新技术企业认定、项目投融资等服务，形成从技术到市场全周期的科技服务生态价值链。

（张博轩）

科技活动

【第二十七届丰台科技活动周】 5月22日至28日，由区科信局、区委宣传部、区科协联合主办的第二十七届丰台科技活动周举办。活动以“百年回望：中国共产党领导科技发展”为主题，加入“科普大篷车”形式，通过线上小程序平台和线下主会场、科普基地分会场多种渠道的结合，组织举办50余场形式各样的科技成果展示和科普教育活动，广泛普及科学知识，传播科学思想，取得良好的社会反响。本届科技周线上以“丰台科技周”官方微信小程序作为活动载体，累计点播及转载量超30万人次，线下主会场、分会场活动参与人数超10万人次，其他线上活动浏览量达50万人次。

（张博轩）

【“科普大篷车”巡展活动】 年内，积极开展“科普大篷车”巡展活动，吸引现场参与群众超4000人次，辐射居民近万人。各场活动以展览教育为主，以“大篷车”为核心，形成中心舞台、科普知识连廊区、互动体验区三大功能区。固定活动包含科普知识主题分享，关于垃圾分类的快板表演、互动问答等环节。在自由活动中，参与者可以前往科普知识连廊展区参观创建全国文明城区、创建卫生城市、创建森林城市、垃圾分类等有关科普知识，同时也可以到游戏区参与互动游戏和打卡拍照。通过科学性、趣味性、知识性结合，打造“参与＋体验＋视听”巡展模式，让参与者身临其境地体验科学，感受科学的魅力。

（张博轩）

【全国科普日系列活动】 9月11日至17日，丰台区举办2021年全国科普日系列活动。活动由区科协、区委宣传部、区科信局主办，区科学素质建设25个成员单位及各街镇，北京汽车博物馆、北京科技报社共同协办。作为丰台区科普工作的重要内容，活动以云端科普、全民互动为特色，以“百年再出发，迈向高水平科技自立自强”为主题，采取线上与线下相结合、点与面相结合的形式，面向全区群众，开展种类多样、内容丰富的系列科普活动。

（张博轩）

【“美丽丰台科普行”主题科普活动】 年内，区科信局开展科普惠民——“美丽丰台科普行”主题活动，邀请广大居民免费畅游科普基地、弘扬科学文化。活动分为线上、线下两部分。居民可以在线上通过图片、语音、VR、游览了解丰台区内国家、市、区三级科普基地和科普场馆，查阅基地、场馆详细信息。线下可实地到各基地、场馆进行参观、学习。其中涉及门票的“南宫五洲植物园”“花乡花卉大观园”“汽车博物馆”“北京园博园”“绿野仙踪郊野乐园”“郭庄子农时荟农趣乐园——童乐园”6家科普基地，通过关注“美丽丰台科普行”公众号即可免费领取门票进入。同时搭建“美丽丰台科普行”公众号，推出科普畅游护照，全景舆图、VR趣游等多个栏目，通过活动累计发放科普惠民基地免费门票8000张。

（张博轩）

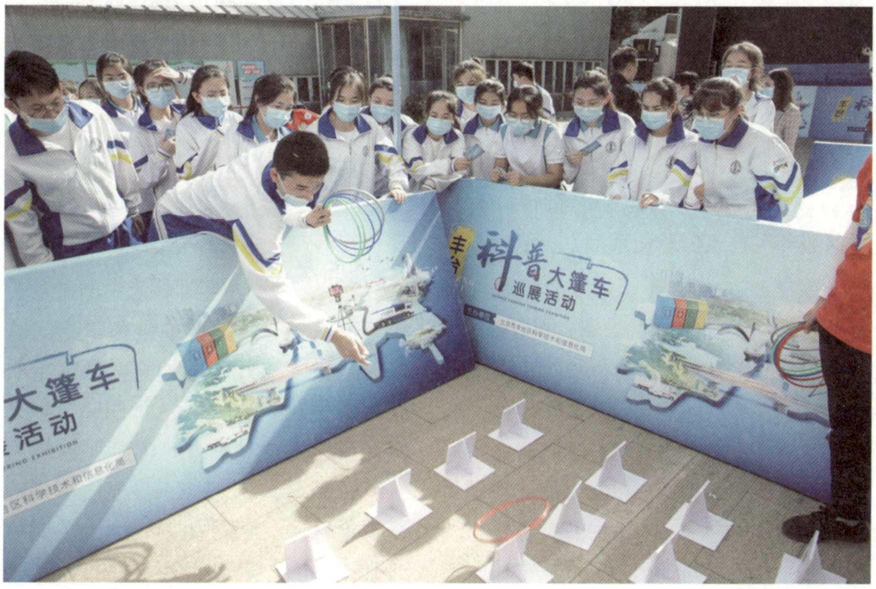

▲5月28日，“科普大篷车”第二场巡展活动在北京市第十中学（新疆班）拉开帷幕。

科研成果

【研究开发费用】 年内，丰台区科技服务业收入稳步增长，全区273家规模以上科技服务业企业实现收入480.9亿元，同比增长12.9%。丰台区大中型重点企业研究开发费用合计为41.61亿元，同比增长18.7%。

（张博轩）

【12家企业11个项目获北京市2020年度科学技术奖励】 9月25日，2021中关村论坛颁发北京市科学技术奖突出贡献中关村奖，14位科学家150项成果获奖，丰台区北京动力机械研究所、航空精密机械研究所、北京双登慧峰聚能科技有限公司、交控科技股份有限公司、首都医科大学、北京京航计算通讯研究所、北京当升材料科技股份有限公司、航天特种材料及工艺技术研究所、北京北方生物技术研究所有限公司、首都医科大学附属北京佑安医院、北京市交通运行监测调度中心、北京全路通信信号研究设计院集团有限公司承担的项目获奖。

（张博轩）

【10家企业9个项目获国家级2020年度科学技术奖励】 11月3日，国家科学技术奖励大会颁发2020年度国家科学技术奖，丰台区内的中国人民解放军总医院第五医学中心、北京宇航系统工程研究所、北京空天技术研究所、北京航天动力研究所中牧实业股份有限公司、航天材料及工艺研究所、中铁电气化局集团有限公司、中国航天空气动力技术研究院、北京冶自欧博科技发展有限公司、首都医科大学承担的项目获奖。

（张博轩）

信息化管理

【5G基站建设】 年内，建成5G基站386个，丰台区在城六区中率先成立区通信管理办公室，进一步健全区域5G基础设施建设工作机制；配合冬奥会、冬残奥会宣传工作，牵头开展区域5G+8K超高清户外大屏建设工作。

（张博轩）

【区综合指挥调度中心建成投运】 年内，区综合指挥调度中心建成投运。指挥中心具备融合通信、展览展示、指挥调度、应急值守、视频会议等多种功能，保障区综合指挥调度中心各类会议79场次。

（张博轩）

【联通区划调整街道政务外网光缆】 年内，完成区划调整街道的政务外网光缆接入联通工作，新增街道政务网接入里程约59公里，全区政务外网达1025公里。

（张博轩）

【运维保障】 年内，区级电子政务外网对接市级网络开展两次大修，开展网络信息安全桌面应急演练1次，服务全区金财专网268件次，服务政务外网业务1093件次，服务保障1700余次视频会议，服务全区政务云业务524件次，服务全区软件正版化工作245件次，举办信息化相关业务培训6次，处理网络安全事件45次；完成丰台区两会政务网和视频会议服务保障等信息化重点运维保障工作任务。

（张博轩）

【《"十四五"时期丰台区大数据建设规划》】 年内，全面聚焦北京"四个中心"战略定位，以《北京市"十四五"时期智慧城市发展行动纲要》为指引，以信息化大数据支撑丰台区经济社会发展、城市精细管理为主线，提出"十四五"时期内区"四通八达四底座"的建设任务，编制完成《"十四五"时期丰台区大数据建设规划》，推动"强基""优政""惠民""兴业"的数治城市早日建成。

（张博轩）

【大数据汇聚】 年内，建成大数据汇聚平台，共汇聚295类、8000多万条具体数据，初步形成全区人口库、法人库和地理信息库，支撑政务服务、基层党建和疫情防控等区重点业务场景，成功入选全国政府信息化管理创新类优秀案例。落实《北京市政府投资信息化项目评审管理办法》，起草《丰台区政府投资信息化项目评审管理办法》，逐步建立评审全流程管理体系，形成全区统一数据汇聚资源池。

（张博轩）

【领导驾驶舱一期】 年内，坚持系统入云、数据上链、场景进舱，谋划建设领导驾驶舱一期，推进应用场景展示，初步汇聚展示环保、住建、交通、楼宇经济、政务服务等应用场景数据。

（张博轩）

【智慧城市建设】 年内，把握大系统、大平台建设趋势，整合全区通用共性需求和服务能力，统筹规建共性基础支撑的大数据能力支撑、物联网资源服务、基础地图信息服务和100P人工智能算力四大平台；重点推进城市运行、民生保障等八大领域的数据融合展示和智能决策分析；加强集约共建的物联感知、边缘计算、网络通讯、云计算存储基础设施建设。

（张博轩）

【区级部门重点信息化项目】 年内，参与指导政务服务一体化平台整合汇聚全区1700多个政务服务事项一窗办理，为全市区级领先水平。

（张博轩）

【支撑疫苗接种工作】 年内，发布疫苗接种大数据分析周报，指导各街乡镇部署90多个疫苗接种固定点位（或接种车）信息化设备，研发疫苗接种摸排二维码和疫苗大数据分析平台。

（张博轩）

知识产权

【知识产权数据】 年内，受理各类商标申请事项1559件（较2020年增加5%），接待商标咨询4715件，发送（接收）电子商标文书3664件，接收商标注册证书289件；丰台区发明专利申请6004件、实用新型申请5779件、外观设计申请804件，发明专利授权3522件、实用新型授权10042件、外观设计授权1207件，推动丰台区发明专利授权量和拥有量较上年分别增长25.74%和18.63%，每万人发明专利拥有量达到64.73件（达到全国平均水平的4.25倍），有效注册商标存量达157495件（同比增长10.27%）。

（白莹莹）

【丰台受理窗口更名】 1月18日，"丰台商标受理窗口"正式更名为"国家知识产权局商标业务丰台受理窗口"。运用新一代专利检索分析系统，为辖区创新创业主体和社会公众提供专业的知识产权公共服务。

（白莹莹）

【世界知识产权组织考察座谈】 2月4日，世界知识产权组织考察丰台技术与创新支持中心（TISC）建设情况并就仲裁与调解中心（AMC）北京中心项目座谈，中关村丰台园将利用TISC对接更多国际化的资源，加强专业人才培养，完善知识产权服务体系，提高企业知识产权意识，探索为企业服务的新途径，创出丰台园TISC独有的服务特色。

（白莹莹）

【中华商标协会调委会丰台区中心调解室成立】 4月20日，中华商标协会调委会丰台区中心调解室举行揭牌仪式及座谈会。丰台区中心调解室的成立标志着丰台区知识产权保护工作迈入更加专业的新阶段，将探索开展相应的知识产权纠纷调解工作，着力将调解工作“最后一公里”落到实处，坚持发展“枫桥经验”，推进诉源治理，及时将矛盾纠纷化解在基层，为中小企业提供便捷、高效、低成本的知识产权纠纷解决渠道，完善知识产权公共服务供给，优化首都营商环境。

（白莹莹）

【4.26知识产权宣传活动】 4月26日，由丰台区人民政府和北京市知识产权局主办的2021年丰台区知识产权宣传活动成功举办。丰台区政府与北京市知识产权局签订《促进丰台区知识产权发展合作协议（2021–2023）》，探索与北京市知识产权局在知识产权创造、运用、保护、管理、服务全链条开展多方面的合作。丰台区是首个与市级知识产权主管部门签订《合作协议》的区。丰台区法院、市场监督局、司法局、公安分局、检察院，共同签订《关于加强知识产权保护合作备忘录》，推进从行政执法、司法保护、仲裁调解等环节知识产权保护体系的建设，全面加强知识产权保护力度，构建丰台区五位一体的“大保护”工作格局。

（白莹莹）

【知识产权行政、司法保护合作】 年内，丰台区知识产权局与丰台区人民检察院就知识产权的保护工作签署《知识产权保护合作协议》，在“涉知识产权案件双向流转”“统一行政执法标准与司法办案标准”“选派行政、司法机关业务骨干开展宣传调研”等方面达成协议，成为全市首个在区级层面形成知识产权行政、司法保护合作的地区。

（白莹莹）

【知识产权运用】 年内，完成2021年度北京市知识产权试点示范单位认定工作，丰台区共有29家单位申报北京市知识产权试点单位，10家申报示范单位；此外区1家企业获第六届北京市发明专利奖特等奖，1家企业获第六届北京市发明专利奖二等奖；1家企业获得中国专利奖银奖。

（白莹莹）

【专利转化运用】 年内，知识产权专利奖励项目共拨付专利奖励项目资金518.912286万元，支持企业24户次。其中专项转化项目支持10个，专利转化项目资金400万元，带动企业投资7000余万元。

（白莹莹）

驻区科研单位

中国运载火箭技术研究院

【概况】 中国运载火箭技术研究院（又名中国航天科技集团有限公司第一研究院，以下简称研究院），隶属于中国航天科技集团有限公司，成立于1957年11月16日，是中国航天事业的发祥地，是中国历史最久、规模最大的导弹武器和运载火箭研制、试验和生产基地。研究院本级现有18个管理部门，7个业务实体，2个服务保障实体；研究院下辖26个法人单位，包括中央在编事业单位12家，预算内企业单位3家，院级全资公司4家，院级控股公司7家（含2家上市公司）。总占地面积12000亩，科研生产建筑面积约220万平方米；现有从业人员3.4万人，其中两院院士8人、博士1400余人、硕士8100余人；资产总额1664.19亿元。

研究院是中国第一枚导弹“1059”的诞生地，完成中国首次“两弹”结合任务，发射中国首颗人造卫星。成功研制系列战略导弹武器，奠定国家战略安全基石；成功研制18型长征系列运载火箭，具备发射近地轨道、太阳同步轨道、地球静止轨道等多种轨道载荷的能力；成功实施以载人航天工程、探月工程、北斗工程等为代表的国家重大工程的运载火箭发射任务，为实现中国航天三个里程碑的跨越做出突出贡献；始终践行军民融合深度发展战略，依托航天先进的工业能力，大力发展航天技术应用及服务产业，以共享理念打造“航天+”产业服务平台，在军民资源共享、央地协同、商业航天等方面发挥示范作用，在煤气化、特种车辆、航天检测等领域始终保持行业领先地位，在新能源新材料、智能制造和人工智能等新兴领域不断取得突破。

2021年，研究院圆满完成以载人空间站建造任务为代表的飞行试验和发射任务；完成载人月球探测、空间站运营、下一代北斗导航等重大工程立项报批。实现营业收入652.07亿元，净利润48.67亿元。院及院属单位获得省部级科学技术奖共计29项，申请专利共计1956件。

（康斯贝）

▲4月26日，2021年丰台区知识产权宣传活动举办现场。

【主题劳动和技能竞赛动员大会】4月27日，2021年庆祝“五一”国际劳动节暨“建功‘十四五’、奋进新征程”主题劳动和技能竞赛动员大会举行。大会表彰2891各集体和个人，其中，中国运载火箭技术研究院容易、刘争、艾敏三名员工荣获全国五一劳动奖章称号。

（康斯贝）

【长征五号B遥二火箭点火升空】4月29日，由中国运载火箭技术研究院抓总研制的长征五号B遥二火箭在海南文昌发射场点火升空，将中国载人空间站天和核心舱送入预定轨道，发射任务取得圆满成功，标志着中国载人航天工程空间站建造进入全面实施阶段。本次发射是中国长征系列火箭第367次发射。

（康斯贝）

【长征七号遥三火箭点火升空】5月29日，由中国运载火箭技术研究院抓总研制的长征七号遥三火箭在海南文昌发射场点火升空，将天舟二号货运飞船送入预定轨道，发射任务取得圆满成功。本次任务是天舟货运飞船和长征七号运载火箭组成的空间站货物运输系统的首次应用性飞行，是中国长征系列火箭第371次发射。

（康斯贝）

【长征二号F遥十二运载火箭点火升空】6月17日，由中国运载火箭技术研究院抓总研制的长征二号F遥十二运载火箭在酒泉卫星发射中心点火升空，将神舟十二号载人飞船送入预定轨道，发射任务取得圆满成功，开始实施中国载人空间站工程的首次载人飞行任务。本次发射是中国长征系列运载火箭的第374次发射。

（康斯贝）

【获“央企楷模”荣誉称号】6月24日，国务院国资委党委发布2021年首批“央企楷模”名单，中国运载火箭技术研究院长征五号火箭研制团队荣获“央企楷模”荣誉称号。

（康斯贝）

【领导调研】6月27日，中央政治局委员、全国人大常委会副委员长王晨及湖南省委书记、省人大常委会主任许达哲一行到中国运载火箭技术研究院参观调研。王晨对院在国防科技工业方面取得的成就给予高度评价，并祝愿中国航天事业在习近平总书记的领导下，独立自主、自立自强，在中国现代新征程中做出更大贡献。

（康斯贝）

【4K超高清电视转播车转播奥运】7月24日，由中国运载火箭技术研究院打造的13台4K超高清电视转播车海运抵达日本东京，并在2021年东京奥运会上提供奥运赛事转播服务。该13台转播车包括：中央广播电视总台转播车（1台），上海广播电视台转播车（6台），广东广播电视台转播车（2台），为国内传媒公司打造的2台腾讯转播车、2台锐驰转播车、1台动视嘉能辅助车。

（康斯贝）

【长征七号遥四运载火箭点火升空】9月20日，由中国运载火箭技术研究院抓总研制的长征七号遥四运载火箭在海南文昌航天发射场点火升空，将天舟三号货运飞船送入预定轨道，发射任务取得圆满成功。本次发射是天舟货运飞船和长征七号运载火箭组成的空间站货物运输系统的第二次应用性飞行，是中国长征系列运载火箭第389次发射。

（康斯贝）

【亮相珠海航展】9月28日至10月4日，第十三届中国国际航空航天博览会在珠海航展中心举行。在本届航展上，中国运载火箭技术研究院23项展品精彩亮相，主要涉及宇航、防务和航天技术应用及服务产业三大领域；共签订各类合作协议7项，签约金额82.8亿元，签约项目涉及商业发射、卫星互联网项目、清洁能源等多个板块。

（康斯贝）

【长征二号F遥十三运载火箭升空】10月16日，由中国运载火箭技术研究院抓总研制的长征二号F遥十三运载火箭在甘肃酒泉卫星发射中心升空，将神舟十三号载人飞船送入预定轨道，发射任务取得圆满成功，开始实施中国载人空间站工程的第二次载人飞行任务。本次发射是中国长征系列运载火箭的第392次发射。

（康斯贝）

【冬奥专项工程】10月25日，由中国运载火箭技术研究院承研的北京2022年冬奥会和冬残奥会开闭幕式地面舞台系统、空中设施设备工程、BP大型表演装置、地屏显示系统、装置B（含WH）、指挥监控系统、通信系统七个项目全部通过完工验收，标志着冬奥专项工程按照里程碑节点成功交付，顺利进入彩排保障阶段。

（康斯贝）

中国航天科工飞航技术研究院

【概况】中国航天科工集团有限公司下属的飞航技术研究院，又称中国航天科工集团第三研究院，总部位于北京，创建于1961年，是中国集预研、研制、生产、保障于一体，配套完备，门类齐全的飞航技术研究院。中国航天科工飞航技术研究院共有直属单位34家，本部位于北京市丰台区云岗，所属单位分布于国内天津、黑龙江、辽宁、江苏等三市八省区及卢森堡、法国等多个国家地区。现有在职职工25000多人，拥有4个博士后工作站和12个硕士学位授予点。先后产生10位两院院士，4位国际宇航科学院院士。百千万人才工程国家级人选11人，万人计划专家7人，享受国务院政府特殊津贴专家488人，国家级创新团队1支，国防级科技创新团队5支。拥有7个国家级、6个省部级科技创新平台，先后获得国家级、省部级科技奖励1500余项，其中国家科学技术进步特等奖7项，一等奖15项，国防科技进步特等奖10项。先后获得全国“五一”劳动奖状、全国先进基层党组织等荣誉。目前，中国航天科工飞航技术研究院已形成集专业理论、技术创新、产品研发、系统集成、试验验证为一体，覆盖多个专业领域、方向的技术体系。多个专业技术领域处于国内领跑地位，部分核心专业技术达到国际先进水平，为中国武器装备现代化建设作出突出贡献，多型装备参加纪念抗战胜利70周年、建军90周年、新中国成立70周年阅兵。

中国航天科工飞航技术研究院大力发展空天装备、智能系统、信息技术、先进制造、商业航天等产业方向发展，着力培育一批“专、精、特、新”项目，研发北京奥运会火炬，参与青藏铁路、东海大桥、首都机场等多项国家重点工程建设，牵头住建部城市地下管线综合管理试点项目，承担国产大飞机机体结构研制，成功突破海底管道漏磁内检测技术、油气钻井旋转导向技术，培育三维成像毫米波安检门、全向智能移动平台、台式工业机器人、涡轮增压内燃机、相变调温材料等一批技术水平领先的产品，在多个重要行业领域获得广泛应用。

（王元吉）

【空天装备方向】 年内，先进材料产业瞄准民用航空、商业航天、能源储运、工业节能等新兴产业领域，圆满完成C919批产交付。复合材料实现在无人机新领域突破，新拓展CJ-2000发动机复材叶片任务。氢能储运系统实现中海油市场突破，全年完成19种规格气瓶内胆研发，产品体系向高附加值、深加工方向升级。研制出国内最大容积铝合金气瓶内胆，荣获北京市科学技术进步二等奖，填补大容积氢能储运装备空白。海鹰特材荣获工信部专精特新“小巨人”企业称号，正式成为CR929供应商。圆满完成科技部“科技冬奥”火炬专项任务，航天芯成功点燃冬奥圣火，研制成功世界上首支无烟燃烧的绿色清洁水空跨介质火炬，实现机器人水下火炬传递，受到北京冬奥组委高度肯定并来信感谢。

（王元吉）

【无人机及通航动力领域突破】年内，无人机及通航动力领域完成100千瓦电喷航空活塞发动机国产化研制并成功首飞，市场领军地位进一步夯实。民用无人机强化小型多用途长航时无人机应用推广，圆满完成国家发改委某应急通信项目应用示范飞行演示，通过科技部应急救灾应用示范项目验收；新研无人机运营管控平台，稳步建立系统级服务能力基础。

（张波 郝明 乞征）

【做强智能系统核心技术】年内，坚持“精品化、系统化、智能化、平台化、生态化”理念持续做强做大智能系统，围绕航天防务、公共安全、工业控制等重点领域掌握核心技术、打造关键产品，不断巩固国家、行业和市场占位。旋转导向系统圆满完成2021年国资委对集团公司经营业绩考核任务，全面进入产业化阶段。获得2021年度中国惯性技术学会“科学技术进步一等奖”，获得“2021年度中石油十大科技创新成果”。安检装备高端安检机取得中国民用航空局安全检查设备使用许可证书，打破行业垄断，成为国内第三家获得民航认证许可的安检机供应商。与海南海口综合保税区签订安检CT设备采购合同，实现三院自研安检CT销售突破，为后续市场拓展奠定基础。自主研发全系列安检机（TX系列、PS系列）取得CE认证证书。“多功能快速CT型行李物品检查系统”和“智能判图仪”2款产品成功通过“北京市新技术新产品（服务）”认定。

（王昆 乞征）

【先进制造应用领域】 年内，深耕新基建领域成效凸显，成功打造国内规模最大特高压专用设备自动化生产示范线，新签千万级合同13项、累计突破5亿元。智能加油机器人成功进行试运行，协作机器人应用领域实现扩展。“5G+MEC”专网智能产线获得工信部“绽放杯”5G应用创新大赛优秀奖，航天轻舟机器人荣获国际IF大奖。自主研制的国内首套80吨级重载麦轮AGV产品实现交付，达国内一流水平，重载防爆AGV细分领域市场占有率达国内前三。

（郝明）

【信息技术研发】 年内，围绕“数字中国”“网络强国”“新基建”等战略落地，面向国家治理体系和治理能力现代化，按照“基石平台+产品应用”发展思路，构建“4个基石平台+3大应用方向+3大支柱产业”的发展格局（依托推演运筹、业务协同、时空大数据、工业控制四大基石平台，面向城市治理、企业治理、军事治理三大应用，推动智慧产业、工业软件、信息安全三大产业发展），形成面向各细分领域的“平台+产品+数据+服务”的系统解决方案，构建适应数字经济时代的平台型产业生态体系。

（郝明）

【智慧城建】 年内，支撑住建部发布《城市地下基础设施普查工作指导手册》，完成住建部城市地下基础设施普查工程信息系统建设及部署，持续夯实顶层占位。驻场协助湖北十堰完成燃气爆炸事故隐患排查，得到十堰市高度认可，体现央企担当；瞄准城市安全生命线建设市场，院属七家单位协同研发地下市政基础设施综合管理及安全监管平台。全年承揽黑龙江公安厅、北京大兴机场等10余个千万级项目。

（王昆 滕晓燕）

【智慧交通】年内，成功研发全自主化信号系统，首次在智慧产业高峰论坛发布。成功交付天津市首个智慧车站示范工程，技术水平国内领先。应用北斗三号打造危化品全过程监管平台，获中国安全生产协会科技进步二等奖，作为示范工程在全国推广。智慧应急：承担工信部、应急管理部自然灾害监测及普查专项，承揽重庆市首个省市级应急通信主站建设；高通量卫星通信产品中标云南省应急领域建设项目。两款航盾信息安全产品进入信创四期名录，成为工信部商用密码产业促进联盟理事长单位。发布工业软件MBSE工程验证版，在科技、船舶、兵器等单位开展试用，建立全国首个高校推广工作站，抢占工业软件细分领域先发优势。

（王昆 滕晓燕）

【商业航天应用】 年内，进入星网集团供方名录，获得“星座管理分系统”采购项目承担资格；成立运行交通部卫星技术交通运输行业研发中心；发起建设国内首个正式注册的中关村领创商业航天产业发展联盟并成为理事长单位，行业影响力进一步提升。首次在第七届中国（国际）商业航天高峰论坛发布“星云星座”计划，成功发射“航天星云 常熟一号”卫星，建成长三角卫星地面站，打通“卫星、地面站、应用”的产业链条；中标多个目标数据融合、环境仿真平台项目，核心能力得到市场认可。超高速磁悬浮与电磁推进技术取得突破性进展。高速飞车全尺寸试验线（一期）于山西省大同市开工建设，高速飞车山西省试验室正式揭牌。

（滕晓燕　乞　征）

冶金自动化研究设计院

【概况】 2021年冶金自动化研究设计院（简称自动化院）坚持创新驱动高质量发展，实现营业收入、净利润、经营性现金流、科研投入等国资委主要考核指标的同比增长，开创“十四五”健康发展新局面。2021年是自动化院科技创新体系改革年、创新年，也是全体系科技研发和管理工作的调整年。自动化院积极落实总书记“四个面向”重要指示，尤其是面向工程理论前沿、“卡脖子”工程、行业重特大需求，牵引和统筹优势科技资源，落实行业和中国钢研“十四五”战略规划，针对性开展科技创新布局和平台建设，获得多项行业大奖。全院坚持防疫不放松，发展不停步，围绕市场需求实施新的市场营销策略，新签合同质量显著提升，内部协同持续加强。全年挂靠在自动化院的学会有中国自动化学会应用专委会、中国金属学会冶金自动化分会、中国仪器仪表学会青委会等。中国金属学会冶金自动化分会在金属学会的领导下，深刻认识世界百年未有之大变局给学会带来的新机遇新挑战，以及创新在中国现代化建设全局中的核心地位及必要性，积极履行好联系广大科技工作者桥梁和纽带的职责，搭建形式多样、广泛深入的学术交流平台，为促进工业行业智能制造、转型发展提供有力支撑。

（孔　菲）

【智能制造】 年内，在智能制造领域，自动化院分期投资一个亿建立精益管控工程技术中心，力争成为中国冶金行业的精益管控原创技术策源地和供应链链长。采用揭榜挂帅方式与中心负责人签订协议，明确保障条件及任务指标，确保中心建设任务的达成。***CJ 工程作为国家关键核心技术攻关任务之一，自动化院高度重视，以“军令状”形式与信息与控制技术中心进行技术攻坚，细化实施节点，加强内部联动，模块化统筹推进任务实施，确保高质量完成总体目标。

（孔　菲）

【科研项目硕果累累】 年内，实现研发投入2821.24万元，申请专利18项，其中发明专利9项，实用新型专利9项；获得授权专利14项，其中发明专利3项，实用新型11项；获得软件著作权证书23项；发表论文8篇。“1780mm冷连轧机组交直交传动系统的研发和应用”获得冶金科学技术奖一等奖，“ASC-V-32D交流伺服装置随XXXX型箱式HJP”、“重型变负载随动控制系统”分别获得中国兵器工业集团科技进步奖一等奖和二等奖。自动化院承担科技部国家重点研发计划高温异形工件高精度尺寸传感测量系统开发集成课题；联合钢铁工业协会、中国电子技术标准化研究院、东北大学、首钢集团等多家单位成功申报工信部产业技术基础公共服务平台项目—建设智能制造标准试验验证公共服务平台（5G新一代信息技术与钢铁行业融合）。在原冶金部副部长、中国工程院殷瑞钰院士指导下，承担的科技部国家重点研发计划兆瓦级超高速高效异步电机系统、工业流程用高效电机系统、钢铁流程物质流与能量流智能协同调配技术、产品全流程质量在线监控、诊断与优化技术及应用示范，工信部工业互联网创新发展工程－面向冶金流程行业工业机理模型库均完成所有研发任务，达到研究目标和考核指标要求，均通过课题绩效评价。

（孔　菲）

【科研力量】 年内，高度重视科研人才培养，全年在读硕士研究生45名，在读博士研究生5名，在站博士后1名；毕业硕士20人，博士1人。

（孔　菲）

【市场开发】 年内，新签临沂市钢铁产业协同创新中心一期建设项目合同、泰钢集团不锈钢产线5G+工业互联网”、“唐钢新区流程优化与智能化运行”等一批高质量合同，在保持传统冶金工程项目优势的基础上，深入开拓绿色化、智能化业务布局，为提升工程项目盈利水平和加快发展奠定坚实的基础。加强军工市场开拓，重点聚焦军工产品生产线自动化、数字化、智能化升级改造，高效率军工产线设计与总包工程，重点关键产品产业链工程升级与维护保障等军工工程项目。

（孔　菲）

【提高服务质量】 年内，全力推进工程项目实施和验收。信义玻璃脱硫脱硝项目全面铺开，涉及信义天津、信义海口、信义芜湖等区域，信义业主首次在脱硫采用自动化院推荐的SDS干法脱硫技术天津已完成脱销改造4套，整体运行效果良好，全部达到设计目标，获得业主认可。山西晋钢3#高炉大修改造三电工程以精湛的技术、优质的服务，确保高炉一周达产，签订合同到高炉投产，仅用三个月（九十天），超出业主的预期，在行业内树立良好的口碑。宝钢湛江钢铁三高炉全厂给排水项目工程涉及系统多，系统间通讯复杂。项目团队充分发挥主动能动性，以“5+2”、“白＋黑”奋勇拼搏的精神加班加点，仅用8天时间完成2000多点信号测试，3天时间完成设备单式，仅用5天时间完成系统联调工作，并主动跨前一步，配合、指导相关方解决问题，使项目提前顺利投运。调试A系统提前一个半月于顺利实现通水投运目标。金自天成开发四川罡宸不锈钢等新客户5家，并对重点客户开展个性化服务。针对受疫情影响严重的乌兹别克斯坦热轧项目，以“生命至上、员工至上”为原则，积极协同各方资源，在保障员工健康的前提下，经过不懈地努力，12月7日该项目粗轧热负荷试车成功。本项目作为乌兹别克斯坦以及中亚地区首条热轧生产线，达到国际一流水平，获得国际社会高度认可，成为冶金行业“一带一路”工程标杆之一，《工人日报》等媒体也进行报道。

（孔　菲）

【第二十六届自动化应用技术学术交流会】 9月28日至30日，由中国金属学会冶金自动化分会联合中国自动化学会应用专业委员会、中国金属学会冶金人工智能技术分会、中国有色金属学会自动化学术委员会、广西金属学会等主办的“2021 全国第二十六届自动化应用技术学术交流会（CAAC2021）”与“2021年全国有色金属工业电气及自动化、智能化、信息化学术会议”、“第三届冶金人工智能论坛”在柳钢集团召开，来自全国高校、企业、科研院所的360余名专家、学者、科技人员和师生汇聚一堂，围绕“智造创新驱动行业高质量发展”的会议主题进行报告宣讲和学术探讨。

（孔　菲）

【中国仪器仪表学会第二十二届青年学术会议】 7月23日至25日，中国仪器仪表学会青委会在山东大学召开中国仪器仪表学会第二十二届青年学术会议。本次论坛以“智能化时代的仪器与测量”为主题，邀请领域内知名专家学者带来几十篇精彩学术报告，报告过程和交流提问环节中，各位专家学者、产业大咖和师生们相互交流，研讨气氛热烈，加强学术交流与思想碰撞，营造良好学术氛围，有助于促进青年学者的学术交流与产创融合，推动仪器仪表学科的发展。

（孔　菲）

2022

北京丰台年鉴

教育

综　述

2021年，丰台区教委辖属教育单位283个，其中幼儿园144所（教育部门办园27所、其他部门办园4所、地方企业办园4所、事业单位办园1所、部队办园13所、集体办园23所、民办园72所），小学70所（教育部门办校65所、民办校5所），初级中学11所（教育部门办校10所、民办校1所），完全中学12所（教育部门办校11所、民办校1所），高级中学4所（民办校4所），九年一贯制学校14所（教育部门办校12所、其他部门办校1所、民办校1所），十二年一贯制学校5所（教育部门办校4所、民办校1所），特殊教育学校1所，中等职业学校5所，其他法人单位17个。招生36785人（幼儿园14597人、小学11146人、初中7088人、普通高中3353人、中等职业学校601人）；毕业27571人（幼儿园11281人、小学8969人、初中4779人、普通高中2141人、中等职业学校401人）；在校生144522人（幼儿园45752人、小学67020人、初中20629人、普通高中9200人、中等职业学校1725人、特殊教育学校196人）。教职工总数18754人（幼儿园7870人、小学4723人、中学5765人、中等职业学校355人、特殊教育41人），包括高级职称1710人、中级职称4511人。北京市特级教师85人、北京市骨干教师148人、北京市学科教学带头人28人。全年教育总投入60.99亿元。中小学固定资产总值305262.582131万元。新建中学1所。设立教育集群8个。

丰台区教育全面落实立德树人根本任务，不断深化教育综合改革，深入推进“双减”[1]工作，持续扩大优质教育资源供给，提升干部教师队伍整体水平，转普工作取得初步成效。完善机制，落实责任，抓实常态化疫情防控工作体系“10个有”和校园日常“4个管好”。做好教育系统加强免疫接种工作并有序做好3至17岁人群新冠疫苗接种工作，按要求落实核酸筛查工作，做到核酸检测全覆盖。全年全系统无校内疫情传播。完善优化线上教育与学生线下学习相结合的教育教学实践，高度关注学生心理健康，强化学生自主发展能力，进一步丰富教育资源内容，切实提高教育教学工作水平，顺利完成义教入学、中高考等重点工作任务。通过各种途径及时回应师生和家长关切，发布权威信息，做好政策解读，缓解师生家长焦虑情绪。

落实“双减”，优化布局，提高教育教学质量。严格落实《关于进一步减轻义务教育阶段学生作业负担和校外培训负担的意见》和北京市“双减”工作要求。围绕建设首都教育新高地目标，持续优化全区教育布局，进一步发挥项目引领作用，切实提升教育教学水平。深入推进“双减”工作，区委区政府主要领导亲自调度，组织召开2次区委教育工作领导小组会、1次专题会。区委区政府主管领导作为区级“双减”专班负责人，召开6次工作推进会和一系列工作专题会、培训会。制定印发《丰台“双减”工作区级专班工作方案》《丰台区推进“双减”工作实施方案》《丰台区关于“双减”工作风险防范化解处置方案》《丰台区进一步减轻义务教育阶段学生作业负担和校外培训负担的工作方案》。在成立区级“双减”专班基础上，针对重点工作组建预付费资金管理专班、风险防控专班、综合执法专班、防范裁员风险专班和风险防范处置工作组。探索形成“区专班＋街镇＋楼宇，集中执法＋科技监管＋帮扶纾困”的“三三式”综合治理模式。3月初，经教委审批的校外培训机构共73址（其中学科类49址）。截至11月29日，还有17址。已审批恢复线下复课14址（其中非营利性7址、营利性7址），涉及教师117人，其他员工85人，学生2426人次，未消课金额1942.4万元，已纳入资金监管550万元；申请但未审批复课机构3址（均为非营利性，2址纳入资金监管共80万元，1址未纳入资金监管），涉及教师48人，未消课金额已清零。已累计压减32址（关停23址、转型9址）。3月初，未经教委审批备案，开展学科类培训的机构（即“无证机构”）有133址，9月底已全部动态清零。丰台区并提供47个学校事业编制，针对京籍教培机构教师开展专项招聘，并向转岗教培人员推荐283家企业1078个工作岗位供双向选择。召开两次中小学“双减”工作交流会；完善课后服务实施方案，明确“一二三四五”的工作思路。构建学校“五项管理”长效机制、深化课堂教学改革、优化课后服务内容稳步推进校内“双减”工作。

优化教育布局，加快推进基础工程建设。加快推进北京教育学院丰台分院实验学校、北京十一中堂实验学校、北大附小丰台学校改扩建工程等市区级重点建设项目；加快办理北京丰台区丰台第一小学丽泽分校项目等5项建设工程前期手续，完成西山甲一号配套幼儿园等2所幼儿园接收工作。在充分调研基础上，通过调整结构、资源重组、集团化办学等方式，促进义务教育优质均衡发展。完成首都师范大学附属云岗小学托管北京大学附属小学丰台分校工作。持续推进第三期学前教育行动计划。明确3所小区配套园的办园主体，全年新增普惠性学前学位990个。区教委牵头开展社区办园点分类治理工作，学前教育普惠率提升到91.7%。

落实《中小学德育工作指南》，开展“一校一案”案例评选活动，18所学校的优秀案例被推荐参加市级评选。召开丰台区深化新时代思政课改革推进会。中高考成绩稳步提升。全年全区中考总成绩平均分549.76，及格率93.45%，优秀率61.49%。高考成绩实现新突破，全区总成绩700分以上有2人，其中1名考生位居本市前20名，升入清北人数达到历史最高，共计26

1　减轻义务教育阶段学生过重作业负担和校外培训负担，简称“双减”。

人。特殊类型招生上线率、本科分别达到56.50%、95.27%，较上年分别提高2.5%、6.02%。

推动学生全面发展。开展庆祝建党一百周年丰台区中小学校百年百团唱百歌系列活动；完成2所幼儿园参加全国足球试点幼儿园申报、对25所冰雪运动特色学校及奥林匹克示范开展评估验收。继续推进北京市特高校建设项目，顺利通过特高校中期验收工作。正式启动北京市丰台区老年开放大学，发布首期12门课程，线上线下老年学员共1100人。

持续推进教育改革，项目引领提升教育质量。建立丰台区小学引进校“高品质课程教学研究”基地校联盟和丰台区“小学生核心素养培养研究”基地校联盟，带动学校提升课堂教学质量。启动丰台区义务教育学校品质提升项目，以校长研修的方式稳步推进项目开展。实施普通高中高品质示范、品牌特色学校建设项目。规范民办教育发展。完成3所幼儿园的转普工作。针对民办非普惠园2020年转普生均定额补助、一次性奖励资金，开展资金使用及管理情况审计工作。办结行政许可审批事项11项。优化教育督导管理体系。选聘新一届幼儿园兼职责任督学。不断完善教育督导与教育质量评估监测中心建设，划分9个督学责任区，构建全区“119”督导管理体系（1个科室，1个督导中心，9个督学责任区），提高督导的效能。

打造优质师资队伍，加大高端教育人才培育，全区有特级校长（书记）11人，正高级教师34名，特级教师87名，北京市学科带头人28人，北京市骨干教师180名，区级以上骨干教师2626人。完成两批次应届毕业生公开招聘和事业单位公招，共招聘342人。完成正高级教师、市级学科带头人、市级骨干教师（班主任）的初评和推荐工作。维护校园安全稳定，扎实推进城市安全隐患治理三年行动工作，年度监督检查学校幼儿园300家次，完成率100%。根据2021年教育系统安全隐患台账挂账信息反馈，丰台区教委充分发挥协调作用，对涉及上账的7所学校14处隐患进行现场核查与四方签字，并由属地完成挂账隐患销账工作，销账率100%。

积极开展垃圾分类、爱卫创卫工作。由工作专班，统筹爱卫、创卫、垃圾分类、光盘行动等工作。有效开展教育系统生活垃圾分类“红绿蓝三三三”专项行动及“小手拉大手，垃圾分类你我同行”主题教育活动，节约型社会建设理念深入师生。努力做好民生服务。以“接诉即办”为抓手，紧扣群众“七有”“五性”需求，处理“接诉即办”案卷共计11341件，其中接转承办12345平台群众诉求9521件，区长信箱共承办群众来信185封，教委信箱群众来信18封。全年共召开主要领导月度点评会9次，主要领导季度点评会3次，领导调度会41次。完成人大代表建议、政协委员提案办理42件。与对口帮扶地区新建结对校33对，新选派校长、德育干部送教，派遣教师支教13人，连续11年做好内地高中新疆班承办工作。

强化思想政治建设，教工委高度重视处级班子理论学习，严格落实《中国共产党党委（党组）理论学习中心组学习规则》和市委区委有关要求，坚持学习党史与学习新中国史、改革开放史、社会主义发展史相贯通，把学习习近平新时代中国特色社会主义思想贯穿始终，全年完成专题学习20次，理论宣讲4次，研讨交流8次，参观学习2次。开展第二届“砥砺杯”微党课大赛，评选出9个微党课大赛组织奖，130名微党课优秀选手奖。

加强干部队伍和基层组织建设，开展党支部标准化规范化建设突出问题集中整改。推进党组织领导的校长负责制课题研究、试点工作，33个学校党组织参与。完成65名副校级及以上干部任免工作，指导基层单位完成约85名中层干部选任工作并做好备案。完成直属单位副校级及以上干部的集中调整与安置工作，涉及任免干部16人次。加强机关干部队伍建设，开展2名科级领导干部的选拔任用工作，完成9名机关科级领导干部的交流轮岗工作，进行8名副科级领导干部试用期转正考察工作。推进党组织领导的校长负责制改革，33个学校党组织参与研究。抓好民办学校党组织覆盖和党的工作覆盖，新建糖果双语幼儿园、阳光起点幼儿园2个党组织；调整4个民办学校党组织书记。推进“民办党建规范化建设项目”研究，完成74所民办学校牵手公办校清单。评选出芳星园中学、丰台三幼等16个教育系统党建示范点。完成中国共产党成立100周年教育系统庆祝活动。评选出19个先进基层党组织，163名优秀共产党员，18名优秀党务工作者并予以表彰。完成党员发展230人。

（陶慧贤　黎　雪）

教育管理

【校外培训机构“五查机制”建立】 5月，丰台区建立校外培训机构“五查机制”，主要内容为：区教工委教委“领导包片干部包校”固定查；“双减”专班专项查；教委科长带队，调研日（教研员、督学、骨干教师）听课查；属地街镇网格化动态查；相关委办局联合查，不定期组织开展“回头看”检查、专兼职教研员和督学听课、督导等。按照“双随机，一公开”要求，教委将校外培训机构各类资质、安全隐患排查、疫情防控、教学内容和课堂情况等纳入常态监管网格化综合治理体系，通过查看资料、听课、座谈、现场核查等方式，按照“检查、反馈、通报、整改、回头看”的工作流程，重点检查校内常态化教育教学管理工作，以及培训机构落实“1+1+3”规范办学的情况等，提升高品质办学水平、帮助合规机构尽快有序恢复线下教学、及时发现并处置无证机构违法行为。

（魏国华）

▲6月21日，丰台教工委召开“永远跟党走”“七一”表彰大会。

【“永远跟党走”七一表彰大会】 6月21日，丰台教工委召开“永远跟党走”七一表彰大会，全区300余人参加大会。嘉园一幼党支部书记、园长被评为北京市优秀基层党组织书记；职业与成人教育集团党委被评为北京市先进基层党组织。6名党员和3个党组织被评为丰台区“两优一先”表彰对象。181名党员和19个党组织被评为丰台区教育系统“两优一先”表彰对象。16个党组织入选第二批丰台区教育系统党建示范点。130名党员被评为第二届“砥砺杯”微党课大赛优秀选手，8个集群党建协作组和民办党建办公室被评为优秀组织奖。会上还向老党员代表颁发“光荣在党50年”纪念章。

（李春辉）

【党政领导干部暑期培训】 8月23至25日，区委教育工委举办“守正创新上台阶 凝心聚力开新局”2021年丰台教育系统党政领导干部暑期培训。培训主会场设在教委机关，各单位设分会场。丰台教育系统副校级以上干部、二级党支部书记和民办中小学、幼儿园主要负责人、教委机关工作人员1000多人参加学习培训。本次培训既有学习习近平总书记“七一”重要讲话精神、党风廉政建设、学校党的建设方面内容，又有教育改革、学校治理、未成年人保护方面内容，既有专家辅导讲座，又有校（园）长论坛交流。

（朱　瑞）

【“双减”工作培训】 9月22日，区委教育工委、区教委召开北京市推进落实“双减”工作政策培训会，邀请市委教育工委副书记、市教委新闻发言人进行培训，作《以“双减”工作为核心 推动构建高质量教育体系》培训报告。区委教育工委区教委班子成员、机关全体干部在教委机关主会场参会，教育系统各单位中层以上干部和年级组、教研组教师共约1600余人在各单位分会场以视频会议形式参加培训。

（张良利）

【“双减”工作阶段总结会】 12月16日，区教委召开“双减”工作阶段总结会。会议通过视频会议系统、采取线下线上方式召开，各校设视频分会场。市区领导、机关科室负责人、直属单位党政主要领导、“双减”专班成员、区中小学党政一把手、教育教学干部等约1260余人参加会议。丰台区教委主任总结丰台区“双减”工作情况。丰台一小、丰台二中校长分别就自己学校的“双减”工作情况进行汇报发言。市委教育工委副书记反馈督查丰台区“双减”阶段工作的情况，号召丰台区教育系统将广大教职工的思想和行动迅速统一到中央和市委的文件精神指导下，联动相关部门

▲8月23日至25日，区委教工委举办教育系统党政领导干部暑期培训。

▲9月22日，丰台区召开教育系统“双减”工作培训会。

能齐抓共管、协同配合，共同推动校内校外“双减”扎实有效开展。

（张良利）

【学科类培训机构压减】 年内，丰台区累计压减学科类培训机构共174址。其中有证机构从49址压减至8址（压减41址，转型13址、关停28址），压减率为83.67%。10家培训机构通过“营转非”，最后仅保留1址。12月30日，丰台区通过丰台教育公众号发布《致家长的一封信》，公布经区教委审批的8址学科类校外培训机构名单。

（魏国华）

【无证机构治理的“三三式”综合治理模式】 年内，丰台区由区级专班牵头协调，从动态掌握、辨识现状入手，落实属地街镇主责，楼宇党组织（物业组织）协同配合，初步形成“区专班＋街镇＋楼宇，集中执法＋科技监管＋帮扶纾困”的“三三式”综合治理模式。以阶段性集中开展的联合执法，打击机构违规办学行为，形成震慑，通过定期调取监控视频，强化常态化监管，锁定问题机构，及时发现问题、及时处置，依托楼宇党组织（物业组织）上门宣讲政策，引导机构积极转型，并积极协调物业方采取减免房租押金、免收违约金、帮助机构寻找续租方的措施，减少机构部分损失，有效促进校外培训治理中矛盾纠纷化解和良好培训秩序形成。该治理模式作为首都治理机制之一被市教委推荐到教育部。

（魏国华）

【学校情况变更】 2月8日，撤销北京市丰台区王佐第一幼儿园。4月1日，北京市丰台区职工中等专业学校（北京市丰台区成人高中学校）、北京市洋桥职业学校和北京市振华旅游学校整合，不再保留北京市丰台区职工中等专业学校和北京市洋桥职业学校。6月2日，设立北京市丰台区外国语学校（教办九年一贯制）。11月2日，丰台区教育委员会工资统发中心更名为丰台区教育委员会人才服务中心；12月11日，中国人民解放军三〇二医院幼儿园，更名为中国人民解放军总医院第五医学中心幼儿园。

（陶慧贤）

教育教学

【心理健康节观摩研讨会】 5月25日，丰台区“5·25”心理健康节观摩研讨会在北京教育学院附属丰台实验学校举行，共有200人参加，由两位教师进行关于情绪和人际的心理课展示；

2021 丰台区教委审批的学科类校外培训机构名单

表 14

序号	培训机构名称	所在街道	办学许可证登记地址	统一社会信用代码	培训类别	备注
1	北京市丰台区新乐萌学科培训学校	方庄街道	北京市丰台区芳群园四区 21 号楼	52110106MJ02753378	线下中小学学科培训	
2	北京市丰台区新光明文化艺术培训学校	丰台	北京市丰台区新华街七里 7 号楼	521101060513957005	线下中小学学科培训	
3	北京市丰台区创佳培训学校	石榴庄	北京市丰台区政馨园一区 5 号楼	521101066000704678	线下中小学学科培训	
4	北京市丰台区华英培训学校	东高地	北京市丰台区万源西里 28 栋航天部老年活动中心	521101066631074663	线下中小学学科培训	教学场所暂时关闭，暂未开放
5	北京市丰台区精华培训学校	丰台	北京市丰台区西四环南路 72 号宏科物业中心楼	52110106785501947B	线下中小学学科培训	本期课程完结暂无课程
6	北京市丰台区怡海新世纪培训学院	新村	北京市丰台区怡海花园富润园 10 号楼	521101066000724702	线下中小学学科培训	未申报本期课程暂未开课
7	北京市丰台区方志文化艺术培训学校	长辛店	北京市丰台区云岗路 198 号	52110106593823706D	线下中小学学科培训	本期课程完结暂无课程
8	北京市丰台区桃李培训学校	云岗	北京市丰台区云岗北区西里 8 号	521101065731504798	线下中小学学科培训	地址变更过程中暂未开课

▲5月25日，丰台区“5·25”心理健康节观摩研讨会在丰台实验学校举行。

丰台五小张彦老师和教院附校副校长高霞交流学校心育工作经验；北京教育学院丰台分院副院长为“三棵树心理工作室”揭牌。会议对丰台区心育发展提出建议：“5·25”谐音“我爱我”，提醒学生不但关爱自己，也要关爱身边的人，关心所处的社会；倡导学校关注教师心理健康，落实全员育人，完善心理危机干预机制，为师生心理健康提供肥沃的土壤和良好的氛围。

（卢元娟）

【2021年中高考工作总结会】 11月12日，丰台教委组织召开“丰台区2021年中高考工作总结会”。会议采用视频会议的方式进行，各中学校长、教学主管领导以及丰台分院学科教研员等100余人参会。会议对丰台区2021年学考情况和高考情况进行整体分析。区教委基教二科科长为后期教学调整及备考工作提出意见。区教委副主任强调落实作业管理和切实提高课后服务水平的重要性，并就“双减”和高中特色化发展两项重点工作做出详细部署和要求。

（李沂桐）

【第二届微党课大赛】 年内，丰台教育系统推进党史学习教育全覆盖，开展“传承红色基因 凝聚磅礴伟力”——丰台教育系统“砥砺杯”第二届微党课大赛，围绕党的创新理论、“四史”、思想政治教育、红色精神教育，通过“万人听党课，千人讲党课，百节献礼课”和基层“党课开讲啦”等活动内容，形成130余节精品微党课。

（张海娜）

【“行走的思政课”实践活动】 年内，丰台区组织全区思政教师（含学科思政）共同发掘区域教育资源，打造“行走的思政课”，形成“长辛店留法勤工俭学预备班旧址”等9条思政课程精华路线，招募300名“小小红色讲解员”，指引教育学生在思政实践活动过程中铭记党的奋斗历程，做到“学党史、知党情、感党恩、跟党走”。

（张海娜）

【丰台区中小学校百年百团唱百歌】 年内，开展“我们是共产主义接班人”——丰台区中小学校百年百团唱百歌系列活动。100多所学校自发走出校园，利用课后和周末时间深入社区、园区、标志性建筑、革命活动旧址遗址，开展形式多样的传唱红色歌曲活动共600多场次。

（张海娜）

【“唱支歌儿给党听”师生网络歌曲比赛】 6月7日始，丰台区教委在全区中小学开展“唱支歌儿给党听”师生网络歌曲比赛活动，收到作品近百首。

（张海娜）

【“穿越时空的对话——写给革命先烈的一封信”活动】 5月12日，丰台区委教育工委、区教委“穿越时空的对话——写给革命先烈的一封信”征信活动启动。全区中小学生用信件表达自己对革命先烈们英雄事迹的崇拜以及对他们崇高精神的敬仰。活动共收到信件713封。

（张海娜）

【“永远跟党走”学生原创绘画作品征集活动】 年内，开展“永远跟党走”学生原创绘画作品征集活动，收到作品

▲“我们是共产主义接班人”——丰台区中小学校百年百团唱百歌活动。

▲12月，区教委举办青少年党史学习教育成果展示交流活动。

近2000幅。

（张海娜）

【青少年党史学习教育成果展示交流活动】 12月28日，由区委宣传部、区委教育工委、区教委、团区委主办的“青春向党”丰台区青少年党史学习教育成果展示交流活动在丰台区丰惠万嘉文化空间举行。活动的主题书画展展出丰台区七所金帆书画院学校学生创作的书画作品近200幅，展现中国共产党百年历程中取得的辉煌成就和青少年们对伟大中国共产党的热爱之情。

（张海娜）

学前教育

【丰台区幼儿园青年干部培训班开班】 7月19日，丰台区“十四五”时期幼儿园青年干部培训班在丰台五幼华润园开班，58名幼儿园青年干部参加开班仪式。仪式共分为4个部分：班主任肖素红从办班背景、目的、培训内容、培训方式、培训过程、考核内容与方式、培训制度等几个方面简单解读培训方案；学员代表芦静和导师代表陈洁分别从学习决心成长信心、悉心指导精心引领等做简要发言；郭俊山用“三高”即高层次、高素质、高品质简单阐述培训班的性质；丰台教工委书记用“好的水平、好的素质、好的效果”高度概括本次培训班学员的整体水平，并在强调学习纪律的基础上，希望学员们能发展成为一支政治素质过硬、业务精湛、结构合理、充满活力的干部队伍，为丰台教育高质量发展提供强有力的保障。

（史雨淋）

【丰台区幼儿园教师美育课程项目启动】 12月10日，“丰台区幼儿园教师美育课程”启动仪式在区少年宫举行。丰台分院教师发展中心协同学前教研室和丰台区少年宫，通过区域优质学前艺术教育资源的融合和共享，精心打造“丰台区幼儿园教师美育课程”培训项目。丰台分院党委副书记、丰台区少年宫书记以及40多名区属各园的骨干教师参加启动仪式，全区1000多名幼儿园教师通过线上直播参与活动。本次培训旨在丰台区幼儿园教师在专业技能、教育科研、课堂实践等方面得到提升，为幼儿园培养艺术教育师资力量和幼儿艺术教育的深入开展奠定坚实基础。

（王春平）

【学前数学语言教师能力提升成果汇报会】 12月23日，北京教育学院丰台分院学前教研室在建欣苑校区组织召开“埋下一颗种子 收获一片希望——丰台学前数学、语言教师能力提升成果汇报会”。会议以线上、线下混合模式进行，丰台区40余名种子教师代表参加现场活动，500余名老师同步收看线上直播。报告会总结回顾项目自

▲12月10日，参会老师进行美育活动。

▲12月23日，参与学前数学、语言教师能力提升成果汇报会的6名种子教师获得研修成果书籍。

2018年5月成立以来，基于《3–6岁儿童学习与发展指南》领域核心价值和儿童发展需要所做的研究。6名种子教师代表做经验分享，学前教研室高小芳主任为种子营老师颁发研修成果书籍。丰台学前教研室通过该项目引领教师研读儿童、研究领域核心概念、关键提问和支持策略，聚焦幼小衔接关键问题，切实提高教师专业素养。

（张　博）

【丰台区普惠率提升】 年内，区教委与相关部门及街镇以社区办园点分类治理为抓手，不断提高丰台区普惠性学位供给，提高普惠率，丰台区学前普惠率由年初的70%提升至92%，位列城六区第一名。

（杨玉朝）

【新增公办普惠性学位1140个】 年内，为进一步扩大区域普惠性学前学位供给，解决学位供给紧张问题，丰台区通过新建、改扩建等多种方式，加快确定小区配套幼儿园办园主体，有3所小区配套园在11月底前达到开园条件，新登记备案2所部门办公办性质幼儿园，总计新增普惠性学位1500个，其中公办普惠性学位1140个，超额完成折子工程800个学前学位的既定目标。

（杨玉朝）

【接收2所小区配套幼儿园】 年内，区教委陆续接收2所小区配套建设幼儿园的产权，分别是：西铁营村佑安府小区配套建设幼儿园一所；园博园西山甲一号小区配套幼儿园一所。

（郝文晟）

基础教育

【深化新时代思政课改革推进会】 3月18日，丰台区在丰台第二中学召开“立德 育人 实践 创新”深化新时代思政课改革推进会。教育部基础教育司领导、北京市教委领导、丰台教委领导、全区中小学校长、教师代表近200人参会。推进会解读丰台区“全要素、贯通式、实践性”思政课程框架，展示三节大、中、小贯通式思政课，发布“行走的思政课”九条精华路线，公布47所丰台区首批“新时代学校思想政治理论课改革创新基地校”。会议还围绕“全民族抗战”这一主题，结合不同年龄段学生的认知水平，呈现3节不同形式大中小学“融通”的思政课，并明确丰台区深化新时代思政课改革的重点任务。

（李　冉）

【新时代体教融合小学体能课程探索与实践研讨会】 4月21日，丰台区在丰台第五小学举办“新时代体教融合小学体能课程探索与实践研讨会”。现场展示《速度素质》《课后社团—体能社团》两节课。丰台区小学体育课程改革以五大素质为教学内容，以游戏和比赛为教学的组织形式，以发展学生的身体素质和运动能力为目标，让学生在课堂上有目的地玩，更积极主动地参与到体育活动当中，提升身体素质发展体能。

（张　彤）

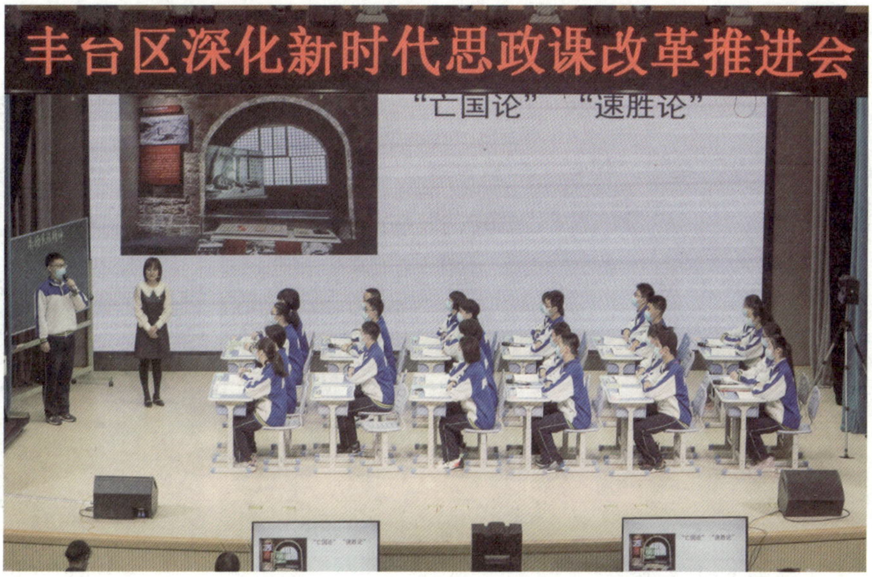

▲3月18日，丰台区深化新时代思政课改革推进会在丰台二中举办。

▲5月7日，丰台八中中海校区学生进行特色社团和特色体育活动展示。

▲5月12日，海淀区实验小学与丰台分校合作办学研讨会上，师生展示现场课。

【“优化课程供给　落实减负提质”研讨活动】 5月7日，区教委、北京教育学院丰台分院共同主办，北京市丰台八中教育集团承办的丰台区“优化课程供给，落实减负提质”主题研讨会在丰台八中中海校区举行。研讨会分为听课研讨、观摩特色社团和特色体育活动展示、领导报告及专家点评三个环节，多维度展现丰台八中“至真课程”体系建设的整体风貌，以及学校“双减”工作开展成效。

（谢守成）

【海淀区实验小学与丰台分校合作办学研讨会】 5月12日，“逐光前行 聚光而为 发光自兴”——海淀区实验小学与丰台分校合作办学研讨会在丰台分校举办。丰台分校郑海生以《改变》为题，详细介绍6年来学校发生的巨大改变。海淀区实验小学丰台分校的老师以论坛形式，分享合作办学以来的收获体会；呈现一年级到六年级6节现场课，全面展现合作办学六年来教师培训的成效。海淀区实验小学集团校长、北京市教委副主任、丰台区教工委书记等160人参加会议。

（郑海生）

【课后服务课程菜单设计研讨会】 9月22日，丰台区小学引进校联盟“课后服务课程菜单设计”研讨会在北京教科院丰台实验小学召开。区教委和丰台分院相关领导以及小学引进校联盟校领导参加研讨会。人大附中丰台学校副校长、北京教科院丰台学校教学主任、北京教科院丰台实验小学校长作经验介绍。与会领导就课后服务中发现的问题进行深入探讨，共23人参加研讨会。

（祁　红）

【义务教育学校品质提升项目】 10月9日，区教委在教科院召开丰台区义务教育学校品质提升项目暨干部培训班启动会，首批实施的38所学校的校长及项目负责人近80人参加仪式。为落实《丰台区关于进一步深化教育教学改革全面提升义务教育质量的实施意见》，2021年丰台区教委启动义务教育学校品质提升工程，制定《丰台区义务教育学校品质提升工程实施方

▲9月22日，丰台区小学引进校联盟“课后服务课程菜单设计”研讨会召开。

▲10月9日，义务教育学校品质提升项目暨干部培训班启动会召开。

▲12月25日，丰台区中小学生冰球挑战赛正在紧张进行。

案》，力图以项目引领学校围绕义务教育质量主线，集中资源，聚焦德育实效、干部教师队伍建设、课程建设、体育工作、美育工作、劳动教育等重点任务，定向突破，形成办学特色，打造教育品牌。

（李　冉）

【中小学生冰球挑战赛】 12月25日，由区教委、区体育局主办，区教委学生发展中心承办的“筑梦冬奥 一起向未来”2021年丰台区中小学生冰球挑战赛在南宫国际冰上运动中心开幕。来自丰台区中小学的学生进行精彩的冰上展演，包括花样滑冰和速滑表演，体现优美与速度的完美结合。本年冰球挑战赛丰台区共计10支冰球队200名中小学生参与。

（杜　磊）

职业和继续教育

【“厚德精工”校企合作理事会成立】 3月30日，丰台区职业教育中心学校“厚德精工”校企合作理事会正式成立。300余人参加线上成立大会。理事会由学校、行业、企事业单位、教育专家共同组成，实施双理事长制，由学校法人、企业代表共同担任理事长。理事会依托“首都厚德精工”校企联盟基础上，联合校、行、企资源优势，建设以学校为平台，行业（企业）参与的“资源集成和利益共享”的产教共同体。12月，理事会顺利召开第一届年会。

（孙晓娟）

【丰台区老年开放大学成立】 6月3日，北京市丰台区老年开放大学成立仪式暨校园开放日体验活动在丰台社区学院举行。30多位领导出席启动仪式。丰台区老年开放大学专职、兼职教师代表，以及部分学员代表100余人参加活动。北京开放大学副校长、丰台区教委主任共同为“北京市丰台区老年开放大学”揭牌，并为首期专职、兼职教师代表颁发聘书。丰台区职业与成人教育集团党委书记兼校长现场发布老年开放大学课程。

（赵　妹）

【第五届职教“创新杯”骨干教师基本功大赛】 11月13日至14日，丰台区职教系统“创新杯”决赛公共基础课（文化课）和专业课基本功展示决赛以腾讯会议的方式举行。职称教研室副主任和全体教研员、专家评委、参赛教师以及观摩教师共计120多人次参会。决赛分为公共基础课组和专业课两个组，考察三部分内容：教学设计（20分）、

▲6月3日，“北京市丰台区老年开放大学”揭牌。

▲11月13日至14日，区职教系统“创新杯”决赛以腾讯会议的方式举行。

▲12月2日，丰职在泰国建设的“丝路学堂”正式成立。

教学片段（30分）、说课和答辩展示环节。选手围绕说教材，说学生，说教学目标和重难点，说教法，说学法，说教学过程，说板书设计，说反思评价等环节进行展示。此前7月，丰台区已进行初赛，在60名选手中选拔出35位教师参加决赛。

（吴玉鸿）

【泰国“丝路学堂”揭牌】 12月2日，北京市丰台区职业教育中心学校与泰国吉拉达技术学院通过视频形式召开会议，线上签署合作框架协议，两校领导为泰国“丝路学堂”揭牌，丰职在泰国建设的“丝路学堂”正式成立。两校将在“一带一路”倡议指导下，开展并深入推进跨境办学、人才培养、师生交流、升学留学、实训实习、就业创业等领域。“丝路学堂”项目被列入市级国际消费中心城市建设清单和丰台区“两区”建设任务。

（李毓荣）

【全民终身学习活动周】 10月至12月，丰台区举办第十七届全民终身学习活动周。本届活动周由区教委主办、26个街乡镇具体组织实施，共计开展活动136场，约3.9万人参与。活动周主题是“数字赋能终身学习，提质增效服务百姓”。通过在活动中充分宣传区级“首都市民学习之星”15人、市级“首都市民学习之星”2人的学习成果和感人事迹，打造人人热爱学习、崇尚学习的良好氛围，助推丰台区学习型城区建设。

（陈雅宁）

【线上线下“丽泽大讲堂”新模式探索】 年内，丰台社区学院大讲堂项目团队在总结以往承办经验的基础上，坚持强化服务思维，积极探索线上线下结合新模式，充分发挥网络辐射作用，采取线上直播形式实现大规模推送，提高讲座覆盖面。项目团队共完成5场大讲堂组织实施工作，主题涵盖《学习习近平七一重要讲话精神》《健康和健康管理从0到1》《健身气功与健康》《中华优秀传统文化》《如何营造终身学习的家庭场域》，参与讲座的对象涉及北宫镇，黄土岗村、东安街头条、路口社区、望园社区等居民以及丰台武协会员，累计观众达4916人次。

（陶玉侠）

民办教育

【民办学校党建工作交流展示活动】 6月16日，丰台区组织民办学校召开“推进民办党建发展 献礼党的百年华诞——北大附属实验学校党建工作交流会”。本次活动由民办学校党建办公室、民办学校党建规范化建设项目组主办，北大附属实验学校党支部承办。北大附属实验学校执行校长、北大附属实验学校党支部书记进行交流发言。北大附属实验学校团支部书记、高中党小组长老师讲授《透过新冠疫情大

▲丰台社区学院打造线上线下“丽泽大讲堂”。

考 把握习近平新时代中国特色社会主义思想的金钥匙》的微党课。

（温学冬）

【民办教育单位年检】 年内，丰台区对所属各民办学校（幼儿园）、民办培训机构（以下统称“民办学校”）开展2020年度检查工作。应参检学校150所，包括民办中小学幼儿园职业学校84所，培训学校62所，驾校4所。年检工作按照“成熟一批审核一批”的原则推进实施，108所学校提交年检申请。经区教委会议审议批准，95所学校通过年检并延续办学许可证有效期（其中合格72所、基本合格23所），13所不予年检（其中4所为已提出申请终止办学，9所为营利性学科类培训学校）。

（李 玲）

【民办学校组织建设】 年内，继续抓好民办学校党组织覆盖和党的工作覆盖，新建糖果双语幼儿园、阳光起点幼儿园2个党组织；调整兴国理财培训学校、高娃钢琴幼儿园等4个民办学校党组织书记；推进公办与民办“手牵手”，62所公办学校党组织和67所民办学校结对共建，帮助民办学校提高党建工作水平。发展民办学校教师党员35人，其中手牵手发展党员12人。推进民办学校党建规范化建设项目实施，不断提高民办学校党建工作质量。

（李春辉）

特殊教育

【六一儿童节庆祝活动】 6月1日，丰台区培智中心学校开展以“向阳花开 童心绽放”为主题的六一庆祝活动。区人大常委会副主任、市残联、区教委副主任、区人大教科文卫体办公室主任一同走进丰台区培智中心学校与师生共同欢度“六一”国际儿童节。活动采用网上直播的新方式让学生家长通过客户端在线观看。

▲6月1日，丰台区培智中心学校开展儿童节庆祝活动。

（李司琪）

【自闭症基地“情绪行为专题培训班”结业】 6月17日，丰台区自闭症基地举办的“自闭症及情绪行为问题学生的评估与干预教师培训班”系列培训活动圆满结业，此次活动以线上线下相结合的方式共开展10次，旨在加强普校教师对自闭症及情绪行为问题学生的认知了解，掌握评估与干预的方法，为随读学生提供支持策略，为家长提供训练指导建议。全区共有70多名中小学教师参加此次活动。

（李司琪）

【“我是小牛人”趣味运动会】 9月30日，丰台区培智中心学校举办“我是小牛人”趣味运动会，运动会以集体展示、教师辅助、学生分工合作的游戏方式来体现活动的主题“我是运动小牛人”。通过参与活动，不但增强孩子们身体素质，还培养团结友爱、互帮

▲6月17日，丰台区自闭症基地“情绪行为专题培训班”结业。

▲9月30日，在“我是小牛人”趣味运动会上，学生进行球类活动。

互助的集体主义精神，全体师生共同参与本次活动。

（李司琪）

教育督导

【幼儿园办园质量督导评估】 年内，丰台区完成2021年幼儿园办园质量督导评估工作。2021年是三年一轮北京市幼儿园办园质量督导评估的收官之年。按照“自主申报，区级统筹”的原则，丰台组建260余人的区级专家队伍，积极协调市级委派的300余位市级专家，对全区52址教办园、2所学校附设学前班、5所部门办园、4所民办园以及76所社区办园点开展实地核查工作。

（王洪波）

【中小学“双减”专项督导】 10月至12月，区教委、区政府教育督导室组织挂牌责任督学开展三轮义务教育学校“双减”工作专项督导。督导根据北京市教委工作安排，围绕规范教育教学秩序、课后服务、五项管理等内容展开。76位中小学专兼职督学通过听取汇报、查阅资料、校园巡查、随机访谈等方式对103所学校（含142所校址）开展“双减”工作实地专项督导，系统梳理经验做法、存在问题，形成改进建议。

（徐　晶）

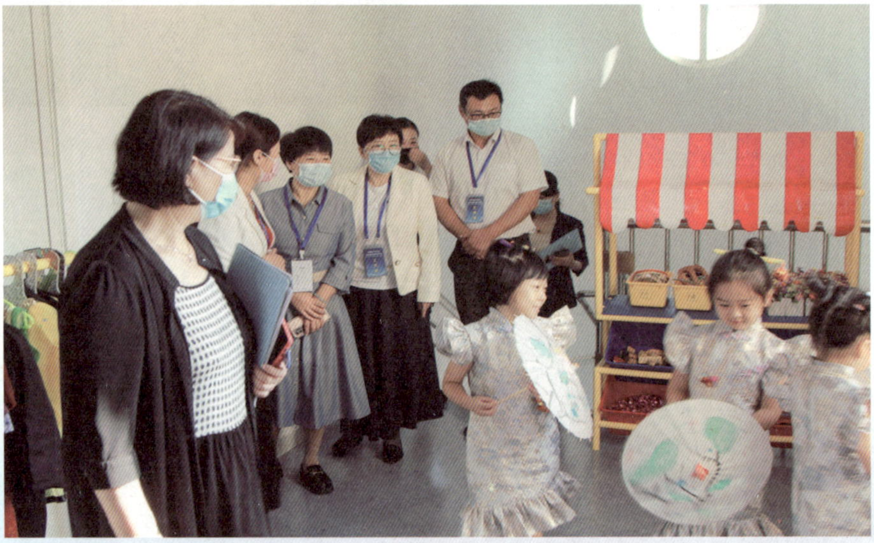

▲6月，丰台区对幼儿园进行质量督导评估。

2021 丰台区幼儿园一览表

表 15

序号	幼儿园名称	校（园）长	邮政编码	幼儿园地址	班数	入园人数	在园人数						离园人数	教职工数	专任教师数	占地面积	建筑面积
							总计	托班	小班	中班	大班	混合班					
总计					1625	14597	45752	2	13961	17703	13467	619	11281	7870	3631	665822.83	483639.08
一、教育部门（含附设幼儿班）					410	3831	11570	0	3772	4358	3440	0	2796	1608	1111	180524.62	139067.73
1	北京市丰台区育英幼儿园	田丽	100077	北京市丰台区洋桥西里33号	12	100	335	0	104	134	97	0	60	49	40	4006.00	2831.00
2	北京市丰台区西罗园幼儿园	王艳峰	100077	北京市丰台区洋桥北里小区32号	9	105	267	0	95	99	73	0	75	42	23	4036.00	2539.00
3	北京市丰台区群英幼儿园	范建华	100077	北京市丰台区西罗园三区10号楼	14	179	438	0	165	202	71	0	76	59	37	9878.00	6192.00
4	北京市丰台区东罗园幼儿园	王秀莉	100075	北京市丰台区赵公口小区1号楼	12	105	361	0	90	129	142	0	87	53	44	3489.00	2363.00
5	北京市丰台区南苑教工幼儿园	张培红	100076	北京市丰台区南苑西路11号院11号楼	6	51	161	0	51	60	50	0	0	25	19	5291.00	2733.00
6	北京市丰台区蒲黄榆第一幼儿园	陈彩霞	100075	北京市丰台区蒲黄榆三里甲3号	22	197	596	0	197	224	175	0	226	75	63	7670.00	10680.00
7	北京市丰台区蒲黄榆第二幼儿园	翟丽娟	100075	北京市丰台区蒲安里8号楼	15	98	407	0	96	157	154	0	165	60	42	3212.00	2809.00
8	北京市丰台区丰台第二幼儿园	游向红	100161	北京市丰台区丰台北路望园西里17号	14	130	385	0	130	136	119	0	118	53	39	3786.00	4495.00
9	北京市丰台区丰台第三幼儿园	梁莉	100071	北京市丰台区五里店南里29号楼	15	136	411	0	136	165	110	0	67	61	44	6530.00	4792.00
10	北京市丰台区青塔第二幼儿园	佟丽文	100141	北京市丰台区青塔小区秀园7号	13	131	356	0	138	105	113	0	84	53	47	7667.00	5031.00
11	北京市丰台区丰台第一幼儿园	朱继文	100071	北京市丰台区东大街27号	42	368	1201	0	367	465	369	0	300	159	91	19886.00	11527.00
12	北京市丰台区丰台第六幼儿园	陈洁	100071	北京市丰台区丰台正阳小区7号楼	15	134	402	0	134	155	113	0	67	53	40	6660.00	5231.00
13	北京市丰台区人民政府机关幼儿园	方宝燕	100071	北京市丰台区丰台镇北大街1号	11	98	321	0	98	157	66	0	48	54	47	2508.00	3047.80
14	北京市丰台区丰台第四幼儿园	刘银玉	100070	北京市丰台区造甲南里17号	18	164	526	0	164	192	170	0	195	79	53	4535.00	4850.00
15	北京市丰台区丰台第五幼儿园	彭俊红	100070	北京市丰台区韩庄子东里甲1号	29	300	833	0	300	325	208	0	85	106	60	17473.00	13318.68
16	北京市丰台区花城幼儿园	张明英	100070	北京市丰台区芳菲路88号院12号楼	15	129	399	0	128	136	135	0	90	70	40	6686.82	5696.00
17	北京市丰台区长辛店第一幼儿园	齐颖	100072	北京市丰台区长辛店连杨街4号	13	143	366	0	142	126	98	0	85	46	43	11930.00	7037.50
18	北京市丰台区方庄第一幼儿园	何艳华	100078	北京市丰台区方庄芳古园一区16号楼	12	104	326	0	104	109	113	0	102	42	38	3540.00	2467.00
19	北京市丰台区芳庄第二幼儿园	孔震英	100078	北京市丰台区方庄芳星园三区22号楼	20	184	575	0	185	218	172	0	114	81	50	7519.00	7367.00
20	北京市丰台区芳庄第三幼儿园	吴东慧	100078	北京市丰台区方庄芳城园一区8号楼	18	169	488	0	152	188	148	0	122	68	55	6999.00	5092.75
21	北京市丰台区实验幼儿园	彭俊娟	100078	北京市丰台区方庄芳群园二区10号楼	15	108	437	0	108	170	159	0	171	66	53	5990.00	5063.00
22	北京市丰台区方庄第六幼儿园	于建梅	100078	北京市丰台区方庄芳星园三区28号楼	6	55	182	0	49	64	69	0	63	27	19	1513.00	1324.00
23	北京市丰台区宛平幼儿园	王学明	100165	北京市丰台区晓月苑垂虹街3号	9	89	271	0	88	90	93	0	68	43	27	3399.00	2866.00
24	北京市丰台区嘉园第一幼儿园	郑淑敏	100067	北京市丰台区马家堡嘉园二里25号楼	22	242	653	0	240	223	190	0	117	92	45	13020.80	10938.00
25	北京市丰台区丰台第二幼儿园葆台园	倪敏	100070	北京市丰台区葆台中街欣葆家园	6	51	159	0	51	75	33	0	18	29	17	3000.00	2400.00
26	北京市丰台区南苑第一幼儿园	吴海梅	100076	北京市丰台区嘉则路1号	7	81	210	0	81	70	59	0	51	27	16	6000.00	4709.00
27	中央民族大学附属中学丰台实验学校幼儿园	黄萍	100074	北京市丰台区云岗西路28号山语城二区8号	9	91	241	0	90	94	57	0	49	36	19	4300.00	1668.00
含附设幼儿班																	
	北京市丰台区丰台第一小学	殷楠	100071	北京市丰台区东安街1号	0	0	0	0	0	0	0	0	0	0	0	0.00	0.00
	北京市丰台区丰台第五小学	李磊	100071	北京市丰台区西四环南路78号	0	0	0	0	0	0	0	0	0	0	0	0.00	0.00
	北京市丰台区长辛店中心小学	李军玲	100072	北京市丰台区槐树岭5号院	0	0	0	0	0	0	0	0	0	0	0	0.00	0.00
	北京朝阳芳草地国际学校丽泽分校	张建	100071	北京市丰台区丽泽路1号院4号楼	0	0	0	0	0	0	0	0	0	0	0	0.00	0.00
	北京教育学院丰台分院附属学校	单高娇	100070	北京市丰台区三环新城丰桥路6号院	8	65	185	0	65	61	59	0	83	0	0	0.00	0.00
	北京市丰台区长辛店学校	王立华	100072	北京市丰台区朱家坟一里44号	3	24	78	0	24	29	25	0	10	0	0	0.00	0.00

续表 15

序号	幼儿园名称	校（园）长	邮政编码	幼儿园地址	班数	入园人数	在园人数						离园人数	教职工数	专任教师数	占地面积	建筑面积
							总计	托班	小班	中班	大班	混合班					
	中国教育科学研究院丰台实验学校	李晨辉	100071	北京市丰台区程庄路 90 号	0	0	0	0	0	0	0	0	0	0	0	0.00	0.00
二、部门办					119	1104	3403	0	1084	1340	979	0	800	615	247	57263.00	41784.01
28	中国航天科技集团公司第一研究院航天幼儿园	黄东	100076	北京市丰台区东高地万源东里 90 栋	73	627	2111	0	635	816	660	0	491	374	152	37609.00	28745.00
29	中国航天科技集团有限公司第十一研究院幼儿园	周妍	100074	北京市丰台区云岗南区东里 8 楼	7	98	227	0	88	64	75	0	66	41	15	3850.00	1805.00
30	北京航天华盛幼儿园	彭菲	100074	北京市丰台区云岗南区西里 22 号	35	362	967	0	344	431	192	0	200	181	72	14764.00	10352.00
31	芳星第一幼儿园	王长义	100070	北京市丰台区方庄芳星园二区 16 号楼	4	17	98	0	17	29	52	0	43	19	8	1040.00	882.01
三、集体办					204	1881	5990	0	1780	2383	1767	60	1356	1094	410	78562.09	47446.13
32	北京市丰台区槐房艺术幼儿园	王亚亚	100076	北京市丰台区南苑乡槐房北路	9	90	284	0	75	104	105	0	55	46	18	3800.00	3000.00
33	北京市丰台区太平桥东里幼儿园	蒋雪莲	100073	北京市丰台区太平桥东里 20 号	19	187	603	0	184	229	190	0	144	85	38	3500.00	2146.00
34	北京市丰台区西罗园第一幼儿园	封春平	100077	北京市丰台区西罗园一区 11 号楼	8	86	256	0	86	94	76	0	79	43	16	1532.00	950.00
35	北京市丰台区西罗园第二幼儿园	李辉	100068	北京市丰台区海户西里五区 7 号楼	5	59	156	0	57	59	40	0	29	26	10	2358.00	1142.00
36	北京市丰台区大红门街道办事处东楼幼儿园	杨书兰	100075	北京市丰台区大红门西里 28 号	6	55	188	0	52	70	66	0	41	37	12	997.00	1515.00
37	北京市丰台区南苑镇新开路幼儿园	贾玉	100076	北京市丰台区南苑镇新开路头道街 16 号	6	53	152	0	37	63	52	0	27	30	12	1501.00	739.00
38	北京市丰台区东铁营办事处第二托儿所	阎玉娇	100075	北京市丰台区蒲黄榆四里 13 号楼	6	47	128	0	47	42	39	0	54	33	12	1544.00	933.60
39	北京市丰台区卢沟桥街道第二幼儿园	陈智慧	100038	北京市丰台区大成里居住区蔚园 15 号楼北门	5	43	147	0	43	64	40	0	62	32	11	1463.00	1294.00
40	北京市丰台区卢沟桥街道办事处五里店幼儿园	陈智慧	100166	北京市丰台区五里店南里小区 17 号楼	7	68	212	0	68	104	40	0	40	44	14	3425.00	1858.00
41	北京市丰台区芳群第二幼儿园	郭惠如	100078	北京市丰台区芳群园四区 10 号楼	16	157	436	0	155	138	143	0	167	79	32	5964.00	4200.00
42	北京市丰台区大井幼儿园	王凤娟	100166	北京市丰台区田各庄 133 号	7	29	200	0	29	113	58	0	50	38	14	2162.00	1022.00
43	北京市丰台区东管头幼儿园	陈娜	100071	北京市丰台区丽泽路 1 号院 5 号楼	10	98	310	0	98	105	107	0	38	57	20	5060.00	2460.00
44	北京市丰台区小井幼儿园	王淑香	100161	北京市丰台区小井村 558 号	7	67	201	0	58	92	51	0	31	42	14	1630.00	1270.00
45	北京市丰台区岳各庄幼儿园	刘亚丽	100161	北京市丰台区梅市口路 12 号院南侧	0	0	0	0	0	0	0	0	0	0	0	0.00	0.00
46	北京市丰台区黄土岗中心幼儿园	李秀红	100070	北京市丰台区花乡黄土岗 271 号	7	63	183	0	43	74	66	0	59	34	14	2600.00	1600.00
47	北京市丰台区新发地农工商联合公司中心幼儿园	潘学颖	100076	北京市丰台区京开路 78 号	6	42	139	0	42	50	47	0	20	35	10	2200.80	1114.00
48	北京市丰台区看丹村中心幼儿园	安春霞	100070	北京市丰台区看丹杨树庄临 27 号	5	20	116	0	16	37	63	0	50	34	10	7800.00	1924.00
49	北京市丰台区榆树庄园艺术幼儿园	张学敬	100070	北京市丰台区丰西北里 91 号	10	111	300	0	111	114	75	0	37	50	20	5947.60	2898.00
50	北京市丰台区草桥幼儿园	李爱香	100067	北京市丰台区草桥欣园一区 3 号楼	22	191	638	0	177	258	203	0	157	109	44	11010.00	6007.00
51	北京市丰台区卢沟桥幼儿园	孙辉	100165	北京市丰台区卢沟桥晓月中路 8 号	11	121	311	0	120	138	53	0	54	63	22	1380.00	2750.00
52	赵辛店幼儿园	周欣欣	100072	北京市丰台区长辛店镇赵辛店村 919 号	9	79	304	0	60	104	80	60	47	54	21	4785.00	3387.24
53	张郭庄幼儿园	张爱含	100072	北京市丰台区长辛店镇张郭庄村 367 号	11	84	368	0	91	161	116	0	92	60	22	3602.69	2876.29
54	北京市丰台区王佐镇魏各庄幼儿园	刘萍	100074	北京市丰台区王佐镇怀平路 6 号院 34 楼	12	131	358	0	131	170	57	0	23	63	24	4300.00	2360.00
四、部队					94	800	2630	0	768	1081	781	0	539	509	210	70259.00	31210.35
55	中国人民解放军空军工程设计研究局幼儿园	屈文军	100068	北京市丰台区洋桥 12 号院	4	21	88	0	19	46	23	0	15	21	9	934.00	851.34
56	中国人民解放军 95810 部队幼儿园	刘诤	100076	北京市丰台区警备东路 6 号 3 区	11	95	316	0	95	123	98	0	80	52	22	8900.00	3065.00

续表 15

序号	幼儿园名称	校（园）长	邮政编码	幼儿园地址	班数	入园人数	在园人数						离园人数	教职工数	专任教师数	占地面积	建筑面积
							总计	托班	小班	中班	大班	混合班					
57	空军装备研究院蓝天幼儿园分园	高立民	100076	北京市丰台区南苑镇警备东路6号2区	5	34	97	0	38	41	18	0	11	22	10	2217.00	960.00
58	八一电影制片厂幼儿园	胡德杰	100161	北京市丰台区六里桥北里甲1号	6	31	131	0	31	46	54	0	37	35	16	4340.00	2153.00
59	中国人民解放军总医院第五医学中心幼儿园	刘小焕	100071	北京市丰台区西四环中路100号	8	93	253	0	75	100	78	0	54	38	16	1368.00	2737.00
60	中国人民解放军海军航空兵部幼儿园	翟桂芳	100071	北京市丰台区东大街5号院	9	84	276	0	84	105	87	0	77	50	18	2886.00	2161.00
61	中国人民解放军62301部队幼儿园	黄筱媛	100071	北京市丰台区东安街头条19号	5	47	129	0	47	54	28	0	14	30	15	8721.00	2241.00
62	中央军委机关事务管理总局红星幼儿园（丰台园）	范茜	100071	北京市丰台区西四环南路63号院	20	169	594	0	154	253	187	0	78	111	45	23144.00	8885.01
63	中国人民解放军66040部队机关幼儿园	段冰	100071	北京市丰台区东大街49号	0	0	0	0	0	0	0	0	0	10	3	2246.00	1216.00
64	中国人民解放军军事科学院军事医学研究院幼儿园丰台分园	李丽华	100071	北京市丰台区东大街20号院	5	41	127	0	41	51	35	0	39	28	11	728.00	1167.00
65	陆军装甲兵学院幼儿园	荆京	100072	北京市丰台区长辛店杜家坎21号院	11	91	313	0	91	116	106	0	87	56	24	6000.00	2389.00
66	中国人民解放军63963部队幼儿园	邓祖梅	100071	北京市丰台区槐树岭3号院	6	70	208	0	69	100	39	0	27	29	12	2300.00	888.00
67	军委办公厅第五十一研究所幼儿园	蒋宁	100072	北京市丰台区朱家坟五里3号院	4	24	98	0	24	46	28	0	20	27	9	6475.00	2497.00
五、企业办					43	390	1263	0	366	506	391	0	295	225	96	14870. 00	10600. 00
68	北京蓝天幼儿园华凯园	朱燕红	100161	北京市丰台区六里桥北里凤荷曲苑10号	12	121	395	0	111	133	151	0	108	72	32	3689.00	3398.00
69	北京二七车辆厂幼儿园	王永霞	100072	北京市丰台区长辛店张郭庄南路1号	12	111	343	0	113	137	93	0	83	57	25	2788.00	2935.00
70	北京北方车辆集团有限公司幼儿园	康伟娜	100072	北京市丰台区朱家坟二里12号	6	54	151	0	44	84	23	0	14	30	13	4023.00	2028.00
71	北京二七机车厂幼儿园	马国岭	100072	北京市丰台区长辛店崔村一里11号	13	104	374	0	98	152	124	0	90	66	26	4370.00	2239.00
六、事业单位办					8	80	248	0	78	101	69	0	21	42	16	2561. 12	1406. 00
72	中国北方车辆研究所幼儿园	王玲	100071	北京市丰台区大灰厂东路槐树岭4号院	8	80	248	0	78	101	69	0	21	42	16	2561.12	1406.00
七、民办					747	6511	20648	2	6113	7934	6040	559	5474	3777	1541	261783. 00	212124. 86
73	北京市丰台区多智幼儿园	葛静	100072	北京市丰台区长辛店德善里19号	7	38	186	0	38	83	65	0	54	34	14	2000.00	1857.00
74	北京市丰台区义和双语艺术幼儿园	孙丽莉	100076	北京市丰台区和义东里三区9号楼	8	66	249	0	66	104	39	40	80	41	16	2200.00	1380.00
75	北京市丰台区威尔夏幼儿园	贯永军	100071	北京市丰台区华源四里8号楼	12	63	277	0	63	104	110	0	106	55	24	1950.00	1891.00
76	北京市丰台区如果幼儿园	赵晨	100078	北京市丰台区方庄芳星园二区11-1号院	4	20	51	0	0	0	0	51	15	26	9	960.00	520.00
77	北京市丰台区南宫方芳幼儿园	杨春红	100074	北京市丰台区王佐镇长青路113号-1	6	69	208	0	0	69	69	70	29	29	12	3000.00	1108.00
78	北京市丰台区惠智幼儿园	王虎	100039	北京市丰台区京铁家园三区2号	12	165	408	0	149	140	119	0	70	73	25	4500.00	2260.00
79	北京市北方之星艺术幼儿园	李丁丁	100069	北京市丰台区右安门外玉林东里一区5号楼	10	111	293	0	104	101	88	0	52	50	22	3600.00	2600.00
80	北京市丰台区红黄蓝多元智能实验幼儿园	韩雪梅	100069	北京市丰台区右安门外开阳里一区6号楼	15	124	485	0	125	207	153	0	100	74	33	3793.00	3719.00
81	北京市丰台区首科双语传媒幼儿园	谢燕梅	100073	北京市丰台区华源三里D区8号楼	11	80	365	0	60	199	106	0	76	55	22	1819.12	1202.00
82	北京市丰台区芳茹双语艺术幼儿园	王晓慧	100068	北京市丰台区角门东里小区7号楼	12	95	360	0	194	99	67	0	71	61	24	2795.00	2504.00
83	北京欣宇幼儿园	许宇	100068	北京市丰台区西马场北里15号	6	84	179	0	84	34	61	0	65	34	12	2600.00	1620.00
84	北京市邮政管理局海慧寺幼儿园	钟丽娜	100071	北京市丰台区南顶村44号楼	9	74	209	0	68	72	69	0	46	41	25	2225.00	1370.00
85	北京市丰台区翩翩艺术幼儿园	张伟光	100068	北京市丰台区大红门建欣苑小区三里15号楼	8	65	194	0	61	88	45	0	26	40	16	1685.00	1987.00
86	北京市丰台区幼师附属实验艺术幼儿园	李会玲	100076	北京市丰台区南苑北里一区7号楼	9	102	278	0	102	89	87	0	102	48	18	3226.00	2242.00

续表15

序号	幼儿园名称	校（园）长	邮政编码	幼儿园地址	班数	入园人数	在园人数						离园人数	教职工数	专任教师数	占地面积	建筑面积
							总计	托班	小班	中班	大班	混合班					
87	北京市丰台区阳光起点幼儿园	邱宇琪	100079	北京市丰台区石榴园北里24号	10	96	350	0	90	140	120	0	75	48	20	3100.00	2093.00
88	北京市丰台区意馨艺术幼儿园	郭小兰	100079	北京市丰台区东铁匠营政馨园二区8号楼	20	193	498	0	166	157	175	0	136	86	40	6247.30	3547.30
89	北京育强体育才艺幼儿园	王静涛	100164	北京市丰台区成寿寺路四方景园二区7号楼	10	128	307	0	128	104	75	0	37	56	20	2900.00	2500.00
90	北京市丰台区高娃钢琴幼儿园	曲振锁	100141	北京市丰台区小屯路6号	13	75	281	0	75	99	107	0	211	82	26	9846.00	5821.00
91	北京市丰台区北大地新西区幼儿园	杨福雨	100070	北京市丰台区北大地一里14栋	6	35	156	0	35	65	56	0	49	32	12	1760.00	1560.00
92	北京市丰台区星星天地幼儿园	刘琳	100071	北京市丰台区丰管路1号院3号楼	8	87	269	0	87	105	77	0	45	39	16	1884.00	1254.00
93	北京市丰台区英才幼儿园	孟炜	100071	北京市丰台区西四环南路60号	0	0	0	0	0	0	0	0	0	0	0	0.00	0.00
94	北京市丰台怡海幼儿园	彭波	100070	北京市丰台区南四环西路129号	29	181	613	0	183	232	198	0	156	148	66	11739.00	10761.00
95	北京市丰台区雅瀚艺术幼儿园	吴煦	100067	北京市丰台区草桥欣园三区11号楼	11	90	334	0	90	137	107	0	105	54	22	5880.00	3172.00
96	北京市丰台区嘉萌实验艺术幼儿园	宋雪云	100074	北京市丰台区云岗南区西里41号楼南侧	4	37	62	0	27	25	10	0	30	22	8	1095.00	495.00
97	北京市丰台区汇佳实验幼儿园	蔡婧	100078	北京市丰台区方庄芳古园二区6号楼	7	97	194	0	0	0	0	194	12	32	14	3410.00	2372.00
98	北京市丰台区方庄鹤立实验幼儿园	李跃丽	100078	北京市丰台区方庄芳古园一区11号楼	0	0	0	0	0	0	0	0	0	0	0	0.00	0.00
99	北京开发红黄蓝双语幼儿园	聂娟	100078	北京市丰台区方庄紫芳园二区7号楼	29	232	724	2	230	268	224	0	174	134	66	6455.00	3378.00
100	北京市丰台区嘉园实验艺术幼儿园	李旭晨	100067	北京市丰台区马家堡嘉园二里34号楼	28	295	841	0	286	308	247	0	132	130	59	8706.00	5523.00
101	北京市丰台区宝贝星河幼儿园	向小春	100068	北京市丰台区北甲地路6号	12	133	384	0	133	140	111	0	103	60	25	1309.00	2500.00
102	北京市丰台区布朗幼儿园	刘冰	100068	北京市丰台区西马场南里二区18号楼	10	33	339	0	31	166	142	0	65	60	20	4910.00	3096.00
103	北京市丰台区环雅阳光双语幼儿园	赵玉梅	100068	北京市丰台区马家堡西路28号院7号楼	9	86	268	0	113	86	69	0	67	41	18	2900.00	2756.00
104	北京市丰台区嘉德双语幼儿园	刘爱芬	100068	北京市丰台区马家堡嘉园三里15号楼	14	91	354	0	93	154	107	0	59	66	28	3483.00	2897.00
105	北京市丰台区金贝德实验幼儿园	郑丽青	100076	北京市丰台区南苑和义东里一区1号院	10	58	234	0	58	105	71	0	62	47	20	2264.00	2530.00
106	北京市丰台区明悦峰景双语幼儿园	汪雪岩	100166	北京市丰台区青塔西路58号院31号楼	10	117	287	0	112	125	50	0	40	48	20	4200.00	3500.00
107	北京市丰台区立杰小红帽艺术幼儿园	杨立杰	100070	北京市丰台区丰葆路富锦嘉园小区三区11号	22	203	657	0	186	298	173	0	155	100	44	8480.00	6737.00
108	北京市丰台区美格双语幼儿园	闫红艳	100070	北京市丰台区万年花城万芳园一区6号楼	9	82	317	0	58	105	154	0	77	44	19	2900.00	2400.00
109	北京市丰台区青塔东里幼儿园	沈岩	100141	北京市丰台区青塔东里小区19号楼附楼	3	14	35	0	14	4	17	0	38	21	5	2000.00	1531.00
110	北京市丰台区海嘉实验幼儿园	刘俊霞	100073	北京市丰台区万泉寺256号万润风景小区10号楼	8	103	244	0	83	68	93	0	87	44	16	2900.00	1820.00
111	北京市丰台区嘉恒小哈佛友爱谷幼儿园	臧彦	100076	北京市丰台区方庄南路29号	11	60	334	0	60	210	64	0	64	48	24	4096.00	4000.00
112	北京市丰台区大地美域双语幼儿园	赵萌	100166	北京市丰台区小屯西路天鸿美域家园南区6号楼	12	60	430	0	60	210	160	0	79	60	24	4600.00	4591.26
113	北京市丰台区汇英阳光音乐幼儿园	于漫丽	100141	北京市丰台区大成南里春园10号楼	5	49	142	0	31	35	76	0	38	33	10	1600.00	1694.00
114	北京市丰台区德美双语幼儿园	张海静	100141	北京市丰台区大成南里一区10号楼	9	70	257	0	69	129	59	0	59	50	19	1875.00	1605.00
115	北京市丰台区北方之星幼儿园	贾琳	100070	北京市丰台区丰桥路三环新城7号院14号楼	22	199	644	0	199	258	187	0	213	101	44	3705.00	5282.00
116	北京市丰台区阳光起点锦城幼儿园	李晓倩	100160	北京市丰台区新发地天伦锦城小区14号	10	96	329	0	90	124	115	0	66	49	20	4000.00	1800.00
117	北京市丰台区世纪阳光幼儿园	李伟	100072	北京市丰台区长辛店长云路2号院17号楼	10	94	295	0	89	150	56	0	38	45	20	3500.00	2098.00

续表 15

序号	幼儿园名称	校（园）长	邮政编码	幼儿园地址	班数	入园人数	在园人数						离园人数	教职工数	专任教师数	占地面积	建筑面积
							总计	托班	小班	中班	大班	混合班					
118	丰台区糖果双语幼儿园	田艳红	100086	北京市丰台区右安门外大街右安门街道办事处社区服务中心	20	167	459	0	160	212	87	0	49	84	40	4050.00	2150.00
119	北京市丰台区万恒恩卓幼儿园	常晓磊	100166	北京市丰台区小屯西路66号院万恒家园5号楼	11	141	319	0	141	104	74	0	81	51	22	5000.00	3032.00
120	北京市丰台区邦尼幼儿园	景萍	100079	北京市丰台区宋庄路26号院7号楼	16	133	438	0	133	184	121	0	90	72	32	2826.00	2279.00
121	北京市丰台区二十一世纪实验幼儿园	刘馨	100070	北京市丰台区六圈路2号院c-5	9	90	296	0	90	105	101	0	93	47	18	4159.00	2800.00
122	北京市丰台区东方剑桥顶秀欣园幼儿园	柳忠芳	100079	北京市丰台区永定门外石榴庄南里1号院4号楼	8	70	274	0	70	97	107	0	81	48	19	1008.00	1311.00
123	北京市丰台区乐嘟嘟实验幼儿园	王红	100070	北京市丰台区丰台南路鸿业兴园二区3号楼	9	62	223	0	62	85	76	0	78	39	17	3729.00	2320.00
124	北京市丰台区一诺童话幼儿园	李晓静	100076	北京市丰台区槐房北路临1号	11	51	257	0	70	85	102	0	92	71	24	8200.00	6072.00
125	北京市丰台区星空俊才实验艺术幼儿园	石净	100068	北京市丰台区镇国寺北街6号院9号楼	15	137	449	0	115	186	148	0	110	74	30	3387.00	5844.00
126	北京市丰台区大成幼儿园	王楚凡	100039	北京市丰台区大成路大成南里三区27号楼	9	99	268	0	89	107	72	0	99	47	20	3200.00	2400.00
127	北京市丰台区幸福泉阳光花园幼儿园	李琳瑛	100082	北京市丰台区马家堡东路101号院5号楼	9	55	154	0	69	58	27	0	21	40	20	2200.00	2436.00
128	北京市丰台区艾德森幼儿园	张莹	100077	北京市丰台区马家堡东路189号院13号楼	9	93	282	0	91	148	43	0	35	52	18	3700.00	3782.00
129	北京市丰台区高娃钢琴艺术幼儿园	曲振锁	100079	北京市丰台区小屯路149号	14	132	344	0	132	71	141	0	767	133	29	12470.00	9837.00
130	北京市丰台区太阳花幼儿园	杨静	100068	北京市丰台区马家堡东路168号院1号楼	10	86	221	0	103	75	43	0	70	47	20	4100.00	3280.00
131	北京市丰台区先策恒爱幼儿园	张歌真	100074	北京市丰台区王佐镇南宫路临6号	10	75	219	0	70	77	72	0	38	49	20	5853.00	5048.00
132	北京市丰台区学苑幼儿园	王棽棽	100075	北京市丰台区永外双庙村125号院9号楼	9	78	260	0	78	91	91	0	24	48	19	5100.00	2607.00
133	北京市丰台区桃李芳园艺术幼儿园	李莉	100076	北京市丰台区久敬庄路久敬佳园二区11号楼	13	125	372	0	123	139	110	0	61	65	26	3811.50	3204.00
134	北京丰台区北京市第十二中学实验幼儿园	冯雯萍	100166	北京市丰台区张仪村西路2号院	14	144	430	0	144	153	133	0	82	66	28	6300.00	4200.00
135	北京市丰台区乐点幼儿园	李嘉玉	100161	北京市丰台区西局南街49号院1栋	17	108	506	0	108	281	117	0	40	96	34	8206.58	6565.00
136	北京华杉幼儿园有限公司	李欣	100171	北京市丰台区青塔西路58号院20号楼	10	93	192	0	0	0	0	192	15	40	20	2690.00	2690.00
137	北京蓝天蓓尔幼儿园有限责任公司	屈珍	100070	北京市丰台区新村二里（4-2）	17	188	382	0	148	143	91	0	92	63	34	7100.00	13820.20
138	北京共童幼儿园有限公司	刘敏	100071	北京市丰台区成寿寺成安路7号院1号楼	6	51	94	0	53	15	14	12	5	34	12	2334.00	3189.00
139	北京洛克启蒙幼儿园有限公司	王晓慧	100068	北京市丰台区角门东里小区37号楼	4	9	61	0	14	24	23	0	17	28	8	2040.00	1463.60
140	北京市丰台区布朗金泰幼儿园	李莹	100073	北京市丰台区丽泽路3号院	7	74	227	0	60	98	69	0	70	42	14	2221.50	2221.50
141	北京市丰台区ABC双语幼儿园	无	无	无	0	0	0	0	0	0	0	0	0	0	0	0.00	0.00
142	北京市丰台区小红帽艺术幼儿园	无	无	无	0	0	0	0	0	0	0	0	0	0	0	0.00	0.00
143	北京市星桥幼儿园	无	无	无	0	0	0	0	0	0	0	0	0	0	0	0.00	0.00
144	北京市丰台区笑笑幼教集团南洋之星幼儿园	无	无	无	0	0	0	0	0	0	0	0	0	0	0	0.00	0.00

2021 丰台区小学一览表

表 16

序号	学校名称	校长	邮政编码	学校地址	校舍情况（平方米） 占地面积	建筑面积	教学及辅助用房 合计	其中：普通教室	其中：专用教室	图书（册）	计算机（台）	固定资产总值（万元） 合计	其中：仪器设备总值
总计					808567.47	455616.22	276788.47	153052.59	59716.75	2280727	16941	105386.30	36449.36
一、教育部门					781767.47	431532.22	264284.57	145795.03	57521.98	2205147	16634	103510.82	35770.59
1	北京市丰台区东高地第一小学	沈静洁	100076	北京市丰台区东高地斜街1号	11499.00	5713.00	3485.00	2547.00	504.00	32589	291	1536.37	284.69
2	北京市丰台区东高地第二小学	陈丽颖	100076	北京市丰台区东高地万源东里75栋	12025.00	4651.00	3483.00	2416.00	880.00	30531	261	828.40	463.02
3	北京市丰台区东高地第三小学	陈翠敏	100076	北京市丰台区东高地梅源小区内	19097.00	7999.00	5369.00	2722.00	2229.00	50175	455	2401.19	695.75
4	北京市丰台区东高地第四小学	徐艳红	100076	北京市丰台区东高地万源南路2号	8608.00	4896.00	3949.04	2154.60	661.88	25804	218	859.40	542.10
5	北京市丰台区五爱屯小学	杨静	100076	北京市丰台区南苑西宏苑小区6号楼	7820.00	5324.00	4045.00	2194.00	663.00	27275	245	1362.68	663.27
6	北京市丰台区槐房小学	辛洁	100076	北京市丰台区槐房村335号	15066.00	5007.00	3759.00	650.00	1387.00	16631	150	964.29	131.47
8	北京市第十八中学附属实验小学	王志清	100078	北京市丰台区方庄芳星园二区9号楼	6932.00	4482.00	3357.00	1493.62	1223.92	25343	155	969.98	610.97
9	北京市丰台区东铁匠营第一小学	徐绯	100075	北京市丰台区蒲黄榆路胡村1号	23727.00	8743.00	6550.00	4787.00	825.00	34567	361	1757.90	569.50
10	北京市丰台区芳城园小学	刘爱华	100078	北京市丰台区方庄芳城园二区1号	7894.00	3776.00	2721.00	1827.00	466.00	23224	211	1226.31	532.05
11	北京市丰台区芳古园小学	申瑞芝	100078	北京市丰台区芳古园一区19号楼	18505.00	8610.33	4793.77	3663.19	227.16	51596	392	1889.99	991.46
12	北京市丰台区蒲黄榆第一小学	张小军	100075	北京市丰台区蒲黄榆西里3号楼	3565.00	2858.00	1784.18	961.88	485.15	21311	186	735.70	439.43
13	北京市丰台区成寿寺小学	武金英	100078	北京市丰台区成安路16号	13867.00	10806.00	6621.28	3846.81	520.28	54531	240	6322.57	310.77
14	北京市丰台区芳星园第二小学	张光彦	100078	北京市丰台区芳星园三区21号	6182.00	3397.07	2311.06	1726.34	348.25	16914	115	653.60	137.10
15	北京市丰台区芳群园第一小学	王君霞	100078	北京市丰台区方庄芳群园一区14号	6600.00	2880.00	2165.00	1080.00	485.00	16751	104	420.24	157.06
16	北京教育科学研究院丰台实验小学	祁红	100079	北京市丰台区顺八条8号院二区3号楼	11922.00	6963.00	3378.20	1596.00	0.00	23390	275	5269.57	994.72
17	北京市丰台区大红门第一小学	闫卫华	100075	北京市丰台区大红门西前街24号	8669.00	7070.00	4622.93	3615.97	163.51	69882	385	1921.22	829.21
18	北京十一学校丰台小学	曹君	100079	北京市丰台区石榴庄南里2号	11462.00	4976.00	2911.50	1546.00	514.00	29170	243	962.82	649.91
19	北京市丰台区东罗园小学	王艳荣	100075	北京市丰台区马公庄5号楼	5563.00	3970.00	2025.00	1370.00	300.00	23903	156	801.03	213.81
20	北京市丰台区时光小学	林燕鸣	100079	北京市丰台区石榴园北里20号楼	7727.00	4716.00	2516.70	2002.30	295.00	25032	104	1004.76	314.11
21	北京市丰台区东铁匠营第二小学	许芳	100079	北京市丰台区北铁营259号	8846.00	4481.00	1975.00	1616.00	237.00	18641	88	741.74	272.93
22	北京市丰台区西罗园小学	王芃芃	100068	北京市丰台区海户西里12号	6210.00	3510.00	2606.00	1350.00	970.00	18953	178	581.97	239.38
23	北京市丰台区草桥小学	林艳玲	100067	北京市丰台区草桥欣园四区	15560.00	5272.32	4074.14	2553.85	1028.22	31212	147	1271.67	345.33
24	北京市丰台区角门小学	张会军	100068	北京市丰台区角门东里甲30号	7225.00	3799.33	3221.28	1101.00	1117.26	26194	125	1180.00	315.74
25	北京市丰台区西罗园第六小学	房建国	100068	北京市丰台区西罗园南里9号楼	5848.00	4297.00	3762.00	2138.00	1100.00	25297	178	769.75	152.08
26	北京市丰台区西马金润小学	赵秀云	100068	北京市丰台区西马场南里二区25号	6600.00	5427.00	3530.00	2107.00	742.00	24883	164	1380.85	272.12
27	首都医科大学附属小学	张悦峰	100069	北京市丰台区右安门外东二条51号	12053.00	7437.00	4062.00	1620.00	708.00	52365	296	943.96	547.91
28	北京舞蹈学院附中丰台实验小学	刘洪	100069	北京市丰台区右安门外翠林小区三里4号楼	9510.00	5772.00	2694.38	765.00	1722.41	21615	93	644.23	200.33
29	北京市丰台区西罗园第五小学	张建超	100077	北京市丰台区西罗园三区16号楼	17315.24	10538.00	4829.09	1680.00	348.78	38077	256	2248.00	1130.83
30	北京市丰台区玉林小学	梁秀桥	100069	北京市丰台区右安门外玉林里18号	8859.00	7491.00	4119.01	1267.37	2255.41	63363	146	1580.38	433.79
31	北京市海淀区实验小学丰台分校	郑海生	100055	北京市丰台区莲花池南里15号	15557.00	8464.00	5887.15	3892.00	452.35	33909	257	1380.93	697.37
32	北京朝阳芳草地国际学校丽泽分校	张建	100073	北京市丰台区丽泽路1号院4号楼	9590.00	8950.00	3240.00	1655.00	480.00	32375	378	3731.01	967.29
33	北京市丰台区太平桥第二小学校	杨国梅	100073	北京市丰台区太平桥8号	7903.00	4646.79	2936.50	1132.36	528.23	17031	174	501.38	256.76
34	北京市丰台区靛厂小学	李德华	100039	北京市丰台区卢沟桥乡靛厂村甲300号	11259.00	4273.44	2672.44	1220.94	1044.52	41299	116	849.21	151.49
35	北京市丰台区丰台第一小学	殷楠	100071	北京市丰台区东安街1号	44860.00	32100.71	21527.84	5150.89	6506.16	130243	1112	4004.46	2169.10

续表 16

序号	学校名称	校长	邮政编码	学校地址	校舍情况（平方米）					图书（册）	计算机（台）	固定资产总值（万元）	
					占地面积	建筑面积	教学及辅助用房					合计	其中：仪器设备总值
							合计	其中					
								普通教室	专用教室				
36	北京市丰台区丰台第五小学	李磊	100071	北京市丰台区西四环南路 78 号	53220.00	30633.00	15874.00	13061.00	896.00	129507	863	6424.13	2452.13
37	北京市丰台区师范学校附属小学	李艳红	100071	北京市丰台区文体路 30 号	16179.00	9665.00	7516.00	4824.00	844.00	59064	1457	3756.90	2326.50
38	北京市丰台区丰体时代小学	张拥军	100166	北京市丰台区丰体南路 1 号院 10 号楼	7660.00	4370.00	3332.60	1468.32	650.28	23468	216	643.24	457.25
39	北京市丰台区丰台第七小学校	王莉	100071	北京市丰台区丰台东大街东里 10 号	4922.00	3177.16	2210.55	1440.00	559.21	21953	184	578.72	214.27
40	北京市丰台区小井小学	孙向东	100161	北京市丰台区小井村 338 号	5255.73	4481.38	2097.39	1180.11	805.46	20175	216	729.45	331.66
41	北京市丰台区丰台第二中学附属实验小学	何石明	100166	北京市丰台区小屯西路兴景路 300 号	18500.00	11100.00	5163.06	1728.00	1930.88	27807	242	1167.48	334.19
42	北京市第十二中学附属实验小学	司学娟	100166	北京市丰台区丰仪路 3 号院	11813.00	9810.00	6004.00	1689.00	1968.00	18805	121	1241.64	498.67
43	北京市丰台区卢沟桥第一小学	李静	100165	北京市丰台区卢沟桥城内街 155 号	10450.00	2240.00	1836.00	1298.00	383.00	17306	145	582.55	421.37
44	北京市丰台区卢沟桥第二小学校	张利民	100165	北京市丰台区卢沟桥南里 32 号	7347.00	3125.12	1869.76	1596.54	80.00	26663	221	681.43	333.83
45	北京市丰台区长安新城小学	张波	100141	北京市丰台区大成南里一区 11 楼	5916.00	4809.31	3045.27	1307.10	705.30	37621	176	1193.03	447.90
46	北京市丰台区丰台第八小学	孙淑凤	100070	北京市丰台区韩庄子二里 8 号楼	6912.00	3945.00	2543.01	2015.91	336.30	24464	135	985.95	383.04
47	北京市丰台区丰台第五小学万柳分校	曹洁	100070	北京市丰台区万柳园小区 10 号楼	6215.00	3684.00	2559.65	1763.81	544.64	20987	191	1099.05	677.87
48	首都经济贸易大学附属小学	张晓红	100070	北京市丰台区南大元 290 号	11559.00	5269.00	3478.00	2026.00	812.00	49257	271	1502.60	600.20
49	北京小学丰台万年花城分校	刘显洋	100070	北京市丰台区万年花城万芳园二区 4 号楼	12600.00	14536.00	5434.00	4187.00	234.00	9811	218	5824.70	1039.95
50	北京市丰台区丰台第二小学	刘海莉	100070	北京市丰台区丰台南路 107 号	7324.00	3882.00	3281.90	1031.68	569.06	26098	120	556.75	265.79
51	北京市丰台区纪家庙小学	王红	100070	北京市丰台区于家胡同 59 号	6500.00	4043.00	3338.81	1620.87	235.41	15933	179	980.05	318.18
52	北京铁路分局北京铁路职工子弟第十一小学	杨凤娥	100070	北京市丰台区葆台村 140 号	15448.00	10499.66	3490.85	2140.60	245.24	20280	158	1352.40	309.50
53	北京市丰台区新发地小学	徐学敏	100160	北京市丰台区天伦锦城 12 号楼	9683.00	9229.93	5613.09	3320.00	1364.09	36939	247	3155.32	750.77
54	北京市丰台第八中学附属小学	陈军芙	100070	北京市丰台区富锦嘉园三区 12 号	7279.00	4784.00	3296.94	2074.79	914.44	23207	141	1005.41	220.95
55	北京市丰台区黄土岗小学	李静	100070	北京市丰台区后黄土岗 3 号	10031.00	4205.71	2610.81	2051.97	191.10	41635	238	999.79	312.76
56	北京市丰台区丰台第二中学附属看丹小学	单巍巍	100070	北京市丰台区建新路 36 号	8290.00	3872.50	2488.50	1755.00	549.50	31594	173	950.19	392.43
57	北京市丰台区阳春小学	刘彤	100070	北京市丰台区羊坊村 111 号	10180.00	3237.00	2531.00	802.00	799.00	23591	179	1286.60	304.80
58	北京市丰台区四合庄小学	张颖	100070	北京市丰台区花乡育仁里 2 号院	9832.00	3722.00	2578.45	1120.00	878.35	21615	158	838.52	297.28
59	北京市丰台区长辛店第一小学	吴亚民	100072	北京市丰台区长辛店大街 145 号	14111.50	6807.00	4324.05	3345.02	617.33	49996	301	2074.16	542.55
60	北京市丰台区长辛店第七小学	李旭红	100072	北京市丰台区长辛店陈庄大街 4 号	4710.00	3160.00	2295.00	1990.40	221.60	36312	164	572.83	300.18
61	北京市丰台区丰台第一小学长辛店分校	陈宝忠	100072	北京市丰台区长辛店张郭庄南路 3 号	10601.00	3718.45	2669.39	1722.00	650.39	18733	115	448.04	225.62
62	北京市丰台区扶轮小学	孙少红	100072	北京市丰台区长辛店崔村一里 7 号	11433.00	7408.01	2879.50	1396.50	874.50	34961	181	1165.22	736.85
63	北京市丰台区长辛店中心小学	李军玲	100072	北京市丰台区槐树岭 5 号院	40504.00	10737.00	5503.50	2841.94	1794.67	59154	367	3750.30	1159.50
64	首都师范大学附属云岗小学	张德江	100074	北京市丰台区云岗北区西里 7 号	21660.00	10316.00	8980.00	5269.26	3440.74	68729	571	1685.41	795.23
65	北京大学附属小学丰台分校	李正辰	100074	北京市丰台区王佐镇云岗新村 78 号	21707.00	7768.00	4455.00	2279.09	2009.00	35406	431	2581.39	636.52
二、民办					26800.00	24084.00	12503.90	7257.56	2194.77	75580	307	1875.48	678.77
66	北京市丰台区康华小学	无	无	无	0.00	0.00	0.00	0.00	0.00	0	0	0.00	0.00
67	北京市第十八中学嘉泰丰台学校	庞静	100075	北京市丰台区光彩路 67 号院	8600.00	8700.00	3537.00	1680.00	1000.00	4000	60	298.24	220.66
68	北京第二实验小学怡海分校	刘志国	100070	北京市丰台区南四环西路 129 号富泽园 9 号楼	7500.00	9873.00	5471.00	3361.00	553.00	50000	149	1052.74	183.01
69	北京市丰台区晓月苑小学	杨淑芬	100165	北京市丰台区卢沟桥南里晓月苑一里 14 号楼	10700.00	5511.00	3495.90	2216.56	641.77	21580	98	524.50	275.10
70	北京市蓝天丰苑学校	无	无	无	0.00	0.00	0.00	0.00	0.00	0	0	0.00	0.00

2021 丰台区中学一览表

表 17

序号	学校名称	校长	邮政编码	学校地址	校舍情况（平方米） 占地面积	建筑面积	教学及辅助用房 合计	其中：普通教室	其中：专用教室	图书（册）	计算机（台）	固定资产总值（万元） 合计	其中：仪器设备总值
	总计				1312206.51	924370.50	431072.73	156880.00	143246.67	1824089	17512	199876.28	67115.27
	一、教育部门和集体办				1187437.97	825534.29	386436.71	136320.44	136381.12	1759104	16443	184150.10	64152.11
1	北京市丰台区南苑中学	刘爱丽	100076	北京市丰台区南苑西路1号	16474.00	6614.00	3202.53	1292.73	856.51	20083	156	1853.01	280.55
2	北京市丰台区东铁匠营第二中学	王新燕	100079	北京市丰台区石榴园北里4号	11536.00	6304.63	4131.82	1991.54	964.28	11066	160	1390.61	479.33
3	北京市佟麟阁学校	蒋玫	100075	北京市丰台区大红门路60号	14239.00	8075.54	3012.19	1436.05	1036.99	9008	138	1293.58	507.99
4	北京市丰台区和义学校	王海燕	100076	北京市丰台区南苑北里三区12号	27512.00	10789.00	7044.00	2657.00	1890.00	44989	386	2470.98	1016.07
5	北京教育科学研究院丰台学校	张广利	100076	北京市丰台区西红门南二街201号院1号楼	12000.00	10285.00	4988.00	1378.00	2153.00	16798	249	1230.50	298.32
6	北京市航天中学	柳学袖	100076	北京市丰台区万源北路3号	28874.00	20704.00	11876.00	3136.00	3489.00	54553	275	1930.20	1242.50
7	北京十一学校丰台中学	刘笑	100079	北京市丰台区石榴街四街1号	0.00	0.00	0.00	0.00	0.00	0	0	0.00	0.00
8	北京市芳星园中学	王瑛琨	100078	北京市丰台区方庄芳城园三区10号	12613.00	6452.00	3267.80	933.36	944.02	19970	204	1625.19	420.87
9	北京市第十八中学左安门分校	李金栋	100164	北京市丰台区四方景园五区9号楼	18500.00	8721.00	4674.00	3400.00	566.00	15840	235	2912.35	285.97
10	北京四中璞瑅学校	丁岚	100078	北京市丰台区方庄紫芳园六区7号	21230.00	9356.00	5973.00	2520.00	2214.00	23057	263	1621.37	830.92
11	北京市丰台区东铁匠营第一中学	丁建军	100075	北京市丰台区永外蒲黄榆十二巷3号	21925.00	15724.00	6354.00	4202.00	1455.00	54527	584	2790.78	1420.60
12	北京市第十八中学	管杰	100078	北京市丰台区方庄芳星园二区11号楼	51450.00	44857.99	19778.77	6247.56	7635.78	109865	882	20373.76	7140.01
13	北京市右安门外国语学校	冯雪	100069	北京市丰台区右安门外玉林东里三区19号	10333.00	6344.00	4178.67	1363.44	2357.79	30462	160	1530.70	618.60
14	北京市西罗园学校	王朝欣	100077	北京市丰台区西罗园二区21号楼	20115.00	9290.00	4400.25	1972.70	1817.88	45914	226	1194.70	406.77
15	北京市第十二中学南站学校	殷国庆	100077	北京市丰台区洋桥北里5号	21421.00	13661.23	5381.37	2749.28	1863.66	67234	338	2591.47	1138.31
16	北京市赵登禹学校	徐唯	100067	北京市丰台区马家堡嘉园一里17号	41714.33	21190.68	11540.68	8061.00	1491.47	52524	577	5921.83	2379.20
17	北京师范大学实验中学丰台学校	蔡晓东	100069	北京市右安门外翠林小区二里22号	40128.00	19250.00	11024.00	2955.00	5044.00	61125	548	6334.90	3631.70
18	北京市丰台区卢沟桥中学	刘凤林	100165	北京市丰台区晓月中路垂虹街2号	13904.00	7931.00	4486.00	2500.00	561.00	18691	155	1804.10	449.10
19	北京十一学校中堂实验学校	刘艳萍	100071	北京市丰台区梅市口路2号院	0.00	200.00	200.00	200.00	0.00	2695	15	29.50	5.70
20	北京教育学院附属丰台实验学校	郝玉伟	100141	北京市丰台区大成南里四区24号	33984.00	19887.00	13528.39	5496.57	3579.54	40042	469	2930.91	1396.99
21	清华大学附属中学丰台学校	周爱民	100073	北京市丰台区西客站南路27号	22817.00	17459.00	7765.94	3946.29	2401.51	65512	557	4088.93	1797.66
22	北京市丰台区丰台第二中学	何石明	100071	北京市丰台区丰台镇东安街头条3号	76812.57	62788.40	30979.00	10810.00	10962.00	148018	1217	21848.47	5007.35
23	北京市大成学校	徐朝辉	100141	北京市丰台区青塔小区C区	42983.00	21065.00	8958.43	3507.54	4844.46	67435	679	6750.03	2064.43
24	北京市丰台区外国语学校	管杰	100068	北京市丰台区海户路10号院	0.00	130.00	110.00	110.00	0.00	0	0	0.00	0.00
25	北京市第十二中学	蒋炎富	100071	北京市丰台区益泽路15号	132632.00	124034.70	57668.00	15270.00	17509.00	215953	2041	39679.90	10222.30
26	北京市丰台第八中学	李宏	100071	北京市丰台区北大地一里16号	18367.00	14383.92	7369.83	2755.33	2701.22	42002	590	2395.56	1638.21
27	北京市首都师范大学附属丽泽中学	张曙光	100071	北京市丰台区丰台路66号	44902.00	28296.00	12311.00	7560.00	2907.00	82363	564	4150.60	1923.00
28	中国教育科学研究院丰台实验学校	李晨辉	100071	北京市丰台区程庄路90号	56299.00	29647.00	12116.42	8868.80	1102.84	64928	378	6702.25	3367.51
29	北京市丰台区黄土岗中学	冯明	100160	北京市丰台区黄土岗后街87号	15300.00	7644.00	4970.92	1460.00	1198.90	13210	132	1234.70	222.13
30	北京教育学院丰台分院附属学校	单莺娇	100070	北京市丰台区三环新城丰桥路6号院	22083.00	11050.00	6203.82	3217.54	1700.06	26197	292	6068.29	472.08
31	首都经济贸易大学附属中学	李智勇	100070	北京市丰台区新华街2号	24465.00	15430.33	5871.07	1777.55	2734.39	50053	531	3816.09	1687.80
32	北京市丰台区长辛店学校	王立华	100072	北京市丰台区朱家坟一里44号	28824.00	16110.00	5972.29	1862.00	1981.70	48689	275	1859.04	754.49

续表 17

序号	学校名称	校长	邮政编码	学校地址	校舍情况（平方米）					图书（册）	计算机（台）	固定资产总值（万元）	
					占地面积	建筑面积	教学及辅助用房					合计	其中：仪器设备总值
							合计	其中 普通教室	其中 专用教室				
33	北京市第十中学	葛保红	100072	北京市丰台区长辛店南关东里1号	57650.00	34943.97	10602.98	3750.00	2860.00	57249	996	7052.63	3233.73
34	北京市丰台区长辛店第一中学	高云虎	100072	北京市丰台区长辛店扶轮胡同45号	35013.07	26433.90	11068.22	3256.41	1443.27	14628	218	1209.90	573.64
35	首都师范大学附属云岗中学	张进兵	100074	北京市丰台区云岗北区东里1号	38000.00	16019.00	8675.00	2112.00	2390.00	61853	577	5255.90	2013.50
36	中央民族大学附属中学丰台实验学校	肖志彬	100074	北京市丰台区王佐镇西王佐村25号	46638.00	21162.00	7840.00	3443.00	2616.00	60917	577	6184.00	1595.44
37	中国人民大学附属中学丰台学校	汤步斌	100074	北京市丰台区王佐镇民族苑路9号	106700.00	133300.00	58912.32	8121.75	37108.85	41654	799	4023.38	3629.34
二、其他部门					10000.00	8412.00	4812.00	690.00	0.00	300	0	4362.45	0.00
38	北京市第十二中学体育分校	张炳	100071	北京市丰台区文体路32号	10000.00	8412.00	4812.00	690.00	0.00	300	0	4362.45	0.00
39	北京体育职业学院	-	100072	北京市丰台区光彩北路4号	0.00	0.00	0.00	0.00	0.00	0	0	0.00	0.00
三、民办					114768.54	90424.21	39824.02	19869.56	6865.55	64685	1069	11363.73	2963.16
40	北京市第八中学怡海分校	谢静	100070	北京市丰台区南四环西路129号	46856.00	46035.00	18958.00	11417.00	3533.00	38485	565	1974.90	922.00
41	北大附属实验学校	徐二会	100071	北京市丰台区明春苑小区内	56086.54	38112.00	15760.00	5302.00	2247.00	20000	364	3621.37	553.40
42	北京市中桥外国语学校	张磊	100072	北京市丰台区草桥东路26号	11826.00	6277.21	5106.02	3150.56	1085.55	6200	140	5767.46	1487.76
43	北京市丰台区振华民生学校	杨广宇	100073	北京市丰台区卢沟桥乡大瓦窑525号	0.00	0.00	0.00	0.00	0.00	0	0	0.00	0.00
44	北京市圣云中学	-	100074	北京市丰台区卢沟桥晓月苑一里14号	0.00	0.00	0.00	0.00	0.00	0	0	0.00	0.00
45	北京市第十二中学高中分校	史卫东	100075	北京市丰台区益泽路15号	0.00	0.00	0.00	0.00	0.00	0	0	0.00	0.00
46	北京市丰华中学	-	100076	无	0.00	0.00	0.00	0.00	0.00	0	0	0.00	0.00
47	北京市明德中学	陈秀萍	100077	北京市丰台区骆驼湾37号	0.00	0.00	0.00	0.00	0.00	0	0	0.00	0.00

2021丰台区职业高中一览表

表 18

序号	学校名称	是否教委办学	校长	邮政编码	学校地址	电话号码	校舍情况（平方米）				
							占地面积	建筑面积	教学及辅助用房		
									合计	其中 普通教室	其中 实验室
1	北京市丰台区职业教育中心学校	是	赵爱芹	100078	北京市丰台区方庄芳古园二区9号	67634860	103575	53889.3	32967.9	18617.9	3912
2	北京新桥外国语高中学校	否	陈燕冰	100076	北京市丰台区南苑西营房甲5号	63587607	11000	9264	0	0	0
3	北京市丰台区汽车维修职业学校	否	岳东明	-	-	0	0	0	0	0	0
4	北京八一艺术学校	否	郭华	100070	北京市丰台区花乡樊羊路羊坊村820号	63745007	15000	12700	7700	2000	0
5	北京市文化艺术职业学校	否	魏玲	-	-	87880534	0	0	0	0	0

高等教育

【概况】 丰台区区域内共有普通高等院校5所，分别为中央民族大学（丰台校区）、中国戏曲学院、首都医科大学、首都经济贸易大学、北京电子科技学院。2021年，5所高校共有在校生59000多人，其中，硕士生18000多人，普通本科生34800多人。中央民族大学历时18年的丰台校区建设由蓝图变为现实，9月正式启用，第一批近5000名学生入住。

驻区高等院校

中央民族大学

【概况】 2021年，中央民族大学在国家民委党组的坚强领导下，学校党委深入学习贯彻习近平新时代中国特色社会主义思想，以高质量党建和思政工作引领学校各项事业取得新发展、实现新突破。“中央民族学院开学”被光荣写入党的百年大事记并入选“不忘初心牢记使命”中国共产党历史展览，学校28年来首次荣获“北京高校党的建设和思想政治工作先进校提名奖”，历时18年的丰台校区建设由蓝图变为现实。学校海淀校区占地面积为38.02万平方米，建筑面积59.2万平方米，教学行政用房20余万平方米，图书馆建筑面积2.44万平方米。丰台校区位于青龙湖畔，占地面积81万平方米，2021年9月正式启用，第一批近5000名学生入住。学校全年教育经费投入20.8亿元，其中，财政拨款10.72亿元、自筹经费10.08亿元。固定资产总值194334.13万元，其中，教学、科研仪器设备资产值52109.07万元，信息化设备资产值21453.45万元。拥有教室342间，其中，网络多媒体教室150间（丰台校区暂未统计）。拥有图书2377820万册，计算机11020台。网络信息点29803个，上网课程4403门，电子邮件系统用户58680个，管理信息系统数据总量1396GB，数字资源中电子图书2845512册、电子期刊637373册、学位论文（电子）8957763册、音视频54680小时。学校由国家民委举办，为综合性大学，设有2个校区（不含附中）。设置1个学部即中国语言文学学部、和23个学院：包括民族学与社会学学院、中国少数民族语言文学学院、文学院、历史文化学院、哲学与宗教学学院、新闻与传播学院、外国语学院、马克思主义学院、经济学院、管理学院、法学院、生命与环境科学学院、药学院、理学院、信息工程学院、音乐学院、舞蹈学院、美术学院、体育学院、教育学院、国际教育学院、预科教育学院、继续教育学院。开设67个本科专业，覆盖11个学科门类；一级学科博士授权点6个、二级学科博士授权点30个；一级学科硕士授权点27个、二级学科硕士授权点58个、硕士专业学位授权类别19个；“双一流”建设学科1个，国家级一流本科专业建设点22个，国家级重点学科3个、省部级重点学科26个、省部级交叉重点学科4个北京市级一流本科专业建设点7个，北京高校重点建设一流专业1个，北京高校高精尖学科3个（城市民族学、民族艺术学、质谱成像与代谢组学）。1个四部委共建铸牢中华民族共同体意识研究基地，2个国家文科基础学科人才培养和科学研究基地，1个教育部人文社会科学重点研究基地，近40个教育部重点实验室、北京市工程技术研究中心等省部级设立或委托建设的科研平台，1个国家级实验教学示范中心，5个北京市实验教学示范中心，北京市工程中心1个，教育部重点实验室1个。博士后科研流动站5个，其中，博士后研究人员出站9人、进站13人、在站25人。现有教职工1952人，其中专任教师1163人，包括正高级334人、副高级359人；博士生导师248人、硕士生导师934人（其中学术型硕士生导师582人，专业型硕士生导师614人）；“长江学者奖励计划”特聘教授3人、青年长江学者1人；国家民委突出贡献专家15人，“国家高层次人才特殊支持计划”、领军人才6人、青年拔尖人才1人；国家级教学名师2人，全国模范教师1人，北京市教学名师23人，享受国务院政府特殊津贴131人，省部级以上创新团队10个。具有博士学位教师人数占比72%，具有硕士学位教师人数占比19.6%；高级职称693人，占专业教师的59.5%。引进高层次人才11人。全年聘请外籍教师48人（含远程），其中：教授22人、副教授10人。学历教育学生中毕业生6000人，其中研究生1809人（博士生210人、硕士生1599人）、普通本科生2747人、成人教育本专科生1444人（本科生681人、专科生763人）。全校就业率87.61%，其中本科毕业生就业率82.32%、研究生就业率95.65%。招生6787人，其中研究生2842人（博士生304人、硕士生2538人）、普通本科生3366人、成人教育本专科生579人（本科生555人、专科生24人）。在校生21888人，其中研究生7120人（博士生1192人、硕士生5928人）、普通本科生12075人、成人教育本专科生2693人（本科生1886人、专科生807人）。留学生毕业221人，招生38人，在校生179人。学校出版社是全国民族学科教材和著作出版基地，期刊社编辑出版四种学术刊物：《中央民族大学学报（哲学社会科学版）》《民族教育研究》和《中华民族共同体研究》《中央民族大学学报（自然科学版）》。民族博物馆藏民族文物5万余件。网址：www.muc.edu.cn。

丰台校区建设情况：2007年，北京市人民政府同意学校选址在丰台区王佐镇青龙湖地区建设新校区，东至青龙湖23号路，西至青龙湖7号路，南至魏各庄路，北至云岗西路，占地面积约1206亩，总建筑规模约64万平方米，其中教学区37.73万平方米，教职工公租房26.03万平方米，总投资约50亿元。丰台校区的整体规划方案由清华大学建筑设计研究院关肇邺院士领衔设计，规划设计突出“分合有致，环环相扣”的规划设计理念，以纵横两组环路，将校园的不同功能区域紧密联系起来。东区纵向环路是校园核心空间“向心性”构图的骨架；横向环路是联络各功能分区的大动脉，建筑形态以中国传统的合院式布局为灵魂，形成层次丰富的校园空间。新、老校区的规划设计一脉相承。2012年4月，取得国家发改委关于新校区征地问题的批复，原则同意在北京市丰台区王佐镇青龙湖地区征地1206亩建设新校区。2014年6月，取得国家发改委关于新校区总体建设规划方案的批复，核定新校区总建筑面积为37.73万平方米，总投资控制在20.84亿元。2017年9月，新校区第一组团教学科研楼开工建设。2018年10月，第二组团社科组团和公共教学楼、图书馆和计算中心、西区食堂和学生宿舍开工建设。2020年4月，第三组团教学楼群及校区市政、绿化等开工建设。2020年12月，完成电力外线建设，丰台校区正式发电。2021年9月，第一、二组团交付，丰台校区正式启用，第一批5000学生入住。丰台校区的启用为学校跨越式发展提供新起点，为全面推进实施质量立校、人才强校、特色兴校、管理强校和开放办校五大战略提供更为适宜的舞台。2021年，是丰台新校区建设的决胜之年、攻坚之年，在学校党委的正确领导和全校各部门同志们的艰苦努力下，丰台校区完成搬迁启用，实现新生入住，并制定实施《丰台校区安全稳定工作管理实施细则》《丰台校区管委会工作经费使用实施细则》等多项管理规章制度，建立校领导常态化工作协调解决和沟通会商机制，确保新校区智能安全高效运行，为“平安北京”做出贡献。

（周翊兰）

【北京市副市长到校调研】 2月11日，北京市副市长卢彦，市政府副秘书长陈蓓，市委教育工委副书记、市教委主任刘宇辉，市委教育工委副书记狄涛，市委教育工委委员、市教委副主任刘晓明一行到中央民族大学检查调研并看望慰问留校学生。校党委书记张京泽，党委副书记、校长郭广生，党委常务副书记马文喜，党委副书记、副校长李计勇等参加调研。调研检查中，张京泽介绍学校疫情防控情况、寒假前后疫情防控工作方案、服务保障机制和主要举措。卢彦充分肯定学校在统筹校园疫情防控和寒假期间师生管理服务工作中采取的各项措施，强调要落实好各项疫情防控措施，消除各类消防安全隐患，提高风险防范意识，做好留校学生学习指导、生活关心和心理关怀，让同学们在学校度过一个有温度、有收获、有意义的寒假。

（周翊兰）

【丰台区领导到校区现场办公】 3月24日，中央民族大学党委副书记、校长郭广生，党委常委、副校长田琳与丰台区委副书记、区长初军威，副区长张婕召开现场办公会，实地督导复工复产工作，研究推进丰台校区建设，现场协调解决具体问题。丰台校区是民大“一校三址”办学的主校区，丰台区委区政府切实解决各项实际问题，不遗余力加快周边配套、交通、医疗、环境、产业等城市要素布局，加大治安管理力度，为学校发展和“双一流”建设提供全方位支撑和保障，营造和谐稳定的发展环境，让师生获得更多的幸福感、安全感。

（周翊兰）

【“中央民族学院开学”记入史册】 6月27日，为庆祝建党百年，中共中央党史和文献研究院编写《中国共产党一百年大事记》，书中所记“1950年11月24日，政务院第六十次政务会议批准《培养少数民族干部试行方案》和《筹办中央民族学院试行方案》。1951年6月，中央民族学院开学”这一重要学校历史节点被载入《中国共产党一百年大事记》中。

（周翊兰）

【与丰台区人民政府签约共建】 6月25日，丰台区人民政府、中央民族大学一起举办共建签约仪式。双方将加强校地合作，共同营造校园周边良好环境，把丰台校区打造成为培养社会主义建设者和接班人的坚强阵地，打造成为铸牢中华民族共同体意识的人才培养基地、理论研究基地、实践创新基地、

▲3月24日，中央民族大学校领导与丰台区领导召开现场办公会，实地督导丰台校区复工复产工作。

▲6月25日，丰台区人民政府、中央民族大学一起举办共建签约仪式。

智力支撑基地，打造成为丰台区创新发展的靓丽窗口。

（周翊兰）

【校领导赴北京化工大学昌平校区调研】7月12日，在丰台校区即将启用之际，校领导张京泽、郭广生、宋敏、田琳、李计勇带队学校相关职能部门负责人赴北京化工大学昌平校区专题调研新校区建设、运行及智慧校园建设等情况，积极学习各兄弟高校在新校区建设和管理服务等方面的先进经验，立足学校特色，保障丰台校区启用后的平稳有序运行。

（周翊兰）

【校八届八次全会】7月17日，校党委书记张京泽在中国共产党中央民族大学第八届委员会第八次全体（扩大）会议上强调，要以“时不我待，只争朝夕”的工作状态，决战决胜丰台校区建设，确保搬迁入住目标如期顺利实现。党委副书记、校长郭广生要求，加快丰台校区建设，确保2021级新生如期顺利入住。

（周翊兰）

【市教工委书记到校调研】8月26日，北京市委常委、教育工委书记夏林茂到中央民族大学丰台校区，现场调研该校区启用和学生开学准备工作。丰台区委副书记、区长初军威，北京城建集团副总经理张晋勋，国家民委专职委员、学校党委书记张京泽，学校党委副书记、校长郭广生陪同调研。夏林茂同志到教学科研楼、图书馆、计算机中心、学生公寓、食堂现场察看建设情况，听取有关介绍，并询问工程建设、人才培养、周边配套情况，对丰台校区即将启用表示祝贺，对开学前期准备工作给予肯定。夏林茂要求，学校要认真贯彻落实习近平总书记对办好民族教育、办好中央民族大学的重要指示精神，以党建工作为统领，高标准规划，按时保质完成丰台校区后续各项建设任务；要提高政治意识和大局意识，把校园安全稳定和疫情防控主体责任压紧压实，工作做深做细，确保入住新校区师生安全。

（周翊兰）

【丰台校区正式启用】9月1日，中央民族大学丰台校区启用揭牌仪式在新落成的丰台校区举行，学校党委书记张京泽，党委副书记、校长郭广生为丰台校区揭牌，新丰台校园正式启用，开启两校区办学的新局面。丰台校区第一、二组团已完工，能够满足9月第一批学生入住。第三组团本年4月正式开工，已完成主体结构。丰台校区第三、第四组团及公租房建设项目在未来两年将陆续建成投入使用，届时在丰台校区学习和生活的各民族学子将达12000多名。建成后的丰台校区，兼容各种学历层次，功能齐全，主要发展应用学科、新兴交叉学科和新建科研平台，服务于丰台区构建首都商务新区、科技创新和金融服务的融合发展区的需求。

（周翊兰）

【第七期新学期干部培训班开班】9月1日，中央民族大学第七期新学期干部培训班在丰台校区综合楼报告厅开班。党委常委、副校长田琳作题为“铸牢中华民族共同体意识 服务于民族团结进步事业——建设世界一流的民族大学”专题报告。全体校领导及全校教职工在

▲8月26日，北京市教工委领导一行到中央民族大学丰台校区调研。

▲9月17日，中央民族大学2021年新生开学典礼。

丰台校区主会场、海淀校区分会场现场或通过视频、线上终端等方式参加报告会。

（周翊兰）

【2021年开学典礼】 9月17日，中央民族大学2021年新生开学典礼首次在新启用的丰台校区体育场主会场和海淀校区体育馆分会场同时举行。党委副书记、校长郭广生受张京泽书记委托，代表学校党委以及全校两万多名各族师生员工，欢迎6556名2021级新生。全体校领导，丰台区、王佐镇有关领导，学校各学院和相关部门负责同志、教师代表，以及2021级全体新生参加开学典礼。

（周翊兰）

【新校区“新生第一课”】 9月18日，中央民族大学“新生第一课”——校史校情教育大课在丰台校区报告厅开课。荣誉资深教授、博士生导师，民族语言学家、突厥学家、中国柯尔克孜语文专业奠基人，中国第一位中亚东干学研究专家，1951年中央民族学院成立时的第一届学生，90岁高龄的胡振华先生为2021级新生做报告。胡振华先生以“铸牢中华民族共同体意识”为主题，用回顾个人成长经历、追溯学校发展历史、认真学习党的民族工作史三条主线将中央民族大学的发展史融入党和国家的发展史，并在大历史背景下，通过先生个人经历的点滴折射出党和国家对学校发展的关心支持。

（周翊兰）

【70周年校庆宣传】 10月13日，《光明日报》专版刊发题为“党史养料涵育民族团结之花——中央民族大学在党史学习教育中凝聚发展动力”系列文章，专题报道民族大学党史学习教育工作成效及特色亮点。中央党史学习教育官网、中国共产党新闻网、人民网、新华网、央广网、光明网、中国新闻网、中工网、中国青年网等中央新闻网站进行转载。中共中央宣传部“学习强国”学习平台转载《中国民族报》刊发的题为《中央民族大学70周年校庆 以铸牢中华民族共同体意识为己任 赓续红色基因 奋进世界一流——中央民族大学70年办学成就巡礼》新闻报道。

（周翊兰）

【吉中人文交流中心建立】 10月14日，中央民族大学—奥什国立大学“中国—吉尔吉斯斯坦人文交流中心”揭牌仪式在丰台校区举行，奥什国立大学代表通过视频方式参加揭牌仪式。民族大学党委副书记、校长郭广生，吉尔吉斯斯坦驻华大使巴克特古洛娃，奥什国立大学校长阔杰别科夫·库达别尔迪出席揭牌仪式，副校长宋敏主持揭牌仪式。人文交流中心的建设，有助于两校的合作交流与发展。这是吉尔吉斯斯坦在中国建立的第一个吉中人文交流中心。

（周翊兰）

▲9月18日，胡振华先生做“铸牢中华民族共同体意识”主题报告。

▲10月14日，中国—吉尔吉斯斯坦人文交流中心举行揭牌仪式。

▲10月16日，丰台校区热烈庆祝中央民族大学建校70周年。

【庆祝建校70周年大会】10月16日，中央民族大学在丰台校区体育场召开庆祝建校70周年大会。校庆主题为“我从延安来 永远跟党走”。中央和国家机关、北京市委市政府、地方政府领导，50余所兄弟高校领导，学校老领导，各地校友代表，师生员工代表出席大会。建校70年，学校坚持为党育人、为国育才，累计培养20余万名毕业生，为民族地区乃至国家建设输送大批优秀人才；70年，学校深入参与少数民族社会历史调查，持续开展党的民族理论政策研究，传承弘扬中华优秀传统文化，积极投身铸牢中华民族共同体意识教育实践；70年，学校办学水平不断提升，先后成为全国重点大学、进入“211工程”和“985”工程、入选“双一流”建设A类高校。为了迎接学校七十周年华诞，校党委宣传部、信息化建设管理处等部门联合推出“中央民族大学校70周年校庆专题网站”（https://xq70.muc.edu.cn/index.htm#/），设立校庆动态、活动安排、民大情怀、校庆服务、回馈服务等栏目。

（周翊兰）

【国家民委领导到校调研与师生座谈】10月16日，在中央民族大学建校70周年之际，中央统战部副部长，国家民委主任、党组书记陈小江到校调研并出席相关活动，向全校师生员工和广大校友表示祝贺，向关心支持学校建设发展的中央有关部门、北京市及社会各界表示感谢。12月16日，国家民委党组成员、副主任郭卫平到中央民族大学丰台校区，就丰台校区建设使用情况、教学运行、学生管理和文化建设、意识形态工作开展调研。

（周翊兰）

▲10月16日，陈小江在丰台校区调研并参观办学成就展。

【齐静来校调研】12月6日，北京市委常委、政法委书记齐静来到中央民族大学丰台校区，就“如何贯彻落实党的十九届六中全会精神，更加奋发有为地推动北京新发展”开展调研。齐静一行参观学校“牢记嘱托，砥砺奋进”办学成就展，听取学校基本概况、办学历程、办学特色、“双一流”建设等工作情况，以及学校近年围绕立德树人根本任务，以铸牢中华民族共同体意识为主线，统筹推进教育教学综合改革取得的成就，实地走访考察图书馆精品阅览区、社会科学图书借阅区，听取学校情况汇报及师生代表关于学习十九届六中全会精神情况的汇报。

（周翊兰）

首都经济贸易大学

【概况】2021年，首都经济贸易大学（以下简称首经贸）占地面积35.16万平方米，产权校舍建筑面积45.35万平方米。图书馆建筑面积2.83万平方米。全年教育经费投入119403.85万元，其中，财政拨款经费94310.03万元、非财政拨款经费25093.82万元。固定资产总值180012万元，其中，教学、科研仪器设备资产值95314万元，信息化设备资产值20594万元。拥有教室500间，其中，网络多媒体教室395间。拥有图书216.73万册，计算机8576台。网络信息点23500余个，开设云端课程1965门（其中，本科教学线上课程1439门、研究生教学线上课程425门、国际学院线上课程101门），电子邮件系统用户8342个，管理信息系统数据总量2098GB，数字资源量中电子图书

1161639册、电子期刊1237575册、学位论文9689265册、音视频73567.3小时。学校由北京市教委举办，为财经院校，设有2个校区，设置20个院（系、部）。设置44个本科专业，其中38个专业招生，覆盖10个学科门类；具有一级学科11个；一级学科博士点4个；一级学科硕士点7个、硕士专业学位授权类别18个；博士后科研流动站4个，其中，博士后研究人员出站6人、进站3人、退站1人、在站13人。国家级一流本科专业建设点18个，北京市级一流本科专业建设点9个，北京高校重点建设一流专业4个，北京高校高精尖学科3个。北京重点实验室1个。教职工1593人，其中，专任教师1031人，包括正高级183人、副高级355人；博士生导师156人、硕士生导师604人。"长江学者奖励计划"特聘教授2人；"国家高层次人才特殊支持计划"领军人才2人、青年拔尖人才1人；"国家杰出青年科学基金"获得者1人，"国家优秀青年科学基金"获得者1人；青年北京学者2人。外籍教师23人。学历教育学生中有毕业生4416人，其中，研究生1355人（博士生63人、硕士生1292人）、普通本专科生2430人（本科生2430人）、成人教育本专科生631人（本科生405人、专科生226人）。本科毕业生就业率94.86%。招生5292人，其中，研究生1936人（博士生132人、硕士生1804人）、普通本专科生3282人（本科生2464人，第二学士学位300人，高端技术技能人才贯通培养试验项目518人）、成人教育本专科生74人（本科生74人）。高考北京地区提档线：不限选考科目一558分，适用报考专业经济学、经济学（实验班）、国际经济与贸易、财政学类（财政与税收）、贸易经济）；不限选考科目二552分，适用报考专业新闻传播血泪、法学类、外国语言文学类；不限选考科目组三545分，适用报考专业工商管理类（工商学院）、工商管理类（劳经学院）、工商管理（国际会计）；不限选考科目组四544分，适用报考专业公共管理类、不限选考科目组五564分，适用报考专业会计学、会计学（注册会计师专门化）、财务管理、资产评估（评估师）；不限选考科目组六561分，适用报考专业金融学（国际金融英文班）、金融学类、保险学（保险精算）、金融学（数据与计量分析）；物理必考科目组一555分，适用报考专业信息管理与信息系统、计算机科学与技术、安全工程（注安师）、工业工程、信息管理与信息系统（金融信息管理）；物理必考科目组二561分，适用报考专业数据科学与大数据技术（信息技术）、数学与应用数学（金融方向）、统计学、经济统计学、数据科学与大数据技术；物理必考科目组（中外合作办学）545分，适用报考专业统计学（商业大数据方向）。高考北京地区提档线（民委专项）：不限选考科目组一568分，不限选考科目组二547分，不限选考科目组四547分。在校生16446人，其中，研究生4682人（博士生571人、硕士生4111人）、普通本专科生11215人（本科生11215人）、成人教育本专科生549人（本科生535人、专科生14人）。留学生毕业98人、招生52人、在校生313人。网址：www.cub.edu.cn。

政治思想建设。学校班子认真落实请示报告制度以及党委书记和校长经常性沟通制度，坚持党委领导下的校长负责制，全年召开党委常委会会议34次、校长办公会议26次，研究议题464个；班子及时学习传达、贯彻落实习近平总书记重要讲话、指示批示精神，开展学校党委理论学习中心组集中学习22次，并开展二级单位理论学习中心组学习巡听旁听工作；全面修订学校关于贯彻落实《党委（党组）意识形态工作责任制实施办法》的实施细则等3个制度，组织开展意识形态工作专项督查；推进北京市习近平新时代中国特色社会主义思想研究中心首都经济贸易大学研究基地建设，发表"三报一刊"理论文章7篇，2人获评北京市级研究中心优秀研究员。

党建和思政工作。学校班子以庆祝建党100周年为契机开展党史学习教育；成立校内巡回指导组对各二级党组织开展督导；围绕"七一"重要讲话、十九届六中全会精神等组织理论中心组示范学、领导干部专题学、专题培训分类学，党委书记韩宪洲作专题辅导，班子成员带头讲授专题党课；成立研究生时代宣讲团、党史理论宣讲团和离退休老党员讲师团等宣讲队伍；将党史学习教育列为"三会一课"规定动作，融入支部主题党日活动、党建创新创优项目、专题组织生活会，全面融入思想政治教育工作和课程思政建设；完成8个校级实事清单项目，218个二级党组织实事清单项目，落实落细"我为群众办实事"实践活动；成立红色文化研究教育中心，举办"立德树人践初心 服务首都担使命"建校65周年办学成果展；党史学习教育中央第一指导组入校督导检查给予学校"正气充盈、气场很强"的高度评价。

学校班子提质增效抓好基层党建工作，制定修订处级干部选拔任用及考核、青年教师干部校内实践等20余项党内规章制度，修订完善各学院党组织委员会会议和党政联席会议的议事规则；调整二级党组织设置，进一步规范基层党支部的党员数量与支委会建设，56个教师党支部实现书记"双带头人"全覆盖；落实基层党组织按期换届制度，建立二级党组织和基层党支部换届工作台账，全年完成14个二级党组织的换届选举；落实发展党员工作程序，全年分三个批次发展党员1000名；推进"党费云系统"建设，为广大党员提供线上交纳党费的新途径。1人获评北京市优秀共产党员。

学校班子坚持"抓党建就要抓育人"的理念，将课程思政建设作为构建"高水平人才培养体系"的切入点和推进"三全育人"综合改革的重要抓手。学校党委抓顶层设计、学院党组织负责统筹、教师党支部示范引领，坚持党政协同推进，举办课程思政建设推进会、教师党支部推进课程思政研讨交流会，激励全体教师党员担当作为。党委书记韩宪洲深入一线教学单位围绕推进课程思政建设开展宣讲20余次，覆盖全校师生2000余人。学校制定出台提升学校和学院层面思政课质量的25条工作举措，抓好首批北京市重点马克思主义学院建设；《坚持课程思政为抓手，确保“三全育人”见实效》工作案例获北京高校“三全育人”优秀成果一等奖，3名教师获北京高校教书育人“最美课堂”奖；打造日常思想政治教育新阵地，挂牌成立首经贸思想政治教育基地、思想政治教育影视基地，建立大学生思想政治教育中心，《构建“骆驼精神”文化育人工作体系》获批教育部高校思想政治工作精品项目。

全面从严治党和巡视巡察整改工作。学校班子认真落实党委主体责任、书记第一责任人责任，召开学校全面从严治党大会暨警示教育大会；开展全面从严治党（党建）工作考核检查，将检查工作与学校立足北京、服务首都和立德树人的根本任务相结合，以查促改；有针对性开展横向科研项目经费管理使用自查自纠，完成党委领导下的校长负责制执行情况自查，制定各级党组织党建工作责任清单，落实2020年全面从严治党（党建）考核整改；开展第五轮、第六轮校内巡察，选派6个巡察组对9个二级党组织开展巡察；各巡察组通过听取汇报、个别谈话、调阅资料、列席会议、专项检查、延伸巡察等方式展开工作，累计谈话309人，形成个人谈话记录24万余字，其中与被巡察单位“一把手”谈话10次；形成工作日志199篇，召开各类组务会81次，研讨议题72项，发放调查问卷共计1753份，查阅各类支撑材料1000余份，发现主要问题86个。

党风廉政建设。学校班子持续做好二级单位政治生态研判和处级干部“一对一”访谈，营造风清气正的良好校园政治生态；做好“焦勇严重违纪违法案件”以案促改工作，围绕18项整改任务督促相关单位立行立改；加强对二级单位“一把手”及领导班子的监督和廉政提醒，对试用期满的处级干部开展集体廉政谈话；探索“监督的再监督”有效机制，推动9个职能部门根据部门职责形成直接监督责任清单；启动学校纪检监察系统“访民情、听民意、解民难”专项行动，北京市纪委监委网站以《一项特殊的专项行动》为题进行专题报道。

教育评价改革方面。学校“十四五”事业发展规划中明确坚持内涵式、特色化、差异化发展及10项重点任务；发布“首经贸本科教育20条”，修订本科人才培养方案，强化劳育、提升美育，推进专业思政和课程思政一体化设计；按一级学科修订研究生培养方案，推进“本硕博”贯通培养，落实导师立德树人工作职责；深化教师职称制度改革，突出师德师风首要要求，强化教学业绩和教书育人实效，将教授、副教授为本科生上课作为基本制度，完善教师分类评价机制；克服“五唯”倾向，增设智库类成果、软件著作权登记等科研成果认定类型，提高科研著作、优秀教材等科研成果的评价等级。

学科建设。学校探索以数字经济、数字管理为核心的学科群建设，应用经济学、工商管理、统计学等3个北京市高精尖学科通过北京市教委中期考核评估；立足“贯通培养”项目学生特色，开展“贯通培养”专业建设；“新闻与传播”获批新增专业硕士学位授权点，自主设置“大数据与商业智能”交叉学科获批；强化一流专业建设，共获批18个国家级一流本科专业，9个北京市级一流本科专业，4个北京市重点建设一流本科专业，一流专业集群效应初具规模。

人才培养方面。学校获批教育部首批新文科研究与改革实践项目1项、北京市教学改革创新项目4项（含重点项目1项）。《审计学》获批国家级课程思政示范课程，获批北京市优质本科课程4门；《客户关系管理》获批全国优秀教材，获批北京市优质本科教材（课件）4部；开设慕课课程43门、SPOC课程49门，1门获评北京高校就业创业金课；推进新商科智慧学习中心实验室建设，入选北京市教育信息化融合创新“双百”示范基地；党政一把手亲自抓就业，2021年整体就业率95.33%。

科研和社会服务。《马克思“科技—经济”思想及其发展研究》入选“国家哲学社会科学成果文库”，5项成果获北京市哲学社会科学优秀成果奖，1篇论文获戴维森最佳论文奖；发表论文459篇，其中国际期刊SCI、SSCI期刊论文157篇（增长25%），JCR一区论文81篇（增长76%）；获批各类纵向项目197项，其中国家级项目43项（国家社科基金重大项目1项、重点项目5项，国家自科基金项目23项），实现历史性突破；获批横向项目68项，12项智库成果得到领导批示；出版专著、编著、译著、其他专业出版物共计98部，其中学术专著80部；成立首都城市治理法治研究基地，推动自贸区研究院的建设。加强特大城市经济社会发展研究省部共建协同创新中心建设，获批咨询项目20项，发表文章6篇，出版专著5本，获首都高端智库理事会奖励13项；北京市经济发展研究院完成研究报告40余份，多份研究成果被市政府采纳。京津冀协同发展报告（2020）获第十二届“优秀皮书奖”一等奖。

干部和师资队伍建设。学校提拔任用14人，交流任职24人，机构调整任职9人；选派1人挂职大兴区商务局副局长，选派1人到房山区低收入村担任第一书记；着眼于服务“四个中心”建设，选派6人借调上级有关部门与北京冬奥组委工作；录用事业编制教职工100人，遴选经贸学者5人、后备学科带头人10人、中青年骨干教师16人；4名教师入选市级以上人才项目。

国际交流与合作。经教育部批准获批中外合作办学项目，成立数据科学学院（筹），开设统计学（商业大数据方向）本科专业；抓好“国际组织后备人才项目”和“创新人才国际培养项目”等高层次国际化人才培养创新实践基地建设。

（黄少卿）

【首届中国ESG论坛】 1月9日，首经贸在校本部琢玉讲堂及央视网以线上线下结合形式举行首届中国ESG论坛。论坛分为主旨演讲与圆桌论坛两个部分，发布首经贸中国ESG研究院关于ESG理论与实践、披露标准和评价研究的最新成果。中共中央财经委员会、商务部、丽泽金融商务区以及相关领域专家学者、学校中国ESG研究院部分理事、校友代表、相关职能部门及相关学院负责人，以及学校工商管理学院师生代表等200余人参加论坛，逾126万人次于当日通过央视网观看论坛。

▲1月9日，首经贸举行首届中国ESG论坛。

（黄少卿）

【支援北京市东城、西城区全员核酸检测】 1月22、23日，学校99名师生志愿者支援北京市东城、西城区全员核酸检测。负责西城区广安门外街道、牛街街道湾子路口东北角、天宁1号、新居西里小广场、手帕口桥东南角、盒马鲜生南侧空置地、立恒名苑二期空置地、世纪茶贸东南角、第三区文化发展有限公司、菜园北里社区、牛街东里社区等10个核酸检测点志愿服务工作，累计提供志愿服务逾1000小时。

（黄少卿）

【获批一流本科专业建设点】 2月10日，根据《教育部办公厅关于公布2020年国家级和省级一流本科专业建设点名单的通知》（教高厅函〔2021〕7号），首经贸城市管理、市场营销、财务管理、人力资源管理、财政学、法学、信息管理与信息系统、贸易经济、金融工程、社会工作等10个专业获批2020年度国家级一流本科专业建设点，商务英语、数据科学与大数据技术、安全工程、行政管理、税收学、广告学等6个专业获批北京市一流本科专业。至本年年底，首经贸共有18个国家级一流本科专业、9个北京市一流本科专业，覆盖全部已设置学科门类。

（黄少卿）

【入选教育部2021年高校思想政治工作精品项目】 2月，首经贸申报的《构建“骆驼精神”文化育人工作体系》入选教育部2021年高校思想政治工作精品项目。该文化育人体系围绕首经贸以“骆驼精神”为代表的大学文化，在文化引领、文化自觉、文化影响和文化互动层面丰富“骆驼精神”文化内涵、载体和传播途径，成为推动学校思想政治工作的重要载体和抓手。自2005年至2021年底，首经贸多次获评全国高校校园文化建设优秀成果一等奖、二等奖，并于2021年连续第七次获“首都文明校园”称号。

（黄少卿）

【与美国南佛罗里达大学合作举办统计学专业本科教育项目】 4月1日，首经贸与美国南佛罗里达大学合作举办的统计学专业本科教育项目入选教育部批准的2020年下半年中外合作办学项目。该项目是2021年北京市唯一获教育部批准的中外合作办学项目，开设统计学（商业大数据方向）本科专业，由双

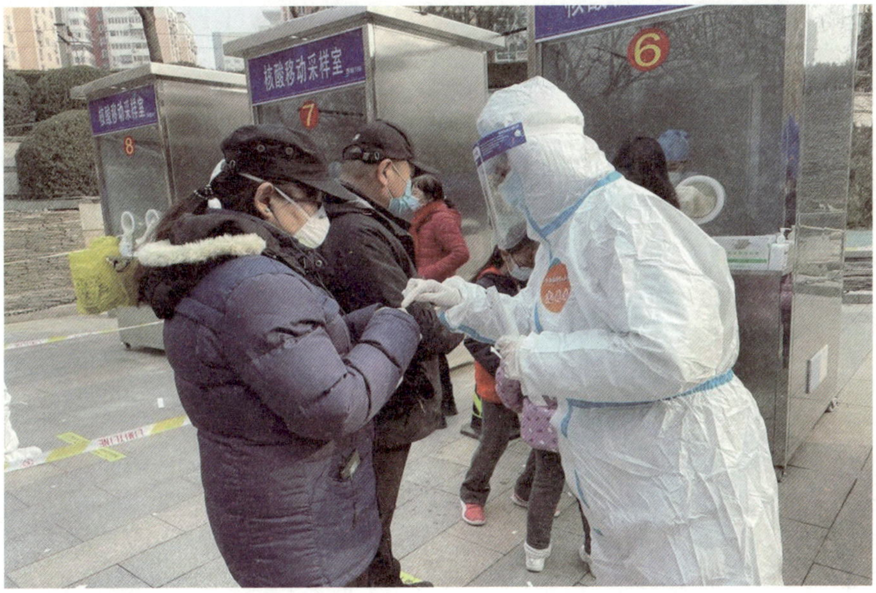

▲校99名师生志愿者支援北京市东城、西城区全员核酸检测。

方选派教师采用“4+0”全日制授课培养模式，毕业生同时获颁两校学士学位及学校毕业证书。学校设立数据科学学院具体负责项目开展。

（黄少卿）

【入选国家哲学社会科学成果文库】 4月9日，首经贸马克思主义学院教授刘冠军的著作《马克思“科技—经济”思想及其发展研究》入选2019年度国家哲学社会科学成果文库，这是首经贸教师著作首次入选该文库。该著作于2021年4月1日由人民出版社出版发行，主要创新在于：提出马克思“科技—经济”思想4阶段发展论，即马克思有生之年的3阶段和现代发展阶段，并将其归结为对象性存在视域下、物质生产视域下、物质生产和精神生产相统一视域下等3种类型；提出4分析范式论，并据其内在逻辑揭示从“科学—技术—工业”→“科学—技术—生产力”→“生产力中也包括科学”→“科技第一生产力”的分析范式转换；依据分析范式的逻辑转换，系统阐释该思想在4个阶段上依次发展的对象性关系理论、唯物史观、政治经济学经典理论、现代政治经济学等4种理论形态；系统阐述马克思整体理论在其生成和演进中内在固有且紧密相连的两条逻辑发展线路，揭示该思想从作为辅线嵌入其整体理论，到发展为相对独立的理论体系的逻辑进程，并对这一辅线上升为现代政治经济学发展特别是中国特色社会主义政治经济学的主线加以研究，构建该思想新理论并据此提出政策建议。11月，以该成果为基础申报的“科技—经济—社会”（刘冠军工作室）获批北京市宣传文化高层次人才培养资助团队项目（名家工作室）立项，研究方向是进一步突出以“科技—经济—社会”为基本架构的马克思主义理论及其发展研究。

（黄少卿）

▲《马克思“科技—经济”思想及其发展研究》

【首都城市治理法治研究基地建立】 4月22日，首经贸在校本部博远楼举行首都城市治理法治研究基地启动仪式。该基地由北京市法学会依托首经贸法学院建立，是北京市法学会设立的第一家北京市级研究基地，致力于在习近平法治思想宣传阐释、服务北京“四个中心”“两区”建设以及首都法治文化资源发掘等方面开展研究工作。

（黄少卿）

【获全国大学生数学竞赛非数学专业组三等奖】 5月16日，首经贸统计学院2019级本科生陈希在统计学院教授范林元指导下在中国数学会主办的第十二届全国大学生数学竞赛决赛上获非数学专业组三等奖，是学校第2位获此奖项的学生，也是该次赛事中唯一代表北京市属高校参赛的全国决赛参赛选手。此前，陈希先后获得全美大学生数学建模竞赛M和H奖，全国大学生数学建模北京市二等奖，“挑战杯”课外学术竞赛北京市二等奖等多个奖项。

（黄少卿）

▲5月16日，陈希（右）在获奖后与范林元合影。

【入选2021年国家级课程思政示范课程】 5月，首经贸会计学院教授顾奋玲及其团队主讲的《审计学》课程入选教育部公布的2021年国家级课程思政示范课程名单。《审计学》课程面向会计学（注册会计师）、会计学、财务管理、会计学辅修、财政、税务、资产评估等本科专业授课，教学内容涉及审计基本理论和审计实务2个部分，均致力于加强职业道德、履行社会责任，加强审计监督、维护资本市场公平公正、促进企业价值提升，促进国家治理能力提升，以及社会主义核心价值观、家国情怀等将思政理念和思政实例融入课堂教学，形成《审计学》课程思政教学体系。

（黄少卿）

【党史理论宣讲团到丰台区宣讲】 5月，首经贸马克思主义学院党史理论宣讲团成员8人到丰台区民政局、丰台区花乡人民政府、丰台区西罗园街道办事处、丰台区新村街道、丰台区和义街道办事处等丰台区党政机关、街道社区开展党史理论主题宣讲10场。系列宣讲围绕党的历史，结合丰台区长辛店、卢沟桥、宛平城等红色文化资源展开，并

▲6月1日，首经贸志愿者在长辛店二七纪念馆提供志愿讲解服务。

深入挖掘党的早期革命活动、抗战精神等丰富内涵。党史理论宣讲团由首经贸马克思主义学院11名党员教师组成，均为教授、副教授和中青年骨干教师，大多具有丰台区党的十九大、十九届四中、十九届五中和青年马克思主义宣讲等方面工作。

（黄少卿）

【长辛店二七纪念馆志愿服务】6月1日，首经贸志愿者48人正式以丰台青年志愿党史宣讲团团员身份在长辛店二七纪念馆提供志愿讲解服务。该展览分为“北方的红星——长辛店与中国工人运动”主题展及“京汉铁路工人大罢工”专题展2个部分，均由首经贸团委与北京市丰台区委宣传部、区委党史办、团区委招募首经贸学生志愿者共同组建的青年志愿者宣讲团承担讲解任务，运行首周共开展志愿宣讲24场、提供志愿服务近120小时。

（黄少卿）

【首届课程思政教学设计大赛举行】6月4日，首经贸在校本部博远楼举行首届课程思政教学设计大赛。大赛分为预赛、决赛两个阶段，首经贸17个教学单位近200名教师参加预赛，29名教师晋级决赛，最终工商管理学院教师褚福磊、统计学院教师赵婉迪、文化与传播学院教师许敏玉、华侨学院教师郑铮、会计学院教师方心同等5人获大赛一等奖。

（黄少卿）

【《宝塔山下的审判》公演】6月17日，首经贸法学院师生排演的党史舞台剧《宝塔山下的审判》在校本部向东楼正式公演，是学校党史学习教育系列活动之一。该剧目改编自中国共产党于抗战期间陕甘宁边区正式判决并执行的“黄克功案”，由法学院学生50余人扮演审判长雷经天、案犯黄克功等角色，历时3个月完成编创。北京互联网法院和首经贸相关领导以及法学院师生代表共同观看演出。

（黄少卿）

【获“北京市优秀共产党员”称号】6月17日，首经贸经济学院教授杨春学在北京市“三优一先”表彰大会上获“2021年北京市优秀共产党员”称号。杨春学在教学中致力于将“中国故事”融入课堂，形成“八大理论”教学法，带领学术团队出版《突破思想瓶颈——改革40年的政治经济学》等作品，促成“中国人民大学—首都经济贸易大学—北京工商大学”协同创新项目落地，并推动构筑中国经济增长与周期论坛、成立首经贸北京自贸区研究院。

（黄少卿）

▲2021年北京市优秀共产党员杨春学

【参与庆祝中国共产党成立100周年活动】7月1日，首经贸师生志愿者352人参与庆祝中国共产党成立100周年活动，编组为1个志愿者团、5个大队、33个小队，在3大类、15个岗位上负责广场服务指挥部、公益西桥、宋家庄、首都博物馆、前门东路、故宫、中山公园、广场东西侧路、劳动人民文化宫、规划展览馆、东西长安街沿线的工作人员助理、参会人员集

▲6月17日，《宝塔山下的审判》在校本部向东楼正式公演。

▲7月1日，首经贸师生志愿者参与庆祝中国共产党成立100周年活动。

结报到、秩序维护、线路指引、安全检查及志愿者物资保障等工作。此前，首经贸志愿者260人于2021年6月28日以高校大学生千人合唱团团员身份参加庆祝中国共产党成立100周年大型情景史诗《伟大征程》全部4个篇章节目。

（黄少卿）

【入选教育部首批新文科研究与改革实践项目】 7月，首经贸经济学院教授王军主持申报的“新文科背景下经济学专业改造提升改革与实践研究”项目入选教育部首批新文科研究与改革实践项目。该项目以首经贸传统优势学科经济学为学科基础，在建设经济学国家级一流本科专业的框架下开展专业改革与实践研究，旨在全面提升人才培养质量、推动经济学新文科建设。

（黄少卿）

【获第十二届优秀皮书奖一等奖】 9月24日，首经贸《京津冀发展报告（2020）——区域治理研究》在第二十二次全国皮书年会（2021）上获第十二届优秀皮书奖一等奖，《京津冀产业协同治理研究》获第十二届优秀皮书报告奖二等奖。这是首经贸自2012年正式发布京津冀蓝皮书以来第6次获全国优秀皮书奖一等奖。该评选由中国社会科学院科研局和社会科学文献出版社皮书研究院组织，第六届皮书学术委员会终评，共有416种皮书、815篇报告参评，最终评选出优秀皮书奖51项、优秀皮书报告奖63项。

（黄少卿）

【“立德树人践初心、服务首都担使命”办学成果展】 10月10日，首经贸“立德树人践初心、服务首都担使命”办学成果展在校本部校史馆正式开展。该展览以“立德树人”和“服务首都”为核心主题，展示面积达200平方米，分为“昭昭其心”“郁郁其文”“灼灼其华”3个展示单元，通过270余幅图片、64件实物分别展示首经贸党委以课程思政为抓手推进“三全育人”综合改革的重要举措、服务国家经济社会发展和首都“四个中心”城市功能定位的研究成果以及学校师生矢志报国的生动事迹。专题展接待学校师生、社会各界人士参观39场次、598人次。

（黄少卿）

【获全国优秀教材奖】 10月12日，首经贸副校长、教授王永贵编著的《客户关系管理》（精要版）在全国教材工作会议暨首届全国教材建设奖表彰会上获国家教材委员会颁布的全国优秀教材奖（高等教育类）。该教材重点阐述客户关系管理的核心理论、方法和工具及其实践应用，并立足于当前的移动互联网、大数据和人工智能等环境，在有关国内外学者前沿理论探索和中外企业实践的基础上，详细论述客户关系管理的内涵、理论基础、战略、业务流程变革、客户忠诚管理、客户互动管理、信息系统的整合运用以及客户关系管理的绩效评估等方面，既能作为高等学校工商管理、市场营销等相关专业的教材，也能作为企业管理人员的实践指南。

（黄少卿）

【校友企业发展促进会成立】 10月17日，首经贸在校本部琢玉讲堂举行校友企业发展促进会成立仪式，该活动是首经贸建校65周年纪念活动之一。截至2021年底，该会有会员159人，涵盖1977级到2018级从事金融、信息技术、环境环保、高端制造、互联网平台、房地产开发、影视、服装等行业的校友企业家。

（黄少卿）

【新闻与传播学硕士学位授权点新增】 10月26日，首经贸新增新闻与传播专业硕士学位授权点。该学位授权点设在学校文化与传播学院，以首经贸于2015年、2019年先后增设的交叉学科媒介经营与管理硕士学位授权点、新闻传播学一级学科学位授权点为学科基础，计划于2023年正式招生，含媒介经营与管理、广告经营与管理、文化品牌创意与管理3个专业方向，依托文化与传播学院与《经济日报》社部校共建的经济新闻人才培养基地开展实训模拟、实验仿真、实战训练“三位一体”教学科研活动，以培养具有新闻传播职业素养、能力的高质量应用型新闻传播专门人才。

（黄少卿）

【大数据与商业智能交叉学科设置】 11月2日，首经贸正式自主设置大数据与商业智能交叉学科，该学科由统计学院、工商管理学院、金融学院、国际经济管理学院共同建设，含大数据统计与智能学习、大数据与经济统计、大数据计量经济分析与应用、金融科技与量化金融以及商业智慧与管理创新5个方向，计划每年招收硕士研究生20人、博士研究生8人、博士后研究人员2人。该学科依托首经贸传统优势、特色学科统计学、应用经济学、工商管理3个一级学科建设，设计统计学、数学、计算机科学、经济学和管理学等领域，旨在为大数据环境下智能经济、智能管理、智能金融等的分析与决策提供有力的理论与方法支撑。

（黄少卿）

【红色文化研究教育中心成立】 11月13日，首经贸在校本部博远楼成立红色文化研究教育中心，中国国家博物馆、北京市文物局、北京市委教育工委、首经贸等相关领导和首经贸各职能部门、学院负责人和师生代表参加成立大会。该中心将围绕红色文化、红色文化与经济、红色文化与旅游、红色文化融入思政课、红色文化融入日常思想政治教育等5个方向开展工作。

（黄少卿）

【获2021年"北京青年榜样"年度人物】 12月30日，首经贸统计学院团委书记陈子轩和经济学院2019级本科生郭昌鑫入选2021"北京青年榜样"年度人物，分别获评"志愿先锋"和"奋斗好青年"荣誉称号。这是首经贸师生首次获评此荣誉。陈子轩自新冠肺炎疫情暴发初期起便以语言志愿者身份，为丰台区防疫工作提供隔离酒店外籍人士语言翻译服务，累计服务时长逾1500小时，先后获丰台区"最美志愿者"称号、首都学雷锋志愿服务"五个100"先进典型"最美志愿者"称号、"青年服务国家"首都大中专学生暑期社会实践"先进工作者"称号；郭昌鑫于2007年被确诊为患重症进行性肌营养不良症（俗称"渐冻人"），在身体状况不佳的情况下学业成绩始终保持所在专业前列，并先后获丰台区"品优生"称号、入选"北京榜样"十月每周榜。

（黄少卿）

【获首届北京市教书育人"最美课堂"一等奖】 12月，首经贸马克思主义学院副教授连欢主讲的《思想道德修养与法律基础》获北京市教书育人"最美课堂"一等奖，马克思主义学院副教授李厚羿主讲的《马克思主义基本原理》、会计学院副教授王茂林主讲的《审计学》获北京市教书育人"最美课堂"二等奖。在备赛备课过程中，首经贸党委教师工作部、马克思主义学院党总支、会计学院党委共同组成学院领导为核心的后备工作团队协助3名教师参赛，并以此为实例推进学校相关学科课程思政建设。

（黄少卿）

▲12月30日，"北京青年榜样"年度人物陈子轩（左）和郭昌鑫（右）合影。

【首经贸"十四五"规划正式发布】 12月，首经贸经北京市教委批复同意正式发布《首都经济贸易大学"十四五"时期发展规划（2021—2025年）》。该规划包含1个学校总规划、11个专项规划、19个学院（部）规划和7个专题规划，明确首经贸在"十四五"时期的10项重点任务，分别是：全面加强新时代党的建设；落实立德树人根本任务；建设高质量人才培养体系；推进一流学科建设；提高科研创新和社会服务水平；加快一流人才队伍建设；构建开放办学新格局；提升学校文化软实力；推进大学治理体系现代化建设；建设和谐校园。

（黄少卿）

首都医科大学

【概况】 2021年，首都医科大学学校和附属医院（以下简称首医）总占地面积209.72万平方米，总建筑面积262.83万平方米。其中，学校占地面积28.46万平方米、建筑面积38.57万平方米。学校和附属医院图书馆建筑面积2.06万平方米，藏书153.07万册，其中，学校图书馆建筑面积1.69万平方米，藏书106.37万册。全年教育经费投入166980.31万元，其中，财政拨款127176.76万元，自筹经费22817.04万元，科研经费16986.51万元。学校和附属医院固定资产总值2973667.85万元，其中，学校固定资产总值366449.12万元。学校和附属医院教学、科研仪器设备资产值384467.96万元，其中，学校教学、科研仪器设备资产值206885.97万元。拥有教室177间，其中，网络多媒体教室170间。拥有数字终端9010台，数字资源量中电子图书129.44万册、电子期刊141.39万册、学位论文458.79万册、音视频2907小时。学校由北京市举办，为医药院校，设有5个校区，设置11个学院、1个研究中心，有21所临床医学院（19所为附属医院）、1个预防医学教学基地（北京市疾病预防控制中心），有39个临床专科学院、专科学系，35个临床诊疗与研究中心。开设24个本科专业、3个长学制专业，覆盖5个学科门类；具有一级学科14个；一级学科博士点8个、二级学科博士点46个、专业学位博士点3个；一级学科硕士点13个、二级学科硕士点64个、硕士专业学位授权类别10个；博士后科研流动站9个，其中，博士后研究人员出站59人、进站104人、在站252人。国家级一流本科专业建设点5个，北京市级一流本科专业建设点2个，北京高校重点建设一流专业4个，北京高校高精尖学科3个。国家儿童医学中心3个、国家临床医学研究中心6个；省部共建协同创新中心2个、北京高精尖创新中心2个、省部共建国家重点实验室培育基地1个、教育部重点实验室5个、工信部实验室1个、国家药监局实验室1个、北京实验室3个、北京市重点实验室54个；国家工程研究中心1个、国家工程技术研究中心1个、教育部工程研究中心3个、北京市工程技术研究中心10个。学校和附属医院现有教职员工和医务人员39356人（校本部1578人，附属医院37778人），其中，专任教师5465人（校本部专任教师803人，临床教师4662人），包括正高级2951人，副高级4708人；教授904人（校本部146人，附属医院758人）、副教授1299人（校本部326人，附属医院973人）；博士生导师1024人、硕士生导师1252人；中科院院士3人、工程院院士3人。“国家高层次人才特殊支持计划”领军人才19人、青年拔尖人才3人；“国家杰出青年科学基金”获得者16人，“国家优秀青年科学基金”获得者17人；北京学者21人，青年北京学者9人。外籍教师13人，其中，教授9人。学历教育学生中毕业生4159人，其中，研究生1524人（博士生398人、硕士生1126人）、普通本专科生1581人（本科生1113人、专科生468人）、成人教育本专科生1014人（本科生994人、专科生70人）。本科毕业生就业率77.12%。招生4955人，其中，研究生2248人（博士生707人、硕士生1541人）、普通本专科生2003人（本科生1628人、专科生375人）、成人教育本科生1639人。高考北京地区提档线不限选考专业组534分、物理必考专业组539分、物理化学必考专业组597分、物理/化学（选考一门）专业组566分、物理/化学/生物（选考一门）专业组550分。在校生16543人，其中，研究生6055人（博士生1896人、硕士生4159人）、普通本专科生7752人（本科生6611人、专科生1141人）、成人教育本专科生2736人（本科生2711人、专科生25人）。留学生毕业40人、招生65人、在校生719人。网址：www.ccmu.edu.cn。

首医坚持以习近平新时代中国特色社会主义思想为指导，坚持和完善党对学校工作的全面领导，坚持立德树人根本任务，立足服务首都城市战略定位和健康中国健康北京战略部署，对标国际一流的研究型医科大学，科学谋划“十四五”发展规划，统筹推进常态化疫情防控与学校事业发展，实现“十四五”良好开局。

（王于英　陈飞飞）

【学科建设】 年内，对标“双一流”，对临床医学学科进行系统评估。获批传染病国家医学中心和神经疾病国家医学中心，建立新的国家级学科平台。临床医学学科群，18家附属医院以第一作者发表论文3200余篇，其中，全球前10%高被引论文148篇，前1%高被引论文10篇；获批国自然项目292项；6人获批“青年北京学者”；12人入选2020“中国高被引学者”。形成公共卫生学院建设方案和复合型卫生通科人才培养方案，加大公共卫生学科研究生招生支持力度，全年招收硕博生比疫情发生前的2019年分别增长64.7%、58.3%。同时，积极与市卫健委合作，研究论证国内外联合培养公共卫生硕士博士方案。推进基础医学学科建设，获批国家级科研项目20项，发表高水平SCI论文25篇，引进高水平人才、“优培计划”人才10人。推进口腔医学学科建设，发表第一作者SCI论文73篇，其中全球前10%高被引论文4篇；获批局级及以上科研项目21项，其中国自然基金项目8项。微生物学、化学首次进入ESI学科全球前1%，共有10个学科进入ESI学科全球前1%。完成新一届临床专科学院系的院系务委员会换届调整；设立开放课题。落实国家关于加快中医药特色发展的精神，专项设立中医脓毒症、代谢相关脂肪性肝病中西医结合两个临床诊疗与研究中心；完成第三批临床诊疗与研究中心周期考核。

（王于英　陈飞飞）

【师资队伍建设】 年内，探索建立基础临床“双聘”高层次国际人才工作机制，落实校院两级人才引进实施办法。学校引进人才61人，充分发挥国际青年学者论坛引进人才的作用。建立高层次人才资源库，1人获批教育部特设岗位教授，6人获批“北京学者”，12人获批北京项目，2人入选CIBR创新人才项目。完善师资队伍培养政策机制，出台学校关于深化新时代教师队伍建设改革实施方案，修订教师岗位评聘实施细则；推进临床教师分类评聘；完成两批首医青年学者招生绿色通道计划；启动首医优秀青年人才项目。

（王于英　陈飞飞）

【教育教学与人才培养】 年内，完成临床医学（阶平班）30人、口腔医学（阶平班）20人首批招生工作。制定培养方案，出台“阶平班”双导师制实施办法，组织“阶平班”临床导师遴选。深化落实“卓越医生”教育培养计划，完善临床医学、儿科学、口腔医学（“5+3”一体化）人才培养方案。落实研究生教育改革精神和要求，修订完善38个一级学科专业的培养方案。建立导师培训云平台，615名导师参加培训，强化导师立德树人职责。制定本科课程建设方案，修订各门课程教学大纲。持续推进教学信息化工作。推进校级教材立项89项。完成年度“实培计划”66项。组织申报教育部产学合作协同育人项目8项。加强临床联合教研室建设。完善本科教学质量保障体系。调整培养层次规模，优化招生专业结构。进一步加强招生政策研究和宣传。录取分数稳中有升，生源状况良好。研究生录取比2020年增加246人。落实“稳就业”“保就业”部署，开展校院两级精准就业指导；细化重点人群就业帮扶工作，实行“一人一策”。就业质量持续向好。获评北京市人民教师1人，北京市教学名师2人，北京市青年教学名师1人，北京市本科优秀教学团队1个；获批国家级一流本科专业建设点4个、北京市级4个；教育部医学类课程思政示范课程2门，2021年北京高校“优质本科课程”和“优质本科教材课件”8门，首届北京高校教书育人“最美课堂”2门。获首届全国教材建设奖12项，评选校级优秀教材67部。

（王于英　陈飞飞）

【科学研究及成果转化】 年内，获批科技部项目48项；获批国自然354项，其中重点项目5项，杰青1项，优青5项，原创类项目3项，联合基金2项，重大研究计划集成项目1项，中药防治新冠专项1项；获批北自然133项，其中北京杰青4项；获批国社科基金项目4项，教育部社科1项，北京市社科9项；获批首都卫生发展专项5项。获批2个北京实验室，1个国家药品监督管理局重点实验室，1个国家工程研究中心，6个北京市工程研究中心。以第一完成单位的3项成果荣获2020年度国家科学技术进步二等奖，以第三完成人参与的项目获国家技术发明奖二等奖。获中华医学科技奖6项，华夏医学科技奖10项。完善医药健康科技成果管理系统，已收录科技成果20余项。组织申报工信部医疗装备、医药科技成果转移转化公共服务平台项目。推动附属医院成果转化。完成36家校属企业改制任务。

（王于英　陈飞飞）

【国际国内交流合作】 年内，成立教育对外开放工作领导小组。组织推荐58名青年教师和学生申报国家公派留学多个项目。应对疫情影响，积极开发线上境外学习项目，84名学生参加由牛津大学、耶鲁大学等7所国际一流院校和联合国提供的16个境外线上学习项目；基础临床共1496名教师参加线上培训，并有308名教师获得相应证书。加强引智工作，4位外国专家入选北京市外国专家局高端外国专家项目。持续落实京青、京鄂等对口支援合作项目。落实消费帮扶有关任务，超出全年采购任务的154%。持续推进驻村帮扶，选派优秀干部赴村担任第一书记。首医教育基金会获评4A等级，持续支持优秀教师奖励、学生学业奖励、有关学科建设等项目。

（王于英　陈飞飞）

【常态化疫情防控】 年内，学校始终把广大师生员工生命安全和身体健康放在第一位，党委常委会、校长办公会、疫情防控工作领导小组及时传达落实上级最新精神，定期专题研究部署疫情防控工作，明确各方责任，层层传导压力，不断完善校园疫情防控工作机制。严格落实校园常态化疫情防控各项措施，坚持加强校门管控，并根据疫情形势变化，动态调整相关政策；坚持强化师生员工健康监测和科学防护；坚持做好环境消杀、重点人群定期核酸检测、公共区域定期环境采样、防疫物资储备；坚持做好信息报送，通过9个信息工作体系开展疫情防控有关数据收集报送、关联人员排查、疫苗接种信息监测、有关专项调研等工作；坚持加强值班值守；坚持加强与属地社区的对接与协同；坚持加强监督检查，强化教育引导和督促落实。按照“应接尽接”的原则，多批次组织师生员工开展三剂次新冠疫苗集中接种工作，师生员工新冠疫苗加强针接种率达95%，有力构筑校园安全屏障。

（王于英　陈飞飞）

【编制完成学校“十四五”时期发展规划】 年内，在2020年“十四五”时期发展规划编制工作基础上，按照既定的编制工作方案，从落实首都城市战略定位、“高水平研究型大学”的分类办学定位出发，组织召开多个座谈会，广泛征求师生员工、基础、临床等各方面意见建议，同时加强与新校区规划建设有关方案的协同，高质量推进规划编制工作。首医“十四五”时期发展规划已经学校教代会审议、党委全委会审定，并获市教委批准。首医在“十四五”时期发展规划基础上，又制定出综合改革方案，获得市教委肯定。同时，统筹各学院规划编制工作。

（陈飞飞）

【全力推进新校区规划建设三大任务】 年内，积极落实市政府专题会议及市领导批示精神和工作要求，对标国际一流的研究型医科大学，持续下大力气推进新校区（校本部）、国际化研究型医院、首都医学科学创新中心三大重点建设任务。持续加强与市政府有关委办局和大兴区委区政府的工作对接、协商沟通，组织专家反复研讨论证。成立新校区建设指挥部，公开招标新校区建设项目管理公司。三个功能版块的选址完成，新校区（校本部）建设方案已获得市政府批准，研究型医院和首都医学科学创新中心两个建设方案已修改完善。

（陈飞飞）

【启动“阶平班”招生培养工作】 年内，完成临床医学（阶平班）30人、口腔医学（阶平班）20人首批招生工作，生源优秀。开设“阶平班”是首医落实新医科和医学教育创新发展要求，推进“5+3”人才培养模式改革的重要举措。“阶平班”即本科直博“5+研究生培养阶段”一贯制（PhD–学术型博士学位）的医学高端复合型人才培养模式，通过八年本科直博（PhD）培养一批具有医学科学家潜质的一流医学人才。“阶平班”注重培养学生的科学研究能力、创新能力、思辨能力及国际视野，实施基础与临床双导师制，设置分流与淘汰机制。

（陈飞飞）

【3项成果获2020年度国家科学技术进步二等奖】 11月3日，2020年度国家科学技术奖获奖名单公布，首都医科大学及附属医院作为第一完成单位的3项成果获国家科学技术进步奖二等奖，获奖数量与四川大学华西医学中心并列医学院校第二名，在全国高校获奖数排名中并列第十，在独立医学院校中表现突出。具体获奖项目为：首都医科大学吉训明教授主持完成的成果《低氧与缺血适应防治缺血性脑卒中新技术体系的创研及推广应用》、附属北京友谊医院王振常教授主持完成的成果《耳科影像学的关键技术创新和应用》、附属北京天坛医院王拥军教授主持完成的成果《脑血管病医疗质量改进关键技术与体系的建立和应用》。同时，附属北京同仁医院朱思泉教授以第三完成人参与的项目《高分子分散与高分子稳定液晶共存体系的材料设计、制备及应用》（第一完成单位为北京大学）获得国家技术发明奖二等奖。

（陈飞飞）

【实施临床教师分类评聘】 年内，对临床教师按照教学型和教学科研型予以分类评聘，旨在进一步贯彻落实国家和北京市关于全面深化新时代教师队伍建设改革和深化职称制度改革有关文件精神，推进一流临床教师队伍建设，提高临床教育教学、科学研究和医疗服务水平。根据评聘新政策，对于教学经验丰富，长期致力于医学人才培养的临床教师，学校支持和鼓励其选择教学型岗位，以专心致力于优秀医师的培养；对于治学严谨、潜心于医学领域研究的临床教师，学校支持和鼓励其选择教学科研型岗位；对于研究兴趣特别高的临床教师，学校助力其对基础性、战略性和前瞻性创新研究的开展，从而培育出更多高水平科研成果和拔尖创新人才。

（陈飞飞）

【获第九届校园铁人三项赛团体总分第一名】 5月29日，在北京航空航天大学沙河校区举办的首都高等学校第九届校园铁人三项赛中，首医代表队派出由10名队员组成的参赛队伍，获得团体总分第一名。此次是首医首次参赛，共有来自全国各地的35支代表队、265名运动员参赛。

（陈飞飞）

▲5月29日，获奖运动员和教练合影。

【2021级新生开学典礼】 8月31日，首医2021级新生开学典礼在学术报告厅举行，采取线上直播、线上线下结合的方式举行，除现场的300余名同学和老师外，校本部、各校区及各临床医学院的其他4000余名新生共同相聚“云端”。

（陈飞飞）

【首医国际青年学者论坛】 1月和10月，举办第一、二届国际青年学者论坛。其中，第一届论坛由首医主办并承办，第二届论坛由首医与北京海外学人中心联合主办，天津医科大学、河北医科大学、首都医科大学三校共同承办。论坛以“四方辐辏 共筑健康”为主题，旨在为海内外青年才俊搭建学术交流平台和学术成果展示舞台，通过专题报告、学术研讨、线上和线下交流方式，聚焦学术前沿，探讨学科热点，开阔学术视野，促进交流合作，助力青年人才成长发展。同时向参与者展示学校的发展战略、科研实力、人才需求等，吸引更多的青年才俊加入首医国际一流的研究型医科大学的发展建设中，促进生命科

▲8月31日，首医2021级新生开学典礼在学术报告厅举行。

学与医药卫生事业发展，助力人民健康。

（陈飞飞）

【实施首医青年学者招生绿色通道计划】年内，完成两批首医青年学者招生绿色通道计划，遴选43名临床和基础学科青年骨干。该计划旨在落实全国和北京市研究生教育会议精神，加强研究生导师队伍建设，为青年学科骨干搭建成长平台，加快青年拔尖人才的培养和成长。根据计划，首医定期在全校范围内遴选各学科素质过硬、创新能力强的拔尖青年学者，给予博士研究生招生支持，两年后纳入导师常规管理体系。

（陈飞飞）

中国戏曲学院

【概况】2021年，中国戏曲学院（大学）（以下简称学院）占地面54296.91平方米，产权校舍建筑面积98293.25平方米、无非产权校舍建筑面积。图书馆建筑面积4797.79平方米。全年教育经费投入40092.884191万元，其中，财政拨款36411.514457万元、自筹经费3681.369734万元。固定资产总值84330.164276万元，其中，教学、科研仪器设备资产值25701.58万元，信息化设备资产值4536.07万元。拥有教室271间，其中，网络多媒体教室31间。拥有图书33.29万册，计算机2470台。网络信息点6481个，上网课程6门，电子邮件系统用户2383个，管理信息系统数据总量45GB，数字资源量中电子图书130万册、电子期刊8000册、学位论文200万册、音视频15万小时。学校由北京市举办，为艺术院校，设有2个校区，设置8个系。开设15个本科专业，覆盖3个学科门类；具有一级学科3个；一级学科硕士点3个、硕士专业学位授权类别3个。国家级一流本科专业建设点3个，北京市级一流本科专业建设点4个，北京高校“重点建设一流专业”1个。教职工425人，其中，专任教师275人，包括正高级57人、副高级102人；博士生导师4人、硕士生导师95人；青年北京学者1人，北京市高等学校教学名师5人、青年教学名师3人，北京市高层次创新创业人才支持计划领军人才、教学名师3人，中宣部“四个一批”人才6人，长城学者8人。学历教育学生中毕业生666人，其中，研究生120人（硕士生120人）、普通本专科生487人（本科生487人）、成人教育本专科生59人（本科生44人、专科生15人）。本科毕业生就业率2.25%。招生510人，其中，研究生128人（硕士生128人）、普通本专科生510人（本科生510人）、成人教育本专科生50人（本科生43人、专科生7人）。在校生2672人，其中，研究生381人（硕士生381人）、普通本专科生2087人（本科生2087人）、成人教育本专科生204人（本科生189人、专科生15人）。留学生在校生1人。网址：www.nacta.edu.cn。

（朱　天）

【“第八届艺术院校京剧中青年教师教学交流展示”中获奖】1月7日，京剧系刘岿然、孙亮、刘维等三位老师，在中国京剧艺术基金会“第八届艺术院校京剧中青年教师教学交流展示”（线下课堂交流展示项目）评比中获奖项，其中刘岿然老师获一等奖，孙亮、刘维老师获二等奖。

（朱　天）

【荣获文旅部百名优秀戏曲专业专兼职教师通报表扬】1月20日，学院9名教师荣获文旅部百名优秀戏曲专业专兼职教师通报表扬。此次通报表扬是中华人民共和国成立以来首次开展，涵盖老中青三代教师。他们用高尚的师德、精湛的专业能力和教学能力，培养出一批又一批优秀的戏曲专业人才，以实际行动诠释习近平总书记“繁荣发展戏曲事业关键在人”的深刻内涵，为推动戏曲教育事业发展作出卓越的贡献。

（朱　天）

【本科招生专业考试工作】2月27日，戏学院2021年本科招生专业考试工作结束。在新冠肺炎病例多点散发、疫情防控面临严峻挑战形势下，学院积极探索“线上＋线下”的艺考模式，全部校考专业由线下改为线上进行，实现“云艺考”模式下的戏曲教育高质量人才选拔。

（朱　天）

【助力剑桥大学年度活动】3月26日，戏曲学院教学实践乐队暨师生“乐道”胡琴重奏组应邀携手来自亚洲、非洲、美洲、欧洲等多国的学者和艺术家，共同录制2021年度剑桥大学科技人文艺术节之“乐语缤纷(Musical Mosaic)——共筑人类命运共同体”云上音乐会，并在音乐会主办方剑桥大学丘吉尔学院跨文化音乐中心官网以及该中心YouTube账号平台正式首映。

（朱　天）

【强化地校合作】4月1日，丰台区副区长一行到访学院，围绕贯彻习近平总书记给中国戏曲学院师生重要回信精神和市委、市政府部署要求，就进一步强化地校合作有关事项与学院党委书记、院长进行座谈，双方将优势互补、相互促进，共同推动丰台区及北京市文化建设。

（朱　天）

【与汕头市人民政府签署战略合作协议】4月18日，学院与汕头市人民政府签署战略合作协议并召开姚璇秋艺术成就学术研讨会，推动戏曲事业及潮剧艺术传承发展，双方将发挥双方各自优势，制定并实施好培养方案，携手培养更多优秀戏曲人才，为新时代戏曲事业繁荣发展贡献力量。

（朱　天）

【“青春向党 奋斗强国”首都高校大学生交流报告会】4月21日，学院在大学生活动中心报告厅举办“永远跟党走”主题教育系列活动暨“青春向党 奋斗强国”首都高校大学生交流报告会，邀请参加教育部、中央电视台《全国大学生党史知识竞答大会》的部分首都高校学生代表作为嘉宾。

（朱　天）

【获第六届黄河戏剧奖两项奖项】4月25日，在河南省许昌市举行的第六届黄

▲5月9日，成都市音乐厅舞台上演《朝金顶》。

▲5月21日，庆祝中国共产党成立100周年系列活动新闻发布会。

河戏剧奖·戏剧文学奖和第六届黄河戏剧奖·理论评论奖获奖典礼上，戏曲学院戏文系青年教师陈云升的剧本《南华经》和论文《史剧定义辨析》分别获得最佳作品和优秀文章两项奖项，体现业界对学院教师在戏剧创作和理论研究层面的积极肯定和认可。

（朱　天）

【京剧系一流专业建设成果汇报演出】 5月4日至8日，“守正创新——中国戏曲学院京剧系一流专业建设成果汇报演出”正式在上海天蟾逸夫舞台与观众见面。由学院院长尹晓东率队，京剧系师生在五天时间里为在沪专家、戏迷、各界观众连续奉上三场京剧折子戏和两场全本大戏。

（朱　天）

【《朝金顶》获一等奖】 5月8日至11日，经北京市教委选送，戏曲学院京剧系《朝金顶》代表北京市教委和学院参加由中华人民共和国教育部和四川省人民政府共同主办的全国第六届大学生艺术展演活动（简称大艺展），夺得戏剧类一等奖的殊荣。大艺展是我国目前规格最高、规模最大、影响最广的大学生艺术展演活动，坚持面向全体大学生，建立起学校活动、省级交流、全国展演的三阶段模式。本届大艺展是在中国共产党建党百年华诞之际，以“奋斗·创新·奉献”为主题，集结全国31个省（区、市）新疆生产建设兵团和香港、澳门特别行政区共34个地区198所高校的6800余名高校师生，共同开展的一次丰富多彩的艺术盛会。《朝金顶》是一出濒临失传且具有独特风格和表演特色的武旦传统剧目，由京剧系教授李亚莉挖掘整理，在保留原剧精华的基础上融入新的武打技巧，更加符合现代观众的审美需求。

▲京剧系师生的表演

（朱　天）

【“激扬新时代　红歌颂党恩”歌咏比赛】 5月11日，学院庆祝建党100周年“激扬新时代 红歌颂党恩”歌咏比赛暨第十六届五月青春艺术节开幕式在学院大剧场开幕。

（朱　天）

【庆祝中国共产党成立100周年系列活动新闻发布会】 5月21日，学院举办庆祝中国共产党成立100周年系列活动新闻发布会。系列活动以剧目展演和作品展览为主，主题鲜明、形式多样，覆盖本科、研究生、附中等各类人才培养层次的风采展示，至11月结束，历时6个月，是中国戏曲学院庆祝中国共产党成立100周年、开展党史学习教育的重要环节，也是学院尝试结合专业特色以“组合拳”方式讲好党的故事、演绎党的历史的一次生动实践，更是学院向党和人民汇报教学育人成果、践行习近平总书记重要回信精神的积极探索，充分体现老中青少四代国戏人感念党恩、讴歌时代的热血豪情，旨在助推中国戏曲教育发展、戏曲高端人才培养向更高层次和水平迈进。

（朱　天）

【荣获第三十届中国戏剧梅花奖】 5月21日，学院中国京剧优秀青年演员研究生班优秀毕业生杨少彭、黄齐峰、熊明霞、张璇获第三十届中国戏剧梅花奖。

（朱　天）

【本科班毕业展演】 5月24日至27日，学院表演系2021届多剧种本科班毕业展演在长安大戏院落幕。此次演出共计四台剧目，分别是由越调、评剧经典折子、新编越调现代戏《山花烂漫》、评剧经典现代戏《金沙江畔》组成，15出折子戏，充分展现出越调、评剧两个剧种的艺术特色及魅力。越调《山花烂漫》遵循浪漫主义和现实主义相结合的创作理念，在红色故事中挖掘人性的崇高之美，在儿女情长中展现家国情怀，在主旋律作品中探寻符合当代审美的艺术形式。在创作思路上，融戏曲的“形、声、神、韵”之美，将舞剧化的调度，歌剧化的合声气势，话剧化的舞台样式有机结合，探寻戏曲创作的戏剧化，在舞美光影的烘托中，营造打动人心和荡涤灵魂的戏剧效果，为观众呈现精彩纷呈的视听盛宴。评剧《金沙江畔》的复排坚持突出评剧红色经典的艺术精髓、内容精炼、表演细腻，排演过程强调“以戏带功、以演促教”的实践教学方法，再现评剧经典红色剧目艺术魅力。

（朱　天）

【“鼓语者打击乐团”入选文旅部全国民族器乐展演】 6月26日，文化和旅游部艺术司正式公布“全国民族器乐展演”入选乐团和乐种组合名单，学院音乐系选送的“鼓语者打击乐团”作为北京市文化和旅游局唯一推送乐种组合，在全国各省申报作品中脱颖而出，成功入选“全国民族器乐展演”。

（朱　天）

【话剧《红岩魂》上演】 7月3日至4日，由导演系影视表演专业排演的大型红色经典话剧《红岩魂》在戏曲学院大剧场成功上演，讲述1949年重庆解放前夕，坚贞不屈的共产党员们与反动派敌人做最后的坚决斗争的故事，歌颂为中国革命斗争取得胜利而英勇斗争的中国共产党人“革命理想高于天”的崇高精神。

（朱　天）

【与美国纽约州立宾汉顿大学共建戏剧交流中心】 8月30日，学院与美国纽约州立宾汉顿大学相关工作人员与专家通过网络会议形式，共同审议新时期两校间《开展全面合作备忘录》以及《建立戏剧交流中心专项协议》两份合约，并一致达成合作共识，共建戏曲交流中心。

（朱　天）

【全球教育合作伙伴计划亮相服贸会】 9月4日，学院作为首都国际教育服务优秀成果代表高校之一，也是唯一的艺术院校，亮相在首钢园开幕的2021中国国际服务贸易交易会国际教育服务成果发布会，向各界人士分享学院以“四个中心”建设为指导，以中国艺术与文化交流中心和传播机制建设为着力点的全球教育合作伙伴发展计划，展现学院向国际社会分享中国传统艺术与文化教育资源的诚意，展现学院贯彻落实习近平总书记重要回信精神一周年的成果，展现学院全面立体讲好中国故事、讲好戏曲故事的独特理念。

（朱　天）

【湘剧、花鼓戏教学实践基地挂牌】 9月30日，学院湘剧、花鼓戏教学实践基地挂牌、签约仪式在湖南省花鼓戏剧保护传承中心举行，基地为传承和保护湘剧、花鼓戏这两个“非遗”剧种，推动湖南文化繁荣发展，产生重要而深远的影响。

（朱　天）

【设计作品入围WSD2022世界舞台美术展】 年内，舞台美术系教师魏玮设计作品入围WSD2022世界舞台美术展。WSD2022世界舞台设计展将于2022年8月6日至16日在加拿大卡尔加里举办。本次展览共有来自28个国家和地区的500多位专业设计师申报，经国际评审委员会评审，最终有99位设计师入围，其中中国大陆设计师11人，包括服装设计、灯光设计、影像设计和舞台设计在内的入选作品共12件。师魏玮的服装设计作品昆剧《孟姜女送寒衣》位列其中，作品是师魏玮和永嘉昆剧团合作的大型原创昆剧作品，取材于《永乐大典》南戏旧题，在遵循永昆传统特色的基础上大胆创新，融入许多现代化的文艺表现手法，让人耳目一新。此剧服装设计以长城的城墙和城砖为设计意象，通过拼布、刺绣等方法来表现长城的城墙城砖经历岁月流逝的痕迹，是一次织物肌理的实验。通过理解角色，将情感映射到角色服装上，结合表演，展现出在艰难路程中坚忍的古代女性形象。

（朱　天）

【专场演出亮相第八届中国昆剧艺术节】 年内，戏曲学院表演系“昆曲折子戏专场演出”以线上展演的形式成功亮相第八届中国昆剧艺术节。本届昆剧艺术节在全国范围内遴选22台优秀昆剧大戏和折子戏进行演出，全面展现近年中国昆剧艺术继承与创新的优秀成果。此次参演的昆曲折子戏由表演系在2018级昆曲专业本科班中遴选产生，包括《雁翎甲·盗甲》《百花记·点将》《长生殿·酒楼》《南西厢记·佳期》《牡丹

▲“昆曲折子戏专场演出”剧照。

亭·惊梦》《雷峰塔·盗库银》《状元印》《岳母刺字》8个具有代表性的折子戏。从7月就开始排练，后因8月上旬疫情防控形势再度严峻，全国各地多场文艺演出延缓或取消，第八届中国昆剧艺术节也延期举办。表演系根据艺术节组委会的要求，协调院内各相关职能部门，准备折子戏展演录像事宜，完成线上录像后顺利报送。

（朱　天）

【“经典·大师——新时代京剧传承与发展学术研讨会”】 10月11日至12日，由文化和旅游部、北京市人民政府主办的第九届中国京剧艺术节在京隆重举办，学院联合相关单位主办的“经典·大师——新时代京剧传承与发展学术研讨会”作为本届京剧艺术节的理论研讨活动在北京国际会议中心举行。

（朱　天）

【青少年民族器乐专场音乐会】 10月20日，“第七届全国青少年民族器乐教育教学成果展示活动”学院入围学生专场音乐会在梅兰芳大剧院成功举办。本场音乐会是学院贯彻落实习近平总书记重要回信精神一周年系列教学成果汇报演出活动之一。

（朱　天）

【高甲戏《范进中举》获奖】 10月14日，在武汉第17届中国戏剧节中，学院戏文系青年教师陈云升独立编剧的高甲戏《范进中举》作为福建省的参演剧目在武汉京韵大舞台演出，评委专家认为该剧人物刻画、创作主旨积极，被评为优秀剧目。

（朱　天）

【推出原创爱国主义精品剧目】 年内，学院集中推出一批原创爱国主义精品剧目，展现学院师生基于戏曲本体规律，创作与历史同步伐、与时代共命运新作品的创作能力和表现能力。曲目围绕红军长征、抗日战争、解放战争等党的重要历史时期，演绎重要事件、感人故事，主要有原创剧目京剧现代戏《迟开的山丹丹》、越调《山花烂漫》、河南豫剧《野火春风斗古城》、话剧《红岩魂》等。讲述新时代楷模、诠释新时代精神的新编京剧小戏《黄文秀》、研究生跨系部联合创作京剧《塞罕坝》等。获北京文化艺术基金资助的大型原创京剧《秋瑾》，以演绎鉴湖女侠秋瑾为探索中国民主之路的英雄壮举，印证只有中国共产党才能领导中国人民推翻三座大山，走上独立自主、国富民强的必由之路。入选教育部2021年度高校思想政治工作培育建设项目的大型新编原创京剧《田汉校长》，展现歌词作者、中国共产党党员、中国戏曲学院首任校长田汉先生不畏艰难险阻，在抗战期间创办四维剧校，以戏剧为枪，扛起民族解放大任的爱国情怀与坚韧品格。

（朱　天）

【以史串歌奏响红色经典主旋律】 年内，学院以曲谱记录光辉历史，以锣鼓回响艰苦岁月，以唱腔讴歌时代精神，推出《恰是风华正茂——中国戏曲学院红色经典演唱会》《戏曲红色经典原创作品音乐会》，奏响国戏回顾党史、歌颂党情、献礼百年华诞的主旋律，歌唱的主要曲目有京剧《红灯记》《沙家浜》《智取威虎山》、评剧《金沙江畔》等红色经典唱段和器乐作品。《戏曲红色经典原创作品音乐会》以中国共产党百年历史为主线，通过原创音乐作品之舞台演绎呈现百年大党的精神和成就，围绕中国革命历程重要时期进行创作，荟萃京剧、昆曲、河北梆子、评剧、豫剧、黄梅戏多剧种音乐作品并以独唱、联唱等多种形式呈现，充分展现学院引领戏曲音乐创作前沿的实力与硕果。

（朱　天）

【“以百幅漫画的见证”漫画展】 年内，学院举办“以百幅漫画的见证”为主题的漫画展，展出1921年至2021年的100幅符合主题思想的漫画经典作品，通过百幅兼有戏曲元素、传统文化元素的特色漫画作品重温中国共产党近百年从无到有、从小变大、由弱变强的波澜壮阔历史画卷。

（朱　天）

【第二届“心中的花朵献给党”儿童色粉画作品展】 年内，由学院继续教育部联合北京市学校中华传统文化促进会携手北京粉画研究会，围绕红色文化、京味文化、传统文化等创作元素举办第二届“心中的花朵献给党”儿童色粉画作品展，以绘就绽放在孩童心中那五彩斑斓、芬芳四溢的花儿，撒下感念党恩的火种。

（朱　天）

北京电子科技学院

【概述】 2021年，北京电子科技学院（以下简称学院）占地面积7.6万平方米，产权校舍建筑面积6.95万平方米。图书馆建筑面积0.48万平方米。全年教育经费投入17796万元，其中，财政拨款11522万元、自筹经费6274万元。固定资产总值64558.57万元，其中，教学、科研仪器设备资产值12882.56万元，信息化设备资产值10551.12万元。拥有教室25间，均为网络多媒体教室。拥有图书36万册，计算机3580台。网络信息点1260个，上网课程33门，电子邮件系统用户3000个，管理信息系统数据总量110GB，数字资源量中电子图书98324册、电子期刊768367册、学位论文2990488册、音视频437.5小时。学校由中央办公厅举办，为理工院校，设有1个校区，设置6个院（系、部）。开设8个本科专业，覆盖2个学科门类；具有一级学科7个；一级学科博士点1个；一级学科硕士点1个、硕士专业学位授权类别2个。国家级一流本科专业建设点3个，北京市级一流本科专业建设点1个，北京高校高精尖学科1个。教职工325人，其中，专任教师144人，包括正高级21人、副高级61人；博士生导师0人、硕士生导师52人；学历教育学生中毕业生498人，其中，硕士研究生59人、普通本科生439人本科毕业生就业率95.9%。招生537人，其中，硕士研究生104人、普通本科生433人。高考北京地区提档线不限选考专业组604分、物理必考专业组605分。在校生2016人，其中，硕士研究生295人、普通本科生1721人。网址：http://www.besti.edu.cn。2021年，学院统筹推进党的建设、业务建设、队伍建设和改革发展稳定各项工作，办学治校水平和人才培养质量不断提升，“十四五”开局取得良好成绩。

（吴文征　赵明丽）

【党的建设】年内，党史学习教育坚持领导带头、全员参与、形式多样、与思政教育深度融合，党委理论中心组开展专题学习9次，各党支部组织集体学习400余次，举办党课100余次，开展主题党日活动180余次，制定的“我为群众办实事”44件具体任务基本完成。以党的政治建设为引领，持续用力抓好思想建设、组织建设和纪律作风建设。开展政治生态大讨论活动，制定《学院教职工政治生态建设守则》《学院学生涵养优良校风行为守则》，持续巩固政治生态建设成果。

（吴文征　赵明丽）

【教育教学改革】年内，实施以德立人、以智慧人、以体健人、以美化人、以劳塑人五大攻坚行动计划。开展以学生发展为中心的课堂教学模式改革和教学方法创新，培育孵化课程思政示范项目、一流本科专业、一流本科课程等七大类33个项目，构建起国家、省、校三级培育孵化机制。获批立项教育部首批新文科研究与改革实践项目3项，北京市教学改革创新重点项目1项、一般项目2项。

（吴文征　赵明丽）

【学科专业建设】年内，获批博士学位授予单位、网络空间安全一级学科博士学位授权点和公共管理类专业学位授权点。开办密码科学与技术专业，停办信息与计算科学、信息管理与信息系统专业，专业结构进一步优化，专业布局进一步完善。信息安全、保密管理、电子信息工程专业获批国家级一流本科专业建设点，计算机科学与技术专业获批省级一流本科专业建设点。

（吴文征　赵明丽）

【课程教材建设】年内，制定《2021—2025年教材建设规划》，针对培养方案中没有合适选用教材的30余门课程，分期分批开展教材建设。制定《课程思政建设实施方案》，构建覆盖全面、类型丰富、层次递进、相互支撑的课程思政工作体系、教学体系和内容体系。统筹规划研究生与本科生课程体系，打通部分通识类平台课程，推动本硕一体化培养。

（吴文征　赵明丽）

【科研创新】年内，加强科研制度建设，完善绩效考核体系，激发科研人员创新创造活力。全年获批科研立项50项，发表论文104篇，出版著作6部，发明专利5项。获省部级以上奖励7项，其中，学院作为主研单位承担的“新一代普通密码关键技术与算法设计”项目获得2020年度国家科技进步奖二等奖，实现历史性突破。

（吴文征　赵明丽）

【学生管理服务】年内，落实学院《关于加强和改进学生思想政治工作的实施意见》，将学生日常思想政治教育做深做细做实。建立国家级、市级、校级大学生创新创业训练项目一体化管理体系，提升学生创新实践能力，467人次获省部级以上奖励。继续保持生源好、就业稳的良好局面，本科招生录取重点率为100%。加强就业指导，总体毕业去向落实率96.4%，在行业部门就业比例占落实毕业去向学生总数的83.61%，办学特色得到进一步彰显。

（吴文征　赵明丽）

【人才队伍建设】年内，加大人才培养和引进力度，引进1名高层次人才，招录15名应届博士和硕士研究生，解决37名教师职称职级晋升问题。教师博士进修5人次，博士后进修1人次，访问学者1人次。专任教师中，45岁以下占比52.8%，高级职称占比56.9%，获得博士学位者占比56.9%，师资结构进一步优化。

（吴文征　赵明丽）

【改善办学条件】年内，科研楼项目全面竣工并投入使用，校园改扩建二期工程开工建设。完成智慧教室、人脸识别通行管理系统和网络中心建设任务，扩大校园网出口带宽，信息化保障能力不断增强。提高图书档案以及餐饮、物业等后勤工作的服务水平，改善师生员工的工作学习生活条件。

（吴文征　赵明丽）

【调整本科专业设置】1月14日，学院停办信息与计算科学、信息管理与信息系统两个专业。2月10日，学院密码科学与技术新专业通过教育部审批。该专业为2021年列入普通高等学校本科专业目录的新专业之一，是国家特设控制布点专业，全国仅有7所高校获得首批设置资格，学院是唯一一所获此资格的部委所属院校。专业设置调整后，学院本科专业结构进一步优化，专业布局进一步完善，办学特色进一步凸显。

（赵明丽）

【制定《北京电子科技学院教材建设规划（2021—2025）》】1月14日，学院制定并发布《教材建设规划（2021—2025）》。该规划以建设结构合理、特色鲜明的高质量教材体系为目标，包含总体要求、教材类型、编审程序、印制/出版、选用、修编/销毁、经费保障、成果认定等8个方面的内容，力求突出学校人才培养、专业建设特色，体现教学改革研究的最新成果，体现教材的科学性前沿性，增强教材的针对性和实效性，是加强学校教材体系建设，深化教育教学改革的重要指导性文件。

（赵明丽）

【电子信息工程专业获评国家级一流本科专业建设点】2月10日，学院电子信息工程专业获评国家级一流本科专业建设点。该专业设立于2000年，2008年被评为教育部特色专业建设点，2009年被评为北京市特色专业建设点。学院电子信息工程专业教学团队于2007年获得首批“北京市优秀教学团队”称号，2008年电子与信息安全实验教学中心被评为北京市高等学校实验教学示范中心。学院包含该专业在内共有信息安全、保密管理、电子信息工程3个专业被认定为国家级一流本科专业建设点，计算机科学与技术专业被认定为北京市一流本科专业建设点。

（赵明丽）

【“双万计划”一流专业一流课程建设研讨会】 4月10日，学院与西安电子科技大学、重庆邮电大学在重庆联合举办“‘双万计划’一流专业一流课程建设研讨会”。会议聚焦一流专业建设、一流课程建设和教务管理等方面内容，与会代表围绕主题进行座谈交流，并就工作中存在的困难问题进行深入研讨。3所高校有关校领导、教务处、教学院系主管教学的负责人以及相关专业和课程负责人共60余人参加。

（赵明丽）

【成立研究生教学指导委员会】 5月21日，学院成立研究生教学指导委员会。该委员会是为健全研究生教学全过程管理机制、提高研究生教育教学质量，对学院研究生培养工作和研究生教学管理工作等进行研究、指导、审议、监督、咨询的专家组织机构，设主任委员1名，由分管研究生教育的院领导担任，设委员15—20名，由研究生部和各系部符合条件的教师或管理人员担任，办公室设在研究生部。该委员会依据《北京电子科技学院研究生教学指导委员会工作章程》开展工作。

（赵明丽）

【首届学生体质健康精英赛】 6月6日，学院举办首届学生体质健康精英赛。本次比赛是根据大学生体质测试设计的全新赛事，是落实学校“以体健人”攻坚行动计划的具体举措。比赛设置男子项目为50米、1000米、引体向上、立定跳远，女子项目为50米、800米、仰卧起坐、立定跳远，参赛选手均需完成全部比赛项目，4个系共80名学生参赛，比赛评出第一、二、三、四名的团体奖项。

（赵明丽）

【调整内设机构】 9月10日，成立法治工作办公室、保密工作办公室、审计室3个内设机构。法治工作办公室负责统筹学院法治和法务工作，协调重大项目及合同的审查、院内规章制度的审核、开展法治宣传教育等工作，保密工作办公室承担学院保密工作职责，审计室承担学院内部审计职责。3个机构采取在现有机构基础上加挂牌子的形式进行，不单独设立，其中，办公室加挂“法治工作办公室”和“保密工作办公室”两个牌子，纪委办公室加挂“审计室”牌子，原保密保卫处因承担的学校保密工作职责划归办公室，其名称更名为保卫处。调整后，各相关部门原编制和领导职数均不变。

（赵明丽）

【荣获国家科学技术进步奖二等奖】 10月19日，学院作为主研单位完成的“新一代普通密码关键技术与算法设计”项目荣获2020年度国家科学技术进步奖二等奖（单位排名：3，学院获奖人：封化民），实现学院获得国家级科学技术奖励的历史性突破。

（赵明丽）

【获批博士学位授予单位】 10月26日，学院被国务院学位委员会增列为博士学位授予单位，并获得网络空间安全一级学科博士学位授权点和公共管理（网络空间治理）硕士专业学位授权点。至此，学院拥有博士学位授权点1个：网络空间安全一级学科；硕士学位授权点2个：网络空间安全一级学科、电子信息专业学位类别（新一代电子信息技术领域、通信工程领域、计算机技术领域）。学院网络空间安全博士点每年拟招收全日制学术学位博士研究生约20人，学制4-6年。获得博士学位授权，标志着学院办学层次和办学水平迈上新的台阶。

（赵明丽）

【本科教学“示范引领交流展示”系列活动】 12月17日至28日，学院举办本科教学“示范引领交流展示”系列活动。活动分为“教学改革示范展示”和“教师教学能力竞赛”两个环节，10个教学改革类项目组分别围绕本科课程及教材课件建设情况，从课程设计理念、教学模式、教学方法、特色做法等方面进行示范展示，13位优秀教师分别进行15分钟的课堂展示。活动评出“教师教学能力竞赛”一、二等奖和优秀奖，并颁发“教学改革示范展示”荣誉证书。院领导和130余名一线教师参加现场观摩。

（赵明丽）

2022

北京丰台年鉴

文化

综　述

丰台地区历史悠久，文化底蕴深厚，穿区而过的永定河，哺育了北京地区最早的文明。“先有莲花池、后有北京城”，以莲花池为主要水源的金中都，拉开北京860多年建都史的序幕。“卢沟晓月”“南囿秋风”作为著名的燕京八景而名不绝史。近代以来，长辛店成为党的早期革命活动的重点地区之一，是马克思主义同中国工人运动相结合的早期实践地，在党史上发挥了独特的作用，卢沟桥及宛平城是全民族抗战的爆发地，见证着中华民族的不屈之魂，红色文化资源丰富。

近年来，丰台区公共文化事业繁荣向好，文化体制机制改革深化，区文化馆、图书馆总分馆制建立，公共文化服务设施网络逐步完善。公共文化产品供给丰富，“中国戏曲文化周”“花开丰台”端午文化游园会成为弘扬中华优秀传统文化的名片；“周末场演出”“星火工程”“文化四进”“百姓周末大舞台”“相声乐苑”等成为群众参与度高、认可度高的公益演出品牌活动。公共文化服务效能提高，以“首都市民系列文化活动”“我的丰台我的家”系列群众文化活动为载体，开展各类文化活动。“书香丰台”深入开展，实施“家庭书房”阅读推广，图书分馆“一卡通”实现全覆盖。文化干部、文化组织员、文艺骨干、文化志愿者的业务能力不断提升。文化遗产保护初见成效，强化从重本体保护到重城市文脉传承，统筹推进西山永定河文化带建设，制定西山永定河文化带保护发展行动计划，实施革命文物保护利用工程，完成长辛店中国共产党早期北京革命活动旧址保护修缮。推动形成卢沟桥—宛平城—长辛店、莲花池—金中都、南中轴—南苑三大文化板块保护传承新发展格局。稳步实施文物保护修缮，完成全区113处不可移动文物现状评估及确权，考古发掘金中都城墙遗址实证金中都城的建制沿革。

2021年是中国共产党成立100周年，也是开局“十四五”、开启新征程之年，丰台区全力以赴做好庆祝建党100周年和服务保障冬奥冬残奥两件大事。举办“唱支山歌给党听”活力丰台音乐会，开展“奋斗百年路 启航新征程”庆祝建党百年系列群众文化活动400余场次，参与人数达17万余人次。承担丰台区冬奥城市文化活动小组工作，持续推进7个冬奥示范场所建设和氛围营造。统筹开展冬奥主题城市文化活动53场。组织文化馆舞蹈队参加冬奥开幕式演出，组织“一起向未来”群众活动。毫不松懈筑牢文旅领域疫情防线，充分发挥“一办十二组”统筹协调调度作用，严格落实常态化疫情防控要求，坚持科学精准、分类施策和动态调整，推动场所“限量、预约、错峰”常态化。

坚持文化惠民导向，公共文化服务体系不断完善。持续补齐公共文化设施短板弱项。丰富公共文化产品供给，以“我的丰台我的家”为载体，开展“三下乡”“周末百姓大舞台”“星火工程”等各级各类线上线下文化活动2500场次，超量保质完成市区折子实事1800场次任务。持续办好“周末场演出”“相声乐苑”“新年新春音乐会”等精品公益演出。举办“花开丰台”端午文化游园会，开展“书香丰台”家庭书房全民阅读推广活动80场次。

提升公共文化服务效能，继续委托第三方对街镇文化中心服务效能进行督导和评估，采取“五个一”做法逐一破解基层公共文化服务难点问题。组织评审基层文化建设“六个十”示范项目。发挥总分馆联动协同作用，实现全民艺术普及活动常态化。音乐作品《京津冀》、戏剧作品《苹果熟了》入围第19届群星奖北京地区参赛作品。精心组织指导辖区市民参加“舞动北京”“歌唱北京”等市级群众性文化赛事活动。参加首图红领巾故事汇征集活动和“阅读北京”全市诵读大赛。坚持“在保护中发展、在发展中保护”，赓续城市文脉，实施三大文化片区保护提升，传承红色文化、古都文化和历史文化。

高标准实施长辛店地区中国共产党早期革命活动旧址4处点位修缮保护工程。金中都城墙遗址考古取得重大成果，实证了金中都城的建制沿革。加大文化遗产保护力度，完成相关文物修缮。“赵登禹将军墓”核定公布为第九批市保文物。开展“非遗进社区”“非遗优秀作品展”等展览展示活动。在区级层面完成12名国家级非遗代表性传承人的评估工作。推荐“鸟笼制作技艺”申报市传统工艺振兴目录。坚持统筹推进，文旅融合提质增效进程加快。编制《丰台区“十四五”时期文化和旅游发展规划》等。“发现新丰台”全年新媒体信息传播量达4503余万人次。

（孙晶晶）

文化设施

【**概况**】2021年，丰台区有公共图书馆2个，馆藏图书125万册。档案馆1个，馆藏案卷14.5万卷件。文化馆（站）22个，文化广场26个，各类群众文化团体1426个。非物质文化遗产保护项目46项，其中国家级4项。

（彭　研）

【**基层公共文化设施建设**】年内，完成卢沟桥乡文化服务中心、南苑街道合顺家园社区综合文化室共2处文化设施提升改造。2021年7月丰台区区划调整完成后，卢沟桥乡文化服务中心属地调整为卢沟桥街道，该项目提升改造面积2301平方米，已竣工并投入使用，由卢沟桥街道接管完成后续运营。南苑街道合顺家园社区综合文化室装修改造及

▲6月28日，勾超进行“南中轴历史”文化专题讲座。

设备购置项目涉及改造面积1000余平方米，已竣工并投入使用。

（彭　研）

【大红门新馆正式对外“试运行”】6月28日，丰台区图书馆大红门新馆正式开馆运行，丰台区相关领导出席启动仪式，北京史地民俗学会副秘书长勾超还为参与居民进行了“南中轴历史”文化专题讲座。

（丰台区图书馆）

【北京市委书记蔡奇调研大红门馆】7月21日，市委书记蔡奇一行20余人到丰台图书馆大红门馆调研。对大红门馆的建设布局、室内环境、读者服务等给予充分肯定，同时提出要以大红门馆开放为契机，全面提升读者服务工作的质量和水平，切实满足广大民众的精神文化生活。

（丰台区图书馆）

【区内公共文化设施基本情况】年内，全区范围内有公共文化设施1650处，总面积2866204.9平方米。按照2020年第七次人口普查丰台区人口201.97万计算，人均面积约为1.42平方米，在全市16区“七有”“五性”涉及指标中位于全市第9名。

（彭　研）

【文化设施配套规划、移交、管理】年内，最大程度保障公共文化设施的功能合理性、使用便利性和人性化要求，参加区住建委组织的配套设施移交接收、协调、联合审查等工作会议14次，办理3项配套设施方案意见反馈，分别为：长辛店镇张郭庄村A区FT00-0203-6145、FT00-0203-6159地块R2二类居住用地项目社区文化设施方案、长辛店镇张郭庄村A区棚户区改造土地开发项目安置房工程配建社区文化设施设计方案、青龙湖文化会都核心区C北地块文化设施方案。

（彭　研）

文化事业机制体制

【区文化馆、区图书馆法人治理结构改革】5月，丰台区文化馆、图书馆第一届理事会成立，选举产生理事会理事长、副理事长、秘书长、兼职监事，明确职责分工，讨论、审议通过丰台区文化馆的《丰台区文化馆章程》和四项配套制度以及丰台区图书馆的《丰台区图书馆章程》和四项配套制度。理事会成立标志着法人治理结构改革工作步入正轨，形成共同关心和支持文化事业发展的良好局面。

（彭　研）

【丰台区文化馆第一届理事会成立】5月15日，丰台区文化馆召开第一届理事会第一次全体会议，各位理事积极表态，将分别从法律权益、开放共享、公共设施运营、文化志愿服务、社会文化资源融合、服务满意度等方面发挥好作用，群策群力，尽职尽责，齐心协力，推动文化馆和丰台区群众文化事业蓬勃发展。

（刘学忠）

【丰台区图书馆第一届理事会成立】5月15日，丰台区图书馆第一届理事会

▲5月15日，丰台区文化馆第一届理事会召开第一次会议。

▲5月15日，丰台区图书馆第一届理事会成立大会召开。

▲2月19日，丰台文化馆总分馆中片戏曲成果汇报演出在丰台区文化馆举办。

第一次会议召开，图书馆重大人事调整、图书馆新馆宣传片制作、年度图书文献购置等重要工作均向理事会进行报告及征求意见。

（丰台区图书馆）

【大红门馆冬奥文化公共设施氛围营造全面完工】 12月28日，大红门馆冬奥文化公共设施氛围营造全面完工。作为北京2022年冬奥文化设施示范场所，大红门馆承担着营造冬奥主题氛围、宣传赛事文化、推广相关阅读的重要职责。完工后，大红门馆将开始接待读者，设置的600余册图书也全部上架供借阅。

（丰台区图书馆）

【总分馆制建设稳步推进】 年内，丰台区文化馆以总分馆制建设为抓手，以"1+26"（总馆＋分馆）的模式，点面结合，根据各分馆发展现状，探索分馆联盟运作机制，分为西部、中部、东部三个片区，建立"会议联席、活动联办、培训联做、平台联建、场地联用"的"五联"服务体系，统筹区域内的文化活动、艺术资源、文艺创作、艺术辅导、队伍培训等，搭建多层次、多门类、多方位的沟通平台，拓宽服务形式，开展广场舞、声乐、文化志愿服务等培训，使全民艺术普及活动常态化，不断提升公共文化服务能力和水平，培训艺术骨干近5000人。

（刘学忠）

文化活动

【群众文化活动】 年内，以"首都市民系列文化活动"为主线，紧密围绕献礼建党百年主题，开展"周末场演出""文化四进""周末百姓大舞台""全民阅读推广"等线上线下惠民文化活动2500余场次。

（彭　研）

【开展"三下乡"集中示范活动】 2月4日，配合区委宣传部、区科信局、区卫健委线上开展文化、科技、卫生"三下乡"集中示范活动视频录制活动，购买500余份新春福字、对联等，分别配送至辖区王佐镇、北宫镇、卢沟桥乡、南苑乡、花乡。

（丰台区图书馆）

【世界读书日系列阅读推广活动】 4月23日，在世界读书日当天，区图书馆与北宫镇在北宫镇综合文化中心联合开展世界读书日启动仪式，发布2021年书香丰台全民阅读活动内容，推荐阅

▲全面完工的大红门馆冬奥文化公共设施

▲2月4日，丰台区举办"三下乡"集中示范活动启动仪式。

▲4月23日，丰台区举办"世界读书日"阅读推广启动仪式。

读建党百年优秀图书书目以及"4.23世界读书日"期间开展的阅读宣传推广活动。还以"建党百年"故事会为主题，讲述"百年峥嵘忆先驱"革命人物故事及"北方红星长辛店"区域红色故事。活动当天在线观看量达10.4万人次。

（丰台区图书馆）

【"建党百年故事会"活动】 4月至8月，为庆祝中国共产党成立100周年，通过革命先驱事迹、区域红色元素，引导民众铭记中国共产党领导人民走过的光辉历程、作出的伟大贡献、取得的宝贵经验，生动展现百年大党的梦想与追求、情怀与担当、牺牲与奉献，丰台区图书馆联合各街镇分馆，举办"建党百年故事会"。活动由"觉醒年代"百年峥嵘忆先驱和"北方红星"长辛店两部分构成，讲述蔡和森、陈独秀、李大钊、毛泽东等党早期人物为民族复兴，开启民智的革命故事，并用通俗化、大众化的语言讲述北方红星长辛店的区域红色故事。活动在辖区街镇举办16场次，全程在"书香丰台全民阅读"快手平台直播，累计在线观看量19.58万。

（丰台区图书馆）

【庆祝建党100周年群众书画作品展】 5月20日，丰台区庆祝建党100周年群众书画作品展在东铁匠营街道分馆开展，后续分别在新村街道分馆、北宫镇分馆、丰台文化馆总馆巡展，活动至7月15日闭展。本次书画展得到了全区各街镇书画界人士的大力支持，涵盖区内的群众书画家、在职职工、书画学员、学生、辖区群众等，创作出了一批赞美党、赞美祖国、讴歌生活，富于时代气息的作品。共征集书画作品2000余件，经过筹备组筛选，最终100幅高水平、有特色、契合主题的作品参与展出。美术作品种类包括山水、花鸟。书法作品包括楷书、行书、草书、篆书等。

（刘学忠）

【"花开丰台"端午文化游园会】 6月12日至14日，围绕传统节日端午节，举办第9届"花开丰台"端午文化游园会，融合"端午""非遗""冬奥""花卉"等多种元素。活动分为"线下"和"线上"两部分，线下举办17项子活动和10场文艺演出，线上推出"云"游丰台系列6部Vlog。现场3万余人次游客与线上30余万人次观众共同参与。

（彭　研）

【庆祝建党100周年钢琴音乐会】 6月21日，由区文化和旅游局主办、区文化馆承办的"永远跟党走"丰台区庆祝建党100周年钢琴音乐会在区文化馆剧场举办。音乐会将钢琴独奏、钢琴四重奏、钢琴联奏、钢琴伴奏独唱、钢琴伴奏合唱、钢琴伴唱京剧、钢琴与其他器乐组

▲6月12日至14日，端午文化游园会举行狮舞表演。

▲6月21日，丰台区庆祝建党100周年钢琴音乐会在区文化馆剧场举办。

▲“永远跟党走”丰台区庆祝建党100周年群众合唱大赛中片区复赛在丰台区文化馆举办。

合、钢琴伴奏诗朗诵等形式集于一体，选取红色经典音乐、戏曲和基层原创歌曲等作品，搭建院校高水平艺术家、群文工作者、专业文艺院团、文化志愿者等文艺人才同台联袂演出。艺术家们同台演奏四重奏《唱支山歌给党听》《我爱你中国》《映山红》《不忘初心》等歌颂祖国、赞颂党的主旋律曲目。音乐会通过线上线下联动，国家公共文化云官网、北京数字文化馆官网、北京丰台APP、微博“北京丰台”、央视频丰台发布、今日头条北京丰台、快手号丰台发布、抖音号丰台发布等同步直播，在线观众达25万人次，演出形式深受观众朋友们喜爱。

（刘学忠）

【庆祝建党100周年群众合唱大赛】 6月30日，“永远跟党走”丰台区庆祝建党100周年群众合唱大赛决赛在区文化馆剧场举办，分为小合唱组和大合唱组两组进行。24支参赛队1000余名群众合唱爱好者同台竞技，最终，春之翼女生合唱团获得了小合唱组一等奖，北京爱之声合唱团、军休枫林合唱团获得大合唱组一等奖。本次活动自5月开始，共有近3000名音乐爱好者踊跃参赛。经过初赛和复赛，共有24支合唱队晋级决赛。

（刘学忠）

【“唱支山歌给党听”活力丰台音乐会】 7月9日，区文化和旅游局举办“唱支山歌给党听”活力丰台音乐会，大力营造共庆建党百年的浓厚氛围，助力“活力丰台”建设，通过“线上直播”+“线下演出”的方式，惠及更多市民群众与高雅艺术零距离接触，共庆建党百年华诞、共享文化惠民成果、共谱未来美好篇章。现场500余名观众共同参加。

（彭　研）

【参与“阅读北京”全市诵读大赛】 8月至10月，积极参与由首都图书馆组织的“阅读北京”全市诵读大赛。大赛通过线上提交作品、线下组织评审的方式举办，共收集到来自全区各街镇报名的作品56份，同时邀请著名朗诵家和作家作为评委，从朗诵和创作的角度对作品进行评审。其中个人组诵读作品《丰碑》、集体组诵读作品《致敬90后》最终分别荣获北京市二等奖和三等奖。

（丰台区图书馆）

【建党100周年群众广场舞蹈大赛】 9月28日，“永远跟党走”第十六届“舞动北京”群众广场舞蹈大赛区赛暨丰台区2021年庆祝建党100周年群众广场舞

▲7月9日，丰台区举办“唱支山歌给党听”活力丰台音乐会。

▲个人组作品《丰碑》正在参与比赛

▲9月28日，参赛队在丰台区庆祝建党100周年群众广场舞蹈大赛上表演。

▲丰台区文化馆舞蹈队表演舞蹈《千古一醉》。

蹈大赛决赛在区文化馆剧场举办。丰台区共有30支群众舞蹈队晋级市级复赛，最终舞承艺术舞蹈团表演的《幸福美满感党恩》、丰台区老教协烛光艺术团舞蹈队表演的《党旗更鲜艳》、正阳北里舞蹈队表演的《再唱山歌给党听》三支舞蹈获得本次大赛的一等奖。

（刘学忠）

【获第十六届“舞动北京”群众广场舞蹈大赛团体金奖】 10月15日，2021首都市民系列文化活动之第十六届“舞动北京”群众广场舞蹈总决赛在海淀公园露天剧场举办，丰台区文化馆选送的舞蹈《千古一醉》《情深谊长》获第十六届“舞动北京”群众舞蹈大赛团体金奖。同时《千古一醉》还获得第十六届“舞动北京”群众舞蹈大赛创作奖。

（刘学忠）

【区委常委、宣传部长调研大红门馆】 11月17日，丰台区委常委、宣传部长到大红门馆调研，听取大红门馆试运行以来接待读者情况、信息化设备使用情况及全民阅读推广活动等工作，对大红门馆的建设布局、室内环境、读者服务等给予充分肯定。

（丰台区图书馆）

【区委常委、统战部长调研大红门馆】 12月3日，丰台区委常委、统战部长等一行20余人到大红门馆调研，听取大红门馆具体开放情况、信息化设备使用情况、阅读推广活动情况以及“同心之家”统战活动室建设情况等工作，对大红门馆的环境和服务给予充分肯定。

（丰台区图书馆）

【举办冬奥城市文化活动】 年内，统筹区内相关推荐单位和实施主体，开展丰台区莲花池公园冬奥文化广场，区文化馆、区图书馆大红门新馆冬奥文化公共设施，新村街道怡海花园社区、刘孟家园社区、石榴庄街道综合文化中心、青塔街道岳各庄村冬奥示范社区等7处冬奥示范场所建设相关工作。莲花池公园冬奥文化广场活动于2月15日正式开始，活动将文化和体育相结合，通过文体演出、运动体验、展览展示、赛事直播等多种形式，引导市民了解冬奥知识、关注冬奥赛事、体验冰雪运动、为奥运健儿加油喝彩。截至3月13日活动结束，共吸引游客3万余人次入园游览，出动工作、演职等服务保障人员5800余人次。舞台区共举办53场群众文艺演出和群众体育展演，中心篷房冰雪运动体验8500余人次，非遗互动体验400余人次。

（彭　研）

【相声乐苑演出有序开展】 年内，“艺韵丰台 献声百年”丰台区相声乐苑演出活动紧紧围绕庆祝建党100周年，在宣传正能量的同时抒发爱党爱国的情怀，遵循公益惠民服务宗旨，让公益项目惠及普通百姓生活，活动于每周五晚7:30

▲2月15日，丰台区莲花池公园冬奥文化广场“一起向未来”文化活动开始。

▲相声乐苑“英雄的土地”主题专场演出

▲周末场演出计划综艺晚会线上演出

分准时开演，以免费不免票的形式面向广大市民开放。丰台相声乐苑倡导健康文明的相声，由来自北京各个专业团体的演员登台献艺，让百姓在家门口就可以和这些相声艺术家进行零距离的接触，全年共送上演出48场。

（刘学忠）

【周末场演出计划惠及城南百姓】 年内，2021年度每周利用周末为广大百姓安排演出2场，坚持低票价，公益惠民原则。区文化馆并加大了惠民力度，面向老年人（60岁以上）、残疾人、现役军人凭本人有效证件免费领票观看，演出内容涵盖京剧、评剧、豫剧、河北梆子、北京曲剧、综艺演出、儿童剧等，面向不同的人群，精心安排演出剧目，确保了阵地惠民演出的良性健康发展，以多种形式不断丰富广大群众的业余文化生活。周末场演出计划是北京市基层公益性演出活动，

（刘学忠）

【强化文艺作品创作】 年内，区文化馆以创作选拔第十九届“群星奖”作品为目标，动员总分馆一切资源优势，结合京津冀协同发展战略，在北京市文化馆（北京文化艺术活动中心）的指导下，与天津市群众艺术馆、河北省群众艺术馆、河北省秦皇岛市群众艺术馆联合创作音乐类作品《京津冀》参加第十九届群星奖北京地区音乐类作品选拔。区文化馆戏剧作品《苹果熟了》入围第十九届群星奖北京地区戏剧类作品。

（刘学忠）

▲丰台区文化馆原创戏剧作品《苹果熟了》

文化遗产保护

【长辛店革命活动旧址保护传承利用工作】 年内，丰台区启动中国共产党早期北京革命活动旧址——长辛店革命活动旧址一址七处保护传承利用工作，包括劳动补习学校旧址、留学勤工俭学预备班旧址保养维护工作以及警察局驻地旧址、工人夜班通俗学校旧址文物修缮等，为革命文物展陈创造条件，圆满完成中国共产党成立100周年重大政治任务。

（肖新刚）

【推进金中都遗址公园建设工作】 年内，完成金中都城遗迹保护工程考古发掘（二期）项目、金中都城遗迹保护工程考古发掘（二期）保护措施项目，统筹推进金中都城遗迹地上遗存及地下考古成果技术数据提取与分析项目，积极与丽泽金融商务区管委会沟通，协助做好金中都城遗址公园概念性设计方案征集工作，协助完成设计方案国际招标工作。

（李洪成）

【开展金中都城考古工作后续研究课题项目】年内，区文物管理所在2019、2020年两期金中都遗迹考古发掘工作基础上，结合历史资料及现场发掘成果，从金中都相关文献档案汇编、考古现场三维信息采集、考古出土材料科学检测、金中都城营建史及营建技术研究等方面，深化金中都历史与价值认知，进一步夯实北京辽金时期城建史研究，为"加快建设金中都城墙遗址公园"提供有力保障，借助研究成果助推金中都城文物特色呈现，为后续深度展示金中都城遗迹的历史与科学价值奠定坚实基础。

（高雅琦）

【统筹西山永定河文化带建设工作】年内，以北京市推进全国文化中心建设领导小组印发的《2021年全国文化中心建设重点任务清单》为指导，按时上报各项市折子进展情况，完成《宛平城地区街区控制性详细规划》文本编制、宛平城内街"自愿解危"（一期）工作；完善长辛店地区旅游标识、语音导览等红色旅游配套服务，打造中国共产党早期北京革命活动主题片区红色文化精品工程；实施金中都城遗迹保护工程考古发掘（二期）成果保护措施及保安服务项目，完成金中都城遗迹地上遗存及地下考古成果技术数据提取与分析项目，完成金中都城遗址公园概念性设计方案征集工作。

（赵琨璞）

【"赵登禹将军墓"成为第九批北京市文物保护单位】8月27日，北京市人民政府印发《关于公布第九批北京市文物保护单位名单的通知》（京政发〔2021〕23号），丰台区"赵登禹将军墓"名列其中。此前3月，赵登禹将军墓已被北京市文物局确定为北京市第一批不可移动革命文物。

（肖新刚）

【"2021年宛平城——卢沟桥地区重点区域整治提升工作"】年内，宛平城——卢沟桥地区重点区域整治提升工作列入市级疏整促专项行动，区文旅局牵头重点区域工作方案编制。该项目包括：岱王庙局部修缮风貌提升项目、卢沟桥历史博物馆整体提升改造工程及宛平文化广场改建提升工程。截至年底，岱王庙局部修缮风貌提升项目完成施工开工手续办理，并已进场施工；宛平文化广场改建提升工程完成项目前期事前绩效评估和预算评审工作；卢沟桥历史博物馆整体提升改造工程完成事前绩效评估和防洪评价工作。

（肖新刚）

【文物保护工作】年内，开展文物保护工作17项，涉及文物本体修缮、日常保养维护、文物安技防检测维修等。

（李洪成）

【开展非物质文化遗产保护工作业务培训】3月25日，由区文化馆与中国人民大学继续教育学院联合举办的2021年丰台区非物质文化遗产保护工作业务培训会在丰台区长辛店文化中心开班。辖区街镇非遗主管领导、非遗项目保护工作人员及非遗项目代表传承人共100人参加了培训。北京市文化创意产业促进中心主任梅松、中央民族大学法学院教授田艳、中国人民大学文学院教授金元浦系统讲授了当前非遗工作最新的政策与要求、新业态与新趋势，深度解读《北京市非物质文化遗产保护工作条例》等内容。通过强化学习，与会全体人员更加深刻地领会了非物质文化遗产保护工作的政策精髓，丰富了项目传承人的专业知识，提升了队伍整体素质和工作能力。

（陈　宇）

【红色主题非遗剪纸进社区】4月11日，由区非物质保护办公室与街镇联合开展的庆祝中国共产党成立100周年红色主题非遗剪纸艺术进社区系列活动仪式在长辛店镇综合文化中心举办。活动在长辛店镇、南苑乡、东铁匠营街道等6个单位下辖的10个社区中开展。聘请剪纸工艺师张娟老师进行授课，以剪纸的形式，展现建党百年党带领全国人民走过的峥嵘岁月，中华人民共和国成立以来的历史巨变，颂扬在中国共产党领导下人民过上的幸福生活。10个社区共200余人参与活动。

（陈　宇）

【2021年"文化和自然遗产日"活动】年内，利用2021年"文化和自然遗产日"，开展"奋斗百年路 启航新征程"丰台区庆祝建党100周年非遗宣传系列活动，依托丰台区非遗保护成果，融合京西非遗优秀资源，践行"人民的非遗 人民共享"活动主旨。以非遗作品、非遗项目为载体，紧扣党的百年征程主线，开展

▲3月25日，2021年丰台区非物质文化遗产保护工作业务培训会在丰台区长辛店文化中心开班。

"京西非遗项目展示"：海淀区、石景山区、门头沟区三支太平鼓项目同场献艺，交流互鉴；"优秀非遗节目展演"：邀请国家级、市级、区级非遗项目传承人，进行红色主题的非遗、戏曲专场展演；"优秀非遗作品展览"：从百余件原创非遗作品中甄选出高水平、有特色、契合主题的"精品佳作"进行展出。

（陈　宇）

【国家级代表性传承人评估工作】 9月至10月，配合市文旅局，面向区属国家级非物质文化遗产代表性传承人组织开展评估工作，认定12名国家级传承人，考核结果为3人优秀，9人合格。

（陈　宇）

▲4月11日，庆祝中国共产党成立100周年红色主题非遗剪纸艺术进社区系列活动仪式在长辛店镇综合文化中心举办。

2021 国家级传承人考核结果统计表

表 19

编号	姓名	剧种	考核结果
1	孙毓敏	京剧	优秀
2	沈世华	昆曲	优秀
3	赵葆秀	京剧	优秀
4	赵燕侠	京剧	合格
5	谷文月	评剧	合格
6	刘萍	评剧	合格
7	吕翠琴	京西太平鼓（怪村太平鼓）	合格
8	朱绍玉	京剧	合格
9	钮骠	京剧	合格
10	宋丹菊	京剧	合格
11	谢锐青	京剧	合格
12	蔡英莲	京剧	合格

2021 丰台区非遗项目保护名录一览表

表 20

序号	名称	类别	级别	保护单位
1	卢沟桥传说	民间文学	国家级	丰台区文化馆
2	卢沟中秋节	民俗	区级	丰台区文化馆
3	北京雕漆（王保罗）	民间美术	区级	西罗园街道办事处
4	京派内画鼻烟壶	民间美术	区级	马家堡街道办事处
5	路家皮影制作技艺	民间美术	区级	马家堡街道办事处
6	北京泥人张泥瓦模技艺	民间美术	区级	长辛店街道办事处
7	剪纸（陈玉梅）	民间美术	区级	新村街道办事处
8	面塑（王翊竹）	民间美术	区级	东铁营街道办事处
9	中医正骨术（杨德山）	传统医药	区级	花乡人民政府
10	桂氏驳筋通络术	传统医药	区级	丰台街道办事处
11	管氏膏药制作技艺	传统医药	区级	北京金圣方医学技术有限公司
12	谢氏砭石疗法	传统医药	区级	五运堂中医研究院
13	万缘双石会	传统体育、游艺与竞技	区级	南苑乡人民政府
14	馨春开路会	传统体育、游艺与竞技	区级	南苑乡西铁营村村委会
15	中幡（双庙）	传统体育、游艺与竞技	区级	南苑乡石榴庄村村委会
16	三皇炮捶拳	传统体育、游艺与竞技	区级	南苑乡石榴庄村委会
17	查拳	传统体育、游艺与竞技	区级	西罗园街道办事处
18	劈挂拳	传统体育、游艺与竞技	区级	西罗园街道办事处
19	三路居开路	传统体育、游艺与竞技	区级	卢沟桥乡人民政府
20	蹴球	传统体育、游艺与竞技	区级	卢沟桥乡人民政府
21	扔石锁（岳各庄）	传统体育、游艺与竞技	区级	卢沟桥街道岳各庄社区居委会
22	五行通臂拳	传统体育、游艺与竞技	区级	马家堡街道办事处
23	白猿通背拳	传统体育、游艺与竞技	区级	马家堡街道办事处
24	陈氏太极拳	传统体育、游艺与竞技	区级	长辛店街道办事处
25	吴氏太极拳	传统体育、游艺与竞技	区级	长辛店街道办事处
26	萧式太极拳	传统体育、游艺与竞技	区级	丰台街道办事处
27	中幡（大红门）	传统体育、游艺与竞技	区级	大红门街道办事处

续表 20

序号	名称	类别	级别	保护单位
28	八闪翻	传统体育、游艺与竞技	区级	北京泰横源投资管理有限公司
29	俊王德顺斋“焦圈、烧饼”制作技艺	民间手工技艺	区级	丰台街道办事处
30	鸟笼制作技艺（刘子元）	民间手工技艺	区级	东铁营街道办事处
31	风筝制作技艺（罗焕文）	民间手工技艺	区级	方庄街道办事处
32	大风车制作技艺（张曙光）	民间手工技艺	区级	新村街道办事处
33	景泰蓝制作技艺（张旭）	民间手工技艺	区级	北京张同禄珐琅文化艺术有限公司
34	米粮屯高跷	民间舞蹈	市级	王佐镇人民政府
35	怪村太平鼓	民间舞蹈	国家级	王佐镇人民政府
36	西铁营花钹挎鼓	民间舞蹈	市级	南苑乡人民政府
37	海户屯秧歌	民间舞蹈	区级	南苑乡人民政府
38	南营太平鼓	民间舞蹈	区级	长辛店镇辛庄村委会
39	刘家村“同乐义善蜈蚣岭”五虎少林圣会	民间舞蹈	区级	花乡造甲村村委会
40	南营少林	民间舞蹈	区级	长辛店镇人民政府
41	孟村旱船	民间舞蹈	区级	花乡人民政府
42	东管头村五虎少林会	民间舞蹈	区级	卢沟桥乡东管头村村委会
43	左安门外孙家场普善同乐五虎少林会	民间舞蹈	区级	南苑乡东铁营村委会
44	北京评书（张怡）	曲艺	区级	北戏书馆

2021 丰台区不可移动文物简表

表 21

<table>
<tr><th>序号</th><th>文物名称</th><th>级别</th><th>地址</th><th>类型</th><th>年代</th><th>所在街镇</th></tr>
<tr><td>1</td><td>镇岗塔</td><td>全国重点文物保护单位</td><td>丰台区云岗街道张家坟村</td><td>古建筑</td><td>金代</td><td>云岗街道</td></tr>
<tr><td rowspan="3">2</td><td>长辛店二七大罢工旧址——长辛店工人俱乐部旧址</td><td rowspan="3">全国重点文物保护单位</td><td>丰台区长辛店街道大街 174 号</td><td rowspan="3">近现代重要史迹及代表性建筑</td><td>近代</td><td>长辛店街道</td></tr>
<tr><td>长辛店二七大罢工旧址——劳动补习学校旧址</td><td>丰台区长辛店街道长辛店大街祠堂口 1 号</td><td>近代</td><td>长辛店街道</td></tr>
<tr><td>长辛店二七大罢工旧址——长辛店留法勤工俭学预备班旧址</td><td>丰台区长辛店街道陈庄社区德善里 18 号长辛店第一中学</td><td>近代</td><td>长辛店街道</td></tr>
</table>

续表 21

序号	文物名称	级别	地址	类型	年代	所在街镇
2	长辛店二七大罢工旧址——二七机车厂近代建筑遗存	全国重点文物保护单位	长辛店杨公庄1号二七机车厂内	近现代重要史迹及代表性建筑	近代	长辛店街道
	长辛店二七大罢工旧址——工人夜班通俗学校旧址		丰台区长辛店街道长辛店大街145号第一小学内		清代	长辛店街道
	长辛店二七大罢工旧址——警察局驻地旧址		丰台区长辛店街道长辛店大街196号长辛店派出所		明代	长辛店街道
	长辛店二七大罢工旧址——二七烈士墓		丰台区长辛店街道玉皇庄社区长辛店西花园南里甲1号长辛店公园内		近代	长辛店街道
3	卢沟桥（包括宛平县城）	全国重点文物保护单位	丰台区卢沟桥城南街77号	古建筑	金代	宛平街道
4	金中都水关遗址	全国重点文物保护单位	丰台区右安门街道亚林西居住区9号院9号楼	古遗址	金代	右安门街道
1	南岗洼桥	北京市文物保护单位	丰台区王佐镇南岗洼村	古建筑	清代	王佐镇
2	福生寺	北京市文物保护单位	丰台区北宫镇张郭庄村349号	古建筑	明代	北宫镇
3	丰台娘娘庙	北京市文物保护单位	丰台区北宫镇大灰厂村	古建筑	明代	北宫镇
4	赵登禹将军墓	北京市文物保护单位	丰台区宛平街道宛平社区东500米西道口	近现代重要史迹及代表性建筑	近代	宛平街道
5	丰台药王庙	北京市文物保护单位	丰台区看丹街道看丹村	古建筑	清代	看丹街道
6	大葆台西汉墓遗址	北京市文物保护单位	丰台区花乡街道郭公庄村丰葆路世界公园南680米处大葆台西汉墓博物馆	古墓葬	汉代	花乡街道
7	莲花池	北京市文物保护单位	丰台区太平桥街道莲花池社区广外莲花池路48号莲花池公园	古遗址	金代	太平桥街道
8	金中都城遗迹	北京市文物保护单位	丰台区太平桥街道凤凰嘴村1处，万泉寺村1处，高楼村1处	古遗址	金代	太平桥街道
9	南苑兵营司令部旧址	北京市文物保护单位	丰台区南苑街道机场社区	近现代重要史迹及代表性建筑	民国	南苑街道
1	密檐塔	丰台区文物保护单位	丰台区王佐镇瓦窑村	古建筑	明代	王佐镇
2	石五供	丰台区文物保护单位	丰台区王佐镇玉叶陵园	石窟寺及石刻	清代	王佐镇
3	王佐镇老爷庙	丰台区文物保护单位	丰台区王佐镇南宫村长青路103号院243号	古建筑	清代	王佐镇
4	极乐峰护国宝塔及佛洞群	丰台区文物保护单位	丰台区王佐镇西庄店村	其他	明代	王佐镇

续表21

序号	文物名称	级别	地址	类型	年代	所在街镇
5	和尚塔	丰台区文物保护单位	丰台区北宫镇东河沿村南射击场路8号	古建筑	清代	北宫镇
6	清真寺	丰台区文物保护单位	丰台区长辛店街道长辛店大街170号	古建筑	清代	长辛店街道
7	老爷庙	丰台区文物保护单位	丰台区长辛店街道长辛店大街128号	古建筑	清代	长辛店街道
8	张辅张懋墓前石雕	丰台区文物保护单位	丰台区长辛店街道连山岗生态公园内	石窟寺及石刻	明代	长辛店街道
9	大王庙	丰台区文物保护单位	丰台区宛平街道老庄子乡北天堂村245号	古建筑	清代	宛平街道
10	水志	丰台区文物保护单位	丰台区卢沟桥北东岸500米处	古建筑	清代	宛平街道
11	和隆武碑	丰台区文物保护单位	丰台区卢沟桥街道小屯村新丰驾校	石窟寺及石刻	清代	卢沟桥街道
12	万佛延寿寺铜观音像（含石碑）	丰台区文物保护单位	丰台区五里店街道大井社区西四环南路55号丰体中心院内	其他	明代	五里店街道
13	达园寺	丰台区文物保护单位	丰台区玉泉营街道纪家庙村于家胡同55号	古建筑	清代	玉泉营街道
14	草桥遗迹	丰台区文物保护单位	丰台区玉泉营街道草桥村北	古建筑	清代	玉泉营街道
15	中顶庙	丰台区文物保护单位	丰台区右安门街道西铁营村	古建筑	明代	右安门街道
16	大红门东门房	丰台区文物保护单位	丰台区大红门街道大红门东后街152号	其他	清代	大红门街道
17	傅子范墓	丰台区文物保护单位	丰台区和义街道久敬庄社区久敬庄60号北京军区空军黄亭子招待所内	古墓葬	清代	和义街道
18	歙州阳宅	丰台区文物保护单位	丰台区石榴庄街道石榴庄公园内	古建筑	明代	石榴庄街道
19	万佛寺	尚未核定公布为文物保护单位的不可移动文物	丰台区王佐镇怪村	古建筑		王佐镇
20	吉祥庙	尚未核定公布为文物保护单位的不可移动文物	丰台区王佐镇怪村	古建筑		王佐镇
21	大富庄老爷庙	尚未核定公布为文物保护单位的不可移动文物	丰台区王佐镇大富庄村	古建筑	清代	王佐镇
22	古刹海潮庵	尚未核定公布为文物保护单位的不可移动文物	丰台区王佐镇沙锅村405号	古建筑		王佐镇
23	朝阳寺	尚未核定公布为文物保护单位的不可移动文物	丰台区王佐镇沙锅村107号	古建筑		王佐镇
24	下庄村娘娘庙	尚未核定公布为文物保护单位的不可移动文物	丰台区王佐镇下庄村269号院南侧	古建筑		王佐镇
25	华严庵	尚未核定公布为文物保护单位的不可移动文物	丰台区王佐镇羊圈头村北	古建筑		王佐镇

续表 21

序号	文物名称	级别	地址	类型	年代	所在街镇
26	三圣神祠	尚未核定公布为文物保护单位的不可移动文物	丰台区王佐镇东王佐村	古建筑		王佐镇
27	桂峰香公寿塔碑	尚未核定公布为文物保护单位的不可移动文物	丰台区王佐镇瓦窑村	石窟寺及石刻	明代	王佐镇
28	创建关王庙记碑	尚未核定公布为文物保护单位的不可移动文物	丰台区王佐镇栗园村86号院东侧	石窟寺及石刻	明代	王佐镇
29	地界碑	尚未核定公布为文物保护单位的不可移动文物	丰台区王佐镇西庄店村千灵山风景区	石窟寺及石刻	清代	王佐镇
30	重修观音禅寺碑	尚未核定公布为文物保护单位的不可移动文物	丰台区王佐镇南岗洼村222号后面院内	石窟寺及石刻	明代	王佐镇
31	王佐镇西庄店村后甫营西庙	尚未核定公布为文物保护单位的不可移动文物	丰台区王佐镇西庄店中心村后甫营村西	古建筑	清代	王佐镇
32	八一射击场石碑	尚未核定公布为文物保护单位的不可移动文物	丰台区北宫镇芦井社区八一射击场院内	石窟寺及石刻		北宫镇
33	真武庙	尚未核定公布为文物保护单位的不可移动文物	丰台区北宫镇张郭庄村	古建筑	清代	北宫镇
34	高庙	尚未核定公布为文物保护单位的不可移动文物	丰台区北宫镇大灰厂村5号东侧	古建筑	明代	北宫镇
35	菩萨庙	尚未核定公布为文物保护单位的不可移动文物	丰台区北宫镇留霞峪村148号院北侧	古建筑		北宫镇
36	刘秉权墓	尚未核定公布为文物保护单位的不可移动文物	丰台区北宫镇大沟村	古墓葬	清代	北宫镇
37	李嗣兴碑	尚未核定公布为文物保护单位的不可移动文物	丰台区北宫镇太子峪村杨家坟后坟	石窟寺及石刻	清代	北宫镇
38	马慧裕碑	尚未核定公布为文物保护单位的不可移动文物	丰台区北宫镇留霞峪村	石窟寺及石刻	清代	北宫镇
39	南营村关帝庙	尚未核定公布为文物保护单位的不可移动文物	丰台区北宫镇南营村	古建筑		北宫镇
40	护国万行寺碑	尚未核定公布为文物保护单位的不可移动文物	丰台区北宫镇槐树岭社区	石窟寺及石刻	明代	北宫镇
41	二老庄村老爷庙	尚未核定公布为文物保护单位的不可移动文物	丰台区云岗街道张家坟村二老庄	古建筑		云岗街道
42	敕赐佑善祥重修碑	尚未核定公布为文物保护单位的不可移动文物	丰台区长辛店街道西峰寺社区92号	石窟寺及石刻	清代	长辛店街道
43	长辛店大街石碑	尚未核定公布为文物保护单位的不可移动文物	丰台区长辛店街道长辛店大街345-1号	石窟寺及石刻		长辛店街道
44	王维珍碑	尚未核定公布为文物保护单位的不可移动文物	丰台区长辛店街道朱家坟社区北方车辆厂内	石窟寺及石刻	清代	长辛店街道
45	长辛店永济桥	尚未核定公布为文物保护单位的不可移动文物	丰台区长辛店街道南关西路7-3号	古遗址	清代	长辛店街道
46	蒋母崔氏墓志铭	尚未核定公布为文物保护单位的不可移动文物	丰台区长辛店街道长辛店大街祠堂口	石窟寺及石刻	清代	长辛店街道

续表 21

序号	文物名称	级别	地址	类型	年代	所在街镇
47	长辛店平汉铁路员工浴池	尚未核定公布为文物保护单位的不可移动文物	丰台区长辛店街道陈庄大街	古建筑	近现代	长辛店街道
48	赵辛店碉堡（装工院内）	尚未核定公布为文物保护单位的不可移动文物	丰台区长辛店街道赵辛店村解放军装甲兵工程学院西北墙外侧	近现代重要史迹及代表性建筑		长辛店街道
49	朱家坟碉堡	尚未核定公布为文物保护单位的不可移动文物	丰台区长辛店街道赵辛店村解放军装甲兵工程学院宿舍外	近现代重要史迹及代表性建筑	近代	长辛店街道
50	长辛店碉堡	尚未核定公布为文物保护单位的不可移动文物	丰台区长辛店街道陆军装甲兵学院内	近现代重要史迹及代表性建筑		长辛店街道
51	三官庙	尚未核定公布为文物保护单位的不可移动文物	丰台区长辛店街道赵辛店村北岗洼 192 号	古建筑		长辛店街道
52	普慈万安寺碑	尚未核定公布为文物保护单位的不可移动文物	丰台区长辛店街道赵辛店 781 号	石窟寺及石刻	明代	长辛店街道
53	连山岗石碑	尚未核定公布为文物保护单位的不可移动文物	丰台区长辛店街道连山岗生态公园内	石窟寺及石刻		长辛店街道
54	杨公墓石刻	尚未核定公布为文物保护单位的不可移动文物	丰台区长辛店街道连山岗生态公园内	石窟寺及石刻		长辛店街道
55	张公墓石刻	尚未核定公布为文物保护单位的不可移动文物	丰台区原长辛店镇长辛店村	石窟寺及石刻		长辛店街道
56	御祭碑	尚未核定公布为文物保护单位的不可移动文物	丰台区长辛店街道连山岗生态公园内	石窟寺及石刻	清代	长辛店街道
57	张公墓志铭	尚未核定公布为文物保护单位的不可移动文物	丰台区原长辛店镇杨家坟村	石窟寺及石刻	明代	长辛店街道
58	马氏墓志铭	尚未核定公布为文物保护单位的不可移动文物	丰台区长辛店街道连山岗生态公园内	石窟寺及石刻	明代	长辛店街道
59	赵辛店村公主坟	尚未核定公布为文物保护单位的不可移动文物	丰台区长辛店街道赵辛店村	古遗址		长辛店街道
60	岱王庙	尚未核定公布为文物保护单位的不可移动文物	丰台区宛平街道卢沟桥桥西街 5 号	古建筑		宛平街道
61	北天堂村石刻	尚未核定公布为文物保护单位的不可移动文物	丰台区宛平街道老庄子乡北天堂村 245 号	石窟寺及石刻		宛平街道
62	卢沟桥广场石刻	尚未核定公布为文物保护单位的不可移动文物	丰台区卢沟桥桥头历史博物馆内	石窟寺及石刻		宛平街道
63	城北街墓志铭	尚未核定公布为文物保护单位的不可移动文物	丰台区宛平街道城北社区卢沟桥城北街 88 号	石窟寺及石刻	清代	宛平街道
64	碑首（御赐）	尚未核定公布为文物保护单位的不可移动文物	丰台区卢沟桥农场路 5 号后院	石窟寺及石刻		宛平街道
65	文字山碉堡	尚未核定公布为文物保护单位的不可移动文物	丰台区宛平街道宛平城社区东 500 米西道口	近现代重要史迹及代表性建筑	近代	宛平街道
66	雕塑园前碉堡	尚未核定公布为文物保护单位的不可移动文物	丰台区宛平街道宛平社区抗日战争雕塑园南	近现代重要史迹及代表性建筑	近代	宛平街道
67	内监官太监沐公之墓碑	尚未核定公布为文物保护单位的不可移动文物	丰台区宛平街道城北社区卢沟桥城北街 88 号老文物所院内	石窟寺及石刻	明代	宛平街道

续表 21

序号	文物名称	级别	地址	类型	年代	所在街镇
68	月牙堤	尚未核定公布为文物保护单位的不可移动文物	丰台区宛平街道北天堂村西南卢沟桥大堤东侧土路	古建筑	近代	宛平街道
69	减水坝	尚未核定公布为文物保护单位的不可移动文物	丰台区宛平街道卢沟桥村小清河桥下边	古建筑		宛平街道
70	卢沟桥西射击场路碉堡	尚未核定公布为文物保护单位的不可移动文物	丰台区宛平街道卢沟桥村西	近现代重要史迹及代表性建筑	近代	宛平街道
71	石狮	尚未核定公布为文物保护单位的不可移动文物	丰台区卢沟桥街道建委	石窟寺及石刻		卢沟桥街道
72	田各庄万古流芳碑	尚未核定公布为文物保护单位的不可移动文物	丰台区卢沟桥街道大井村委会	石窟寺及石刻	清代	卢沟桥街道
73	皇清额苏之墓碑	尚未核定公布为文物保护单位的不可移动文物	丰台区卢沟桥街道大井村委会	石窟寺及石刻	清代	卢沟桥街道
74	东方会馆	尚未核定公布为文物保护单位的不可移动文物	丰台区卢沟桥街道张仪村（北京富凯乔投资管理有限公司）	古建筑	近现代	卢沟桥街道
75	程庄路碉堡	尚未核定公布为文物保护单位的不可移动文物	丰台区五里店街道程庄路16号院第一干休所内	近现代重要史迹及代表性建筑		五里店街道
76	重修关帝庙碑	尚未核定公布为文物保护单位的不可移动文物	丰台区看丹街道看丹村小学东墙外古树旁	石窟寺及石刻		看丹街道
77	榆树庄公园石刻	尚未核定公布为文物保护单位的不可移动文物	丰台区看丹街道榆树庄公园内	石窟寺及石刻		看丹街道
76	重修关帝庙碑	尚未核定公布为文物保护单位的不可移动文物	丰台区看丹街道看丹村小学东墙外古树旁	石窟寺及石刻		看丹街道
77	榆树庄公园石刻	尚未核定公布为文物保护单位的不可移动文物	丰台区看丹街道榆树庄公园内	石窟寺及石刻		看丹街道
78	观音堂碑	尚未核定公布为文物保护单位的不可移动文物	丰台区花乡街道新发地村潘家庙南	石窟寺及石刻	近代	花乡街道
79	七圣神祠碑	尚未核定公布为文物保护单位的不可移动文物	丰台区花乡街道新发地村潘家庙南	石窟寺及石刻	近代	花乡街道
80	丰台火车站站房	尚未核定公布为文物保护单位的不可移动文物	丰台区老丰台火车站内	近现代重要史迹及代表性建筑	清末	丰台街道
81	灶君庙	尚未核定公布为文物保护单位的不可移动文物	丰台区新村街道刘家村	古建筑		新村街道
82	七圣庙	尚未核定公布为文物保护单位的不可移动文物	丰台区新村街道樊家村辛庄	古建筑		新村街道
83	刘家村药王庙	尚未核定公布为文物保护单位的不可移动文物	丰台区新村街道造甲村社区	古建筑		新村街道
84	马尔格尔古德碑	尚未核定公布为文物保护单位的不可移动文物	丰台区太平桥街道万泉寺村	石窟寺及石刻	清代	太平桥街道
85	万泉寺公园石刻	尚未核定公布为文物保护单位的不可移动文物	丰台区太平桥街道（原万泉寺公园内）鹅凤营甲2号	石窟寺及石刻		太平桥街道
86	重修古刹镇国寺碑	尚未核定公布为文物保护单位的不可移动文物	丰台区玉泉营街道草桥村	石窟寺及石刻		玉泉营街道

续表 21

序号	文物名称	级别	地址	类型	年代	所在街镇
87	52分队第一飞机掩体	尚未核定公布为文物保护单位的不可移动文物	丰台区南苑街道	近现代重要史迹及代表性建筑		南苑街道
88	52分队第二飞机掩体	尚未核定公布为文物保护单位的不可移动文物	丰台区南苑街道	近现代重要史迹及代表性建筑		南苑街道
89	空司农场飞机掩体	尚未核定公布为文物保护单位的不可移动文物	丰台区南苑街道	近现代重要史迹及代表性建筑		南苑街道
90	南苑乡关帝庙	尚未核定公布为文物保护单位的不可移动文物	丰台区南苑街道槐房村	古建筑		南苑街道
91	正阳门关帝庙碑	尚未核定公布为文物保护单位的不可移动文物	丰台区南苑街道槐房村	石窟寺及石刻	清代	南苑街道
92	正阳门关侯庙碑	尚未核定公布为文物保护单位的不可移动文物	丰台区南苑街道槐房村	石窟寺及石刻		南苑街道
93	昭忠祠	尚未核定公布为文物保护单位的不可移动文物	丰台区南苑街道南苑村	其他	近代	南苑街道
94	南苑村第一飞机掩体	尚未核定公布为文物保护单位的不可移动文物	丰台区南苑街道南苑村	近现代重要史迹及代表性建筑		南苑街道
95	南苑村第二飞机掩体	尚未核定公布为文物保护单位的不可移动文物	丰台区南苑街道南苑村	近现代重要史迹及代表性建筑		南苑街道
96	南苑村第三飞机掩体	尚未核定公布为文物保护单位的不可移动文物	丰台区南苑街道南苑村	近现代重要史迹及代表性建筑		南苑街道
97	飞机掩体配套设施一	尚未核定公布为文物保护单位的不可移动文物	丰台区南苑街道南苑村	近现代重要史迹及代表性建筑		南苑街道
98	飞机掩体配套设施二	尚未核定公布为文物保护单位的不可移动文物	丰台区南苑街道南苑村	近现代重要史迹及代表性建筑		南苑街道
99	大红门碉堡	尚未核定公布为文物保护单位的不可移动文物	丰台区大红门街道远洋小区文化广场内	近现代重要史迹及代表性建筑		大红门街道
100	松梅禅林	尚未核定公布为文物保护单位的不可移动文物	丰台区大红门街道时村66号院北侧	古建筑		大红门街道

文化市场管理

【概况】 2021年，丰台区文化市场综合执法大队出动执法人员8800余人次，执法车辆1700余台次，联合执法13次，行政执法检查文化、文物、新闻出版、广播电视、旅游及宗教场所4441家次，立案190起，结案169起，罚款30万元。执法人员参与检查率超过90%，违法行为纳入检查率超过95%，执法人员执法考试通过率达到100%，双随机检查占整体执法量达到15%，强力护航首都文旅市场安全健康有序发展。

（刘亚佳）

【查处非法出版和发行中小学生教科书案件】 年内，安排执法人员成立专案组，通过不间断调查取证以及及时与市区等相关部门沟通，在规定时间内完成全部8家企业的案件办理工作，并形成罚没款76446元的行政处罚，对2家作出没收违法所得并吊销《出版物经营许可证》的行政处罚，圆满完成市级部门交办的工作任务。

（刘亚佳）

【拆除非法安装使用的卫星地面接收设施】 年内，对个人违法使用“小耳朵”违法行为进行查处，收缴非法安装和使用卫星地面接收设施15套。

（刘亚佳）

【查处发现文物隐匿不报，或者拒不上交案件】 7月16日，立案调查北京博大宏润机械施工有限公司于2020年7月1日在丰台区金茂府二期工程施工过程中发现清代晚期平民墓葬以及清代晚期青花缠枝花卉罐，未上报属地文物行政主管部门，私自盗掘，导致地下埋藏文物被破坏行为。该单位上述行为违反了《中华人民共和国文物保护法》第三十二条第一款的规定，依据《中华人民共和国文物保护法》第七十四条第一款第（一）项的规定，并参照《北京市文化市场综合执法行政处罚裁量基准》，对该单位作出罚款30000元的行政处罚。

（刘亚佳）

【行政审批工作】 年内，梳理汇总所承担包括文化、文物、旅游、广电4大行业门类80个行政审批（备案）事项，按照区政务服务管理局统一工作安排，全部行政审批事项按要求100%进驻区政务服务中心，真正实现“一网”通办、“一号”申请、“一窗”受理、“一站”审批。截至12月底，全年受理各项行政审批事项220件，其中新设立事项104件，变更事项39件，注销事项77件，审核演出剧本（视频）421个，审核演出人员资质1876人次，开展文娱场所设立（含场地变更）现场核查40余次，接待现场、电话政策法规和业务咨询2000余次，提供审批事项申报辅导服务近500件次，全区行政许可准确率和承诺件按时办结率均达100%，群众满意率始终保持100%，服务事项提前办结率达到100%。

（行政审批科）

【落实“放管服”改革，优化营商环境工作】 年内，组织开展政务服务事项和办事指南规范编写，对近3年来国市区出台的行政审批政策法规依据进行集中梳理汇总。在此基础上，对原有审批流程、审批依据、审批内容、申报材料等在审批系统上进行调整替换和补充修改，及时优化完善政务服务事项办事指南内容并及时在政府网站向全社会公开，为申办人提供规范高效便捷的政务服务。针对文旅企业经营实际需求，对跨部门、跨层级的政务服务事项，通过建立政府内部联合审批、数据共享、统收统分等业务协同机制。简化申办程序、减少审批环节和申办材料、压缩审批时限，实施行政审批告知承诺制，方便申请人业务办理。

（行政审批科）

文化创意产业

【概况】 丰台区文化创意产业贯彻落实各级关于文化产业工作方面法律法规、政策和规划。区文化创意产业促进中心（以下简称文促中心）负责促进区域文化产业发展，为丰台区文化创意产业发展提供决策咨询、组织项目论证、提供信息服务、开展专题调研等工作；负责区域戏曲文化的传承、推广和普及，组织开展戏曲主题活动，推进戏曲惠民工作，服务戏曲文化繁荣发展。2021年，丰台区文化及相关产业实现收入271.6亿元，同比增长7.5%，实现利润总额26.8亿元，同比增长20.8%，从业人员平均人数2.4万人，主要经济指标发展良好。

（李 磊）

【产业政策引导扶持】 年内，完成2家外资企业注册，成功引入2家规模税源企业。对全区戏曲文化活动空间、文化园区、老旧厂房等空间资源进行更新梳理，汇总各项资源库，用好产业政策。人教教材中心有限责任公司获评“北京市版权保护示范单位”，依文文化产业园、北京石榴中心文化创意产业园获评“北京市版权保护示范园区（基地）”。全年丰台区共有6家园区、企业获评北京市版权保护示范单位、示范园区（基地）。

（李 磊）

【“百年追随”专题展】 6月1日，“百年追随”专题展在二七厂工人礼堂开展。专题展实际展陈面积168平方米。展览分为前言、劳工觉醒、星火燎原、火种不灭、奋发图强、逐梦未来、结束语七个部分。展览将红色文化与铁路文化相结合，以长辛店工人在中国共产党的领导下投身民族复兴大业和中国铁路的发展为展览重点，通过照片、图文、实物、影音等形式，展示中国铁路工人百年来对党的坚定追随，以及所作出的卓越贡献。全年累计有200多家团体、4000多人预约参观。

（李 磊）

【“丰台文创训练营”活动】 7月6日至10日，与北大创业营合作，引入国内优质教育机构教学资源，开展“丰台文创训练营”活动。通过组织开展为期5天的集中授课、3场企业参访、1场园区产业对接活动，为文化产业从业人员提供理论教学与实践指导，搭建

▲“百年追随”专题展讲解员正在向参观人员进行讲解。

▲7月6日，“丰台文创训练营”举行开营仪式，图为全体人员合影。

人才交流平台，推动人才融合发展。

（李　磊）

【参加中国国际服务贸易交易会文旅服务专题展】 9月3日至7日，丰台区以“妙笔生花·丰采无限”为主题成功参加中国国际服务贸易交易会文旅服务专题展。展会期间，共有60余家企业参展，12家企业路演，2家企业线上展示文创产品，戏曲表演14场，展陈特色文创产品百余件，累计吸引观众6.5万余人次。同期举行“文化共建”项目签约仪式，丰台区与中国戏曲学院等6家重点文化单位签署战略合作协议，形成促进区域文化发展合力。丰台区融媒体中心、丰台区戏曲文化发展中心，携手中央广播电视总台云听客户端，与北京京剧院等5家戏曲院团签署云听客户端戏曲频道共建协议，探索戏曲文化产业融合创新发展。

（李　磊）

【第九届丰台惠民文化消费季】 9月18日，第九届丰台惠民文化消费季启动。本届消费季继续以“引领文化消费·品味魅力丰台”为活动主题，精心策划“丰·花”绽放、“丰·韵”梨园、“丰·惠”观影、“丰·创”市集、“丰·阅”书香五大板块线上线下主题活动，力求通过丰富多彩的文化消费内容助力消费结构转型升级，促进区域文化消费持续增长。

（李　磊）

【“嬉戏”亲子剧场项目】 5月至11月，打造“嬉戏”亲子剧场项目。7月公开征集儿童戏曲体验剧剧本5部，经过专家评选，《新三打白骨精》被选为年度排演剧目，并于第五届中国戏曲文化周期间上演14场，吸引现场观众约5000人观看。

（李　磊）

【第五届中国戏曲文化周】 10月1日至7日，第五届中国戏曲文化周主场活动在北京园博园成功举办。活动以“中国梦·中华魂·戏曲情”为主题，以“英雄·奋斗”为年度主线，突出“园林中的戏曲、戏曲中的园林”活动特色，全面展现戏曲艺术传承发展优秀成果，助力打造“大戏看北京”的文化名片。活动期间，来自京津冀三地23家专业文艺院团以及多家民间社团，围绕“风华百年颂”“华彩韵京城”“非遗老戏台”“英雄出少年”等主题，奉上240余

▲2021年，服贸会文旅服务专题展丰台展区进行插花表演。

▲第九届丰台区惠民文化消费季“丰·创”市集——深山集市。

▲2021年国庆节期间，《新三打白骨精》在第五届中国戏曲文化周期间上演。

▲2021年国庆节期间，第五届中国戏曲文化周“风华百年颂”板块正在演出。

场演出、近300场次讲座导赏对谈、近500场次互动活动，吸引观众游客约8万人次，全网全媒总浏览量超8600万。戏曲周主场活动结束后，启动戏曲周常态化活动——“戏炫生活 共享小康”主题活动，包括“品戏”市民观赏季、“传戏”行家传习班、“有戏”戏曲体验坊三部分，持续为群众提供优质戏曲文化供给。

（李　磊）

媒体传播

【概况】 2021年，丰台区融媒体中心坚持以习近平新时代中国特色社会主义思想为指导，深入贯彻习近平总书记关于媒体融合发展的重要论述。按照中央和市委《关于加快推进媒体深度融合发展的实施方案》的总体要求，坚持党建工作引领融媒体中心各项建设，以新址开工建设为发展契机，狠抓制度建设、干部队伍建设，稳步推进中心标准化、规范化运行。创新实践“四全媒体”理念，紧紧围绕庆祝中国共产党成立100周年、党史学习教育和丰台区高质量发展主题主线，做强融合报道，创优融媒产品，做大全媒平台，创新全员传播。持续推动“标杆型”区级融媒体中心建设取得可喜进展，先后获评首都文明单位标兵、2021年度北京市广播电视媒体融合先导单位，入选中国媒体融合2020-2021年度先锋榜。在全市率先获批《互联网信息发布许可证》《信息网络传播视听节目许可证》，首次获得中宣部2021年县级融媒体中心建设补助资金80万元。全年累计获得中央、市级扶持奖励项目资金额度达300万元。

强化媒体深度融合报道，做实多元宣传模式。持续推出特刊、专栏、专访、短视频、微纪录片、实景云党课等动态深度融媒体报道形式，抓住点滴浸润“指尖”“笔尖”延伸“心尖”。利用学习强国北京学习平台、今日头条号、《丰台报》《丰台新闻》等全媒体平台矩阵进行主题统筹策划，以新视角、高品质创新进行浓墨重彩专栏深度报道，并在“北京丰台”客户端、微信公众号、微博共同设置报道专栏。创作云朗读主题音频特别节目。与丰台区丽泽管委会合作，对丽泽商务区进行重点报道。抖音、快手“丰台发布”分别设置建党100周年“向党说句心里话”“我是党员在行动”学党史话题等互动专栏，制作百部微视频。通过一体化策划、一站式运作，讲好家门口的党史故事，传承好家门口的红色精神，立体式展示党史学习教育“鲜活教材”。

（孙敬尧）

【纸媒体】 年内，《丰台报》改版提质增效。《丰台报》由八版减至四版，聚焦创卫、创城、创森、疫情防控等重点工作，用情用心讲好百姓民生故事。全年为媒体网站提供新闻稿件、图片1000余篇（幅）。独家采写《三大央属高校聚焦丰台，共绘高质量发展蓝图》《共同推动丽泽金融商务区成为全球新兴金融高地》等高质量稿件，得到区领导表扬肯定。《丰台报》编辑出版共50期，文字量200余万字。

（孙敬尧）

【广播电视】 2021年，BTV新闻频道丰台时段每天首播每晚19:30—21:00时，重播次日7:30—9:00时，12:30—14:00时。FM803丰台数字频道首播每晚19:30—23:46，重播次日6:30—19:30，播出的新闻类节目有《丰台新闻》。《丰台新闻》节目质量进一步提升。与中国传媒大学主持播音学院签订《区域融媒体中心新闻播音实践创作与指导》课题合作，一批形象气质好、专业能力强的新闻主播亮相《丰台新闻》，展示丰台新发展新形象。策划“奋斗百年路 启航新征程”“妙笔生花看丰台”“为群众办实事”等系列宣传，得到相关委办局肯定。《丰台新闻》全年制作播发视频新闻1280条，累计浏览量1100万+。

（孙敬尧）

【融媒体】 年内，区域新媒体传播矩阵影响力持续提升。按照主力军全面挺进主战场要求，区域新媒体传播矩阵建设加快推进，全平台用户量突破550万，全年发布推送7000余条图文新闻、2081条短视频，总浏览量5.6亿+，让丰台的声音更加响亮。"北京丰台"客户端实现区市场监管局等20多家单位1300余个事项在线预约和取号，方便群众在线办事。"北京丰台"两微一端全年发稿1500余条、总阅读量9000万，"北京丰台"微信公众号获北京市百姓宣讲优秀微传播奖。"丰台发布"抖音平台播出987条短视频，浏览量8175万+；"丰台发布"快手号发布获点赞1129万次，播放量3.4亿余次，居各区短视频账号前列，获得2021快手政务账号优秀创作者、区域优秀传播力奖。学习强国丰台通讯站稿件采用数量居全市前三，全年浏览量5600万+，市委宣传部两次通报表扬。"北京丰台官方发布"从全市300家入驻单位中脱颖而出，连续第二年名列最具影响力奖榜首，全市排名第一。

（孙敬尧）

【社区新闻发声人工作成为全国典型经验】 年内，融媒体中心把党的优良传统和新技术新手段结合起来，广泛动员社区居民成为社区新闻发声人，直接参与到基层宣传工作中来，让基层群众成为新时代传播正能量的"网红"，助力基层社会治理和社区文化建设。北京市习近平新时代中国特色社会主义思想研究中心、《光明日报》社联合调研组开展课题调研撰写。4月22日《光明日报》整版刊登理论文章《首都多了群"社区新闻发声人"——走好全媒体时代群众路线的丰台启示》。获评2021年北京市广播电视媒体融合典型案例，中宣部新闻局《新闻工作专报》第23期专题刊发《走好全媒体时代群众路线——北京市丰台区融媒体中心探索建立"社区新闻发声人"工作机制经验》，向全国推荐丰台经验。

（孙敬尧）

【各级领导批示表扬丰台社区新闻发声人工作】 5月8日，中央政治局委员、市委书记蔡奇同志对《走好全媒体时代群众路线——北京市丰台区构建社区新闻发声人机制带来的启示》报告批示表扬：丰台区的探索值得肯定，要走好全媒体时代的群众路线。市委常委、宣传部长莫高义同志批示：感谢光明日报对首都工作的大力支持，并组织好调研文章网上传播。5月21日，区委书记徐贱云同志批示：要按照市委领导要求，持续做好相关工作。

【丰台区社区新闻发声人工作推进会】 7月29日，丰台区社区新闻发声人工作推进会在宛平党群服务中心召开，全区26个街道、镇主管宣传工作的负责同志参加会议，会议主题为推进建立起覆盖全区26个街镇的社区新闻发声人队伍，最终人数规模达2000名。

（孙敬尧）

【融媒产品创新创优成效明显】 年内，探索运用全媒体方式、大众化语言、艺术化形式创新创优融媒体产品。精心策划"留京过年 让爱回家""劳模人物"等系列短视频50余部，在新华社客户端浏览量超过6500万+。聚焦两区建设、社区医生、乡村振兴等，策划开展网络直播活动123场，观看量4800余万+，不断做大主流舆论宣传增量。短视频《卢沟桥畔——一场跨越年龄的对话》喜获"学习强国"学习平台全国县级融媒体中心优秀作品双月赛一等奖。网络直播《百年接续奋斗 航天梦托举中国梦》入围2021中国正能量"五个一百"网络精品展播。《缅怀身边好人——蒲黄榆派出所社区民警刘安》《71盏路灯照亮1090户居民回家路》等一批融媒体作品获评市广电局季度优秀广播电视新闻作品和优秀融媒体新闻作品，获奖数量在全市保持领先。

（孙敬尧）

【"中央媒体+县级融媒体中心PUGC"合作深化】 年内，与新华社北京分社共同推进"中央媒体+县级融媒体中心PUGC"合作，取得新的进展和成果。直接参与新华社重大核心报道。"五一"期间，持续推出《100多年前毛泽东为什么两次来到这个小镇?》等五部微纪录片，获评新华社总编室表扬稿，浏览量过1000万。参与拍摄新华社名牌栏目《国家相册：长辛店纪事》融合产品，登上微博、快手热搜榜，微博话题总阅读量突破8000万，总浏览量超过1亿次，成为央地PUGC合作的第一个过亿产品。拓展网络直播融合报道形态，与中国运载火箭技术研究院合作推出《百年接续奋斗 航天梦托举中国梦》中国航天日网络直播，全景讲述一代代航天人接续奋斗，建设航天强国的生动故事。新华网等多家媒体首页重点推荐，全网总点击量超2500万。与新华社音视频部联合制作《相约北京 圆梦冬奥——2022我们准备好了》融媒体报道，通过微纪录片、手绘海报、微博话题、系列直播等多种方式，展现喜迎北京冬奥会的良好氛围，线上线下覆盖人群超7000万。探索海外宣传载体和渠道，以第五届中国戏曲周活动为切入点，深入挖掘戏曲、园林背后的中国传统文化之美，联合组建海外宣传报道团队，制作系列英文视频报道，通过新华社海外社交媒体平台，与2.2亿海外粉丝互动，实现了丰台故事的国际传播。

（孙敬尧）

【丰台城市品牌推介成果显现】 年内，在2022年冬奥会倒计时一周年之际，修缮点亮莲花池公园户外大屏，启动"妙笔生花看丰台"丰台城市品牌全媒推介行动。成立"丰台城市品牌联盟和创新工作室"。以区域媒体深度融合为依托，构建丰台区城市品牌体系、建设规划与实现路径。与新华社《中国名牌》杂志社、北广传媒、丰贸公司成立丰台城市品牌创新工作室。邀请依文集团、国家文化大数据产业联盟、

▲10月1日至7日，丰台区融媒体中心创新第五届中国戏曲文化周融合宣传报道，全网全媒点击量超过8000万。

北京花乡花木集团、丰发展公司等区内头部企业发起成立“丰台城市品牌联盟”。

（孙敬尧）

【第五届中国戏曲文化周宣传报道】年内，创新第五届中国戏曲文化周宣传报道，通过融媒体方式传播戏曲文化，打造丰台“戏曲之城”城市品牌，全网全媒点击量超过8000万。采用8K120帧的技术标准制作国内首部8K戏曲公益广告《遇见·有戏》，全网浏览量560万+。在全市户外大屏联播网展播，影响覆盖人群1000万。组织动员300余名社区新闻发声人来到活动现场，制作30余条“遇见”系列短视频，通过百姓视角展示戏曲之美。在“北京丰台”微博号开设#第五届中国戏曲文化周#话题，登上微博热搜榜，阅读量突破800万+。

（孙敬尧）

【微纪录片《北方的红星》】年内，按照“找准选题、讲好故事、拍出精品”的要求，紧扣主题打造品牌产品，以党史资料起笔，用实践基地铺陈，打造出生动鲜活、深接地气的党史学习教育短视频产品，策划制作5集党史教育系列微纪录片《北方的红星》，深入挖掘长辛店地区作为中国早期传播马克思主义主阵地和中国工人运动发源地的红色文化资源，历时3个多月拍摄制作完成。“五一”期间在新华社客户端率先上线，学习强国北京平台、北京日报客户端同步开设专题。《丰台新闻》、“北京丰台”两微一端、“丰台发布”快手号、抖音号全媒体矩阵发布，动员全区21个街乡镇1000多名社区新闻发声人通过微信群学习交流，带动更多社区群众分发转发，观看点赞量持续走高，全网浏览量累计达1500万次，催生跨屏走红的党史学习教育融媒体产品。并在“北京丰台”客户端特别推出互动性强、形式更接地气，提升传播黏度、提升传播鲜度的《北方的红星》线上答题活动，让红色文化传播更有广泛性，让鲜活教材解读更具针对性，让党员干部群众在答题中接受党史学习教育。获评“红色视听之旅”融媒行动优秀短视频（一类）作品。

（孙敬尧）

【云朗读“丰台史话”主题音频】年内，创作云朗读“丰台史话”主题音频特别节目，以云朗读丰台党史资料形式分期讲述丰台的发展历史，完成音频节目30余条，以讲党史、传精神的形式，宣传党史、涵养初心。

（孙敬尧）

【创新理念广度报道丽泽金融商务区】年内，与丽泽管委会、丽泽控股、视觉中国合作开展2021“让世界看见丽泽”主题摄影大赛，历时一个月征集作品3482幅/组，全景展现丽泽金融商务区作为“全球创新金融高地、首都发展新的增长极”的独特魅力，得到区委主要领导的肯定。开设“三环里新城看丽泽”专栏，利用图片、文字、评论等多种形式全景式宣传丽泽金融商务区的发展变化。在丽泽数字金融论坛策划开展“数字人民币好用吗？怎么用？”网络直播活动，推广普及数字人民币，全网152.8万人次浏览互动。依托“西山永定河文化带”专题宣传对丽泽商务区进行重点报道，直播探访丽泽商务区夜生活，为大家展示现代化、商务化的丰台新形象。

（孙敬尧）

【建党100周年话题互动】年内，让话题更有广泛性，让表达更具针对性，在抖音、快手“丰台发布”分别设置建党100周年“向党说句心里话”“我是党员在行动”学党史话题互动专栏，制作为建党一百周年献礼百部微视频，从96岁老党员到22岁年轻党员，全区广大党员干部争相亮相，结合自身工作实际，吐露自己的心声，分享自己内心的心愿，参与党员干部200余名，累计发布微视频200余条，浏览量1500万+。

（孙敬尧）

【微纪录片《长辛店纪事》】年内，通过一体化策划、一站式运作，讲好家门口的党史故事，传承好家门口的红色精神，立体式展示党史学习教育“鲜活教材”，与新华社《国家相册》名牌栏目共同创作微纪录片《长辛店纪事》，生动讲述“中国共产党早期在长辛店传播马克思主义，推动中国工人阶级觉醒觉悟，促进马克思主义与中国工人运动结合”的长辛店与中国工人运动重大事件和精彩瞬间，在新华社客户端浏览量200万+，设置“觉醒年代葛树贵真实的结局”微博话题，登上新浪微博热搜，阅读量超1亿+。

（孙敬尧）

【“百年接续奋斗 航天梦托举中国梦”主题系列宣传报道】 年内，与航天一院签订战略合作框架协议，联合开展“百年接续奋斗 航天梦托举中国梦”主题系列宣传报道。通过参观见学、网络直播、嘉宾系列访谈、航天科普嘉年华活动、制作大国工匠等人物故事短视频，聚焦航天精神，走进航天红色文化阵地、宣传航天“感动我们”人物、展示航天精神，全媒体矩阵进行融合宣传报道，累计参与互动浏览量突破2500万+，赢得了良好声誉和正向效应，形成浩大声势。

（孙敬尧）

▲3月26日，丰台区融媒体中心召开“党史学习教育”动员部署会。

【“爱上北京100个理由”主题短视频和征文大赛获奖】 5月14日，丰台区融媒体中心参加由北京市人民政府新闻办公室牵头主办的2020“爱上北京100个理由”主题短视频和征文大赛颁奖典礼，制作的《意大利少年的中国文化之旅》短视频作品获得二等奖。

（孙敬尧）

【全方位推进党史学习教育走深走实】 年内，制定《丰台区融媒体中心开展党史学习教育的实施方案》，召开党史学习教育动员大会，中心党组围绕四本党史学习教育指定学习材料开展研讨交流，谈学习感悟和收获。党组书记以“党建引领融媒体中心全面建设”为题，党组成员以分管工作，党支部书记、普通党员结合本职岗位工作开展讲党课活动。邀请北京市记者协会常务副主席郝中实以“新闻写作的四个关键词”为题授课，讲授新媒体新闻写作知识。党总支举办以“学习百年党史，凝聚奋进力量”为主题的党史学习教育知识竞赛；以“立足岗位讲奉献，争先创优当先锋”“信仰的力量”为主题，举办主题演讲比赛。赴长辛店二七纪念馆开展党史学习教育，参观“北方的红星——长辛店与中国工人运动”专题展，了解中国共产党领导北方工人运动光辉历史。

（孙敬尧）

【积极行动办实事解难题】 年内，融媒宣传平台矩阵搭建服务群众、引导群众“连心桥”，惠民政策精准“滴灌”、便民业务快捷“上线”、综合服务高效“联办”。“北京丰台”客户端开设“发声入口”，受理群众投诉，记录办理全程，回访解决成效，变“接诉即办”为“未诉先办”，变“百姓吐槽”为“群众发声”。“政务服务”在线预约系统改版升级上线完成，可实现区市场监管局、运管局、城管委、交通支队等20多家单位1300余个事项的在线预约和取号，切实方便丰台群众办事。社区新闻发声人已经参与到基层社会治理中来。已有来自全区350多个社区（村）的近1500名社区群众参与，初步建立起覆盖全区21个街乡镇的社区新闻发声人队伍。“社区新闻发声人”工作已延伸到环境整治、养老驿站、助残脱贫、便民服务设施、智慧社区建设等方面，以及人大代表、政协委员征集意见建议活动等基层治理事务，通过“随手拍”微信群、街道微博、便民电话等多种渠道与社区居民互动，随时随地发现社区存在的问题，迅速反映到街道，工作人员得以快速排查整改，形成了富有亲和力、内化于心的高效办实事解难题的社区

▲《意大利少年的中国文化之旅》获奖

治理共同体。

（孙敬尧）

【推进党的建设和队伍建设】 年内，融媒体中心党组旗帜鲜明讲政治，严明政治纪律、政治规矩。突出抓好全面从严治党主体责任的落实，做到全面从严治党工作和中心工作一起谋划、一起部署、一起检查。制定《区融媒体中心2021年理论中心组学习计划》，全年共开展理论中心组学习13次。强化全面从严治党。抓好全面从严治党责任分解，强化履责压力传导，建立健全约谈提醒制度，严肃责任追究。加大对全体党员干部的党风廉政建设教育和监督，每年组织干部群众进行公开评议，严格执行党员领导干部个人有关事项报告制度。全面落实中央八项规定精神，严防“四风”反弹。运用好“四种形态”，严格执行《中国共产党纪律处分条例》。党风廉政建设有效推进，组织开展党风廉政专题会议，做好重要节日的警示提醒，做到警钟长鸣。开展廉政警示教育，及时向全体党员干部传达区纪委下发的违纪违法案例，并在党小组开展了讨论。在春节、元旦、清明、五一、端午等关键时间节点开展廉政提醒，防止“四风”反弹。认真做好信息报送工作，坚决落实市委、区委工作部署和工作要求，及时总结盘点，提炼经验。市委宣传部《宣传系统快报》采用7篇，市广电局《北京广电媒体融合动态报告》专刊1期。区委办公室《丰台信息》采用20余篇，区政府办公室《丰台政务》采用4篇，《丰台信息》全区群团、企事业单位排名第一。区委宣传部采用130余篇，在全区宣传文化系统单位信息工作排名第一。加快推进全媒体人才队伍建设。择优选拔七级、八级中层干部5名，90后年轻干部走上领导岗位，中心中层干部队伍进一步充实。全年新入职干部7人，年龄最小的为1999年。中心40岁以下的在编干部占比首次超过50%，出现历史性拐点。中心在编人员平均年龄降至41岁，年龄结构进一步优化。

（孙敬尧）

北京歌华有线电视网络股份有限公司丰台分公司

【概况】 北京歌华有线电视网络股份有限公司（简称“歌华有线”）是经北京市人民政府批准成立，授权负责全市有线广播电视网络的建设、经营和管理，并从事广播电视节目收转传送、视频点播、网络信息服务业务、基于有线电视网的互联网接入服务、互联网数据传送增值业务、国内IP电话业务和有线电视广告设计、制作、发布等业务。丰台分公司为丰台区提供服务。丰台分公司位于丰台区南四环西路188号五区23号楼。

2021年，丰台分公司助力建立“全国一网”统一运营体系，参与“智慧北京”的网络建设，整合广电5G建设一体化发展，打造科技亮点。推动广播电视公共服务增效，服务用户体系，做好“接诉即办”向“未诉先办”转变。

（李　雪）

【网络建设】 年内，丰台区内所有新建小区项目全部按照光纤入户（FTTH）的模式进行网络建设，设计开工19项、18251户。

（李　雪）

【有线电视网络建设】 年内，为丰台区域内新建小区有线电视用户进行最先进、稳定的有线电视网络建设结构，提高互联网宽带接入用户满意度。丰台区西四环中路83号院为首个开通光纤到户小区，建设户数702户。

（李　雪）

【CMC模式的二次网络改造】 年内，为丰台区有线电视用户提供优质服务和更好的电视收看体验，对多个小区进行大范围网络筛查和现场核实、测试等，针对在管辖区域内信号质量和稳定性偏差的56项工程进行CMC模式的二次网络改造工作，共计27833户，增加客户体验及感知管控体系，推进“智慧民生”建设工作。

（李　雪）

【整合南苑乡有线电视网络】 年内，按照“全国一网”网络整合发展工作要求，与南苑乡（2021年5月丰台区行政区划调整撤销）就有线电视网络进行洽商，签订《南苑乡有线电视业务移交合同》，计划整合南苑乡有线电视网络南苑乡3.2万户。全年完成5个小区、7项工程、6296户设计开工，其中，2个小区、3项工程、3713户完工，可进行高清交互业务办理。

（李　雪）

【怡海花园、丽泽雅园歌华有线安装】 年内，针对怡海花园六期和丽泽雅园小区内的有线电视网络为航天网络，业主对于歌华有线电视网络的进入和收看有强烈期待与诉求，完成怡海花园六期（2125户）和丽泽雅园小区3、4、5、6、9号楼（1038户）的有线电视网络协议签署和网络建设工作，并延伸服务，解决疫情期间因没有歌华有线网络学生而无法收看云中课堂的问题。

（李　雪）

【“服务进社区”系列活动】 年内，推动“服务进社区”系列活动推广实施，办好助老服务活动，营业厅安排专人引导，为老年用户提供绿色通道等“一站式”服务，帮助老年用户跨越“数字鸿沟”，解决老年用户在办理业务及使用过程中遇到的问题。并组织优秀骨干进社区，为老年用户提供“零距离”服务。

（李　雪）

【接诉即办】 年内，丰台分公司通过增加培训、优化考核、营业厅竞赛等形式提高员工素质，不断提升网络品质、抢修效率、运维质量，系统监测，加大对12345接诉即办力度和梳理总结，围绕用户诉求难点，加强部门联动，压缩处理周期，提高解决效率，提升用户满

2021 年丰台区歌华有线营业厅名单一览表

表 22

序号	营业厅名称	地址	电话
1	卢沟桥营业厅	丰台区小屯西路 109 号院 6 号楼 1 层 107、108 室	010-63703375
2	马家堡营业厅	丰台区公益西桥名流未来大厦二区 103 号	010-59260819
3	丰台分公司	丰台区南四环西路 188 号总部基地 17 区 1 号楼	010-96196
4	云岗营业厅	丰台区长云路 2 号院	010-59260836
5	科技园营业厅	丰台区育仁南路 1 号院诺德中心三期 16 号楼 2 层	010-63789858
6	方庄营业厅	丰台区方庄桥紫芳园 6 区 4 号楼	010-59260860

（李　雪）

意率。

（李　雪）

【服务"掌上办"】 年内，以提升用户满意度为指引，响应国家营商环境改革要求，分公司网络建设部组织营业厅及相关人员对新建商品住宅小区开发商报装工作进行相关培训，要求熟悉新建商品住宅小区开发商网上办理报装工作（市政府命名为"掌上办"），并设置专员负责新建商品住宅小区开发商报装工作。

（李　雪）

【骨干支援冬奥】 年内，克服新型冠状病毒疫情中人员紧缺、工作强度高困难，丰台分公司多名骨干工作人员到冬奥场馆（鸟巢主场馆和 MMC 主媒体中心）进行支援。

（李　雪）

【完成冬奥会8K 数字电视部署和公园大屏建设工作】 年内，根据北京市广播电视局和总公司要求，丰台分公司完成3个社区（马家堡街道角门东里西社区、看丹街道韩庄子东里韩一社区、太平桥东里时代文明实践站）、1所高校（首都经济贸易大学）和1个公园（莲花池公园冬奥广场）的有线电视网络建设工作，为冬奥会8K 数字电视社区、高校的部署和莲花池冬奥广场大屏的建设、保障贡献力量。

（李　雪）

文艺工作

【概况】 丰台区文学艺术界联合会（简称"丰台区文联"）是中共丰台区委领导的、丰台区各文艺家协会联合的专业性群众团体，是北京市文联的团体会员。自1989年1月成立以来，丰台区文联在丰台区委的领导下，在市文联的指导下，遵循党的基本路线，坚持文艺为人民服务，为社会主义服务的方向，坚持百花齐放、百家争鸣的方针。主要职责为联络、协调、服务和管理、领导所属舞蹈家、音乐家、作家、曲艺家、摄影家、戏剧家、书法家、美术家8个协会开展形式多样的文化艺术活动，组织专业和业余文艺工作者深入生活进行艺术创作，表彰和奖励优秀文艺作品，发展和培养艺术人才，为丰台区文学艺术事业的繁荣和发展而努力奋斗。现有会员总数约3000人。2021年在丰台区委、区政府正确领导下，丰台区文联坚持以习近平新时代中国特色社会主义思想为指导，全面贯彻落实习近平总书记关于文艺工作重要论述和上级各项部署要求，扎实履行"团结引导、联络协调、服务管理、自律维权"基本职能，围绕中心、服务大局，深入生活、扎根人民，团结全区广大文艺工作者一手抓文艺创作、一手抓服务提升，文艺战线思想引领不断加强，牢把握意识形态工作领导权。推出的系列活动出新出彩，圆满完成了庆祝中国共产党建党100周年精品展览展示活动。引导文艺工作者深入生活、扎根人民，开展"文艺轻骑兵"等各项活动。密切联系各文艺家协会，认真研究协会工作和艺术家宣传推介工作，不断加强对会员的教育管理和正面引导，努力增强主流意识形态的吸引力和凝聚力，为各文艺家协会搭平台，拓展团结服务的广度深度。

（孟　芳）

【党史学习教育】 年内，完成4个党史专题学习，开展学习教育40学时，研讨交流3次，领导班子讲专题党课4讲。组织8个协会党支部联合开展"红心向党、艺践初心"主题党日活动，参观"二七纪念馆"，增强党员意识、组织观念、担当精神。

（孟　芳）

【意识形态工作】 年内，落细落实意识形态工作责任，健全研究报告制度、会商研判制度、情况通报制度、主动引导和风险防控制度、管控处置制度等五项制度。配合重要时间节点、重大节庆纪念活动，加强意识形态专题研判。

（孟　芳）

【文艺工作管理】 年内，全面加强对所属各文艺家协会的文艺活动和文艺创作、《卢沟月》期刊等各类阵地的管理，切实把好文艺工作导向，对可能出现的网上文艺舆情进行监测，妥善管控引导敏感舆情热点，坚决筑牢意识形态安全防线。

（孟　芳）

【“丰台艺术家”微信公众号】 年内，在“丰台艺术家”微信公众号定期推送丰台原创文艺作品、文联资讯、文艺家信息等200余篇。

（孟　芳）

【“艺苑先锋”党建专栏】 年内，在丰台艺术家微信公众号设置“艺苑先锋”党建专栏，团结带领广大艺术家聆听党的声音、了解党的政策、接受党的教育、强化党的意识。发布《丰台区文联文艺家协会微信群管理公约》，规范协会工作微信群管理，强化文联意识形态阵地管控，做到守土有责、守土尽责、守土负责。

（孟　芳）

【《卢沟月》刊物】 年内，制作推出刊物《卢沟月》4期，印制4000册，发放至全区各单位及群众，弘扬主旋律、传递正能量。

（孟　芳）

【“永远跟党走”文艺演出】 “七一”前，精心筹划组织了“永远跟党走”丰台区庆祝中国共产党成立100周年文艺演出。全区四套班子主要领导、各委办局、街乡镇负责同志和劳模代表等300余人现场观看演出，受到观众一致好评。

（孟　芳）

【“百年初心　砥砺前行”书法美术摄影作品展】 6月11日至18日，以“百年初心 砥砺前行”为主题，在北京汽车博物馆开展丰台区庆祝中国共产党成立100周年书法美术摄影作品展览，展出优秀美术书法摄影作品180幅，部分优秀作品在全国文联与北京市文联的展览中入展入选。

▲6月11日，人们观看“百年初心 砥砺前行”展览。

（孟　芳）

【建党百年诗歌散文大赛】 年内，为庆祝中国共产党成立100周年组织开展了丰台区庆祝中国共产党成立100周年诗歌散文大赛。收集作品800余件，优秀作品在中国作家网、北京文艺报、丰台艺术家微信公众号发表，产生了良好的社会影响。

（孟　芳）

【“永远跟党走”庆祝建党100周年音乐会】 7月28日，由丰台区文联主办，丰台区音乐家协会、丰台区文化馆承办，丰台区舞蹈家协会协办的“永远跟党走”2021年丰台区音乐家协会庆祝中国共产党成立100周年音乐会在丰台区文化馆剧场上演。全区各行业200余名干部群众、文艺骨干观看了演出，音乐家们展现昂扬向上的精神面貌，以对祖国、对党的无限热爱，为党的百年华诞倾情献礼。

（孟　芳）

【2021“卢沟晓月”中秋文化活动】 年内，协助区委宣传部共同组织策划“月圆京城，情系中华”—2021“卢沟晓月”中秋文化活动。区文联和区委宣传部创新性地将丰台特有的两项国家级非物质文化遗产《卢沟桥的传说》和《怪村太平鼓》搬上舞台，体现丰台悠久的历史和厚重的文化底蕴，突出西山永定河文化；整台晚会依托卢沟桥丰富文化资源，把“月”文化、“桥”文化和冬奥文化、航天文化等多种元素相融合，赋予“卢沟晓月”文化品牌新的内涵；整台晚会丰台的原创节目占据一半以上，原创戏歌《丰景如画》、原创快板《妙笔生花看丰台》、原创歌舞《卢沟晓月》、原创情景歌舞表演《嫦娥奔月》等，都体现了很强的丰台特色，充分表达了丰台人民“妙笔生花看丰台”的美好愿景。

（孟　芳）

【“文艺轻骑兵”系列文化进基层活动】 年内，开展“文艺轻骑兵”系列文化进基层活动，组织百名文艺志愿者成立文艺小分队，“到人民中去”。走进看丹街道、卢沟桥街道、长辛店街道等我区乡村、社区开展10余场讲座培训和笔会。坚持开展文化下乡，春节前夕，将400余个新年礼盒，600副春联福字送到社区百姓手中。

（孟　芳）

【联络协调成立采风创作基地】 年内，主动联络房山文联、丰台花乡政府，协调成立房山石花洞美术家协会写生创作基地；花乡黄土岗书法家协会创作基地以及双马国际科创园的“书法、刻字”创作基地等，为协会广大会员搭建艺术交流、学习创作的平台，帮助艺术家把深入生活、扎根人民落到实处。

（孟　芳）

【组织“南囿秋风”全景图中国画创作】 年内，组织“南囿秋风”全景图中国画创作工作，根据北京城市总体规划，南苑地区将打造首都商务新区并建设南苑森林湿地公园。“南囿秋风”全景图创作旨在再现“南囿秋风”历史风貌，突出文化底蕴，增强首都商务新区建设的历史厚度。展览年底举办，共有30余幅作品参展。

（孟　芳）

【第二届“舞动丰台”舞蹈展演作品征集和评选】 年内，组织开展第二届“舞动丰台”舞蹈展演作品征集和评选工作，共有参选队伍200余支，比上年增加1倍。最后共评选各类奖项70余项，选出的优秀获奖作品《红土地》《故人辞》等作品并在华北五省市舞蹈大赛中获奖。

（孟　芳）

【北京老舍文学院丰台作家培训班】 年内，按照疫情防控要求，组织举办为期5天的北京老舍文学院丰台作家培训班，邀请知名作家为丰台学员进行集中培训，丰台区55名作家参加培训活动。

（孟　芳）

▲10月14日，区书协“书法、刻字”创作基地揭牌仪式在双马国际文创园举行。

【2021年丰台区文联文艺演出活动】 年内，丰台区文联积极加强各文艺家协会之间的交流协作，搭建文艺人才交流推介平台，丰台区戏剧家协会、音乐家协会、舞蹈家协会和曲艺家协会共同组织开展“携手迎冬奥 文艺贺新春”2021年丰台区文联文艺演出活动。

（孟　芳）

【原创文艺作品】 年内，围绕区委区政府中心工作，出资金，搭平台，引导艺术家出原创精品，丰台区戏剧家协会联合驻区院校、文艺院团艺术家共同创作了戏歌《丰景如画》。作品以党领导下，丰台区的建设发展为主题，歌颂了丰台人民爱岗奉献、奋发向上的精神面貌，歌颂丰台区历史文化在新时代绽放的流光溢彩，歌颂丰台区新时代建设的成就及人民群众的幸福生活；原创音乐快板《妙笔生花看丰台》、歌舞《卢沟晓月》、情景歌舞表演《嫦娥奔月》等作品，细数了丰台区日新月异的发展的成就，在“卢沟晓月”晚会集中演出，为打造“卢沟晓月”文化品牌注入了新的内涵。

（孟　芳）

【获北京青年相声节二等奖】 12月18日，在由北京市文学艺术联合会、北京曲艺家协会举办的北京第十二届青年相声节上，丰台区文联、丰台区曲艺家协会报送的作品《五味争餐》用平实而又不失幽默的语言，说出了现实中普通人的心声，最终在37个入围作品中荣获二等奖。

（孟　芳）

▲6月25日，《丰景如画》在丰台区庆祝中国共产党成立100周年文艺演出中展示。

档案工作

【概况】 2021年，是中国共产党成立

100周年，也是新修订档案法实施的第一年和“十四五”的开局之年，习近平总书记对档案工作作出重要批示，档案事业受到高度重视，迎来新的发展机遇。丰台区档案馆坚持以习近平新时代中国特色社会主义思想为指导，在区委的正确领导和区委办的管理下，持续推动全面从严治党向纵深发展，以推动档案事业高质量发展为主题，以贯彻实施档案法和各级“十四五”时期档案事业发展规划为抓手，以拼搏和实干助力档案事业“十四五”开好局起好步，努力做到四个“好”、两个“服务”。

（张　璐）

【新馆开工建设】 12月28日，新馆建设项目取得实质进展，在取得概算批复、完成图纸外审、上报资金申请报告后，正式开工建设。

（张　璐）

【两馆融合建设】 按照市区关于两馆融合建设的要求，大力推动实体和数字档案馆建设。制定《丰台区档案馆“两馆建设”推进工作方案》和《丰台区开展存量档案数字化工作的实施方案》。聘用咨询公司，负责数字档案馆项目技术立项工作，制定前期工作任务进度表，有序推进前期工作。积极筹备档案馆新馆固定展陈，形成《丰台区档案馆新馆固定展陈设计方案构想》，撰写完成《丰台区历史陈列展展览框架文案》。

（张　璐）

【档案资源建设】 年内，接收重大活动档案，重点接收了“国庆丰台区群众游行分指挥部”第二批重大活动档案资料4件。做好档案征集工作，拓展征集渠道，加大档案征集宣传力度，通过为捐赠者上门颁发收藏证、举办捐赠仪式等方式鼓励公众捐赠有价值的史料档案，征集到实物档案96件、资料32件、著名画家吕鑫字画8幅。

（张　璐）

【档案安全建设】 年内，按照“九防”要求，对库房门窗、电源、消防、温湿度等设施设备日检，对库区全面安全进行周检，全年排除温湿度控制系统、监控系统故障5次。完成全部馆藏数字资源的本地备份，内容覆盖文书档案和照片档案数字化副本、声像档案音视频副本、档案机读目录等，综合备份容量22 T。积极参加市档案馆组织的第四轮重要档案同城备份，提前完成备份数据制作、介质报送等工作，并于10月取回第三轮异地备份介质。

（张　璐）

【档案鉴定开放】 年内，在原工作基础上，通过聘请第三方、成立开放审核工作专班等形式，集中力量推进开放审核进度，完成1987年至1991年馆藏档案开放审核813131页。向28个立档单位征求1987年至1990年档案开放意见，拟开放13144件。有序做好鉴定后开放及延期开放工作，开放1985年至1986年档案19516件、延期开放档案46133件。

（张　璐）

【档案利用服务】 年内，在做好疫情防控的前提下确保档案查阅利用，共接待利用者2027人次，出具证明2331份，各类影像数6377页，调阅案卷905卷，电话咨询670余人次。对部分民生档案有特殊需求的利用者，提供节假日预约查档和送档上门服务。完成政府信息公开工作，接收行政规范性文件21份、国务院公报和北京市人民政府公报30余册。完成知青上山下乡、知青返程、知青子女入户三类民生档案的目录上传、数字资源拷贝、系统调试工作，为正式开通知青档案跨馆利用做好前期准备。将开放档案目录上传到市数字档案馆开放档案查阅系统，为社会公众提供开放档案目录检索服务。

（张　璐）

【档案信息化建设】 年内，完成涉及51个全宗、2060卷馆藏文书档案的数字化工作。完成存量档案数字化项目事前绩效评审。完成市档案局课题《OpenCV在声像档案管理中的应用》，目前已进入项目验收阶段。

（张　璐）

【“建党百年，‘丰’华正茂”展览】 6月9日，《建党百年　“丰”华正茂——丰台区档案馆档案图片展》在丰台二七1897

▲12月28日，区档案馆新馆举行开工建设奠基仪式。

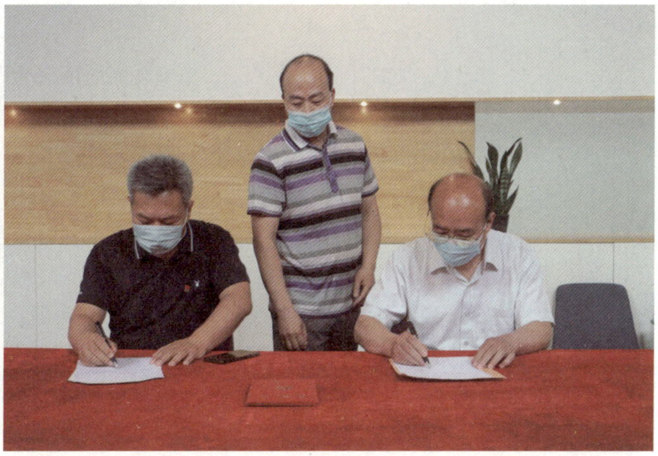

▲6月9日，原丰台区档案局（馆）长李建刚向区档案馆捐赠个人档案。

▲6月9日，《建党百年 "丰"华正茂—— 丰台区档案馆档案图片展》在二七1897科创城开展。

科创城开展。展览期间，线上点击率5000余次，线下巡展参观人数4500余人次。

【"我的成长档案"特色专题讲座】年内，将"我的成长档案"特色系列活动与党史学习教育相结合，举办专题讲座，向黄土岗中学近200名师生讲述建党初期有关长辛店留法勤工俭学预备班和二七工人运动中的革命故事。

（张　璐）

【档案编研】年内，编印《丰台记忆——庆祝中国共产党成立100周年专刊》，编研字数6万字，面向全区各单位发放。

（张　璐）

地方志工作

【概况】2021年，丰台区地方志办公室（简称"区地方志办"）以扎实开展党史学习教育为主线，履行"为党立言、为国存史、为民修志"使命职责；以巡察整改工作为契机，全面完成2021年卷年鉴改版；以完成"两全目标"为抓手，推进修志编鉴著史主体工作；以服务区重点工作为中心，努力发掘史志资源；以依法治志为原则，制订实施地方志事业发展规划。《北京丰台年鉴（2021）》突出时代地域特色，完成框架、内容调整和改版。撰写完成《丰台区关于落实〈北京市党史和地方志工作规划（2021—2025年）〉的实施方案》。为北京方志馆《方志北京》《年鉴北京》常设展、《志说一城三带》专题展提供素材和意见。发挥存史资政职能，调研丽泽金融商务区、中国园林博物馆等。加强对二轮修志成果的利用，为《丰台报》、"北京丰台"等提供相关宣传内容。推动史志进基层，与丰台街道东大街社区、成寿寺街道成仪路社区晶城秀府共建史志园地。

（陈　亮）

【参观调研丽泽金融商务区】1月28日，区地方志办一行到丽泽金融商务区，就丽泽金融商务区年鉴撰稿工作开展参观调研。工作人员参观了解了商务区的总体规划和定位、建设进度、入住企业体量等情况。针对《丰台年鉴（2021）》编纂的具体问题，双方进行座谈。2021年丰台年鉴正式将丽泽金融商务区的内容单列成篇，多方位、多角度地记录丽泽金融商务区的建设进程和发展，更好地体现丰台区情和特色。

（陈　亮）

【《北京丰台年鉴（2020）》向全区发放】2月23日，《北京丰台年鉴（2020）》向全区发放。该书记录了2019年丰台区自然、政治、经济、文化、社会、生态文明等方面的基本情况和发展成就，是了解丰台、查阅资料、掌握信息、指导工作的重要参考著作和工具书。全书约80万字，设36个类目、200个分目、1500个条目。

（陈　亮）

【调研中国园林博物馆】3月19日，区地方志办一行到中国园林博物馆调研参观，并和园博馆工作人员就年鉴编纂相关工作进行座谈。园博馆位于北京市丰台区鹰山脚下、永定河畔，是世界上唯一一家以园林为专题并全面展示中国和世界园林艺术活技艺的国家级博物馆，也是中国第一座以园林为主题的博物馆。自2010年开始筹建，于2013年5月开馆运行，占地6.5万平方米，建筑面积49950平方米，由主体建筑、室内展园与室外展区三部分组成，是收藏园林历史文物、弘扬中国传统文化、展示园林艺术魅力、研究园林价值的国际园林文化中心。2021年，园博馆按照丰台年鉴的编纂通知要求完成稿件撰写报送。

（陈　亮）

【召开党史学习教育动员会】3月24日，区地方志办召开党史学习教育动员会，动员部署本单位党史学习教育工作。

会上传达学习了中央和市、区党史学习教育动员大会精神。史志部门要聚焦主责主业，积极融入全区党史学习教育的大局，深入学习宣传党的历史，出色完成好史志重点著作编写、史志宣传教育等工作，用党的奋斗历程和伟大成就鼓舞斗志、明确方向，用党的光荣传统和优良作风坚定信念、凝聚力量，用党的实践创造和历史经验启迪智慧、砥砺品格，为全区党史学习教育的深入开展，推动丰台各项工作上台阶，实现"妙笔生花看丰台"的美好愿景做好史志服务。

（陈　亮）

【区地方志到西局村史馆调研】4月2日，区地方志办一行到西局村史馆调研。西局村位于金中都西城墙遗址以西一公里处，元代在这里设立磨玉局，碾玉工携家聚居于此，形成自然村落。随着经济社会发展，西局村撤村建居。西局村史馆于2019年正式开馆，展陈元代玉厂模型、老物件、解放战争时期民居模型等百余件展品，展现西局村历史、地理、经济、文化等各方面的发展变迁，是传承文化、留住乡愁的有效载体。区地方志将进一步挖掘历史文化，开展调研走访，服务现实需求，为社区（村）志编修和乡情村史馆建设提供业务指导。

（陈　亮）

【《丰台区地名志》编纂工作推进】4月，完成《丰台区地名志》征集意见稿编纂，并分别于5月、7月、9月召开各街镇（乡）、委办局等单位参加的征集意见会，分篇就相关内容征集意见建议。编辑部对内文补充完善，完成内文插图工作。11月上旬形成《丰台区地名志》初审稿。书稿共7篇17章、88节、约80万字，配图200余张。

（陈　亮）

【《北京年鉴》供稿】4月，完成向《北京年鉴（2021）》供稿任务。供稿全文8000余字，内容为2020年丰台区概况，包括丰台区新冠肺炎疫情防控、对口帮扶及结对协作、疏解整治促提升、丽泽金融商务区建设、中关村丰台园建设、城市建设与管理、经济社会发展、生态环境保护等相关内容。

（陈　亮）

【《中国地方志年鉴（2021）》供稿】4月，按照中国地方志指导小组办公室和北京市地方志办通知要求，完成《中国地方志年鉴（2021）》供稿任务，全文2500余字，内容为2020年丰台区地方志工作的基本情况。

（陈　亮）

【“纪录小康工程”材料报送】5月，完成“纪录小康工程”丰台区全面建成小康社会大事记（1949–2020）内文和平台上传审核工作。按年报送大事记条目71条，共18万余字。

（陈　亮）

【《丰台史话》新书发布会】5月27日，“讲好身边党史 赓续红色基因”《丰台史话》新书发布会在中国人民全民族抗战的爆发地——永定河畔的卢沟桥宛平城举行。区委常委、宣传部部长梁家峰到会致辞，北京市社科院历史所研究员孙冬虎，首都师范大学历史学院教授郗志群、史桂芳三位专家做精彩点评。《丰台史话》编委会、编辑部成员，区相关单位和街乡镇主管领导，部分驻区单位代表60余人参加发布会。《丰台史话》是丰台区第一部全面系统地记述经济发展社会进步、时代变迁的史话类图书。全书共七个部分，30余万字，各类图片100余幅。全书以“区情概览”开篇，正文是“南中轴的历史变迁”“金中都的前世今生”“卢沟桥的民族精魂”“长辛店的红流绿舟”“京西南的创新发展”五个部分。附录部分为“花絮趣闻”，精选12篇短文，以点带面地记述丰台地区的花卉种植、非遗项目、文物古迹等方面有特色的趣闻轶事。

（陈　亮）

【完成扶贫口述史资料报送】年内，按照北京市地方志办要求，征集丰台区5位扶贫先进人物口述资料，共1万字、4图。

（陈　亮）

【供稿《丰台报》“志说丰台”】年内，加强地方志成果的宣传和利用，为《丰台报》“志说丰台”栏目提供丰台历史文化资料7000字，分6期刊登在《丰台报》。

（陈　亮）

【《北京丰台年鉴》（2021）编纂出版】12月，北京市丰台区地方志编纂委员会编纂的《北京丰台年鉴（2021）》由中华书局正式出版发行。刘怀广主编。该卷年鉴设特载、大事记、区情概览、新冠肺炎疫情防控、对口扶贫支援等36个类目，230个分目，2263个条目，其中前彩色插页75张，文中内容插图271张，有表格57个。该卷年鉴是《北京丰台年鉴》自创刊以来的连续出版第21卷，进行了全新改版。改版后的年鉴紧紧围绕区委、区政府中心工作，全面、翔实记录了丰台区2020年政治、经济、文化、社会和生态等方面发展情况和特色亮点。按照精品年鉴标准，《北京丰台年鉴（2021）》版式更加精美，内文彩色印刷，并配有随文图片；内容更加丰富，增加抗击新冠肺炎疫情和扶贫类

▲《北京丰台年鉴（2021）》

▲《丰台党史》新书发布会现场

目。全书共526页，约110万字。该卷年鉴发放实现全区各单位领导干部、相关部门、图书室、资料室、阅览室、档案室、学校、社区（村）等全覆盖。

（陈　亮）

【为北京市方志馆展览提供资料】 年内，为北京市方志馆《方志北京》《年鉴北京》常设展和《志说一城三带》专题展提供卢沟桥乡二轮各村志书集一套、丰台域内村史馆照片等资料、为展览设计小样提修改意见和相关展览照片3张。

（陈　亮）

【与成寿寺街道共建史志园地】 12月24日，为深入开展“我为群众办实事”实践活动，推动党史学习教育取得实效，丰台区委党史办（区地方志办）与成寿寺街道共建的成仪路社区晶城秀府史志园地正式挂牌，并举行“我为群众办实事，精神食粮送到家”赠书仪式。这是地方志办与基层单位合作共建的第四个史志园地，以“党史、新中国史、改革开放史、社会主义发展史教育”为主题，筹集党史、方志图书300余册，包括北京市委党史研究室、市地方志办出版的《北大红楼与中国共产党创建历史丛书》，丰台区委党史办（区地方志办）出版的《中国共产党北京市丰台区历史》《丰台史话》《丰台区志（1991—2010）》《丰台年鉴》以及《写给青少年的党史》等适合社区居民阅读的史志读物等，打造“家门口”的学史用志环境。

（陈　亮）

【丰台区落实北京市史志五年工作规划实施方案向全区下发】 12月31日，《丰台区关于落实〈北京市党史和地方志工作规划（2021—2025）〉的实施方案》（以下简称《方案》）经丰台区委办向全区各单位下发。《方案》由总体要求、主要任务和保障措施三部分组成，明确了“十四五”时期丰台区党史和地方志工作跟踪记录、研究编纂、成果转化、宣传教育等方面的主要任务。

（陈　亮）

2022 北京丰台年鉴

卫生健康

综 述

2021年是“十四五”规划开局之年，丰台区卫生健康委负责全区卫生健康工作。围绕“妙笔生花看丰台”、健康丰台的目标，全力做好新冠肺炎疫情防控，推进公共卫生应急管理体系建设，实现卫生健康事业高质量发展。全力打赢京外关联疫情阻击战，建立科学精准疫情防控体系，有效遏制疫情传播。全区12岁及以上人群新冠疫苗全程接种实现基本全覆盖，切实筑牢防疫屏障。区疾控机构标准化建设达标率90%，组建480人流调队伍，完成5家发热哨点和8间区属医院负压病房建设。北京口腔医院加快建设。补齐村级医疗机构空白点，建立2.7万个爱国卫生组织机构。全区共有卫生机构556个，比上年增加8个；其中医院77个。医疗机构共有床位13168张，比上年增加430张。全区卫生技术人员25924人，比上年增加1225人。执业（助理）医师9976人，注册护士11202人。全区医疗机构共诊疗2160.5万人次，健康检查87.8万人次。

卫生监督与管理

【概况】2021年，丰台区推进公共卫生应急体系建设，新建6个急救站，院前急救呼叫满足率达到98%。举全区之力创建国家卫生区，群众对创卫满意度达到93.9%，以4A最高成绩通过病媒生物防制市级验收。推进医疗机构建设发展，丰台医院、七三一医院晋升为三级综合医院，南苑医院成功转型中医医院，铁营医院通过北京市康复专科医院的验收，妇幼保健院通过二级甲等妇幼专科医院评审。完成新丰台社区卫生服务中心建设，新建5个村卫生室（站），其余7个行政村通过与周边社区卫生服务机构签署医疗服务合作协议的方式补齐村级医疗机构空白点。丰台区辖区出生6867人，出生率5.84‰；死亡10102人，死亡率8.59‰；人口自然增长率－2.75‰。因病死亡9777人，占死亡总人数的96.78%。死因顺位前十位依次为：心脏病、恶性肿瘤，脑血管病，呼吸系统疾病，内分泌营养和代谢疾病，损伤和中毒，消化系统疾病，神经系统疾病，泌尿生殖系统疾病、传染病。户籍人口期望寿命82.82岁，其中男性80.07岁、女性85.80岁。区属6家医院全年出院29487人次，病床使用率59.57%，平均住院12.49天。住院手术8388人次。

（唐晓博　奚滕滕）

【5家中医药健康文化体验馆启动】 年内，丰台区建设中医药健康文化体验馆共计5家（包括丰台区蒲黄榆社区卫生服务中心、丰台区中医医院、丰台社区卫生服务中心、铁营社区卫生服务中心、西罗园社区卫生服务中心），以“三生”（生命、生活、生态）为主线，以“三个团队”（专家团队、工作团队、服务团队）为支撑，依托互联网、人工智能等信息化技术，传播中医药学的健康养生理念，推广中医药健康文化指导下的生活方式。体验馆功能集中西医检测、健康管理、文化科普、互动体验于一体，为社区百姓提供科学、权威、综合、便捷的中医药健康生活指导服务。

（奚滕滕）

【丰台区老年健康和医养结合服务指导中心建成】 年内，丰台中西医结合医院老年病科与辖区内多所养老服务机构签约，形成医养合作关系，初步建成丰台区老年健康和医养结合服务指导中心。

（艾　颖）

【血液管理】 年内，丰台区设街头采血点7个，采血屋2个、采血车2辆、采血方舱3个。全年采血43753.55单位，其中全血43055.55单位、成分血698单位。全年供血56322.5单位。区属医院用悬浮红细胞2926单位、报废147单位，悬浮少白红细胞124单位、报废0单位，血小板369治疗量，血浆68082毫升、报废200毫升；自体采血555单位。

（刘小瑜）

【卫生监督】 年内，丰台区辖区内有公共场所3068户，监督检查10398户次，监督覆盖率99.15%，合格率91.88%。实

▲7月15日，北京市卫健委委托北京市医学会组织专家，对丰台医院申请核定为三级综合医院进行现场审核。

▲4月30日，北京市级专项验收专家组到丰台区就创建国家卫生区病媒生物（鼠蟑）防制工作进行专项评估。

施行政处罚868起，罚没款859100元。量化分级2271户，量化率83.65%。

（田　龙）

【医疗卫生监督】年内，区卫健委监督检查2036户次，监督覆盖率99.25%，合格率97.5%；行政处罚48起，罚没款612340元。医师多机构备案3437人次。处罚无证行医16户次，罚没款706283元。

（田　龙）

【爱国卫生运动暨创建国家卫生区】年内，丰台区各街镇、社区（村）、机关企事业单位、非公组织单位爱国卫生组织共27779个，创建国家卫生区工作纳入区折子工程。“筒子楼简易楼环境整治提升”和“病媒生物防制工作”纳入民生实事项目。开展39次周末卫生日活动，社区党员、居民、志愿者77万人次参与，清理大街小巷12万条，清理垃圾超1.6万吨。推动农村旱厕改造，改建旱厕172座，农村地区达标等级公厕已达697座，全部公厕实现专业化单位保洁。拆违8.7万平方米，查处违规户外广告牌匾270起、罚款19.1万元。处罚无照经营4939起、罚款88.65万元。10月，市爱卫办组织市级专家对全区24个申报街道进行检查验收，通过率100%。

（邓丽颖）

【医疗设施建设】年内，全区建立医联体（全称为医疗联合体，是将同一个区域内医疗资源整合一起，通常由一个区域内的三级医院与二级医院、社区医院、村医院组成一个医疗联合体。目的是解决百姓看病难问题，实现了人民满意、政府满意、职工满意的预期目标。2020年7月国家卫健委公开发布《医疗联合体管理办法（试行）》，提出加快推进医联体建设，逐步实现医联体网格化布局管理）合作关系86个，其中包含13家社会办医疗机构。区内23个社区卫生服务中心全部加入医联体。

（薛　峰）

【医疗机构名称变更】年内，北京市丰台区南苑医院变更医疗机构类别为中医医院，变更医疗机构名称，第一名称为北京市丰台区中医医院，第二名称为北京市丰台区南苑医院。北京丰台医院变更医疗机构级别为三级。北京市丰台区铁营医院变更医疗机构类别为康复医院，变更医疗机构名称，第一名称为北京市丰台康复医院，第二名称为北京市丰台区铁营医院。

（姬小薇）

【健康扶贫】年内，区卫健委与内蒙古自治区扎赉特旗、林西县，青海省治多县共建立结对协作关系21个，向支援合作地区派驻医疗卫生技术人员45人次，接收支援合作地区32名医务人员来京进修学习。在内蒙古东西部协作地

▲7月26日，专家对铁营医院康复专科医院建设情况进行验收。

▲3月15日，在北京市扶贫协作总结表彰大会上，丰台区卫健委获北京市扶贫协作先进集体称号。

举办专业技术培训139次，培训专业技术人才2335人次。丰台区5家医疗机构与房山区18家社区卫生服务机构形成结对协作关系。共向房山区派出专业技术人员103人次。完成业务培训、学术讲座等737人次。

（刘小瑜）

基层卫生

【社区卫生】 年内，全区共有社区卫生服务中心21个，其中政府办14个、非政府办7个；规划设置社区卫生服务站156个，已建成156个，正常运行141个，其中政府办62个，非政府办79个。完成21个社区卫生服务中心及141个社区卫生服务站的标准化建设。全区社区卫生服务机构在岗4598人，其中卫生技术人员3579人，包括全科医生566人、护士984人。全年门诊854.3万人次、急诊654人次、出诊7158人次。家庭医生签约71.63万人，签约率35.47%；其中重点人群签约39.36万人，签约率99.99%。建立居民个人健康档案164.23万份，建档率81.31%；其中电子健康档案164.23万份，建档率81.31%，电子健康档案使用率63.89%。

（吕媛媛）

【农村卫生】 年内，全区有村卫生室18个，均为村办，覆盖率100%。共有乡村医生岗位205个，乡村医生岗位人员192人，其中乡村医生75人、执业（助理）医师117人。全年诊疗2.8万人次。年共有106名乡村医生参加岗位技能操作培训，合格率100%。

（吕媛媛）

【老年健康服务】 年内，全区常住人口及户籍人口中60周岁及以上老年人口为478986人，占23.7%，其中65岁以上老年人口为320020人（丰台区第七次全国人口普查公报数据），占15.8%。全区共有养老服务机构41家，养老中心26家，老年驿站73家。65岁及以上接受健康管理老年人219970人，管理率68.74%。为符合条件的居家养老老年人签订居家医养结合协议1006人，提供肌肉注射、管道护理、伤口护理、健康教育、心理咨询、健康管理等上门服务14805人次。

（吕媛媛）

【获老年健康服务规范化建设达标单位称号】 11月，和义社区卫生服务中心、铁营社区卫生服务中心、马家堡社区卫生服务中心、王佐镇社区卫生服务中心、卢沟桥社区卫生服务中心、蒲黄榆社区卫生服务中心、长辛店镇社区卫生服务中心、右安门社区卫生服务中心、宛平社区卫生服务中心、方庄社区卫生服务中心、西罗园社区卫生服务中心、新村社区卫生服务中心、云岗社区卫生服务中心共13家社区卫生服务中心获老年健康服务规范化建设达标单位称号。

（吕媛媛）

【通过市级老年友善医疗机构验收】 12月，航天总医院、北京中医药大学东方医院、北京丰台医院、北京南苑医院、北京康助护理院、云岗社区卫生服务中心、卢沟桥国医社区卫生服务中心、右安门社区卫生服务中心、东高地社区卫生服务中心、鑫福里社区卫生服务中心，10家医疗机构通过市级老年友善医疗机构验收。

（吕媛媛）

【老年健康宣传】 年内，在全区开展以“关注口腔健康，品味老年幸福”为主题的宣传周活动，宣传老年健康政策、普及老年健康知识与技能，发放各类宣传品6500多份，组织各类活动130多场次。开展“敬老月”系列活动，举办“孝顺之星”命名活动，发动各成员单位、各街乡镇开展各类活动141场次，命名55名“孝顺之星”。

（吕媛媛）

疾病防治

【新冠肺炎防控】 年内，全区共报告新型冠状病毒肺炎确诊病例4例，其中死亡0例，危重型1例，重型1例，普通型2例，无新型冠状病毒肺炎无症状感染者报告。完成流行病学调查511次。启用集中隔离点17个，累计接收集中隔离观察13508人。全年共涉及密接534人、次密接1799人进行集中隔离管理。

（奚滕滕）

【传染病防治】 年内，全区报告法定传染病18种6843例，报告死亡27例，其中乙类传染病12种2200例，死亡27例；丙类传染病6种4643例。发病率排在前三位的疾病分别是其他感染性腹泻病、流行性感冒、肺结核。

（奚滕滕）

【计划免疫】 年内，全区计划内疫苗共计11种，本市人口基础免疫共计130807剂次，加强免疫共计82953剂次；流动人口基础免疫共计78217剂次，加强免疫共计35693剂次。应急接种共计2种疫苗，累计117剂次。计划外疫苗共计24种，累计接种357423剂次。为60岁以上老年人接种流感疫苗71298人，为中小学生接种流感疫苗66942人，保障人群532支；自费疫苗共接种41236人。

（奚滕滕）

【慢病防治】 年内，全区免费开展心血管病高危人群筛查、癌症早诊早治、脑卒中筛查和窝沟封闭预防龋齿等民生工程。完成600名居民的心血管病复筛调查和150名高危对象的短期随访、3750人长期随访、4024例肿瘤患者的社区随访、城市癌症早诊早治临床筛查536例、农村癌症筛查230例；北京市脑卒中项目随访调查2088例，其中628人完成抽血检测，

1338人上报相关的检测指标。组建7个慢病患者自我管理小组，完成11次高血压和糖尿病自我管理小组活动现场督导。

（奚滕滕）

【精神病防治】 年内，全区有在册严重精神障碍患者8395人，报告患病率4.15‰。在册患者规范管理率95.24%，在册患者规律服药率89.05%，在册精神分裂症服药率92.22%，在册患者面访率92.29%。免费服药政策惠及率80.91%。监护人看护管理补贴累计申请6770人，监护人补贴申领率87.87%。

（奚滕滕）

妇幼卫生

【妇幼保健】 年内，全区常住孕产妇死亡0人，死亡率0/10万；新生儿死亡7人，死亡率1.02‰；婴儿死亡12人，死亡率1.75‰；5岁以下儿童死亡16人，死亡率2.33‰。围产儿出生缺陷发生率23.58‰，主要出生缺陷为先天性心脏病、外耳其他畸形、多指(趾)。

（文　颖）

【婚检孕检】 年内，区妇幼保健院为婚前、孕前健康检查定点医院。全年结婚登记中初婚9628人，初婚检6889人，婚检率71.55%。婚检人数共计6912人，孕前优生健康检查5506人，孕检率91.8%；检出异常3965例，风险检出率72.01%。个体化指导婚前、孕前优生健康检查的夫妇，并提供免费叶酸。指导孕前检查异常的夫妇进行相应的检查或治愈后再备孕；对疑难症不能确诊者，转诊至相应机构进一步诊治。

（文　颖）

【学校卫生】 年内，完成13所近视监测点3563名学生筛查工作，其中6岁儿童255名，近视率10.98%；小学生1536名，近视率39.00%；初中生760名，近视率76.45%；高中生774名，近视率80.10%；职高生238名，近视率71.43%，总近视率56.08%，较2020年55.85%升高0.23个百分点，较2019年57.65%下降1.57个百分点。学校暴发流感疫情1起16例。幼儿园急性胃肠炎暴发疫情1起20例。

（奚滕滕）

计划生育

【计生宣传】 5月29日，区计生协会举办“永远跟党走·奋进新征程——庆祝建党100周年”主题会员活动日，组织各街镇开展宣传服务活动，共举办宣传活动165场，宣传人数11295人；慰问服务活动27次，慰问人数97人；其他服务30场，服务人数777人。

（张艳红）

【计生奖励扶助】 年内，计划生育家庭奖励总计6535.851万元，其中独生子女父母奖励14395人84.305万元；独生子女父母年老时一次性奖励4116人411.6万元；独生子女父母一次性经济帮助214人214万元；农村部分计划生育家庭奖励扶助9780人2053.8万元；独生子女家庭特别扶助4841人3771.096万元。“真情关怀 暖心行动”发放慰问金439.8万元。2203名计划生育家庭特殊扶助人员及2638名计划生育家庭伤残扶助人员按1户2名联系人的原则，建立日常联络和沟通。

（伊慧敏）

2021年丰台区社区卫生服务中心一览表

表23

序号	机构名称	地址	电话
1	卢沟桥社区卫生服务中心	北京市丰台区大成南里二区3号楼	63820716
2	新村社区卫生服务中心	北京市丰台区首经贸北路8号院4号楼	63621386
3	宛平社区卫生服务中心	北京市丰台区晓月苑清音街1号	83216921
4	马家堡社区卫生服务中心	北京市丰台区马家堡嘉园二里14号	67534558
5	铁营社区卫生服务中心	北京市丰台区横一条甲18号院3号楼	87624420
6	和义社区卫生服务中心	北京市丰台区和义东里二区6号	67953209
7	右安门社区卫生服务中心	北京市丰台区右安门外开阳里二街5号	63538453
8	西罗园社区卫生服务中心	北京市丰台区西罗园一区26号楼	67219766
9	蒲黄榆社区卫生服务中心	北京市丰台区蒲安西里16号	67616028
10	大红门社区卫生服务中心	北京市丰台区大红门东后街156号	87288041

续表 23

序号	机构名称	地址	电话
11	方庄社区卫生服务中心	北京市方庄芳群园三区 1 号	67609064
12	长辛店镇社区卫生服务中心	北京市丰台区射击场路 23 号	83861652
13	王佐社区卫生服务中心	北京市丰台区王佐镇西王佐 356 号	83316357
14	丰台社区卫生服务中心	丰台区永善里 1 号楼	63825181
15	花乡社区卫生服务中心	北京市丰台区纪家庙路 168 号	63726782
16	卢沟桥国医社区卫生服务中心	北京市丰台区西局南街 137 号	63895187
17	鑫福里社区卫生服务中心	北京市丰台区永外鑫福里小区甲 6 号	87284788
18	云岗社区卫生服务中心	北京市丰台区云岗南区西里 20 号楼	68374253
19	东高地社区卫生服务中心	丰台区东高地南平房 3 号	68381098
20	二七南社区卫生服务中心	丰台区长辛店街道崔村二里 18 号	83306531
21	二七北社区卫生服务中心	北京市丰台区张郭庄南路甲 1 号	83804470
22	朱家坟社区卫生服务中心	丰台区朱家坟四里 13 号	83807069

2022 北京丰台年鉴

体育

综 述

2021年，丰台区体育局（以下简称“区体育局”）以保障广大人民群众基本体育权益为出发点，全面加强公共体育服务职能。下辖5个事业单位，分别为北京市第十二中学体育分校、北京市丰台棒垒球运动学校、丰台区社会体育管理中心、丰台区体育科研所、丰台体育中心管理处。全区现有体育项目经营单位463家，全民健身器材13000余件，社会体育指导员10859人，其中国家级171人，一级613人，二级1907人，三级8204人。丰台区运动员在市级体育比赛中共获奖牌290枚，其中金牌77枚。丰台区第六届欢乐冰雪季系列活动由启动仪式、冰上趣味运动会、万人冰雪大课堂、社会体育指导员培训、冰雪嘉年华公益体验、大众冰雪比赛及“冰雪大篷车”进基层七个部分组成。参加活动的人员既有零基础的市民，也有高水平的冰雪爱好者，涵盖儿童、青少年、成年人、老年人等不同年龄段人群，覆盖全区89家机关单位，26个街镇，参与总人数共计34万人次。

全年新建篮球场、乒乓球场等体育健身活动场所30处。指导王佐镇完成“北京市体育特色乡镇”创建工作。按照《丰台区基层体育经费管理办法（试行）》的要求，拨付经费至各单位，并对各街道、乡镇使用经费过程中存在的问题有针对性地进行指导。结合《北京市全民健身示范街道》《北京市体育特色乡镇》标准，完成国民体质测试开放日活动，全年累计开放30天，为全区近1500名群众提供免费体质监测服务。完成国安足球队21场训练场地保障工作，2场官方活动保障，2个观众开放日活动共接待球迷370余人。完成丰台体育中心无障碍改造工程并通过区残联验收，做好体育场配电室、体育场电子显示屏改造工程。完成卢沟桥街道丰体中心疫苗接种点属地保障工作。启动槐房西路体育用地建设及科丰煤库体育场地改造项目，及时与邓亚萍体育产业基金会进行对接，进行前期规划调研、实地踏勘、座谈等相关工作，启动前期手续办理。全年受理市民诉求260件，响应率98%，解决率88%，满意率94%。

（赵艳涛）

群众体育

【概况】 2021年，区体育局围绕丰台区第十三届全民体育健身节，积极组织开展全民健身活动，认真筹办全区性传统体育赛事和市级品牌赛事，创造市民参与体育健身的平台和环境，提高全民健身水平，增强市民的身体素质。成功举办第八届北京国际风筝节、北京第35届卢沟桥醒狮越野跑、丰台区第七届“一起跳”广场健身操舞（海选）大赛、丰台区“承者风范”第六届武林万人争霸赛、第九套广播体操比赛、双升（拖拉机）比赛、气排球比赛、棋类比赛、桥牌、足球、羽毛球、乒乓球等赛事150余场次，35万人次参与，进一步提高丰台区群众参与健身的积极性，增强体育健身的意识，促进全区群众体育运动蓬勃发展。通过培育特色鲜明的品牌赛事，进一步扩大丰台区体育影响力。区各体育协会代表丰台区积极参加全国、市级竞赛活动，分别获得北京市第三十八届百队杯女子U13组冠军，第十五届和谐杯京津冀组团体冠军，北京市武术、健身气功一等奖等，特别是代表北京市参加第十四届全运会群众项目健身气功决赛，获得企业组冠军；选派区武协3支代表队参加“我要上全运”北京市群众比赛展演项目选拔赛，北京中仪体育代表队荣获企业组健身气功•八段锦第一名；选派区武协15名优秀运动员参加第十三届北京市体育大会健身气功项目个人精英赛，荣获5个一等奖，为北京市和丰台区争得荣誉。

（赵艳涛）

【丰台区首届“社区杯”足球赛】 4月1日，丰台区首届“社区杯”八人制足球比赛在华夏醒狮足球场举办。本次比赛是北京市“社区杯”足球赛丰台赛区的预选赛，分为青年组（18–36岁）与中年组（37–55岁）两个组别，采用分组单循环积分制，上下半场分别为30分钟。共有160名足球运动爱好者报名参赛，卢沟桥街道康馨家园社区队和

▲4月，丰台区首届“社区杯”八人制足球比赛现场。

▲6月25日，2021年丰台区第九套广播体操比赛现场。

▲6月29日，“丰采杯”双升（拖拉机）比赛现场。

宛平街道队分别获得青年组、中年组冠军，并代表丰台区参加北京市首届“社区杯”决赛。

（赵艳涛）

【第六届承者风范武林万人争霸赛】 5月27日，以“全民健身迎冬奥 百年辉煌谱新篇”为主题的丰台区第十三届全民健身体育节暨第六届承者风范武林万人争霸赛开幕。本届体育节由品牌活动、传统赛事、冰雪活动、基层活动四部分组成，自5月持续到11月，旨在通过广泛开展群众喜闻乐见的全民健身赛事活动，推进全民健身事业创新发展，在全区范围内营造“人人参与运动，人人享有健康”的健身氛围，提升广大群众的获得感和幸福感，促进健康丰台建设，为冬奥会的成功举办营造良好的社会氛围。

（赵艳涛）

【丰台区第九套广播体操比赛】 6月25日，2021年丰台区第九套广播体操比赛在北京龙源景扬体育中心举办，来自全区机关、企事业单位、街乡镇的59支代表队，826名选手报名参赛。评委组按参赛队伍动作准确、协调、连续性、一致性、身体姿态、精神面貌、动作力度节奏和出入场的表现等，评出一等奖3支队伍，二等奖6支队伍，三等奖11支队伍。

（赵艳涛）

【“丰采杯”双升（拖拉机）比赛】 6月29日，丰台区第十三届全民健身体育节“丰采杯”双升（拖拉机）比赛在丰台区丽泽桥居然之家家居生活MALL正式拉开帷幕。此次活动由区总工会、区体育局、区体育总会主办，丰台区桌游协会承办，全区28家单位的200多名选手参赛。最终经过5轮角逐，16名选手脱颖而出，成为本届大赛16强。

（赵艳涛）

【第七届“一起跳”广场健身操舞（海选）大赛】 7月2日，丰台区第十三届全民健身体育节暨第七届“一起跳”广场健身操舞（海选）大赛首场比赛在丰台方庄体育公园文化广场开启。近300名广场舞爱好者一起同歌共舞，送上对党、对祖国的无限热爱和深深祝福，表达共庆建党100周年的喜悦之情，为建党百年献礼。

（赵艳涛）

【“丰采杯”气排球比赛】 7月30日，由区总工会、区体育局、区体育总会主办，丰台区羽毛球协会承办的2021年丰台区全民健身暨职工“丰采杯”气排球比赛举办。共有23支代表队、230余人参赛。比赛设机关组、社会组，男、女混合团体赛。经过激烈角逐，区直机关1队、科技园1队、房管中心分别获得机关组冠亚季军，丰台航天队、新忆

▲7月30日，“丰采杯”气排球比赛现场。

▲9月13日，第三十五届卢沟桥醒狮越野跑活动启动现场。

石俱乐部、东铁匠营街道分别获得社会组冠、亚、季军。

（赵艳涛）

【卢沟桥醒狮越野跑】 9月13日，北京第三十五届卢沟桥醒狮越野跑活动在中国人民抗日战争纪念馆举行，市、区政协委员、民革党员等近200人参加活动。卢沟桥醒狮越野跑活动由政协北京市委员会、市体育总会、丰台区人民政府共同主办，原名“北京市卢沟桥长跑接力赛”，是为纪念中国人民抗日战争暨世界反法西斯战争胜利而举办的。自1987年以来，每年举办一次，吸引了众多长跑爱好者和各界爱国人士逾10万人次参赛。本届活动的主题为“重温百年路，永远跟党走”。因疫情防控，为了让更多人参与卢沟桥醒狮越野跑活动，本届活动组委会专门设置“云上跑”环节。从7月7日到9月3日期间，参赛人员完成100公里里程跑，或设计“百”“100”的跑步轨迹路线即完赛，共有社会各界群众约3000人完成线上跑。

（赵艳涛）

【第九届北京国际风筝节】 9月28日至29日，第九届北京国际风筝节国际风筝邀请赛暨京津冀风筝交流赛在北京园博园内举行。本届赛事由北京市体育局、北京市体育总会、北京市人民对外友好协会、北京市丰台区人民政府主办，北京市体育总会秘书处、北京市风筝协会、北京市丰台区体育局、北京市丰台区体育总会、北京园博园管理中心承办，赛事吸引京津冀三地以及在京的外籍人士约500人参与。本项赛事从2013年开始已成功举办九届，在推动风筝运动发展和体育交流上发挥了重要作用。赛事举办期间，全民健身赛事的品牌内涵丰富，设置线上风筝放飞展、冬奥文化风筝制作展、风筝制作放飞活动及京津冀交流赛。为做好疫情防控工作，本次线下赛事活动缩减了参赛项目和组别，设置硬翅、软翅、龙类、硬板、软板等5个比赛项目。组委会创新赛事形式，调整活动内容，在线上开启风筝放飞展，国内外所有风筝爱好者均可通过上传放飞视频或者制作的作品图片方式参与活动，经组委会评定后给予证书和奖牌，为风筝爱好者提供了新的交流平台。

（赵艳涛）

【第四届智运会棋类比赛】 9月25日至26日，丰台区第十三届全民健身体育节暨第四届智力体育运动会棋类比赛在北京园博园奇石文化园举办。来自丰台区内的54支队伍约200余名选手参加围棋、中国象棋和国际象棋3项比赛。经过两天角逐，最终八一厂社区赵彬、首经贸队张家晨、张景峒分别获得围棋组前三名。个人报名参赛选手邵子扬、丰台光彩棋类俱乐部张宇含、个人报名参赛选手薛洪林分别获得国际象棋组前三名。玉林西里社区一队彭福生、草

▲9月29日，第九届北京国际风筝节正在进行的风筝放飞展。

▲9月26日，丰台区第四届智力体育运动会棋类比赛现场。

桥社区队程长亮、大红门街道队王超分别获得中国象棋组前三名。

（赵艳涛）

【2021年“健康丰台人”运动素质公开赛】年内，完成2021年“健康丰台人”运动素质公开赛暨丰台区运动达人首站体验赛活动，在全区26个街乡镇及机关企事业单位举办10场分站赛及1场总决赛，总参赛人数约1800人次。

（赵艳涛）

竞技体育

【概况】2021年，丰台区组队831人参加北京市青少年锦标赛空手道、摔跤、短道速滑等夏冬季28个项目比赛，获得45金、54银、51铜。组队540人参加北京市青少年U系列冠军赛射箭、柔道、花样滑冰等夏冬季22个项目比赛，获27金、44银、57铜。组队80余人参加北京市青少年棒垒球赛事，获2金、1银。所有参赛运动员遵守赛风赛纪，比赛期间无一人违反反兴奋剂条例。4月相约北京测试赛（业余组）在首都体育馆举行，丰台短道速滑4名小将代表北京队（甘绍东、王天戈、刘宇彤）和丰台区（张雅譞）参赛，取得3金、3银、3铜的成绩。

（赵艳涛）

【“体教融合”】年内，大力推进学校体育工作和体育后备人才梯队建设，确保“体教融合”工作健康发展，形成“体教融合”工作新局面。传统校充分利用教学资源优势与课程相结合，呈现梯队衔接紧密、赛事活动较为普及、人才培养精良的工作局面。疫情期间参加各种培训和教学训练，并加强与各职能部门协调沟通，成立专班，对全区青少年体育工作进行统一规划、统一部署。“三大球”联赛已成为丰台区传统体育赛事，受疫情影响未举办。与区教委联合举办田径、游泳、羽毛球、乒乓球等赛事，充分发挥了比赛作为检验体育教学质量高低的重要作用。对丰台区青少年体育赛事进行一体化设计和推进，搭建面向全体学生的竞赛体系，构建优秀后备体育人才成长和上升的通道。增强丰台区后备人才运动水平，做好丰台区运动队梯队建设。

（赵艳涛）

【第五届京津冀校园足球夏令营邀请赛活动】7月15日，“红心向党 拼搏绿茵”——第五届京津冀校园足球夏令营邀请赛在丰台体育中心开幕，为期五天。本次足球夏令营旨在积极开展青少年足球运动，强力推进青少年足球训练，让更多青少年掌握足球技能，树立青少年的团队协作精神，促进青少年快乐健身，健康成长。本次邀请赛由往年的8支足球队增加到17支，专门设置了一组小学生女子足球队，来自京津冀三地的200多名青少年及足球爱好者参赛。在邀请赛期间，运动员除了进行激烈的比赛，进一步加强体育后备人才培养之外，还通过外出参观、知识竞赛、讲座等青少年喜闻乐见的形式开展党史学习教育，用红色文化激励和引导广大青少年学史明理、学史增信、学史崇德、学史力行。

（赵艳涛）

【北京市青少年U系列短道速滑冠军赛】7月23日至25日，2021年北京市青少年U系列短道速滑冠军赛在北京昌平世纪星国际冰雪体育中心短道速滑馆成功举办，全市16个区的340名运动员参赛。丰台区选派35名运动员参加本次比赛，经过紧张激烈争夺，获得金牌5枚，银牌10枚，铜牌4枚，共计19枚奖牌。

（赵艳涛）

【北京市青少年短道速滑锦标赛】9月10日至12日，北京市青少年短道速滑锦标赛在北京昌平世纪星国际短道速滑馆举行。本次比赛参赛的运动员为北京市青少年U系列短道速滑冠军赛各组别单项排名前24名的选手，丰台区25名队员入围其中。经过激烈角逐，丰台区选手共获得7金、8银、5铜的好成绩，排名全市第二。

（赵艳涛）

【北京市青少年冰球锦标赛】9月11日，

▲7月15日，第五届京津冀校园足球夏令营邀请赛现场。

▲9月11日，2021年北京市青少年冰球锦标赛现场。

▲9月21日，丰台区参加2021年北京市青少年冰球锦标赛获奖选手合影。

2021年北京市青少年冰球锦标赛在北京华熙燕山冰上运动中心举行开幕式。丰台区共有4支队（男子甲组、乙组、男女混合丙组、丁组）67名队员参赛，获得2枚铜牌，1个第五名，1个第七名，创造出建队以来的最好成绩。

（赵艳涛）

【北京市青少年花样滑冰锦标赛】 9月19日至21日，2021年北京市青少年花样滑冰锦标赛在北京华熙燕山冰上运动中心举行，丰台区6名队员通过2021年北京市青少年U系列花样滑冰冠军赛比赛入围本次比赛。经过激烈的比拼，分别获得3枚金牌、3枚银牌、2枚铜牌，3个第四名，3个第五名。

（赵艳涛）

【丰台区运动员完成注册】 年内，完成夏季项目24个大项、25个小项，3478名运动员的注册工作，包含举重、摔跤、柔道、棒球、垒球、乒乓球、羽毛球、网球、足球、篮球、排球、田径、射箭、击剑、体操、跆拳道、武术套路、武术散打、拳击、曲棍球、手球、高尔夫、空手道、游泳、花样游泳、马术、赛艇。注册冬季项目6项、学生469人，包含短道速滑、滑雪、冰球、花样滑冰和冰壶。

（赵艳涛）

体育设施建设

【概况】 2021年，继续和区园林局合作，深化“绿动”理念，在新建公园绿地和留白增绿空间内利用相关区域配建群众身边的全民健身场地设施，全年在22个社区、7个公园绿地完成体育设施建设，项目内容包括健走步道2.88公里；篮球场3片，乒乓球场2片，羽毛球场1片，棋苑8片，室外健身器材143件。

（赵艳涛）

【建设30处体育健身活动场所】 年内，通过街道（乡镇）申报，结合实际需求，到现场察看现状，围绕项目选址、规划等方面进行磋商，完成30处体育健身活动场所内新建篮球场、乒乓球场，并配置乒乓球桌、台球桌、健身器材，主要分布在纪家庙花园、丰管路社区、万丰公园等区园林绿化局新建公园绿地、现有公园及社区内。

（赵艳涛）

【全民健身路径工程器材更新及专项活动场地维修】 年内，根据《北京市全民健身条例》《北京市全民健身工程管理办法（修订）》相关要求，对2013年安装的1272件全民健身工程器材进行更新。自2006年起，丰台区利用各街道、乡镇、公园绿地等场地共建设了417余片全民健身专项活动场地，有效缓解了区内全民健身场地不足问题，但由于年限较长、存在不同程度损坏，为保证器材更新工作顺利完成，丰台区制定《2021年全民健身工程器材更新工作方案》，对2006年至2011年建设的10片专项活动场地（篮球场、乒乓球长廊、笼式多功能球场）进行维修，主要涉及卢沟桥街道、青塔街道、西罗园街道、新村街道、北宫镇。

（赵艳涛）

【王佐镇获“北京市体育特色乡镇”称号】 12月27日，北京市体育局、北京市农业农村局联合印发《关于命名2021年北京市体育特色乡镇的决定》，决定授予全市26个乡镇“北京市体育特色乡镇”称号，丰台区王佐镇荣膺其中。

（赵艳涛）

冰雪运动

【概况】 2021年，组织开展欢乐冰雪季、冰雪大篷车进基层等活动，营造浓厚的迎冬奥氛围。冰雪大篷车作为丰台区首创的群众性冰雪健身项目品牌活动，以冬季冰雪运动知识宣讲，旱地冰球、冰蹴球体验与比赛，旱地冰壶球体验、VR模拟滑雪体验，冰雪知识问答等活动内容为主要形式，进入丰台区各个街镇和社区，让大家在无雪的季节，依然能够体验冰雪、参与冰雪、感受冰雪。2021年欢乐冰雪季、冰雪大篷车共走进10个街（镇），涉及公园、学校、商场等场所，真正做到了哪里有需要，大篷车就开到哪里，受到广大百姓的高度赞誉和一致好评，年内受疫情影响仅完成15场次。

（赵艳涛）

【冰雪嘉年华公益体验活动】年内，与辖区内冰雪场地合作，组织开展冰雪公益体验活动，在各冰雪场地布置冬奥知识展板，普及冬奥知识，带动更多百姓感受冬季冰雪运动的乐趣，全区共计70家单位报名，总计2127组家庭（6381人）直接参与活动，活动期间冰雪嘉年华场地总计接待游客达19万人次。

（赵艳涛）

【冰雪大课堂】年内，组织寓教于乐滑雪大课堂，共发送免费预约体验码5000个，全区64家机关单位报名参加，活动期间滑雪场共计接待游客12.9万人次，为筹办2022年冬奥会营造了良好的氛围。

（赵艳涛）

【“冰雪大篷车”进基层】6月，启动2021年“冰雪大篷车”进基层活动，受疫情影响活动走进10个街道（镇），完成15场活动。除丰富的体验活动外，本年的活动还增加了冰雪知识问答以及体验项目比赛活动，获胜的体验者能够赢取印有大篷车吉祥物企鹅萌萌的纪念水杯、纪念鼠标垫。在疫情防控常态化条件下，为助力2022北京冬奥会的成功举办，冰雪大篷车活动当中增加了“我在丰台助力冬奥”的视频拍摄环节，参与人员在“我在丰台助力冬奥”条幅上签名留念，并集体喊出口号，为冬奥助力。

（赵艳涛）

▲12月16日，“北奥探梦”冰雪嘉年华开幕式现场。

【“北奥探梦”冰雪嘉年华】12月16日，由丰台区体育局、北奥集团、世界公园携手打造的“北奥探梦”冰雪嘉年华举办冬奥倒计时50天主题活动在北京世界公园正式开启。将冬奥文化和世界公园微缩景观相结合，形成具有特色的优质冬奥主题项目，提升大众参与兴趣，打造冬奥主题旅游的新坐标。活动周期覆盖元旦、春节、北京冬奥会开幕等重要节庆日。通过对北京世界公园整体景观进行冰雪氛围营造，将微缩景观变成冰雪的童话世界，为游客打造出一个现实版的“冰雪世界公园”。活动推出冬奥颁奖文化展示体验活动、冰雪文化主题戏雪活动、冬日恋歌冰雪主题演艺活动以及舌尖美食活动四大板块内容。

（赵艳涛）

体育管理

【概况】2021年丰台区新增社会体育指导员168人，二级指导员47人，三级指导员121人。其中三级滑冰指导员27人，三级冰球指导员50人，二级滑冰指导员32人。

【安责险购买】年内，全面贯彻落实安责险推广工作，共完成30家体育经营单位安全生产责任保险购买工作，充分发挥安责险制度在提升企业本质安全，促进企业安全生产管理水平的重要作用。

（赵艳涛）

【安全生产三级达标】年内，积极开展安全生产标准化建设工作，体现“安全

▲10月，“冰雪发篷车”走进学校，学生进行冰蹴球体验。

第一、预防为主、综合治理"的方针和"以人为本"的科学发展观，共完成10家体育经营单位的三级安全生产标准化工作，进一步提升了企业安全生产保障能力。

（赵艳涛）

【高危体育项目行政审批】 年内，进一步规范经营高危险性体育项目行政许可实施，保障消费者人身安全，促进体育市场健康发展，严格按照高危险性体育项目行政审批各项要求，经过现场勘查和资料审核，共完成24家经营单位高危险性体育项目行政许可工作，并颁发高危险性体育项目经营许可证。

（赵艳涛）

【行政执法】 年内，出动行政执法人员及专职安全员2120名人次，检查体育经营单位1060家（含专职安全员督查检查），无行政处罚。按照要求录入执法信息服务平台，并在区政府执法公示栏目中公示基本信息、检查计划、执法年报等。制作体育经营单位规范化材料千余份，在执法检查和普法过程中进行发放宣传。委托专业检验机构出具高危险性体育项目经营场所体育设施符合相关国家标准的说明性材料，扎实推进行政许可工作的准确性，向城市安全隐患治理三年行动工作系统上报隐患21条，全部销账。

（赵艳涛）

【卫生和全国健康促进区创建】年内，按照区创建国家卫生区和全国健康促进区工作安排，坚持高位统筹谋划创建，群策群力抓落实，主要领导亲自挂帅，成立创卫工作一办五组，先后召开动员部署会、工作推进会、创建调度会、业务培训会、工作例会、现场督导会等26场，持续推动各项创建工作常态化。通过开展环境卫生整治、停车秩序规范、重点场所治理、鼠蟑专项防制、蚊蝇专项防制等活动进行任务分解，层层推进。同时，各工作组结合任务分工开展检查督导20余次，发现整改问题台账300余项，大大改善了环境卫生和各项秩序。为加强创卫工作落实和检查督导工作，建立部门划片包干责任制，按照区域划分部门负责、发现问题及时整改、难点问题汇总报告的原则，以网格化管理的模式，强化责任区域环境卫生的日常管理，共出动750余人次进行环境卫生清理等工作，确保所辖区域环境卫生始终保持干净整洁。按照创卫"双介入"工作原则，组成5支检查小组，共出动926人次，对全区463家体育经营单位开展创卫大检查工作，检查过程中发现问题及时与属地相关部门紧密联系沟通，联合联动，共同严格督导体育行业的"创卫"工作。

（赵艳涛）

2021 年丰台区体育局经营单位明细表

表 24

序号	经营单位名称	地址	项目
1	北京一生和球体育文化发展有限公司	丰台北路 32 号院 A 座 523 号	足球
2	北京谈小娱文化体育有限公司	丰台区百强大道 10 号 B 座 607	台球
3	北京龙飞育华文化艺术有限公司	丰台区百强大道 10 号楼 21-22 层 2 单元 2108	摔跤
4	北京青云堂体育文化有限公司	丰台区百强大道 10 号楼 2 单元 1108 号	武术
5	北京华科葆台体育俱乐部有限公司	丰台区葆台北路 3 号院	高尔夫
6	北京思桦健身服务有限公司	丰台区北甲地路 10 号院 1 号楼 1-5 幢 2 层 AB-02 室	健身
7	北京研歌江水文化传媒有限公司（京游天下）	丰台区北甲地路 10 号院商业三层 05	台球
8	上海海济斯健康管理咨询有限公司北京分公司（生命时钟）	丰台区北京西站南路国投财富广场 3 号写字楼 2 楼	健身
9	朗彬（北京）体育发展有限公司（大红门文化活动中心羽毛球馆）	丰台区彩虹城四区	羽毛球 篮球
10	润阳光（北京）国际健身俱乐部有限公司	丰台区莱户营甲 88 号鹏润家园 3A3B106	健身 游泳
11	北京聚宝汇体育文化有限公司	丰台区莱户营甲 88 号鹏润家园豪苑 A 座 303	瑜伽
12	北京壹迈体育文化有限责任公司	丰台区莱户营桥东 58 号财富西环大厦 904	健身
13	北京赫威休闲健身有限公司	丰台区草桥东路 8 号院 1 号楼 1 幢 -1 层	健身 游泳
14	北京刘楠体育有限公司	丰台区草桥东路 8 号院 1 号楼 G-201	乒乓球

续表 24

序号	经营单位名称	地址	项目
15	北京瑞吉诺体育有限公司	丰台区草桥欣园三区 1 号楼地下一层 01 号	健身
16	北京竹引清泉网络技术有限公司	丰台区草桥欣园四区 9 号楼底商 B118-B119	健身
17	拳能体育发展（北京）有限公司	丰台区草桥欣园四区一号楼底商 1005A 室	拳馆
18	北京骏逸达体育文化有限公司	丰台区成寿寺方于路 58 号院 1 号楼底商二层	健身
19	印象瑜伽（北京）文化发展有限公司	丰台区成寿寺路鑫源国际 1 号楼 110 底商	瑜伽
20	茉祺一生（北京）科技有限公司	丰台区城南嘉园益城园 14 号楼 101 内 F2-01A	健身
21	北京爱乐动体育文化发展有限公司第二分公司	丰台区城南嘉园益城园 14 号楼 101 内二层 F2-	轮滑
22	北京龙腾武道科技发展有限公司	丰台区城南嘉园益城园 15 号楼四层 04-11	散打 拳击
23	北京云川银星台球俱乐部有限公司	丰台区城南嘉园益城园 15 号楼四层 04-16	台球厅
24	北京南烽武术文化有限公司	丰台区城南嘉园益城园 16 号楼 3 层商业 03 号 B082	跆拳道
25	北京优游宝宝科技有限公司	丰台区城南嘉园益城园 16 号楼三层 301 内 B034	亲子游泳
26	北京吉速健身有限公司	丰台区城南嘉园益城园 16 号楼商业 05—03	健身
27	北京锦阳益园文化有限公司	丰台区城南嘉园益城园甲 8 号楼	游泳 健身
28	北京云婵健康管理中心	丰台区大成路 19 号	瑜伽
29	北京吉鸿健康管理有限公司（大成）	丰台区大成路 28 号院 3 号楼 1-107	健身
30	北京华程十力文化传播有限公司（YOKO 健身）	丰台区大成路 8 号翠微百货五层	健身
31	北京金台饭店大成路分店	丰台区大成路 9 号	游泳
32	北京鑫泰热点体育文化发展有限公司	丰台区大成路 9 号	健身
33	北京炎润恒武商贸中心	丰台区大成路南里一区 20 号楼 2 层 2-5	健身
34	北京华夏醒狮体育文化发展有限公司	丰台区大成南里 2 区 3 号楼 3-4 层（丰台区水衙沟路南侧）	足球
35	北京博为智动健身中心	丰台区大成南里三区 1 号楼 103	健身
36	北京睿智贤明文化发展有限公司	丰台区大成南里一区 9 号楼三层 3-3a 房间	跆拳道
37	北京一群小象体育有限责任公司	丰台区大红门后街 143 号 26 幢 101	篮球 羽毛球
38	北京恭圣通健身中心（普通合伙）	丰台区大红门街道马家堡东路 106 号	健身
39	北京艾特联盟体育发展有限公司	丰台区大红门西路 19 号 1 幢 3 层	羽毛球
40	莫纳（北京）体育发展有限公司	丰台区大红门西路 19 号 1 幢 3 层 F393 室	瑜伽
41	北京万思乐学教育咨询有限公司	丰台区大瓦窑北路 1 号院 1 号万科城长中心	跆拳道
42	北京魅力风尚体育发展有限公司	丰台区大瓦窑北路 2 号院 1 号楼底商 110	健身
43	北京国奥绿茵体育有限发展有限公司	丰台区靛厂路商业街	足球 篮球
44	北京鸿永铭体育管理有限公司	丰台区靛厂路商业街 2 号楼 5 层 523 号	健身 跆拳道 足球 篮球 轮滑 儿童体能

续表 24

序号	经营单位名称	地址	项目
45	北京瀛海海道源体育发展有限公司	丰台区靛厂路商业街 2 号楼 5 层地下一层	柔道 跆拳道
46	北京慧德搏毅体育文化有限公司	丰台区靛厂路商业街 2 号楼地下一层	散打 泰拳
47	北京维奇力量体育服务有限公司	丰台区靛厂商业街 1 号楼四层 409 室	健身
48	北京雏鹰乒乓球俱乐部（靛厂）	丰台区靛厂商业街 2 号楼 4 层东南侧	乒乓球
49	北京百纳烟台山酒店管理有限公司	丰台区靛厂商业街 5 号楼	羽毛球
50	北京中成天坛假日酒店有限公司	丰台区定安东里 1 号	健身 游泳
51	乐迈耀能（北京）健身服务有限公司	丰台区东高地万源西里甲 42 栋 B1	健身 游泳
52	北京颐方园体育娱乐有限责任公司	丰台区东铁匠营成寿寺路甲 12 号	健身 游泳 羽毛球
53	北京恒松园游泳馆	丰台区东铁匠营南三环中路小铁营 10#	健身 游泳
54	北京美之越体育服务有限公司	丰台区东铁营街道塔园 12 号 9 幢 B103、104 号	健身 游泳
55	北京嬉游空间室内娱乐活动有限责任公司	丰台区杜家坎南路 9 号 A 座三层南区	儿童乐园 攀岩
56	北京艾顿健身有限公司	丰台区方庄 6 号院 2 号楼底商	健身
57	北京桔子家健康科技有限公司日月天地店	丰台区方庄芳城园一区 17 号楼 3 层 A-304	瑜伽
58	北京柏林瀚体育文化发展有限公司方庄分公司	丰台区方庄芳古园三区 1 号方庄体育公园内	体育公园
59	北京好特热国际酒店管理有限公司	丰台区方庄芳星园二区 12 号	温泉游泳
60	北京隐空间体育发展有限公司	丰台区方庄南路 15 号楼 4 层 2 座 501-1	健身
61	北京英华联众文化发展有限公司	丰台区方庄南路 29 号 1 层 101	台球
62	北京超越炫动健身服务有限公司	丰台区方庄南路 2 号 24 层 2 单元 2701	健身
63	北京艾迪克森健身有限公司	丰台区方庄南路 2 号楼 2 单元 18 层 1810 号	健身
64	晶城阳光（北京）国际健身俱乐部有限公司＋私教工作室	丰台区方庄南路 58 号院 11 号楼 -01 层 -103 室	游泳 健身
65	北京热塞台球俱乐部有限公司	丰台区方庄南路 9 号院	台球
66	北京宏正远大健康咨询有限公司	丰台区方庄南路 9 号院 7 号楼 2 层 203 室	武术
67	北京乐旋体育有限公司	丰台区方庄蒲芳路 9 号 8 号楼 5 层 0506B	健身
68	北京华术启航文化发展有限公司	丰台区方庄蒲芳路 9 号楼 gogo 新世纪 8 号楼四层	武术
69	北京星光天地艺术培训中心	丰台区方庄蒲芳路 9 号楼 gogo 新世纪物美超市五层 513 号	跆拳道
70	北京弈海春秋文化传播有限公司丰台第一分公司	丰台区方庄蒲芳路 9 号蒲方路 9 号院 6 号楼等 3 幢内 8 号楼 4 层 L4-33、L4-35	围棋
71	北京简单干净教育科技有限公司方庄分公司	丰台区方庄蒲芳路 9 号院 8 号楼 4 层 L4-402 号	围棋
72	北京快乐橘子健康管理有限公司	丰台区方庄蒲芳路 9 号院 8 号楼 50 层 502-1	健身
73	蓝旗海星（北京）国际健身有限公司	丰台区方庄桥北璞瑅公馆商业街 B01	亲子游泳
74	北京优肯飞扬体育文化有限公司	丰台区方庄体育公园内	篮球

续表 24

序号	经营单位名称	地址	项目
75	北京毅搏文化发展有限公司	丰台区芳城园一区 10 号楼 1 层 10-195	跆拳道
76	北京嘉艺恒丰体育文化传播有限公司	丰台区芳城园一区 17 号楼天地日月大厦 B 座一层	太极拳
77	北京远诚羽毛球馆	丰台区芳城园一区 1 号楼地下车库内	羽毛球
78	北京臻艾文化传播有限公司	丰台区芳菲路 60 号院 2 号楼 5 层 515	健身
79	北京领尚阳光体育健身有限公司	丰台区芳菲路 60 号院 3 号楼 3 层 304	健身
80	卡路里体育管理（北京）有限公司蒲黄榆路店	丰台区芳古园一区 18 号楼蒲黄榆新城广场三层 7-9 号 keep	健身
81	北京真朴教育科技发展有限公司	丰台区芳古园一区 8 号院 9 号楼 4 层	围棋
82	北京洁子瑜伽健身有限公司（方庄店）	丰台区芳星园三区底商 001 号	瑜伽
83	北京小卓飞鸟健身有限公司	丰台区丰葆路 23 号三层 304 内 01	健身
84	大飞哥哥（北京）健身有限公司	丰台区丰葆路 23 号四层 409-2	健身 体能
85	北京伽瑜文化有限公司 空中瑜伽 FLY Yoga	丰台区丰葆路 23 号智慧广场 4 层 413	瑜伽
86	北京鸿源腾飞体育文化有限公司（原正道腾飞）	丰台区丰葆路 23 号智慧广场花园写字楼二层	跆拳道
87	北京观心灵瑜伽文化传播有限公司（VV 空中瑜伽）	丰台区丰葆路 23 号智慧广场花园写字楼四层	瑜伽
88	北京千禧园体育文化有限公司	丰台区丰葆路 88 号院 1 号楼 2 层 265 号（永旺二层）	健身
89	北京超动能体育文化有限公司	丰台区丰葆路 88 号院 1 号楼 3 层 318 号	儿童运动馆
90	北京金基喆体育发展有限公司	丰台区丰北路甲 45 号楼 1 层 108	跆拳道
91	北京三兴行健身管理有限公司	丰台区丰北路甲 79 号 79-2 幢 3 层 1 号	健身
92	北京壹健阳光国际健身俱乐部有限公司（西国贸）	丰台区丰管路 16 号 8 号楼	健身游泳
93	威康健身管理咨询（北京）有限公司北京第四分公司（万达）	丰台区丰科路 6 号院 1 号楼 5 层	健身
94	北京玄游文化发展有限责任公司	丰台区丰科路 6 号院万达广场 3 层 A 号	台球 射箭 保龄球
95	北京乐迈体育发展有限公司（阳光游泳）	丰台区丰桥路 6 号新城阳光写字楼 b1 层	健身 游泳
96	北京蓁元瑜伽健身有限公司	丰台区丰桥路 8 号三环新城 8 号院 3 号楼	瑜伽
97	北京益丰体育发展有限公司	丰台区丰桥路 8 号院 13 号楼 42	健身
98	北京卓越龙冠体育文化发展有限公司丰台分公司	丰台区丰桥路六号院甲 11 号 101 内 1-02	拳击 泰拳 散打
99	北京珍珑棋弈文化交流有限公司	丰台区丰桥路六号院甲 11 号 1 层 101	围棋
100	北京启慧睿德体育文化有限公司（金梧桐）	丰台区丰桥路六号院甲 8 号一区 20 号	儿童体能
101	北京领尚超越体育发展有限公司（超人健身三环新城 7 号院店）	丰台区丰桥路七号院甲 12 号 2 层 01-09	健身
102	北京优昂体育文化有限公司	丰台区丰台北路 18 号院 5 号楼二层 20、21 号	健身

续表 24

序号	经营单位名称	地址	项目
103	北京蓝海鱼之乐科技有限公司	丰台区丰台北路 18 号院 5 号楼 三层 302 内 28、29 室	婴儿游泳
104	北京俊美玩铁健身搏击俱乐部有限公司	丰台区丰台北路望园东里 28 号号楼 01	健身
105	北京晗兴健身有限责任公司	丰台区丰台东路 58 号 211 房间	健身
106	北京乐之杰文化传播有限公司（夜时尚台球）	丰台区丰台东路育芳园 19 号地下一层	台球
107	北京雨跃童游泳俱乐部有限公司	丰台区丰台街道文体路 58 号	游泳
108	北京云川博睿赛文体育文化发展有限公司（文体路）	丰台区丰台街道文体路 58 号	台球
109	北京市丰铁文化宫	丰台区丰台路 122 号	羽毛球 乒乓球 台球
110	北京文三方文化发展有限公司	丰台区丰台南路 116 号院 4 号楼	台球
111	北京奥健德青少年体育俱乐部（十二中）	丰台区丰台南路 93 号十二中内	游泳馆
112	三阳恒泰（北京）商贸有限公司	丰台区丰体南路 1 号院 10 幢一层 107A	台球
113	北京活力时代体育发展有限公司	丰台区丰体南路一号院 11 幢 1 层 101	健身
114	北京叶炼健身服务有限公司	丰台区丰仪路 1 号院 2 号楼 1 至 2 层 101	健身 瑜伽
115	北京华凯商务有限公司	丰台区风荷曲苑 1 幢 -2 至 -1 层	游泳
116	北京尚巍文化传播有限公司	丰台区福宜街 9 号院昆仑中心 202 室	健身
117	爱客（北京）体育发展有限公司（莫纳瑜伽）	丰台区光彩路 155-9	瑜伽
118	活荔（北京）健身服务有限公司	丰台区光彩路 1 号楼二层 101-D-2 号	瑜伽
119	美岸（北京）体育发展有限公司	丰台区光彩路 65 号院 1 号楼 2 层	瑜伽
120	北京明智拓维健身有限责任公司丰台分公司（彩虹城健身游泳）	丰台区光彩路 66 号院 7 号楼	健身 游泳
121	北京市丰台区健之缘盛体育俱乐部	丰台区光彩路 69 号	足球
122	北京洁子瑜伽健身有限公司第二分公司	丰台区光彩路京港城生活广场二层	瑜伽
123	北京指星船祺体育文化发展有限公司	丰台区光彩路京港城生活广场二层	健身
124	北京壹健光彩国际健身俱乐部有限公司	丰台区光彩路联宏大厦地下一层	健身 游泳
125	拳能体育发展（北京）有限公司丰台分公司	丰台区广安路 9 号院 11 号楼 地下一层 1208-01	拳馆
126	北京愉缇港健身俱乐部有限公司	丰台区广安路 9 号院 11 号楼地下一层 1220	健身 游泳
127	北京花香盛世国际体育文化发展有限公司	丰台区广安路 9 号院国投财富 9 号楼 B1	篮球
128	北京洁妮澌贝比国际管理咨询有限公司	丰台区郭公庄中街 20 号院 5 号楼 1 至 2 层 103	亲子游泳
129	北京猩动力健身工作室	丰台区郭公庄中街 20 号院 8 号楼 1 至 2 层 101	健身
130	北京童力童行体育文化传播有限公司	丰台区果园 7 号楼 3 层 301-16	儿童运动馆
131	北京昭华悦动体育发展有限公司	丰台区果园 7 号楼 3 层 301-22	乒乓球
132	弘武祥（北京）科技有限公司第二分公司	丰台区果园 8 号楼 601-01	拳击 健身
133	北京功夫娃文化传播有限公司分公司	丰台区果园路 7 号楼 2 层 201-2017	武术

续表 24

序号	经营单位名称	地址	项目
134	威康健身管理咨询（北京）有限公司北京第六分公司	丰台区果园路 8 号合生广场 4 层	健身
135	北京易动体育文化发展有限公司丰台区第一分公司	丰台区果园路 8 号合生广场二层	轮滑
136	雪乐山（北京）体育文化有限公司北京第五分公司	丰台区果园路 8 号合生广场三层	模拟滑雪
137	北京瑞得在线白龙马上网服务中心	丰台区海户西里 1 号地下一层	台球
138	北京一呈健身服务有限公司	丰台区航丰路 1 号院 2 号楼地下一层 -102	游泳 健身
139	金丝悦悦国际教育科技（北京）有限公司	丰台区花乡高立庄 616 号新华国际教育中心 B 栋 1 层 106 室	亲子游泳
140	金丝悦悦国际教育科技（北京）有限公司	丰台区花乡高立庄 616 号新华国际教育中心 B 栋 1 层 106 室	游泳健身
141	北京金辉锦晟体育场馆管理有限公司（首经贸游泳馆）	丰台区花乡张家口 121 号校内体育馆	游泳健身
142	北京青酷体育文化传播有限公司	丰台区华源四里 1 号楼 02 层 12020	健身
143	北京恋尚空间体育文化发展有限公司	丰台区华源四里 1 号楼 2 层 12018	健身
144	北京不健不散体育发展有限公司	丰台区华源四里 2 号楼 2 层 22018 室	健身
145	北京天奥天健身俱乐部有限公司	丰台区华源四里甲 1 号楼地下一层	游泳健身
146	北京欣动亚飞健康管理有限公司	丰台区华源四里甲 7 号 -1 层 13#-B05 至 -B12	健身
147	北京阿布溜溜体育发展有限公司丰台第三分公司	丰台区槐房南路 6 号院三层 3007	轮滑
148	北京正清武道科技文化有限公司	丰台区槐房南路 6 号院万达广场 3 层 3037	空手道
149	北京洛悠悠健身有限公司	丰台区槐房南路 6 号院万达广场 3 层 3057 3093BA	瑜伽
150	北京桑尼体育有限公司	丰台区槐房南路 6 号院万达广场 3 层 3079,3080	儿童运动馆
151	北京功夫娃文化传播有限公司第二分公司	丰台区槐房南路 6 号院万达广场二层 2F2058	跆拳道
152	北京古德菲力体育发展有限公司丰台分公司	丰台区槐房南路 6 号院万达广场三层	健身
153	北京艾尚瑞智体育文化发展有限公司	丰台区槐房南路 6 号院万达广场三层 3001	轮滑
154	北京天弘利博体育发展有限公司(天弘跆拳道)	丰台区槐房西路 316 号院	跆拳道
155	北京瑞吉诺运动科技有限公司	丰台区槐房西路南庭新苑北区 18 号楼底商	健身
156	北京爱乐映画教育科技有限公司	丰台区槐房西路南庭新苑北区西门南 10 米	跆拳道
157	北京君羿体育文化有限公司	丰台区槐房西路万达广场 1 层	射箭
158	翊广隶（北京）体育文化发展有限公司	丰台区黄土岗宜兰园三区西侧	室外足球
159	飞猫跳动体育发展（北京）有限公司	丰台区纪家庙 89-06	蹦床
160	北京启航无限体育文化发展有限公司北京第一分公司	丰台区纪家庙 89-07	体能训练
161	创乐城（北京）体育产业有限公司	丰台区纪家庙 89-12	攀岩

续表 24

序号	经营单位名称	地址	项目
162	北京黑岩石体育发展有限公司	丰台区纪家庙 89 号	滑雪
163	北京鲸图科技有限公司	丰台区纪家庙 89 号	卡丁车
164	北京旭日星空体育发展有限公司	丰台区纪家庙 89 号（北京经济技术开发区科创五街 38 号院 1 号楼 A 座 3 层 A3008 号）	羽毛球
165	北京办办里斯体育文化有限公司	丰台区纪家庙 89 号 -09	篮球
166	北京奥攀体育科技有限公司	丰台区纪家庙 89 号 -11	攀岩
167	北京市二零无限网络科技有限公司	丰台区纪家庙 89 号 -25	平衡车
168	北京天恒盛业体育文化发展有限公司	丰台区纪家庙南里 1 号	乒乓球
169	中卫世纪健康大数据有限公司	丰台区纪家庙南里 1 号院	羽毛球
170	北京星维鹰体育发展有限公司	丰台区嘉园三里 3 号楼亲子广场 2 层	乒乓球
171	北京康健搜候体育文化发展有限公司	丰台区贾家花园 3 号院 6 号楼 -101	健身 游泳
172	北京祥健源体育文化有限责任公司角门分公司	丰台区角门 18 号枫竹苑一区 23 号楼	游泳
173	北京数字空间体育有限公司	丰台区角门南路鑫厚市场北部	篮球馆
174	北京圣煌时代台球中心	丰台区角门西里 13 号楼	台球
175	北京宝力豪体育健身有限公司丰台第一分公司	丰台区金泽西路 8 号院 1 号楼 -4 至 22 层 101 内 3 层 301、302、303、304	健身
176	首都航天机械有限公司	丰台区警备东路 1 号	游泳
177	北京卓越龙冠体育文化发展有限公司北京市丰台区分公司	丰台区警备东路 6 号二区北段	跆拳道
178	北京鑫雨轩教育科技有限公司	丰台区久敬佳园一区 3 号楼 01 层商业 05 号 B	跆拳道
179	北京伽岳健身有限公司	丰台区骏景园北区 1 号楼 3 层 301、302	游泳 健身
180	北京海润天忆石体育有限公司	丰台区看杨路 102 号	羽毛球 气排球
181	阜北聚宝（北京）商贸有限公司	丰台区康辛路 19 号院刘孟家家园 8 号楼底商 1-002	台球
182	北京天瑞鸿林体育健身俱乐部有限公司	丰台区科丰万达西门一层	瑜伽
183	北京丰科园商务服务有限公司	丰台区科兴路 1 号	羽毛球 乒乓球 网球
184	北京君力阳光体育发展有限公司	丰台区科学城恒宣街 2 号阳光四季社区	健身 游泳
185	北京千玺晟体育文化有限公司	丰台区丽泽路 16 号院 1 号楼 1 至 5 层 101 内 5 层 01a01b-02 号	健身
186	北京内研有然文化发展有限公司	丰台区丽泽路 16 号院 1 号楼 1 至 5 层 105 内 5 层 09-10 号	瑜伽
187	北京西矿建设有限公司新青海喜来登酒店分公司	丰台区丽泽路喜莱登酒店 19 层	游泳
188	北京爱尚金泰体育文化有限责任公司	丰台区丽泽路一号院 18 号楼一层二层	游泳 健身
189	北京益生东霆健身服务有限公司万丰路分公司（华信大厦）	丰台区莲宝路 288 号院华信大厦地下二层	健身 游泳
190	北京龙星武跃体育文化发展有限公司	丰台区莲香园配套商业 H 幢 1 层	射箭 格斗

续表 24

序号	经营单位名称	地址	项目
191	北京英图在线台球俱乐部	丰台区莲香园小区底商	台球
192	北京由颐文化传媒有限公司	丰台区邻枫路 1 号 2 层 1-62 内 212-2030A	健身
193	北京周大乐和他的小伙伴们体育发展有限公司（硬健身）	丰台区邻枫路 5 号院 1 号楼底商二楼	健身
194	北京北国物业管理有限责任公司	丰台区临泓路 37 号院 8 号院三单元 B1 层	健身
195	北京美逸能量屋体育运动发展有限公司	丰台区六里桥风荷曲苑 13 号楼 116 室	儿童体能
196	北京九号黑捌体育俱乐部有限公司	丰台区太平桥华源一里	台球
197	北京尚西康体休闲俱乐部	丰台区太平华桥源一里 15 号	台球
198	北京优速乐动体育有限公司	丰台区太平桥华源一里 4 号	羽毛球
199	北京一鸣少年文化传播有限公司	丰台区卢沟桥杜家坎环岛北侧集美家居四层	跆拳道
200	北京政通文化传媒有限公司（礌迈健身）	丰台区卢沟桥杜家坎环岛北侧集美家居四层 81020	健身
201	北京东方丽人健身中心丰台瑜伽分部	丰台区卢沟桥街道大成路 8 号 B1-1	瑜伽
202	北京天宫翔体育休闲有限公司	丰台区卢沟桥乡田各庄 321 号	高尔夫练习场
203	北京中隆兴雅国际体育文化传媒有限公司	丰台区卢沟桥乡田各庄 321 号	马术 网球
204	北京乐跑教育咨询有限公司	丰台区卢沟桥乡万丰路 305 号北京亿潼隆连锁超市有限公司万丰路购物中心 3 层 S06	儿童体育
205	北京龙源景扬体育中心	丰台区卢沟桥乡小井村 1470 号	羽毛球 健身 足球
206	北京欧迪澜国际教育咨询有限公司	丰台区卢沟桥乡小屯村梅市口路 133 号 E105-107	亲子游泳
207	人人攀岩（北京）体育文化有限公司北京丰台分公司（胜古体育西局体育馆）	丰台区卢沟桥乡玉璞路 6 号 -2 室	攀岩
208	北京乐羽时代羽毛球馆	丰台区卢沟桥乡郑常庄甲 1 号	羽毛球
209	北京风雨阳体育有限责任公司卢沟桥分公司	丰台区卢沟桥晓月二里 8 号	游泳 健身
210	浅隐文化发展（北京）有限公司	丰台区马官营南路风荷曲苑东门 3 号楼 505	瑜伽
211	北京拾光瑜伽有限公司	丰台区马家堡东路 101 号院 2 号楼 1 层 2-2	瑜伽
212	北京尚与谷文化发展有限公司（清风围棋）	丰台区马家堡东路 106 号 1002 室	围棋
213	北京磨砺健康咨询有限公司	丰台区马家堡东路 106 号 1 号楼 3 层 301-1 室	健身
214	北京步睿克斯健身服务有限公司	丰台区马家堡东路 106 号 2 号楼 10 层 1006	健身
215	北京弘武堂体育文化传播有限公司	丰台区马家堡东路 106 号 2 号楼 13 层 1307	空手道
216	北京浩林休闲健身有限公司	丰台区马家堡东路 106 号院 2 号楼地下一层	乒乓球
217	健酷空间（北京）体育管理有限公司	丰台区马家堡东路 168 号海上海底商 4 号	健身
218	北京薄荷合瑜伽文化发展有限公司	丰台区马家堡东路 168 号海上海底商 7 号	瑜伽
219	北京蓝酷反击撞球馆	丰台区马家堡东路 20 号	台球
220	北京际高迅捷上网服务有限公司（夜时尚）	丰台区马家堡东路 6 号院 14 号楼 B1	台球
221	北京竞宇悦动体育发展有限公司 O2 健身	丰台区马家堡东路 71 号	健身 游泳

续表 24

序号	经营单位名称	地址	项目
222	印美伽业（北京）文化发展有限公司	丰台区马家堡东路七克拉	瑜伽
223	北京浩迈国际健身俱乐部有限公司（亲子广场店 - 壹健身）	丰台区马家堡嘉和路 10 号地下一层	健身 游泳
224	北京赛点成金台球俱乐部	丰台区马家堡街道晨光小区 16-20	台球
225	北京奥亨腾达台球有限公司	丰台区马家堡街道星河苑 2 号院 22 号楼地下一层	拳击
226	北京市吉跳龙羽毛球运动中心一分部	丰台区马家堡路 88 号	羽毛球
227	北京时尚椰子体育文化发展有限公司	丰台区马家堡西路 15 号 1339-F1-C063	健身
228	北京锋向标健身有限公司	丰台区马家堡西路 15 号 18 层 1802 号	瑜伽 舞蹈
229	北京乐健时尚健身有限公司	丰台区马家堡西路 15 号 19 层 1-2202 号	健身
230	北京玛娅瑜伽健身服务有限责任公司	丰台区马家堡西路 15 号 2—1202	瑜伽
231	北京形体部落体育文化发展有限公司丰台区分公司	丰台区马家堡西路 15 号时代风帆大厦 2 层 203 室	健身
232	美树文化发展（北京）有限公司角门西分公司	丰台区马家堡西路 15 号时代风帆金街写字楼 2 层 1100	瑜伽
233	北京洋桥瑞丽物业管理有限责任公司	丰台区马家堡西路 23 号瑞丽江畔小区东门	游泳
234	北京宝云都商贸有限责任公司（力诺健身）	丰台区马家堡西路公益西桥地铁 B 口北 160 米中国移动二层	健身
235	北京勤华体育文化发展有限公司（嘉园）	丰台区马家堡西路嘉园三里 3 号楼 2 层天阳亲子广场	跆拳道场
236	北京萨纳坦日国际瑜伽文化中心	丰台区马家堡西路时代风帆大厦 1 区 1101 号	瑜伽
237	北京伽来健身服务中心	丰台区马家堡西路星河苑 2 号院 2 号楼 01 底商	瑜伽
238	北京易燃健身服务有限责任公司	丰台区马家堡西马厂南里二区 4 号楼 1 层商业 06	健身 瑜伽
239	北京蓝速健身服务有限公司（星河苑）	丰台区马家堡星河苑 2 号院 3 号楼底商	健身
240	北京云尚云海文化发展有限公司	丰台区梅市口路 12 号院 4 号楼商铺	台球
241	北京动因体育场馆管理有限公司	丰台区梅市口路 133 号 G 座 3 层（京荟广场）	篮球
242	北京瑞弟健身有限公司	丰台区梅市口路 43 号西楼 302	健身
243	北京爱尚鑫嘉境体育文化发展有限公司丰台第一分公司	丰台区梅市口路民岳家园门前商业三层	健身
244	北京圣德春宾馆有限责任公司（R8 台球厅）	丰台区南顶路 281 号地下一层	台球
245	北京宏义体育文化发展有限公司（帝都健身）	丰台区南方庄 2 号院和合大厦底商	游泳健身
246	北京南宫泉怡园度假村（蹦床）	丰台区南宫泉怡园农庄北门	蹦床馆 健身 瑜伽
247	北京卓越龙冠体育文化发展有限公司	丰台区南三环东路 23 号 1 号楼 1 至 2 层	武术
248	北京妙伽健身有限公司	丰台区南三环西路 16 号 1 号楼 01 层 101 内 19C	瑜伽

续表 24

序号	经营单位名称	地址	项目
249	北京阿布溜溜体育发展有限公司丰台第五分公司	丰台区南三环西路 16 号 1 号楼 3F301 内 1718	轮滑
250	北京辰茂南粤苑酒店有限公司	丰台区南三环西路 86 号	游泳 篮球 健身
251	北京德晟道体育文化传播有限公司	丰台区南三环西路 91 号赋霖商厦 2 层	跆拳道
252	北京天兆润年体育文化发展有限公司（劲格格斗）	丰台区南三环西路 91 号院 1 号楼 17 层 2 单元 2017（宝隆大厦 1500 平地下一层，一个安全出口）	格斗 健身
253	北京东方聚龙体育运动有限公司（京城射箭）	丰台区南三环西路首地大峡谷顶层	室内射箭
254	北京果果客影视有限公司（维斯沃儿童水育馆）	丰台区南三环中路首地大峡谷 3 层 12A-12B	儿童游泳
255	北京云川博睿赛文体育文化发展有限公司（刘家窑店）	丰台区南三环中路小铁营 10 号 5 层	台球
256	北京弈友围棋文化传播有限责任公司	丰台区南三环中路小铁营 10 号恒松园 7 号楼 4 层	围棋
257	北京清风悠扬教育文化有限公司	丰台区南四环西路 129 号	游泳
258	北京木子盛世健身服务有限公司	丰台区南四环西路 188 号八区 1 号楼 3 层	健身
259	北京星跃健身有限公司	丰台区南四环西路 188 号三区 9 号楼第二层 201	健身
260	北京耀恒台球娱乐中心	丰台区南四环西路 188 号十八区 30 栋地下一层 E1808#（园区）	台球
261	忆昔年（北京）科技有限公司	丰台区南四环西路 188 号十八区 30 幢地下一层 -102 第 W1804	健身
262	水悦国际教育科技（北京）有限公司	丰台区南四环西路 76 号花乡奥莱村 12 号 12101	亲子游泳
263	北京嘉安体育发展有限公司	丰台区南四环中路 138 号 25 幢 1 层、2 层	卡丁车
264	北京优伽健康管理有限公司	丰台区南四环中路城南嘉园底商 2 号楼 23-24	瑜伽
265	北京魅嗨尔斯健身有限公司	丰台区南苑槐房西路 318 号院 17 号楼 14 号二层	健身
266	北京犀牛人体育发展有限公司	丰台区南苑槐房西路南庭新苑南区 B4-04 号	瑜伽 格斗
267	北京天晟嘉成科技发展有限公司（行瑜伽）	丰台区南苑乡槐房西路 317 号院南庭新苑南区底商	瑜伽
268	北京梵逸体育发展有限公司	丰台区鹏润家园豪苑 B 座 2108	瑜伽
269	北京剑高励业体育发展有限责任公司	丰台区鹏润家园文苑 A 座击剑馆	击剑
270	北京博艺星餐饮有限责任公司	丰台区蒲安北里 3 号楼一层	台球
271	北京米斯特艾克斯健身俱乐部有限公司	丰台区蒲芳路甲 8 号 -10-12 号地下	健身
272	北京菲拓国际体育文化发展有限公司	丰台区蒲芳路璞瑅公馆 3 号商业楼前地下一层	跆拳道
273	北京华弈方源文化传播有限公司	丰台区蒲芳园四区 2 号楼 206	围棋

续表 24

序号	经营单位名称	地址	项目
274	北京壹健会国际健身俱乐部有限公司	丰台区蒲黄榆蒲黄路 8 号院 9 号楼物美大卖场地下一层	健身
275	北京静湖瑜伽健身服务有限公司	丰台区七里庄冠京写字楼 B 座 4 层	瑜伽
276	北京极木体育发展有限公司	丰台区汽车博物馆东路 1 号院 2 号楼 121-122-123-125	健身
277	北京晨旭动力体育文化发展有限公司	丰台区汽车博物馆东路 1 号院 2 号楼 2 层 219	健身
278	北京宝力豪体育健身有限公司丰台分公司	丰台区汽车博物馆东路 2 号院 5 幢 -2 至 -1 层 -101 内 -1 层 -101	健身
279	乐豚健身（北京）有限公司	丰台区汽车博物馆南路诺德中心 2 期 -6 号楼 2 层	健身
280	中恒冠世体育发展（北京）有限公司	丰台区汽车博物馆南路盈坤世纪 H 座	游泳 健身
281	北京卡莫阅益健身服务有限公司卡莫华夏幸福分公司	丰台区汽车博物馆西路 8 号院 1 号楼华夏幸福创新中心 2 层 203 室	瑜伽
282	北京花涧堂瑜伽健身俱乐部有限公司	丰台区汽车博物馆西路诺德中心二期 11 号楼东侧下沉花园	瑜伽
283	北京灿羽至呈体育文化有限公司	丰台区青塔东里 7 号楼 62 幢 167 物美 6 层	健身
284	鸿博健体（北京）体育服务有限公司	丰台区青塔西路 52 号院 10 号楼 1 至 2 层 3 单元甲 35	健身
285	北京四十五体育文化有限公司	丰台区区汽车博物馆东路 1 号院 4 号楼地下一层 -115 号 (园区)	台球
286	北京万龙八易体育运动有限公司	丰台区射击场路甲 12 号	滑雪
287	北京明智优健体育有限责任公司	丰台区石榴中心 10 号楼 B1 层	健身
288	北京康雄体育科技有限公司	丰台区石榴庄西街 232 号 1 幢 3 层 10 号 (北区)	健身
289	北京皓淼万武体育文化有限公司	丰台区石榴庄西街 232 号 1 幢等 10 幢内 2 幢 3 层 3-807（西区）	武术
290	曜日星辰（北京）教育科技有限公司	丰台区石榴庄西街 232 号 1 幢京港城 3 层	轮滑
291	女孩男孩体育文化发展 (北京) 有限公司	丰台区世界花卉大观园西区花神街 9 号 801	少儿游泳
292	北京梦羽嘉体育文化发展有限公司	丰台区双庙村 125 号院 1 号楼地下室	拳击馆
293	北京健者行体育科技有限公司（嘉业大厦店）	丰台区顺三条 21 号嘉业大厦二期 1 号楼 12A09	健身
294	北京三人行环球健身服务有限公司（嘉业大厦店）	丰台区顺三条 32 号嘉业大厦二期 1 号楼 6 层 601	健身
295	北京紫菁阁健康管理咨询有限公司	丰台区顺三条嘉业大厦 2 号楼 802 室	瑜伽
296	北京明辉伟诚台球俱乐部有限公司	丰台区四方景园三区	台球
297	北京健乐美健康管理有限公司	丰台区宋家庄路 71 号 3 号楼 908	健身
298	快快乐动（北京）网络科技有限公司	丰台区宋庄路 71	健身
299	北京新氧休闲健身有限公司	丰台区宋庄路 71 号扑满山二层	健身
300	奥成格斗兄弟（北京）体育文化有限公司	丰台区宋庄路 71 号院 2 号楼 608 室	跆拳道

续表 24

序号	经营单位名称	地址	项目
301	北京美桐瑜伽文化传播有限公司	丰台区宋庄路 71 号院 2 号楼 908 室	瑜伽
302	北京飞翔空间体育有限公司	丰台区太平桥路 11 号楼 1 层商 C122	搏击
303	北京动力港湾科技有限公司	丰台区太平桥路 17 号尚西生活广场底商	健身
304	北京耿铭齐文化发展有限公司	丰台区太平桥西路华源 1 街 4 号楼西侧地下	台球
305	北京爱尚鑫嘉境体育文化发展有限公司丰台健身第二分公司	丰台区万芳园 14 号楼一层 101	游泳 健身
306	北京赛乐湃儿教育科技有限公司	丰台区万芳园一区 15 号楼 1 层商业 01	婴儿游泳
307	北京必燃健身服务有限公司	丰台区万丰路 300 号 4 号楼 109 号	健身
308	一凡圣世（北京）体育发展有限公司	丰台区万丰路 302 号	跆拳道
309	北京杜北国际体育发展有限公司	丰台区万丰路 308 号 8502 室	跆拳道
310	云端乔氏（北京）台球厅有限公司	丰台区万丰路 310 号三层 302 室	台球
311	北京天悦国际瑜伽有限公司	丰台区万丰路 312 号 4 层	瑜伽
312	言资道（北京）健康科技有限公司	丰台区万丰路 526 号	健身
313	北京菲比体育文化传播有限公司	丰台区万丰路 68 号院和谐广场 3 层 307 号 328 号	体能训练
314	北京阿布溜溜体育发展有限公司丰台分公司	丰台区万丰路 68 号院和谐广场 3 层 327 号	轮滑
315	北京菲雅迪文化发展有限公司	丰台区万丰路 68 号院和谐广场 6 层 602	台球
316	中健银座健身发展（北京）有限公司	丰台区万丰路 68 号院和谐广场 7 层 701 号	健身
317	北京万捷利体育技术服务有限公司	丰台区万源北路 3 号航天中学体育馆	游泳
318	北京神箭天宇体育发展有限公司	丰台区万源西里灯光球场	篮球 毛球
319	北京南宫温泉度假酒店有限公司	丰台区王佐镇福宫路 39 号	游泳 台球
320	北京南宫温泉水世界健身有限公司	丰台区王佐镇南宫村文化广场西侧	游泳
321	北京南宫泉怡园度假村	丰台区王佐镇南宫南路 6 号	游泳
322	北京羽博羽毛球俱乐部有限公司	丰台区王佐镇南宫世界地热博览园内	羽毛球 篮球
323	北京恒拓体育文化发展有限公司	丰台区王佐镇南宫体育公园 101 号	网球
324	北京南宫世界地热博览园有限公司	丰台区王佐镇南宫体育公园 1 号	篮球 足球 网球 拓展
325	纵横百年（北京）马术有限公司	丰台区王佐镇王庄村	马术
326	北京汇忠体育文化有限公司	丰台区王佐镇怡泉路西侧 6 号院 6 号楼 2-1	跆拳道
327	北京京南荣耀体育发展有限公司（飞象冰球）	丰台区王佐镇中环路西侧 1 号院	冰球
328	北京简一素心文化传播有限公司	丰台区魏家村南路 21 号院 5 号楼二层底商	瑜伽
329	北京边锋世纪文化传播有限公司	丰台区文理桥北里莲怡园一区 10 号楼	台球
330	东方安颐（北京）国际酒店有限公司	丰台区文林北街 2 号及文林北街 2 号院 1 号楼	游泳
331	海之寰（北京）体育文化有限公司	丰台区文体路 58 号	足球 篮球 网球
332	北京丰羽和健身俱乐部有限公司	丰台区文体路 58 号后院	羽毛球 网球 篮球
333	北京芮桐英杭体育文化发展有限公司	丰台区吴家村三顷地甲 2 号 2 号楼一层一号	游泳 健身

续表 24

序号	经营单位名称	地址	项目
334	北京玉邻隆健康管理有限责任公司（练练）	丰台区五里店北里一区 4 号楼 5 层 510 室	健身
335	北京金利泽体育文化有限公司（胜古体育西局体育馆）	丰台区西局前街 13 号	羽毛球 篮球 平衡车
336	北京东领炫美健身中心有限公司西罗园分公司	丰台区西罗园 1 号二区体育场	篮球 足球 羽毛球
337	北京爱德力康体育发展有限公司（云顶健身）	丰台区西罗园二区 12 号楼南侧	健身 游泳
338	北京东乐创兴商贸有限公司梵璞丽泽分公司（木子瑜伽）	丰台区西罗园二区 12 号楼南侧	瑜伽
339	中健领航（北京）体育发展有限公司	丰台区西罗园二区 14 号楼 1 层 108 室（15 号楼 203）	健身
340	北京金琳空间体育文化中心	丰台区西罗园二区 25 号楼 101	健身 游泳
341	德益仁（北京）国际健康科技有限公司（山西金辇大厦）	丰台区西罗园洋桥西里甲 1 号	游泳 健身 瑜伽
342	北京帝都尚品科技文化有限公司	丰台区西马场路 6 号院 14 号楼地下一层	游泳 健身
343	北京怡然兴涛健身中心	丰台区西马场路 6 号院怡然家园 9 号楼二层	拳击
344	北京冰星桑莱特体育科技有限公司（冰之宝）	丰台区西三环南路 10-3 号 3B010	滑冰
345	北京精图博艺健身俱乐部有限责任公司	丰台区西三环南路 23 号 6 层	羽毛球
346	北京趣动旅程体育发展有限公司第八分公司	丰台区西三环南路 27 号 4-200 居然之家 1 号楼 3 层 3F-3	儿童体能
347	北京居然怡生健康管理有限公司萌兽第一分公司	丰台区西三环南路 27 号居然之家 5 层 1233-1-5-306	蹦床馆 攀岩
348	北京领尚卓越健身服务有限公司（超人健身）	丰台区西三环南路 55 号顺和财富中心	健身
349	雪乐山（北京）体育文化有限公司六分公司	丰台区西三环南路甲 27 号 017	模拟滑雪
350	北京睿丞文化发展有限公司	丰台区西三环南路甲 27 号 2 层 008 号	卡丁车
351	北京方程竞速体育文化有限公司	丰台区西三环南路甲 27 号 2 层 016 号	平衡车
352	北京潘朵拉纯真游泳有限公司	丰台区西三环南路甲 27 号 2 层 021 号	儿童游泳
353	骑迹一生（北京）体育文化发展有限公司	丰台区西三环南路甲 27 号 2 层 152 号	马术
354	北京居然怡生健康管理有限公司丰台分公司	丰台区西三环南路甲 27 号居然之家四层 4-101	健身 游泳
355	金蟾子武学文化（北京）有限公司	丰台区西四环环中路 1112 号阅园一区 7 号楼 101	武术
356	北京玛雅岛酒店管理有限公司	丰台区西四环南路 188 号	游泳
357	北京资和信壹健身服务有限公司	丰台区西四环南路 1 号 6 层 06	健身
358	北京中都巅峰运动发展有限责任公司	丰台区西四环南路 35 号院 1 号楼 3 层 306	健身
359	北京恒时体育文化发展有限公司	丰台区西四环南路 55 号	围棋
360	北京京乐城跆拳道培训中心	丰台区西四环南路 55 号	跆拳道
361	北京市丰台区悟之道体育俱乐部	丰台区西四环南路 55 号丰台体育中心内	柔道
362	北京瑞剑体育发展有限公司	丰台区西四环南路 55 号丰体中心内	击剑

续表 24

序号	经营单位名称	地址	项目
363	北京上达文化艺术交流有限公司	丰台区西四环南路 55 号丰体中心内	乒乓球
364	北京速立方体育文化有限公司	丰台区西四环南路 55 号丰体中心内	卡丁车
365	北京天觃太和体育发展有限公司（游泳）	丰台区西四环南路 55 号丰体中心内	游泳
366	北京雏鹰乒乓球俱乐部	丰台区西四环南路 72 号冶金自动化院内三层	乒乓球
367	北京道懿有道休闲健身有限公司	丰台区西四环南路 88 号 5 幢三层 A303 室	跆拳道
368	易族（北京）体育健身有限公司	丰台区西四环中路 77 号	游泳 健身
369	莱客（北京）体育有限公司	丰台区西四环中路 78 号院 11 号楼 1 至 3 层 101 内 1 层 F102	健身
370	北京布鲁汉玉泉营体育发展有限公司	丰台区西铁营 278 号 -112	室内篮球
371	哈啰功夫文化传播（北京）有限公司第九分公司	丰台区西铁营中路 1 号万达广场 3 层 3002/3003 室	武馆 跆拳道
372	北京木翌泰体育文化有限公司	丰台区西铁营中路 1 号万达广场 4 层 4F-B 号	格斗馆
373	北京阿布溜溜体育发展有限公司丰台二分公司	丰台区西铁营中路 1 号院 1 号楼 -5-16 层 101 内 4F4003 号	轮滑
374	北京一嗨体育发展有限公司	丰台区西铁营中路 1 号院 1 号楼 -5-16 层 101 内 8F801~809 室	健身
375	北京中诚宏利商贸有限责任公司	丰台区小郭庄西路 44 号(南厂东院)2 幢一层 101 室	羽毛球 篮球
376	北京万开文化创意有限公司	丰台区小井村万丰路小井桥南 100 米一层	游泳
377	北京京乐城跆拳道培训中心	丰台区小井广安路 343 号院内北侧厂房	跆拳道
378	北京澳图体育发展有限公司	丰台区小屯村梅市口路 133 号 E 座 101 房间	蹦床馆 攀岩
379	球里巴巴（北京）体育文化发展有限公司	丰台区小屯村梅市口路 133 号 E 座 101 房间	台球 乒乓球
380	北京丰誉文化股份有限公司第一分公司	丰台区小屯村梅市口路 133 号 E 座 302.303 号	少儿体能
381	北京锋牛体育文化发展有限公司（光猪圈）	丰台区小屯路 2 号院 5 号楼 1 至 2 层	健身
382	蓝青（北京）体育文化发展有限公司	丰台区小屯路博龙家园 2 号院 5 号楼	健身
383	北京鑫晟永源体育服务有限公司	丰台区小屯路甲 2 号 1 号楼 1-9	台球
384	北京千人文化发展有限公司	丰台区小屯路假日风景 G 区 1 号楼 2 单元 1721	健身
385	北京汇乐天地体育文化发展有限公司	丰台区小屯路梅市口 133 号 E 座 202	轮滑
386	北京金赛体育发展有限责任公司道格健身俱乐部	丰台区小屯路美域家园南区 7 号楼	健身 游泳
387	北京优昂时光健身服务有限公司	丰台区小屯西路 111 号院 1-2 号	健身 游泳
388	清儿流体育文化（北京）有限公司	丰台区小屯西路 111 号院 1 号楼 102	健身
389	北京皓雅勃皓体育休闲有限公司	丰台区小屯西路 66 号	台球厅
390	北京金城聚博体育文化传播有限公司（金基喆）	丰台区晓月四里 3 号楼 2 层 201-11	跆拳道
391	北京盛睿体育发展有限公司	丰台区晓月五里 6 号楼 3 层 314	跆拳道

续表 24

序号	经营单位名称	地址	项目
392	北京爱艺树文化艺术有限公司	丰台区晓月苑八里 8—2 底商 6 门	跆拳道
393	北京东方起航文化发展有限公司	丰台区晓月苑文化广场南侧	篮球
394	北京森雨沃泽悦尔斯健身有限公司	丰台区晓月苑五里 3 号楼 1 至 2 层商业 1-120	健身
395	北京语亭体育文化有限公司（YT 瑜伽）	丰台区晓月苑五里 3 号楼 1 至 2 层商业 3-208	瑜伽
396	北京飞步体育俱乐部有限公司	丰台区新村街道康辛路路口	足球
397	北京莲云文化艺术中心	丰台区新发地天伦锦城	瑜伽
398	北京清泉时代科技有限公司	丰台区新发地天伦锦城	围棋
399	中福丽宫（北京）体育发展有限公司	丰台区新宫体育健身休闲园 8 号 中福 4 号楼底商	健身 游泳
400	肌鳄部落（北京）体育有限公司（原遇见）	丰台区星河苑 2 号院 3 号楼 1 层 03-01（含地下）	健身
401	莫纳壹伽（北京）体育发展有限公司	丰台区星河苑 2 号院 4 号楼 1 层 04-01	瑜伽
402	北京领悦时尚文化传媒有限公司	丰台区休闲街丰桥路 6 号院 3 号楼	健身
403	北京威绅体育文化发展有限公司	丰台区洋桥南三环西路 3 号 1 号楼 1-2 层	网球
404	北京丰弈博发围棋培训中心	丰台区怡海花园北门底商二层	围棋
405	北京怡海花园游泳健身俱乐部有限公司	丰台区怡海花园富泽园 2 号楼后	健身游泳
406	北京雅谦文化有限公司	丰台区怡海花园恒丰园 7-12 号楼商业 B 区 2 段 2 层 5 号	亲子游泳
407	北京乐飞美容俱乐部有限公司	丰台区怡海花园恒丰园 7 号楼 3 层 301	健身
408	北京达德丰科技发展有限公司（今天艾尚）	丰台区怡海花园恒泰园 7 号楼 104 室	瑜伽
409	北京炫彩美型体育发展有限公司	丰台区怡海路 4 号 6 号楼一层 4-10 号	健身
410	小沐苍（北京）管理咨询有限公司	丰台区永外大红门西马场甲 14 号 集美家居 1 层	婴儿游泳
411	北京傲士传奇体育文化有限公司	丰台区永外大红门西马场甲 14 号 集美家居 2 层	跆拳道
412	上海宝燕乐园有限公司北京丰台分公司	丰台区永外大红门西马场甲 14 号 集美家居 3 层	婴儿游泳
413	北京大红门国际会展中心	丰台区永外高庄 138 号	温泉游泳
414	北京众之月健身服务有限公司	丰台区永外顺三条十号 1-16	健身 游泳
415	北京云婵健康管理中心 - 丰台店	丰台区游泳池场北路东口中润佳商务大厦 417 室	瑜伽
416	北京深港国际健身服务有限公司	丰台区右安门开阳里二街（物美超市三层）	健身
417	北京二商集团有限责任公司康泰文化分公司	丰台区右安门外草桥镇国寺 191 号	羽毛球 网球 乒乓球 足球
418	斯凯伦（北京）健身有限公司	丰台区右安门外大街开阳里六区 15 号 地下一层	健身 游泳
419	北京百越人合体育发展有限公司	丰台区右外大街 9 号商业用房一层 8A	乒乓球
420	北京太熟悉桌球厅	丰台区右外大街开阳里一区 4 号楼地下一层	台球

续表 24

序号	经营单位名称	地址	项目
421	北京斯莱斯体育休闲俱乐部有限公司(练习场)	丰台区玉泉营草桥实业总公司南侧 30 米	高尔夫练习场
422	北京鑫汇桥体育休闲俱乐部有限公司（草桥羽毛球馆）	丰台区玉泉营桥东南角 200 米草桥羽毛球馆	羽毛球
423	北京赢二十四科技有限公司	丰台区育仁南路 1 号院 6 号楼 2 层 205、206 号	健身
424	北京进军盛世体育文化发展有限公司	丰台区岳各庄东路靛厂村委会南侧	足球
425	北京晨漪瑜伽健身有限公司	丰台区岳各庄岳各庄阅园一区 5 号楼底商 2-3	瑜伽
426	北京森俊天成体育文化有限责任公司	丰台区阅园一区 8 号楼 1 层 106A	健身
427	北京火蛇台球城	丰台区云岗北区东里 15 号	台球厅
428	北京航天华盛科贸发展有限公司	丰台区云岗北区三院	羽毛球 乒乓球
429	北京航天塞力文化发展有限公司	丰台区云岗路 199 号	健身
430	北京劲度引体体度育发展有限公司	丰台区云岗路商业餐饮 A 座 144 号 3 层 301	健身
431	北京市良方雅斯国际美容院（普通合伙）	丰台区云岗南区物美大卖场（西南侧）	健身
432	北京卡梅利多教育咨询有限公司	丰台区云岗南区西里 1 号 7 号楼 3 层（注册地址西城区）	国际象棋
433	北京万凤仪家文化传播有限公司	丰台区云岗南区云岗餐厅	瑜伽
434	北京浦金凯航国际酒店管理有限公司	丰台区云岗西路 17 号院 A 座	游泳
435	北京京铁实业有限公司动禾道体育健身分公司	丰台区造甲街 5 号动禾道健身中心内	篮球
436	北京紫薇静馨文化发展有限公司	丰台区张郭庄南路厂外食堂 5 幢 62 号	瑜伽
437	北京财富壹佰体育发展有限责任公司	丰台区长青路 88 号院 61 号楼 3 层	跆拳道
438	北京和辰物业管理有限公司	丰台区长辛店槐树岭 4 号	露天游泳场
439	北京龙之天文化传播有限公司	丰台区长辛店槐树岭 4 号	跆拳道
440	北京燕岭宾馆	丰台区长辛店槐树岭 4 号	篮球 羽毛球
441	北京唯益金球文化发展有限公司	丰台区长辛店辛庄南路 7 号	乒乓球
442	海克利尔（北京）科贸有限公司	丰台区长辛店杨公庄 1 号 C20 幢 1 层 101 号	蹦床
443	北京耕海文化有限公司	丰台区长辛店镇园博园南路渡业大厦 B1 层 B105 室	健身
444	北京泰宇力健健身俱乐部有限责任公司	丰台区长辛店镇张家坟村镇岗塔路商业综合体四号楼一层 108（辛庄南路公交站）	健身
445	北京墅身荟体育科技有限公司	丰台区长兴路 16 号院 1 号楼 2 层 208	健身
446	北京释放空间台球俱乐部有限公司	丰台区镇国寺北街 4 号院 2 号楼地下一层	台球
447	北京健酷时尚体育文化有限公司	丰台区镇国寺北街 8 号院 1 号楼商业 02-2	健身
448	北京世纪雄风体育发展中心（绅雅台球）	丰台区郑常庄京铁家园二区 8 号楼地下一层	台球
449	北京燃部落体育发展有限公司	丰台区政馨园三区 5、6 号楼 5.6-2 幢 2 层 2F-09	健身
450	北京鑫鑫超越健身服务有限公司	丰台区政馨园三区 5、6 号楼二层	健身

续表 24

序号	经营单位名称	地址	项目
451	悦刻（北京）健身有限责任公司	丰台区紫芳园六区1号楼1层2单元104	瑜伽
452	北京鹏程航远体育有限责任公司	丰台区紫芳园三区3号楼1至2层103	健身
453	北京斯跑沃健身有限公司	丰台区紫芳园四区2号楼1层117	健身
454	北京尤金体育文化有限公司	丰台区紫芳园四区3号楼2层	健身
455	北京归位休闲健身有限公司	丰台区紫芳园四区3号楼2层118-2	瑜伽
456	北京吉晟体育发展有限公司（菲灵健身）	丰台区紫芳园四区3号楼地下一层	游泳 健身
457	李思健身服务（北京）有限公司	丰台区总部基地188号8区一幢1号楼3层	健身
458	北京甲壳虫体育文化有限公司	丰台区总部基地七区、十五区	足球 篮球
459	北京南极星鑫光体育文化发展有限公司	丰台区总部基地外环西路临6号	羽毛球
460	北京永合体育发展有限责任公司（场帝足球公园）	丰台区总部基地西永合庄	足球
461	超凡聚力体育文化发展（北京）有限公司	丰台区纪家庙南里2号	篮球
462	北京奥健德青少年体育俱乐部（十二中科丰校区）	丰台区西四环南路93号	击剑 羽毛球 篮球 排球
463	北京花香盛世国际体育文化发展有限公司（大红门）	丰台区大红门西路19号三层	篮球 羽毛球

2021年丰台区全民健身活动场地及健走步道列表

表 25

序号	所属街道、乡镇	具体地址	场地项目
1	卢沟桥街道大井社区专项活动场地	大井东街丰体中心停车场西侧	乒乓球长廊
2	宛平街道晓月苑文化广场专项活动场地	晓月苑东路	乒乓球长廊
3	大红门街道彩虹城社区专项活动场地	彩虹城五区南侧	篮球场
4	大红门街道彩虹城社区专项活动场地	彩虹城五区南侧	笼式多功能
5	大红门街道彩虹城社区专项活动场地	彩虹城五区南侧	乒乓球长廊
6	卢沟桥乡岳各庄村休闲公园专项活动场地	卢沟桥乡岳各庄村村委会北侧	笼式多功能
7	卢沟桥乡万泉寺村休闲广场专项活动场地	万泉寺东路9号院	笼式多功能
8	西罗园街道万芳亭公园专项活动场地	万芳亭公园内	乒乓球长廊
9	西罗园街道万芳亭公园专项活动场地	万芳亭公园内	笼式多功能
10	新村街道怡海花园社区专项活动场地	怡海花园社区内	篮球场
11	卢沟桥街道芳园社区专项活动场地	芳园社区大成路北侧21号	乒乓球长廊
12	长辛店街道杜家坎社区专项活动场地	长辛店杜家坎8号院	门球场
13	西罗园街道万芳亭公园专项活动场地	万芳亭公园内	笼式多功能

续表 25

序号	所属街道、乡镇	具体地址	场地项目
14	新村街道银地社区专项活动场地	银地社区西侧	篮球场
15	长辛店街道杜家坎社区专项活动场地	长辛店杜家坎 9 号院	篮球场
16	郭庄子门球专项活动场地	卢沟桥乡郭庄子公园内	门球场
17	卢沟桥乡小瓦窑村专项活动场地	卢沟桥乡小瓦窑公园	篮球场
18	卢沟桥乡小瓦窑村专项活动场地	卢沟桥乡小瓦窑公园	篮球场
19	卢沟桥乡小瓦窑村专项活动场地	卢沟桥乡小瓦窑公园	门球场
20	卢沟桥乡小瓦窑村专项活动场地	卢沟桥乡小瓦窑公园	笼式多功能
21	大井村网球专项活动场地	卢沟桥乡大井村天弓高尔夫球场西侧	网球场
22	纪家庙村门球专项活动场地	花乡纪家庙村纪通东路东侧	门球场
23	草桥村门球专项活动场地	花乡草桥村草桥幼儿园西园南侧	门球场
24	看丹村门球专项活动场地	花乡看丹村看丹公园内	门球场
25	黄土岗村笼式多功能专项活动场地	花乡黄土岗村宜兰园三区西侧公园	笼式多功能
26	王佐镇篮球专项活动场地	西王佐中心村西王佐村	篮球场
27	王佐镇篮球专项活动场地	佃起清水绿洲二期内	篮球场
28	王佐镇篮球专项活动场地	怪村村西	篮球场
29	小井村笼式多功能专项活动场地	小井村体育公园内	笼式足球场
30	怪村笼式多功能专项活动场地	怪村	笼式足球场
31	南苑乡乒乓球长廊专项活动场地	南苑村	乒乓球长廊
32	南苑乡乒乓球长廊专项活动场地	西铁营村	乒乓球长廊
33	南苑街道乒乓球长廊专项活动场地	南苑公园	乒乓球长廊
34	大红门街道棋苑专项活动场地	顶秀欣园东苑花园	棋苑
35	大红门街道棋苑专项活动场地	建欣苑东区三里南东侧小广场	棋苑
36	大红门街道棋苑专项活动场地	建欣苑社区四里	棋苑
37	大红门街道棋苑专项活动场地	苗西 14 号楼北侧	棋苑
38	大红门街道棋苑专项活动场地	东方里 2 号楼对面	棋苑
39	大红门街道棋苑专项活动场地	石榴庄南里甲 8、乙 8 号院、东二区	棋苑
40	大红门街道棋苑专项活动场地	石榴庄东街甲 8 号院东二区	棋苑
41	大红门街道棋苑专项活动场地	光彩路社区花园	棋苑
42	大红门街道棋苑专项活动场地	远洋文化广场	棋苑
43	大红门街道棋苑专项活动场地	马家堡东路 168 号院海上海小区	棋苑
44	东铁匠营棋苑专项活动场地	方庄南路 58 号院（晶城秀府小区）	棋苑
45	东铁匠营棋苑专项活动场地	横道沟西街 2 号院（文成建筑小区）	棋苑
46	东铁匠营棋苑专项活动场地	苇子坑 43 号院（翠庭园小区）	棋苑
47	东铁匠营棋苑专项活动场地	宋庄路 26 号院 8 号楼前广场	棋苑

续表 25

序号	所属街道、乡镇	具体地址	场地项目
48	东铁匠营棋苑专项活动场地	宣祥家园中心花园	棋苑
49	东铁匠营棋苑专项活动场地	东木樨园6号楼中心花园	棋苑
50	东铁匠营棋苑专项活动场地	宋庄路71号院	棋苑
51	东铁匠营棋苑专项活动场地	宋庄路26号院	棋苑
52	东铁匠营棋苑专项活动场地	群三社区辖区部队	棋苑
53	东铁匠营棋苑专项活动场地	芳城园第二社区小花园	棋苑
54	方庄棋苑专项活动场地	芳城园第一社区12号楼前	棋苑
55	方庄棋苑专项活动场地	新华街五里西区广场	棋苑
56	方庄棋苑专项活动场地	北大街北里社区广场	棋苑
57	丰台街道棋苑专项活动场地	北大街北里健身场	棋苑
58	丰台街道棋苑专项活动场地	南开西里社区	棋苑
59	丰台街道棋苑专项活动场地	正阳小花园	棋苑
60	丰台街道棋苑专项活动场地	东大街东里社区小花园2组、20号院3组	棋苑
61	丰台街道棋苑专项活动场地	19号院社区南区军民园小区	棋苑
62	丰台街道棋苑专项活动场地	丰管路甲52号院3件，56号院2件，5号院1套	棋苑
63	丰台街道棋苑专项活动场地	前泥洼社区二区12号楼前，二区25号院西院	棋苑
64	丰台街道棋苑专项活动场地	东大街社区66号院	棋苑
65	丰台街道棋苑专项活动场地	程庄路20号院	棋苑
66	卢沟桥街道棋苑专项活动场地	梅市口路甲10号院	棋苑
67	卢沟桥街道棋苑专项活动场地	珠江紫台社区青塔西路58号院三期下沉广场	棋苑
68	卢沟桥街道棋苑专项活动场地	春园社区（小屯路东里1号院休闲广场）	棋苑
69	卢沟桥街道棋苑专项活动场地	春园休闲广场	棋苑
70	卢沟桥街道棋苑专项活动场地	304颐园小区门球场走廊	棋苑
71	卢沟桥街道棋苑专项活动场地	304颐园小区5楼南侧廊架	棋苑
72	卢沟桥街道棋苑专项活动场地	304颐园小区5号楼、7号楼、8号楼、3号楼、2楼前	棋苑
73	卢沟桥街道棋苑专项活动场地	长安新城第一社区（大成南里一区14号楼）	棋苑
74	卢沟桥街道棋苑专项活动场地	长安新城二区10号楼西侧健身广场	棋苑
75	太平桥街道棋苑专项活动场地	万泉寺北路16号院、12号院活动广场	棋苑
76	太平桥街道棋苑专项活动场地	太西里社区电力小区	棋苑
77	太平桥街道棋苑专项活动场地	太西里社区西里小区	棋苑
78	太平桥街道棋苑专项活动场地	太西里社区联建小区	棋苑
79	太平桥街道棋苑专项活动场地	菜户营甲88号院鹏润家园内	棋苑
80	宛平地区棋苑专项活动场地	晓月苑一里小花园	棋苑

续表 25

序号	所属街道、乡镇	具体地址	场地项目
81	宛平地区棋苑专项活动场地	晓月苑二里 2 号楼，9 号楼前	棋苑
82	宛平地区棋苑专项活动场地	晓月苑三里农商行门前	棋苑
83	宛平地区棋苑专项活动场地	晓月苑八里 2 号楼与八里 4 号楼之间	棋苑
84	宛平地区棋苑专项活动场地	晓月苑四里中心广场靠东侧，6 号楼前面	棋苑
85	宛平地区棋苑专项活动场地	晓月苑五里 4 号楼前	棋苑
86	宛平地区棋苑专项活动场地	新月家园小广场	棋苑
87	宛平地区棋苑专项活动场地	城南第二社区耐火厂院	棋苑
88	宛平地区棋苑专项活动场地	城南第二社区卢沟桥南里 34 号楼院内	棋苑
89	宛平地区棋苑专项活动场地	宛平文化广场 7 套，二里农商行门前 1 套	棋苑
90	新村街道棋苑专项活动场地	明春苑社区健身场	棋苑
91	新村街道棋苑专项活动场地	恒富街 2 号院广场	棋苑
92	新村街道棋苑专项活动场地	芳菲路社区内	棋苑
93	新村街道棋苑专项活动场地	怡海花园富润园 2、3 号楼中间；11 号楼南侧	棋苑
94	新村街道棋苑专项活动场地	看丹路 4 号院	棋苑
95	新村街道棋苑专项活动场地	帝京路 3 号院 2 号楼西侧空地	棋苑
96	新村街道棋苑专项活动场地	育仁里社区门前	棋苑
97	右安门街道棋苑专项活动场地	开阳里第三社区	棋苑
98	长辛店街道棋苑专项活动场地	卢井社区，园博嘉园 4 号院	棋苑
99	和义街道棋苑专项活动场地	世嘉丽晶一区	棋苑
100	和义街道棋苑专项活动场地	松林庄活动站	棋苑
101	和义街道棋苑专项活动场地	和义西里休闲花园	棋苑
102	和义街道棋苑专项活动场地	和义东里第三社区	棋苑
103	和义街道棋苑专项活动场地	和义东里第一社区	棋苑
104	南苑街道棋苑专项活动场地	翠海明苑小区	棋苑
105	南苑街道棋苑专项活动场地	中福丽宫品牌基地	棋苑
106	南苑街道棋苑专项活动场地	南庭新苑社区内	棋苑
107	花乡棋苑专项活动场地	六圈村	棋苑
108	花乡棋苑专项活动场地	黄土岗村	棋苑
109	花乡棋苑专项活动场地	白盆窑村	棋苑
110	花乡棋苑专项活动场地	新发地社区	棋苑
111	花乡棋苑专项活动场地	天娇俊园南北区 2 套， 期颐百年老年活动站内 1 套	棋苑
112	花乡棋苑专项活动场地	亿朋苑小区一期 2 套，纪通东路 55 号院 1 套， 万兴广场门前健身广场 1 套	棋苑

续表 25

序号	所属街道、乡镇	具体地址	场地项目
113	花乡棋苑专项活动场地	草桥大观园1套，草桥欣园一区广场1套，风景东侧广场1套，锅炉房南侧游乐场1套，恋日花都3套，恋日一期广场1套，恋日一期院内1套，欣园二分部1套，欣园二项目四区2号楼前1套，欣园二项目四区3号楼前1套，欣园四分部院内1套，欣园一分部1套，欣园一项目一分部1套	棋苑
114	花乡棋苑专项活动场地	高立庄村高鑫家园	棋苑
115	花乡棋苑专项活动场地	葆台村欣葆家园	棋苑
116	卢沟桥乡棋苑专项活动场地	周庄子村周庄子家园	棋苑
117	卢沟桥乡棋苑专项活动场地	小瓦窑村玉泉园林花木中心瓦林苑公园	棋苑
118	卢沟桥乡棋苑专项活动场地	太平桥村	棋苑
119	卢沟桥乡棋苑专项活动场地	金鹏天润社区（原三路居村）	棋苑
120	卢沟桥乡棋苑专项活动场地	东阳建筑工程有限公司	棋苑
121	南苑乡棋苑专项活动场地	南苑村健身文化广场	棋苑
122	南苑乡棋苑专项活动场地	北京国际露营公园	棋苑
123	南苑乡棋苑专项活动场地	小镇农场	棋苑
124	南苑乡棋苑专项活动场地	南苑御槐园小区	棋苑
125	南苑乡棋苑专项活动场地	西铁营村	棋苑
126	王佐镇棋苑专项活动场地	洛平精品采摘园	棋苑
127	王佐镇棋苑专项活动场地	鑫湖家园小区（4套）小区外16台，小区里4台	棋苑
128	王佐镇棋苑专项活动场地	张各庄太平广场	棋苑
129	王佐镇棋苑专项活动场地	南宫村社区文化广场	棋苑
130	王佐镇棋苑专项活动场地	米粮屯村	棋苑
131	王佐镇棋苑专项活动场地	王庄庄户中心	棋苑
132	王佐镇棋苑专项活动场地	南宫雅苑南营北里1.2号楼	棋苑
133	王佐镇棋苑专项活动场地	南宫雅苑南营智苑25号楼西南	棋苑
134	王佐镇棋苑专项活动场地	鑫海家园健身广场	棋苑
135	云岗街道	翠园社区航天三院体育场北边	笼式足球
136	南苑街道	机场社区通信营院内	笼式足球
137	丰台街道	东大街50号院（第四干休所）	棋苑
138	大红门街道	远洋文化广场	笼式足球
139	大红门街道	远洋文化广场	篮球
140	西罗园街道	西罗园街道万芳亭公园	笼式足球
141	卢沟桥街道	大井社区7号楼东侧5个，3号楼西侧5个	棋苑
142	卢沟桥街道	梅市口路15号院西府景园小区健身广场	棋苑

续表 25

序号	所属街道、乡镇	具体地址	场地项目
143	卢沟桥街道	金家村 288 号院 3 号楼东南角 1 个，3 号楼北东侧 3 个，西侧 1 个	棋苑
144	卢沟桥街道	西四环中路 112 号阅园一区 3 号楼和 4 号楼之间圆形小广场西侧	棋苑
145	卢沟桥街道	靛厂路 9 号院海丰家园小区 10 号楼北侧	棋苑
146	卢沟桥街道	张仪村路 4 号院南院	棋苑
147	卢沟桥街道	望园路 9 号院保利欣苑小区 4 号楼西健身园 4 个，4 号楼北 2 单元对面凉亭 1 个	棋苑
148	卢沟桥街道	美域家园社区北区 6 号楼	棋苑
149	卢沟桥街道	建邦枫景社区小区西门外南侧小广场	棋苑
150	卢沟桥街道	北京市丰台区青塔西路 52 号院万绿园	棋苑
151	卢沟桥街道	青塔西路 52 号院万科紫台	棋苑
152	太平桥街道	丽源路 56 号院 精图文化广场（西三环南路 东方威尼斯对面胡同东 100 米）	篮球
153	太平桥街道	丽源路 56 号院 精图文化广场（西三环南路 东方威尼斯对面胡同东 100 米）	篮球
154	东高地街道	万源东里社区南侧运动场	篮球
155	东高地街道	三角地第二社区北侧空地	篮球
156	东高地街道	万源东里社区南侧运动场	网球
157	东高地街道	三角地第二社区北侧空地	网球
158	东高地街道	东高地运动场内	门球
159	南苑街道	机场南苑场站礼堂旁	篮球
160	南苑街道	机场采购中心对面	篮球
161	长辛店街道	618 厂篮球场（朱南）	篮球
162	长辛店街道	槐树岭 4 号院室外篮球场（槐树岭）	篮球
163	长辛店街道	崔村一里 44 楼小广场健身园西侧（崔二里）	门球
164	长辛店街道	槐树岭 4 号院 38 栋平方门前（槐树岭）	门球
165	长辛店街道	陈庄社区	门球
166	长辛店街道	618 厂网球场（朱南）	网球
167	长辛店街道	34 号楼西侧 2 个，3 号楼东侧小广场 2 个，12 号楼北侧 2 个，44 号楼北侧 4 个	棋苑
168	长辛店街道	园博府小区 2 号院 1 个，3 号院 6 个，4 号院 3 个	棋苑
169	长辛店街道	朱北社区居委会西侧 2 个，干休所办公楼东侧 4 个，永定佳苑 1 个。朱南社区老年协会 3 个	棋苑
170	长辛店街道	朱南社区一里小花园	棋苑
171	长辛店街道	朱家坟三角地健身场北方宾馆南侧	棋苑

续表 25

序号	所属街道、乡镇	具体地址	场地项目
172	云岗街道	云岗田城中里7号楼田城社区办公楼前新增一套	篮球
173	云岗街道	丰台区大灰厂路88号云岗街道文化活动中心西侧新增一套	篮球
174	云岗街道	云岗街道田城社区内11院	篮球
175	云岗街道	云岗街道田城社区内	笼式足球
176	云岗街道	云岗街道田城社区内11院	笼式足球
177	云岗街道	丰台区大灰厂路88号云岗街道文化活动中心西侧	笼式足球
178	云岗街道	云岗翠园社区航天三院体育场北边网球场三块	网球
179	云岗街道	云岗街道田城社区内	乒乓球长廊
180	云岗街道	云岗北区社区北区西里23楼西侧一块	门球
181	云岗街道	云岗北里社区15楼前一块	门球
182	云岗街道	云岗南一社区南区20甲楼前4块	门球
183	云岗街道	云西路社区电厂院内	门球
184	云岗街道	镇岗南里20号楼5个，镇岗南里3号院5号楼5个，304场站门口5个	棋苑
185	云岗街道	南区东里甲4号楼3个，健身广场4个，画廊1个，南区西里24号楼1个，南区西里32号楼1个	棋苑
186	宛平城地区	永合庄村	篮球
187	宛平城地区	绿堤公园内	篮球
188	宛平城地区	晓月家园六里	棋苑
189	宛平城地区	晓月苑社区2套	棋苑
190	宛平城地区	卢沟桥南里14号楼花坛2个，18号楼3个	棋苑
191	卢沟桥乡	周庄子庄怡公园内	篮球
192	卢沟桥乡	郭庄子村委会	篮球
193	卢沟桥乡	郭庄子公园内	篮球
194	卢沟桥乡	大瓦窑原村委会院内	篮球
195	卢沟桥乡	大瓦窑原村委会院内	笼式足球
196	卢沟桥乡	靛厂村原村委会	笼式足球
197	卢沟桥乡	郭庄子公园内	门球
198	卢沟桥乡	大瓦窑原村委会院内	门球
199	卢沟桥乡	靛厂村原村委会	门球
200	卢沟桥乡	岳各庄村西公园	网球

续表 25

序号	所属街道、乡镇	具体地址	场地项目
201	卢沟桥乡	小瓦窑村公园内	乒乓球长廊
202	卢沟桥乡	周庄子庄怡公园	乒乓球长廊
203	卢沟桥乡	天元公园南园 16 个，北园 9 个，双林苑小区 1 号楼东北角 2 个，小屯村平房区 3 个	棋苑
204	卢沟桥乡	岳各庄 1 套	棋苑
205	花乡	天骄俊园南区西侧	篮球
206	花乡	新发地村期颐百年北区北公园内	篮球
207	花乡	葆台村居库北侧	笼式足球
208	花乡	天骄俊园南区西侧	笼式足球
209	花乡	南极星羽毛球馆科技园区外环西路（西外环）	笼式足球
210	花乡	葆台村居库北侧	网球
211	花乡	富锦家园小区文化站东侧	网球
212	花乡	天骄俊园南区西侧	网球
213	花乡	花乡新发地村期颐百年北区北公园内	乒乓球长廊
214	花乡	草桥村中桥外国语学校对面	乒乓球长廊
215	花乡	期颐百年北区北公园外、造甲村文化大院内	乒乓球长廊
216	花乡	天伦锦城村民活动中心内	乒乓球长廊
217	花乡	天骄俊园南区西侧	乒乓球长廊
218	花乡	郭公庄幸福家园东侧绿化带	乒乓球长廊
219	南苑乡	南苑乡槐房村槐新公园内	篮球
220	南苑乡	南苑乡南苑村	篮球
221	南苑乡	南苑乡西铁营村	笼式足球
222	南苑乡	南苑乡槐房村槐新公园内	乒乓球长廊
223	南苑乡	南苑乡西铁营村	乒乓球长廊
224	长辛店镇	长辛店镇社区卫生服务中心后院中医药科普园	棋苑
225	长辛店镇	太平岭森林公安派出所斜对面	篮球
226	王佐镇	西王佐村委会西侧	篮球
227	王佐镇	王佐镇翡翠山小区东侧公园内	篮球
228	王佐镇	西王佐村委会西侧	笼式足球
229	王佐镇	西王佐村委会西侧	网球
230	王佐镇	西王佐村委会西侧	门球
231	王佐镇	西王佐村委会西侧	乒乓球长廊
232	王佐镇	西王佐村委会西侧	棋苑
233	马家堡街道	嘉囿城市休闲公园	篮球

续表 25

序号	所属街道、乡镇	具体地址	场地项目
234	马家堡街道	嘉囿城市休闲公园	篮球（半场）
235	马家堡街道	嘉囿城市休闲公园	乒乓球长廊
236	马家堡街道	嘉囿城市休闲公园	羽毛球场
237	南苑乡	丰宜公园西	篮球
238	花乡	看丹公园	篮球
239	南苑乡	三营门公园	篮球
240	花乡	看丹公园	笼式足球
241	花乡	看丹公园	乒乓球长廊
242	卢沟桥街道	岳各庄花园	乒乓球长廊（半片）
243	东高地街道	东高地公园	乒乓球长廊（半片）
244	卢沟桥乡	郑常庄公园	乒乓球长廊（半片）
245	花乡	看丹公园	羽毛球场
246	南苑乡	三营门公园	羽毛球场
247	花乡	看丹公园	门球场
248	卢沟桥乡	郑常庄公园	门球场
249	南苑乡	嘉囿城市休闲公园二期	棋苑
250	南苑街道	小龙河绿地	乒乓球长廊（半片）
251	长辛店街道	槐树岭社区	笼式足球
252	长辛店街道	槐树岭社区	足球场(标准,更换草坪)
253	长辛店街道	槐树岭社区	羽毛球场
254	东铁匠营街道	宋家庄社区	篮球场
255	东铁匠营街道	宋家庄社区	羽毛球场
256	南苑街道	玉兰香雪公园	篮球（半场）
257	卢沟桥乡	西局村玉璞园	乒乓球长廊
258	卢沟桥乡	万丰公园	篮球（半场）
259	卢沟桥乡	丽新嘉园小区	棋苑
260	王佐镇	山语城社区	棋苑
261	南苑乡	石榴庄公园	笼式足球
262	南苑乡	石榴庄公园	网球场
263	园林绿化局	大红门锦苑绿化工程	篮球
264	园林绿化局	大红门锦苑绿化工程	乒乓球长廊（半片）
265	园林绿化局	大红门锦苑绿化工程	棋苑
266	园林绿化局	张郭庄绿地	乒乓球长廊（半片）
267	园林绿化局	张郭庄绿地	棋苑
268	园林绿化局	方庄城市公园	笼式足球

续表 25

序号	所属街道、乡镇	具体地址	场地项目
269	园林绿化局	方庄城市公园	篮球（半场）
270	园林绿化局	方庄城市公园	乒乓球长廊（半片）
271	园林绿化局	丰台辛庄公园	笼式足球
272	园林绿化局	莲花池公园	篮球
273	园林绿化局	莲花池公园	乒乓球长廊
274	园林绿化局	莲花池公园	乒乓球长廊（半片）
275	园林绿化局	丰台花园	乒乓球长廊（半片）
276	园林绿化局	槐房钓鱼公园东侧	笼式足球
277	园林绿化局	久敬庄公园	篮球（半场）
278	园林绿化局	久敬庄公园	乒乓球长廊（半片）
279	南苑乡	马家堡消防公园	健走步道
280	南苑乡	中顶庙花园	健走步道
281	长辛店街道	长馨秀园	健走步道
282	南苑乡	林木家园	健走步道
283	南苑乡	果园村福海公园	健走步道
284	南苑乡	三营门公园	健走步道
285	卢沟桥乡	郑常庄公园	健走步道
286	南苑乡	红门佳荫公园	健走步道
287	卢沟桥乡	西局村玉璞园	健走步道
288	卢沟桥乡	小瓦窑瓦林苑公园	健走步道
289	丰台区园林绿化局	东河沿代征绿地绿化工程	健走步道
290	丰台区园林绿化局	岳各庄城市休闲森林公园	健走步道
291	丰台区园林绿化局	张郭庄绿地	健走步道
292	丰台区园林绿化局	方庄城市公园	健走步道
293	丰台区园林绿化局	丰台辛庄公园	健走步道
294	丰台区园林绿化局	西铁营公园	健走步道
295	马家堡街道	林枫苑	乒乓球长廊（半场）
296	马家堡街道	林枫苑	羽毛球场
297	丰台区园林绿化局	纪家庙花园	篮球场（半场）
298	丰台区园林绿化局	纪家庙花园	乒乓球长廊（半场）
299	六里桥街道	万丰公园	篮球场
300	六里桥街道	万丰公园	棋苑
301	南苑街道	机场社区	棋苑
302	六里桥街道	西局玉璞园	棋苑
303	太平桥街道	丽新嘉园小区内	棋苑

续表 25

序号	所属街道、乡镇	具体地址	场地项目
304	五里店街道	大井东街丰体中心 停车场西侧	乒乓球长廊
305	青塔街道	岳各庄村休闲公园	笼式多功能
306	太平桥街道	万泉寺东路9号院万泉家园	笼式多功能
307	丰台区园林绿化局	万芳亭公园内	乒乓球长廊
308	丰台区园林绿化局	万芳亭公园内	篮球场
309	北宫镇	长辛店杜家坎9号院	篮球场
310	花乡街道	银地社区西侧小公园	篮球场
311	丰台区园林绿化局	纪家庙花园	健走步道

2022 北京丰台年鉴

社会生活

民　政

【概况】2021年，丰台区委社会工委区民政局在区委区政府的领导下，落实市、区工作部署要求，坚守为民服务初心、践行执政为民使命，严格政策落实、注重工作创新、深化改革发展，社会建设和民政各项事业取得新成效。社会求助工作稳步开展。全区拥有社会组织479家，丰台区社会组织发展服务中心建成并投入使用。开展殡仪服务突出问题专项整治工作。积极稳妥做好清明祭扫服务保障工作。科学有序管理见义勇为人员，按规定确认见义勇为行为人员。认真做好婚姻登记工作。做好捐赠服务工作。提高服务保障技能，做好养老服务保障工作。关心关爱流浪乞讨人员。加强对儿童的服务及安全保护。

（王　庚）

【社会救助】年内，丰台区城乡低保对象（含困补）5414户、9280人，累计支出资金1.4亿元；城乡特困供养人员141人，累计支出资金468.71万元，认定低收入225户，433人，累计支出资金37.97万元；享受临时救助对象1168户，2313人次，支出资金418.97万元；享受教育救助46人，支出资金20.19万元；享受供暖救助4337户，累计支出资金533.08万元；累计支出征地超转资金3.12亿元。以上资金累计支出4.68亿元。城乡低保标准从家庭人均1170元调整为1245元，城乡特困人员基本生活费标准从1650元调整为1755元。

（王　庚）

【社会组织建设】年内，全区拥有社会组织479家，其中社团68家，民非411家。完成社会组织行政许可事项72项，行政执法合格率100%。强化社会组织年度检查，依法依规对全区应检社会组织446家实施年度检查，已参检社会组织406家，年检率91%。完成60家社会组织规范建设评估，持续保持五年内累计评估率100%。开展社会组织建设体系项目，扶持13个社会组织服务项目，建成丰台区社会组织发展服务中心，完成21个街道级社区社会组织孵化中心挂牌工作，推动成立街道级社区社会组织联合会备案社区社会组织4747个。

（王　庚）

【殡葬管理】年内，开展丰台区殡仪服务突出问题专项整治工作，检查对象40家，发现违规行为10件，当场责令改正。开展丰台区殡葬业价格秩序、公益性安葬设施建设经营专项整治工作，累计开展联合执法18次。召开丰台区散坟及历史埋葬点专项治理工作会，动员部署我区散坟专项治理和历史埋葬点提升改造工作，制定印发了《丰台区散坟专项治理及历史埋葬点提升改造三年行动方案》。

（王　庚）

【清明节祭扫服务保障】年内，积极稳妥做好清明祭扫服务保障工作，以“加强疫情防控，平安文明祭扫”为主题，从3月18日开始至4月11日止，丰台区5家公墓共接待祭扫群众22.14万人、车辆6.42万辆次。

（王　庚）

【见义勇为权益保护】年内，有序管理140名见义勇为人员，确认见义勇为行为2例3人，组织见义勇为伤残人员疗养2人，组织普通见义勇为人员休养16人。召开区级评审委员会，落实见义勇为部门协调联动机制，有效解决了疑难见义勇为行为确认和权益保护问题。开展第三届见义勇为宣传月活动，累计发放宣传海报2500张，宣传册、宣传折页4000余份，宣传横幅10条。参与“我心中的见义勇为”文艺作品大赛活动，获得首都见义勇为基金会的肯定和认可，丰台区民政局荣获全市唯一优秀组织奖。

（王　庚）

【婚姻登记】全年丰台区民政局婚姻登记中心共办理婚姻登记、档案查询、补领婚姻登记证等29900余件，执法合格率达到100%。其中结婚登记7417件，离婚申请4814件，离婚登记3355件，补发结婚证2152件，补发离婚证575件，出具（无）婚姻登记记录证明23件，小客车指标婚姻状况核验4103件，档案查询7500余件。与2020年同期业务量共计22800余件相比有大幅度上升。推广婚姻家庭文化，将颁证仪式纳入结婚登记流程，提供免费颁证仪式照相服务，严格贯彻落实“民法典”等法规，深入推进婚姻家庭辅导服务，大力宣传普及婚育健康知识。

（王　庚）

【捐赠服务】全年共接受捐赠款674.94万元，其中接受定向捐赠款642.96万元，全部按照捐赠协议及意向书要求拨付到帐。11月15日至12月31日组织开展丰台区“首善有我”社会捐赠活动，接收捐赠款共计31.98万元，棉衣等其他物资15969件。落实对口帮扶工作，与丰台区慈善协会协作向内蒙古林西县拨付帮扶资金25万元、扎赉特旗20万元，支援捐赠林西县过冬物资10000件。

（王　庚）

【慈善工作】年内，结合疫情防控情况制定《丰台区2021年慈善宣传活动方案》，9月1日至5日期间开展第八届“慈善北京 丰台先行”慈善图片巡展进机关活动，通过39张照片集中展示了丰台区“十三五期间”慈善事业蓬勃发展的面貌，制作宣传海报800张、宣传折页3000张、宣传手袋3000个，对《慈善法》部分章节进行详细解读；26个街镇设立慈善宣传分会场开展“中华慈善日”宣传活动，向公众展示丰台区近年的慈善故事，塑造慈善典型，弘扬慈善美德，正面引导广大民众践行慈善行为。

（王　庚）

【养老基本情况】年内，全区养老床位数共11184张，每千名常住人口养老床位数6.75，床位使用率63%，每万名老年人拥有养老护理员数是32.57。全年为4636名困难老年人、24515名失能老年人、64289名高龄老年人发放三项补贴2.7亿元。发放养老机构护理员岗位奖励津贴10724人次，396.49万元。制定《丰台区养老家庭照护床位建设管理实施细则(试行)》，完成签约535张养老家庭照护床位。依托社区养老服务驿站和社会餐饮，建设并完成“疏整促”专项平台老年餐桌上账备案62家，高于全市平均水平4.3个百分点。

（王 庚）

【完善养老服务】年内，制定印发《丰台区养老家庭照护床位建设实施细则（试行）》《丰台区联席会议制度》《丰台区社区养老服务驿站管理办法(试行)》。发布实施四项团体标准。经报请中国老龄产业协会批准，发布实施“喘息服务规范、低龄帮高龄、居家养老服务质量评价、服务项目购买指南”四项团体标准，体现丰台创新模式的规范性成果。在右安门街道、东铁匠营街道、长辛店街道、六里桥街道、西罗园街道5个街道试点开展养老联合体工作，在做好结项的报告同时积极总结经验案例，为下一步全区范围内推广奠定好基础。全年新增养老机构3家、养老驿站5家，新增床位513张。丰台区备案的养老机构47家，其中三星级以上养老机构15家，二星级及以下22家。养老服务驿站76家，其中，二星驿站29家，一星驿站21家。

（王 庚）

【提升为老服务技能】年内，举办北京市丰台区首届养老护理员职业技能大赛——暨2021年全国养老护理职业技能大赛丰台赛区选拔赛，从事专业养老护理工作的千余名养老护理员进行了线上理论和实操的培训，经过层层选拔，选出8名选手代表丰台区参加北京市养老护理职业技能大赛。本次选拔赛实现了“以赛促学，以赛促训，以赛促建”的效果，让养老护理人员的能力得到了充分展示，为各个养老服务机构的养老护理人才提供了交流学习的平台，促进以养老护理员为重点的养老服务人才队伍建设，推动丰台区养老服务事业不断向前。

（王 庚）

【残疾人福利保障】年内，认真贯彻落实困难残疾人生活补贴和重度残疾人护理补贴政策，全年享受生活补贴54384人次，支出资金3028.51万元；享受护理补贴80046人次，支出资金1066.13万元。对新成立街镇进行现场业务指导及督导检查。加大政策宣传力度，在街镇业务办理窗口、社区等场所普及宣传，在残疾人服务场所重点宣传。推进“两项补贴资格认定申请跨省通办”工作，北京广播电视台对丰台区马家堡街道办事处残疾人两项补贴“跨省通办”工作进行了报道。

（王 庚）

【行政区划管理】年内，完成行政区划调整工作，新建和调整街镇顺利挂牌运行，获得市委书记蔡奇的批示，肯定了丰台区行政区划调整工作。完成行政区划调整街镇界线勘定工作，统筹全区各街镇，完成26个街镇54条界线勘测工作。

（王 庚）

【流浪乞讨人员救助】年内，共救助967人次，办理离站941人次。出台《中共北京市丰台区委办公室北京市丰台区人民政府办公室关于印〈丰台区关于加强和改进流浪乞讨人员救助管理工作的实施方案〉的通知》(京丰办发〔2021〕4号)。多次开展集中救助，在严寒天气下、重大活动、重大节日等时期联合公安、城管等部门在全区组织开展集中救助活动，对全区街面进行全方位救助巡视，不留死角。做好长期滞留人员日常照料工作，引进专业团队为站内长期滞留人员开展照料服务，为长期滞留人员提供更高标准、更加专业、更加细致的服务。

（王 庚）

【儿童福利和保护】年内，丰台区困境儿童107人，累计支出困境儿童生活费204.1万元。符合助学条件的孤儿5人，事实无人抚养儿童5人，累计支出助学金8.4万元。累计支出门诊医疗费0.4万元。开展困境儿童巡访探视等服务项目，投入资金163.9万元。办理2件收养登记、1件解除收养登记。丰台区儿童福利院院内儿童109人，累计支出资金869.2万元，用于院内儿童养育、医疗、教育、康复等综合保障。

（王 庚）

社会建设

【概况】2021年，丰台区委社会工委区民政局在区委区政府的领导下，落实市、区工作部署要求，坚守为民服务初心、践行执政为民使命，严格政策落实、注重工作创新、深化改革发展，社会建设和民政各项事业取得新成效。成功举办丰台区第三届社区邻里节活动。顺利完成村民委员会和居民委员会换届选举工作。推动驻区单位向社区开放内部服务设施，提升社区服务品质。加强社区建设，完善社区治理体制机制。加强社会工作队伍建设，做好社区服务保障工作。

（王 庚）

【社区邻里节活动】年内，成功举办丰台区第三届社区邻里节活动。“社区邻里节”启动仪式在东高地街道航天万源广场举行。在10月16日至24日的活动周期间，辖区内26个街镇354个社区都在组织系列活动。

（王 庚）

【“两委”换届选举】年内，顺利完成村民委员会和居民委员会换届选举工作。全区340个社区、54个村全部一次选举成功。全区320个社区党组织书记、居委会主任实现“一肩挑”，47个村党组织书记、村委会主任实现“一肩挑”，选民登记人数、直选和户代表选举比例等各项指标均达标，实现村居“两委”换届圆满收官。

（王 庚）

【提升社区服务品质】年内，推动驻区单位向社区开放内部服务设施，建设市级“社区之家”试点3个。推进建设居民身边融文体、公益、便民等为一体的社区开放式综合服务活动空间，建设市级“社区服务空间开放式建设”试点9个。将生活垃圾分类作为社区治理重要内容，开展生活垃圾分类社区动员发动工作，建设市级“生活垃圾分类社区动员”试点10个。

（王　庚）

【完善社区治理体制】年内，深化楼门院治理，发挥居民小组长、楼门院长、居民代表、在职党员等作用，推进物业管理纳入社区治理体系，落实居民委员会在物业管理中的指导、监督、协调等职责。推动基层开展社区协商议事厅示范点和农村社区协商建设，完善城乡社区月协商制度。举办第三届丰台区社区邻里节，形成品牌效应。围绕疫情防控、垃圾分类等内容，打造社区治理示范品牌，挖掘本地社区特色亮点。

（王　庚）

【深化社区减负增效】年内，做实社区工作准入制度，发挥区社会工作建设领导小组及其办公室统筹协调作用，继续实施社区工作任务年度计划清单管理，重点加强各部门下派工作任务的整合优化。加大监督检查力度，严格落实责任追究机制，防止社区填报表格、挂牌等反弹回潮，指导街乡镇制定以群众满意度为主的社区考核评价体系。持续推动社区管理服务用房建设。

（王　庚）

【社会工作队伍建设】年内，建设社会心理服务站点，新建和义街道、王佐镇、南苑街道、西罗园街道、长辛店街道、太平桥街道共6家社会心理服务中心。积极开展街镇社会工作服务中心建设，在丰台街道、北宫镇设置社会工作服务中心，引入专业机构和人才为辖区提供社会工作服务，带动实施了一批满足群众需求的特色项目，共计开展案例服务40个、群体服务46次、督导超60小时、受益超3700人次。

（王　庚）

【城市协管员队伍规范管理体制改革工作】2021年全区协管员队伍管理体制改革工作进入全面推进阶段，制定并出台了《关于协管员岗位设置及职责核定的工作初步方案》《丰台区下沉街镇城市协管员员额核定工作初步方案）》《丰台区街道（镇）公开招聘协管员暂行办法》《丰台区街道（镇）协管员薪酬待遇规范管理暂行办法》，下沉各街镇城市协管员队伍16支，专职协管员员额3414个，实有2688人，协管员队伍管理体制改革工作目标初步实现。

（王　庚）

【社区党建】年内，批准成立8个社区党组织。加强组织建设，做好村和社区“两委”换届选举的程序指导，党专编制调整和资格联审等工作，全区54个村和340个社区“两委”100%一次性选举成功。积极推进社区书记工作室建设，建设3个市级示范点和1个区级示范点，制发《丰台区社区书记工作室规范化建设工作方案》，搭建发挥优秀社区党组织书记的“传帮带”作用的平台。开展全区村和社区党组织书记培训班，开展党建引领社区治理专题培训，组织开展社区“领头雁”提升协商议事能力主题实践活动，提升街镇干部干事创业能力和社区书记组织实施社区协商议事活动的能力。

（王　庚）

人力资源

【概况】2021年，区人力社保局认真落实中央和市、区统筹推进疫情防控和经济社会发展决策部署，坚持减负担、稳岗位、扩就业多措并举，保民生、兜底线、促和谐数管齐下，人力社保各项工作稳中有进。坚持人才强区工作导向，人才支撑作用明显增强。推进事业单位改革，夯实人事管理基础。广泛吸引人才聚集，打造聚才引智品牌。搭建人才发展平台，加快高级人才培育。

（刘　悦）

【推进事业单位改革】年内，根据事业单位改革部署安排，逐一调整全区405家事业单位的岗位设置，重新计算核定管理、专技、工勤岗位数量，指导并监督各涉改单位人员及时完成套转备案工作。根据行政区划调整，会同财政部门落实好街道机关事业单位人员工资待遇。严格区内人员调动手续办理，共办理人员调入、调出审批及调转手续2737人。按照单位有空岗、个人有条件、申报有程序的“三有”原则，统一部署专技人员岗位晋级工作。坚持任人唯贤、以德为先、公开竞争、择优晋升的原则，规范开展管理岗位选拔聘用工作，形成有效管用、简便易行的选人用人机制。本着引导、激励原则，完成事业单位年度考核奖励，共考核备案18167人。科学严谨推进公开招聘，统一招聘环节和操作口径，严格落实程序标准，把好“六关口”，坚持“四公示”，全年三批次事业单位公开招聘考试录取人数共计523人。发挥工资福利的激励作用，做好退休人员管理和服务，对重病或家庭困难人员进行慰问。

（刘　悦）

【人才队伍的吸收引进】年内，对符合市区规划发展的重点企业、符合十大“高精尖”产业领域的企业加大政策支持力度，推荐引进的高层次人才获批108人，获批人数是上年的2.7倍；推荐引进的留学人员获批78人，获批人数是上年的3.9倍。落实区级工作居住证管理办法和实施细则，工作居住证共新办2946个，续签496个。调整非京生源毕业生引进政策，进一步放宽学历、年龄及占用指标的条件，全年共引进非京生源420人，同比增长17.6%。稳慎做好积分落户工作，完善积分落户系统预审制度，开通咨询热线，建立咨询台账，做到全面解答、及时反馈、审核日清，共170人取得积分落户资格。持续打造“丰台区企业聚才引智之家”服务品牌，会员企业达到81家，吸纳了包括区域综合贡献程度排名百强企业、高精尖产业领军企业以及成长性良好的中小型企业在内的优质企业参加，为会员企业提供精准政策支持、实时信息交流和优质资源共享的服务，通过组织开展校企洽谈会、线上线下招聘等系列活动，为企业招贤纳才提供强大助力，促进区域经济社会持续发展。

（刘　悦）

【高级人才培育】 年内，搭建产学研用合作平台，稳步推进博士后工作站园区分站、创新实践基地建设，积极争取配套资助的日常经费和工作经费。做好高级职称评审推荐工作，推荐7人参加高端领军人才正高级工程师市级评审，推荐2人参加正高级经济师市级评审。做好教育系统职称评审工作，调动教师积极性，服务教育事业发展，共申报中小学职称评审1421人。推进面向非公办学校职称评审工作，83家非公办学校（幼儿园）516名教师享受到职称改革制度红利。积极克服疫情影响，严密组织人事考试及资格审核工作，共组织实施考试21场，使用考场5250个，服务考生15.95万次，确保了人事考试安全顺利。

（刘　悦）

社会保障

【概况】 2021年，区人力社保局认真落实中央和市、区统筹推进疫情防控和经济社会发展决策部署，坚持减负担、稳岗位、扩就业多措并举，保民生、兜底线、促和谐数管齐下，人力资源和社会保障各项工作稳中有进。把稳就业摆在突出位置，城乡就业形势稳中向好。统筹推进就业工作，形成促进就业合力。聚焦公平可持续发展，社会保障体系日益健全。强化风险隐患防范化解，劳动关系基础逐步巩固。

（刘　悦）

【统筹推进城乡居民就业】 年内，发挥就业工作领导小组作用，召开就业工作调度会、会商会，对市、区下达重点指标任务进行分解和督导。牵头修订《关于进一步做好稳就业保就业工作若干措施》，稳定就业规模。制定下发《关于落实城镇登记失业率指标任务的工作方案》和《关于提高城镇登记失业人员就业率工作通知》，对重点街镇就业形势进行分析指导，有效提升就业率、降低失业率。截至12月底，丰台区城镇登记失业率3.10%，城镇登记失业人员就业率67.24%。不断完善就业服务体系建设，制定下发《丰台区关于建立就业工作体系运行机制的实施方案》，注重区就业服务指导员、街（镇）就业服务专员、企业联络员的“三员”联动，形成“区级指导、街乡对接”的工作机制。落实北京市服务企业“三个清单”工作方案要求，对53家预警企业、502家即时服务企业、4216名分流人员进行摸查，了解企业经营情况及服务需求，并及时跟进就业帮扶措施。用好用足国家和市、区级就业补贴政策，确保企业活得好、岗位稳得住。截至12月底，共批复各类岗补、社补、失业金返还等帮扶资金5.61亿元，惠及4.09万家企业、56.95万人次。

（刘　悦）

【多举措促进重点群体就业】 年内，针对城乡劳动力、退役军人、高校毕业生等群体，尽量满足个性化求职需求，依托“民营企业招聘月”“春风行动”专项活动，举办线上线下系列特色专项招聘会82场，参会企业2015家，提供岗位5.05万个。利用微信公众号、“丰台人人就业网”等，大力开展直播带岗位、直播带政策、直播带指导等服务。选拔职业指导师录制职业指导微课，打造南苑街道明星职业指导工作室，为重点群体提供精细化就业服务。做好“双减”稳就业保就业工作，举办“换新赛道，筑梦明天”专场招聘会，为教培转岗人员提供专项职业指导服务。发挥农民工作联席会作用，制定《丰台区农民工返京复工服务保障工作方案》，不断优化农民工就业创业环境，建设“务工人员之家”，为有就业需求的在京务工人员开展职业介绍、职业指导、政策咨询、维权指引等服务。开发公共服务类岗位托底安置就业困难人员，通过医院、环卫等单位开发司机、保洁员、巡查员、道路作业人员、设施操作工等公共服务类岗位353个，实有在岗人员增至2378人，加强与房山区结对协作，推动生态涵养区建设，通过公共服务类岗位安置房山区农村地区劳动力286人。

（刘　悦）

【开展职业技能培训】 年内，全面贯彻落实《北京市职业技能提升行动实施方案（2019–2021年）》，将职业技能培训作为保持就业稳定、缓解结构性就业矛盾的关键举措，大力推行终身职业技能培训制度，持续推进职业技能等级认定工作，组织技能大师工作室项目申报，做好民办培训机构审批监管，实行告知承诺制，扶持符合本区特色的民办职业技能培训机构健康发展。积极落实互联网＋职业技能培训、以训稳岗培训、企业新型学徒制培训、以工代训等各项培训补贴政策，截至12月底，审核培训补贴资金7470.9万元，惠及5.83万人次。制作《“互联网＋职业技能培训”，倾心助力单位以训兴业》政策解读和《以训兴业政策及平台操作问题解答》，通过丰台区政府网站、“丰台人人就业网”、微信公众号等进行宣传普及，利用属地和行业力量，扩大政策知晓度和覆盖面，针对企业问题进行“一对一”专项指导，保障企业顺利开展培训和申请培训补贴资金。

（刘　悦）

【注重创业带动就业】 年内，加强创业服务平台建设，根据北京市重点产业发展领域以及近年来创新创业工作发展趋势，结合我区现有区级创业孵化服务机构发展情况，共认定16家区级优秀创业孵化机构，推荐6家区级创业孵化机构为市级示范基地。进一步加大创业担保贷款支持力度，积极协调财政、担保公司和经办银行，持续做好创业担保贷款发放和贴息工作，累计发放创业担保贷款5885万元。成功举办“创业丰台

2021"创新创业大赛，吸引了93个优秀参赛团队报名，《工业有机废气超低排放控制技术》等9个项目脱颖而出，通过大赛增进了丰台创新创业氛围，有效地将青年就业与创业创新结合，持续为区域产业发展赋能。截至12月底，我区新增参保创业单位4881户，带动就业岗位2.15万个。

（刘　悦）

【合理征缴确保待遇足额发放】 截至12月底，全区共有参保单位6.28万家，同比增长5.78%；各项社保基金累计征缴163.73亿元，同比增加63.88%。城镇基本养老保险、失业保险、工伤保险分别累计参保111.17万人、78.85万人、72.98万人，同比增长4.23%、3.14%、0.8%。支付各类保险待遇189.84亿元，同比增加18.94%。共计审批退休10794人，为全区26.31万名企业退休职工、1.92万名机关事业单位退休人员调整了养老保险待遇，同时提高了2.78万名城乡居民的基础养老金、1.65万人福利养老金以及其他各类待遇，共涉及资金3.21亿元。目前，企业退休人员平均养老金4546.91元/月，同比增长6.24%；城乡居民平均养老金930元/月，同比增长3.91%；城乡无保障老年人平均福利养老金785元/月，同比增加3.97%。

（刘　悦）

【窗口服务】 年内，开展"不忘初心筑堡垒、牢记使命当先锋"优质服务窗口活动，通过业务综合培训、人员礼仪心态等素质培训以及制度规范培训全面提升人员素质。着力开发综窗，按照"三优"（即优秀服务标兵、优质服务水平、优异服务成绩）文明窗口标准，不断完善服务大厅前台窗口建设。推行"一站式"综窗服务改革，设立机关事业单位业务受理区、街镇公服业务受理区、职工退休业务受理区和社会保险综合受理区，形成"一综三专"的综窗服务格局。加快社保信息化建设步伐，利用综合服务平台预审模块将生育津贴、失业待遇、登记征缴业务、养老支付、工伤支付业务转移至线上办理，实现疫情防控常态化期间的不见面服务和无纸化办公，持续研发"丰小保"社保机器人，丰富经办语义库，完善窗口导引功能，打造智能化社保服务。

（刘　悦）

【规范流程改善服务体验】 年内，通过"云发送"、"云沟通"、"云送达"，推进工伤保险"云服务"，做出工伤认定结论1442件。开展"劳动能力鉴定相关知识小学堂"活动，发挥"党员鉴定小分队"的作用，开展上门鉴定服务，对1012名职工进行了劳动能力鉴定。平稳推进养老保险行政事务受审分离，进一步明确审批职责，定期开展业务交流分享，提升业务内部流转效率，减少群众跑路多、等待时间长等问题，全年审批退休10794人。完成全区26个街镇城乡居民基本养老保险参保人员所属行政区域调整工作，确保划转期间收支工作无缝衔接，群众无感过渡。对群众关注度高的社保待遇、工伤支付、社保缓缴、退休初审等业务，深化服务理念，注重靠前站位，实现"未诉先办"，解决群众"急难愁盼"问题，畅通服务群众"最后一公里"。

（刘　悦）

【维护基金安全】年内，牵头下发了《关于推进社会保险基金追退工作实施办法（试行）》，开展跨部门联合监督检查，震慑、打击社会保险欺诈行为，确保社保基金安全有效平稳运行。研究制定《社会保险经办内部控制规范》，建立《经办业务风险事项台账》，突出流程控制、财务控制和系统控制，形成具备事前预防控制、事中核验比对、事后监督检查功能的运行规范体系。调整、配强内控队伍，采取定期检查和专项检查等手段，对业务人员从职责履行、权利运行等方面实施动态管控，变"阶段监控"为"全程监控"，筑牢管理有标准、操作有制度、岗位有职责、过程有监督、事后有考核的风险防控主体"防火墙"，确保基金安全运行。

（刘　悦）

【和谐劳动关系体系建设】 年内，紧紧围绕"和谐劳动关系构建"主线，持续加大劳动法规政策宣传力度，建立首家和谐劳动关系示范站，强化对"和谐劳动关系企业"的宣传表彰。健全完善劳动风险监测防控体系，印发《丰台区健全线上线下风险监测防控体系工作方案》，按照"线上监测、线下摸排、联动处置"工作原则，全力预防和化解劳动关系领域风险隐患，重点做好"双减"摸排工作，有效防范学科类校外培训机构裁员风险。从严规范劳务派遣行政许可审批，与120家劳务派遣企业签订规范行业管理告知书，织密企业安全用工网。优化特殊工时制度的行政许可程序，加大对企业申请特殊工时资料审查与情况核实力度，全区共审批特殊工时单位139家，同比增长7.79%。积极推进劳动合同电子化应用，提高企业人力资源管理效率，稳步推进集体合同与工资集体协商备案工作。截止到12月底，全区集体合同覆盖企业3349家，同比增长34.99%。

（刘　悦）

【劳动争议仲裁调解】 年内，坚持依法、准确、及时受理各类案件，优化案件审理机制，推进案件繁简分流，促进"简案快审"，通过简易程序审理案件5786起，占结案总数的74.27%。创新办案模式，推行"线上庭审"，助力涉疫情地区工作"不打烊"，全面推行要素式办案及令状式裁决，案件审理周期平均缩短7天，结案率提高71.25%。加强结案文书的释法说理，提高仲裁结果的"可接受性"和仲裁公信力。本着化解矛盾、源头治理的原则，积极开展立案阶段化解纠纷工作，借助人民调解制度力量，进行快速立案前调解，努力促使双方达成协议。全面发放仲裁建议书，对用人单位进行规范指导，督促用人单位负起责任，预防和减少争议发生。与区法院加强合作，建立了"调、裁、审、执"工作机制，及时、高效化解劳动争议。截至12月底，共受理劳动人事争议案件7883起，已结案7791起，结案率

98.83%，调解率60.58%。未发生社会影响大的个案事件。

（刘　悦）

【维护劳动者合法权益】年内，结合区划调整，更新“区根治拖欠农民工工资工作协调小组”成员单位，强化街、镇属地责任和行业监管责任，完善我区劳动保障监察体系。充分发挥两网化中第三级网格的属地管理职能，对网格内企业的用工管理、工资发放、劳资纠纷等情况进行实时跟踪监测报告，实现欠薪隐患预警和信息资源共享。建立建筑施工企业劳动用工监管机制，制定建筑施工企业基本信息、工程进展、五项制度落实情况等月报制度，随时掌握建筑施工企业劳动用工情况。组织专项行动统一执法日、接访日活动，开展多部门联合检查、“双随机”检查，针对重点行业、重点问题开展集中专项检查，有效推动拖欠工资问题的顺利解决。截至12月底，共检查用人单位1.04万家，查处案件1.5万起，妥善处理集体访147起、突发事件146起。

（刘　悦）

医疗保障

【概况】2021年，丰台区医疗保障局努力克服新冠肺炎疫情带来的不利影响，健全工作机制，升级丰台区医疗救助信息系统，推动医疗救助工作提质增效，医疗视同认定开通线上办理，普惠健康保落地推广，医保电子凭证激活使用全面铺开。加强医保基金监管，扎实开展医保基金全覆盖监督检查和“清零行动”。药品、医用耗材集中带量采购。开展“宣传贯彻《条例》加强基金监管”集中宣传月活动。完成机构职能编制修订。按照区委区政府的统一安排部署，丰台区医保中心正式进驻丰台区政务服务中心（南苑路7号）五层医保专区并对外受理业务。完成对基本医疗保险费用的审核。认真贯彻落实国家医保局“六最四统一”要求。开展医保办实事“七办联动”惠民暖心活动。大病医疗保障减负共济作用收到明显效果。全力推进异地就医普通门（急）诊医疗费用直接结算试点，提前两个月完成任务。加强对两定机构的动态管理。服务区划调整，做好医疗保障工作。

（高　歌）

【医疗救助提质增效】年内，升级丰台区医疗救助信息系统，健全工作机制，推动医疗救助工作提质增效，累计完成医疗救助11626人次，同比增长41.83%；减轻困难群众医疗负担2274.46万元，同比增长33.91%。其中，门诊救助7063人次，支付金额662.43万元；住院救助835人次，支付金额453.57万元；重大疾病救助2807人次，支付金额806.5万元；生育救助9人次，支付金额1.56万元；住院押金减免和出院即时结算153人次，支付金额83.1万元；大额支出医疗救助712人次，支付金额248.31万元；因病致贫家庭医疗救助26户共47人，支付金额18.99万元，减轻困难群众看病就医负担。

（高　歌）

【医疗视同认定开通线上办理】年内，开通基本医疗保险视同缴费年限认定自助机端和首都之窗网站端线上办理渠道，上线“全程网办、智能审批”系统，打造安全、高效、智能、便捷的经办模式，共计办理6540件，其中网上智能审批280件。

（高　歌）

【普惠健康保落地推广】年内，积极响应市政府工作安排，完善丰台区多层次医疗保障体系建设，在丰台区全面推广北京地区专属普惠型商业健康保险——“北京普惠健康保”，满足参保群众多层次医疗保障需求。

（高　歌）

【医保电子凭证激活使用全面铺开】年内，在全区范围内宣传推广医保电子凭证激活使用，制定区级宣传工作方案及“1+1+N”工作计划，划分参保单位、参保学校、各街镇、定点医药机构及机关事业单位五类宣传对象，通过“周通报、月调度”机制加强医保电子凭证激活率、使用率考核，共动员全区73.14万人激活使用医保电子凭证，占全区总参保缴费人数59%；持医保电子凭证挂号、门诊结算、住院结算人次占比分别达到4.15%、3.79%、0.68%。

（李　婷）

【党史学习教育】年内，丰台区医保局以党史学习教育为抓手，开展庆祝建党100周年庆祝活动。举办局党组成员党史学习教育学习研讨班，组织党组理论学习中心组学习13次，党史学习教育主题党课9次，在全局范围内开展“党史知识天天学党史故事周周讲”学习活动。开展重温入党誓词、主题参观见学、优秀共产党员评选表彰活动和先进事迹报告会、新老党员座谈会等系列活动；组织“永远跟党走”党史知识竞赛活动，1名干部代表丰台区参加北京市竞赛，获得第5名；原创表演唱节目“医保歌声献给党”，代表丰台区参加北京市总工会歌曲征集活动。开展“我为群众办实事”实践活动，局党组亲自抓、专题议，制定活动方案，定期进行调度，完成6大类17项实事项目。利用新媒体平台加强宣传，微信公众号发布党史学习教育有关内容9条，点击量1620次，抖音账号发布有关内容58条，点击量324.1万次。区医保局代表丰台区接受市委党史学习指导组调研指导并得到充分认可。

（王君南）

【医保基金监管】年内，扎实开展2021年医保基金全覆盖监督检查和“清零行动”，对辖区276家定点医药机构开展现场检查，约谈机构69家，联合区公安、区卫生健康委、区市场局等部门开展联合检查75次。拒付、追回违规费用1432万元，5家机构被暂缓支付医保基金，1家机构被给予黄牌警示，移交公安涉嫌骗取医保基金线索3件。

（齐　岳）

【药品医用耗材集中带量采购】年内，辖区定点医疗机构药品阳光总采购金额70.2亿元，到货金额48.9亿元，总采购数量1.9亿，总到货数量1.4亿，到货率69.7%，基药订购占比33.1%。前四批集中带量采购的157个品种中药品价格平均降幅53%，最大降幅超过95%，累计集采药品1.9亿元，节约近2亿元。

（齐　岳）

【“宣传贯彻《条例》　加强基金监管”集中宣传月活动】4月15日，联合区公安局、区卫生健康委、区人力社保局、区市场监管局、区税务局等部门，在北京中医药大学东方医院金银花广场举办“宣传贯彻《条例》加强基金监管”为主题的医保基金监管集中宣传月活动，引导和动员社会力量广泛参与医保基金监管，现场发放宣传折页、致参保人员的一封信等宣传材料8000余份。

（齐　岳）

【机构职能编制修订】4月6日，丰台区委编制委员会印发《北京市丰台区医疗保险事务管理中心机构职能管理编制规定》，对区医保中心主要职能、内设机构予以明确。

（李　倩）

【进驻政务服务中心】4月19日，按照区委区政府的统一安排部署，丰台区医保中心正式进驻丰台区政务服务中心（南苑路7号）五层医保专区并对外受理业务。

（李　倩）

【基本医疗保险费用审核】一是制度先行，创新审核模式。为充分发挥审核人员主观能动性，配套制定《丰台区医疗保险实时结算费用“独立审核人”工作制度》，明确审核人岗位要求、工作职责和工作流程，科学制定“审核人－定点医疗机构”分组方案并按季度动态调整，将全区定点医疗机构审核任务包干到人，加强费用横向对比和纵向分析，深挖问题线索，助力提质增效。二是流程再造，明确审核重点。再造“计划－落实－反馈”流程，形成审核业务闭环，强化“重点审核、专项审核、一般审核”的三级精准审核方式。即每月根据费用统计分析情况、现场检查核实问题情况、投诉举报情况等，综合确定费用较高、问题较多的定点医疗机构进行重点审核，对数据异常、疑点较多的项目或科室开展专项审核，对管理规范、费用平稳的定点医疗机构及时快速审核。三是集体研究，统一审核标准。组织审核业务骨干梳理医保审核政策，编制《基本医疗保险实时结算费用审核业务规范》实用工具书，从政策要点、注意事项、典型案例三方面入手，统一审核标准，明确支付原则；建立专家委员会集体决策机制，定期邀请医保、物价、临床等领域的专家对审核、检查中发现的疑难问题进行会商研讨，统一审核口径，指导审核工作。

（高　擎）

【落实国家医保局“六最四统一”】自进驻丰台区政务服务中心，积极落实北京市政务服务规范化、标准化。按照国家医保局“六统一”（统一事项名称、统一事项编码、统一办理材料、统一办理环节、统一服务标准）和“四最”（服务质量最优、所需材料最少、办理时限最短、办事流程最简）的要求，主动公开政务服务事项清单和办事指南，建立“好差评”监督制度。通过逐条梳理政务服务事项，规范经办业务流程，重新修订各类办事指南，受理和咨询过程中推行一次性告知单制度，将医保全部事项在受理不成功或咨询中存在不符合规定的现象通过填写告知单的形式一次性告知办事人员，让来办人员知晓事项办理流程和办理时限，避免一件事情出现多次跑动现象的发生。通过“好差评”实现实时评价、反馈、监督和及时整改。让群众感受规范透明、高效放心的服务体验。畅通“互联网＋政务服务平台”实现线上预约办，线下优先办。实现线上预约线上取号，线下直接办理，增设内联流转岗加强多部门联动，同时通过实时监控平台预约信息量与现场取号办理人流量的情况，合理开放潮汐窗口。合理分流办事人员，减少了现场等待时间过长的矛盾，让参保人员安心办事。2021年共接待办事群众34081人次，政务“好差评”满意率100%，收到锦旗3面，表扬信33封。

（张征宇）

【医保办实事“七办联动”惠民暖心】以人为本，深化“七办联动”服务机制，暖心为民办实事。“一客一消＋预约提速”持续“放心办”，“工作不断＋标准不降”推进“延时办”，“网办清单＋定向推送”实现“网上办”，“月课堂＋开放日”开展“主动办”，“承诺书＋一次性告知单”落实“减频办”，“爱心窗口＋分级引导”坚持“暖心办高效办”。年内现场接待办事群众34081人次，受理各类手工报销单据份57151份，办理各类单据邮寄业务14795份，延时服务1289人次，延时受理手工报销单据2210份，在线导办＋公邮办理1482人次。

（尹　君）

【CHS-DRG模拟运行工作】4月起，北京市开展CHS-DRG试点模拟运行工作，涉及丰台区天坛医院等12家定点医疗机构。丰台区医保局依托市医保中心－区经办机构－相关定点医疗机构三级联动机制，按照标准化反馈流程，通过实地调研和线上反馈相结合的形式，每月度收集、汇总模拟运行疑点问题，按照政策、分组、编码、其他问题分类整理成册。截至年底，共收集200余条问题上报市医保中心，涉及神经外科、心脏外科、肿瘤科、烧伤科、康复科、头痛科等多类临床科室。

（付希婧）

【大病医疗保障减负共济作用显著】年内，实施城镇职工大病保障1702人，保障金额1935.59万元；实施城乡居民大病保险1978人，保障金额2562.83万元，有效减轻大病患者高额医疗费用负担，提高重特大疾病保障水平。

（游修琪）

【异地门诊直接结算】年内，在做好

异地就医住院医疗费用直接结算的基础上紧扣“七有”“五性”，全力推进异地就医普通门（急）诊医疗费用直接结算试点，提前两个月完成任务。一是上下联动强保障。根据国家医保局、北京市医保局相关文件精神，按照北京市医保局统一部署，制定《丰台区医疗保障局推进异地门诊直接结算扩面工作方案》，召开全区定点医疗机构扩面动员会，设立业务协同联系人、系统管理员，确保异地就医门（急）诊医疗费用直接结算有力有序有效推进。二是升级系统严督导。成立系统验收工作督导小组，多次深入试点医疗机构实地调研，现场督导定点医疗机构完成系统升级验收和测试工作，尽快实现医保信息互联互通，顺利完成异地门诊直接结算系统升级验收，保障系统开诊后平稳运行。三是加强培训提质量。组织异地直接结算政策制度培训，统一审核流程、统一审核标准、统一解释口径，利用周例会和案例分析交流强化业务能力素质提升，为医保费用精细化审核奠定基础，有效避免了各类问题发生。四是科学安排显成效。严格落实制度规定、在疫情期间科学安排验收时间，提前两个月完成系统验收任务。截至2021年10月底，圆满完成全区210家定点医疗机构跨省异地门诊直接结算扩面工作，共审核跨省异地门诊直接结算费用69239笔，审核总金额1899.33万元，支付金额728.67万元。大大减轻了异地来京就医人员的经济压力，提升了异地参保人的幸福感、获得感。

（王　茜）

【两定机构动态管理】 年内，共受理新增医保定点医疗机构15家，通过区级考察评估11家，完成辖区内351家定点医药机构554项医保信息变更，审核通过7家定点医疗机构10项特殊病备案申请，完成14家定点医药机构终止协议及2家定点医疗机构恢复协议工作，完成287家定点医药机构医保协议续签，完成国家医保信息业务编码标准数据库287家及9000余名医护人员信息数据动态维护工作。

（方晓蕾）

【贯标工作高效实施】 一是全方位组织。按照市医保统一工作部署，成立专项工作组，周密筹划、科学设计实施方案，组织内部培训会，领会医保编码贯标工作会议精神，部署实施方案与任务节点。落实责任，加强科室协作，形成整体合力，确保贯标工作顺利实施。二是全覆盖宣传。面对贯标工作时间紧、任务重、数量多等情况，充分利用微信群、互联网OA办公系统、电话和邮箱等渠道，实现对定点医药机构的全覆盖宣传与培训，确保全知晓、有反馈、有记录。三是全身心服务。设立贯标工作咨询专人、专线电话，建立面向定点医药机构的专项工作联络群，加强与市局的沟通交流，及时汇总操作中的实际问题，并将解决方案传达至定点医药机构，确保目录对标标准一致、信息内容准确、信息维护工作有序开展。四是全过程督导。积极助推贯标工作中培训、对标等工作阶段的任务落实，督导定点医药机构5项医保编码的全量对照与材料报送，确保政策传达无遗漏，工作推进有落实。

（陈　春）

【城乡居民医保集中参保工作】 一是常态化业务指导。与区税务局、区人力社保局社保中心联合，通过开展集中培训、建立工作交流群，了解参保缴费中的各类问题，并对接市中心及时处理解决。二是做好缴费提醒工作。与区税务部门联合，将缴费不成功人员名单、缴费成功人员名单下发至街镇便民服务中心、区教委，做好缴费不成功人员的督促提醒工作，鼓励参保人员通过北京银行、农商银行app等方式自主缴费。三是持续做好重点人群的参保工作。针对2021年参保但2022年尚未参保人员，了解参保意愿；继续与区民政、区残联等部门联动，做好免缴人员参保工作，在2020年脱贫攻坚的基础上，继续摸排，建立免缴人员未参保台账。

（王程程）

【区划调整涉及医疗保障工作】 一是主动对接，强化部门联动。按照全区工作部署，分三批开展相关工作，定期向区委督查室汇报相关情况。配合区科信局为存在新驻地的街道联通医保专网；配合区人力社保局在医保信息系统中完成街道名称变更，为新成立街道开通账户等工作；对接区民政、残联等部门完成困难人员所属街道的同步划转。二是高效划转，让参保群众“无感”过渡。为将相关参保人员按照新区域进行划转，第一时间协调市医保局、系统开发商等部门，经过多轮次论证后，确定采取“街乡镇摸底建账，系统后台批量划转”的方式，在减少基层工作量的同时保证了划转的准确性。分三批完成了城乡居民、市级灵活就业人员等5类11.2万人的批量划转工作，确保了相关参保人员在区划调整期间医保个人缴费、就医实时结算、手工报销申报全流程不受影响。三是靠前服务，让变更街道更“省心”。为帮助新成立街道尽快开展业务，区医保局主动问需，分12次赴现场开展调研指导。为便民服务中心安装医保相关系统及软件，针对城乡居民参保等业务，为工作人员讲解经办流程、所需材料等，同时做好政策宣传解答，现场发放各类宣传材料。区划调整以来，共处理相关诉求1件，未产生不良影响。

（孙　雪）

居民生活

【居民收入稳定增长】 年内，丰台区居民人均可支配收入72170元，比上年增加5371元，增长8.0%，增速比上年增加5.6个百分点，与全市增速持平。其中，人均工资性收入42682元，比上年增加3879元，增长10.0%，工资性收入对可支配收入增长的贡献率为72.2%；人均转移净收入18225元，比上年增加837元，增长4.8%，其中人均离退休金收入增长6.2%；人均财产净收入10415元，比上年增加510元，增长5.1%；人均经营净收入849元，比上年增加146元，增长20.7%。工资性收入和转移净收入仍然是可支配收入的主体，占比84.4%，是拉动收入增长的重要因素。

（王燕燕）

【居民消费增速提高】 年内，丰台区居民人均消费支出43334元，比上年增加4861元，增长12.6%，增速比上年增加24.1个百分点。其中，人均食品烟酒支出9178元，比上年增加791元，增长9.4%；人均衣着支出2547元，比上年增加756元，增长42.2%；人均居住支出14844元，比上年增加279元，增长1.9%；人均生活用品及服务支出2320元，比上年增加210元，增长10.0%；人均交通和通信支出4395元，比上年增加418元，增长10.5%；人均教育、文化和娱乐支出3962元，比上年增加1447元，增长57.5%；人均医疗保健支出4811元，比上年增加463元，增长10.5%；人均其他用品和服务支出1276元，比上年增加497元，增长63.8%。

（王燕燕）

民族宗教事务

【概况】 2021年，民族宗教工作以党的十九大以及习近平总书记系列重要讲话精神为指导，全面贯彻党的民族宗教工作方针和政策，以提升民族宗教工作为主线，加强和创新民族宗教事务管理，维护民族宗教领域和谐稳定。区内共有55个少数民族，约有8.4万人（第七次人口普查数据），人口较多的少数民族为满族、回族。宗教场所有8个，其中天主教堂2个、基督教堂2个、清真寺3个、道观1个。

（胡　玥）

【宗教领域疫情防控常态化管理】 年内，切实履行宗教工作主体责任，结合疫情防控常态化要求，制定宗教领域疫情防控应急预案，严格落实“双暂停一延迟”要求，场所恢复开放按照疫情防控规定，逐级报备，逢开必查，确保宗教领域零感染。

（胡　玥）

【庆祝建党100周年民族宗教界文艺汇演】 6月，在基督教丰台堂举办庆祝中国共产党成立100周年丰台区民族宗教界文艺汇演。丰台区民族宗教界120名代表参与演出。

（胡　玥）

【民族宗教界党史暨政策法规知识竞赛】 6月，在基督教丰台堂举办丰台区民族宗教界党史和宗教法规知识竞赛，内容涵盖党史知识、56个民族的基本知识、中华传统文化、民族宗教政策法律法规等内容。

（胡　玥）

【重大国事活动服务保障】 年内，组织39名少数民族群众参加中国共产党成立100周年观礼，组织246名观众参加全国少数民族文艺汇演开幕式观演活动，期间顺利完成人员选拔、报名、审查、隔离、核酸检测等工作。

（胡　玥）

【铸牢中华民族共同体意识】 10月，在丰台清真寺、天主教管头堂打造民族团结进步、社会主义核心价值观文化墙，以生动形象的宣传形式促进各民族交往交流交融。

（胡　玥）

【民族经济扶持】 年内，做好清真企业扶持工作，争取市、区两级民族经济扶持资金86万元，经立项申报、资格审查、项目评定等环节，全区实际扶持清真餐饮企业10家，助力解决“清真不便、不真”问题。

（胡　玥）

红十字事业

【概况】 2021年，丰台区红十字会深入学习贯彻党的十九大和十九届历次全会精神，以习近平新时代中国特色社会主义思想为指引，围绕区委区政府中心工作，结合“三救三献”主责主业，以党建为引领，充分发挥红十字会组织在党和政府人道领域联系群众的桥梁和纽带作用，为丰台的和谐稳定、

▲庆祝建党100周年民族宗教界文艺汇演

▲民族宗教界党史暨政策法规知识竞赛

社会发展贡献力量，努力提升红十字的社会影响力。

（赵开清）

【新冠肺炎疫情防控】年内，把常态下疫情防控工作作为首要任务常抓不懈，累计接收医用外科口罩、医用防护口罩、一次性隔离衣、医用防护服等疫情防控物资等价值86万余元，并及时用于支持丰台区的疫情防控工作。将160件防寒大衣、1535个暖手宝及时赠送给区卫建委和区农业农村局一线工作人员御寒。采购3万元物资，慰问节日期间在一线值守的医护人员。向区疾控中心拨发3套核酸采集防护亭、2.8万只N95口罩。向相关街镇和区属单位拨发口罩3万只、爱心健康包1000个、帐篷88顶。全力支持一线疫情防控工作。

（赵开清）

【组织体系建设】4月22日，召开丰台区红十字会第五届理事会第七次会议，会议审议通过了丰台区红十字会2020年度工作报告和2020年度募捐款物收支情况报告。

（赵开清）

【红十字基层组织建设】年内，在云岗街道南二社区、马家堡街道嘉园三里社区、看丹街道韩庄子一社区、方庄街道芳古园一区第一社区和六里桥街道保利益丰社区，启动中国红十字会和北京市红十字会城市社区博爱家园示范点建设工作，使用统一的博爱家园标识，突显红十字元素，设立自动体外除颤设备和轮椅、拐杖等群众所需物资，增强博爱家园的服务功能，更好满足社区群众需求，建强红十字会基层组织。

（赵开清）

【红十字博爱周活动】5月6日，以纪念第74个"5·8"世界红十字日为契机，在丰台二中小屯校区启动以"博爱在丰台，红十字救在身边"为主题的红十字博爱周活动，全区教育系统100余人参加了活动。仪式当天，启动"应急救护培训进校园"工作；为"红十字应急救护基培训地"授牌；聘请11名红十字急救培训老师为丰台区红十字会"金牌师资"；协调北京市红十字基金会和蓝帆医疗股份有限公司为丰台二中小屯校区等10所学校捐赠AED智能急救站；组织40名师生开展现场应急救护成果展示。同时，博爱周期间，各街道红十字会和学校红十字会积极开展各种红十字博爱活动及宣传活动。中国红十字会监事会副会长李立东，北京市红十字会二级巡视员、秘书长张立军，丰台区副区长、区红十字会会长张婕等领导参加活动。

（赵开清）

【世界急救日活动】9月11日，在玉泉营街道草桥欣园社区组织开展"应急救护知识周末大讲堂"活动，40余名社区工作者和居民参加。

（赵开清）

【市会领导调研】9月21日，北京市红十字会党组成员、二级巡视员、副监事长王万里到丰台区红十字会调研丰台区红十字会第六次会员代表大会筹备工作和监事会建设情况，党组书记梁彦梅汇报了丰台区相关工作。

（赵开清）

【总会领导调研】10月21日，中国红十字会总会党组书记王可一行到北京市第十中学调研红十字会工作，北京市红十字会党组书记、常务副会长李宝峰等领导陪同调研。

（赵开清）

【博爱募捐和人道救助】年内，累计接收社会募捐款117万余元，其中，河南水灾捐款50.4万余元、"博爱在丰台"捐款40.3万余元、99公益日线上捐款29.9万余元。开展"博爱惠民·情暖丰台"元旦春节送温暖活动，向全区445户家庭发放救助款物50.5万元。实施卢沟桥乡225名特困人员大病救助，拨付救助金147.45万元。开展"5.8"博爱周人道救助活动，救助220户困难家庭22万元，向全区21位两癌妇女患者发放救助款10.5万元，向教委1例特殊人员人道救助8万元。全年累计支出救助款238.45万元。

（赵开清）

【应急救护培训】年内，在学校、社区和企业开展应急救护知识宣传普及活动，开展自救互救技能培训。开展救护培训班67期，培训急救技能取证人员2594人。开展急救知识普及讲座和应急知识大讲堂114期，12636人受益。和区融媒体中心合作开展线上急救知识普及宣传，43000余人受益。圆满完成北京市红十字会分配的15050人取证培训和188节普及大讲堂任务。

（赵开清）

【献血捐髓】年内，组织17场造血干细胞知识专题讲座和造血干细胞志愿者血样采集活动，招募造血干细胞采样志愿者93人。有6名志愿者配型成功并实施造血干细胞捐献，向造血干细胞捐献志愿者发放慰问金3万元。

（赵开清）

【扶贫助困】年内，继续助推精准帮扶和城乡结对工作。开展对内蒙古林西和扎赉特旗的帮扶工作，为170户因病致贫或因病返贫困难家庭实施救助，发放帮扶救助资金27万元。与房山区红十字会开展城乡"手拉手"精准帮扶活动，捐助6万元用于救助房山区因病致贫、因病返贫的60户困难家庭。

（赵开清）

【红十字青少年活动】年内，丰台区5所学校的红十字特色青少年活动和13名优秀红十字青少年，荣获北京市红十字会组织的2020年度"十佳百优"称号。北京第十中学红十字会"探索人道法课程"圆满结项。

（赵开清）

残疾人事业

【概况】2021年，区残联下辖丰台区残疾人就业服务中心和丰台区残疾人社会保障中心，在编人员35人，其中

▲7月22日，丰台区政府残工委被国务院残工委授予“全国残疾人工作先进单位”称号。

▲9月30日，丰台区“有爱·无碍”无障碍环境建设成果展在北京汽车博物馆举行。

行政编制8人、事业编制27人，全区持证残疾人48406人。全区残疾人工作紧扣学党史、庆百年、开新局这一主线，持续深化全面从严治党工作。实施无障碍环境建设三年行动计划，整治整改点位1.3万个，全区公共服务场所基本实现无障碍化。完成“十四五”时期残疾人事业发展规划编制及发布工作，开展丰台区残疾人服务设施建设专项规划研究编制工作。全区411个社区残协完成换届及组建工作。残疾人按比例就业5360名，新增就业480人，职业技能培训660人，残保金征缴入库3.48亿元。残疾人康复服务4.1万人次，辅具服务6174件。完成47060名残疾人需求采集和服务响应工作。开展“庭院式”法律服务50场。开展“一起向未来”残疾人助力冬奥系列活动。为6581户残疾人家庭送去温暖。市级以上主流媒体刊发我区残疾人工作稿件185篇条。在全国第六次残疾人事业工作会议上丰台区政府残工委被评为“全国残疾人工作先进单位”。

（闫根旺）

【党史学习教育活动】年内，开展党史学习教育活动，与中残联、国家税务总局、市残联、区财政、残疾人专门协会、社区党委等开展系列主题党日活动，在微信公众号、残疾人工作信息、残联网站开设“学党史•庆百年•永远跟党走”专栏，党员干部在“学党史”中增强了政治定力，在“悟思想”中汲取了信仰力量。

（闫根旺）

【无障碍环境建设】年内，围绕冬奥会及冬残奥会定点医院、对外接待展示窗口单位、大型交通枢纽和四环以内居住小区公共活动空间，开展无障碍环境整改工作，居住小区规范化整治10个，整改点位6210个，完成七小门店设施改造、软性服务提升4401个。购爬楼机48台，解决老旧小区特殊群体上下楼难问题。丰台区无障碍环境建设成果展在北京汽车博物馆、中国国际福祉博览会、区残联对外办事大厅进行了展出。

（闫根旺）

【规划编制】年内，完成丰台区“十四五”时期残疾人事业发展规划的编制及发布工作，开展丰台区残疾人服务设施建设专项规划的研究编制工作，丰台区残疾人职康中心建设列入“两个规划”，为丰台区残疾人事业高质量发展和服务设施建设合理规划布局与有序推进提供了规划设计，描绘了发展蓝图。

（闫根旺）

【残疾人社会保障】年内，1790名劳动年龄段重残无业残疾人享受助残券政策。开展喘息式托养服务10人。对2511名因受疫情影响享受政策情况进行核实，72人补发助残券或自主创业就业社会保险补贴。9200名残疾人参加城乡居民基本医疗保险。通过公租房专项配租、快速配租、直接配租等形式保障重残家庭住房82户。“两节”期间发放慰问金561.7万元，为6581户残疾人家庭送去了温暖。

（闫根旺）

【残疾人教育】年内，对79名适龄残疾儿童少年进行思想道德教育干预，为33名自闭症儿童学生建立“成长记录袋”，康复机构残疾儿童思想道德教育262名。428名随班就读，区培智中心学校在籍学生196人，送教上门19人。77名残疾学生和困难残疾人家庭子女上学受到资助。举办残疾人职业培训27期，660人得到培训。

（闫根旺）

【残疾人就业】年内，丰台区共有残疾人用人单位1800家，按比例就业5360名，残保金入库3.48亿。举办残疾人专场招聘会36场，新增就业480人。应届残疾人大学生就业12人，就业率100%。2376名残疾人享受自主创业就业社会保险补贴。走访残疾失业人员家庭437户，193人重新就业。职康站管理人员培训112名，31家职康站第三方专业机构监管实现全覆盖。57家盲按机构平稳运行。丰台区在市级以上残疾人职业技能赛事中获得奖项10个。

（闫根旺）

【残疾人康复】年内，开展残疾人健康状况抽样调查654人，举办残疾人心理健康培训10场，残疾人康复服务4.1万人次。精神病患者免费服药6631人，6515人享受监护人补贴。慰问残疾儿童320人，288名残疾儿童享受康复补助。残疾人辅具申请4020人，提供辅具服务6174件。开展康复专家进社区活动，3000人受益。对口帮扶援建内蒙古扎赉特旗温馨家园建设。

（闫根旺）

【残疾人组联维权】 年内，完成411个社区村残协换届及组建工作。京外申请残疾人证"跨省通办"30人，上门评定残疾102人，新办残疾人证2357人，残疾人证转出转入补办注销1110人。"接诉即办"妥善处理残疾人诉求162件。开展"庭院式"法律服务50场，法律救助25件，信访维权服务393件。燃油补贴发放3737人。导盲犬需求调查110人，65名助残志愿者参加冬奥助残志愿服务培训，"志愿北京"助残志愿者达1.17万人。温馨家园托管10个，全面纳入监督绩效管理温馨家园11个。

（闫根旺）

【残疾人宣传信息】 年内，围绕新冠疫情常态化防控、第31次全国助残日及重要节日、无障碍环境整改、迎冬奥等重点工作开展宣传，在学习强国、北京日报客户端、中市残联网站等媒体刊发丰台区残疾人工作稿件185篇条，在区残联网站刊发信息36篇，微信公众号推发信息175篇。20名听力残疾大学生拍摄的手语版《丰台志愿者和冬奥一起向未来》短视频观看量超过100万次。

（闫根旺）

【残疾人文化体育活动】 年内，举办线上"迎新春展风采"成果展示活动，举办"我心向党"丰台区第二届残疾人文化作品展。区图书馆为街镇分管购置配发盲人听书机500余台。区专门协会、街镇残联、社区残协、温馨家园、职康站分别开展"诵读红色家书""七一话党恩""致敬百年路""观影唱红歌"和手工制作党旗党徽等活动。举办第十四届残疾人运动会，开展"一起向未来"残疾人助力冬奥系列活动。区肢协残疾

▲10月15日，丰台区第十四届残疾人运动会在丽泽体育馆举办。

人代表队在市肢协旱地冰壶邀请赛上获冠军。

（闫根旺）

人口管理

【概况】 2021年，人口基层和管理大队持续抓好矛盾纠纷排查化解，排查各类矛盾纠纷2445件。落实"以房管人"、社区基础要素摸排等专项工作，做实社区民警专职化建设，推进智慧平安小区建设应用，深化群防群治组织发动，有效提升了社会面防控水平，进一步规范社区警务队建设，压实社区民警全力投入社区基础工作，确保社区可防性案件持续走低，社区秩序平稳有序。年内发生盗窃案共计228起，同比2019年的863起下降73.6%，同比上年的280起下降18.6%。

（李战文）

【推进社区民警兼任社区（村）党组织副书记工作】 年内，组织召开专项工作研讨会，细化全区社区网格，落实社区民警专职化，制定完善工作措施，开展社区民警电台点名工作，全力保障社区民警沉入社区开展工作，全面提升社区民警"见警率、入户率、知晓率"。每月组织全区社区（村）党组织书记，对社区民警兼职副书记工作情况开展评价，并在此基础上制定了《丰台分局"刘安式社区示范岗"暨社区民警基础工作考评办法》，以"刘安式社区示范岗"为重点，对全体社区民警基础工作情况进行考评，确保社区民警履职到位，进一步提升社区治理水平。

（李战文）

【合理调整规划派出所辖区】 为充分对应丰台区行政区划调整，以"实战化、合成化、补短板、增实效"为基本思路，充分遵循街镇契合性、地域匹配性、行政职能顺畅性的原则，经多次数据汇总、测算、分析、设计、规划、推演，顺利完成分局派出所对应街镇调整工作，进一步提升了基层地域掌控力，为全局下一步警务战略布局奠定了坚实基础。

（李战文）

【社区警务室（站）达标创建】 年内，通过完善协作机制、加强监督指导等多种方式，强力推进社区警务室（站）专项整治和达标创建工作，并将7×24小时社区警务室优化为95个。特别是在区委政法委的支持下，与区委社工委民政局联合发文，同向发力，为全区全面开展社区警务室（站）创建工作提供了政策支撑。截至年底，全区共有社区警务

室253个，其中社区警务站2个，较之年初的153个社区警务室增加了100个，与全区社区（村）匹配率达到62%，上升了25.6%。

（李战文）

【刘安式社区示范岗创建】 年内，结合“政法队伍教育整顿英模教育”，深入挖掘基层模范代表，牵动全局相关职能部门和各派出所，围绕警务室（站）、社区民警和社区工作三个方面的达标内容，评选出分局第一批32个“刘安式社区示范岗”。同时，共评选“美丽丰警·沃土标兵”160人（其中民警141人，辅警19人）。

（李战文）

【持续推动智慧平安小区建设】年内，加强局内外沟通协调，强化工作统筹，获取区委政法委、区科信局、区民政局和各属地政府的支持，通过召开视频培训会、街镇政府巡回讲座、制发专刊督导等方式，在没有区级资金支持的情况下，分批次分等级推进159处智慧平安小区建设。截至年底，全区共有528处完成智慧平安小区建设，建设应用后的智慧平安小区均实现入室盗窃零发案。

（李战文）

【社区疫情防控】 一是加强与政府相关部门的协作配合。组织社区民警全部沉入社区，进一步强化与居（村）委会和防疫部门的协作配合，全面落实社区疫情防控各项工作要求。二是提升涉疫人员数据的核查效率。强化“数据接收、落地核查、结果反馈”三个“第一时间”意识，按照“首接负责制”的原则，对12.3967万条涉疫风险人员数据逐人开展核实，为市区两级疫情防控工作提供强有力的数据支撑。三是强化居家隔离人员的法制宣传教育。组织社区民警会同社区（村）工作人员逐人开展政策宣讲、法制教育工作。对不配合疫情管理、违反居家隔离规定、阻碍疫情防控工作的各类人员，及时开展 “拍肩膀”法制教育和依法打击，保障疫情防控工作有序开展。四是加强人房信息的即时登记。将社区疫情防控工作与“以房管人”、实有人房登记工作相结合，及时发现未在视线的流动人口和出租房屋，为精准开展人员落位核查、流调溯源工作提供数据保障。

（李战文）

【重点地区清理整治】 一方面联合区政法委，牵动相关委办局及属地街道，对市级挂账的城乡结合部重点地区赵辛店村开展安全隐患综合整治工作，积极推进落实“打防管控建”各项措施，大力扭转重点地区警情案件高发、治安（消防）隐患问题突出的局面。另一方面以云岗王庄、大红门时马邓后、洋桥博爱医院周边等上访人员易聚集部位为重点，组织开展常态化清理整治工作，并在重点安保时段开展全局性集中清理整治行动，最大化发现涉访、违法犯罪等各类重点人员。共开展集中清理整治行动127次，出动警力6352人次、发动政府职能部门力量7796人次；共走访检查各类房屋1.3万户、审查核录流动人口2.4万人，发现整改问题隐患896件，配合政府部门关停（取缔）违法房屋263处，查获涉访人员76人，抓获各类违法犯罪人员165人。

（李战文）

【流管站（员）规范管理】 年内，为切实提升流管员队伍的正规化、规范化水平，按照市局分局教育整顿整体工作部署，深入组织开展流管员专项教育整顿，针对分局在电子居住证（卡）受理、审核工作中出现的问题，对32个派出所居住证（卡）主管民警及窗口流管员进行了轮岗培训，就电子居住证（卡）的受理条件、程序，审核工作流程进行了重点培训，并组织各派出所参训民警、流管员做好所内三级培训。专项工作开展以来，分局组织派出所流管员队伍开展教育培训32次，涉及1250人，组织查处流管员违法违纪行为1起。同时，结合分局“美丽丰警”评选、各项安保表彰，对17名流管员予以表彰奖励。

（李战文）

【户籍登记专区进驻丰台区政务服务中心】 年内，分局党委高度重视“放管服”改革工作，主管局领导召开多次专题会议推进部署，序时推动改革。在推进“放管服”改革中，创新工作思路，提早着手筹划，结合自身业务实际警力挖潜，克服民警少、时间短等困难，加班加点专人多方沟通协调，确保设备、网络调试对接工作顺利完成。为落实优化营商环境具体措施，全力落实为群众办实事，在与警务保障处和警务支援大队多部门积极统筹支持配合下，户籍登记专区4月25日顺利进驻丰台区新政务服务中心，正式对外办公，践行为民服务让群众“少跑路”的宗旨，实现便民一站式服务，全面提升群众对公安服务工作的满意度。

（李战文）

【简化门楼牌申办一站化工作流程】年内，为落实放管服改革，优化营商环境落地“最后一公里”，简化门楼牌申办一站化工作流程，调整申请办理门楼牌审核层级，进一步缩减优化门楼牌设置管理流程，制定门楼牌申办一站式服务工作流程。压缩审核层级，由派出所、分局、市局三级审批压缩为一级办理；简化审核手续由7项材料减为3项材料，群众可在区政务服务中心二层户籍登记专区办理，“打通最后一公里”实现申办门楼牌业务一站式办理缩短审批时限，由15个工作日变为5个工作日。

（李战文）

【推进户口迁移“跨省通办”】年内，为深入贯彻落实《国务院办公厅关于加快推进政务服务“跨省通办”的指导意见》，纵深推进户籍业务“放管服”改革、提升户政服务便利化水平，围绕户口迁移“跨省通办”实施方案（试行）工作规范的相关要求，进行逐条详细解读和培训，并从严明纪律、严格时限、规范执法、窗口服务的重心工作进行再部署。指导各户籍派出所开展所内三级培训，确保全体户籍民警懂政策、知流程、会操作。持续跟进业务指导，开展“送训到所”，现场业务指导，全面提升派出所业务技能和水平。

（李战文）

2022

北京丰台年鉴

街道 镇

概 述

2020年12月31日，市民政局批复同意丰台区变更部分行政区划，新设立6个街道办事处，分别为成寿寺街道办事处、石榴庄街道办事处、玉泉营街道办事处、看丹街道办事处、五里店街道办事处、青塔街道办事处。按照《北京市民政局关于同意丰台区部分行政区划变更的批复》(京民划函〔2020〕189号)精神，完成丰台区行政区划调整工作。

4月11日，按照丰政发〔2021〕3号文件精神，长辛店镇更名为北宫镇，变更辖区范围。将原云岗街道的大灰厂地区划归北宫镇。辖区范围东至原长辛店镇东北部边界，南至杜家坎环岛、经长辛店镇政府东侧、南侧、周口店路、二七厂路、长兴路、太子峪村南边界、珠光逸景小区东、北、西三侧、李家峪村南边界，西至原长辛店镇与王佐镇界线，北至丰台区与门头沟区界线。北宫镇政府驻杜家坎南路8号；变更云岗街道辖区范围。将原长辛店镇、长辛店街道的张家坟村和4个社区划归云岗街道。辖区范围东至张家坟村东边界、经618厂北侧、西侧，南至张家坟村南边界、云岗街道与王佐镇界线、西至原云岗街道与王佐镇界线、北至与北宫镇界线。云岗街道办事处驻云岗北区西里4号；变更长辛店街道辖区范围。相应调整长辛店街道辖区范围。长辛店街道办事处驻公路街甲12号；变更王佐镇辖区范围。将原云岗街道的航天二院三零四所划入王佐镇。相应调整王佐镇辖区范围。王佐镇政府驻长青路99号。

5月11日，按照丰政发〔2021〕4号文件精神，设立成寿寺街道办事处。辖区范围东、南至丰台区与朝阳区界线，西至北京地铁装备有限公司西墙、横一条、东铁匠营北街、方庄南路，北至南三环东路。成寿寺街道办事处驻南方庄乙56号；设立石榴庄街道办事处。辖区范围东至与成寿寺街道界线、丰台区与朝阳区界线，南至南四环中路，西至光彩路，北至石榴园北里北侧、顺八条。石榴庄街道办事处驻石榴庄西街234号；变更东铁匠营街道办事处辖区范围。设立成寿寺、石榴庄街道后，以原东铁匠营街道其余区域为辖区范围。东铁匠营街道办事处驻蒲安东里9号楼；变更西罗园街道办事处辖区范围。将大红门街道马家堡东路以西区域划入西罗园街道，其他界线不变。西罗园街道办事处驻洋桥北里9号；变更大红门街道办事处辖区范围。设立成寿寺、石榴庄街道，变更西罗园街道辖区范围后，以原大红门街道其余区域为管辖范围。大红门街道办事处驻大红门北里6号；撤销南苑乡(地区办事处)，辖区划入南苑街道，并变更南苑街道办事处辖区范围。将马家堡街道南四环中路以南区域划入，辖区范围东至槐房路、原南苑街道东边界，南至丰台区与大兴区界线，西至原南苑街道、原马家堡街道西边界，北至南四环中路。南苑街道办事处驻槐房路66号；变更马家堡街道办事处辖区范围。以部分区域划入南苑街道后其余区域为辖区范围，其他区域界线不变。马家堡街道办事处驻嘉园三里17号楼；撤销方庄地区办事处，设立方庄街道办事处。以原方庄地区办事处辖区为辖区范围，界线不变。方庄街道办事处驻芳群园三区2号楼。

7月11日，按照丰政发〔2021〕5号文件精神，设立玉泉营街道办事处。辖区范围东至原新村街道东边界，南至草桥村、黄土岗村南边界，西至马草河西侧、芳菲路、樊家村路、纪家庙村西边界、西三环南路，北至铁路联络线。玉泉营街道办事处驻黄土岗甲1号；设立看丹街道办事处。辖区范围东至马草河西侧，南至马草河北侧、中海九号苑社区东侧规划路、六圈南路，西至原新村街道与原宛平城地区办事处界线，北至京广铁路、西四环南路、丰台南路、科怡路、南四环西路。看丹街道办事处驻外环西路8号；变更新村街道办事处辖区范围。辖区范围东至与玉泉营街道界线，南至南四环西路，西至科怡路、造甲街，北至京广铁路。新村街道办事处驻新村四里25号；撤销花乡(地区办事处)，设立花乡街道办事处。设立玉泉营、看丹街道，变更新村街道辖区范围后，以原花乡其余区域为辖区范围。花乡街道办事处驻郭公庄中街18号院6号楼；设立五里店街道办事处。辖区范围东至西四环南路，南至京广铁路，西至京港澳高速，北至卢沟桥路。五里店街道办事处驻五里店270号；变更丰台街道办事处辖区范围。以原丰台街道划入看丹街道、五里店街道后其余区域为辖区范围。丰台街道办事处驻兴隆中街8号；设立青塔街道办事处。辖区范围东至西四环中路、水衙沟路、岳各庄村东侧界线，南至京港澳高速、岳各庄村南边界、万绿园小区南侧，西至青塔西路、小屯村北边界、小屯路，北至丰台区与海淀区界线。青塔街道办事处驻蔚园24号楼；将原卢沟桥街道更名为六里桥街道，并变更辖区范围。辖区范围东至西三环南路，南至丰台北路，西至西四环南路、与青塔街道东界线，北至丰台区与海淀区界线。六里桥街道办事处驻西四环南路40号；撤销宛平城地区办事处，设立宛平街道办事处。将原卢沟桥乡卢沟桥村划入宛平街道，调整后辖区边界不变。宛平街道办事处驻垂虹街7号；撤销卢沟桥乡(地区办事处)，设立新的卢沟桥街道办事处。设立五里店、青塔街道，变更六里桥街道、宛平街道辖区范围后，以原卢沟桥乡其余区域为辖区范围。卢沟桥街道办事处驻双林东路5号院4号楼。

调整后，全区设24个街道、2个镇。

右安门街道

【概况】 右安门街道成立于1956年。

位于丰台区中东部，辖区东至北京南站与东城区相邻，南至京山铁路与西罗园街道相连，西至菜户营与卢沟桥乡、太平桥街道接壤，北至护城河与西城区隔河相望。2021年，辖区总面积4.7平方公里。下辖18个社区居委会，2个村委会及1个集体经济组织。常住人口80733人，流动人口1.4万人。有法人单位1347家，其中中央单位2家，市属及区属单位19家；经济发展主要以第二产业和第三产业为主，其中批发和零售业约占34%；服务业约占30.4%；社会科学文化约占16.4%；住宿餐饮业约占15%。有大学1所、中学3所、小学3所、幼儿园4所，养老机构1个。途经辖区公交线路30余条，地铁14号线、19号线贯穿辖区。

（邓慧颖）

【平安建设】 年内，街道完成建党100周年、“两会”等重大活动安保维稳工作。为5个社区安装38个专用摄像头解决高空抛物问题，将环卫工人、停车管理员、保安、社会组织热心群众纳入治安志愿者队伍，协同派出所加大巡逻力度，提高见警率。开展市域治理现代化试点工作，将战疫情、防风险、保安全、护稳定与社会治理现代化试点工作紧密结合。落实安全生产责任制，加大巡查检查力度，检查单位4014次，查出消除安全隐患1075处，全年未发生安全生产死亡事故。制作规范电动车停放、加强火灾防范等安全宣传品3000余个，印制“致社区居民一封信”2000张。定期清理楼道堆积物、可燃物，累计清运729车1068吨，安装电动自行车充电桩（柜）插口2182个。化解信访问题和矛盾纠纷，受理信访诉求458件。组织律师进社区（村）开展法律咨询、法制讲座等活动100场次，受益群众1万余人次。

（邓慧颖）

【城市管理】 年内，街道开展周末卫生清洁日活动，街道、社区（村）干部、辖区党员、志愿者及物业人员3000余人次参与。承担北京南站创卫任务，抽调20名干部成立“南站创卫突击队”，对135家商户，6万平方米公共区域开展鼠蟑、蚊蝇防治，通过市级验收。落实裸地苫盖、洒水降尘、扬尘管控要求，坚持“每日有巡查，每周全覆盖”，加大对工地扬尘、餐饮油烟污染、“小散乱污”企业等污染源治理力度，联合执法行动628次、碴土车专项执法112次。加大资金投入，引入第三方开展大气污染精细化分析防控，$PM_{2.5}$和TSP全区排名第一。深化落实“河长制”，做好污染源溯源、清理整治工作，组织河长日常巡视每周不少于3次。全面规范沿街门店、商铺经营行为，加强“门前三包”常态化管理。以老旧小区改造为切入点提升人居环境质量，完成东庄社区幸福路6号院和开阳里三区、七区失管小区的改造提升，推进玉林西里、开一、开二、东庄4个社区28栋楼门的改造进程，完成前期设计、预算评审等工作，做好2022年老旧小区摸底调查和统计上报工作。

（邓慧颖）

【社区建设】 年内，街道完成社区“两委”、街道党代表、人大、政协、工会、团委、妇联、侨联、残协换届选举工作。完善党建引领基层治理工作体系，搭建基层党组织、群团组织、经济组织和社会组织共建平台，凝聚党建引领基层治理合力。探索建立物业企业管理机制，规范辖区46个物业管理区域22家物业服务企业，发挥业委会、物管会作用，推动开阳里东巷甲24号院综合整治、世纪金色家园老年代步车规范停车、幸福路6号院物业引入、玉东三社区停车管理公司引入、玉林里及玉东二社区宣房院小区物业引入等工作，辖区物业管理水平提升。加强垃圾分类基础设施和人员力量配备，聘请第三方协助开展无死角检查和入户宣传，巡查285处垃圾分类桶站，建成50处可回收物交投点、18座垃圾分类驿站。

（邓慧颖）

【民生服务】 年内，街道落实“一窗受理、集成服务”改革，提供“早晚弹性办”“午间不休息”“周末不打烊”政务延时服务，解决居民“上班没空办、下班没处办”的难题。落实援企稳岗政策，为360余家企业提供近300个就业岗位，898人实现失业再就业，超额完成全年就业指标，零就业家庭“动态清零”。规范社区生活“一刻钟”便民服务圈建设，实现七项基本便民服务功能全覆盖，有160家便民服务商业网点、32家蔬菜零售网点、5辆便民蔬菜直通车。发放低保金、医疗救助、临时救助、失能老年人护理补贴、残疾人两项补贴、重度精神病人监护补贴、残疾儿童少年康复补助等各类救助资金2300余万元。保障108户家庭取得公租房市

▲1月，街道组织邻里节活动。（右安门街道 供图）

级备案资格，75户家庭取得市场租房补贴备案资格，组织辖区居民参加全区公租房配租，41户公租房家庭配租。

（邓慧颖）

【接诉即办】 年内，街道"接诉即办"接收并办结案卷10210件，其中住房类2071件，占全年诉求总量的20.28%；城乡建设类1410件，占全年诉求总量的13.81%；物业管理类1121件，占全年诉求总量的10.98%；疫情防控类1073件，占全年诉求总量的10.51%；环境保护类738件，占全年诉求总量的7.23%；公共安全类489类，占全年诉求总量的4.79%；市容环卫类466件，占全年诉求总量的4.56%；交通管理类439件，占全年诉求总量的4.30%；市政类385件，占全年诉求总量的3.77%；违纪举报类329件，占全年诉求总量的3.22%。市直派件、区转件综合成绩全区排名第11，收到锦旗9面、表扬信6封。玉林东里一区社区获得"北京市2021年度'接诉即办'工作先进集体"称号。

（邓慧颖）

【基层党建】 年内，街道升级改造街道党群服务中心，引进智能学习系统，发挥党建阵地作用。修订完善党组织服务群众经费、党建活动经费管理规定、村级"四议一审两公开"及"三务公开"制度。成立街道考察组，深入村（村集体经济组织）对党总支班子进行考察，抽调精干力量，组建街道"重大项目"和"经济发展"工作专班，为确保集体经济健康发展奠定基础。做好"光荣在党50年"纪念章颁发、建党100周年评优评先等工作，窦珍志愿服务联合会党支部获"北京市先进基层党组织"、李志萍获"北京市优秀基层党组织书记"。

（邓慧颖）

【经济发展】 年内，街道新增、引进注册资金100万元以内企业116家，1000万元以上规模企业24家。规划"京印国际"和西铁营万达"双翼"商务楼宇经济圈，带动周边侨园饭店、佑安国际等10栋50万平方米商务楼宇协同发展。推进"西铁营活力中心""凉水河公共空间提升"、西铁营体育公园和30万平方米凉水河滨河休闲公园项目建设，实现辖区整体环境跨越式提升。协助京仪敬业集团引进合作伙伴，盘活闲置厂房，采用"一园区一基金"模式，建设"第三街区北京数字经济园（丰台园）"，培育经济增长新极点。全年财政收入35604万元，同比增加21315万元，增速149.2%，全区排名第二。

（邓慧颖）

▲7月，街道在翠林供暖所为老党员颁发"光荣在党50年"纪念章。（右安门街道 供图）

【新冠肺炎疫情防控】 年内，街道持续抓好疫情防控常态化工作，完成近3万人次的居家隔离、核酸检测、密接次密接及境外返京人员管控任务，重点检查"三类场所"6568次，公示127家疫情防控不合格企业，责令现场整改并复查。推动新冠疫苗接种工作，坚持线上线下宣传相结合，在微信公众号、微信群发布140余条推文，在各楼门院、社区宣传栏、商超楼宇等重点场所张贴2.2万余张海报，免费为辖区居民和单位职工提供2个班车"一条龙"接送服务，确保应接尽接、能接全接。

（邓慧颖）

【疏解整治促提升】 年内，街道完成区级拆违腾地年度任务，拆违销账率139.4%、全区排名第二，土地腾退率167.6%、全区排名第三。代征代建道路移交、桥下和地下空间环境恢复、群租房整治完成率100%，新生违建、"开墙打洞"及占道经营"动态清零"，完成大康鞋城二期拆迁"拔钉子"任务，推动右安门菜市场周边违建拆除和综合整治。启动亚林西最后地块入市工作。

（邓慧颖）

右安门街道村委会、社区居委会一览表

表26

村（居）委会名称	村（居）委会地址	所辖范围	建成时间	常住人口（*户*人）	对外办公电话
翠林一里社区	翠林一里9号楼108室	北至凉水河南岸，东至开阳路，南至翠林二里社区，西至右安门外大街。	2000年	2743户 5715人	83402050
翠林二里社区	翠林二里社区10号楼前平房	东至开阳路，西至右安门外大街，北邻翠林一里社区，南邻翠林三里社区。	1996年	1639户 3512人	83402974

续表 26

村（居）委会名称	村（居）委会地址	所辖范围	建成时间	常住人口（*户*人）	对外办公电话
翠林三里社区	翠林三里甲 2 号	北起翠林二里，东至开阳路，南至京山铁路，西至右外大街。	1995 年	1383 户 2650 人	83404565
玉林里社区	玉林里 20 号楼对面	北至玉林东路；东起玉林里东路西侧，南起凉水河北至二环路以南；西至佑安医院东侧。	2000 年	2884 户 5768 人	63055431
玉林西里社区	玉林里 60 号楼西侧平房	北至南护城河中心线，东与玉林里社区接壤，南至凉水河北岸，西至双营路。	2002 年	2204 户 4462 人	63051329
西铁营社区	97 号院北侧凉水河南岸	北至凉水河，东至右安门外大街，南至京山铁路，西至菜户营南路。	2000 年	2115 户 3064 人	83972571
东滨河路社区	右安门外东滨河路开阳桥西南角	北至南护城河，东至开阳路，南至开阳里一街，西至右安门外大街。	2002 年	2520 户 6300 人	63514055
东庄社区	右安门外东庄小区幸福四巷	北至南二环路护城河中心线，东至北京市接济管理服务中心东墙，南至铁路京山线，西至开阳路中心线。	2000 年	2072 户 5325 人	83135501
玉林东里一区社区	右安门街道玉林东里一区	北至右安门西滨河路，东至右安门外大街，南至西二条，西至玉林东路。	1990 年	1894 户 3895 人	63054360
玉林东里二区社区	玉林东里二区 13 号楼对面平房	北至玉林里，东至右安门外大街，南至玉林东里三区社区，西至玉林东路。	2002 年	1347 户 2808 人	63054248
玉林东里三区社区	右外大街西后街 7 号	北起西三条，南至凉水河，东临右外大街，西至玉林东路。	2000 年	1740 户 4100 人	63292179
永乐社区	开阳里六区 12 号楼南侧	北与开阳里三区、开阳里六区相邻，东起开阳里东巷，南至凉水河北岸，西临开阳里三区。	2000 年	1513 户 3745 人	83409662
开阳里第一社区	开阳里三街 51 号	北至开阳里一街，东至开阳里西巷，南至开阳里三街，西至右安门外大街。	2006 年	1331 户 3022 人	63571668
开阳里第二社区	右安门外开阳里三区 6 号楼	北至开阳里三街中轴线，东至开阳里西巷中轴线，南至凉水河北岸，西至右外大街中轴线。	2000 年	1738 户 3621 人	63571209
开阳里第三社区	右外开阳里东巷西庄 1 号楼西侧	东起开阳路，西至开阳里西巷，南起开阳里三街，北至开阳里一街。	2003 年	1744 户 3963 人	83534424
开阳里第四社区	开阳里六区 3 号楼	北至开阳里三街，东至开阳路西侧，南至凉水河北岸，西至开阳西巷与开阳里第二社区接壤。	2003 年	1562 户 4014 人	83528088
亚林苑一社区	西铁营西路 1 号院 7 号楼西侧	北至凉水河中心线，东至西铁营路中心线，南至福宜街中心线，西至菜户营南路中心线。	2018 年	1175 户 1380 人	83406978
亚林苑二社区	西铁营中路 3 号院亚林上苑 1 号楼 2 单元 1 层	北至凉水河中心线，东至西铁营中路中心线，南至福宜街中心线，西至西铁营路中心线。	2021 年	1071 户 1350 人	83400280
西铁营村	榔子井 168 号院西院	北起凉水河，东起右安门外大街，南至南三环西路，西到双营村。	1987 年	600 户 1030 人	63587258
右安门村	马家堡西路南甲一号	北接南二环，东临马家堡西路，南毗南四环，西临西铁营。	1998 年	320 户 714 人	67578390

责令改正通知书120份。

（夏冰清）

【城市管理】年内，街道销账违法建设29处，拆除面积30488平方米，完成率122%，腾退土地2公顷，完成率104%，确保新生违法建设“动态清零”。拆除各类违规户外广告牌匾48块，实现无证无照经营和“开墙打洞”、地下空间违规住人、占道经营等实现“动态清零”。整治违法群租房41处，超额完成任务。启动菜户营小区等5个老旧小区完善类改造工程。在老旧小区、核心道路补种补植树木2万余株，绿化美化背街小巷、花池近6000平方米，养护无责任单位管理绿地，核定核实林政资源图斑20余处、百万亩造林选址图斑30余处。推进爱国卫生运动、创建国家卫生区工作。建立处级领导包片、科长包块、社区包点机制，坚持街道干部每天下社区创卫不少于一小时，开展地毯式摸排，确保创卫无盲点。创建爱国卫生组织1220家，完成市级病媒生物防治检查验收工作，完成旱厕改、背街小巷、乱停车等环境秩序问题整治1400件，整改率100%。加强新接收社区、村以及丽泽商务区建筑工地周边裸地、扬尘治理，强化子站周边精细化管理，推进农村散煤清洁能源替代，PM2.5累计浓度34.4微克/立方米，TSP累计浓度95微克/立方米，同比分别下降14.9%和9.5%。强化工作联动，“吹哨”、联系区生态环境局13次，重点合力解决油烟异味、噪音扰民等问题。推进生活垃圾分类、生活垃圾持续减量。完成1个可回收中转站、21个垃圾分类驿站、55个可回收物交投点建设。通过北京市垃圾分类示范片区的创建工作，6个小区被评为“北京市垃圾分类示范小区”，创建率11%。

（夏冰清）

【社区建设】年内，街道以区划调整为契机，加强社区、村规范管理。加快推进丽新嘉园、丽新怡园2个新并入小区成立社区工作，派驻工作组，解决“接诉即办”难点问题。调整东管头社区规模户数，消除一个3000—5000户大型社区，推进马连道村撤村建居工作。规范村规民约，督促4个村规范村级管理制度。指导17个社区完善落实议事协商机制，充实议事队伍，推进社区协商议事常态化，指导2个社区创建区级协商议事厅及楼门院示范点，开展街道级社会心理服务中心市级民生项目。完成社区“两委”换届选举工作，实现委员队伍、书记队伍平均年龄“双下降”，整体素质和本土化率“双提升”，两委班子成员学历结构、年龄结构、能力结构更优化。加强村干部队伍建设，选派4名村干部参加区村级中青年人才培训班，排查整顿农村发展党员违规违纪问题66人次。选举产生街道新一届妇联执委240人，社区妇联主席进社区“两委”班子比例达100%；选举产生街道妇联第三届主席1人、副主席3人。发展工会会员3200人，建立独立工会2家，联合工会8家；建立职工之家1家，暖心驿站1家。组建业委会26个，全区排名第一；组建率51%，全区排名第三。加强监督指导，推进失管撤管小区引入物业，以居民需求为导向，引导小区居民参与社区建设，提升业委会（物管会）及物业服务水平，组织召开协调会18次，“吹哨”区房管局4次，合力解决物业难题10余件。街道政务服务大厅全部事项实现“一窗受理”，接待量1.8万余人次；提供“早晚弹性办”“午间不间断”“周末不休息”等延时服务，设立“办不成事”窗口、“跨省通办”窗口和“好差评”评价机制，接受群众监督，全面提高政务服务水平。疫情期间办理群众“零见面”事项2400余件次。

（夏冰清）

【民生服务】年内，街道发放民政资金1813万元，为31名农民工追讨工资23万元，为失独人员、残疾人等特殊群体发放慰问金、补贴金40万余元，为915户家庭办理保障性住房备案等相关手续，完成488户公租房轮候家庭备案资格复核。完成涉奥区域、精品示范街无障碍环境设施建设。为辖区15位失能老人申请家庭照护床位。做好退役军

太平桥街道

【概况】太平桥街道位于丰台区的中北部，地处二、三环之间，京石高速、地铁7号、9号、14号线从辖区穿过，有北京西站、莲花池长途汽车站等交通枢纽。东与西城区接壤，北与海淀区毗邻，东西南与丰台、六里桥、玉泉营、右安门4个街道交界，北部与北京西站站区融合，南部与丽泽金融商务区融合。7月，完成行政区划调整，街道新接收1个社区（金鹏天润社区）和4个行政村（太平桥村、万泉寺村、马连道村、菜户营村），由原来的“下辖16个社区”变为“下辖17个社区、4个行政村”，是典型的城乡结合部地区，辖区面积9.81平方公里，常住人口92355人。有北京电力医院、北京市丰台区三路居中西结合医院、中国戏曲学院、清华大学附属丰台学校等医疗教育资源。

（夏冰清）

【平安建设】年内，街道持续推广智慧门禁系统，惠及辖区4万余人。开展重点人员集中摸排，制定“一案一办法”，联合属地派出所建立“1+1+X”（指的是：1名民警，1名社区工作者，X名保安力量。）管控措施，确保不失控、不漏管。加强预防恐怖袭击风险，深入幼儿园进行安全检查，应急、反恐演练12次。加强金融理财知识宣传普及，防止非法集资、违法P2P等犯罪活动的发生和蔓延，约谈预警企业负责人8次，组织线上宣传8次，620人参与。制定完善街道、企业安全生产3项制度、规定，整改电动自行车安全隐患350余项，投入64万余元完成充电设施建设。出动检查力量350余人次，整改液化石油气安全隐患235项，处罚16600元。食品安全领域立案28件，罚款10万元，制作食品安全公示牌1500余个，下达

▲6月24日，街道开展“奋斗百年路 启航新征程”主题党日活动，重温入党誓词。（太平桥街道 供图）

人服务站工作，发放光荣牌4块，采集人员信息64条，摸查矛盾突出信访人员3人次。超额完成失业人员就业再就业指标，城镇失业人员登记就业率、就业人数全区街镇排名第一，被北京市授予“2018—2020年度北京市就业创业先进集体”称号。申请市、区灵活就业保险补贴1031人，申报保险补贴、医药费210余万元。摸排就业困难人员368人次，精细化指导211人次、推荐匹配575人次。完成385个单位无偿献血任务，红十字募捐1.14万元。完成64名非京籍儿童入学审核工作，落实好“双减”工作，开展校外培训机构专项治理工作，撤除7家培训机构。提升学前教育普惠率，完成太西里社区、菜户营村社区办园点转普，增加普惠性学位188个。走访、对接、服务属地重点企业63次，开展招商推介活动3次，新引进规模税源企业6家，其中注册资金1000万以上企业5家，5000万元以上企业2家，完成地区财政收入6.4亿元，同比增长55.2%，超额完成任务，增量全区街镇排名第四。

（夏冰清）

【接诉即办】 年内，街道制定和完善“接诉即办”奖惩措施，规范“接诉即办”流程，落实处级领导日调度、周汇报、月分析制度；针对疑难、重点案件，主要领导现场调度，入户协调办理；针对诉求集中、解决率低的部门、社区，开展联合督查检查。每月召开一次“接诉即办”点评推进会，成绩排名后三名的部门、社区交流发言，查摆原因，及时整改，提升解决率、满意率。接到市区转办及来访接待等信访件158件，按期答复率100%。以“线上＋线下”相结合方式，开展“信访宣传月”专题活动，引导群众依法逐级走访。

（夏冰清）

【基层党建】 年内，街道推进党史学习教育，与中宣部《党建》杂志社开展“党员服务群众”结对共建。推动“我为群众办实事”项目97件，完成率100%。组织开展为期3天的基层党务工作者、发展对象、积极分子集中轮训，为16名老党员颁发“光荣在党50年”纪念章，走访慰问困难党员及老党员1000余人，新接收预备党员101人，预备党员转正42人。指导实施“两新”党支部分类评级管理，全年新建设独立党支部4个，整合建设联合支部1个，党总支1个。为193名新业态、新就业群体提供精准服务，新建“小哥驿站”3处。调整更新区域化团建共建单位15家，实现“空壳团支部”清零，联合中华书局伯鸿书店开展“五四”学史明志跟党走主题团日活动。

（夏冰清）

【新冠肺炎疫情防控】 年内，街道制定完善疫情防控工作方案3个，建立疫情防控应急封控管控“一部六组”（即应急封控管控工作指挥部、医疗卫生组、应急工程组、秩序维护组、宣传引导组、物资保障组、社区工作组）工作模式，组织开展模拟演练，提升大规模核酸检测能力。完成重点人员排查转运、居家管控、卡口值守、消毒消杀、“三类场所”检查、市场防疫等

▲2月18日，太平桥街道开设临时接种点组织开展新冠疫苗接种工作。（太平桥街道 供图）

▲6月18日，太平桥街道在市民活动中心多功能厅举办庆祝中国共产党成立100周年文艺演出。（太平桥街道 供图）

各项工作，组织排查大数据人员2.7万余人次，完成核酸检测2.4万余人次。推进疫苗接种，先后启动街道级疫苗接种点2次，创新开辟胶囊接种点5处，申请流动接种车22辆次，组织开展商务楼宇、老年人、高校、行业疫苗接种专场38次。开展重点人群"攻坚行动"，通过扫楼入户，加强摸底排查、宣传动员，建立完善台账，强化督查督办。为高龄老人，残疾人等特殊人群提供绿色通道，安排专人做好服务保障。累计接种7.8万余人，其中加强针5.1万人，加强针接种完成率86.8%，60岁以上老年人第一针接种1.4万人，接种率65%。

（夏冰清）

【精神文明建设】 年内，街道持续推进精神文明建设，选树北京榜样18人，开展"美好生活讲师团"进社区宣讲16场，北京电力医院开展健康大讲堂22场。街道办事处及5个社区被评为"2018—2020年度首都文明单位"，新时代文明实践所被评为区新时代文明示范所。围绕创卫创城、疫苗接种等中心工作，推进融媒体报道，在中央、市区级媒体刊发文章107篇。

（夏冰清）

【法律服务】 年内，街道为辖区居民提供法律服务4000人次，开展普法宣传200场，参与人民调解、提供法律援助100余宗。健全乡村矛盾纠纷调处化解机制，受理人民调解案件186件，调解成功率100%，打通法治服务基层、服务群众"最后一公里"。

（夏冰清）

【文化体育】 年内，街道举办"奋斗百年路启航新征程"太平桥街道纪念建党100周年系列文体活动65场，组织星火文艺演出8场，开展基层文体骨干培训、志愿者培训8场，获市级社会体育指导员展演大赛、区级广播操大赛、区级群众合唱比赛等奖项。开展万润社区居民活动室、菜户营社区居民活动室、菜户营社区室外健身场地升级改造项目，补充建设蓝调社区室外健走步道，更新全民健身路径工程器材19件。

（夏冰清）

太平桥街道村委会、社区居委会一览表

表27

村（居）委会名称	村（居）委会地址	所辖范围	建成时间	常住人口（*户*人）	对外办公电话
蓝调社区	三路居路88号院 3号楼5单元102号	东至菜户营西路，南至三路居南路，西至莲花河东侧辅路，北至嘉莲苑小区北院墙	2012年	2097户 5320人	63254672 63254716
菜户营社区	菜户营88号院 鹏润家园雅园西北角	东至西二环辅路西侧，西至京九铁路东侧，南至菜户营桥北侧，北至天伦北里小区南侧围墙	1993年	1983户 4488人	63356436 63356022
太平桥中里社区	西客站南路甲3号	东至西站南路，西至太平桥路，南至马连道南街，北至广安路	1980年代	2542户 5610人	63323524 63455730
太平桥南里社区	太平桥西里45号平房	东至太平桥路向东到西站南路南段，南至丽泽桥，西至西三环路，北至银河路	2002年	2134户 4889人	63369280 63370297
三路居社区	三路居101号院 东侧平房	东至莲花河西侧，南到丽泽路北，西至三路居中学，北到马连道粮库	2002年	1611户 3907人	63457898 63287189

续表 27

村（居）委会名称	村（居）委会地址	所辖范围	建成时间	常住人口（*户*人）	对外办公电话
太平桥东里社区	太平桥东里10号楼东北侧平房	东至湾子街，西至北京西站南路，南至太平桥东里33号楼南墙，北至广安路	1985年	2836户 6589人	63369119 63363553
太平桥西里社区	太平桥西里25号楼	东至太平桥路，南至太平桥西路，西至西三环辅路，北至广安路	1980年代	3445户 7747人	63373024
万润社区	万泉寺256号万润风景小区5号楼西侧底商	北至凉水河南岸，与万泉寺东社区相邻；东临菜户营南路，与右安门街道相邻；南至京沈铁路，与新村街道为邻；西至柳村路，与万泉寺社区为邻。	2008年	771户 1869人	63250959
天伦北里社区	天伦北里小区15号楼105室	东临西二环路，西临京九铁路线，南临鹏润家园，北临西城区鸭子桥路	2002年	1475户 3563人	63356337 63357657
万泉寺社区	万泉寺南里小区14号楼对面	东临凉水河路，南至东管头街，西毗骆驼湾西路，北至丽泽路	2000年	1566户 4486人	63338084
精图社区	西三环南路甲16号院	北至西局东街；东至太平桥路；南至丽泽路；西至西三环南路辅路	2005年	1361户 3240人	63480981 63480971
万泉寺东社区	万泉寺北路16号院4号楼1层	东至柳村路，西至无名路、北至丽泽路辅路，南至无名路	2010年	1517户 3564人	57502529
东管头社区	丽泽雅园东侧停车场灰色二层小楼	东至三路居路，西至西站南路，南至丽泽路，北至丽源路	2000年	2106户 5216人	63257911
丽湾社区	丽泽路1号院9号楼外南侧一层	东至京九铁路线，南至丽泽路辅路，西至菜户营西街路，北至三路居路东端	2012年	1310户 2784人	63386915
首威社区	华源四里1号楼底商	东至西客站南路，南至丽源路，西至太平桥路，北至威尔夏北侧路	2008年	2914户 7554人	63328924 63371535
莲花池社区	水口子街	东至湾子与西城区接壤，西至西三环中路与卢沟桥街道相连，南至广安莲花池路，北至莲花池公园与海淀交界	2003年	1606户 3274人	63289862 63481756
金鹏天润社区（原卢沟桥乡）	三路居孟家桥甲1号	东至莲花河、南至高万沟、西至京蒙大厦、北至三路居路	2012年	966户 2236人	83063390
太平桥村（原卢沟桥乡）	华源一里8号院太平桥村委会	东侧与西城马连道街道相邻，南接东管村，西邻六里桥，北至广安门外大街。	1998年	2183户 4792人	
万泉寺村（原卢沟桥乡）	万泉盛景园9号楼二楼	东至西铁匠营村、南至纪家庙村、西至东管头村、北至三路居菜户营村	1949年	2924户 6587人	63353669
菜户营村（原卢沟桥乡）	菜户营东街363号（菜户营村委会）	东起南二环路，南起菜户营至玉泉营的双营路，西与丽泽路相接，北至西二环。村东与西铁营村霍道口相邻，村南与西铁匠营村、万泉寺村相接，村西以莲花河东岸为界与三路居村为邻，村北靠白纸坊桥	1965年	1678户 3712人	63383683
马连道村（原卢沟桥乡）	欣园小区7号楼	东起欣园小区东路，南起三路居路，西至三路居路，北至大都纸库西路	1949年	324户 753人	63255819

西罗园街道

【概况】西罗园街道位于丰台区东北部。成立于1988年5月，2021年街道区划调整，新接收大红门4个社区、原南苑乡1个社区，调整后辖区有社区22个。面积由原来的2.86平方公里增至3.86平方公里。辖区北至北京南站南侧，与右安门街道、西城区陶然亭街道、东城区永外街道相邻；东至永外大街中心线，与东铁匠营街道接壤；南至角门路，与大红门街道、马家堡街道毗邻；凉水河由西北向东南蜿蜒过境，境内长2公里，马草河经海户西里汇入凉水河。辖区西北紧邻北京南站，南三环中路、马家堡东路、马家堡路、角门路纵横交错，交通便利。2021年，常住人口6.4万，流动人口3.38万。新出生305人。有中小学校7所、职高1所、托幼园16所，少年宫1所；医院2家，社区卫生服务中心1家、卫生服务站5家；养老院1所，驻辖区部队2个。有中央及市属企业6家；驻京外地办事机构7家。中国评剧院和北京京剧院坐落于辖区内，中国评剧大剧院是集戏剧、歌舞、音乐、演出为一体的一所多功能文化场所。街道2020年度被评为“北京市法制宣传教育先进集体”。完成税收1.3亿元，引进企业2家，留区税收322万元，同比增长45.7%，超额完成50%。

（董　雪）

【平安建设】年内，街道落实维稳及社会治安综合治理责任制，发动3000余名志愿者发挥群防群治队伍作用。开展反恐、反电信诈骗、警惕非法集资宣传活动40次，建立社戒社康人员心理健康档案，完善心理咨询室，被评为“2020年度北京市禁毒工作示范街道”。加大夜间街面和小区巡逻力度，完成18个智慧小区建设，与物业公司、房管部门共同构建雪亮工程网络。整合辖区内所有商户创立“平安公约”，上报市域社会治理现代化工作月报12次。加大安全检查执法力度，开展检查2802家次，责改文书下达率64.44%，隐患整改率100%。持续开展安全社区创建工作，10个社区通过综合减灾示范社区创建验收。开展消防安全、电动自行车领域消防安全专项整治，检查248家次。开展电动自行车集中充电设施建设，建成充电点位184个，插口3186个；248部电梯加装智能阻车系统。

（董　雪）

【城市管理】年内，街道完成“疏整促”年度任务4项，拆除违建3500平方米，完成率100.5%；打造1处便民服务网点；清理80处群租房，完成率100%；建设老年餐桌4处，完成率100%。利用现有空气质量监测设备对辖区内空气质量进行24小时全天候监控，$PM_{2.5}$平均浓度37.9微克／立方米，TSP平均浓度95微克／立方米。持续推广“当班河长”制，河长巡河982人次，社区河长巡河6226人次，当班河长巡河13000余次，发现问题60余次。街道建立机关领导包社区、机关干部和社工包楼门、第三方专业公司科学监测与消杀、创卫办带教指导的联动工作机制，建立爱国卫生运动组织1219家；开展蚊、蝇、鼠、蟑防治专项培训10场，发放病媒防制工作宣传品6万余份；第三方专业力量进行5轮次日常消杀、14轮次应急消杀，各社区开展周末大扫除活动1056次。设立健康教育宣传栏99处，参与健康促进答题6918人次，街道以双A成绩通过国家卫生区创建市级第一。街道围绕文明城区测评任务指标，完成网上申报材料收集、整理、撰写、报送工作。定期对社区进行实地考察点位的督导检查工作，指导完成角门北路、马家堡东里社区、海户西里南社区点位的整改落实，完成迎检工作。制定街道林长制实施方案及相关配套制度，为“创森”工作取得实效打下制度基础。

（董　雪）

【社区建设】年内，街道优化调整小区出入口，安排社区工作者、物业、在职党员及志愿者力量700余人进行卡口值守，升级完善14个老旧小区的71套人脸识别智慧门禁系统，构筑社区疫情防控防线。成立物业管理工作专班，按照产权性质、区域特点、群众诉求、矛盾集中等方面对小区进行划分形成台账。依托党建工作协调委员会、“吹哨报到”机制，推进角门东里二社区甲120号院物业管理试点工作。与工商银行丰台支行合作，推进财智e管业务物业云平台业务。结合小区实际情况，推动洋桥村73号院物管会向业委会转化。推进垃圾分类，做到发动到户、精准到人。规范桶站基础设施建设，购买垃圾桶2080余个，实现“以桶换桶”分类清运模式。申报角门东里三社区等4个小区为北京市垃圾分类示范小区。在22个社区利用现有中转站建设“回收驿站—中转站—分拣中心”三级回收体系的回收驿站，实现可回收物的统一收集。

（董　雪）

【民生服务】年内，街道依托西罗园卫生服务中心、西罗园意馨夕阳乐苑养老院等养老机构，结合“互联网+”打造区域养老服务联合体，为老年人提供多种照料服务。持续推行法定工作日“早晚弹性办”“午间不间断”和“周末不休息”的延时服务。以“好差评”评价器规范窗口办事行为，引进智能语音外呼系统提升办事效率。为434户701名低保对象发放低保金866万元；低保医疗救助304人次81.6万元。关注特殊残疾人群体，发放慰问金20.5万元；为512名困难人员实现就业，就业率170%；城镇登记失业人员就业率63%。完成125户新申请公租房上报工作。走访困难退役军人家庭、优抚家庭8户，完成退（现）役军人之家建设。完成独生子女伤残及死亡家庭的特扶申报和年审工作，开展群众性计生主题宣传活动。做好辖区无障碍设施排查，完成街道办事处办公区和党群服务中心无障碍改造工作。处理农民工欠薪督办件111起，发放知青异地退休困难帮扶资金32人6.4万元。推进电子劳动合同工作、清理整顿人力资源市场秩序专项行动等专项检查工作。

（董 雪）

【接诉即办】 年内，街道制定考核细则及工单派发机制，明确工作要求，发挥部门与社区协同办理、统筹推动、督查督办、考核结果运用等机制作用。各部门做到6小时内电话联系或当面沟通，并在接件后1小时内，市民诉求中心通过电话响应来电人，保障“诉求全响应、件件有回音”。街道受理“12345”市民热线诉求13168件，解决率71.93%，满意率79.49%。强化分析研判和“未诉先办”。利用群众诉求“热力图”，针对季节性、点位性、类型性特点，督促主责部门化解存量，控制增量，做到“未诉先办”。通过主动治理，各项诉求量同比均有所下降，其中高空抛物类下降67.5%，政策咨询类下降64.45%。

（董 雪）

【基层党建】 年内，街道党工委落实全面从严治党主体责任，党工委书记担负起管党治党第一责任人，做到重要工作亲自部署；其他领导班子成员按照“一岗双责”要求，做到工作职责和党风廉政建设一起抓。发挥街道党建工作领导小组示范带头作用，修订书记会、党工委会制度，召开党工委会51次，研究426个议题，其中党建类议题204个，占议题总数的48%，推进各项重点工作开展。完成街道18项为民办实事项目，用好城乡基层党组织服务群众经费，聚焦群众“急难愁盼”事项，实施88个项目。开展社区“三重一大”执行情况专项检查，推进作风建设常态化、长效化。强化“四种形态”的运用，加强对党员干部的日常监督管理，坚持党风廉政教育和谈心谈话在前。对发现的问题开展执纪审查，开展提醒谈话15人次；整改上年全面从严治党（党建）工作考核结果暨政治生态分析研判问题10项；完成区纪委交办的“12345”案件及问题线索7件，并上报处理结果。

（董 雪）

【社区换届选举】 年内，街道做好行政区划调整工作，完成22名纳入规范管理事业单位人员划转和15名公务员转隶工作。开展便民服务、新划入社区全方位工作对接。完成17个社区“两委”以及街道妇联、工会、侨联换届选举；完成9名区第十三次党代会代表、18名区第十七届人大代表、4名区第十一届政协代表的推选工作。

（董 雪）

【宣传工作】 年内，街道落实党工委意识形态工作责任制，专题研究意识形态工作4次。用好宣传思想阵地信息管理平台，检查宣传阵地3次。维护网络意识形态安全，回复处置舆情24件。结合“永远跟党走”群众性主题宣传教育活动，以“我家有个党员”为主题征集稿件80余篇，组织“永远跟党走”百姓宣讲报告会40余场。聚焦党史学习教育、创建国家卫生区、“接诉即办”中心工作，在中央、市区等媒体刊登报道153篇，微信公众号、政务微博发布消息180条。开展“西罗园街道创卫有我有奖知识问答”2期，1000余人参与。

（董 雪）

【新冠肺炎疫情防控】 年内，街道做好疫情防控措施，严格境外、京外进京重点人员管理，完成579个居家隔离人员的日常服务和183个密接人员转运工作。注重文体经营性场所疫情防控，对辖区网吧、KTV、体育经营场所、宾馆酒店、校外培训机构的管理排查，不定期对商超、便利店、餐馆、美容美发店进行疫情防控检查，督促商家严格执行测温、扫码、一米线等防控措施。全面摸排餐饮企业核酸检测情况，对8家企业1292件进口非冷链货品进行摸排，核酸检测均呈阴性。街道设新冠疫苗接种点6处，开启“一老一小”等特殊群体绿色通道，接种疫苗第一针80773剂，第二针89490剂，第三针35690剂，累计接种205953剂次，构筑起重点人群免疫屏障。

（董 雪）

【新冠肺炎确诊病例处治】 10月23日至11月14日，西罗园一区确诊新冠肺炎感染病例1例。街道以党工委领导为核心，成立疫情防控指挥部，建立“1+8+5”（“1”即建立一个指挥部；“8”即成立8个工作组；“5”即划分核酸检测区、物资领用区、涉疫垃圾回收区、服务保障区、封控区5大工作区域）工作机制，每日召开疫情防控工作会，分析研判辖区疫情及对策，确保抗疫时期政令准确畅通，令行统一。街道机关干部、区下沉干部、社区干部以及保安，共267人参与每日轮流值守工作。成立西罗园一区临时党支部，党员突击队6个，保障各类防疫、防寒物资需求20余万件，街道投入各项费用300余万

▲6月18日，西罗园街道办事处在市民活动中心举办党史知识竞赛。（李爽 摄）

元。做好隔离观察工作，为社区居家观察人员逐户安装智能门磁监控94个。

（董 雪）

【文体活动】 年内，街道结合建党100周年、冬奥会及节庆热点和街道为民办实事要求，线上活动与线下活动结合，推出“激情冰雪 相约冬奥”群众书法绘画比赛、庆祝建党100周年群众合唱比赛、云健西罗园运动挑战赛等15项文体活动。建成角门东里三社区文化室、图书室，为花椒树等10个社区更新体育器材。打击违法校外培训机构，关停3家无证学科类培训机构。完成非京籍适龄儿童入学资格审核，59人通过审核。

（董 雪）

【依法行政】 年内，街道接待群众来访16批90余人次，推进解决历史遗留问题导致的房产证办理困难及老旧房屋漏雨等重点案件。建设一专多能的人民调解员队伍，各级调委会调解纠纷100件次，办理司法确认人民调解案件24件。依法依规做好日常法律服务及涉法涉诉案件，协调西罗园第二幼儿园承包费纠纷等问题，办理涉诉案件2件，审查合同206份。修订完善街道“三重一大”制度、项目管理办法，召开主任办公会43次。

（董 雪）

▲12月7日，西罗园街道在中国评剧院举办2021年百姓周末大舞台戏曲专场演出。（李爽 摄）

西罗园街道村委会、社区居委会一览表

表 28

村（居）委会名称	村（居）委会地址	所辖范围	建成时间	常住人口（*户*人）	对外办公电话
西罗园一区社区	西罗园一区9号楼西侧	东至百荣世贸商城，西至西罗园第四社区，南至南三环路，北至东城区交界。	1987年	1594户 4624人	87815575
西罗园二区社区	西罗园二区3号楼东侧平房	东至西罗园第一社区，西至西罗园第三社区，南至南三环中路，北至西罗园路。	1996年	2804户 6847人	87266798
西罗园三区社区	西罗园第三社区中心花园东侧	东至西罗园第二社区，西至马家堡东路，南至南三环中路，北至西罗园路。	1996年	2400户 6700人	51331086
西罗园四区社区	西罗园四区32号楼南侧	东至西罗园第一社区，西至马家堡东路，南起西罗园路，北至东城区革新里与西罗园北路。	1988年	3378户 8500人	67268439
角门东里一区社区	角门东里小区21号楼西侧平房	东起马家堡东路，西与角门东里二社区接壤，南起角门路，北至角门北路。	1999年	2600户 7000人	67520879
角门东里二区社区	角门东里角门小学南侧平房	东至角门东里第一社区，西至马家堡路，南至角门路，北至角门北路。	2003年	798户 1842人	67542378
海户西里南社区	马家堡东路71号立业大厦103室	东起凉水河西岸，西至马家堡东路，南起北京显像管厂宿舍南墙小路，北至马草河南岸。	1996年	932户 3046人	59732438
海户西里北社区	洋桥海户西里26楼前社区	东至凉水河，西至马家堡东路，南至马草河，北至南三环中路。	1996年	1821户 4230人	67213205
洋桥东里社区	洋桥东里1号楼南侧社区	东起马家堡东路，西至马家堡路与洋桥西里相对，南起南三环中路，北至凉水河南滨河路。	1995年	3570户 3570人	87284957

续表 28

村（居）委会名称	村（居）委会地址	所辖范围	建成时间	常住人口（*户*人）	对外办公电话
洋桥西里社区	洋桥西里社区 15 号楼北侧小楼一层	东起马家堡路，西至 300 路公交总站，南起南三环西路，北至凉水河南滨河路。	1986 年	2497 户 7240 人	87271776
洋桥北里社区	西罗园幼儿园南侧	东至马家堡路，西至北京南站路，南至凉水河，北至洋桥北里北门与四路通社区接壤。	1994 年	3541 户 10000 人	67256330
花椒树社区	马家堡路 68 号院南侧平房	东至马家堡东路，西至马家堡路，南至凉水河，北至马家堡路。	1994 年	1517 户 4187 人	87207032
四路通社区	洋桥北里 4 号楼西侧红色小楼	东至马家堡路，西至北京南站路，南至洋桥北里社区，北至北京南站。	2003 年	1353 户 3441 人	67260493
马家堡东里社区	马家堡东路 59-5 机电大厦	东至马家堡东路，西至马家堡路，南至马草河，北至南三环西路。	1987 年	2491 户 5849 人	58413632
鑫福里社区	马家堡东路 71 号立业大厦 103 室	东至翠源居小区，西至马家堡东路，南至临泓路，北至海户西里社区。	2003 年	2381 户 6700 人	59732448
洋桥村社区	马家堡东路 71 号立业大厦 103 室	东至马家堡东路，西至马家堡路，南至角门北路，北至马草河。	1993 年	2315 户 6008 人	59732428
角门东里三社区	临泓路 37 号 8-4 底商	东至福海小区；南至临泓路，西至旱河，北至角门甲 4 号院	2019 年	1123 户 3112 人	87880029
西马场北里社区（原大红门街道）	西马场北里 20 号楼北侧平房	北至角门路，东至马家堡东路，南至怡然家园，西至马家堡路	2000 年	3458 户 6577 人	67582103
西马小区社区（原大红门街道）	马家堡东路三星庄园东门内西马小区社区社区	东至马家堡东路，南至南四环路，西至马家堡路，北至角门南路	2016 年	4872 户 11000 人	67539711
怡然家园社区（原大红门街道）	西马场路 6 号院 12 号楼底商 109 号	北至西马场北里，东至马家堡东路，南至角门南路，西至马家堡路，向北直通三环（洋桥），向南直通四环（公益东桥）	2006 年	3046 户 7123 人	87565040
金润家园社区（原大红门街道）	金润家园一区 16 号楼 3 单元 101 室	北起角门南路，东至七克拉小区，南至角门南路，西临马家堡街道	2014 年	5188 户 10152 人	87505650
福海棠花苑社区（原大红门街道）	马家堡东路 189 号院 11 号楼 1 层	北起三星家园南墙、东至马家堡东路、南至四环路中路辅路、西至马家堡路以东绿化带东侧路。	2016 年	1467 户 3087 人	67578578

大红门街道

【概况】大红门街道位于丰台区东部，分布于南中轴线两侧，北至南三环中路，东至光彩路以西，南至南四环中路，西至马家堡东路以东。5月完成行政区划调整，划出13个社区，接收原南苑乡3个村。面积6.02平方公里，下辖19个社区，3个行政村。户籍人口83357户7.9万人，常住人口约12.6万人。境内有标志性建筑物丰台区政务服务中心、光彩体育馆等。有派出所1家，消防救援队2家，有地铁8号线大红门南站，10号线角门东站、大红门站。有十几条公交线路通过，包括快速公交1线。

（王丹丹）

【平安建设】年内，街道持续开展群租房、地下空间、无证无照整治工作，完成65处群租房整治，清理25处人防点位地下空间，利用"吹哨报道"机制，联合多部门开展集中整治，出动执法人员404人次，车辆100车次，关停无证无照经营商户96户；建成充电接口2919个，安装电梯阻车系统132处，遏制电动车进楼入户和飞线充电现象。检查各类场所8780家次，整改隐患4300余项；

办理各类信访事项128件，调解案件55件；接收矫治人员14人，解除11人，居住地核实和社会调查36人次，微信视频会见3次，集中见面11次；审查街道法律文书337件、法律咨询意见2件，召开咨询会议2次；完成行政复议1件，行政应诉（含二审）3件，民事应诉（含二审）6件。

（王丹丹）

【城市管理】 年内，街道上账违法建设51处49820.56平方米，上账率125%。销账违法建设35处40003.52平方米，占地面积20929.87平方米；利用“街乡吹哨、部门报到”的工作机制，联合市场监管所、综合行政执法队等部门开展“开墙打洞”摸排，实现“动态清零”；完成治理类街乡镇实施项目清单11项，推动市区清单中2021年实施的道路、绿化、水电设施改造、老旧小区整治提升等领域的补短板项目；完成3个村庄环境整治任务；街道采取横幅、海报、驻点发放宣传册、入户宣传、“桶边指导”等形式，开展垃圾分类宣传，印制温馨提示500余份，举行宣传活动80余场，开展垃圾分类督查整改工作，检查1000余次，发现并整改问题560个；通过每周六环境清洁日与垃圾分类结合开展宣传工作，引导居民正确分类。

（王丹丹）

【社区建设】 年内，街道行政区划调整后，共有54个物业管理区域，组建业主委员会2个，物业管理委员会40个，业委会（物管会）组建率77.8%。9月，西罗园南里社区西罗园十号院、苗圃东里社区苗铁小区等4个社区7个区域完成物管会组建工作，业委会（物管会）组建率90.7%。针对划转社区的工作人员、办公用房及固定资产，梳理相关工作台账，做好核实交接，确保数据准确，明确存在争议点位管辖区域权属。重新制作街道区域图，明晰社区村管辖界限，规范划入行政村刻章挂牌工作。落实《北京市进一步促进无障碍环境建设2019-2021年行动方案》，在远洋自然社区内重点打造“精品一条街”及“一刻钟无障碍便民服务圈”，对辖区内200家“七小门店”的出入口，进行土建及软性服务方式的无障碍设施改造，完成6个社区对外服务点“出入口”的无障碍设施土建改造。完成辖区各类餐饮、单位等800余家场所的病媒检查和整改。通过微博、微信发布创卫工作、健康教育知识、环境治理、病媒防制等信息，制作海报、一封信、宣传横幅，营造全民参与创卫的氛围。

（王丹丹）

▲9月29日，街道举办“健康直通车”——八段锦培训班。（大红门街道 供图）

【民生服务】 年内，街道为19名16周岁以下的残疾儿童发放康复训练补贴，平均补贴金额18638.95元；春节慰问569名困难残疾人家庭，慰问金额50.5万元；为4名70岁以上重度残疾人进行无障碍家庭改造；为446名持有“北京市机动轮椅车行驶证（IC卡）”的下肢残疾人，每人发放260元燃油补贴。每月为267名残疾人发放生活补贴137672.19元，为369名残疾人发放护理补贴50500元；为143名残疾人办理“残疾人自主创业”三险补贴。为城乡低保人员发放低保金13462539.28元，为11名低收入家庭发放生活补贴25666.5元，为5名特困供养人员发放生活费108596元；临时救助158人203796.48元；教育救助6人26100元；集中供暖救助430户697人，救助金额635936.65元；清洁能源分户自采暖救助51户94人，总金额68590元；燃煤自采暖救助57户99人，总金额55800元。

（王丹丹）

【接诉即办】 年内，街道接诉“12345”热线工单18754件，同比减少1577件，其中市中心直派12652件，同比减少2445件，区中心转派6102件，同比减少868件；组织“吹哨”163件，主要涉及城市规划43件、物业问题39件、违法建设23件、噪音扰民15件、环境整治14件等。推动解决城市规划、违法建设、下水道堵塞、路面凹陷、小区照明差等历史遗留问题91件，解决物业问题、环境秩序、地下空间违规使用等群体性诉求56件。

（王丹丹）

【基层党建】 年内，街道完成社区“两委”换届选举工作，指导原有32个社区完成“两委”换届选举工作，选举产生339名社区“两委”委员，其中党委委员162名（书记32名，副书记33名）、居委会委员260名（主任32名，副主任51名），社区书记主任“一肩挑”比例实现100%，“两委”交叉任职比例51.23%，居委会委员党员比例53.46%，大专以上学历比例达99.41%，平均年龄39岁（每个社区两委班子中均有35岁以下人员）；完成党代表和人大代表的选举工作，选举产生9名区党代表和16名区人大代表，其中人大代表投票选举登记选民27888人，参加投票27124人，投票率97.26%。

（王丹丹）

【新冠肺炎疫情防控】 年内，街道严格疫情防控，完成人员转运、隔离等相关工作，处置密接人员18人，次密接人员145人。做好境外返京人员闭环管理，完成128人的隔离、健康检测和核酸检测工作。协调医院、各部门开展核酸检测，累计采样28005人。推进新冠疫苗接种工作，建设全区首个街道接种点，加大宣传力度，实现疫苗宣传进社区、进楼宇、进学校，发放一封信，张贴宣传海报，利用电子屏、微信群、敲门行动等形式推进辖区疫苗接种工作。完成接种182370剂次，其中第一针95164剂次，第二针79072剂次，第三针8134剂次。

▲7月1日，大红门街道开展喜迎建党百年系列文化活动。（大红门街道 供图）

（王丹丹）

【文体活动】 年内，街道开展诵读诗词、文化演出、科普培训、猜灯谜、传统节日等各类社区文化活动；举办以“中华崛起迎盛业，巨龙腾飞颂党恩”为主题的文艺汇演、喜迎建党百年 大红门街道群众书法交流展、“庆七一，颂党恩，赞伟业”群众合唱大赛等文艺演出活动。完成街道无证学科类校外培训机构治理相关工作，各社区、村实地摸排并梳理信息，形成台账，定期检查及反馈报表，辖区内学科类培训机构清零。

（王丹丹）

大红门街道村委会、社区居委会一览表

表29

村（居）委会名称	村（居）委会地址	所辖范围	建成时间	常住人口（*户*人）	对外办公电话
西罗园南里社区	西罗园南里2-3号楼之间平房	东至海户西路，南至西罗园南里华远社区，西至凉水河东岸，北至三环中路。	2002年	2783户 5208人	87205340
西罗园南里果园社区	珠江骏景北区5号楼301室	东至海户东路，南至丰海南街，西至海户路，北至南三环中路。	2003年	4134户 5720人	87805911
西罗园南里华远社区	西罗园华远小区1号楼7单元南侧中心广场半地下房屋	东至海户路，南至凉水河，西至凉水河，北至祥瑞园。	2002年	2277户 4346人	87271231
海户屯社区	大红门海户屯13号楼东侧平房	东至大红门路，南至京温西路，西至珠江骏景中区东路，北至三环路。	2002年	1778户 2696人	67270373
木樨园南里社区	南三环中路68号楼自然美大楼503室	东至金三环宾馆西侧小马路西边，南至晨光路路北，西至大红门北路，北至北至南三环中路。	2006年	3562户 5208人	67259114
东罗园社区	东罗园2号楼西侧社区居委会	东至赵公口长途站西侧外墙，南至光彩北路8号院南墙，西至金三环宾馆西侧外墙，北至南三环中路辅路。	2000年	2561户 5720人	87205342

续表 29

村（居）委会名称	村（居）委会地址	所辖范围	建成时间	常住人口（*户*人）	对外办公电话
南顶村社区	南顶村 42 号楼西侧二层小红楼一层	东至慧时家园西墙，南至南顶路西口，北至众人众市场北墙，西至高庄医药宿舍西墙。	2002 年	2745 户 4346 人	67270376
南顶路社区	南顶路 23 号院南顶村 4 号楼平房	东至清真肉饼店与时村社区接壤，南至南顶路大街，西至跃城西墙，北至石榴庄大街南侧。	2002 年	2697 户 5951 人	67270377
康泽园社区	康泽园小区 14-101	东至南顶路便民早市路西，南至凉水河北岸，西至大红门北路路东，北至南顶路路南。	2000 年	2223 户 3778 人	67270378
时村社区	光彩路慧时欣园 3A 首层	东至光彩路，南至南顶路，西至慧时欣园小区西围墙，北至晨光路。	2000 年	3311 户 7241 人	87897269
光彩路社区	赵公口小区 17 号楼 208 室	东至光彩路，西至赵公口长途汽车站，南至北京网球运动管理中心，北至南三环辅路。	2003 年	2226 户 4891 人	87203775
大红门东街社区	大红门南里二轧钢宿舍院内锅炉房	东至大红门东桥，南至南四环南路，西至南中轴路，北至凉水河。	2000 年	2646 户 3806 人	67225220
苗圃东里社区	铁路宿舍苗铁小区 9 号楼和 10 号楼之间南侧一排平房	东至大红门路，南至大红门路，西至南苑路，北至凉水河。	2002 年	2867 户 4776 人	67271041
西马场南里社区	马家堡东路 168 号院海上海花园 19 号楼裙楼	东至南中轴路，南至南四环路，西至马家堡东路，北至大红门西路。	2002 年	3437 户 6662 人	87248159
苗圃西里社区	苗圃西里 15 号楼 7 单元对面平房	东至永南路西侧，南至大红门西路北侧，西至建欣苑东区社区，北至凉水河南岸。	2002 年	2262 户 4258 人	87827995
建欣苑社区	大红门建欣苑小区四里南院西侧	东至建欣苑东区社区，南至大红门西路，西至远洋自然社区，北至临泓路。	2000 年	3730 户 8803 人	67270389
远洋自然社区	马家堡东路 108 号院 1 号楼底商	东至石油东侧路，南至大红门西路北侧街，西至马家堡东路东侧街，北至临泓路 36 号院止。	2008 年	2495 户 6047 人	58031046
彩虹城第二社区	大红门总工会大院内平房	东至光彩路，南至凉水河北岸，西至清真食品公司，北至南顶路。	2013 年	2426 户 5302 人	87862476
建欣苑东区社区	建欣苑东区三里 15 号楼底商房屋	东至苗圃西里社区西侧红墙，南至大红门西路，西至春泽路，北至临泓路，包括建欣苑一里、三里北、三里南，临泓路 6 号院 1 号楼、2 号楼。	2014 年	2807 户 5484 人	87168013
果园村（原南苑乡）	南苑路 28 号	东至大红门路、东罗园村、时村村，南至建欣苑小区、远洋自然小区，西至马家堡东路，北至南三环路。	1998 年	915 户 1762 人	67222304
时村村（原南苑乡）	光彩路甲 15 号	东至光彩路，南至凉水河 ，西至大红门路，北至光彩体育馆。	1998 年	506 户 3838 人	87285183
东罗园村（原南苑乡）	永外东罗园 54 号东院	东至光彩西辅路，南至晨光路，西至大红门路，北至光彩北路。	1993 年	680 户 1614 人	67225627

南苑街道

【概况】南苑街道位于京城正南，丰台区东南部，人称“天安门前第一镇”。历史上是元、明、清三代的皇家苑囿旧址，元称飞放泊，明称南海子，清称南苑。1954年南苑镇政府改为南苑镇办事处，1990年改为南苑街道办事处。东至南大红门路，南至丰台区与大兴区界线，西至海子公园东墙，北至南四环中路。2021年区划调整后，辖区面积19平方公里，下辖15个社区、2个行政村，常住人口约8.3万人，流动人口约3.3万人。辖区内有驻区部队37支；有清真寺和基督教堂各1座；公立幼儿园4所，小学4所，中学2所，中专1所；医院1所，社区卫生服务站4个；养老照料中心1个，养老驿站3个，福利养老院1个。

（徐梦慧）

【平安建设】年内，街道开展社会面防控各项工作，设立治安志愿者值勤岗，发动群防群治力量，开展红袖标筑城行动。落实实名制管控措施，成立督查小组，切实做好重点人群服务管理，完成全国两会、中国共产党建党100周年、北京冬奥会测试赛、十九届六中全会等重点时期社会面防控工作。推进安全生产三年行动隐患排查工作，开展安全生产检查3106家次，劝阻、清理占用消防车通道车辆270辆、电动车进楼857辆，制止违规充电440次。建设车棚46处、充电桩237个、充电柜4组、充电口448个。开展消防演练36次，拉动微型消防站和“一警六员”实操实训演练17次。组织汛情应急处置12次，疏散安置群众5人次，新建雨水井6处，彻底解决炮兵营院内积水无处引流和管线堵塞问题。联合南苑镇派出所对重点点位开展反恐督查，开展反恐演练4次，反恐宣传12次。推进智慧小区建设，新增监控设备43台，探索群租房治理长效机制，整治违法群租房129处。开展矛盾排查5次，召开信访联席会10次，摸排出重点矛盾问题及纠纷8件。针对群众反映强烈的问题开展综合整治，全面提高群众安全感满意度。年度群众安全感、满意度全区排名第三。

（徐梦慧）

【城市管理】年内，街道拆除违法建设55678.43平方米，腾退土地48112.23平方米，完成全年腾退任务的109.35%。发现和拆除新生违法建设400余平方米，保持新生违法建设发现一起，拆除一起。完成5家无证无照经营单位整治任务。注重生态环境保护，对辖区9处空地种植107棵不同品种树木，对南苑机场搬迁后周边无人管理区域推进“战略留白”项目，种树绿化87亩，完成小块无主裸地硬化7300余平方米。持续落实“河长制”，街道级河长累计巡河20人次46.634公里，社区级河长累计巡河1422人次3954.32公里，辖区小龙河水质考核断面每月考核全部达标。持续推行“街巷长制”，在175条街巷设置86名街巷长，招募“小巷管家”57名，实现辖区重点街巷全覆盖。规范化桶站保持在228处，撤桶并站减少52%，规范桶站建设达标率100%。形成“检查指导—问题收集—问题反馈—督促整改—长期巩固”工作机制，开展病媒生物防制，8月通过市级病媒生物防制专项验收，9月通过区级卫生街道评审。翠海明苑小区被评选为“生活垃圾分类示范小区”，街道获“北京市生活垃圾分类推进工作先进单位”称号。

（徐梦慧）

【社区建设】年内，街道完成村（居）委会换届选举工作，推选居民代表1117人、村民代表69人，选举产生居委会委员133人、村委会委员5人；做实社区返京人员自摸排工作，加大社区防疫宣教，筑牢群防群治防线；成立南苑街道社会心理服务中心，为社区工作者和辖区居民开展心理咨询和辅导；建设京粮悦谷社区协商议事厅示范点，开展议事协商30余次，解决多起群众反映强烈的问题；打造京粮悦谷社区、合顺家园社区开放式服务站空间，提升社区服务的环境品质；开展邻里节活动，通过线上、线下不同形式开展垃圾分类、冬奥宣传、同庆重阳、清洁扫除、知识竞赛、跳蚤市场等活动，密切邻里

▲11月9日，合顺家园开展消防演练。（南苑街道 供图）

▲2月27日，合顺家园开展灭鼠灭蟑活动。（南苑街道 供图）

▲11月30日，社会心理服务中心开展“社区工作者心理调适”活动。（南苑街道 供图）

▲8月27日，南苑街道召开“一对一”精准帮扶职业指导座谈会。（南苑街道 供图）

关系；指导公园懿府小区、飞腾家园小区业委会依法依规完成新物业选聘；完成3次人口抽样调查和9名新兵征集任务。

（徐梦慧）

【民生服务】 年内，街道为低保、低收入人员累计发放救助金1519.66万元，为残疾人核发两项补贴及严重精神障碍患者监护人看护补贴231万元。成立“儿童之家”，走访慰问6人，发放补贴5.9万元。老年人家庭照顾床位签约完成率100%。走访慰问80岁以上重大疾病老人96人，为248名特困、低保、优抚对象及空巢老人办理意外保险，指导养老机构为308位养老服务对象无偿提供呼叫服务、巡视探访、养老顾问、个人清洁签约服务。帮助1027名登记失业人员实现就业，“线上”开展直播课2场、微课堂2场，职业指导100余人次，举办线上线下招聘会9场，结转失业人员较上年减少23%。城镇登记失业人员实现就业率68.21%。在北京市充分就业地区认定工作中被认定为充分就业街道。市场租金补贴新签、续签合同101户，租金补贴家庭资格复审210户。为1689名征地超转人员及11名地退人员发放生活、医疗补助等费用。发放独生子女奖励费、独生子女父母年老时一次性奖励、独生子女父母年老时一次性经济帮助709人25.2万元。红房子社区完成健康社区创建工作。健康提素工作全区街镇排名第一。完成残疾证新（补）办、等级变更、跨省通办等业务3000余人次。对辖区“七小门店”进行无障碍设施改造点位200个，帮助24名重度残疾人与社会用工单位签订劳动合同。为2500余人开展辅具服务申请，辅具宣传率100%。开展劳动监察巡查550次，解决劳资纠纷，涉及227人509.52万元。组建街道级“首都老兵”志愿服务队和各社区（村）“首都老兵”志愿服务队，参与社区服务。开展“垃圾分类桶站值守”宣传活动8次，爱国卫生运动等活动12次。发挥社会救助部门职能，为33户困难退役军人提供援助。三个300人以上退役军人服务站通过示范站点的创建验收工作。街道退役军人服务站被丰台区退役军人事务局推荐为市级样板示范站。

（徐梦慧）

【接诉即办】 年内，街道围绕《北京市接诉即办工作条例》及“七有五性”工作要求，组织落实辖区“接诉即办”工作。受理“12345”市民诉求13334件，响应率97.95%、解决率88.70%、满意率91.83%。为深化“一把手”调度机制，探索出代理书记、代理主任日调度工作机制，组织日调度129次，推动解决辖区内重难点问题100余件。报送典型案例26篇，被市级主流媒体报道37次。年度考评综合成绩在丰台区排名第七，翠海明苑社区被评为“北京市‘接诉即办’工作先进集体”。

（徐梦慧）

【基层党建】 年内，街道为各党支部、社区、村发放党史学习教育指定教材206套3875本，组织专题学习218次。完成街道级为民办实事清单16项，社

▲11月1日，北京惠时达安有限公司党支部成立。（南苑街道 供图）

区、村级实事清单419件。组建习近平"七一"重要讲话精神群众宣讲团，开展宣讲51场，2200余人参加。夯实党建基础，抓实党建创新，明确全年7大类24项具体党建任务；推广使用"掌上四合院"工作法，成立楼门院党建协调小组63个，发展党员23名，培育积极分子、发展对象83人，完善党统信息3874人。以打造党建特色品牌为抓手，在阳光星苑南区设立社区书记工作，围绕"新业态、新群体"开展党建创新，吸纳北京惠时达安科技有限公司纳入到党建协调委员会，推动建立丰台区首个网约车平台合作企业正式党支部，并探索形成"属地＋平台"的党建新模式，市委组织部在全市进行推广。

（徐梦慧）

▲6月21日，南苑街道在万达广场举办"庆祝建党100周年书画展"活动。（南苑街道 供图）

【双拥共建】 年内，街道落实优抚对象信息数据常态化管理和及时性核查工作，发放各种补助，帮助解决生活中遇到的困难。走访慰问辖区9支部队，为147名烈士遗属（子女）、因公牺牲（病故）军人遗属、伤残军人、伤残人民警察，参战退役军人以及60岁以上农村籍退役士兵送去慰问品。为1名伤残军人申请配发辅助器械，为40名伤残军人、警察、国家机关工作人员发放伤残证，为优抚人员报销医药费、发放供暖补助38504元。为4人发放中国人民志愿军抗美援朝出国作战70周年纪念章。

（徐梦慧）

【文化体育】 年内，街道聚焦辖区教育高质量发展，首批完成办园点、村产房办园转普工作。围绕建党百年，举办红书展、书画展、剪纸等各类型文化活动，创新试行全年常规国画班、合唱班，共授课45场次。举办文化活动79场，惠民演出13场。组织举办第三届冰壶球邀请赛，将赛事送入社区及校园，带动开展小型多样分散的社区体育赛事活动。举办社区冰雪运动会17场、街道级冰壶球邀请赛1场、冰雪进校园活动3场。组织开展国家体育锻炼标准及国民体质测试等大型体育活动300人次，社区人群体质达标率100%。组织周末百姓大舞台演出9场次、百姓周末大舞台演出2场次、电影专场放映144场。

（徐梦慧）

【新冠肺炎疫情防控】 年内，街道调整疫情防控工作方案，设17个工作专班，全面落实四方责任。境外集中隔离观察点接收入境进京、密接、风险等各类隔离人员5420人。累计核实大数据1385批次16083人，完成疫苗接种174282剂次，核酸检测20287人次。持续做好三类场所疫情防控工作，建立辖区三类场所台账，开展执法检查2806次，对辖区台账内145家商超、餐饮、商务楼宇等场所开展防疫工作。通过"双随机一公开"方式，组织力量加强督促检查，落实全覆盖监督执法检查要求，对违反防疫规定的单位，上报区城管执法局进行违法行为公示117起。

（徐梦慧）

【企业服务】 年内，街道成立服务企业领导小组，制定联系走访企业工作方案，走访税源企业50余次，组织召

▲开展核酸检测工作。（南苑街道 供图）

开企业座谈招商活动6次。以“丰九条”政策为抓手，建立处级领导与45家重点企业联系帮扶机制，点对点解决企业诉求。通过“街乡吹哨 部门报到”工作机制，集中解决“大悦春风里”项目疑难问题。在“企业服务包”双平台上录入辖区9家区重点企业信息，协助企业在平台填报诉求。走访辖区内344家生活性服务业网点和3家粮食应急网点，核实网点信息，更新平台数据，确保点位准确、数据有效、更新及时。引进生活性服务业网点6家，新增粮食应急网点1家。

（徐梦慧）

▲12月2日，街道为大悦春风里开业做好各项协调工作。（南苑街道 供图）

南苑街道村委会、社区居委会一览表

表 30

村（居）委会名称	村（居）委会地址	所辖范围	建成时间	常住人口（*户*人）	对外办公电话
东新华社区	南苑街道东长街 12 号	东至南苑工商所，西至南苑中学东墙，南至航天部 211 厂院墙以北，北至新华里 2 号院北侧外墙	2002 年	2017 户 4592 人	67969050
红房子社区	南苑街道五爱屯西街 3 号院	东至五爱屯东街，西至五爱屯西街，北至南苑西路，南至新建街	2002 年	1248 户 3491 人	67932278
西宏苑社区	南苑五爱屯东街 21 号	东至五爱屯东街西侧新建街路口，西至五爱屯西街东侧，南至团河北路西侧农居混住区，北至新建街南侧烟酒店	2002 年	1785 户 3819 人	67950379 67985966
诚苑社区	南苑街道诚苑南里 2 号楼地下室	东至五爱屯西街路，西至诚苑中、南里西墙，北至诚苑中里北围墙及南苑西路，南至西红门路	2002 年	3083 户 7865 人	67931509
槐房社区	南苑槐房南里 300 号	东至益顺庄，西至槐房西路，北至公益庄，南至南苑西路	2002 年	1283 户 2537 人	67914020
机场社区	南苑警备东路六号三区	东至104国道并与东高地街道相邻，西至南苑大队，北至警备西路，南至大兴区交界	2000 年	4286 户 7855 人	67065030
翠海明苑社区	南苑街道翠海明苑北区 1-4-102	东至槐房西路、南至新宫村范庄子、西至新发地铁路、北至南四环铁路	2012 年	2134 户 4200 人	67901518 67901576
南庭新苑南区社区	槐房西路 318 号	东至范家庄东路，西至槐房西路，南至范家庄路南，北至规划路	2012 年	2591 户 5358 人	67005968 67005966
南庭新苑北区社区	槐房西路 316 号	东至范家庄东路，西至槐房西路，南至范家庄路北，北至范家庄北路	2012 年	4497 户 9713 人	67005773
阳光星苑社区	南苑西红门路 18 号院	东至嘉则路，西至槐房西路南延，南至嘉则中路南一街与阳光星苑南区社区毗邻，北至西红门路	2016 年	2688 户 5824 人	67967876

续表 30

村（居）委会名称	村（居）委会地址	所辖范围	建成时间	常住人口（*户*人）	对外办公电话
阳光星苑南区社区	西红门南一街 206 号院公园懿府 21 号楼东侧 2 门	东至嘉则路，西至槐房西路南延，南至规划南苑镇南三号路，北至西红门南一街	2018 年	2491 户 5480 人	67965573 67992197
合顺家园社区	南苑西路 11 号院合顺家园小区 8 号楼 6 单元	东至京粮悦谷小区东区，西至槐房 110KW 变电站，南至南苑西路，北至京粮悦谷小区西区	2019 年	1320 户 2996 人	67966978 67959110
京粮悦谷社区	丽槐街 2 号院京粮悦谷家园南区 1 号楼	东至槐房路西侧中心线，南至盛华印刷厂及瑞鹏建筑涂料厂北墙，西至南苑油脂厂保障性住房项目东侧绿地东侧红线，北至规划南公路环南侧绿地南侧红线	2021 年	1433 户 2937 人	67968076
德鑫嘉园社区（原南苑乡）	槐房南路御槐园北门西侧	东至槐房路，南至南苑植物油厂，西至规划中的新村南四号路，北至槐房北路	2017 年	5617 户 11591 人	67905887
新宫社区（原南苑乡）	新宫家园北区九号楼六层	新宫家园南区东至槐房上市土地，西临翠海明苑小区，南至国信桥通信有限公司，北至新宫大街南侧平原造林；新宫家园北区东至槐房西路西侧（槐房土地除外），西至新宫东路，南至新宫大街北侧平原造林，北至槐新街西口（9 号楼除外）	2016 年	2319 户 4018 人	67958516
南苑村（原南苑乡）	南苑团河路 368 号	东至航天一院，南与大兴区团河路寿宝庄相邻，西至槐房西路，北至新华里	1998 年	2009 户 3926 人	67964208
槐房村（原南苑乡）	南苑街道御槐园小区北门东侧地上	东至和义地区，南苑及西红门，西至新宫村及草桥村，北至右安门村	1989 年	未转居： 48 户 135 人	67908168

东高地街道

【概况】东高地街道位于丰台区东南部，办事处驻东高地斜街2号。东南与大兴区接壤，西与南苑街道毗邻，北与和义街道相接。辖区面积约3.27平方公里，下辖12个社区居委会，常住人口4.27万人，汉族约占97%，有满、蒙古、朝鲜、苗、瑶、侗、藏、白、土家、锡伯、维吾尔、壮等少数民族。驻地主要单位有航天一院等中央在京企事业单位，是典型的单位型街道。辖区内有中学2所、小学4所、幼儿园4所，青少年科技馆1所，综合性医院1所。是新兴的城镇，布局合理，区划分明，以南大红门路为界，路东为居住区，路西为科研生产区。地区交通方便，过境路有3条。南大红门路是104国道的北起点。万源北路向东通往大兴。公共汽车线路有10余条。有3000平方米地区文化中心、1处文化广场和1处24小时自助图书馆，地区绿化面积100万平方米以上，被评为"北京市花园式街道办事处"。

（刘佩佩）

【平安建设】年内，街道推进城市安全隐患三年行动和安全生产专项整治三年行动，深化重点行业领域安全专项整治，检查生产经营单位2390家次，出动检查人员6850人次，发现并消除安全隐患778项。建立液化石油气非居民用户台账44家，出动人员1556人次，发现隐患62处，全部整改完毕。为99部高层电梯安装电动自行车自动阻隔器，建成电动自行车集中充电设施23处，为60岁以上老年人安装独立式联网型感烟报警器647个。接收社区服刑人员9人，解除矫正5人，无缝衔接帮教对象10人，接待并审查调解申请30余件。检查地下空间26次，整治群租房5处，疏散26人。启动社会面防控12次，出动群防群治力量15.6万余人次，加强对重点部位的巡逻值守，保障辖区的安全稳定。

（刘佩佩）

【城市管理】年内，街道拆除违建1239平方米，腾退土地1000平方米，整治无证无照经营2处，新建便民网点1处，"留白增绿"1000平方米。完成背街小巷环境整治工程，外立面粉饰2212平方米，整修步道及沥青路面

6491平方米，绿化1210平方米，新建污水管线118米、护栏259米、路灯11座。完成西洼地环境提升工程，铺装透水砖路面1319平方米、花岗石路面185平方米、路牙石1750米，铺设草坪450平方米，外墙粉刷740平方米，种植黄杨篱及芍药等其他花卉518平方米，现场制作及安装坐凳10组、健身器材4组，新建塑胶跑道910平方米、沥青跑道500平方米，制作及安装钢制廊架1个，管道刷蓝色氟碳漆220平方米，修剪树木20株。以《北京市城市更新计划》为发展纲要，完成24部外挂电梯加装，加快公共空间适老化改造。以创卫创城为契机，配合各社区完成私搭乱建、堆物堆料的清理整顿工作，清运垃圾754车次，出动人员2100人次，清运垃圾4800余吨。对辖区1200余个楼门洞内墙面、台阶小广告进行集中整治，投入近50万元用于更换公共区域破旧窗户、粉刷楼内墙壁、安装楼梯间照明设施等。定期开展桶站等分类设施排查，桶站数量从284组减少至250组，减少率12%。建设垃圾分类驿站9座，大件垃圾、装修垃圾暂存点各15处。开展“清管行动”，完成辖区2.6公里雨水管线的疏通工作，清掏雨篦子和检查井1800余处，清掏污染物82立方米。

（刘佩佩）

【社区建设】年内，街道排查疫情风险人员6875人，落实居家观察379人次，健康监测1131人。严格落实居家人员管控措施，做好居家人员生活保障，实施“人防＋技防”，确保居家人员足不出户。贯彻落实《北京市物业管理条例》，完成西洼地、六营门、万源北路9号院3个小区业委会组建，街道16个小区业委会组建率50%，物管会组建率50%，实现业委会（物管会）组建率、物业服务覆盖率100%。制定《东高地街道住宅项目物业服务常态化考核评价办法》，实行物业常态考核。树立业委会（物管会）发挥作用的典型案例，其中刊登在北京市物业管理案例选编2篇、丰台区物业管理案例选编3篇、北京市住建委官方公众号2篇。完成基层民主选举工作，登记选民29955人，划分243个居民小组，选举731名居民代表。选举产生新一届居委会委员78人，其中主任10名，副主任12名，委员56名，各委员均高票当选，直接选举社区比例为80%，一次选举成功率100%，差额选举率100%，选民登记率与上一届相比新增14.4%，非京籍选民登记率新增285%，营造公开透明和民主的竞争氛围。当选的新一届社区居委会中，书记主任“一肩挑”比例100%；“两委交叉”人员为34人，比例达54.8%；中共党员43名，占全体居委会成员总数的55%；平均年龄41.73岁，大专以上学历75人占96%，女性比例为78%，街道本土化率77%，社区本土化率34.6%，职业水平持证率56.4%。指导万源东里、万源南里社区开展志愿服务项目，重点提升社区志愿服务组织专业化水平，万源东里社区被评为年度北京市和全国“四个100”志愿服务最美社区。推进议事厅与楼门院治理创建和社区之家建设，以万源南里社区为试点，开展示范创建项目、楼门彩绘及微景观项目，提升楼门文化建设，提高居民幸福感、满意度；推进万源东里与航天六院十一所“社区之家”的创建，制定社区之家活动计划、方案，开展共建活动13次。

▲10月31日，西洼地社区首次业主大会进行投票选举。（冯心怡 摄）

（刘佩佩）

【民生服务】年内，街道新增低保家庭16户、低收入家庭3户，撤销终止低保家庭14户、低收入家庭1户；临时救助29人次74822.48元，医疗救助147人次345465.09元，新生救助2人次9000元，清洁能源自采暖救助21人次28342.2元；组织开展两节慰问困难家庭和两节“送温暖”走访慰问低保家庭。落实保障房政策，保障房新申请113户，市场租房补贴新申请51户，廉租房实物配租复审105户，定期组织保障房轮候家庭和公租房补贴家庭复审；组织开展对燕保郭公庄家园（南区）等16个公租房项目剩余房源，面向保障性住房申请家庭进行快速配租，发放选房通知单68户；辖区享受高龄老人津贴6185人、失能老人护理补贴1253人、养老服务补贴150人，申请失能评估派单585人；组织社区养老驿站开展基本养老服务对象签约734人；走访慰问高龄困难老人9人，申请养老家庭照护床位33人；组织召开2021年“首善有我”主题社会捐赠活动，捐款24942元、衣服437件；烈士纪念日走访慰问地区烈士遗属33人；完成献血236个单位（200CC/单位）；投保计划生育家庭意外伤害保险245户；组织计划生育特别扶助人员体检25人；开展真情关怀暖心行动，发放慰问金67人13.4万元；“红十字博爱周”救助10户1.2万元，接收捐款6081元；接待劳动者咨询62起、投诉举报案件27件，其中涉及到“12345”热线11件，涉及劳动者100余人次，为农民工追讨拖欠工资35万余元。

（刘佩佩）

【接诉即办】 年内，街道实行“双副职领导制”，形成主要领导带头抓、包片领导亲自抓、办件科长和社区书记带头干的处置模式。每周主任办公会、工委会听取上周“接诉即办”工作情况汇报，对难点问题和久办未结问题，班子成员共同进行研究、部署、调度，督促“接诉即办”工作高效运行。市民诉求处置中心每月召开3次以上科务会，学习、研讨最新考核规则、条例等。组织科室、社区“接诉即办”专题培训会10余次，重点对诉求件处理流程、办理经验、回复内容等注意事项进行培训，指导社区调整办件思路，提高诉求解决质量。承办市、区级工单4701件，其中直派案件3855件，区分转案件846件，平均每月承办工单427件。五次市直派成绩进入全市前100名，八次区转派成绩位列全区前三名，年度“接诉即办”综合成绩全区排名第二。

（刘佩佩）

【基层党建】 年内，街道完成12个社区党委换届选举工作，一次选举成功率100%，召开街道党代表会议，108名街道党代表参会，选举产生8名区第十三次党代会代表。成立国企退休人员社会化服务管理党建分会，制定《东高地街道党建工作协调委员会国企退休人员社会化服务管理分会工作规则》。发挥党建协调委员会物业管理分会作用，完善街道物业服务管理协调委员会沟通机制，推进物业服务公司向业主和居民报告工作制度，建立对接协调机制，建立月度和季度例会制度，解决“三供一业”移交后的遗留问题。完善社区党建协调委员会工作机制，完成4000余名航天退休党员组织关系接转和110个党支部建立工作。在12个社区16个小区成立业委会和物管会，并成立相应党组织，实现物业党组织覆盖率100%。打造社区党建特色品牌，开展“夕阳红引领垃圾分类新时尚”“社区共建联盟”“一米阳光服务社”“幸福驿站”等特色服务活动，创新社区治理新模式、新途径和新方法，提升社区治理工作水平。

（刘佩佩）

【文体活动】 年内，街道开展演出、比赛、讲座、朗诵、手工制作等线上线下文体活动70余场。组织群众参加市、区各项活动、赛事，在纪念建党100周年“奋斗百年启航新征程”群众书法绘画巡展活动中，街道7幅书法绘画作品被推送至市、区级平台展示并获奖；在丰台区运动素质公开赛中，街道取得个人全能第一、5个单项第一名的成绩。

（刘佩佩）

【意识形态建设】 年内，街道把牢意识形态工作主动权，开展理论学习26次，发挥社区新闻发声人等宣传队伍作用，对5起负面舆情迅速反应、及时发声，重点信息阅读量超过1.8万人次，微信公众号发布信息529条，拥有粉丝3418名，较年初增长154%，新华社、北京日报等中央市属媒体报道140次，光明日报的《首都多了群“社区新闻发声人”》获北京市委书记蔡奇批示，《谁动了我的“绿桶”？》被新华社报道，浏览量超100万。

（刘佩佩）

【创卫创城】 年内，街道推进新时代文明实践所（站）建设，设计制作创城工艺景观小品12处；4月，组织开展航天科普日活动、“童心向党”主题活动和第三届“邻里节”志愿活动；围绕创卫创城开展文明养犬、学雷锋、周末环境卫生日等志愿服务活动，发动社区志愿者1万余人次，服务时间1万5千小时。街道获评“北京市卫生街道”。

（刘佩佩）

▲7月16日，2021年东高地街道广场健身操舞大赛在万源广场举办。（李洋 摄）

东高地街道村委会、社区居委会一览表

表 31

村（居）委会名称	村（居）委会地址	所辖范围	建成时间	常住人口（*户*人）	对外办公电话
东高地社区居委会	东高地 50 栋东侧平房小院	东至大兴区红星北里小区和红星楼小区，南至东高地小区南围墙和红星街中心线，西至东高地二巷中心线，北至东高地斜街中心线。	1950 年代	2015 户 3337 人	68384775
东高地南社区居委会	东高地斜街 2 号三角地东侧	东至东高地二巷中心线和万源路中心线，南至万源北路中心线，西至中国运载火箭技术研究院围墙，北至东高地斜街中心线。	2021 年	1691 户 3747 人	88521731
东高地北社区居委会	东高地 40 栋东侧小白楼一层	东至大兴区红星北里小区，南至东高地斜街中心线，西至益丰园路中心线，北至东高地北社区北围墙。	2021 年	2226 户 4150 人	68750791
三角地第一社区居委会	东高地三角地 43 栋东侧平房	东至益丰园路中心线，南至中国运载火箭技术研究院围墙和东高地斜街中心线，西至三角地 47 栋、48 栋西北侧围墙，北至三角地第一社区北围墙。	1950 年代	1310 户 2664 人	88537647
三角地第二社区居委会	东高地益丰园小区 1 号楼东侧	东至大兴区绿地，南至东高地北社区北围墙到三角地第一社区北围墙及向西小龙河段，西至宝苑国际东墙和100号变电站东墙，北至大兴区酒厂路。	1997 年	1126 户 2652 人	88537544
西洼地社区居委会	东高地街道西洼地 3 号楼西侧	东至宝苑国际和 100 号变电站东墙、三角地第一社区 47、48 栋西北侧围墙，南至中国运载火箭技术研究院围墙，西至三营门公园，北至北京航空精密机械研究所（含）。	2001 年	1250 户 2650 人	67961086
六营门社区居委会	东高地六营门社区 9 栋西侧平房	东至 104 国道中心线，南至空军干休所，西至中国运载火箭技术研究院（含），北至中国运载火箭技术研究院六营门。	1986 年	1090 户 1911 人	88030400
万源东里社区居委会	东高地万源东里 54 栋北侧平房	东至德贤路，南至万源南路中心线，北至万源北路，西至万源中路中心线。	2000 年	1565 户 2973 人	68758090
万源西里社区居委会	东高地万源西里 50 栋西侧	东至万源路大街中心线，南至万源南路中心线，西至中国运载火箭技术研究院围墙，北至万源北路中心线。	2000 年	1907 户 4637 人	68756750
万源南里社区居委会	东高地街道万源南里社区 33 栋东南侧	东至大兴德贤路，南至东营房社区道路中心线，西至煤厂路中心线，北至万源南路中心线。	2000 年	2329 户 5346 人	68199658
梅源社区居委会	东高地梅源社区 1 号楼南侧	东至煤厂路中心线，南至东营房部队，西至 104 国道中心线，北至万源南路中心线。	1990 年代	2596 户 6609 人	68751930
东营房社区居委会	东高地桃源里 12 栋西侧	东至北京市第十二中学钱学森学校道路中心线，南至东营房部队围墙，西至梅源社区围墙，北至东营房社区道路中心线。	1990 年代	1744 户 2769 人	68754018

东铁匠营街道

【概况】东铁匠营街道是新中国成立后北京市第一批街道之一，是北京市在丰台区的老工业基地，具有鲜明的经济时代特征。街道位于丰台区最东部，2021年，街道行政区划调整后，东部与方庄南路接壤，南部与顺八条搭界，西部与木樨园桥毗连南中轴，北部毗邻玉蜓桥与东城区接壤，辖区总面积由12.9平方公里缩减至3.1平方公里。周边有南苑湿地森林公园、天坛公园、北京珐琅厂、同仁堂科技等特色资源，地理位置优越。下辖社区由27个缩减为18个、行政村1个，户籍人口47623户，常住人口9.58万人，社区规模户数超3000户以上5个，最大社区规模户数4796户。有学校15所，其中小学5所、中学1所、幼儿园9所；有公立医院1家，卫生服务中心1个。

（李 斌）

【平安建设】年内，街道以疏解整治促提升为抓手，推进安全保障、安全生产、信访、扫黑除恶等工作，提升群众安全感满意度。完成全国“两会”、建党100周年、服贸会、十九届六中全会安保任务，维护辖区的政治安全和社会平安稳定，组织发动群防群治力量2万余人次参与社会面防控、公共安全保障、情报信息报送、应急值守等工作。召开联席工作例会6次，传达市、区委扫黑除恶专项斗争工作精神，研究分析辖区扫黑除恶专项斗争工作形势。制定街道反恐工作方案与应急预案，建立辖区重点防范目标台账，开展反恐应急演练2次，组织社区、村每月至少开展反恐宣传一次。配合上级部门完成辖区人员入户走访工作3次，筑牢基层国家安全人民防线。组织开展防范非法集资“百千万宣教工程”工作，打非宣讲师进社区、村开展宣讲活动，提升辖区居民金融安全防范意识。为辖区内60岁以上老人安装独立感烟报警器762个。选定木樨园第一社区活动室为开放消防科普教育基地，完成49个老旧小区“七治理一加装”工作，全民消防平台注册2030人，清单编制企业隐患信息系统使用率超过95%，完成安全生产专项整治三年行动挂账消除隐患18项，小微企业安全生产标准化创建25家，企业安全生产责任险投保408家，检查生产经营单位3477次，发现并督促整改隐患5168项。新增电动自行车集中充电口1231个，建成集中充电口2348个。签订交通安全责任书137份。车辆安全检查180台次，交通安全业务培训11次。限改超标违法率20%的社会单位47家，禁停严重违法率在50%以上的单位41家，处罚严重超标3家，追查重型货车10次以上违法未处理社会单位20家，车辆未报废的社会单位5家。配合驻区交警，通过实地走访、电话追访、移动警务网安访查等方式走访290家企业单位，走访专业运输企业56家，推进重点运输企业面签和驾驶人互联网备案工作电话联系货运企业27家。受理和接访群众信访事项215件。街道、市区接访46件，其中街道自收件3件，区信访办接访32件，市信访接访件10件，国家局接访1件；市区纸信69件，其中丰台区信访7件，北京市信访58件，国家局4件；网上诉求97件，其中国家局网上信访35件，北京市信访网上信访56件，丰台区网上信访6件，复查件10件；建议件3件。街道来访接访79件，领导接访23件。街道化解倒流信访件1件，组织召开各类协调会21次。坚持每月和重点时段开展矛盾纠纷排查工作，一般矛盾排查6次，人民内部矛盾纠纷大排查2次。走访两类人员610人次，谈话教育1370人次。全年参与人民调解工作98件，检查、制作调解协议书65件。完成群租房整治61处，完成率111%，开展地下空间日常巡查185处。开展普法、反诈、非法集资、防火安全、交通安全、禁毒、征兵等各类宣传40余次，发放各类宣传品2万余份。

（李 斌）

【城市管理】年内，街道完成市区43个问题清单的整改工作，拆除违法建设12460平方米，销账率124%；拆除新生违建20处，新生违建零增长；“开墙打洞”工作“动态清零”；完成1处临时建筑整治任务。开展广告牌匾、私装地锁等专项整治行动50余次，拆除违规牌匾100余块，拆除私装地锁700余个。创建垃圾分类示范小区4个，建设生活垃圾分类驿站19座，可回收物交投点117处，垃圾分类中转站1处。15家药

▲7月，蒲安里第二社区党委组织召开电动车充电难题处理协商会。（东铁匠营街道 供图）

店落实“四类药品”信息闭环管理流程。蒲黄榆一里、四里危改项目，完成报区政府作出房屋征收决定前的各项法定程序。横七条40号楼老旧小区改造进场；完成定安西里等8个完善类老旧小区改造前期准备工作。组织辖区单位创建卫生组织1179个，处理病媒生物台账1500多个，对辖区餐饮、商超、社区检查6轮次，开展周末大扫除活动19次，清理卫生死角280余处，拆除私搭乱建150余处。制定街道林长制工作方案，19个社区村实行“一长两员”（即林长、林管员、护林员）。修剪、砍伐危死树200余棵，消除安全隐患。雨污管线混接改造3处，集中开展清管行动2次，疏通、修缮雨水篦子80余处。

（李　斌）

▲2021年，宋庄路第三社区居民致谢送锦旗。（东铁匠营街道 供图）

【社区建设】 年内，街道完成第十届居委会换届选举工作。推动蒲黄榆路9号楼、11号楼引入京丰物业，完成2个小区业委会换届备案工作，指导新成立业委会2个、物管会8个，物业“三率”90%以上。推进1个北京市楼门院治理示范点和1个议事厅示范点建设，开展3个三无小区试点建设工作。完成5个超过3000户的大型社区拆分工作的前期调研、选址、装修。完成135家企业年报定报工作、30家企业台账审核工作，开展社区村统计站法律法规培训1次，完成人口抽样调查、劳动力调查、各专项统计调查工作。

（李　斌）

【民生服务】 年内，街道完成辖区3135户用工单位的日常巡查工作，对劳动合同履行情况进行监控，劳动合同签订率、续订率99.5%、缴纳社会保险95.7%。规范辖区4个社区的248家用工单位的劳动用工秩序，涉及员工2536人。完成62家用工单位进行网上书面审核工作。组织开展工资支付大检查、清理整顿人力资源市场秩序、根治欠薪夏季专项执法活动、根治欠薪冬季专项执法活动4次专项检查。街道推动养老服务驿站等养老机构的建设，增设一家宋庄路第三社区养老驿站。成立统筹小组，搭建由11家较有规模的医疗、养老、社会服务、信息化建设的单位和通过遴选产生的22家“15分钟”优质为老服务商户组成的区域养老联合体体系。为180名肢体残疾人举办540场次居家康复培训；访视困难残疾人128人次，提供应急帮扶、政务帮扶。发放困难残疾人生活补贴4124人次227万余元，发放重度残疾人护理补贴6571人次85万余元。投入资金15万，完成精品一条街（刘家窑路）一刻钟服务商圈无障碍设施改造项目（玉蜓桥至蒲黄榆二小，蒲黄榆二里至桃杨路）及延伸范围（安乐林路，定安路，三环路）等300家单位和门店无障碍设施的达标改造。配备无障碍设施57套，签订无障碍设施协议书及告知书57份。

▲2月4日，蒲黄榆第二社区为黄振云老人送去节日的祝福和关怀慰问。（东铁匠营街道 供图）

（李　斌）

【接诉即办】 年内，街道受理“12345”市民服务热线16776件，其中市中心直派诉求11337件，占67.58%；区中心转派诉求5439件，占32.42%。诉求热线中疫情诉求709件，占4.23%；日常诉求16067件，占95.77%，整体响应率94.5%、解决率64.36%、满意率72.51%。诉求案件转派网格化管理平台9912件。

（李　斌）

【基层党建】 年内，街道组织理论学习中心组学习18次，主题交流研讨3次。以基层支部为单位召开专题组织生活会238场，分层分类讲党课259场。各基层党组织开展主题活动710余次，集中参

▲6月，蒲安里第二社区人大换届选举。（东铁匠营街道 供图）

▲11月，东铁匠营街道纪工委连同市场所工作人员，对便民果蔬超市疫情防控落实情况进行监督检查。（东铁匠营街道 供图）

观“二七”革命纪念馆、中国共产党历史博物馆等3300余人次。完成社区党委换届工作。通过入党宣誓、“与党共成长”主题宣讲等形式，学习贯彻习近平新时代中国特色社会主义思想，做到“两个维护”。建强战斗堡垒，新建功能型党支部3个，新就业群体党支部1个。在街道便民服务中心、综合行政执法队两个窗口单位建立“党员示范岗”。

（李 斌）

【新冠肺炎疫情防控】 年内，街道落实疫情防控工作方案，坚决筑牢疫情防控安全防线，组织排查国内中高风险地区及境外各类来返京人员14897人，核查转运密接人员395人，开展日常核酸检测采样23319人次，重点人群核酸检测采样5418人次。利用“人防+技防”手段，管控居家观察人员867人，健康监测4907人。对辖区内存在冷库的三家商超单位，按照疫情防控要求落实防控措施。

（李 斌）

【文化体育】 年内，街道落实防控要求，调整不同防控等级下的公共文化和体育活动形式和内容，做到疫情防控和公共文体服务供给两手抓、两不误。运用“线上+线下”的方式开展110场文体活动，完成107名非京籍儿童入学资格审核，同时配合落实“双减”工作。

（李 斌）

东铁匠营街道村委会、社区居委会一览表

表 32

村（居）委会名称	村（居）委会地址	所辖范围	建成时间	常住人口（*户*人）	对外办公电话
蒲黄榆第一社区	蒲黄榆三里4号楼2-102	东至蒲路；西至景泰路；南至丰源路；北至二环路。	2000年	2073户 3944人	67623874
蒲黄榆第二社区	蒲黄榆四里13号楼101室	东至蒲路；西至崇文交界处；南至师范学校路；北至丰源路。	2000年	1791户 4854人	67600560 67661765
蒲黄榆第三社区	蒲黄榆五巷1号楼对面平房	东至蒲路；西至蒲五巷；南至安乐林路；北至师范学校路。	2000年	2315户 4694人	67650322
蒲安里第一社区	刘家窑北里15-4-103	东至蒲黄榆十一巷；西至定路；南至刘家窑路；北至安乐林路。	2000年	2099户 4891人	67699700 67606912 （协管）
蒲安里第二社区	蒲安东里8号楼107室	东至蒲路；西至蒲安里26、29号楼西侧；南至刘家窑路；北至安乐林路	2000年	2188户 5024人	67698532
木樨园第一社区	东木樨园11号楼北侧	东至沙子口路街；西至永外大街；南至南三环中路；北至东城交界。	2000年	4235户 9099人	67229231 87259221 8728837

续表 32

村（居）委会名称	村（居）委会地址	所辖范围	建成时间	常住人口（*户*人）	对外办公电话
木樨园第二社区	南三环中路67号院玩具城东墙外	东至定安路；西至沙子口路；南至南三环中路；北至东城交界。	2000年	2235户 5497人	87891141 87284071
刘家窑第一社区	刘家窑南里14号楼侧平房	东至皮革路；西至定安路；南至南三环中路；北至刘家窑路。	2000年	3100户 5300人	87630570 87675870
刘家窑第二社区	刘家窑东里9号楼楼下北侧平房	东至蒲路；西至皮革路；南至南三环中路；北至刘家窑路。	2000年	2604户 4435人	87665960 87629112
刘家窑第三社区	南三环中路15号院	东至皮革路；西至城印小区西侧；南至南三环中路；北至万事吉公寓南墙。	2000年	2038户 4709人	67623160
同仁园社区	南三环中路20号院后门西侧临1号	东至同仁东路；西至光彩路；南至晨光路；北至南三环中路。	2000年	4634户 7500人	67661092
横七条路第一社区	横七条11号院3号楼3门103	东至横七条路；西至同仁东路；南至顺八条路；北至南三环东路。	2000年	2949户 4896人	67646702 67676400
横七条路第二社区	顺四条16号院2号楼地下室	东至宋庄路；西至横七条路；南至顺五条；北至南三环东路	2000年	4796户 8946人	67698496 87610049
横七条路第三社区	横七条44号院平房	东至宋庄路；西至横七条路；南至大红门交界；北至顺五条路。	2000年	1408户 5081人	67677732 87613401
宋庄路第一社区	横一条17号楼前	东至横一条路；西至锁厂东墙；南至顺三条路；北至南三环东路。	2000年	1644户 3865人	87623970 67622848
宋庄路第二社区	广顺园北侧红楼	东至横一条路、横三条路；西至宋庄路；南至顺八条路；北至顺四条路、顺六条路。	2000年	998户 2622人	67653960 67690897
宋庄路第三社区	顺四条政怡家园	东至横一条路；西至宋庄路、横三条路；南至顺六条路、顺四条路；北至顺三条路。	2020年	1822户 2685人	67682018 67682068
南方庄社区	南方庄世纪星小区6号楼102	东至方庄南路；西至横一条；南至江西厦南路；北至南三环东路。	2000年	4373户 7573人	87672314 87676201
东铁营村	宋家庄苇子坑125号	东至成寿寺路；西至同仁东路；南至石榴庄规划路；北至南三环路。	不详	216户 370人	67627063

六里桥街道

【概况】 2021年7月丰台区区划调整，卢沟桥街道更名为六里桥街道。街道位于丰台区北部，东至西三环南路，南至丰台北路，西至西四环南路、与青塔街道东界限，北至丰台区与海淀区界限。调整后，原卢沟桥街道的丰西路社区、油泵厂社区、大井社区等7个社区划归五里店街道；蔚园社区、秀园社区、芳园社区等12个社区划归青塔街道；小屯社区、大瓦窑社区、假日万恒社区等10个社区划归新设立的卢沟桥街道（原卢沟桥乡）。辖区面积8.5平方公里。常住人口9.5万余人，下辖15个社区和3个行政村。辖区有中建一局、法律出版社、首汽腾达、北京排水集团、北京市公交集团、中国建设银行丰台区支行、望园大厦等规模以上企业163家；解放军文化艺术中心影视部、海军装备研究院等4个驻区部队；公安派出所、工商所等区政府职能部门派出机构。地理位置优越，交通便利，有三环、京港澳高速等城市主环路，有六里桥客运站等交通枢纽。

（杨捷薇）

【平安建设】 年内，街道持续加强社会治安防控体系建设，新建智慧平安小区3个。开展禁毒宣传2次、反恐宣传和演习2次、反邪教宣传1次，制作并发放工作宣传品11000余份。联合公安等部门开展反电诈宣传4次、开展防范非法集资宣传讲座2次。清理辖区内31处人防工程垃圾。组织社区开展“防空防灾、民防为民”主题宣传活动及“5.12”

防灾减灾宣传活动，悬挂横幅50余条、板报70余块，发放宣传材料4000余份，提高防灾减灾意识。落实安全生产责任制，逐级签订安全生产责任书8900余份，发放各类宣传品6万余份，检查危险化学品、建筑施工工地、在建工地等危险行业生产经营单位1600家次。

（谢嘉宝）

【城市管理】 年内，街道查处并规范店外经营、乱堆物料等违规经营行为320余起，取缔无照经营370余起，治理违法群租房46处，群租房、新生违建、“散乱污”企业等实现“动态清零”。联合公安对青塔等地区涉黄点位开展综合整治5次，取缔棋牌室9个、足疗店26个。拆除违法建设71668.73平方米、占地57156.26平方米。落实“街长制”“河长制”工作制度，招募“小巷管家”37人，巡访52366小时，处理各类事件858件。实施“治水”工作，巡河1692人次3575.5公里。引导居民节约用水，靛厂村被授予“北京市节约用水先进集体”。深化“一微克”行动，严格管控扬尘污染，整合力量开展施工工地、运输车辆、餐饮企业等重点行业日常巡查，动态更新污染源台账。处理城市管理类案卷7200余件。

（谢嘉宝）

【社区建设】年内，街道引进社会事务所参与社区建设，在保利益丰社区设立楼门院示范点建设，在莲香园社区开展社区服务空间开放式建设，推进社区规范化、专业化、精细化管理。深化党建引领物业管理，梳理完善59个住宅小区管理台账。开展文化惠民工程，丰台区图书馆为辖区靛厂村等五家益民书屋配送图书350余种。丰富群众性文化活动，组织“我们的中国梦”、周末百姓大舞台演出、“星火工程”等演出19场，放映电影26场次。

（谢嘉宝）

【民生服务】 年内，街道采集空岗信息指标2746个，失业人员登记就业率64.19%，完成就业人数台账701人，超额完成社会事务保障硬性指标。加大企业日常巡查和两网化工作力度，巡查企业单位1642家，完成二级网格任务86家、网上书面审查50家。监察劳动用工重点企业1642家，发放调查询问书50份，受理投诉、举报案件60起，涉及401人257.2万元，维护劳动者合法权益。完成非本市户籍儿童入学初审登记276人。抓好民兵整组、兵役登记、征兵及民兵训练工作，组建基干民兵连，被评为“先进民兵基层单位”。不断巩固脱贫攻坚成果，实施消费帮扶26.63万元，推进3个村、1个村企与内蒙古兴安盟扎赉特旗签订结对协议12万元，参与乡村振兴，落实各项帮扶任务。

（谢嘉宝）

▲9月，京铁家园社区博物馆开馆。（六里桥街道 供图）

【接诉即办】年内，街道围绕民生热点，强化分析研判、预警预判工作，建立日调度、周点评、月约谈三会模式，推动“接诉即办”向“未诉先办”转变，受理居民诉求4.2万余件，持续推动辖区疑难问题解决，诉求解决率和居民满意率不断提高，推进社会矛盾调处，处级领导接访42次，接待163人，接待来电、来访、来信237件次626人次，信访事项受理率100%、按时办结率100%，一名工作人员被评为“北京市信访工作先进个人”。街道“接诉即办”考核成绩连续三个月进入全市排名前50%。上报“接诉即办”典型案例45件，其中27篇被市级、区级采用。

（谢嘉宝）

【基层党建】 年内，街道定期研究党风廉政、意识形态、重点领域党建工作，开展警示教育7次，回复党风廉政意见666人次，提醒谈话12人，集体提醒谈话17人。推进“我为群众办实事”实践活动，确定街道级实事项目5项，社区（村）实事项目88项，把党史学习教育转化为服务群众实际成效。量化机关效能目标13项200条，制定街道级实事项目7项，社区（村）实事项目63项，公开政务信息260条，专项督查督办118件，32篇实用信息和经验做法被《丰台组工》《丰台信息》《丰台政务》刊发，352条外宣信息被区级以上报刊和新闻媒体采用。组织评选表彰和走访慰问活动，完成辖区1349名党龄满50年老党员摸排统计和“光荣在党50年”纪念章颁发工作，走访慰问困难党员和困难党务工作者68名，组织开展“七一共产党员献爱心”捐献活动。开展党史微课、理论宣讲、文艺演出等活动200余场。统筹协调党代表、人大代表、政协委员选举工作。实现区党代会选举党员知晓率100%、区人大换届选举投票率98.62%。

（谢嘉宝）

【精神文明建设】 年内，街道全面推进国家卫生区创建，建立爱国卫生组织机构1196个，组织社区健康大讲堂（义诊）活动20余次，受众26万余人次。深化全国文明城市创建工作，与中宣部传媒监管局开展结对共建活动5次，组织系列文明实践活动360余场，编唱六里桥创城主题曲。联合区体育局为西局玉园、万丰公园建设篮球（半）场，乒乓球场，1645米健走步道，棋苑等20个体育设施，自筹资金11万元配备各类设备设施。培育优秀文化团队和优秀品牌文化活动，完善街道社会体育指导员台账300余人。

（谢嘉宝）

▲5月26日，中宣部传媒监管局向辖区小学赠书。 （六里桥街道 供图）

【新冠肺炎疫情防控】 年内，街道持续做好中高风险地区来京人员社区防控措施，严格测温、查证、验码、登记管理，核实疫情相关人员26433人，排查落地11542人。成立2个集中观察点，接收境内197人、境外751人。做好疫苗接种工作，2月至10月负责丰台体育中心疫苗接种点，11月初负责龙源飞扬羽毛球馆疫苗接种工作，11月25日开设北京农资大厦固定接种点及流动车接种点，接种新冠疫苗364186剂次。

（谢嘉宝）

六里桥街道村委会、社区居委会一览表

表33

村（居）委会名称	村（居）委会地址	所辖范围	建成时间	常住人口（*户*人）	对外办公电话
六里桥北里社区（原卢沟桥街道）	莲花池西里甲26号	东至西三环中路；南至莲宝路，沿八一厂社区东墙南延至京石高速六里桥段中间线；西至莲怡园东路中间线，沿北京公交集团马官营场站北墙往东，沿华宝公寓西墙，沿佳弘莲花大厦北墙往西；北至吴家场路中间线。	2000年	2307户 4716人	63967558
六里桥南里社区（原卢沟桥街道）	小井村294号西院	北至京港澳高速公路南侧，东至西三环辅路，南至丰北路，西至望园东路。	2002年	1900户 2241人	63768774
西局玉园社区（原卢沟桥乡）	西局南街甲56号	北与小井村、六里桥村接壤，东跨西三环，南接丰北路，西跨万丰路。	2019年	3283户 7255人	63839508
丰台路口社区（原卢沟桥街道）	望园西里17号楼北门	位于西四环南路东南侧，东临望园路，南至望园北路，西临西四环南路，北起广安路。	2000年	2913户 5705人	居委63831978 党委63809981
望园社区（原卢沟桥街道）	望园东里3号平房	北至望园北路，东至万丰路，南至望园北路，西至西四环南路。	1998年	4233户 9455人	63865104 63825041
保利益丰社区（原卢沟桥街道）	西局西路58号院底商58-73	位于六里桥街道东北部，东至北京市信访办西墙，西至西局西路，南至马连道路（未建成），北至西局北街。	2011年	3595户 6059人	63770704
金家村第二社区（原卢沟桥街道）	金家村1号院	东至万寿路南沿路辅路西侧，西至北京铁路局动车车辆段，南至国家密码局和海军干休住宅小区，北至新开渠南侧。	2003年	1549户 3421人	51763504

续表 33

村（居）委会名称	村（居）委会地址	所辖范围	建成时间	常住人口（*户*人）	对外办公电话
京铁家园社区（原卢沟桥街道）	京铁家园二区 8号楼二层	位于六里桥街道北部，东至西翠路南延，南至京铁家园南路，西与青塔街道交界，北至京九铁路线。	2005年	3321户 10118人	56884648 56884626
八一厂社区（原卢沟桥街道）	六里桥北里甲一号	位于六里桥街道东北角，京港澳高速路辅路附近，东至六里桥北里社区，西至六里桥社区，南至六里桥京港澳高速公路辅路，北至莲宝路。	2000年	3187户 4301人	66824652
六里桥社区（原卢沟桥街道）	六里桥北里甲15号	位于丰台区莲怡园东路东侧。东至八一厂西墙外南至，京港澳高速辅路北侧，西至莲怡园东路东侧，北至六里桥北里18号楼北侧平房。	2000年	2058户 3780人	63438902 63438102
金家村第一社区（原卢沟桥街道）	西四环中路326号东易日盛B座625	北至首汇健康科技园北侧、西客站车辆客运段南墙，东至万丰路（密码局东墙），南至水衙沟路，西至西四环路东侧。	1997年	3838户 5471人	88253872
西局欣园社区（原卢沟桥乡）	西局欣园南区8号楼	东临西局玉园社区，南接丰北路，西紧邻万丰路，北与西局玉园社区接壤。	2018年	4471人	83691150
莲香园社区（原卢沟桥街道）	六里桥10号院 风荷曲苑售楼处	东至莲怡园东路，南至京港澳高速辅路，西至莲宝中路，北至莲宝路。	1999年	1376户 6300人	63992399 63997108
莲怡园社区（原卢沟桥街道）	莲怡园一区 五号楼西侧	北至莲怡园北路，东至莲怡园东路，南至和谐广场北侧路，西至万丰路。	2000年	3348户 10044人	63366110
科兴佳园社区	靛厂路26号院 15号楼二层	北至靛厂路，东至靛厂路6号院西墙，南至水衙沟路，西至锦园小区东墙。	2014年	1486户 4408人	55498624
小井村（原卢沟桥乡）	广安路小井村558号	东至六里桥，西至西四环辅路，南至周庄子和丰北路，北至岳各庄、靛厂村。	1954年	1028户 2770人	63819079
靛厂村（原卢沟桥乡）	靛厂村742号	北至金家村与万寿路交界，东至万丰路，南至京港澳高速路，西至西四环路中路。	2013年	738户 1575人	88246678
六里桥村（原卢沟桥乡）	广安路280号1号楼	东至西三环，南至西局村，西至小井村、靛厂村，北至丰台区与海淀区界限。	1987年	3500人	63768702

丰台街道

【概况】 丰台街道位于丰台区中部，是区委、区政府所在地。2021年根据丰台区区划调整，划转到五里店街道和看丹街道10个社区，新接入2个社区、村，辖区总面积调整到5.5平方公里，东至西三环南路、造甲街与新村街道、丽泽管委相邻，南至丰台南路与新村街道毗邻，西至西四环中路与五里店街道、看丹街道相邻，北至丰台北路与六里桥街道相邻，途经辖区公交线路54条，地铁9号线、10号线、14号线贯穿辖区。有常住人口9.9万人，流动人口2.9万人，外籍人口77人，有汉族94780人，回族、蒙古族等32个少数民族4220人；新出生2300人，出生率2.3%，死亡2194人，死亡率2.2%。驻辖区单位3000余家。有医院6所，社区卫生服务站7个。有中学4所，小学5所，幼儿园11所。有敬老院2个。有200平方米为民服务大厅、800平方米地区文化中心，有19处文化广场。实现区级财政收入33782万元，同比增长19.98%，征收房产税133.55万元，同比增长46.6%。经中央精神文明建设指导委员会复查，丰台街道办事处继续保留全国文明单位称号；被评为“北京市生活垃圾分类推进工作先进单位”。

（陈　洋）

【平安建设】 年内，街道完成北京冬奥会、冬残奥会、“两会”、疫情防控等重点时期、重点会议期间的安全防范。持续推进疏解整治促提升专项行动，拆除违法建设51920平方米，完成

▲11月10日，街道游泳场北路社区与物业公司对物业人员进行消防安全培训（丰台街道 供图）

率130%，完成销账任务50处，腾退土地3.2公顷，完成率100%。拆除西三环南路73号2200平方米、正阳大街南侧8400平方米铁路系统的违章建筑，保障丰台火车站配套建设的推进。整治违法群租房50处，启动7个老旧小区14栋楼房改造，实现新生违法建设、占道经营、“散乱污”企业“动态清零”。组织30余轮安全生产大检查行动和燃气、建筑施工、有限空间作业、电动自行车等各类专项整治行动，检查生产经营单位13114家次，排查治理隐患3589项，整改隐患3381项，整改率94.2%。检查施工工地451次、小装修小工程321次，签订建筑工地安全责任书55份、备案18份。创新普法形式，开通“E普法”和“公益快普法”直播，开展各类法律援助，调解纠纷26件，重大行政执法案件审核11件。完善社会稳定风险评估、突发事件预警处置，协调区属相关单位做好信访调解。畅通信访渠道，接待来信、来访247件次515人次。

（陈　洋）

【城市管理】 年内，街道实施精细化城市环境治理，深化“一微克”行动，班子成员包片负责，街巷长亲自抓，小巷管家日常巡，实施“发现问题—线上上报—对口接单—联合治理”模式，处罚施工工地45起，罚款63.9万元，检查“三类场所”6166次，公示问题整改129家。检查商务楼宇217次，街巷长日常巡查1184次、处置案件200件，$PM_{2.5}$累计浓度19微克/立方米、TSP累计浓度71微克/立方米。全面推进生活垃圾分类。建立完善监督检查机制，做好分类设施设备建设，动员在职党员、青年团体、志愿者回社区参与垃圾分类宣传值守。全面抓实垃圾分类，居民垃圾分类知晓率100%，参与率95%，厨余垃圾分出率19%以上。加大餐饮企业禁控烟工作检查，发动2万余人次参与周末大扫除活动，清理面积20万平方米，清理卫生死角6336处、堆物堆料720余吨。加强水污染防治，落实“河长制”工作，巡查2414人次，巡河1448.4公里。开展“清管行动”计划，清掏3825处点位。加强河道内外环境整治，监测全年达标。推进开展绿化工作，砍伐危死树2株，修剪40余株；治理杨柳飞絮871株，投入41万元引进专业绿化公司，对228亩绿地进行日常养护维护。

（陈　洋）

【社区建设】 年内，街道推行“党建+社区治理”机制，完善“两级组织、三级管理”社区村治理服务体系，实行“综合窗口”“全能社工”模式，落实社区村减负要求，培育社区村社会组织，发动社会力量参与社区村治理服务，小区“微整治”投入100余万元。开展“学文明条例 做文明市民”“创建国家卫生区 共建文明新丰台”“垃圾分类 文明同行”“一米行动”“公筷行动”“光盘行动”“周末百姓大舞台”等主题实践活动，选树“北京榜样”“最美丰台人”模范人物，弘扬社会主义核心价值观。以开展市、区电动自行车安全专项整治活动为契机，安装电动自行车电梯阻拦系统36处，投入79.5万元安装充电桩、柜。完成安装电动自行车充电接口1875个，充电接口与电动自行车比36.18%，签订电动车自行车安全责任书、倡议书6000余份。完善应急保障机制，和京丰物业协作，成立应急抢险队，处置辖区

▲6月11日，街道携手北京今日东方艺术团及北京文华飞彩艺术团在丰台花园举行“百姓周末大舞台”专场演出。（丰台街道 供图）

内急难险重的突发事件，设立应急保障资金，并用好小额资金，增强群众获得感、幸福感。完成年度人口抽样调查工作，抽样调查14个社区108个普查小区。完成148名非京籍儿童入学资格审核。

（陈　洋）

【民生服务】 年内，街道围绕“七有”“五性”，推行“一网一门一次”改革，实施“早晚弹性办、午间不间断、周六不休息”的“一站式”服务，完成14项重点指标和3项专项指标，接收退休人员档案7251份、失业人员档案1116份，办理城乡居民医疗保险参保8000人次，辖区退役军人在册8733人，新采集退役军人信息1700人。开展税源政策宣传，引进1家企业入驻。开展新时代爱国卫生运动，推进创建“国家卫生区”和“创建全国文明城区”活动，建立爱国卫生组织859家。建立2个农贸市场、19家医疗机构、188个健康教育宣传重点点位台账，组建健康指导员队伍，开展疫情防控、健康生活、“双区”创建指导，提高辖区居民健康素养。做好病媒防制第二阶段验收工作。开展灭蚊灭蝇、健康生活、禁烟控烟等宣传活动，并对第一阶段鼠蟑工作进行回头看。落实大病和困难人群基本医疗救助待遇，残疾人服务728人次，各类住房服务10444次，精防患者每季度服务307人次。发放高龄津贴1190.71万元，为老服务93200人次。走访慰问1354人40.6万余元。发放各类社会救助1224万元，其中发放临时救助25万元、医疗救助184万元。

（陈　洋）

【接诉即办】年内，街道开启“丰街‘接诉即办’大数据”平台建设，实现街道信息共享，问题定位精准，分类派单精确，做到“接诉即办”工作全程纪实跟踪督办考评。坚持“民有所呼、我有所应”，推行“离案包片”负责，完善接件、派件、处置、回访程序，打造全链条、全天候24小时热线处理机制，引进“接诉即办”智能系统，日调度、周汇报、月分析集中研判，处级领导、科室负责

▲10月11日，街道在银座和谐广场组织2021年丰台区“健康丰台人”运动素质公开赛。（丰台街道 供图）

人、社区书记、物业企业单位负责人四级联动处置，解决好居民群众的操心事、烦心事、揪心事。以每月一题“聚焦高频诉求”，解决群众“急难愁盼”问题26件。接收热线案卷14075件，其中环境建设类案卷2348件，住房类2270件，物业管理类1594件，全年综合成绩全区排名第四。

（陈　洋）

【基层党建】 年内，街道组织学习贯彻习近平新时代中国特色社会主义思想和党的十九届六中全会精神，打造“线上＋线下”学习教育新模式，班子成员带头上讲台辅导宣讲，开展党史学习教育，学习四本指定教材、三部《简史》，落实“基层宣传工作”要求。落实意识形态责任制，各类新闻媒体刊发宣传报道100余次。持续以片区指导监督、定点沉入监督、网格嵌入监督三种方式滚动督察，梳理“接诉即办”、疫情防控、垃圾分类等18个风险点开展不间断的监督检查，密切关注“四风”新动向，持续运用监督执纪“四种形态”，组织开展党风廉政建设，常态化做好落实“八项规定”的提醒工作。发挥党代表、人大代表、政协委员聚焦区域发展参政议政，完善统战工作制度和治理能力建设，做好“清真三化”专项工作。加强工会、妇联、团工委的基层组织建设，完成街道妇联、侨联的换届工作。做好人大代表换届选举工作，对代表选举程序、党员推荐、组织考察等内容进行业务培训。参加投票44096人，选举产生23名代表，人均得票率97.87%。

（陈　洋）

【新冠肺炎疫情防控】 年内，街道继续强化农贸市场、餐饮单位、宾馆饭店等常态化监测，坚持“外防输入、内防反弹”不放松，完善街道防控领导体系建设，健全常态化精准防控和应急处置相结合的工作机制，开展创建“无疫情”单位活动，持续宣传“丰九条”政策，常态化开展“七小”门店、2个市场常态化防控。落实疫情防控措施，严格外省市返京人员落地筛查，疫情大数据派单5162人。开展高风险地区、境外返京、居家隔离的密接人员进行入户核酸检测3680人次。完成79人（次）密接、次密接的中高风险地区来京人员管控、对接、转运等工作。组织疫苗接种工作，共接种疫苗第一针220323剂次。持续开展60岁以上老人接种宣传和发动工作，全面推动辖区加强针剂接种工作，加强针接种45367剂次，接种率70.5%。针对冬季接种实际情况，街道以人为本，增加接种专场、夜场，并启动预约班车，方便年龄大、行动不便人员的接种工作。

（陈　洋）

丰台街道村委会、社区居委会一览表

表 34

村（居）委会名称	村（居）委会地址	所辖范围	建成时间	常住人口（*户*人）	对外办公电话
北大街北里社区	丰台街道近园路北大街北里社区居委会	东至东大街，南至北大街，西至西四环南路，北至丰北路。	2002 年	3137 户 6949 人	63814633
东大街西里社区	丰台街道东大街西里平房 1 号	东至东大街，南至七里庄路北，西至七里庄横街，北与海航大院相接。	2002 年	1883 户 3282 人	63815998
北大街社区	丰台街道北大街南里 10 号楼南侧平房	东至丰华苑西街，南至文体西街，西至西四环南路辅路，北至首都师范大学附属丽泽中学南墙。	2002 年	2280 户 5804 人	63814611
东幸福街社区	丰台街道东幸福街社区院内平房	东至文体路 62 号院东墙，南至东幸福街路、西至西四环南路辅路，北至文体西街。	2002 年	2009 户 4347 人	63846136
永善社区	丰台街道电报局街 3 号楼前平房	东起文体路、16 号居民楼，西至西四环南路，南邻京张、京沈铁路干线，北靠东幸福街。	2002 年	2121 户 6658 人	63846960
正阳北里社区	丰台街道正阳北里小区同盛里 7 号楼北侧	东起东大街 335 路汽车总站，南邻丰台火车站，西至文体路，北至文体路 64 号院南墙。	2002 年	2168 户 5802 人	63842776
东大街东里社区	丰台街道东大街东里 6 号楼前平房	东至十五支队东墙，南至丰管路，西至东大街，北至丰台北路。	2002 年	4036 户 9871 人	63820013
东大街社区	丰台街道游泳场北路 9 号院写字楼 1 层东侧	东至东营里 1 号院东墙，南至游泳场北路中心线和东营里胡同中心线，西至文体路中心线，北至七里庄路中心线。	2002 年	2691 户 5600 人	63800684
前泥洼社区	丰台街道丰管路前泥洼小区一区 4 号楼	东至西三环南路，南至铁路边界，西至东营里，北至丰管路。	2002 年	2798 户 5990 人	63865130
向阳社区	丰台街道新华街三里 9 号楼	东临胜利街，南至新华街北社区，西毗西四环南路，北起京原铁路。	2002 年	1553 户 4750 人	51106584
建国街社区	丰台街道新华街一里 1 号	东起造甲街，西沿胜利街向北经建国街至电务段西墙，南至新华街，北至京张、京沈铁路线。	2002 年	1966 户 3883 人	52837714
新华街北社区	丰台街道新华街一里 1 号	东与建国街为邻，西至西四环南路东侧，南至新华街、北与向阳社区为邻。	2002 年	3276 户 10592 人	52971710
新华街南社区	丰台街道新华街一里 1 号	东起造甲街，西至西四环南路，南邻丰台南路，北靠新华街。	2002 年	2377 户 7075 人	52832471
丰益花园社区	丰台街道丰管路 3 号院西管头车站路北	东至西三环南路，南至丰管路，西至庄怡公园东路，北至泥洼北路。	2009 年	3410 户 9158 人	63890193
丰管路社区	丰台街道丰管路社区居委会	东至泥洼地铁站西侧小路，南至东营里路连接丰管路，西至泥洼路南段连接公安部宿舍楼西墙，北至庄怡北街道路中心线。	2011 年	2639 户 5039 人	63863370
游泳场北路社区	丰台街道游泳场北路 41 号北楼 2 层	东至东营里 2 号院东侧路、南至正阳大街 3 号院、西临东幸福街和正阳小区、北至游泳场北路中心线和东营里胡同中心线。	2020 年	2935 户 5731 人	63948145

续表 34

村（居）委会名称	村（居）委会地址	所辖范围	建成时间	常住人口(*户*人)	对外办公电话
丽泽景园社区(原卢沟桥乡)	益泽路1号院丽泽景园6号楼一层东侧	东至西三环南路辅路，南至泥洼北路，西至十五支队东墙，北至丰台北路。	2019年	3126户 4546人	63305095-0
周庄子村(原卢沟桥乡)	周庄子家园9号楼	东至庄怡公园东路,南至丰管路,西至泥洼路,北至泥洼北路。	1950年有一任村书记。2014年底回迁小区周庄子家园建成。(区划调整后归入丰台街道)	1632户 4200人	63800962

新村街道

【概况】 新村街道位于丰台区中部，办事处驻新村四里25号，北至京广铁路与丰台街道相邻，东至纪家庙路与玉泉营街道相邻，南至南四环西路与看丹街道相邻，西至造甲街、科怡路与看丹街道相邻。辖区面积5.95平方公里。有常住人口111645人，户籍人口31256人，流动人口41732人。下辖18个社区、1个村。辖区内企业588家，其中区级税收百万以上企业34个，商务楼宇4个，重点商业设施3个，全区“服务包”企业8个。物业管理小区43个，物管会329个、业委会11个，业委会物管会组建率93%。幼儿园15所(含5个社区办园点)、小学5所，中学4所，专科院校2所，大学1所。

（徐立松）

【平安建设】 年内，街道接收群租房热线206件，其中误报66件，整改110件，完成率130%；签订地下空间安全管理责任书260份，约谈地下空间承租人、产权人5次；检查26个员工宿舍。统筹做好“两会”“建党100周年”“十九届六中全会”期间安保工作。接待群众来电来访280余人次；办理网信57件次58人次；纸信19件次834人次；来访55件次111批次232人次。完成小微企业创建36家；整治上账隐患19处；安全生产检查队检查单位4829家次，发现隐患926条，出动人员7000余人次。持续对有限空间、施工工地、消防、燃气等安全生产工作开展检查与督查；完成消防通道施划小区75个，查改电动自行车进梯进楼、“飞线”充电等不规范行为3000余例，制作发放电动自行车警示提示贴纸1.9万张、海报2.3万张；完成62个区域安装充电桩106处，充电接口1504个。加强社区消防能力建设，为造甲南里社区老旧小区逐楼门装配灭火器55组；为高龄、空巢老人等消防关爱群体购置发放灭火毯950条，配置安装独立式烟感报警器750台；组织全民消防大培训19场，培训4582人次；组织各微型消防站拉动演练150余场次。清理“僵尸车”160辆；完成交通乱点整治5处；对五圈南路、樊羊北路、芳菲路、张新路、丰台东路等道路周边机动车乱停放现象，通过发放告知书、劝离等方式开展综合整治；在丰台东路与樊羊路交叉口等5处安装隔离墩、隔离护栏等交通设施。完成中国共产党成立100周年庆祝活动期间交通安全与服务保障工作。

（徐立松）

【城市管理】 年内，街道完成丰台站站改项目2户、四合庄西路1户、丰台东路5户宅基地及丰桥桥梁有限公司办公用房腾退，保障国家重点工程的建设。行政区划调整后，与看丹街道配合，开展丰葆东路等4条背街小巷环境整治，完成2020年重点大街环境整治工程的收尾及竣工验收工作。对投诉集中的韩庄子西里等6个失管小区进行专项治理，提升小区面貌和秩序状况，对丰西北里等8个失管小区开展小额工程环境整治，提升市政和垃圾分类设施基础以及市容环境状况，解决重点投诉的城市环境管理问题。制定并推进造甲村1号楼、刘家村200号院等2处老旧小区综合整治计划。4处区级挂账占道经营点位全部销账，做好门前三包、首环办检查、户外广告牌匾、停车认证等工作。完成市级对新村街道垃圾分类示范片区验收复查工作，规范设置大件垃圾、装修建筑垃圾暂存点130余处，完成理想家小区、三环新城6号院、造甲南里20号院、刘孟家园小区、原新村街道风格与林和怡锦园小区的北京市垃圾分类示范小区的参评工作，并通过验收。清运无主垃圾、堆物堆料7877吨。利用辖区内2个市级空气质量监测微站和37个区级小微站实时监测辖区 $PM_{2.5}$ 与TSP数值。加强对施工扬尘、渣土运输车辆、露天焚烧、汽修企业的检查力度，做好第二轮中央生态环境保护督察进展跟进工作。

（徐立松）

【社区建设】 年内，街道完成新成立社区的居委会选举工作，完成鸿业兴园南社区居委会选举工作，选举产生居委会委员7名；完成第十一届社区居委会换届选举工作。社区居民委员会成员262人，其中居委会主任34人，副主任47人。

▲6月24日，街道在区文化馆参加"永远跟党走"庆祝建党百年合唱比赛。（曹鲁功 摄）

指导社区开展议事协商会议300余次。指导三环新城第三社区创建议事协商厅示范点和2个议事协商示范楼门、芳菲路社区创建垃圾分类社会动员示范社区。组织业委会（物管会）交流培训，形成物业管理工作周报50份、月报12份、宣传报导31篇。完成非京籍儿童入学审核409人，审核通过387人。举办文化活动135次、体育活动55场次，为怡海花园、鸿业兴园等7个社区更新更换健身器材，举办清明节社区书画比赛、庆祝建党100周年社区居民合唱比赛、组织"筑梦冬奥·助力新村"主题系列活动、趣味篮球赛、国家体育锻炼标准测试和国民体质测试、全民运动会等活动。对电力机社区、鸿业兴园社区、风格与林社区、韩二社区、三环一和三环三社区办公和活动用房进行维修维护，对造甲村社区新租赁办公用房进行装修。社区服务与办公用房租赁涉及10个社区13个租赁项目，支出24万余元。

（徐立松）

【民生服务】 年内，街道在册80岁以上高龄人1674人，全年发放高龄津贴30823人次461.79万元；发放失能老人补贴690.7万余元、养老服务补贴36.7万元。发放残疾人生活补贴146万元，残疾人护理补贴64万元，精神病人监护人补贴68万元。低保家庭114户189人，发放低保救助金588万元。医疗救助270人次28.46万元；重大疾病救助226人次46.34万元；临时救助134人次38.14万元；发放低保人员清洁能源自采暖补贴14户1.8万元、燃煤自采暖5户0.5万元。发放公租房补贴29户，公租房续约45户、变更110户、终止100户、新申请98户，数据删除30户，解锁60户，市补复核60户，发放公补确认单续租单77户，进行低保低收入专项配租28户，军优配租25户。公租房复核上报58批次675人次。完成35名残疾人就业，慰问残疾人家庭392户326500元。为86名残疾人办理城乡居民养老保险补贴审核，为214名残疾人办理城镇残疾人个体保险补贴，为4名残疾人办理残疾人一次性保险补缴社会保险补贴，为4名困难残疾人申请助学补助工作，为21名16岁以下残疾儿童办理残疾儿童康复补助申请。对12个公厕、2个养老机构、6个社区卫生服务中心进行无障碍督查验收，对精品街、示范一刻钟服务圈以及辖区"七小门店"172处进行建账与上账。为160名困难残疾人家庭提供家政保洁、生活照料；为221名残疾人发放燃油补贴57460元。开展爱耳日、助残日宣传和携手如常集团茶艺职业培训班一期、与鑫利源食品有限公司携手端午节粽子制作培训、消防知识讲座与实操1次。开展健康讲座224次，健康教育专栏的社区覆盖率100%，发放慢性病防控相关宣传材料15800余份。新建成1个健康社区（鸿业兴园社区）。开展红会救助，元旦春节期间救助9户13000元。办理独生子女父母年老时一次性奖励196人，办理独生子女证22份，发放独生子女父母奖励费46380元。发放"真情关心暖心行动"慰问金166000元。发放低保两节慰问金115户83000元。军工两节慰问44人87000元；发放优抚人员过节费90人90000元。完成劳动保障监察员日常巡查2800家。协助劳动监察大队完成任务派单70余单。

（徐立松）

【接诉即办】 年内，街道受理市"12345"热线交办诉求17727件，同比减少7275件，投诉总量下降29.1%。诉求主要集中在：物业管理2509件、施工管理2084件、疫情1441件、小区配套1239件、市场管理1051件、修缮1041件、停车管理925件、违法建设886件。响应率94.86%，解决率81.81%，满意率86.38%，在全区26个街镇中排名23名。完善热线调度、10天排名、每月点评、季度汇报、年终考核、评先评优措施，将"见面工作法""1.3.4.6"工作法（1就是案卷下来的第1天，市民诉求中心即时与举报人对接，核实情况，不是街道的件退回市区中心，是街道的第一时间派至各办理单位。3是派件的第3天，各单位将办理情况回复到市民诉求中心，工作人员进行审查。4是第4天市民诉求中心进行回访。满意、解决的件进行整理，准备提交市区中心。单满、双否的件再次派至办理单位，进行二次办理，即督办。6是第6天，市民诉求中心再次进行追访，全力提升办件的三率。确实解决不了的案件，各单位申报剔除或挂件，市民诉求中心进行把关和提交）、"三上门"工作法写入《新村街道接诉即办工作办法》中。运用"吹哨报到"机制188次，吹哨问题解决率75.53%，其中针对历史遗留

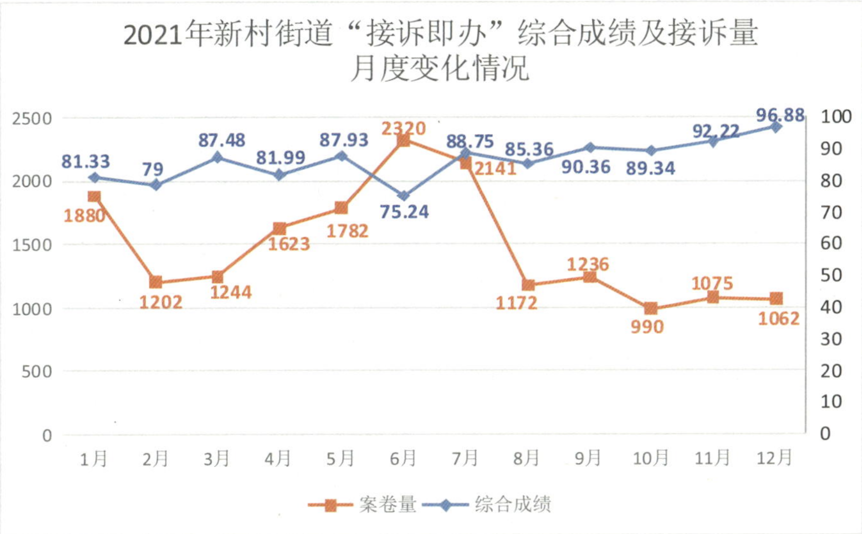

的明春苑市政供水问题召开调度会12次，外围管线、庭院线完成贯通。街道城市运行保障应急队伍处理无物业和物业无法履职的老旧小区各类难题625件，实现居民诉求的快速响应。

（徐立松）

【基层党建】 年内，街道研究制定全面从严治党工作安排及责任清单并贯彻落实。组织学习中国共产党成立100周年大会精神、十九届六中全会精神，开展党史学习教育，组织理论中心组学习21次。制定党建工作要点，建立班子成员基层党支部联系点9个。组织选举区党代表6名，选举区级人大代表15名。调整党建协调委员会成员单位22家、各社区（村）党建协调委员会成员单位101家。研究制定社区党委“三重一大”清单（试行），规范社区党委会会议流程。做好2家楼宇党群服务中心（站）建设，坚持党建引领新业态，指导3家企业成立党支部筹备工作委员会。加强和改进老干部工作，组织机关离退休干部党支部学习，慰问“四就近”离休老干部55人、易地离休干部2人。完成街道团支部、妇联、工会、侨联换届等各项工作。

（徐立松）

【统计工作】 年内，街道完成260余家规模以上企业4989张年度、季度、月度报表的审核验收上报工作，506条查询清单与数据核实工作。抽查辖区30家企业统计数据台账，对其中的5类统计数据148张台账进行检查；为37个社区970余名调查员指导员发放劳务费7478671元；组织12个社区参与劳动力调查；完成16个社区的人口抽样调查工作，选聘、培训社区调查员47名，发放劳务费58478元；完成两次就业失业调查，选聘培训调查员73名，完成280余户数据查询修改以及19个社区村基本情况表的登记录入；对人口增长过快的7个社区进行9次核查、40个点位查询；对辖区内8个社区9名百岁老人基本情况进行调查录入工作。

（徐立松）

【社保工作】 年内，便民服务中心企业建档176户；采集空岗信息3363个；城乡劳动力推荐463人；就业困难人员摸查509人；办理享受、停止市灵活就业937人次，办理享受、停止区灵活就业191人次；完成社保业务下沉工作6795笔；完成医保报销1599人次9735762.15元；变更医院7503人次；补换卡9343张；城镇居民医疗保险新参保1571人，新发社保卡1534张；城乡居民养老保险参保138人；接收社会化退休人员11115人、转出6450人；办理延缴手续及无档案人员参保94人；办理失业登记人员967人、就业登记517人；为六家单位申请岗位补贴22000元；办理外出就业补贴5人7950元；发放丧葬费164人820000元；办理异地就医131人次；为公益性组织人员办理招聘入职手续16人、办理退休手续27人；举办线上线下招聘会5次，发放宣传材料200余份；申报充分就业社区19个，充分就业社区100%；调查用工单位87家；建立社区政务服务站19个，其中政务服务示范站2个；建立社区退役军人服务站19个，其中退役军人示范服务站1个。

（徐立松）

【便民服务】 年内，街道围绕生活性服务业品质提升工作，以一刻钟服务圈和五分钟蔬菜服务圈为抓手，挖掘社区的地下空间、人防工程、疏解腾退空间等资源，协调产权单位，依托相关政策，补齐社区缺失的业态和网点数量，对老旧小区多、网点不足的社区补充新建、升级改造业态网点，或通过线上方式补充社区业态；打造以怡海花园社区为中心、涵盖鸿业兴园等4个社区的“生活性服务品质圈”，服务居民9000余户5万余人，升级周边业态和创新商业模式，提升生活服务业规范化、连锁化、便利化、品牌化、特色化；创新发展“互联网＋生鲜、餐饮、洗染、家政”等新型业态业种。有基本便民商业网点214家，建设提升便民服务网点3家，街道基本便民服务100%全覆盖。

（徐立松）

▲5月12日，新村街道组织民营企业招聘会。（曹鲁功 摄）

新村街道村委会、社区居委会一览表

表 35

村（居）委会名称	村（居）委会地址	所辖范围	建成时间	常住人口（*户*人）	对外办公电话
芳菲路社区	芳菲路88号院3-2-102	北至首经贸中街南侧，东至芳菲路88号院东侧，南至芳菲路88号院南侧，西至芳菲路东侧。	2011年	2258户 4667人	83600694
鸿业兴园社区	鸿业兴园二区2号楼一层西侧	东至鸿业兴园小区东侧路中心线，南至康辛路中心线，西至四合庄西路中心线，北至丰台南路中心线。	2011年	2598户 5003人	83817576
桥梁厂第一社区	葛村西里12号楼北侧平房	东至樊家村，西至刘家村，南至丰台东路，北至三环新城。	2002年	1509户 2006人	63736296
桥梁厂第二社区	新村二里5号楼北侧院内	北至丰东路，东至樊羊路，南至怡海花园，西至三兴汽车厂。	2002年	3042户 7621人	63791908
三环新城第一社区	丰桥路8号院14号楼外底商1单元36号	北至育芳园北路，东至康庄东路，南至桥梁厂第一社区，西至地铁十号线。	2009年	2209户 5090人	52361128
三环新城第二社区	丰桥路8号院甲14号底商	北至铁路，东至育芳园北路，南至桥梁厂第一社区，西至地铁十号线丰台站。	2009年	2785户 6805人	83626387
三环新城第三社区	丰桥路三环新城8号院3号楼甲2-58	北至京广线，东至丰桥路七号院1号楼，南至育芳园北路，西至丰桥路七号院11号楼。	2009年	3079户 6843人	83209728
首经贸中街社区	首经贸中街1号院1号楼底商首经贸中街社区服务站	北至首经贸北路以南，东至首都铁路卫校以西，南至首经贸中街以北，西至芳菲路以东。	2011年	2182户 5174人	83600994
万年花城第一社区	万芳园一区2号楼3单元一层	北至丰台东路，东至芳菲路，南至首经贸大学南路，西至首经贸北路	2009年	2691户 6670人	83688405
万年花城第二社区	樊羊路15号院10号楼一层	东至万芳路西侧，西至樊羊路东侧，南至首经贸北路，北至丰台东路南侧。	2011年	3142户 6583人	83203078
怡海花园社区	怡海花园富润园11号楼108室	北起康辛路，东临旧车交易市场，南至四环路，西毗万寿路南延线。	2002年	6700户 16730人	63721489
优筑社区	樊家村甲4号院枫泽园小区6号楼底商8号	北至京广铁路，东至西南三环连接育芳园，南至丰台东路北侧，西至汇丰家园西侧。	2011年	2725户 5561人	83209129
育芳园社区	育芳园商业街底商	北至育芳园北路，东至芳菲路西侧，南至丰台东路，西至万芳路。	2002年	1284户 2756人	63737942
造甲村社区	造甲村90号	北至丰台火车站，东至刘家村，南至丰南路，西至新华街。	2002年	1039户 3129人	63716973
造甲南里社区	造甲南里20号院3号楼底商造甲南里社区	东至造甲南里20号院，西至宝丰大厦，南至造甲南里20号院，北至丰台南路。	2002年	1076户 2481人	63712764
鸿业兴园南社区	鸿业兴园一区1号楼104	东至樊家村加油站西墙，南至鸿业兴园一区南墙，西至四合庄西路中心线，北至丰台南路中心线。	2021年	1702户 3415人	63737564
刘孟家园社区（原花乡）	康辛路19号院11号楼	东至樊家村南大元西墙，南至康辛路，西至韩庄子花园东墙，北至丰台火车站。	2018年	1626户 3311人	83688876
育菲园社区（原花乡）	育菲园东里15号楼16号楼之间	东至新村街道东边界，南至育菲园东里南墙，西至万芳路，北至南三环西路辅路。	2020年	1366户 4481人	83685732
樊家村（原花乡）	新村三里甲8号	东至芳菲路，南至天坛医院南部，西至桥安路，北至人才大厦。	1998年	603户 4660人	63735990

长辛店街道

【概况】长辛店街道地处丰台区西南部、永定河西岸。位于卢沟桥西侧，北至北宫镇，东至宛平街道办事处，南至丰台区王佐镇、房山区长阳镇，西至云岗街道办事处。南北长、东西窄，西侧有南北走向的两道丘陵，地势西高东低。属城乡结合部。有京广铁路、京九铁路、京港澳高速、京周公路南北向穿过。2021年4月，行政区划调整将长辛店街道槐树岭社区、二七车辆厂社区、张郭庄社区、芦井社区、装甲兵工程学院社区、杜家坎社区、装技所社区、红山郡社区8个社区划转至北宫镇，将张家坟社区、朱家坟西山坡社区、珠光嘉园社区、珠光逸景社区4个社区划转至云岗街道，接收原属北宫镇的长辛店村、赵辛店村2个行政村。辖区面积14.04平方公里，下设17个社区、2个行政村，户籍人口约5.5万人，常住人口约6.4万人。有中央企业3家，为中国中车集团北京二七机车有限公司、北京北方车辆集团有限公司、中国通号集团北京二七通信工厂有限公司。驻军部队4支，幼儿园6所，小学3所，中学3所，医院2家。企业以铁路、军工业为主，为丰台区重工业集中地。主要公交线路10余条。

（杨　志）

【平安建设】年内，街道投入17万元更换800余具灭火器。检查生产经营单位4230家次，消除隐患1824处，整改率100%。完成整改95处挂账隐患。安装独立式感烟报警器1007个，安装1545个电动自行车集中充电口，完成率377%。开展防汛应急工作。完善社会矛盾纠纷多元预防、调处化解机制，排查出的问题，上报区信访联席办并制定稳控方案及措施，确保辖区的安全与稳定。在全国两会、建党100周年庆祝活动期间确保“四个不发生”。组织社区举办法治课堂50余次，结合《民法典》等法律法规开展送法进社区、送法进企业、送法进校园活动，营造全民尊法学法守法用法的氛围。推进国家冰雪运动训练科研基地周边环境整治项目。

（杨　志）

【城市管理】年内，街道对11条背街小巷开展环境整治提升工作，修复化肥路等7条无人管理的道路6900平方米；投资132万元，修复建设里等6个社区路面破损道路5000平方米。完成玉陈路等主干路节日景观布置，清除违规广告牌。清理农村生活垃圾23456处5210吨，张贴宣传标语23条，长辛店村和赵辛店村完成美丽乡村现场验收工作。清理蚊蝇孳生地500余处，清理主次干道、背街小巷436条次，乱堆乱放626处，卫生死角869处，垃圾46.5吨。发放宣传品2000余份；完成创城各级问题台账整改1808处。录入创无任务图斑6274个。悬挂创森宣传展板25块。以4A的成绩通过病媒生物防制市级专项验收。持续推动空气质量改善，$PM_{2.5}$累计浓度33.2微克/立方米，区级排名第一；TSP累计浓度92微克/立方米，区级排名第五。推进河长制工作，街乡镇级河长共巡河22人次，巡河里程14公里；社区级河长共巡河4537人次，巡河里程18000公里。建成16座垃圾分类驿站；开展各类生活垃圾分类宣传活动2200余次，落实垃圾分类“普法监督员”制度，提高市民的知晓程度和分类意识；完成1个垃圾分类社会动员示范点建设。投入3046.87万元，建设九子河公园、拓宽道路桥梁、提升绿地美化，全面优化沿线环境和景观效果，提升冬奥会冬残奥会服务保障能力，惠及玉皇庄等8个社区。

（杨　志）

【社区建设】年内，街道完成29个社区居委会换届选举工作，制定街道“优才”计划方案，推进社区减负，制定《长辛店街道业委会（物管会）委员工作手册》，规范印章、档案管理等重点内容。搭建智能民情图，构建街道、社区两级联动党建基础数据库。开展农村宅基地及建房管理审批等相关工作，开展6个重大经济事项的“四议一审两公开”工作，确保业态不断优化、租金不断递增、环境不断提升。创新工作思路，对2支街道级文化团队和17个社区文化队伍进行扶持，开展庆祝建党百年红色汇演等各类文化活动近200场；完成1个心理服务站点建设，开展系列心理服务活动16场。辖区幼儿园普惠率100%。指导社区、村开展志愿者专项招募活动，平台注册志愿者1.8万余人，志愿队伍116支，开展志愿服务641次，全年志愿服务时长超过270万小时。指导社区

▲3月5日，朱南社区对商户进行创卫宣传。（长辛店街道 供图）

完成近600项公益性活动的申报，17个社区使用公益金115万元，进行志愿者慰问3478人次，使用公益金进行反哺41万元。通过整体打包辖区失管小区、搭建物管会与物业公司沟通平台、聘请专业第三方评估物业费和申请物业奖补资金等措施，指导3个物管会组织业主投票引入物业，使辖区居住小区物业覆盖率100%。

（杨　志）

【民生服务】 年内，低保新申请27户52人，终止低保53户97人，发放各类救助金540余万元。有养老机构4家、养老驿站5家，全年发放各类惠老补贴1874.82万元。加强养老机构监管，提升老年人获得感，推进养老驿站服务“阳光”化，开展“敬老月”等丰富多彩的文化活动，对辖区高龄老人走访慰问。为7名有就业需求的残疾人进行失业登记，为4名智力精神残疾人实现就业挂靠单位。为街道145名无业残疾人办理城乡居民养老保险。完成长馨园社区、长辛店村两个社区政务服务站示范建设工作。审核保障性住房资格，合理分配，有保障性住房资格1073户，新增62户。失业人员再就业963人，开展5场招聘会，提供岗位1462个，失业率控制在2.2%以内。

（杨　志）

【接诉即办】 年内，街道以提高“三率”为重点，探索新模式，推动主动治理、“未诉先办”。将“接诉即办”工作与党史学习教育“我为群众办实事”实践活动相结合，围绕重点难点诉求研究确定“为民办实事”“接诉即办”25项任务清单和街道重点民生项目18项，以问题为导向抓好“接诉即办”和“未诉先办”。办理群众诉求11448件，直派和转派综合成绩处于中上游水平，解决率、满意率分别由1月份的85.8%和87.75%上升到11月份的93.34%和95.79%。

（杨　志）

【基层党建】 年内，街道开展庆祝建党100周年学习教育系列活动，抓实个人自学、集中研讨、党史宣传、“我为群众办实事”实践活动等环节，做到学史明理、学史增信、学史崇德、学史力行。完成长辛店地区中国共产党早期革命活动旧址保护传承利用工作，配合做好长辛店二七纪念馆“北方的红星——长辛店与中国工人运动专题展”、留法勤工俭学预备班旧址“光辉印记——长辛店与留法勤工俭学运动”两处市级重点展陈提升接待工作。6月1日，8处革命活动旧址正式对外开放，全景展现长辛店地区早期工人运动发展史。人民日报《长辛店工人夜班通俗学校旧址》、新华社《〈国家相册〉：长辛店纪事》、中央电视台6月1日《新闻联播》、“学习强国”客户端《“二七精神”历久弥新》、北京日报《百年二七厂如何时尚转身，入选京城百家网红打卡地？》、北京电视台《百年历程》等中央、市属媒体专题报道100余次。开展理论中心组学习19次，对党的十九届五中全会精神、中国共产党的百年奋斗历程与经验启示、习近平总书记在庆祝中国共产党成立100周年大会上的讲话等内容进行系统学习。全年发展党员46人。

（杨　志）

【建党百年庆祝活动】 年内，街道以强化服务保障为重点，提升展陈地及周边环境，做好建党百年庆祝活动。投资716万元对革命旧址沿线进行环境整治，投资300万元开展沿线违建拆除和整治提升。对“二七”纪念馆院落和水电管线进行整修和更新，提升展陈地的基础运营能力。协调动员8家产权单位主动作为，投资2000余万元，对老旧破损房屋和建筑外立面进行整治，确保革命旧址沿线风貌协调。制定专项保障方案，成立运维工作专班，并抽调机关干部在场馆驻场运营接待，发动各方力量参与沿线环境和场馆运行等各项服务保障工作。全年，纪念馆接待观众5.3万人次。长辛店“二七”纪念馆被中宣部命名为全国爱国主义教育示范基地。

（杨　志）

【新冠肺炎疫情防控】 年内，街道以提高疫苗接种率为重点，规范管理隔离点，常态化抓好疫情防控工作。核实系统下派数据9000余条，收到密接单145人、居家医学观察319人，按照要求进行管控。制定《长辛店街道全员核酸检测实施方案》，按照要求设置39个核酸采样点位，开展重点人群核酸检测，采样16219人次。成立疫苗接种专项领导小组，累计接种疫苗154055针次，第三针接种率排名全区第一，60岁以上第一针接种率全区第四。速8酒店（杜家坎店）集中隔离观察点由街道负责日常管理，派遣5名工作人员进驻隔离点，落实“三区两通道”和上级决策部署，

▲10月14日，光明里社区开展街道第十二届敬老月活动。（长辛店街道 供图）

坚持严格防控与温馨服务并重，接收各类人员2029人，全面按要求落实隔离措施。

（杨 志）

【疏解整治促提升】 年内，街道拆除违法建设3.92万平方米，完成率178%，腾退土地5.1公顷，完成率300%。完成占道经营清理任务2处，完成率100%。完成无证无照经营整治21处，完成率210%。完成群租房清理整治20处，疏解人员91人，完成率100%。长辛店棚改签约工作完成率96%，成立工作专班，制定方案细则，推进河西再生水厂配套管线工程京周路段、东山坡地区棚改及一里平房区、三里74号院解危项目实施。

（杨 志）

【老旧小区改造】 年内，街道完成东山坡15号院等8个老旧失管小区14栋楼污水管线、路面、架空线缆、楼道内公共门窗的专项整治，惠及1124户，改造面积71639平方米，总投资1070.26万元；以人居环境改善为抓手，探索形成 “三点一到位”的“长辛店模式”，完成辖区10栋筒子楼简易楼改造工作，提升公共区域整体环境面貌；《疫情常态化防控下长辛店街道筒子楼改造的经验及启示》调研报告在《北京调研》内部参考杂志上刊发。

（杨 志）

▲2月18日，东山坡社区组织疫苗接种现场。（长辛店街道 供图）

长辛店街道村委会、社区居委会一览表

表 36

村（居）委会名称	村（居）委会地址	所辖范围	建成时间	常住人口（*户*人）	对外办公电话
玉皇庄社区	玉皇庄社区6号楼前平房	北至二七厂路南侧，东邻京广高铁，南与花园北里相连，西与杜家坎42号接壤。	2002年	1035户 2154人	83840407
陈庄社区	长辛店花园北里甲14号	北至玉皇庄社区，东邻京九铁路，南与西峰寺社区相连，西与东南街社区接壤。	2002年	2412户 5000人	83875751
东南街社区	长辛店福康里2号	北至东南街5号楼，东邻长辛店第一中学西墙，南与陈庄大街相连，西与长辛店二七技校东墙接壤。	2002年	1310户 1878人	83840419
崔村二里社区	长辛店崔村一里7号扶轮小学西侧	北至崔村街，东邻九子河，南与二七厂南路相连，西与建设二里接壤	2002年	2048户 5000人	83305750
建设里社区	长辛店崔村一里15号平房	北至崔村平房区，东与崔村二里社区接壤，南起建设一里11号楼，西至连山岗村。	2002年	2165户 5078人	83300098
光明里社区	长辛店胜利里甲12号	北至连山岗，东邻建设二里，南至二七机车厂西门，西与连山岗坡接壤。	2002年	2229户 6440人	83303068
南墙缝社区	长辛店西后街120号	北至火神庙口胡同，东至长辛店大街，南至南关西里10号，西至京广铁路沿线。	2002年	1640户 5980人	83878943
合成公社区	长辛店东山坡三里58号	北与东山坡社区接壤，东邻京港澳高速公路，南与赵辛店社区相连，西至长辛店大街。	2002年	345户 4868人	83840401
西峰寺社区	长辛店西峰寺北上坎69号	北至二七机车厂料库南墙外，东邻京广铁路，南与赵辛店相连，西与西山坡接壤。	2002年	876户 2252人	83872813

续表 36

村（居）委会名称	村（居）委会地址	所辖范围	建成时间	常住人口（*户*人）	对外办公电话
东山坡社区	长辛店卢西嘉园13号楼	北至杜家坎环岛南北关外2号，与长辛店村相邻；东至京港澳高速公路西侧；南至曹家口东北京十中初中部门前路，与合成公社区相邻；西至长辛店大街、京周公路，与北关社区、长辛店村相邻	2002年	1900户 4800人	83865270
北关社区	长辛店街道教堂胡同29号	北至玉皇庄铁路道口，东邻京周公路西侧，南与火神庙口相连，西与京广铁路东侧接壤。	2002年	153户 405人	83840420
朱家坟南区社区	长辛店街道朱家坟二里八楼北侧	北至云岗路，东邻赵辛店，南与赵辛店村相连，西与朱家坟村接壤。	2002年	3279户 1.1万人	83867653
赵辛店社区	长辛店乡赵辛店村929号	北至长辛店大街，东邻九子河，南与北岗洼村相连，西与朱家坟社区接壤。	2002年	1073户 3012人	83876151
北岗洼社区	长辛店乡北岗洼村203号	北至二老庄路，东邻京广铁路，南与石油库路相连，西与朱云路接壤。	2002年	1229户 2076人	83840415
朱家坟北区社区	长辛店朱家坟五里一号院	北至51所北围墙，东至十一厂西围墙，南至朱云路，西至总参机要六处西围墙和国营六一八厂东围墙。	2002年	1534户 2502人	83840345-605
长馨园社区	安康路2号院2号楼底商	北至装工院社区，东至玉皇庄社区，南至陈庄社区，西至建设里社区。	2018年	2652户 3467人	83861592
中奥嘉园社区	连兴街1号院2楼1单元103号	北至长兴路，东至长兴路，南至连杨街，西至太柏东路。	2018年	2637户 3155人	83819131
长辛店村（原北宫镇）	长辛店杜家坎南路甲17号	北至张郭庄村，东与房山区交界，南至赵辛店村，西至张家坟村、太子峪村。	1984年	654户 896人	83875316
赵辛店村（原北宫镇）	赵辛店村919号	北至长辛店村、张家坟村，东与房山区长阳镇稻田交界，西至王佐镇佃起村，南至王佐镇佃起村南岗洼。	1984年	1346户 2228人	83876205

云岗街道

【概况】云岗街道位于丰台区西南部，4月行政区划调整后，大灰厂社区划归北宫镇，接收原长辛店街道朱家坟西山坡社区、珠光嘉园社区、珠光逸景社区、张家坟社区4个社区和原长辛店镇张家坟村1个行政村。下辖12个社区和1个行政村。东与长辛店街道为邻，西南与王佐镇相连，北与北宫镇接壤，辖区面积10.23平方公里，常住人口5万人，有航天科工集团第三研究院、航天科技集团十一院、航天六院101所、北京京丰燃气热电有限公司等中央、市区属单位；有1所中学、1所小学，1个青少年科技站，4所幼儿园以及航天三院教育中心。被北京市残联评为“北京市残疾人之家”先进单位。

（高俊伟）

【平安建设】年内，街道出动2420名治安志愿者、巡防队、协管员等力量完成“两会”疫情防控安保、“服贸会”维稳等各类敏感期社会面防控工作。推进46个智慧平安小区建设，其中40个小区实现车牌识别，完成率87%。在珠光逸景社区和珠光嘉园社区安装监控摄像头20个，保障辖区雪亮工程设备安全运行。出动检查力量4800余人次，排查企业2400余家次，发现隐患991处，下达整改通知书567份，整改核销率99.9%。安装电动自行车集中充电桩600个，电动车1927个，充电设施1136个。完成1处消防科普教育基地建设。安装独立式感烟火灾探测报警装置459个，持续推进简易喷淋等技防设施建设。

（高俊伟）

【城市管理】年内，街道打造地区城市公共空间改造提升项目——云岗绿色休闲空间项目。项目辐射云岗路南北两侧，航天三院云岗文化活动中心周边，投资1450万元，施工面积2.1万平方米，惠及人群2.1万人。完成304场门前路、云岗物美市场门前路、南区西里51号东侧路、翠园小区门前路、航天三院物资部门前路背街小巷整治项目，总投资966万元，施工长度824米。完成云岗北区东里1号楼等3个失管小区整治改造工作，项目总投资371万元。开展供气、使用等方面安全检查400余次，排查隐患30余处，全部完成整改。配合液化气石油公司完成829户居民液化气排查工作。全年建成垃圾分类驿站9个，可回收物交投点46个，大件垃圾、建筑垃圾暂存点21个，提升云岗辖区公共环境。拆除上账违法建筑28处13544平方米，全区排名第十二名。土地腾退21482.29平方米，完成任务指标的200.3%，全区排名第一。规范街面“门前三包”600余起，查处无照经营400余起，处理堆物堆料、占道经营、违规牌匾等环境秩序案件585起；开展联合整治行动66次，出动人员1000余人次、车辆185车次，占道经营类案件立案处罚56起，罚款0.9万元。清理雨水管涵12.1公里，雨箅子1300余处，清掏污染物60余立方米。开展大气污染源检查500余次，$PM_{2.5}$累计浓度33.7微克/立方米，全区排名第二。对拆迁地块、林地占补地块、复垦耕地采用苫盖等措施进行治理，苫盖拆迁地块约12万平方米、林地占补约6万平方米、工地约9万平方米，复垦地块9万余平方米。

（高俊伟）

【社区建设】 年内，组织原云岗街道9个社区完成社区居委会换届选举工作。9个社区共登记选民25564人，划分居民小组269个，经民主推荐产生居民代表828名。应参加选举的选民（户代表、居民代表）13974人，参选率96.56%。9个社区共选举产生居委会主任9人，副主任15人，委员55人。平均年龄42岁，社区本土化36%，街道本土化77%，其中，党组织和社区居民委员会负责人“一身兼”社区8个，占88.88%。落实社区专员机制，选派各办公室副主任或科级干部13人担任社区专员，联系和指导包片社区村工作。组织机关干部参加在线学习和公共知识培训。云岗街道社区建设办公室获“2017—2020年度全国群众体育先进单位称号”。推荐辖区“孝顺之星”评选候选人，2名候选人当选丰台区“孝顺之星”。按照申请标准和流程组织各社区进行申报工作，为4名老人家庭申请困难补助并进行慰问。街道通过租赁方式建设完成朱家坟西山坡社区养老驿站、南区第一社区养老驿站、北里社区养老驿站3家社区养老服务驿站。

（高俊伟）

【民生服务】 年内，街道受理审核公共租赁住房新申请家庭148户、市场租房补贴家庭37户、公共租赁住房租金补贴家庭6户，审核并发放廉租与公租及市场租房三种租金补贴共186万元，受理变更家庭45户、对380余户家庭进行资格复核与复查。受理困难老年人、重度失能及残疾老年人、高龄老年人申请696人，为2961名发放高龄老人津贴453万元，为590名失能老年人发放护理补贴333万元，为105名困难老年人发放养老服务补贴20万元。“首善有我”捐赠活动共收到捐款14937元（含线上捐款780元），捐赠冬衣27包486件。审核发放严重精神障碍患者监护补贴423人次24.868万元。有低保人员92户144人，较上年低保户新增12户16人、终止撤销11户12人、变更14户31人，发放低保金、城市特困救济金等279.28万元。发放低保家庭医疗救助308人次51.13万元，大额医疗救助28人次8.92万元，对因病致贫、因灾致困等进行临时救助30人次6.1万元。办理流动人口生育服务单86件、《独生子女父母光荣证》10件、系统审批户籍人口三孩以内生育服务单264件、系统派件41件、系统协查通知审核72件，出生上报新生儿525人。为57人发放独生子女父母年老时一次性奖励费共57000元；为845名无业人员发放独生子女父母奖励费50025元；处理举报案件78起，涉及201人222.49万元。共巡查用人单位1086人次，涉及人数3126人次。春节和国庆节前期，慰问留守的保安、建筑、环卫等行业务工人员320人。辖区有持证残疾人1050人，春节发放慰问金11.95万元，发放面、油等慰问品共折价10万余元；为61名劳动年龄段内的重度残疾人发放助残券7.32万元；为40名残疾人发放残疾人机动轮椅车

▲12月8日，社区志愿者在云岗北区社区便民商业综合体进行治安巡逻。（王丽丽 摄）

▲6月24日，街道协调排水所、第三方公司对镇岗塔路沿线雨水篦子开展清淤工作。（云岗街道 供图）

▲5月14日，云岗街道在温馨家园组织60名残疾人及助残志愿者，开展以“永远跟党走”为主题的庆祝建党百年，温馨家园展风采系列活动。（云岗街道 供图）

燃油补助1.04万元；帮助残疾人实现就业12人。新增便民商业网点3个，保障居民“菜篮子”需求。助力航天人家园开业，实现一刻钟服务圈。

（高俊伟）

【接诉即办】年内，街道受理“12345”市民诉求5180件。直派3736件，转派1444件，日常诉求类1610件，疫情类诉求315件，垃圾分类诉求293件。云岗街道“接诉即办”综合得分96.35分，在丰台区26街镇中排名第一，与上年相比持平。“直派”综合排名全区第一，得分97.13分；“转派”综合排名全区第一，得分93.68分，全区综合排名第一。2021年云岗街道被评为“北京市‘接诉即办’先进集体”，云岗市民诉求处置中心被评为“北京市工人先锋号”。处理“12345”接诉即办案卷352件，回访249件，处理网格平台案卷2201件。全年“吹哨”11次。

（高俊伟）

【基层党建】年内，街道组织理论中心组学习23次，带领各级书记和领导干部讲党课186场。深入机关、各社区村开展“讲好云岗好故事，传播暖心正能量”主题宣讲22场。发挥先进典型引领作用，邀请社区党建顾问组“航天五老”在社区村专题巡回宣讲13场，举办“红色引力”基层妇女专场宣讲13场。推进街道重点民生项目21项、社区村党组织为民办实事202项。加强对新转入的4个社区、1个村走访调研，摸清情况和问题困难。召开街道党代表会议，选举产生区十三届党代表8名。完成9个社区党组织换届选举和16个党支部换届工作。召开街道党建工作协调委员会2次。落实“三会一课”制度，组织生活会制度和民主评议党员工作，对社区一名不合格党员进行除名处置。加强与王佐镇沟通协调，推进近300名散居党员组织关系接转和管理工作，确保散居党员纳入党组织管理。做好发展党员工作，接收预备党员25名，完成党员转正19名。按照“一征集三讨论三审议两公开”程序要求，投入城乡基层党组织服务群众经费530.57万元，开展服务群众经费项目72项。各基层党组织使用党建活动经费143.49456万元。春节、“七一”前走访慰问街道离退休干部并送上节日问候。走访慰问市级区级困难党员、困难党务工作者36人次，发放慰问金7.2万元。组织开展共产党员献爱心捐款活动，地区党员群众共捐款26.62万元。

（高俊伟）

【新冠肺炎疫情防控】年内，街道制定社区村疫情防控工作要求74期，指导各社区与辖区单位持续开展双排查、双反馈、双服务的联防联控工作，落实“四方责任”。开展多轮次地毯式排查摸底，采取大数据派单、居民自报备、敲门行动相结合的方式，累计排查大数据派单12000余人，累计居家管控495人，集中隔离141人。将农村疫情防控工作纳入街道疫情防控整体工作体系，严格来（返）京人员登记管理，强化“三班倒”“四件套”要求；加强对商业综合体内商超、电影院、工地等的巡查。组织中高风险人群集中核酸检测251次，共检测6537人次；组织中高风险返京人群入户核酸检测89次，共

▲2月14日，云岗街道疫苗接种点正式启动，接种工作有序进行。（云岗街道 供图）

检测428户693人，检测环境样本2165份。接种新冠疫苗125372人次，其中第一针57176人，加强针接种31848人，第一针接种率达地区18岁以上人口的152.6%，60岁以上老年人第一针7993人，占地区老年人口的63.9%。绘制云岗地区核酸一览图、网格检测图、核酸样本转运图等，撰写《云岗街道全员核酸检测工作方案》《云岗街道核酸检测应急调度制度》《云岗街道核酸检测应急调度制度》《云岗街道核酸检测样本转运方案》《云岗街道物质应急保障方案》等文件12篇。

（高俊伟）

【文化体育】 年内，街道组织唱红歌、诵读书写红色诗篇等系列文化活动庆祝中国共产党成立100周年。开展各类群众文体活动296场，参与38279人次。普及全民健身和冬奥知识，在体育生活化社区宣传栏设置“冬奥我知道”系列展板，制作展出展板21块，组织北京冬奥会和冬残奥会主题口号推广歌曲广场舞《一起向未来》培训20场。开展各类检查及联合检查58次，对辖区内9家学科类校外培训机构逐一摸排，实现8家无证培训机构“动态清零”。发现取缔住宅内违规教学点2处，原无证机构新租赁违规教学点1处，拆除违规广告11处。

（高俊伟）

【创卫工作】 年内，街道创新“13+N”（即13个创卫工作组，N项重点工作）工作机制，成立13个创卫工作组，每组由街道处级领导、包片科室、市场所、执法队以及社区干部组成。通过处级领导带头、机关干部每日下沉社区，一对一负责包片社区创卫工作的全面统筹、组织协调、阶段推进、全程指导。各社区村根据实际，建立动态工作台账，对卫生死角、十乱现象、堆物堆料、违法建设、病媒防制、既有旱厕等创卫“N”项重点工作，每周召开一次专题会，深化央地联动、精准施策、有效治理。设置网格点位269个，街道和社区干部参与包片363人。聘请第三方专业公司指导病媒生物防制。做好辖区门店和外环境“搬家式大扫除”“搓澡式搞卫生”“翻盆倒罐”行动。开展门店检查8轮次，检查门店3018家，整改鼠蟑类问题485处，蚊蝇类问题1542处，封堵各类孔洞1236个，布放鼠饵站986个，翻盆倒罐2075处，通过病媒生物防制的市级验收。建成3个市级健康社区、8个区级健康社区，建成率85%；为各小区、平房区新建健康教育宣传栏87个；开展“健康提素”线上答题活动，答题总人数7783人，超额完成4783人；新发展健康指导员11名，全部完成培训，有5人取得健康指导员资格证书；开展“三减三健”“爱牙日”“限盐日”“全国高血压日”“联合国糖尿病日”“世界艾滋病日”等50余场全民健康生活方式宣传活动。协调航天三院电视台在“黄金档”滚动播放创卫宣传标语，设置立柱式宣传广告牌1处，印制、发放创卫一封信5万余张、灭鼠灭蟑海报及彩页2000余份，制作发放特色胶扇、折叠包1.6万个。制作横幅展板244块、软质横幅69条、景观小品17套。北京日报app、学习强国等刊发宣传报道147条。

（高俊伟）

【工会工作】 年内，街道组织职工参加丰台区第九套广播体操比赛，参加丰台区疾控中心“万步有约”健步走，在丰台区“五月的鲜花”比赛等活动中，获得三等奖；建立一家暖心驿站，并配备冰箱、微波炉、雨伞等服务物资；云岗街道工会服务站被评为“2021年全国最美暖心驿站”；组织125名女工和53名快递员免费体检；投保续保1770人次，保险总额76288元。受理保险理赔23人，理赔金额44092.10元。“暖·互助”二次报销1359人次237836.34元。开展职工沟通会59次，发放宣传材料1300余份，新增发展会员865人，办理京卡508张。

（高俊伟）

【精神文明建设】 年内，街道召开全国文明城区创建工作部署会、推进会，整改问题66条。制作首都市民文明公约和丰台区居民文明公约展板1399块，制作“创城购物袋”和创城多功能笔10000个，制作发放各类宣传海报1000余张。推选“北京榜样”12人，其中推荐的航天三院张昊登“2021北京榜样”8月第3周周榜、“中国好人榜”12月月榜，其个人事迹在市级官方媒体及丰台报上发布。持续推进新时代文明实践所、站建设，开展新时代文明实践推动日活动92场。

（高俊伟）

▲6月10日，镇岗路与云岗路交叉路口及街心公园创卫街景宣传小品安装完毕。（云岗街道 供图）

云岗街道村委会、社区居委会一览表

表 37

村（居）委会名称	村（居）委会地址	所辖范围	建成时间	常住人口（*户*人）	对外办公电话
翠园社区	云岗翠园小区 10 号楼西侧	东与长辛店镇马家坟村相邻，南与北区社区相邻，西至森林公园路与北里社区相邻，北至云岗北环路。	2002 年	858 户 1980 人	68375801 68375815 68741467
珠光嘉园社区（原长辛店街道）	长云路 2 号院 20 号楼二层	东到太子峪路，南至六一八厂南路，西到张家坟路，北到镇岗路。	2015 年	1258 户 2812 人	83866917 83863676
镇岗南里社区	镇岗南里 22 楼东侧	东至镇岗南里 3 号院东院墙，西至云岗中学东侧路，南至云岗路，北至北东 19 楼。	2002 年	1378 户 3847 人	68741476 68377357 88538380
朱家坟西山坡社区（原长辛店街道）	张家坟东里 5 号楼西侧	西临航天部第三研究院，南邻中国人民解放军 66481 部队，北临珠江御景房地产开发公司、东临北京北方车辆厂集团有限公司。	2002 年	2031 户 3517 人	83807277
北区社区	云岗北区西里甲 3 号	北至翠园社区，东至镇岗塔路，南至云岗路，西至北里社区。	2002 年	1713 户 5148 人	68741479 68741482
北里社区	云岗北里 11 楼前	南起云岗东西铁路线以北，北至长辛店乡南界线以南，东起体育场路，西至物资部小区。	2002 年	3025 户 7879 人	68190995 68741486 68741470
南一社区	南区东里 14 楼东侧	东起王佐佃起村，西至南宫路，南起南区区间路，北至云岗路。	2002 年	2909 户 5477 人	68741460
南二社区	云岗南区东里 23 号院	东至王佐镇佃起村西界限，西至福宫路，南至王佐镇新苑路，北至康泉路。	2002 年	964 户 2472 人	83396550 83398682 83397321
田城社区	东王佐北路 5 号院 7 楼 201	东临北里社区，南至王佐东路，西毗王佐镇侯家峪，北起航天试验技术研究院六院 101 所。	2002 年	1011 户 2387 人	88536708 68741471
珠光逸景社区（原长辛店街道）	太柏西路 1 号院 2 号楼	东至太柏路与长辛店街道交界处（太柏路），南至连杨街路中线，西至牤牛河东岸，北至连杨北街与北宫镇交界处。	2014 年	1828 户 3652 人	83866337 83860687
张家坟社区（原长辛店街道）	长云路 2 号院 20 号楼物业二层	东至长辛店村，南至赵辛店村，西至云岗北区，北至太子峪村。	2002 年	4 户 14 人	83875754
云西路社区	云岗西路 9 号院 3 号楼东侧	西起田城路，东至云岗街心公园，南起大灰厂路，北至大灰厂铁路一线。	2002 年	1264 户 2704 人	68741469
张家坟村	太柏西路 1 号院 2 号楼	北与太子峪、李家峪村交界，西与航天部三院、佃起交界，南与赵辛店村、东与长辛店村交界。	1948 年	613 户 1475 人	83733259

方庄街道

【概况】5月行政区划调整，撤销方庄地区办事处，设立方庄街道办事处，以原方庄地区办事处辖区为辖区范围，界线不变。方庄街道位于丰台区东部。东起分钟寺桥，南起南三环辅路，西至蒲黄榆路，北至南二环辅路。辖区总面积3.14平方公里。下辖16个社区居委会。2021年，常住人口32545户74999人；汉族人口71176人，占95%；户籍人口31617人。新出生1054人，其中京籍860人、流动人口194人。有法人单位3628个，其中中央单位8家，市属单位6家，区属单位15家。有医院2所，社区卫生服务中心1个、社区卫生服务站5个。有技校2所，中学4所，小学6所，小学初中一贯制学校1所，幼儿园11所。有养老机构5家，其中养老驿站4家，养老照料中心1家。途经辖区公交线路26条，地铁5号、14号线贯穿辖区。

（姜　琪）

【平安建设】年内，街道完成整改销账8处挂账隐患。开展社会矛盾纠纷排查，加强重点人“1+N”管控。推进“雪亮工程”和“智慧社区”建设，安装高点监控设备4套、智能门禁配套设施88个，人脸识别门禁系统35套。建设集中充电设施120处，充电桩（柜）接口2432个。落实安全生产“党政同责”“一岗双责”，推进城市安全隐患治理三年行动，推进消防隐患清除、“防风险保平安迎大庆”专项行动。

（姜　琪）

【城市管理】年内，街道拆除违法建设2914.55平方米，销账率116.6%；腾退土地3000平方米，腾退率140.4%，完成14处地下空间环境恢复，完成率100%。保持辖区“开墙打洞”、无照经营及群租房整治“动态清零”，推进2条代征道路移交工作。全面清理占道经营和无证无照、拆除地下空间隔断，群租房、新生违建、散乱污企业“动态清零”。全面完成基本无违建街道及无违建社区创建，建设提升便民商业网点10个，基本便民服务实现社区全覆盖。落实蓝天保卫战行动计划，加大建设工地扬尘和裸露地面监管力度。落实河长制，累计巡河4634人次7896公里。运用“科技＋环保”手段，推进18个空气监测小微站建设。全年$PM_{2.5}$累计浓度34.8微克/立方米、TSP累计浓度96微克/立方米。加大背街小巷整治力度，打造环境示范街。落实领导包片、干部包企事业单位机制，落实对“七小”场所、商超及辖区单位的全覆盖指导检查。坚持干部每天下社区不少于3小时，开展“搬家式大扫除、搓澡式搞卫生”整治行动，清理整治卫生死角。利用“掌上四合院”加大宣传力度，营造全民参与的氛围。组织在职党员、青年团员、居民志愿者等参与桶前值守、小广告清理、社区大扫除、共享单车摆放等文明实践行动。

（姜　琪）

【社区建设】年内，街道完成宣传引导和桶站规范化建设299处，引入大件垃圾资源化利用处置终端。依托“双报到”机制，引导在职党员带头进行垃圾分类。强化普法监督员队伍建设，结合桶站值守开展分类指导。统筹社会单位、志愿者3000余人参与桶前值守，促进源头减量。群三社区党委引导物管会、物业公司、居民代表多方参与，解决群三9号院花园改造、违建拆除、路面修复、停车位分配等问题，实现失管小区系统治理。

（姜　琪）

【民生服务】年内，街道挖掘企业空岗信息3570个，推荐就业133人，实现灵活就业340人、失业再就业647人，完成指标143.78%。推进全民参保，累计参保4361人、报销医疗费896人次347.8万元，社会化管理服务9192人。依托已建成的3家养老驿站和区派第三方养老企业，推进失能失智老年人照护者“喘息服务”、居家养老巡视探访服务、低龄帮高龄志愿服务等项目。完成公租房配租130套。整合各类救助力量，医疗救助156人次32.5万元，发放严重精神障碍患者看护补贴42万元，为325人发放困难、重疾残疾人生活补贴110万余元。加快无障碍设施建设，打造2个“无障碍精品示范街区”和“一刻钟无障碍便民服务圈”。

（姜　琪）

【接诉即办】年内，街道坚持主要领导日调度、双轮日会商制度，建立难点问题推进机制，结合“我为群众办实

▲9月22日，拆除芳群园一区违法建设。（方庄街道 供图）

▲11月18日，美团丰台外卖骑手流动党支部成立。(方庄街道 供图)

事”实践活动，解决一批群众关切的实事项目。围绕高频诉求、重复诉求，提前预判热点问题趋势，梳理案卷，形成台账，分类预警，深化主动治理、“未诉先办”。依托“掌上四合院”、网格日巡制，吸附群众诉求，降低投诉量。街道月均受理市民诉求854件，纳入考评总量3460件，解决群众反映强烈的电动车充电桩安装、车棚建设、环境整治等集中诉求，实现主动治理。完善信访矛盾分级化解督办机制，接访105批次172人次，接市区批办件39件，结案35件。

(姜　琪)

【基层党建】 年内，街道开展“我为群众办实事”实践活动，13项街道实事项目清单全部完成，集中解决群众“急难愁盼”诉求600余件。强化党建协调委员会作用发挥，第二中级人民法院29个党支部与16个社区党委及楼宇党总支深度对接，解决各类问题90余个。市检察院二分院持续深化法律咨询服务站工作，开展宣传活动10余场，落实组织生活会137次，开展“三会一课”730余次、主题党日活动600余次。组织支部书记线上培训4期，提升基层干部的政治素质和服务本领。推动党员发展工作，全年共发展党员78名，转正党员63名。贯彻落实全面从严治党要求，制定全面从严治党主体责任清单，明确工委书记作为党建工作第一责任人、分管领导落实党建工作“一岗双责”各项职责。制定《方庄街道2021年度落实全面从严治党主体责任任务安排》和党工委、党工委书记、班子成员及社区党组织、党组织书记全面从严治党责任清单。把握意识形态工作领导权，加强监督检查，压紧压实意识形态责任。

(姜　琪)

【精神文明建设】 年内，街道探索方庄文化“3+1”模式(2015年6月，北京率先印发“1+3”公共文化政策文件。“1+3”公共文化政策文件包括《关于进一步加强基层公共文化建设的意见》《首都公共文化服务示范区创建方案》《北京市基层公共文化设施建设标准》《北京市基层公共文化设施服务规范》。“1”是“意见”，是统领；“3”是“方案”“标准”和“规范”，是对“1”的有力支撑，共同构成了一个有机整体。方庄文化“3+1”模式是结合方庄街道实际情况，对北京“1+3”公共文化政策文件进行有效落实的工作模式)，举办10场百姓周末大舞台活动。加快推进方庄市民文化休闲中心建设，加强“文图两室”建设，持续推进“家庭书房阅读卡”进社区，实现北京市公共图书馆“一卡通”通借通还。完成85名非本市户籍适龄儿童入学审核工作。推进全民健身街道创建，举办街道第十三届文化体育节、冰雪嘉年华助力冬奥等系列活动。落实“双减”要求，加强对辖区纳入台账的89家机构监督检查，整改16家学科类培训机构，取得办学许可证3家，转型4家，撤店关停9家。

(姜　琪)

【新冠肺炎疫情防控】 年内，街道落实党中央疫情防控决策部署和市、区工作要求，抓好新冠疫情防控工作。按照“快、严、准”要求，第一时间完成重点人群核酸检测及小区封闭管理。迅速开展“敲门行动”，落实包楼干部责任。

▲10月17日，在方庄体育公园开展邻里节活动。(方庄街道 供图)

加大“丰台行”小程序在市场领域的推广力度，督促辖区单位落实四方责任，实行“人、物、环境”同防。推动新冠疫苗接种全覆盖，多途径推动疫苗接种宣传工作，开展“扫楼行动”引导居民积极接种，累计完成新冠疫苗接种一、二针剂17万人次，加强针3.6万人次，筑牢群体免疫安全屏障。

（姜　琪）

【活力中心建设】 年内，街道打造“一线一带三点”（“一线”是指蒲方路沿线；“一带”是指芳古路沿线；“三点”是指时代 life、玉蜓桥物美、方庄体育公园）的空间发展格局，推进区域城市活力中心建设。通过方庄商圈改造提升验收，开展整体氛围营造、景观环境提升、交通系统改善、公共服务设施改造。推动时代 life、NTP、物美、方庄购物中心、方庄体育公园等经营主体转型升级。打造占地面积超600平方米的企业服务中心，用好“丰九条”政策利好，制定差异化服务清单。引进首开亿信、北京热力工程研究院等6家企业，留区税收2600万余元。协调解决企业纳税返还、公租房申请、员工居住证办理等问题。

（姜　琪）

方庄街道村委会、社区居委会一览表

表 38

村（居）委会名称	村（居）委会地址	所辖范围	建成时间	常住人口（*户*人）	对外办公电话
芳古园一区第一社区	芳古园一区 23 号楼 105 室	位于方庄地区西北方，与芳古园一区第二社区毗邻，东起芳群路，西至蒲黄榆路，南起蒲芳路，北至芳古园中路。	1989 年	2918 户 5883 人	67642550
芳古园一区第二社区	芳古园一区 3 号楼 3 单元 101、102	位于玉蜓桥东南角，北至二环辅路、东至芳群路、南至芳古园中路与芳古园一区第一社区相邻、西至玉蜓桥至蒲黄榆路。	1992 年	1966 户 3950 人	87616620
芳古园二区社区	芳古园二区 13 号楼 201 号	位于方庄地区西北部，北至南二环辅路，东至芳古路，南至芳城路，西至芳群路。	西院 1990 年 东院 2000 年	1080 户 2378 人	67696519
芳城园一区社区	芳城园一区 13 号楼	位于方庄地区东北方，北临东南二环路，南临芳城路，东至方庄路，西至芳古路。	1992 年	5487 户 11584 人	67686864 67670805
芳城园二区社区	芳城园二区 6-106	位于方庄地区的中心，方庄环岛东北角，北侧是芳城路，东临芳星路，南侧是蒲方路，西到芳古路。	1992 年	1100 户 1851 人	87689320
芳城园三区社区	芳城园三区 16 号楼对面	位于方庄地区东北方。东临方庄路，西至芳星路，南为蒲芳路，北至芳城路	1993 年	2230 户 4278 人	67647853
芳群园一区社区	芳群园一区 13-1-103	位于方庄地区西北方，东临芳群路，南至群星路，西毗蒲黄榆大街，北起蒲芳路。	1992 年（时代芳群 2003 年）	2400 户 4222 人	67623134
芳群园二区社区	芳群园二区 5-1-103	位于方庄地区中心，北邻芳古园二区社区，南邻芳群园四区，西邻芳群园一区，东临芳星园一区社区；北至蒲方路，东至芳古路，南至群星路，西至芳群路。	1992 年	2662 户 5710 人	67636187
芳群园三区社区	群三区甲 12 号楼	位于方庄地区西南方，北临芳群园一区社区，东临芳群园四区社区，南至南三环东路，西至蒲黄榆路．北至群星路，东至芳群路，南至南三环东路，西至蒲黄榆路。	1992 年	2455 户 5066 人	87610158
芳群园四区社区	芳群园四区 6 号楼 103	位于方庄地区西南方，西邻芳群园三区社区，北邻芳群园二区，东邻芳星园三区区南临南三环．北至群星路东至芳古路南至南三环西至芳群路。	1992 年	1806 户 3417 人	67606070
芳星园一区社区	芳星园一区 4-104	位于方庄地区中心环岛东南方．东起芳星路，西至芳古路，南起群星路，北至蒲芳路。	1994 年	796 户 2779 人	67674722
芳星园二区社区	芳星园二区 15-201、19-101	位于方庄地区东方．北邻蒲芳路，东起方庄路、南邻群星路、西至芳星路	1991 年	2299 户 4955 人	67605100

续表 38

村（居）委会名称	村（居）委会地址	所辖范围	建成时间	常住人口（*户*人）	对外办公电话
芳星园三区社区	芳星园三区 26-4-101	位于方庄东南方，北临方庄市场．东起方庄路，西至芳古路，南起南三环辅路，北至芳星路。	1992 年	3219 户 6755 人	87678130
芳城东里社区	芳城东里 6 号楼 5 门 101 室	位于方庄地区东北方，西侧与城三社区相临．东临朝阳区，南至紫芳路，西至方庄路，北接南二环护城河	2005 年	1017 户 2523 人	67639643
紫芳园社区	紫芳园三区 4 号楼 1-2 层	位于方庄地区东方，与朝阳区交界处．北至紫芳路，东至方庄东路，南至璞瑅步行街，西至方庄路	2007 年	3038 户 5380 人	87651605
紫芳南里社区	紫芳园璞瑅 1 号 203 室	位于方庄地区东方．东面与朝阳区接壤，西至方庄路东，南至南三环，北至步行街	2013 年	1927 户 4268 人	87164613

宛平街道

【概况】宛平街道位于丰台区中西部，东与看丹街道、卢沟桥街道交界、毗邻丰台科技园区，南与大兴区高家堡村接壤，西与房山区大宁村、长辛店街道、北宫镇交界，北与石景山区衙门口村毗邻。辖区面积22.78平方公里，区划调整将原卢沟桥乡的一个村划入，下辖10个社区、3个行政村，常住人口4.9万人。居民主要分布在高速路以南的楼房区和东关楼房区，农民集中居住于卢沟桥西、北天堂村、永合庄村，人口分布不均衡，有73%以上人口居住在晓月苑地区。整个区域沿永定河呈西北至东南狭长地带，城内交通发达，路网密集，铁路、公路、城轨纵横交错，京广、京九、京石、京山、丰沙等专线贯穿境内。辖区内有宛平湖、晓月湖、绿堤公园等生态旅游资源，是西山－永定河文化带的重要组成部分，也是永定河绿色生态发展带丰台段的核心区域。辖区内著名的宛平城、卢沟桥、赵登禹墓、抗日战争纪念馆和雕塑园，是国家重大纪念活动承载地和重要的爱国主义教育基地。

（王黎丹）

【平安建设】年内，街道完成建党100周年、纪念全民族抗战爆发84周年等重大政治活动和“卢沟晓月”群众文化活动服务保障任务。开展“明责任 消隐患 清杂物 治充电”和“秋冬季安全生产暨电动自行车违规充电整治”两个百日行动。将安全生产责任的落实融入到各部室日常工作事项，坚决落实《安全生产法》明确的“三管三必须”。落实领导干部信访接待日，变上访为走访、约访和下访，化解率90%以上，满意率95%以上。

（王黎丹）

【城市管理】年内，街道提升污染防治管理水平，打好大气污染防治攻坚战，$PM_{2.5}$累计浓度排名全区并列第三名，TSP全区第四名。发挥河长作用，各级河长巡河总长2533.499公里，上报问题12处。销账北天堂五环边沟、城北路五环边沟、城北街污水坑3处小微水体。联合水务、环保等部门对永定河灌渠排污口开展专项整治。加强环境建设提升城市品质，拆除违法建设83293.69平方米，完成率108%，腾退土地8.3公顷，腾退率134.2%，开展日常巡查，对新生违法建设发现一处拆除一处，保持辖区新生违法建设零增长。整治群租房“开墙打洞”、地下空间等20处。市级第二批美丽乡村创建村永合庄村、北天堂村通过市级验收。完成规自领域整改，实现永定河丰台段全线见绿，晓月湖被评为“2021年度北京市优美河湖”。

（王黎丹）

【社区建设】年内，街道坚持群众生活需求导向，因地施策，通过路侧停车施划，加装门禁、监控设备，绿化补植等改善小区环境和设施水平，完成背街小巷整治整饰外立面406.17平方米，地面整修4175.17平方米。对接铁路相关单位，组织专业力量开展铁路沿线专项整治行动，清理积存垃圾，消除安全隐患，对易反复点位安装摄像监控，实现24小时监控。根据“成熟一家成立一家”原则，新组建鑫融皓月、晓月苑三里、新月家园、晓月新城、晓月苑五里5个小区业委会。做好银海星月小区垃圾分类社会动员项目，推行垃圾分类试点建设，在首批公布北京市生活垃圾分类示范小区银海星月基础上，北里9–13号楼耐火厂小区作为2021年第二批生活垃圾分类示范小区正式授牌。补充完善城市基础设施建设，做好宛平文化广场提升工作，完成方案制定和财政评审。梳理辖区边角空地，新开辟晓月苑八里路侧、志广果蔬停车场并进行规范管理，开辟车位191个。绿堤公园更新铺设2000平方米健康步道，建设生态节约型园林植物示范区20余亩，提升群众活动空间品质。延续2020年宛平城解危工作经验，落实宛平城三年解危行动计划，启动宛平城解危（第二期）相关工作，二期44个院落58户。构建以街道物业专班为核心、相关部门、居民代表为主体的组织体系，以购买服务的方式委托物业服务企业对沙岗村进行“准物业管理”，解决夜间治安、停车秩序、电动车充电等常年积压问题。继续配合规自等部门开展宛平城地区控制性详规编制工作，卢沟桥宛平城被市委组织部确定为北京市首批党员教育现场教学点之一。

（王黎丹）

【民生服务】 年内，街道贯彻落实救助政策，做好辖区内低保低收入、特困、残疾等人群的日常管理和保障，推进开展“低龄帮高龄”、巡视探访工作，推选市、区级2名孝星和榜样。助力结对地区巩固拓展脱贫成果，全面推进乡村振兴工作，街道办事处对内蒙古林西县统部镇统部村继续进行扶贫捐助资金6万余元，购买4万余元扶贫产品。政务服务大厅落实早晚各半小时和周六不少于4小时延时服务，延时时段平均日办结量10余件。做好外地来京人员随迁子女义务教育阶段入学审批工作，对辖区5所投入使用的社区办园点进行检查督导，配合教委开展转普惠，落实“双减”工作。发动各方力量共同助力创卫，机关全体干部下沉社区，每日工作一小时，配合社区工作人员入户宣传。每周末组织各社区村开展大扫除活动，组织辖区单位、党员志愿者等共同参与，聘请专业公司进行技术督导，全面提高工作准确性，街道以4A成绩通过市级病媒生物防制验收。

（王黎丹）

【接诉即办】 年内，街道坚持主要领导每日调度、每周分析研判的工作机制，抓初始解决率，发挥主管领导、包片领导、社区村专员作用，保证每天跟进各社区村热线诉求的办理情况。按照时间节点，对诉求办理全程进行监督和督办。设置“每月一题”“一社一题”“一村一题”，针对“老大难”历史积案，通过“向前一步”栏目，共商共议，得到解决。全年基数诉求比呈逐月下降趋势。市民诉求处置中心共受理热线诉求5038件，包括“12345”直派2801件，“96005”转办2237件。纳入考核3887件，响应率89.87%，解决率77.80%，满意率86.49%。解决率、满意率分别比年初提高23.97%、20.79%。全年“吹哨”120次，其中开展联合执法32次、乱堆物料清理29次、专项会议27次、停车管理13次、拆违行动10次、安全检查9次。

（王黎丹）

【基层党建】 年内，街道坚持把党的政治建设摆在首位，把学习贯彻习近平新时代中国特色社会主义思想作为首要政治任务，组织街道党工委理论学习中心组学习14次，召开工委会43次、主任办公会24次，赴香山革命纪念地、北大红楼开展实践学习活动。落实双重组织生活制度，班子成员以普通党员身份走进各支部带头讲党课。开展“两优一先”“三优一先”评选表彰，宛平街道党工委被评为“北京市先进基层党组织”，郑福来被评为北京市优秀共产党员。组织动员街道各方力量参与建党100周年等重大活动保障。结合党史学习构建红色文化阵地，制定“办实事”项目清单，街道级10项、社区村级97项，解决群众“急难愁盼”的各类问题，深挖宛平城、卢沟桥红色抗战历史文化资源，打造《全民族抗战从这里打响》主题党课。依托“院儿长议事厅”，在抗战主题片区中增加基层社会治理元素，累计接待现场参观学习1500余人次。通过深挖地区红色文化资源优势，开展“永远跟党走”群众性主题宣传教育活动45场。建立“接诉即办”在一线、现场办公在一线、调查研究在一线、红色宣讲在一线的“四在一线”的工作机制，做好“我为群众办实事”主体实践活动。完成“两代表一委员”的推选工作，选出党代表6名、人大代表10名，确定2名政协委员人选。完成社区村“两委”换届选举工作，补足配强社区“两委”班子、村三套班子队伍，提升社区村党组织班子战斗力。推进“奋斗青春 追梦宛平”年轻干部培训培养工程，面向58名年轻干部开展书记主任讲党课、参观学习等活动4次。完成区划调整，接收卢沟桥村党总支，转接党支部11个、党员151名。推进基层党组织建设，举办社区村党组织培训班，组织开展参观学习、授课辅导等活动，全面提升党员干部工作能力。开展非公党建和统战群团工作，举办2021年宛平街道党建工作协调委员会会议，25个成员单位党组织负责人参会议事。持续深化“两新”领域党建工作，有非公企业90家、拥有独立党支部企业6家，开展“新业态、新就业”群体座谈6次，调研20次，收集意见建议6条。团员到社区报到186人，开展志愿服务活动15场。

（王黎丹）

【新冠肺炎疫情防控】 年内，街道发挥社区村“哨点”作用，强化地毯式摸排，采用大数据管理和“线下”相结合方式，加强境外及中高风险地区进（返）京人员排查、管控力度。修改完善工作预案，规范应急处置流程，严格落实各类人员进（返）京管控口径。启用宛平集中隔离点8次，接收全区各类观察人员1500余名。加强疫苗接种组织动员，60岁以上老年人接种率位于全区前列。强化检查规范市场领域管理，督促辖区内“三类场所”“七小门店”等重点部位严格落实各项防疫措施，提高防范意识，严格做好进口冷链从业人员至少每7天开展一次核酸检测、其共同居住者每月开展一次核酸检测的工作要求。每日依照销售“四类药品”的实名登记信息开展回访，并督促药店对顾客进行流行病学史询问。根据区划调整，动态更新台账113家，开展执法检查4349次，发现问题214起，张贴执法公示单105起，整改率100%。

（王黎丹）

【精神文明建设】 年内，街道公众号发布推送文章421条，月均推送38条，新增粉丝1014人，累积粉丝2374人，点击量10万余次，制作发放宣传品近

▲6月17日，宛平城地区党工委获北京市先进基层党组织称号。(宛平街道 供图)

1万份。中央市属主流媒体刊发报道街道各项工作21篇。以垃圾分类、志愿服务、用电安全、邻里和谐等为主题开展社区文化建设，挖掘社区文化特色，将社区服务深入楼门建设，构建和谐宜居的社区氛围。组织开展线上线下文化活动30余场次，放映数字电影50场，受众人数2.5万人，组织开展森林文化体育系列活动，更新19件体育健身器材，丰富居民的精神文化生活。

（王黎丹）

宛平街道村委会、社区居委会一览表

表 39

村（居）委会名称	村（居）委会地址	所辖范围	建成时间	常住人口（*户*人）	对外办公电话
宛平城社区	宛平街道卢沟桥城内街 64 号	东至东关南南街，南至京港澳高速路中心线，西延京广铁路线向南到杜家坎环岛与长辛店街道毗邻，北至京广铁路线。	2002 年	1283 户 2848 人	83891410
宛平城东关社区	宛平街道卢沟桥北里 2 号楼	北至大瓦窑环岛西侧路中心线，东邻京港澳高速路中心线，南到京港澳高速辅路以北，西与东关南街接壤。	2019 年	2236 户 4845 人	83215092
城北社区	卢沟桥小郭庄西路甲 1 号	北至石景山南站厂区，东至丰少铁路线，南至大瓦窑路铁路涵洞，西至永定河左堤路。	2002 年	1046 户 2094 人	83292755
城南社区	宛平街道晓月东路路东（交警楼东侧）	北至京港澳高速南辅路，东至晓月中路以西，南至甲八号院南墙，西至西五环内环辅路。	2002 年	1765 户 6175 人	83891705
城南第二社区	宛平街道垂虹街 7 号对面	北至京港澳高速公路南辅路，东至洪太庄铁路道口，南至看守所南墙，西至晓月中路卢沟桥二小。	2012 年	1047 户 2985 人	83217951
景园社区	宛平街道晓月中路 20 号院 5 号楼	北至二小东延路至晓月东路，东邻晓月东路至醒狮街东端，南与晓月东路沿醒狮街至晓月中路相连，西与晓月中路与二小东延路接壤。	2018 年	1447 户 3087 人	83215125
晓月苑社区	宛平街道晓月东路游泳馆东侧	北到醒狮街中心线，东到晓月东路，南到晓月三里南侧消防通道，西到晓月中路中心线。	2002 年	2574 户 6294 人	83214629
晓月苑第二社区	宛平街道晓月苑五里 1 号楼底商 1-2 层	北至金盾出版社南院墙，东至晓月中路中线与安和街路线夹角，南至安和街中线与左堤路中线夹角，西至左堤路中线。	2006 年	3493 户 4457 人	83211352
沸城社区	宛平街道晓月苑八里 2 号楼底商 5 号	北至晓月苑三里南墙外，东至老庄子乡铁路，南至永定河东堤路，西至晓月中路。	2012 年	3296 户 7712 人	83218093
老庄子社区	宛平街道北天堂 8 号	北至丰台看守所南墙外，东至丰西编组站铁路线及永合庄，南至北天堂，西至永定河中心河道。	2000 年	596 户 3600 人	63775549

续表 39

村（居）委会名称	村（居）委会地址	所辖范围	建成时间	常住人口（*户*人）	对外办公电话
北天堂村	宛平街道北天堂村8号	北与卢沟桥农场、永合庄村相邻，东起京广铁路线，南邻大兴区高家堡村，西至永定河东堤。	1958年	240户 568人	63775366 63775003
永合庄村	宛平街道永合庄村	北临花乡榆树庄，东邻世界公园，南邻北天堂，西为永定河。	1962年	1247户 1543人	83628676
卢沟桥村（原卢沟桥乡）	宛平街道卢沟桥村	北接石景山区，东与卢沟桥乡大瓦窑村相邻，南邻原老庄子乡，西至长辛店镇。	1998年	1216户 2311人	83895266

马家堡街道

【概况】马家堡街道位于丰台区东南部，东至马家堡路与西罗园街道相邻，西与玉泉营街道相邻，南至南四环路与南苑街道相邻，北至南三环路与右安门街道相邻。辖区呈长方形，东西宽1.53公里，南北长3公里，辖区面积4.16平方公里，居民小区73个，居民57113户，常住人口11.1万人，流动人口30224人，设16个社区居委会。

（金中波）

【平安建设】年内，街道组织2800余名治安志愿者完成“两会”“七一”等重点时期的安保维稳工作，确保“四个坚决不发生”。完成566名蛋壳公寓租户风险处置工作。做好79名社区矫正和安置帮教人员稳控工作。推进市域社会治理现代化试点工作，完成智慧小区改造49处，推进“雪亮工程”和“智慧平安小区”建设，提升群众安全感满意度。坚持“党政同责，一岗双责”，每季度研析形势。推广安责险120家，创建标准化企业25家，整改安全隐患1480处。成立综合应急队，与社会单位连片组建应急方阵2个，开展“一警六员”实操实训，强化应急体系建设。发放各类宣传品10万余份。安装独立感烟报警器1004个。安装电动自行车进电梯智能阻车系统322套，建设电动自行车充电设备172台。消除火灾隐患2200余个，消防监督员立案处罚70起，罚款124.25万元。动态监管65处有限空间作业，检查燃气企业1065家次，安全防范能力不断提高。融入国家食品安全示范城市创建工作，整改“三小”经营户21户，排查各类食品安全隐患74处，检查药店和医疗器械单位34家、特种设备单位56家。办理流通领域案件269件，罚款20.68万元。助力消费维权，处置预付费、教辅培训等诉求2582件，为消费者挽回损失120.86万元。坚持依法行政，聘请代理律师审查各类合同209件、法律咨询76件、代理行政诉讼案件2件，解决行政纠纷5件。做好政务信息公开，依法申请公开信息事项24件，政务网站公布信息150条。开展“八·五”普法宣传14次，公益律师进家入户提供法律咨询960人次，代写法律文书96份，制作人民调解协议9份。

（金中波）

【城市管理】年内，街道完成拆除违法建设和腾退土地任务，完成率分别为139%、186%。清理群租房93处，清扫人防工程16处。查处占道经营196起，罚款9.65万元，实现普通地下室住人、“开墙打洞”和“散乱污”企业“动态清零”。组建八项创卫工作组，成立爱卫组织780家，党员干部分街包院，每周班子成员带头下社区开展清洁日活动。整改问题台账820处，清理边角地7处，清除各类废旧车辆133辆，14处旱厕“动态清零”。督促640余家门店加强门前三包和病媒生物防制，创卫达到双A级。建设垃圾驿站16处，

▲2月27日，玺萌公馆开展垃圾分类专项活动（李冉 摄）

可回收物交投点78处、中转站1处，初步建成可回收物体系，创建垃圾分类示范小区12个，迎接市、区两级检查88次，7月至10月生活垃圾分类全区考核排名第一。工地联合执法21次，推进管道天然气、电力替代11家，劝阻不合规气源1处，杜绝散煤复烧，推进$PM_{2.5}$和TSP指数下降。补种平整边角绿地196平方米，处置危险树木57棵，揭网见绿销账11处。处置排供水问题42件次，为老旧小区居民更换节水马桶833套，8个家庭被评为“区级节水家庭”。处置环境秩序案件1412起，查处违法行为609起，罚款52.45万元，综合执法效能考核全区排名第一。统筹推进户外广告牌匾、背街小巷保洁、扫雪铲冰综合治理，快速处置隐患33处。加大停车问题专项治理，规范角门16号院、嘉园三里小区停车秩序，新增小区内部停车位200余个、路侧停车位70个、非机动车停车位300个。“清管行动”清理下水管线50.67公里、下水口1513处，确保安全度汛。组织改造意见征集活动180余次，推动5个小区54栋楼老旧小区改造工作。成立业委会2个、物管会4个。完成公维基金修缮工程8个，协调解决房屋漏雨、二次结构开裂、拆除承重墙等问题5件。完成角门南路背街小巷改造工程，制定嘉园三里公园改造项目设计和实施方案，草桥东路8号院自来水发黄改造试点工作进入财政评审阶段。争取市发改委固定资产投资项目2个。

（金中波）

【社区建设】 年内，社区“两委”换届后，除嘉园二里社区外，15个社区党委书记“一肩挑”，党的领导核心地位得到增强。加大社会组织培育力度，筹备成立丰台区第一家街道级社区社会组织联合会，开展社区之家活动30场。完成6个社区更新空调、添置办公设备、屋顶防水修缮工作，改善服务和办公条件。推进双晨城乡社区议事厅示范点建设，完成西里第一社区和星河苑社区服务空间开放式建设试点工作。

（金中波）

【民生服务】 年内，街道推进政务服务“跨省通办”，建设嘉园二里社区政务服务示范站，北京广播电视台北京城市广播进行专题节目录制。代征代缴房产税588.07万元，挽留企业16家，办理生育登记596人，新增健康社区1个。纠正用人单位违法用工行为8起，追缴拖欠工资近60万元。新建便民网点3处，实现平均每个社区拥有7处以上便利店、蔬菜零售网点和早餐网点。采集空岗信息3040个，带动196人实现就业，帮助447人实现再就业、318人实现灵活就业，“零就业家庭”安置率100%，发放失业救济金1364人次，城镇登记失业人员就业率保持在指标以内。“两节”期间走访慰问困难家庭、计生特扶家庭1230户。发放低保金、特困补贴、医疗救助金1069万元；紧急困难救助61人、医疗救助39人、教育救助6人；办理事实无人抚养儿童待遇8名，救助低保大学新生4名。发放养老服务补贴、失能老人护理补贴、高龄老人补贴共4.4万余人次，新增养老驿站1处。做好6060名退休人员社会化管理工作，完成异地养老金资格认证245人。发放军工工资、补贴和抚恤金共390余万元。发放超转工资180万元，完成1216户保障房申请、审核工作。发放残障人士补贴271万元，完成15个点位办公区无障碍建设和221家“七小门店”软性无障碍改造工作，街道阳光职康站被评为“北京市残疾人之家”。

（金中波）

【接诉即办】 年内，街道贯彻《北京市接诉即办工作条例》要求，开展“全员办件月”“扫楼入户”活动，处置群众诉求13153件，年度内每月直派案件考核排名未进入全市后60名。嘉园二里社区打造“我爱我嘉”共治共建共享机制，被北京电视台“接诉即办”“第一时间”“关注”等栏目报道。坚持首接负责、文明接访、领导包案稳控等措施，主动排查矛盾纠纷4次，受理群众来信9件，接待群众来访46批40件200余人次，受理网访42件，街道主要领导接待信访群众20批70人次，无到市、区集体访。获“北京市信访工作先进集体”称号。

（金中波）

【基层党建】 年内，街道完成建党100周年庆祝大会广场和远端集结点服务保障工作。隆重召开庆“七一”大会暨“光荣在党50年”纪念章颁发仪式，上门为544名老党员颁发纪念章。梳理《常用党内法规汇编》，开办党的十九届五中全会、党组织“领头雁”、优秀后备人员、机关中层干部、党务工作者

▲3月12日，街道在党群中心二层会议室召开党建协调委员会全体会议。（王晶 摄）

和入党积极分子6个培训班，发展党员86名，推进区域化党建共建项目7个，党群服务中心开展活动184场次，发挥党建引领作用。探索新业态新就业群体党建试点工作经验，9座暖心驿站为“快递和外卖小哥”提供服务，推进“小哥”融入基层治理。

（金中波）

【精神文明建设】 年内，17个新时代文明实践站（所）坚持每月一个主题，开展文明宣讲和志愿活动，完成年度全国文明城区创建任务。公共文明引导队以“迎接冬奥会”“文明有礼好乘客”“引导日”“礼让斑马线”“让坐日”为载体，推进社会主义核心价值观见于形、践于行。改造升级街道戏曲文化中心，组织开展百姓大舞台、建党百年、激情冬奥等活动30余次，演出京剧折子戏7场。健全丰台图书馆马家堡分馆运行机制，建立电子阅览室，实现市—区—街图书“一卡通”，全年开展线上线下图书活动140余场。

（金中波）

【教育体育】 年内，街道巩固北京市全民健身示范街道创建成果，开展迎冬奥、“健康丰台人”、室内广播操等体育健身活动70余场。辖区幼儿园普惠率91.2%，完成140余名非京籍适龄少年儿童入学审核工作。开展“双减”工作专项治理，12个学科类教育培训机构清零。

（金中波）

▲2月18日，街道在小剧场开展新冠疫苗接种工作。（王晶 摄）

【马家堡活力中心建设】 年内，街道依托嘉囿城市休闲公园，打造“一体两翼一中轴”马家堡活力中心主阵地，一期项目进入预算评审阶段。南翼华联商业实现全年销售额2.66亿元，同比上升41%；北翼凯德MALL大峡谷全年销售额4.5亿元，同比增长20%；完成98家单位年报统计、劳动力调查、城镇居民生活消费调查，为区域发展提供数据支撑。新增财源企业10家，引入京内税源企业1家，新登记企业706户、个体77户，投资活力增强。

（金中波）

【新冠肺炎疫情防控】 年内，街道推进“四方责任”落实，采购物资126.64万元，核实大数据19641人。全年核酸检测20569人，管理医学密接393人，转运密接和次密接人员216人次，接种疫苗19.93万剂。增加核酸检测方舱点位2个，被中央电视台《新闻联播》节目和北京电视台等媒体报道。重视复工复产领域疫情防控，关停棋牌室、麻将馆、台球厅、网吧；严密防控托幼机构、进口冷链食品经营以及药店、宾馆、健身场馆等疫情风险；对各类市场、“七小”门店、楼宇商超、养老机构和施工工地等检查覆盖100%，坚决防止疫情反弹。

（金中波）

马家堡街道村委会、社区居委会一览表

表40

村（居）委会名称	村（居）委会地址	所辖范围	建成时间	常住人口（*户*人）	对外办公电话
嘉园一里社区	嘉园一里 11# 楼西侧平房	东至马家堡西路中心线，南至角门北路中心线，西至嘉园路中心线，北至南三环路中心线	2002年	4413户 10587人	87579801 87579802
嘉园二里社区	嘉园二里 4# 楼与 11# 楼之间平房	东至马家堡西路中心线，南至嘉和路中心线，西至嘉园路中心线，北至角门北路中心线	2000年	5793户 15000人	87579803 87579804
嘉园三里社区	嘉园三里小公园南侧居委会	东至马家堡西路中心线，南至旱河中心线，西至嘉园路中心线，北至嘉和路中心线	2000年	4683户 11300人	87579805 87579806
西里第一社区	马家堡西里 31# 楼北侧平房	东至马家堡中路中心线，南至角门北路中心线，西至马家堡西路中心线，北至马草河中心线	2002年	4378户 9078人	87579807

续表 40

村（居）委会名称	村（居）委会地址	所辖范围	建成时间	常住人口（*户*人）	对外办公电话
西里第二社区	马家堡南街 39 号院办公楼一楼	东至马家堡路中心线，南至北京博爱医院南墙，西至马家堡中路沿马家堡西里小区围墙，北至马草河中心线	2002 年	1501 户 3914 人	87579808
西里第三社区	马家堡西里 7# 楼 1 门 101	东至马家堡路中心线，南至马草河中心线，西至马家堡西路中心线，北至南三环西路中心线	2002 年	1658 户 5306 人	87579809
双晨社区	角门西里 1# 楼西侧平房	东至马家堡路中心线，南至嘉和路中心线，西至马家堡西路中心线，北至角门北路中心线	2000 年	2808 户 6700 人	87579810 87579811
角门东里西社区	角门东里 75# 楼旁平房	东至马家堡路中心线，南至旱河中线，西至马家堡西路中心线，北至嘉和路中心线经马家堡中路至北京博爱医院南墙	2002 年	2605 户 6100 人	87579602
晨宇社区	马家堡路一轻技校北侧	东至马家堡路中心线，南至角门南路中心线，西至马家堡中路中心线，北至旱河中心线	2002 年	1722 户 3595 人	87579812
欣汇社区	角门 13 号院 6# 楼 20 门 001,002	东至马家堡中路中心线，南至角门南路中心线，西至马家堡西路中心线，北至旱河中心线	2000 年	4940 户 11287 人	87579813
富卓苑社区	富卓苑小区北侧平房	东至马家堡路中心线，南至馨泰园小区南墙经角门甲 14 号院南墙至南华小区南墙，西至马家堡西路中心线，北至角门南路中心线	2000 年	4612 户 10309 人	87579816
玉安园社区	北甲地路 6 号院 8# 楼 3 层	东至北甲地路中心线，南至镇国寺北街中心线，西至草桥东路（玉泉营街道边界），北至马草河南岸	2002 年	2717 户 5500 人	87579815
城南嘉园社区	城南嘉园益城园甲 8 号	东至马家堡西路中心线，南至南四环中路中心线，西至与玉泉营街道交界线，北至嘉园北街中心线	2006 年	2432 户 6961 人	87579818
枫竹苑社区	枫竹苑北路 9# 楼（工商银行上）三楼	东至西罗园街道交界线，南至南四环中路中心线，西至马家堡西路中心线，富卓苑社区南界	2006 年	3703 户 9500 人	87579817
星河苑社区	星河苑小区北侧平房	东至马家堡西路中心线，南至北京公交集团城南嘉园场站北墙、嘉园北街中心线，西至与玉泉营街道交界线，北至旱河中心线	2007 年	4006 户 9072 人	87579819
镇国寺社区	镇国寺北街 4 号院 10# 楼一层	东至嘉园路中心线，南至旱河中心线，西至与玉泉营街道交界线，北至镇国寺北街中心线	2008 年	2497 户 6198 人	87567951

和义街道

【概况】和义街道位于丰台区东南部，东与大兴区旧宫镇树桥村、朝阳区小红门乡毗邻，东南与东高地街道相邻，西南与南苑街道接壤，北与大红门街道为邻。和义地区原为大兴县行政区域，是北京市南郊农场用地，成立于1998年12月，并于1999年2月划入丰台区。2010年9月，大红门街道久敬庄社区划入域内。2021年5月行政区划调整，南苑乡大红门锦苑一社区、大红门锦苑二社区划入域内。下辖11个社区居委会，辖区面积6.78平方公里，常住人口4.8万人。辖区内有6条城市道路，其中南苑路和槐房路为主干路，大红门南路为次干路，通久路、久敬庄路和龙和路为支路。途经辖区公交线路14条，有地铁8号线贯穿其中。有社区卫生服务中心1个，社区卫生服务站2个，初中1所，小学2所，幼儿园4所，公共图书馆（室）11个，温馨家园1个，社区服务站9个，文化体育活动室10处，驻区部队4支。

（曹冰冰）

【平安建设】年内，街道开展安全生产专项治理检查行动，检查各类场所2700余家次，发现、整改隐患900余处。社会单位、企业签订安全生产及消防安全责任书700余份。摸排检查液化石油气非居民用户42家，整改隐患74项，收缴钢瓶15个。强化安全意识教育，集中宣传与日常宣传相结合，发放宣传材料3万余份。开展重点人及敏感群体排查管控，联合公安、应急管理、消防等部门，启动社会面等级防控机制，完成建党100周年庆祝活动服务保障工作。完成电动自行车领域消防安全专项整治工作，关停2家电动车相关违规经营企业。对辖区内11家快递企业20个网点进行全面督导检查，强化从业人员安全教育培训，与512名快递小哥签订《丰台区电动自行车消防安全管理工作倡议书》。新安装电动车充电设施42处，充电口806个，实现14个居民小区室外充电设施全覆盖。与电动车用户签订《丰台区电动自行车消防安全管理工作倡议书》3940份。组建12个人民调解委员会，开展重点矛盾纠纷排查410余次，调处民间纠纷103件，制作人民调解协议书28份，协议履行金额905.77万元。开展法治宣传教育活动13次，法治讲座9场次，开通网络法律云服务，发放法治宣传材料8000余份，接待法律咨询670余人次，处理劳资纠纷70余起。

（曹冰冰）

【城市管理】 年内，街道拆除违法建设31972.21平方米，腾退土地28000平方米。创建国家森林城市，对接和义农场、集体经济组织，完成辖区2732亩平原生态林、郊野公园、平原造林、口袋公园、小微绿地等的管理养护，推进城绿共融的绿网体系建设，为南苑森林湿地公园建设及中轴路规划提升做好保障工作。落实重污染天气应对机制，以扬尘管控为重点，推动施工、道路、裸地扬尘“三尘共治”。督促产权单位落实管理责任，对嘉禾庄陈盛堂大院、松林庄平房区、铁路沿线等14000余平方米裸地进行苫盖、绿化和硬化。开展联动执法，查处施工扬尘问题12起，罚款15万元；查处违规运输114次，罚款22.6元；查处露天烧烤22起，罚款11000元。街道、社区河长定期巡河检查，确保2021年小龙河红星公社宿舍断面平均水质达到Ⅳ类。完成小龙河支沟、东地蓄水池2处小微水体治理和管护。督促德茂物业完成和义西里北街1处雨污混接、错接点位治理。组织开展节水主题宣传活动，营造“知水、懂水、惜水”氛围。

（曹冰冰）

【社区建设】 年内，街道深耕社区事务会商制度，完善辖区共建共治共享社会治理格局。召开协商会100余次，涉及社区环境卫生、市政设施、物业管理、治安防范、便民服务等居民生活的重点难点问题。在疫情防控、垃圾分类、创卫爱卫及重要节日期间，开展志愿服务活动5000余次，组织各社区开展“北京榜样”“文明街巷、文明商户”“绿色环保好市民”等宣传推荐活动。推动大红门锦苑社区创建首都花园式社区；推动和义西里等卫生类社区开展环境卫生秩序整治、平房区治理等专项行动；推动和义东里、南苑北里小区整治类社区结合老旧小区改造，拆除私搭乱建，改造基础设施，以4A成绩通过病媒生物防制市级验收。发挥物管会、业委会作用，推动久敬佳园小区更换物业工作，在德茂物业退出后推动应急物业接管，学习“劲松模式”，研究在和义西里、东里小区引入愿景集团，探索以空间换服务，推进小区物业“先尝后买”。完成行政区划调整，梳理建立新接收区域人、地、物、事工作台账，优化调整久敬庄社区、大红门锦苑一社区、大红门锦苑二社区管辖范围，形成边界清晰、权责明确、管理顺畅的基层治理体系。

（曹冰冰）

【民生服务】 年内，街道落实政务服务“一门”办理制度，实现“只进一扇门”“最多跑一次”，办理职业介绍指导、灵活就业、失业登记、社会化退休、低保、城乡养老、城乡居民医疗等各项业务18000件，服务32000人次。受理、变更、核查住房保障家庭900余户，走访慰问贫困残疾人、失独家庭老人277人。打造智能化图书馆；更新南苑北里健身园小广场、和义东里健身园健身器材；组织周末大舞台品牌演出

▲8月10日，南苑北里二区12号楼边移除倾倒的大树。（和义街道 供图）

▲6月26日，和义街道在和义街道北一大舞台举办“和”文化节“周末百姓大舞台”活动。（和义街道 供图）

▲8月13日，万泽龙快递园区“小哥之家”党群服务中心正式揭牌成立。（和义街道 供图）

活动13场、“让书香飘满和义”读书活动16场；组织非遗文化制作体验、书画活动、社区运动会等活动40余场次；指导社会组织开展志愿服务、培训等活动160场。建设街道级社会心理服务中心，开展社区心理知识普及与宣传活动10余场，培育居民积极向上健康心态；举办科普知识讲座19次、组织居民科普活动30次，累计惠及居民8000余人。

（曹冰冰）

【接诉即办】 年内，街道全面抓好“接诉即办”条例贯彻实施，班子成员带头协调调度，实施物业企业和社区双派单、双考核制度。持续强化源头治理、系统治理，分阶段压茬推进南苑北里三区失管小区环境提升、和义东里老旧小区改造等任务；通过“吹哨”，解决小区拆违、噪音扰民、路侧停车、交界地带垃圾清理等问题。发挥党建协调委员会共建共治作用，投入251万元完成北一社区路面维修、西二楼门更换、锦一社区安装电动自行车棚加装监控等30个小微项目。安排应急资金，解决一批涉疫、水电气热等“小、散、急、愁”民生诉求。全年受理市民诉求10355件，解决率、满意率保持在95%左右。

（曹冰冰）

【基层党建】 年内，街道履行管党治党主体责任，落实区委巡察反馈意见，制定整改措施73条，抓好24项党建重点任务落实。规范议事决策程序，坚持民主集中制，主任办公会、工委会研究“三重一大”事项402项。开展社区党委书记抓党建述职评议。依托街道党群服务中心、和义文化产业园党群服务中心、社区党建活动室等阵地，开展“两新”领域党建活动；创新开展新业态、新就业群体党建工作试点，率先建立快递行业“小哥之家”党群服务中心，整合资源，精准服务，强化宣传，推动快递群体融入社会治理、纳入基层党建。严肃党内政治生活，领导班子成员坚持双重组织生活制度，召开民主生活会，深刻剖析问题原因并整改，执行重大事项请示报告制度。落实意识形态工作责任制，加强阵地管理，推送微信信息258期，官方微博350条，在中央、市、区级媒体正面报道街道重点工作信息107条。街道工委每季度组织召开党风廉政形势分析会，分析、研究、部署党风廉政工作，开展全员教育提醒和重点岗位约谈提醒。强化靶向监督，围绕创卫创城、疏整促、垃圾分类、疫情常态化防控等重点任务工作开展监督，针对疫情防控发现问题下发提醒函1份，针对创卫工作开展提醒谈话1人次。抽查“接诉即办”工单260件，开展实地检查20余次，紧盯部门、社区主体责任落实情况。持续整治形式主义、官僚主义，运用监督执纪第一种形态13人次，第二种形态1人次，不断推进党内监督常态化、具体化。

（曹冰冰）

【精神文明建设】 年内，街道把学习贯彻习近平新时代中国特色社会主义思想作为首要政治任务，推动党史学习教育、十九届六中全会精神学习。发挥理论中心组的示范带头作用，开展专题研讨、辅导报告、理论宣讲、读书班等集中学习130次。街道领导干部、年轻党员、社区党委书记等讲党课32场次；开展“我是党课主讲人”百姓宣讲活动11场次。组织开展“永远跟党走”群众性主题宣传教育活动12场。结合“我为群众办实事”实践活动问需于民，完成实事清单81项。

（曹冰冰）

【新冠肺炎疫情防控】 年内，街道持续强化精准防控意识，传达市、区防控会议精神130余次，召开培训30余次。强化风险人员排查管控，快速响应、落点落位，完成大数据派单排查7113人次，组织完成核酸检测13000余人次，落实居家观察、隔离转运等管控措施。强化社会面防控责任，全面开展“拉网式”检查，持续抓好冷链食品行业监管，

▲5月16日，南苑北里小区东门开展新冠疫苗接种宣传活动。（和义街道 供图）

做好冬奥会测试赛服务保障，对接粮油供应定点单位市粮食公司，加强防控闭环管理，确保供应安全。加强小区出入口防疫管理，落实疫苗接种任务，累计接种76733人次。

（曹冰冰）

【垃圾分类】 年内，街道建成1处街道级可回收物中转中心、21处可回收物交投点。世嘉丽晶小区、久敬佳园小区、松林庄小区和大红门锦苑A区获“北京市垃圾分类示范小区”称号。家庭厨余垃圾分出率22%以上。启动垃圾分类积分试点，开展“‘和’我‘义’起垃圾分类”主题宣传活动。加强巡视检查，查处生活垃圾分类问题54起，罚款92600元。

（曹冰冰）

【优化营商环境】 年内，街道宣传“丰九条”等惠企政策，建立处级领导带队包片走访服务重点企业机制，走访重点企业并开展政策宣传20余次。引导利用好发展空间，依托楼宇党群服务中心平台，以和义文化产业园、瑞荣大厦等辖区较大规模楼宇为重点，助力天兵科技等一批高新科技企业的引进和发展，推动地区经济高质量建设。

（曹冰冰）

▲10月19日，在和义东里健身园开展“为了生活更加美好，垃圾分类齐动手”东二社区垃圾分类主题活动。（和义街道 供图）

和义街道村委会、社区居委会一览表

表41

村（居）委会名称	村（居）委会地址	所辖范围	建成时间	常住人口（*户*人）	对外办公电话
南苑北里第一社区	南苑北里一区11号楼南侧	东至南苑路，西至南苑北里第二社区，南至龙河路，北至嘉禾庄路。	2000年	2277户 4726人	67904090 67904070
南苑北里第二社区	南苑北里三区6号楼东侧	东至南苑北里第一社区，西至大红门南路，南至龙和路，北至嘉禾庄路。	2000年	1583户 3158人	67904093 67904075
和义东里第一社区	和义东里三区1号楼南侧平房	东起金贝德幼儿园围墙与大兴区边界，西邻和义东里五区，南至太阳城路，北至和义饮料厂南墙外。	2000年	1714户 3862人	67904096 67904097
和义东里第二社区	和义东里六区甲8号	东至东里小区与大兴边界，西至南苑路，南至酒厂路，北至太阳城路。	2000年	2311户 5148人	67904101 67904073
和义东里第三社区	和义东里五区10号楼南侧平房	东至和义东里第一社区，西至南苑路，南至和义太阳城路，北至和义铁路。	2000年	2174户 4858人	67904102 67904103
和义西里第一社区	和义西里北街8号	东至南苑路、大红门南路、铁路，西至槐房路，南至大泡子围墙、小龙河、松林庄路、五环食品厂路（和义西里北街），北至南郊农场路。	2000年	2198户 3432人	67904105 67904107
和义西里第二社区	和义西里四区2号楼东南侧	东至南苑路，西至大红门南路、和义西里第三社区，南至嘉禾庄路，北至五环食品厂路（和义西里北街）。	2000年	1739户 4369人	67904109 67904058
和义西里第三社区	和义西里四区2号楼东南侧	东至和义西里第二社区，南至西里小花园，西至大红门南路，北至五环食品厂路（和义西里北街）。	2005年	1632户 3866人	67904114 67904140

续表 41

村（居）委会名称	村（居）委会地址	所辖范围	建成时间	常住人口（*户*人）	对外办公电话
久敬庄社区	久敬佳园小区一区6号楼西侧平房	社区管理范围不连片，大体为两大地块，一地块辖域东至北京奥克兰建筑防水材料有限公司院墙，西至南苑路中心线，南至和义铁道，北至久敬庄路（通久路）中心线；另一地块辖域东至南苑路中心线，西至槐房路中心线，南至通久路、南郊农场路中心线（和义西里第一社区边界），北至南四环；95801部队（原95970部队）。	2003年	2970户 6689人	67904116 67904117
大红门锦苑一社区（原南苑乡）	大红门锦苑小区B7公建楼2层	为多地块社区。一地块辖域东至锦苑小区围墙，南至规划和义路，西至规划光彩南路，北至久敬庄路（通久路）；另一地块辖域东至庑殿路、大红门搅拌站东墙、铁路（大兴交界），西至久敬庄公园路中心线，南至久敬庄（通久路）路中心线，北至南四环。	2016年	2138户 4158人	67066795 67063375
大红门锦苑二社区（南苑乡）	大红门锦苑小区B公建楼2层	为多地块社区。一地块辖域东至规划光彩南路、锦苑小区围墙，南至锦苑小区与大兴边界，西至北京奥克兰建筑防水材料有限公司院墙，北至久敬庄路；另一地块辖域东至久敬庄公园路中心线，西至南苑路中心线，南至久敬庄路（通久路）中心线，北至南四环。	2016年	2063户 3804人	67063809 67063759

卢沟桥街道

【概况】 卢沟桥街道位于丰台区中北部。7月18日，根据丰台区区划调整，撤销原卢沟桥乡人民政府，成立卢沟桥街道办事处。东起西四环辅路，南起卢沟桥路，西至张仪村路，北至莲石东路辅路，与海淀区、石景山区以及丰台区宛平街道、青塔街道、五里店街道、六里桥街道接壤，辖区面积13.07平方公里。下辖11个社区居委会、6个村委会，常住人口7.69万人。有法人单位167家，其中中央单位1家，市属单位3家。有中学1所，小学2所，幼儿园12所。有养老机构5家。引进规模企业（注册资金50万以上新设立和区内外迁址企业）112家，其中注册资金1亿元以上2家，1亿元—5000万元以上3家，5000万元—1000万元以上25家。实现区级财政收入30113万元，同比增长131.5%。

（任向洋）

【平安建设】 年内，街道在重大活动、重要会议敏感时间点、节假日期间，开展社区矫正安保维稳工作。完成“建党百年”“七七”等重大活动保障工作。落实联席会议机制，不断提升纠纷化解能力水平，把矛盾纠纷化解在基层和萌芽状态。防范和遏制安全生产事故发生，加强日常监管，持续开展专项安全检查行动，督促生产经营单位落实主体责任，出动人员8088人次，检查生产经营单位2326家次，整改安全隐患3625处。

（任向洋）

【城市管理】 年内，街道持续开展疏解整治促提升专项行动，拆除违法建设10.18万平方米，腾退土地12.2公顷。落实“基本无违法建设区”创建工作，实现新生违法建设“零增长”。整治隔断房和群租房91处，“开墙打洞”和地下空间违规住人实现“动态清零”。完成平原造林任务35.75亩，改造提升经仪郊野公园，增强群众获得感。打好污染防治攻坚战，坚持领导带队检查，压实基层责任，加大污染源巡查治理，确保扬尘污染防治工作落细落到位，全面提升辖区空气质量。街道$PM_{2.5}$累计浓度35.6微克/立方米，市倒排名第123名，区倒排名第10名；TSP累计浓度93微克/立方米，市倒排名第113名，区倒排名第20名。开展常态化“周末清洁日”活动，参与3.8万余人次。推进创卫工作落地落实，强化宣传教育引导，创新居村联手共建机制，落实包片责任，加大督查力度，助力全区以4A成绩通过病媒生物（蚊、蝇、鼠、蟑）防制市级专项验收。

（任向洋）

【社区建设】 年内，街道持续提升精细化管理能力，全面落实物业管理条例，辖区业委会（物管会）组建率、物业管理覆盖率100%，党组织覆盖率97%。持续推进生活垃圾管理条例落实，加大宣传教育力度，提升居民对垃圾分类的参与度、准确度，为辖区居民发放“两桶一袋”1.4万组、垃圾袋5.5万个。组织“小巷管家”和城市管理志愿服务，系统招募注册率100%，巡访时长53360小时，处理各类事件1820件，推动街巷治理“共治共管、共建共享”。

（任向洋）

【民生服务】 年内，街道聚焦“七有”“五性”，推动社区办园“转普”，持续做好校外培训机构治理。不断优化便民服务中心大厅服务环境，提高服务能力，办理服务事项1300件。围绕人居环境整治、电动自行车充电隐患、村民医疗二次报销、老幼病残日常医疗服务、文化活动需求等群众反映集中的问题，共完成74项民生项目清单。

（任向洋）

【接诉即办】 年内，街道不断深化“接诉即办”工作，坚持调度会议机制，启动分析研判机制，加强疑难问题会商，建立“高站位、早发现、速响应、细解决、重研判、治源头”六步工作法，受理群众诉求1.55万件，“三率”水平提高。开发网格监管系统，了解居民的需求和困难，做到“未诉先办”。紧扣保障基本民生需求、全面推进乡村振兴、推进基层治理体系和治理能力现代化、“接诉即办”4个方面任务，开展“我为群众办实事”实践活动。

（任向洋）

【基层党建】 年内，街道落实重大事项请示报告制度，向区委及其部门请示报告40件次。坚持以政治学习为根本，持续加强习近平新时代中国特色社会主义思想和党的十九届五中、六中全会精神的学习宣传，不断提高政治判断力、政治领悟力、政治执行力。强化意识形态工作责任落实。坚持党管意识形态，对辖区内农村宣传栏、电子屏、“两微一端”以及各类思想文化活动加强监管审查，掌握意识形态工作的领导权和话语权。利用多种媒体平台，持续做好宣传报道，在央、市、区级媒体发布各类新闻报道109篇次，“今日卢沟”新媒体平台发布动态241条。完成社区村“两委”换届，选优配强社区、村“两委”班子。推进党支部规范化建设，落实“三会一课”、主题党日、组织生活会、民主评议党员、谈心谈话等组织生活制度，督促下属党支部按期换届。抓实党组织带头人、党务工作人员教育培训，全面提升农村基层党建工作质量。全面加强“两新”党员教育管理，创新党组织和党员发挥作用载体，建立两新党组织18个，从业人员100人以上的企业实现党的工作全覆盖。发展党员215人。开展党史学习教育的实施方案，通过学习指定书目、集中学习研讨、邀请专家讲授专题党课、党史宣传宣讲比赛等，开展党史学习，推动党员干部在学习党史中践行初心使命，党工委理论学习中心组开展学习24次，围绕党史学习教育讲党课9次。140个基层党支部开展“党史学习教育”专题组织生活会，做好建党100周年庆祝活动。

（任向洋）

【精神文明建设】 年内，街道挖掘整合辖区内“北京市第一个农村党支部”大瓦窑村党史馆、小屯村新四军林、解放战争十八烈士墓等历史文化资源，以“建党100周年”为主题开展“五个

▲9月29日，街道足球队夺得“第十三届丰台区体育节足球赛”冠军。（卢沟桥街道 供图）

▲11月5日，丰台区第十七届人大代表换届选举卢沟桥街道第18选区投票现场。（卢沟桥街道 供图）

一”流动党课(即探寻一段红色记忆、重温一次入党誓词、手写一封初心书信、学唱一首红色歌曲、聆听一段红色故事),以红色精神激励党员群众守初心、担使命、找差距、抓落实。组织农村党员录制“红色故事荟 党史我来说”微课,开展乡情村史与口述史宣传月活动,组建“红色卢沟——忆百年党史讲卢沟故事”宣讲团,讲述红色卢沟发展历史,献礼建党100周年。做好全国文明城区创建工作,张贴海报1.4万张,提升百姓对创建全国文明城区工作的知晓率、满意率。升级改造卢沟桥街道综合文化中心及同馨家园社区二、三层活动空间,为居民营造舒适文体活动场所。开展群众性精神文明社会实践活动,举办“美好生活讲师团”宣讲12场,“周末百姓大舞台”演出9场,“星火工程”文艺演出6场。加强文体队伍建设,康北足球队获“丰台区第十三届全民健身体育节足球比赛”总冠军;大瓦窑村获“健康丰台人”团体总成绩一等奖。举荐4位先进人物参选“北京榜样”,以先进典型凝聚街道发展。

(任向洋)

【城市化建设】 年内,街道学习借鉴“王四营乡”试点经验,指导小屯村、大井村完成规划综合实施方案的编制工作,上报区规自分局审查。推进大瓦窑村整建制转居工作。小瓦窑二期项目、大井新村三期项目建设用地完成区级成本审核和确认工作。完成大瓦窑新村二期项目和大瓦窑馨城二期项目建设用地住宅与非宅的拆迁工作。大瓦窑DWY-26、DWY-36、DWY-45号绿隔产业项目、DWY-27号养老设施项目,通过区联席会审议。小屯郭庄子村集租房项目建设工程取得规划许可证,张仪村集租房项目实现开工建设,卢沟桥棚户区改造安置房项目保持投资势头。

(任向洋)

【新冠肺炎疫情防控】 年内,区划调整后成立由街道党政主要领导任组长的疫情防控领导小组,明确责任分工,摸清辖区底数,压实“四方责任”,严格落实各项常态化疫情防控措施,做好疫情防控各项工作。定期组织防控技术培训并进行现场指导,提升辖区疫情防控能力。宣传防疫知识,培养辖区居民“戴口罩、勤洗手、勤通风、少聚集、一米线、用公筷”等卫生习惯,筑牢群防群控疫情防线。设立卢沟桥街道疫苗接种点,加大疫苗接种宣传力度,推进疫苗接种工作,全年完成第一针、第二针接种46401人,加强针接种33028人。

(任向洋)

【农村管理】 年内,街道贯彻落实区委1号文件精神,切实摸清集体家底,保护用好资源性资产,盘活用好经营性资产。建立健全农村集体经营性房产登记、保管、使用和处置等各项制度,确保账证相符和账实相符。涉地农村集体经济合同109份,涉及金额5201.356万元,提请区审议租赁类项目2件。持续抓好“四议一审两公开”“三务公开”“民主日”,保障农村党员群众的民主权利。展开村干部经济责任审计,加强农村监管的“最后一公里”。

(任向洋)

卢沟桥街道村委会、社区居委会一览表

表42

村(居)委会名称	村(居)委会地址	所辖范围	建成时间	常住人口(*户*人)	对外办公电话
同馨家园社区(原卢沟桥乡)	小屯西路96号院19号楼	东至小屯路西侧现状保留单位西边界,南至美域家园小区北区北边界,西至小屯西路东侧边界,北至梅市口路南侧小屯村南边界。	2021年	3287户 6749人	88605856
假日风景社区	小屯西路109号院3号楼2层	东起小屯西路,西至假日风景D区西墙、假日风景B区西墙,北起假日风景B区北墙,南至长城制药厂南墙	2021年	1566户 3215人	83214873 83214300
假日万恒社区	大瓦窑北路2号院2号楼2层	东至万恒家园东墙及假日风景AC区东墙一线,南至万恒家园南墙,西至小屯西路中心线,北至小屯公园北墙。	2011年	2430户 6054人	83205842 83205843
建邦枫景社区	双林东路105号院建邦枫景小区1号楼1单元1层	东至双林东路,南至京港澳高速北辅路小区南侧边界,西至小屯路,北至郭庄子北路	2011年	1615户 4538人	63709551 63709557
小瓦窑西里社区	张仪村路4号院2号楼北侧	东至小瓦窑西路,西至张仪村路,南至四号院南院,北至吴家村路	2000年	1648户 3716人	88690346 88690045
康馨家园北区社区	康馨家园北区6号楼101	东至张仪村路,西至张仪村西路,南至丰仪路,北至丰仪北路。	2021年	2542户 3679人	68631943

续表 42

村（居）委会名称	村（居）委会地址	所辖范围	建成时间	常住人口（*户*人）	对外办公电话
大瓦窑社区	大瓦窑村 305 号（原大瓦窑水站院内）	东至小屯西路，与假日风景社区、小屯社区相邻；南至大瓦窑西二街，与大瓦窑村、丰泽家园社区相邻；西至张仪村路；北至梅市口路，与张仪村、小瓦窑西里社区相邻。	2000 年	1751 户 4258 人	83292009
康馨家园南区社区	康馨家园南区 4 号楼 106	东至张仪村路，西至张仪村西路，北至丰仪路，南至丰仪南路。	2021 年	2476 户 4368 人	68607388 88607088
小屯社区	小屯路 106 号	西至小屯西路西南坟农场宿舍 119 号院，北至小屯路 15 号院，东至青塔西路，南至双林南路。	2000 年	1670 户 2845 人	83696606
丰泽家园社区	大瓦窑中路 16 号院	北起丰泽家园小区北墙，东起大瓦窑东路中心线西侧 3 米，南至大瓦窑东二街中心线北侧 3 米，西至大瓦窑中路中心线东侧 3 米。	2013 年	2038 户 3833 人	83214705 83214696
美域家园社区	美域家园南区 3 号楼 2 层	北至同馨家园，东起小屯路，南起兴源路，西至小屯西路。	2014 年	2381 户 4575 人	88608821 88608852
小瓦窑村（卢沟桥乡）	吴家村路 9 号	北与海淀区永定路、石景山区石槽、鲁谷村为界，东与郑常庄村和大成社区相接，南与小屯村和张仪村相邻，西与石景山区衙门口村相连。	1949 年	764 户 1763 人	68676521
郭庄子村（卢沟桥乡）	郭庄子村 364 号	东接大井村、西接大瓦窑村、北至小屯双林南路、南至卢沟桥路南	1949 年	1460 户 3082 人	83695184 83694539
大瓦窑村（卢沟桥乡）	大瓦窑村甲 1 号	东至郭庄子，西至石景山、卢沟桥，南至丰台西路，北至张仪村。	1949 年	1178 户 2719 人	83291682
小屯村（卢沟桥乡）	小屯路 149 号	北至小瓦窑村，南至郭庄子村，东至青塔西路，西至张仪村。	1993 年更名为村委会	1137 户 3053 人	83837699 68277565
张仪村（原卢沟桥乡）	张仪村 86 号	北临小瓦窑村，南临大瓦窑村，东临小屯村，西于石景山区交界	1998 年	农 636 户 1299 人 居 349 户 879 人	68659785
大井村（原卢沟桥乡）	北京市丰台区田各庄 318 号	东临西四环岳各庄立交桥，西倚青塔西路，北与梅市口路相交，南以京广铁路看丹桥为界。	1998 年改名为村委会	1380 户 4157 人	63825960

花乡街道

【概况】2021年7月，按照丰台区行政区划调整，在丰台区东南部成立花乡街道办事处，街道东至南苑街道办事处界线，南至大兴区区界线，西至宛平街道办事处界线、马草河西侧，北至马草河北侧、中海九号苑社区东侧规划路、六圈南路以及草桥村、黄土岗村南边界。花乡街道办事处驻郭公庄中街18号院6号楼。辖区面积19.91平方公里，下辖5个行政村、6个社区、2个工作组，常住人口25633户60618人，其中户籍人口11027户23424人（农业户籍人口9846人）；域内人口以汉族为主，有少数民族满族、回族、蒙古族、彝族、朝鲜族等。辖区重点单位6个，其中市属单位4个。幼儿园3所，小学4所，集学前教育、小学、初中、高中全阶段教育为一体的学校1所。有社区卫生服务站9家。

（冯佳蕾）

【平安建设】年内，街道开展生产经营单位台账梳理工作，建立辖区各项企业台账，签订三合一责任书800余份，下发海报200余张。安全生产检查队检查单位300余家，查出隐患100余条，全部整改；清理整治辖区违法群租房32处，疏解流动人口77人；根据《丰台区2021年三季度群众安全感调查报告》，街道在26个街镇中排名第12位，安全感满意度99.17%；加强辖区智慧平安小区建设。制定落实街道安全生产“党政同责，一岗双责”规定，强化重点行业、重点领域的监督检查，整改安全隐患近200处；开展电动车领域消

▲11月30日，街道在新发地村开展预防煤气中毒集中宣传活动。（花乡街道 供图）

防安全专项整治，街道、各社区（村）检查95处，发现隐患185处，整改185处。重点对辖区电动车销售点、快递物流集散点、居民楼等点位私拉乱接、飞线充电、电动车进楼停放及充电现象进行执法检查，劝阻、制止违规充电351次、清理电动车进楼198辆；开展各类消防安全培训演练8次。新建1200余个充电口，满足群众安全充电需求；深化扫黑除恶、法治宣传、信访调解等各项工作，动员社会力量2400余人参与群防群治，共同推进平安建设。

（冯佳蕾）

【城市管理】 年内，街道拆除违法建设188744.08平方米，销账率90.3%，腾退土地面积143759.61平方米。完成270亩平原造林任务，羊坊村完成棚户区改造最后3户宅基地腾退工作；建立垃圾分类驿站台账，完成15个居民小区、10个垃圾分类驿站建设，建成4个示范垃圾分类驿站，完成301个桶站设立工作；召开明春东园老旧小区及地下管线改造工作推进会；完成市容环境整治各项系统考评工作，按要求整改辖区内人居环境整治工作中发现的问题497处，市首都环境办派件涉及市政设施损坏、违法停车、违规户外广告、架空线缆坠落、路面破损、垃圾桶周边不洁、店外经营等问题70件，明察暗访环境检查系统接收的日常检查、清扫保洁、交通秩序、市政设施、背街小巷、街巷管家等案件344件，辖区内违规户外广告牌匾问题台账16处，路侧停车优惠居住认证申请231辆，审核通过200辆，审核未通过31辆。实施掌控扬尘污染情况，确保TSP、$PM_{2.5}$达到正常值，保障空气质量；接收城市安全运行、市容、秩序环境案件4件，全部办结。开展“搬家式”大扫除、“搓澡式”搞卫生，聘请专业公司消杀防制，常态化推进“周末清洁日”，清理卫生死角1066处，清理暴露垃圾766处25.6吨，完成市级验收。落实创建全国文明示范区各项指标要求，完成网上材料申报、实地检查重点任务分解、点位问题整改、环境氛围营造等，安装硬质公益广告194块，发放一封信30000张。

（冯佳蕾）

【社区建设】年内，街道通过月点评、大走访等机制强化对辖区14个业委会、物管会的引领指导。指导支持银地社区调解银地家园A区业委会与银地家园物业公司停车管理权纠纷。按照程序做好银地家园A区业委会变更业委会主任备案，联合党群办对新业委会主任任前谈话。依法依规推进北京新方向中心物业管理委员会授权自然人代表委员变更。引导三乐花园社区发挥北京新方向中心物业管理委员会作用，调解房天下公司和金隅大成物业公司物业费缴纳、停车信息录入等冲突。勘查燕保郭公庄家园南北区、西华府、康润家园等8个管理空白点小区，摸清16800户居民和社区服务管理用房等情况，研究制定社区建设规划，启动新建6个社区、调整2个社区的准备工作。结合社区公益金、体育经费的使用，策划开展健步走、乒乓球比赛、毽球比赛、趣味运动会等多项体育活动。以24节气和传统节日为主题，在三乐花园社区实施科普惠民项目，既修缮墙面，又宣传传统文化。在符合疫情防控要求的情况下，组织辖区各村开展8场农村文艺演出星火工程。

（冯佳蕾）

【民生服务】 年内，街道“温馨家园”挂牌成立。发挥“温馨家园”平台纽带作用，整合卫生医疗机构、养老驿站等社会资源，紧贴残疾人群体的需求主动开展服务。全面摸排辖区806人残疾人就业需要信息，推动用人单位设置残疾人就业岗位，构建起链条式的残疾人就业服务体系；做好残疾儿童少年康复补助工作，完善康复辅助器具，满足残疾人康复训练需求；组织参加北京市丰台区第十四届残疾人运动会。每月审核、增减、监督、发放各类民政对象津贴补贴2062人。发放养老服务补贴津贴752人，困难残疾人两项补贴171人，优抚对象162人，超转对象704人，精神病看护补贴179人，社会救助对象29人，乡村医生补贴65人。开展“首善有我”社会捐赠活动，花乡街道机关及各社区、村线下捐款16425元，线上520元，御寒物资372件。组织无偿献血活动，260多名党员干部上站化验，完成献血任务178人。建立“老兵之家”活动室，维护辖区900位退役军人合法权益。

（冯佳蕾）

【接诉即办】 年内，街道受理“12345”群众诉求1626件，其中直派件633件，区转件993件，日均26件。主要解决明春苑社区垃圾清运、改变郭公庄南街、中街、北街环境脏乱、协调解决高立庄603号部队家属院接入市政水、协调维修公交车站雨棚等问题。坚持日分析、周调度、月点评，成立应急处置工作组，接派件、应急、考核三个环节无缝衔接，上下联动、环环相扣、全流程管理。总结工作中的典型案例和经验做法，在回应市民个人诉求的同时注重以点带面解决同类问题，累计“吹哨”64次。将线上举报案件、上级转办案件、信访案件、网络舆情、“12345”热线等纳入投诉举报范围，形成“多点投诉、统一受理、快速处置”的监察维权模式，协调解决劳动争议29起，补发工资71.7万元，维护76名务工人员的切身利益。

（冯佳蕾）

【基层党建】 年内，街道制定学习教育工作方案，以学习宣传贯彻习近平总书记在庆祝中国共产党成立100周年大会上的重要讲话精神、十九届六中全会精神等内容为重点，组织党工委理论中心组学习、专题读书班、各级党组织书记讲党课、支部学习研讨、专题组织生活会、基层宣传宣讲等各项工作。完成“我为群众办实事”项目清单78项（街道层面10项，村居层面68项）。其中，解决困扰明春苑小区1467户居民21年的“用水难”问题的案例，在光明日报、北京电视台等各类媒体报道。有“两新”党组织4家（政华建业建设投资有限公司党支部、龙泰机械设备安装有限公司党支部、弘洁实业控股集团党支部、普讯科技有限公司党支部），在册党员27人。有快递企业及网点25家，快递员300余人，其中流动党员4人，纳入村居党支部管理；网约车企业1家（北京明泽陆通汽车租赁有限公司，与滴滴合作的第三方企业），流动党员17人，建有流动党支部，隶属滴滴出行党委。

（冯佳蕾）

【新冠肺炎疫情防控】 年内，街道成立核酸检测领导小组，落实各项管控措施，制定全员核酸检测实施方案。建立58个核酸采集点并做好全员核酸检测准备，组织开展全员核酸检测应急演练工作。大数据摸排集中采样6135人，入户采样62人，环境采样802管。开展“敲门行动”，做好社区村出入口管理、大数据摸排、居家人员管控服务、密接转运等重点工作，织密疫情防控工作网。疫苗加强针接种率全区排名第二，其中60岁以上人员接种率排名第一。强化对新发地市场、中央批发市场、北水嘉伦等区域的防控，落实猪肉大厅、冷链食品等重点从业人员3日一周期核酸检测。

（冯佳蕾）

花乡街道村委会、社区居委会一览表

表 43

村（居）委会名称	村（居）委会地址	所辖范围	建成时间	常住人口（*户*人）	对外办公电话
天伦锦城社区（原花乡）	天伦锦城16号楼5单元101室	北至六圈路，东邻市场批发中轴路，南与批发市场四街相连，西与银地西路接壤。	2016年	3314户 9017人	83790529
郭公庄幸福家园社区（原花乡）	郭公庄幸福家园1号院4号楼	北至马草河，东邻樊羊路，南与郭公庄北街相连，西至规划四合庄西路。	2016年	2962户 6570人	83793601
三乐花园社区（原花乡）	新方向家园8号楼1层	东至西华府小区东墙、北京郭公庄公交场站东墙，南至郭公庄南街中心线、葆台路中心线，西至丰葆路中心线、丰科路中心线，北至六圈南路中心线。	2018年	2387户 2230人	52806392
银地第二社区（原新村街道）	燕保银地家园4号楼	东至银地家园C区东墙，南至北水嘉伦水产品市场，西至京沪高速铁路，北至六圈路。辐射管理北京农产品中央批发市场（东至黄陈路，南至北京农产品中央批发市场南侧，西至银地东路，北至丰台南路）。	2021年	1532户 4100人	83716604
明春苑社区（原新村街道）	明春东园3号	东至北大附属实验学校西围墙。西至优龙路中心线，与大兴区狼垡四个村、长丰园社区相邻。南至羊坊小镇北围墙（不含围墙）。北至大兴区春泽园1号楼南侧。	1997年	1486户 7000人	83709165
银地社区（原新村街道）	银地家园西路4号	东至黄陈路（银地东路）中心线，南至六圈路，西至京沪高速铁路，北至丰台南路。	2005年	3589户 6150人	83722684

续表 43

村（居）委会名称	村（居）委会地址	所辖范围	建成时间	常住人口（*户*人）	对外办公电话
郭公庄村（原花乡）	樊羊路北京市公安局公共交通安全保卫总队郭公庄站派出所南侧约190米	北至四合庄村，东至白盆窑村，南至高立庄村，西至葆台村。	1949年	987户 4228人	83703866
葆台村（原花乡）	葆台农工商联合公司院内	北至六圈村，东至郭公庄村、高立庄村，南至大兴区，西至丰沙铁路。	1949年	519户 2031人	83613256
新发地村（原花乡）	黄土岗路口东侧10米	北至黄土岗村，东至新宫村；南至大兴区；西至白盆窑村。	1949年	1359户 4057人	83715316
高立庄村（原花乡）	高立庄村567号	北至郭公庄村，东至大兴区；南至羊坊村；西至葆台村。	1949年	1393户 2779人	83795058
羊坊村（原花乡）	羊坊村818号	北至高立庄村，东至大兴区，南至大兴区，西至大兴区。	1949年	1429户 2875人	83701311

成寿寺街道

【概况】 2021年，按照丰台区行政区划调整方案，成寿寺街道5月18日挂牌成立，实行两址办公。主办公区位于方于路58号院1号楼，政务服务大厅位于南方庄乙56号。东部、南部与朝阳相邻；西至方庄南路，经东铁匠营北街向西至横一条路，与东铁匠营街道和石榴庄街道分界；北至南三环与方庄街道相邻。辖区面积3.3平方公里，人口约5.1万人，规模户数19773户。下辖成寿寺社区、成仪路社区、四方景园社区、四方景园二社区、华苇景苑社区5个社区，1个行政村（分中寺村），1个集体经济组织（金城源投资管理公司）。其中5000户以上社区2个，分别为成寿寺社区和成仪路社区。有中学1家，小学1家，幼儿园5家。有铁营卫生服务中心、城外城卫生服务站、首大耳鼻喉医院、金桥医院4家医疗机构。是丰台最东部街道，距离CBD、首都商务新区、天安门直线距离5公里左右。交通便捷，北临三环、南至四环、东临京津塘高速、地铁10号线贯穿辖区，方庄南路、成寿寺东路两条城市主干路贯通南北。楼宇资源8座，为小微企业成长提供平台。域内有北京市保安服务总公司、北京市地铁车辆装备有限公司以及多家房地产开发企业。

（刘志慧）

【平安建设】 年内，街道推进群租房、地下空间、电动车整治工作，完成41个小区48处充电点位、585组充电桩、1506个充电接口的安装，协调供电部门合理调整电价，缓解居民电动车充电难和充电贵问题。对物业管理薄弱小区新安装阻车器8个，规划建设停车棚5个，规范电动自行车管理，杜绝电动车上楼安全隐患，保障辖区群众生命财产安全。在服贸会、建党100周年庆祝活动等重大活动期间，出动民兵、群防群治力量9000人次，完成各项政治保障任务。落实防汛各项措施，办理群众信访事项81件次，重点解决安馨家园、晶城秀府物业服务问题，群众安全感满意度持续上升。

（刘志慧）

【城市管理】 年内，街道拆除违法建设3.37万平方米，完成率160%，位列全区第一。清理整治占道经营140个、地下空间86处、人防工程74处、群租房47处。“散乱污”、新生违建等全面实现“动态清零”。2个市级空气质量监测子站投入运行，立案处罚工地8起，罚款金额11.2万元，处罚违规渣土车16辆。落实河长制，推进林长制工作建立，遏制第三代美国白蛾蔓延，完成2022年度新一轮百万亩平原造林选址工作，加强垃圾分类桶站值守与宣传，完成方庄公馆和成寿寺中路16号院2个小区垃圾分类示范小区创建工作验收。

（刘志慧）

【社区建设】 年内，街道通过赋权、下沉、增效，完善社区治理组织体系，形成党建引领下的单位、组织、人才共同参与社区治理的联动机制。做实党建工作协调委员会，推动中央、市属产权小区纳入社区治理体系，以党建为抓手，在疫情防控、物业管理、垃圾分类等社区治理重点工作中共建共促。固化社区民警兼任所在社区党组织副书记机制，推动双向交流；用好“治理书记”工作机制，夯实基层力量，提升治理水平。优化调整社区规模，推动3000户以上大型社区和5000户以上超大型社区拆

▲10月14日，成寿寺街道在四方景园第二社区开展“九九重阳节 浓浓敬老情”慰问活动（郭炳男 摄）

▲6月28日，四方景园社区党委举办庆祝建党100周年文化汇演活动。（成寿寺街道 供图）

分。划分41个物业管理区域，分三批次推进21个业委会和20个物管会及其功能性党支部的组建，物业企业覆盖率和物业企业党的组织覆盖率均100%。

（刘志慧）

【民生服务】 年内，街道继续推行周一至周五错峰延时、午间服务不间断和周六服务不打烊，承接69户129名低保人员、3户特困人员、3户低收入人员、1444名残疾人员、3000名社会化退休人员、3340名城镇基本医疗保险人员和439名灵活就业人员的民生保障和救济工作。完善助餐、助浴、巡视探访等服务，完善辖区养老服务体系。加大驻区部队走访力度，做好特服人员心理慰籍，保障回迁房项目农民工利益，创建和谐劳动关系。“双减”政策落地见效，扶贫帮扶工作大力开展，科普益民项目推进建设，组织开展“周末大舞台”、健身运动会等文化体育活动。

（刘志慧）

【接诉即办】 年内，街道健全处级领导日调度、业务科室和社区（村）共同会商机制，统一班子成员、科级干部和社区（村）书记思想，开展每月未解决诉求“回头看”，完善“接诉即办”工作机制，形成应急响应、快速处置、分析研判、反馈整改的闭环工作模式。以“每月一题”为抓手，主动治理，“未诉先办”，协调“吹哨”，党员干部采取上门入户方式解决群众诉求，提高群众满意率。受理“12345”市民服务热线5676件，回访3992件，“三率”综合成绩全区排名第十六。

（刘志慧）

【基层党建】 年内，组织中心理论组开展党史学习教育18次，处级领导干部到分管领域、联系点讲党课9次，完成22项为民办实事清单。建立党史学习教育微信群推送党史知识，组织参观长辛店二七纪念馆等红色教育基地。制定落实全面从严治党主体责任年度任务安排和责任清单，确定7个方面52项内容，将责任压实压细。研究党建类议题130个，占比60%。完善领导干部联系点制度，机关干部下沉，印发议事规则、四议一审两公开、出京管理等规范性文件21份。开展“三会一课”276次、主题党日138次，处级领导参加党建类主题活动60次。完成“双报到”党组织与社区（村）建立办实事清单。同步组建业委会（物管会）党组织7个，实现党的组织全覆盖。

（刘志慧）

【新冠肺炎疫情防控】 年内，街道成立工作领导小组，组建社区（村）防控、社会面管控等七个工作组，下发防控工作分解和指引20个，通过挂点包片督导的方式，班子成员深入企业、社区一线，靠前指挥，堵漏洞、补短板。健全联防联控机制，统筹34名街道干部脱产下沉社区，全面开展排查督导工作，筑牢坚实的社区防线。处理大数

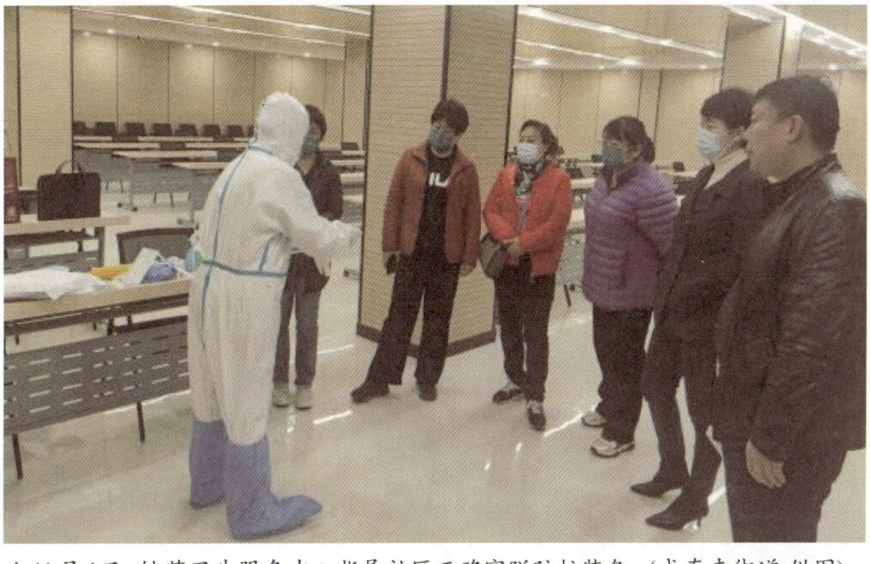

▲11月4日，铁营卫生服务中心指导社区正确穿脱防护装备。（成寿寺街道 供图）

据派单8183人，管控2708人，社区村自主摸排管控人员1080人，居家管控347人，健康监测50人。成立先锋队，通过小区居民微信群、宣传海报、入户走访等形式，宣传疫情防控知识和疫苗接种的安全性、有效性，促进老年人疫苗接种"加速度"，确保应接尽接，开展核酸检测采样7008人次，完成成人接种24311人，其中加强针17160人，接种率81.9%；3至11岁人群第一针接种12767人，第二针9034人；60岁以上老年人第一针接种6798人，接种率72.7%。

（刘志慧）

【创建国家卫生区】 年内，街道建立包点督导机制，开展"每天下社区"和"周末大扫除"活动，发动街道机关干部、在职党员、社区干部、物业单位、志愿者6150余人次，检查7600处次，规范毒饵站2400余处次，开展消杀890余处次，发现问题2600余处并全部整改，以双A成绩通过创卫病媒生物蚊蝇防制市级验收。

（刘志慧）

【经济发展】 年内，街道建立一企一策台账，走访服务重点税源企业，健全社会信用体系，保障固定资产投资进度。创新集体产业模式，拓宽增收渠道，新注册经营主体422家，注册资金总额27.91亿元，其中千万元以上企业73家，亿元企业3家。对接国贸中心，推动构建形成南三环沿线百万平方米级别产业功能聚集区。通过优化环境、强化管理、项目拉动、产业转型，提高经济发展质量。完成留区税收3.98亿元，增速排名街镇前三。

（刘志慧）

【城市化建设】 年内，街道推进分中寺剩余地块和街区控规编制工作，分中寺村完成村民看房，C09地块地上物拆除全部完成，取得立项核准、文物勘探和发掘意见。协助完成分中寺土地一级开发项目隐性债务45.42亿元。推进2个小区、5栋楼、953户老旧小区改造工作，协调解决居民反映的管道老化、外墙保温等问题，坚持"住有所居"向"住有宜居"提升，不断增强群众的获得感。

成寿寺街道村委会、社区居委会一览表

表44

村（居）委会名称	村（居）委会地址	所辖范围	建成时间	常住人口（*户*人）	对外办公电话
成寿寺社区（原东铁匠营街道）	横一条甲18号院2号楼	东至成安路南至东铁匠营北街西至横一条路北至江西大厦南侧路。	2000年	6634户 14025人	87672465
成仪路社区（原东铁匠营街道）	翠庭园3-104	东至成寿寺路、文成建筑小区东侧成安路，西至横一条路，南至成仪路、与朝阳区接界，北至南窑路、横道沟路。	2005年	6098户 12234人	87616960 67660532 87676422
四方景园社区（原东铁匠营街道）	四方景园五区1号楼东侧207、208号	东至京津唐高速路，西至方庄南路，南至成寿寺中路、颐方园北侧路，北至成寿寺北街。	2005年	4906户 7260人	67682040 67685240
四方景园第二社区（原东铁匠营街道）	四方景园五区一号楼201	东至成寿寺路，西至方庄南路，南至东南三环辅路，北至成寿寺北街。	2018年	2650户 5600人	67664030
华苇景苑社区（原东铁匠营街道）	成安路7号方庄公馆3层	东至成寿寺路，西至成安路 北至成寿寺中路，南至东铁营大街。	2016年	2869户 5704人	56693316 56693326
分中寺村	分中寺275号	东至京津塘高速公路，南至规划关家坑路，西至成寿寺路，北至南三环东路。与朝阳区相邻。	1949年	1066户 2285人	67692388

石榴庄街道

【概况】2021年，按照丰台区行政区划调整方案，在丰台区东南部设立石榴庄街道，5月正式挂牌成立。街道东至与成寿寺街道界线、丰台区与朝阳区界线，南至南四环中路，西至光彩路，北至石榴园北里北侧、顺八条。辖区面积3.3平方公里，居民户数3.9万户，总人口8.2万人。下辖15个社区、1个集体经济组织，有中学1所、小学4所、幼儿园11所，社区卫生服务站6个，民营医院2家，派出所1家，市场监管所1家。辖区规模以上法人单位63家，有京深海鲜批发市场、二商健力食品公司等国企单位，首开福茂、金石广场（待开业）等商业综合体，中关村丰台园石榴中心分园等单位以及集多种交通方式换乘于一体的综合性交通枢纽——宋家庄交通枢纽。

（康晓燕）

【平安建设】年内，街道完成建党100周年、服贸会、冬奥会测试赛、十九届六中全会等重大活动安保维稳工作。分3个专题7个专项推进安全生产专项整治三年行动计划，检查企业2600余家次，发现隐患1800余处，约谈企业300余家次，隐患整改率98%。开展10余次防汛演练，动态巡查42处风险隐患点位，实现平稳度汛。新建1处消防科普教育基地，组织开展全民消防教育培训22场、受众2700余人。探索打造电动自行车专项整治品牌，形成“宣、劝、建、管、巡、报、奖、罚”八字工作法，新建充电站23处、充电接口710个，建有75处充电桩1630个充电接口、15处充电柜152个充电仓，解决辖区电动自行车安全充电难题。深化矛盾纠纷多元化解机制，调解各类矛盾纠纷112件，涉及人数265人、金额532.12万元，办理信访案件81件。以“八五”普法规划为指引，推进法治政府建设，审查各类法律文书90份，处理诉讼案件6件。

（康晓燕）

【城市管理】年内，街道推进大气污染防治，新建1处环保子站。重点对汽修企业、餐饮油烟、施工扬尘等大气污染源开展综合治理，开展执法95次，“吹哨”区生态环境局现场执法9次，对6处在施工地检查124次，发现问题16次。以“河长制”为抓手，持续做好凉水河石榴庄段巡河护河工作，抓好河岸、河面卫生保洁和违法排污口排查整治。制定《石榴庄街道全面建立林长制实施方案》及4项配套管理制度，完成辖区15个林长制网格划分，全面建立街道林长制体系。推进垃圾分类及减量工作，动员物业、志愿者全面守好167组桶站值守区域，正确引导生活垃圾分类。完成15个垃圾分类驿站、32个可回收物交投点及5个流动式可回收物交投点的建设，实现可回收物买售交易，推动再生资源回收利用。申报彩虹城小区和世华水岸C区2个垃圾分类示范小区。加大垃圾分类执法检查力度，检查物业单位672家次、餐饮单位3200家次，核录生活垃圾136次，立案217起，罚款88250元，其中个人生活垃圾累计立案、罚款排名全区第一。以石榴庄北里老旧小区治理、安榴南街街区治理为试点集中开展私搭乱建、私占绿地、违规牌匾等综合整治，人居环境持续改善。

（康晓燕）

▲11月9日，彩虹城社区开展消防活动进社区。（石榴庄街道 供图）

【社区建设】年内，街道开展区划调整后工作人员、办公用房及固定资产梳理核查，更新15个社区标识标牌、组织机构代码。召开辖区物业管理工作会，将业委会和物业纳入社区治理范畴，建立健全社区党组织领导下居委会、业委会、物管会共同参与的议事沟通、协同治理机制，集中解决物业服务突出问题。开展社区工作者业务培训，加强规范化管理。完成区划调整后社区工作人员人事关系转接、217名社工职业水平考试、继续教育、工资发放、社保缴纳及167支社会组织备案等日常工作。

（康晓燕）

【民生服务】年内，街道协调处置27起欠薪事宜，涉及89人36万元。发放养老服务补贴777人次11.29万元；发放失能护理补贴3596人次211.71万元；发放高龄补贴6199人次95.93万元。落实残疾人社会保障政策，完成237人次残疾人两项补贴日常管理工作，发放残疾人生活补贴716人次39万元；发放残疾人护理补贴1142人次15.69万元。为881户1514名低保人员发放城乡居民最低生活保障金192万元，发放医疗救助28.42万元。发放市场租房补贴366人次73.3万元。办理各类人员就业

969人次，就业率位列全区第三位。管理社会化退休人员5190人、社会化退休人员档案6015份。管理城乡居民养老人员1686人、城乡居民基本医疗参保3110人。报销各类人员药费210人次98.6万余元，申请发放退休人员养老金约1.54亿元，追缴养老金16人14.7万元。为失业和社会化退休人员申请清洁能源自采暖补贴641人次55.86万元。制定修改《石榴庄街道突发卫生公共事件应急预案》，完善领导组织体系，构建统一高效的突发事件应急处置体系。完成国家慢病迎检、控烟示范单位创建等工作。筹建“首都老兵”志愿者队伍17支，帮助困难退役军人再就业1人次。对接扎赉特旗巴彦高勒镇人民政府，签订结对帮扶协议，协调拨付帮扶资金40万元。

（康晓燕）

【接诉即办】 年内，街道研究制定《关于进一步加强“接诉即办”、安全感满意度结果运用的实施办法》《石榴庄街道“接诉即办”工作绩效考评办法》《石榴庄街道“接诉即办”工作机制》等制度机制，推动街道级城市管理指挥平台建设工作，规范完善工作流程，加强数据统计分析，压紧压实“接诉即办”工作责任。接收群众诉求7400件，深化主动治理、“未诉先办”，集中解决石北一社区老旧小区综合整治、石南一社区北门微改造等群众“急难愁盼”问题。“吹哨”34次，解决石榴派物业限电、石南一社区群租房扰民、双石二社区窗户高空脱落损伤车辆等居民强烈诉求。

（康晓燕）

【基层党建】 年内，街道将党史学习教育与党的建设、建党百年服务保障、“接诉即办”等重点工作紧密结合，学习十九届六中全会及区第十三次党代会、区两会会议精神，理论指导实践的能力不断提高。开展“我为群众办实事”实践活动，完成民生实事项目71项。重点打造“电动自行车安全充电伴您行”、宋家庄下沉广场改造、石榴园南里小公园改造、党史学习教育文化墙建设等亮点工程。发挥“双报到”机制优势，发动党员干部参与社区疫情防控、垃圾分类、创卫创城等工作3296人次，解决问题327件。统筹辖区各类资源，建立党员先锋岗15个，参与志愿服务活动210场。用好党建工作协调委员会平台，各级党组织召开党建协调委员会会议30次，完成共建项目55个。党建引领物管会（业委会）和物业服务企业建设，实现22个物管会（业委会）和22个物业服务企业党组织全覆盖。探索新就业群体党建试点工作，摸排新就业群体企业7家，引导新业态群体融入社区治理。借助北京日报、北京丰台等市、区级媒体发布街道重点工作信息40余条，处理各类舆情6件。完成文明城区创建网上申报、实地检查和问题整改，建立健全新时代文明实践所、站，文明城区创建工作的推进。

（康晓燕）

【新冠肺炎疫情防控】 年内，街道排查大数据系统派单人员11595人次，社区自主摸排4399人，落地管控11112人，转运集中隔离人员170人。加强常态化疫情防控监督检查，检查“三类场所”5730家次，其中防疫措施不达标400起，公示167起。重点抓好京深海鲜市场及南郊冷冻厂等冷链场所疫情防控，对记录在账360户冷链场所全流程监管，建立冬奥保障监管团队，开展驻场监管，罚没款9.8万元，关停27户，确保各项疫情防控措施落实落地。新冠疫苗接种第一针剂21353人、第二针剂35162人，加强免疫接种52340人，重点行业、重点人群接种率90%以上。完成市级核酸检测组织实施能力验收，完成大数据排查1.5万余人核酸集中检测工作。

（康晓燕）

【文化体育】 年内，街道完成2个综合文化中心基础设施建设和数字化、现代化打造。参加建党100周年群众合唱大赛等文体活动，完成3场“百姓周末大舞台”文艺演出。组织参加“丰台区第九套广播体操比赛”“一起跳‘广场健身操舞’大赛”“健康丰台人”等赛事活动，举办“全民健身、助力冬奥”冬奥宣传进社区旱地冰壶活动，推进宋家庄冬奥示范社区冬奥氛围营造。推进实施3项科普益民惠农项目，提升居民

▲10月14日，顶秀欣苑社区组织重阳节群众文艺活动。（石榴庄街道 供图）

▲8月18日，丰彩南路违法墙体拆除前后对比图。（石榴庄街道 供图）

科学素养。对辖区1所学科类、语言类校外培训机构联查连督，落实“双减”要求，推动2所幼儿园转普。

（康晓燕）

【经济建设】 年内，街道做好金石庄源集体经济组织监督管理及指导协助，支持保障集体经济组织经济建设，实现总收入10344万元。制定招商引资及财源建设工作机制，建立重点企业“服务包”及走访企业工作方案，分级设立“服务管家”，完成企业服务包“扩容”工作。围绕金石广场等重点商业项目主体招商，搭建政企对话交流平台，带队走访考察重点商业项目，打造辖区高质量商业项目，增强地区经济发展活力。引进各类企业53家，留税综合贡献300余万元。走访重点企业55家，对接服务重点企业26次，解决诉求31件。走访核实疑似“在京经营，京外注册纳税”企业19家，完成1家京外注册企业引导回签。

（康晓燕）

【疏解整治促提升】 年内，街道拆除违法建设1.6万平方米，腾退土地1.1万平方米。完成115处“创无”图斑初步核查，拆除销账24处。拆除丰彩南路违法墙体，启动拆除长久世达、国服信众奥两家4S店违法建设。完成5处无证无照经营点位、159起无照游商、27处违法群租房整治，日常巡查55处地下空间，“开墙打洞”动态清零。完成6处点位、12万平方米的“揭网见绿”工作。推进宋家庄活力中心建设，完成总体策划、建设方案、改造清单、设计图纸和资金概算。新建便民商业网点23家。

（康晓燕）

【创建国家卫生区】 年内，街道制定《石榴庄街道创建国家卫生区实施方案》，组建9个专班和339个爱国卫生组织，建立包片领导、包片科长、包片干部下沉社区开展创卫工作机制，深入社区开展病媒生物防制、环境秩序整治等工作，创卫问题整改率100%，以双A结果通过市级验收。

（康晓燕）

石榴庄街道村委会、社区居委会一览表

表45

村（居）委会名称	村（居）委会地址	所辖范围	建成时间	常住人口（*户*人）	对外办公电话
石榴园北里第一社区（原大红门街道）	石榴园北里16号楼2门101室	东至榴乡路；南至石榴庄中路；西至东铁营二中；北至晨光路。	2002年	3652户 7050人	67270380
石榴园北里第二社区（原大红门街道）	石榴园北里23号楼3单元102室、21号楼7单元102室	东至榴乡路中心线；南至石榴庄中路中心线；西至东铁营二中；北至晨光路。	2006年	2131户 4476人	67270381
石榴园南里第一社区（原大红门街道）	石榴园南里13号楼2门101	东至石榴园南里中路；南至南顶路；西至光彩路；北至石榴庄大街。	2006年	2656户 5053人	67270382
石榴园南里第二社区（原大红门街道）	石榴园南里1号楼1层14号	东至榴乡路中心线；南至南顶路；西至石榴园南里中路；北至石榴庄中街。	2006年	2434户 4197人	67270394

续表 45

村（居）委会名称	村（居）委会地址	所辖范围	建成时间	常住人口（*户*人）	对外办公电话
石榴庄东街社区（原大红门街道）	怡和世家2号楼南侧	东临朝阳区红寺村；南至金桥西街；西至榴乡路；北至南顶路（石榴庄一街）。	1991年	3617户 7619人	87610532
彩虹城社区（原大红门街道）	光彩路66号院一区西门	东至榴乡路西侧；南至世华水岸小区；西至光彩路东侧；北至南顶路。	2006年	3213户 5936人	87808194
世华水岸社区（原大红门街道）	光彩路72号院外2号综合楼	东至宋庄路中心线；南至凉水河；西至光彩路中心线；北至彩虹城小区。	2011年	1490户 4100人	87862321
石榴庄东街第二社区（原大红门街道）	榴乡路84号院榴景秀苑27号楼西侧	东至石榴庄八号路；南至石榴庄一街；西至榴乡路；北至石榴庄大街中心线。	2018年	1285户 2581人	67618897
顶秀欣园社区（原大红门街道）	石榴庄南里1号院6号楼110—111号	东至双庙路、金桥东街；南至金桥东街；西至双欣路；北至石榴庄二街。	2008年	2507户 5024人	87610938
政馨家园社区（原东铁匠营街道）	政馨园二区1号楼3单元106号	东至横一条延长线；南至政馨家园三区南墙内；西与红狮家园社区毗邻；北至顺八条路	2006年	3478户 8100人	67683590
红狮家园社区（原东铁匠营街道）	红狮家园5号楼1门103	东至政馨园一区；南至万科红小区北墙；西至宋庄路；北至顺八条。	2012年	1777户 4528人	87619762
宋家庄社区（原东铁匠营街道）	顺八条8号院二区2号楼108、109、111	东至宋庄路；南至石榴庄大街；西至榴乡路；北至顺八条。	2012年	4664户 10800人	87683622
鑫兆雅园社区（原东铁匠营街道）	宋家庄26号院10号楼2层办公区	东至宋家庄交通枢纽东侧路和宋庄路；南至石榴庄一街和宋家庄交通枢纽南侧路；西至泰颐春养老中心东墙；北至宋庄路26号院万科红小区北墙。	2012年	1603户 2895人	67608300
双石一社区（原南苑乡）	金桥东街6号院	东至规划中的北杨树街；南至凉水河北岸；西至宋庄路中心线；北至规划南顶路。	2014年	892户 2354人	87629337
双石二社区（原南苑乡）	顶秀金瑞小区2号楼1层	东至双庙东路；南至石榴庄四街；西至双庙路；北至南顶路。	2015年	1744户 2204人	87678803

玉泉营街道

【概况】 2021年7月，按照丰台区行政区划调整，在丰台区中部成立玉泉营街道办事处，撤销花乡，原花乡15个村分别划归到花乡街道、看丹街道、玉泉营街道和新村街道4个街道管辖。街道东至新村街道东边界，南至草桥村、黄土岗村南边界，西至马草河西侧、芳菲路、樊家村路、纪家庙村西边界、西三环南路，北至铁路联络线。辖区面积约12平方公里，常住人口约6.16万人，流动人口18488人；户籍人口12222户，其中农村户籍3197户。下辖黄土岗村、纪家庙村、草桥村3个行政村，纪家庙社区、草桥社区、草桥欣园第一社区、草桥欣园第二社区、青秀城社区、万柳园社区、万柳西园社区、风格与林社区8个社区。原花乡集体经济组织党组织（花乡实业集团）由玉泉营街道党工委全面领导，乡集体经济组织由玉泉营街道办事处指导、监督。办事处位于原花乡人民政府驻地黄土岗甲1号。集体经济组织总收入24.9亿元，同比增长18.2%。

（丁　汇）

【平安建设】 年内，街道围绕首都建设和地区稳定中心工作，推进安全保障、安全生产、信访等工作，提高群众安全感满意度。完成服贸会、国庆、十九届六中全会等重要节点安保任务，维护辖区政治安全和社会平安稳定。落实群防群治队伍实名制管理，有群防群治力量2008人，成立玉泉营铁路护路工作站，24小时盯守，确保铁路沿线的安全稳定。每月开展一次反诈宣传，组织社康社戒人员参加“626课堂”在线学习，完成群租房整治31处。做好安全生产日常管理工作，落实安全生产责任制，重大活动期间，处级领导干部分别到所联系村、社区开展安全生产督导。开展安全检查工作，检查生产经营单位2340家，发现隐患4102条，下发执法文书1293份。开展全民消防安全知识大培训，针对消防志愿者，企业责管人，安保人员及社区居民，参加培训500余人。对电动自行车领域进行消防安全部署，检查小区、老旧平房区和出租公寓、出租房屋等95处，发现隐患186处，整改186处。现场制止蓄电池充电65户，收缴违规入户电动自行车充电蓄电池46块，清理违规“飞线充电”电动自行车36辆，违规停放电动车530辆，处罚1家，发放宣传材料28000份。

（丁　汇）

【城市管理】 年内，街道利用市、区两级精细化管理平台，完善各类污染源台账明细，全面建立14类污染源精细化管理台账，开展230余次巡查检查工作。查处施工现场类违法行为97起。$PM_{2.5}$平均浓度30微克/立方米，TSP平均浓度88微克/立方米。开展农村人居环境专项整治行动，整改问题83处，完成区环境办日常派件251件，协调整改首都环境综合检查问题40件，整改违规户外广告牌匾、标识治理项目问题24处。审核辖区路侧停车居住认证38辆，开展文明交通宣传25次，发放宣传材料2200余份。持续推进占道经营整治工作，查处占道经营违法行为83起。

（丁　汇）

【社区建设】 年内，街道完成第十一届社区居委会换届选举工作，并指导各社区完成居务监督委员会的推选、调整下属六大委员会的人员构成，规范社工队伍建设，不断提升社区工作者的综合服务能力。完善社会组织与志愿服务体系建设，有青年志愿者服务队10支474名志愿者，11个志愿服务站。围绕拓展延伸社区（村）党的组织网络、推广使用“掌上四合院”工作法、完善社区（村）党建工作协调委员会建设、提高社区工作者服务居民能力、注重示范引领提升社区治理水平五方面，抓好“我为群众办实事”实践活动的开展和落实。坚持党建引领，统筹谋划业委会（物管会）组建工作，促进物业管理服务提升，业委会（物管会）组建率91.3%、物业企业服务覆盖率100%、业委会（物管会）党组织覆盖率97.1%、物业企业党组织覆盖率100%。

（丁　汇）

【民生服务】 年内，街道全面提升政务服务信息化建设水平，在全区率先完成“北京市政务服务事项管理系统”中全部事项的新建、完善、梳理、核查工作。进驻政务服务中心的85个事项实现“一窗”受理。完成服务窗口“好差评”五级评价体系建设，全面实行常态化延时服务机制，现场接待办事群众3702人次，办理业务3702件，网上受理办结612件。305名失业人员实现再就业，失业率保持在2.29%。为362人申请市、区灵活就业补贴，补贴金额191.4万元。完成3197名享受城乡居民养老待遇人员和530名享受无保障待遇人员的生存认证、待遇停止和多支追缴工作。做好8653名城乡医疗参保人、社会化退休人员、享受市区灵活就业人员的手工报销、社保卡服务、变更定点医疗机构等经办服务工作。为各类低保、低收入等特困人群发放救助金621186.94元，困难家庭申请医疗救助金61714.16元，精神障碍患者看护补贴205985.65元，残疾人补贴312429.68元；为高龄老人发放津贴876人次130300元。推进8项便民服务网点的更新和升级改造，网点建设指标完成率100%，有便民网点213家，规范化便民商业街1条（镇国寺北街）。

（丁　汇）

【接诉即办】 年内，街道成立“接诉即办”案件处置专班，将“见面工作法”纳入街道“接诉即办”群众诉求办理机制，利用“三上门”（即合理诉求上门办、不合理诉求上门劝、咨询建议上门谈）工作法。实现合理诉求在基层解决、不合理诉求在基层消纳、咨询建议在基层收集。利用“吹哨报到”机制，做到“吹响哨、哨管用”。受理“12345”市民诉求3461件，解决率62.72 %，满意率68.67%，响应率95.38%。

（丁　汇）

【基层党建】 年内，街道坚持以党的政治建设为统领，研究制定全面从严治党工作安排及责任清单。完成区划调整转接工作，完成人员转隶、党组织关系转接、事业单位岗位设置等相关工作。强化组织建设，落实丰台区的换届选举工作，完成13个党组织整体工作开展，推选（指定）街道党代表候选人131名；发展新党员45人。提升“两新”组织党建“两个覆盖”质量，持续推进党建指导员作用发挥，有“两新”企业50家，独立党支部14个，联合党支部3个，“两新”党组织党员84 名，党建指导员走访100余次，走访“两新”企业50余家，走访新业态企业10余家。开展2021年事业编招聘、退役士兵安置、2022年定向选调生、公务员招录等工作。做好各项党建经费的转接和使用管理，接转基层党组织服务群众经费2232669元、党建活动经费349461.9元、党费804788.87元，严格基层党组织经费下拨、使用程序，为开展服务群众项目、党员活动提供经费保障。制定《2021年玉泉营街道党工委理论学习中心组学习计划》，组织街道党工委理论学习中心组学习7次；制定玉泉营街道《党委（党工委）意识形态工作责任制实施方案》，与11个基层党组织签订意识形态工作责任书，明确工作任务；为辖区包括老干部、流动党员在内的3920名党员干部配备党史学习材料和党员学习手册，为各党支部配备2套完整学习书籍，以满足党员学习需求；围绕习近平总书记“七一”重要讲话精神和党的十九届六中全会精神，集中学习300余次，组织宣讲35次。

（丁　汇）

【新冠肺炎疫情防控】 年内，街道持续推进新冠疫苗接种工作，严格落实接种点各项防控措施，细化服务保障，累计接种21万人，其中第三针疫苗接种6.1万人次。加强密接人员管控，全季酒店草桥隔离点累计接收隔离人员137人，巴庄子139号酒店集中隔离点累计接收171人，未出现感染病例。累计排查14752条疫情防控采集信息。持续做好复产复工，全面加强辖区内生产经营场所疫情防控各项工作，强化冷链等风险领域的督查整改。街道楼宇企业13家，入驻企业934家，复工人数5079人。严格落实农村疫情防控各项要求，执行“三班倒”“四件套”防控措施，抓好对“七小门店”、麻将馆等人员密集场所的管理，做好小区、楼宇等公共场所人员出入和居民健康监测。

（丁　汇）

【精神文明建设】 年内，街道开展新时代文明实践推动日活动11次，发放各类宣传品3万余份。开展“庆祝建党百年·我为群众办实事”“文明创建·从我做起”“文明出行礼让斑马线”等新时代文明实践活动，打通宣传群众、教育群众、关心群众、服务群众的“最后一公里”。牵头开展“制止餐饮浪费 践行光盘行动”专项督导检查，利用各类平台载体进行宣传，组成检查组发现存在问题，研究整改措施，督促按期落实，努力让“光盘行动”成为新风尚。升级改造综合文化中心，完成市区对综合文化中心服务效能评估工作；组织“星火工程”“百姓周末大舞台”等基层演出17次。完成达园寺文物修缮工程。实现街道全面健身器材定期更新维护。

（丁　汇）

【创城创卫】 年内，街道组织开展病媒防制、环境治理、健康促进等工作。全面开展辖区病媒生物预防控制活动，下发《防蝇灭蝇指南》宣传折页、《防蚊灭蚊指南》宣传折页各1000份，健康教育宣传海报90余张，以4A成绩通过病媒生物防制市级专项评估。全面开展周末大扫除，扮靓家园活动，围绕小区乱停、乱堆、乱放、乱建、乱扔、乱贴、乱画等问题进行整治清理。整改区创卫办下发431条台账，组织第三方公司，定时或不定时对辖区环境进行日常检查，检查发现问题台账563条，全部整改完毕。成立创建全国文明城区领导小组，细化《文明城区测评体系操作手册》，落实责任分工，围绕首都文明办、区创城办实地测评检查清单120余项内容，抓好文明城区实地测评问题整改。以“创卫”“创城”为主题，开展新时代文明实践主题推动日系列活动，张贴新时代文明实践内容、社会主义核心价值观、市民居民公约等宣传画、海报5000余张，发放一封信、宣传折页15000张，宣传品4万余份。

（丁　汇）

▲12月4日，街道宪法宣传活动在纪家庙社区举行。（于江华 摄）

【扶贫协作】 年内，街道与内蒙古赤峰市林西县新城子镇结对帮扶，签署街镇、村村、村企帮扶协议，花乡实业集团、纪家庙村、草桥实业向帮扶结对单位帮扶15万元。落实丰台区与房山区村村结对工作，草桥村与周口店镇泗马沟村结对帮扶。

（丁　汇）

【疏解整治促提升】 年内，街道中部组团项目规划综合实施方案通过《土地公开交易项目规划工作协调会》审议，并确定项目一期规划指标。纪家庙村棚改项目结合上楼安置办法及腾退工作方案，逐步跟进滞留户签约工作。草桥村集体土地租赁住房项目开工建设，纪家庙产业用地项目取得相关规划建设手续。全力推进丰台火车站改扩建工程，依法依规推进重点工程地上物腾退工作。拆除违法建设143923.57平方米。“散乱污企业”“开墙打洞”和地下空间违规住人实现“动态清零”。完成2021年花乡平原造林工程任务444亩，实现“留白增绿”33.46亩，美丽乡村绿化养护面积64570平方米，纪家庙公园建成开放。

（丁　汇）

【活力中心建设】 年内，街道以科技和时尚为引领，打造花乡奥莱村和世界花卉大观园两个活力中心，对活力中心周边进行“亮化、绿化、美化”提升；针对冬奥组委会的户外超高清大屏建设，配合区级部门进行选址调研，采取村集体自建方式承接大屏建设工作。

（丁　汇）

玉泉营街道村委会、社区居委会一览表

表 46

村（居）委会名称	村（居）委会地址	所辖范围	建成时间	常住人口（*户*人）	对外办公电话
草桥欣园第一社区（原花乡）	草桥欣园三区 11 号楼草桥欣园社区服务站	东至草桥村集贸市场东墙，南至草桥村镇国寺北街，西至草桥村玉泉营建材装饰市场西墙，北至草桥村中科万邦大厦北墙。	2016 年	共 9393 户 18711 人	67540071
草桥欣园第二社区（原花乡）	草桥欣园三区 11 号楼草桥欣园社区服务站	东至草桥村国际文化城东墙，南至草桥村国际文化城南墙，西至草桥村玉泉营建材市场西墙，北至草桥村镇国寺北街。	2016 年		67540071
纪家庙社区（原花乡）	纪通东路 78 号院纪家庙社区服务中心	北至丰沙铁路，东至京沪铁路，南至马草河，西至优筑小区东墙	2016 年	1530 户 2619 人	63717011
青秀城社区（原新村街道）	马家楼一号院 23 号楼底商青秀城社区服务站	东至京开高速辅路，南至马家楼路，西至京九铁路，北至青秀城北红线	2012 年	3127 户 4711 人	83678392
万柳园社区（原新村街道）	万柳园小区 1 号楼	北到铁路林场，东起玉泉营桥，南到南粤苑酒店，西与万柳西园社区接壤	2002 年	2691 户 6670 人	63302250
万柳西园社区（原新村街道）	宝隆大厦 1-103	北至柳村路，南至郑王坟南界线，西至南三环西路 99 号院，东至万柳西园东墙。	2003 年	2906 户 4618 人	63350403
风格与林社区（原新村街道）	风格与林苑甲 9 号楼阳光大厦 301	东至南郊花圃，西至风格与林西墙，北至黄土岗中街，南至丰台南路	2012 年	1000 户 1800 人	83712648 83718026
草桥社区（原新村街道）	草桥东路 28 号院 11 号楼 6 单元底商	草桥 28 号院北院墙以南；草桥 28 号院南院墙以北；京开东路以东；草桥东路以西。191 号院北院墙以南，京桥热电公司东院墙以西，京桥热电及北京机扫公司南院墙以北，丰台基督教堂及二清检测场西院墙以东。	2002 年	1432 户 2952 人	67547941
黄土岗村（原花乡）	南四环西路 61 号	北与纪家庙村接壤，东与草桥村相邻，南靠花乡街道新发地村，西邻丰台科技园区东三区	不详	2055 户 4349 人	83690854
草桥村（原花乡）	南三环路玉泉营立交桥东南侧 118 号	东临中心城 05 片区，西临纪家庙村和黄土岗村南与新发地相连，北至南三环西路北侧地铁铁路线	不详	4242 户 12461 人	67529081
纪家庙村（原花乡）	郑王坟村 8 号	东至草桥村、南至黄土岗村、西至樊家村、北至卢沟桥乡	2002 年	706 户 4200 人	83686660-816

看丹街道

【概况】2021年7月，按照丰台区行政区划调整，在丰台区西南部成立看丹街道办事处。街道位于丰台区西南部，东临新村街道、玉泉营街道，西临宛平街道，南临花乡街道，北临五里店街道、丰台街道。街道办事处驻外环西路8号。辖区面积14.5平方公里，下辖16个社区（2个筹建中）、3个行政村。户籍人口24514人，常住人口9.6万人。辖区有大学1所，为北京电子科技学院；普通高中3所，分别为丰台二中看丹校区、北京市十二中科丰校区、北京市丰台第八中学中海校区；小学4所，分别为丰台二中附属看丹小学、北京市丰台区第八中学附属小学、丰台第八小学、四合庄小学。

（王童韵）

【平安建设】年内，街道注册治安志愿者2629人，在庆祝建党100周年、2021年服贸会和冬残奥会测试赛期间，根据社会面防控风险，按要求启动防控等级，做好社会面69个重点点位的值守和监管，发动治安志愿者5万余人巡逻治安。探索党建引领社会治理创新实践，落实好“街镇吹哨，部门报到”，以“未诉先办”为切入点，开展“我为群众办实事”活动。处理上访181件次、网上诉求11件次、群众建议2件次；日常接访237批次、纸信19件次。全面排查辖区内生产安全事故隐患，检查单位677家，发现隐患732处，对发现的问题和隐患挂账进行整改，立即整改106处，限期整改615处。向社区（村）发放宣传手册9000份，辖区企事业单位发放电动自行车警示贴3000份，门店签订安全责任书200余份。利用宣传栏、公众号推送、群内转发，以及入户提示提醒等多渠道开展宣传提示，为60岁以上老人发放烟感报警器402个。完成群租房整治36处，化解矛盾纠纷244起，开展反恐演练、禁毒宣传、国家安全日宣传等活动40余次。

（王童韵）

【城市管理】年内，街道拆除违法建设52处100952平方米。处理销账区城管委环境办下发的各类环境检查案件275件，市城管委首环办下发的各类环境检查案件35件。检查督导第三方公司完成152条193985平方米的背街小巷清扫保洁工作，并通过市、区两级的检查考核。完成电力机一街、电力机二巷、电力机四巷和丰葆东路4条背街小巷环境整治工作，其中拆除违法建设56.36平方米、治理开墙打洞5处、整饰外立面1905.5平方米、修复无障碍设施1处。完成区里部署141家非居民厨余垃圾产生单位的信息审核、登记、提交、收费任务，申报中海御鑫阁小区为街道垃圾分类示范小区。落实区里部署23个点位“包桶监督”工作，规范设立辖区厨余垃圾归集点12处，完善收集、收运流程。落实14处垃圾分类驿站管理、运维、迎检及500个垃圾桶站的分类运维与桶站值守工作。平原造林33.97亩，栽植各种苗木1688株、色带地被7734.3平方米。在2021年丰台区郊野公园养护管理下半年考核中，辖区内榆树庄郊野公园、六圈御康郊野公园名列第一和第二。开展节水先进家庭评选工作，六圈村8户家庭被评为“丰台区节水先进家庭”。完成两处市级空气质量检测子站建设，接收辖区专用停车场报送材料14份，提交辖区路侧停车居住认证申请材料22份。由于区划调整后村集体经济组织属地变更，白盆窑、六圈、榆树庄、四合庄、看丹五个原村经济合作社变更为农村集体经济组织，并重新登记证书、刻制公章。

（王童韵）

【社区建设】年内，街道制定《看丹街道办事处社区公益金和办公经费管理细则（试行）》，组织培训社区财务专员公益金和办公经费的申请和使用流程。制定《看丹街道社区工作者考勤管理制度》，对科学城第一社区居民委员会、中海九浩苑社区居民委员会、富丰园社区居民委员会、南开西里社区居民委员会进行调整。组织“百姓周末大舞台”11场次、“文艺演出星火工程”6场次；完成药王庙修缮工作；推进罗利幼儿园转普工作，对辖区4家社区办园点进行备案审核，辖区普惠率达90%的指标要求；对辖区内校外培训机构开展实地检查，发现违规行为立即责令整改。监督指导泽信佳苑小区业委会召开第二次业主大会。处理“接诉即办”工单28件，指导工单2000余件。完成11家物业项目备案手续，开通“看丹街道社区专职工作者”社保账户、一证通、税务代收账户，办理社保登记证，建立档案集体户，为203名社工进行社保录入增员、档案转入；为5名社工办理入职手续；办理生育保险手工报销7人次、工伤认定1人次；为1名辞职社工办理离职手续、为1名社工办理工伤劳动能力鉴定手续和申领一次性伤残补助金等待遇；完成2021年度社工考核工作，评选出30名优秀社工。

（王童韵）

【民生服务】年内，街道发放80岁以上高龄津贴7765人次114.27万元；发放失能护理补贴3884人次226万元；发放养老服务补贴659人次7.007万元；发放精神残疾监护人护理补贴438人次26.115396万元。城乡低保家庭178户，发放城乡低保金1534人次199.62万元；发放城乡低收入家庭救助金20人次6225元；发放特困人员生活照料费15人次4.43万元；审批医疗救助205人次27.91万元，其中大额支出医疗救助40人次4.5万元。安居北京住房保障系统备案3845户，完成保障性住房资格复核10批次370户。其中包括保障性住房复核6批次338户，市场租房补贴资格复核4批次32户，收取复核材料300余份，终止86户资格，变更54户，完成公租房资格新申请35户，市场租房补贴新申请12户、变更62户，签订市场租房合同备案32户，发放市场租房补贴

293户60余万元，完成公租房配租登记145户。有残疾人2189人，84人享受助残服务券，慰问残疾人家庭240户20余万。为152名残疾人办理城乡居民养老保险补贴等相关政策审核。为74名残疾人办理城镇残疾人个体保险补贴；为3名困难残疾人申请助学补助；对6个社区及办事处对外办公大厅进行无障碍设施改造；为78名困难残疾人家庭提供家政保洁、生活照料；完成居家服务调查208份；为121名残疾人发放燃油补贴31460元；开展爱耳日、助残日宣传和为期1天的康复培训。开展健康讲座76次，发放慢性病防控相关宣传材料1940余份；新建3个健康示范社区，创建健康家庭190户；组织献血475人次。开展疑似精神障碍患者筛查1次，确诊率100%，艾滋病综合防治宣传4场。帮助331名失业人员实现就业、237名就业困难人员实现社区就业；为235名城镇登记失业人员申领、发放失业金178.1万元，报销失业期间门（急）诊药费、住院医疗费1.42万元；社会化管理退休人员（企业职工养老保险退休人员）1183人，五七工退养82人；享受城镇老年人福利养老金待遇481人；享受城乡居民养老保险待遇139人，享受城乡居民医疗保险待遇5755人（其中“一小”4519人，“一老”902人，“残疾和无业居民”334人）；办理社保卡挂失补换领卡手续6893人次；修改变更定点医院1216人次；为退休人员、“一老一小”人员报销年度门（急）诊药费、住院医疗费305人次134.88万元；采集退役军人服务信息1698条。开展红会救助，元旦、春节期间救助11户14000元。办理独生子女父母年老时一次性奖励30人，办理独生子女证8份，发放一次性经济帮助3人，流动人口办理生育联系单86份，发放北京户籍两孩以内生育登记服务单138份。完成农民工工资专项执法大检查，走访检查单位1300家，发放宣传资料2500余份，上报材料合格率100%。

（王童韵）

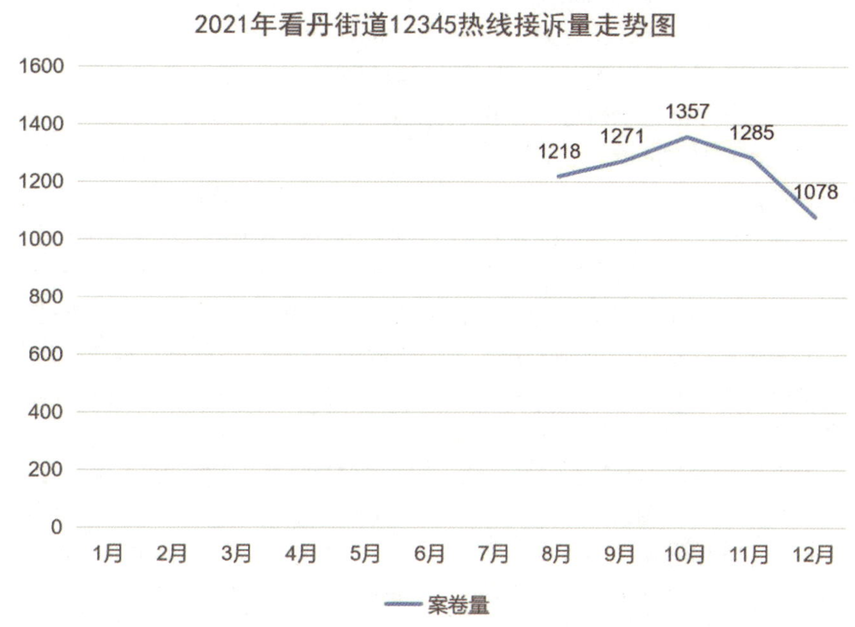

【接诉即办】年内，街道受理市“12345”热线交办诉求6209件，月均诉求量约1200件。其中物业管理类2387件，占38.44%；市容环境类911件，占14.67%；农村集体管理类449件，占7.23%；违法建设类430件，占6.93%；施工现场类427件，占6.88%；卫生工作类376件，占6.06%；水电气暖类368件，占5.93%。所有案件均第一时间转派并按期提交办结，综合成绩88.61分，街镇中排第15名。建立“街道‘接诉即办’调度处理平台”，实现案件网络流转以及14个社区、3个村和2个筹备组的全覆盖，工单线上接收转派、网络回复、证据材料收集、剔挂账流转的标准化、便捷化。坚持每周对诉求工单进行分析，发布近20篇分析报告。每日坚持主管领导日调度，组织召开调度会100余次，督办解决疑难问题、群众的集中诉求。依靠城市运行保障应急队伍，服务近300次，解决无物业老旧小区的道路破损修缮、雨水管道疏通、房屋漏雨修补、责任盲区的暴露垃圾清理等辖区内群众“急难愁盼”的问题。

（王童韵）

【基层党建】年内，街道组织学习十九届六中全会精神等交流研讨29次。各党支部结合“三会一课”和主题党日等活动，利用学习强国、微信群等网络平台开展学习活动60余次、党课32次，参加3000余人。制定涉及全面从严治党主体责任任务安排、经费使用管理办法等15项制度、方案、清单。建立班子成员党支部联系点，履行处级领导抓支部的政治责任。完成接收预备党员12名，预备党员转正29名。按期督导14个党支部换届。完成区第十三次党代会6名代表的选举工作。抓好“软弱涣散”村集中整顿，看丹村、榆树庄村按照“一村一策”整顿方案解决关键问题，年底摘帽。成立街道党建协调委员会，围绕疫情防控、创卫等工作开展共建活动。发挥机关干部在社区治理中的作用，用好“治理书记”和社区专员。

（王童韵）

【新冠肺炎疫情防控】10月18日，街道发现阳性确诊病例，在街道工委的统一部署下，疫情防控领导小组严格按照职责分工迅速开展工作，综合指导组负责，区疾控中心、区卫生健康委等与上级部门沟通，向街道社区防控组部署和指导疫情防控工作，梳理及汇总上报每日数据表格情况。封闭期间社区防控组做好卡口引导，宣传落实防控政策要求，确保只进不出。成立协调指挥应急组，在封控区内处理突发情况。安装门磁672户，确保足不出户。成立临时购置组，帮助居民购买必需生活用品和药品。对辖区重点商超、“七小”、快递、外卖小哥、网约车司机等行业人员核酸检测5392人次、往返指挥部的下沉工作人员核酸检测500余人次。恒富中街3、4号院实施封闭管控至11月9日，封控区内按照要求定期开展7次入户核酸检测，1622人结果均为阴性，且无续发病例，符合解封标准，解除封闭管控。

在常态化疫情防控机制下，街道持续落实好社区测温、查证、验码、登记4项工作，严格落实好重点人群管理工作的政策指导。加强社区卡口24小时值守。开展防疫政策、防控要求、健康生活等社区宣传，选派优秀医生担任社区公共卫生委员会副主任，提高消杀专业水平，加强宣传引导和识病防病知识普及，指导居民正确开展居家消毒。落实《关于建立社区（村）消毒专员制度的通知》要求，降低疫情传播风险。

（王童韵）

【创城创卫】 年内，街道围绕“国家卫生区”的创建工作，开展和落实“五大专项治理行动”以及各项健康教育和健康促进行动，常态化开展周末卫生日和各类健康主题日活动。病媒生物防制阶段，市场监督管理所共出动执法人员340人（次）、执法车辆39台（次），检查商户330户（次），发现问题商户25家，现场指导、整改25户，其中关停15户；城市管理执法队出动执法人员509人（次）、执法车辆89台（次），查处门前“三包”问题120起，查处无照经营及游商160起，检查餐饮商超等三类场所389次，发现问题110个，立即整改50个，约谈餐饮企业73家。检查垃圾分类559次，发现并整改问题56个。组织开展外环境公共区域病媒生物防制、辖区重点单位督导检查及密度监测工作。组织开展病媒生物防制培训2次，参训120人次。参加区创卫办组织的病媒生物防制培训或现场带教培训以及自行组织各类专项培训744人次，对社区书记（主任）、创卫督导人员、社区干部、创卫专员、小教员和机关干部进行《国家卫生城区标准》、“病媒知识”、检查督导重点及方法、病媒生物处理等内容培训。开展周末卫生日活动36次，党员干部、社区群众、志愿者等参与11236人次，出动车辆257台，清理积水型容器1204处、卫生死角3768处，发放宣传品2106份。开展创建国家卫生区专项培训18次，受训人员1144人次，通过病媒生物防制两个阶段的市级检查验收。

（王童韵）

【精神文明建设】 年内，街道加大文明城市创建宣传，制作硬质广告牌35块，创城展板、创城公益海报1000张，创城宣传品，引导居民共同参与创城工作。依托学雷锋日、重阳节、首都义务植树日等重要节点，围绕社会主义核心价值观，依托辖区新时代文明实践所、站，持续开展志愿服务活动。通过“冬奥有我、爱卫同行”系列活动，助力冬奥会、冬残奥会。开展看丹街道户外宣传阵地专项检查，查缺补漏，完善宣传阵地台账，检查宣传栏164处、电子显示屏38处、宣传景观小品4处，发现4个问题并进行整改。成立看丹街道公共文明引导员中队，加强公共文明引导员队伍管理和服务规范化，提升文明引导质量水平。

（王童韵）

【文化体育】 年内，街道利用文化活动中心平台，拓展空间，延长开放时间，保证每天8小时，每周不少于56小时的开放时间。开展读书阅览、红色经典诵读、书法、国画、非遗文化、防灾应急等讲座，红色电影展播，组织乒乓球、舞蹈、京剧、围棋、曲艺、合唱等培训及主题展示活动160场次，服务群众4600余人次，丰富居民群众的精神文化生活。

（王童韵）

▲12月31日，街道文明引导员在富丰桥南公交车站维持乘车秩序。（看丹街道 供图）

▲12月8日，街道在综合文化中心组织开展青少年围棋培训。（看丹街道 供图）

看丹街道村委会、社区居委会一览表

表 47

村（居）委会名称	村（居）委会地址	所辖范围	建成时间	常住人口（*户*人）	对外办公电话
天兴家园社区（原花乡）	北京市丰台区白盆窑天兴家园南区二号楼四单元底商	东至樊羊路，西至科技园规划路，南临亿城天筑，北至五圈路。	2017 年	2705 户 4521 人	83796199
四合欣园社区（原花乡）	北京市丰台区育仁南路2号院1号楼	东至天兴家园社区交界处，西至无名路，南至天兴家园小区交界处，北至育仁南路。	2016 年	1082 户 2051 人	83602600 63736341
看丹社区（原新村街道）	北京市丰台区看丹科技健康产业园内二层	东至京沪铁路，西至榆树庄，南至杨树庄，北至西道口。	2002 年	104 户 183 人	63723394 63723916
富丰园社区（原新村街道）	北京市丰台区富丰园小区9号楼后面平房	东至西四环南路辅路，西至京沪铁路线，南至大型机械铁路养路段北门，北至看丹路。	2002 年	4549 户 11375 人	63724643
育仁里社区（原新村街道）	北京市丰台区花乡桥南育仁里小区6号楼东北侧二层楼房	东至益辰欣园小区东墙，西至育仁里小区西墙，南至六圈路，北至育仁北路。	2000 年	2598 户 6400 人	83621890
电力机社区（原新村街道）	北京市丰台区丰西北里14号楼1门1号	东至丰裕路，西至丰西铁路一场、丰沙线、三角地，南至丰西铁路派出所门口道路向东与丰裕路交叉处，北至银建出租车有限公司、京广铁路干线。	2002 年	1245 户 2694 人	51222599 51858772
丰西社区（原新村街道）	北京市丰台区丰西北里危改小区综合楼二层	东至东羊圈、段庄，西至丰裕路，榆树庄自建路，南至东老庄恒安消防，北至刘庄子铁道桥。	2002 年	1828 户 3010 人	51858872 51858444
科学城第一社区（原新村街道）	北京市丰台区科学城宝隆公寓旁二层小红楼	东至宝隆温泉公寓西侧，西至西南四环，南至西南四环，北至科兴路。	2003 年	4332 户 6996 人	59477342
科学城第二社区（原新村街道）	北京市丰台区恒富街2号东侧小白楼	东至万寿路延线，西至锦丰路，南至南四环西路，北至科兴路。	2003 年	3015 户 7615 人	52832284
韩庄子第一社区（原新村街道）	北京市丰台区韩庄子东里3号楼南侧对面平房	东至地铁9号线，西至看丹桥西四环辅路，南至韩庄子东西巷，北至丰台南路。	2000 年	2930 户 6700 人	63716306
韩庄子第二社区（原新村街道）	北京市丰台区韩庄子四里1号楼北侧平房	东至科怡路，西至西四环辅路，南至科兴路，北至韩庄子东西巷。	2002 年	2566 户 5174 人	63716972
中海九浩苑社区（原新村街道）	北京市丰台区六圈路2号院2号楼东侧底商C4对面	东至加来庄园东侧，西至丰葆路，南至六圈南路，北至马草河。	2019 年	3696 户 6161 人	83608060
富锦嘉园社区（原新村街道）	北京市丰台区富丰园小区9号楼后平房居委会	东至西四环南路辅路，西至京沪铁路线，南至大型机械铁路养路段北门，北至看丹路。	2002 年	4549 户 11375 人	63724643
南开西里社区（原丰台街道）	北京市丰台区南开西里20号楼东侧小广场	东至西四环南路，西至京山京广线，南至看丹路，北至京沪铁路线。	2001 年	2425 户 5482 人	63797517 63726603
看丹村（原花乡）	北京市丰台区看丹科技健康产业园内二层	东至京广铁路线，西与榆树庄村接壤，南至污水渠，北至京包铁路线。	1949 年	3570 户 8629 人	63738596
榆树庄村（原花乡）	北京市丰台区看丹街道丰西北里92号院	东至看丹村，西至丰西铁路编组站，南至永合庄村，北至京广铁路线。	1975 年	936 户 2081 人	83601074
六圈村（原花乡）	北京市丰台区丰葆路东侧北京南极星投资管理公司	东至郭公庄，西至看丹村和京山铁路线，南至葆台，北至科技园区二期。	1949 年	1540 户 2699 人	83615815

五里店街道

【概况】2021年，按照丰台区行政区划调整，在原卢沟桥乡和卢沟桥街道南部、丰台街道西部设立五里店街道，7月18日正式挂牌成立。辖区范围东至西四环南路，南至京广铁路，西至京港澳高速，北至卢沟桥路。面积5.88平方公里，下辖16个社区。有常住人口38514户78985人，流动人口约1.1万人。有汉、回、蒙、藏等13个民族。辖区内有中国航天建设集团有限公司、北京市丰台区综投集团公司、北京外运陆运有限公司、北京农村商业银行股份有限公司卢沟桥支行、北京长城制药有限公司等11家重点企业。有区属党政机关、事业单位、群团组织23家。有中学3所，小学4所，幼儿园7所。有养老机构1个。途经辖区公交线路33条，地铁14号线（大井站）贯穿其中。有500平方米为民服务大厅。实现区级财政收入4311.39万元。辖区有万佛延寿寺铜观音像（含石碑）和程庄路碉堡2处文物。

（陈宝艳）

【平安建设】年内，街道围绕维护首都政治安全和社会稳定的目标，启动常态化应急值守机制。量化重点人、重点区域监控台账，出动巡逻人员、“红袖标”志愿者 3000余人次，完成“服贸会”、国庆、十九届六中全会等重点时期，重点会议期间安保维稳工作。组织各社区进行反诈骗宣传16次，发放宣传材料1800余份。做好全线铁路护路工作，坚持每天沿线巡逻，组织社区、铁路、公安等部门联合排查铁路沿线隐患4次，整治铁路安全隐患44处。推进社会矛盾调处，接待来访、来电、来信39人次，群众安全感满意度不断提升。组织辖区居民单位开展消防安全培训、交通安全宣传教育等活动，发放宣传材料5040份。对75家小微企业开展城市安全风险评估。开展电动自行车领域专项检查，处级领导带队检查21次，出动人员439人次，检查辖区单位、小区、老旧平房区和出租房屋等310处，发现并整改隐患184处，现场制止蓄电池充电75户，清理违规“飞线充电”电动自行车69辆、违规停放电动车121辆。压实安全生产各项责任，检查生产经营单位 1389家次，下发整改单556家次，发现隐患626处，复查556家，全部整改。出动执法检查人员200余人次，开展液化气检查用户120次，完成液化气非居民用户入户巡检30户。

（陈宝艳）

【城市管理】年内，街道开展环境秩序联合执法16次，对无证无照、垃圾分类、施工工地、露天烧烤等违规行为立案处罚242起，完成门前三包责任牌更换，规范门店经营230余家次。整治拆除违法群租房28处。开展“创无”工作，推进卢沟桥路南侧京周路沿线棚户区改造腾地等重点项目，开展838处创无图斑摸排、上报工作，控制新生违法建设零增长，超额完成全年拆违、腾地任务。对汽修、工地、辖区裸地、餐饮油烟等开展日常监督检查和污染源排查工作，办结中央环保督察举报件4件。开展垃圾分类工作，指导社区做好宣传活动，发动志愿者、党员参与垃圾分类宣传、值守，发放各类宣传材料4400余份、购置垃圾桶500个，创建垃圾分类示范小区。落实专业公司清扫保洁背街小巷154条184072平方米。对辖区雨污合流、错接混接情况进行排查并建立台账，雨水箅1734个、雨水井756个。建立“河长”定期巡查、例会、协调沟通等机制，巡查 796人次、巡河里程849公里。组织31名街巷长利用街巷长小程序开展街巷巡查，巡查322次。

（李晓一）

【社区建设】年内，街道与16个社区229名服务站人员重签服务协议，编制《五里店街道社区管理制度汇编》，统一制作安装社区“两委一站”标牌。加强社区工作者队伍建设，组织开展229名社区工作者全员培训，并开展谈心谈话。培育社区社会组织176个，发动各类社会力量参与社区议事、志愿服务、环境治理等工作。指导16个社区组建物业管理委员会（物管会），组建率94.29%，业委会（物管会）党组织覆盖率100%，物业服务企业覆盖率94.29%。聘请专业顾问公司协助梳理“三率”系统物业工作台账35家、住宅小区59个。指导启动业委会换届工作1次。制作创城公益广告宣传展板40处。厉玉双家庭、魏淑琴家庭被评为“丰台区最美家庭”。推进新时代文明实践所建设，新时代文明实践站组织活动21场。

（陈　星）

【民生服务】年内，街道落实各项社会救助政策，发放医疗、采暖、教育、临时救助补贴170人33.46万元，发放低保救助资金1750人222万余元；发放低收入救助资金12人3735元；发放特困救助资金30人83865元。办理80岁以上高龄津贴业务3890人，发放高龄补助208770元。发放残疾人两项补贴1789人59.16万元。新申请保障房资格47户、公租补贴资格5户、市场租房补贴8户，资格变更31户，终止初审441户。完成6个批次540户保障房资格、市场化补贴资格复核、上报。发放市场化租金补贴563人次115.1万元。组织开展4个批次公租房快速配租和重点困难家庭专项配租工作，发放选房通知单109份。完成3户公租房案件、2户市场化租房补贴违规案件的处理工作。发放重症精神疾病患者监护人看护补贴298224.29元。开展“首善有我”活动，募捐善款2万余元，一家养老驿站投入运营。完成献血任务246人374单位。推进劳动用工欠薪根治工作，规范施工工地务工人员劳动合同500余份，接待讨薪人员10余人次，追讨工资19450元。登记失业人员453人，接收失业人员档案351份，办理北京市灵活就业240人次、区灵活就业25人次。领取失业金缴纳养老保险44人次。

（陈宝艳）

【接诉即办】 年内，街道实施“日调度、周督导、月考评”“双派件、双督导、双回访”工作机制，对重点、高发和群众集中反映案卷，进行集中研判，依托“吹哨报到”机制加强统筹调度。坚持“未诉先办”，凝聚合力解决，深入分析群众普遍反映的突出问题，主动解决居民关注的热点、难点问题。接收热线案卷3682件，直派案卷1556件，区转案卷2126件。

（陈宝艳）

【基层党建】 年内，街道以党建引领基层治理，深化基层党建工作。推进党的政治建设，组织街道党工委理论中心组学习5次，组织学习“七一”讲话62场次，参加1740人次。组织16个社区对全年党建工作进行自查自评，完成32项“我为群众办实事”项目。成立党员先锋岗，开展“清洁日大扫除”200余次，在职党员和志愿者参与6000余人次。完成党组织服务群众经费项目18个，涉及资金182.4万元。推进换届选举工作，通过6个下属党组织推选和11个下属党组织指定流程，确定街道115名党代表参加五里店街道党代表会议，选举7名出席区第十三次党代会代表。完成人大代表换届选举工作，划分8个选区，登记选民30525人，最终参与投票29157人，投票率95.5%，选举产生17名人大代表。发挥人大街工委和人大代表职能，提出代表建议5条。

（李 琳）

【国家卫生区创建】年内，街道建立“处级领导包片、街道干部包社区、社区干部包楼”工作制度。发动社区、机关企事业单位建立爱国卫生组织275家。开展卫生街道创建和控烟示范单位创建工作，制作下发禁烟标识800个，控烟宣传品2000个，控烟《倡议书》400张，控烟袖标2000个。推进健康家庭、无烟家庭评选活动。开展周末卫生日活动15次。建立街道病媒生物防制基础台账，聘请第三方病媒生物防制公司进行病媒生物防制和密度监测工作8轮次，布放鼠盒894个，投放鼠药140千克、灭蟑药物28.3千克、灭蚊药物158升、灭蝇药物160升，设置诱蝇笼（袋）168个。组织社区开展病媒生物防制培训4次，开展各类宣传活动152次，发放各类宣传材料5000余份。以双A成绩通过市级病媒生物（蚊蝇）防制工作验收。对各类单位、小区、平房区进行检查，形成环境卫生问题台账5100余条。

（那晓光）

【结对帮扶】 年内，街道按照“四不摘”“三保持”要求，建立与青海治多县索加乡、加吉博洛镇结对帮扶机制，通过多次沟通对接，与两个结对乡镇签订结对帮扶协议书，组织北大地西区社区和大井社区结成帮扶对子，拓展纵向交流协调沟通。推进“万企兴万村”活动，牵头辖区内北京中都泰和科技企业孵化器有限公司与加吉博洛镇改查村签订结对帮扶协议书。开展消费帮扶，购买米、面共22800元。

（许承炜）

【群团工作】 年内，街道推选工会会员代表60人，召开街道工会第一次会员代表大会，选举产生工会委员15人。推选妇女代表114人，召开妇女代表大会，选举产生第一届妇联执委33人。其中主席1人，副主席3人，委员29人。加强妇联组织阵地建设，开展“家长学校”活动80场2000人次；组织学习儿童之家线上课程；开展暑期儿童关爱服务活动26场，儿童和家长参加520余人次。开展主题团日活动3场、“文明交通，你我同行”志愿服务活动30场、“礼让斑马线”志愿服务活动20场、党主题志愿服务活动3场。开展社区治理项目16个，新建非公团支部10个。

（李 琳）

【文体教育】 年内，街道落实“双减”工作，开展社区办园点整治，完成2所学科类培训机构清零工作任务。推进五里店街道综合文化中心建设，组织开展文化、体育系列活动，开展“周末百姓大舞台”文艺演出9场、“彩虹心苑”5个主题系列活动，组织开展“社区邻里节”系列活动32场次。

（陈 星）

▲11月25日，在大井社区小花园开展周末清洁日活动。（五里店街道 供图）

▲12月4日，在东安街头条19号院内开展丰台区周末百姓大舞台活动。（五里店街道 供图）

【新冠肺炎疫情防控】 年内，街道制定疫情防控、应急处突方案、全员核酸检测、突发公共卫生事件处置方案，确保及时排查、转运、封闭隔离，排查人员9660人，接密接管理通知单129份，相关人员全部落实隔离政策。做好社区防控、市场防控工作，为17个失管小区卡口配备保安，辖区内86个小区卡口全部落实测温、查证、验码、登记等防疫措施。对餐饮、商超等重点领域持续开展全覆盖检查，检查三类场所988家，出动人员400人次，出动车辆200车次。做好核酸检测、疫苗接种工作，设立街道常备核酸检测点、社区核酸检测点72处，完善物资储备、干部轮训机制，保障开展全员核酸检测能力。完成核酸检测8586人次，接种疫苗183049剂次。

（陈宝艳）

五里店街道村委会、社区居委会一览表

表48

村（居）委会名称	村（居）委会地址	所辖范围	建成时间	常住人口（*户*人）	对外办公电话
63号院社区（原丰台街道）	西四环南路63号院内	东临西四环南路，南与北大地西区社区接壤，西与东安街头条19号院相接，北至丰体南路。	2002年	3014户 4819人	66940257 66940255
北大地西区社区居委会	北大地三里8号楼前平房	东临西四环南路，南至丰台区电话局，西毗16号院，北邻63号院。	2002年	1145户 2829人	63808087 63814487
北大地16号院社区（原丰台街道）	北大地三里北大地16号院社区居委会	东迄北大地西区，南迄总后第二干休所，西至东安街头条19号院，北至西四环南路63号院。	2002年	1438户 3094人	66941369
东安街头条社区（原丰台街道）	东安街头条15号楼东侧平房	东起西四环南路，南邻丰台医院北墙，西至西仓库东门，北至丰台八中南墙。	2002年	2092户 4814人	63805242 63814522
东安街社区（原丰台街道）	福顺里小区4号楼北侧平房	东至西四环南路，南至京广铁路（正阳桥西到长庚胡同南侧除外），西至程庄路，北至东安街头条路。	2002年	2020户 5310人	63856433
东安街头条19号院社区（原丰台街道）	丰体南路8号院东南角	东邻63号院社区，南邻东安街社区，西至程庄路，北至丰体南路。	2002年	2245户 4393人	66873463
彩虹北社区（原丰台街道）	彩虹嘉园北区11号楼	东邻东安街头条19号院，南邻程庄路16号院，西至程庄路，北至卢沟桥路。	2017年	3024户 8500人	83692931
程庄路16号社区（原丰台街道）	程庄路16号院大门南侧	东邻东安街头条19号院社区，南邻彩虹南社区，西邻程庄路，北邻彩虹北社区。	2002年	1500户 3501人	66943451
彩虹南社区（原丰台街道）	程庄路20号院2号楼	东至西仓库西院墙，南至军区药检所北院墙，西至程庄路，北至程庄路16号院干休所南院墙。	2013年	1254户 3458人	63813851
五里店第一社区（原卢沟桥街道）	五里店外贸2号楼东北角二层楼	东与北油小区、五二社区、丰西路搭界，南至丰沙线，西至京港澳高速辅路，北至卢沟桥路。	2000年	2767户 7254人	63866007 63825042
五里店第二社区(原卢沟桥街道)	五里店南里小区17号楼	东起五里店锅炉房，南至丰台西路41、45号院，西至外贸仓库，北至五一社区。	2002年	3240户 6761人	63825043 63814420
丰西路社区（原卢沟桥街道）	丰台西路41号院内平房	东起程庄路，南至程庄中街并京广铁路，西至390公交总站西墙，北至油泵厂南墙和五二社区南墙。	2001年	3279户 7582人	83652213 83653794
油泵厂社区（原卢沟桥街道）	北油小区9号楼和10号楼之间东平房	东起程庄路，南至油泵厂南墙和656号院，西至五里店南路，北至卢沟桥路。	2003年	2648户 7282人	63812179 63830541
大井社区（原卢沟桥街道）	大井266号	东起西四环南路，南至丰体南路，西至丰体时代小区，北至卢沟桥路。	1989年	2432户 7167人	63846987 63856612

续表 48

村（居）委会名称	村（居）委会地址	所辖范围	建成时间	常住人口（*户*人）	对外办公电话
丰体时代花园社区（原卢沟桥街道）	丰体南路1号院3-212、201号	东至大井社区，南至丰体南路，西至丰体西桥，北至卢沟桥路。	2009年	2450户 5640人	63876708 63875209
和风四季社区（原卢沟桥街道）	程庄南里8号楼西侧	东起程庄路，南至京广铁路，西至丰西路东边界，北至程庄中街。	2014年	2911户 8063人	83653026 83653036

青塔街道

【概况】 青塔街道办事处于2021年7月18日成立，位于丰台区北部，北至莲石东路与海淀区万寿路街道相邻，东至西四环中路、水衙沟路与六里桥街道接壤，南至京港澳高速、万绿园小区与卢沟桥街道、六里桥街道交界，西至青塔西路、小屯路与卢沟桥街道相连。辖区面积4平方公里。下辖12个社区、2个行政村。常住人口9万余人，流动人口3万余人。

（朱浠若）

【平安建设】 年内，街道治理违法群租房27处，治理普通地下室8处，疏解人口56人。健全防汛指挥调度、值班值守和抢险救援机制，出动巡逻队伍1420人次，疏通积水点59个，处理危情6次。全力做好服贸会、中秋、国庆和十九届六中全会服务保障工作，投入治安志愿者、社会安保力量5万余人次。深化"平安青塔"建设，完成"安全生产三年整治行动""燃气安全大检查大整治"、电动自行车领域专项整治等行动，组织施工工地检查78人次，联合检查5次，整改隐患30余项，整改督察问题6个；建立完善企业台账2875家，排查企业827家，出动1600余人次；电动车充电接口2503个，新增充电口1352个。被评为"北京市安全社区"。管理社区矫正人员16名，安置帮教人员54人，郑常庄村、长安新城第二社区获评"民主示范社区"称号。依托市域社会治理现代化建设试点工作，推动综治中心、智慧社区建设，新增智慧社区建设9处。

（陈 琦）

【城市管理】 年内，街道开展辖区城乡环境建设，组建6支突击队伍，出动611人次1437小时，清理辖区卫生死角、堆物堆料320余车，完成路面破损修复和污水处理；聘请第三方公司，加强辖区背街小巷精细化管理。对在账71条背街小巷进行清扫保洁，出动3000余人次，发现并解决暴露垃圾、道路不洁、堆物堆料等问题255处。整改市环境组下发问题59条、区城管委环境组下发问题423处、城指中心下达的网格件233个。对辖区内24座自管公厕进行保洁。强化垃圾分类工作，建立非居民厨余排放单位台账，完成上账131家商户"非居民排放"小程序录入工作。推荐汇锦苑社区博龙家园创建垃圾分类示范小区。对青塔村、蔚园、秀园和芳园小区周边的无证无照、"开墙打洞"违法行为开展综合整治行动7次，张贴无照经营标识50余张，取缔关停商户30余户。清理破损、堆积共享单车7次121辆。配合创建国家森林城市，推动长安新城第一社区成为首都绿化美化花园式社区，丰台区青塔街道蔚园22号院成为首都绿化美化花园式单位。加强对6株清代古树（树龄150–330年之间）的巡查检查，开展极端天气树木的应急工作。维护好水、电、气、热、市政管线等"城市生命线"，确保设施安全。青塔街道成立以来，辖

▲8月18日，青塔街道组织公安、城管、市场、消防等执法部门对青塔村地区开展综合治理。（青塔街道 供图）

▲7月24日，青塔街道组织“周末环境清洁日”活动。（青塔街道 供图）

区供电、燃气、供暖、照明、地下管线等城市市政基础设施正常运行。备案供热企业16家，清理配电箱体、线周边隐患3处，检查供气企业6次，协调水务局饮用水车1次。处理供暖“接诉即办”案件10余件。

（吴　琼）

【社区建设】 年内，街道加强社区管理，规划社区拆分。加强社区干部队伍梯队建设，对35岁以下年轻干部进行轮训培养。探索构建优秀社区干部培养选拔链，建立后备干部人才库和社区干部学习交流机制，规范对社区干部队伍的管理。对超5000户的岳各庄社区居民委员会、民岳家园社区居民委员会进行调整，增强服务管理能力，便于社区居民自治。提升业委会（物管会）“三率”，推进物业长效管理。围绕物业企业服务，开展监督检查工作，规范业委会（物管会）的组建标准，全程督导业委会（物管会）各阶段的成立程序，做好相关政策的宣传解读工作。落实“双减”工作，丰富文体活动，原汇锦苑社区第一办园点挂靠在丰台区糖果双语幼儿园并完成改造，高娃钢琴幼儿园10月8日正式转普。9月、10月举办9场“乐享文韵 光耀青塔”周末百姓大舞台活动，在郑常庄村和岳各庄村举办2场星火工程文艺演出，满足广大群众精神文化需求。1个新时代文明实践所、14个新时代文明实践站挂牌成立，组织引领50余家志愿服务队围绕创城、创卫、迎冬奥、走访慰问、法制宣传等主题，每月组织开展1至2次新时代文明实践活动，参与2000余人次。推进社会主义核心价值观宣传，制作社会主义核心价值观公益小品3处，完成年度文明城区创建迎检任务。紧跟“接诉即办”“创卫”“创城”等重点工作，在各级媒体平台以图文、视频等形式发布新闻56篇次。

（王楷乔）

【接诉即办】 年内，街道下设24个具体案件承办单位，建立以专项经费管理、接件承办、案卷管理、工作考评、接线员人才队伍管理、主动治理等16项规章制度为支撑的“接诉即办”工作体系。健全案卷核实、挂账、剔除、“未诉先办”、特殊案件响应、网格管理等工作机制23项。通过“接诉即办”服务热线、“青诉通”微信小程序收集辖区群众生活问题难题，处理辖区夏季降雨房屋滴漏、秋季落叶环境卫生、冬季供暖温度不足3项短期频发集中诉求。解决私装地锁、棚户改造、拆迁腾退、办理房本等历史遗留重难点专题4项。承办案件6325件，组织召开案件协调调度会议39次，工作推进会12次，发行“接诉即办”日报166篇、月报6篇。落实信访“三率”工作要求，确保信访案件办结率100%，接待群众来访260人次，接收市、区信访办转办件58件。

（杨丁一）

【基层党建】 年内，街道完成92名工作人员的划转。召开街道党工委会议22次，明确青塔街道党政领导班子成员分工，建立干部联系基层单位工作制度，研究制定青塔街道《关于修订和完善“三重一大”决策制度的实施细则》《关于落实“四议一审两公开”制度的实施意见》、青塔街道党工委《议事规则》和《重大请示事项清单》等相关制度。开展党委理论中心组集体学习8次，巩固深化“不忘初心、牢记使命”主题教育、开展党史学习教育，推进“我为群众办实事”实践活动，完成社区、村级清单71项。规范党支部建设，新建6个物管会、业委会党支部。引导新就业群体助力基层治理，开展系列“暖‘新’服务在行动、关爱‘小哥’不停步”主题活动。自街道成立以来，接收预备党员2名，17名预备党员转为正式党员。完成区党代表、区人大代表、区政协委员的推荐选举工作。

（徐　进　王盈雪）

【新冠肺炎疫情防控】 年内，街道完成新冠肺炎疫情大数据筛查13039人，排查5996人，自主摸排559人，落实居家管控586人，健康监测3553人。核实转运密接、次密接131人，核酸检测262批次6962人。发挥属地职责，完成全季酒店五棵松店集中医学观察点服务保障工作，启用2次共42天，派驻10名干部入驻，开启24小时不间断工作模式，统筹各项工作，接收留观密接、次密接、中高风险人员337人。配合完成大规模核酸检测和铁路转运准备工作，设立常用集中采样点1处，社区（村）采样点83处，做到辖区全覆盖。在郑常庄村文化站、青塔党群活动中心、物美超市等处搭建移动疫苗接种车，为周边群众接种疫苗提供便利。

（张　鑫）

青塔街道村委会、社区居委会一览表

表 49

村（居）委会名称	村（居）委会地址	所辖范围	建成时间	常住人口（*户*人）	对外办公电话
青塔西里社区（原卢沟桥街道）	青塔中街 44 号院 3 号楼西侧 1 层	东靠北京大理石厂，南至大成路，西至青塔西路，北至京九铁路沿线	2001 年	6572 人 3071 户	68671244 68673280
岳各庄社区（原卢沟桥街道）	阅园一区 5 号楼底商	北至水衙沟路，东至万丰路，南至卢沟桥路，西至梅市口东路	2000 年	4299 户 8372 人	83668451 83667896
长安新城第一社区（原卢沟桥街道）	大成南里一区 13 号楼 104	北至大成路，东起青塔西路，南至水衙沟路，西抵春成路。	2007 年	5078 户 9800 人	68696269 68696369
蔚园社区（原卢沟桥街道）	大成里蔚园 12 号楼东侧平房	北至凉水河，东至青塔西路，南至春蔚路，西至芳塔路。	1993 年	2770 户 5600 人	68671324 68671434
秀园社区（原卢沟桥街道）	大成里青塔街心公园南侧秀园居委会	东至青塔西路，南至大成路，西至芳秀路，北至春蔚路。	2000 年	2590 户 5931 人	68676766 68671639
民岳家园社区（原卢沟桥街道）	梅市口路 10 号院南侧民岳家园社区	北至西府景园北墙南侧，西至魏家村南路 20 号院万和园西门，南至梅市口路甲 10 号院南墙北侧，东至民岳家园小区东区 7 号楼东侧墙内。	2006 年	444 户 8818 人	63869639 83658795
芳园社区（原卢沟桥街道）	大成路 19-4 号	北起京广线，东临芳秀路，南至大成路，西毗芳春路。	2000 年	2381 户 5953 人	68671602 68671524
珠江紫台社区（原卢沟桥街道）	青塔西路 58 号院 18 号楼南侧白楼二层	北至万科紫台小区北墙，南至万绿园小区南墙，西至青塔西路东侧，东至民岳家园西墙。	2012 年	840 人 3169 户	63877806 63877633
青塔东里社区（原卢沟桥街道）	青塔东里社区 16 号楼 -17 号楼西侧平房	东至西四环中路，南至大成路，西至青塔西里，北至京九铁路。	2000 年	3919 户 8400 人	68159751
春园社区（原卢沟桥街道）	大成里春园 9 号楼北侧	北至小瓦窑东里南路，东至青塔五街，南至水衙沟路武警三师南墙，西至小屯路路东。	2001 年	3025 户 6663 人	68674784
长安新城第二社区（原卢沟桥街道）	大成南里三区甲一号	东至西四环中路，南至水衙沟路，西至青塔西路，北至大成路。	2014 年	1741 户 3325 人	68291307 68291302
汇锦苑社区（原卢沟桥街道）	小屯路甲 2 号院 7 号楼西侧	北至春蔚北街，东至芳青路，南至春蔚路，西至小屯路辅路。	2021 年	2292 户 5035 人	68175380 68172970
郑常庄村（原卢沟桥乡）	大成南里二区三号楼 A 座 3 层	北至京铁家园，东至靛厂村，南与岳各庄交接，西与小瓦窑村接壤。	1982 年	457 户 838 人	68696127
岳各庄村（原卢沟桥乡）	岳各庄村 301 号	东临小井村，西临小屯村，南接丰台路口，北临郑常庄村。	据考证，岳各庄成村时间应始于金，继于元，兴于明，至少有 900 年的历史。	107 户 2648 人	63820685

北宫镇

【概况】2021年4月，丰台区进行区划调整，原长辛店镇更名为北宫镇，将原云岗街道的大灰厂地区划归北宫镇。镇政府驻杜家坎南路8号。北宫镇位于丰台区西北部，北接永定河与石景山区相望，西北隔山与门头沟区相邻，西南与王佐镇相接；南与长辛店街道、云岗街道相邻；东与宛平街道办事处相接。辖区面积44.13平方公里，下辖10个社区、6个行政村，户籍人口3.7万人，常住人口5.6万人，流动人口2.1万人。待开发区域集中，围绕北京园博数字经济产业园，推进居住、商业配套设施。税收完成24990万元，较上年增长81%，超全年任务15010万元。

坚持“严”的总基调，推动全面从严治党向纵深发展。开展党史学习教育，坚持用习近平新时代中国特色社会主义思想武装头脑。组织理论学习中心组学习18次，研讨会4次，领导班子成员到基层单位或所在党支部讲专题党课10次，学习宣传贯彻“七一”讲话精神。以镇级党校为主课堂，举办“习近平新时代特色社会主义理论”基层党员轮训班7期、党史专题读书会1期、党史学习教育3期，轮训党员干部1560余人。加强学习交流，把学习宣传贯彻十九届六中全会精神作为当前一段时期重要政治任务来抓，组织班子成员专题研讨交流心得体会。开展“我为群众办实事”实践活动，把为民办实事作为党史学习教育活动的出发点和落脚点，紧贴群众关于基础设施完善、安全隐患防范、便民服务等方面各类需求，定期对实事办理情况进行跟踪调度，17件为民办实事清单全部完成。持续加强组织建设，为高质量发展提供坚实组织基础。

落实疫情防控责任，守护人民健康。加强重点人群排查管控，第一时间安装门磁、摄像头等技防设备，做好居家隔离人员服务保障工作。73个卡口严格落实三班倒和四件套防控措施，实行登记、测温、核验信息等工作。制定《北宫镇新型冠状病毒核酸检测工作方案》，健全完善工作机制，明确各级领导干部责任分工，成立以镇党委副书记、镇长为组长的疫情防控领导小组，下设1办12组和7个应急工作组，筑牢“外防输入，内防反弹”的有效防线。完善指挥协调机制，下设10个工作组，提升全员核酸检测能力。做好疫苗接种点服务保障工作，累计接种疫苗11万余剂次，其中第三剂加强针3万余剂次。

完善矛盾排查化解机制，加强法治宣传教育。发挥人民调解作用，开展矛盾纠纷排查500余次。全年接待来信来访128件次，均按程序办结。建立政府会前学法、领导讲法制度，提升依法办事、依法行政的能力和水平。按照“八五”普法相关要求，落实法治宣传教育120余次，发放宣传资料1500余份，受教育群众3000多人。落实安全生产责任制。镇领导每月带头开展“四不两直”安全检查，督促企业进行问题整改，落实主体责任。创新管理模式，运用安全生产智慧云平台，强化教育培训和安全隐患自查。建立安全生产约谈机制，对发现企业未履行或履行主体责任不到位的相关负责人进行提醒、告诫型约谈，全年约谈30人次。开展隐患排查整治行动。开展燃气安全、有限空间作业、建筑领域安全等专项大检查大整治工作，发现并整改隐患220余处。对3个老旧小区及1个挂账村开展消防隐患排查，安装独立式感烟报警器2351个。持续对电动自行车领域消防安全进行整治，检查居民小区24个，全面摸排电动自行车5193辆，发现整改隐患453处，劝阻清理违规停放电动自行车982辆。开展北宫镇出租大院安全隐患整治工作，打击非法加工砂石料、无照无手续废品收购、散乱污、非法机加工等行为，开展排查整治49个出租大院的安全隐患问题，确保辖区人民生命财产安全和和谐稳定。群众安全感满意度连续三季度位列全区第一。

拓展税源强化招商引资。深入落实“丰九条”，主动对接央企、国企及实力企业，逐一走访50家企业，精准施策，做好企业服务。共引入企业224家，其中注册资金500万元以上的企业98家，亿元企业8家，注册资金总量257745万元。成立税收调研摸排小组及财源建设工作小组，全年税收完成24990万元，超全年任务15010万元。规范集体经济发展，落实“村地区管”要求，完善“四议一审两公开”等制度，审批62件村级重大经济事项。制定《北宫镇农村集体涉地经济合同管理办法》，成立合同预审工作小组，审核18份合同，上报区联席会审议6份。完成2020年度农村集体资产清查工作，清查镇村集体经济组织及下属企业38家。逐步完善财务管理制度，制定《北宫镇完善工程、服务、货物类项目采购工作管理细则》，规范村资金监管程序。结对帮扶为民解难纾困。精准帮扶经济薄弱村，拨付李家峪村困难补助100万元。指导镇集体经济组织和李家峪村签订结对帮扶协议，协同推进信鸽产业园项目，助力集体经济组织从“输血到造血”。开展扶贫协作和支援合作，与扎赉特旗签订结对帮扶协议，动员结对村和镇总公司拨付扶贫款50万元，购买扶贫产品10万余元，助力脱贫攻坚。

加强规划编制工作。落实北京城市总体规划和丰台分区规划，配合做好河西地区控规编制及“街区指引”编制，配合做好河西地区轨道交通一体化、二绿地区减量提质规划编制等相关工作。对接区规自分局，对大灰厂地区编制规划工作进行相关研究论证。加快地区基础设施建设。3条道路实现开工建设，芦井路A段部分施工，北二十路部分完工，北二十五路进场施工。张郭庄110kv变电站建成投入使用，推进河西第三水厂建成通水。聚焦多年顽疾筹集千万资金实施槐树岭地区雨污水管线工程，张郭庄标段施工完成。推进棚改实施进程，加大滞留户腾退搬迁力度，实现张郭庄一期、张郭庄三期（李家峪）棚改回迁安置房开工建设，张郭庄二期全部、辛庄A-15地块6栋回迁房主体结构全部封顶。推进土地入市，张郭庄棚改首期上市地块被首开卓越联合体摘牌，东河沿、辛庄9块上市地块实现“场干地净”。推动太子峪村棚改，回迁安置房项目启动实施主体邀请招标工作。配合中关村丰台园启动北京园博数字经济产业园规划建设，保障中直机关园博园职工住宅项目实现开工。对接相关企业细化统筹利用集体产业用地试点项目落地方案，打造国际数字智造产业园。开展集体土地租赁住房项目，张郭庄村集租房7栋楼主体完工，东河沿村集租房项目规划综合实施方案编制完成，同步开展土地复垦工作。村企合作的凤凰谷公园项目规划综合实施方案完成获批。

疏解整治促提升专项行动全面完成。完成年度32万平方米拆违销账任务，腾退土地42.7公顷。完成四处“留白增绿”公园土地复垦并实施绿化，共20.3公顷。整治无证无照经营3家，严控新生违法建设、占道经营、开墙打洞、“散乱污”企业等问题，做到“动态清零”。清理非法群租公寓，疏解流动人口150户。加强人居环境整治，推进国家卫生区创建工作和人居环境治理，通过国家卫生区鼠蟑蚊蝇病媒防制阶段验收，完成创建国家卫生镇市级验收。迎接市、区人居环境三方检查14次，清理整治各类问题点位6000余处。推进大灰厂、太子峪村人居环境整治实施方案同步，新建公厕5座，增设垃圾桶508个，修建道路5470平方米。每周开展“周末卫生大扫除活动”，集中整治辖区公共区域、卫生死角、垃圾房等卫生环境，改善农村整体环境。推进生态环境治理，做好第二轮中央生态环保督察工作，完成31批区级扬尘专项检查问题整改。持续开展大气环境精细化管理，加强清扫保洁、洒水降尘、裸地治理及污染源监管，整改裸地20余处、施工工地问题40余处。落实“河长制”，镇村两级河长巡河860次，巡河里程2208公里，全面整治小微水体5处，疏浚清淤河道，清理淤泥、杂草、垃圾850余吨，改善水体生态。

积极回应民生诉求。运用“吹哨报到”机制，“吹哨”区有关部门64次，推进群众反映强烈的突出问题、难点问题解决。全年办理“12345”群众诉求14778件，实行“日调度、周通报、月考核、年表彰”的考评机制，解决率和满意率提升，市直派成绩连续数月稳定在全区上游。满足多样化民生需求，按时完成17项重要民生实事项目，拆除或改造旱厕101户，建设公厕20座，增设路灯252盏、车位944处、便民服务网点2个，引进超市1处，解决群众“停车难”“出行难”“买菜难”等日常生活需求。幼儿园、学校普惠率达90%以上。首个镇级养老照料中心挂牌成立，“一村一室”医疗机构全覆盖目标。落实援企稳岗政策，加强困难群众帮扶，发放各类社会救助资金。办结政务服务各类事项15972件，完成大灰厂村、得秀社区政务服务示范站点建设。持续发展文体事业，依托“一校一所两中心”，开展庆“七一”文艺汇演、非遗传统文化体验、公益电影放映、线上系列文化大讲堂及各类培训活动198场，惠及8000余人。支持各社区村开展丰富多彩的文艺演出，举办“星火工程”“百姓周末大舞台”演出26场、云上运动会等体育比赛7场。抓好两个“关键小事”，推进垃圾分类工作，新建、改造桶站320座，配置垃圾收集容器1753个，举办宣传活动86场，提升群众参与率和知晓率。大灰厂村、紫峪嘉园、张郭庄5号院获评市级垃圾分类示范小区。落实《北京市物业管理条例》，实现居住小区物业覆盖率100%，党组织覆盖率100%，物管会或业委会组建率85.7%。组建北宫镇物业服务管理联盟，为2个失管小区引入物业。

（王　祺）

北宫镇村委会、社区居委会一览表

表50

村（居）委会名称	村（居）委会地址	所辖范围	建成时间	常住人口（*户*人）	对外办公电话
槐树岭社区	槐树岭4号院38栋平房东侧	东邻张郭庄村，南与太子峪村相连，西与辛庄村接壤，北至大灰厂东路。	2000年	1772户 5776人	83800878
二七车辆厂社区	张郭庄南路12号	东邻杜家坎社区，南与63985部队相连，西与杜家坎19号院接壤，北至张郭庄村。	2000年	2853户 8579人	83873925
张郭庄社区	张郭庄沙锅村12号	东至二七车辆厂2号门，南至298号院围墙处，西至地铁14号线与大灰厂东路交叉点，北至园博大道。	2002年	33户 129人	83880122
芦井社区	万兴路3号院14号楼	东邻永定河西岸，南与杨家坟相连，西与北宫国家森林公园接壤，北至漫水桥。	2000年	1613户 3200人	83877607

续表 50

村（居）委会名称	村（居）委会地址	所辖范围	建成时间	常住人口（*户*人）	对外办公电话
杜家坎社区	大灰厂东路3号北整长欣院内	东邻杜家坎1号院、杜家坎3号院、杜家坎9号院东墙；南与二七厂路路口相连；西与车辆厂、装工院住宅区接壤；北至张郭庄南路40号院北墙、杜家坎9号院北墙，与沙锅村交界。	2002年	1001户 2453人	83875746
得秀社区	得秀南街2号院9号楼	南至园博西二路中心线，西至长顺二路中心线，北至得秀北街中心线，东至长顺一路中心线。	2021年	1262户 2860人	59122516
大灰厂社区	大灰厂路88号	东邻北宫森林公园前门，南与北京首钢建材化工厂铁路桥相连，西与北京首钢建材化工厂油库接壤，北至北宫森林公园。	2002年	1857户 3844人	83379003
红山郡社区	鑫博西路4号院红山郡小区2号	东至鑫博路，南至大灰厂东路，西至鑫博西路，北至鑫知街。	2018年	3459户 6332人	83865172
东河沿村	东河沿村芦井1号	东与张郭庄村相接，南至槐树岭与辛庄村相邻，西与大灰厂、辛庄两村毗邻，北与石景山区接壤。	1998年	2144户 4381人	83866380
辛庄村	辛庄大灰厂东路12号	东至张郭庄村、东河沿村，南至王佐镇、太子峪村、李家峪村，西至大灰厂村，北至东河沿村、与门头沟区交界。	2004年	1645户 3190人	83881906
大灰厂村	大灰厂村462号	东至辛庄村，西、南至王佐镇后浦营村，北与门头沟区王村交界。	1998年	1250户 3050人	83870316
张郭庄村	张郭庄8号	东至卢沟桥乡，南至长辛店村，西至太子峪201研究所、辛庄村，北至东河沿村。	1998年	755户 4000人	83873054
太子峪村	太子峪村10号	东邻张郭庄村、长辛店村，南至张家坟村，西至辛庄村、李家峪村，北至辛庄村。	2001年	1016户 2300人	83385483
李家峪村	李家峪村365号	东至太子峪村，南至张家坟村，西至王佐镇沙锅村，北至辛庄村。	1998年	358户 1800人	83866817

王佐镇

【概况】王佐镇地处丰台区河西地区，北部毗邻门头沟区，南部、西部与房山区相连，东部与云岗街道、长辛店镇交界。2021年4月，丰台区进行行政区划调整，变更王佐镇辖区范围，将原云岗街道的航天二院三零四所划入。镇域面积62.5平方公里，下辖8个行政村和4个社区。常住人口59452人，户籍人口34542人，其中农业户籍人口16024人。全镇规划建设用地981.34公顷，总建设规模922.887万平方米，实施40%。全镇坚持发展绿色休闲农业，推动旅游产业提档升级，以乡村产业振兴带动农民增收致富。实现留区税收3.79亿元，增速全区第四。农民人均收入24252元。

疏解整治与优化提升并举，推进“疏整促”专项行动。以实现疏解转型、减量增效、建绿提质为目标，围绕人口管理、空间管控、环境整治等方面，持续开展违法建设拆除和基层治理，拆除违法建设24.2万平方米，拆除总量列全区第二位，超额完成年度目标任务。健全“村地区管”机制，调整永久基本农田划定，坚决遏制耕地“非农化”，加强农村宅基地房屋建设规范化管理，保障“户有所居”。坚持问题导向，完成大棚房“回头看”整治工作，巩固治理成果，推动整改见实效，统筹利用腾退空间，建设“规范化、连锁化、品牌化”生活性服务业网点3家，提升城市功能品质。

提速产业升级，推动经济高质量发展。先行先试打造区域活力中心，加强统筹，做好中央民族大学入驻各项服务保障工作。以全域旅游为抓手，以数字农业、科技农业为支撑，培育优势产业。设立集中办公区，秉承“全域、全季、全民休闲体验”的理念，推出品牌商业“王佐行”、农耕体验“王佐行”等活动，重点推介休闲农业和旅游资源精品路

▲4月29日，2021北京丰台农耕体验王佐行活动启动。（王佐镇 供图）

线，打造“吃住行游乐购”高品质旅游体验，形成油菜花海、蟹美稻香、樱桃长廊等多处网红打卡地，构建“山水林田湖草 绿水青山入画来”的生态发展画卷。坚持招大引强选优原则，全年引入各类企业269家，其中注册资金2000万元以上企业4家，1000万元以上企业4家。加大对经济薄弱村帮扶力度，通过资金支持、项目扶持等政策实现精准帮扶。

推进项目建设，不断增强区域发展新动力。融入丰台河西地区发展重大战略，统筹城镇规划建设和管理，优化综合交通格局，促进基础设施提档升级，探索构建生态宜居、便捷舒适、创新活力的现代化新型城镇。立足首都功能定位，开展规划综合实施方案及控规的编制，启动魏各庄、怪村集体土地租赁房项目，推进青龙湖核心地区土地一级开发，完成青龙湖C北地块8户滞留户及京西驾校拆迁腾退。加大道路建设实施力度，开展京良路西延项目红线范围内宅基地、非宅、林木、地上物及其附属物拆迁评估，完成南宫路、福宫路、镇政府北侧道路三条道路移交修缮，协调区城管委推进青龙湖23号路、青龙湖5号路、云岗西路西延等，构建高效便捷的城镇交通体系。

抓牢绿色生态，守护绿水青山。坚守绿色发展理念，持续改善生态环境，不断丰富生态内涵。打赢蓝天保卫战，开展大气污染治理，推进2021—2022年采暖季期间的清洁能源采暖“无煤化”常态管理，开展散煤管控，从源头解决燃煤污染问题。聚焦“一微克”，加强对机动车、挥发性有机物、扬尘三大污染源的联合管控，抓实工地、裸地、道路积尘巡查管控力度，采取湿法作业、苫盖等措施，进行降尘抑尘。落实“河长制”“林长制”“田长制”，狠抓重点河湖“四乱”，完成沙锅村支沟、侯家峪支沟16条小微水体和5处入河排口的综合治理并销账，确保考核断面水质持续稳定达标。

突出整管并重，推动美丽乡村建设长效常态。推进国家卫生区、全国文明城区、国家森林城市的创建工作，以班子成员分村包片，科室、村社区干部紧盯具体点位的工作方式，做到任务清、标准明，全面提升镇域治理精细化水平。实施平原造林358.1亩、“留白增绿”0.038公顷，统筹山水林田湖草系统治理，推动园林绿化健康、稳定、可持续发展。推进美丽乡村建设，统筹发挥好“街巷长”作用，深化“清脏、治乱、增绿、控污”，所辖行政村通过市级考核验收，打造美丽乡村“常态美”。

构建疫情防控坚实屏障。在石家庄疫情后快速组建核酸检测专班，配备检测设备，用2天时间完成全民核酸检测39599人次，实现快速摸排，凝聚全民防疫的坚实力量，保持镇域零感染。推进“智慧社区”建设，打造“人防+技防、管控+服务”四位一体的防控新模式。抽调骨干力量，做好南宫温泉度假酒店集中医学观察点服务保障。推进疫苗接种工作，通过提供周末专场、延时、班车接送等服务，提升接种便利性，60岁以上老年人接种率全区排名第一。

▲7月3日，在辖区门店开展创建国家卫生区联合检查——检查灭蚊蝇灯。（王佐镇 供图）

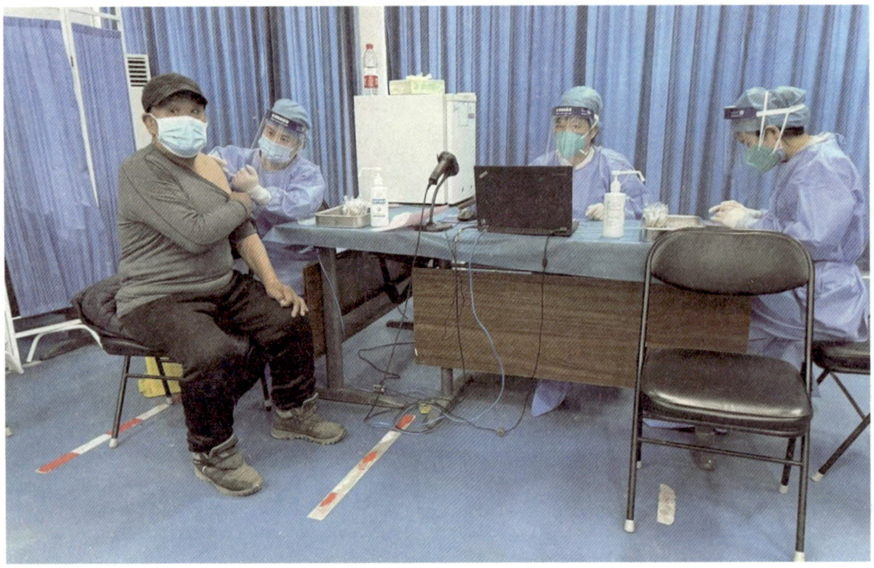

▲12月10日，佃起文化活动中心疫苗接种点为老年人接种疫苗。（王佐镇 供图）

坚持“民有所呼、我有所应”，办好民生实事。以《北京市“接诉即办”工作条例》实施为新起点，发挥“一个中心”“两个平台”内外联动优势，通过日调度、周调度相结合的调度机制以及日统计、周考核、月通报的考核评分制度，保证“诉求”解决质量。夯实“接诉即办、未诉先办、无诉征办、未办见面、未办成册”闭环五步法，畅通微信、24小时电话等即时信息渠道，解决群众反映突出问题，“接诉即办”总成绩全区排名第14位。拓宽“吹哨报到”工作面，实现群众诉求、网格巡查、一般问题自处理、重点难点问题协同处理的综合执法工作机制，提高群众诉求办理质量和群众满意率。接网格案件7527件，“吹哨报到”32次，出动各类执法人员200人次，解决各类问题30余项。

倾力改善民生，不断完善民生保障体系。落实老年人、残疾人、社救家庭等特殊群体福利保障待遇，开展无障碍环境建设，推进公厕、医疗机构、“七小”门店等场所21个点位无障碍项目施工、验收。通过“智慧家医”平台和社区卫生站建设补齐村级医疗短板，加强基层公共卫生能力。做好王佐镇养老照料中心、养老驿站建设。持续开展计生关怀行动，加强帮扶性就业基地建设，提升残疾人家庭幸福指数。不断强化政务服务规范化、标准化建设，实现“一窗办”“延时办”“假日办”“预约办”等群众便利性服务，接待群众1万余人次。

巩固提升，继续优化公共服务水平。通过“高校引进”“合作办学”推动教育高质量发展，完善中央民族大学周边道路交通建设，对接公交集团推动公交场站建设，实施排水工程，开展环境绿化美化提升，为优质教育再发展、再突破保驾护航。加强精神文明建设，坚持培育和践行社会主义核心价值观，围绕创建文明城区、“光盘行动”和垃圾分类等方面集中力量做好新时代文明实践。坚持“请进来、走出去”的工作原则，加强文物保护及非物质文化遗产的保护传承，推进沙锅村古刹海潮庵、下庄村娘娘庙修缮。依托镇村资源，开展各种演出及活动100余场；组织科学健身培训和户外体育设施检查更新，以全市第一名的成绩被评定为“北京市体育特色乡镇”。

以党建为引领，紧抓两件“关键小事”。构建党建引领社区治理框架下的物业管理体系，推进社区调整划分，提升社区服务管理效能。物业“三率”100%，业委会占比排名全区第一。落实新修订生活垃圾管理条例，结合垃圾分类推广，将创卫工作、人居环境、“光盘行动”同部署、同宣传、同践行。建设12个生活垃圾分类驿站、1个可回收物中转站，逐步完善生活垃圾分类投放、收集、运输、处理体系。生活垃圾分类综合考评成绩排名全区前列。

持续重拳出击，夯实社会治安防控体系。在全国两会、建党100周年等重大节日活动期间，开展治安巡逻和安全预警，针对公共场所、公交场站等人员密集场所，组织党员干部、志愿者、楼门长等群防群治力量1600余人，落实社会面防控。出动治安巡逻车开展日常街面巡查，对敏感信息、事件保持高度警惕，确保及时发现、处置、报告，完善四类维稳重点人员台账，抓好群防群控和治安联防的有机结合，加大督察管控力度，坚决防止重点人员漏管失控和极端恶性事件发生，维护安全稳定的区域环境。

筑牢安全底板，提升安全管理环境。按照“万无一失、一失万无”的工作标准，

▲9月1日，中央民族大学丰台校区正式启用。（王佐镇 供图）

层层压实安全生产责任，抓好安全隐患排查治理。加强镇村24小时应急值守，执行在岗带班、专人值守制度，保持通讯畅通，完善应急管理体系架构。落实“管行业必须管安全，管业务必须管安全，管生产经营必须管安全”工作要求，开展安全生产大检查，摸排重点隐患台账，对草地、林地等易燃部位浇湿阻燃，组织各类消防安全夜查，消除各类安全隐患1000余处。每周开展“出真水、灭真火”消防安全演练，坚决遏制有影响的火灾事故发生，“灭小灭早”提升消防应急能力和水平。成立液化石油气专项整治工作领导小组，开展检查各类场所2080处，查抄不合格“黑罐”563个。加大河道清掏、疏浚，确保行洪畅通，做好危旧房屋、低洼院落、地质灾害易发区等重点部位汛期排查，全面提升安全意识和应急能力水平，固实安全维稳防线。

（何雅静）

王佐镇村委会、社区居委会一览表

表 51

村（居）委会名称	村（居）委会地址	所辖范围	建成时间	常住人口（*户*人）	对外办公电话
南宫村	长青路 97 号	北至大灰厂路，东接佃起村，南接庄户村，西临牤牛河。	2001 年	1885 户 5051 人	83317142
庄户村	贺照云甲 1 号	北至怪村，东至南宫村，南与房山区交界，西至怪庄村。	2000 年	户籍人口 5040 人 散居人口 2124 流动人口 7032 人	83312024
佃起村	云岗路 130 号	北至云岗街道交界，东北至云岗街道张家坟、长辛店街道北岗洼，东至大宁水库、小清河，南与五庄村、房山区交界，西至南宫村、云岗街道。	2001 年	1278 户 3105 人	83396603
西王佐村	西王佐 293 号	北至沙锅村，东至南宫村，南至怪村，西至魏各庄村。	1998 年	1100 户 3500 人	83317547
魏各庄村	鑫湖家园小区内	北至电厂 701 路，东至云岗路，南至怪村，西至房山区青龙湖镇。	2001 年	2704 户 8009 人	83317850
怪村	刘太庄 145 号	北至南宫村，东至魏各庄村和西王佐村，南临庄户村，西南与房山区交界。	2001 年	1008 户 3850 人	83313002
沙锅村	沙锅村 28 号	北至大灰厂村靶场路，东至航天 101 站，南接瓦窑村北山坡顶防火墙，西到西庄店村南还乡路。	2001 年	2238 户 4733 人	83316509
西庄店村	西庄店村甲 1 号	北与门头沟区相交，西、南与房山区接壤，东与北宫镇大灰厂相连。	2007 年	1516 户 3248 人	83842150
南宫雅苑社区	南宫雅苑 7 号楼	东至迎宾东路，西至南宫迎宾路（福宫路），南至长青路，北至大灰厂路（恒源超市南墙）。	2015 年	1847 户 4106 人	83489185 83489212
翡翠山社区	长青路 88 号院 60 号楼三层	北至长青路，东至佃起路，南至南宫路，西至迎宾东路。	2018 年	1227 户 1312 人 散居 625 户 1458 人	83317902
山语城社区	云岗西路 28 号院山语城三区	北至云岗西路，东至南宫滨河路，南至王佐路，西至东王佐西路。	2018 年	5818 户 7286 人	83398192
南宫景苑社区	南宫迎宾路 33 号院一区 2 号楼社区医院旁	北至临泉路，东至南宫迎宾路，南至顺原路，西至庄户村。	2010 年	1200 户 2400 人	83396599

人物 荣誉

先进人物

全国先进人物

全国五一劳动奖章

张婉玉 北京四环科宝制药有限公司研发项目经理

全国巾帼建功标兵

穆慧妍 北京万丰志欣大连海鲜农家菜餐饮有限公司总经理

全国岗位学雷锋标兵

刘长乐 北京市公安局丰台分局新发地派出所社区警务三队副队长

2020 年度全国优秀少先队员

闫紫睿 北京市第十二中学附属实验小学少先队员

2020 年度全国优秀少先队辅导员

吴一婷（女） 丰台区长辛店中心小学少先队大队辅导员

全国最美家庭

马子惠 家庭

张庆林 家庭

于祥国 家庭

省部级先进个人

首都劳动奖章

蔡晓斌 丰台区市场监督管理局丰台街道市场监督管理所所长

张 瑛 丰台区税务局第一税务所所长（一级主办）

王 静 丰台区人民法院一级法官

刘长乐 北京市公安局丰台分局新发地派出所社区警务三队副队长，三级警长

孙 卓 丰台区消防救援支队方庄特勤站副站长

李 蕊（女） 丰台区金融服务办公室金融服务科科长，政工师

王智宇（满族） 交控科技股份有限公司副总裁

叶财德 北京市丰台区铁营社区卫生服务中心副主任

刘艳梅（女） 戎威远保安服务（北京）有限公司招投标办公室主任

吴志广 北京志广富庶农产品有限公司总经理

高大勇 北京市慈善义工联合会副会长、工会主席

管 杰 北京市第十八中学校长

2021“北京青年榜样”年度人物

李冬冬 丰台区人民法院民一庭法官

毕光熙 北京市公安局丰台分局刑侦支队禁毒大队探长

“2021 北京榜样”提名奖敬业奉献类

刘 安（已故） 北京市公安局丰台分局蒲黄榆派出所社区高级警长

北京市优秀共产党员

刘 安 北京市公安局丰台分局蒲黄榆派出所社区警务二队原民警

黄 婧（女） 卢沟桥街道综合办公室副主任

曹桂艳（女） 新村街道明春苑社区党委书记、居委会主任

李 智 东铁匠营街道平安建设办公室副主任

刘 达 西罗园街道西罗园第二社区党委书记、居委会主任

肖 峥 方庄街道市民诉求处置中心主任

孙宏伟 南苑街道平安建设办公室副主任

郑福来 宛平城地区宛平城社区退休党员

董桂珍（女） 长辛店街道朱家坟北区社区退休党员

张 莉（女） 云岗街道云西路社区党委书记、居委会主任

钱 诚（女） 花乡天伦锦城社区党总支书记、居委会主任

连桂花（女） 南苑街道市民诉求处置中心主任

胥树刚 北宫镇辛庄村党总支第一书记

王 静（女） 丰台区人民法院一级法官

王 赟（女） 丰台区审计局综合科科长

陈　宗　北京英视睿达科技有限公司总裁
吴　浩　丰台区方庄社区卫生服务中心主任
张　瑛　丰台区税务局第一税务所所长
蔡　宁（女）　丰台街道民生保障办公室副主任

北京市优秀党务工作者

刘　玲（女）　石榴庄街道党群工作办公室副主任
陈玉莲（女）　和义街道党群工作办公室副主任
王汉生　王佐镇佃起村党总支副书记
麻永怀　丰台中西医结合医院党委副书记、院长
刘春秀（女）　北京丰贸投资经营管理有限公司党委办公室主任
贾志欣（女）　丰台区市场监督管理局机关党委副书记

北京市优秀基层党组织书记

沈艳婷（女）　首科大厦党总支书记、总经理
李志萍（女）　右安门街道亚林苑一社区党支部书记、居委会主任
杜　维　卢沟桥乡大瓦窑村党总支书记、村委会主任
郑淑敏（女）　丰台区嘉园第一幼儿园党支部书记、园长
菅　森（女）　丰台区人民检察院第五检察部党支部书记、主任

2020 年度北京市优秀共青团员

王兆金　首都医科大学附属北京佑安医院护士
董汉卿　首都医科大学基础医学院学生
李一可　北京市丰台区人民检察院检察官助理
刘　璐　北京市丰台区师范学校附属小学大队辅导员
李金颖　北京市丰台区人民法院聘用制书记员
余昕阳　首都经济贸易大学学生

2020 年度北京市优秀共青团干部

王　强　北京市丰台区花乡团委书记
史　行　清华大学附属中学丰台学校团委书记
于秉琪　北京电子科技学院团委副书记（学生兼职）
周从周　首都经济贸易大学团委副书记

北京市优秀少先队员

刘子嘉（女）　北京市丰台区丰台第一小学
王一帆　北京教育学院丰台分院附属学校
王若琪（女）　丰台区阳春小学
沙筠雅（女，回族）　北京市丰台区师范学校附属小学
徐满儿（女）　中国教育科学研究院丰台实验学校
牛熙雯（女）　北京市丰台区五爱屯小学
高尚全　北京市丰台区扶轮小学
王子钊（女）　北京市丰台区长辛店第一小学
刘一彤　北京市丰台区丰台第七小学校
李怡然（女）　北京市丰台区芳城园小学
王靖舒　北京市丰台区纪家庙小区
滕瑾萱（女）　北京朝阳芳草地国际学校丽泽分校

北京市优秀少先队辅导员

王　芳（女）　北京市丰台区丰台第一小学大队辅导员
冯　蕾（女）　北京市大成学校大队辅导员
狄雅军（女）　北京市丰台区东高地第三小学大队辅导员
孙丽奇（女）　北京市丰台区槐房小学大队辅导员
张宇迪（女）　北京市丰台区丰台第五小学大队辅导员
曹永丽（女）　首都师范大学附属云岗小学中队辅导员
曹凤梅（女）　北京市海淀区实验小学丰台分校中队辅导员
白燕翔　丰台区右安门消防救援站校外辅导员

2021 年度“首都最美巾帼奋斗者”

林巧玲　北京花乡花木集团有限公司 董事长
彭　飞　北京市丰台区妇幼保健院党总支书记、工会主席

首都最美家庭

李双敏　家庭
郑　娟　家庭
马子惠　家庭
潘凤琴　家庭
赵　冰　家庭
马　瑜　家庭
杨雅丽　家庭
王秀勉　家庭
史晶瑶　家庭
刘尚辉　家庭

全国公安系统二级英雄模范

宋　巍（女）　北京市公安局丰台分局刑侦支队禁毒大队探长，二级警长

五四全国公安机关成绩突出青年民警

毕光熙　北京市公安局丰台分局刑侦支队禁毒大队探长

全国扫黑除恶专项斗争先进个人

罗一鸣

2016—2020 全国法治宣传教育先进个人

孟宪芹（女）　北京市慧海天合律师事务所主任

平安之星

吕兰珍　丰台区法律援助中心副主任

全国市场监管系统扫黑除恶专项斗争工作成绩突出个人

孙　冰　丰台区市场监管局综合执法大队

2021 年全国法院先进个人

王亚茹　丰台区人民法院执行局三级法官助理

全国法院第三十二届学术讨论会二等奖

卢文婷　丰台区人民法院卢沟桥人民法庭三级法官助理

全国法院第三十二届学术讨论会三等奖

郑　莉　丰台区人民法院执行局三级法官助理
宋如超　丰台区人民法院立案庭二级法官
罗兆英　丰台法院花乡人民法庭四级高级法官
王　婷　丰台区人民法院审判管理办公室四级法官助理
张燕玲　丰台区人民法院长辛店人民法庭三级法官助理
施佳芮　丰台区人民法院审判管理办公室三级法官助理
李　强　丰台区人民法院立案庭三级法官助理

全国法院第三十二届学术讨论会优秀奖

祖　鹏　丰台区人民法院院长
陈名利　丰台区人民法院审判管理办公室副主任
舒　翔　丰台区人民法院立案庭副庭长
谭泽泓　丰台区人民法院立案庭三级法官助理
钟秋玲　丰台区人民法院立案庭三级法官助理

2021 年度“致敬英雄奖”

刘　安（已故）　北京市公安局丰台分局蒲黄榆派出所社区高级警长

全国“公安楷模”

刘　安（已故）　北京市公安局丰台分局蒲黄榆派出所社区高级警长

全国“最美信访干部”

王　凯　丰台区信访办公室党组书记、主任，一级调研员，丰台区政府办公室副主任（兼）

全国农村留守儿童关爱保护和困境儿童保障工作先进个人

龙静华　云岗街道南二社区儿童主任

全国市场监管卫士

王　波　丰台区市场监督管理局特种设备安全监察科科长、一级主任科员

2020-2021 年度消费维权先进个人

任　军　丰台区消费者协会秘书长

庆祝中国共产党成立 100 周年全国博物馆讲解大赛三等奖

周　耐　中国人民抗日战争纪念馆讲解员

致敬国家丰碑——全国红色故事讲解员大赛金奖

李　洋　中国人民抗日战争纪念馆讲解员

中国梦·劳动美——永远跟党走 奋进新征程”全国职工党史知识竞赛铜奖

谢艾雯　中国人民抗日战争纪念馆工作人员

2017-2020 年“尊法守法· 携手筑梦”服务农民工公益法律服务行动成绩突出个人

王秀娟　丰台区总工会权益工作部部长

2020 年北京职工“幸福之家”

张振红　北京汽车博物馆

“北京市最美家庭”提名奖

刘玉宾　家庭

北京市妇女儿童工作先进个人

戴玉红　云岗街道朱家坟西山坡社区居委会妇联主席

2019-2020 年度“首都精神文明建设奖”

吴　浩　方庄社区卫生服务中心主任
钱　诚　花乡天伦锦城社区居民委员会社区书记兼主任
穆慧妍　北京万丰志欣大连海鲜农家菜餐饮有限公司总经理、丰台区餐饮住宿服务行业协会会长
王艳梅　长辛店街道朱南社区党委书记、居委会主任
于安安　丰台区康助护养院院长
崔茂华　北京市第十二中学副校长
文军丽　丰台区人民法院民事审判二庭四级高级员额法官
傅天雷　北京市公安局丰台分局右安门派出所民警
贾志健　丰台区青联常委、北京中联国信物业管理有限公司董事长、红箭救援队主任

北京市农村工作（2017-2021 年）先进个人（乡村振兴创新典型）

白　健　丰台区农业农村局村镇建设科科长、一级主任科员

北京市优秀城乡社区工作者

刘丽阳　和义街道和义东里第三社区社区党委书记、居委会主任
戴玉红　云岗街道朱西社区党委书记、居委会主任
杨　雪　王佐镇南宫景苑社区党总支书记、居委会主任
于湉湉　马家堡街道嘉园二里社区党委书记
吴宪萍　大红街道建欣苑东区社区党委书记、居委会主任
宋　晖　丰台街道正阳北里社区党委书记、居委会主任
王　菲　方庄地区芳星园二区社区党委书记、居委会主任
任正昊　西罗园街道鑫福里社区党委书记、居委会主任
韩　燕　宛平城地区沸城社区党委书记、居委会主任
周兰英　右安门街道翠林三里社区党委书记、居委会主任
魏学莲　东铁匠营街道红狮家园社区党委书记、居委会主任
马国萍　卢沟桥街道丰台路口社区党委书记、居委会主任
刘丽艳　太平桥街道首威社区居委会副主任
臧　稳　卢沟桥街道假日万恒社区居委会副主任
陈建生　南苑街道南苑村党总支书记、村委会主任
杨永胜　卢沟桥乡周庄子村党总支书记、村委会主任

北京市城乡社区共建先进个人

王绯玲　新村街道怡海花园小区业主委员会主任、怡海社区侨联主席、怡海集团董事局主席
陈应军　马家堡社区卫生服务中心主任
高秀娟　丰台区长辛店镇社区卫生服务中心主任
平建设　东铁匠营街道蒲黄榆第三社区居民
马丽杰　北京北方车辆集团有限公司行政管理部副部长、分会主席
王燕丽　丰台区卢沟桥社区卫生服务中心中心主任、主任医师
励　鹏　北控物业公司职员
王　琰　中国航天科技集团公司第九研究院第 704 所主任
袁　巍　中铁建物业管理有限公司北方区域党支部书记
王峻鹏　京丰物业第四分公司负责人
康　毓　丰台区宛平社区卫生服务中心保健科主任
刘玉珍　丰台街道永善社区居民
郝振峰　太平桥街道顺驰蓝调社区卫生服务站站长
周卫平　北京市南郊和义农场有限公司党支部书记
王　宣　北京市第二中级人民法院庭长
陈士耕　南苑街道翠海明苑社区居民代表

第一届“北京榜样·最美法律服务人”

刘秋菊（女）　丰台区司法局公证工作与司法鉴定管理科科长
吕兰珍（女）　丰台区法律援助中心副主任
贺志涛　新发地市场人民调解委员会主任

第三届北京榜样 政务服务之星

刘丽阳　和义街道东里第三社区党委书记、社区居委会主任
万秀丽　丰台区政务服务中心总咨询台工作人员

首都最美志愿者

封　雷　北京汽车博物馆工作人员
刘长乐　北京市公安局丰台分局新发地派出所社区警务三队副队长

2016-2020 年北京市法治宣传教育先进个人

王　龙　北京市公安局丰台分局西罗园派出所社区警务队副队长
张　京（女）　丰台区市场监督管理局党组成员、副局长
梁燕宁（女）　丰台区司法局普法依法治理科科长
田舒鑫（女）　丰台区司法局科员
王　晖（女）　丰台区司法局副科长
王万山　丰台区王佐司法所所长
王季桃（女）　丰台区新村司法所所长
周　颖（女）　丰台区右安门司法所所长
贾　娜（女）　丰台街道司法所所长
曹小燕（女）　丰台区和义司法所正科
潘丛军　丰台区马家堡司法所所长
孔咪咪（女）　丰台区农业农村局四级主任科员
白云峰　丰台区房屋管理局物业指导中心副主任
刘紫晨（女）　丰台区税务局四级主办
王逸男（女）　丰台区园林绿化局四级主任科员
杨　蕊（女）　北京汽车博物馆党组书记、馆长
常　悦（女）　丰台区劳动人事争议仲裁院正科
孟宪芹（女）　中共北京市丰台区慧海天合律师事务所联合党支部书记
武丽君（女）　北京谦君律师事务所主任律师

2016-2020 年度北京市信访工作先进个人

王东义　卢沟桥街道平安建设办公室科长
高　枫　六里桥街道平安建设办公室信访工作人员
尹兆丽　玉泉营街道平安建设办公室信访办负责人
仇志清　北宫镇平安建设办公室信访工作人员
贾　岚　丰台区住建委法制科科长
王　凯（女）　丰台区信访办党组书记、主任、一级调研员，区政府办副主任（兼）
张丙坤　丰台区信访办复查科科长、一级主任科员
刘　利　丰台区公安分局法制支队信访中队中队长

北京市科普工作先进个人

吴　娟　中国人民抗日战争纪念馆
白　莹　丰台区财政局
王立臣　丰台区科学技术与信息化局
赵　静　丰台区疾病预防控制中心

北京市扫黑除恶专项斗争先进个人

王　凯　丰台区信访办公室党组书记、主任
郭　喆　丰台区房管局物业管理科科长
崔东光
党国丞
王加翼　丰台区委政法委办公室主任

新时代首都司法行政模范先进人物

李国栋　丰台区司法局行政复议审理科

2017-2020 年度平安北京建设工作先进个人

张　敏

北京市征兵工作先进个人

张志勇　宛平街道平安办

北京市价格监测工作先进个人

孟佳循　丰台区发改委价管科副科长

北京市脱贫攻坚先进个人

杜雨薇　丰台区发改委支援科

北京市扶贫协作先进个人

王新建　东铁匠营街道

2020 年北京市市场监督管理工作先进个人

蔡　旭　丰台区食品药品监督管理局驻新发地市场检测中心检测员
曹智明　丰台区市场监管综合执法大队副科长

北京市 2019-2020 年度“接诉即办”改革“先进个人”

刘　绥　南苑街道市民诉求处置中心一级科员
张永春　和义街道综合行政执法队三级主任科员
连桂花　南苑乡城市运行指挥中心负责人、一级主任科员
张　桐　卢沟桥乡市民诉求处置中心科员
王　聪　丰台区市场监管局投诉举报指挥调度中心科长
吴　迪　丰台区城市管理委道路养护中心信息档案部部长
吴　霜　丰台区环境卫生服务中心办公室科员
王　鹏　丰台区市场监管局一级主任科员
崔　霞　丰台区教委教师
秦　凡　丰台区医疗保障局四级主任科员
许芳洲　丰台区残联一级科员
王军军　丰台区房屋管理局一级科员
曹成成　丰台区生态环境局三级主任科员
王旭明　丰台区农业农村局二级主任科员
冯江涛　丰台区园林绿化局南苑绿化队副队长
王平静　卢沟桥街道小瓦窑西里社区服务站站员
刘占香　右安门街道社区服务站副站长
马君武　方庄地区芳古园一区第一社区居委会副主任
邓丽华　丰台街道游泳场北路社区党委书记、居委会主任
刘京红　太平桥街道太中里社区副主任
邱鸿雁　宛平城地区晓月苑第二社区副主任
李杨楠　王佐镇翡翠山社区副主任
梁　俊　长辛店镇太子峪村村委会委员

2020-2021 年度北京市扫黄打非暨文化市场管理工作先进个人

蔡佳琛　丰台区市场监督管理局执法协作科
鲍丰鑫　丰台区委宣传部

2017-2021 年度北京市档案系统先进个人

段文生　丰台区市场监督管理局信息档案中心

北京市生活垃圾分类推进工作先进个人

纪明峰　丰台区环境卫生服务中心办公室
李小东　丰台街道
张　奇　马家堡街道
张　超　南苑街道
韩亚鑫　宛平街道
王继峰　王佐镇
袁雪飞　新村街道
孙爱俊　云岗街道

北京市生活垃圾分类达人

李传芝　南苑街道

首都绿化美化先进个人

崔庆文　石榴庄街道城乡办
高雪松　宛平街道城乡办
洪　峰　石榴庄街道城乡办
李　霏　西罗园街道城乡办
李　震　看丹街道民生保障办
刘建民　丰台区园林绿化局公园科
马海慧　丰台区园林绿化局财务科

刘立国　成寿寺街道社区办
刘　学　东铁匠营街道城乡管理办公室
马勇刚　青塔街道城乡管理办公室
王庆猛　看丹街道看丹村总支委员
卫华固　五里店街道便民服务中心
魏贺岭　卢沟桥街道社区办
吴晋军　玉泉营街道城乡办
闫　松　云岗街道城乡办
张　萌　丰台区民政局社会事务科
张　锐
张道斌　中国人民抗日战争纪念馆

第六届诚信北京市 315 建党百年诚信先锋荣誉称号

王　勇　丰台区市场监督管理局新发地所所长

北京市总工会市级（示范性）“名师带徒”荣誉称号

周荣飞、李抚京　北京市丰房建筑工程有限公司

“全市水生态环境保护管理能力岗位建功”个人一等奖

李　宁　丰台区生态环境局水生态环境科
王　茉　丰台区生态环境局水生态环境科

“全市水生态环境保护管理能力岗位建功”个人二等奖

王　岩　丰台区生态环境局水生态环境科

“全市生态环境应急监测技术竞赛岗位建功”个人一等奖

芦晓燕　丰台区生态环境局监测站

“全市生态环境应急监测技术竞赛岗位建功”个人三等奖

鞠　东　丰台区生态环境局监测站

“全市应对气候变化知识岗位建功”个人一等奖

尹侨雅　丰台区生态环境局大气污染防治科

“全市应对气候变化知识岗位建功”个人二等奖

毛世星　丰台区生态环境局综合协调小组
曹成成　丰台区生态环境局综合协调小组

“全市生态空间生态监管岗位建功”个人二等奖

丛　牧　丰台区生态环境局自然生态科

“全市生态空间生态监管岗位建功”个人优胜奖

李浩楠　丰台区生态环境局综合执法大队

“全市推进法治政府建设岗位建功”个人一等奖

宋贺宁　丰台区生态环境局综合执法大队

“全市推进法治政府建设岗位建功”个人二等奖

姜祎祎　丰台区生态环境局综合协调小组

“全市推进法治政府建设岗位建功”最佳表现奖

张　章　丰台区生态环境局综合执法大队

北京水利学会科学技术奖

孙东兵　丰台区水务局排水管理科

北京市节约用水先进个人

盛卫东　方庄街道芳城园二区
李庆忠　新村街道
王　洋　丰台区节约用水办公室
戴玉红　长辛店街道朱西社区

北京市优秀工程勘察设计奖——市政公综合奖（给水排水水利工程）二等奖

芦钰民　丰台区水务局河道管理二所

2021 年度应急值守工作先进个人

朱基杰　丰台区水务局

北京市第十三届职工文化艺术节优秀奖

肖　豪　北京汽车博物馆
马欣蕊　北京汽车博物馆

第十二批首都市民学习之星

黄永健　北京汽车博物馆

2021 年北京红色故事讲解员大赛“北京市优秀讲解员”荣誉称号

张振虹　北京汽车博物馆
闫宏宇　北京汽车博物馆
马欣蕊　北京汽车博物馆

2021 年北京市优秀工会工作者

戴　钰　北京汽车博物馆

北京科学传播技能大赛第二名

安毅宁　北京汽车博物馆

宋潇萌　北京汽车博物馆

北京科学传播技能大赛科技辅导员三等奖

谭　笑　北京汽车博物馆

北京市第十三届职工文化艺术节音乐比赛优秀奖

肖　豪　北京汽车博物馆

北京市第十三届职工文化艺术节摄影比赛三等奖

赵　阳　北京汽车博物馆

第十五届北京市优秀思想政治工作者

李　锐　中国人民抗日战争纪念馆

北京市践行总体国家安全观宣讲比赛一等奖

吴　婷　中国人民抗日战争纪念馆

2021 年北京红色故事讲解员大赛金牌讲解员

史丽娟　中国人民抗日战争纪念馆

2021 年度北京市百姓宣讲工作优秀组织员

李　攀　丰台区委宣传部

2020 年度北京日报社合作传播奖“党报出版管理优秀奖”

荣文静　丰台融媒体中心

2020 年度北京日报社合作传播奖“北京号之星”

原梓峰　丰台区融媒体中心

北京市交通安全优秀管理干部

秦　英　丰台区人民法院司法警察大队

北京市人民建议征集工作先进个人

吴　彬　丰台区信访办公室办信科三级主任科员

2018-2020 年度北京市森林防火工作先进个人

曾凡红　北宫镇农业服务中心七级职员

王开苗　丰台区消防救援支队指挥中心主任

岳　振　丰台区园林绿化局科员

2018-2022 年度北京市保密工作先进个人

赵　妍　东高地街道市民活动中心

2016-2020 年度北京市城管执法系统先进个人

张一民　东铁匠营街道综合行政执法队

全民艺术普及工作“先进个人”

施春艳　卢沟桥街道市民活动中心

2020 年度首都城市环境建设管理突出贡献个人

王铁树　丰台区城市管理综合行政执法局

魏玉琳　丰台区城市管理综合行政执法局

刘　楣　丰台区委办公室

李洁思　丰台区委宣传部

韩天顺　丰台区人民政府办公室

吉传军　丰台分局视频警务大队

李国宗　丰台区环境卫生服务中心

姜　丽　丰台区环境卫生服务中心

马海波　北京市公安局公安交通管理局丰台交通支队

张　萍　丰台区商务局

许文超　丰台区生态环境局

尹更云　丰台区市场监管局

张卫东　丰台区建筑行业管理处

张新伟　丰台区财政局公用事业科

张　锐　大红门街道办事处

李梦文　东铁匠营街道办事处

单　洁　丰台街道办事处

雷　宇　丰台街道办事处

石　磊　南苑街道综合行政执法队

刘子新　南苑乡人民政府

宋辰星　宛平城地区办事处

王传鹏　西罗园街道办事处

任永亮　新村街道办事处

郝　建　长辛店镇

崔红庆　长辛店镇

裴　旭　和义街道办事处

任　艺　云岗街道办事处

符　强　太平桥街道办事处

李　鹏　卢沟桥乡综合行政执法队

司　维　卢沟桥乡人民政府

张　奇　马家堡街道办事处

金　辉　卢沟桥街道办事处

王胜国　王佐镇人民政府

杨宜臻　右安门街道办事处

陈俊锋　长辛店街道办事处

赵新峰　方庄地区办事处

李昌政　东高地街道办事处

陈　旭　花乡人民政府

刘　宇　丽泽金融商务区综合服务中心

韩 凯 丰台区水务局
陈景忠 丰台园管理委员会
董 博 丰台区城市管理委员会
陈 鹏 丰台区城市管理委员会
张 旭 丰台区城市管理委员会
赵俊奇 丰台区交通委
王建东 丰台区道路养护中心
李 龙 丰台区渣土管理站
郝瑞娟 丰台区文化和旅游局
胡亚娟 丰台区城指中心
毛 堃 丰台区园林绿化局南苑绿化队
侯晓芳 北京市重点站区管理委员会北京南站地区管理办公室

先进集体

全国先进集体

全国五一劳动奖状
北京汽车博物馆

全国工人先锋号
国信优易数据股份有限公司优易数据研究院
集美控股集团有限公司大红门旗舰商场

全国巾帼文明岗
丰台区人民法院行政审判庭
丰台区女企业家联谊会
丰台区税务局货物和劳务税科

全国维护妇女儿童权益先进集体
丰台区妇女联合会

全国妇联系统先进集体
新村街道怡海花园社区妇女联合会

2021 年度全国城乡妇女岗位建功先进集体
丰台区女企业家联谊会（脱贫类）
丰台区人民法院行政审判庭

2020 年度全国优秀少先队集体
丰台区大红门第一小学少先队大队

全国农村留守儿童关爱保护和困境儿童保障工作先进集体
丰台区中鼎社会工作事务所

2016—2020 全国法治宣传教育先进集体
丰台区司法局

全国和北京市“最美工会户外劳动者服务站点”称号
太平桥街道工会服务站

平安中国建设示范区
丰台区

平安中国建设先进集体
宛平街道宛平城社区

第七次全国人口普查先进集体
丰台区第七次全国人口普查领导小组办公室

中国职工保险互助会优秀基层单位
中国职工保险互助会北京办事处丰台区代办处

2020-2021 年度政府采购百强区（市、县）
丰台区

2021 年度巩固深化“强基础、转作风、树形象”专项行动突出单位
丰台区城管执法局

全国知识产权系统先进集体
丰台区知识产权局

全国青少年维权岗
丰台区市场监督管理局消费者权益保护科

2019-2020 年度全国“青少年维权岗”
丰台区人民法院王佐人民法庭

2021 年度“司法宣传和通联工作先进单位”
丰台区人民法院

“小个专”党建工作突出集体
丰台区市场监督管理局市场监督管理一科

全国个协会“小个专”党建工作突出单位
丰台区私营个体经济协会

中国博物馆协会展览交流专业委员会博物馆头条“年度百强作品”
北京汽车博物馆《“燃·速”雕塑展》宣传海报

2020 年新华网新华号“最具影响力创作机构”
北京汽车博物馆

第二十三届中国国际北京科技产业博览会最佳展示奖
北京汽车博物馆

第二十三届中国国际北京科技产业博览会金奖
北京汽车博物馆文创产品“汽车键盘光敏印”

中国工业报社首届魅力工业旅游暨“五粮液杯”短视频大赛银奖
北京汽车博物馆短视频《万众·旗心》

2021 中国青少年汽车无限创意征集活动“优秀组织奖”
北京汽车博物馆

2021 年全国科普日优秀活动
北京汽车博物馆“云上科普日——智行万里，汽博带你来探展”

2021 年第 3 期全国县级融媒体中心优秀作品双月赛中荣获三等奖
丰台区融媒体中心《北方的红星》

2021 年第 4 期“学习强国”全国县级融媒体中心优秀作品中获全国一等奖
丰台区融媒体中心视听作品《卢沟桥畔一场跨越年龄的对话》

省部级先进集体

首都劳动奖状
北京市丰台区城市管理监督指挥中心

北京京丰岳各庄农副产品批发市场中心

北京市丰台区劳动人事争议仲裁院

2021 年北京市工人先锋号
北京科园信海医药经营有限公司新冠疫情防控小组

北京三月雨文化传播有限责任公司创意事业部

丰台区委宣传部新闻科

丰台区综合投资集团有限公司丰台火车站征地拆迁项目指挥部

丰台医院感染性疾病科

丽泽金融商务区控股有限公司招商服务部

北京市“最美工会户外劳动者服务站点”称号
太平桥街道工会服务站

2020-2021 年度北京市青年文明号
丰台区市场监督管理局登记注册科

新发地派出所

北京市五四红旗团委
首都师范大学附属丽泽中学团委

北京市公安局丰台分局团委

北京市五四红旗团支部
北京市右安门外国语学校团总支

青年安全生产示范岗榜样集体
丰房公司应急抢险队

北京市优秀少先队集体
丰台区丰台第二中学附属实验小学尚品少先队大队

赵登禹学校少先队大队

北京市第十二中学少先队大队

丰台区东高地第四小学少先队大队

丰台区丰台第五小学快乐方舟四 (4) 中队

丰台区丰台第二小学五 (2) 中队

丰台区长辛店中心小学三 (3) 中队

丰台区大红门第一小学四 (3) 中队

2018-2020 年度首都文明单位
丰台区城管执法局

丰台区不动产登记事务中心

丰台区环境卫生服务中心

太平桥街道

首都文明单位标兵
丰台区审计局

丰台区市场监督管理局

丰台区融媒体中心

首都文明单位
东高地街道三角地第一社区
东高地街道万源东里社区
和义街道首南苑北里第一社区居委会
新村街道芳菲路社区

首都文明村镇
六里桥街道大瓦窑村

首届“首都生态文明建设奖”先进集体
丰台区生态环境局

2020 年度首都城市环境建设管理突出贡献单位
丰台区委办公室
丰台区人民政府办公室
丰台区财政局
丰台区环境卫生服务中心
丰台区园林绿化局
丰台区城市管理监督指挥中心
丰台区市场监督管理局
丰台区城市管理委员会
丰台街道办事处
卢沟桥乡人民政府

北京市先进基层党组织
丰台街道北大地西区社区党委
丰台区右安门窦珍志愿服务联合会党支部
石榴庄街道红狮家园社区党委
东高地街道万源南里社区党委
丰台区委宛平城地区工委
卢沟桥乡岳各庄村党总支
花乡草桥村党委
丰台区职业与成人教育集团党委
丰台区委丽泽金融商务区工委
北京市公安局丰台分局西罗园派出所党支部
丰台区生态环境局机关党委
丰台区城市管理监督指挥中心党支部

2020 年度北京市五四红旗团委
丰台区卫健委团委
北京市公安局丰台分局团委
首都师范大学附属丽泽中学团委

2020 年度北京市五四红旗团支部
右安门外国语学校团总支
丰台区南苑乡机关团支部

2020 年度“北京市优秀少先队集体”
丰台第二中学附属实验小学尚品少先队大队
赵登禹学校少先队大队
北京市第十二中学少先队大队
丰台区东高地第四小学少先队大队
丰台第五小学快乐方舟四（4）中队
丰台第二小学五（2）中队
丰台区长辛店中心小学三（3）中队
丰台区大红门第一小学四（3）中队

北京市示范妇女之家
丰台区税务局

北京市扶残助残先进集体
丰台区税务局社会保险费和非税收入科
丰台区财政局社保科

首都最佳志愿服务组织
丰台区税务局“接二连三”志愿服务队

首都学雷锋志愿服务“五个 100”先进典型
丰台区市场监督管理局消费者权益保护科

首都志愿服务项目大赛金奖
“培育消费维权小雏鹰”项目

首都志愿服务项目大赛银奖
丰之翼特种设备安全志愿服务队

北京市人民建议征集工作先进集体
丰台区信访办公室

北京市 2019—2020 年度“接诉即办”改革先进集体
云岗街道市民诉求处置中心
云岗街道
卢沟桥乡
方庄地区
卫生健康委
丰台区市场监管局
丰台区环境卫生服务中心

南苑街道阳光星苑社区
右安门街道翠林三里社区
东铁匠营街道刘家窑第三社区
宛平城地区沸城社区

2016—2020 北京市法治宣传教育先进集体

中共北京市丰台区委全面依法治区委员会守法普法协调小组
丰台区教育委员会
丰台区人民法院
丰台区人民检察院
丰台区司法局
丰台区财政局
丰台区城市管理综合行政执法局
花乡人民政府
南苑乡人民政府
卢沟桥街道办事处
宛平城地区办事处
西罗园街道办事处
长辛店街道办事处
丰台区律师协会

北京市科普工作先进集体

北京汽车博物馆（北京市丰台区规划展览馆）
丰台区科学技术和信息化局

北京市扫黑除恶专项斗争先进集体

丰台区财政局行政政法科
丰台区市场监督管理局综合执法大队
丰台区委宣传部办公室

2016-2020 年度北京市信访工作先进集体

大红门街道办事处
马家堡街道办事处
丰台区信访办公室
丰台区市场监督管理局

2021 年市级交通安全先进单位

丰台区财政局

北京市价格监测工作先进单位

丰台区发展和改革委员会

（2017-2021 年）北京市农村工作先进集体称号

宛平街道办事处

卢沟桥街道大瓦窑村
南苑街道南苑村
看丹街道六圈村

北京市生活垃圾分类推进工作先进集体

丰台区环境卫生服务中心
丰台区城市管理委员会
丰台街道办事处
南苑街道办事处
太平桥街道蓝调社区居委会
王佐镇南宫雅苑社区

北京市垃圾分类示范小区

北宫镇辛庄村闻松台小区
北宫镇太子峪周转房
北宫镇紫峪嘉园
北宫镇大灰厂村
北宫镇张郭庄 5 号院
北宫镇杜家坎 9 号院
北宫镇杜家坎 19 号院
六里桥街道郭庄子村五里店北里小区
南苑街道翠海明苑小区
太平桥街道万泉寺北路 16 号院小区
太平桥街道万泉寺北路 12 号
太平桥街道嘉莲苑小区
太平桥街道丽泽雅苑小区
宛平街道东关社区耐火厂小区
王佐镇翡翠山社区
新村街道芳菲路社区
云岗街道翠园社区静欣苑小区

2020 年度首都城市环境建设管理突出贡献单位

丰台区环境卫生服务中心

北京市节约用水先进集体

首都师范大学附属丽泽中学
卢沟桥乡靛厂村

首都最美志愿服务社区

东高地街道万源东里社区
新村街道芳菲路社区

2021 年首都文明社区

东高地街道万源西里社区

2020 年度首都城市环境建设管理突出贡献单位
丰台区城市管理监督指挥中心

2021 年度人民网网上群众工作民心汇聚单位
丰台区城市管理监督指挥中心

首都全民义务植树先进单位
丽泽金融商务区管理委员会
王佐镇人民政府
南苑乡人民政府
宛平城地区办事处

首都绿化美化先进单位
丰台区园林绿化局
卢沟桥乡人民政府
南苑街道办事处

首都绿化美化花园式单位
王佐镇山语城社区
王佐镇翡翠山社区
南苑乡大红门锦苑二社区
花乡三乐花园社区
花乡天伦锦城社区
长辛店街道园博派小区
东铁营街道晶城秀府小区
新村街道三环新城六号院
丰台街道北大地三里 16 号院
长辛店街道中国人民解放军 61001 部队营区
南苑乡北京盛世开元物业管理有限公司第一分公司

北京市先进居（村）委会
新村街道芳菲路社区居委会
东铁匠营街道同仁园社区居委会
西罗园街道第四社区居委会
丰台街道丰益花园社区居委会
云岗街道南区第一社区居委会
大红门街道苗圃西里社区居委会
东高地街道万源南里社区居委会
花乡地区草桥村村委会

北京市城乡社区共建先进集体
北京丰顺机动车驾驶员培训中心
中共北京花乡实业集团有限公司委员会
丰台区马家堡社区卫生服务中心
北京兴邦物业管理有限责任公司
北京金鹏顺发物业管理有限公司
丰台中西医结合医院
中国安能建设集团有限公司
北京航天试验技术研究所行政处
北京戏曲艺术职业学院
中国运载火箭技术研究院（中国航天科技集团有限公司一院）安全保障部
华商国际工程有限公司
北京冠京隆综合商品市场有限公司

北京市“示范侨之家”
东高地街道侨联“侨之家”
丰台街道侨联“侨之家”
右安门街道“佑安侨世界·侨之家”

“全市水生态环境保护管理能力岗位建功”团体一等奖
丰台区生态环境局水生态环境科

“全市生态环境应急监测技术竞赛岗位建功”团体一等奖
丰台区生态环境监测站

“全市应对气候变化知识岗位建功”团体一等奖
丰台区生态环境局大气污染防治科

“全市推进法治政府建设岗位建功”团体一等奖
丰台区生态环境局法制宣传科

“全市生态空间生态监管岗位建功”优胜奖
丰台区生态环境局自然生态科

“突发环境事件检验性演练岗位建功”团体二等奖
丰台区生态环境局综合执法大队

2018-2020 年度北京市森林防火工作先进个人
丰台区北宫国家森林公园

北京市 2021 年应急值守工作先进单位
太平桥街道

北京市 2021 年就业创业工作先进集体
太平桥街道

北京市民兵专业轮训先进单位
丰台街道办事处武装部

全民艺术普及工作“先进集体”
卢沟桥街道市民活动中心

北京市残疾人之家
马家堡街道阳光职业康复站

2021 年度安全生产检查先进单位
马家堡街道安全生产检查队
新村街道安全生产检查队

2020 年首都学雷锋志愿服务“五个 100”先进典型评选活动中荣获首都最佳志愿服务项目
北京汽车博物馆“汽博最亮的志愿星——心智障碍者志愿服务融合项目”

北京市律师行业先进区律师行业党组织
丰台区律师行业党委

新时代学校思想政治理论课改革创新资源单位
北京汽车博物馆

市级职工创新工作室
北京汽车博物馆“王亮创新工作室”

“2020 年北京文博创意设计大赛”三等奖
北京汽车博物馆“汽车梦”系列文创产品

2021 年“北京市终身学习品牌项目”
北京汽车博物馆“雷锋季”系列活动

2021 年北京红色故事讲解员大赛“优秀组织单位”奖
北京汽车博物馆

“万众·旗心”荣获十佳课程资源提名奖
北京汽车博物馆

北京市科技科普体验基地
北京汽车博物馆

北京红色旅游景区
北京汽车博物馆

北京市 2021 年度百姓宣讲北京特色百姓宣讲团
丰台区委宣传部

北京市“永远跟党走”党史知识竞赛优秀组织奖
丰台区委宣传部

北京市“永远跟党走”党史知识竞赛决赛三等奖
丰台区

2021 北京文博创意设计大赛“优秀组织奖”
北京汽车博物馆

2021 北京文化消费品牌榜被评为年度“十大文化消费地标”
北京汽车博物馆

第三届北京科学传播大赛－北京科学传播技能大赛“优秀组织奖”
北京汽车博物馆

北京日报社北京号 2021 年度最具影响力榜单第一名
丰台区融媒体中心“丰台官方发布”

2021 年度北京市广播电视媒体融合先导单位
丰台区融媒体中心

北京市广播电视局典型案例
丰台区融媒体中心《丰台社区新闻发声人——让基层群众成为新时代传播正能量网红》

爱上北京的 100 个理由主题短视频大赛二等奖
丰台区融媒体中心《意大利少年的中国文化之旅》

2021 年第一季度北京市广播电视创新创优区县节目奖
丰台区融媒体中心《让爱回家》系列视频

2021 年第一季度北京市优秀广播电视新闻作品奖
丰台区融媒体中心《缅怀身边好人——蒲黄榆派出所社区民警刘安（上下集）》

2021 年第一季度北京市优秀融媒体新闻作品奖
丰台区融媒体中心《让爱回家：爸爸妈妈请放心 北京过年挺好的》

2021 年第电视二季度北京市优秀广播新闻作品奖
丰台区融媒体中心《71 盏路灯照亮 1090 户居民回家路》

2021 年第二季度北京市优秀融媒体新闻作品奖
丰台区融媒体中心《英雄母亲邓玉芬》

附 录

组织机构负责人名录

中共北京市丰台区委员会

书　记　徐贱云
副书记　初军威　高　峰（12月免）　底志欣（9月任）
常　委　梁家峰（9月免）　吴继东（4月免）
李正斌（5月免）　李　岚（女，12月免）
葛海斌（9月免）　李树元（6月免）
张　鑫（6月免）　蒋达峰（5月任）
周新春　崔旭龙（9月任）
田　涛（9月任）　韩新星（9月任）
张宏韬（9月任）　刘永宗（12月任）
郭晓一（女，12月任）

丰台区委工作机构负责人

区委办公室主任　李　岚（女，6月免）
赵春丽（女，12月任）
组织部部长　葛海斌（9月免）　田　涛（9月任）
宣传部部长　梁家峰（9月免）　韩新星（9月任）
统战部部长　李　岚（女，12月免）
郭晓一（女，12月任）
区编办主任　纪福平
区委区政府政策研究室主任　赵鹏飞（3月免）
区网信办主任　孙永文
区直机关工委书记　李振茹
区委老干部局局长　李海秋

中共北京市丰台区纪律检查委员会

书　记　李正斌（5月免）　蒋达峰(5月任)
副书记　马若怡（女，12月免）　董明月（女，10月免）
王祥进（10月任）　李　振　张　涛（12月任）
常　委　刘金鹏（10月免）　蒋加强（10月免）
倪贵东（10月免）　鲍书田（女，10月任）
郭玥涵(女，3月任)　陈志红（女，10月任）
王亚宁(女，12月任)　艾　丹（女，12月任）

北京市丰台区监察委员会

主　任　李正斌（5月免）　蒋达峰(12月任)
副主任　董明月（女，11月免）　马若怡（女）
李　振　王祥进(11月任)
委　员　刘金鹏（11月免）　倪贵东（11月免）
张　涛　穆　健

丰台区第十六届人民代表大会常务委员会

主　任　张巨明（9月免）
副主任　王建斌　王振华　李　屹（12月免）
王百玲（女，12月免）
刘　颖（女，不驻会，12月免）

丰台区第十七届人民代表大会常务委员会

主　任　高　峰（12月任）
副主任　王建斌　张　婕（12月任）
李春滨（12月任）　王振华　穆志军（12月任）

丰台区人大工作机构负责人

办公室主任　赵万军（3月免）
赵鹏飞（3月任，9月免）
刘治国（9月任）
研究室主任　刘藏生（6月免）　赵鹏飞（9月任）
代表室主任　李　军（8月免）　宋锁妮（女，8月任）
法制办主任　巴恩来（9月免）　常　青（9月任）
财经办主任　张世伟（6月免）　韩　伟（9月任）
教科文卫体办主任　毕永丰（3月免）张永梅（5月任）
城建环保办主任　俞亚茹（6月免）　刘海东（9月任）
农村办主任　尚振国（6月免）　李广民（9月任）

丰台区人民政府

区　长　初军威

副区长　周新春　张　鑫（6月免）
张　婕（女，12月免）　李春滨（12月免）
刘永宗（12月免）　苏　扬（挂职干部，4月免）
刘怀生（9月免）　崔旭龙（9月任）
刘禹锡（7月任）　高崇耀（9月任）
高志庆（9月任）　孔钢城（9月任）
李宗荣（9月任）　薄　澜（女，12月任）

丰台区政府工作机构负责人

政府办公室党组书记、主任　杨　杰（12月免）
政务服务管理局党组书记　阎一平
局长　郝　博（9月免）
区国资委党委书记、主任　李大维
区委区政府信访办公室主任　王　凯（女）
外事港澳事务办公室主任　梁彦梅（女，9月免）
区民政局党组书记、局长　裴玉珍（女，12月免）
杨　云（女，回族，12月任）
区委社会工作委员会书记　裴玉珍（女，12月免）
杨　云（女，回族，12月任）
区人力资源社会保障局党组书记、局长　肖　敬
区投资促进服务中心党组书记、主任　时　祥
区商务局党组书记、局长　凌佩利
区退役军人事务局党组书记、局长　刘淑钰（女）
区文化和旅游局党组书记　史文彬
局长　樊　维（女）
区卫生健康委党委书记、主任　刘婉莹（女）
区住房城乡建设委党组书记　颉换成（9月免）
李国龙（10月任）
主任　李国龙
区城市管理委党组书记、主任　纪亚辉
区科学技术和信息化局党组书记、局长　张永梅（女，8月免）
刘博涵（8月任）
区委教育工委书记　房书勇
区教委主任　杨晓辉
区房管局党组书记、局长　苏　军（9月免）
张小玲（女，9月任）
区生态环境局党组书记、局长　芮元鹏
市规划自然资源丰台分局党组书记、局长　李文忠（12月免）
区园林绿化局党组书记、局长（绿化办主任）　刘立宏
区气象局党组书记、局长　冯永芳（女）
区水务局党组书记　杨　云（女，回族，12月免）
杨　杰（12月任）
局长　杨　云（女，回族）
区体育局党组书记　吕庆春
局长　李　伟
中关村科技园区丰台园工委书记　张　鑫（6月免）
刘怀生（8月任，9月免）
孙　睿（12月任）
主任　张　鑫（7月免）
刘怀生（8月任，9月免）
崔旭龙（12月任）
丽泽金融商务区工委书记、管委会主任　颉换成（9月免）
李国龙（10月任）
区金融办党组书记　游　海（2月免）　周勍诚（2月任）
主任　游　海
区发展和改革委员会党组书记　郭晓一（女，12月免）
戴伟明（12月任）
主任　郭晓一（女，12月免）
区应急管理局党委书记　贾效明（9月免）　王　峰（9月任）
局长　贾效明（11月免）　王　峰（11月任）
区统计局党组书记　赵　钢
局长　韩　伟（9月免）
区审计局党组书记、局长　刘月梅（女）
区财政局党组书记、局长　陈　燃
区市场监督管理局党组书记、局长　李广隆
区委农工委书记　陈　阳
区农业农村局局长　陈　阳
区税务局党委书记、局长　金志雄（满族，1月免）
李云龙（1月任）
区医疗保障局党组书记　李晓明
党组副书记、局长　李云鸿
区民族宗教事务办公室党组书记、主任　马士有
区城市管理综合行政执法局党组书记、局长　苏爱军（7月免）
李泽龙（8月任）
区城市管理监督指挥中心党组书记、主任　姜东升
北京市重点站区管委会北京西站地区管理办公室主任　苗　宁
北京市重点站区管委会北京南站地区管理办公室主任　贾京生
北京市重点站区管委会北京丰台站地区管理办公室主任　刘安军（10月任）
南中轴地区建设办公室党组书记（兼任）　赵胜利（8月任）
主任　庄　凯（8月任）

政协北京市丰台区第十届委员会

主　席　刘　宇（12月免）

副主席　连　宇　冯晓光　段德珍（女，12月免）
张兆旗（回族，12月免）　张振军（12月免）
徐朝辉

秘书长　肖文燕

政协北京市丰台区第十一届委员会

主　席　李　岚（女，12月任）
副主席　连　宇　冯晓光　姜东升（12月任）
　　　　徐朝辉　樊　维（女，12月任）
　　　　韩如泉（12月任）
秘书长候选人　裴玉珍（女）

区政协工作机构及负责人

区政协办公室主任　张永金
区政协研究室
（文史资料委员会）主任　杜彦奎
区政协专委会工作一室
（教文卫体委员会）主任　解明珠（女）
区政协专委会工作二室
（经济科技委员会）主任　刘少华
区政协专委会工作三室
（人口资源环境和建设委员会）主任　苏　军
（农业和农村委员会）主任　许　伟
区政协专委会工作四室
（社会法制委员会民族宗教和港澳台侨委员会）主任　王卫军
区政协专委会工作五室
（提案委员会）主任　许　翔（女）
区政协专委会工作六室
（学习委员会）主任　文姜丽（女）

丰台区政法军事机构负责人

区政法委书记　吴继东（6月免）
　　　　　　　李　岚（6月任，12月免）
　　　　　　　刘永宗（12月任）
检察院检察长　李继征
法院院长　祖　鹏
区人民武装部部长　朱德友（7月免）
　　　　　　政委　李树元（4月免）　张宏韬（4月任）
区人民防空办公室主任　刘　涛
区司法局党组书记、局长　廉　峰
公安分局政委　藏学民
　　　　分局长　刘禹锡（7月任）
交通支队支队长　赵宏伟
　　　　　政委　许春生
北京市交通委员会丰台运输管理分局局长　刘　辉
消防救援支队支队长　戴俊寿
　　　　　　　政委　雷永利（10月免）　李久义（10月任）

丰台区各民主党派负责人

民革丰台区工委主委　张兆旗（回族，6月免）
　　　　　　　　　　樊　维（女，6月任）
民进丰台区工委主委　徐朝辉
民盟丰台区工委主委　张振军（6月免）　史卫东（6月任）
民建丰台区工委主委　张　婕（女）
农工民主党丰台区工委主委　韩秀娟（女）
九三学社丰台区工委主委　刘　颖（6月免）
　　　　　　　　　　　　韩如泉（6月任）
致公党丰台区工委主委　王艳霞（女，6月免）
　　　　　　　　　　　廖春迎（女，6月任）

丰台区社会团体负责人

区总工会主席　王振华
共青团北京市丰台区委员会书记　刘博涵（8月免）
　　　　　　　　　　　　　　　张传力（8月任）
区妇女联合会主席　姜　萍（女，7月免）
　　　　　　　　　董明月（女，满，10月任）
丰台区工商联主席　田秀华（任期届满）
　　　　　　　　　郜春海（12月当选）
　　　　党组书记　施晓义
区归国华侨联合会主席　洪　鑫
区红十字会会长　张　婕（女，6月任）
党组书记、常务副会长　田秀文（女，6月免）
　　　　　　　　　　　梁彦梅（女，8月任）
区文学艺术界联合会主席　张小龙
区科学技术协会党组书记、常务副主席　刘建宾
区残疾人联合会主席　张　婕（女，4月免）
　　　　　　　　　　李春滨（5月代管）
　　　　　　　　　　孔钢城（11月代管）
党组书记、执行理事会理事长　赵　勇

丰台区事业单位负责人

区委党校校长　高　峰（12月免）　底志欣（12月任）
　常务副校长　管洪波
党史工作办公室（地方志办公室）主任　刘怀广
机关事务管理服务中心党组书记、主任　白子荣
区档案馆馆长　王　野
区地震局党组书记、局长　李桂喜
区融媒体中心党组书记、主任　乔晓鹏
区环境卫生服务中心党委书记　杨桂红（女，6月免）
　　　　　　　　　　党组书记　杨桂红（女，7月任）
　　　　　　　　　　　　主任　杨桂红（女）
区房屋经营管理中心党委书记　苏　军
　　　　　　　　　　　主任　隗乐明
区农村合作经济经营管理站党组书记、站长　卢大文
区房屋征收中心党组书记、主任　李国龙

区文化创意产业促进中心（戏曲文化发展中心）
党组书记、主任　吴　婧（女）
国家统计局丰台调查队党组书记、队长　朱　南
北京汽车博物馆党组书记、馆长　杨　蕊
北京园博园管理中心党组书记、主任　花伟军
卢沟桥文化旅游区办事处党组书记、主任　李　卫
世界花卉大观园党委书记、主任　王茂春

丰台区企业负责人

丰台区烟草专卖局（公司）党组书记、局长（经理）
曹　盛（12月免）　夏建瓴（12月任）
国网北京丰台供电公司党委书记　石　健
经理　董　毅
丰贸投资经营管理有限公司党委书记、董事长　张　达
总经理　孔媛媛
丰台区国有资本运营管理有限公司党总支书记、董事长
裴　红（女，12月任）
党总支副书记、董事、总经理　刘江伟（12月任）
丰台区综合投资集团有限公司党委书记、董事长
郝永昶（9月免）
胡新鹏（9月任）
总经理　朱京强（9月免）
李晓兵（9月任）
世界公园总经理　王　文
邮政北京丰台区分公司经理兼党委书记　齐　震
丰台区城市建设综合开发集团有限公司党委书记、董事长
胡新鹏（9月免）
总经理　朱　晖
北京南苑森林湿地公园建设管理有限公司
党支部书记、董事长、法定代表人　王海英（4月任）
总经理　张东路（9月任）

丰台区街道、乡（镇）负责人

大红门街道办事处
工委书记　赵胜利
主　　任　王晓莉（女，5月免）王东波（5月任）

东高地街道办事处
工委书记　孙绪勇
主　　任　张好生（11月免）

东铁匠营街道办事处
工委书记　李雪松
主　　任　李振国（5月免）　孟　丹（5月任）

方庄地区办事处
工委书记　邹　凌
主　　任　张晓东（4月免）　李振国（5月任，9月免）
丰台街道办事处
工委书记　李广民（9月免）　肖　斌（12月任）
主　　任　肖　斌（12免）

和义街道办事处
工委书记　赵春丽（女，12月免）　孙　晖（12月任）
主　　任　熊柏华（9月免）

卢沟桥街道办事处
工委书记　李春生（7月任）
主　　任　富汉生（7月任）

马家堡街道办事处
工委书记　王　涛
主　　任　王　峰（9月免）

南苑街道办事处
工委书记　杨建林（4月免）　张晓光（4月任）
主　　任　杨建林（1月免）　高建忠（5月任）

太平桥街道办事处
工委书记　何岳飞
主　　任　付国锎

西罗园街道办事处
工委书记　李海东（8月免）　李振国（9月任）
主　　任　晓　方（女）

新村街道办事处
工委书记　刘治国（9月免）　熊柏华（9月任）
主　　任　高　松（7月免）　任乃青（女，7月任）

右安门街道办事处
工委书记　赵长河
主　　任　李斐然（女）

长辛店街道办事处
工委书记　彭松涛
主　　任　苏晓文

云岗街道办事处
工委书记　李　忠
主　　任　孙　晖（12月免）

宛平街道办事处（原宛平地区办事处更名）
工委书记 薄　澜（女，12月免）
主　　任 杨　勇

花乡街道办事处
工委书记 高　松（7月任）
主　　任 马喜红（7月任）

玉泉营街道办事处
工委书记 王世义（7月任）
主　　任 金其俊（7月任）

看丹街道办事处
工委书记 卢英博（7月任）
主　　任 刘　建（7月任）

成寿寺街道办事处
工委书记 张晓东（4月任）
主　　任 闫道儒（4月任）

石榴庄街道办事处
工委书记 杨建林（4月任）
主　　任 王晓莉（女，4月任）

青塔街道办事处
工委书记 郭新占（7月任）
主　　任 杜哲明（7月任）

五里店街道办事处
工委书记 苏爱军（7月任）
主　　任 杨彩霞（女，7月任）

六里桥街道办事处（原卢沟桥街道更名）
工委书记 李　岩
主　　任 邓　旻（7月任）

长辛店镇
党委书记 穆志军（4月免）
人大主席 陈国林（4月免）
镇　　长 夏远峰（4月免）

北宫镇
党委书记 穆志军（4月任，12月免）
人大主席 陈国林（4月任，8月免）　王继云（8月任）
镇　　长 夏远峰（4月任）

王佐镇
党委书记 高文娟（女）
人大主席 郑春华（8月免）　李　军（8月任）
镇　　长 杨国强

中共北京市丰台区委主要文件目录

2021 年度中共北京市丰台区委文件目录

表 52

序号	文件名称	发文字号	印发日期
1	中共北京市丰台区委关于印发《区委常委会 2021 年工作要点》的通知	京丰发〔2021〕1 号	2021.3.5
2	中共北京市丰台区委关于印发《区委常委会 2021 年议题计划》的通知	京丰发〔2021〕2 号	2021.3.5
3	中共北京市丰台区委 北京市丰台区人民政府 关于印发《2022 年冬奥会和冬残奥会丰台区服务保障领导小组工作方案》的通知	京丰发〔2021〕5 号	2021.3.31
4	中共北京市丰台区委关于中共北京市丰台区长辛店镇委员会更名的通知	京丰发〔2021〕6 号	2021.4.16
5	中共北京市丰台区委关于印发《中共北京市丰台区委抓党建工作责任清单》《区委书记抓党建工作责任清单》《区委班子其他成员抓分管领域党建工作责任清单》的通知	京丰发〔2021〕11 号	2021.5.14
6	中共北京市丰台区委关于区委常委调整分工的通知	京丰发〔2021〕12 号	2021.5.20
7	中共北京市丰台区委关于表彰丰台区优秀共产党员、优秀党务工作者和先进基层党组织的决定	京丰发〔2021〕14 号	2021.6.23
8	中共北京市丰台区委 北京市丰台区人民政府 关于印发《丰台区新时代爱国主义教育实施方案》的通知	京丰发〔2021〕15 号	2021.6.28
9	中共北京市丰台区委关于做好 2021 年丰台区第十三次党代表大会选举工作的意见	京丰发〔2021〕16 号	2021.8.19
10	中共北京市丰台区委关于进一步贯彻落实《中国共产党宣传工作条例》的通知	京丰发〔2021〕17 号	2021.8.13

续表 52

序号	文件名称	发文字号	印发日期
11	中共北京市丰台区委印发《丰台区关于加强对一把手和领导班子监督的具体落实措施》的通知	京丰发〔2021〕19 号	2021.9.18
12	中共北京市丰台区委 北京市丰台区人民政府 转发《区委宣传部、区司法局关于在全区开展法治宣传教育的第八个五年规划（2021-2025 年）》的通知	京丰发〔2021〕20 号	2021.11.19
13	中共北京市丰台区委 关于区委常委调整分工的通知	京丰发〔2021〕21 号	2021.12.21

2021 年度中共北京市丰台区委办公室文件目录

表 53

序号	文件名称	发文字号	印发日期
1	中共北京市丰台区委办公室 北京市丰台区人民政府办公室 关于印发《关于推进北京市丰台区房屋经营管理中心及所属事业单位转企改制的实施意见》的通知	京丰办发〔2021〕1 号	2021.1.13
2	中共北京市丰台区委大事记 （2020 年 12 月）	京丰办发〔2021〕2 号	2021.2.2
3	中共北京市丰台区委办公室 北京市丰台区人民政府办公室 关于印发《丰台区贯彻落实〈关于做好市民群众在京过年有关工作的通知〉的有关措施》的通知	京丰办发〔2021〕3 号	2021.2.5
4	中共北京市丰台区委办公室 北京市丰台区人民政府办公室 关于印发《丰台区关于强化知识产权保护的实施方案》的通知	京丰办发〔2021〕7 号	2021.2.10
5	中共北京市丰台区委办公室 北京市丰台区人民政府办公室印发 《丰台区创建全国文明城区工作方案（2021-2023 年）》的通知	京丰办发〔2021〕8 号	2021.3.16
6	中共北京市丰台区委办公室关于印发 《丰台区政协 2021 年协商工作计划》的通知	京丰办发〔2021〕9 号	2021.3.16
7	中共北京市丰台区委办公室 北京市丰台区人民政府办公室 印发《丰台区关于加强撤村建居工作的实施意见》的通知	京丰办发〔2021〕10 号	2021.4.2
8	中共北京市丰台区委大事记 （2021 年 1 月）	京丰办发〔2021〕11 号	2021.3.4

续表 53

序号	文件名称	发文字号	印发日期
9	中共北京市丰台区委大事记 (2021 年 2 月)	京丰办发〔2021〕12 号	2021.3.30
10	中共北京市丰台区委办公室关于 开展丰台区两优一先评选表彰工作的通知	京丰办发〔2021〕13 号	2021.4.3
11	中共北京市丰台区委办公室 北京市丰台区人民政府办公室 关于印发《中共北京市丰台区委党校(北京市丰台区行政学院、 北京市丰台区社会主义学院)机构职能编制规定》的通知	京丰办发〔2021〕14 号	2021.4.13
12	中共北京市丰台区委办公室 北京市丰台区人民政府办公室 关于印发《北京市丰台区机关事务管理服务中心 机构职能编制规定》的通知	京丰办发〔2021〕15 号	2021.4.14
13	中共北京市丰台区委办公室 北京市丰台区人民政府办公室 关于印发《北京市丰台区环境卫生服务中心机构职能编制规定》 的通知	京丰办发〔2021〕16 号	2021.4.13
14	中共北京市丰台区委办公室 北京市丰台区人民政府办公室 关于印发《北京汽车博物馆(北京市丰台区规划展览馆) 机构职能编制规定》的通知	京丰办发〔2021〕17 号	2021.4.14
15	中共北京市丰台区委办公室 北京市丰台区人民政府办公室 关于印发《北京园博园管理中心机构职能编制规定》的通知	京丰办发〔2021〕18 号	2021.4.13
16	中共北京市丰台区委办公室 北京市丰台区人民政府办公室 关于印发《北京市丰台区房屋征收事务中心机构职能编制规定》 的通知	京丰办发〔2021〕19 号	2021.4.14
17	中共北京市丰台区委办公室 北京市丰台区人民政府办公室 关于印发《北京市丰台区文化创意产业促进中心 (北京市丰台区戏曲文化发展中心)机构职能编制规定》的通知	京丰办发〔2021〕20 号	2021.4.13
18	中共北京市丰台区委办公室 北京市丰台区人民政府办公室 关于印发《北京市丰台区建筑行业管理处机构职能编制规定》 的通知	京丰办发〔2021〕21 号	2021.4.14
19	中共北京市丰台区委办公室 北京市丰台区人民政府办公室 关于印发《北京市丰台区卢沟桥文化发展中心机构职能编制规定》 的通知	京丰办发〔2021〕22 号	2021.4.14

续表 53

序号	文件名称	发文字号	印发日期
20	中共北京市丰台区委办公室 北京市丰台区人民政府办公室 关于印发《北京市丰台区投资促进服务中心机构职能编制规定》的通知	京丰办发〔2021〕23 号	2021.4.13
21	中共北京市丰台区委办公室 北京市丰台区人民政府办公室 关于印发《中共北京市丰台区委长辛店街道工作委员会 北京市丰台区人民政府长辛店街道办事处职能配置、 内设机构和人员编制规定》的通知	京丰办发〔2021〕24 号	2021.4.15
22	中共北京市丰台区委办公室 北京市丰台区人民政府办公室 关于印发《中共北京市丰台区委云岗街道工作委员会 北京市丰台区人民政府云岗街道办事处职能配置、 内设机构和人员编制规定》的通知	京丰办发〔2021〕25 号	2021.4.15
23	中共北京市丰台区委办公室关于 印发《丰台区 2021 年政党协商计划》的通知	京丰办发〔2021〕26 号	2021.4.16
24	中共北京市丰台区委办公室 北京市丰台区人民政府办公室 关于印发《中共北京市丰台区委成寿寺街道工作委员会 北京市丰台区人民政府成寿寺街道办事处职能配置、 内设机构和人员编制规定》的通知	京丰办发〔2021〕27 号	2021.5.13
25	中共北京市丰台区委办公室 北京市丰台区人民政府办公室 关于印发《中共北京市丰台区委石榴庄街道工作委员会 北京市丰台区人民政府石榴庄街道办事处职能配置、 内设机构和人员编制规定》的通知	京丰办发〔2021〕28 号	2021.5.13
26	中共北京市丰台区委办公室 北京市丰台区人民政府办公室 关于印发《中共北京市丰台区委南苑街道工作委员会 北京市丰台区人民政府南苑街道办事处职能配置、 内设机构和人员编制规定》的通知	京丰办发〔2021〕29 号	2021.5.13
27	中共北京市丰台区委办公室 北京市丰台区人民政府办公室 关于印发《中共北京市丰台区委大红门街道工作委员会 北京市丰台区人民政府大红门街道办事处职能配置、 内设机构和人员编制规定》的通知	京丰办发〔2021〕30 号	2021.5.13
28	中共北京市丰台区委办公室 北京市丰台区人民政府办公室 关于印发《中共北京市丰台区委东铁匠营街道工作委员会 北京市丰台区人民政府东铁匠营街道办事处职能配置、 内设机构和人员编制规定》的通知	京丰办发〔2021〕31 号	2021.5.13

续表 53

序号	文件名称	发文字号	印发日期
29	中共北京市丰台区委办公室 北京市丰台区人民政府办公室 关于印发《中共北京市丰台区委右安门街道工作委员会 北京市丰台区人民政府右安门街道办事处职能配置、 内设机构和人员编制规定》的通知	京丰办发〔2021〕32 号	2021.5.13
30	中共北京市丰台区委办公室 北京市丰台区人民政府办公室 关于印发《中共北京市丰台区委和义街道工作委员会 北京市丰台区人民政府和义街道办事处职能配置、 内设机构和人员编制规定》的通知	京丰办发〔2021〕33 号	2021.5.13
31	中共北京市丰台区委办公室 北京市丰台区人民政府办公室 关于印发《中共北京市丰台区委西罗园街道工作委员会 北京市丰台区人民政府西罗园街道办事处职能配置、 内设机构和人员编制规定》的通知	京丰办发〔2021〕34 号	2021.5.13
32	中共北京市丰台区委办公室 北京市丰台区人民政府办公室 关于印发《中共北京市丰台区委东高地街道工作委员会 北京市丰台区人民政府东高地街道办事处职能配置、 内设机构和人员编制规定》的通知	京丰办发〔2021〕35 号	2021.5.13
33	中共北京市丰台区委办公室 北京市丰台区人民政府办公室 关于印发《中共北京市丰台区委方庄街道工作委员会 北京市丰台区人民政府方庄街道办事处职能配置、 内设机构和人员编制规定》的通知	京丰办发〔2021〕36 号	2021.5.13
34	中共北京市丰台区委办公室 北京市丰台区人民政府办公室 关于印发《中共北京市丰台区委马家堡街道工作委员会 北京市丰台区人民政府马家堡街道办事处职能配置、 内设机构和人员编制规定》的通知	京丰办发〔2021〕37 号	2021.5.13
35	永远跟党走实施方案（见 BM 电脑）	京丰办发〔2021〕38 号	2021.5.14
36	中共北京市丰台区委大事记 （2021 年 3 月）	京丰办发〔2021〕39 号	2021.5.7
37	中共北京市丰台区委办公室 北京市丰台区人民政府办公室 关于印发《丰台区基本无违法建设区创建工作方案》的通知	京丰办发〔2021〕40 号	2021.5.27
38	中共北京市丰台区委办公室 北京市丰台区人民政府办公室 关于丰台区 2020 年度考核工作综合评价结果的通报	京丰办发〔2021〕41 号	2021.5.27

续表 53

序号	文件名称	发文字号	印发日期
39	中共北京市丰台区委办公室 北京市丰台区人民政府办公室 关于印发《丰台区区管企业领导人员管理规定（试行）》的通知	京丰办发〔2021〕43 号	2021.6.3
40	中共北京市丰台区委办公室 关于印发《丰台区巩固深化不忘初心、 牢记使命主题教育成果实施方案》的通知	京丰办发〔2021〕45 号	2021.6.10
41	中共北京市丰台区委大事记 (2020 年 6 月)	京丰办发〔2021〕46 号	2021.6.17
42	中共北京市丰台区委大事记 (2020 年 7 月)	京丰办发〔2021〕47 号	2021.6.17
43	中共北京市丰台区委大事记 (2021 年 4 月)	京丰办发〔2021〕48 号	2021.6.16
44	中共北京市丰台区委办公室印发 《关于市反腐倡廉领导小组办公室对丰台区 2020 年 全面从严治党（党建）工作考核反馈意见的整改方案》的通知	京丰办发〔2021〕49 号	2021.6.18
45	中共北京市丰台区委办公室印发 《丰台区关于 2021 年北京市全面从严治党（党建）工作考核的 任务分工方案》的通知	京丰办发〔2021〕50 号	2021.6.18
46	中共北京市丰台区委办公室 北京市丰台区人民政府办公室 关于印发《中共北京市丰台区委丰台街道工作委员会 北京市丰台区人民政府丰台街道办事处职能配置、 内设机构和人员编制规定》的通知	京丰办发〔2021〕52 号	2021.7.13
47	中共北京市丰台区委办公室 北京市丰台区人民政府办公室 关于印发《中共北京市丰台区委花乡街道工作委员会 北京市丰台区人民政府花乡街道办事处职能配置、 内设机构和人员编制规定》的通知	京丰办发〔2021〕53 号	2021.7.13
48	中共北京市丰台区委办公室 北京市丰台区人民政府办公室 关于印发《中共北京市丰台区委看丹街道工作委员会 北京市丰台区人民政府看丹街道办事处职能配置、 内设机构和人员编制规定》的通知	京丰办发〔2021〕54 号	2021.7.13
49	中共北京市丰台区委办公室 北京市丰台区人民政府办公室 关于印发《中共北京市丰台区委六里桥街道工作委员会 北京市丰台区人民政府六里桥街道办事处职能配置、 内设机构和人员编制规定》的通知	京丰办发〔2021〕55 号	2021.7.13

续表 53

序号	文件名称	发文字号	印发日期
50	中共北京市丰台区委办公室 北京市丰台区人民政府办公室 关于印发《中共北京市丰台区委卢沟桥街道工作委员会 北京市丰台区人民政府卢沟桥街道办事处职能配置、 内设机构和人员编制规定》的通知	京丰办发〔2021〕56 号	2021.7.13
51	中共北京市丰台区委办公室 北京市丰台区人民政府办公室 关于印发《中共北京市丰台区委青塔街道工作委员会 北京市丰台区人民政府青塔街道办事处职能配置、 内设机构和人员编制规定》的通知	京丰办发〔2021〕57 号	2021.7.13
52	中共北京市丰台区委办公室 北京市丰台区人民政府办公室 关于印发《中共北京市丰台区委太平桥街道工作委员会 北京市丰台区人民政府太平桥街道办事处职能配置、 内设机构和人员编制规定》的通知	京丰办发〔2021〕58 号	2021.7.13
53	中共北京市丰台区委办公室 北京市丰台区人民政府办公室 关于印发《中共北京市丰台区委宛平街道工作委员会 北京市丰台区人民政府宛平街道办事处职能配置、 内设机构和人员编制规定》的通知	京丰办发〔2021〕59 号	2021.7.13
54	中共北京市丰台区委办公室 北京市丰台区人民政府办公室 关于印发《中共北京市丰台区委五里店街道工作委员会 北京市丰台区人民政府五里店街道办事处职能配置、 内设机构和人员编制规定》的通知	京丰办发〔2021〕60 号	2021.7.13
55	中共北京市丰台区委办公室 北京市丰台区人民政府办公室 关于印发《中共北京市丰台区委新村街道工作委员会 北京市丰台区人民政府新村街道办事处职能配置、 内设机构和人员编制规定》的通知	京丰办发〔2021〕61 号	2021.7.13
56	中共北京市丰台区委办公室 北京市丰台区人民政府办公室 关于印发《中共北京市丰台区委玉泉营街道工作委员会 北京市丰台区人民政府玉泉营街道办事处职能配置、 内设机构和人员编制规定》的通知	京丰办发〔2021〕62 号	2021.7.13
57	中共北京市丰台区委办公室 北京市丰台区人民政府办公室 印发《丰台区关于加强防止领导干部干预司法活动、 插手具体案件处理的工作措施》的通知	京丰办发〔2021〕64 号	2021.7.23
58	中共北京市丰台区委办公室 北京市丰台区人民政府办公室 关于印发《北京市丰台区农村合作经济经营管理站职能配置、 内设机构和人员编制规定》的通知	京丰办发〔2021〕65 号	2021.7.23

续表 53

序号	文件名称	发文字号	印发日期
59	中共北京市丰台区委办公室 北京市丰台区人民政府办公室 关于印发《丰台区全面建立林长制的实施方案》的通知	京丰办发〔2021〕67 号	2021.8.23
60	中共北京市丰台区委办公室 北京市丰台区人民政府办公室 关于印发《大红门地区服装市场综合整治提升工作方案》的通知	京丰办发〔2021〕68 号	2021.8.25
61	中共北京市丰台区委办公室 北京市丰台区人民政府办公室关于进一步加强审计整改工作的意见	京丰办发〔2021〕72 号	2021.10.13
62	中共北京市丰台区委办公室 北京市丰台区人民政府办公室关于印发《丰台区贯彻落实第二轮中央生态环境保护督察报告反馈意见整改方案》的通知	京丰办发〔2021〕73 号	2021.10.22
63	中共北京市丰台区委办公室 北京市丰台区人民政府办公室关于印发《丰台区加快推进北京国际消费中心城市培育建设实施方案》的通知	京丰办发〔2021〕74 号	2021.10.28
64	中共北京市丰台区委办公室北京市丰台区人民政府办公室 关于印发《丰台区贯彻落实推动城市南部地区高质量发展行动计划（2021—2025 年）分工方案》 《丰台区落实推动城南高质量发展行动计划工作专班制度》的通知	京丰办发〔2021〕77 号	2021.11.29
65	中共北京市丰台区委办公室 北京市丰台区人民政府办公室关于印发《丰台区十四五时期档案事业发展规划》	京丰办发〔2021〕79 号	2021.12.14
66	中共北京市丰台区委办公室 北京市丰台区人民政府办公室 关于印发《推动河西地区高质量发展专项行动计划 2021-2025 年）》 《丰台区推动河西地区高质量发展工作联席会议》	京丰办发〔2021〕80 号	2021.12.17
67	区委大事记（5 月）	京丰办发〔2021〕81 号	2021.12.21
68	区委大事记（6 月）	京丰办发〔2021〕82 号	2021.12.21
69	区委大事记（7 月）	京丰办发〔2021〕83 号	2021.12.21
70	区委大事记（8 月）	京丰办发〔2021〕84 号	2021.12.21
71	中共北京市丰台区委办公室印发《丰台区关于落实〈北京市党史和地方志工作规划（2021—2025 年）〉的实施方案》的通知	京丰办发〔2021〕85 号	2021.12.31
72	中共北京市丰台区委办公室 北京市丰台区人民政府办公室 关于调整《大红门地区服装市场综合整治提升工作方案》的通知	京丰办发〔2021〕86 号	2021.12.31

丰台区人民政府主要文件目录

丰台区人民政府文件目录

表 54

序号	公文标题	发文字号	印发日期
1	政府工作报告	丰政发〔2021〕1 号	2021.1.08
2	关于印发《2021 年区政府重点工作分工方案》的通知	丰政发〔2021〕2 号	2021.1.27
3	关于变更部分行政区划的通告	丰政发〔2021〕3 号	2021.4.11
4	关于变更部分行政区划的通告	丰政发〔2021〕4 号	2021.5.11
5	关于变更部分行政区划的通告	丰政发〔2021〕5 号	2021.7.11
6	北京市丰台区人民政府关于印发《北京市丰台区病媒生物预防控制管理办法》的通知	丰政发〔2021〕6 号	2021.8.1
7	关于废止《丰台区关于优化营商环境的若干措施》的通知	丰政发〔2021〕7 号	2021.9.29
8	关于废止《北京市丰台区人民政府关于建立审计整改联动机制的意见》的通知	丰政发〔2021〕8 号	2021.10.29
9	关于全区禁止燃放烟花爆竹工作的通告	丰政发〔2021〕9 号	2021.11.04
10	关于公布征收农用地区片综合地价比例的通知	丰政发〔2021〕10 号	2021.11.17
11	2021 年政府工作报告	丰政发〔2021〕11 号	2021.12.27
12	关于印发《北京市丰台区地下水污染防治试验区建设方案》的通知	丰政发〔2021〕12 号	2021.12.29
13	关于印发《丰台区“十四五”时期城乡一体化发展规划》的通知	丰政发〔2021〕13 号	2021.12.3

丰台区人民政府办公室文件目录

表 55

序号	公文标题	发文字号	印发日期
1	关于印发《丰台区落实户有所居加强农村宅基地及房屋建设管理实施办法（试行）》的通知	丰政办发〔2021〕1 号	2021.1.07
2	关于对 4 处区级挂账火灾隐患销账的通知	丰政办发〔2021〕2 号	2021.2.20
3	关于对 12 处存在突出、区域性火灾隐患单位实施挂牌督办的通知	丰政办发〔2021〕3 号	2021.2.20
4	关于印发《丰台区深入打好污染防治攻坚战 2021 年行动计划》的通知	丰政办发〔2021〕4 号	2021.3.15
5	关于印发《丰台区 2021 年重要民生实事项目》的通知	丰政办发〔2021〕5 号	2021.3.29
6	关于印发《丰台区 2021 年“疏解整治促提升”专项行动工作计划》的通知	丰政办发〔2021〕6 号	2021.3.29
7	关于印发丰台区 2021 年重点工程计划和政府投资计划的通知	丰政办发〔2021〕7 号	2021.3.30
8	关于开展第一次全国自然灾害综合风险普查的通知	丰政办发〔2021〕8 号	2021.4.06
9	关于印发《丰台区 2021 年义务教育阶段入学工作实施意见》的通知	丰政办发〔2021〕9 号	2021.4.30
10	关于印发《丰台区 2021 年经济社会重点指标任务分解方案》的通知	丰政办发〔2021〕10 号	2021.5.24
11	关于区长副区长工作分工的通知	丰政办发〔2021〕11 号	2021.5.28
12	关于规范相关部门及乡镇政府出具房屋权属证明的补充通知	丰政办发〔2021〕12 号	2021.6.21
13	关于印发《2021 年度丰台区政府绩效管理实施方案》的通知	丰政办发〔2021〕13 号	2021.7.13
14	关于区长副区长工作分工的通知	丰政办发〔2021〕14 号	2021.9.06
15	关于废止《丰台区关于应对新冠肺炎疫情支持企业发展的若干措施（暂行）》的通知	丰政办发〔2021〕15 号	2021.9.15

统计资料

丰台区2021年国民经济和社会发展统计公报

北京市丰台区统计局 国家统计局丰台调查队
北京市丰台区经济社会调查队
2022年3月15日

2021年，全区人民在区委、区政府的坚强领导下，坚持以习近平新时代中国特色社会主义思想为指导，全面贯彻落实党的十九大和十九届历次全会精神，紧紧围绕"妙笔生花看丰台"美好愿景，坚持稳中求进工作总基调，统筹疫情防控和经济社会发展，扎实做好"六稳""六保"工作，全面推进城市南部地区加快发展行动计划，区域经济稳步恢复，人民生活水平不断提高，实现了"十四五"良好开局。

一、综合

经济发展：初步核算，全年实现地区生产总值2009.7亿元，比上年增长8.2%。其中，第一产业增加值0.7亿元，增长6.6%；第二产业增加值328.9亿元，增长7.4%；第三产业增加值1680.1亿元，增长8.3%。三次产业结构为0.04：16.4：83.6。按常住人口计算，全区人均地区生产总值达到10万元，比上年增长11.3%。

2021年地区生产总值

表56

指　标	绝对数（亿元）	比上年增长（%）
地区生产总值	2009.7	8.2
按产业分		
第一产业	0.7	6.6
第二产业	328.9	7.4
第三产业	1680.1	8.3
按行业分		
农、林、牧、渔业	0.7	6.6
工业	124.2	-0.8
建筑业	205.7	12.8
批发和零售业	164.1	4.4
交通运输、仓储和邮政业	70.2	15.7
住宿和餐饮业	31.1	16.6
信息传输、软件和信息技术服务业	109.5	1.2

续表 56

指　标	绝对数（亿元）	比上年增长（%）
金融业	292.9	9.3
房地产业	228.5	9.7
租赁与商务服务业	173.8	7.1
科学研究和技术服务业	270.4	11.5
水利、环境和公共设施管理业	19.2	-4.4
居民服务、修理和其他服务业	20.5	14.7
教育	73.2	7.4
卫生和社会工作	89.4	14.7
文化、体育和娱乐业	32.4	2.2
公共管理、社会保障和社会组织	104.1	3.0

图1　2017—2021年地区生产总值及增长速度

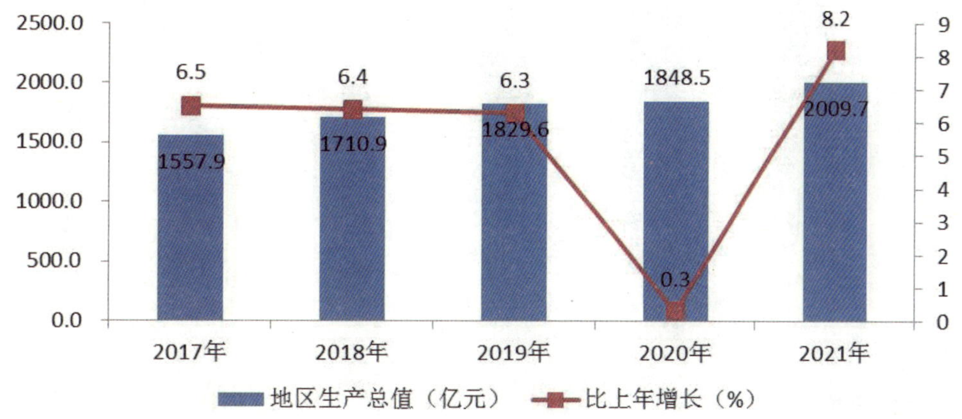

人口：年末全区常住人口201.5万人，比上年末减少0.4万人。其中，常住外来人口63.6万人，比上年末减少0.6万人，占常住人口的比重为31.6%，比上年末下降0.2个百分点。在常住人口中，城镇人口200.2万人，占常住人口的比重为99.4%。全区常住人口出生率为5.61‰，死亡率为7.18‰，自然增长率为-1.57‰。常住人口密度为每平方公里6595人，比上年末减少13人。年末全区户籍人口118.1万人，比上年末增加1万人。

2021年年末常住人口及构成

表57

指　标	人数（万人）	比重（%）
常住人口	201.5	100.0
按城乡分		
城镇	200.2	99.4
乡村	1.3	0.6

续表 56

指　标	人数（万人）	比重（%）
按性别分		
男性	99.6	49.4
女性	101.9	50.6
按年龄组分		
0-14 岁	22.5	11.2
15-59 岁	129.4	64.2
60 岁及以上	49.6	24.6
其中：65 岁及以上	35.1	17.4

图 2　2017—2021 年常住人口及增长速度

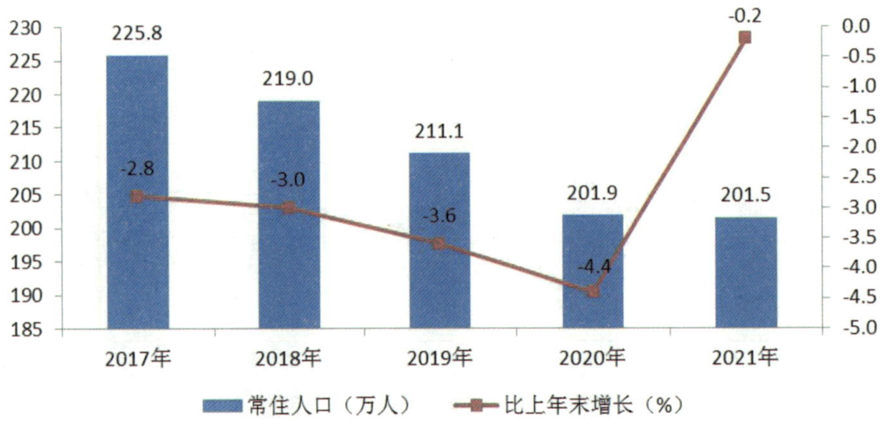

财政：全区完成一般公共预算收入145.2亿元，比上年增长11.8%。其中，增值税38.9亿元，增长10.3%；企业所得税23.2亿元，增长11.5%；房产税19.4亿元，增长15.8%；城市维护建设税8.7亿元，增长22.3%。一般公共预算支出262.8亿元，比上年下降6%。其中，用于节能环保、教育、卫生健康、科学技术的支出分别增长28.4%、15.3%、6.9% 和6.5%。

图3　2017—2021 年一般公共预算收入及增长速度

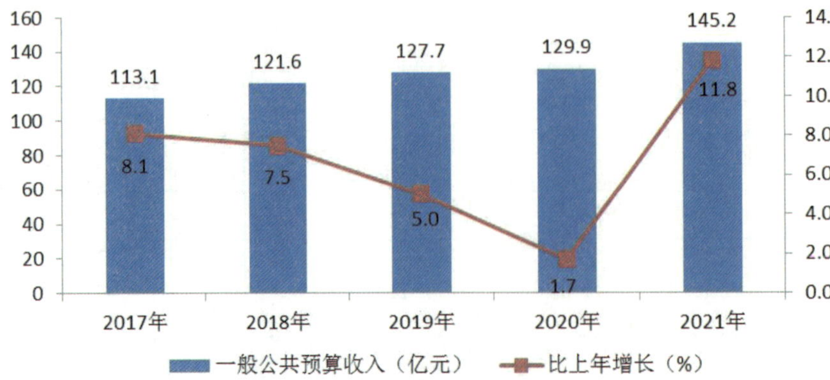

二、农业

全年实现农林牧渔业总产值1.7亿元，比上年增长1.1%。其中，林业产值1.4亿元，增长17.3%；农业产值2717万元，下降40.5%。

全区17个农业观光园全年共接待211.7万人次，比上年增长71.1%；实现总收入1.6亿元，增长39.1%。

三、工业和建筑业

工业：全年规模以上工业企业实现工业总产值338.5亿元，比上年增长0.5%。从主要行业看，非金属矿物制品业增长32.5%，铁路、船舶、航空航天和其他运输设备制造业增长26.2%，计算机、通信和其他电子设备制造业增长11.8%。

全年规模以上工业企业实现销售产值336.4亿元，比上年增长2.6%。其中，内销产值325.9亿元，增长5.2%；出口交货值10.6亿元，下降42.3%。

全年规模以上工业企业实现利润总额47.2亿元，比上年下降21.9%。从主要行业利润实现情况看，计算机、通信和其他电子设备制造业实现利润10.5亿元，专用设备制造业实现利润8.8亿元，电力、热力生产和供应业实现利润4.8亿元，印刷和记录媒介复制业实现利润4.3亿元，农副食品加工业实现利润3.6亿元，汽车制造业实现利润3.3亿元。

建筑业：全区具有资质等级的总承包和专业承包建筑业企业完成总产值2765.6亿元，比上年增长20.1%。其中，在北京地区完成产值555.8亿元，增长32.8%；在外省完成产值2209.7亿元，增长17.3%。

2021年规模以上工业总产值

表58

指　标	绝对数（亿元）	比上年增长（%）
工业总产值	338.5	0.5
其中：现代制造业	155.5	-8.2
其中：高技术产业	81.9	-20.3
其中：非金属矿物制品业	51.7	32.5
铁路、船舶、航空航天和其他运输设备制造业	47.8	26.2
电力、热力生产和供应业	46.6	-0.8
专用设备制造业	28.7	-48.1
计算机、通信和其他电子设备制造业	25.8	11.8
医药制造业	25.1	5.1
农副食品加工业	21.7	-3.9
仪器仪表制造业	20.7	9.3
通用设备制造业	15.7	-1.6
印刷和记录媒介复制业	14.1	-0.5

四、金融

年末全区金融机构各项存款余额8894.6亿元，比上年末增长8.3%。其中，储蓄存款3567.7亿元，增长12.7%。各项贷款余额6215.3亿元，比上年末增长8.6%。

五、固定资产投资和房地产开发

固定资产投资：全年固定资产投资（不含农户）比上年增长7.2%。其中，基础设施投资下降8.8%，建安投资增长7.5%。分产业看，第一产业投资比上年下降75.9%；第二产业投资下降42.6%；第三产业投资增长9.2%。

房地产开发：全年房地产开发投资比上年增长7.9%。其中，住宅投资增长12.7%；办公楼投资下降36.8%；商业营业用房投资下降21.8%。

全区商品房施工面积1403.5万平方米，比上年增长5.2%。其中，本年新开工面积178.9万平方米，下降21%。全年商品房竣工面积223.1万平方米，增长52.1%。

2021年房地产开发和销售主要指标

表59

指　标	单 位	绝对数	比上年增长（%）
商品房施工面积	万平方米	1403.5	5.2
其中：住宅	万平方米	725.8	14.7
其中：本年新开工	万平方米	178.9	-21.0
商品房竣工面积	万平方米	223.1	52.1
其中：住宅	万平方米	118.3	280.0
商品房销售面积	万平方米	142.3	42.6
其中：住宅	万平方米	108.7	67.3
商品房待售面积	万平方米	138.5	-16.3
其中：住宅	万平方米	45.4	-36.4

六、市场消费

全年实现社会消费品零售额1418.1亿元，比上年增长7.5%。其中，实现网上零售额60.1亿元，增长27.7%。在限额以上批发和零售企业中，中西药品类实现零售额19.6亿元，比上年增长39.3%；汽车类实现零售额145.7亿元，下降0.2%。

全年限额以上批发和零售业实现商品购销总额7484.8亿元，比上年增长10.2%。其中，商品购进总额3662.2亿元，增长10%；商品销售总额3822.6亿元，增长10.4%。

2021年社会消费品零售额

表60

指　标	零售额（亿元）	比上年增长（%）
社会消费品零售额	1418.1	7.5
按限额标准分		
限额以上	785.8	12.1
限额以下	632.3	2.3
按行业分		
批发业	291.7	11.6
零售业	1032.3	4.9
住宿业	4.4	22.7
餐饮业	89.7	28.8

图4　2017—2021年社会消费品零售额及增长速度

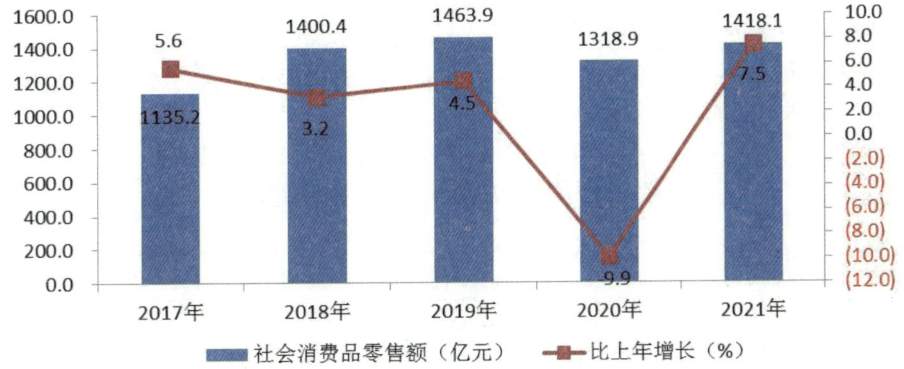

七、对外经济

全年进出口总额208.3亿美元，比上年增长39.2%。其中，进口155.2亿美元，增长46.4%；出口53.1亿美元，增长21.9%。

图5　2017—2021年进出口总额及增长速度

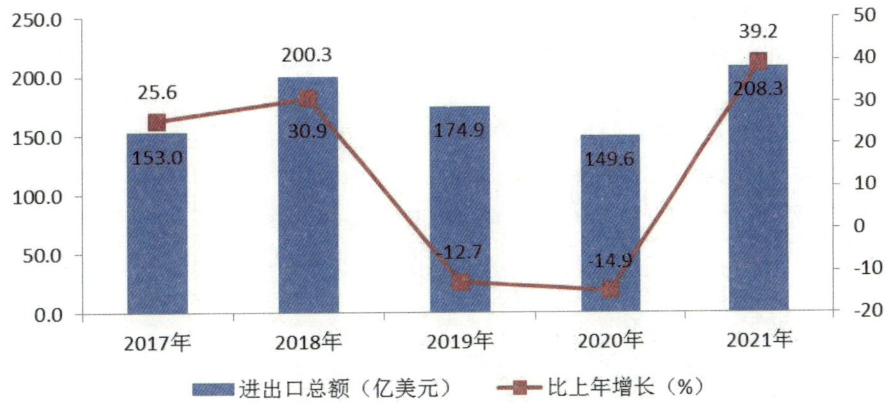

八、人民生活、就业和社会保障

人民生活：全年全区居民人均可支配收入72170元，比上年增长8%。全区居民人均消费支出43334元，比上年增长12.6%；恩格尔系数为21.2%，比上年下降0.6个百分点。全区居民人均住房建筑面积30.52平方米，比上年增加0.77平方米。

图6　2017—2021年全区居民人均可支配收入及增长速度

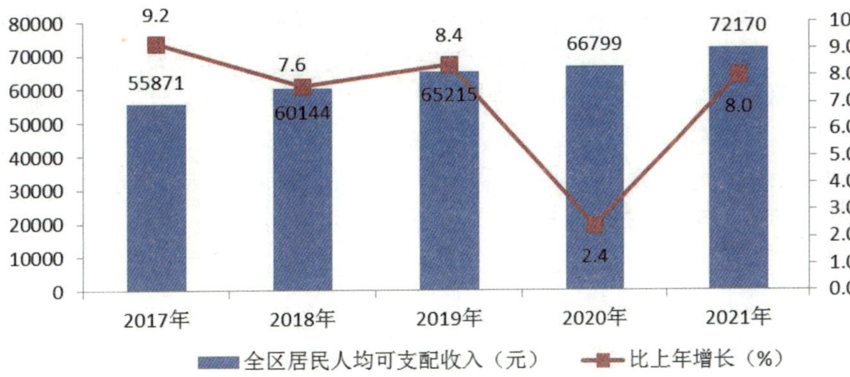

就业：年末城镇登记失业率为3.1%，比上年末提高0.32个百分点。城镇登记失业人员就业率为67.24%，比上年末提高10.85个百分点。

社会保障：年末全区参加基本养老、失业和工伤保险人数分别为111.2万人、78.9万人和73万人，分别比上年末增加4.5万人、2.4万人和0.6万人；参加职工基本医疗和生育保险人数分别为157.5万人和118万人。

全区享受城市最低生活保障的人数为9206人，享受农村最低生活保障的人数为119人。

年末全区有各类收养性单位46家，床位10326张，年末在院人数4505人。

社会保障相关待遇标准变化情况

表61　　单位：元／月

指　标	2021年	2020年
城市居民最低生活保障标准	1245	1170
农村居民最低生活保障标准	1245	1170
职工最低工资标准	2320	2200

九、科技、教育、文化、卫生、体育

科技：全年专利授权量为14502件，比上年增长44.3%。其中，发明专利授权量3509件，增长29%。签订各类技术合同3126项，比上年下降4%；技术合同成交总额819.4亿元，下降24.2%。

年末中关村示范区丰台园投产开业企业1882家，全年实现总收入7180亿元，比上年增长8%。其中，技术收入720亿元，增长9.9%。全年实现利润总额510亿元，增长14.7%。出口总额130亿元，增长2.5%。

教育：全区普通高中招生3353人，在校生9200人，毕业生2141人。初中招生7088人，在校生20629人，毕业生4779人。小学招生11146人，在校生67020人，毕业生8969人。幼儿园入园幼儿14597人，在园幼儿45752人。职业教育招生601人，在校生1725人，毕业生401人。成人教育招生721人，在校生1049人，毕业生471人。

文化：年末全区有公共图书馆2个，馆藏图书125万册。档案馆1个，馆藏案卷14.5万卷件。文化馆（站）22个，文化广场26个，各类群众文化团体1426个。非物质文化遗产保护项目46项，其中国家级4项。

卫生：年末全区共有卫生机构556个，比上年末增加8个；其中医院77个。医疗机构共有床位13168张，比上年末增加430张；其中医院12709张。全区卫生技术人员25924人，比上年末增加1225人；其中执业（助理）医师9976人，注册护士11202人。全区医疗机构共诊疗2160.5万人次，健康检查87.8万人次。

体育：年末全区有体育场馆1275个，全民健身工程545个，社会体育指导员10895人。持续推动冰雪运动，欢乐冰雪季、冰雪大篷车活动蓬勃开展。我区运动员在全市体育比赛中共获奖牌287枚，其中金牌72枚。

十、环境、能源和安全生产

环境：全区有密闭式清洁站233座，生活垃圾无害化处理率为100%。城市道路日清扫保洁面积2186万平方米。全区细颗粒物（$PM_{2.5}$）和可吸入颗粒物（PM_{10}）年均浓度值分别为34微克／立方米和62微克／立方米，分别比上年下降5.6%和增长1.6%。二氧化硫和二氧化氮年均浓度值分别为3微克／立方米和28微克／立方米，分别与上年持平和下降3.4%。

全区城市绿化覆盖率达到47.43%。人均公园绿地面积12.1平方米，比上年增加0.6平方米。

能源：全年能源消费总量425.76万吨标准煤，比上年下降3.9%。万元地区生产总值能耗0.2118吨标准煤，按可比价格计算，比上年下降11.17%。

安全生产：全年共发生道路交通死亡事故34起，比上年减少13起；死亡35人，减少12人。发生生产安全死亡事故6起，与上年持平；死亡7人，增加1人。发生火灾785起，死亡9人，比上年增加6人。

公报注释：

1. 本公报中数据均为初步统计数。

2. 地区生产总值及各产业、各行业增加值绝对数按现价计算，增长速度按可比价格计算。

3. 规模以上工业企业是指年主营业务收入2000万元及以上的全部法人工业企业。

4. 限额以上批发零售企业是指年主营业务收入2000万元及以上的批发企业和年主营业务收入500万元及以上的零售企业。

5. 恩格尔系数是指居民食品支出占消费支出总额的比重。

6. 体育场馆数为第六次全国体育场地普查数据（时点为2013年12月31日），包括标准和非标准的所有体育场地。

7. 因四舍五入关系，本公报数据存在分项与合计不等情况。

资料来源：

本公报中财政数据来自丰台区财政局；进出口数据来自丰台区商务局；就业数据来自丰台区人力资源和社会保障局；社会保障数据来自丰台区人力资源和社会保障局、丰台区民政局；专利数据来自丰台区市场监督管理局；技术合同数据来自丰台区科学技术和信息化局；教育数据来自丰台区教育委员会；文化数据来自丰台区文化和旅游局；档案数据来自丰台区档案局；卫生数据来自丰台区卫生健康委员会；体育数据来自丰台区体育局；环境卫生数据来自丰台区环境卫生服务中心；环境保护数据来自丰台区生态环境局；园林绿化数据来自丰台区园林绿化局；道路交通和生产安全数据来自丰台区应急管理局；火灾数据来自丰台区消防支队；其他数据来自丰台区统计局和国家统计局丰台调查队。

索　引

说　明

1. 本索引以地名、机构名称、活动名称、事件（事物）名称或短语为主题词。主要选自本年鉴正文部分，区情概览、特载、专文、大事记、人物荣誉、附录、统计资料以及图片不在索引范围内。

2. 本索引按主题词汉语拼音字母顺序排列，主题词后面的数字和字母分别表示所在页码和分栏位置（abc 表示本页码左中右三栏）。

A

B

C

D

E

G

H

J

M

N

T

X

Z

数字索引

字母索引